AutoCAD
2008 기본+활용

Foreign Copyright:
Joonwon Lee
Address: 127, Yanghwa-ro, Mapo-gu, Chomdan Building 6th floor,
Seoul, Korea
Telephone: 82-70-4345-9818
E-mail: jwlee@cyber.co.kr

AutoCAD 2008 기본+활용

2008. 2. 18. 1판 1쇄 발행 (사이버출판사)
2010. 3. 30. 1판 4쇄 발행 (사이버출판사)
2011. 3. 30. 1판 5쇄 발행 (성안당)
2014. 4. 10. 1판 7쇄 발행 (성안당)
2015. 2. 28. 1판 8쇄 발행 (성안당)
2017. 3. 29. 1판 9쇄 발행 (성안당)

지은이 | 고현정, 오병욱, 웰기획
펴낸이 | 이종춘
펴낸곳 | BM 주식회사 성안당
주소 | 04032 서울시 마포구 양화로 127 첨단빌딩 5층(출판기획 R&D 센터)
     | 10881 경기도 파주시 문발로 112 출판문화정보산업단지(제작 및 물류)
전화 | 02) 3142-0036
     | 031) 950-6300
팩스 | 031) 955-0510
등록 | 1973. 2. 1. 제406-2005-000046호
출판사 홈페이지 | www.cyber.co.kr
ISBN | 978-89-315-5479-3 (13000)
정가 | 28,000원

이 책을 만든 사람들
책임 · 진행 | 박종훈
기획 · 진행 | 웰기획
교정 · 교열 | 웰기획
디자인 | e-well (웰기획)
홍보 | 박연주
국제부 | 이선민, 조혜란, 고운채, 김해영, 김필호
마케팅 | 구본철, 차정욱, 나진호, 이동후, 강호묵
제작 | 김유석

■ 도서 A/S 안내

성안당에서 발행하는 모든 도서는 저자와 출판사, 그리고 독자가 함께 만들어 나갑니다.
좋은 책을 펴내기 위해 많은 노력을 기울이고 있습니다. 혹시라도 내용상의 오류나 오탈자 등이
발견되면 "좋은 책은 나라의 보배"로서 우리 모두가 함께 만들어 간다는 마음으로 연락주시기
바랍니다. 수정 보완하여 더 나은 책이 되도록 최선을 다하겠습니다.
성안당은 늘 독자 여러분들의 소중한 의견을 기다리고 있습니다. 좋은 의견을 보내주시는 분께는
성안당 쇼핑몰의 포인트(3,000포인트)를 적립해 드립니다.

잘못 만들어진 책이나 부록 등이 파손된 경우에는 교환해 드립니다.

AutoCAD 2008 기본+활용

터득하면 잡히는 기발한책

고현정·오병욱·웰기획 지음

BM 성안당

Preface

맨투맨 강의록을 대하듯 보기 편하게 보셨으면...

필자가 처음 AutoCAD를 접한 것은 1992년이었습니다. 릴리즈 버전이 10에서 11로 막 바뀌던 시절이었지만, 대다수의 설계 사무소에는 AutoCAD라는 프로그램보다는 수작업으로 트레이싱지에 도면 작업을 하던 때였습니다. 누구보다 새로운 것에 대한 호기심이 왕성할 때라 너무너무 재미있는 AutoCAD의 기능을 하나하나 배워나가며, 이것저것 도면을 그려가면서 호기심을 채워 나갔습니다.

그 당시의 참고 도서는 매뉴얼 위주의 책이 대부분이었고, 그나마 책의 종류도 지금처럼 다양하지 않아서 선택의 여지없이 발간되는 오토캐드 관련서들은 거의 구입해서 공부를 했었습니다.

지금은 오히려 너무나도 많은 책들의 홍수 속에서 어떤 책을 골라야 나에게 적절한 교재가 될지를 고민해야 하는 행복한 시대가 되었습니다. 하지만 그렇게 많은 책들 중에도 학생들을 체계적으로 학습시킬 수 있는 마땅한 책을 찾아내기 어려웠고, 그 중 괜찮은 교재를 골랐다고 생각한 책들도 결국 학생들이 혼자서 학습하기에는 많은 무리가 있음을 경험적으로 알았습니다.

이 책은 필자가 처음 오토캐드를 배우던 시절과 버전 업이 되면서 혼란스러웠던 기억들을 정리하여 누구나 쉽게 오토캐드를 배울 수 있도록 구성하였습니다. 또한 현장에서 강의를 하면서 학생들과 편하게 나누던 설명을 책으로 옮겼습니다. 강의 내용을 책으로 옮긴다는 것이 쉽지만은 않았지만, 실제로 강의할 때 학생들이 어려워하거나 비정상적으로 사용하던 부분을 상세하게 기술하여 혼자서도 기본기를 닦고 활용할 수 있도록 구성하였습니다.

처음 AutoCAD를 접하는 분들은 혼자서 공부하면서 이해가 되지 않는 부분들을 맨투맨 강의록을 대하듯 보기 편하게 보셨으면 하는 바람입니다.

어떤 교재도 마찬가지라고 생각합니다만 프로그램을 마스터해야겠다고 해서 처음부터 하나하나 무조건 다 이해하고 넘어갈 수는 없습니다. 어떤 것은 이해가 쉽지 않고, 어떤 것은 눈에 쏙쏙 잘 들어올 수 있습니다. 하지만 무엇보다 명심해야 하는 것은 중간에 포기하면 지금껏 해왔던 학습마저도 공염불이 될 수 있으므로 어렵다고 느껴지는 부분은 한 번 가볍게 읽고 넘어간 후, 기회가 되면 다시 한 번 읽어보고 실행해보기 바랍니다. 만일 그래도 이해가 되지 않으면 일단 다음 Chapter로 넘어간 뒤에 다른 Chapter를 공부한 후 다시 한 번 보면 이해가 될 수 있습니다. 오토캐드 기능들이 서로 상통하는 부분이 있으므로 막혔을 때는 돌아가는 것도 좋은 학습 방법이 될 수 있음을 기억하기 바랍니다.

모든 명령어를 다 같이 한 번에 학습하여 활용할 수는 없으므로 Part별로 나뉘어져 있는 순서에 맞춰 하나하나 명령어를 정복해나가길 바랍니다. 특별히 사용자가 필요하지 않거나 어려운 명령어라면 과감히 패스할 수 있는 센스도 필요합니다. AutoCAD는 범용 프로그램이므로 고유 영역 안에서 필요성이 높은 부분이 서로 많이 틀리기도 하기 때문입니다.

이 책의 구성은 크게 2D 부분과 3D 부분으로 나뉘어져 있습니다. 도면 설계만을 원한다면 2D부분까지 쉼 없이 공부하고, 3차원에도 관심이 많다면 3D 부분까지 열심히 공부해야 합니다. 2D와 3D는 특별히 다른 내용이라기보다는 2D의 내용에 Z축에 대한 깊이 감을 실현할 명령어들을 학습하는 것이므로 크게 어렵지 않습니다. 요즘은 2D 도면을 비주얼한 3차원으로 변경하여 작성하는 것이 보통이므로 3차원까지 모두 다 할 수 있다면 다른 분들에 비해 하나의 무기를 더 가지게 되는 것이라고 생각합니다.

책을 보다가 혹시 부족한 부분이나 의문 사항이 생기면 언제라도 필자가 운영하는 Dr.koh 홈페이지(http://www.doctorkoh.com)를 방문하기 바랍니다. 시간이 허락하는 한 성의껏 답변해드리겠습니다. 좋은 책은 처음부터 잘 써진 책이기도 하겠지만 독자들과 커뮤니티가 잘 형성되어 발전되어 가는 모습을 보여드리는 것도 중요하다고 생각합니다. 여러분과 함께 많은 의견을 공유할 수 있게 되길 바랍니다.

끝으로 항상 제 곁에서 힘과 용기를 주고 격려를 아끼지 않은 우리 가족에게 감사하다는 인사를 전하고 싶습니다. 집필로 더운 여름을 나는 동안 지치지 않게 늘 용기를 주었던 가족과 특히나 옆에서 원고 매수에 상당한 관심을 가져준 아들 우민이에게 고마운 마음을 전하고 싶습니다.

그리고 좋은 집필 기회를 주신 웰기획과 사이버출판사 관계분들에게도 깊은 감사를 드리며, 독자여러분 모두 새해 복 많이 받으시고 2008년은 계획하는 모든 일들이 행복하게 이루어지길 바랍니다.

2008년 새해에

고현정(http://www.doctorkoh.com)

CD 활용

책과 함께 제공해드리는 부록 CD에는 이 책을 학습하는데 꼭 필요한 AutoCAD 2008 Trial 버전과 본문을 학습하는데 필요한 기본 도면 파일과 완성 도면 파일, 그리고 혼자서 실습해볼 수 있는 도면 파일이 제공됩니다.

01 부록 CD 구성

부록 CD는 총 2장으로 구성되어 있으며, 1번과 2번 CD에 걸쳐 AutoCAD 2008 Trial 프로그램이 제공됩니다. 2번 CD에는 이 책을 학습하는데 필요한 각종 예제 파일이 프로그램과 함께 수록되어 있습니다.

❶ 1번 CD를 CD-ROM 드라이브에 삽입하면 다음 그림과 같이 자동으로 AutoCAD 2008 Trial 프로그램이 설치가 시작됩니다. 프로그램을 설치하려면 [제품 설치]를 클릭하고, 설치를 하지 않을 것이면 [종료] 버튼을 클릭합니다.

> 설치는 Part00 부분을 참고하기 바랍니다. 만일 자동으로 설치가 시작되지 않으면 CD-ROM 드라이브를 열어서 'Setup.exe' 파일을 실행하면 됩니다.

❷ 2번 CD를 CD-ROM 드라이브에 삽입하면 그림과 같은 대화상자가 나타납니다. 폴더의 내용을 살펴보기 위해서는 [폴더를 열어 파일 보기]를 더블클릭합니다. 2번 CD에는 프로그램 설치에 필요한 부수적인 파일과 각종 예제 파일, 실습 도면 파일이 수록되어 있습니다.

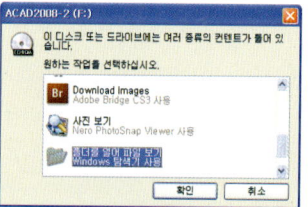

> 대화상자가 자동으로 나타나지 않는 경우에는 바탕화면에서 [컴퓨터]를 더블클릭하여 나타나는 드라이브에서 CD-ROM 드라이브를 더블클릭하면 됩니다.

❸ 2번 CD를 열어보면 많은 폴더가 보입니다. [Practice] 폴더는 실습할 도면 파일이 수록되어 있고, [Sample] 폴더에는 학습하면서 만들어볼 예제 도면 파일이 수록되어 있습니다. 그 외의 폴더들은 AutoCAD 2008 Trial을 설치하는데 필요한 폴더들입니다.

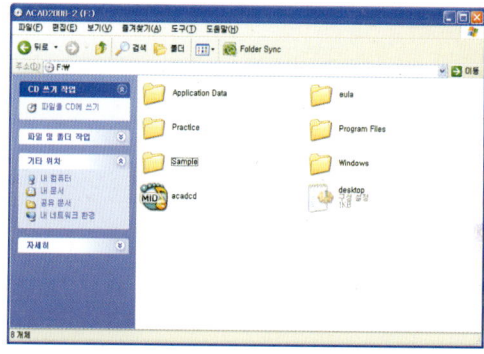

02 부록 CD 활용하기

AutoCAD 2008 Trial 버전을 설치한 후에는 2번 CD만 있으면 학습할 수 있습니다. 2번 CD를 각 폴더별로 오토캐드에서 활용하는 방법에 대해서 살펴보도록 하겠습니다.

[Sample] 폴더의 파일 불러오기

❶ [Sample] 폴더에는 본 책의 구성과 같이 5개의 [Part] 폴더가 있습니다. 각 폴더에는 해당 Part를 학습하는데 필요한 준비 파일이나 완성 파일이 들어 있습니다. 학습하고자 하는 폴더를 더블클릭하면 여러 개의 DWG 파일들을 볼 수 있습니다.

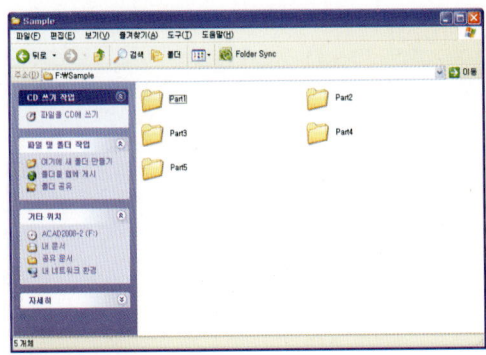 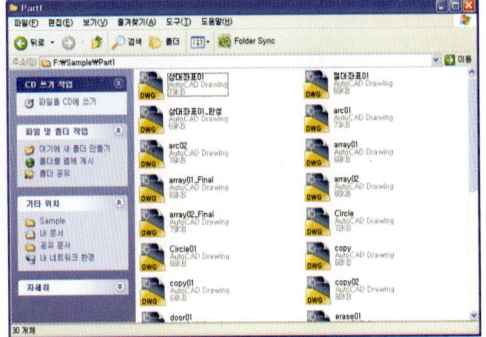

❷ 오토캐드에서 활용하려면 [File]-[Open]을 실행하여 [Select File] 대화상자가 나타나면 필요한 해당 소스가 들어 있는 폴더를 찾아서 경로를 지정한 후 불러올 파일을 선택하고 [Open] 버튼을 클릭합니다.

❸ 완성된 도면을 확인하거나 불러들인 도면 이후부터 작업을 계속해서 할 수 있습니다.

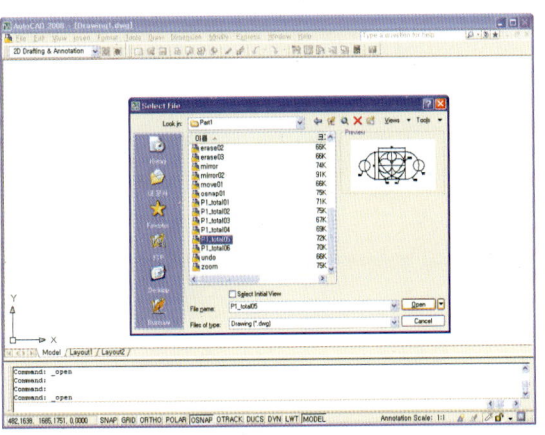 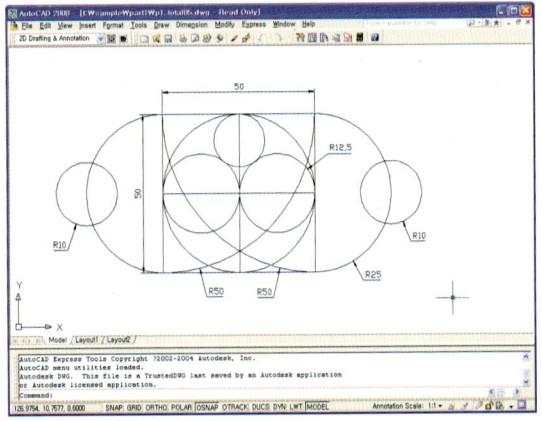

[Practice] 폴더의 실습 도면 혼자서 연습하기

[Practice] 폴더에는 각 Part에서 배운 기능을 토대로 혼자서 익힌 내용을 테스트할 실습 예제 도면 파일들이 제공됩니다. 스스로 그려본 후 완성된 도면과 비교해볼 때 이용합니다. 필요한 경우에는 도면의 치수나 모양 등에 대해서 세부적으로 기술했으므로 실습 전에 반드시 열어서 확인해보고 실습에 임하기 바랍니다.

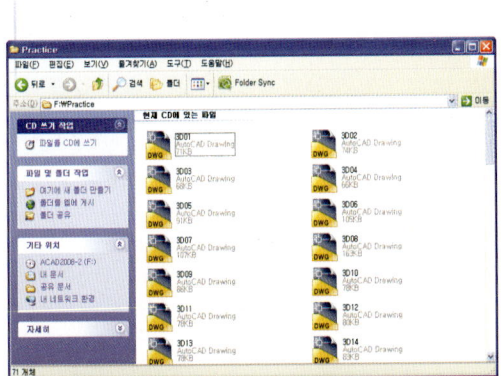 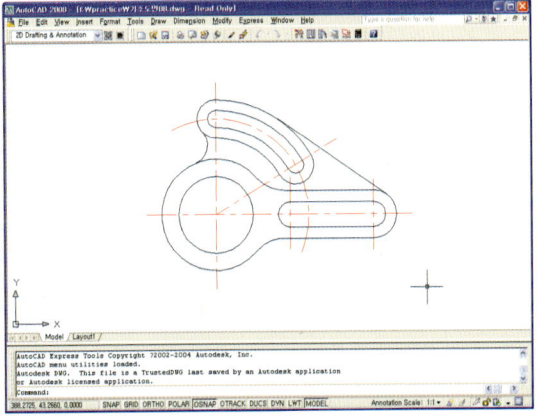

■ **Contents**
목차

Part03 | 설계 도면에 접근하기

Part04 | 설계 도면 완성하기

Part05 | 3차원 모델링 입문하기

Introduction

책의 구성

이 책은 총 6개 Part에 32개의 Chapter로 구성되어 있습니다. Part00에서는 오토캐드의 설치 및 화면 구성에 대해서 알아보고, Part01부터 Part04까지는 오토캐드의 각종 명령어들을 사용 목적에 따라 기능별로 묶어서 학습할 수 있도록 하였습니다. 또한 오토캐드의 3D관련 기능은 Part05로 별도로 구분하여 3D에 관련 기능들을 따로 학습할 수 있도록 하였습니다.

Chapter

해당 Chapter에서 배울 내용을 간단히 소개합니다. Chapter는 비슷한 기능이나 연관이 있는 명령어들을 몇 개씩 묶어서 구성하였습니다.

큰제목

실제 학습하게 될 명령어입니다. 제목만으로도 어떤 기능을 하는지 알 수 있습니다.

소스 파일 경로

부록 CD에서 불러올 파일의 경로를 표시합니다. 기본적으로 모든 소스는 부록 CD 2번에 수록되어 있습니다.

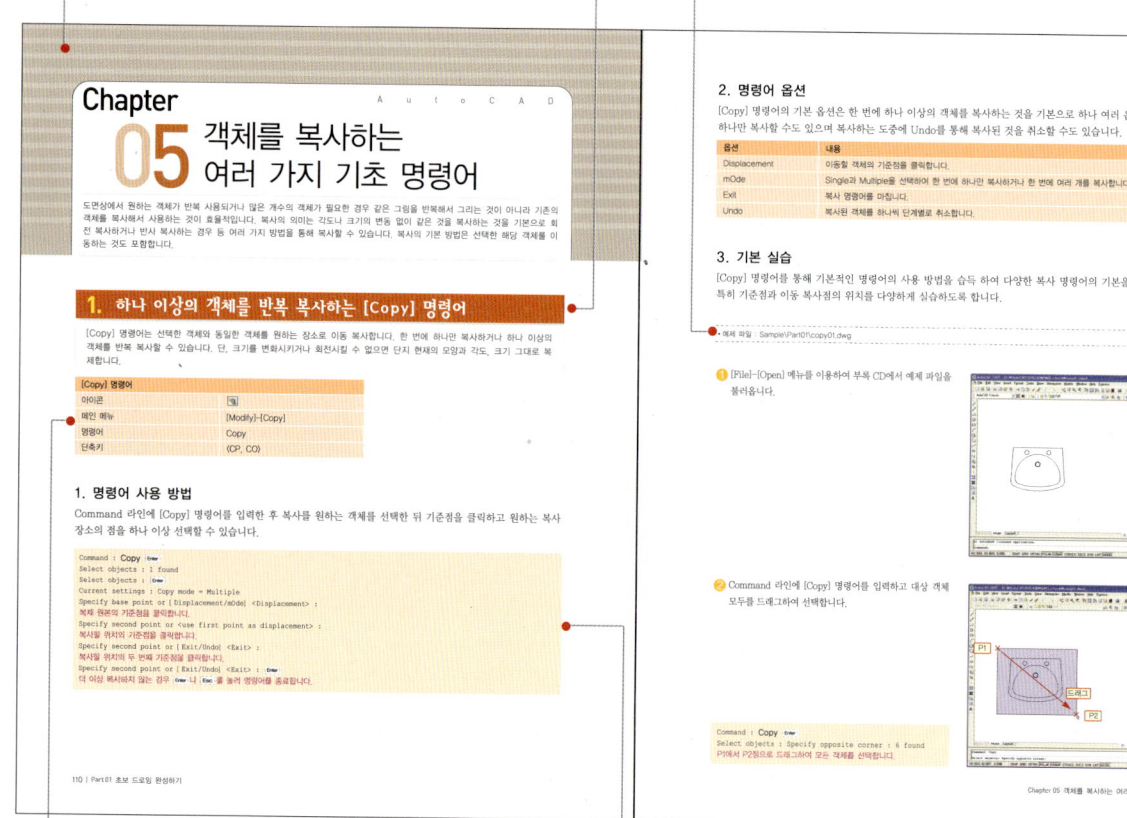

명령어 실행 표

해당 명령어를 실행하는 다양한 방법을 한눈에 볼 수 있도록 표로 구성하였습니다.

아이콘 : 상단의 툴 바에서 해당 아이콘을 클릭하여 해당 명령어가 바로 실행됩니다.

메인 메뉴 : 상단의 메뉴 바를 이용할 때 선택해야 되는 서브 메뉴를 알 수 있습니다.

명령어 : Command 라인에 입력해야 되는 명령어를 영문으로 보여줍니다.

단축키 : 해당 명령을 빠르게 실행할 때 사용하는 단축키를 표시합니다.

Command 라인 소스

오토캐드 화면 하단에 위치한 Command 라인에 표시되는 내용과 사용자가 입력하거나 마우스 클릭해야 되는 부분을 표시합니다.

소스 : 사용자의 키보드 입력이나 마우스 클릭에 의해서 어떤 결과가 실행되는지 보여줍니다.

굵은 글씨 : 사용자가 해당 내용을 입력해야 하는 부분입니다.

색 글씨 : 어떤 작업을 하기 위한 과정인지 참고할 내용입니다.

마우스 조작 순서

마우스 클릭이나 드래그, 키보드 입력 등을 해야
되는 부분들은 순서에 따라 조작할 수 있습니다.

예제 따라하기

학습할 내용을 번호에 따라 따라
하기 형식으로 구성하였습니다.

AutoCAD TIP

주의할 사항이나 옵션, 알아두면
좋은 참고 내용들을 소개합니다.

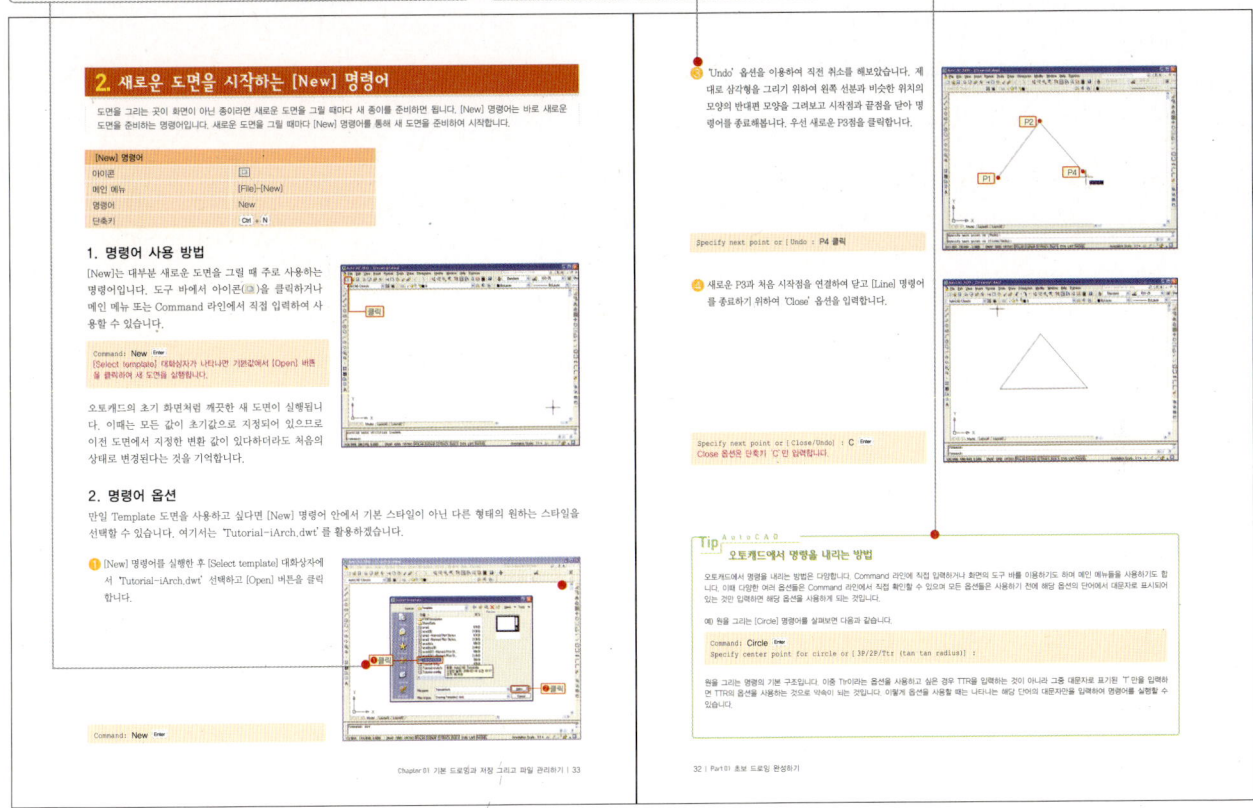

Chapter 실무예제

Chapter에서 배운 여
러 가지 명령어들을 이
용하여 완성할 수 있는
도면을 따라하기로 만
들어 봅니다.

Practice Drawing

완성 도면을 보고 앞서
배운 기능을 토대로 혼
자서 그려보는 도면입
니다. 교재로 사용하는
경우에는 과제로 사용
할 수 있습니다.

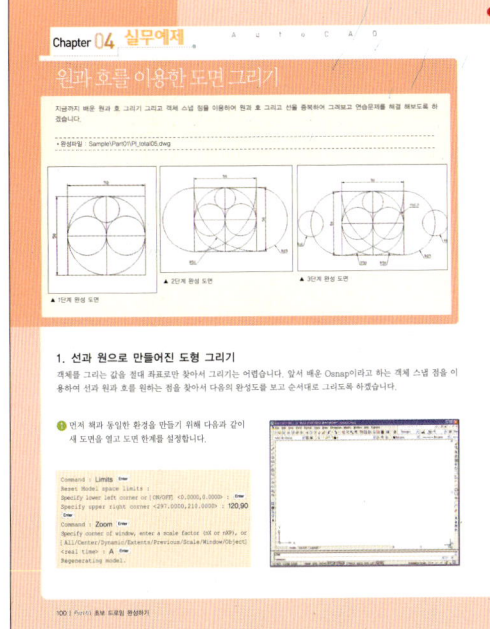

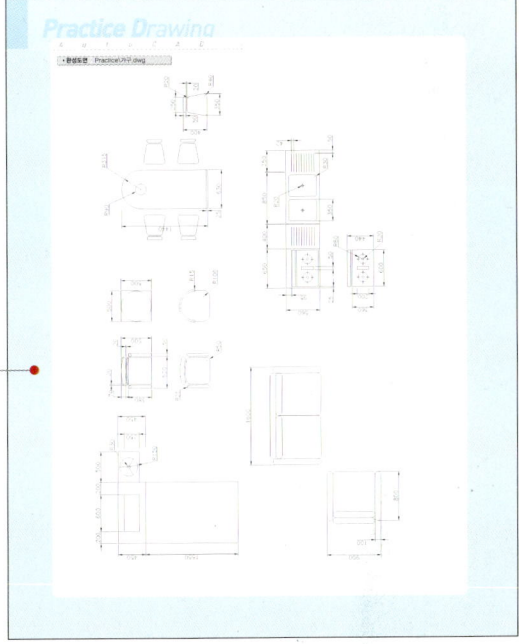

Part 00

AutoCAD 들어가기

AutoCAD는 예전의 릴리즈 버전부터 현재의 2008 버전까지 많은 변화와 발전을 거듭해왔습니다. 누구나 쉽게 사용할 수 있도록 발전해온 것입니다. 또한 GUI의 변화에 빠르게 대처하여 도면을 작성할 때 많이 사용하는 화면의 확대/축소 등의 방법을 마우스 조작만으로도 간단히 해결할 수 있고 키보드와 관계없이 작업이 가능하도록 '헤드업 (Head Up) 설계 환경'을 구현하였으며, 개방형 구조로 다양한 파일을 지원합니다.

AutoCAD의 dwg 파일은 업계의 표준이 되어 많은 사업체에서 사용하고 있습니다. 또한 어느 환경에서나 적응이 되는 다양한 개발 환경을 제공하여 VAB, Active X Automation, ObjectARX, VisualLISP 등 다양한 개발 환경에서 호환이 가능하며 AutoCAD는 이론상 도면의 용량이나 제도 영역 등의 제약이 없으며 커다란 구조물이나 부품수가 많은 모형도 실제 크기로 작성할 수 있게 되는 등 작업상의 효율성이 극대화된 프로그램이라 하겠습니다. 그래서 AutoCAD를 범용 캐드라고도 합니다.

Chapter

01 AutoCAD 2008 설치하기

AutoCAD 2008 평가판을 설치합니다. 평가판은 오토데스크 코리아(http://www.autodesk.co.kr/)에서 신청하여 받을 수 있습니다. 평가판은 정품이 아니라 30일간 사용할 수 있는 데모 버전입니다. 설치할 때 주의할 사항은 우선 자신의 시스템이 기본 최소 사양이 되는지 확인하고, 프로그램의 설치는 실행중인 다른 프로그램을 닫고 설치하는 것이 좋습니다.

1. 설치에 필요한 시스템 최소 사양

시스템은 최소한 펜티엄 4 2.2GHz 이상의 사양을 권하고 있습니다. 높은 사양일수록 더 편리한 작업을 할 수 있지만 캐드는 일반적인 그래픽 프로그램이 고사양을 택하는 것보다는 조금은 낮은 사양에서도 큰 문제없이 작동합니다. 물론 캐드 이외의 다른 부가적인 작업을 하는 경우에는 최소 사양보다는 기본을 웃도는 사양을 선택하는 것이 좋습니다.

	32비트 AutoCAD를 위한 시스템 사양	64비트 AutoCAD를 위한 시스템 사양
CPU	Intel Pentium 4 프로세서, 2.2GHz 권장	AMD Athlon 64,AMD Opteron, Intel EM64T를 지원하는 Intel Xeon, Intel EM64T를 지원하는 Intel Pentium 4
운영체제	Microsoft Windows Vista™, Windows™ XP Home 및 Professional(SP2), Windows 2000(SP4)	Windows XP Professional x64 Edition 및 Windows Vista 64비트
메모리	512MB RAM 이상	1GB RAM 이상
하드디스크	750MB 이상의 디스크 여유 공간(설치용)	
그래픽카드	1024x768 VGA 트루 컬러 지원	
인터넷	Microsoft® Internet Explorer® 6.0(SP1 이상)	
CD/DVD	1024x768 VGA 트루 컬러 지원	
그래픽카드	CD(전세계) 및 DVD(일부 국가 및 언어)로 제공	
※ 주의	AutoCAD 64비트는 32비트 Windows 운영 체제에 설치할 수 없습니다.	

2. AutoCAD 2008 컴퓨터에 설치하기

데모 버전의 시디를 넣으면 자동적으로 AutoRun이 작동됩니다. 작동하기 전에 내컴퓨터를 열어서 CD-ROM 드라이버를 지정하지 말고 조금 기다려 자동 로드되는 동안 기다립니다. 만일 자동으로 로드되지 않는다면 CD-ROM 드라이브를 직접 열어서 setup.exe 파일을 실행하면 됩니다.

① CD를 CD-ROM 드라이브에 삽입하고 잠시 기다리면 설치 화면이 나타납니다. [Install Products]를 클릭합니다.

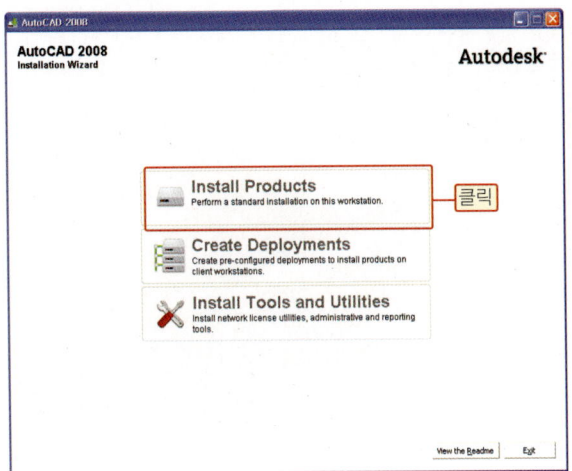

② 환영의 메시지가 나타나면 [Next] 버튼을 클릭합니다.

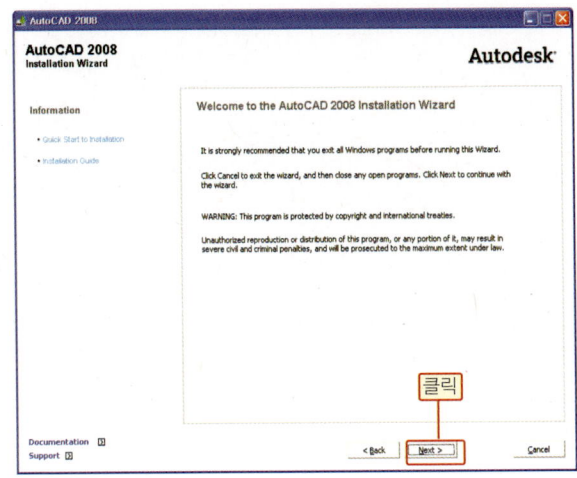

③ 설치하려는 프로그램의 버전을 선택한 후 [Next] 버튼을 클릭합니다.

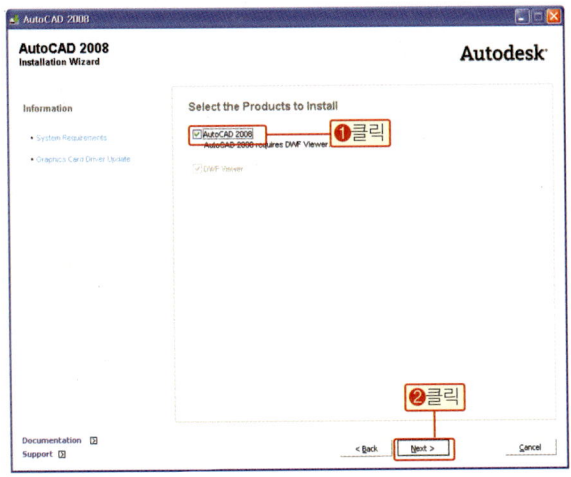

④ 소프트웨어 라이선스 화면이 나타나면 한 번 읽어본 후 'I Accept'를 선택하고 [Next] 버튼을 클릭합니다.

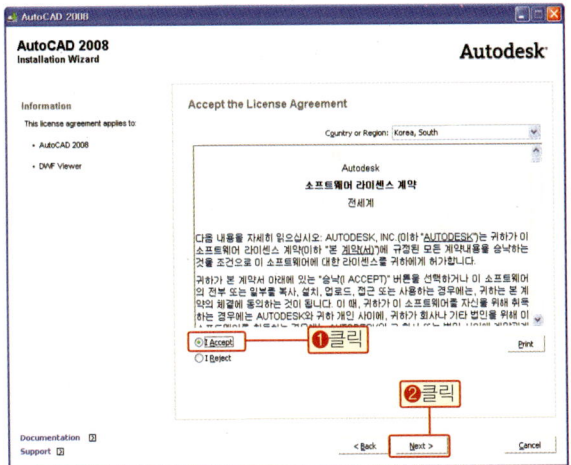

⑤ 사용자에 대한 정보를 입력한 후 [Next] 버튼을 클릭합니다.

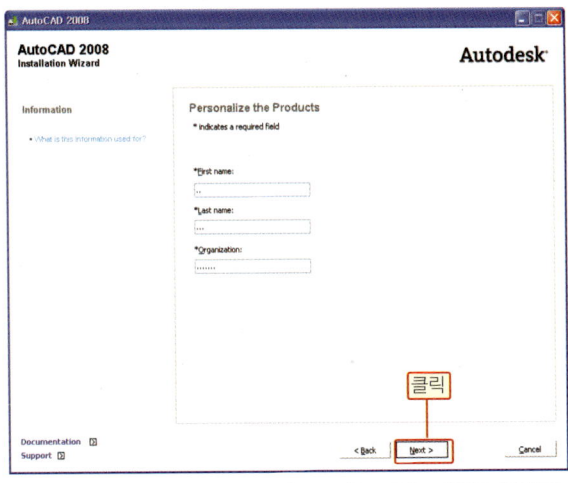

⑥ 환경 안내 부분에서 AutoCAD 2008이 선택되어 있는지 확인한 후 [Install] 버튼을 클릭합니다.

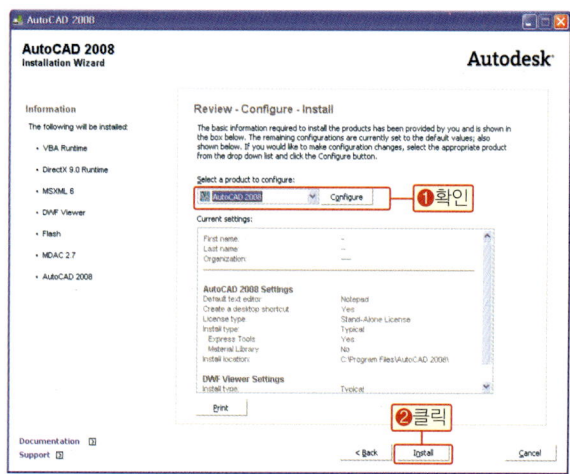

⑦ 설치가 진행됩니다. 화면 왼쪽을 보면 설치된 프로그램의 이름 옆에 체크 표시로 나타나면서 하단에는 진행률을 표시합니다.

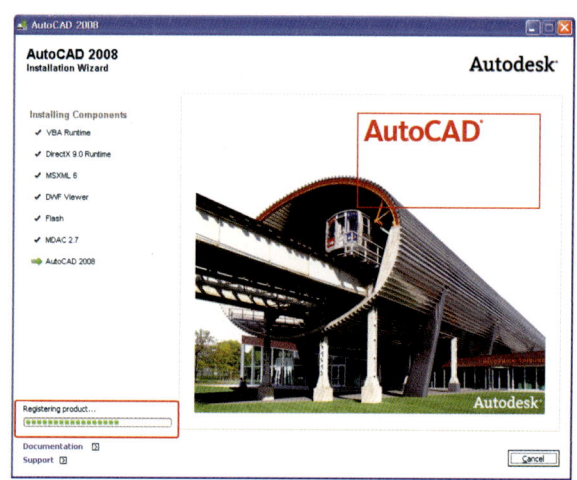

⑧ 설치가 끝나면 재부팅 여부를 묻습니다. 재부팅하지 않고 계속 진행하는 경우 '아니오'를 선택합니다. 모든 프로그램은 설치 후 재부팅을 하여 사용하는 것이 좋습니다.

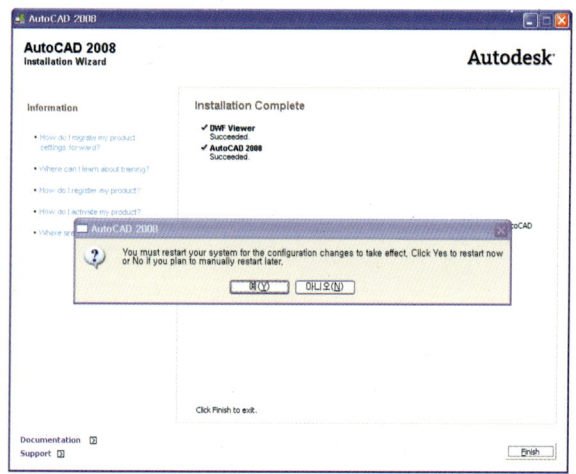

⑨ 설치가 완료되었습니다. [Finish] 버튼을 눌러 설치를 완료합니다.

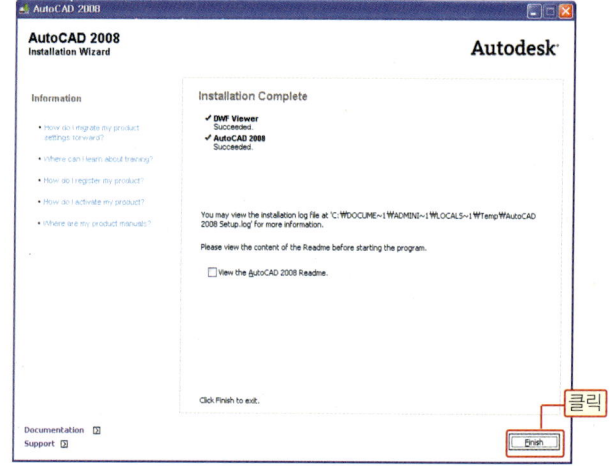

⑩ 설치가 정상적으로 완료되었으면 바탕화면의 'AutoCAD 2008' 아이콘을 더블클릭하여 프로그램이 실행되면서 나타나는 [AutoCAD 2008 Product Activation] 대화상자에서 'Run the product'를 선택한 후 [Next] 버튼을 클릭합니다.

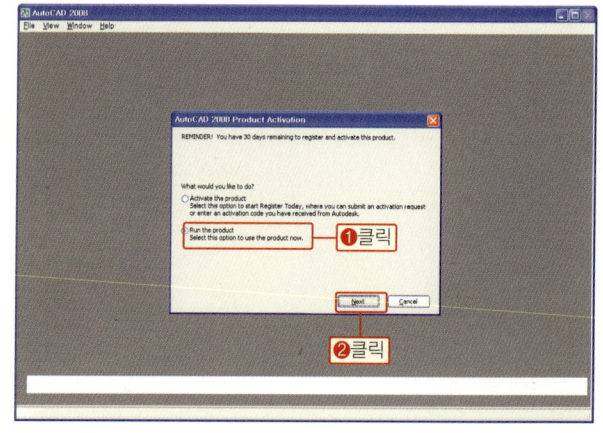

라이선스가 있는 경우

라이선스가 있는 경우 다음과 같이 설치할 수 있습니다. 설치하는 방법은 모두 같으나 바탕화면의 AutoCAD 2008 아이콘을 더블 선택한 후 Activate Product를 선택하여 라이선스를 입력하는 방식으로 설치를 완료합니다.

❶ 캐드를 실행하는 경우 첫 화면에서 [Next] 버튼을 클릭하여 부여받은 코드를 입력할 수 있는 창으로 이동하도록 합니다.

❷ 시리얼 넘버를 입력한 후 구입할 때 받은 Request Code를 입력하고 [Next] 버튼을 클릭합니다. 모두 입력되면 해당 코드값으로 설치가 완료되었다는 메시지가 나타납니다. [Done] 버튼을 클릭하면 오토캐드가 실행됩니다.

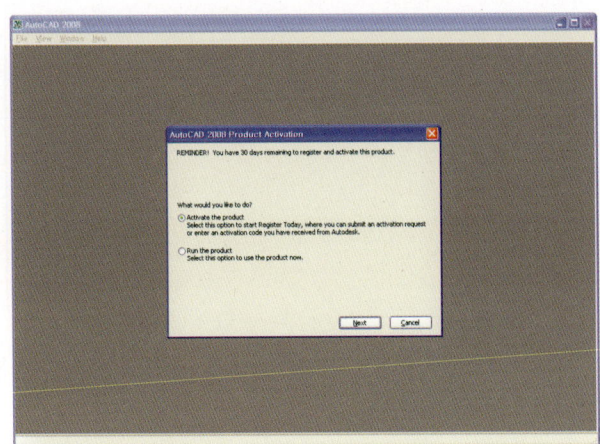

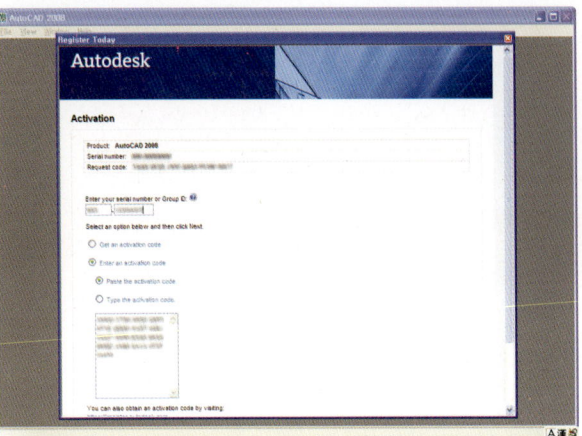

오토캐드에 워크시트 파일 삽입하기

엑셀(Excel)로 작업된 워크시트 파일의 내용을 AutoCAD에서 표로 변환해서 도면에 바로 삽입할 수 있습니다. 엑셀 프로그램에서 셀을 복사한 후 메뉴에서 [Edit]–[Paste Special]을 실행합니다. [선택하여 붙여넣기] 대화상자가 나타나면 옵션을 선택한 후 [확인] 버튼을 클릭하여 오토캐드에 붙여넣기 할 수 있습니다.

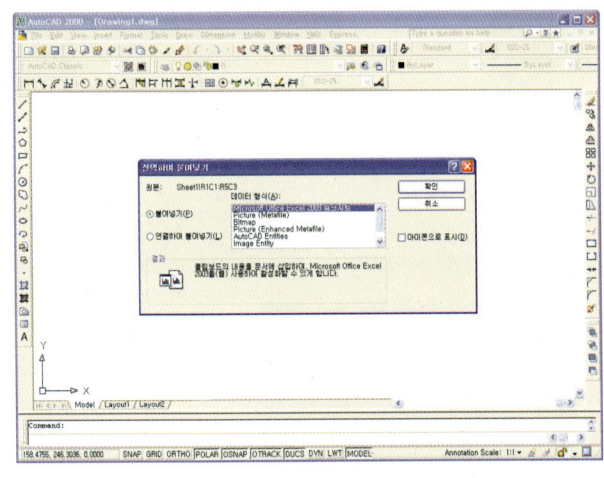

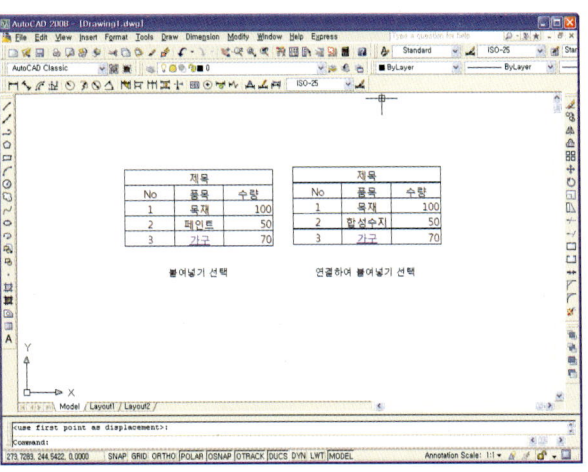

Chapter

02 AutoCAD 2008 화면 구성하기

AutoCAD 2008은 사용자가 사용하기 편리하도록 화면 구성을 자유롭게 구성할 수 있습니다. 다음 본문 내용을 참고하여 자신이 사용하기 편리한 환경으로 구성해놓기 바랍니다.

---

1. 화면 구성

보통 처음 설치 후에 화면으로 들어가면 다음의 Features가 나타납니다. 기본적으로 나중에 구성하거나 구성에 의미를 두지 않으므로 기본적인 화면 구성으로 들어가 실시하도록 합니다.

❶ AutoCAD를 설치하고 처음 실행하는 경우 다음 그림이 나타납니다. New Features Workshop은 구성하지 않으므로 'Maybe Later'나 'No, dont's show me this again'을 선택한 후 [OK] 버튼을 클릭합니다.

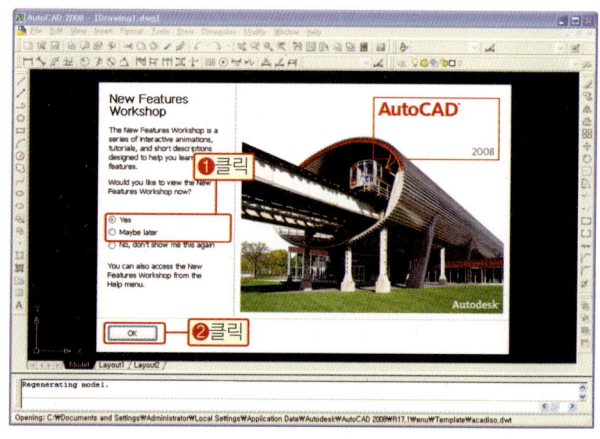

❷ 기본적인 대시보드(Dashboard)가 나타나는 상태로 메인 화면을 구성합니다. 대시보드가 있는 기본 화면은 모니터가 큰 경우 괜찮습니다만 일반적인 모니터 상태에서는 본 화면이 작으므로 자신의 모니터 크기에 따라 기본을 쓰거나 대시보드를 쓰거나 하면 됩니다.

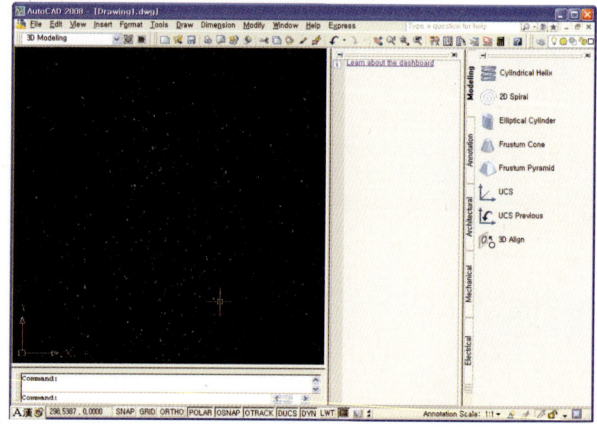

❸ 만일 이전부터 캐드를 사용하던 사용자라면 이전의 화면 구성이 필요할 수 있습니다. 만일 이전의 기본 화면을 기준으로 작업을 하는 경우에는 툴박스의 워크 스페이스 부분을 클릭하여 [2D Drafting & Annotation]을 선택합니다.

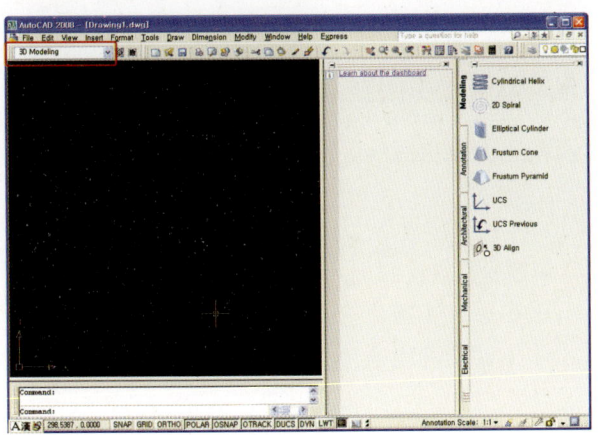

❹ [2D Drafting & Annotation]은 기존 간략한 대시보드에서 작업하던 기본 화면 구성입니다. 오토캐드 2007 상태에서 구성되었던 화면 상태로 초기 화면이 만들어집니다. 또한 어느 것이든 캐드는 사용자가 편리한 구성을 직접 선택할 수 있도록 구성되어 있습니다.

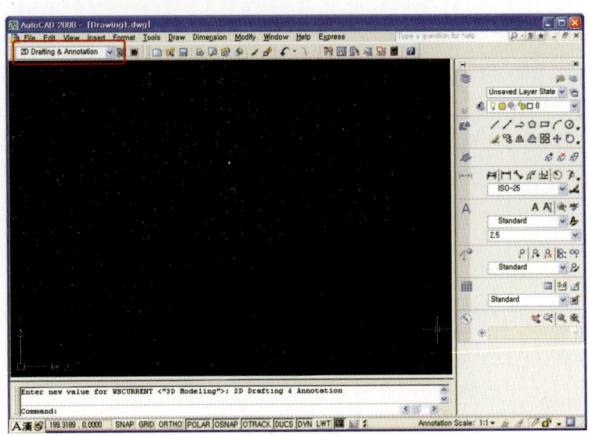

❺ 이번에는 [2D Drafting & Annotation]보다 화면을 아주 넓게 사용할 수 있는 [AutoCAD Classic] 화면으로 워크 스페이스를 변경합니다.

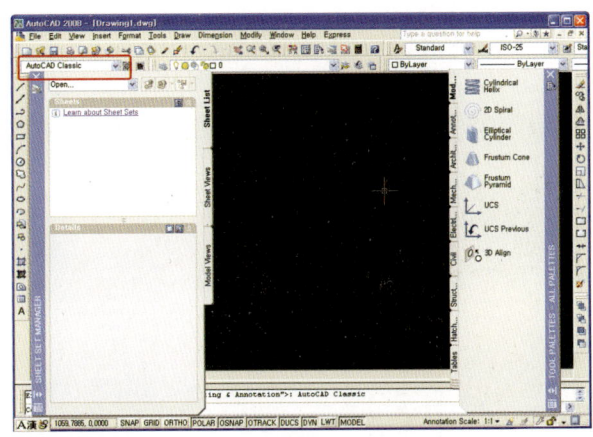

❻ 사용할 패널만 남기고 다 없애면 화면이 넓어져서 작업 공간이 늘어납니다. 초보자에게는 작업 공간이 넓으므로 보기에도 편하며 특히 명령어를 익히는 동안은 여러 가지 주변 요소를 제거하고 심플하게 작업하는 것이 여러모로 좋습니다.

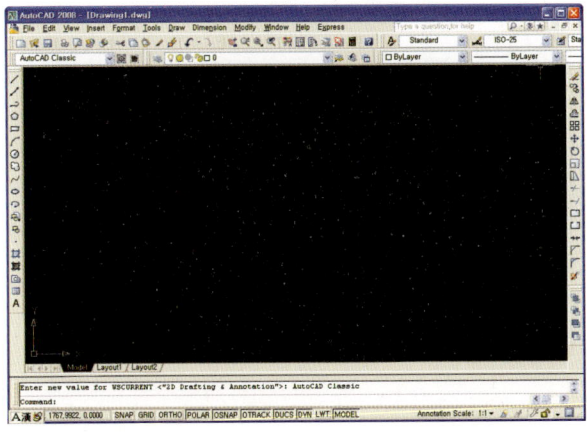

⑦ 처음 설치하면 기본값에 다이내믹한 요소들이 마킹되어 있습니다. 각종 명령어들을 Command 라인이 아닌 화면에서 바로 입력이 가능하도록 되어 있습니다. 이것도 Command 라인을 없애고 사용할 수 있는 배려이긴 하지만 처음에는 조금 부담스럽습니다. 처음 하는 경우 잠시 꺼두고 익숙해지면 켜서 사용하는 것이 좋습니다. 다이내믹 요소가 켜져 있는 경우 [Line]과 같은 명령어를 입력해보면 다음 그림처럼 요소가 나타납니다.

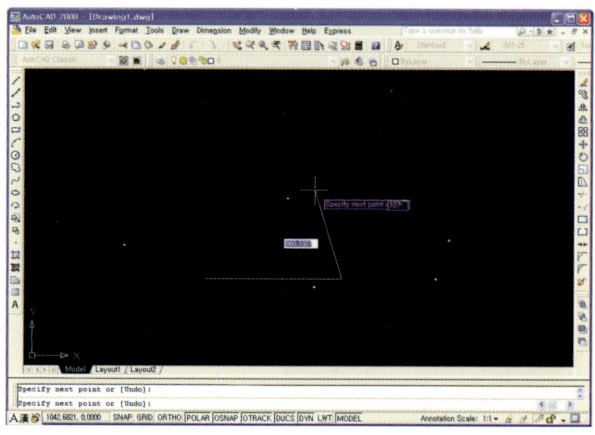

⑧ 메뉴의 [Tools]-[Drafting Settings]를 클릭하여 [Drafting Settings] 대화상자가 나타나면 [Dynamic Input] 탭을 선택합니다. 다음 그림처럼 체크 표시를 모두 해제하여 화면에서 Command를 제어하지 않고 Command 라인에서 일반적인 제어를 하도록 합니다.

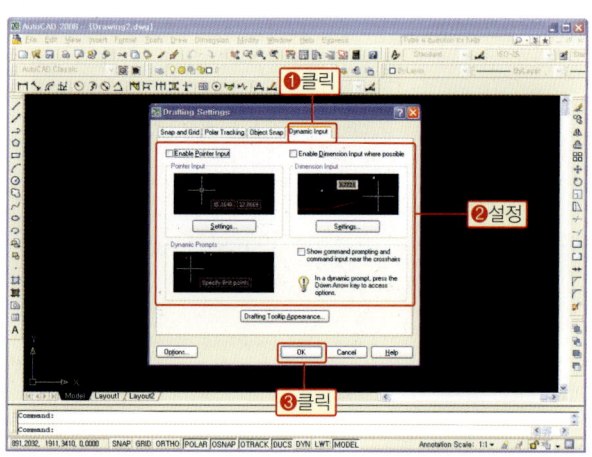

⑨ 해제되었으면 다시 Command 라인에 [Line] 명령어 등을 입력해봅니다. 보조적인 메시지가 나타나지 않아 화면을 기준으로 Command 라인과 분리하여 적용할 수 있습니다.

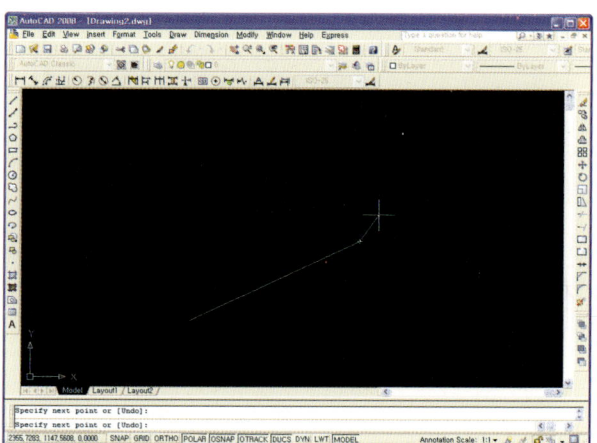

---

^{Tip} **AutoCAD**

화면의 구성

화면의 구성은 기본형을 쓰던 3D 형태를 쓰든 상관없습니다. 본인이 작업하는 환경에 알맞은 것을 WorkSpace에서 선택하여 사용하면 됩니다. 어느 것이 편하고 어느 것이 나쁜 것이 아니라 사용자 본인이 사용하기에 제일 좋은 환경이 최고라고 할 수 있습니다. 이제 AutoCAD의 세계로 여러분을 초대합니다.

오토캐드 화면 구성에서 알아두면 편리한 기능

AutoCAD 2008의 초기 화면 구성은 3차원 모델링 워크 스페이스가 기본으로 되어 있습니다. 처음 캐드를 접하는 사람이라면 '기본 Classic 모드'가 복잡하지 않아서 편리하지만 이전 버전부터 사용해오던 사용자라면 '3D 모델링 모드'를 사용해보는 것도 좋습니다. 기본적으로 프로그램을 설치하고 처음 만나는 3차원 워크스페이스는 다음 그림과 같습니다.

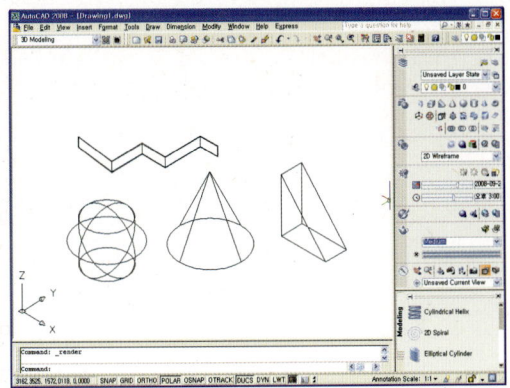

화면 구성은 크게 메뉴와 툴바, 대시보드, Command 라인으로 구성되며 각각 명령어를 선택하거나 입력합니다. 대시보드는 다음 그림과 같이 메뉴의 내용을 확장하여 사용할 수 있으며, 필요에 따라 그림처럼 바깥 드로잉 영역으로 드래그하여 사용할 수도 있습니다. 대시 보드는 조작이 쉬운 기능성 컨트롤 패널 집합으로 구성되어 있으며 각각의 패널은 3차원 명령어들을 기본적으로 배치한 것이 특징입니다.

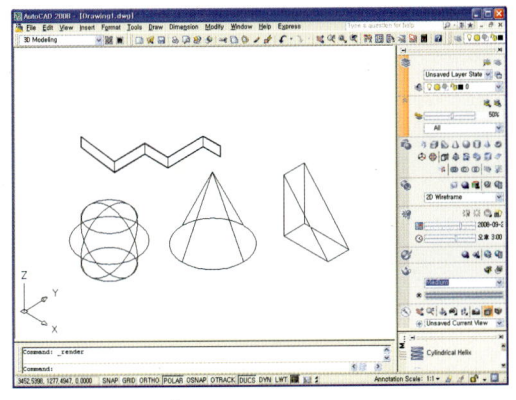
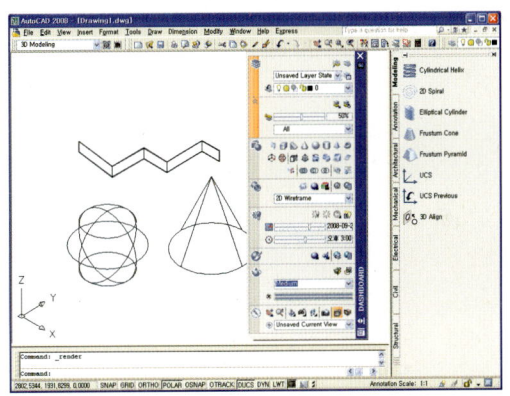

또한 단축키 Ctrl + 9 를 누르면 Command 라인을 숨기고 마우스 조작만으로 작업할 수도 있습니다. 다이내믹 Input을 조절하여 화면에 바로 명령어가 나오게 하면, 굳이 Command 라인을 보이게 할 필요가 없습니다. Ctrl + 9 키는 On/Off가 토글되는 기능으로 필요에 따라 Command 라인을 빠르게 보이게 하거나 감추기할 수 있습니다.

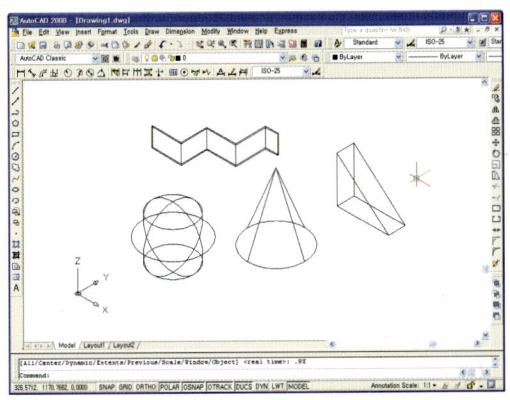
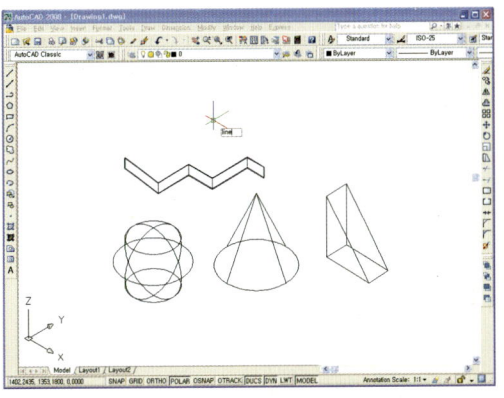

Part 01

초보 드로잉 완성하기

이번 파트에서는 무엇보다 캐드 프로그램의 기본적인 좌표 값을 이해하는데 중점을 두도록 합니다. 좌표 값은 단순히 선만 그리는 것이 아니라 기타 다른 명령어를 응용하는데 있어 중요한 기준이 되는 것이므로 기초를 튼튼하게 채워나가도록 합시다.

Chapter 01

A u t o C A D

기본 드로잉과 저장 그리고 파일 관리하기

도면은 무수히 많은 선으로 이루어져 있고, 선들은 크게 직선 또는 곡선으로 나눌 수 있습니다. 그 중 가장 많은 부분을 차지하는 선분을 그려보면서 오토캐드의 명령 구조를 익혀보도록 하겠습니다.

1. 직선을 그리는 [Line] 명령어

선을 그리는 [Line] 명령어는 가장 기본적인 명령어라 하겠습니다. 대부분의 오토캐드에서 도면 요소는 선으로 이루어져 있다고 할 만큼 많은 부분을 차지합니다. 선은 무수히 많은 점들의 모임이라는 이론적인 이야기처럼 선은 시작과 끝이 점으로 이루어져 있습니다.

캐드에서의 Line은 일정한 값을 갖고 있으므로 좌표 값을 많이 이용합니다. 그러나 좌표 값을 이용하기 전에 기본적인 [Line] 명령어의 구조를 이해하고 사용할 수 있는 학습을 먼저 하고 구조가 이해가 된 뒤에 좌표를 이용하여 정확한 도면을 그려보도록 하겠습니다.

[Line] 명령어	
아이콘	✎
메인 메뉴	[Draw]–[Line]
명령어	Line
단축키	⟨L⟩

다. [Line] 명령어의 사용은 시작점을 클릭하고 다음 점을 계속 선택해 나가는 스타일로 사용하면 됩니다.

1. 명령어 사용 방법

Command 라인에 [Line] 명령어를 입력한 후 Command 라인의 순서에 따라 원하는 점을 클릭하거나 좌표 값을 입력합니다. Enter 를 누르기 전에는 계속 다음 점을 클릭하라는 명령이 나오므로 더 이상 선택할 점이 없다면 Enter 를 눌러 종료하도록 합니다.

```
Command: Line Enter
Specify first point : 선분의 시작점을 클릭합니다.
Specify next point or [ Undo ] : 선분의 두 번째 점을 클릭합니다.
Specify next point or [ Undo ] : 선분의 세 번째 점을 클릭합니다.
Specify next point or [ Close/Undo ] : 선분의 네 번째 점을 클릭합니다.
Specify next point or [ Close/Undo ] : Enter
```

2. 명령어 옵션

선을 그리는 명령어 안에서 사용할 수 있는 옵션들이 있습니다. 기본적인 점을 클릭하거나 옵션을 이용하여 취소 또는 닫기를 실행할 수 있습니다.

옵션	내용
Undo	선을 그리는 도중에 잘못 지정된 바로 직전의 점을 취소합니다.
Close	선을 그리는 도중에 맨 끝점과 시작점을 연결하여 닫아주고 [Line] 명령어를 종료합니다.

3. 기본 실습

마우스를 이용하여 선을 그려보고 Undo와 Close 옵션을 사용하여 간단한 선 그리기 연습을 합니다. 좌표 값을 입력하는 것이 아니므로 값을 입력하기보다 마우스로 Line이라는 명령어가 사용되는 로직을 이해하도록 합니다.

❶ 다음 그림과 같이 P1부터 P5까지 마우스로 차례대로 클릭하여 간단하게 선을 그려봅니다.

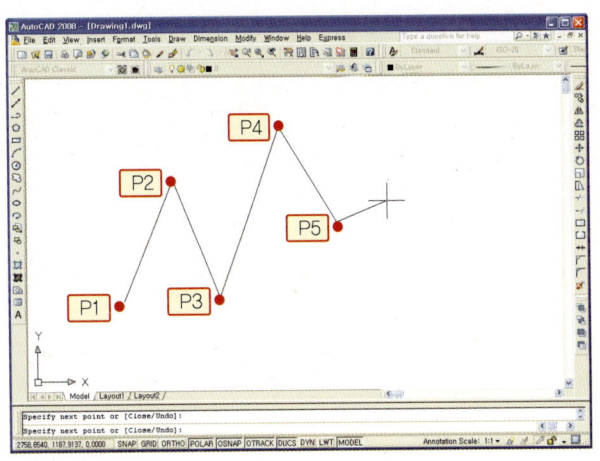

```
Command : Line Enter
Specify first point : P1 클릭
Specify next point or [ Undo] : P2 클릭
Specify next point or [ Undo] : P3 클릭
Specify next point or [ Close/Undo] : P4 클릭
Specify next point or [ Close/Undo] : P5 클릭
Specify next point or [ Close/Undo] : Enter
```

4. 옵션 활용 – Line의 Undo와 Close 활용하기

선분을 그리는 도중 잘못된 선분을 지우는 것이 아니라 취소 옵션(Undo)을 이용하여 명령을 사용하는 도중에 자유롭게 취소와 그리기를 반복할 수 있습니다. 또한 시작점과 끝점을 자동으로 닫아주는 옵션(Close)을 이용하여 간편하게 닫힌 도형을 그려보겠습니다.

❶ [Line] 명령어를 이용하여 삼각형을 그려보겠습니다. 먼저 [Line] 명령어를 Command 라인에 입력한 후 그림처럼 P1~P3까지 차례로 클릭합니다.

❷ 최종 좌표인 P3이 생각보다 많이 내려왔습니다. 직전 취소 명령인 Undo의 'U'를 입력하면 바로 전에 선택한 P3이 취소되면서 선분하나가 사라집니다.

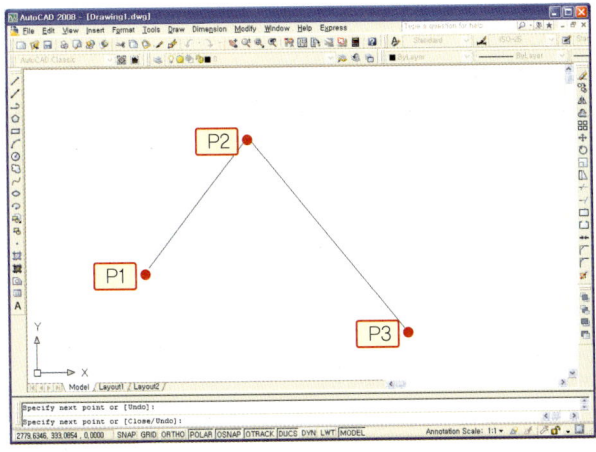

```
Command : Line Enter
Specify first point : P1 클릭
Specify next point or [ Undo] : P2 클릭
Specify next point or [ Undo] : P3 클릭
```

```
Specify next point or [ Close/Undo] : U Enter
Undo 옵션은 단축키 'U'만 입력합니다.
```

③ 'Undo' 옵션을 이용하여 직전 취소를 해보았습니다. 제대로 삼각형을 그리기 위하여 왼쪽 선분과 비슷한 위치의 모양의 반대편 모양을 그려보고 시작점과 끝점을 닿아 명령어를 종료해봅니다. 우선 새로운 P3을 클릭합니다.

```
Specify next point or [ Undo : P4 클릭
```

④ 새로운 P3과 처음 시작점을 연결하여 닿고 [Line] 명령어를 종료하기 위하여 'Close' 옵션을 입력합니다.

```
Specify next point or [ Close/Undo] : C  Enter
Close 옵션은 단축키 'C' 만 입력합니다.
```

Tip AutoCAD

오토캐드에서 명령을 내리는 방법

오토캐드에서 명령을 내리는 방법은 다양합니다. Command 라인에 직접 입력하거나 화면의 도구 바를 이용하기도 하며 메인 메뉴들을 사용하기도 합니다. 이때 다양한 여러 옵션들은 Command 라인에서 직접 확인할 수 있으며 모든 옵션들은 사용하기 전에 해당 옵션의 단어에서 대문자로 표시되어 있는 것만 입력하면 해당 옵션을 사용하게 되는 것입니다.

예) 원을 그리는 [Circle] 명령어를 살펴보면 다음과 같습니다.

```
Command: Circle  Enter
Specify center point for circle or [ 3P/2P/Ttr (tan tan radius)] :
```

원을 그리는 명령의 기본 구조입니다. 이중 Ttr이라는 옵션을 사용하고 싶은 경우 TTR을 입력하는 것이 아니라 그중 대문자로 표기된 'T'만을 입력하면 TTR의 옵션을 사용하는 것으로 약속이 되는 것입니다. 이렇게 옵션을 사용할 때는 나타나는 해당 단어의 대문자만을 입력하여 명령어를 실행할 수 있습니다.

2. 새로운 도면을 시작하는 [New] 명령어

도면을 그리는 곳이 화면이 아닌 종이라면 새로운 도면을 그릴 때마다 새 종이를 준비하면 됩니다. [New] 명령어는 바로 새로운 도면을 준비하는 명령어입니다. 새로운 도면을 그릴 때마다 [New] 명령어를 통해 새 도면을 준비하여 시작합니다.

[New] 명령어	
아이콘	📄
메인 메뉴	[File]–[New]
명령어	New
단축키	Ctrl + N

1. 명령어 사용 방법

[New]는 대부분 새로운 도면을 그릴 때 주로 사용하는 명령어입니다. 도구 바에서 아이콘(📄)을 클릭하거나 메인 메뉴 또는 Command 라인에서 직접 입력하여 사용할 수 있습니다.

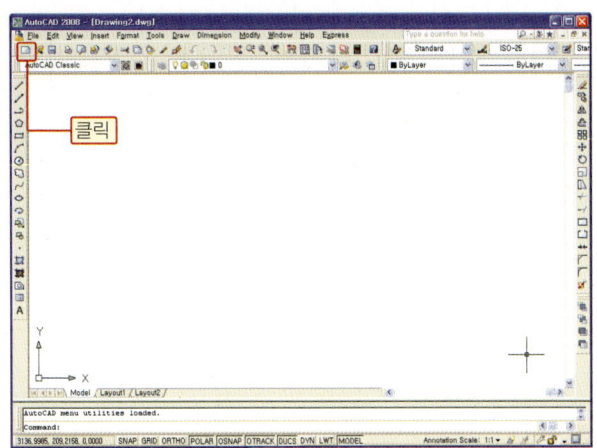

Command: **New** `Enter`
[Select template] 대화상자가 나타나면 기본값에서 [Open] 버튼을 클릭하여 새 도면을 실행합니다.

오토캐드의 초기 화면처럼 깨끗한 새 도면이 실행됩니다. 이때는 모든 값이 초기값으로 지정되어 있으므로 이전 도면에서 지정한 변환 값이 있다하더라도 처음의 상태로 변경된다는 것을 기억합니다.

2. 명령어 옵션

만일 Template 도면을 사용하고 싶다면 [New] 명령어 안에서 기본 스타일이 아닌 다른 형태의 원하는 스타일을 선택할 수 있습니다. 여기서는 'Tutorial-iArch.dwt'를 활용하겠습니다.

❶ [New] 명령어를 실행한 후 [Select template] 대화상자에서 'Tutorial-iArch.dwt' 선택하고 [Open] 버튼을 클릭합니다.

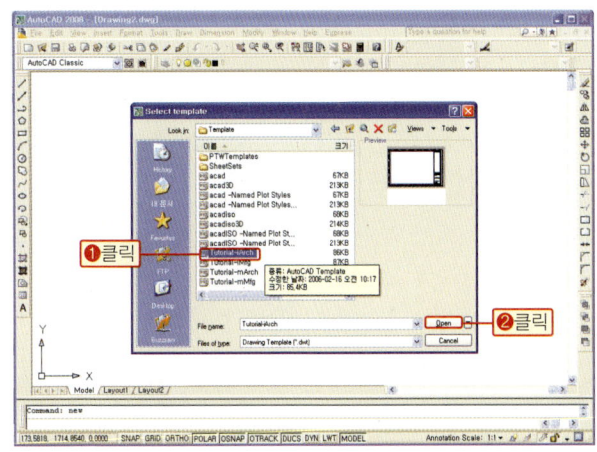

Command: **New** `Enter`

❷ 준비된 템플릿인 Tutorial-iArch.dwt 파일이 열
립니다. 다음 그림처럼 도면의 기본적인 레이아웃
이 설정된 새 도면이 나오면 기본 [Model] 영역이
아닌 [LayOut] 영역이 나타납니다. [Layout] 영
역에 대해서는 다른 Chapter에서 배우게 됩니다.

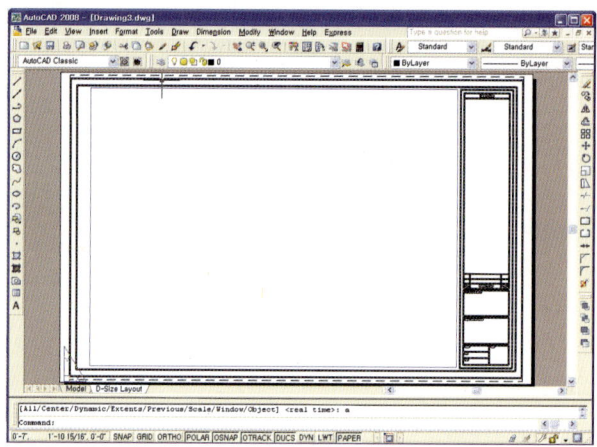

Tip AutoCAD

Template 도면이란?

Template 도면이란 앞에서 살펴보았듯이 도면 작성에 필요한 여러 가지 기본 요소인 틀 도면을 말하며, 템플릿 도면은 틀 안의 기본 문자 등을 미리
세팅해 놓은 채로 새로운 도면을 꺼내도록 만들어 놓은 것이라고 할 수 있습니다. 아무래도 자주 사용하는 틀은 매번 새로 만들기보다 한 번 만들어서
저장해두고 사용하면 더 편리할 것입니다. 기본적으로 오토캐드가 제공하는 템플릿도 있겠지만 여러분이 스스로 만들어서 DWT 형식으로 저장하여 템
플릿에 추가하여 사용할 수도 있습니다. 예를 들어 서체나 치수 입력, 기본 변수, 레이어 등을 미리 지정해두면 매번 새 도면더라도 미리 기본적
인 옵션들이 적용되어 있으므로 다시 지정하지 않아도 되므로 편리하게 이용할 수 있습니다.

---

3. 작업한 도면을 저장하는 [Save] 명령어

컴퓨터에서 오토캐드로 도면 작업을 한 뒤에는 반드시 디스크에 저장해야 합니다. 오토캐드에서 도면을 저장해주는 명령어는
[SAVE]이며, 오토캐드 상에서 그려진 모든 객체를 저장하게 됩니다. 저장은 파일 형태이며 지정한 파일명에 'dwg'라는 확장자
가 붙습니다. [Save] 명령을 이용하여 저장하거나 자동저장 명령어를 통해 자동 저장된 파일을 생성하기도 합니다.

[Save] 명령어	
아이콘	🖫
메인 메뉴	[File]-[Save]
명령어	Save
단축키	Ctrl + S

1. 명령어 사용 방법

주로 Command 라인을 이용하거나 단축키를 사용하여 저장합니다. 시작할 때 기본값을 세팅하고 저장을 한 뒤
단축키인 Ctrl + S 를 눌러 작업 중간 중간에 계속 저장하면서 작업을 해야 도면 파일의 유실을 방지할 수 있습니다.
먼저 Command 라인에서 [SAVE]를 입력하여 명령어를 실행하도록 합니다.

Command: **Save** Enter

그림에서 보는 것처럼 파일명 란에 원하는 도면 파일명을 입력하고 [Save] 버튼을 클릭합니다.

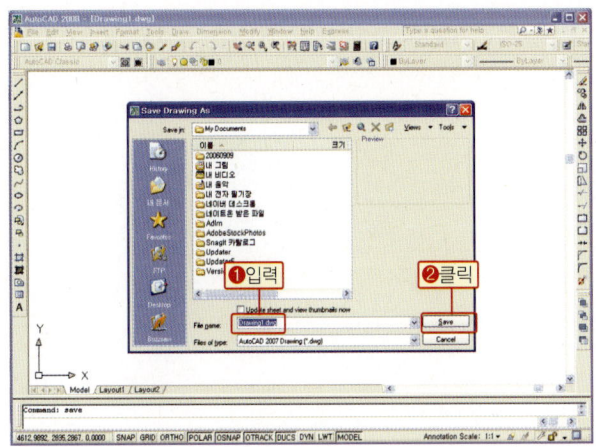

Tip AutoCAD
빠르게 저장하는 법

Save는 지금처럼 [Save] 명령어를 입력하여 사용하는 것이 가장 기본적인 방법입니다. 하지만 한 번 파일명을 입력하고 중간 중간 계속 같은 이름으로 저장해야 하는 경우에는 [Qsave] 명령을 이용하여 저장하는 것이 좋습니다. 파일명을 다시 입력하지 않아도 되며 같은 이름으로 빠르게 저장하므로 작업 속도에도 영향을 주지 않습니다. Command 라인에서 [Qsave]를 입력하거나 도구 바에서 아이콘을 클릭하면 자동으로 저장됩니다.

4. 저장된 파일을 불러오는 [Open] 명령어

오토캐드로 만든 파일을 열어주는 명령어입니다. 기존 파일을 열거나 참조하기 위해 [Open] 명령어를 이용하여 파일을 불러올 수 있습니다. 대부분 Command 라인에서 명령어를 입력하거나 아이콘을 이용합니다.

[Save] 명령어	
아이콘	📷
메인 메뉴	[File]-[Open]
명령어	Open
단축키	Ctrl + O

1. 명령어 사용 방법

[Open] 명령으로 열 수 있는 파일은 주로 dwg 형식의 파일이지만 dxf, dwt, dws 등의 파일 형식도 불러올 수 있습니다. 요즘에는 서로 호환되는 파일 형식이 많으므로 같은 형식의 파일뿐만 아니라 서로 다른 형식의 파일도 다양하게 공유할 수 있습니다. Command 라인에서 직접 [Open]을 입력하여 사용하는 방법을 익혀 봅니다.

Command: **Open** Enter

[Select File] 대화상자가 나타나면 원하는 폴더로 이동하여 불러오고자 하는 파일을 선택한 후 [Open] 버튼을 클릭합니다.

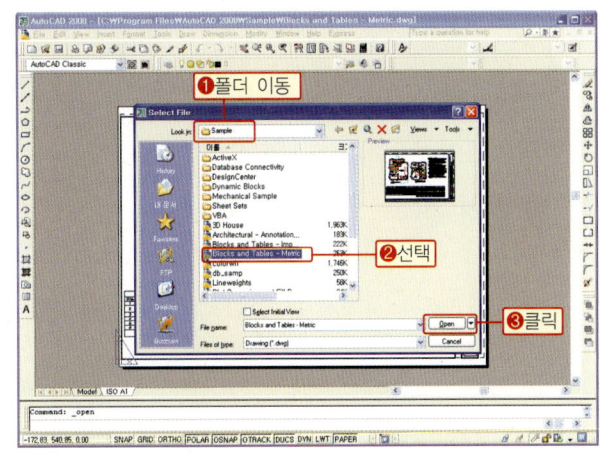

다음 그림은 \Programs Files\오토캐드2008\ Sample\Blocks and Tables 폴더에서 'Metric .dwg' 파일을 선택하여 불러온 것입니다. 여러분도 직접 기본적으로 제공되는 다른 파일들을 불러와보기 바랍니다.

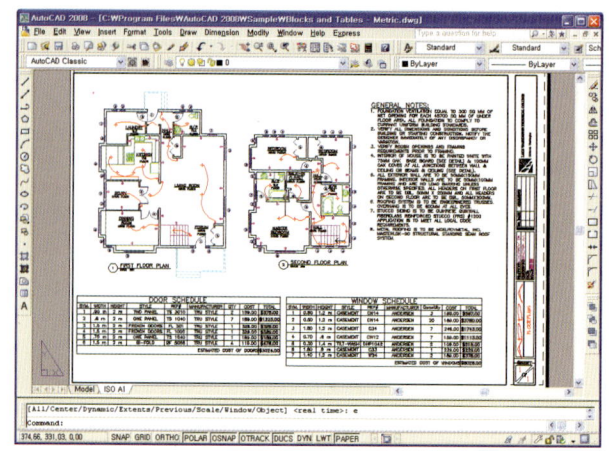

Tip **AutoCAD**

오토캐드 2008에서 [Open] 명령으로 불러오기 할 수 있는 파일

파일 종류	파일의 내용
Drawing(*.dwg)	저장할 때 생성되는 오토캐드의 기본 파일
Standard(*.dws)	Drawing Standard 표준 파일
DXF(*.dxf)	ASCII 구조의 파일
Drawing Template(*.dwt)	틀 도면인 오토캐드 Template 파일

5. 오토캐드를 종료할 수 있는 [Exit] 명령어

윈도우 환경에서는 프로그램을 종료하는 [닫기] 버튼이 존재합니다. 제목 표시줄의 오른쪽에 있는 [X] 표시가 바로 [닫기] 버튼입니다. 오토캐드는 도스 환경에서부터 사용한 프로그램이므로 해당 메뉴와 Command 라인에서 [Exit] 명령어를 통해 오토캐드를 종료하도록 하는 것을 기본으로 합니다.

[Exit] 명령어	
메인 메뉴	[File]-[Exit]
명령어	Exit
단축키	Ctrl + Q

1. 명령어 사용 방법

주로 Command 라인에서 명령어를 직접 입력하거나 메뉴에서 [Exit]를 선택합니다. 이때 해당 화면의 내용을 저장하지 않고 [Exit] 명령을 실행하면 작업 내용을 저장할 것인지를 물어보는 대화상자가 나타납니다.

Command : Exit

또는 다음 그림처럼 메인 메뉴에서 [File]-[Exit]를 클릭합니다.

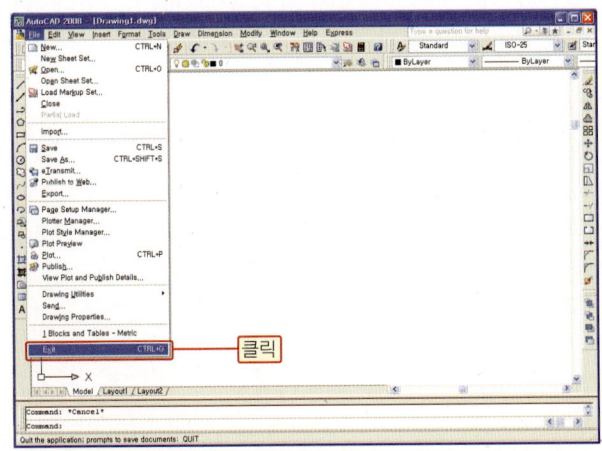

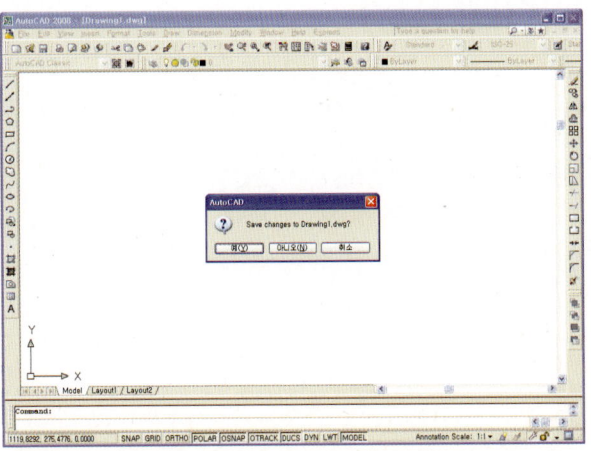

이때 화면에 작업을 한 번이라도 한 뒤 저장하지 않았다면 다음의 메시지가 나타납니다.

예(Y) : 현재의 도면을 저장하고 프로그램을 종료합니다.
아니오(N) : 현재의 도면을 저장하지 않고 프로그램을 종료합니다.
취소 : [Exit] 명령을 취소합니다.

Tip AutoCAD

파일을 복원하는 [Recover]

간혹 파일의 내용이 유실되어 [Open] 명령어로 열리지 않는 경우가 발생합니다. 이럴 때는 당황하지 말고 해당 파일을 [Recover] 메뉴로 복원합니다. 100%라고 장담할 수는 없지만 대부분 복원할 수 있습니다.

❶ 메뉴에서 [File]-[Drawing Utilities]-[Recover]를 클릭합니다.

❷ [Select File] 대화상자가 나타나면 복원을 원하는 파일을 선택하고 [Open] 버튼을 클릭합니다. 선택된 파일이 자동으로 복원되어 나타납니다.

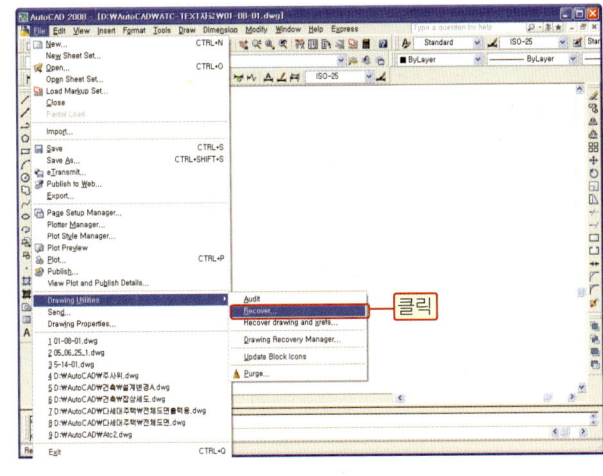

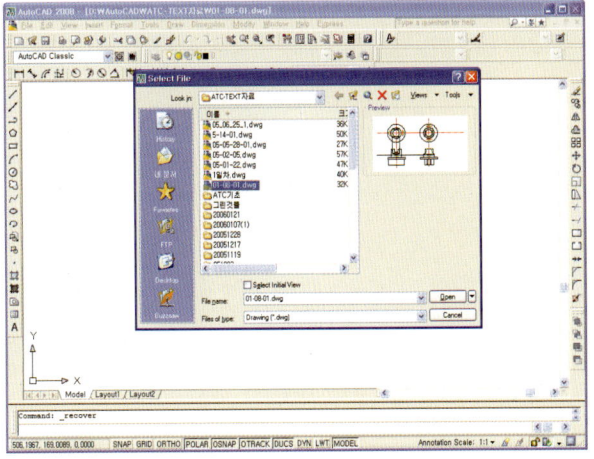

Chapter
02 좌표 시스템의 이해와 선 그리기

좌표 시스템이란 특별히 어려운 시스템이 아닙니다. 종이에 그리는 도면이 아니라 화면에 정확한 치수를 입력하여 그려야 하는 것이 캐드이므로 무엇보다 정확도를 높이기 위한 일종의 약속입니다. 이번 장은 앞서 Line을 그릴 때처럼 간단하게 마우스로만 그리는 것이 아니라 값을 입력하여 각각의 Line의 길이와 각도를 정확하게 그려보도록 하겠습니다.

1. 절대 좌표로 선 그리기

절대 좌표란 화면상의 코드 값을 그대로 읽어 들여 도면을 그리는 방식을 말합니다. 화면상의 절대 변하지 않는 고정 좌표 라고 생각하면 됩니다. 절대 좌표는 도면을 작성할 때 원점인 0,0을 기준으로 오른쪽 방향을 X축, 위쪽 방향을 Y축 좌표를 입력하여 사용하는 좌표계이며 절대 좌표로 도면을 작성하는 경우에는 절대 좌표의 X축의 값과 Y축의 값을 정확하게 입력 해야 합니다.

절대 좌표로 선 그리기	
절대 좌표의 입력 방법	X축의 좌표 값, Y축의 좌표 값

1. 명령어 사용 방법

절대 좌표로 도면을 작성하는 경우 해당 값을 좌표를 대입하여 작성합니다. 화면에 좌표가 보이는 것은 아니 지만 다음의 그림처럼 해당 좌표가 숨어 있는 것입니다. 다음의 과정을 순차적으로 따라 하여 절대 좌표 사 용 방법을 익혀 보도록 하겠습니다.

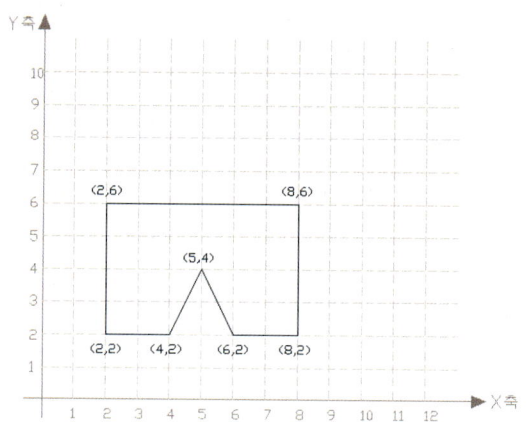

Tip
A u t o C A D
좌표 시스템이란

좌표 시스템이란 오토캐드의 표준 좌표계를 이용해서 도면을 그리는 것을 의미합니다. 보통 표준 좌표계는 직교 좌표계라고도 하며 직교 좌표계의 대 표로 절대 좌표, 상대 좌표, 상대 극좌표가 있습니다. 즉 좌표라는 것은 사용자가 원하는 X, Y값을 키보드를 이용하여 원하는 값과 방향을 설정할 수 있도록 미리 약속을 해놓은 규정이라고 생각하면 됩니다.

❶ [Limits] 명령으로 전체적인 도면 한계를 지정하고, 도면 한계를 세팅하기 위하여 [Zoom] 명령어를 입력합니다.

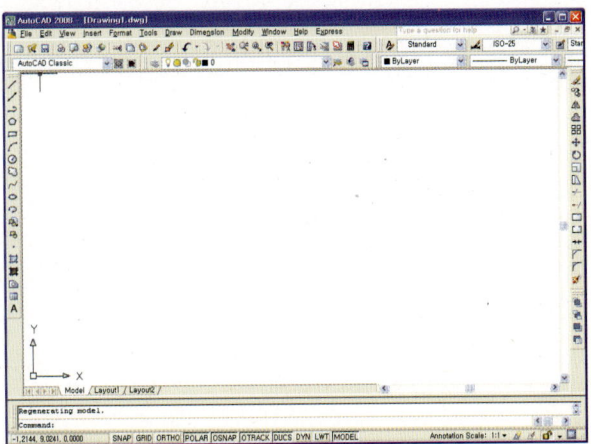

```
Command : Limits [Enter]
Reset Model space limits :
Specify lower left corner or [ON/OFF] <0.0000,0.0000> : [Enter] 기준점인 0,0을 그대로 사용할 것이므로 그대로 <Enter>를 누릅니다.
Specify upper right corner <420.0000,297.0000> : 12,9 [Enter] 화면의 사이즈를 작은 숫자로 설정하여 가로와 세로를 설정합니다.
Command : Zoom [Enter]
Specify corner of window, enter a scale factor (nX or nXP), or
[ All/Center/Dynamic/Extents/Previous/Scale/Window/Object] <real time> : A [Enter]
Regenerating model. 설정한 Limits 값을 화면에 적용하도록 세팅하는 것을 의미합니다.
```

❷ 시작점을 P1 지점에 절대 좌표로 2,2를 입력하여 시작합니다.

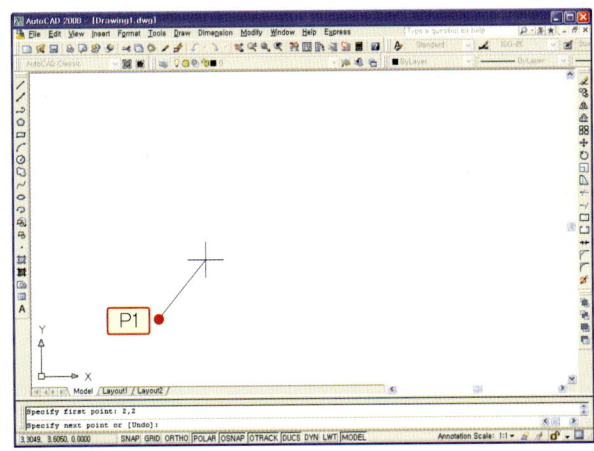

```
Command: Line [Enter]
Specify first point : 2,2 [Enter]
```

❸ P2~P7점까지 좌표 순서대로 입력합니다.

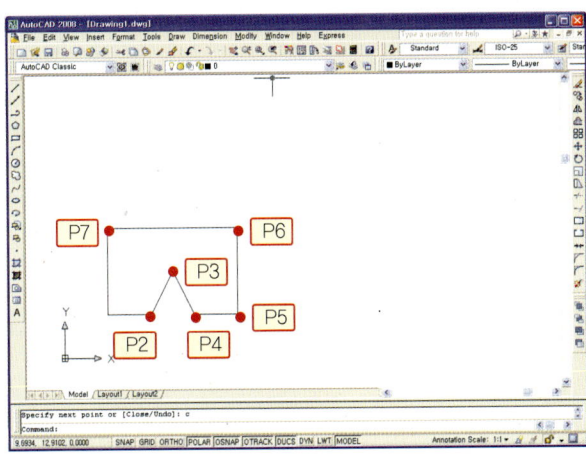

```
Specify next point or [ Undo] : 4,2 [Enter]
Specify next point or [ Undo] : 5,4 [Enter]
Specify next point or [ Close/Undo] : 6,2 [Enter]
Specify next point or [ Close/Undo] : 8,2 [Enter]
Specify next point or [ Close/Undo] : 8,6 [Enter]
Specify next point or [ Close/Undo] : 2,6 [Enter]
Specify next point or [ Close/Undo] : C [Enter]
Close 옵션으로 시작점과 끝점을 닫아주고 명령어를 종료합니다.
```

절대좌표 쉽게 이해하기

완성하였다면 다음 도면을 보고 우리가 만든 도면의 의미를 살펴봅니다. 각각의 길이가 오른쪽 도면에 나와 있고 왼쪽에는 우리가 입력한 절대 좌표가 있습니다. 시작점을 절대 좌표(2,2)로 입력하고 각각의 길이를 X, Y에 더하여 <u>오른쪽과 위쪽으로</u> 가는 경우 <u>길이를 더하여</u> 이동하고 <u>왼쪽과 아래로</u> 가는 경우 길이 <u>값을 빼서 이동</u>하였습니다.

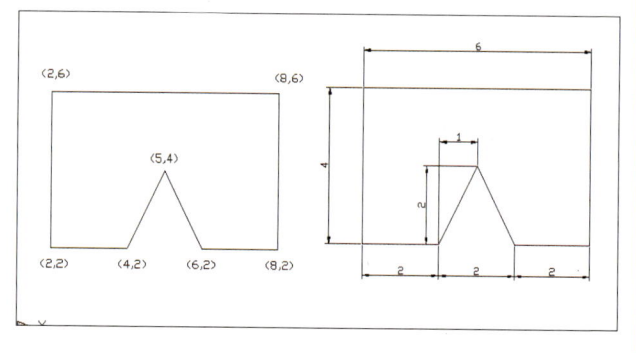

2. 상대 좌표로 선 그리기

상대 좌표란 현재 포인터가 있는 위치로부터 X축과 Y축의 이동 거리를 말합니다. 현재 포인터가 있는 위치란 도면 작업에서 맨 마지막으로 입력된 좌표를 의미하며 절대 좌표 입력 방법과는 달리 X와Y의 값을 입력하기 전에 @를 입력하여 선을 그립니다. '@'는 맨 마지막의 좌표에서 출발한다는 의미로 현재 포인터의 위치를 '0,0'이라고 가정하는 것입니다.

상대 좌표로 선 그리기	
상대 좌표의 입력 방법	@X의 이동 길이 값, Y의 이동 길이 값

1. 명령어 사용 방법

같은 도면을 그리더라도 절대 좌표를 이용하거나 상대 좌표를 이용하거나 같은 결과를 얻을 수 있으나 상대 좌표는 절대 좌표처럼 처음 좌표 값을 기준으로 계속 더하거나 빼는 것이 아니라 현재 포인터의 위치에서 도면상의 길이 값을 X축과 Y축의 변환 값으로 입력하여 도면을 그리는 것입니다.

❶ 다음의 도면을 보고 순서에 따라 도면을 작성해 보겠습니다.

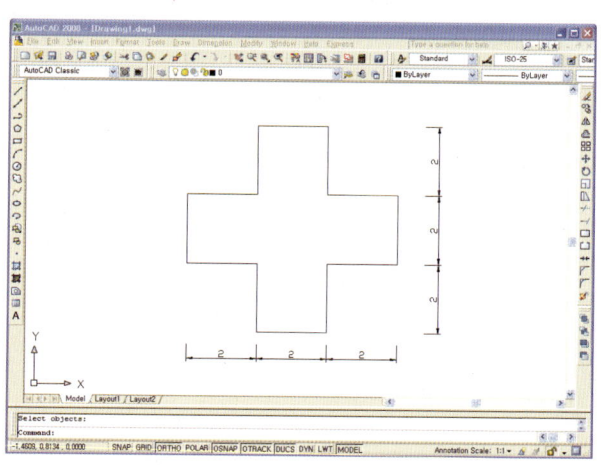

❷ Limits를 설정하고, 도면 한계 화면에 세팅하기
위하여 Zoom/All 명령어를 입력합니다.

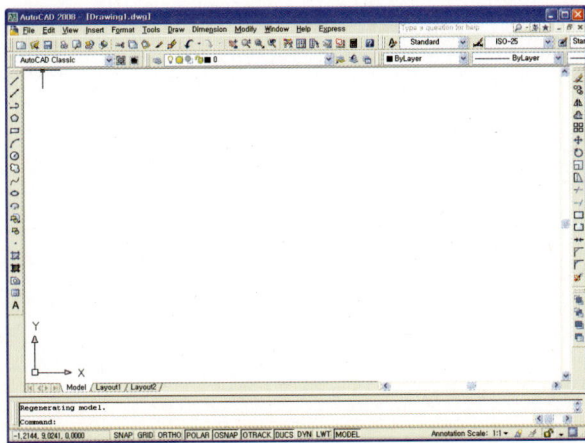

```
Command : Limits Enter
Reset Model space limits :
Specify lower left corner or [ON/OFF] <0.0000,0.0000> : Enter
Specify upper right corner <420.0000,297.0000> : 12,9 Enter
Command : Zoom Enter
Specify corner of window, enter a scale factor (nX or nXP), or
[ All/Center/Dynamic/Extents/Previous/Scale/Window/Object] <real time> : A Enter
Regenerating model.
```

❸ [Line] 명령어와 상대 좌표를 입력하여 도면을 작
성합니다. 기본적인 길이 값과 이동하는 방향을
잘 보고 좌표 값을 정확하게 입력합니다.

```
Command: Line Enter
Specify first point : P1 클릭
P1점을 마우스로 클릭하여 시작점을 선택합니다.
```

❹ 다음 점부터는 상대 좌표를 이용하여 입력합니다.
'@X의 이동 거리, Y의 이동 거리'를 기준으로 길
이 값에 대입합니다.

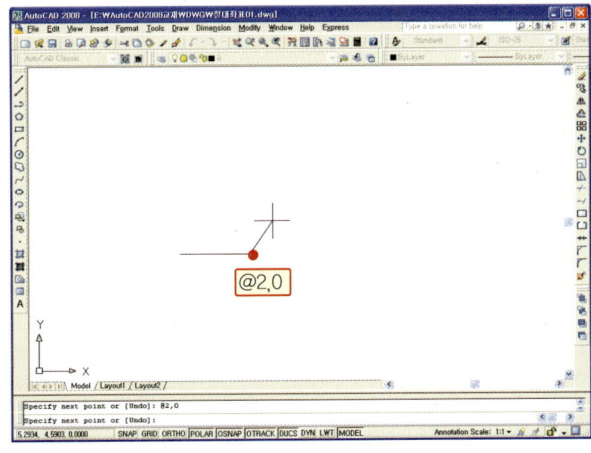

```
Specify next point or [ Undo] : @2,0
@를 입력하여 최종 좌표로부터 X축으로 2만큼 이동하고 Y축으로
0만큼 이동합니다.
```

⑤ 계속해서 다음 점을 입력합니다. 세로 방향이므로 Y축의 변화이며 아래쪽이므로 '−' 마이너스를 이용하여 값을 입력합니다.

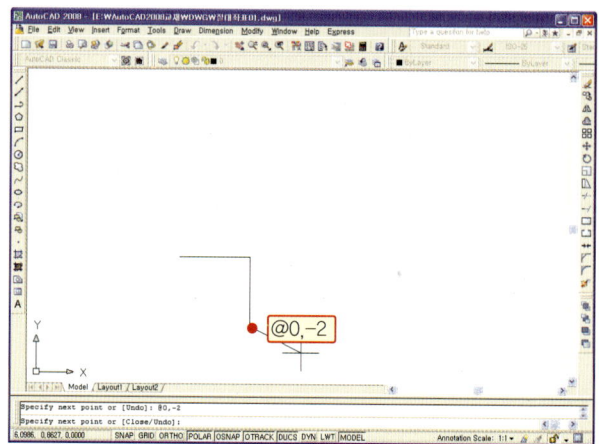

Specify next point or [Undo] : **@0,−2** `Enter`
현재 위치에서 X축으로 0만큼, Y축으로 −2만큼 이동합니다.

바로 전에 보았듯이 좌표 값을 입력하는 경우 입력 값에는 '+'와 '−' 값이 공존합니다. 보통 좌우의 길이 변화는 X축의 변화이며, X축 입력 값에 '+'는 오른쪽, '−'는 왼쪽으로 이동합니다. 또한 상하의 세로의 길이 변화는 Y축의 변화이며, Y축 입력 값에 '+'는 위쪽, '−'는 아래쪽으로 이동합니다.

⑥ 계속해서 다음 점을 입력합니다. 오른쪽으로 '2' 만큼 이동하므로 X축의 변환 값을 입력하고 상하로의 움직임이 없으므로 Y의 변환 값은 '0'이 됩니다.

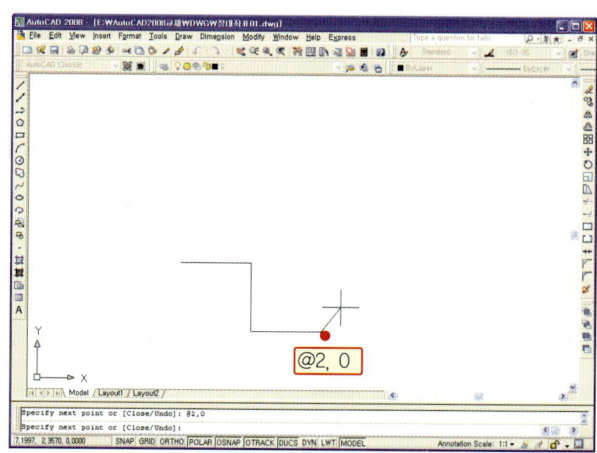

Specify next point or [Close/Undo] : **@2,0** `Enter`.

⑦ 계속해서 다음 점을 입력합니다. 다시 세로로 변환되므로 Y축의 변환 값을 입력하고 X축의 변환 값은 '0'을 입력합니다.

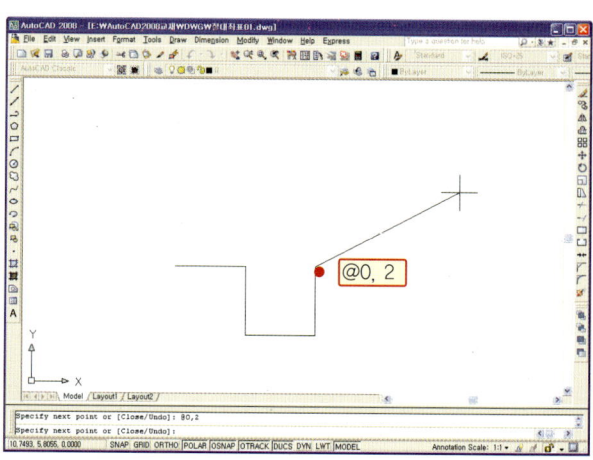

Specify next point or [Close/Undo] : **@0,2** `Enter`.

⑧ 계속하여 다음 점을 입력합니다. 이제 같은 방향으로의 반복하여 방향을 연습합니다. 오른쪽으로 '2' 만큼 이동하므로 X축의 변환 값을 입력하고 Y의 변환 값 '0'을 입력합니다.

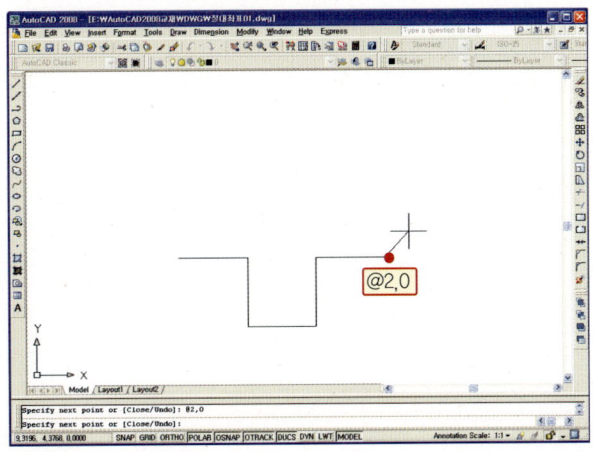

```
Specify next point or [Close/Undo] : @2,0 Enter
```

⑨ 같은 방향의 길이가 반복되므로 한 번에 계속해서 다음 점을 여러 개 입력합니다. 변환되는 기준 값이 X축인지 Y축인지를 기준하여 '+(플러스)'와 '-(마이너스)'를 구분하면서 입력합니다.

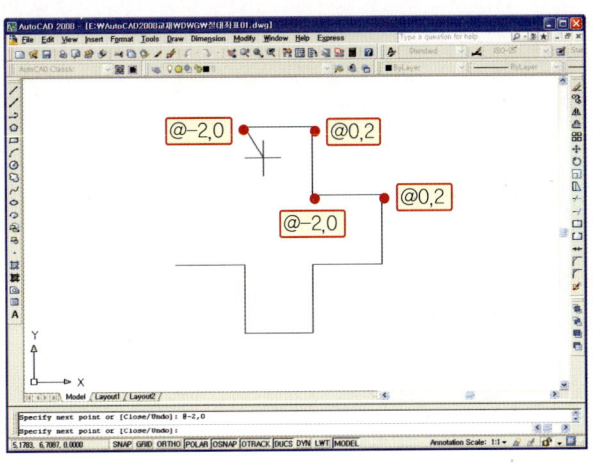

```
Specify next point or [Close/Undo] : @0,2 Enter
Specify next point or [Close/Undo] : @-2,0 Enter
Specify next point or [Close/Undo] : @0,2 Enter
Specify next point or [Close/Undo] : @-2,0 Enter
```

⑩ 계속해서 아래로 이동하여 이동 방향에 대한 좌표 값을 입력합니다. 세로 방향은 Y축의 변환이며 아래 방향의 이동은 '-' 값을 입력하는 것을 확인합니다. 또한 가로 방향은 X축의 변환이며 왼쪽 방향의 이동은 '-' 값을 입력합니다.

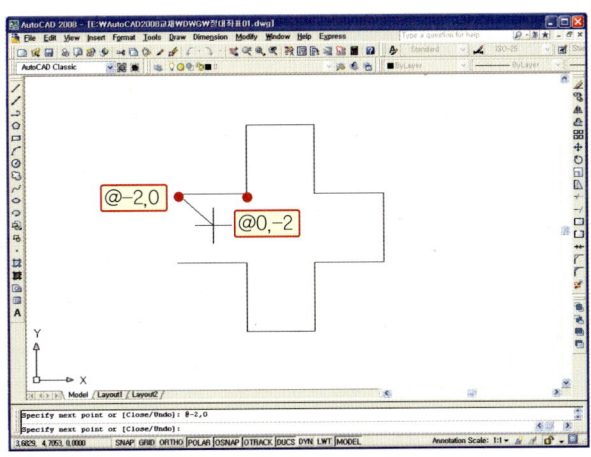

```
Specify next point or [Close/Undo] : @0,-2 Enter
Specify next point or [Close/Undo] : @-2,0 Enter
```

⑪ 맨 끝점은 시작점과 끝점을 연결하여 닫아주고 명 령어를 종료하는 'Close' 옵션을 이용합니다. 'C'만 입력하여 명령어를 종료합니다. 그림과 같 이 완성되었습니다.

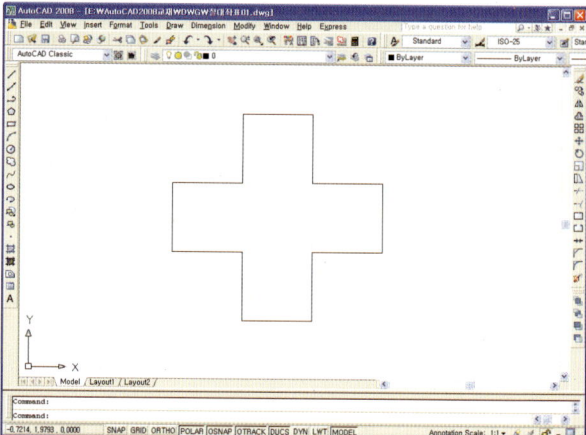

```
Specify next point or [ Close/Undo ] : C  Enter
```

---

3. 상대 극좌표로 선 그리기

상대 극좌표는 해당 객체의 길이 값과 각도를 기준으로 선을 그립니다. 상대 좌표와 마찬가지로 @를 기준으로 현재 포인터의 위 치를 '0,0'으로 지정하고 해당 객체의 길이 값을 각도계 방향으로 이동시켜 선을 그립니다.

상대 극좌표로 선 그리기	
상대 극좌표의 입력 방법	@길이 값 〈 이동각도

1. 명령어 사용 방법

상대 극좌표는 도면상에 선분 길이의 값과 그 선분의 각도가 있거나 유추할 수 있는 경우 주로 사용합니다. 마우스포 인터가 있는 위치로부터 '@길이 값〈각도'를 입력하여 선분을 그립니다. 대부분 선을 그리거나 다른 객체를 이동할 때 주로 사용하는 좌표계가 상대 좌표와 상대 극좌표입니다. 여러 가지 도형들을 이용하여 연습하도록 합니다.

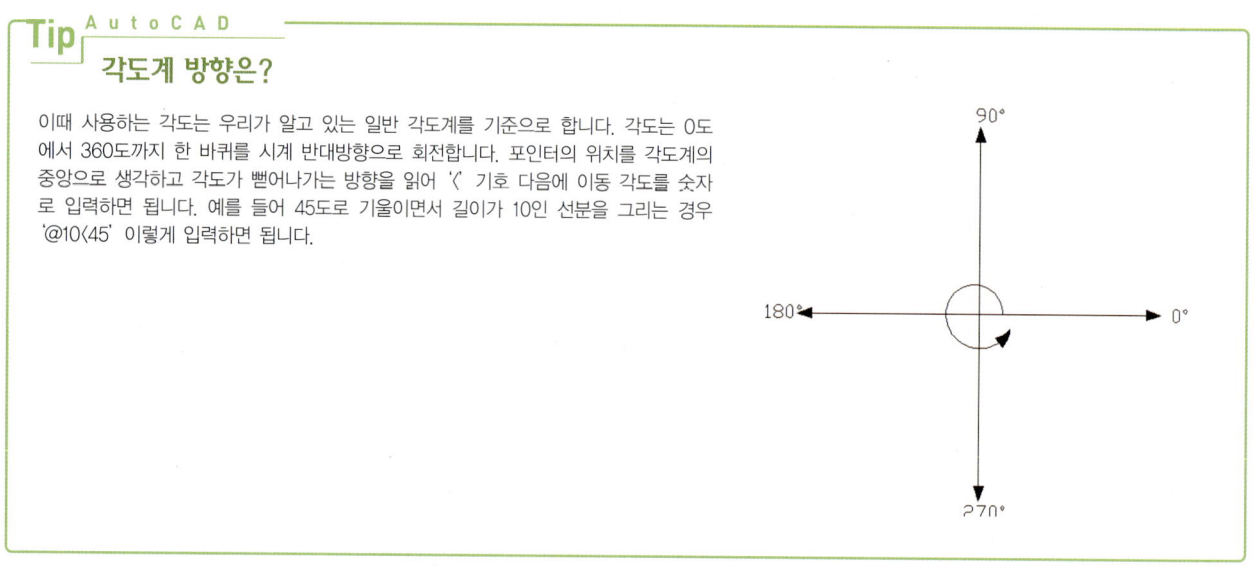

Tip AutoCAD
각도계 방향은?

이때 사용하는 각도는 우리가 알고 있는 일반 각도계를 기준으로 합니다. 각도는 0도 에서 360도까지 한 바퀴를 시계 반대방향으로 회전합니다. 포인터의 위치를 각도계의 중앙으로 생각하고 각도가 뻗어나가는 방향을 읽어 '〈' 기호 다음에 이동 각도를 숫자 로 입력하면 됩니다. 예를 들어 45도로 기울이면서 길이가 10인 선분을 그리는 경우 '@10〈45' 이렇게 입력하면 됩니다.

① 다음의 도면을 보고 순서에 따라 도면을 작성해보
겠습니다.

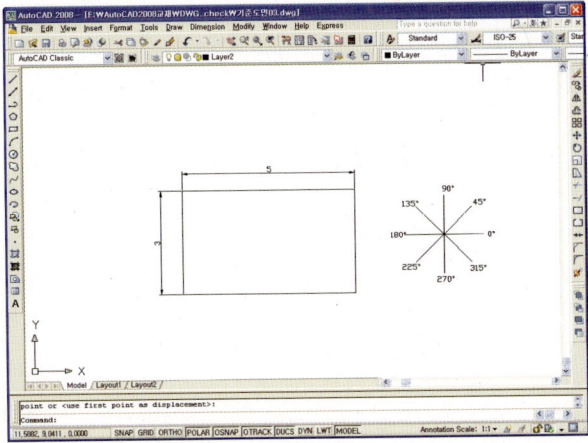

② Limits를 설정하고, 도면 한계 화면에 세팅하기
위하여 Zoom/All 명령어를 입력합니다.

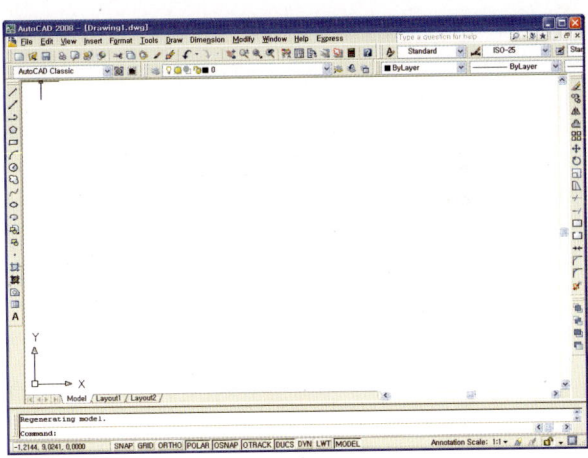

Command : Limits Enter
Reset Model space limits :
Specify lower left corner or [ON/OFF] <0.0000,0.0000> :
Enter
Specify upper right corner <420.0000,297.0000> : 12,9 Enter
Command : Zoom Enter
Specify corner of window, enter a scale factor (nX or nXP), or
[All/Center/Dynamic/Extents/Previous/Scale/Window/Object]
<real time> : A Enter
Regenerating model.

③ [Line] 명령어를 입력하고 상대 극좌표를 입력하
여 도면을 정확하게 작성하도록 합니다.

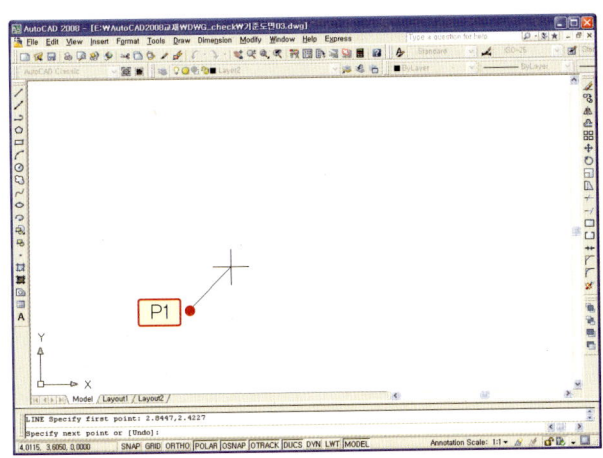

Command : Line Enter
Specify first point : P1 클릭
마우스로 첫 점을 클릭하여 시작점을 선택합니다.

④ 오른쪽 방향으로 이동하기 위해 극좌표를 이용하
여 '@5〈0'을 입력합니다.

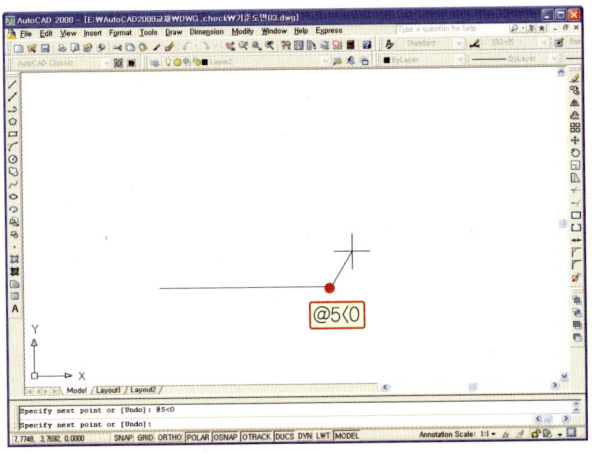

Specify next point or [Undo] : @5〈0 Enter
길이 값 '5'를 '0' 도 방향으로 이동한 것입니다.

⑤ 위쪽으로 이동하기 위해 '@3⟨90'을 입력하여 3만 큼의 길이로 위쪽 90도 방향으로 선을 그립니다.

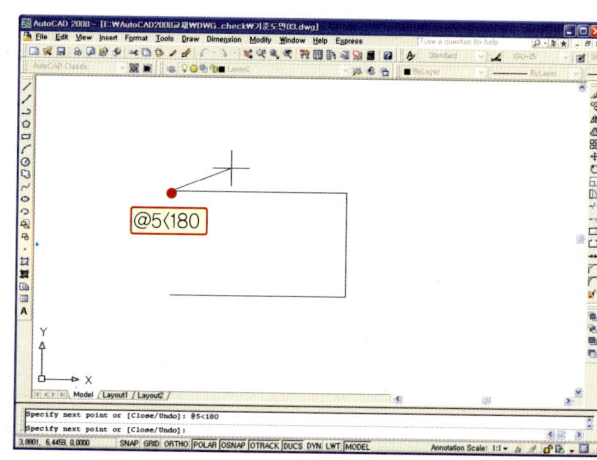

```
Specify next point or [ Undo] : @3⟨90  Enter
```

⑥ 왼쪽으로 이동하기 위해 '@5⟨180'을 입력하여 5 만큼의 길이로 왼쪽 180도 방향으로 선을 그려봅 니다.

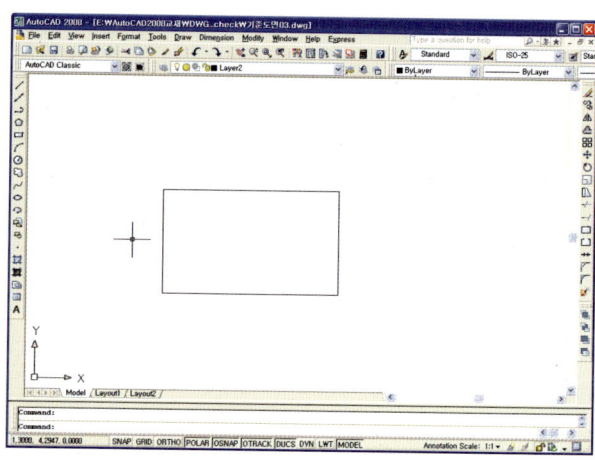

```
Specify next point or [ Close/Undo] : @5⟨180  Enter
```

⑦ 3만큼 아래 방향인 270도 방향으로 이동하기 위 해 '@3⟨270'을 입력하거나 Close 옵션을 이용 하여 시작점과 끝점을 연결하여 닫아주고 명령어 를 종료합니다.

```
Specify next point or [ Close/Undo] : C  Enter
```

Tip **AutoCAD**

아래 방향으로 이동할 때

아래 방향으로 이동할 때는 '-90'도 또는 '270'도 방향으로 이동합니다. 키보드에서 입력할 때에는 '-90'도가 한곳에 몰려있으므로 사용자는 더 편하 게 입력할 수 있습니다. 이렇게 아래 방향으로 이동할 때에는 각도를 직접 입력하기도 하지만 한 바퀴를 돌아오는 경우가 많으므로 시작점과 끝점을 연 결하여 닫아주는 'Close' 옵션을 이용하여 빠르게 작업을 마칩니다.

4. 좌표 시스템을 이용하여 선 그리기

[Line] 명령어와 좌표 시스템을 이용하여 선을 그려보겠습니다. 시작점은 예시한대로 입력하고 절대 좌표와 상대 좌표 그리고 상대 극좌표를 이용하여 다음의 예제를 보고 순서대로 차근차근 따라 해보기 바랍니다. 길이 값을 잘못 입력한 경우에는 지우려고 하지 말고 Undo 옵션을 이용하여 간단히 'U'로 취소할 수 있습니다.

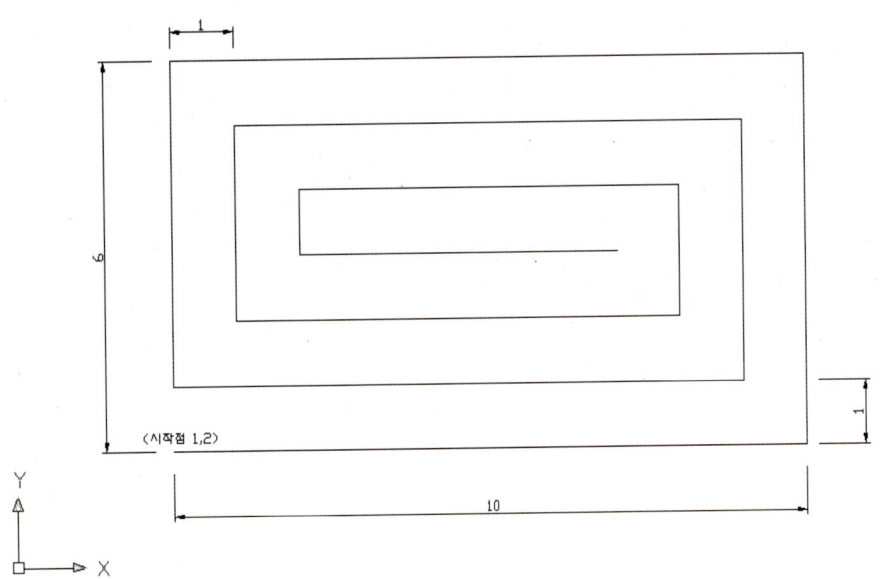

① Limits를 설정하고, 도면 한계 화면에 세팅하기 위하여 Zoom/All 명령어를 입력합니다.

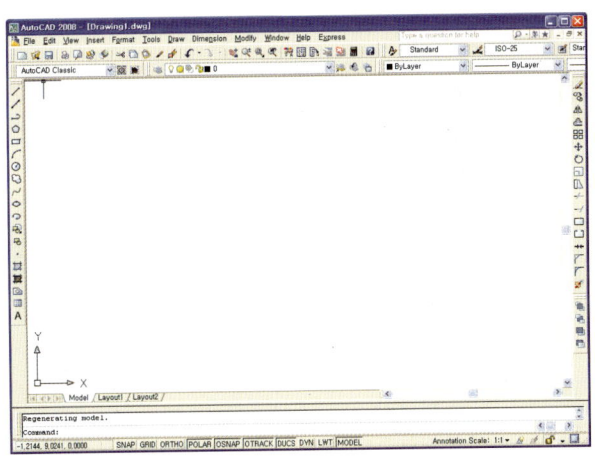

```
Command : Limits [Enter]
Reset Model space limits :
Specify lower left corner or [ON/OFF] <0.0000,0.0000> :
[Enter]
Specify upper right corner <420.0000,297.0000> : 12,9 [Enter]
Command : Zoom [Enter]
Specify corner of window, enter a scale factor (nX or nXP), or
[All/Center/Dynamic/Extents/Previous/Scale/Window/Object]
<real time> : A [Enter]
Regenerating model.
```

Tip AutoCAD

@의 의미는 ?

'@'는 대부분 골뱅이라고 부르지만 '앳사인(At Sign)'이라고도 합니다. 보통 이 @이 있으면 현재 포인터의 밴드가 시작되는 지점을 가리키는 말입니다. 즉, @이 있는 좌표 값을 '0,0'으로 가정하는 것입니다. 그래서 상대 좌표나 상대 극좌표에서는 @가 빠지면 절대로 정확한 값으로 이동할 수가 없습니다. @이 없으면 절대 좌표가 되니까 생각했던 곳으로 이동할 수가 없습니다. 항상 상대 좌표나 상대 극좌표를 쓰는 경우에는 반드시 입력합니다.

② 시작점은 절대 좌표로 입력하고 사각형 네 개의 변은 모두 절대 좌표로 입력하여, 절대 좌표 입력 방법을 연습합니다. 그리고 계속해서 안쪽으로 들어가면서 상대 좌표와 상대 극좌표로 바꾸어 입력해 보겠습니다.

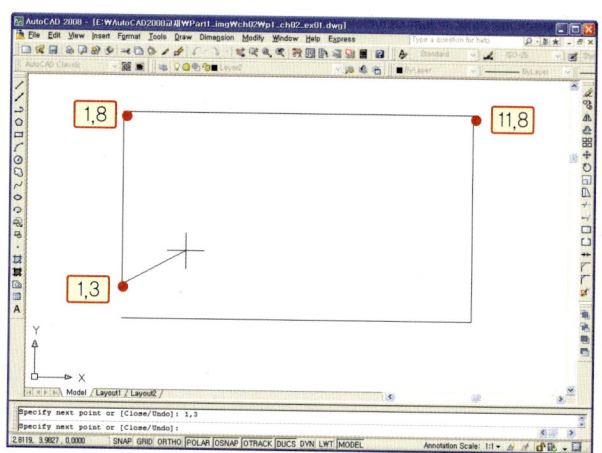

Command : Line Enter
Specify first point : 1,2 Enter
시작점을 좌표 값 '1,2'로 입력하여 P1점을 절대 좌표로 입력합니다.

시작점을 '1,2'로 했으면 전체길이가 가로 10, 세로 6이므로 시작점을 x, y로 가정하고 좌우로 가는 경우 x인 1에 10을 더하거나 빼고 위아래로 가는 경우 y인 2에서 6을 더하거나 빼서 한 바퀴 돌아 도착하도록 합니다.

③ 다음 점을 절대 좌표로 입력하여 시작 값 '1,2'를 기준으로 가로로만 이동하므로 가로의 길이 값 (10)을 더하여 '11,2'를 입력하여 그림과 같이 가로 방향이 그려지는지 확인합니다.

Specify next point or [Undo] : 11,2 Enter
P2점을 입력합니다.

④ 계속하여 다음 점을 절대 좌표로 순서대로 입력합니다. 절대 좌표는 '+'나 '-'는 이용하지 않고 방향에 따라 처음의 좌표 값에서 길이 값을 더하거나 빼고 값을 입력합니다.

Specify next point or [Undo] : 11,8 Enter
Specify next point or [Close/Undo] : 1,8 Enter
Specify next point or [Close/Undo] : 1,3 Enter

⑤ 다음의 안쪽 사각형은 상대 좌표를 이용하여 그립니다. 상대 좌표는 '@X의 이동 거리, Y의 이동 거리'를 이용하여 길이 값만을 입력하여 선분을 다음과 같이 그립니다.

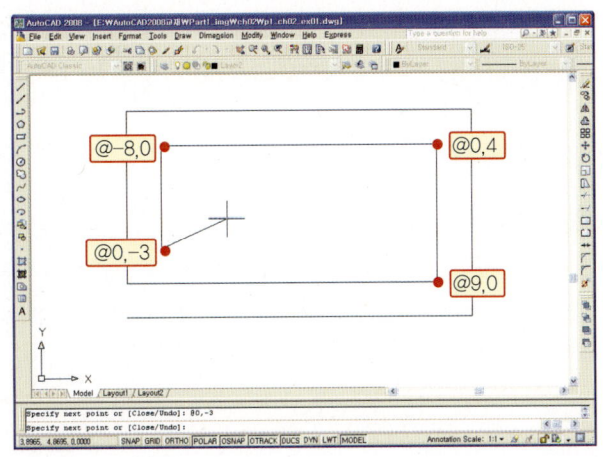

```
Specify next point or [Close/Undo] : @9,0  Enter
Specify next point or [Close/Undo] : @0,4  Enter
Specify next point or [Close/Undo] : @-8,0 Enter
Specify next point or [Close/Undo] : @0,-3 Enter
```

⑥ 다음의 안쪽 사각형은 상대 극좌표를 이용합니다. '@길이 값<각도 방향'을 이용하여 길이 값과 이동하는 방향에 따른 각도를 입력하여 선분을 다음과 같이 그려 나가고 맨 마지막은 Enter를 눌러 [Line] 명령을 종료합니다.

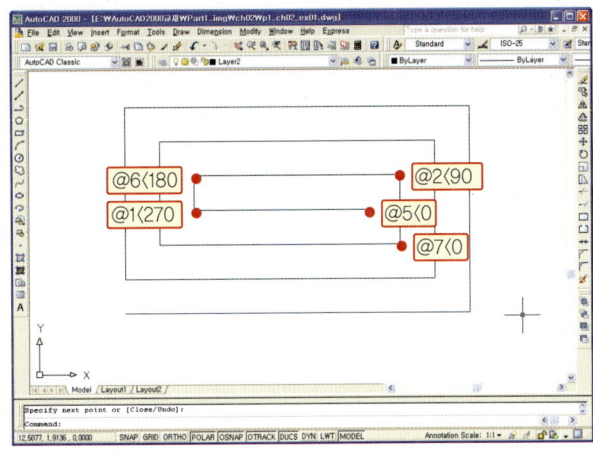

```
Specify next point or [Close/Undo] : @7<0   Enter
Specify next point or [Close/Undo] : @2<90  Enter
Specify next point or [Close/Undo] : @6<180 Enter
Specify next point or [Close/Undo] : @1<270 Enter
Specify next point or [Close/Undo] : @5<0   Enter
Specify next point or [Close/Undo] :        Enter
```

5. 객체를 지워주는 [Erase] 명령어

도면을 제대로 그리려면 여러 가지 객체를 그리거나 삭제할 수 있어야 합니다. 그릴 때는 각종 명령어를 이용하여 도면을 그리지만 잘못된 것이나 필요 없어진 객체를 지울 때는 [Erase] 명령어를 사용합니다. [Erase] 명령을 사용하면서 각종 객체를 선택하는 여러 가지 방법을 골고루 배워보겠습니다.

[Erase] 명령어	
아이콘	✎
메인 메뉴	[Modify]–[Erase]
명령어	Erase
단축키	〈E〉

1. 명령어 사용 방법

삭제할 객체가 있는 경우 Command 라인에 직접 명령을 입력하여 원하는 객체를 선택하거나 드래그하여 일부 또는 전체를 집합체로 선택한 후 명령어를 적용하여 객체를 지웁니다.

2. 명령어 옵션

[Erase] 명령에서 사용할 수 있는 옵션들이 있습니다. 이 옵션들은 [Erase] 명령뿐만 아니라 Select object라는 기본적인 선택을 하는 명령어에서는 모두 사용할 수 있는 옵션입니다. 옵션은 다른 명령어와 마찬가지로 나타는 옵션에서 대문자로 표시되는 문자만 입력하면 해당 옵션이 실행됩니다.

옵션	내용
Pick	객체 하나하나를 Pickbox를 이용하여 선택합니다.
Crossing	한 번에 여러 개의 객체를 선택하는 방법 중 하나로 객체가 없는 빈 공간을 클릭한 후 오른쪽에서 왼쪽으로 드래그하여 사각형을 만들면 그 사각형 안에 포함되거나 조금이라도 포함되어 있으면 선택되는 Object Selection입니다.
Window	Cross처럼 한 번에 여러 개의 객체를 선택하는 방법 중 하나로 객체가 없는 빈 공간 클릭한 후 왼쪽에서 오른쪽으로 드래그하여 사각형을 만들면 그 사각형 안에 완전히 포함되어 있는 객체만 선택되는 Object Selection입니다.
All	화면에 있는 모든 객체를 선택하는 Object Selection입니다.
WP	Window Polygon의 뜻으로 점을 찍어 다각형을 만든 뒤 객체가 그 다각형 안에 완전히 포함되어 있는 객체만 선택되는 Object Selection입니다.
CP	Cross Polygon의 뜻으로 점을 찍어 다각형을 만든 뒤 객체가 그 다각형 안에 포함되거나 조금이라도 포함되어 있으면 선택되는 Object Selection입니다.
Last	마지막으로 그린 객체 하나만 자동으로 선택하는 Object Selection입니다.
Remove	선택한 객체를 선택 해제하는 Object Selection입니다.
Add	Remove Object Selection에서 다시 객체를 선택하는 Select object 상태로 변경합니다.
Previous	바로 이전 단계에 선택한 개체들을 재선택해줍니다.

3. 기본 실습

[Erase] 명령을 이용하여 객체의 기본적인 지우는 연습을 하도록 합니다. 그리는 명령어와 더불어 자주 사용하는 명령어 이므로 정확하게 사용하는 방법을 익히도록 하며 지울 대상 객체를 모두 선택하였다면 반드시 〈Enter〉를 눌러 명령어를 종료하도록 합니다.

- 예제 파일 : Sample\Part01\erase01.dwg

① [File]-[Open] 메뉴를 이용하여 부록 CD에서 예제 파일을 불러옵니다. [Erase] 명령어를 연습하기 위하여 미리 만들어 둔 파일이며 그림과 같이 도면을 열면 여러 가지 객체가 보입니다.

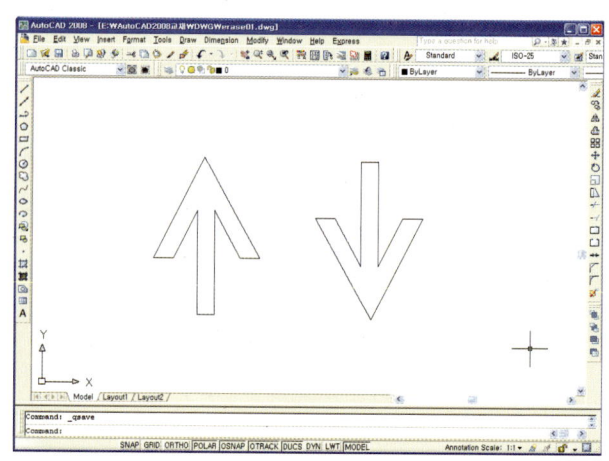

② 도면이 열렸으면 다음과 같이 명령어를 입력하여 실습합니다.

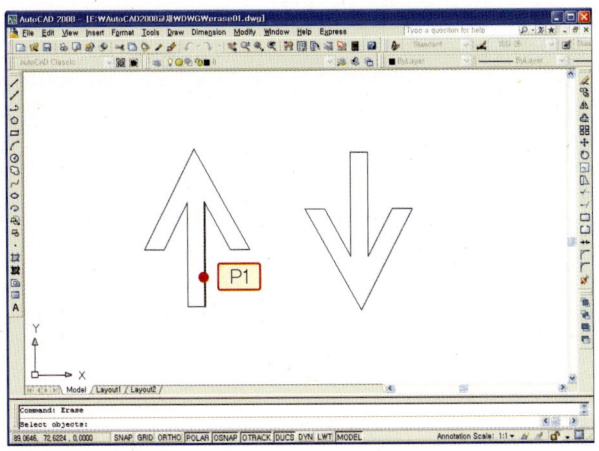

Command : Erase [Enter]
Select objects : 1 found P1점을 Pickbox를 이용하여 선택합니다.

③ 선택한 객체는 그림처럼 점선으로 표시됩니다. 기본값으로 체크되어 있는 경우 선택된 객체와 선택되지 않은 객체를 구분하기 위하여 AutoCAD에서는 선택된 객체들을 점선으로 변경합니다.

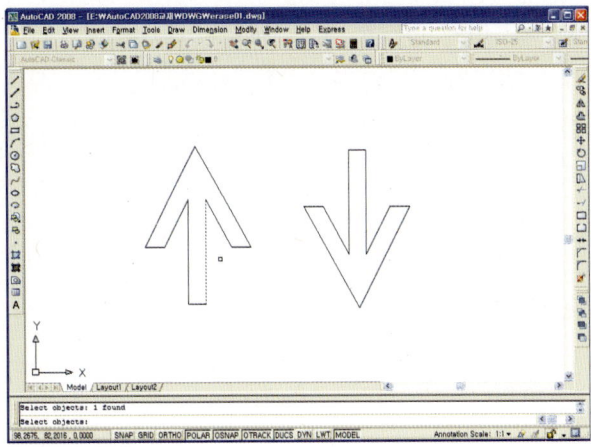

④ 계속해서 같은 방법으로 다른 객체를 더 선택할 수도 있습니다. 객체를 지우려면 [Enter]를 누르면 됩니다.

Select objects : [Enter]
더 이상 지울 객체가 없는 경우 [Enter]를 눌러 명령을 종료합니다.

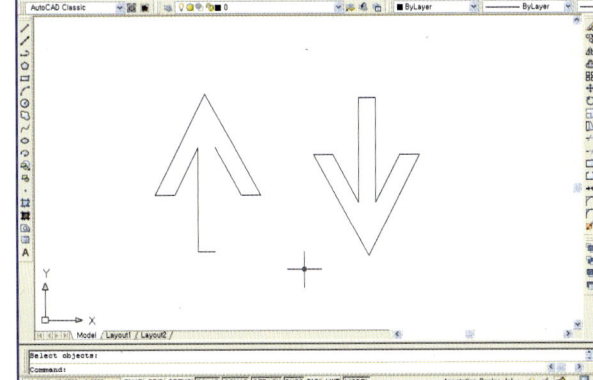

Tip **AutoCAD**
객체의 Highlight

객체를 선택하면 다른 객체보다 진하게 표시되므로 선택된 객체가 맞는지 쉽게 확인할 수 있습니다. 진하게 선택된 것을 하이라이트라고하며 여러 가지 복잡한 객체를 선택하는 경우 구분하기 쉬운 방법 중에 하나입니다.

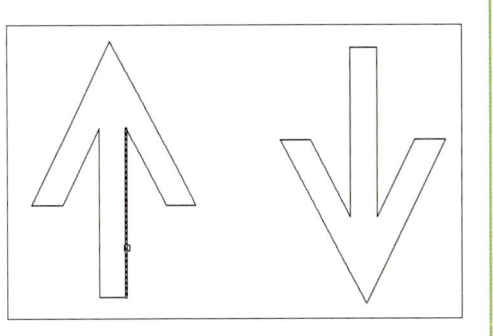

4. 옵션 활용 – 다양한 Object selection을 이용한 [Erase] 명령 활용하기

[Erase] 명령어뿐 아니라 모든 Object selection을 이용하는 방법은 같습니다. 객체를 선택하는 모든 것은 Object Selection이라 하며 Object Selection은 Command 라인에서는 모두 사용할 수 있습니다.

■ Window 옵션을 활용한 [Erase] 명령

한 번에 여러 개의 객체를 선택할 때는 Pickbox만을 이용하면 매우 번거롭습니다. 한 번에 여러 개를 선택할 때는 W와 C 옵션을 이용하는 방법이 있습니다. W와 C 옵션은 예전 도스 버전부터 기본적으로 사용하였으며, 업그레이드되면서 기능도 확장되었습니다. 이번에는 W나 C 옵션을 활용하여서 선택하는 방법을 예제를 통해 살펴보도록 하겠습니다.

• 예제 파일 : Sample\Part01\erase02.dwg
----

① [File]-[Open] 메뉴를 이용하여 부록 CD에서 예제 파일을 불러옵니다. 작은 모양의 자동차 객체가 보입니다.

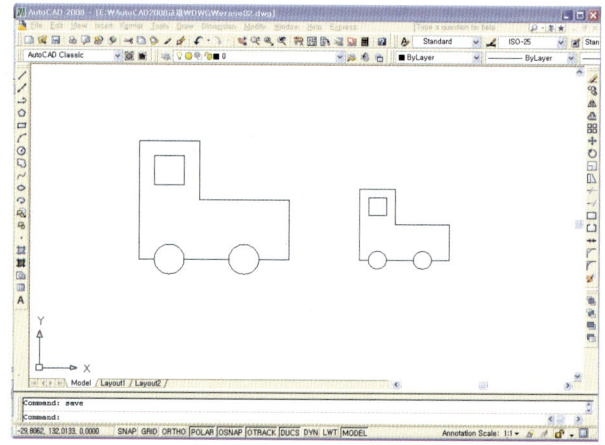

② 도면을 불러왔으면 Command 라인에서 [Erase] 명령을 입력하고 Window 옵션을 사용하기 위하여 'W'를 입력합니다. 원하는 부분을 그림처럼 선택하기 위해 P1에서 P2까지 드래그합니다.

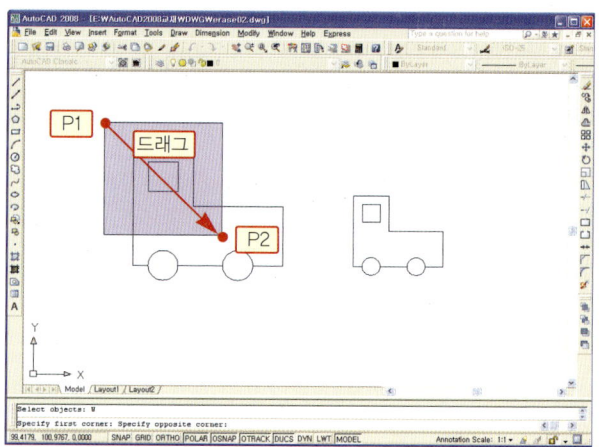

Command : **Erase** `Enter`
Select objects : **W** `Enter` Window 옵션을 선택하기 위하여 'W'를 입력합니다.
Specify first corner : Specify opposite corner : 3 found P1에서 P2 지점까지 드래그하여 객체를 선택합니다.

❸ 선택이 되고 나면 선택이 된 객체들은 다음의 그림처럼 점선으로 변경됩니다. 앞서 살펴본 대로 기존의 객체와 구분되도록 하기 위해 선택된 객체는 점선이 됩니다. 'Window'이기 때문에 드래그한 사각형 안에 완전히 포함된 객체만 선택이 되었습니다.

❹ Enter를 눌러 명령어를 종료하며 선택된 객체가 지워집니다. [Erase] 명령뿐만 아니라 객체를 선택한 후에는 반드시 Enter를 눌러 명령어를 진행합니다.

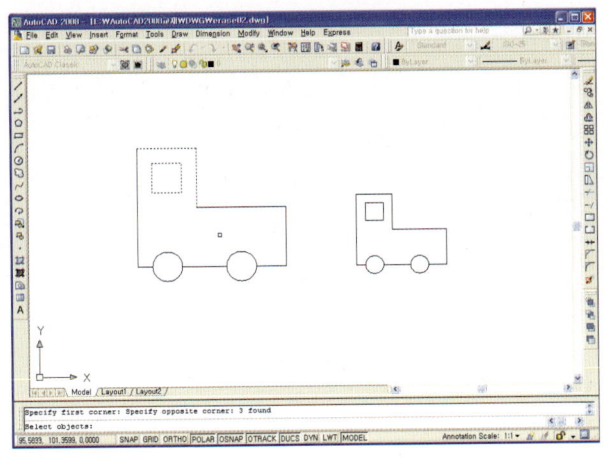

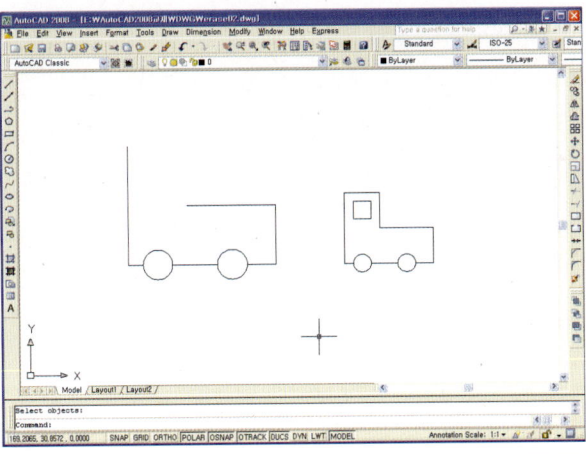

Select objects : Enter
더 이상 선택할 객체가 없는 경우 Enter 를 눌러 명령어를 종료합니다.

■ Cross 옵션을 활용한 [Erase] 명령

Window 옵션은 사각형 안에 완전하게 포함된 객체만을 선택하지만 Cross 옵션은 사각형 안에 조금이라도 포함된 객체는 모두 선택할 수 있습니다. 그러므로 Cross 옵션이 Window 옵션보다 폭넓게 선택할 수 있으며 많은 객체를 한꺼번에 선택할 때 편리합니다.

• 예제 파일 : Sample\Part01\erase02.dwg

❶ [File]-[Open] 메뉴를 이용하여 부록 CD에서 앞서 살펴본 예제 파일을 불러옵니다.

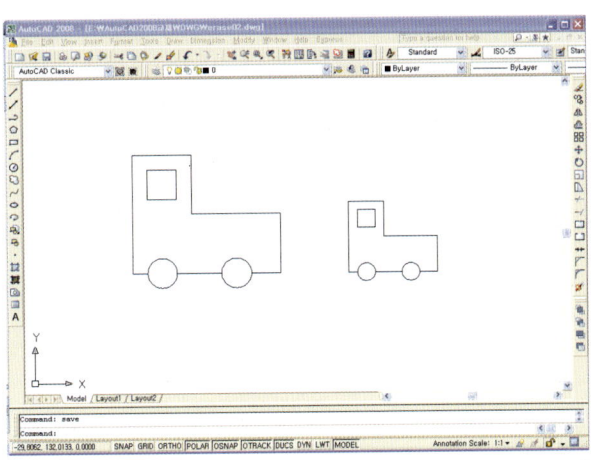

② 도면을 불렀으면 Command 라인에 [Erase] 명령을 입력하고 Cross 옵션을 사용하기 위해 'C'를 입력한 뒤, 원하는 곳을 사각형으로 드래그합니다. 여기서는 P1에서 P2까지 마우스로 드래그합니다.

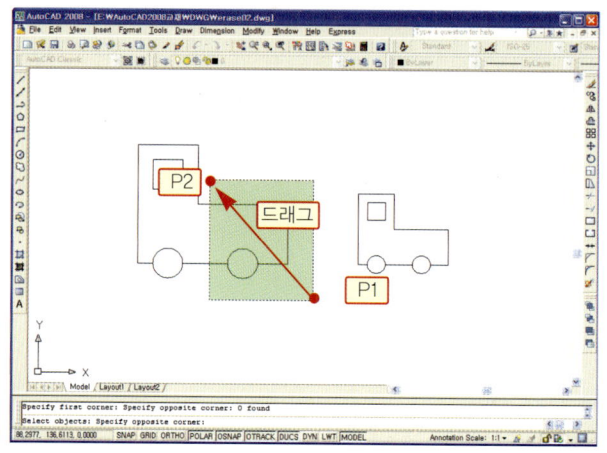

Command : Erase Enter
Select objects : C Enter
Cross 옵션을 활용하기 위해 'C'를 입력합니다.
Specify first corner : Specify opposite corner : 3 found
P1에서 P2 지점까지 드래그하여 객체를 선택합니다.

③ 선택된 부분이 점선으로 변경됩니다. Window 옵션보다 더 많은 객체를 한 번에 선택할 수 있습니다.

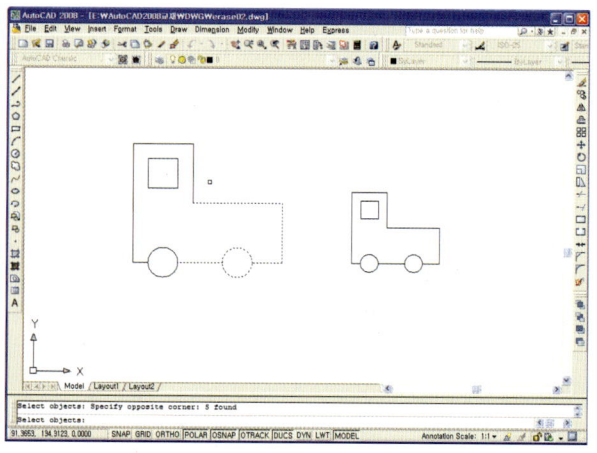

④ 더 이상 지울 대상 객체가 없다면 Enter 를 눌러 명령어를 종료합니다. 명령어가 종료되면 선택된 객체가 삭제됩니다.

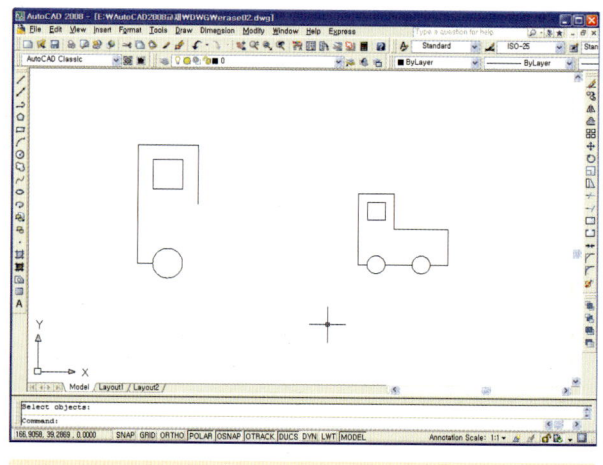

Select objects : Enter

■ 드래그 방향을 활용한 [Erase] 명령

Window나 Cross 옵션은 자주 사용하게 됩니다. 오토캐드는 'W'나 'C' 옵션을 입력하지 않고도 드래그하는 방향을 기준으로 자동으로 선택 영역을 설정할 수 있습니다. 노면의 빈 공간을 클릭한 후 왼쪽에서 오른쪽으로 드래그하면 자동으로 Window 옵션이 적용되어 객체를 선택할 수 있으며, 반대로 오른쪽에서 왼쪽으로 드래그하면 자동으로 Cross 옵션이 적용됩니다.

• 예제 파일 : Sample\Part01\erase02.dwg

① [File]-[Open] 메뉴를 이용하여 부록 CD에서 앞서 살펴본 예제 파일을 불러옵니다.

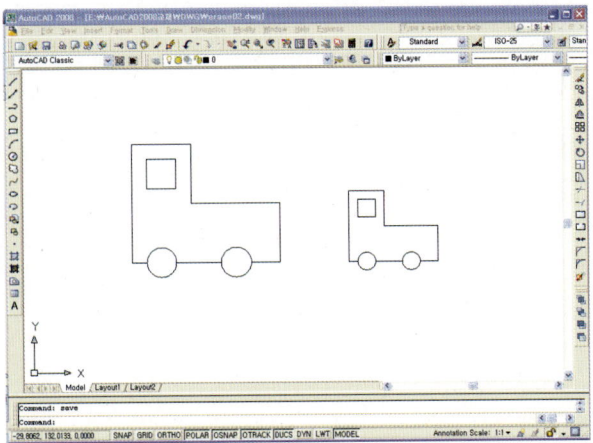

② Command 라인에 [Erase] 명령을 입력한 뒤 그림처럼 객체의 왼쪽 위 빈 공간을 클릭해서 오른쪽 하단으로 드래그합니다.

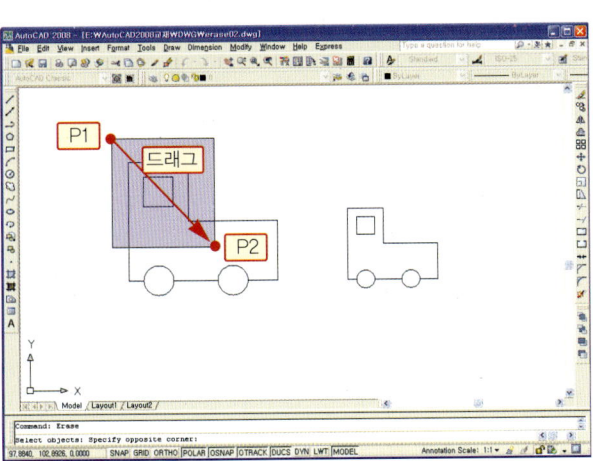

Command : **Erase** Enter
elect objects : Specify opposite corner : **P1~P2 드래그**

③ 드래그한 후 Command 라인을 살펴보면 몇 개의 객체가 선택되었는지를 알 수 있습니다. 도면상에는 선택된 객체가 점선으로 표시됩니다.

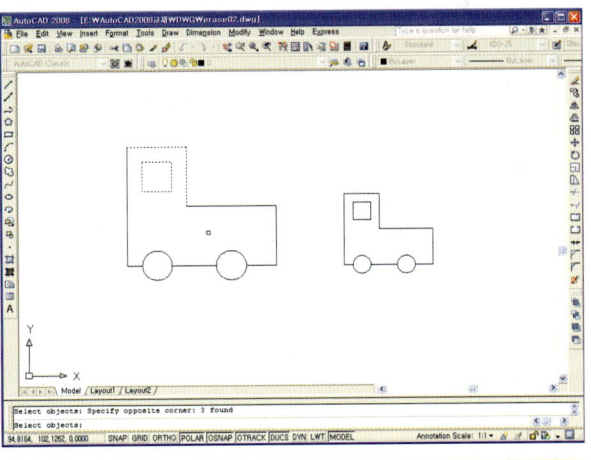

Select objects : Specify opposite corner : 3 found

④ 이번에는 계속해서 Cross 옵션을 마우스 드래그만으로 적용해봅니다. 도면상에 보이는 객체 중 오른쪽 객체 우측 상단의 빈 공간을 클릭한 후 좌측 하단으로 드래그합니다.

Select objects : Specify opposite corner :
P3에서 P4점까지 드래그합니다.

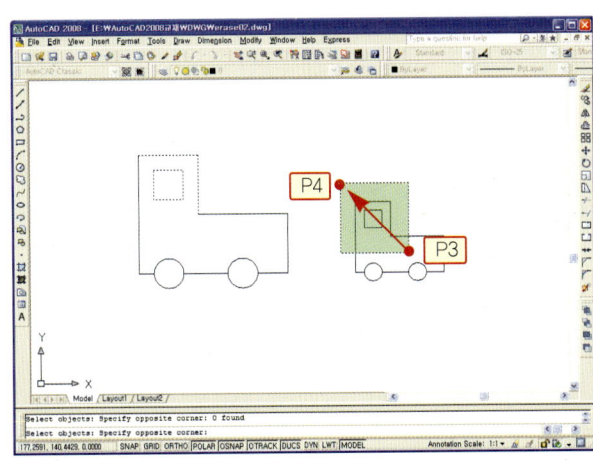

⑤ 드래그를 마치면 Command 라인에는 몇 개의 객체가 선택되었는지 나타납니다. 선택된 객체는 다음과 같이 점선으로 표시됩니다.

⑥ 선택이 끝나면 Enter 를 눌러 명령을 종료합니다. 선택된 객체가 깔끔하게 모두 삭제됩니다.

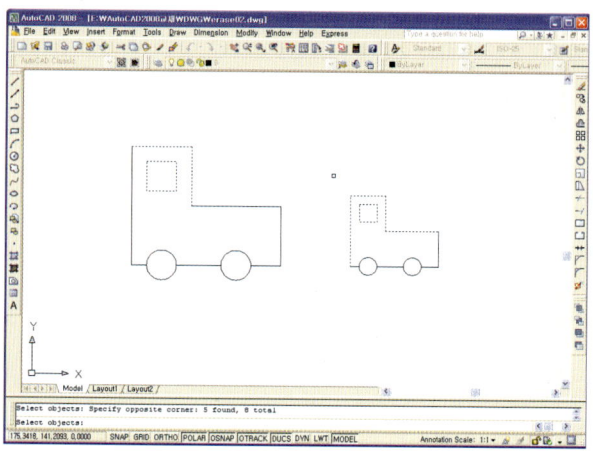

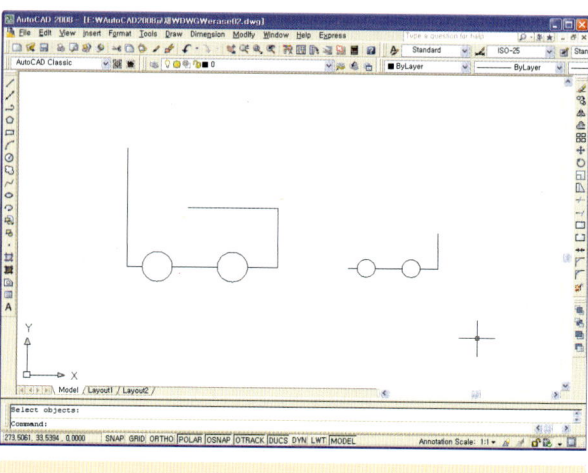

Select objects : Specify opposite corner : 5 found, 8 total
현재 선택된 객체의 수뿐만 아니라 이전에 선택한 개체와의 총 선택된 개체의 수가 표시됩니다.

Select objects : Enter

■ 전체 선택 옵션을 이용한 [Erase] 명령

화면상에 있는 모든 객체를 선택하려고 할 때는 Object Selection을 'All'로 지정합니다. 앞서 살펴본 옵션은 대문자만 입력했지만 All 옵션은 모두 다 입력해야 된다는 것에 주의합니다.

• 예제 파일 : Sample\Part01\erase02.dwg

① [File]-[Open] 메뉴를 이용하여 부록 CD에서 앞서 살펴본 예제 파일을 불러옵니다.

② Command 라인에 [Erase]를 입력하고 'All' 옵션을 입력합니다. 화면에 있는 모든 객체가 한 번에 선택됩니다.

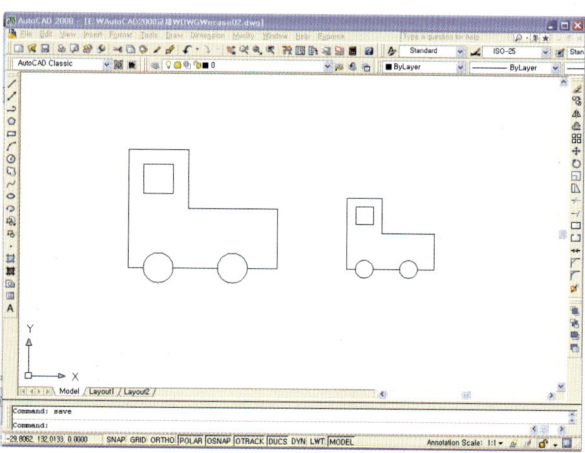

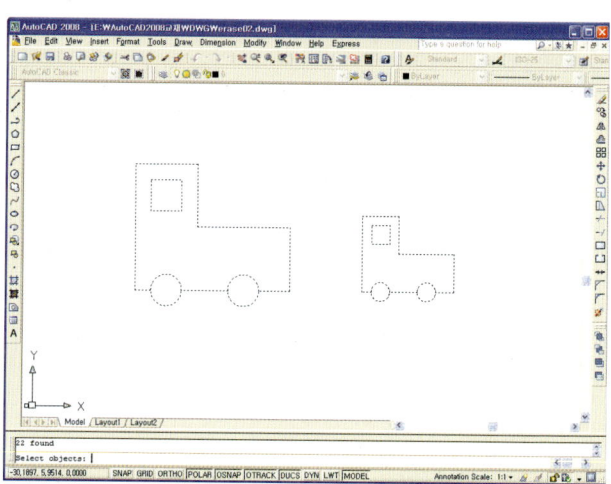

Command : Erase Enter
Select objects : All Enter
22 found
Select objects : Enter

■ WP와 CP 옵션으로 다각형 선택 옵션을 활용한 [Erase] 명령

WP는 Window Polygon을 의미하며 CP는 Cross Polygon을 의미합니다. 일정한 모양이 아닌 객체를 선택할 때는 여러 번 드래그하는 방법보다 WP와 CP 옵션을 활용하여 객체를 선택하는 것이 편리합니다.

- -
• 예제 파일 : Sample\Part01\erase03.dwg
- -

1 부록 CD에서 예제 파일을 불러옵니다. 작은 돛단배 2개가 보입니다.

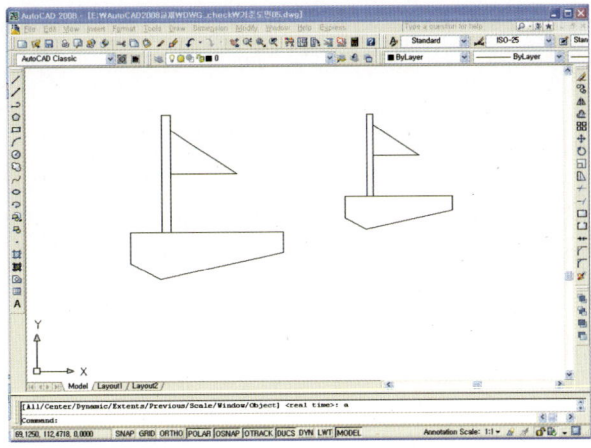

2 Command 라인에 [Erase] 명령을 입력한 후 먼저 'WP' 옵션을 이용하여 P1~P4점까지 차례로 클릭하여 원하는 다각형의 영역을 그림처럼 선택합니다.

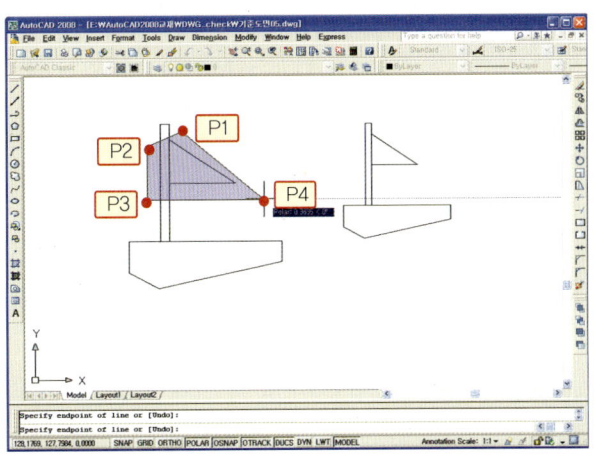

```
Command : Erase  Enter
Select objects : WP  Enter  옵션을 선택합니다.
First Polygon point : P1 클릭
Specify endpoint of line or [ Undo] : P2 클릭
Specify endpoint of line or [ Undo] : P3 클릭
Specify endpoint of line or [ Undo] : P4 클릭
Specify endpoint of line or [ Undo] :  Enter
2 found
다각형 안에 완전하게 포함된 객체 2개만 선택되었습니다.
```

3 이번에는 'CP' 옵션을 이용하여 옆의 작은 도형의 같은 부분을 선택합니다. 역시 빈 공간을 선택한 후에 P1~P4를 차례로 클릭하여 객체를 선택합니다.

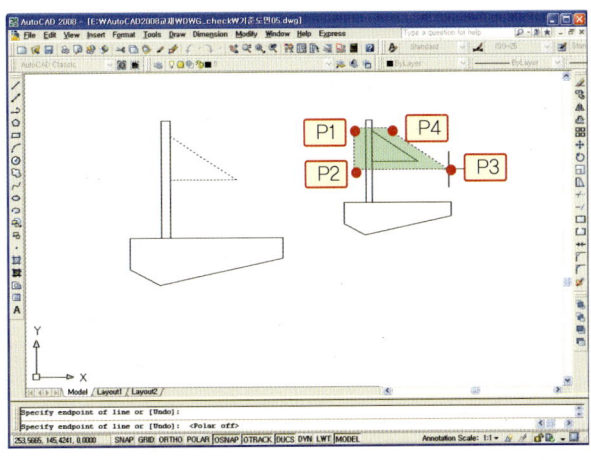

```
Select objects : CP  Enter
옵션을 선택합니다. [Erase] 명령이 종료되지 않았기 때문에 다시
입력할 필요가 없습니다.
First Polygon point : P1 클릭
Specify endpoint of line or [ Undo] : P2 클릭
Specify endpoint of line or [ Undo] : P3 클릭
Specify endpoint of line or [ Undo] : P4 클릭
```

④ 선택된 모습은 다음과 같습니다.

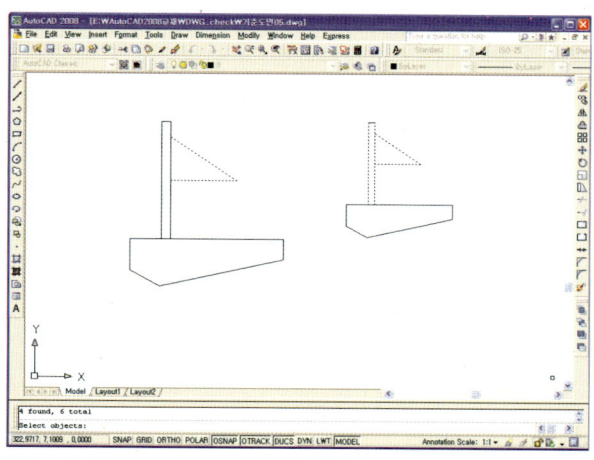

⑤ 결과는 다음과 같습니다.

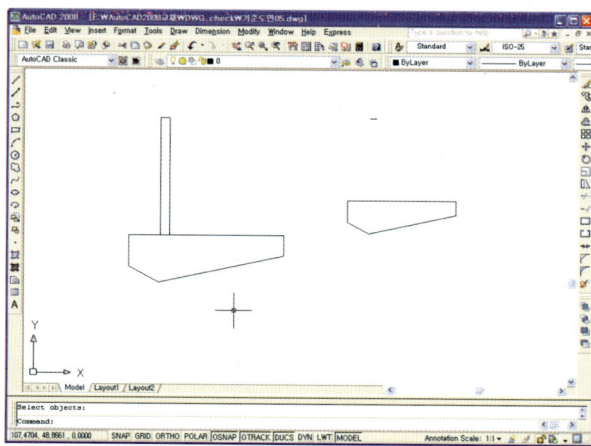

```
Specify endpoint of line or [ Undo] : Enter
4 found, 6 total
```
다각형 안에 조금이라도 포함된 객체 4개가 선택되었으며 앞서 선택한 객체와 합쳐 모두 6개의 객체가 선택되었음을 알 수 있습니다.

```
Select objects : Enter
```
선택되었던 6개의 객체가 모두 삭제되었습니다.

Tip AutoCAD

다양한 selection 방법은 골고루 익혀두세요

일반적으로 선택은 드래그하는 방법을 많이 사용합니다. Cross는 오른쪽 빈 공간에서 왼쪽으로, Window는 왼쪽 빈 공간에서 오른쪽으로 드래그합니다. Wp나 Cp 옵션은 복잡한 객체들 사이에 여러 개를 한 번에 선택하는 경우 편리합니다. 자신에게 맞는 방법을 익숙하게 연습하는 것이 가장 좋으며, 도면을 그리다 보면 어떤 상황에 처할지 모르기 때문에 여러 가지 방법을 모두 알아두는 것이 좋습니다.

■ Last와 Remove, Add 옵션을 활용한 [Erase] 명령

화면에 그린 객체들 중 맨 마지막에 그려진 객체를 마우스를 이용하지 않고 자동으로 선택하도록 하는 Last와 필요 없는 객체가 선택이 되어 있는 경우 선택에서 해제 할 때는 Remove를 사용하며 Remove에서 다시 물체를 선택하는 Select 상태로 되돌아오는 경우 Add로 돌아옵니다.

- -
• 예제 파일 : Sample\Part01\erase03.dwg
- -

① 부록 CD에서 예제 파일을 불러옵니다. [Erase] 명령을 Command 라인에 입력하고 Last 옵션의 'L'을 입력합니다.

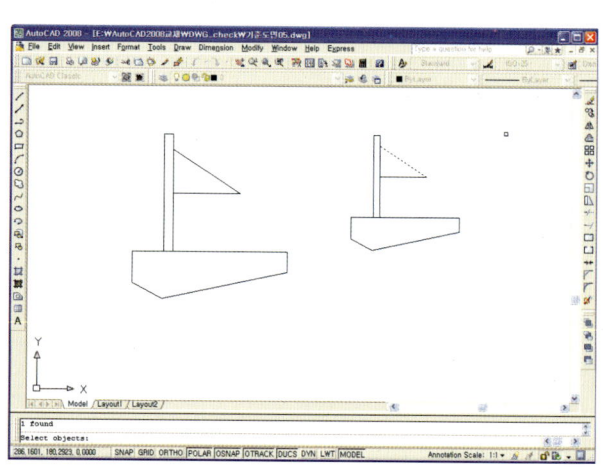

```
Command : Erase Enter
Select objects : L Enter
1 found
```
도면 작성 시 최종적으로 그린 객체 하나만 선택되었습니다.
```
Select objects : Enter
```
선택된 객체가 삭제됩니다.

❷ 이번에는 선택 제거와 추가 선택을 연습하겠습니다. 객체가 선택되어 있는 상태에서 선택한 객체를 복원하거나 다시 추가로 다른 객체를 선택하기 위해서는 다시 Command 라인에 [Erase] 명령어를 입력합니다. 입력한 후 그림처럼 P1에서 P2로 드래그합니다.

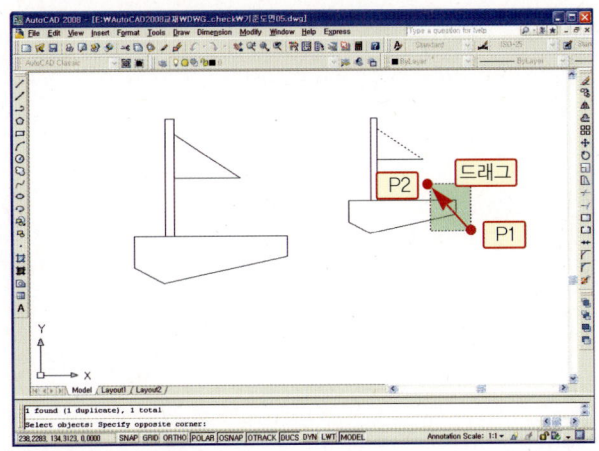

Command : **Erase** [Enter]
Select objects : Specify opposite corner : 3 found
P1에서 P2로 드래그합니다.

❸ 아래 객체 하나만 선택에서 제외시키기 위하여 Remove 옵션을 이용합니다. R 옵션은 선택을 취소하여 선택하지 않은 객체로 전환합니다. 'Select object :'에 R을 입력하고 [Enter]를 누르면 선택에서 제외할 대상 객체를 드래그하여 선택할 수 있습니다.

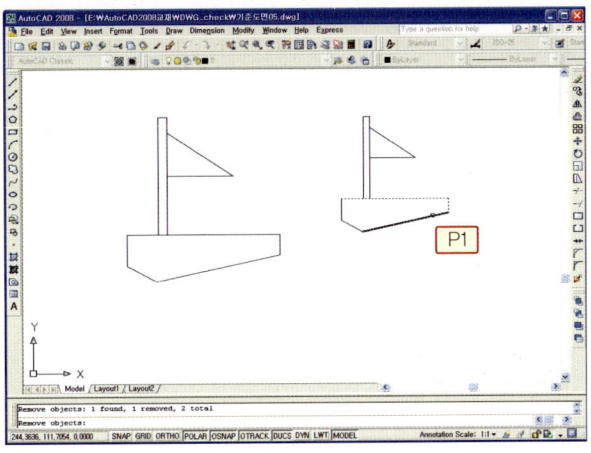

Select objects : **R** [Enter]
옵션 'R'을 입력합니다.
Remove objects : 1 found, 1 Removed, 2 total
P1점을 클릭합니다.

❹ 선택 해제한 객체를 다시 선택하려면 'Add' 옵션을 이용합니다. 'A'를 입력한 후 추가로 선택하고 싶은 객체를 선택하고 [Enter]를 누릅니다.

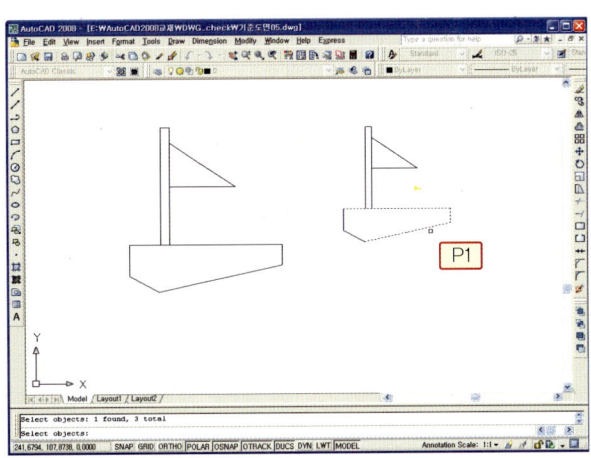

Remove objects : **A** [Enter]
다시 선택하는 옵션으로 선택합니다.
Select objects : 1 found, 3 total
P1점을 클릭합니다.
Select objects : [Enter]

6. 명령을 취소하는 [Undo] 명령어

실행된 명령어를 취소하는 명령이 [Undo]입니다. 잘못된 명령어를 취소하는 경우나 이미 진행한 명령을 취소할 때 주로 사용합니다. [Undo]는 현재부터 한 단계씩 거슬러 올라가면서 실행되었던 명령들을 하나씩 취소합니다.

[Undo] 명령어	
아이콘	↶
메인 메뉴	[Edit]-[Undo Command]
명령어	Undo
단축키	⟨U⟩, Ctrl + Z

1. 명령어 사용 방법

Command 라인에 'U'만 입력하면 바로 직전의 명령어가 취소됩니다. 주로 단축키를 이용하여 입력하고 Undo를 모두 입력하여 사용하지 않도록 합니다.

Command : U Enter
[Undo]를 실행하면 바로 전에 실행된 명령이 취소됩니다.

2. 기본 실습

다른 명령을 취소해보는 연습이므로 [Undo] 명령어를 실행하려면 도면에 다른 작업이 우선 진행되어야 합니다.

• 예제 파일 : Sample\Part01\undo.dwg

❶ 부록 CD에서 예제 파일을 불러옵니다. 작은 얼굴 모양의 객체가 나타납니다.

❷ Command 라인에서 객체를 지우는 명령인 [Erase] 명령어를 입력하여 다음 그림과 같이 눈과 입 부분을 선택하여 삭제합니다.

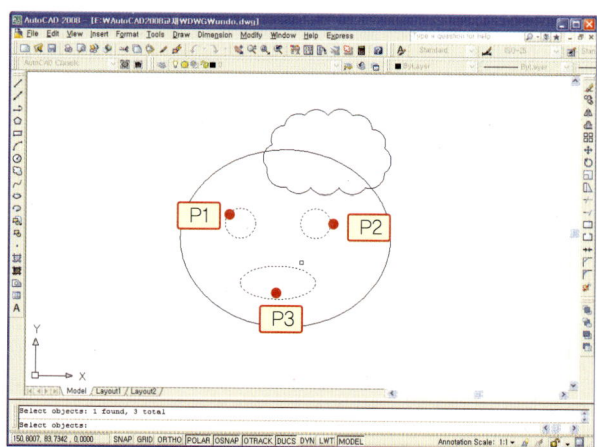

Command : Erase Enter
Select objects : 1 found
Select objects : 1 found, 2 total
Select objects : 1 found, 3 total
P1~P3까지 전체 원 안에 눈과 입을 선택합니다.
Select objects : Enter

❸ 선택되었던 눈과 입의 객체가 삭제됩니다.

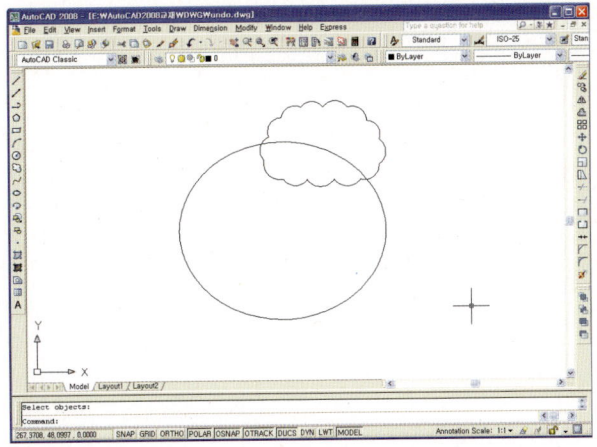

❹ [Erase] 명령을 취소하기 위해 [Undo] 명령을 입력합니다. 'U'를 입력하면 앞서 삭제했던 [Erase] 명령이 취소되어 [Erase] 명령 실행 전 상태로 되돌아갑니다.

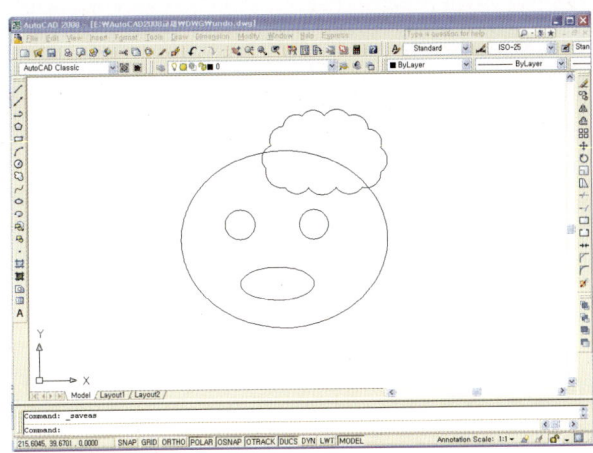

```
Command : U Enter
ERASE
Everything has been undone
'U'를 입력한 후 Enter 를 누르면 좀 전에 사용한 [Erase] 명령이 취소됩니다.
```

7. [Undo] 명령을 되돌리는 [Redo] 명령어

[Undo] 명령은 바로 전에 사용한 명령어부터 순차적으로 취소해 나가는 명령입니다. [Undo]를 반복 실행하다 보면 취소하지 않아야 하는 명령까지 취소하는 경우가 발생할 수 있습니다. 이때 [Undo] 명령을 [Undo] 명령으로 취소할 수는 없습니다. 이때 사용하는 명령어가 [Redo]입니다. [Redo] 명령어는 바로 전에 취소한 [Undo]를 한 번만 되살릴 수 있습니다. 이점에 유의해야 합니다.

[Redo] 명령어	
아이콘	↴
메인 메뉴	[Edit]–[Redo Command]
명령어	Redo
단축키	Ctrl + Y

1. 명령어 사용 방법

[Redo] 명령은 바로 직전의 [Undo] 명령을 되살립니다. 바로 직전의 'U' 명령어를 취소하는 명령어이므로 반드시 'U'를 사용 한 뒤 Redo를 사용하도록 합니다.

```
Command : Redo Enter
Redo를 실행하면 바로 전에 실행된 [Undo] 명령이 취소됩니다.
```

2. 기본 실습

[Undo] 명령을 취소하는 명령이므로 다음의 순서대로 따라 해보기 바랍니다. [Undo]나 [Redo]는 아무 때나 사용하는 것이 아니라 앞서 특정 명령어가 실행되어야 한다는 것에 유의합니다.

❶ 새 도면을 시작하기 위해 [New] 명령어를 실행합니다.

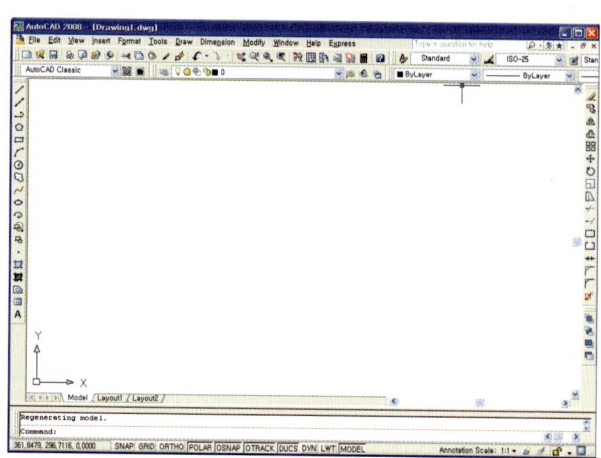

> Command : New Enter
> [New] 명령어를 실행하면 [Select template] 대화상자가 나타납니다. 템플릿 목록 중에서 'acad.dwt' 파일을 선택하고 [Open] 버튼을 클릭합니다.

❷ 앞서 배운 [Line] 명령어를 사용하여 선을 다음 그림과 같이 그려봅니다.

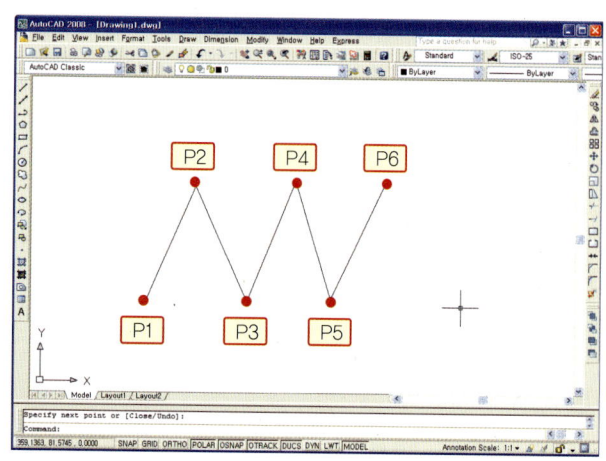

> Command : Line Enter
> Specify first point : P1 클릭
> Specify next point or [Undo] : P2 클릭
> Specify next point or [Undo] : P3 클릭
> Specify next point or [Close/Undo] : P4 클릭
> Specify next point or [Close/Undo] : P5 클릭
> Specify next point or [Close/Undo] : P6 클릭
> Specify next point or [Close/Undo] : Enter

❸ 객체를 지우는 명령어인 [Erase] 명령을 입력한 후 P1~P2로 드래그하여 선택된 객체를 삭제합니다.

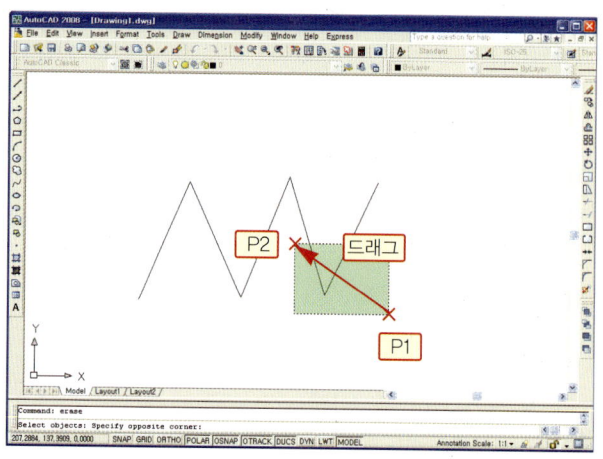

> Command : Erase Enter
> Select objects : Specify opposite corner : 2 found
> P1~P2점으로 드래그하여 선택합니다.
> Select objects : Enter

④ [Erase] 명령어를 실행하면 선택되었던 객체 2개가 삭제됩니다.

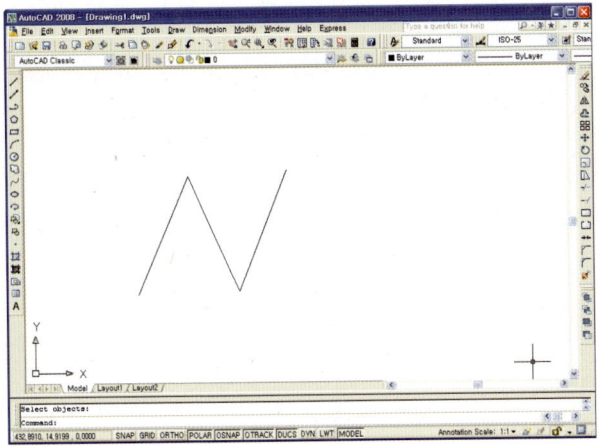

⑤ [Undo] 명령을 사용하여 바로 직전의 [Erase] 명령을 취소하도록 하겠습니다.

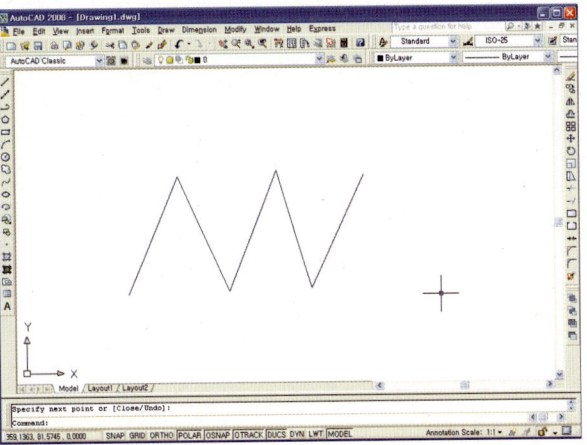

Command : U Enter
ERASE
[Erase] 명령으로 조금 전에 지워진 객체가 되살아났습니다.

⑥ [Line] 명령을 모두 취소하기 위해 다시 한 번 [Undo]를 실행합니다. 이때는 [Line] 명령으로 그린 객체 하나만 삭제되는 것이 아니라 [Line] 명령어로 그린 객체 모두가 삭제됩니다.

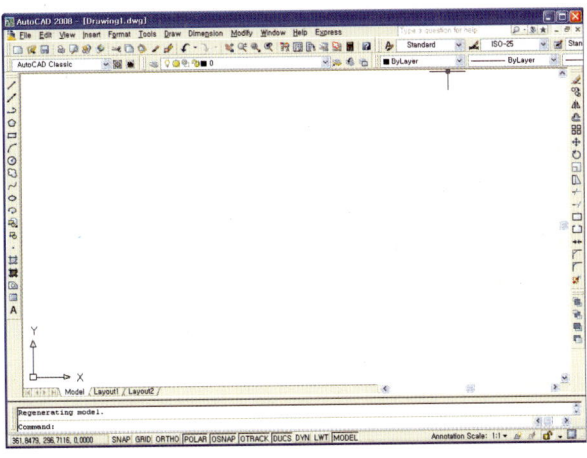

Command : U Enter
LINE
Everything has been undone
[Line] 명령이 취소되어 앞서 그린 선분이 없어졌습니다.

⑦ 모든 객체를 삭제해버린 [Undo] 명령을 취소하기 위해 [Redo] 명령을 입력합니다. [Undo]로 취소된 [Line] 명령어를 되살리는 것입니다.

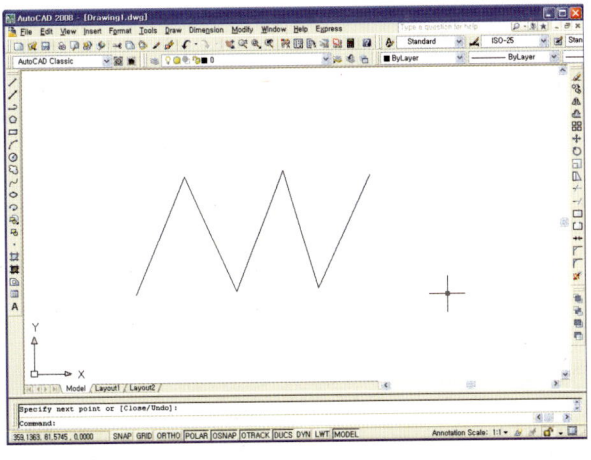

Command : Redo Enter
LINE
[Line] 명령어가 되실행돼 원래 객체가 나타납니다.

8 반복하여 [Redo] 명령이 실행되는지를 살펴보기 위하여 Redo를 한 번 더 실행합니다.

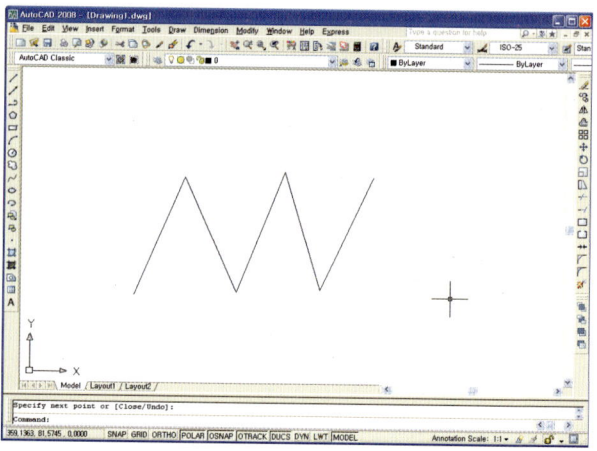

Command : **Redo** Enter
REDO must immediately follow the U or UNDO Command.
[Redo] 명령은 [Undo]를 사용한 경우 바로 직전의 [Undo] 명령만 취소할 수 있다는 메시지가 나타나고 아무런 변화가 없습니다.

Tip AutoCAD

[Undo]와 [Redo] 명령어의 차이점

[Undo]는 사용한 명령어 단계를 순차적으로 거슬러 취소할 수 있습니다. 예를 들어 명령어를 [Line], [Circle], [Erase]를 순차적으로 사용한 뒤 [Undo] 명령을 3회 실행하면 처음 실행한 [Line] 명령까지 취소됩니다. 그러나 [Redo]는 [Undo]처럼 순차적으로 한 번에 여러 번 [Undo] 명령을 취소하지 못하며 바로 직전에 사용한 [Undo] 명령만을 1회에 한하여 취소할 수 있습니다.

축척에 대해 짚고 넘어가요

도면의 표제란에 보면 축척에 대한 숫자가 보입니다. 이때 숫자는 여러 가지 의미를 갖는데 각각의 표기 방법에 따라 그 의미가 상반되는 경우가 있습니다. 실척, 축척, 배척 등의 의미를 정확히 파악하고 도면을 작성해야 합니다. 물론 AutoCAD는 실척으로 작성하는 것을 기본으로 합니다. 하지만 Plotter를 사용할 때에는 용지에 맞춰 출력해야 하고, 출력물의 표제란에 축척을 표시해야 합니다.

척도	내용
실척	실물과 동일한 크기(1:1)로 작성된 도면을 말합니다.
축척	실물보다 작게 그려진 도면을 말합니다. 대부분의 도면 중 건축이나 토목 등은 이 방법을 통하여 출력합니다. 1:5, 1:10, 1:100, 1:500 등의 축척 스케일로 표시합니다.
배척	축척과 반대되는 개념으로 실물보다 확대하여 그려진 도면을 말합니다. 작은 부품들의 경우 일반적으로 확대하여 도면을 작성합니다. 5:1, 10:1, 50:1 등의 배척 스케일로 표시합니다.
NS	도면의 형태가 치수와 비례하지 않는 경우의 도면은 축척이 맞지 않으므로 반드시 NS라고 표기해야 합니다.

• 완성도면   Practice\기초도면01.dwg

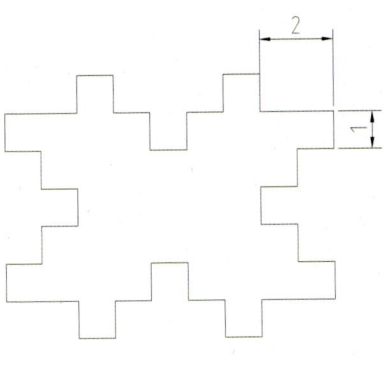
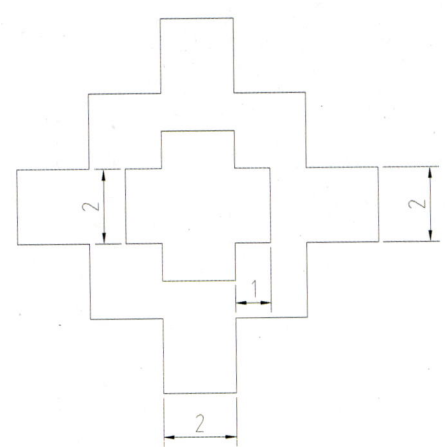

• 완성도면   Practice\기초도면02.dwg

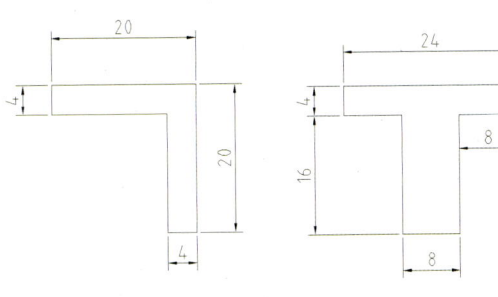
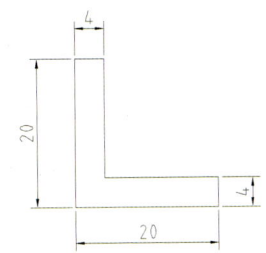

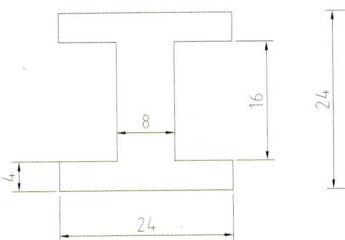
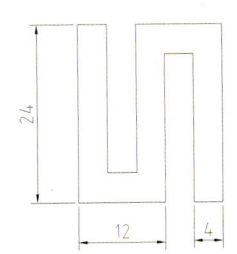
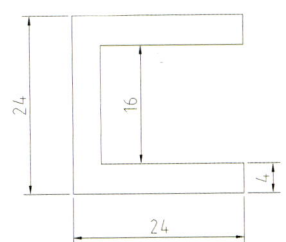

Chapter

03 도면 영역 설정과 화면 제어하기

실제로 도면을 종이에 그리는 경우 원하는 사이즈의 종이를 준비하고 축척 스케일에 맞춰 축소하거나 확대하여 그리는 것이 대부분입니다. 하지만 종이가 아닌 오토캐드를 활용하여 모니터에 그리는 경우 원하는 스케일을 실척으로 설정한 뒤 작업을 합니다. 실척이란 객체의 원래 사이즈를 말하며, 그 사이즈대로 작업한 후 출력할 때 축척을 원하는 종이 사이즈에 맞게 축소 출력하는 것을 기본으로 합니다. 이번 챕터에서는 도면 영역을 설정하는 방법과 모니터라는 제약을 극복하기 위해 화면을 확대/축소, 이동하는 명령어에 대해 자세하게 알아보도록 하겠습니다.

1. 도면의 한계를 지정하는 [Limits] 명령어

도면을 작성할 때 가장 먼저 설정하는 것은 도면이 들어갈 영역을 화면으로 세팅하는 것입니다. 실제 건물이나 기계의 크기가 들어갈 만큼의 도면 크기를 가로와 세로 사이즈로 결정하는 것을 말합니다. 전체 도면이 다 들어갈 만큼의 크기를 결정하는 것이 좋으며, 실제 도면보다 너무 크거나 작으면 보기에 좋지 않으므로 전체 도면이 다 들어가고 약간의 여백이 남는 정도로 [Limits]를 설정합니다.

[Limits] 명령어	
메인 메뉴	[Format]–[Drawing Limits]
명령어	Limits

1. 명령어 사용 방법

도면의 한계를 지정하는 경우 기본적으로 lower left corner 지점은 '0,0'으로 입력하고 upper right corner 값을 사용자가 원하는 값으로 세팅합니다. 가로와 세로를 입력하는 경우 같은 값을 입력하더라도 화면의 크기에 따라 세로보다 가로가 좀더 길게 나타나도록 되어 있습니다. Limits를 변경하고 난 뒤에는 반드시 [Zoom] 명령의 A 옵션을 이용하여 새로 지정한 도면의 한계 값의 수치가 화면에 지정되도록 해야 합니다. [Zoom]으로 정리하지 않는 경우 [Limits]으로 설정한 값은 반영되지 않습니다.

```
Command : Limits Enter
Reset Model space limits :
Specify lower left corner or [ ON/OFF ] <0.0000,0.0000> : Enter
도면의 좌측 하단의 한계를 설정합니다.
Specify upper right corner <420.0000,297.0000> : 12,9 Enter
도면의 우측 상단 한계를 설정합니다.
Command : Zoom Enter
Specify corner of window, enter a scale factor (nX or nXP), or
[ All/Center/Dynamic/Extents/Previous/Scale/Window/Object] <real time> : A Enter
Regenerating model.
화면에 [Limits]으로 설정한 한계 값이 적용되도록 세팅합니다.
```

2. 기본 실습

새 도면 파일을 생성하고 [Limits] 명령을 지정해보겠습니다. 순서대로 한 과정씩 따라 해보기 바랍니다. 가로와 세로의 값을 어느 곳에 넣어야 하는지 반드시 확인합니다.

① 먼저 메뉴에서 [File]−[New]를 클릭하여 [Select template] 대화상자가 나타나면 'acadiso.dwt' 파일을 선택하고 [Open] 버튼을 클릭하여 새로운 도면을 시작합니다.

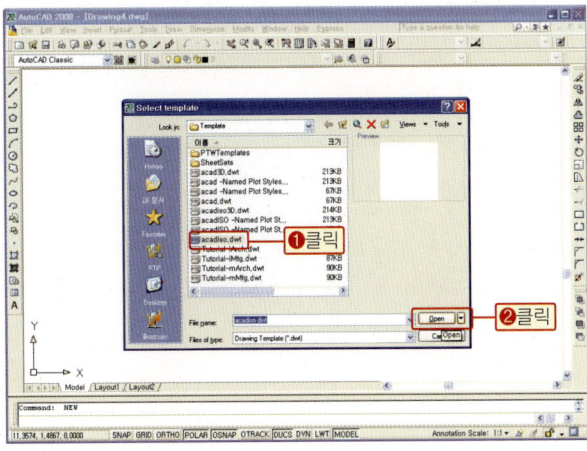

② New 도면의 Limits를 '12,9'의 영역으로 설정하도록 하겠습니다.

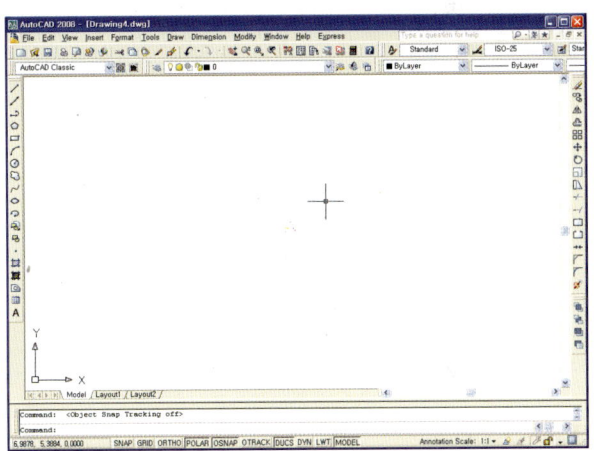

```
Command : Limits  Enter
Reset Model space limits :
Specify lower left corner or [ ON/OFF ] <0.0000,0.0000> :
Enter
Specify upper right corner <420.0000,297.0000> : 12,9  Enter
Command : Zoom  Enter
Specify corner of window, enter a scale factor (nX or nXP),
or [ All/Center/Dynamic/Extents/Previous/Scale/Window
/Object] <real time> : All  Enter
Regenerating model.
```

2. 화면의 크기를 조절하는 [Zoom] 명령어

작은 모니터 안에서 도면을 그리다 보면 큰 객체는 상관없지만 작은 객체의 세부를 그리는 경우 화면의 확대/축소 기능이 없으면 많이 불편합니다. [Zoom] 명령어는 이런 화면상의 제약을 해결할 수 있으며 화면의 전체뿐 아니라 일부분만을 확대하거나 축소하면서 도면 작업을 할 수 있습니다. 일반적으로 종이가 아닌 화면에 도면 요소를 그리는 것이므로 화면의 객체를 좀 더 정확하고 자세하게 보거나 전체 화면을 일시에 볼 수 있도록 할 수 있는 [Zoom] 명령어를 이용하여야 합니다.

[Zoom] 명령어	
아이콘	🔍
메인 메뉴	[View]−[Zoom]
명령어	Zoom
단축키	〈Z〉 / 마우스 휠 회전

1. 명령어 사용 방법

[Zoom] 명령어는 원하는 곳을 주로 확대할 때 사용하지만 Scale 옵션 등을 병행하면 확대나 축소를 같이 병행하여 화면의 객체를 확인할 수 있습니다.

```
Command : Zoom [Enter]
pecify corner of window, enter a scale factor (nX or nXP), or
[All/Center/Dynamic/Extents/Previous/Scale/Window/Object] <real time> :
사용할 옵션의 대문자만 입력하여 사용합니다.
```

2. 명령어 옵션

[Zoom] 명령을 사용하면 화면을 자유롭게 확대/축소하는 다양한 옵션을 사용할 수 있습니다. 간단하게 마우스 휠을 이용할 수도 있지만 부분적인 옵션을 활용하면 좀 더 정확하게 화면을 제어할 수 있습니다.

옵션	내용
All	새로 지정된 Limits를 화면에 설정하거나 Limits 영역 안에 객체가 있는 경우 도면 영역 안에 객체를 표시하고 Limits를 벗어난 객체는 Limits와 관계없이 화면에 모든 객체를 보여주는 옵션입니다.
Center	사용자가 선택한 지점을 화면의 중심으로 설정하고 입력하는 높이 값만큼 화면에 표시합니다.
Dynamic	현재 보고 있는 화면과 관계없이 Dynamic 옵션을 설정하면 전체 화면을 보면서 원하는 부분을 확대 창을 이용하여 자유롭게 이동하면서 확대할 수 있는 옵션입니다.
Extents	화면의 Limits와 관계없이 화면에 있는 객체를 화면에 가득 차게 표시합니다.
Previous	현재의 화면 상태에서 바로 이전 단계에 보았던 화면을 단계별로 표시합니다. 이때 이전 상태로 돌아가는 횟수는 10회까지 가능합니다.
Scale	숫자를 입력하여 화면을 확대하거나 축소합니다. 숫자만 입력하는 경우에는 Limits 값에 대한 확대/축소를 표시하며 숫자 뒤에 X를 붙이면 현재 보이는 화면을 기준으로 화면을 확대하거나 축소합니다. Scale은 대문자 S를 입력하지 않고 숫자만 입력하여도 Scale 표시가 됩니다.
Window	대각선 방향으로 지정하는 두 점으로 이루어지는 사각형 크기만큼 화면을 확대합니다. 부분 확대 시 가장 많이 사용하는 방법이며, 'W'를 입력하지 않아도 기본값으로 설정되어 있으므로 두 점만 드래그하면 그 부분이 확대됩니다.
Object	선택한 객체를 중심으로 확대합니다.
real time	옵션을 사용하지 않고 마우스 휠을 위 또는 아래로 드래그하여 화면을 확대하거나 축소합니다.

3. 옵션 실습

Command 라인에서 [Zoom] 명령을 직접 입력하여 명령어를 사용하는 방법으로 다양한 옵션을 익혀보도록 합니다. 한 객체의 특정한 부분을 기준으로 확대할 것인지 아니면 축소할 것인지의 유무를 옵션을 통해 설정해보겠습니다. 제공된 Sample 파일을 불러서 직접 따라 해보기 바랍니다.

• 예제 파일 : Sample\Part01\zoom.dwg

■ [Zoom] 명령의 Window 옵션 활용하기

Window 옵션을 이용하면 사각형 영역을 지정하여 원하는 화면을 자유롭게 확대할 수 있습니다.

① [File]-[Open] 메뉴를 이용하여 부록 CD에서 예제 파일을 불러옵니다. 돛단배와 야자수, 자동차의 도면 요소가 화면에 보입니다.

② 확대를 원하는 부분을 사각형 형태로 지정하여 드래그합니다.

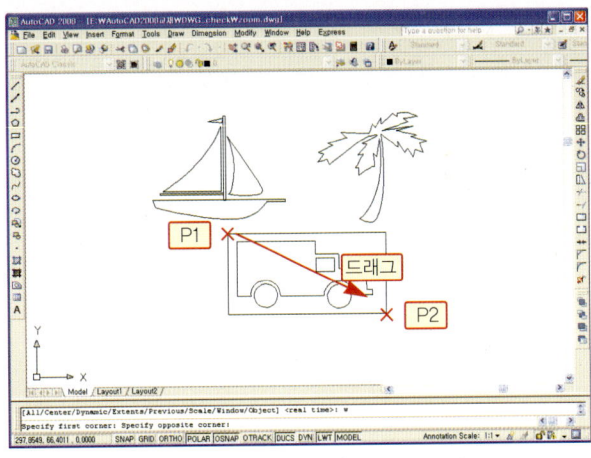

```
Command : Zoom Enter
Specify corner of window, enter a scale factor (nX or nXP),
or [ All/Center/Dynamic/Extents/Previous/Scale/Window/
Object] <real time> : W Enter
Specify first corner : P1 클릭
Specify opposite corner : P2 클릭
```

③ 사각형으로 드래그한 곳만 화면에 확대되어 표시됩니다.

Window 옵션은 W를 입력하지 않아도 바로 사각형의 양쪽 지점만 드래그하면 사용할 수 있습니다. 기본값처럼 지정되어 있으므로 W 입력 없이 원하는 부분의 P1~P2 지점을 바로 드래그하면 됩니다.

■ [Zoom] 명령의 All 옵션 활용하기

All 옵션을 이용하여 전체 Limits의 영역을 세팅하거나 Limits를 벗
어난 모든 객체도 한 화면에 다 표시할 수 있습니다. 앞서 Window
옵션으로 도면의 일부인 자동차가 확대되어 있습니다. All 옵션을
적용하면 어떻게 되는지 살펴보겠습니다.

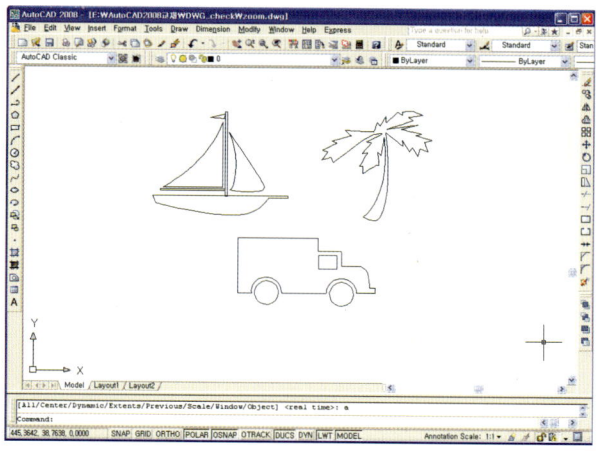

```
Command : Zoom  Enter
Specify corner of window, enter a scale factor (nX or nXP), or
[ All/Center/Dynamic/Extents/Previous/Scale/Window/Object]
<real time> : A  Enter
도면 전체를 한눈에 볼 수 있게 되었습니다.
```

■ [Zoom] 명령의 Center 옵션 활용하기

Center 옵션을 이용하여 화면의 중앙을 지정하여 자유롭게 확대/축소할 수 있습니다. 먼저 화면의 중앙이 되는 Center를 선택한 뒤 원
하는 창의 크기가 될 수 있는 높이 값을 입력하여 원하는 곳을 확대합니다.

❶ 먼저 전체 화면이 보이도록 All 옵션을 이용합니다.

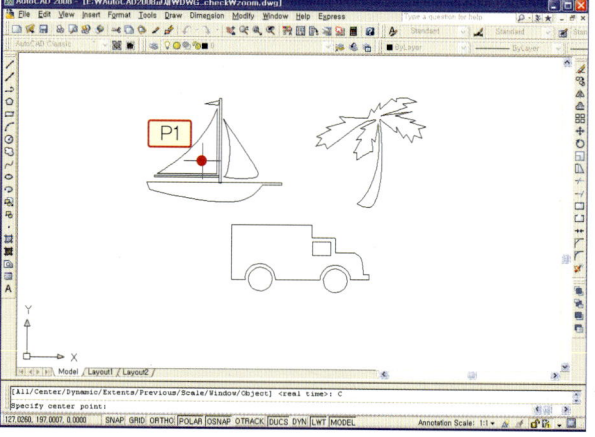

```
Command : Zoom  Enter
Specify corner of window, enter a scale factor (nX or nXP), or
[ All/Center/Dynamic/Extents/Previous/Scale/Window/Object]
<real time> : A  Enter
```

❷ 화면의 중심점을 지정하기 위하여 Center 옵션을
입력하고 화면의 중앙이 되는 P1점을 클릭한 후
전체 화면의 높이 값을 입력합니다.

```
Command : Zoom  Enter
Specify corner of window, enter a scale factor (nX or nXP), or
[ All/Center/Dynamic/Extents/Previous/Scale/Window/Object]
<real time> : C  Enter
Specify center point : P1 클릭
Enter magnification or height <300.2166> : 150  Enter
```

③ P1점을 화면의 중앙으로 하여 화면이 확대되어 나타납니다.

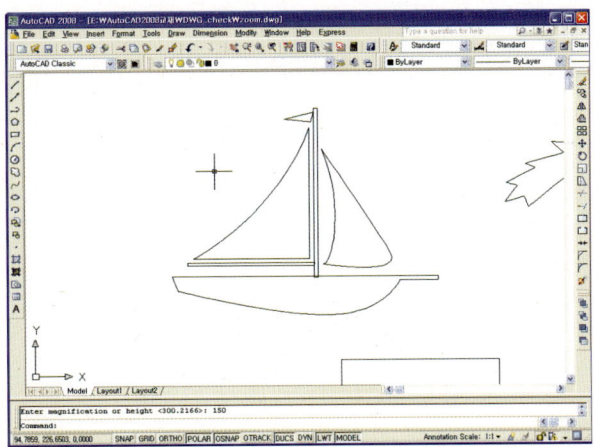

Center 옵션을 이용할 때 맨 마지막에 입력하는 'Enter magnification or height 〈300.2166〉'에서 입력 값이 '〈300.2166〉' 안의 숫자보다 작으면 앞의 결과처럼 화면이 확대되지만 숫자가 크면 화면이 축소됩니다. 이처럼 [Zoom] 명령 옵션의 Center는 화면을 확대하기도 하지만 축소하기도 합니다.

■ [Zoom] 명령의 Dynamic 옵션 활용하기

Dynamic 옵션을 이용하여 전체 화면을 표시하면 이전 상태의 화면 영역과 크기도 같이 표시할 수 있으며, 새로운 영역의 크기를 마우스 드래그로 조절하여 새로운 위치와 화면을 표시할 수 있습니다.

① 먼저 전체 화면으로 이동하기 위하여 [Zoom] 명령과 All 옵션을 입력합니다.

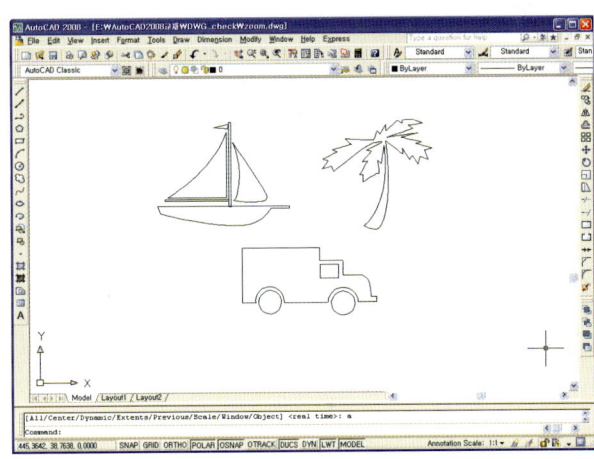

```
Command : Zoom Enter
Specify corner of window, enter a scale factor (nX or nXP),
or [ All/Center/Dynamic/Extents/Previous/Scale/Window/
Object] <real time> : A Enter
```

② 전체 화면 상태에서 Dynamic 옵션을 적용하기 위하여 'D'를 입력합니다.

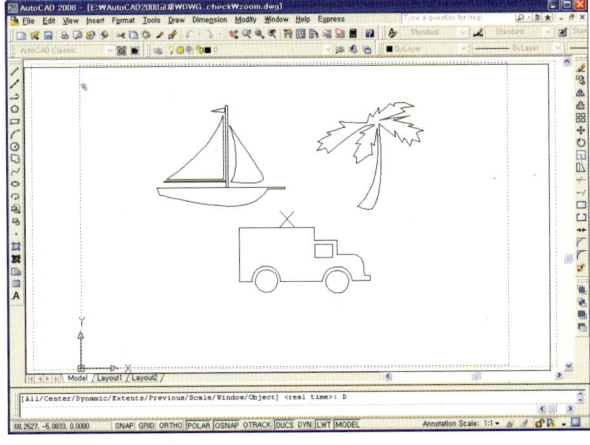

```
Command : Zoom Enter
Specify corner of window, enter a scale factor (nX or nXP),
or [ All/Center/Dynamic/Extents/Previous/Scale/Window/
Object] <real time> : D Enter
```

③ 마우스로 확대할 부분을 클릭한 후 화살표 모양이
나오면 좌우로 드래그하여 화면의 크기를 조절합
니다.

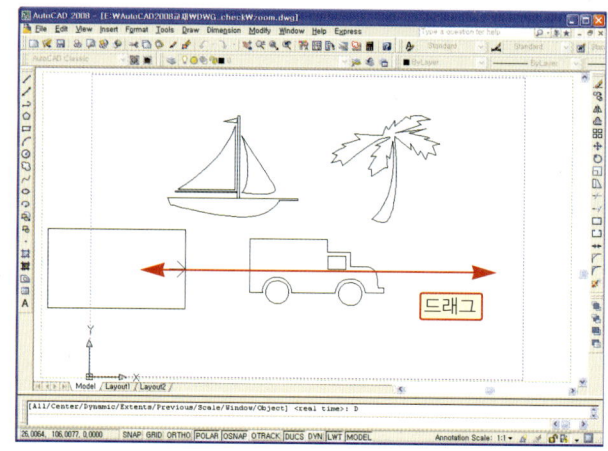

④ 크기를 적당히 조절하였으면 한 번 더 클릭하여
화면에 X 표시가 나타나면 확대하고 싶은 영역으
로 이동한 후 Enter 를 누릅니다.

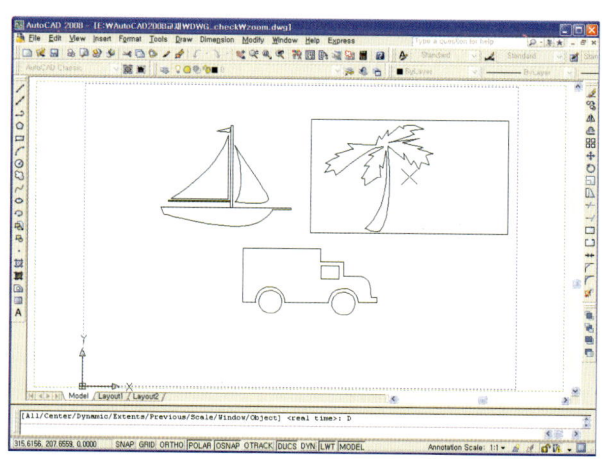

⑤ 다음 그림과 같이 확대되었습니다. 확대될 때는
확대되는 과정이 동적으로 표시됩니다.

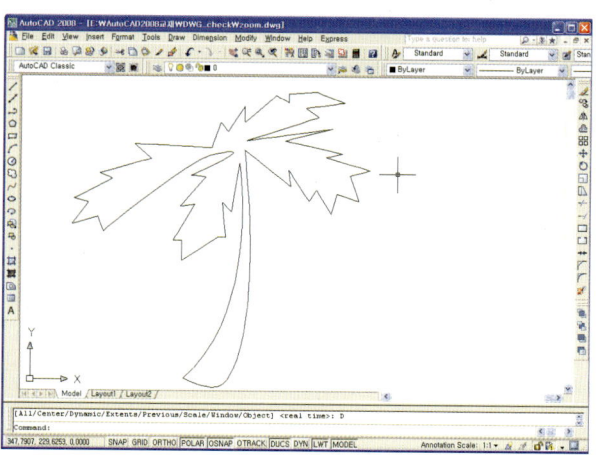

Dynamic 옵션을 실행하면 화면에 연두색, 파랑색, 검정색의 사각형이
보입니다. 연두색의 점선 사각형은 바로 전에 사용자가 보고 있던 이전
화면 영역을 표시하며, 파랑색 점선은 전체 Limits 영역을 표시합니다.
그리고 검정색의 X 표시가 있는 사각형은 다이내믹 창으로 마우스로
한 번 선택하면 화살표가 있는 창으로 변하여 드래그로 크기를 조절할
수 있으며 한 번 더 선택하면 다시 X 표시가 있는 사각형으로 돌아와
Enter 를 누르면 그 사각형 크기만큼 화면이 확대/축소됩니다.

■ [Zoom] 명령의 Extents 옵션 활용하기

[Limits] 명령과 관계없이 화면에 있는 객체만을 대상으로 화면 가득 채웁니다. 작게 그린 도면 요소를 Window 옵션으로 확대하지 않고
도 편하게 확대하여 사용할 수 있습니다.

① 전체 화면 상태에서 Extents 옵션을 사용하기 위해 먼저 All 옵션을 입력합니다.

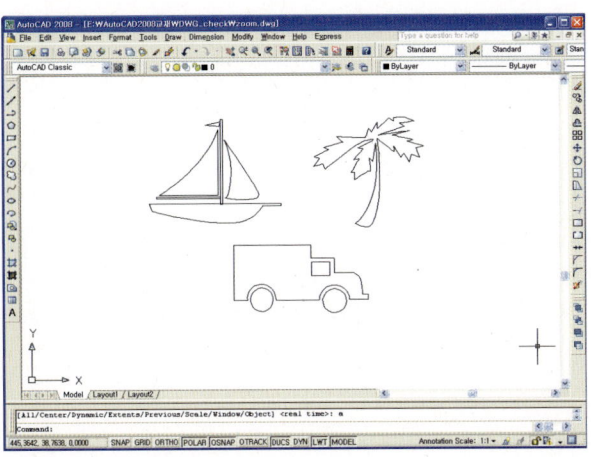

② 전체 화면이 나타나면 Extents의 옵션을 사용하기 위해 'E'를 입력합니다.

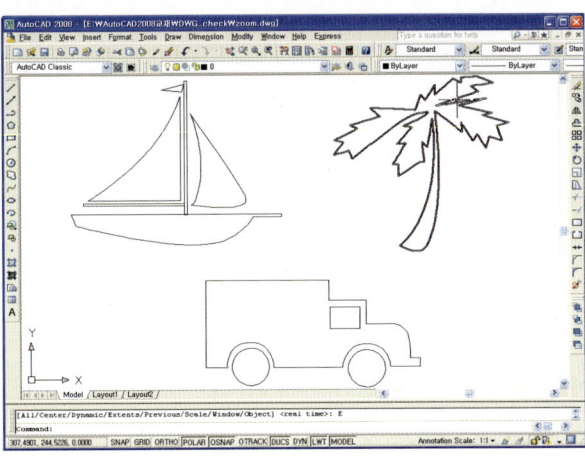

■ [Zoom] 명령의 Previous 옵션 활용하기

Previous 옵션을 이용하면 바로 전 단계의 Zoom 화면 상태로 복귀합니다. 바로 이전 단계에 본 화면이 없는 경우에는 되돌아 갈 수 없습니다.

① 전체 화면 상태에서 Previous 옵션을 사용하기 위해 먼저 All 옵션을 입력합니다.

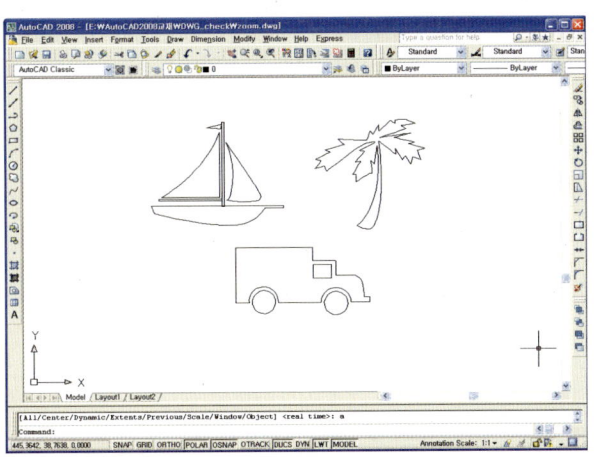

❷ 일부분만 화면에 나타나도록 Window 옵션으로
　확대합니다.

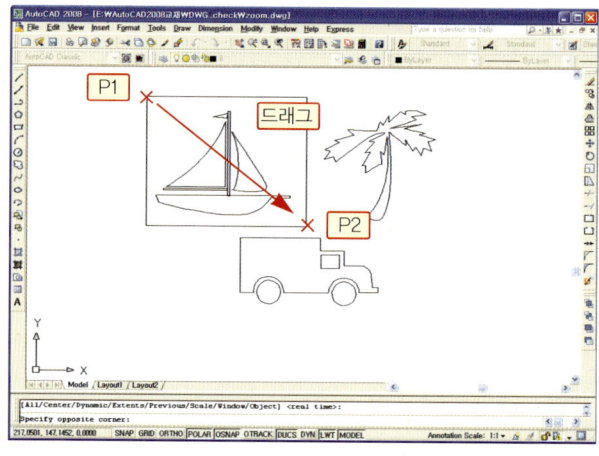

Command : Zoom Enter
Specify corner of window, enter a scale factor (nX or nXP), or
[All/Center/Dynamic/Extents/Previous/Scale/Window/Object]
<real time> :
Specify opposite corner :
P1점에서 P2점까지 드래그합니다.

❸ 선택된 객체가 확대되었습니다.

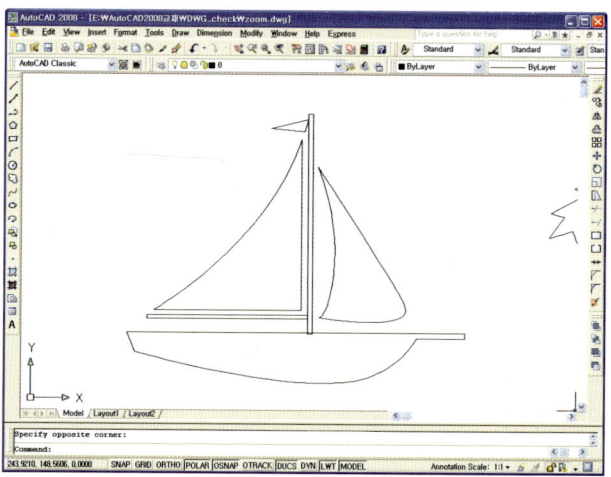

❹ 이전 단계로 복귀하기 위하여 Previous 옵션을
　입력하면 이전 화면 단계인 All 옵션 상태로 복귀
　됩니다.

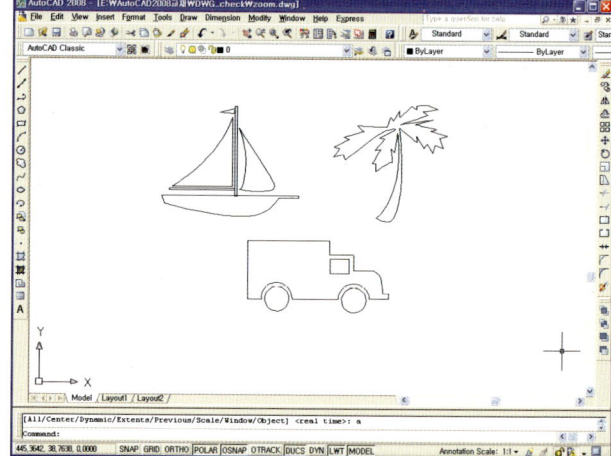

Command : Zoom Enter
Specify corner of window, enter a scale factor (nX or nXP), or
[All/Center/Dynamic/Extents/Previous/Scale/Window/Object]
<real time> : P Enter

■ [Zoom] 명령의 Scale 옵션 활용하기

Scale 옵션을 이용하여 화면의 크기를 확대하거나 축소할 수 있습니다. Scale 값을 입력할 때는 옵션을 입력하지 않고 바로 숫자만 입력
하여 사용합니다.

1 전체 화면 상태에서 Scale 옵션을 사용하기 위해 먼저 All 옵션을 적용하여 전체 화면을 만듭니다.

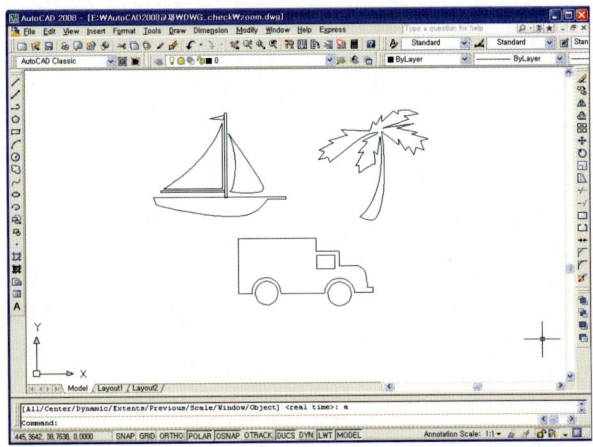

```
Command : Zoom Enter
Specify corner of window, enter a scale factor (nX or nXP), or
[All/Center/Dynamic/Extents/Previous/Scale/Window/Object]
<real time> : A Enter
```

2 Scale 옵션을 활용하여 현재 화면의 2배로 확대합니다.

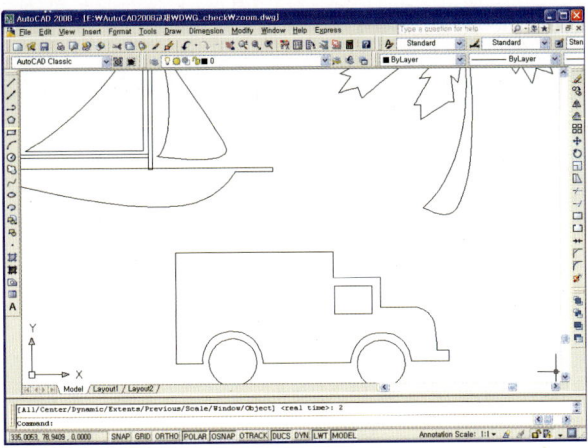

```
Command : Zoom
Specify corner of window, enter a scale factor (nX or nXP), or
[All/Center/Dynamic/Extents/Previous/Scale/Window/Object]
<real time> : 2 Enter
```
Scale 옵션을 입력하지 않고 바로 확대/축소 비율만 입력합니다.

3 다시 한 번 화면을 2배 확대하는 명령을 입력합니다. 똑같이 하였지만 화면은 그대로입니다.

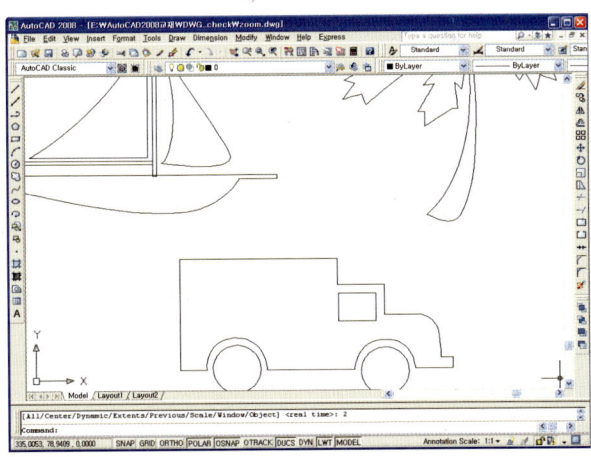

```
Command : Zoom
Specify corner of window, enter a scale factor (nX or nXP), or
[All/Center/Dynamic/Extents/Previous/Scale/Window/Object]
<real time> : 2 Enter
```

④ 같은 숫자를 두 번 입력하면 화면상에는 아무 변화가 없습니다. 이번에는 현재 화면을 기준으로 확대/축소하는 X 옵션을 함께 입력합니다. X 옵션을 같이 입력하는 경우 현재 화면에서 계속 확대하거나 축소할 수 있습니다.

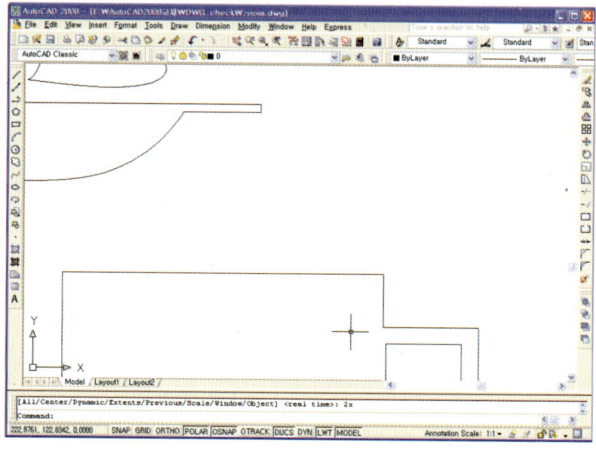

```
Command : Zoom
Specify corner of window, enter a scale factor (nX or nXP), or
[ All/Center/Dynamic/Extents/Previous/Scale/Window/Object]
<real time> : 2x Enter
현재 화면에서 2배 다시 확대되어 나타납니다.
```

Scale 옵션은 화면의 크기를 비율로 입력함으로써 확대/축소하는 옵션입니다. 화면을 확대할 때에는 1, 2, 3, … 등의 숫자를 이용하고, 축소할 때에는 0.9, 0.8, 0.7, … 등의 숫자를 입력합니다. 한 번 2배 확대한 화면을 또다시 2배 확대하는 경우 숫자 2만 입력하지 말고 숫자 뒤에 X를 붙여서 입력합니다. 즉, 현재 사용자가 보고 있는 화면을 기준으로 화면을 확대하는 경우에는 2x, 3x, 4x, … 등과 같이 입력하고, 축소할 때도 0.5x, 0.2x, … 등과 같이 입력하면 Limits의 기준이 아닌 현재 보고 있는 화면 상태를 기준으로 확대/축소할 수 있습니다.

■ [Zoom] 명령의 Object 옵션 활용하기

화면에 있는 객체를 선택하여 선택된 객체의 최대값을 기준으로 확대합니다.

① 전체 화면 상태에서 Object 옵션을 사용하기 위해 먼저 All 옵션을 실행합니다.

```
Command : Zoom Enter
Specify corner of window, enter a scale factor (nX or nXP), or
[ All/Center/Dynamic/Extents/Previous/Scale/Window/Object]
<real time> : A Enter
```

② 도면에서 야자수를 선택하여 확대하겠습니다.

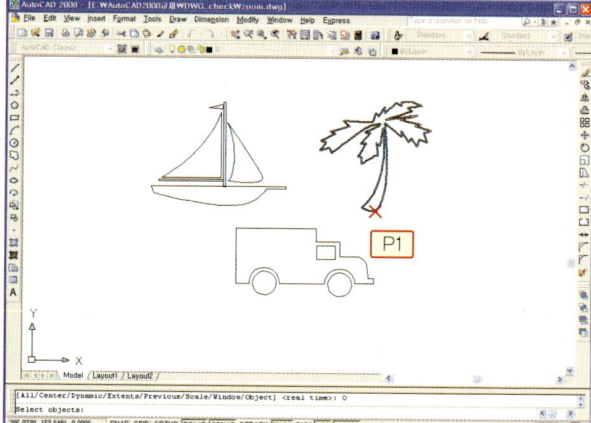

```
Command : Zoom Enter
Specify corner of window, enter a scale factor (nX or nXP), or
[ All/Center/Dynamic/Extents/Previous/Scale/Window/Object]
<real time> : O Enter
Select objects : 1 found
P1점을 클릭합니다.
Select objects : Enter
```

❸ 야자수를 기준으로 자동으로 확대되어 화면상에
야자수가 가득 차게 보입니다.

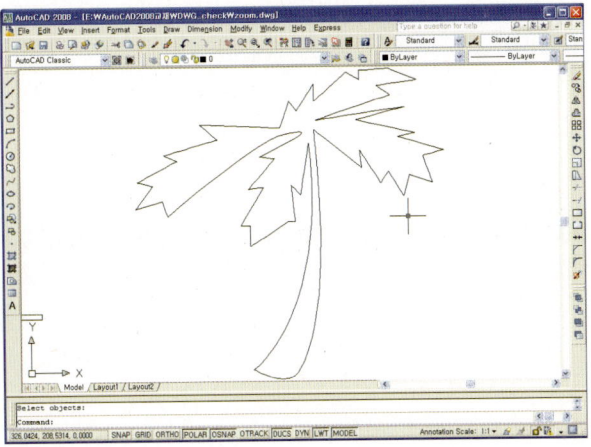

■ [Zoom] 명령의 real time 옵션 활용하기

Window, Scale 옵션과 마찬가지로 기본으로 많이 사용하는 옵션입니다. 아무런 옵션을 입력하지 않고 Enter 를 누르면 돋보기 아이콘이
나타나는데 이때 확대/축소할 부분을 드래그로 영역 설정하면 화면이 확대/축소됩니다.

❶ 전체 화면 상태에서 real time 옵션을 사용하기
위해 먼저 All 옵션을 실행합니다.

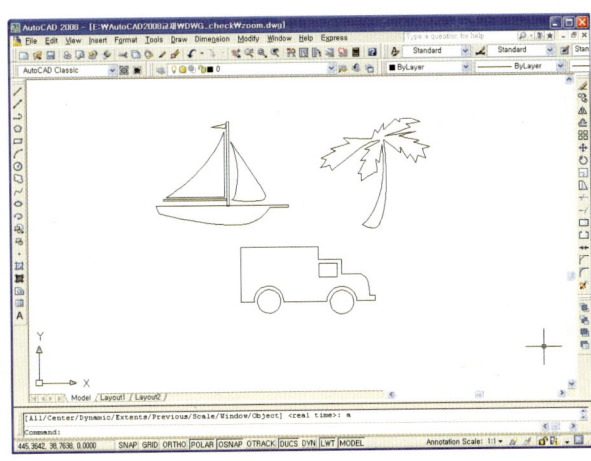

Command : **Zoom** Enter
Specify corner of window, enter a scale factor (nX or nXP), or
[All/Center/Dynamic/Extents/Previous/Scale/Window/Object]
<real time> : **A** Enter

❷ real time 옵션을 사용하기 위해 [Zoom] 명령을
입력하고 옵션 선택에서는 그냥 Enter 를 누릅니다.

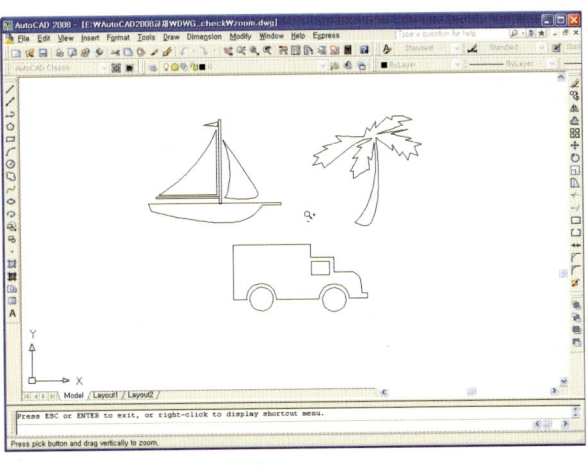

Command : **Zoom** Enter
Specify corner of window, enter a scale factor (nX or nXP), or
[All/Center/Dynamic/Extents/Previous/Scale/Window/Object]
<real time> : Enter
Press ESC or ENTER to exit, or right-click to display
shortcut menu.

❸ 화면상의 돋보기 아이콘을 기준으로 마우스 왼쪽 버튼을 누른 채 아래로 드래그합니다.

❹ 화면상의 돋보기 아이콘을 기준으로 클릭한 채 위로 드래그합니다. real time을 종료할 때는 마우스 오른쪽 버튼을 클릭하여 빠른 메뉴에서 [Exit]를 선택하거나 키보드에서 Esc를 눌러 real time을 종료합니다.

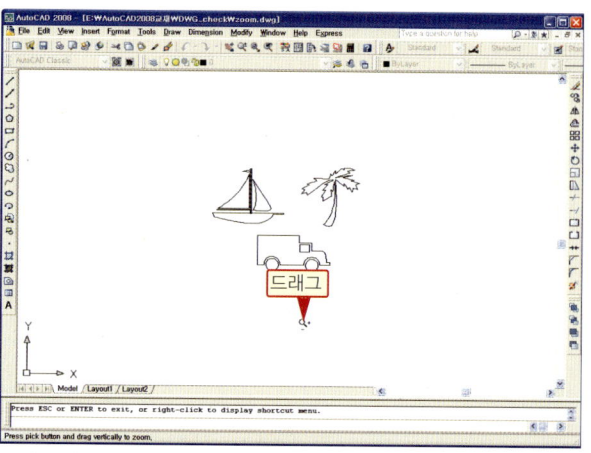

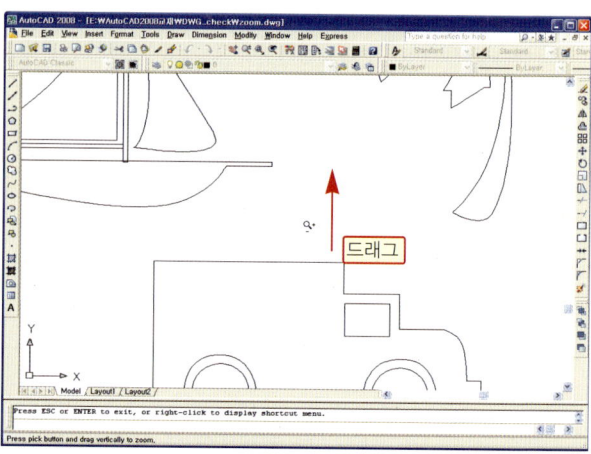

3 화면의 크기 변화 없이 화면을 이동하는 [Pan] 명령어

도화지에 그림을 그린 뒤 도화지를 움직이면 그 위에 그려진 그림의 위치가 이동하듯이 원래 그림이 그려진 곳은 변함이 없으나 도화지를 움직여 그림이 움직인 것처럼 만드는 화면 이동 명령어가 바로 [Pan]입니다. 주로 화면의 크기 변화 없이 그리고 원본 객체의 위치 변화 없이 화면만을 이동시켜 사용자가 편리하게 도면을 완성할 수 있습니다. 도면을 그리는 도중 화면의 상하좌우 빈 공간이 필요한 경우 화면을 당기거나 밀어서 필요한 공간을 확보할 수 있습니다.

[Pan] 명령어	
아이콘	🖐
메인 메뉴	[View]-[Pan]
명령어	Pan
단축키	〈P〉 / 마우스 휠(클릭한 채로 드래그)

1. 명령어 사용 방법

[Pan] 명령어는 도스 사용 환경에서는 화면을 이동하는 가장 보편적인 명령어였으나 현재는 마우스 휠을 이용하여 간편하게 드래그로 화면을 이동합니다. 하지만 마우스 휠을 이용하지 못하는 환경에는 직접 명령어를 입력하여 원하는 장소로 드래그해야 합니다.

```
Command : Pan Enter
Press ESC or ENTER to exit, or right-click to display shortcut menu.
원하는 장소로 드래그합니다. 이동을 마친 후 Esc 나 마우스 오른쪽 버튼을 클릭하여 [Exit]를 선택합니다.
```

2. 기본 실습

화면에서 원하는 장소로 Sample 파일을 화면 이동합니다.

• 예제 파일 : Sample\Part01\zoom.dwg

---

① [File]–[Open] 메뉴를 이용하여 부록 CD에서 예제 파일을 불러온 후 [Pan] 명령을 입력합니다.

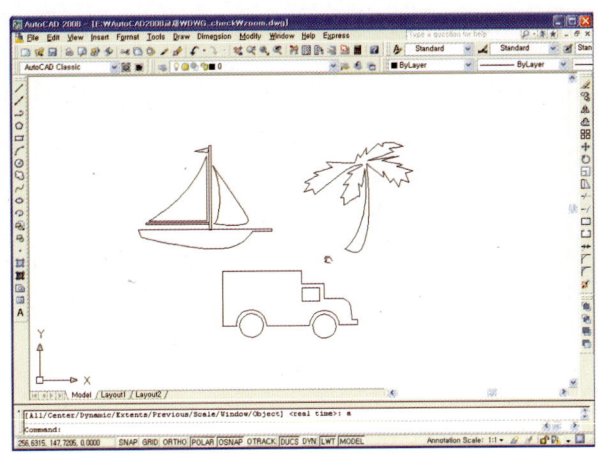

```
Command : Pan [Enter]
Press ESC or ENTER to exit, or right-click to display shortcut
menu.
```

② 화면에 손바닥이 나타나면 마우스 왼쪽 버튼을 클릭한 채 이동하고자 하는 방향으로 드래그합니다.

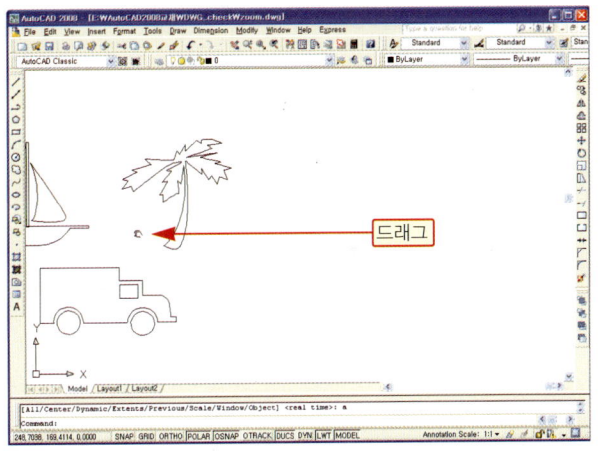

③ [Pan] 명령을 마치고자 하는 경우 [Esc]나 마우스 오른쪽 버튼을 클릭한 후 나타나는 메뉴에서 [Exit]를 선택합니다.

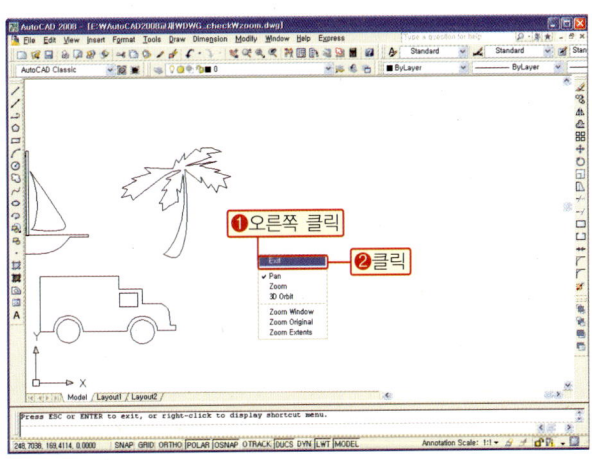

[Pan] 명령어는 굳이 Command 라인에 명령어를 입력하지 않더라도 언제나 마우스 휠을 누른 채 원하는 쪽으로 화면을 드래그하면 사용할 수 있습니다. 또한 명령어를 사용하는 도중이라도 그 명령어를 종료하지 않고도 마우스 휠을 누른 채 바로 사용할 수 있습니다.

• 완성도면   Practice\기초도면03.dwg

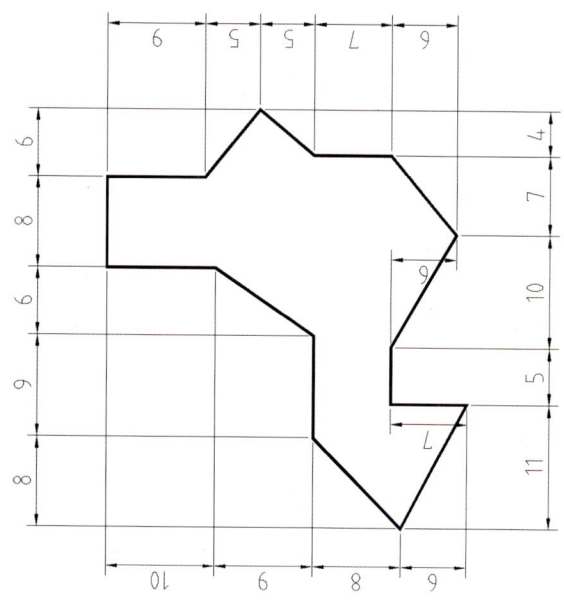

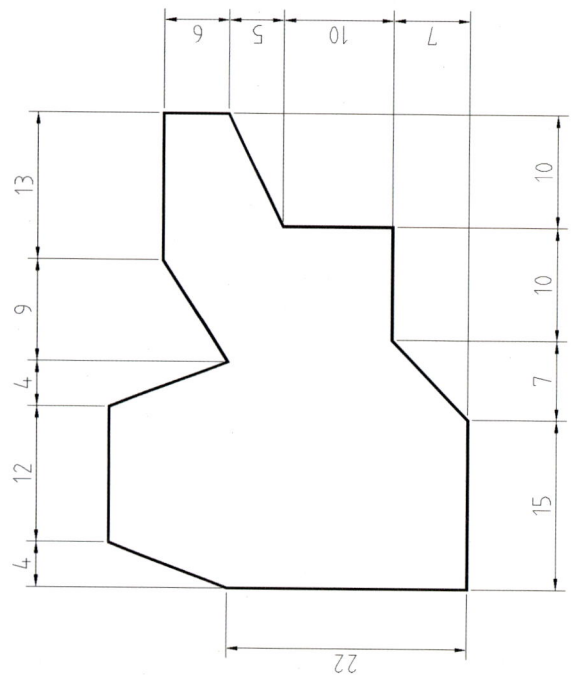

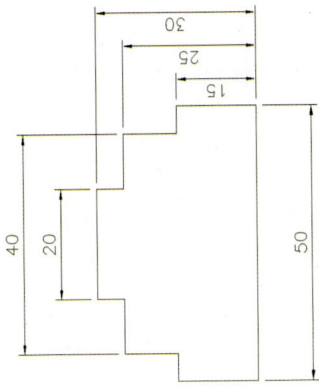

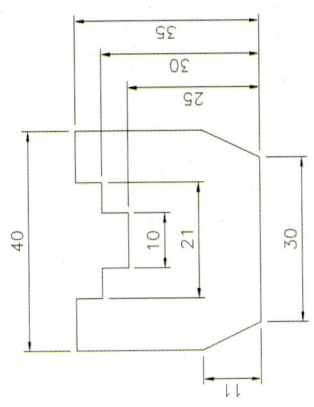

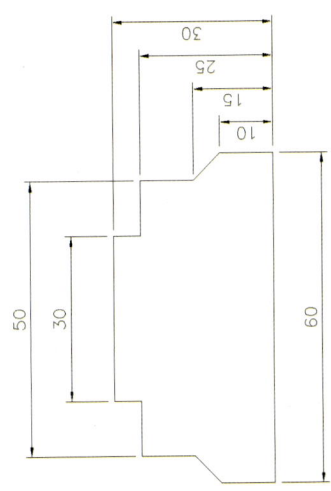

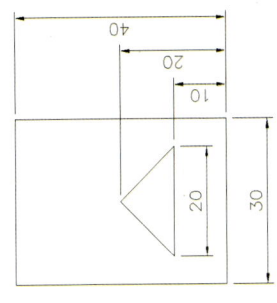

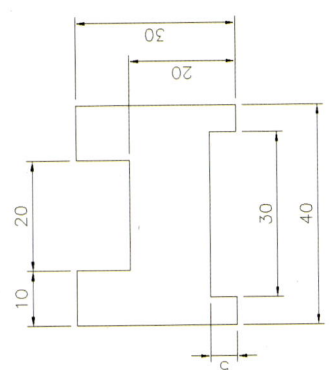

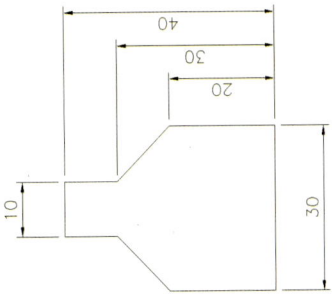

Chapter

04 객체의 기준점을 찾아 원과 호 그리기

화면상 도면의 객체를 최소 단위로 나눈다면 선과 원으로 나눌 수 있습니다. 지금까지 앞에서 좌표 값을 이용하여 선 그리기를 하였다면 이번 Chapter부터는 원과 호를 그리는 다양한 방법을 공부해보겠습니다. 객체마다 가지고 있는 일상적인 기준점을 찾아내어 보다 쉽게 도면을 작성할 수 있어야 합니다. 오토캐드에 그려지는 모든 객체는 객체마다 고유의 특징이 있습니다. 이 특징을 정확히 파악하여 원하는 요소가 무엇인지를 알아내고 그 조건에 맞는 도면을 작성하도록 합니다.

1. 원을 그리는 [Circle] 명령어

캐드에서 원이란 중심점에서 원에 이르는 모든 값이 동일한 객체를 말합니다. 이 값을 반지름이라고 하며, 호를 그리기 힘든 곳은 원을 잘라 만들기도 하며 대부분의 곡선은 대부분 원을 통하여 작성합니다.

[Circle] 명령어	
아이콘	⊙
메인 메뉴	[Draw]–[Circle]
명령어	Circle
단축키	〈C〉

1. 명령어 사용 방법

Command 라인에 [Circle] 명령어를 입력한 후 Command 라인의 순서에 따라 원하는 점을 클릭하거나 반지름 또는 지름 값을 입력합니다. 주어진 조건이 다른 여러 가지 요소가 있는 경우 옵션을 활용하여 원을 그릴 수 있습니다.

```
Command : Circle Enter
Specify center point for circle or [ 3P/2P/Ttr(tan tan radius)] :
중심점의 좌표 값을 입력합니다. 마우스 또는 좌표 값을 입력합니다.
Specify radius of circle or [ Diameter ] : 20 Enter
반지름 값의 크기를 숫자로 입력합니다.
```

2. 명령어 옵션

원을 그리는 명령어 안에서 사용할 수 있는 옵션입니다. 기본값은 중심점을 입력한 후 반지름 값을 입력하는 것을 기본으로 하며 그 외에 지름이나 점을 입력하여 원을 그릴 수 있습니다.

옵션	내용
Diamter	원의 지름 값을 입력하여 원을 그립니다.
3P	3점을 클릭하여 그 3점을 지나는 원을 그립니다.
2P	2점을 클릭하여 그 2점을 지나는 원을 그립니다. 보통 이 2점은 중심점을 연결하는 지름 값을 의미합니다.
Ttr	2개의 접선과 반지름 값을 입력하여 원을 그립니다.

3. 기본 실습

원을 그리는 기본적인 방법은 원의 중심점을 클릭한 뒤 반지름과 지름을 이용하여 원을 그리는 것을 기본으로 합니다.

1 새 도면에서 [Limits]를 설정하고, [Zoom] 명령어를 입력하여 Limits 값을 세팅합니다.

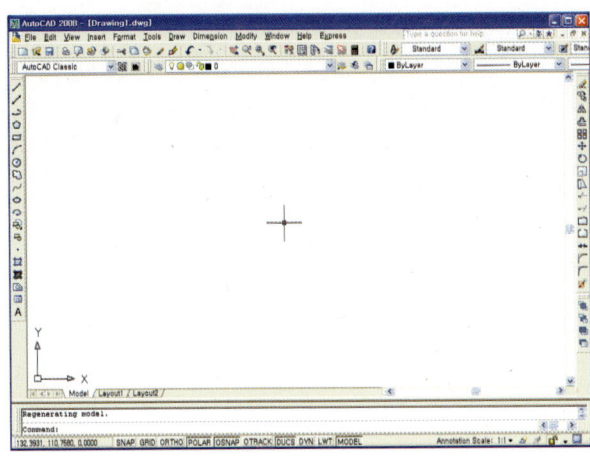

```
Command : Limits Enter
Reset Model space limits :
Specify lower left corner or [ ON/OFF] <0.0000,0.0000> : Enter
Specify upper right corner <420.0000,297.0000> : 297,210 Enter
Command : Zoom Enter
Specify corner of window, enter a scale factor (nX or nXP), or
[ All/Center/Dynamic/Extents/Previous/Scale/Window/Object]
<real time> : A Enter
Regenerating model.
```

2 원을 그리는 명령 [Circle]을 입력하고 중심점을 클릭한 뒤 다음과 같이 입력합니다.

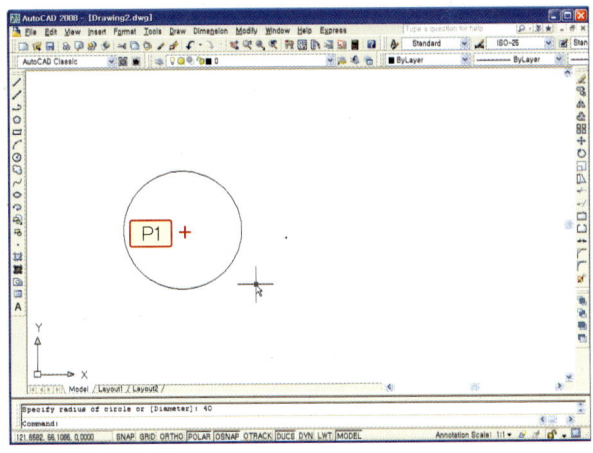

```
Command : Circle Enter
Specify center point for circle or [ 3P/2P/Ttr(tan tan
radius)] : P1 클릭
Specify radius of circle or [ Diameter] : 40 Enter
```

3 반지름 '40'인 원이 그려졌습니다. 다시 [Circle] 명령어를 입력하고 이번에는 지름이 '40'인 원을 그려봅니다.

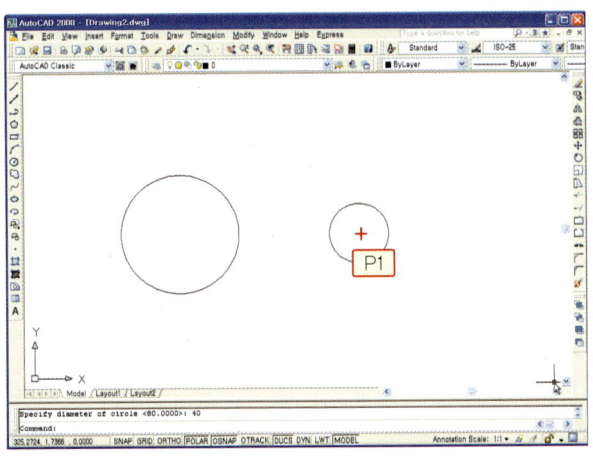

```
Command : Circle Enter
Specify center point for circle or [ 3P/2P/Ttr(tan tan
radius)] : P1 클릭
Specify radius of circle or [ Diameter] <40.0000> : D Enter
Specify diameter of circle <80.0000> : 40 Enter
지름이 '40'인 원이 그려졌습니다. 반지름 '40'으로 그린 원의 절
반 크기에 해당합니다.
```

4. 옵션 실습

원을 그리는 가장 대표적인 방법은 중심점을 클릭한 뒤 반지름 값이나 지름 값을 입력하는 것입니다. 하지만 그 방법만으로는 다양한 모양의 원을 그릴 수 없으므로 오토캐드에서는 3가지의 옵션을 통해 다양한 원을 그릴 수 있습니다.

■ 세 점을 지나는 원을 그리는 3P 옵션 활용하기

3점을 클릭하여 그 3점을 지나는 원을 그리는 옵션입니다. 즉, 사용자가 3곳의 점을 찍으면 그 3점을 지나는 원을 자동으로 그려주는 옵션입니다. 3점은 마우스 클릭이나 좌표 값으로 입력할 수 있습니다.

❶ 새 도면을 열고 다음과 같이 Limits를 설정합니다.

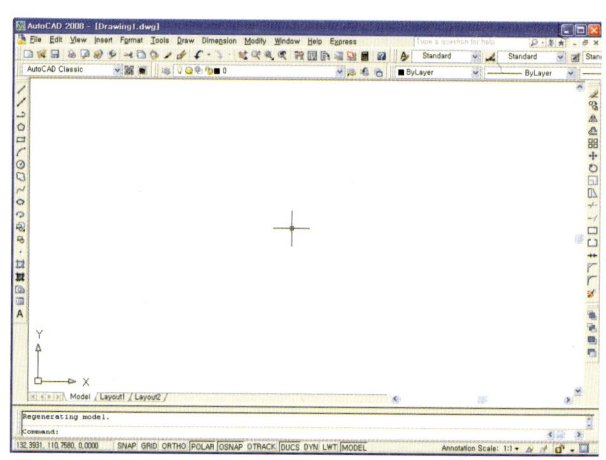

```
Command : Limits Enter
Reset Model space limits :
Specify lower left corner or [ON/OFF] <0.0000,0.0000> : Enter
Specify upper right corner <420.0000,297.0000> : 297,210 Enter
Command : Zoom
Specify corner of window, enter a scale factor (nX or nXP), or
[ All/Center/Dynamic/Extents/Previous/Scale/Window/Object]
<real time> : A Enter
Regenerating model.
```

❷ [Circle] 명령어를 입력한 후 3P 옵션을 적용하여 3개의 점을 클릭합니다. 3개의 점을 지나는 원이 자동으로 그려집니다.

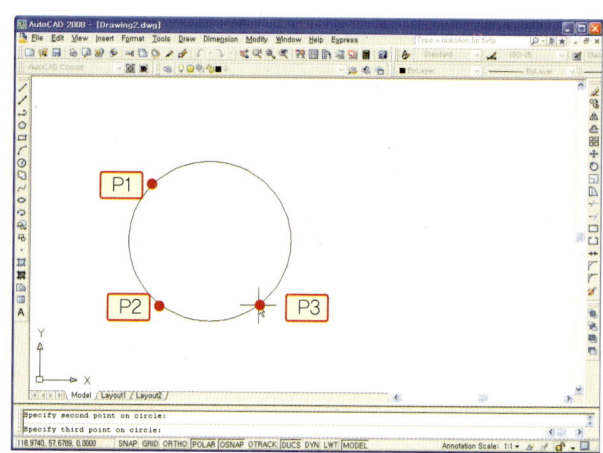

```
Command : Circle Enter
Specify center point for circle or [ 3P/2P/Ttr(tan tan
radius)] : 3p Enter
Specify first point on circle : P1 클릭
Specify second point on circle : P2 클릭
Specify third point on circle : P3 클릭
```

■ 두 점을 클릭하여 원을 그리는 2P 옵션 활용하기

2p 옵션을 선택하면 원의 지름을 표시하는 양쪽 끝점을 클릭하여 원을 그리는 방법입니다. 즉, 사용자가 임의의 2점을 클릭하면 원을 그릴 때 그 2점 길이 값을 지름 값으로 계산하여 원을 그리는 것입니다.

① 3p로 그린 원 옆에 계속해서 [Circle] 명령을 입력
하여 그립니다.

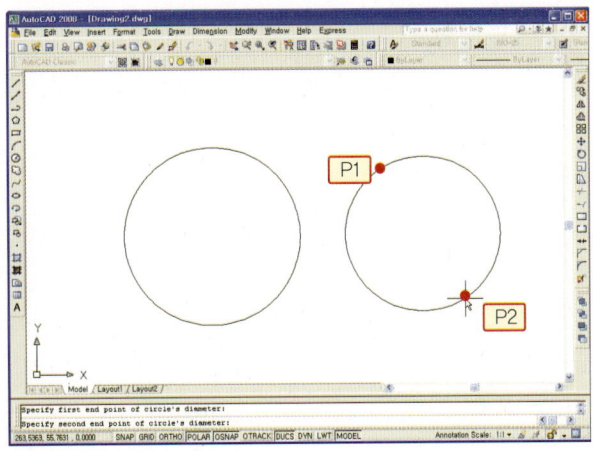

Command : Circle `Enter`
Specify center point for circle or [3P/2P/Ttr(tan tan
radius)] : 2p `Enter`
Specify first end point of circle's diameter : P1 클릭
P1점을 클릭합니다.(지름의 한쪽 끝점을 지정합니다.)
Specify second end point of circle's diameter : P2 클릭
P2점을 클릭합니다.(지름의 다른 반대 쪽 점을 지정합니다.)

■ 두 개의 접점과 반지름 값을 입력하여 원을 그리는 Ttr 옵션 활용하기

Ttr이란 Tangent, Tangent, Radius의 순서대로 원을 그리는 것으로 Ttr 옵션을 선택하면 원이나 호 또는 선분 모두 그 대상이 되며 그
런 객체와 객체를 접점으로 하는 원을 그립니다. 즉, 두 개의 객체가 만나면서 반지름이 지정된 원을 그릴 때 사용합니다.

① 3p와 2p 옵션으로 그린 원에 Ttr 옵션을 적용하
여 원을 그립니다. [Circle] 명령을 입력하고 옵션
을 지정한 후 P1을 선택합니다.

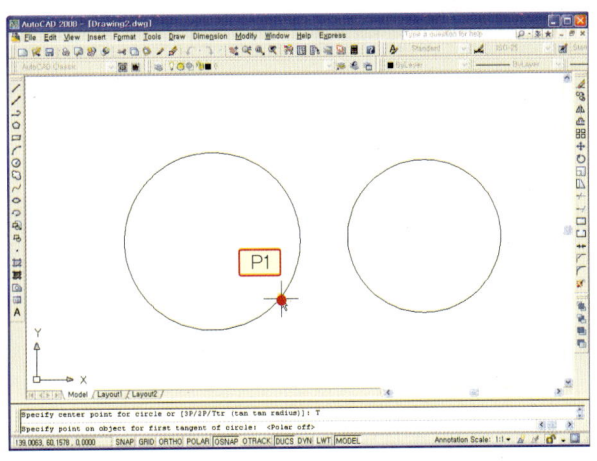

Command : Circle `Enter`
Specify center point for circle or [3P/2P/Ttr(tan tan radius)]
: T `Enter`
Specify point on object for first tangent of circle : P1 클릭
P1점을 클릭합니다.(새로 그릴 원이 만날 첫 번째 접선의 대략적인 위
치를 지정합니다.)

② 다음 접점의 위치가 될 P2를 선택합니다.

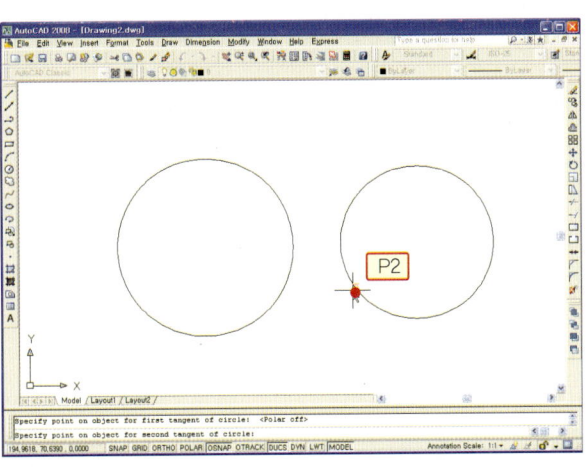

Specify point on object for second tangent of circle : P2
클릭
P2점을 클릭합니다.(두 번째 접선의 대략적인 위치 지점을 선택합
니다.)

❸ 반지름 값이 '50'인 원을 그리기 위해 반지름 값
  을 지정하여 완성합니다.

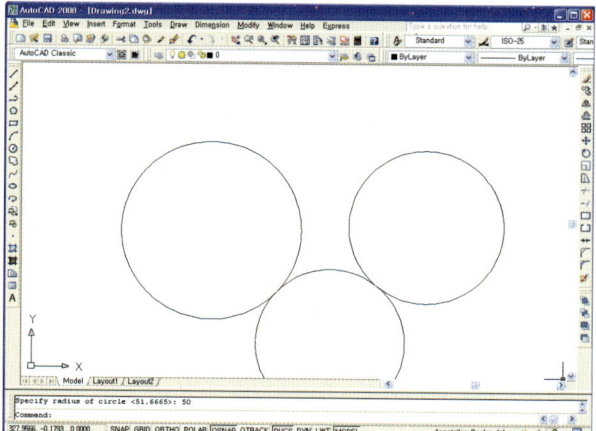

Specify radius of circle <51.6665> : 50 [Enter]
앞서 그린 두 원을 지나는 반지름이 '50'인 원이 그려졌습니다.

4. 옵션 활용

다양한 옵션을 활용하여 원을 그리는 방법을 연습합니다. 다양한 값과 조건을 가진 원에 대한 객체를 [Circle] 명령
의 옵션을 통하여 그립니다.

❶ 새 도면을 열고 다음과 같이 Limits를 설정합니다.

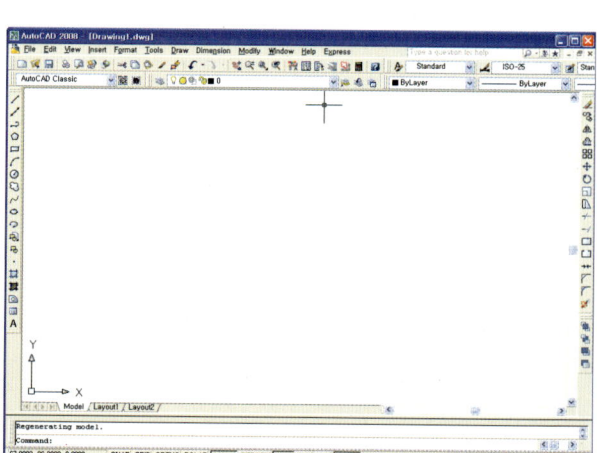

Command : Limits [Enter]
Reset Model space limits :
Specify lower left corner or [ON/OFF] <0.0000,0.0000> : [Enter]
Specify upper right corner <420.0000,297.0000> : 120,90 [Enter]
Command : Zoom [Enter]
Specify corner of window, enter a scale factor (nX or nXP), or
[All/Center/Dynamic/Extents/Previous/Scale/Window/Object]
<real time> : A [Enter]
Regenerating model.

❷ 원을 그리기 위해 Command 라인에 [Circle] 명
  령어를 입력합니다.

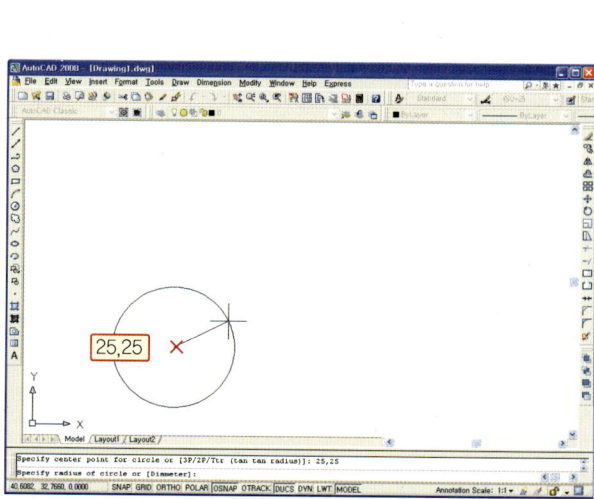

Command : Circle [Enter]
Specify center point for circle or [3P/2P/Ttr(tan tan
radius)] : 25,25 [Enter]
원의 중심점을 절대 좌표로 입력합니다.
Specify radius of circle or [Diameter] : 20 [Enter]
반지름 값 '20'을 입력합니다.

❸ 바로 옆에 다음 원을 그리기 위해 계속해서 Command 라인에 [Circle] 명령을 입력합니다.

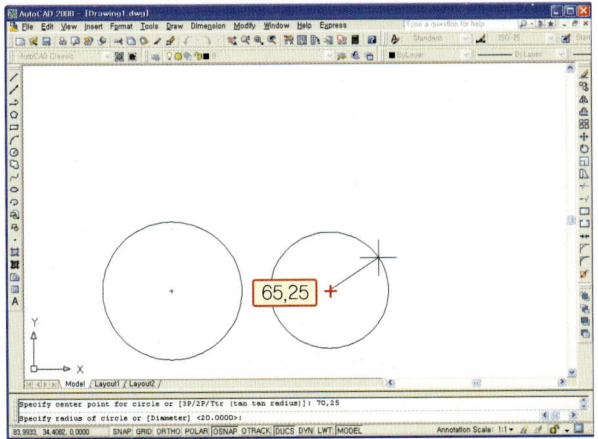

Command : **Circle** Enter
Specify center point for circle or [3P/2P/Ttr(tan tan radius)] : **65,25** Enter
절대 좌표로 원의 중심점을 입력합니다.

❹ 처음 그린 원과 같은 크기의 반지름 값을 입력합니다.

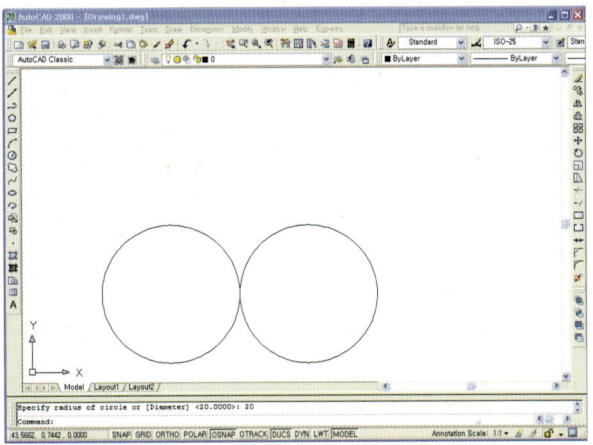

Specify radius of circle or [Diameter] <20.0000> : **20** Enter
원의 반지름 값을 입력합니다.

❺ 두 원을 만나는 세 번째 원을 그리기 위해 Command 라인에 [Circle] 명령어를 입력합니다. 첫 번째 원의 접점 부위를 클릭합니다.

Command : **Circle** Enter
Specify center point for circle or [3P/2P/Ttr(tan tan radius)] : **T** Enter
Ttr 옵션을 사용하기 위하여 'T'를 입력합니다.
Specify point on object for first tangent of circle :
P1 클릭

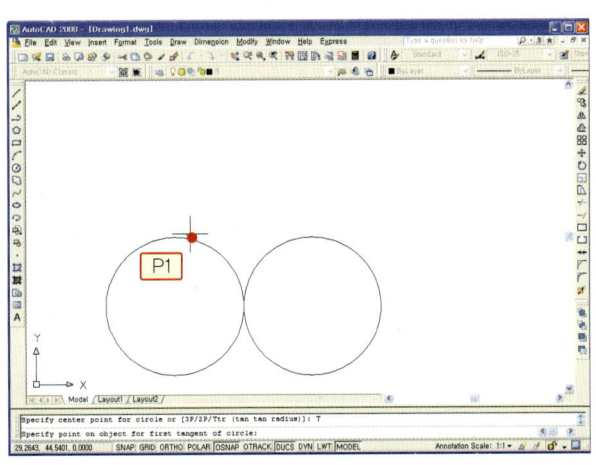

❻ 두 번째 원의 접점 부위를 클릭합니다. 접점은 정확하게 선택하기 어려우므로 대략 근처의 점을 클릭하면 나중에 조건에 맞는 접점이 자동으로 선택됩니다.

Specify point on object for second tangent of circle
: **P2 클릭**

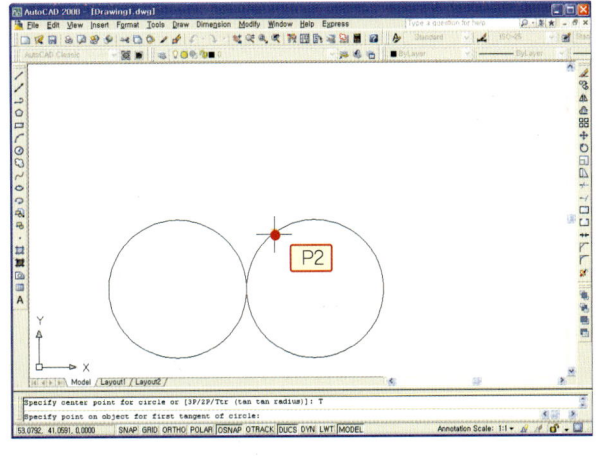

⑦ 반지름 값은 앞의 원들과 동일하게 '20'을 입력합
니다. 그림과 같이 두 원과 만나면서 반지름 값이
'20'인 원이 그려집니다.

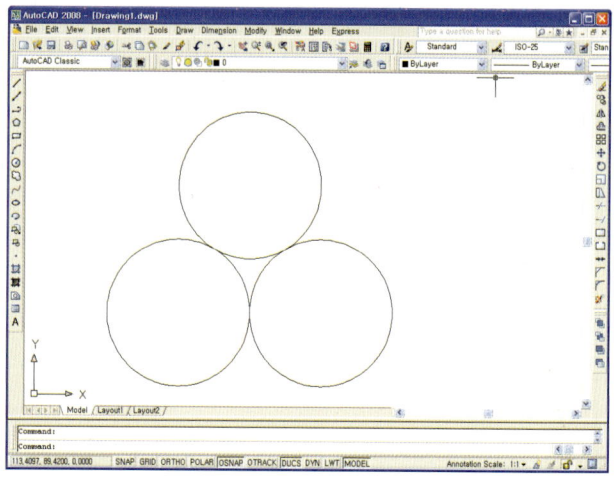

Specify radius of circle <20.0000> : 20 Enter

⑧ 2P를 이용하여 원을 하나 더 그리기 위해
Command 라인에 [Circle] 명령어를 입력합니다.

Command : Circle Enter
Specify center point for circle or [3P/2P/Ttr(tan tan
radius)] : 2P Enter
2점을 클릭하여 원을 그리는 옵션을 선택합니다.
Specify first end point of circle's diameter : 85,25 Enter
원의 두 점 중 첫 번째 지점을 절대 좌표로 지정합니다.(마우스로 원
하는 지점을 클릭해도 됩니다.)

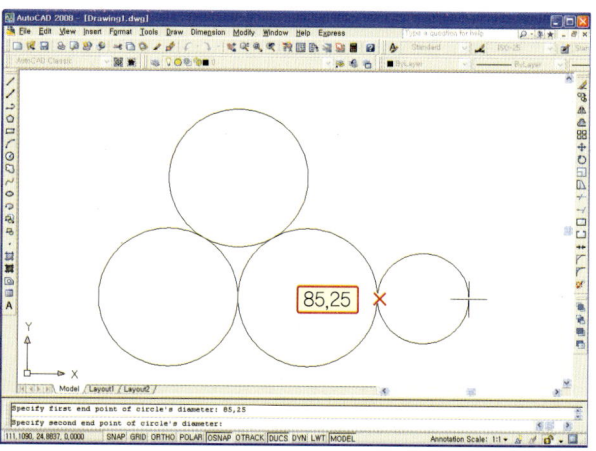

⑨ 지름 값이 '20'인 원을 상대 좌표로 입력하여 원
을 그립니다.

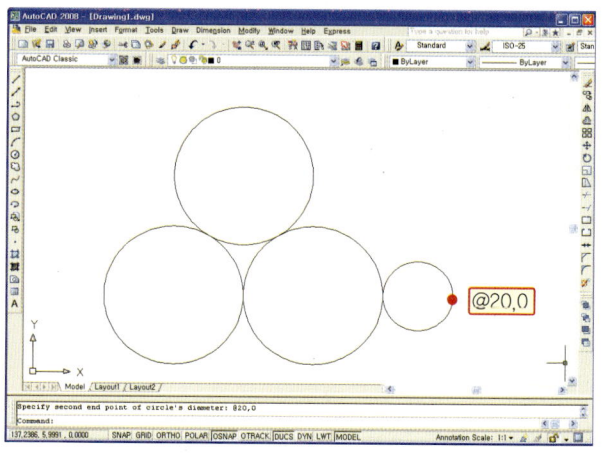

Specify second end point of circle's diameter : @20,0 Enter
원하는 지름 값을 상대 좌표나 상대 극좌표를 이용하여 입력합니다.

2. 호를 그리는 [Arc] 명령어

[Arc]는 호를 그리는 명령어입니다. 호는 원처럼 시작과 끝이 이어진 것이 아니라 시작점과 끝점이 구분되어 있으므로 호가 가지고 있는 다양한 점을 이용하여 여러 가지 방법으로 호를 그릴 수 있습니다. 호는 시작점과 끝점이 Angle 각도의 방향으로 그려지며 원처럼 반지름을 알 수 있고, 내부각과 접선의 방향, 현의 길이 등을 알 수 있습니다. 그래서 호를 그릴 때는 시작점을 먼저 지정하고 다른 옵션을 선택하는 것이 중요합니다.

[Arc] 명령어	
아이콘	⌒
메인 메뉴	[Draw]–[Arc]
명령어	Arc
단축키	⟨A⟩

1. 명령어 사용 방법

Command 라인에 [Arc] 명령어를 입력한 후 Command 라인의 순서에 따라 원하는 점을 클릭하거나 옵션을 지정하여 호를 그립니다. Command 라인을 이용하여 호를 그리는 경우 사용자가 직접 호가 가지고 있는 값들을 순서에 따라서 지정하여 입력합니다. 보통 호의 시작점이나 호의 중심점을 입력한 뒤 끝점이나 각도, 반지름 등의 옵션을 지정하여 호를 그립니다.

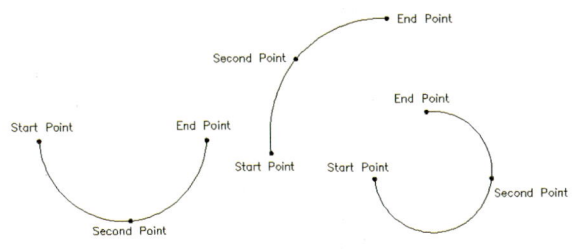

```
Command : Arc Enter
Specify start point of arc or [Center] : 호의 시작점 선택(Start Point)
Specify second point of arc or [Center/End] : 호의 두 번째 점 선택(Second Point)
Specify end point of arc : 호의 끝점 선택(End Point)
```

호를 그리는 경우 시작점과 끝점의 위치를 각도 방향인 시계 반대방향으로 지정해야 하지만 3Point를 기본으로 사용하는 경우에는 시계방향이나 반시계방향 아무 관계없이 그릴 수 있습니다.

2. 명령어 옵션

호를 그리는 명령어 안에서 사용할 수 있는 옵션입니다. 기본값은 3점을 클릭하여 그 3점을 지나는 호를 그리는 방법이지만 호가 가지고 있는 반지름, 각도, 현의 길이, 접점의 방향 등을 이용하여 다양한 호를 정확한 방법으로 그릴 수 있습니다.

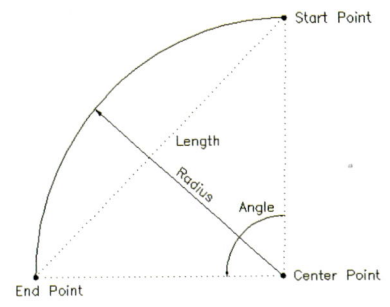

옵션	내용
Start Point	호의 시작점 좌표 값을 지정합니다.
Center Point	호의 중심점 좌표 값을 지정합니다.
End Point	호의 끝점 좌표 값을 지정합니다.
Angle	호의 내각 값을 지정합니다.
Radius	호의 반지름 값을 지정합니다.
Direction	호의 접선의 방향
Length	호의 현 길이 값

3. 옵션 실습

옵션을 조합하여 그려야 하는 호 그리기는 처음에는 간단하지 않습니다. 오토캐드 메인 메뉴에는 호를 그리는 옵션을 모두 조합한 형태의 메뉴를 구성해 놓았으므로 사용자가 알고 있는 값이 있는 경우의 조합 값을 선택하고 그 순서대로 입력하거나 선택하는 것이 편리합니다.

메인 메뉴에서 [Draw]-[Arc]를 클릭하면 호를 그릴 수 있는 다양한 옵션 값들이 제시됩니다. 하나씩 어떻게 사용하는지 살펴보도록 하겠습니다.

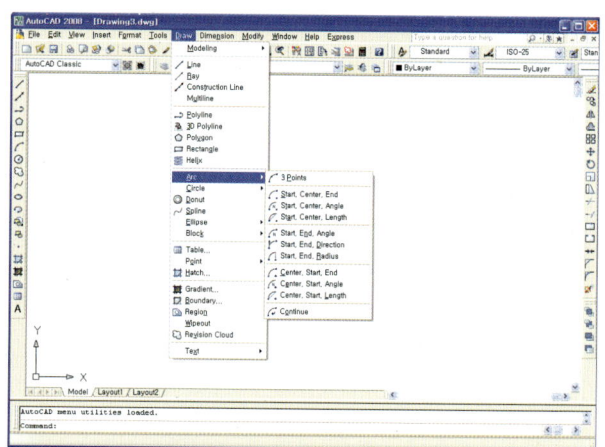

■ [3point] 옵션 활용하기

새 도면을 열고 Zoom 명령어의 A 옵션을 입력하여 화면을 먼저 세팅한 후 호를 그리기 위해 먼저 [Draw]-[Arc]-[3point]를 클릭합니다. 호를 구성하는 3개의 점인 시작점, 두 번째 점, 세 번째 점을 클릭하여 호를 그립니다.

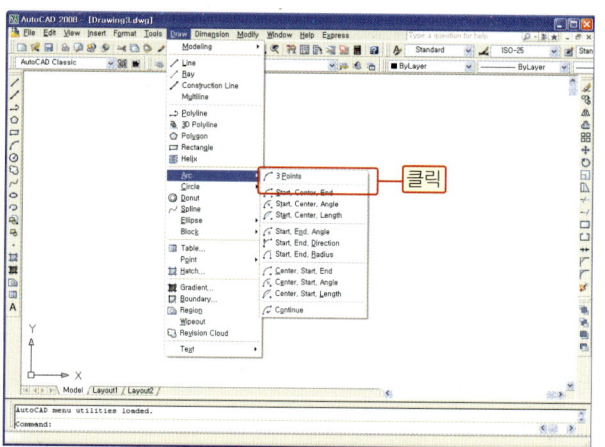

Command: _arc Specify start point of arc or [Center] : **P1 클릭** P1점을 클릭합니다.(호의 시작점의 위치를 마우스나 좌표 값으로 입력합니다.)
Specify second point of arc or [Center/End] : **P2 클릭** P2점을 클릭합니다.(호의 두 번째 점이 될 위치를 마우스나 좌표 값으로 지정합니다.)
Specify end point of arc: **P3 클릭** P3점을 클릭합니다.(호의 세 번째 점의 위치를 마우스나 좌표 값으로 지정하여 완료합니다.)

■ [Start, Center, End] 옵션 활용하기

호의 시작점, 중심점, 끝점의 순서대로 선택하여 호를 그립니다. 풀다운 메뉴의 Start, Center, End를 먼저 선택한 뒤 Command 라인에서 요구하는 순서대로 선택하여 도면을 작성하도록 합니다. 풀다운 메뉴의 Start, Center, End를 먼저 선택하지 않는 경우 기본 3Point가 적용되므로 사용자가 생각하는 대로 호가 그려지지 않습니다.

새 도면을 열고 Zoom 명령어의 A 옵션을 입력하여 화면을 먼저 세팅한 후 호를 그리기 위해 먼저 [Draw]-[Arc]-[Start, Center, End]를 클릭합니다. 계속해서 호를 그려보겠습니다.

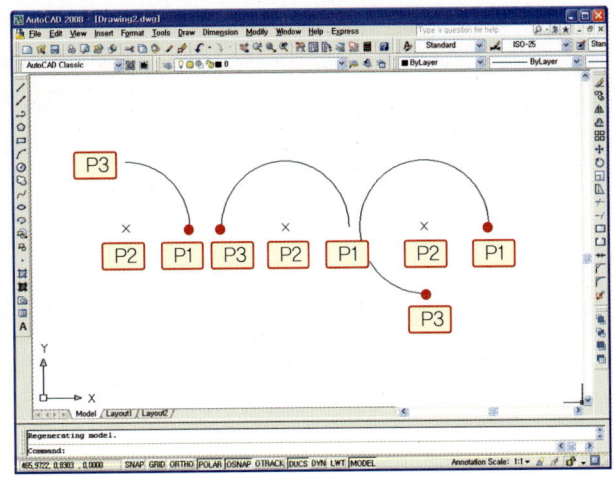

```
Command: _arc Specify start point of arc or [ Center] : P1 클릭
```
P1점을 클릭합니다.(호의 시작점의 위치를 마우스로 선택하거나 좌표 값을 입력합니다.)
```
Specify second point of arc or [ Center/End] : _c Specify center point of arc: P2 클릭
```
P2점을 클릭합니다.(호의 중심점이 될 위치를 마우스나 좌표 값으로 지정합니다.)
```
Specify end point of arc or [ Angle/chord Length] : P3 클릭 P3점을 클릭합니다.(호의 끝점의 위치를 마우스나 좌표 값으로 지정합니다.)
```

■ [Start, Center, Angle] 옵션 활용하기

호의 시작점, 중심점, 호의 내부각을 입력하여 호를 그립니다. [Draw] 메뉴에서 [Start, Center, Angle]를 선택한 뒤 Command 라인에서 순서대로 도면을 작성합니다. 메뉴에서 [Start, Center, Angle]를 먼저 선택하지 않는 경우 기본 [3Point]가 적용되므로 사용자가 생각하는 대로 호가 그려지지 않습니다.

새 도면을 열고 Zoom 명령어의 A 옵션을 입력하여 화면을 먼저 세팅한 후 호를 그리기 위해 먼저 [Draw]-[Arc]-[Start, Center, Angle]을 선택합니다.

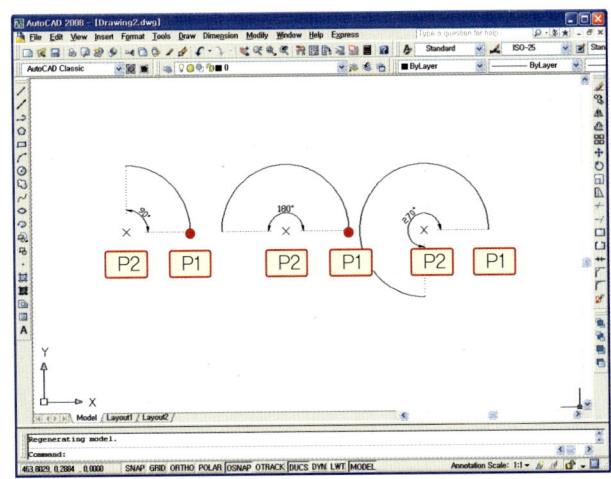

```
Command : _arc Specify start point of arc or [ Center] : P1 클릭
```
P1점을 클릭합니다.(호의 시작점의 위치를 마우스 클릭이나 좌표 값으로 선택합니다.)
```
Specify second point of arc or [ Center/End] : _c Specify center point of arc : P2 클릭
```
P2점을 클릭합니다.(호의 중심점의 위치를 마우스 클릭이나 좌표 값으로 선택합니다.)
```
Specify end point of arc or [ Angle/chord Length] : _a Specify included angle : 90
```
호의 각도를 입력합니다. 90도 180도 270도 순서대로 입력합니다.

■ [Start, Center, Length] 옵션 활용하기

호의 시작점, 중심점, 호 현의 길이 값을 입력하여 호를 그립니다. [Draw] 메뉴에서 [Start, Center, Length]를 먼저 선택한 뒤 Command 라인에서 요구하는 순서대로 선택하여 도면을 작성합니다. 메뉴에서 [Start, Center, Length]를 먼저 선택하지 않으면 [3Point]가 적용되므로 사용자가 생각하는 대로 호가 그려지지 않습니다.

새 도면을 열고 Zoom 명령어의 A 옵션을 입력하여 화면을 먼저 세팅한 후 호를 그리기 위해 먼저 [Draw]-[Arc]-[Start, Center, Length]을 선택합니다.

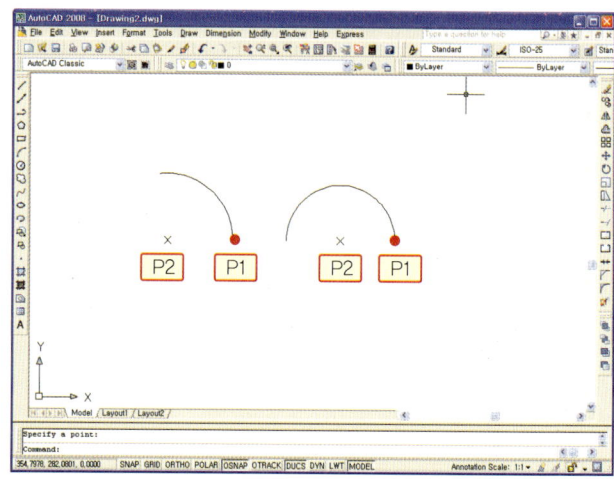

Command : _arc Specify start point of arc or [Center] : **P1 클릭** 호의 시작점 위치를 마우스 클릭이나 좌표 값으로 선택합니다.
Specify second point of arc or [Center/End] : _c Specify center point of arc : **P2 클릭**
호의 두 번째 점의 위치를 마우스 클릭이나 좌표 값으로 선택합니다.
Specify end point of arc or [Angle/chord Length] : _l Specify length of chord :
호의 현의 길이 값을 입력합니다.(90, 100 등과 같이 숫자로 입력하거나 마우스 드래그로 길이를 조절합니다.)

■ [Start, End, Angle] 옵션 활용하기

호의 시작점, 끝점, 호의 내부각을 입력하여 호를 그립니다. [Draw] 메뉴의 [Start, End, Angle]을 먼저 선택한 뒤 Command 라인에서 요구하는 순서대로 도면을 작성합니다. 메뉴에서 [Start, End, Angle]을 먼저 선택하지 않는 경우 기본 [3Point]가 적용되므로 사용자가 생각하는 대로 호를 그릴 수 없습니다.

새 도면을 열고 Zoom 명령어의 A 옵션을 입력하여 화면을 먼저 세팅한 후 호를 그리기 위해 메뉴에서 [Draw]-[Arc]-[Start, End, Angle]을 선택합니다.

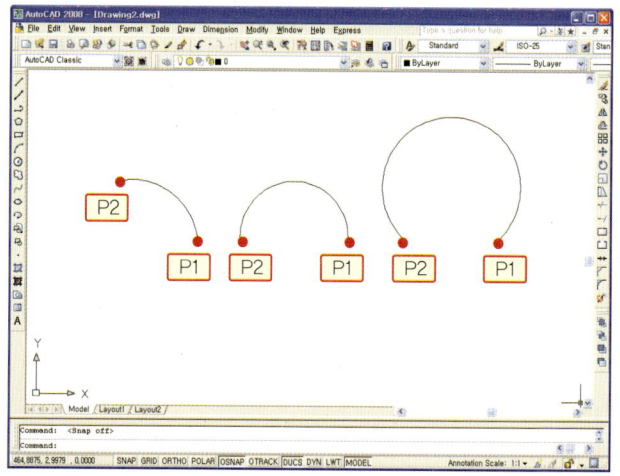

Command : _arc Specify start point of arc or [Center] : **P1 클릭** 호의 시작점 위치를 마우스 클릭이나 좌표 값으로 선택합니다.
Specify second point of arc or [Center/End] : _e
Specify end point of arc : **P2 클릭** 호의 끝점 위치를 마우스 클릭이나 좌표 값으로 선택합니다.
Specify center point of arc or [Angle/Direction/Radius] : _a Specify included
angle : **90** Enter 호의 내부각을 입력합니다.(90, 180 또는 270과 같이 숫자로 입력합니다.)

■ [Start, End, Direction] 옵션 활용하기

호의 시작점, 끝점, 호의 접선의 방향을 입력하여 호를 그립니다. [Draw] 메뉴에서 [Start, End, Direction]을 먼저 선택한 뒤 Command 라인에서 요구하는 순서대로 도면을 작성합니다. 메뉴에서 [Start, End, Direction]을 먼저 선택하지 않는 경우 기본 [3Point]가 적용되므로 사용자가 생각하는 대로 호를 그릴 수 없습니다.

새 도면을 열고 Zoom 명령어의 A 옵션을 입력하여 화면을 먼저 세팅한 후 호를 그리기 위해 메뉴에서 [Draw]-[Arc]-[Start, End, Direction]을 선택합니다.

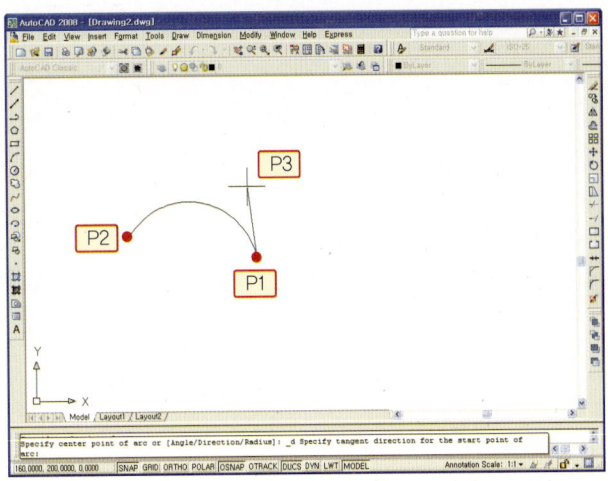

Command : _arc Specify start point of arc or [Center] : **P1 클릭** 호의 시작점 위치를 마우스 클릭이나 좌표 값으로 선택합니다.
Specify second point of arc or [Center/End] : _e
Specify end point of arc : **P2 클릭** 호의 끝점의 위치를 마우스 클릭이나 좌표 값으로 선택합니다.
Specify center point of arc or [Angle/Direction/Radius] : _d
Specify tangent direction for the start point of arc : **P3 클릭** 호의 접선의 방향을 마우스나 좌표 값을 입력하여 설정합니다.

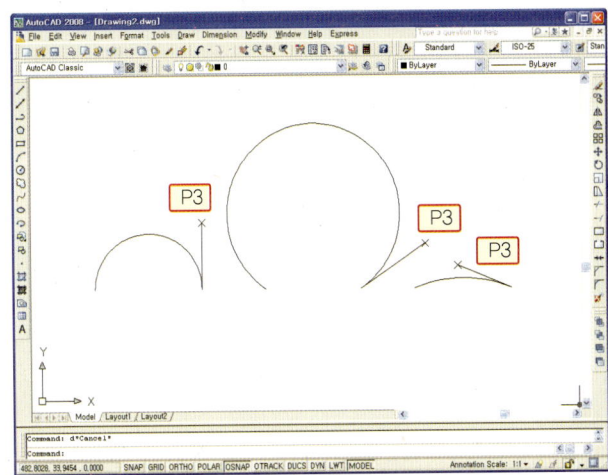

여러 방향으로 만드는 접선의 방향의 호

■ [Start, End, Radius] 옵션 활용하기

호의 시작점, 끝점, 호의 반지름 값을 입력하여 호를 그립니다. [Draw] 메뉴에서 [Start, End, Radius]을 먼저 선택한 뒤 Command 라인에서 요구하는 순서대로 도면을 작성합니다. 메뉴에서 [Start, End, Radius]을 먼저 선택하지 않는 경우 기본 [3Point]가 적용되므로 사용자가 생각하는 대로 호를 그릴 수 없습니다.

새 도면을 열고 Zoom 명령어의 A 옵션을 입력하여
화면을 먼저 세팅한 후 호를 그리기 위해 메뉴에서
[Draw]-[Arc]-[Start, End, Radius]을 선택합니다.

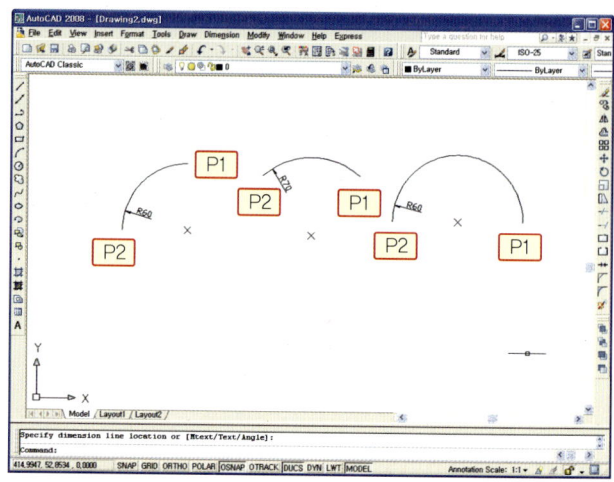

Command : _arc Specify start point of arc or [Center] : **P1 클릭** 호의 시작점 위치를 마우스 클릭이나 좌표 값으로 선택합니다.
Specify second point of arc or [Center/End] : _e
Specify end point of arc : **P2 클릭** 호의 끝점 위치를 마우스 클릭이나 좌표 값으로 선택합니다.
Specify center point of arc or [Angle/Direction/ Radius] : _r
Specify radius of arc : **60** Enter 호의 반지름 값을 입력합니다.

■ [Center, Start, End] 옵션 활용하기

호의 중심점, 시작점, 끝점의 값을 입력하여 호를 그립니다. [Draw] 메뉴에서 [Center, Start, End]을 먼저 선택한 뒤 Command 라인에
서 요구하는 순서대로 도면을 작성합니다. 메뉴에서 [Center, Start, End]을 먼저 선택하지 않는 경우 기본 [3Point]가 적용되므로 사용자
가 생각하는 대로 호를 그릴 수 없습니다.

새 도면을 열고 Zoom 명령어의 A 옵션을 입력하여
화면을 먼저 세팅한 후 호를 그리기 위해 메뉴에서
[Draw]-[Arc]-[Center, Start, End]을 선택합니다.

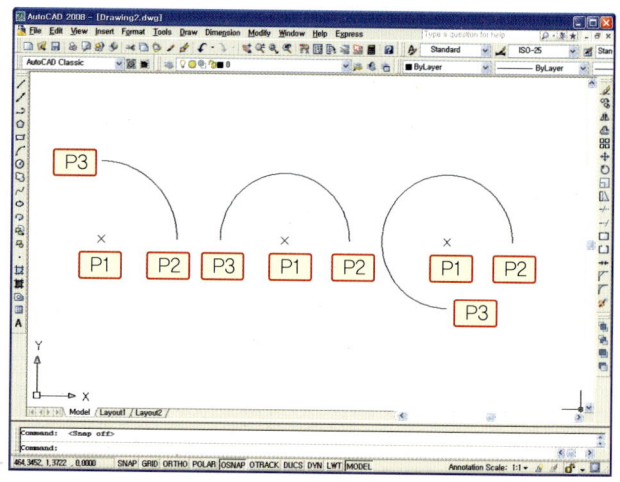

Command: _arc Specify start point of arc or [Center] : _c Specify center point of arc: **P1 클릭**
P1점을 클릭합니다.(호의 중심점 위치를 마우스 클릭이나 좌표 값으로 선택합니다.)
Specify start point of arc : **P2 클릭** P2점을 클릭합니다.(호의 시작점 위치를 마우스 클릭이나 좌표 값으로 선택합니다.)
Specify end point of arc or [Angle/chord Length] : **P3클릭** 호의 끝점 위치를 마우스 클릭이나 좌표 값으로 선택합니다.

■ [Center, Start, Angle] 옵션 활용하기

호의 중심점, 시작점, 각도의 값을 입력하여 호를 그립니다. [Draw] 메뉴에서 [Center, Start, Angle]을 먼저 선택한 뒤 Command 라인
에서 요구하는 순서대로 도면을 작성합니다. 메뉴에서 [Center, Start, Angle]을 먼저 선택하지 않는 경우 기본 [3Point]가 적용되므로 사
용자가 생각하는 대로 호를 그릴 수 없습니다.

새 도면을 열고 Zoom 명령어의 A 옵션을 입력하여 화면을 먼저 세팅한 후 호를 그리기 위해 메뉴에서 [Draw]-[Arc]-[Center, Start, Angle]을 선택합니다.

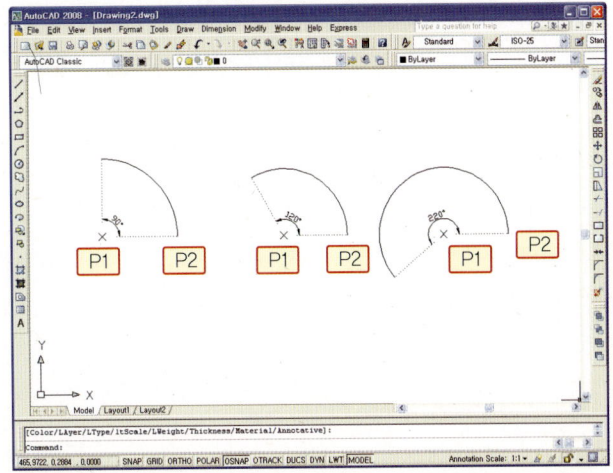

Command : _arc Specify start point of arc or [Center] : _c Specify center point of arc : P1 클릭
호의 중심점 위치를 마우스 클릭이나 좌표 값으로 선택합니다.
Specify start point of arc : P2 클릭 호의 시작점의 위치를 마우스 클릭이나 좌표 값으로 선택합니다.
Specify end point of arc or [Angle/chord Length] : _a Specify included angle : 120 Enter 호의 각도를 숫자로 입력합니다.

■ [Center, Start, Length] 옵션 활용하기

호의 중심점, 시작점, 현의 길이의 값을 입력하여 호를 그립니다. [Draw] 메뉴에서 [Center, Start, Length]을 먼저 선택한 뒤 Command 라인에서 요구하는 순서대로 도면을 작성합니다. 메뉴에서 [Center, Start, Length]을 먼저 선택하지 않는 경우 기본 [3Point]가 적용되므로 사용자가 생각하는 대로 호를 그릴 수 없습니다.

새 도면을 열고 Zoom 명령어의 A 옵션을 입력하여 화면을 먼저 세팅한 후 호를 그리기 위해 메뉴에서 [Draw]-[Arc]-[Center, Start, Length]을 선택합니다.

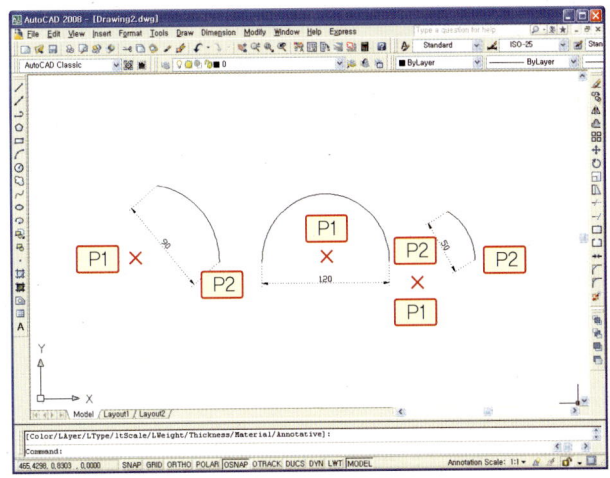

Command : _arc Specify start point of arc or [Center] : _c Specify center point of arc : P1 클릭
호의 중심점 위치를 마우스 클릭이나 좌표 값으로 선택합니다.
Specify start point of arc : P2 클릭 호의 시작점 위치를 마우스 클릭이나 좌표 값으로 선택합니다.
Specify end point of arc or [Angle/chord Length] : _l Specify length of chord : 50 Enter 호 현의 길이 값을 입력합니다.

■ [Continue] 옵션 활용하기

맨 마지막에 그린 호에 끝점을 이어서 연속으로 호를 그릴 수 있습니다. 시작점과 끝점만을 이어서 호를 그리게 되므로 일반적인 각도나 현의 길이, 반지름, 접선의 방향을 따로 입력하여 그릴 수는 없습니다.

① 새 도면을 열고 Zoom 명령어의 A 옵션을 입력하여 화면을 먼저 세팅한 후 호를 그리기 위해 먼저 [3point]를 이용하여 호를 하나 먼저 그린 뒤 [Continue]를 이용하여 연결된 호를 그립니다.

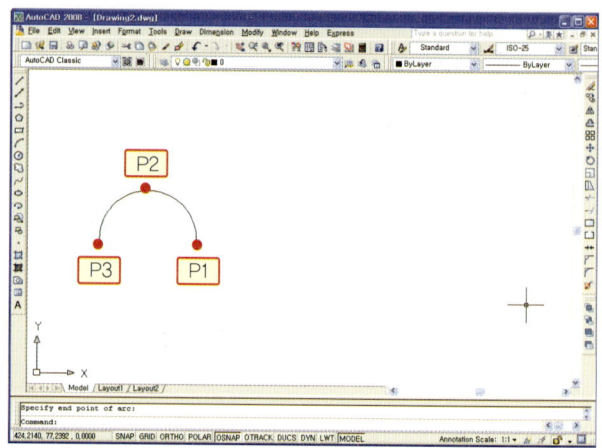

Command : _arc Specify start point of arc or [Center]
: P1 클릭
Specify second point of arc or [Center/End] : P2 클릭
Specify end point of arc : P3 클릭

② 연속해서 그리기 위해 메뉴에서 [Draw]−[Arc]−[Continue]를 클릭하고 연속된 점을 클릭합니다.

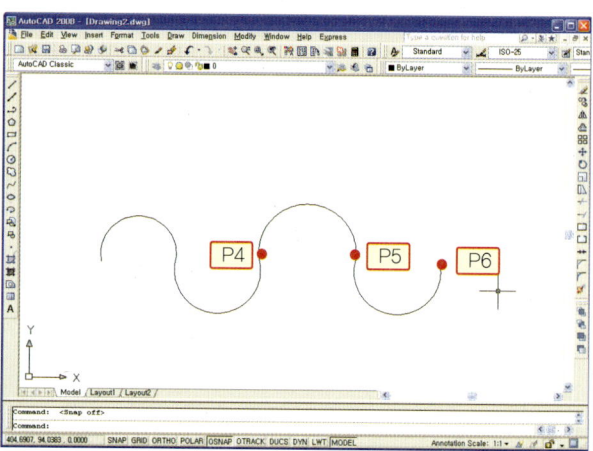

Command : _arc Specify start point of arc or [Center] :
Specify end point of arc : P4 클릭
P4점을 클릭합니다.(연속하는 호를 그리는 경우 맨 끝점만 선택하여 그리며 각도, 현의 길이, 반지름, 접선의 방향 등은 입력할 수 없습니다.)

3. 객체의 기준점을 선택해주는 [Osnap] 명령어

도면의 최소 단위는 선과 원과 호 정도가 될 것입니다. 이를 그릴 때마다 각 기준점을 절대 좌표로 선택하여 지정하기 힘들며 어느 경우에는 아예 선택이 불가능한 경우도 있습니다. 이때 [Osnap] 명령을 이용하면 각 객체의 원하는 지점을 정확하게 찾아낼 수 있습니다. [Osnap] 명령은 단독으로 사용하는 것이 아니라 [Line], [Circle], [Arc] 등의 명령어를 사용하는 도중 보조적인 명령을 실행할 때 중간에 사용하는 것이 특징입니다.

[Osnap] 명령어	
아이콘	![osnap icons]
메인 메뉴	[Tools]−[Drafting Settings]
명령어	Dsettings & Osnap

1. 명령어 사용 방법

Command 라인에서 바로 'Osnap'을 입력하는 것이 아니라 명령어를 사용하는 중에 원하는 객체의 일부분이 있는 경우 선택하여 사용할 수 있습니다. 따라서 명령어의 사용 방법보다 사용 의미를 먼저 파악하고 다른 일반 예제와 더불어 사용하는 방법을 익히기 바랍니다.

❶ 메인 메뉴에서 [Tools]-[Drafting Settings]를 클릭합니다.

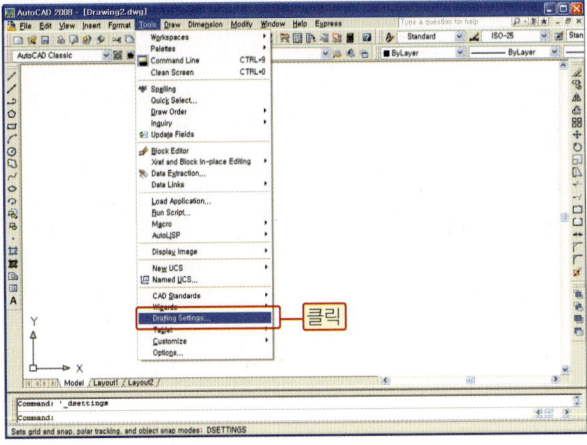

❷ [Drafting Settings] 대화상자가 나타나면 [Object snap] 탭을 선택하여 원하는 Osnap의 옵션을 클릭하여 체크합니다.

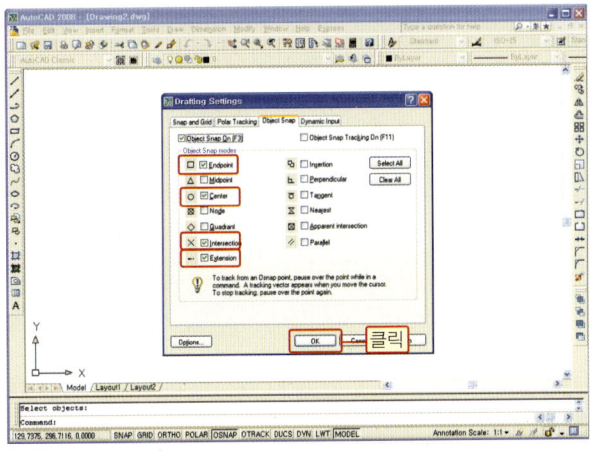

❸ 명령어를 사용하면 앞에서 선택한 스냅 점들을 사용할 때마다 자동으로 해당 점을 클릭하기 위해 마크가 나타납니다. 이때 원하는 점을 찾아서 선택하면 정확한 객체의 점들이 선택됩니다.

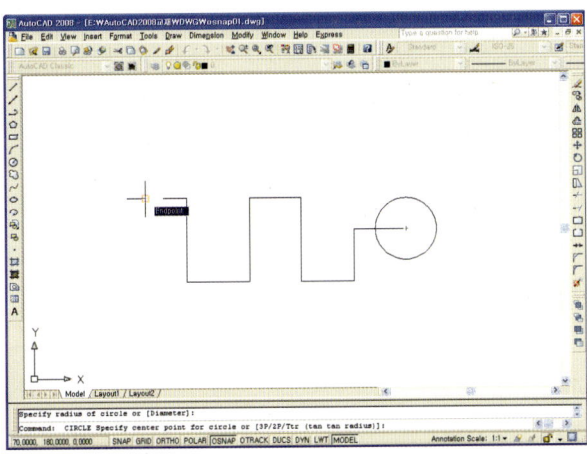

2. 명령어 옵션

Command 라인에 직접 'Osnap'을 입력하면 [Drafting Settings] 대화상자가 나타납니다. 이때 [Object snap] 탭에서 사용하고 싶은 Osnap 모드를 선택합니다. 하지만 대부분의 [Osnap] 명령어는 단독으로 사용하기보다는 명령어를 사용하는 도중에 보조적인 용도로 사용합니다.

옵션	내용
ENDpoint	선이나 호의 끝점을 클릭합니다.
MIDpoint	선이나 호의 중간점을 클릭합니다.
Center	원이나 호의 중심점을 클릭합니다.
NODe	Point로 된 점을 클릭합니다.
QUAdrant	원이나 호의 4분점을 클릭합니다.
INTersection	선이나 호 그리고 원 등의 객체들의 교차점을 클릭합니다.
EXTension	선택한 객체의 연장 점을 클릭합니다.
INSertion	문자나 블록 셰이프 등 속성을 삽입한 점을 클릭합니다.
PERpendicular	선택한 객체의 수직 점을 클릭합니다.
TANgent	원이나 호 그리고 선분 등의 접선을 선택합니다.
NEArest	객체의 가장 가까운 근처의 점을 클릭합니다.
APPerent Intersection	가상의 교차점을 클릭합니다.(Apperent Intersection은 3차원 상에서 가상의 교차점을 찾는 것으로 3차원에서 자세히 살펴보겠습니다.)
PARallel	객체의 평행 점을 찾아서 선택합니다.

Tip AutoCAD

[Osnap]의 환경 설정

Osnap의 세부사항을 지정하기 위해서는 메뉴에서 [Tools]-[Options]를 클릭하여 [Options] 대화상자를 실행합니다. 대화상자의 [Drafting] 탭의 Autosnap setting 부분에서 필요한 부분을 체크 표시합니다.

❶ AutoSnap Settings : 마커(Marker), 자석 점(Magnet), 자동 팁 보이기(Display AutoSnap tooltp) 등의 기능을 체크 표시로 선택합니다.
❷ AutoSnap Maker Size : 스냅 점의 박스 크기를 조절합니다.
❸ [Colors] 버튼 : 이를 클릭하면 다음 그림처럼 [Drawing Window Colors] 대화상자가 나타나 각종 스냅 점의 색상을 지정할 수 있습니다.

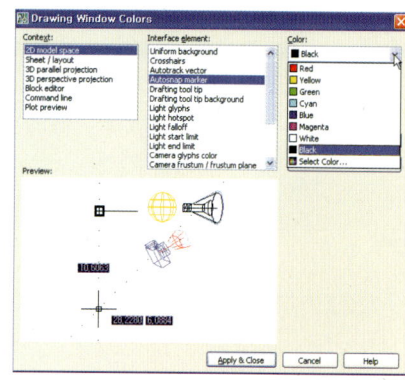
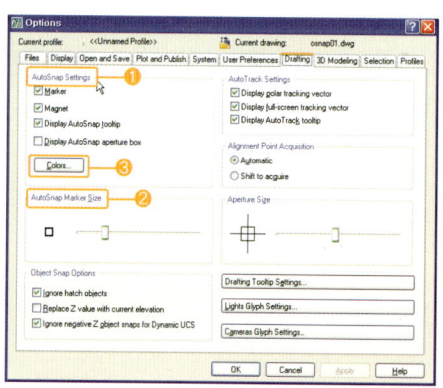

다음 그림들은 각 개체의 기준점을 자동으로 찾아주는 [Osnap]의 다양한 정의 예입니다.

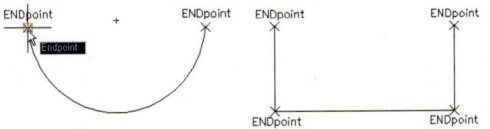

END : 객체의 끝점을 선택

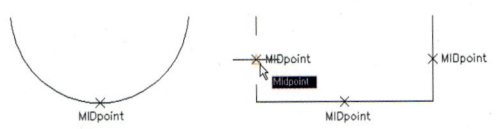

MID : 객체의 중간점 선택

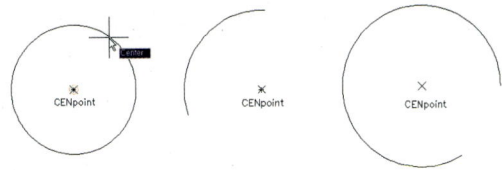

CEN : 객체의 중심점 선택

NOD : Point 점 선택

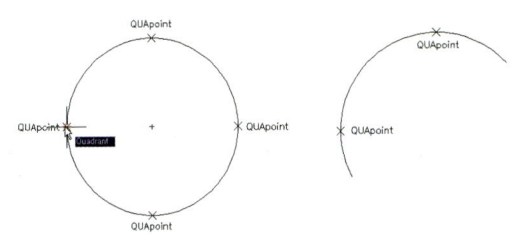

QUA : 원, 호의 사분점 선택

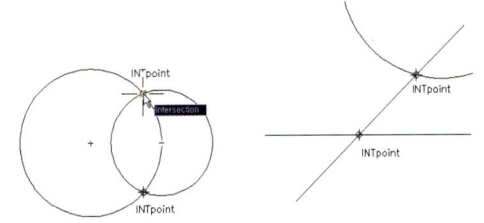

INT : 객체의 교점, 교차점 선택

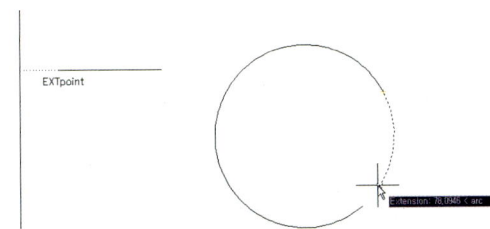

EXT : 객체의 연장점 선택

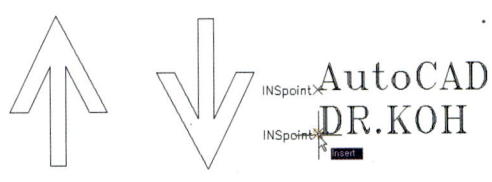

IND : 객체의 삽입점 선택

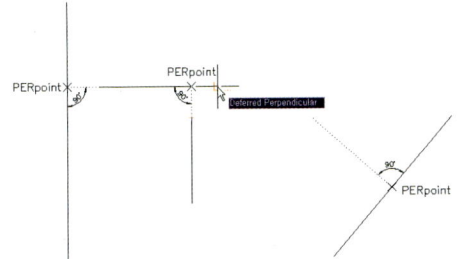

PER : 90° 직각의 수직점 선택

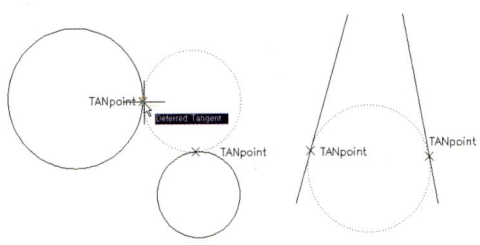

TAN : 객체간의 접점 선택

원과 호를 이용한 도면 그리기

지금까지 배운 원과 호 그리기 그리고 객체 스냅 점을 이용하여 원과 호 그리고 선을 중복하여 그려보고 연습문제를 해결 해보도록 하겠습니다.

• 완성파일 : Sample\Part01\PI_total05.dwg

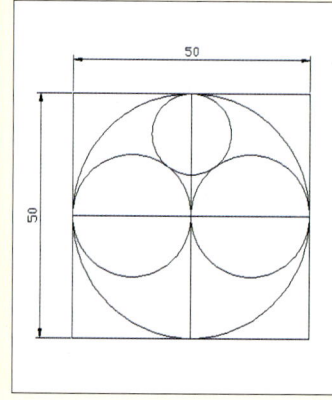

▲ 1단계 완성 도면

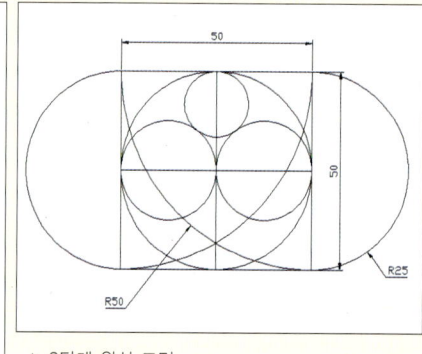

▲ 2단계 완성 도면

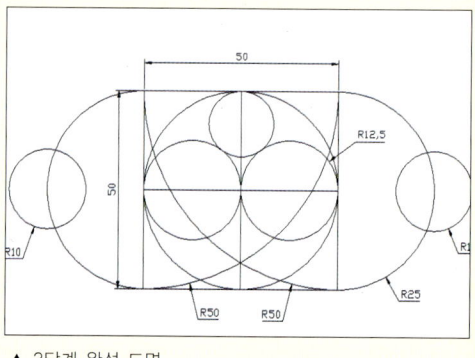

▲ 3단계 완성 도면

1. 선과 원으로 만들어진 도형 그리기

객체를 그리는 값을 절대 좌표로만 찾아서 그리기는 어렵습니다. 앞서 배운 Osnap이라고 하는 객체 스냅 점을 이용하여 선과 원과 호를 원하는 점을 찾아서 다음의 완성도를 보고 순서대로 그리도록 하겠습니다.

❶ 먼저 책과 동일한 환경을 만들기 위해 다음과 같이 새 도면을 열고 도면 한계를 설정합니다.

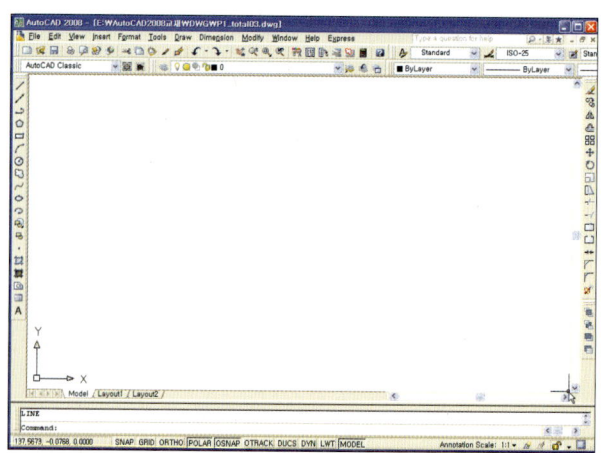

```
Command : Limits Enter
Reset Model space limits :
Specify lower left corner or [ON/OFF] <0.0000,0.0000> : Enter
Specify upper right corner <297.0000,210.0000> :
120,90 Enter
Command : Zoom Enter
Specify corner of window, enter a scale factor (nX or nXP), or
[All/Center/Dynamic/Extents/Previous/Scale/Window/Object]
<real time> : A Enter
Regenerating model.
```

❷ 기본적인 사각형을 제일 먼저 그립니다. Command 라인에 선을 그리는 [Line] 명령어를 입력합니다.

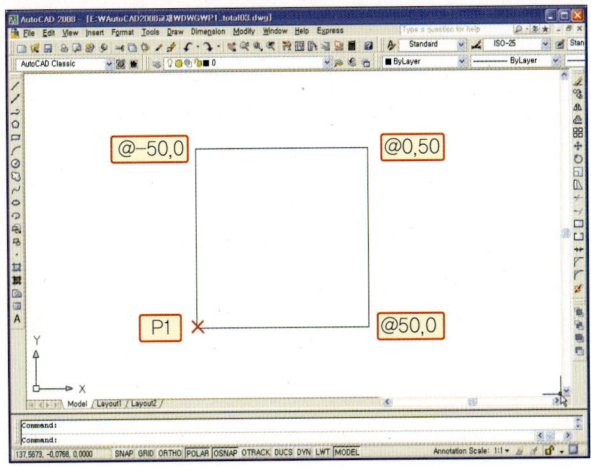

```
Command : Line Enter
Specify first point : P1 클릭
Specify next point or [ Undo ] : @50,0 Enter
Specify next point or [ Undo ] : @0,50 Enter
Specify next point or [ Close/Undo ] : @-50,0 Enter
Specify next point or [ Close/Undo ] : C Enter
```

❸ 사각형의 가로와 세로 라인의 중간점인 Mid 점을 찾아서 수평, 수직 라인을 그리려면 우선 Osnap 을 세팅해야 하므로 Command 라인에 Osnap을 입력합니다.

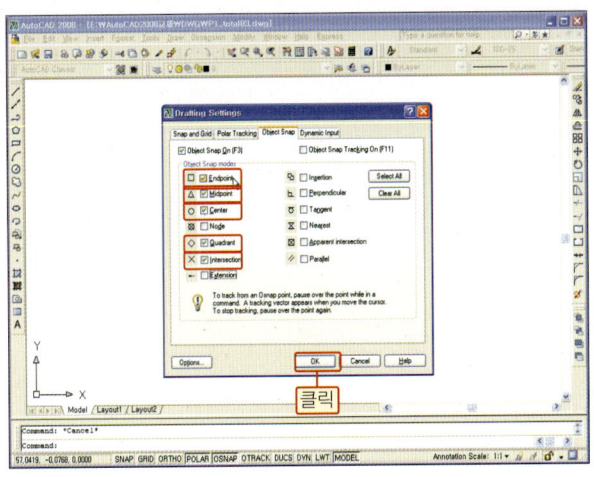

```
Command : Osnap Enter
```
[Drafting Settings] 대화상자가 나타나면 주로 많이 사용하는 Endpoint, Center, Midpoint, Quadrant, Intersection을 체크 표시한 후 [OK] 버튼을 클릭합니다.

❹ [Line] 명령어를 Command 라인에 입력하고 원 하는 객체 스냅 점이 나타나면 클릭합니다.

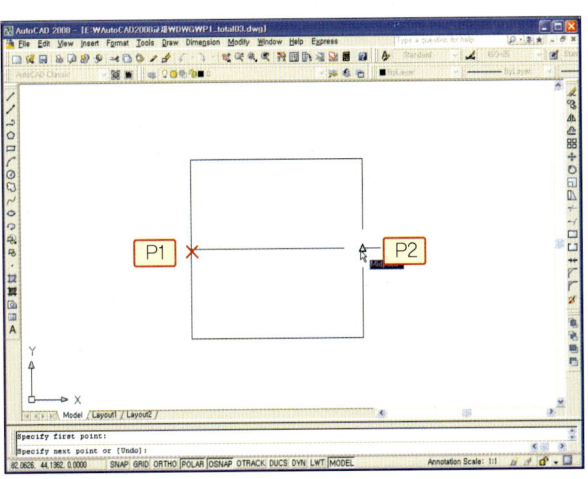

```
Command : Line Enter
Specify first point : P1 클릭
```
P1점을 클릭합니다.(Osnap을 선택한 상태이므로 P1을 선택하면 자 동으로 선분의 중간점(Midpoint)이 선택됩니다.)
```
Specify next point or [ Undo ] : P2 클릭
```
P2점을 클릭합니다.(Osnap을 선택한 상태이므로 P2를 선택하면 자동으로 선분의 중간점(Midpoint)이 선택됩니다.)
```
Specify next point or [ Undo ] : Enter
```

⑤ 세로 수직선을 그리기 위해 [Line] 명령어를 입력
  합니다.

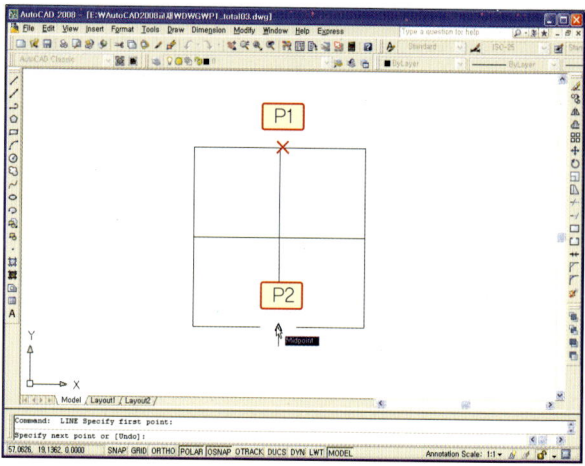

Command : Line [Enter]
Specify first point : P1 클릭
P1점을 클릭합니다.(Osnap을 선택한 상태이므로 P1을 클릭하면 자
동으로 선분의 중간점(Midpoint)이 선택됩니다.)
Specify next point or [Undo] : P2 클릭
P2점을 클릭합니다.(Osnap을 선택한 상태이므로 P2를 클릭하면
자동으로 선분의 중간점(Midpoint)이 선택됩니다.)
Specify next point or [Undo] : [Enter]

⑥ 사각형 안에 원을 그리기 위해 [Circle] 명령어를
  입력합니다.

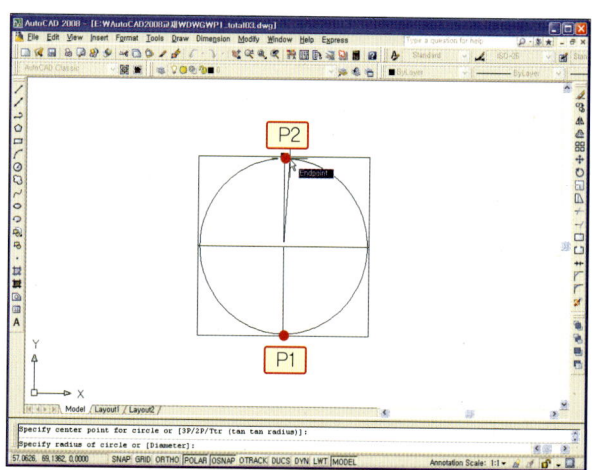

Command : Circle [Enter]
Specify center point for circle or [3P/2P/Ttr(tan tan
radius)] : 2P
두 점을 클릭하여 원을 그리는 옵션을 선택합니다.
Specify first end point of circle's diameter : P1 클릭
P1점을 클릭합니다.(Osnap을 선택한 상태이므로 P1을 선택하면 자동
으로 선분의 중간점(Midpoint) 또는 끝점(Endpoint)이 선택됩니다.)
Specify second end point of circle's diameter : P2 클릭
P2점을 클릭합니다.(Osnap을 선택한 상태이므로 P2를 선택하면 자동
으로 선분의 중간점(Midpoint) 또는 끝점(Endpoint)이 선택됩니다.)

⑦ 원 안에 작은 원 두 개를 그리기 위해 [Circle] 명
  령어를 입력합니다.

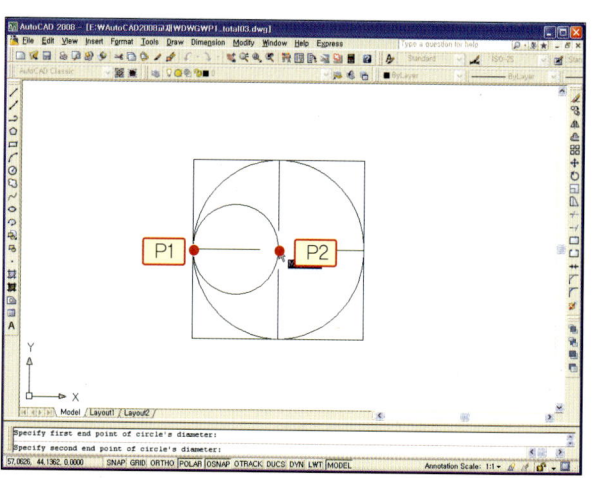

Command : Circle [Enter]
Specify center point for circle or [3P/2P/Ttr(tan tan
radius)] : 2P
두 점을 클릭하여 원을 그리는 옵션을 선택합니다.
Specify first end point of circle's diameter : P1 클릭
P1점을 클릭합니다.(Osnap을 선택한 상태이므로 P1을 선택하면 자
동으로 선분의 중간점(Midpoint)이 선택됩니다.)
Specify second end point of circle's diameter : P2 클릭
P2점을 클릭합니다.(Osnap을 선택한 상태이므로 P2를 클릭하면 자
동으로 선분의 중간점(Midpoint)이 선택됩니다.)

❽ 반복하여 옆에 원을 하나 더 그립니다.

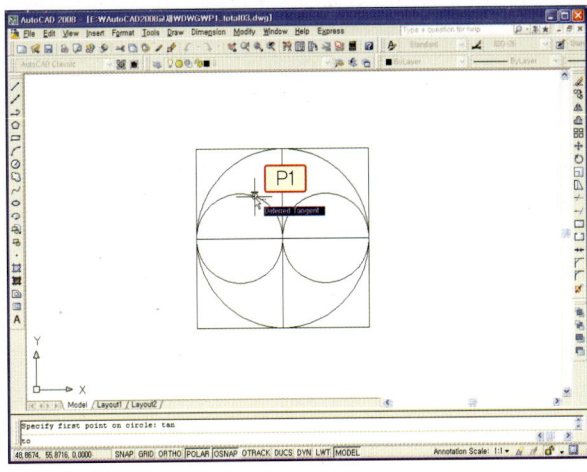

Command : Circle Enter
Specify center point for circle or [3P/2P/Ttr(tan tan
radius)] : 2P
두 점을 클릭하여 원을 그리는 옵션을 선택합니다.
Specify first end point of circle's diameter : P1 클릭
P1점을 클릭합니다.(Osnap을 선택한 상태이므로 P1을 선택하
면 자동으로 선분의 중간점(Midpoint)이 선택됩니다.)
Specify second end point of circle's diameter : P2 클릭
P2점을 클릭합니다.(Osnap을 선택한 상태이므로 P2를 선택하
면 자동으로 선분의 중간점(Midpoint)이 선택됩니다.)

❾ 큰 원과 작은 원 두 개의 원을 접선으로 하는 원을
그립니다.

Command : Circle Enter
Specify center point for circle or [3P/2P/Ttr(tan tan
radius)] : 3P Enter
Specify first point on circle : Tan Space Bar
to P1 클릭
접선의 스냅 점(Tangent)인 TAN을 선택한 뒤 마우스로 P1점을 클
릭합니다.

Osnap을 모두 선택한 후 작업하면 편리할 것 같지만 실제로 사용자가 원하는 점을 클릭하는데 있어 오히려 방해가 되기도 합니다. 최소 필요한 점만을
미리 지정하고 간혹 중간 중간 필요한 스냅 점은 명령어를 사용하는 도중에 사용하고 싶은 스냅 점의 앞의 3글자만 입력하고 Space Bar 를 누르면 지금 선
택한 스냅 점이 한 번 작동합니다. 예를 들면 Perpendicular 점을 쓰고 싶은 경우 'P를 입력하고 Space Bar 를 눌러' 원하는 직교 점에 마우스포인터를 위
치하면 됩니다.

❿ 두 번째 Tangent 점을 클릭합니다.

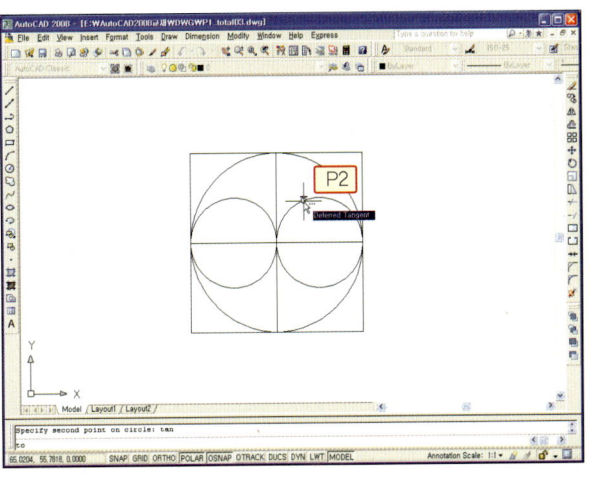

Specify second point on circle : Tan Space Bar
to P2 클릭
접선의 스냅 점인 Tangent 점인 TAN을 선택한 후 마우스로 선택
합니다.

⓫ 세 번째 Tangent 점을 클릭합니다.

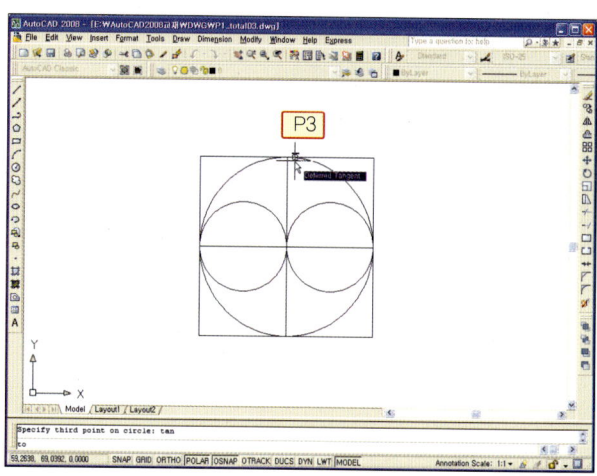

> Specify third point on circle : Tan `Space Bar`
> to P3 클릭
> 접선의 스냅 점인 Tangent 점인 TAN을 선택한 후 마우스로 클릭
> 합니다.

⓬ 도면이 완성되었습니다.

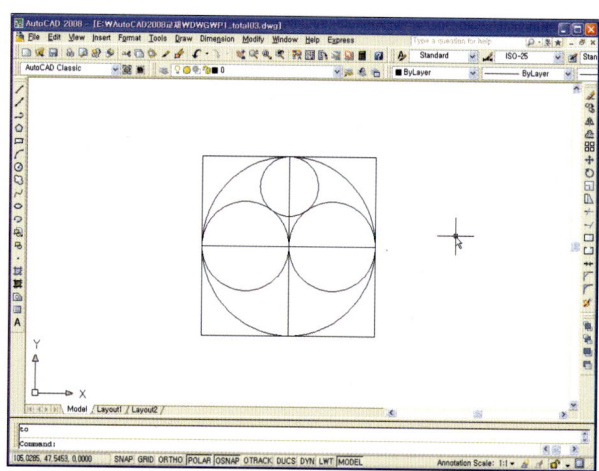

2. 선과 원으로 만들어진 도형에 호 이어서 그리기

앞서 그린 원과 선으로 이루어진 도형에 호를 이어서 그려 보겠습니다. 다음의 완성 그림을 보고 순서대로 따라서
그립니다. 역시 [Osnap]을 이용하여 그립니다.

❶ 먼저 호를 그리는 명령어를 메뉴에서 [Draw]-[Arc]-
  [Start, End, Angle]를 클릭하여 실행합니다.

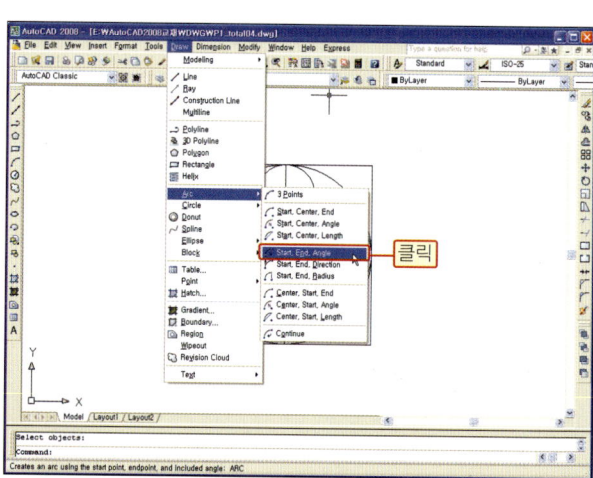

❷ 사각형의 왼쪽 세로 선의 위쪽과 아래쪽을 선택하여 호를 그립니다.

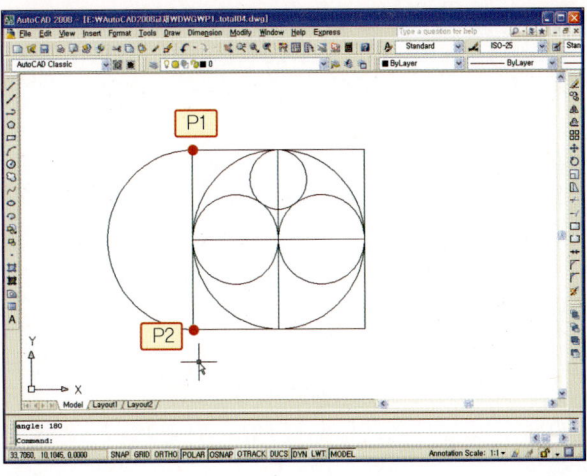

```
Command : _arc
Specify start point of arc or [ Center] : P1 클릭
P1점을 클릭합니다.(Osnap이 설정되어 있으므로 끝점이 자동으로 선
택됩니다.)
Specify second point of arc or [ Center/End] : _e
Specify end point of arc : P2 클릭
P2점을 클릭합니다.(Osnap이 설정되어 있으므로 끝점이 자동으로 선
택됩니다.)
Specify center point of arc or [ Angle/Direction/Radius]
: _a Specify included angle : 180  Enter
```

❸ 오른쪽에도 호를 그리기 위해 호를 그리는 명령어 중에 [Draw]-[Arc]-[Start, End, Angle]를 클릭합니다.

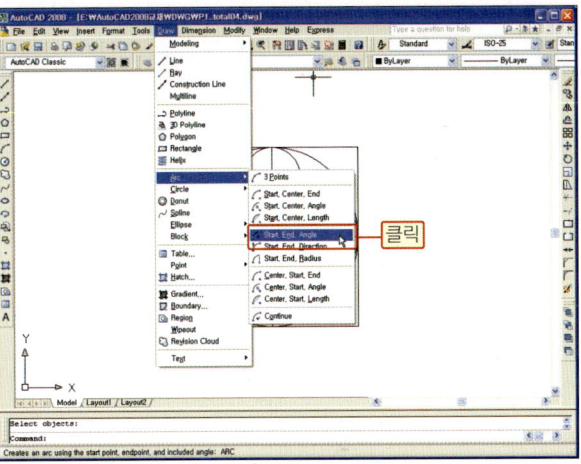

❹ 사각형의 오른쪽 세로 선 아래쪽과 위쪽을 선택하여 호를 그립니다.

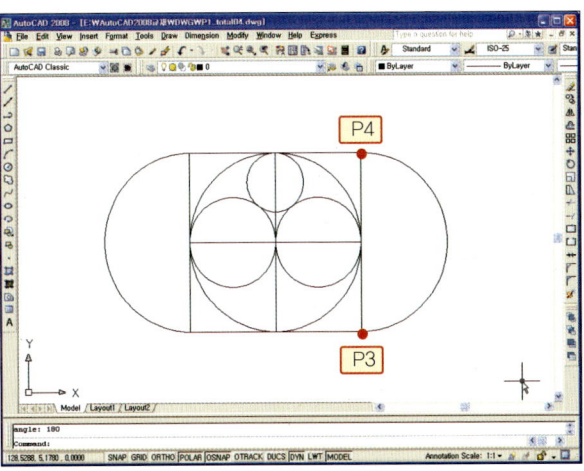

```
Command : _arc
Specify start point of arc or [ Center] : P3 클릭
P1점을 클릭합니다.(Osnap이 설정되어 있으므로 끝점이 자동으로 선
택됩니다.)
Specify second point of arc or [ Center/End] : _e
Specify end point of arc : P4 클릭
P2점을 클릭합니다.(Osnap이 설정되어 있으므로 끝점이 자동으로 선
택됩니다.)
Specify center point of arc or [ Angle/Direction/Radius]
: _a Specify included angle : 180  Enter
```

❺ 사각형 안에 반지름이 '50'인 호를 그립니다. 호를 그리는 명령어 옵션 중 [Draw]-[Arc]-[Start, End, Radius]를 클릭합니다.

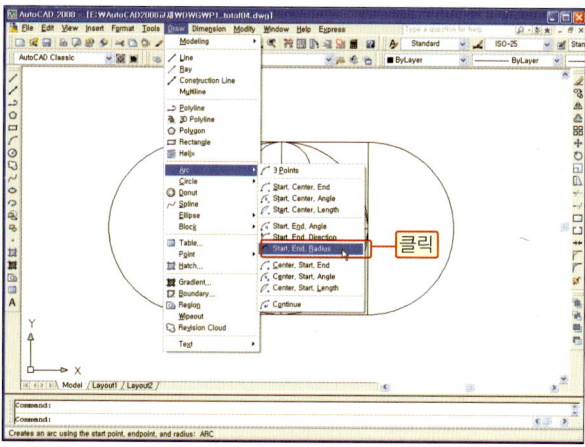

❻ 순서에 맞춰서 점을 클릭하여 호를 그립니다.

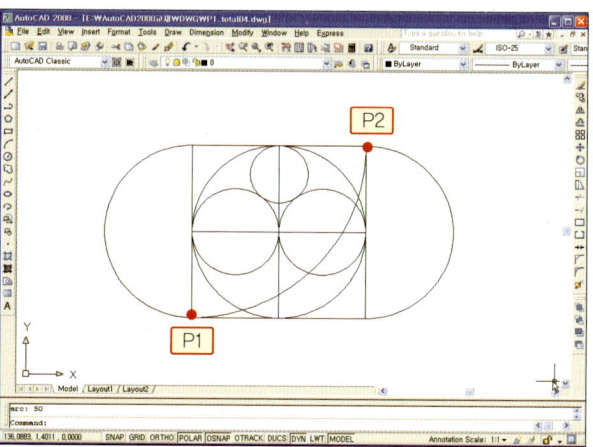

```
Command : _arc
Specify start point of arc or [ Center] : P1 클릭
Specify second point of arc or [Center/End] : _e
Specify end point of arc : P2 클릭
Specify center point of arc or [Angle/Direction/
Radius] : _r Specify radius of arc : 50 Enter
```

❼ 반대편에도 같은 형태의 호를 그립니다. 메뉴에서 [Draw]-[Arc]-[Start, End, Radius]를 클릭합니다.

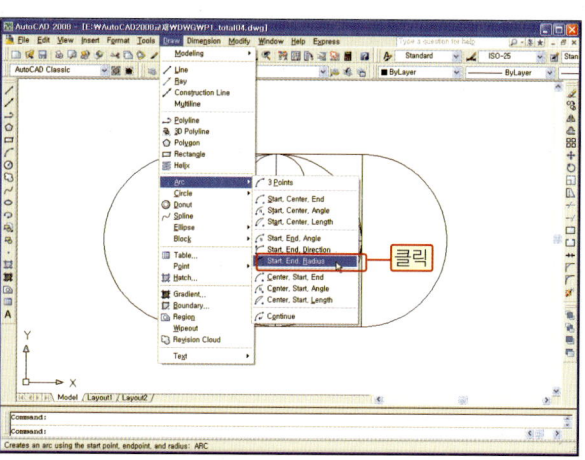

❽ 순서에 맞춰서 점을 클릭하여 호를 그립니다.

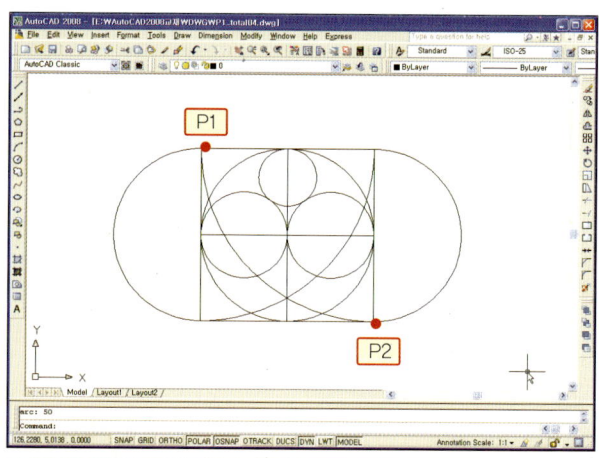

```
Command : _arc
Specify start point of arc or [ Center] : P1 클릭
Specify second point of arc or [ Center/End] : _e
Specify end point of arc : P2 클릭
Specify center point of arc or [Angle/Direction/
Radius] : _r Specify radius of arc : 50 Enter
```

3. 호의 사분점에 원을 추가하기

앞서 그린 호 그리기에 이어 양쪽에 볼록 솟은 호의 0도 방향과 180도 방향 원의 사분점의 [Osnap]을 이용하여 원을 하나씩 추가하여 도면을 완성합니다.

❶ 앞서 그린 도면에 계속 이어서 원을 추가로 그립니다. 호의 180도 지점을 새로 그리는 원의 중심점으로 선택하기 위해 지정되어 있지 않은 Quadrant 점을 추가로 지정하여 사용합니다.

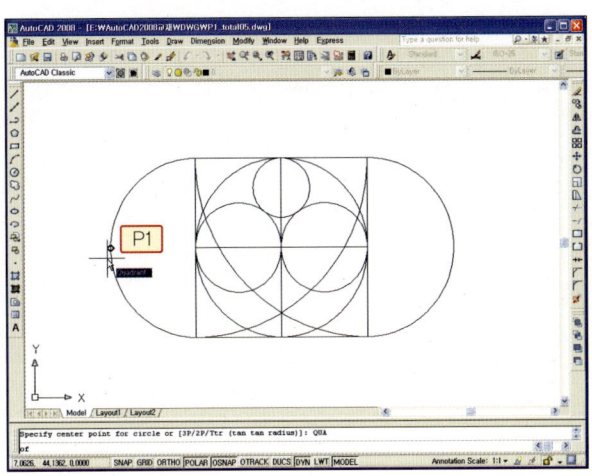

```
Command : Circle Enter
Specify center point for circle or [ 3P/2P/Ttr(tan tan
radius)] : Qua Space Bar
of : P1 클릭
```
P1점을 클릭합니다.(접점의 스냅 점인 Quadant 점 'QUA'를 입력한 뒤 Space Bar 를 누르고 마우스포인터로 사분점 근처를 선택합니다.)

❷ 중심점이 선택되었으므로 원의 반지름 값을 입력합니다.

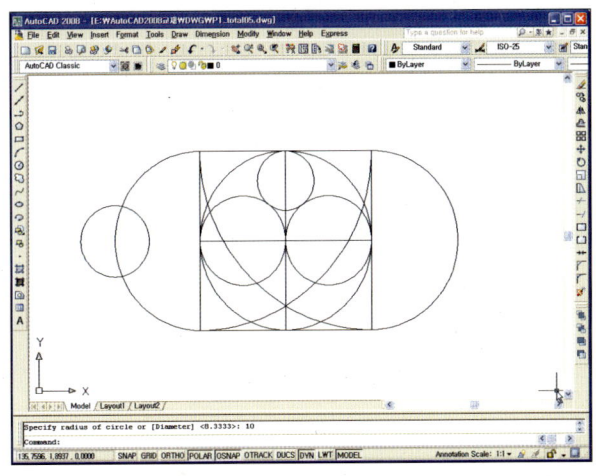

```
Specify radius of circle or [ Diameter] <8.3333> : 10 Enter
```
원의 반지름 값으로 사용할 수치를 입력합니다.

❸ 반대편의 호에도 0도 지점을 원의 중심점으로 하는 원을 그리도록 하기 위해 지정되어 있지 않은 Quadrant 점을 추가로 지정하여 사용합니다.

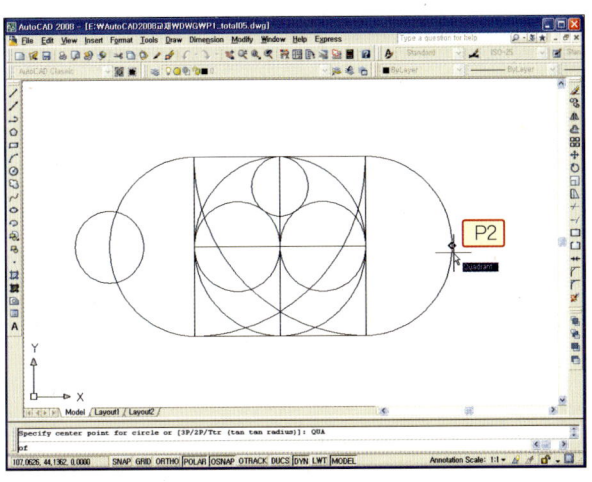

```
Command : Circle Enter
Specify center point for circle or [ 3P/2P/Ttr(tan tan
radius)] : Qua Space Bar
of : P2 클릭
```
P2점을 클릭합니다.(접선의 스냅 점인 Quadant 점 'QUA'를 입력하고 Space Bar 를 누른 뒤 마우스로 사분점 근처를 선택합니다.)

④ 중심점이 선택되었으므로 원의 반지름을 입력합
니다.

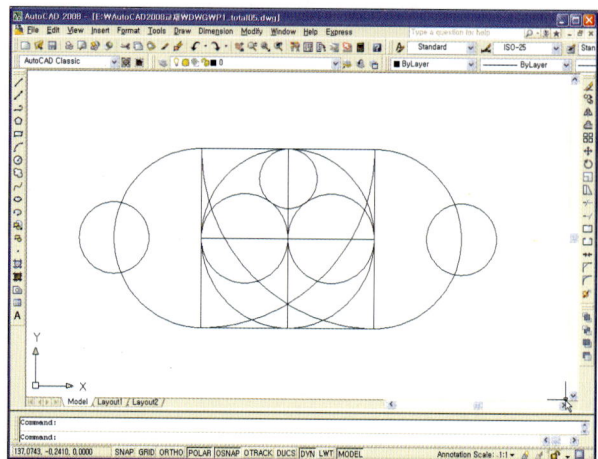

```
Specify radius of circle or [ Diameter] <10.0000> : 10 [Enter]
원의 반지름 값으로 사용할 수치를 입력합니다.
```

따라 하는 연습문제를 모두 마친 후 의문이나 질문사항이 있다면 www.doctorkoh.com Community란이나 Q&A란에 올려주면 성의껏 답변드리겠습니다.

• 완성도면 Practice\원그리기01.dwg

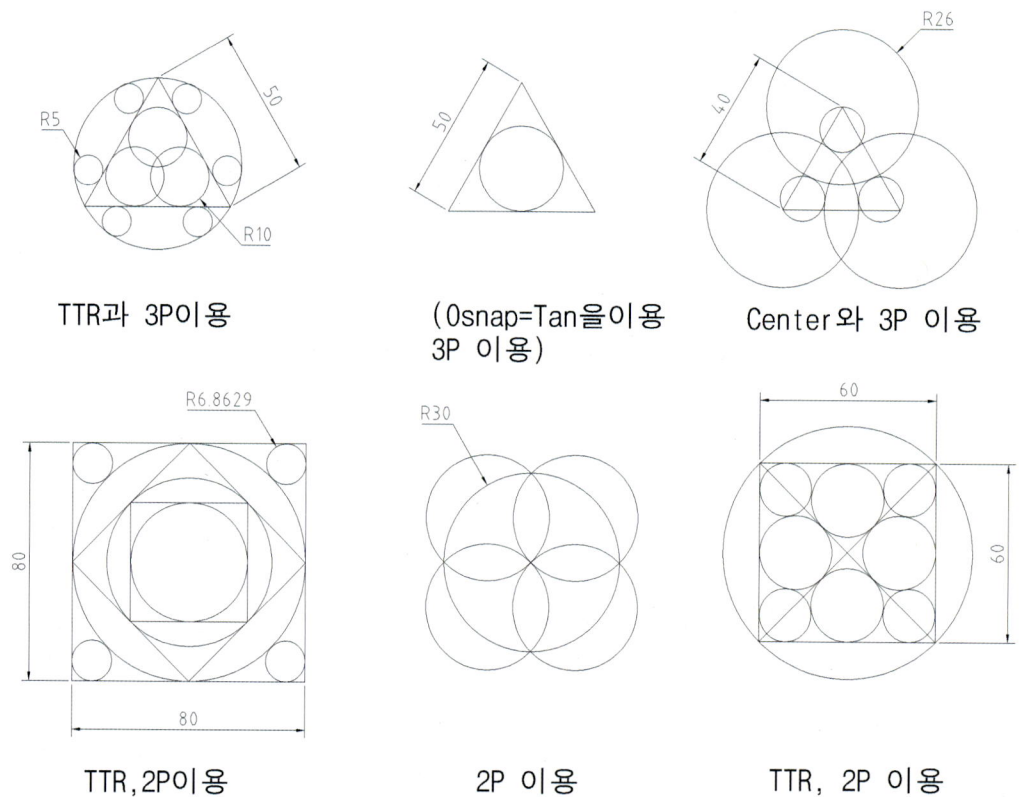

TTR과 3P이용   (Osnap=Tan을이용   Center와 3P 이용
                       3P 이용)

TTR,2P이용   2P 이용   TTR, 2P 이용

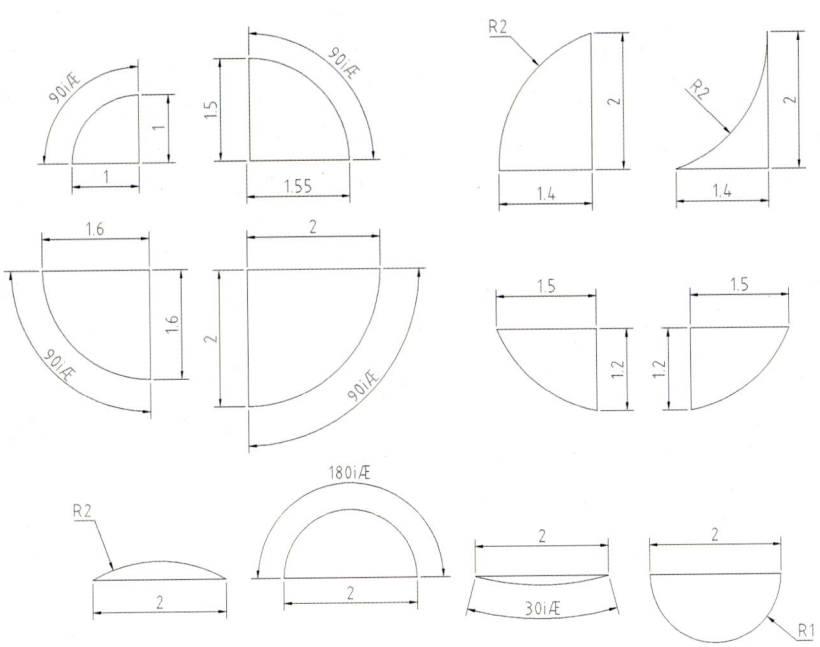

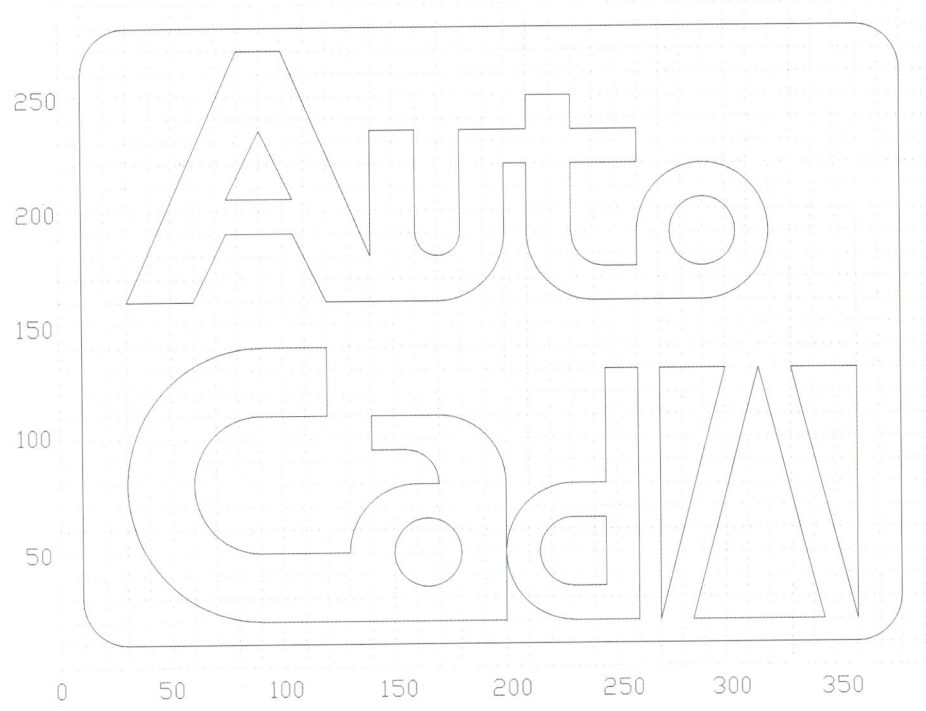

Chapter

05 객체를 복사하는 여러 가지 기초 명령어

도면상에서 원하는 객체가 반복 사용되거나 많은 개수의 객체가 필요한 경우 같은 그림을 반복해서 그리는 것이 아니라 기존의 객체를 복사해서 사용하는 것이 효율적입니다. 복사의 의미는 각도나 크기의 변동 없이 같은 것을 복사하는 것을 기본으로 회전 복사하거나 반사 복사하는 경우 등 여러 가지 방법을 통해 복사할 수 있습니다. 복사의 기본 방법은 선택한 해당 객체를 이동하는 것도 포함합니다.

1. 하나 이상의 객체를 반복 복사하는 [Copy] 명령어

[Copy] 명령어는 선택한 객체와 동일한 객체를 원하는 장소로 이동 복사합니다. 한 번에 하나만 복사하거나 하나 이상의 객체를 반복 복사할 수 있습니다. 단, 크기를 변화시키거나 회전시킬 수 없으면 단지 현재의 모양과 각도, 크기 그대로 복제합니다.

[Copy] 명령어	
아이콘	⌐
메인 메뉴	[Modify]–[Copy]
명령어	Copy
단축키	〈CP, CO〉

1. 명령어 사용 방법

Command 라인에 [Copy] 명령어를 입력한 후 복사를 원하는 객체를 선택한 뒤 기준점을 클릭하고 원하는 복사 장소의 점을 하나 이상 선택할 수 있습니다.

```
Command : Copy Enter
Select objects : 1 found
Select objects : Enter
Current settings : Copy mode = Multiple
Specify base point or [ Displacement/mOde] <Displacement> :
복제 원본의 기준점을 클릭합니다.
Specify second point or <use first point as displacement> :
복사할 위치의 기준점을 클릭합니다.
Specify second point or [ Exit/Undo] <Exit> :
복사할 위치의 두 번째 기준점을 클릭합니다.
Specify second point or [ Exit/Undo] <Exit> : Enter
더 이상 복사하지 않는 경우 Enter 나 Esc 를 눌러 명령어를 종료합니다.
```

2. 명령어 옵션

[Copy] 명령어의 기본 옵션은 한 번에 하나 이상의 객체를 복사하는 것을 기본으로 하나 여러 옵션을 통해 한 번에 하나만 복사할 수도 있으며 복사하는 도중에 Undo를 통해 복사된 것을 취소할 수도 있습니다.

옵션	내용
Displacement	이동할 객체의 기준점을 클릭합니다.
mOde	Single과 Multiple을 선택하여 한 번에 하나만 복사하거나 한 번에 여러 개를 복사합니다.
Exit	복사 명령어를 마칩니다.
Undo	복사된 객체를 하나씩 단계별로 취소합니다.

3. 기본 실습

[Copy] 명령어를 통해 기본적인 명령어의 사용 방법을 습득 하여 다양한 복사 명령어의 기본을 익히도록 합니다. 특히 기준점과 이동 복사점의 위치를 다양하게 실습하도록 합니다.

• 예제 파일 : Sample\Part01\copy01.dwg

❶ [File]-[Open] 메뉴를 이용하여 부록 CD에서 예제 파일을 불러옵니다.

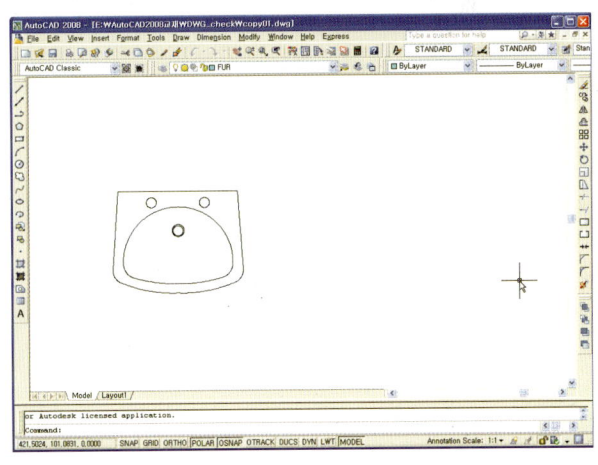

❷ Command 라인에 [Copy] 명령어를 입력하고 대상 객체 모두를 드래그하여 선택합니다.

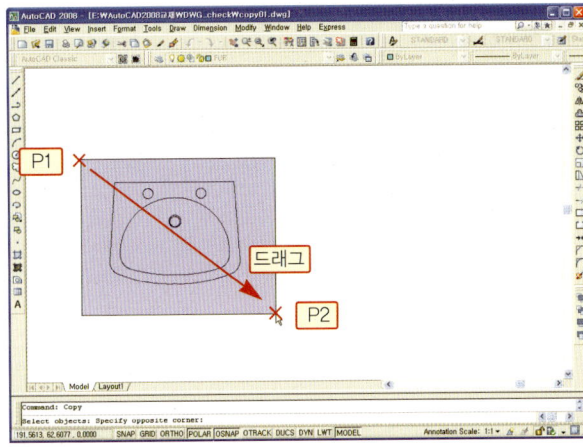

```
Command : Copy Enter
Select objects : Specify opposite corner : 6 found
P1에서 P2점으로 드래그하여 모든 객체를 선택합니다.
```

❸ 6개의 객체 모두가 선택되었으면 Enter 를 눌러 선
택을 완료합니다.

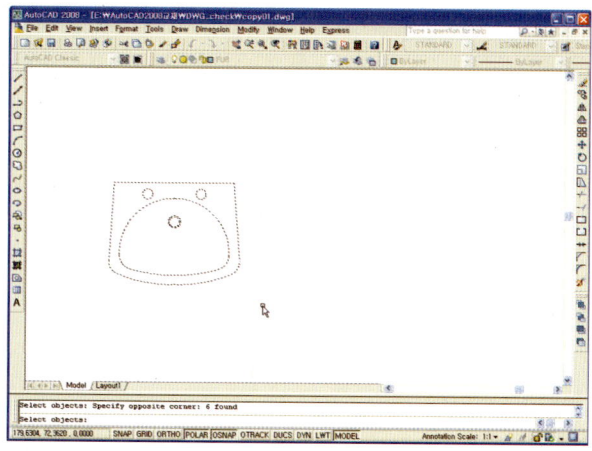

Select objects : Enter
더 이상 선택할 객체가 없는 경우 Enter 를 눌러 [Copy] 명령을 종
료합니다.

❺ 복사될 위치의 기준점을 마우스 또는 좌표 값을
이용하여 선택합니다.

Specify second point or <use first point as
displacement> : P2 클릭
P2점을 클릭합니다.(복사될 위치의 기준점을 선택합니다.)

❻ 연속해서 여러 개 복사하는 경우 새로 복사될 위
치를 마우스나 좌표 값을 이용하여 선택합니다.

Specify second point or [Exit/Undo] <Exit> : P3 클릭
P3점을 클릭합니다.(계속 복사될 위치의 기준점을 선택합니다.)

❹ 객체의 선택이 끝나면 기준점을 클릭합니다. 그림
과 같이 맨 윗부분의 중간점을 [Osnap] 명령을 이
용하여 선택합니다.

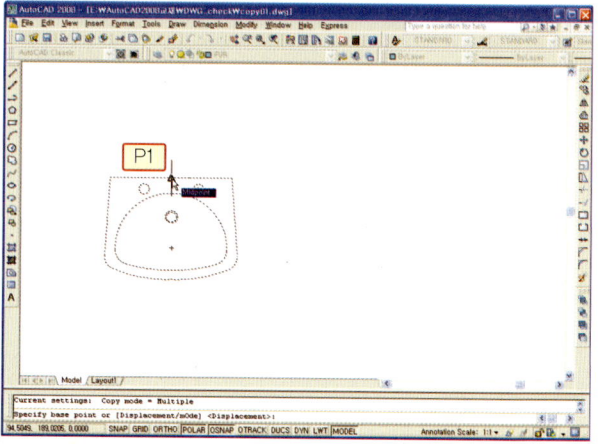

Current settings : Copy mode = Multiple
Specify base point or [Displacement/mOde] <Displace
ment> : P1 클릭
P1점을 클릭합니다.(복사할 원본 객체의 기준점을 클릭하거나
mOde를 선택해 Single과 Multiple을 선택합니다.)

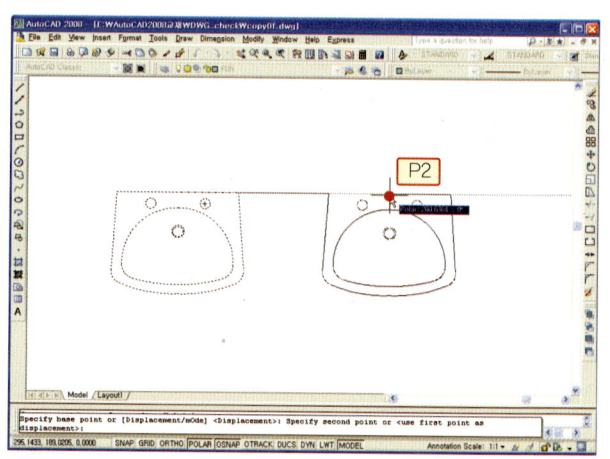

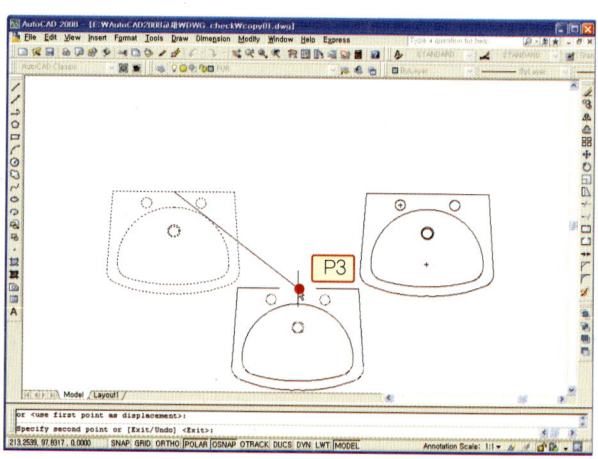

7 계속해서 복사할 위치의 기준점을 클릭합니다. 여러 객체를 이처럼 반복해서 복사할 수 있습니다.

8 복사를 더 이상 할 필요가 없으면 Enter를 눌러 [Copy] 명령을 종료합니다.

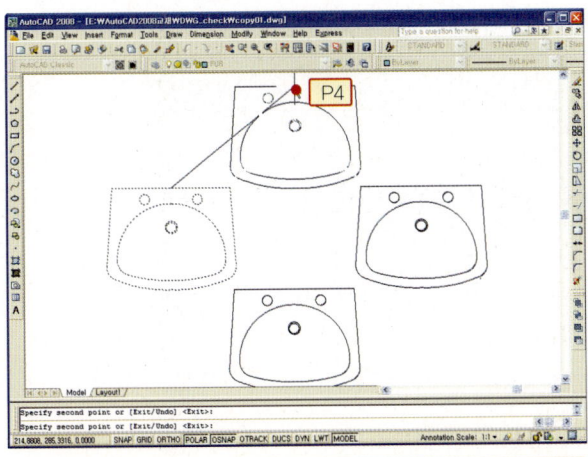

Specify second point or [Exit/Undo] <Exit> : **P4 클릭**
P4점을 클릭합니다.(계속 복사될 위치의 기준점을 선택합니다.)

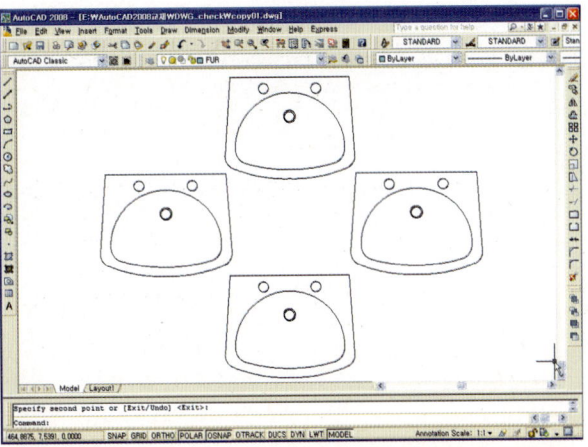

Specify second point or [Exit/Undo] <Exit> : Enter
더 이상 복사하지 않는 경우 Enter로 종료합니다.

4. 옵션 실습

[Copy] 명령으로 복사하는 도중 잘못 복사된 객체를 [Undo] 명령으로 취소할 수 있습니다. 다음의 예제를 따라 하며 복사하는 도중에 취소하는 [Undo] 명령을 연습해보겠습니다.

- -
• 예제 파일 : Sample\Part01\copy02.dwg
- -

1 [File]-[Open] 메뉴를 이용하여 부록 CD에서 예제 파일을 불러옵니다.

2 Command 라인에 [Copy] 명령어를 입력하고 마우스로 드래그하여 복사할 영역을 설정합니다.

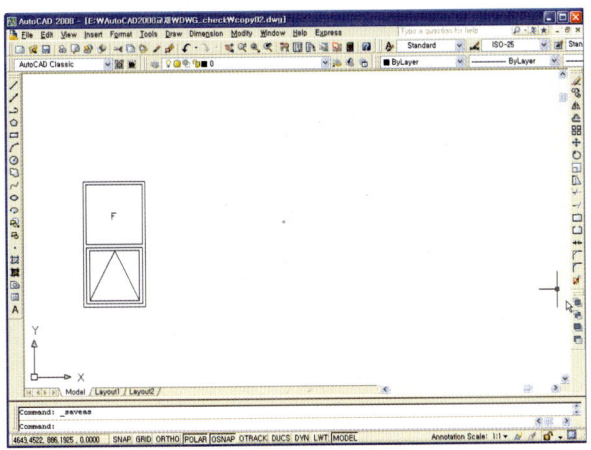

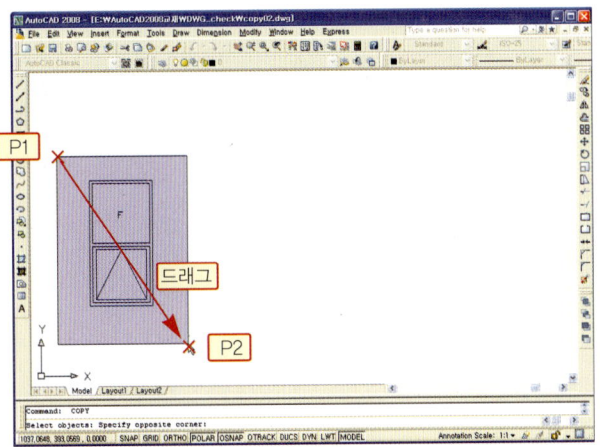

Command : **Copy** Enter
Select objects : Specify opposite corner : 19 found
P1점에서 P2점으로 드래그합니다.
Select objects : Enter
더 이상 선택할 객체가 없는 경우 Enter로 종료합니다.

❸ 복사 원본 객체의 기준점을 클릭합니다. [Osnap] 이 설정되어 있으므로 창호의 좌측 하단의 End Point를 기준점으로 선택합니다.

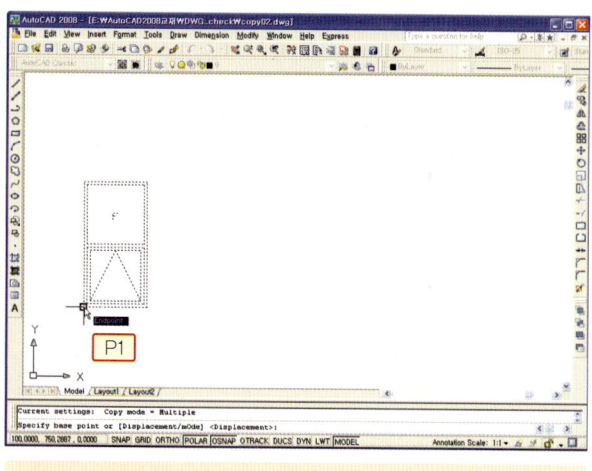

```
Current settings : Copy mode = Multiple
Specify base point or [ Displacement/mOde] <Displace
ment> : P1 클릭
```

❹ 가로 폭이 '600' 인 문입니다. '200' 의 간격을 두고 복사합니다. 정확하게 복사하기 위해 좌표 값으로 입력합니다.

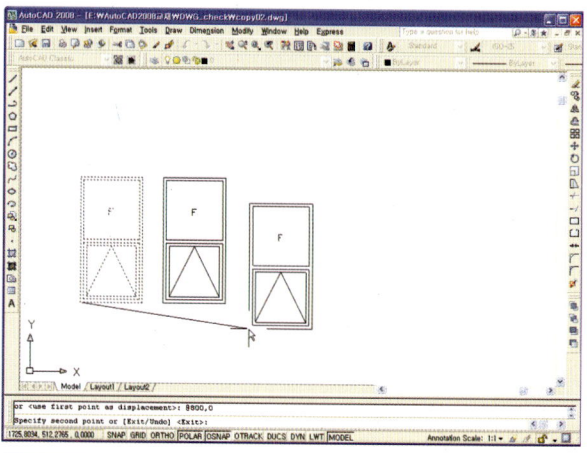

```
Specify second point or <use first point as displace
ment> : @800,0 Enter
```

❺ 같은 간격으로 하나 더 복사합니다. 처음의 기준점에서 두 번째 객체까지의 거리 값을 정확하게 좌표 값으로 입력합니다.

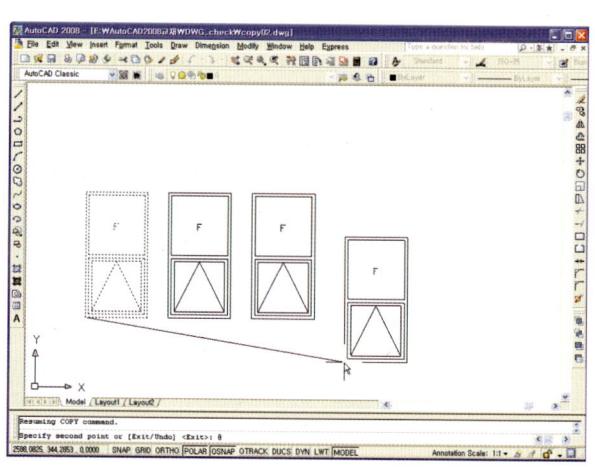

```
Specify second point or [ Exit/Undo] <Exit> : @1600,0
Enter
```

❻ 마지막으로 복사한 객체를 취소해봅니다.

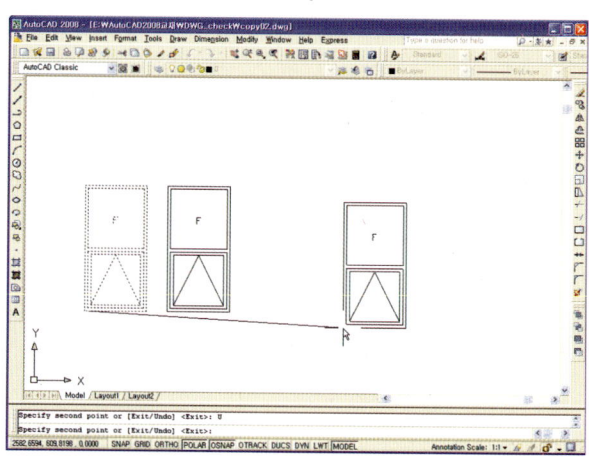

```
Specify second point or [ Exit/Undo] <Exit> : U Enter
```

⑦ 다시 새로운 간격으로 대상 객체를 복사하고 `Enter`
로 종료합니다.

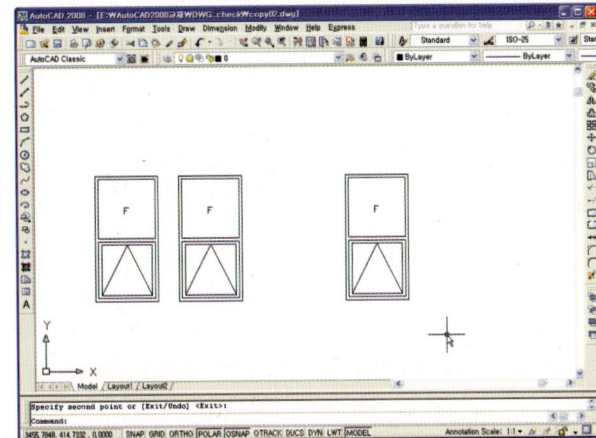

```
Specify second point or [ Exit/Undo] <Exit> : @2400,0
Enter
Specify second point or [ Exit/Undo] <Exit> : Enter
```

[Copy] 명령어로 복사하는 경우 마우스로 선택하는 경우에는 [Osnap]을 이용하여 선택하는 것이 좋습니다. 그렇지 않은 경우에는 좌표 값을 이용하여 정확한 위치에 복사하는 것이 좋습니다. 그러나 복사하는 객체가 위치나 간격 값에 크게 영향을 받지 않는다면 마우스로 그냥 선택하면 되지만 일반적으로 마우스로 아무 곳이나 선택하는 경우 간격이나 각도 등의 정확도는 기대하기 힘듭니다.

2. 객체를 이동시키는 [Move] 명령어

[Move] 명령어는 선택한 객체를 크기나 각도의 변화 없이 그대로 원하는 장소로 이동합니다. 기본적으로 객체에는 아무런 영향을 주지 않고 위치만 변경하므로 이미 그려진 객체의 위치를 이동하는 명령어입니다.

[Move] 명령어	
아이콘	✛
메인 메뉴	[Modify]–[Move]
명령어	Move
단축키	〈M〉

1. 명령어 사용 방법

[Move] 명령어를 먼저 Command 라인에 입력한 뒤 움직일 대상 객체를 선택하고 [Copy] 명령어와 같이 기준점을 클릭한 후 이동할 장소의 기준점을 클릭하면 이동됩니다.

```
Command : Move Enter
Select objects :
이동할 대상 객체를 선택합니다.
Select objects : Enter
Specify base point or [ Displacement] <Displacement> :
선택한 대상 객체의 기준점을 클릭합니다.
Specify second point or <use first point as displacement> :
이동할 위치의 기준점을 클릭합니다. 마우스나 좌표 값을 이용하여 선택합니다.
```

2. 기본 실습

[Move] 명령을 실습할 수 있는 준비된 예제 파일을 불러온 후 다음의 순서에 따라 [Move] 명령을 실습해보겠습니다. 사용하는 방법은 [Copy] 명령과 동일하다고 보면 됩니다.

• 예제 파일 : Sample\Part01\move01.dwg

❶ [File]-[Open] 메뉴를 이용하여 부록 CD에서 예제 파일을 불러옵니다.

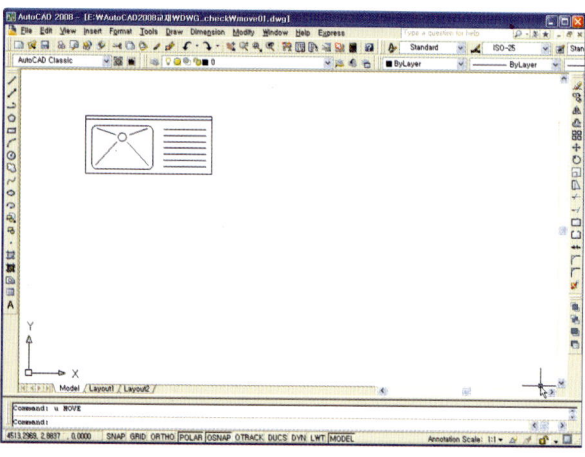

❷ [Move] 명령어를 입력하고 대상 객체 모두를 드래그하여 선택합니다.

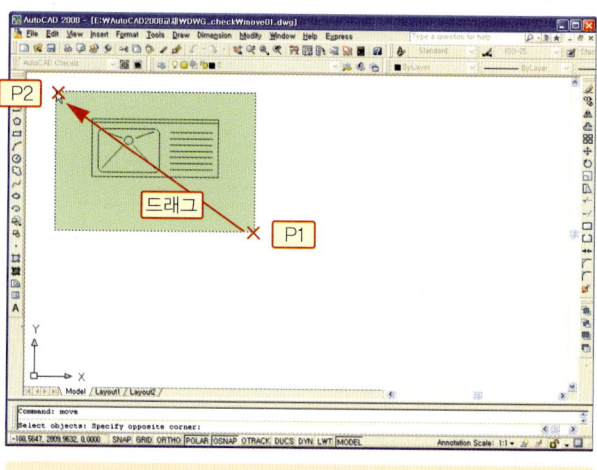

Command : **Move** Enter
Select objects : Specify opposite corner : 25 found
P1에서 P2로 드래그하여 모두 선택합니다.
Select objects : Enter
선택이 완료되면 Enter 를 눌러 선택을 종료합니다.

❸ 선택한 대상 객체의 기준점을 클릭합니다.

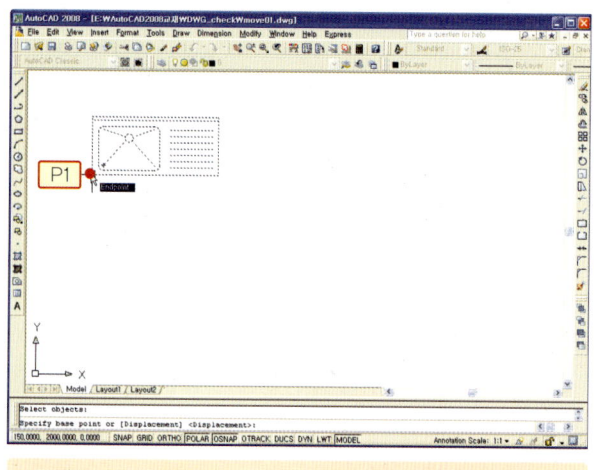

Specify base point or [Displacement] <Displacement> :
P1 클릭
P1점을 클릭합니다.([Osnap]을 이용하여 기준점을 선택합니다.)

❹ 이동할 다음 점으로 드래그합니다. 그림에서 보듯이 P2 지점으로 드래그합니다.

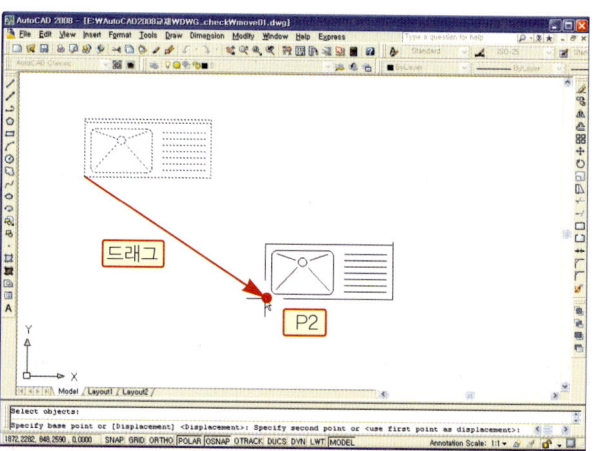

Specify second point or <use first point as displacement> :
P2점으로 드래그합니다.

⑤ 선택한 객체가 P2 지점으로 이동되었습니다.

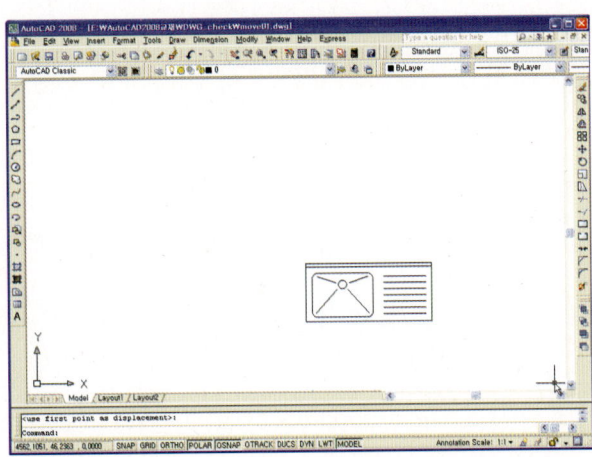

3. 회전 복사와 배열 복사를 할 수 있는 [Array] 명령어

[Copy] 명령어는 원본의 크기나 각도의 변화 없이 원하는 간격대로 복사를 하는 것을 원칙으로 합니다. 이에 비해 [Array]는 선택한 객체를 가로와 세로 줄 단위에 해당하는 행렬의 형태로 배열 복사를 하거나 하나의 중심점을 기준으로 회전 복사하는 것이 특징입니다. 한 번에 줄 단위로 많은 복사를 하는 경우 보다 빠르고 정확하게 복사할 수 있습니다.

[Array] 명령어	
아이콘	🔲
메인 메뉴	[Modify]-[Array]
명령어	Array
단축키	〈AR〉

1. 명령어 사용 방법

Command 라인에 [Array] 명령어를 입력하고 Array 대상 객체를 선택한 뒤 배열 복사(Rectangular Array)를 할지 회전 복사(Polar Array)를 할지 결정한 후 각각의 명령 단계에 맞도록 세부 값들을 입력합니다.

```
Command : Array Enter
대화상자가 나타나면 배열 복사 방법을 선택합니다.
Select objects : Specify opposite corner : 00 found
복사할 객체를 드래그하여 선택한 후 배열 복사의 값을 입력하고 [Accept] 버튼을 눌러 복사를 마칩니다.
```

2. 명령어 옵션

[Array] 명령어는 Command 라인에 명령 단계가 표시되지 않고 대화상자가 바로 나타납니다. 이때 Rectangular와 Polar 옵션 중 한 가지를 선택하여 배열 복사를 합니다.

– Rectangular Array 옵션 : 사각 배열 복사를 하려면 이를 선택합니다.

옵션	내용
Rows	복사할 가로 줄(행)의 개수를 입력합니다.
Columns	복사할 세로 줄(열)의 개수를 입력합니다.
Rows Offset	가로 줄 간의 간격(행 간격)을 입력합니다.
Column Offset	세로 줄 간의 간격(열 간격)을 입력합니다.
Angle of array	배열 각도를 입력합니다.
Select object	사각 형태로 배열 복사할 대상 객체를 선택합니다.
Preview	결과를 미리보기 할 수 있습니다.

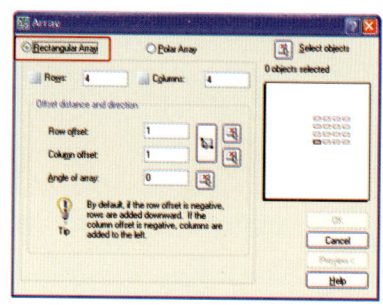

– Polar Array : 원형 중심 배열 복사를 하려면 이를 선택합니다.

옵션	내용
Center Point	회전 복사할 때 회전 중심점의 위치를 선택합니다.
Method and values	회전 복사할 때 복사할 전체 개수와 회전각도 등을 입력합니다.
Rotate items as copied	회전 복사하는 경우 객체가 복사되면서 선택한 중심을 향해 회전을 하도록 할 것인지 여부를 선택합니다.
Select object	원형 중심으로 배열 복사할 대상 객체를 선택합니다.
Preview	결과를 미리보기 할 수 있습니다.
More	버튼을 클릭하여 아래로 펼침 메뉴를 선택하면 회전 객체의 기준점을 클릭할 수 있습니다. 주로 좌표 값이나 [Osnap]을 이용하여 선택합니다.

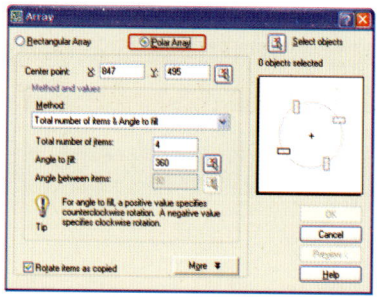

3. 기본 실습

[Array] 명령어를 통해 기본적인 명령어의 사용 방법을 익히고, 다양한 배열 복사 명령어의 기본을 학습해보도록 하겠습니다.

• 예제 파일 : Sample\Part01\array01.dwg

❶ [File]–[Open] 메뉴를 이용하여 부록 CD에서 예제 파일을 불러옵니다.

❷ Command 라인에 [Array] 명령을 입력한 후 Rectangular Array를 선택합니다.

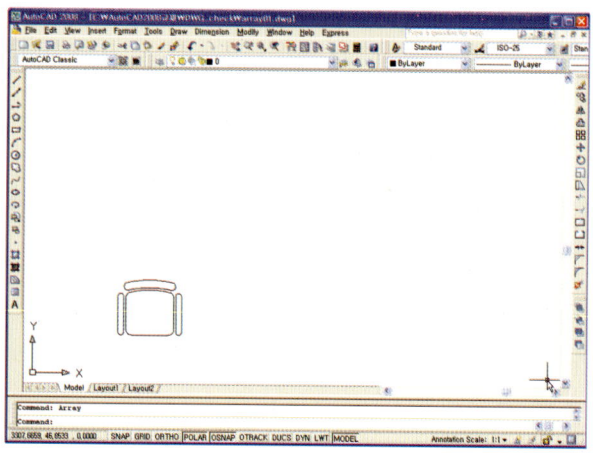

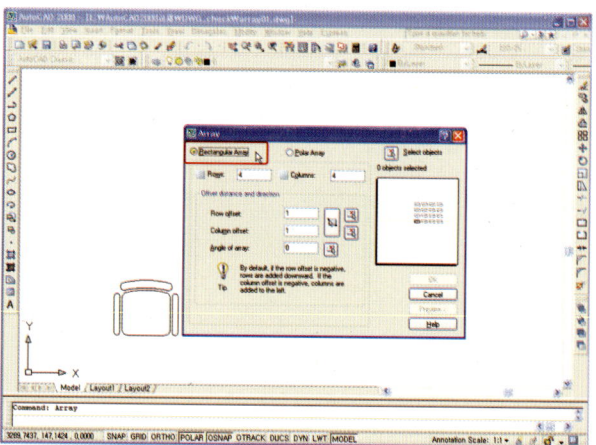

③ 사각 배열 복사를 할 대상 객체를 선택하기 위해
Select object(📐) 아이콘을 클릭합니다.

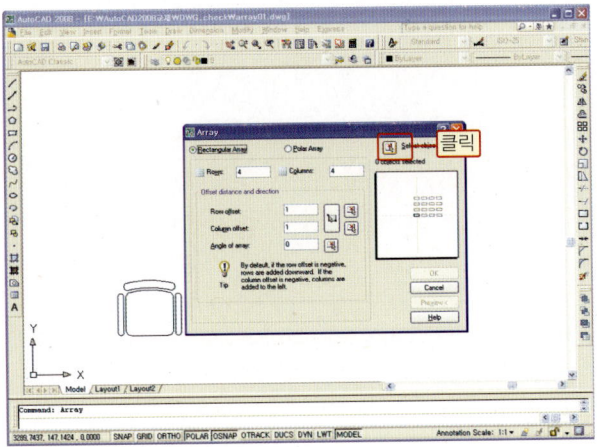

④ 마우스를 드래그하여 배열 복사할 대상 객체를 선
택 지정합니다.

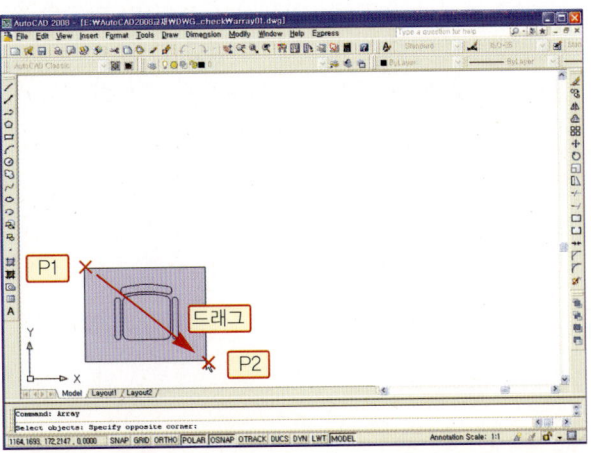

Select objects : Specify opposite corner : 20 found
P1점에서 P2점으로 드래그합니다.
Select objects : Enter
Enter 를 눌러 선택을 종료합니다.

⑤ 다시 [Array] 대화상자가 나타나면 Rows의 개수
'3' 과 Columns의 개수 '5' 를 입력하고, Row
Offset 값 '400' 과 Column Offset 값 '500' 을
입력합니다.

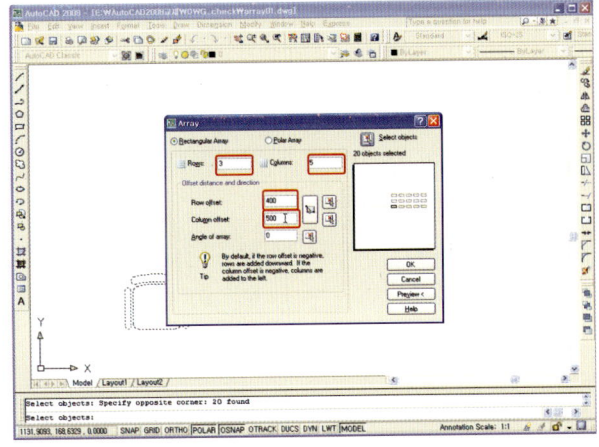

⑥ 옵션 설정이 끝났으면 [Preview] 버튼을 클릭하여
각 간격이 적용된 Array 결과를 미리 확인합니다.

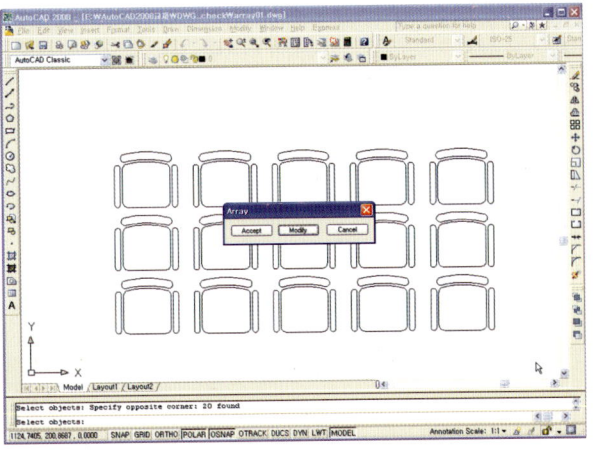

⑦ 해당 미리보기 화면이 원하는 형태이면 [Accept] 버튼을 클릭하여 적용합니다. 만일 간격이나 개수 등을 수정해야 하는 경우에는 [Modify] 버튼을 클릭하여 수정하면 됩니다. 입력한 Offset 간격은 원본에서 복사본까지의 간격을 말하며 기준은 원본의 같은 지점에서 복사본의 같은 지점까지를 기준으로 합니다.

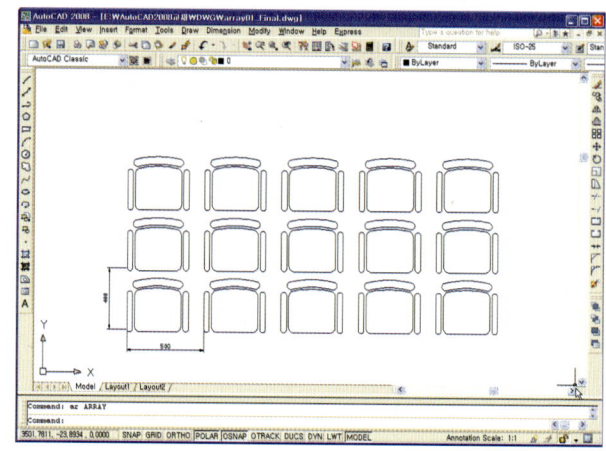

4. 옵션 실습

Rectangular Array는 가로 세로 정렬 상태의 복사를 하는 반면 Polar Array는 하나의 중심점(Center Point)을 향해 회전 복사할 수 있습니다. 회전 복사되는 경우 기본적인 객체를 선택한 후 회전의 중심이 되는 곳을 좌표 값이나 [Osnap]을 이용하여 객체의 중앙을 선택하도록 합니다.

• 예제 파일 : Sample\Part01\array02.dwg

① [File]-[Open] 메뉴를 이용하여 부록 CD에서 예제 파일을 불러옵니다.

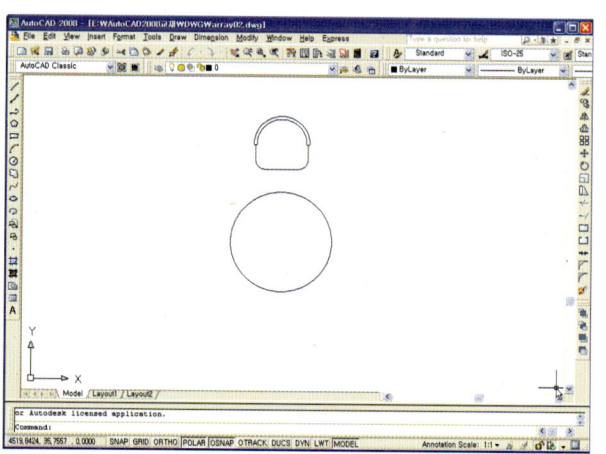

② Command 라인에 [Array] 명령어를 입력하여 [Array] 대화상자가 나타나면 배열 복사 방법 중에 Polar Array(원형 배열 복사)를 선택합니다.

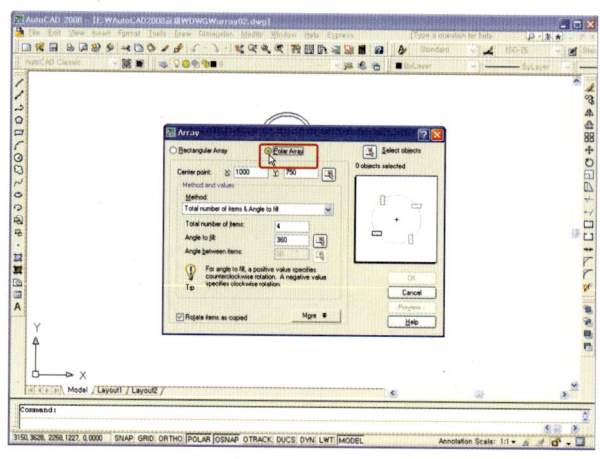

③ 배열 복사를 할 대상 객체를 선택하기 위해 Select object(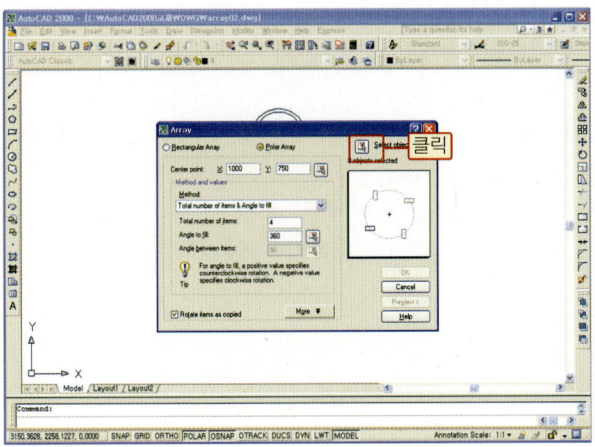) 아이콘을 클릭합니다.

④ 원형 배열 복사(Polar Array)할 대상 객체를 드래그하여 선택합니다.

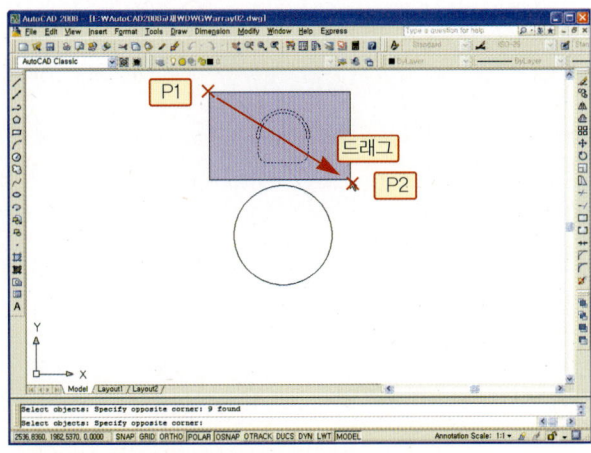

Select objects : Specify opposite corner : 9 found
P1점에서 P2점으로 드래그합니다.
Select objects : Enter
Enter 를 눌러 선택을 종료합니다.

⑤ 대화상자에서 배열 복사할 Pick Center Point (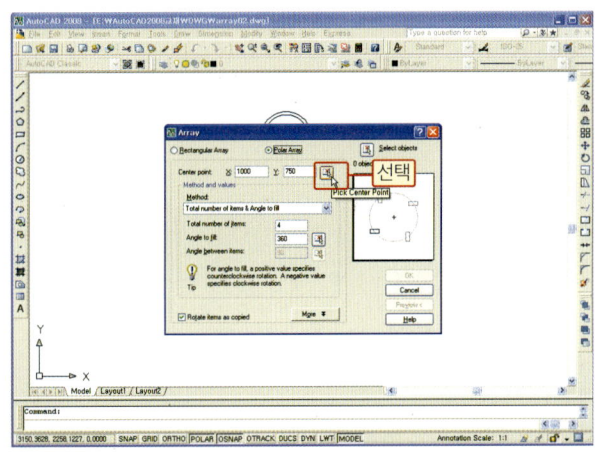) 아이콘을 클릭합니다.

⑥ 좌표 값을 입력할 수 도 있고 [Osnap]을 이용하여 객체의 특정 지점을 클릭할 수도 있습니다. 예제에서는 의자 가운데 원형의 테이블의 Center Point를 [Osnap]을 이용하여 선택합니다.

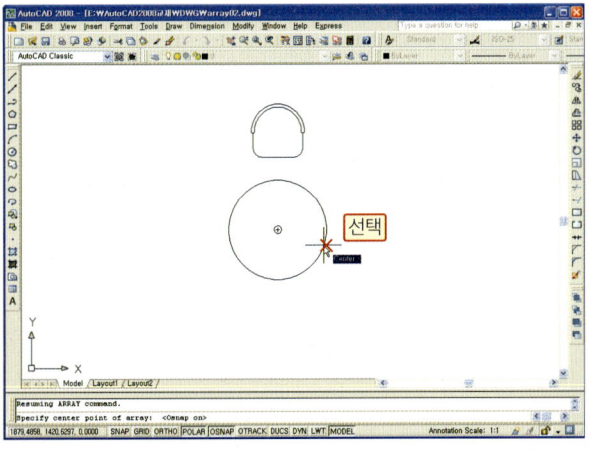

❼ 선택을 마치고 대화상자로 돌아오며 이때 X와 Y 의 입력란에 Center point의 좌표 값이 자동으로 표시됩니다.

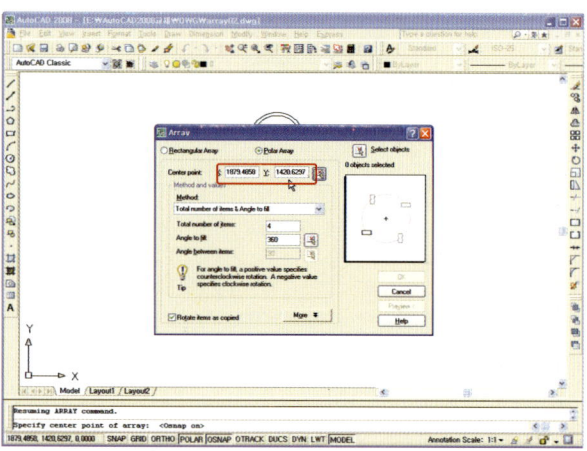

❽ 회전 복사할 개수 '5'를 Total Number Items에 입력하고 회전할 각도 '360'을 Angle to fill에 입력한 후 Rotate items as copied를 체크 표시 하여 중심점을 향해 회전하면서 복사가 되도록 합 니다.

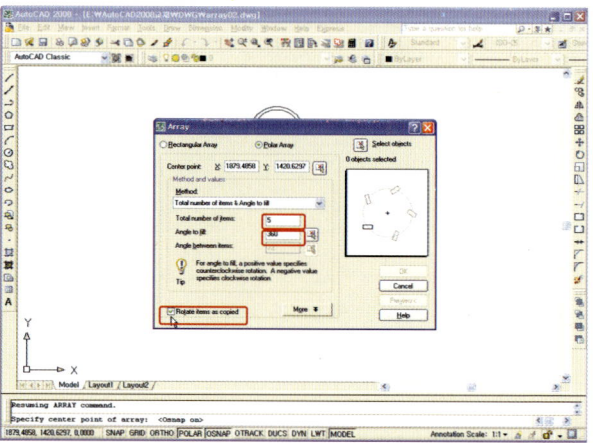

❾ 입력이 완료되면 [Preview] 버튼을 클릭하여서 회 전 복사되는 형태를 확인하고 [Accept] 버튼을 클 릭하여 적용합니다. 만일 수정할 사항이 있으면 [Modify] 버튼을 클릭하여 수정합니다.

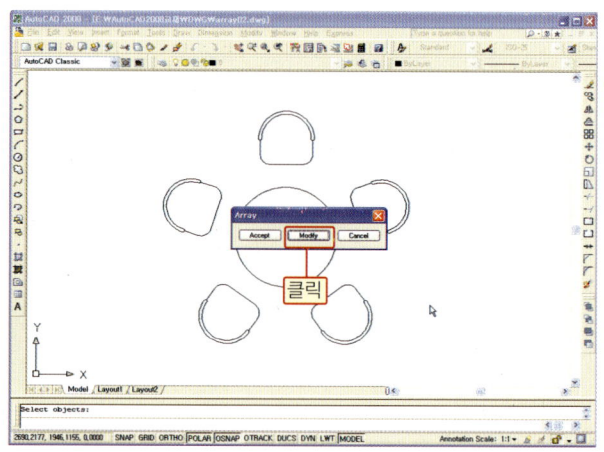

❿ 총 5개가 회전 복사되었습니다. 각각 중심을 향해 72도씩 회전하여 완성되었습니다.

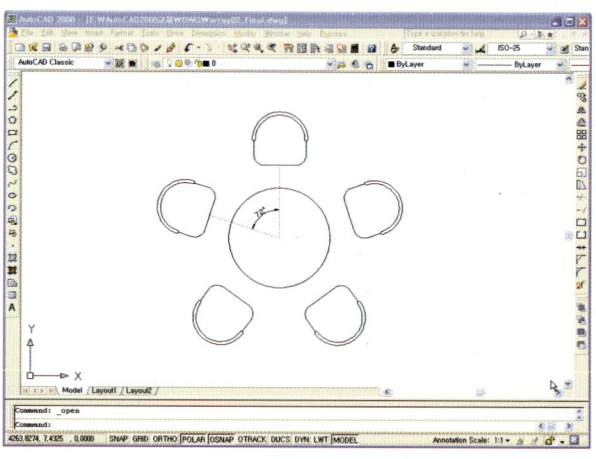

4. 대칭으로 복사할 수 있는 [Mirror] 명령어

[Copy] 명령은 해당 객체의 원본의 변화 없이 객체를 복사합니다. 하지만 [Mirror] 명령어는 선택한 객체를 대칭 복사하는 명령어입니다. 일반적으로 도면 작성 시 객체의 양쪽이 서로 마주보고 대칭으로 되어 있는 경우가 있습니다. 이런 경우 반쪽만 그린 뒤 나머지 반쪽은 대칭 복사를 하여 완성하면 편리합니다. 대칭은 직선의 형태뿐만 아니라 사선의 형태로도 자유롭게 조정할 수 있으며 객체를 복사하거나 객체를 이동할 때 이용하기도 합니다.

[Mirror] 명령어	
아이콘	⏴⏵
메인 메뉴	[Modify]-[Mirror]
명령어	Mirror
단축키	〈MI〉

1. 명령어 사용 방법

좌우 대칭 형태의 객체는 반쪽만 그린 뒤 해당 객체를 [Mirror] 명령어를 통해 대칭 복사합니다. 반쪽을 그린 뒤 빠르게 완성할 수 있습니다.

```
Command : Mirror Enter
Select objects :
대칭 복사할 객체를 선택합니다.
Select objects : Enter
더 이상 선택할 객체가 없는 경우 Enter 를 누릅니다.
Specify first point of mirror line :
대칭 복사를 하기 위한 첫 번째 기준점을 클릭합니다.
Specify second point of mirror line :
대칭 복사를 하기 위한 두 번째 기준점을 클릭합니다.
Erase source objects? [ Yes/No ] <N> : Enter
원본 객체를 삭제하려면 [Yes], 원본을 그대로 두고 대칭 복사하려면 [No]를 선택합니다. [No]가 기본값으로 설정되어 있습니다.
```

2. 명령어 옵션

[Mirror] 명령의 옵션은 대칭을 하는 경우 원본을 남기고 복사하는 것과 원본을 제거하고 복사본만 남기는 두 가지의 선택이 있습니다. 기본적으로 대칭 복사를 많이 하므로 'N'을 기준으로 작성합니다.

옵션	내용
Y(Yes)	객체를 대칭 이동만 시키고 원본 객체는 삭제합니다.
N(No)	객체를 대칭 복사하여 원본 객체와 복사본 모두 남깁니다. 기본값으로 설정되어 있습니다.

3. 기본 실습

대칭되는 도면을 작성할 때 반쪽의 객체를 양쪽으로 다 보이도록 [Mirror] 명령어를 사용합니다. 예제를 통해서 명령의 사용 방법을 살펴보도록 하겠습니다.

• 예제 파일 : Sample\Part01\mirror.dwg

① [File]-[Open] 메뉴를 이용하여 부록 CD에서 예제 파일을 불러옵니다.

② 가운데를 기준으로 왼편에만 도면이 있습니다. [Mirror] 명령어를 입력하고 P1에서 P2점으로 드래그하여 객체를 모두 선택합니다.

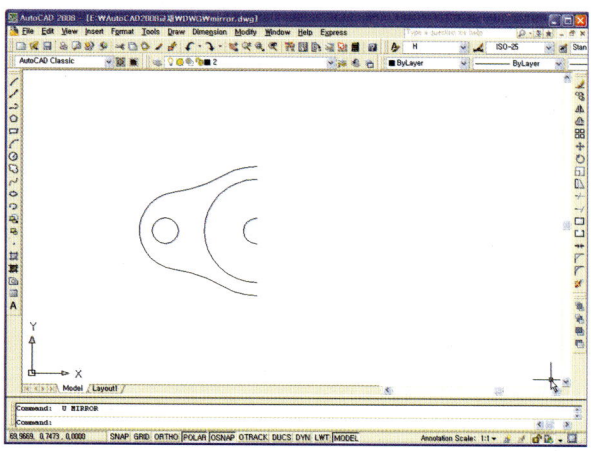

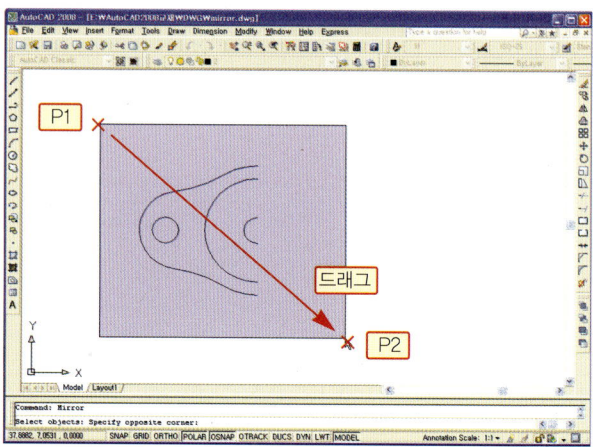

Command : **Mirror** `Enter`
Select objects : Specify opposite corner : 8 found
P1에서 P2지점으로 드래그합니다.
Select objects : `Enter`
더 이상 선택할 객체가 없는 경우 `Enter` 를 눌러 종료합니다.

③ 대칭 복사의 첫 번째 기준점을 클릭합니다. 좌표 값이나 [Osnap]을 이용하여 선택합니다.

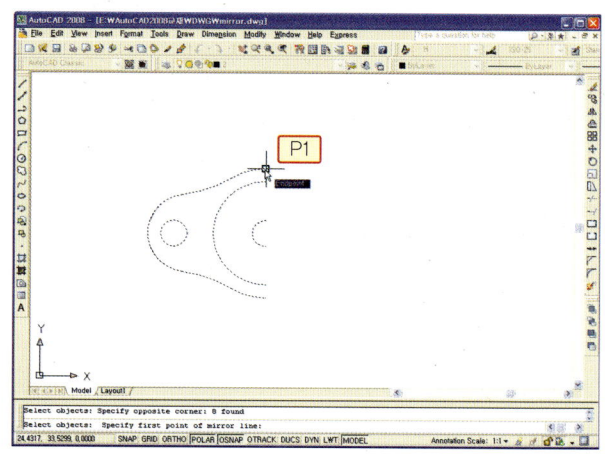

Specify first point of mirror line : **P1 클릭**
P1점을 선택합니다.

④ 대칭 복사의 두 번째 기준점을 클릭합니다. 좌표 값이나 [Osnap]을 이용하여 선택합니다.

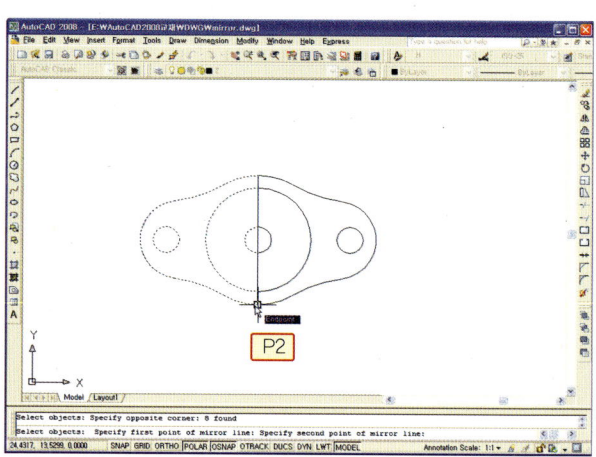

Specify second point of mirror line : **P2 클릭**

⑤ 대칭으로 복사할 것인지 이동할 것인지를 결정합니다. 기본값인 'N'을 입력하면 좌우가 같은 그림으로 도면을 완성합니다.

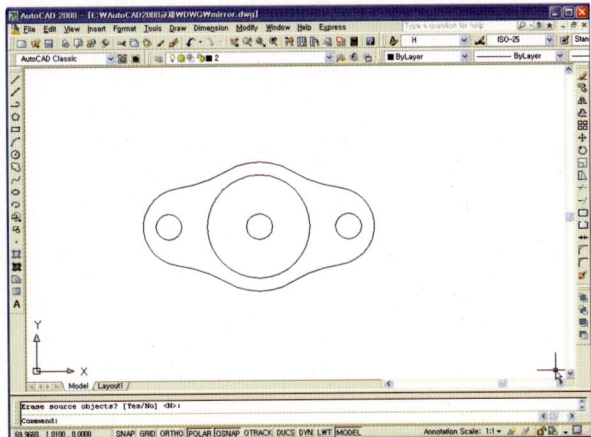

```
Erase source objects? [ Yes/No ] <N> : N  Enter
```

⑥ 만일 'Y'를 입력하면 좌측의 원본 객체는 삭제됩니다.

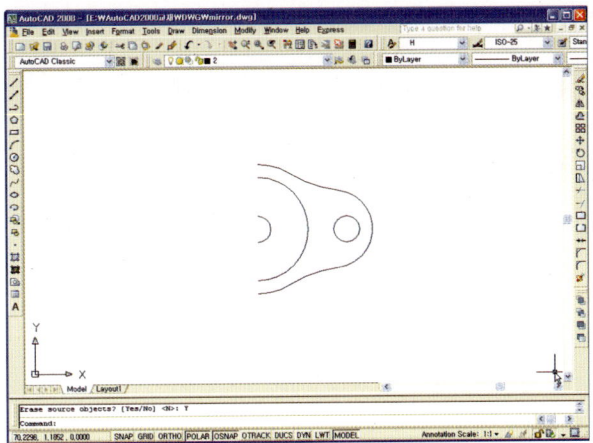

```
Erase source objects? [ Yes/No ] <N> : Y  Enter
```

Tip **Photoshop**

문자의 Mirror 시 주의사항

객체만 [Mirror] 명령을 적용하는 경우 아무런 문제가 없습니다. 하지만 문자를 포함한 객체를 모두 Mirror하는 경우에는 시스템 변수의 값에 따라 다음 그림처럼 문자가 정상적으로 보이지 않을 수 있으므로 주의해야 합니다. Mirrtext=0은 텍스트가 정상으로 보이며 Mirrtext=1은 텍스트가 뒤집혀 보입니다.

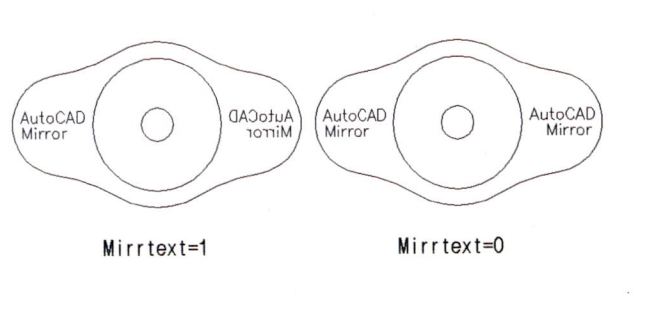

Mirrtext=1   Mirrtext=0

Door 만들기

다음의 도면을 보고 보다 빠르고 정확하게 그릴 수 있도록 차근차근 예제를 따라 하도록 합니다. 다음 도면은 Door 상세도입니다. 좌표 시스템을 이해하고 다중복사 방식의 Rectanguarl Array를 통해 많은 양의 복사물을 만들 수 있습니다.

• 완성파일 : Sample\Part01\P1_total06.dwg

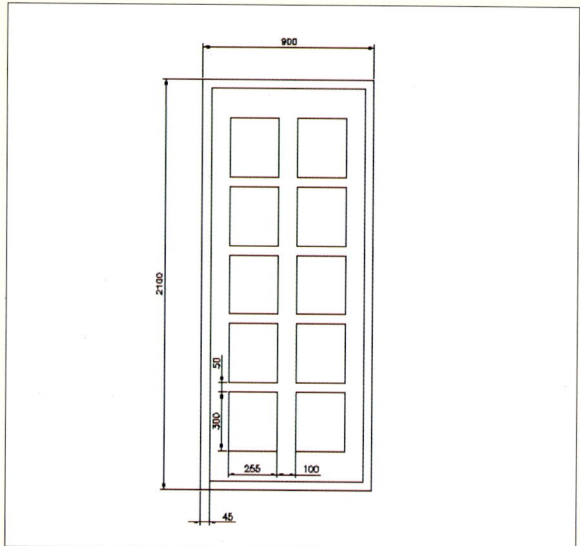

▲ 예제 이미지

❶ 책과 같은 도면 한계를 만들기 위해 먼저 Limits 를 설정합니다.

```
Command : Limits Enter
Reset Model space limits :
Specify lower left corner or [ON/OFF] <0.0000,0.0000>
: Enter
Specify upper right corner <420.0000,297.0000> :
4200,2970 Enter
Command : Zoom Enter
Specify corner of window, enter a scale factor (nX or
nXP), or
[All/Center/Dynamic/Extents/Previous/Scale/Window/Obj
ect] <real time> : A Enter
Regenerating model.
```

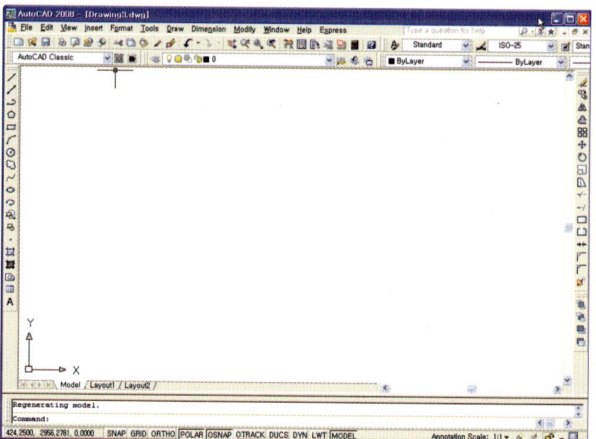

❷ 세로로 긴 형태의 문(Door)을 만들어 봅니다. 먼저 전체 크기의 사각형을 좌표 값을 이용하여 그립니다.

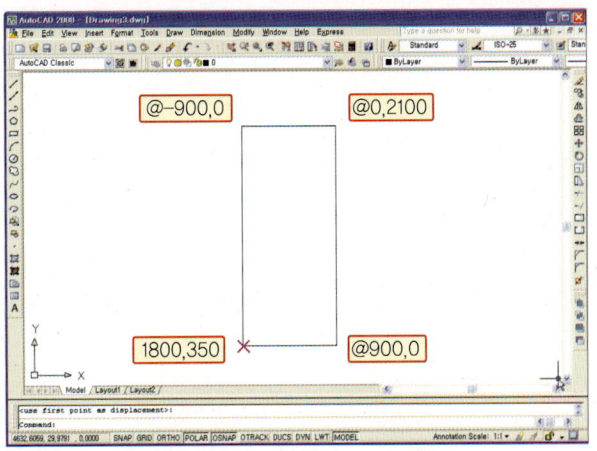

```
Command : Line Enter
Specify first point : 1800,350 Enter
Specify next point or [ Undo] : @900,0 Enter
Specify next point or [ Undo] : @0,2100 Enter
Specify next point or [ Close/Undo] : @-900,0 Enter
Specify next point or [ Close/Undo] : C Enter
```

❸ Door 안쪽으로 45씩 안으로 들어가게 직사각형을 하나 더 그립니다.

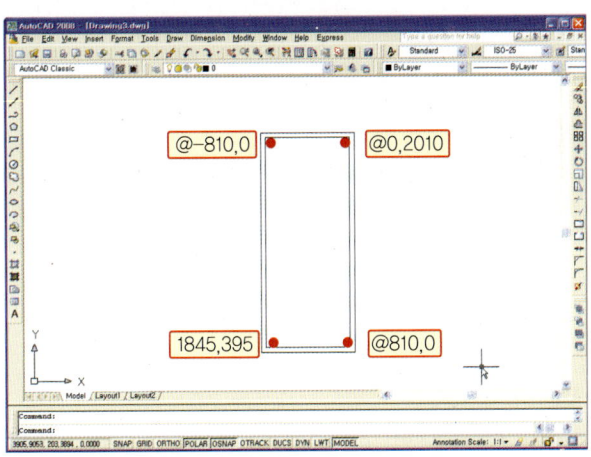

```
Command : Line Enter
Specify first point : 1845,395 Enter
```
안쪽 시작점은 절대 좌표 값으로 입력합니다.
```
Specify next point or [ Undo] : @810,0 Enter
Specify next point or [ Undo] : @0,2010 Enter
Specify next point or [ Close/Undo] : @-810,0 Enter
Specify next point or [ Close/Undo] : C Enter
```

❹ Door 안쪽의 네모난 무늬를 만들어 줍니다. 시작점은 절대 좌표 값으로 입력합니다.

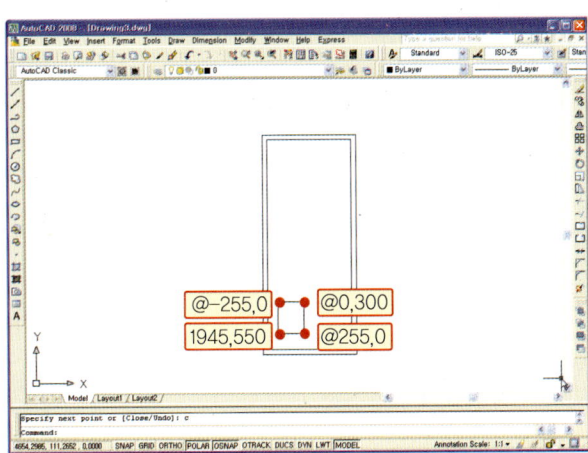

```
Command : Line Enter
Specify first point : 1945,550 Enter
```
무늬의 시작점은 절대 좌표 값으로 입력합니다.
```
Specify next point or [ Undo] : @255,0 Enter
Specify next point or [ Undo] : @0,300 Enter
Specify next point or [ Close/Undo] : @-255,0 Enter
Specify next point or [ Close/Undo] : C Enter
```

❺ [Array] 명령어를 Command 라인에 입력합니다. [Array] 대화상자가 나타나면 배열 복사 방식은 'Rectangular Array'를 선택하고, Rows는 '5', Columns는 '2'를 입력합니다. 이제 복사할 객체를 선택하기 위해 Select object(🖳) 아이콘을 클릭합니다.

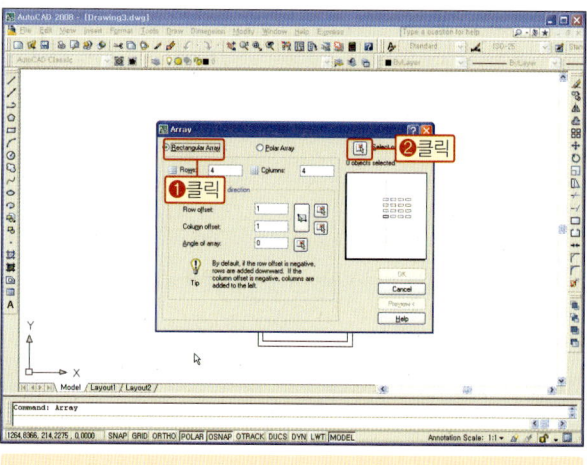

Command : **Array** Enter

❻ 복사할 객체가 포함되도록 마우스를 활용하여 P1에서 P2까지 드래그하여 객체를 선택합니다.

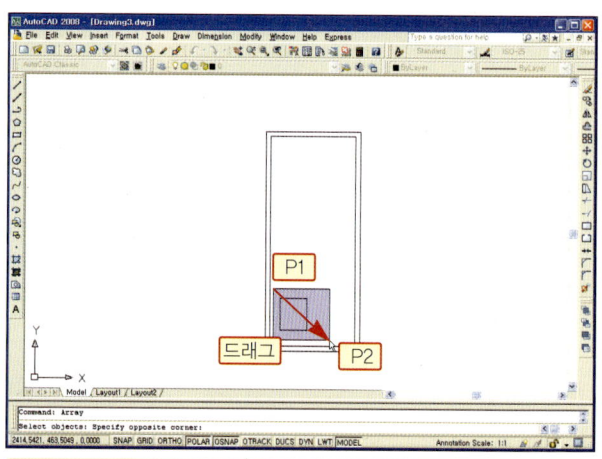

Select objects : Specify opposite corner : 4 found
P1점에서 P2점으로 드래그합니다.
Select objects : Enter

❼ 가로와 세로의 줄간 간격를 입력합니다. Row offset은 '350', Columns offset은 '355'를 입력한 후 [Preview] 버튼을 클릭합니다.

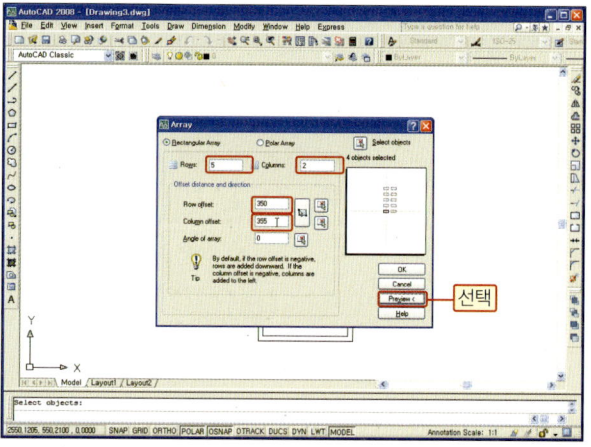

❽ 원하는 형태로 배열 복사되었는지 확인한 후 이상이 없으면 [Accept] 버튼을 클릭하여 완료합니다. 도면이 완성되었습니다.

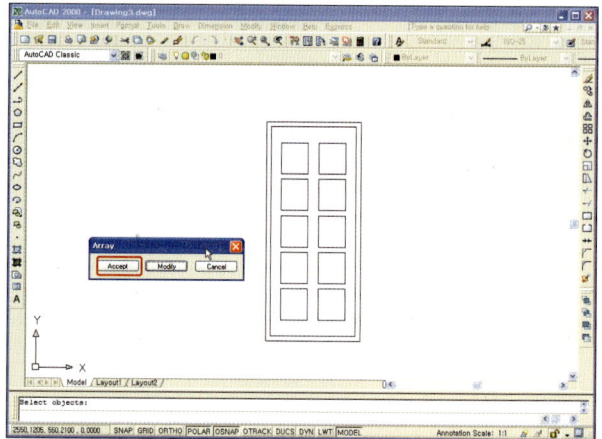

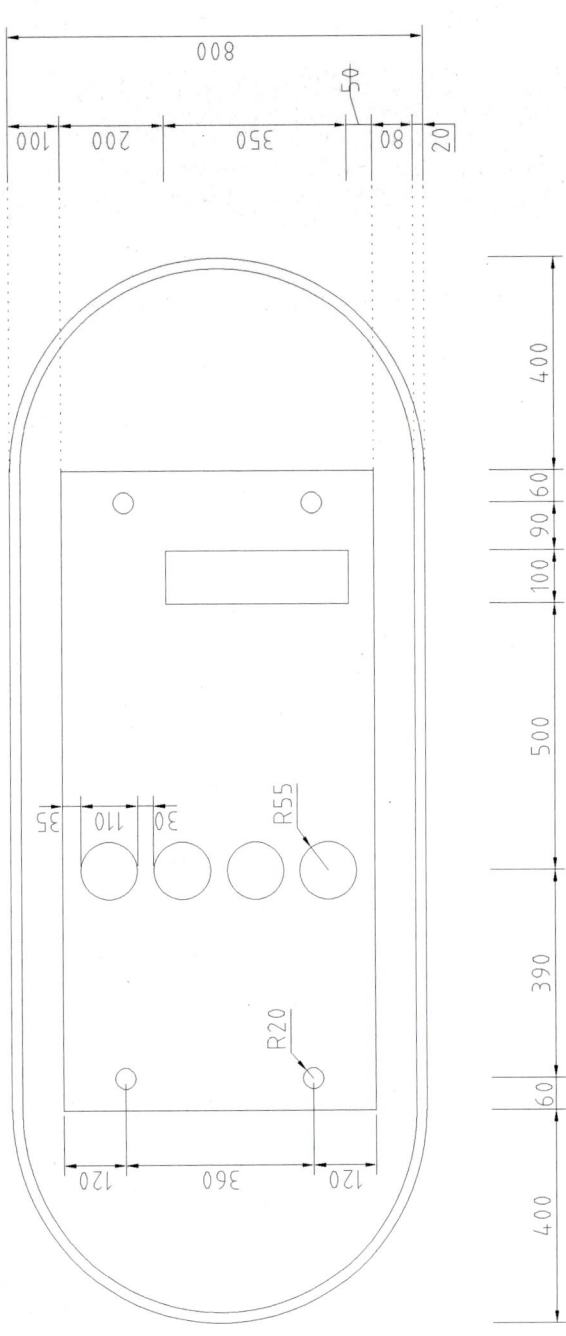

Practice Drawing

A u t o C A D

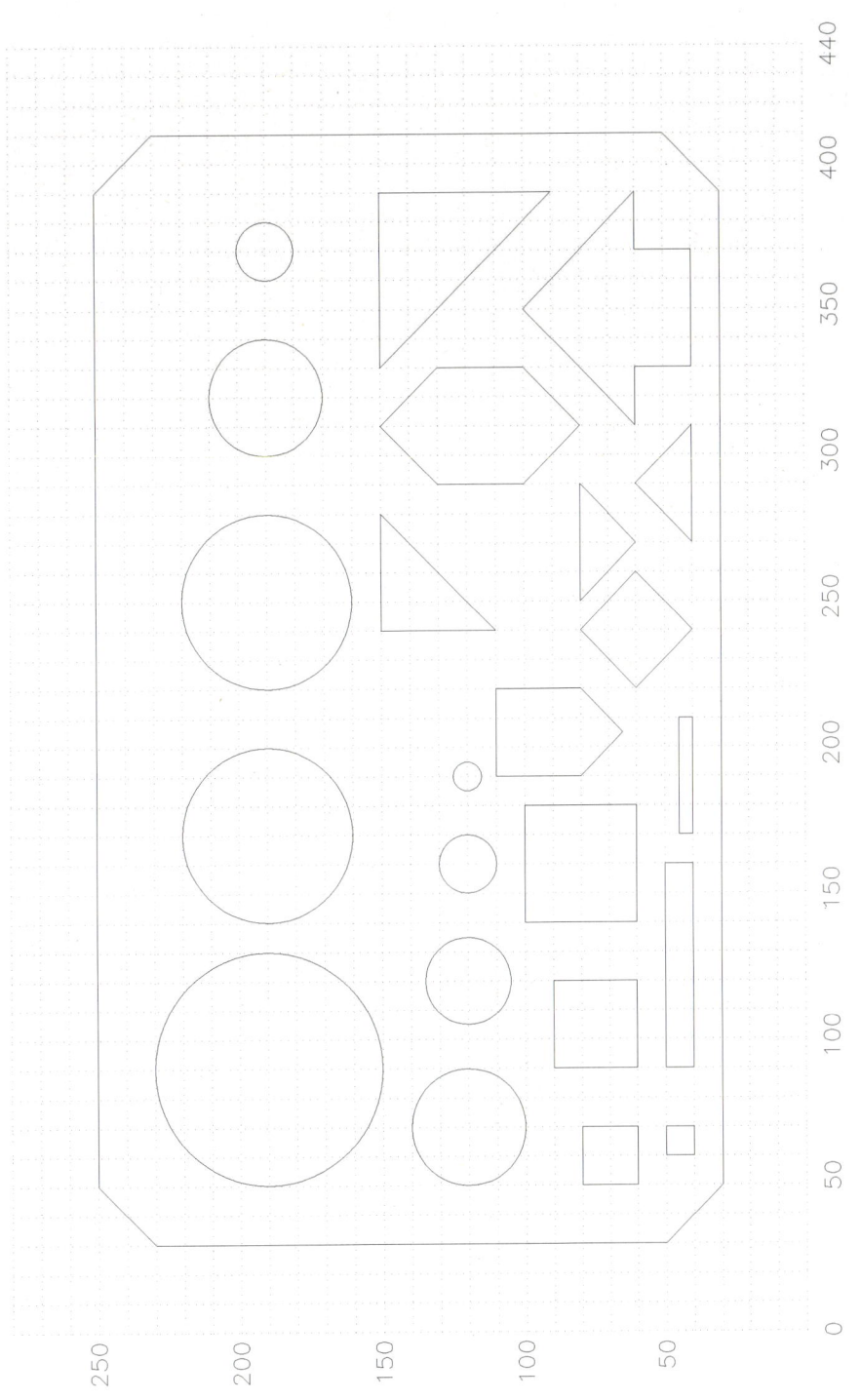

Part 02

기술적인 드로잉으로 발전하기

Part1에서는 기본적인 좌표 값을 이용하거나 기초적인 복사를 할 수 있는 명령어를 통해 도면을 작성해보았습니다.
Part2에서는 보다 빠르고 정확하게 여러 가지 객체를 변형하거나 그릴 수 있는 객체 변형 명령어에 대해서 익혀
보겠습니다. 오토캐드에서 가장 많이 사용되는 명령어들을 학습하는 것이므로 주의 깊게 학습하기 바랍니다.

Chapter

01

객체의 변형(1)

객체를 그리는 명령어만으로는 완벽한 도면을 그리기는 어렵습니다. 이번 Chapter에서는 기본적인 선분을 자르고, 연장하거나 평행 복사하는 등의 객체 변형에 관련된 명령어들을 배워보도록 합니다. AutoCAD의 여느 명령어보다 사용하는 빈도가 높으므로 기초부터 응용까지 꼼꼼히 살펴보도록 합니다.

1. 객체간의 경계를 자르는 [Trim] 명령어

[Trim] 명령은 여러 가지 객체들이 서로 교차해 있을 때 그 교차한 지점을 기준으로 나머지 객체를 잘라내는 명령어입니다. 일반적으로 사용하는 선, 원, 호, 폴리라인 등 대부분의 객체가 [Trim] 명령어로 사용할 수 있습니다. 경계 객체를 선택하는 경우 모든 객체를 다 선택한 뒤 필요한 선을 제거하는 방법을 많이 쓰지만 선이 복잡하게 교차하여 있는 경우에는 정확한 경계를 선택하는 것이 중요합니다.

[Trim] 명령어	
아이콘	⊣⁄—
메인 메뉴	[Modify]–[Trim]
명령어	Trim
단축키	〈TR〉

1. 명령어 사용 방법

[Trim] 명령은 자르고 싶은 객체가 반드시 기준 경계 객체와 교차점을 가지고 있는 경우를 기본으로 합니다. 항상 경계 기준 객체를 먼저 선택한 뒤 자르고 싶은 객체를 하나씩 또는 드래그하여 여러 개를 선택하여 잘라낼 수 있습니다.

```
Command : Trim Enter
Current settings : Projection=UCS, Edge=None
Select cutting edges...
Select objects or <select all> : 경계 기준 객체를 선택합니다.
Select objects : Enter 더 이상 선택할 객체가 없는 경우 Enter 를 눌러 선택을 종료합니다.
Select object to trim or shift-select to extend or
[ Fence/Crossing/Project/Edge/eRase/Undo] : 잘라낼 객체를 선택합니다.
```

2. 명령어 옵션

[Trim] 명령의 옵션을 이용하면 경계 기준 객체가 실제 잘라낼 객체와 교차점이 없는 경우라도 가상의 경계선을 이용하여 잘라낼 수 있으며 3차원 상에서 보이는 선을 기준으로 잘라낼 수 있는 등 다양한 옵션을 이용하면 좀 더 편리하게 [Trim] 명령을 사용할 수 있습니다.

옵션		내용
Projection		3차원에서 사용하는 옵션입니다.
	UCS	반드시 UCS 상에서 교차된 객체만을 잘라냅니다.
	View	UCS와는 상관없이 화면에서 보이는 부분을 경계로 하여 객체를 잘라냅니다.
Edge		경계 객체에 대한 연장선에 대한 옵션입니다.
	Extend	실제로 경계가 없다하더라도 연장이 된 것으로 가상하여 객체를 잘라냅니다.
	No Extend	실제로 경계선이 잘라낼 경계와 교차한 점이 반드시 있는 경우에만 객체를 잘라냅니다
eRase		Trim을 하는 도중이라도 eRase 옵션을 이용하여 필요 없는 객체는 삭제합니다.
Undo		[Trim] 명령을 취소하고 이전 단계로 되돌아갑니다.

3. 기본 실습

도면 영역에서 가장 많이 이용하는 방법입니다. 서로 교차한 객체가 있는 도면 요소의 경우 주로 그 경계를 기준으로 하여 트리밍 하는 [Trim] 명령어를 많이 사용합니다. 반드시 기본부터 차근히 배워나가기 바랍니다.

❶ 먼저 도면 한계를 지정합니다.

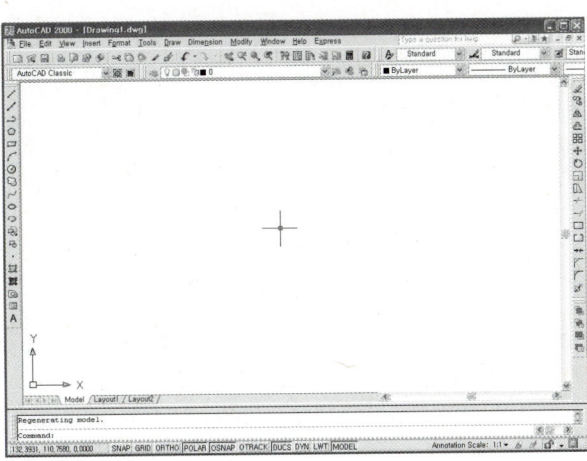

```
Command : Limits Enter
Reset Model space limits :
Specify lower left corner or [ ON/OFF] <0.0000,0.0000> : Enter
Specify upper right corner <420.0000,297.0000> : 297,210 Enter
Command : Zoom Enter
Specify corner of window, enter a scale factor (nX or nXP), or
[ All/Center/Dynamic/Extents/Previous/Scale/Window/Object]
<real time> : A Enter
Regenerating model.
```

❷ 도면에 절대 좌표를 중심점으로 하는 원 2개를 그립니다.

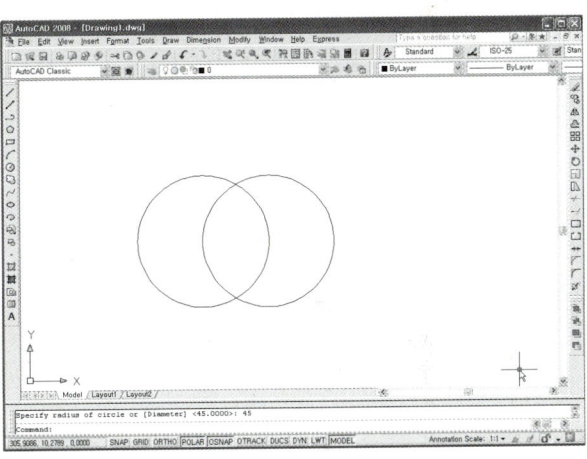

```
Command : Circle Enter
Specify center point for circle or [ 3P/2P/Ttr(tan tan radius)]
: 90,100 Enter
Specify radius of circle or [ Diameter] <45.0000> : 45 Enter
Command : Circle Enter
Specify center point for circle or [ 3P/2P/Ttr(tan tan radius)]
: 135,100 Enter
Specify radius of circle or [ Diameter] <45.0000> : 45 Enter
```

❸ [Trim] 명령을 Command 라인에 입력하고 기준 경계 객체를 선택합니다.

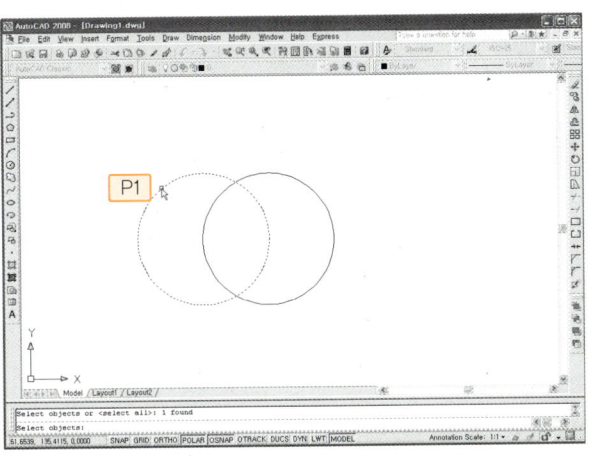

```
Command : Trim Enter
Current settings : Projection=UCS, Edge=None
Select cutting edges...
Select objects or <select all> : P1 클릭
경계 객체가 되는 P1점을 클릭합니다.
Select objects : Enter
더 이상 선택할 경계 객체가 없는 경우 Enter 를 누릅니다.
```

④ 다음은 잘라낼 객체를 선택합니다.

⑤ 기준 객체를 경계로 선택된 부분이 잘려나갑니다.

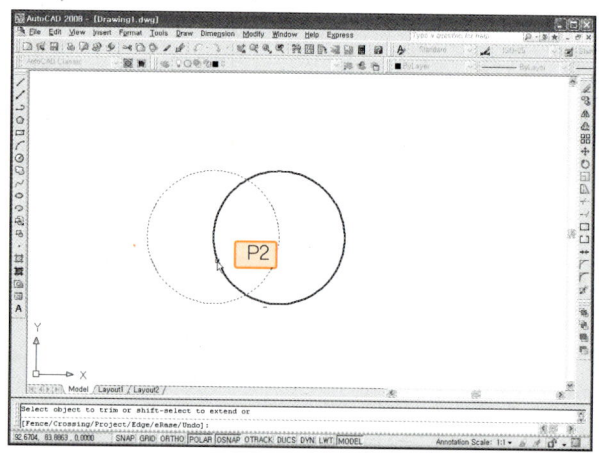

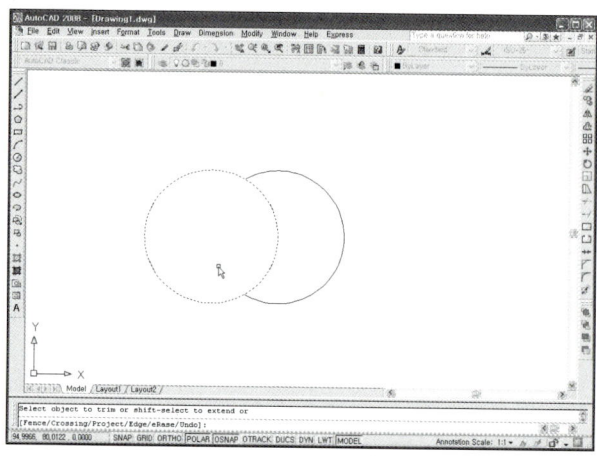

Select object to trim or shift-select to extend or
[Fence/Crossing/Project/Edge/eRase/Undo] : P2 클릭
잘라낼 객체를 선택합니다.

Select object to trim or shift-select to extend or
[Fence/Crossing/Project/Edge/eRase/Undo] : Enter
더 이상 자를 객체가 없는 경우 Enter 를 누릅니다.

4. 옵션 실습

다양한 옵션을 통해 [Trim] 명령을 보다 편리하게 사용할 수 있습니다. 한 번에 여러 개의 객체를 트리밍하거나 좁은 간격에 들어 있는 객체도 옵션을 통해 트리밍할 수 있습니다.

■ Edge의 Extend 옵션을 활용한 Trim

[Trim] 명령은 기준 경계 객체가 잘라낼 객체와의 교점이 있어야 합니다. 하지만 옵션을 이용하는 경우에는 기준 객체의 가상의 연장선을 이용하여 교차점이 실제로 존재하지 않아도 경계 객체로 사용할 수 있습니다. 가상의 연장선을 이용하는 Extend 옵션 활용 방법을 익혀 보도록 하겠습니다.

- 예제 파일 : Sample\Part02\trim01.dwg

① [File]-[Open] 메뉴를 이용하여 부록 CD에서 예제 파일을 불러옵니다.

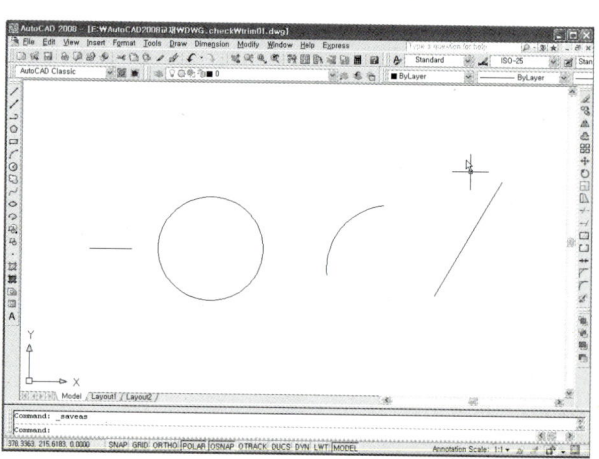

❷ [Trim] 명령을 Command 라인에 입력하고 P1을 선택합니다.

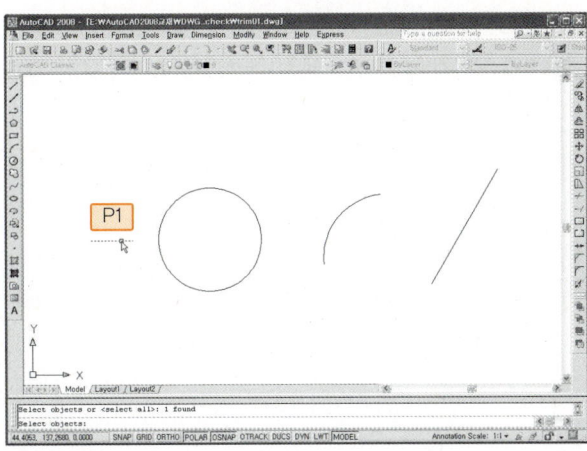

```
Command : Trim [Enter]
Current settings : Projection=UCS, Edge=None
Select cutting edges...
Select objects or <select all> : P1 클릭
P1점을 클릭합니다.(경계가 되는 객체를 선택합니다.)
Select objects : [Enter]
```

❸ 옵션에서 'E'를 입력하여 Edge를 선택한 뒤 확장 [Trim] 명령을 사용할 수 있도록 'Extend' 옵션을 선택한 후 차례로 P2, P3, P4 지점을 클릭합니다.

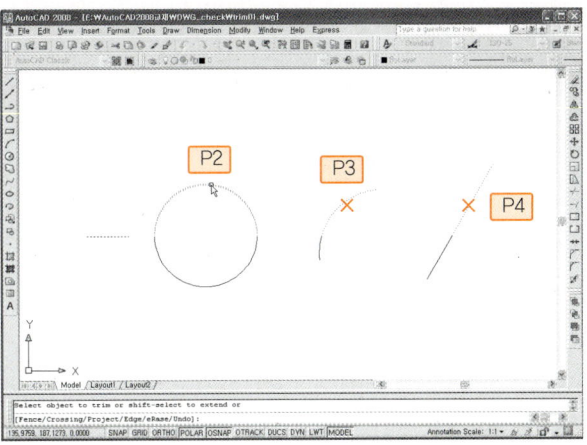

```
Select object to trim or shift-select to extend or
[ Fence/Crossing/Project/Edge/eRase/Undo] : E [Enter] Edge 옵션으로 선택합니다.
Enter an implied edge extension mode [ Extend/No extend] <No extend> : E [Enter]
Extend(가상의 연장선을 객체 기준으로 선택) 옵션으로 선택합니다.
Select object to trim or shift-select to extend or [ Fence/Crossing/Project/Edge/eRase/Undo] : P2, P3, P4 클릭
차례로 P2, P3, P4점을 선택합니다.
```

❹ 다음과 같은 결과가 나타납니다.

■ Fence 옵션을 활용한 다중 Trim

Object Selection의 여러 내용 중에는 Fence 옵션을 이용하여 선을 그리고 그 선에 걸쳐진 객체들이 선택되는 Object Selection이 있습니다. [Trim] 명령은 특히 Cross나 Window의 Object Selection 외에도 Fence 옵션을 통해 작은 공간에 있는 객체를 빠르고 정확하게 잘라낼 수 있습니다.

• 예제 파일 : Sample\Part02\trim02.dwg

① [File]-[Open] 메뉴를 이용하여 부록 CD에서 예제 파일을 불러옵니다.

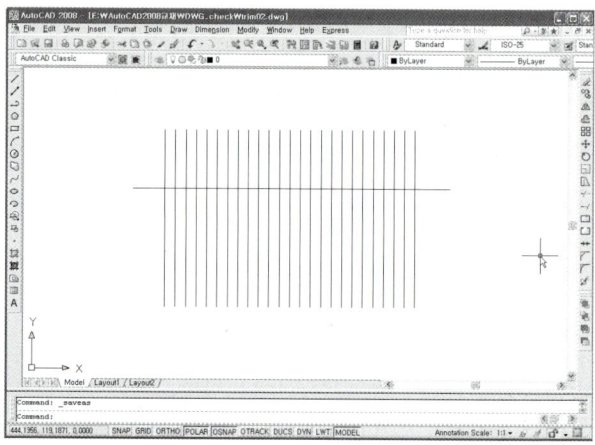

② [Trim] 명령을 Command 라인에 입력하고 P1을 선택합니다.

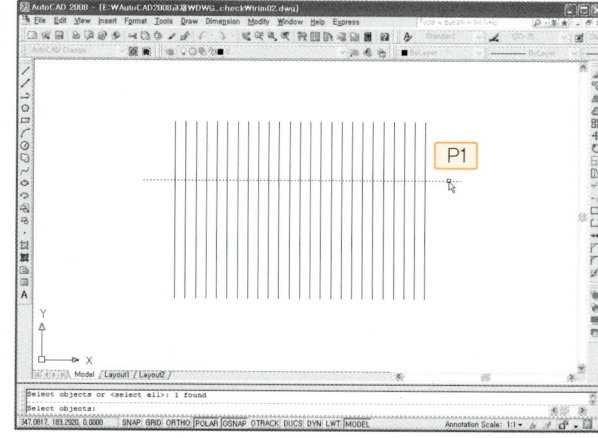

```
Command : Trim Enter
Current settings : Projection=UCS, Edge=Extend
Select cutting edges...
Select objects or <select all> : P1 클릭
Select objects : Enter
```

③ 한 번에 25개의 선분을 모두 자르기 위해 'F' 옵션을 이용합니다. 선을 그어 그 선이 걸쳐진 객체 모두가 선택이 되는 옵션이므로 자르고 싶은 객체의 걸쳐서 두 점을 클릭합니다.

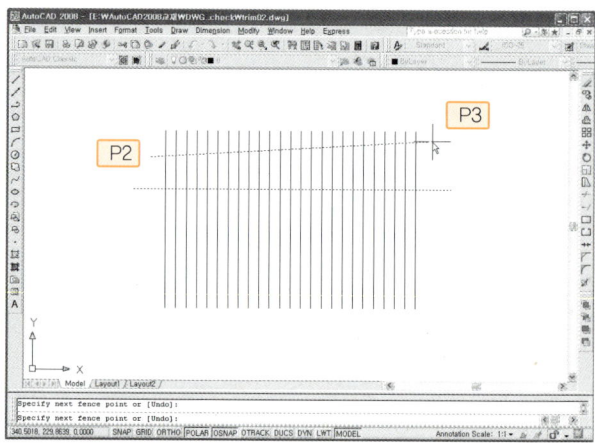

```
Select object to trim or shift-select to extend or
[ Fence/Crossing/Project/Edge/eRase/Undo] : F Enter
Fence 옵션을 선택합니다.
Specify first fence point : P2 클릭
Specify next fence point or [ Undo] : P3 클릭
```

④ 두 점을 클릭하여 선을 걸친 후 Enter 를 누르면 다음과 같이 한 번에 여러 개의 객체가 잘려나가게 됩니다.

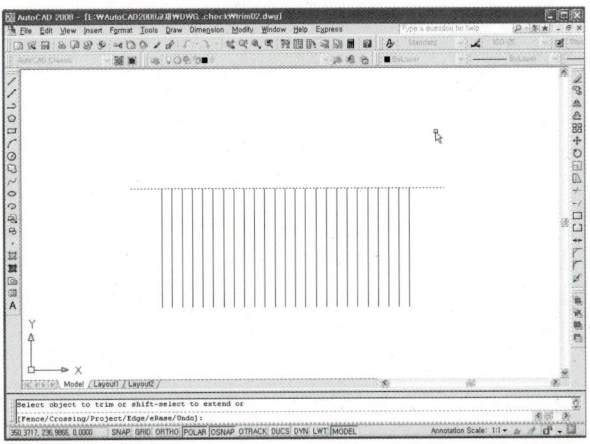

Specify next fence point or [Undo] : Enter
Fence 대상 객체가 더 이상 없는 경우 Enter 를 누릅니다.
Select object to trim or shift-select to extend or
Trim 대상 객체가 더 이상 없는 경우 Enter 를 누릅니다.

[Trim] 명령에서 기준 객체를 선택하지 않고 Enter 를 누르면 화면에 있는 모든 객체가 경계의 기준이 되는 객체로 인식하게 됩니다. 간단하게 몇 군데 잘라내는 경우는 경계 객체를 선택하지 말고 그냥 Enter 를 눌러 원하는 객체만 선택하여 잘라내면 됩니다.

■ Crossing 옵션을 활용한 다중 Trim

Fence 옵션보다 일반적인 Crossing 옵션을 이용하여 한 번에 여러 개의 객체를 트리밍할 수 있습니다.

• 예제 파일 : Sample\Part02\trim03.dwg

① [File]-[Open] 메뉴를 이용하여 부록 CD에서 예제 파일을 불러옵니다.

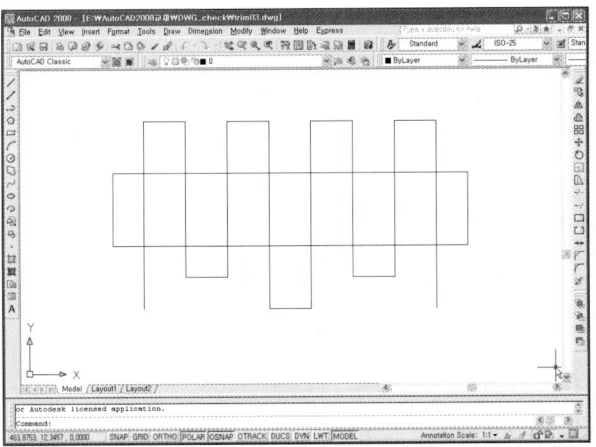

② [Trim] 명령을 입력한 후 가운데 선을 경계 기준 객체로 선택합니다.

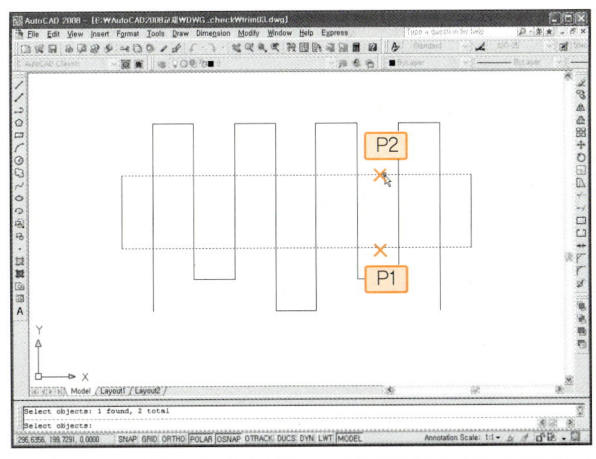

Command : Trim Enter
Current settings : Projection=UCS, Edge=None
Select cutting edges...
Select objects or <select all> : 1 found
P1, P2점을 선택합니다.
Select objects : 1 found, 2 total
Select objects : Enter
경계 객체의 선택이 끝났으면 Enter 를 누릅니다.

❸ 잘라낼 객체를 선택하기 위해 P1에서 P2까지 드래그합니다.

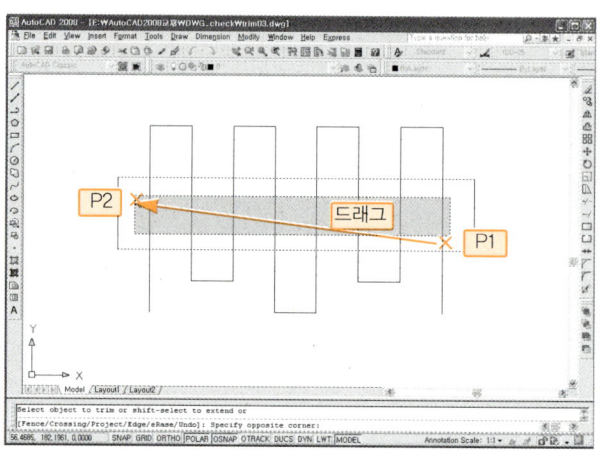

```
Select object to trim or shift-select to extend or
[ Fence/Crossing/Project/Edge/eRase/Undo ]  : Specify
opposite corner :
P1점에서 P2점으로 드래그합니다.
```

❹ 선택한 후 객체는 다음과 같이 잘려나갑니다.

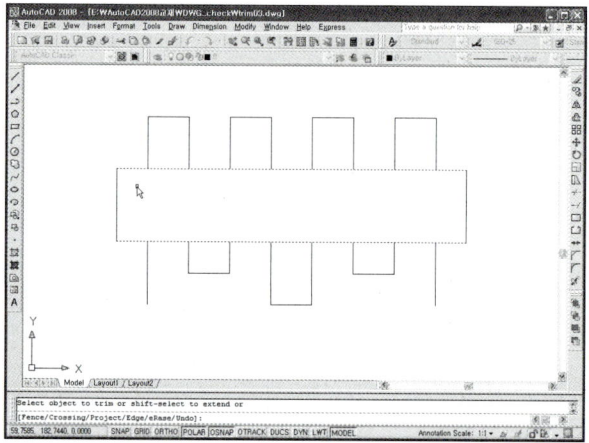

❺ 더 이상 자를 객체가 없는 경우 Enter 를 눌러 명령어를 종료합니다.

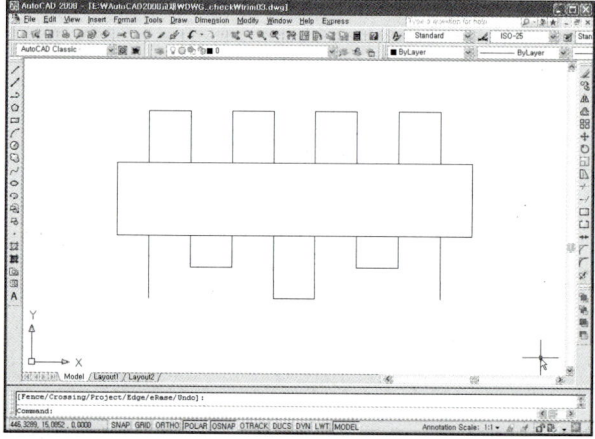

```
Select object to trim or shift-select to extend or
[ Fence/Crossing/Project/Edge/eRase/Undo ] : Enter
```

2. 객체를 연장해 주는 [Extend] 명령어

[Extend] 명령은 선택한 경계 영역까지 원하는 객체를 연장시켜 주는 명령어입니다. 사용하는 방법이 [Trim] 명령하고 거의 비슷하므로 같은 형식으로 연장을 하는 방법만 익히면 됩니다.

[Extend] 명령어	
아이콘	--/
메인 메뉴	[Modify]–[Extend]
명령어	Extend
단축키	〈EX〉

1. 명령어 사용 방법

[Extend] 명령은 사용자가 지정한 경계 영역의 객체까지 선택한 객체가 연장되는 명령어입니다. 연장이 되어야 하는 기준 객체를 먼저 선택하되 기준 객체는 한 개나 한 개 이상 화면상의 모든 객체를 선택할 수 있습니다.

```
Command : Extend [Enter]
Current settings : Projection=UCS, Edge=Extend
Select boundary edges...
Select objects or <select all> : 경계 기준 객체를 선택합니다.
Select objects : [Enter] 경계 기준 객체의 선택이 완료되면 [Enter]를 누릅니다.
Select object to extend or shift-select to trim or
[ Fence/Crossing/Project/Edge/Undo] : 연장할 객체를 선택합니다.
```

2. 명령어 옵션

옵션		내용
Projection		3차원에서 사용하는 옵션입니다.
	UCS	반드시 UCS 상에서 교차된 객체만을 연장합니다.
	View	UCS와는 상관없이 화면에서 보이는 부분을 경계로 하여 객체를 연장합니다.
Edge		경계 객체에 대한 연장선에 대한 옵션입니다.
	Extend	실제로 경계가 없다하더라도 연장이 된 것으로 가상하여 객체를 연장해줍니다.
	No Extend	실제로 경계선이 잘라낼 경계와 교차한 점이 반드시 있는 경우에만 객체를 연장합니다.
Undo		[Trim] 명령을 취소하고 이전 단계로 되돌아갑니다.

3. 기본 실습

[Extend] 명령어의 기본적인 사용법을 익히는 실습입니다. 다음의 예제 도면 파일을 불러온 후 명령을 따라해보기 바랍니다.

- 예제 파일 : Sample\Part02\extend01.dwg

❶ [File]-[Open] 메뉴를 이용하여 부록 CD에서 예
제 파일을 불러옵니다.

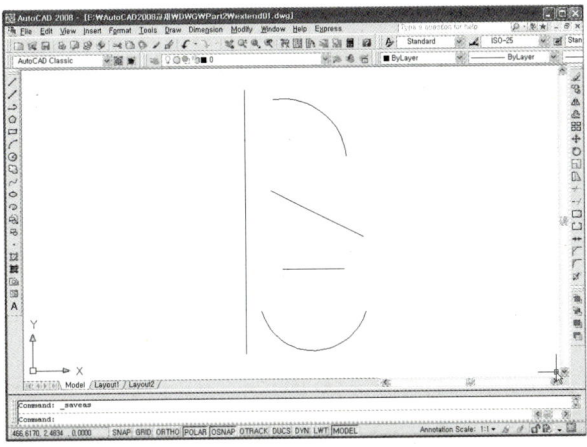

❷ [Extend] 명령을 Command 라인에 입력하고 P1 을 선택합니다. 경계 객체를 먼저 선택하는 것입 니다.

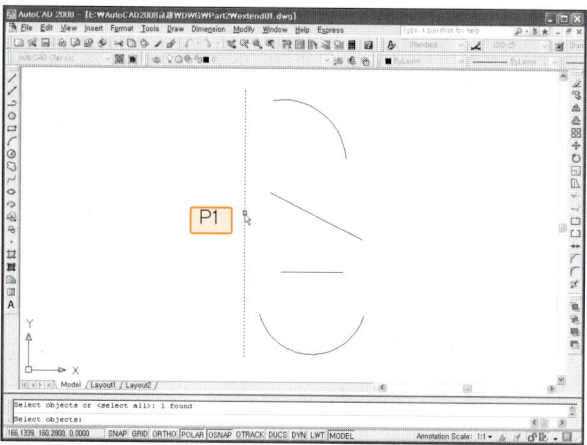

```
Command : Extend Enter
Current settings : Projection=UCS, Edge=Extend
Select boundary edges...
Select objects or <select all> : P1 클릭
Select objects : Enter
```
경계 기준 객체를 선택 완료했으면 Enter 를 누릅니다.

❸ 이제 연장할 객체를 경계 객체와 가까운 곳을 기 준으로 선택합니다. 그림에서처럼 P1점에서 P2점 으로 드래그하여 모두 선택합니다.

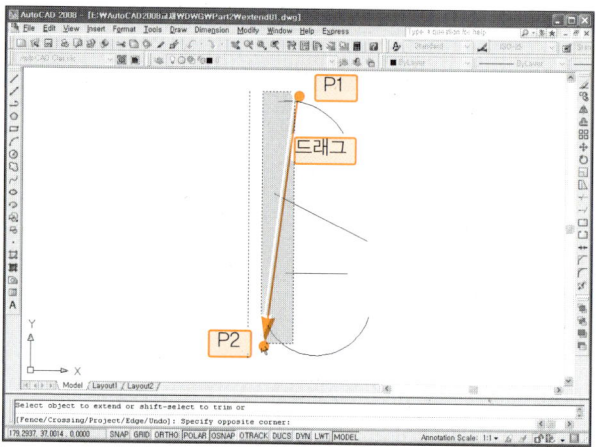

```
Select object to extend or shift-select to trim or
[ Fence/Crossing/Project/Edge/Undo]  : P1에서 P2까지 드래그
```
P1점에서 P2점까지를 마우스로 드래그합니다.

❹ 다음 그림과 같이 객체가 연장되었습니다. 그런데 맨 아래 P3점의 객체는 연장되지 않았습니다. 이 는 경계 객체까지 호의 반지름이 미치지 못하기 때문입니다.

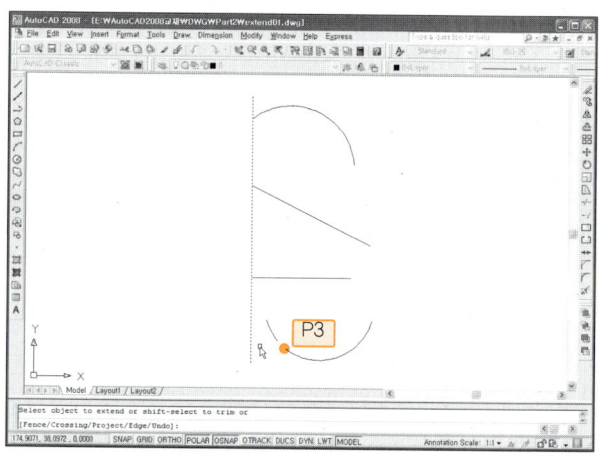

❺ 더 이상 연장 할 객체가 없는 경우 Enter 를 눌러 명 령어를 종료합니다.

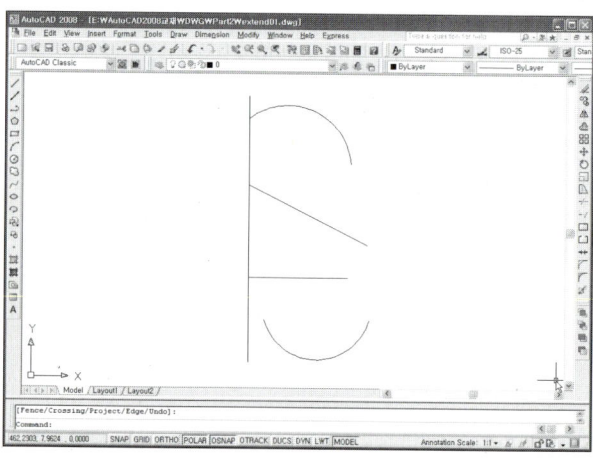

```
Select object to extend or shift-select to trim or
[ Fence/Crossing/Project/Edge/Undo]  : Enter
```

4. 옵션 실습

[Extend] 명령을 사용하는 여러 가지 방법 중 기본 방법을 제외하고 여러 개를 다중 선택하여 사용할 수 있습니다. 다양한 옵션의 활용법들을 하나씩 살펴보도록 하겠습니다. [Trim] 명령과 비슷한 옵션들이 있습니다.

■ Fence 옵션을 활용한 다중 Extend

Object selection인 Fence 옵션을 이용하여 한 번에 여러 개의 객체를 연장할 수 있습니다. 한 번에 여러 개의 객체를 연장할 때 유용하게 사용할 수 있습니다. 드래그하기 힘든 좁은 공간인 경우나 트랙처럼 한 바퀴 돌아서 선택해야 하는 경우 편리하게 사용합니다.

• 예제 파일 : Sample\Part02\extend02.dwg

① [File]-[Open] 메뉴를 이용하여 부록 CD에서 예제 파일을 불러옵니다.

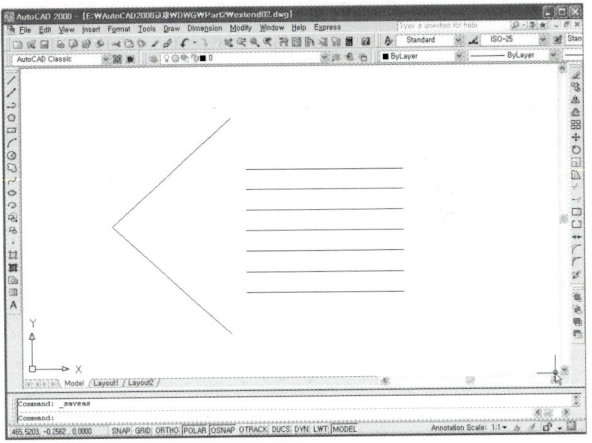

② [Extend] 명령을 Command 라인에 입력하고 P1에서 P2점으로 드래그하여 왼쪽의 사선 객체 2개를 선택합니다. 경계 객체를 먼저 선택하는 것입니다.

```
Command : Extend Enter
Current settings : Projection=UCS, Edge=Extend
Select boundary edges...
Select objects or <select all> : P1에서 P2까지 드래그
P1점에서 P2점까지 드래그하여 경계 객체를 선택합니다.
Select objects : 1 found, 2 total
Select objects : Enter
경계 객체 선택이 완료되면 Enter 를 누릅니다.
```

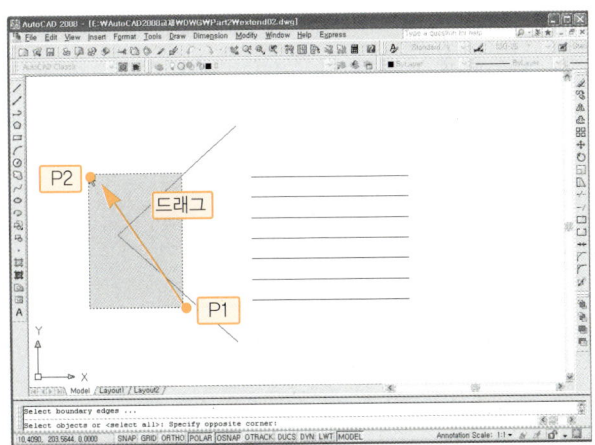

Tip **AutoCAD**

Extend 시 객체 선택은 이렇게...

[Extend] 명령어로 연장하는 경우 경계 객체와 가까운 쪽을 선택해야 연장이 가능합니다. 반대편을 선택하는 경우 연장되지 않으므로 주의해야 합니다. 다음 그림처럼 왼쪽은 경계 객체에 가까운 곳을 선택한 경우 자동 연장이 되지만 오른쪽 그림은 경계 객체와 반대편인 곳을 선택하였으므로 연장되지 않았습니다.

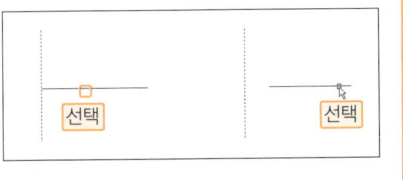

③ Object selection의 Fence 옵션을 선택하여 원하는 객체의 끝부분을 기준으로 P3에서 P4로 선택하여 해당 객체들을 연장합니다.

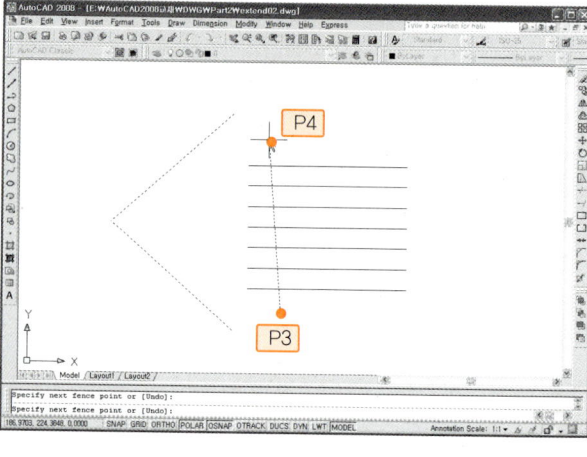

```
Select object to extend or shift-select to trim or
[ Fence/Crossing/Project/Edge/Undo] : F Enter
```
Fence 옵션을 선택합니다.
```
Specify first fence point : P3 클릭
Specify next fence point or [ Undo] : P4 클릭
```

④ Enter를 누르면 선택하는 선이 지나가는 객체들이 모두 한 번에 연장됩니다.

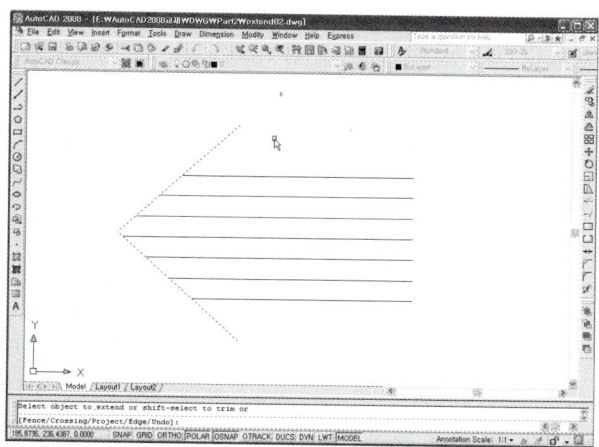

⑤ 연장 작업을 마쳤으면 Enter를 눌러 종료합니다.

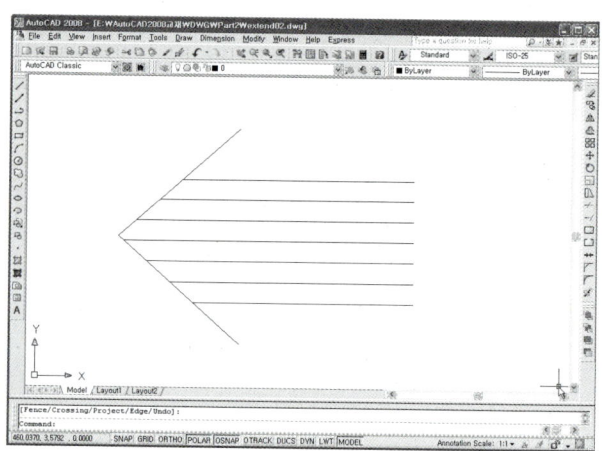

```
Specify next fence point or [ Undo] : Enter
```
Fence 옵션을 종료하기 위해 Enter를 누릅니다.
```
Select object to extend or shift-select to trim or
[ Fence/Crossing/Project/Edge/Undo] : Enter
```
[Extend] 명령을 종료하기 위해 Enter를 누릅니다.

■ Cross 옵션을 활용한 Extend

기존의 객체를 선택하여 연장하는 방법이 기본이라면 많은 객체를 한 번에 드래그하여 여러 객체를 한꺼번에 연장하는 방법이 있습니다.
또한 연장 객체가 경계 객체와 완전히 닿지 않고 떨어져 있는 경우에도 Edge 옵션이 [Extend] 명령의 기본 옵션으로 선택되어 선택 객체를 연장합니다.

• 예제 파일 : Sample\Part02\extend03.dwg

❶ [File]-[Open] 메뉴를 이용하여 부록 CD에서 예제 파일을 불러옵니다.

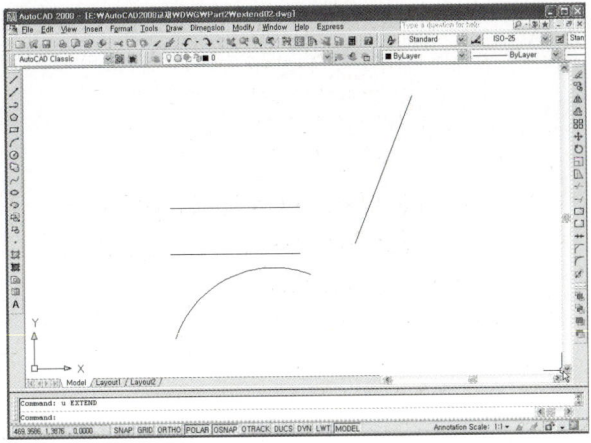

❷ 먼저 경계 객체를 선택하기 위해 [Extend] 명령을 Command 라인에 입력하고 P1을 선택합니다.

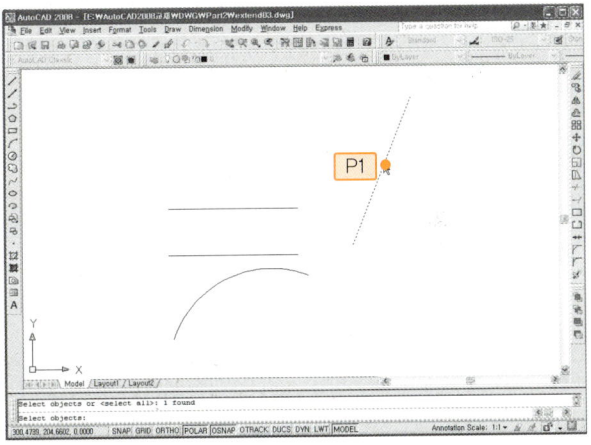

```
Command : Extend Enter
Current settings : Projection=UCS, Edge=Extend
Select boundary edges...
Select objects or <select all> : P1 클릭
경계 기준 객체를 선택합니다.
Select objects : Enter
경계 기준 객체 선택을 완료합니다.
```

❸ 기준 경계선을 가상 선으로 사용할지 옵션을 통해 선택합니다. Cross 옵션을 이용하여 P2에서 P3 점으로 드래그하여 연장할 객체를 선택합니다.

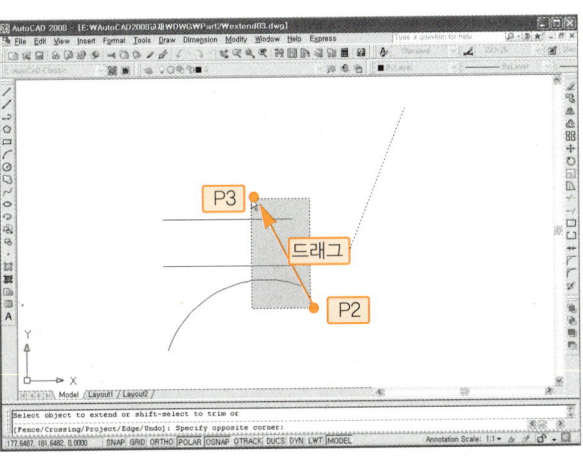

```
Select object to extend or shift-select to trim or
[ Fence/Crossing/Project/Edge/Undo] : E Enter
기준 경계 객체의 종류를 선택하는 옵션을 입력합니다.
Enter an implied edge extension mode [ Extend/No
extend] <No extend> : E Enter
기준 경계 객체를 가상의 연장선을 사용할 옵션을 선택합니다.
Select object to extend or shift-select to trim or
[ Fence/Crossing/Project/Edge/Undo] : Specify opposite
corner : P2에서 P3까지 드래그
P2에서 P3으로 드래그합니다.
```

④ 다음과 같이 여러 객체가 한 번에 연장됩니다.

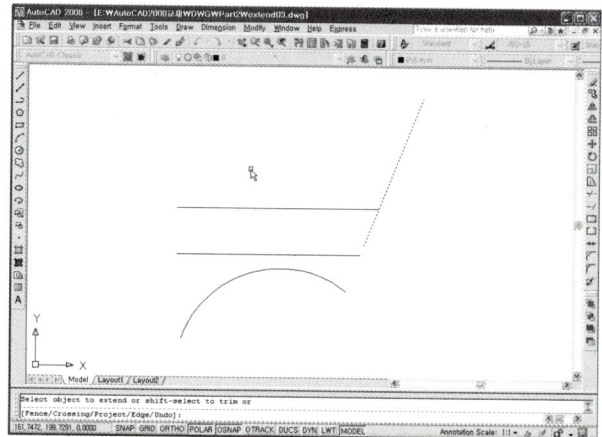

```
Select object to extend or shift-select to trim or
[ Fence/Crossing/Project/Edge/Undo] : Enter
```
더 이상 연장 할 객체가 없는 경우 Enter 를 눌러 명령어를 종료합니다.

[Extend]나 [Trim] 명령은 사용하는 방법이 비슷합니다. 다만 [Trim]은 잘라내고 [Extend]는 연장하는 정도만 틀리며, Fence나 Cross 옵션을 이용하거나 Edge 옵션을 활용하는 법 등은 유사합니다. [Extend] 명령어도 기준 경계 객체를 일부만 선택할 수도 있지만 [Trim] 명령처럼 모든 객체를 선택하여 원하는 부분만을 연장할 수 있습니다.

3. 경계선 없이 객체를 자르는 [Break] 명령어

[Break] 명령어는 [Trim] 명령처럼 객체를 잘라내는 명령어 중에 하나입니다. 하지만 [Break]는 [Trim] 명령과 달리 경계 객체가 필요하지 않으며 임의의 두 점을 클릭하여 그 점사이의 객체를 잘라냅니다. 주로 하나를 둘로 나누거나 한쪽 끝부분을 잘라 없애야 하는 경우 편리하게 사용할 수 있습니다.

[Break] 명령어	
아이콘	🔲
메인 메뉴	[Modify]-[Break]
단축키	〈BR〉

1. 명령어 사용 방법

[Break] 명령어는 기준 객체를 따로 선택할 필요가 없으므로 원하는 객체를 바로 선택하여 원하는 지점까지 잘라 낼 수 있습니다. 특히 전반적인 길이를 임의로 조정하거나 같은 지점을 두 번 잘라 하나의 객체를 두 개로 분리하는 경우에도 사용할 수 있습니다.

```
Command : Break Enter
Select object : 첫 번째 자를 기준점을 클릭합니다.
Specify second Break point or [ First point] : 두 번째 자를 기준점을 클릭합니다.
```

2. 명령어 옵션

[Break] 명령어는 주로 선택하는 지점 자체가 잘라낼 점의 첫 번째 점이 됩니다. 선택한 좌표점이 아닌 다른 좌표를 첫 번째 자를 기준점으로 선택하는 유일한 옵션을 가지고 있습니다.

옵션	내용
First Point	첫 번째 선택한 지점을 다시 지정하고자 할 때 사용합니다.

[Break] 명령어는 처음 선택한 지점을 첫 번째 기준점이라고 인식합니다. First Point 옵션을 사용하지 않는 경우 무조건 처음에 선택한 지점을 두 점 중 첫 번째 점으로 인식합니다.

3. 기본 실습

[Break] 명령어에서 가장 많이 사용되는 기본적인 방법입니다. 예제 파일을 불러와서 선택한 객체를 바로 잘라내는 연습을 해보도록 하겠습니다.

• 예제 파일 : Sample\part02\Break01.dwg

① [File]-[Open] 메뉴를 이용하여 부록 CD에서 예제 파일을 불러옵니다.

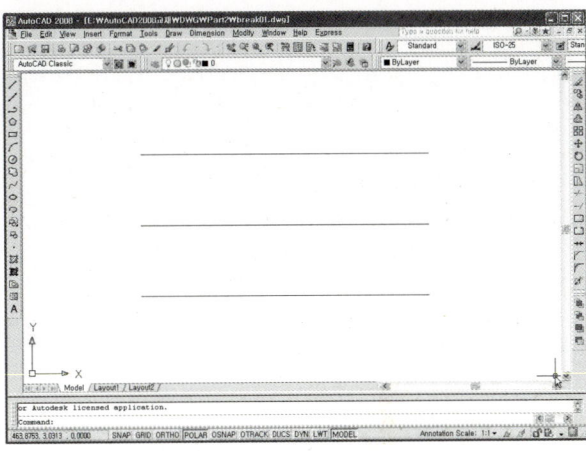

② 잘라낼 대상 객체를 선택합니다. [Break] 명령을 Command 라인에 입력하고 P1을 선택합니다.

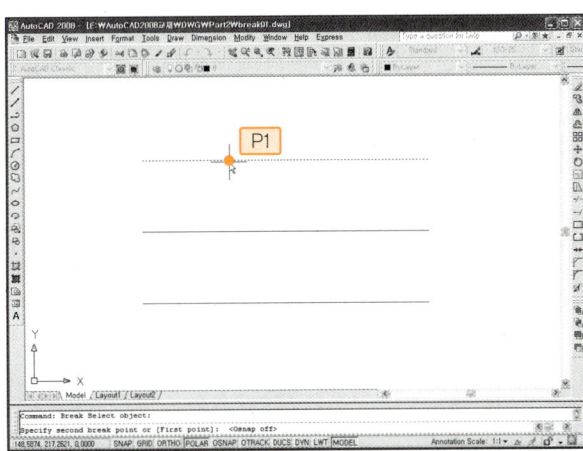

```
Command : Break Enter
Select object : P1 클릭
```

③ 두 번째 점 P2를 선택합니다. 다른 옵션을 선택하지 않는 이상 P2의 두 번째 점을 클릭하면 앞서 선택한 점과 지금 두 번째 점 사이가 잘려나갑니다.

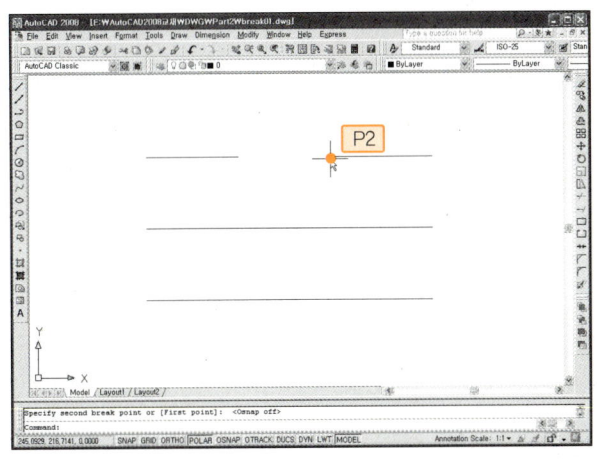

```
Specify second Break point or [ First point] : P2 클릭
```

4. 옵션 실습

임의의 점을 두 개 선택하여 선분을 잘라내는 [Break] 명령 대신 첫 번째 점을 사용자가 다시 지정하거나 원이나 호를 잘라내는 연습을 합니다.

■ 첫 번째 점을 다시 지정하여 잘라내기

1 그림에서 두 번째 선분을 잘라내 보겠습니다. 먼저 [Break] 명령을 Command 라인에 입력하고 P1을 선택합니다.

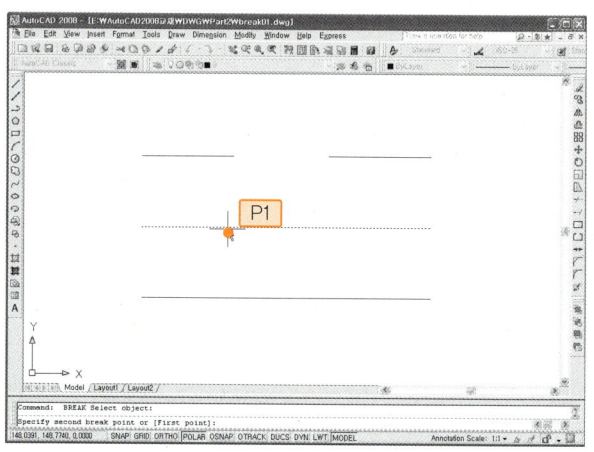

```
Command : Break Enter
Select object : P1 클릭
P1점을 클릭합니다.(첫 번째 점보다 Break 대상 객체를 선택한다는
의미입니다.)
```

2 선택한 객체의 잘라낼 두 점 중 첫 번째 점을 다시 선택하기 위해 First point 옵션을 선택합니다.

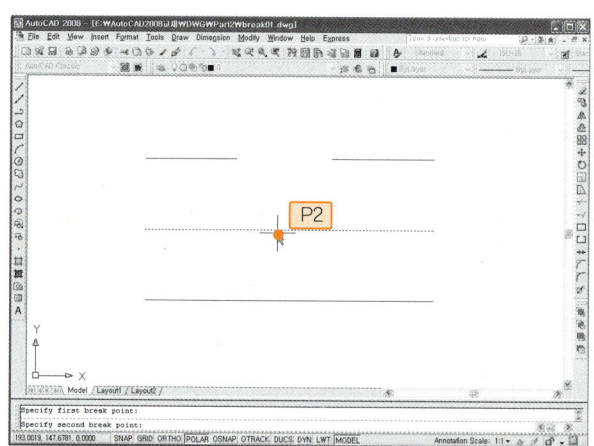

```
Specify second Break point or [ First point] : F Enter
First point 옵션을 입력합니다.
Specify first Break point : P2 클릭
```

3 잘라낼 두 점의 두 번째 점을 클릭하여 두 점 사이를 잘라냅니다.

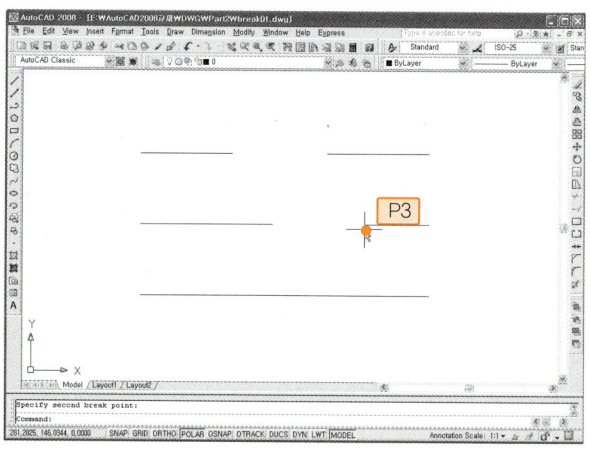

```
Specify second Break point : P3 클릭
P3점을 클릭합니다.(잘라낼 두 점 중 두 번째 점을 클릭합니다.)
```

■ 하나의 객체를 두 개로 분리하는 Break

하나로 이어진 객체의 같은 지점을 두 번 잘라 두 개의 객체로 분리하여 사용할 때 이용할 수 있습니다.

① 화면의 세 번째 선분을 잘라내기 위해 먼저 [Break] 명령을 Command 라인에 입력하고 P1 을 선택합니다.

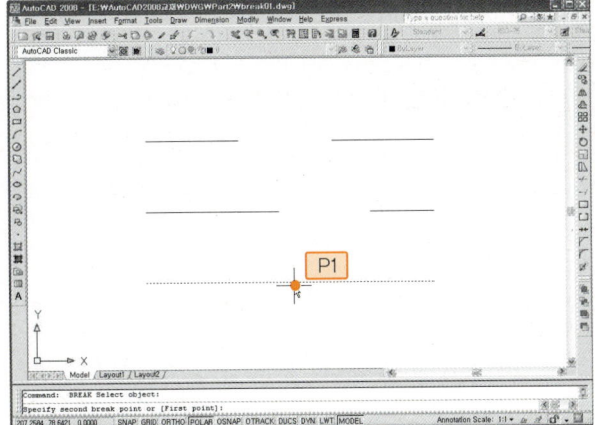

```
Command : Break Enter
Select object : P1 클릭
```

② 지금 선택한 점을 다시 한 번 선택하기 위해 최종 좌표를 의미하는 '@'를 입력합니다. 화면에서 잘렸는지 확인하기 위하여 [Move] 명령을 통하여 한 쪽 선분만 선택해보거나 이동시켜봅니다. 이동하게 되면 다음 화면처럼 두 개가 분리된 것을 확인할 수 있습니다.

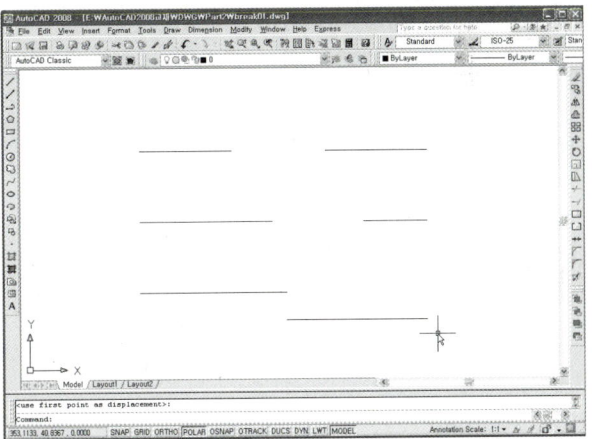

```
Specify second Break point or [ First point ] : @ Enter
@를 입력하면 처음에 선택한 그 지점을 다시 한 번 선택한 것과 같
은 효과입니다.
```

■ 원이나 호를 잘라내는 Break

일반적인 End Point가 있는 선분의 경우에는 첫 점을 어느 곳에 선택하든지 관계가 없습니다. 하지만 원의 경우 시작점과 끝점의 구분이 없는 관계로 각도계의 영향을 받습니다. 따라서 잘려나갈 부분은 반드시 각도계의 방향으로 첫 점과 두 번째 점을 클릭하여야 원하는 곳이 잘려나가도록 되어 있습니다.

• 예제 파일 : Sample\Part02\break02.dwg

----

① [File]-[Open] 메뉴를 이용하여 부록 CD에서 예제 파일을 불러옵니다.

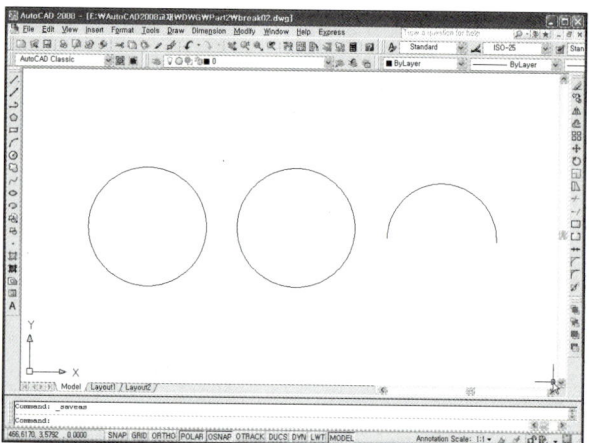

③ 두 번째 점을 클릭합니다.

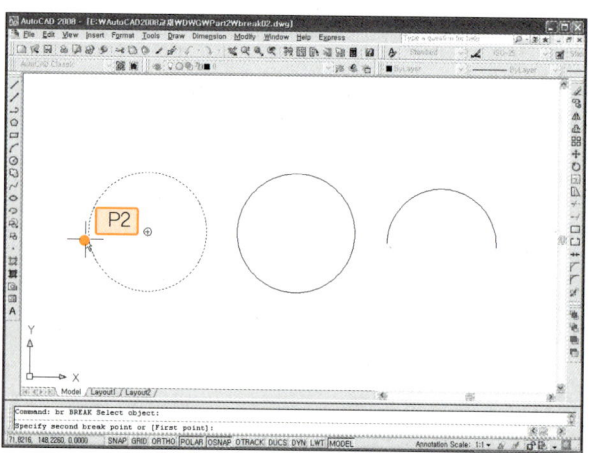

Specify second Break point or [First point] : **P2** 클릭

⑤ 두 번째 원은 P1점과 P2점의 순서를 바꿔서 선택하도록 합니다. Command 라인에 [Break] 명령어를 입력하고 P1점을 클릭합니다.

Command : **Break** Enter
Select object : **P1** 클릭

② 첫 번째 원을 잘라내기 위해 [Break] 명령어를 Command 라인에 입력합니다.

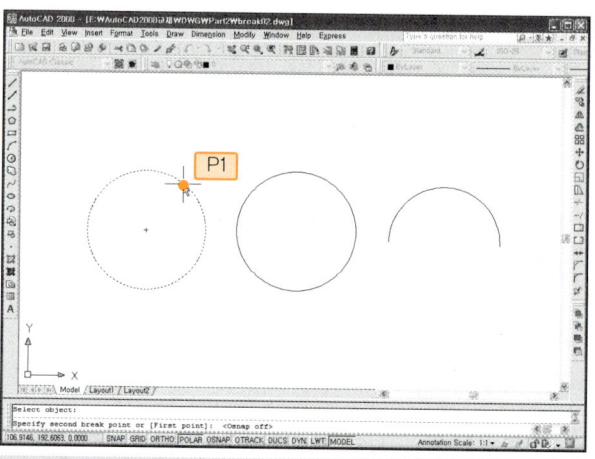

Command : **Break** Enter
Select object : **P1** 클릭

④ P1과 P2의 방향은 시계 반대방향이었으므로 그 순서대로 잘려나갔습니다.

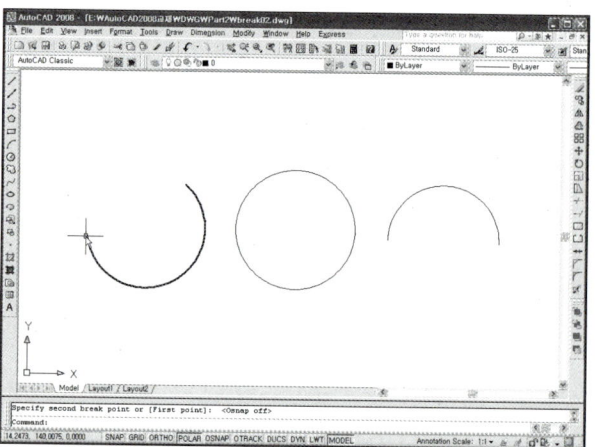

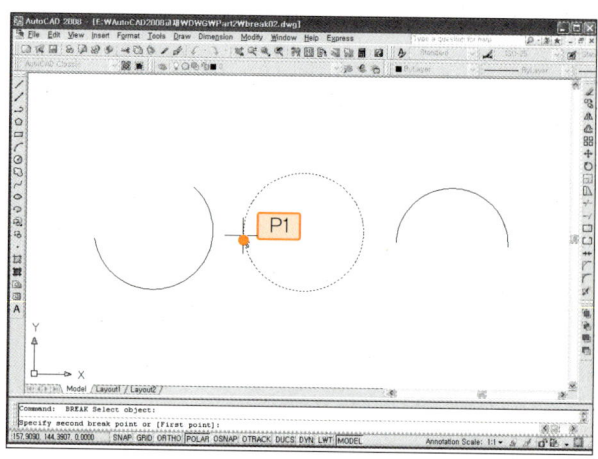

6 두 번째 점을 클릭합니다. 원의 경우 선택하는 순
서에 따라 순서를 결정하도록 합니다.

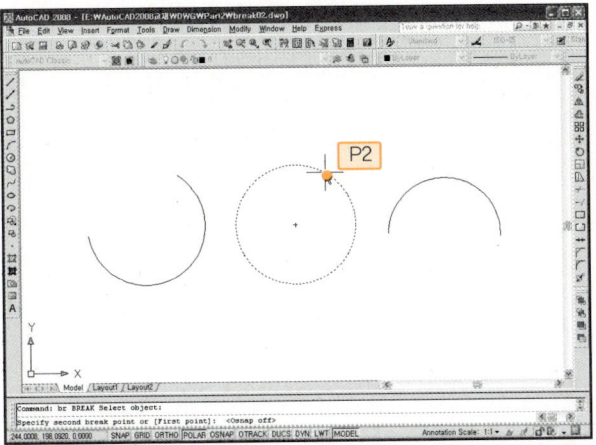

Specify second Break point or [First point] : **P2 클릭**

7 첫 번째 자른 원과는 반대로 잘려나갔습니다.

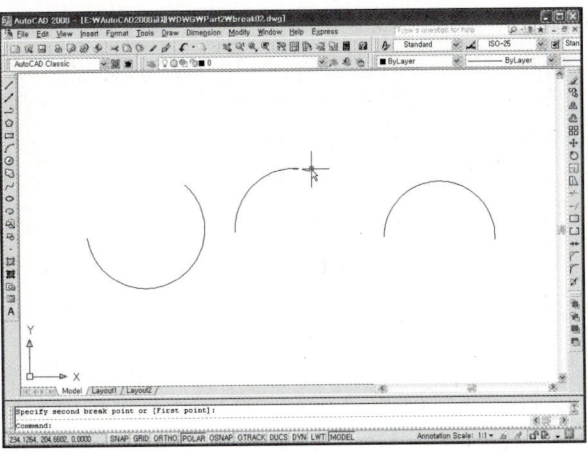

8 호의 경우 순서에 상관없이 원하는 장소의 위치만
정확하게 선택하도록 합니다.

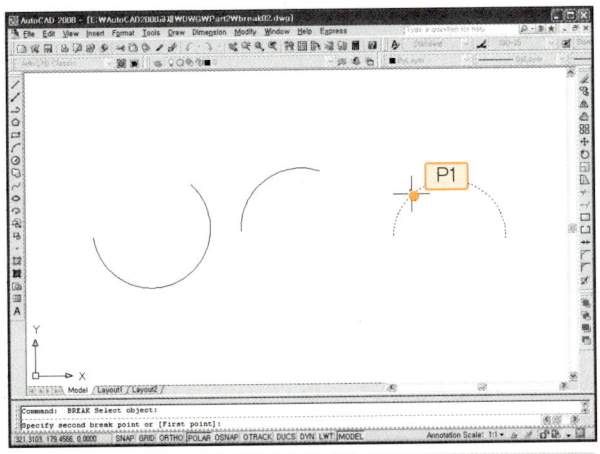

Command : **Break** Enter
Select object : **P1 클릭**

9 두 번째 점을 클릭합니다.

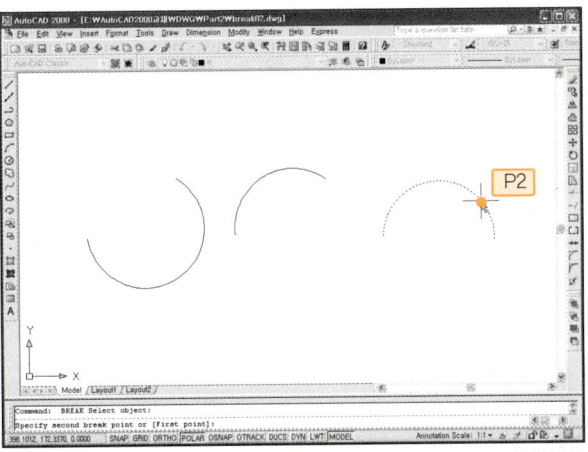

Specify second Break point or [First point] : **P2 클릭**

10 호는 각도계의 방향과 관계없이 첫 번째 점과 두
번째 점사이가 잘려나갔습니다.

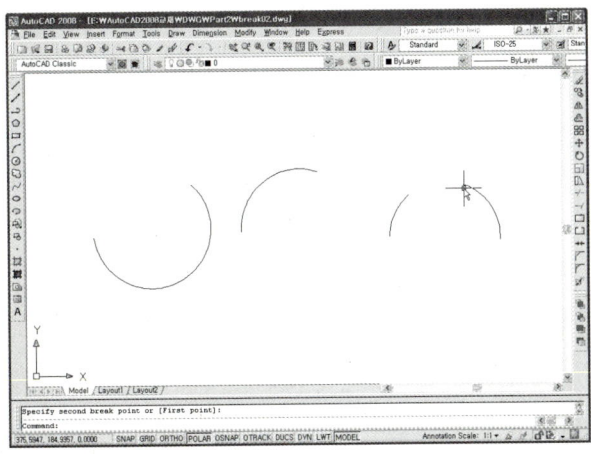

[Break] 명령어는 특정 기준 객체가 없이 임의의 길이를 잘라낼 때 유
용하게 사용할 수 있는 명령어입니다. 대략적으로 중심선을 그리거나
연장선을 그린 뒤 원하는 길이만큼 잘라낼 때 사용하면 편리합니다.
이때 원의 경우에는 잘라내고 싶은 길이를 각도계의 방향인 시계 반대
방향으로 선택해야 정확하게 잘라지며 시계 방향으로 선택하는 경우
오히려 반대로 잘려나갑니다.

4. 평행 복사를 하는 [Offset] 명령어

[Offset] 명령은 일정한 간격을 기준으로 평행 복사를 하는 명령어입니다. [Copy] 명령어가 한 개 이상의 여러 개의 객체를 복사할 때 사용한다면 [Offset] 명령은 하나의 단일 객체를 원하는 간격으로 평행하게 복사할 때 사용합니다.

[Offset] 명령어	
아이콘	⬤
메인 메뉴	[Modify]–[Offset]
명령어	Offset
단축키	〈O〉

1. 명령어 사용 방법

[Offset] 명령은 하나의 단일 객체를 일정한 간격으로 평행하게 복사할 때 사용합니다. 간격을 조정하는 옵션을 선택한 후 원본 객체를 선택하여 복사할 수 있습니다.

```
Command : Offset Enter
Current settings : Erase source=No Layer=Source OFFSETGAPTYPE=0
Specify offset distance or [ Through/Erase/Layer] <Through> : Offset 간격을 입력합니다.
Select object to offset or [ Exit/Undo] <Exit> : 평행 복사하려는 원본 객체를 선택합니다.
Specify through point or [ Exit/Multiple/Undo] <Exit> : 옵션을 선택하거나 복사되는 위치 지점을 클릭합니다.
Select object to offset or [ Exit/Undo] <Exit> :
```

2. 명령어 옵션

[Offset] 명령어의 옵션에는 복사의 간격을 지정하거나 원본 객체의 복사 후 삭제 여부 등을 지정할 수 있습니다.

옵션	내용
Through	평행 복사의 간격을 숫자 대신 마우스포인터로 선택한 지점에 평행 복사합니다.
Erase	평행 복사를 할 때 원본 객체는 지우고 복사본만 남깁니다.
Layer	[Current/Source]를 사용하여 원본 객체의 레이어(Source)를 따라 복사할 것인지, 원본의 레이어와는 상관없이 현재 선택된 레이어(Current)로 복사되도록 할 것인지를 선택합니다.
Multiple	Multiple 옵션은 원본 객체는 한 번만 선택하고 복사될 위치만 선택하면 계속 복사가 됩니다.
Undo	평행 복사한 객체를 하나씩 취소합니다.

3. 기본 실습

단일 객체를 빠르고 쉽게 복사하는 기본적인 명령어가 [Offset]입니다. 간단한 예제를 통해 [Offset] 명령어의 기본적인 사용법을 익혀보도록 하겠습니다.

• 예제 파일 : Sample\Part2\offset01.dwg

① 메뉴의 [File]-[Open]으로 부록 CD에서 예제 파일을 불러옵니다.

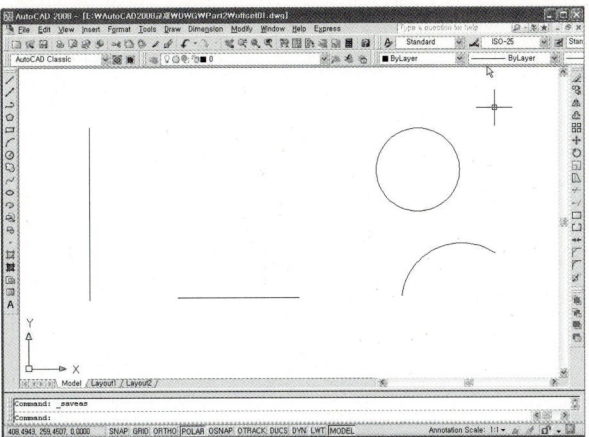

② [Offset] 명령을 Command 라인에 입력하고 간격(Through)에 '15'를 입력합니다.

```
Command : Offset Enter
Current settings : Erase source=Yes Layer=Current
OFFSETGAPTYPE=0
Specify offset distance or [ Through/Erase/Layer]
<Through> : 15 Enter
평행 복사 간격을 입력합니다.
Select object to offset or [ Exit/Undo] <Exit> : P1 클릭
P1점을 클릭합니다.(복사할 원본 객체를 선택합니다.)
```

③ 평행 복사할 지점을 클릭합니다.

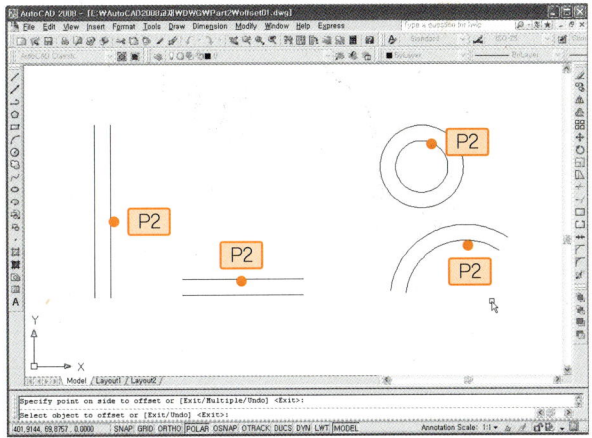

```
Specify point on side to offset or [ Exit/Multiple/Undo]
<Exit> : P2 클릭
P2점을 클릭합니다.(복사될 방향을 선택합니다.)
Select object to offset or [ Exit/Undo] <Exit> : Enter
더 이상 복사하지 않는 경우 Enter 를 눌러 종료합니다.
```

4. 옵션 실습

평행 복사를 하는 방법도 여러 가지가 있습니다. 간격대로 복사하는 기본값이 있는가 하면 임의의 간격으로 복사하거나, 원본을 선택하지 않아도 계속 같은 값으로 복사하는 경우까지 다양한 형태의 옵션을 실습해보겠습니다.

■ Through 옵션을 활용한 평행 복사하기

[Offset] 명령은 지정한 값만큼으로 평행 복사하는 것을 기본으로 합니다. Through 옵션을 이용하면 지정한 값이 아닌 마우스로 지정하는 위치로 자유롭게 평행 복사할 수 있습니다.

• 예제 파일 : Sample\Part2\offset01.dwg
----

1 메뉴의 [File]-[Open]으로 부록 CD에서 예제 파일을 불러옵니다.

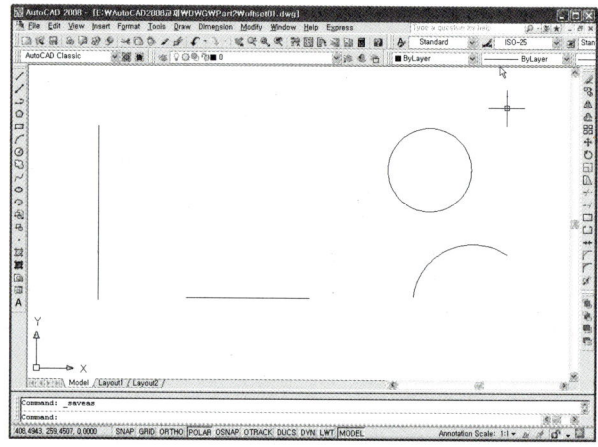

2 [Offset] 명령을 Command 라인에 입력하고 Through 옵션인 'T'를 입력한 뒤 복사하고 싶은 임의의 방향을 선택하여 임의로 복사합니다.

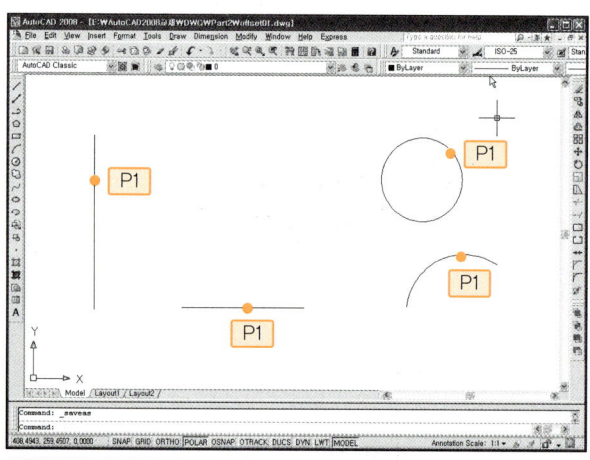

```
Command : Offset  Enter
Current settings : Erase source=No Layer=Source
OFFSETGAPTYPE=0
Specify offset distance or [ Through/Erase/Layer]
<15.0000> : T  Enter
```
임의 간격을 설정할 수 있는 옵션 'T'를 입력합니다.
```
Select object to offset or [ Exit/Undo] <Exit> : P1 클릭
```

3 P2를 클릭하여 평행 복사를 한 후 더 이상 복사할 객체가 없는 경우 Enter 를 눌러 명령어를 종료합니다.

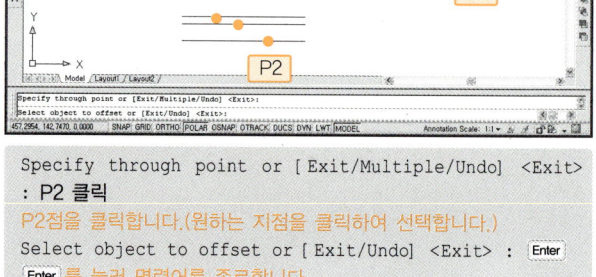

```
Specify through point or [ Exit/Multiple/Undo]  <Exit>
: P2 클릭
```
P2점을 클릭합니다.(원하는 지점을 클릭하여 선택합니다.)
```
Select object to offset or [ Exit/Undo] <Exit> : Enter
```
Enter 를 눌러 명령어를 종료합니다.

■ Multiple 옵션을 활용한 평행 복사하기

[Offset] 명령은 기본값이 계속 원본을 선택한 후 복사 방향을 선택하는 형식입니다. 2개 이상을 복사하는 경우 원본 객체를 2번 이상 선택
해야 한다는 것입니다. 이때 Multiple 옵션을 이용하면 같은 간격이나 임의 간격대로 계속 복사 위치만 선택해주면 평행 복사가 됩니다.

• 예제 파일 : Sample\Part2\offset02.dwg

1 메뉴의 [File]-[Open]으로 부록 CD에서 예제 파
일을 불러옵니다.

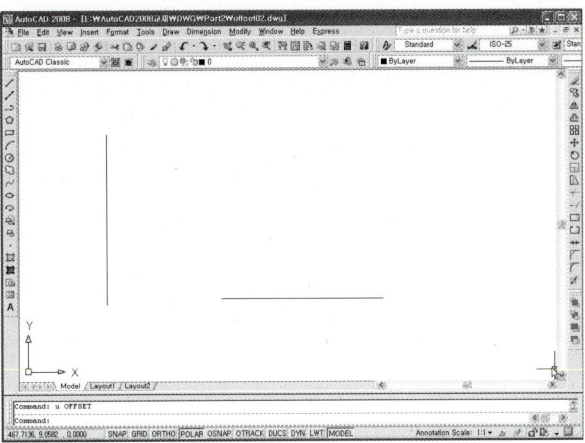

2 Command 라인에 [Offset] 명령을 입력하고 간
격은 '20' 으로 입력합니다.

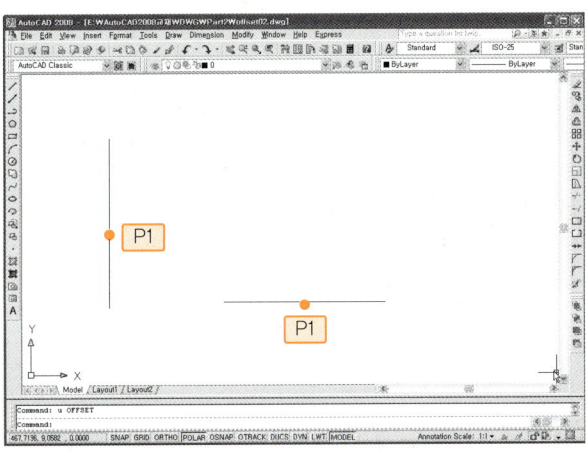

```
Command : Offset Enter
Current settings : Erase source=No Layer=Source
OFFSETGAPTYPE=0
Specify offset distance or [ Through/Erase/Layer]
<Through> : 20 Enter
간격을 입력합니다.
Select object to offset or [ Exit/Undo] <Exit> : P1 클릭
```

3 원본을 선택한 후 이동 위치를 선택하지 말고 옵
션 'M' 을 입력합니다.

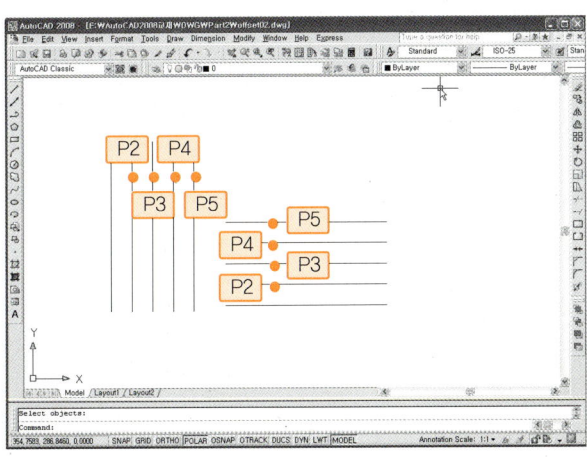

```
Specify  point  on  side  to  offset  or  [ Exit/
Multiple/Undo] <Exit> : M Enter
Multiple 옵션을 사용하여 복사본의 위치만 선택합니다.
Specify point on side to offset or [ Exit/Undo] <next
object> : P2 클릭
Specify point on side to offset or [ Exit/Undo] <next
object> : P3 클릭
Specify point on side to offset or [ Exit/Undo] <next
object> : P4 클릭
Specify point on side to offset or [ Exit/Undo] <next
object> : Enter
Select object to offset or [ Exit/Undo] <Exit> : Enter
```

4인용 테이블과 의자 도면 만들기

앞서 명령을 차분히 익혔다면 다음의 실습할 도면을 보고 직접 드로잉해보기 바랍니다. 4인용 테이블과 의자를 간략하게 표시한 도면입니다. 전체적인 드로잉을 하는 순서와 모양을 갖추기 위해 사용하는 명령어를 살펴보며 따라 하기를 진행합니다. 도면의 내용은 다음과 같습니다.

- 완성파일 : Sample\Part2\P2_total01.dwg

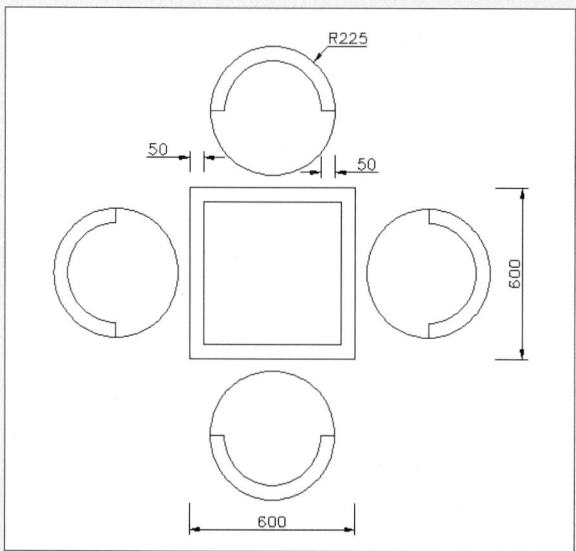

▲ 완성 이미지

❶ 우선 알맞은 도면 한계를 [Limits] 명령어로 지정
합니다.

```
Command : Limits Enter
Reset Model space limits :
Specify lower left corner or [ON/OFF] <0.0000,0.0000> :
Enter
Specify upper right corner <297.0000,210.0000> :
2970,2100 Enter
Command : Zoom Enter
Specify corner of window, enter a scale factor (nX or
nXP), or [All/Center/Dynamic/Extents/Previous/Scale/
Window/Object] <real time> : A Enter
Regenerating model.
```

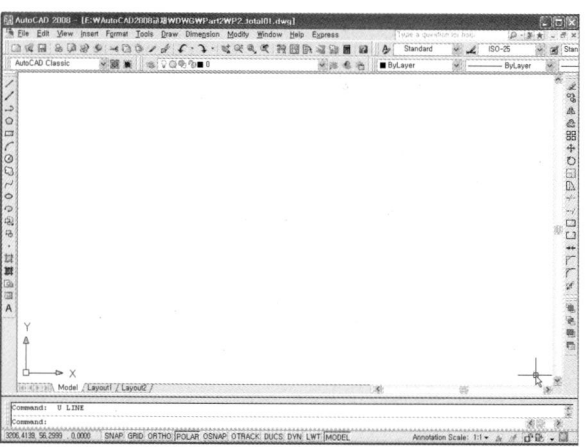

❷ 화면 중앙의 네모난 테이블을 만들기 위해 중앙을
표시하는 선분을 먼저 그립니다. 특별한 치수 대
신 [Limits] 명령어가 설정되어 있으므로 임의의
길이로 가로선과 세로선을 그립니다.

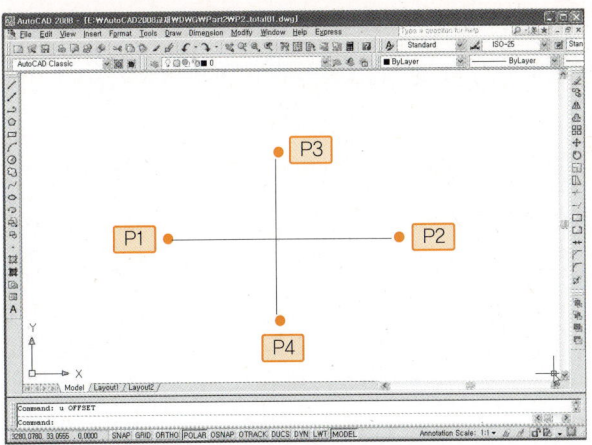

```
Command : Line Enter
Specify first point : P1 클릭
Specify next point or [ Undo] : P2 클릭
Specify next point or [ Undo] : Enter
Command : Line Enter
Specify first point : P3 클릭
Specify next point or [ Undo] : P4 클릭
Specify next point or [ Undo] : Enter
```

❸ 가운데에 테이블을 만들기 위해 치수만큼
[Offset] 명령을 이용하여 가로선과 세로선을 상
하좌우로 평행 복사합니다.

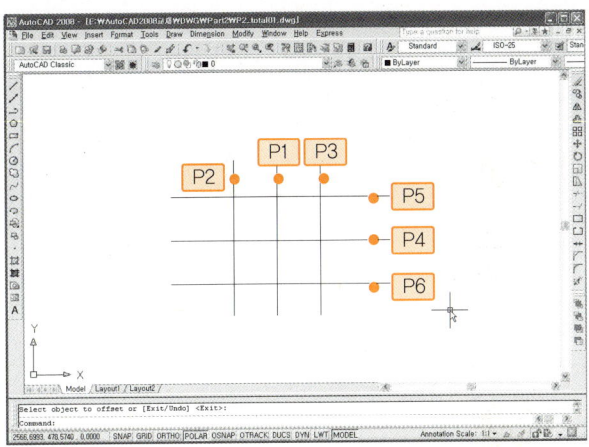

```
Command : Offset Enter
Current settings : Erase source=No Layer=Source
OFFSETGAPTYPE=0
Specify offset distance or [ Through/Erase/Layer]
<50.0000> : 300 Enter
```
전체 테이블 크기의 절반 크기 값을 입력합니다.
```
Select object to offset or [Exit/Undo] <Exit> : P1 클릭
Specify point on side to offset or [ Exit/Multiple/
Undo] <Exit> : P2 클릭
Select object to offset or [Exit/Undo] <Exit> : P1 클릭
Specify point on side to offset or [ Exit/Multiple/
Undo] <Exit> : P3 클릭
Select object to offset or [Exit/Undo] <Exit> : P4 클릭
Specify point on side to offset or [ Exit/Multiple/
Undo] <Exit> : P5 클릭
Select object to offset or [Exit/Undo] <Exit> : P4 클릭
Specify point on side to offset or [ Exit/Multiple/
Undo] <Exit> : P6 클릭
Select object to offset or [ Exit/Undo] <Exit> : Enter
```

하나의 객체를 상하 또는 좌우로 OFFSET하므로 P1과 P4는 두 번 선
택합니다.

❹ 테이블 크기만큼의 네모난 형태로 만들기 위해
[Trim] 명령어를 입력합니다.

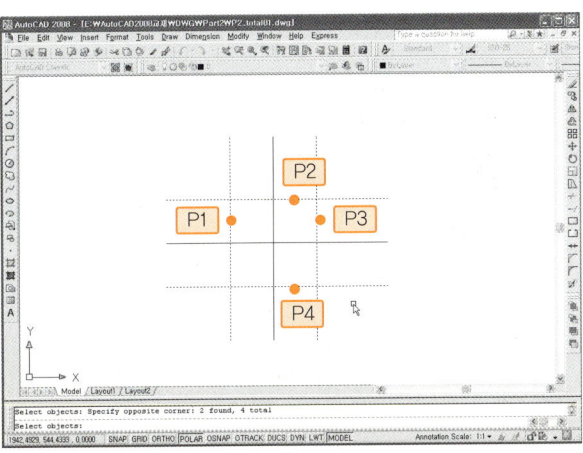

```
Command : Trim Enter
Current settings : Projection=UCS, Edge=Extend
Select cutting edges...
Select objects or <select all> : P1, P2, P3, P4 클릭
Select objects : 4 found, 4 total
Select objects : Enter
```

⑤ 테두리의 필요 없는 부분을 선택해서 잘라냅니다.

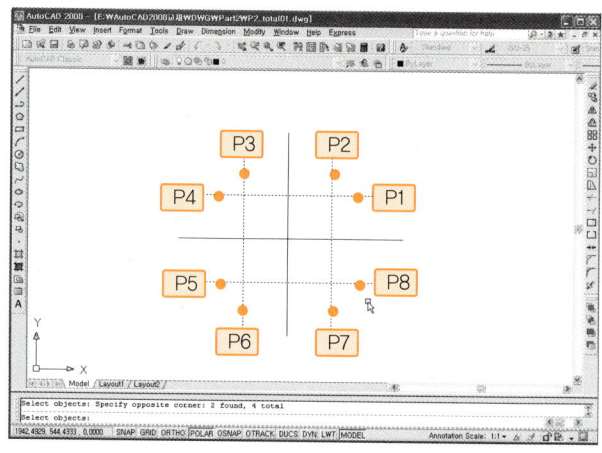

```
Select object to trim or shift-select to extend or
[ Fence/Crossing/Project/Edge/eRase/Undo] : P1 클릭
Select object to trim or shift-select to extend or
[ Fence/Crossing/Project/Edge/eRase/Undo] : P2 클릭
Select object to trim or shift-select to extend or
[ Fence/Crossing/Project/Edge/eRase/Undo] : P3 클릭
Select object to trim or shift-select to extend or
[ Fence/Crossing/Project/Edge/eRase/Undo] : P4 클릭
Select object to trim or shift-select to extend or
[ Fence/Crossing/Project/Edge/eRase/Undo] : P5 클릭
Select object to trim or shift-select to extend or
[ Fence/Crossing/Project/Edge/eRase/Undo] : P6 클릭
Select object to trim or shift-select to extend or
[ Fence/Crossing/Project/Edge/eRase/Undo] : P7 클릭
Select object to trim or shift-select to extend or
[ Fence/Crossing/Project/Edge/eRase/Undo] : P8 클릭
Select object to trim or shift-select to extend or
[ Fence/Crossing/Project/Edge/eRase/Undo] : Enter
```

⑥ 잘라내고 나면 다음과 같이 사각형이 만들어집니다.

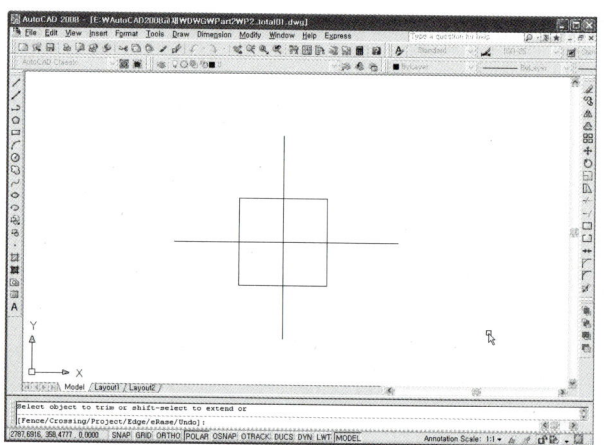

⑦ 의자 형태의 원을 그립니다. 위치는 처음에 그린 중심을 표시한 십자선 중 가까운 선분을 [Osnap] 을 활용하여 선택합니다.

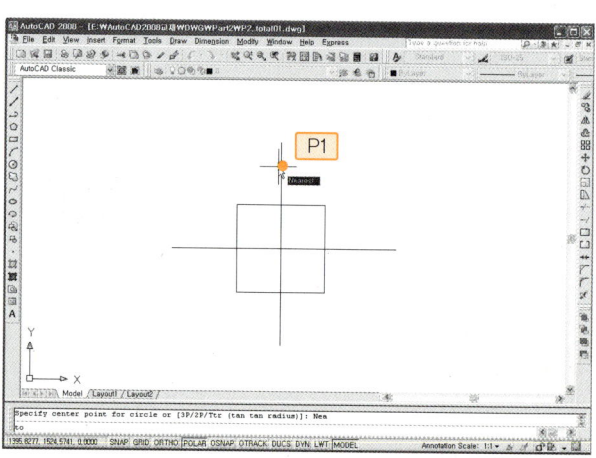

```
Command : Circle Enter
Specify center point for circle or [ 3P/2P/Ttr(tan tan
radius)] : Nea Enter
to P1 클릭
```
선분의 가장 가까운 근처의 점을 찾기 위해 Osnap의 Nea 옵션을
입력한 후 Enter 를 누른 후 P1점을 선택합니다.
```
Specify radius of circle or [ Diameter] <52.0510> :
225 Enter
```
반지름 값을 입력합니다.

[Osnap] 명령은 대부분 미리 설정해 놓고 사용합니다. 하지만 너무 많이 설정하는 경우 필요하지 않은 점들이 선택되기도 하여 오히려 작업할 때 불편할 수도 있습니다. 그래서 이렇게 가끔 쓰는 것들은 사용 때 잠시 키보드로 입력하여 사용하는 것이 더 편리 합니다.

❽ 다음과 같이 원이 그려집니다.

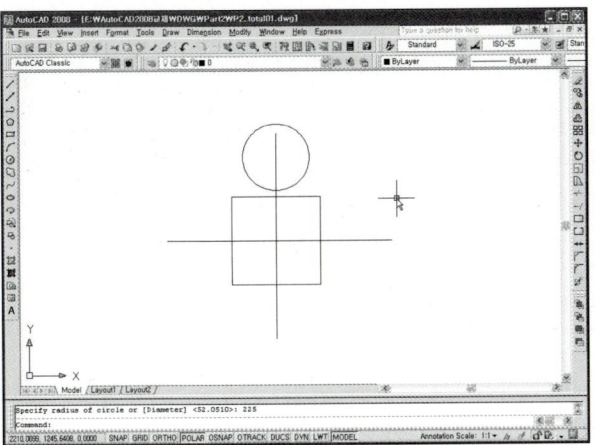

```
Specify radius of circle or [Diameter] <52.0510>: 225
Command :
```

❾ 원 안쪽을 [Offset] 명령을 사용하여 평행 복사합
니다.

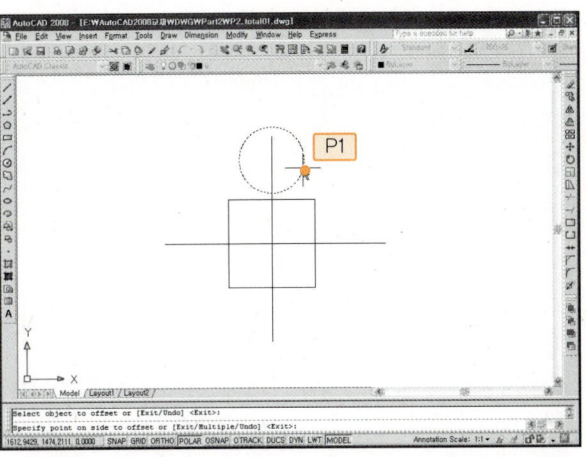

```
Command : Offset  Enter
Current settings : Erase source=No Layer=Source
OFFSETGAPTYPE=0
Specify offset distance or [Through/Erase/Layer]
<300.0000> : 50  Enter
Select object to offset or [Exit/Undo] <Exit> : P1 클릭
```

❿ 안쪽으로 복사합니다.

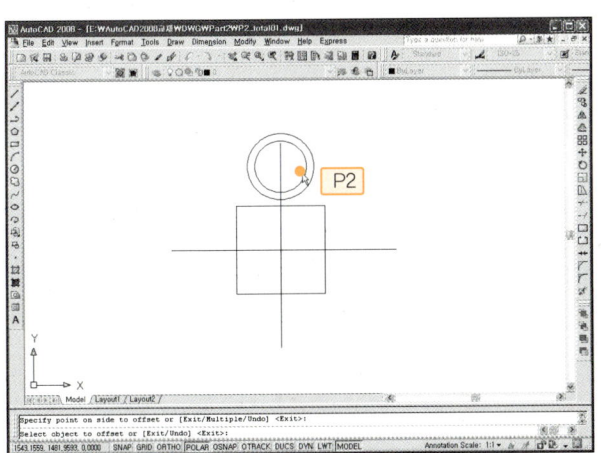

```
Specify point on side to offset or [Exit/Multiple/
Undo] <Exit> : P2 클릭
Select object to offset or [Exit/Undo] <Exit> :  Enter
```

⓫ 원의 중심을 지나는 가로 선분의 첫 번째 점을 클
릭합니다.

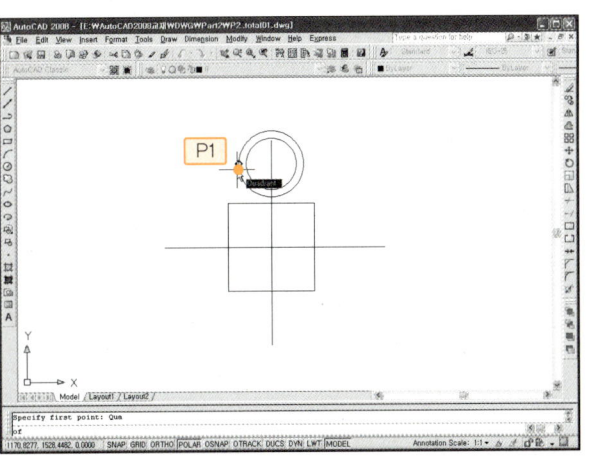

```
Command : Line  Enter
Specify first point : Qua  Space Bar
of P1 클릭
```

⑫ 반대편 선의 끝점을 같은 [Osnap]을 이용하여 선 택합니다.

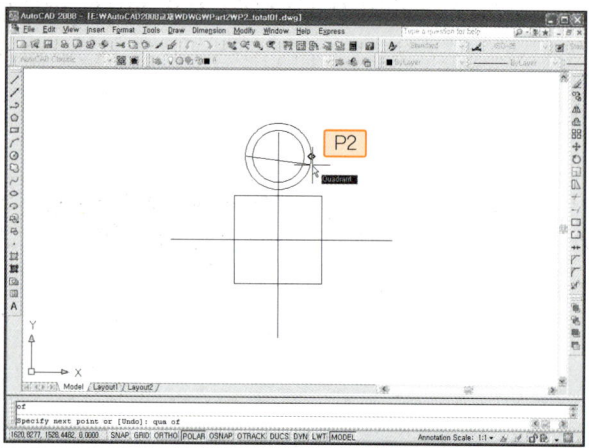

```
Specify next point or [ Undo ] : Qua  Space Bar
of P2 클릭
Specify next point or [ Undo ] :  Enter
```

⑬ 원의 안쪽 모양을 그림과 같이 [Trim] 명령을 이 용해 잘라냅니다

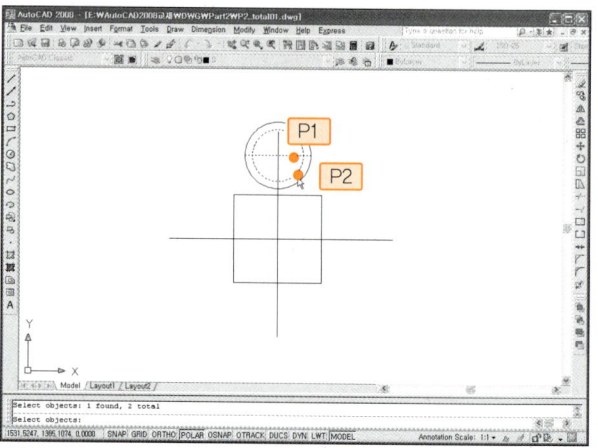

```
Command : Trim  Enter
Current settings : Projection=UCS, Edge=Extend
Select cutting edges...
Select objects or <select all> : P1, P2 클릭
Select objects : 2 found, 2 total
Select objects :  Enter
```

⑭ 계속해서 다음 그림처럼 잘라냅니다.

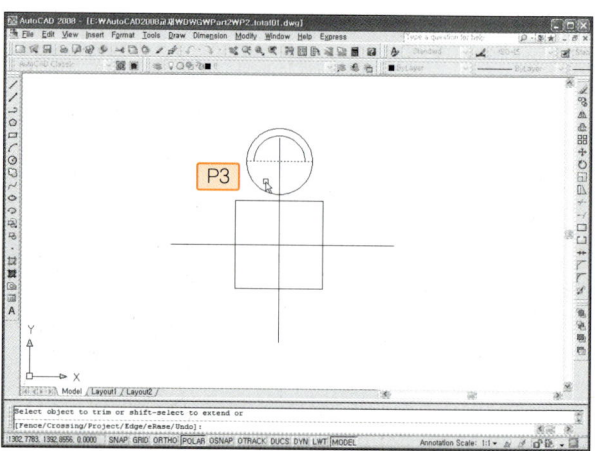

```
Select object to trim or shift-select to extend or
[ Fence/Crossing/Project/Edge/eRase/Undo ]  : P3 클릭
```

⑮ 반대편도 잘라냅니다.

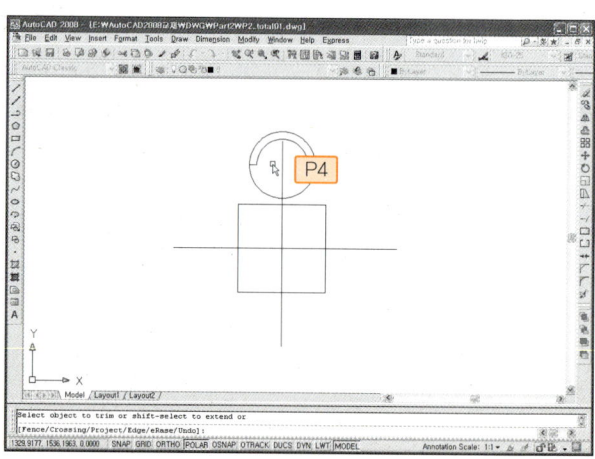

```
Select object to trim or shift-select to extend or
[ Fence/Crossing/Project/Edge/eRase/Undo ] : P4 클릭
Select object to trim or shift-select to extend or
[ Fence/Crossing/Project/Edge/eRase/Undo ] :  Enter
```

⑯ 의자를 [Array] 명령을 활용하여 원형 중심(Polar Array) 배열 복사를 합니다. 복사할 해당 객체를 Select object(아이콘) 아이콘을 클릭합니다.

⑰ P1에서 P2까지 마우스로 드래그합니다.

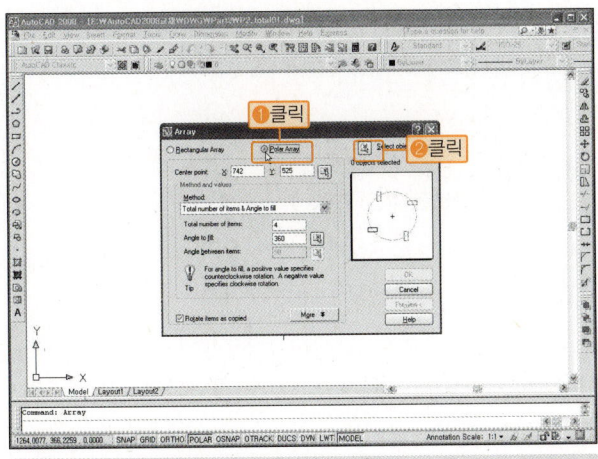

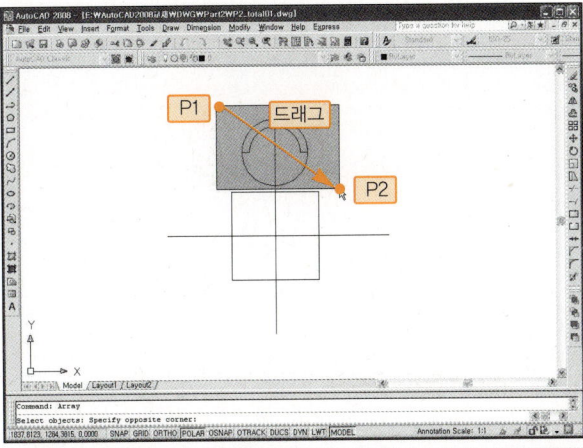

Command : **Array** Enter
원형 중심 배열 복사를 하기 위해 Polar Array 옵션을 먼저 선택합니다.

Select objects : Specify opposite corner : 4 found
P1점에서 P2점까지 드래그합니다.
Select objects : Enter

⑱ 회전 복사할 중심점을 클릭하기 위해 Pick Center Point(아이콘) 아이콘을 클릭합니다.

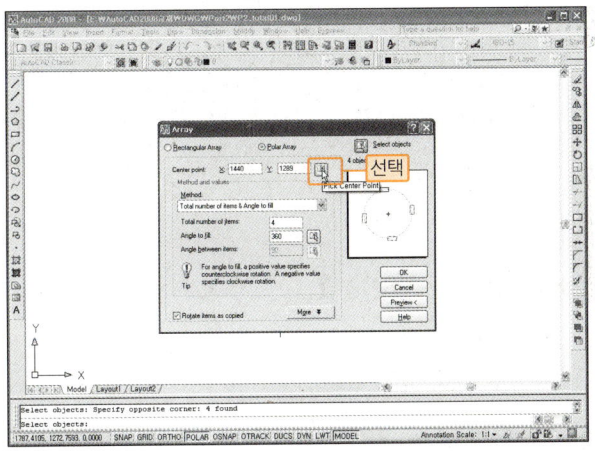

⑲ [Osnap]을 이용하여 중심 표시의 십자선의 교차점을 클릭합니다.

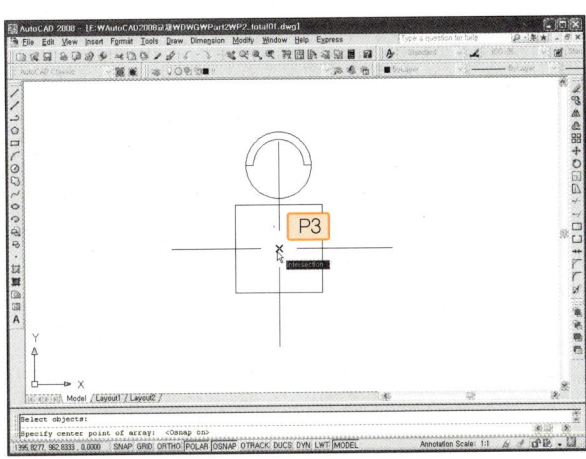

Specify center point of array : P3 클릭
P3점을 클릭합니다.([Osnap]이 선택되어 있는 상태여야 하며, 현재는 Intersection이 선택된 상태입니다.)

20 중심이 선택되면 대화상자로 자동으로 돌아온 뒤 복사 개수를 입력하고 회전각을 입력합니다. [Preview] 버튼을 클릭하여 복사된 도면을 확인합니다.

21 복사가 다 되었으면 [Accept] 버튼을 클릭하여 완성합니다.

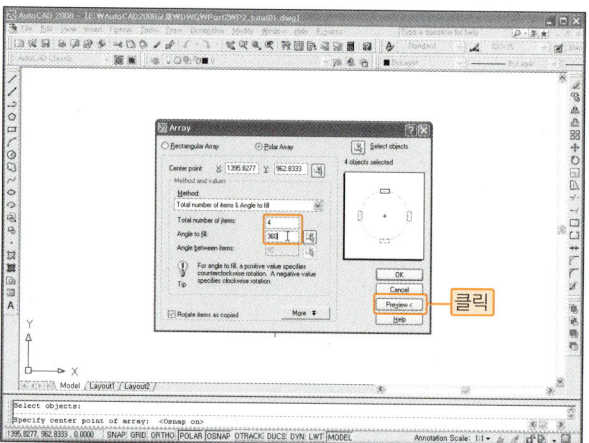

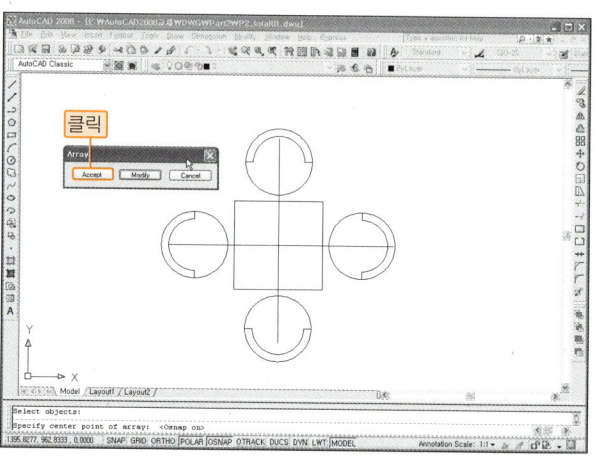

22 가운데 있는 십자선을 지웁니다.

23 사각형 4개의 선분 모두 각각 안쪽으로 '50'만큼 평행 복사합니다.

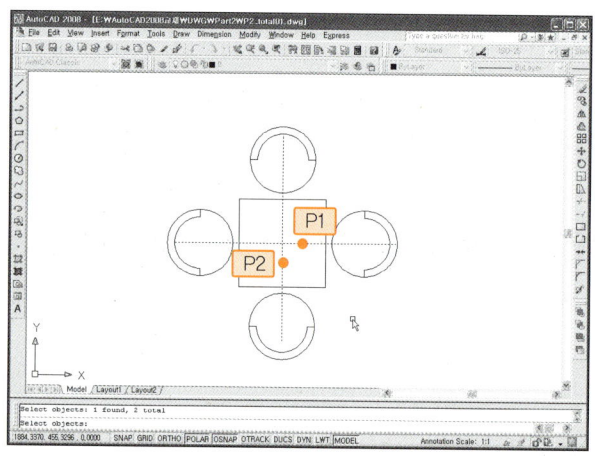

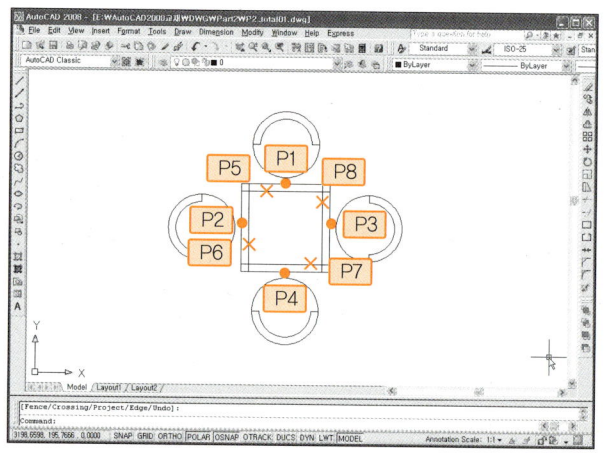

```
Command : Erase Enter
Select objects : P1 클릭
Select objects : P2 클릭
Select objects : Enter
```

```
Command : Offset Enter
Current settings : Erase source=No Layer=Source
OFFSETGAPTYPE=0
Specify offset distance or [ Through/Erase/Layer]
<50.0000> : 50 Enter
Select object to offset or [ Exit/Undo] <Exit> : P1,
P2, P3, P4 클릭
Specify point on side to offset or [ Exit/Multiple/
Undo] <Exit> : P5, P6, P7, P8 클릭
Select object to offset or [ Exit/Undo] <Exit> : Enter
```

㉔ 안쪽 선분을 [Trim] 명령을 이용하여 정리합니다.

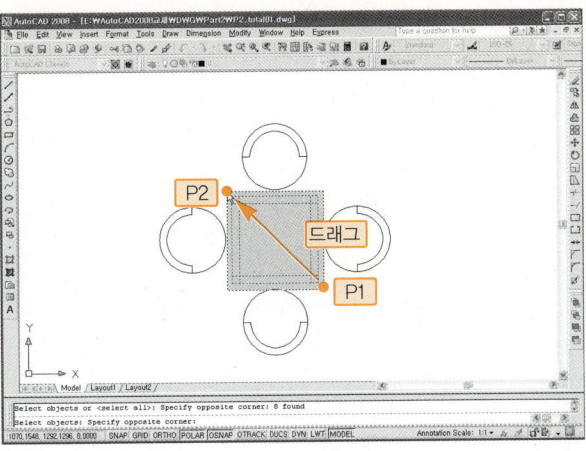

```
Command : Trim  Enter
Current settings : Projection=UCS, Edge=Extend
Select cutting edges...
Select objects or <select all> : Specify opposite
corner : 4 found
P1~P2점으로 드래그합니다.
Select objects : Specify opposite corner : 8 found(4
duplicate), 8 total
Select objects :  Enter
```

㉕ 사각형 테두리에서 필요 없는 부분을 선택하여 잘
라냅니다.

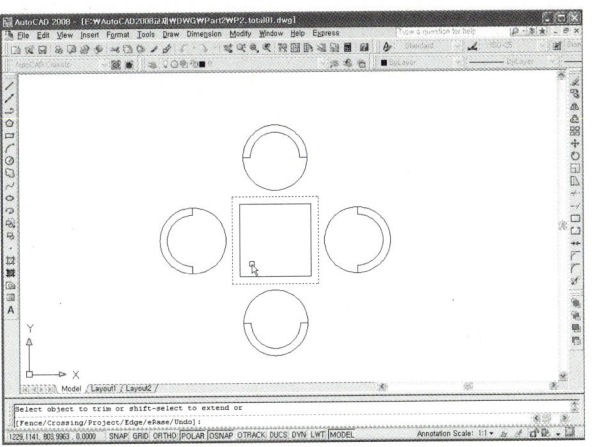

```
Select object to trim or shift-select to extend or
[ Fence/Crossing/Project/Edge/eRase/Undo] :
필요 없는 선분들을 모두 선택하여 그림과 같이 되도록 잘라냅니다.
Select object to trim or shift-select to extend or
[ Fence/Crossing/Project/Edge/eRase/Undo] :  Enter
```

㉖ 다음 그림처럼 테이블이 완성됩니다.

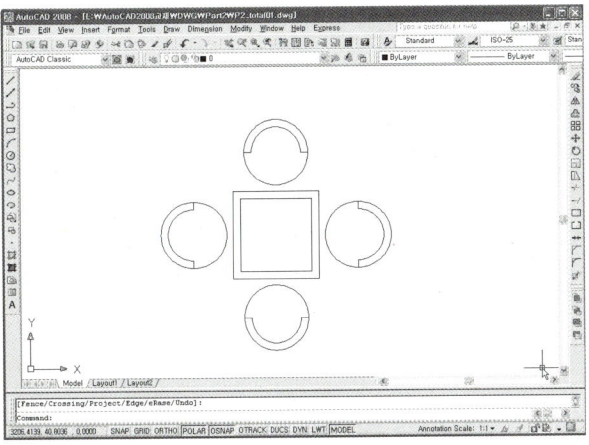

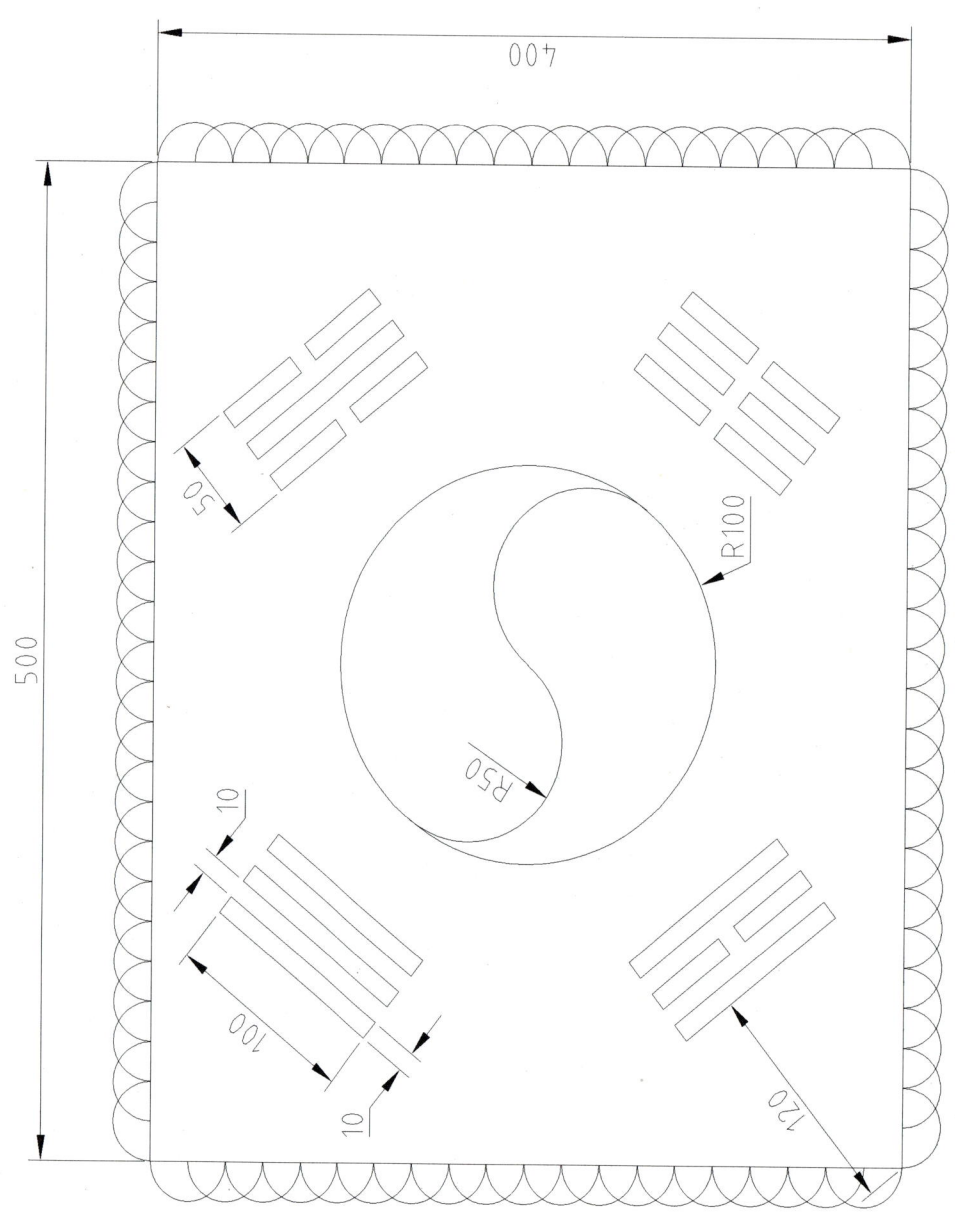

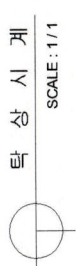

탁 상 시 계

SCALE : 1/1

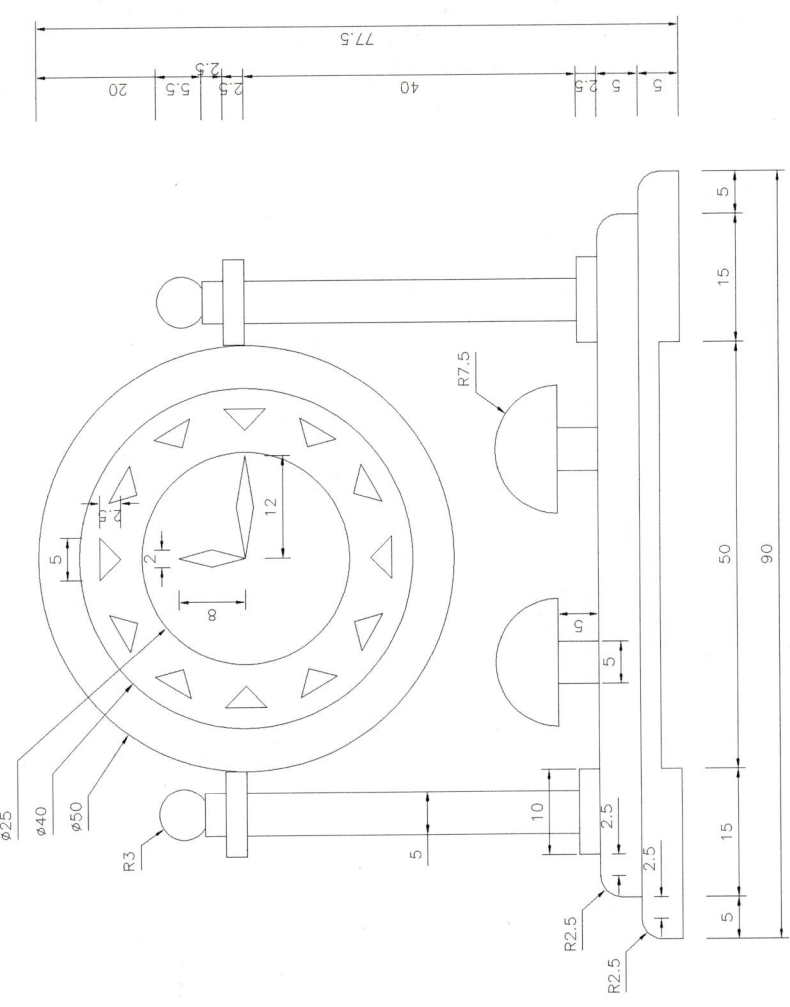

Chapter
02 객체의 변형(2)

Chapter02에서는 Chapter01에서 학습한 [Trim] 명령어를 토대로 같은 모양을 빠르게 변형할 수 있는 명령어들을 이용해 도면 활용을 깊이 있게 다뤄 보기로 합니다. 기존 명령어와 더불어 사용 빈도가 여러 가지로 많이 쓰이는 명령어임을 기억하고 반드시 숙지하고 넘어가기 바랍니다.

1. 모서리를 라운딩하는 [Fillet] 명령어

일상생활을 보더라도 대부분 물건의 모서리는 부드럽게 라운딩되어 있습니다. 이와 같은 제품을 만드는 설계도에서 미리 그 라운딩의 정도를 정하여 도면을 그리는데 그릴 때마다 호를 그리고 잘라내기보다 [Fillet] 명령어를 사용하여 간편하게 작업합니다.

[Fillet] 명령어	
아이콘	⬜
메인 메뉴	[Modify]-[Fillet]
명령어	Fillet
단축키	〈F〉

1. 명령어 사용 방법

Command 라인에 [Fillet] 명령어를 입력하면 기본값은 라운딩의 반지름 값인 Radius '0' 입니다. Radius 값이 '0' 이라는 것은 라운딩될 수 없으므로 우선 라운딩할 반지름 옵션을 입력합니다. 반지름 값을 입력한 후에는 라운딩할 두 개의 접선을 차례로 선택합니다.

```
Command : Fillet Enter
Current settings : Mode = TRIM, Radius = 0.0000
Select first object or [ Undo/Polyline/Radius/Trim/Multiple] : R Enter
라운딩할 대상 객체의 반지름 값을 입력하기 위해 Radius 옵션을 선택합니다.
Specify fillet radius <0.0000> : 25 Enter 원하는 반지름 값을 임의대로 입력합니다.
Select first object or [ Undo/Polyline/Radius/Trim/Multiple] : 라운딩하는 객체의 첫 번째 선분을 선택합니다.
Select second object or shift-select to apply corner : 라운딩하는 객체의 두 번째 선분을 선택합니다.
```

2. 명령어 옵션

[Fillet] 명령을 통해 반지름을 설정하거나 폴리라인별로 모깍기할 수 있습니다. 다중 Fillet과 Trim 옵션을 지정하여 사용자가 원하는 스타일대로 도형을 작성할 수 있습니다.

옵션	내용
Undo	지정한 옵션을 취소합니다.
Polyline	폴리라인으로 만들어진 객체를 모깍기합니다. 이 옵션은 Pline으로 이루어진 객체만 사용하며, [Pline]으로 그린 객체와 [Polygon], [Rectang] 명령으로 그린 객체들이 이의 영향을 받을 수 있습니다.
Radius	모깍기할 대상 객체의 반지름 값을 입력합니다.
Trim	객체의 모서리를 모깍기하는 경우 모서리의 호를 그리고 원본의 선분을 트리밍하거나 원본의 선분을 남길 수 있는 모드 전환이 가능합니다.
Multiple	한 번에 하나의 모서리만 모까기하는 것이 기본이나 Multiple을 지정하면 한 번에 원하는 모서리는 모두를 모깍기할 수 있습니다.

3. 기본 실습

[Fillet] 명령의 가장 기본이 되는 형식인 [Fillet]의 Radius 옵션을 이용하여 하나의 모서리를 순서대로 라운딩해 보도록 하겠습니다.

• 예제 파일 : Sample\Part02\fillet01.dwg

① [File]-[Open] 메뉴를 이용하여 부록 CD에서 예 제 파일을 불러옵니다.

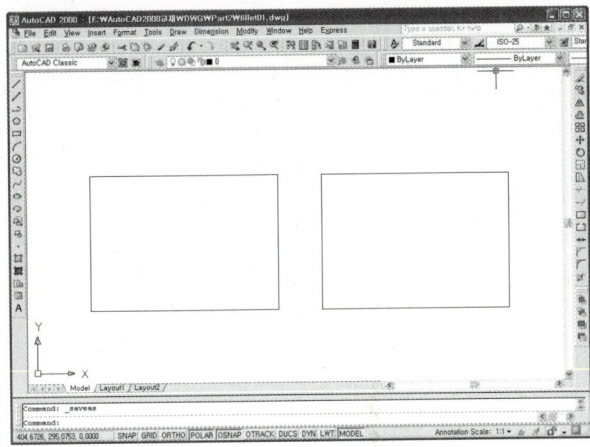

② [Fillet] 명령어를 입력하고 반지름을 입력하여 모 서리를 라운딩하기 위해 모서리의 두 선분을 선택 합니다.

```
Command : Fillet Enter
Current settings : Mode = TRIM, Radius = 0.0000
Select first object or [ Undo/Polyline/Radius/Trim/
Multiple] : R Enter
Specify fillet radius <0.0000> : 40 Enter
반지름 값을 입력합니다.
Select first object or [ Undo/Polyline/Radius/Trim/
Multiple] : P1 클릭
Select second object or shift-select to apply corner :
P2 클릭
```

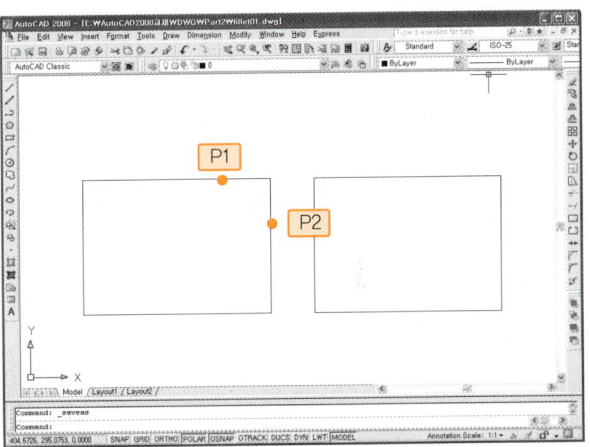

③ 다음과 같이 한쪽 모서리가 라운딩되었습니다.

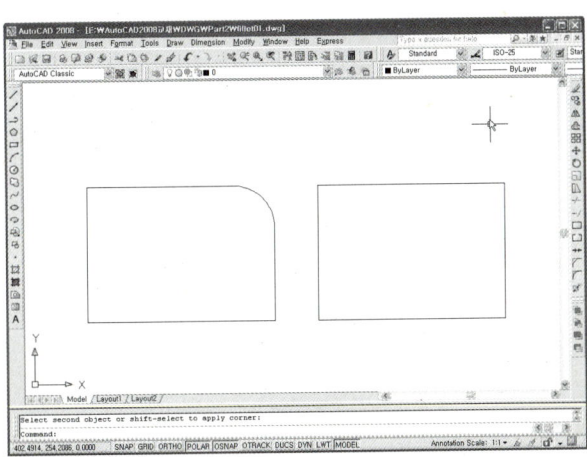

④ 우측의 사각형은 폴리라인으로 만들어진 객체입니다. 폴리라인으로 만들어진 객체는 한 번 선택으로 4곳의 모서리를 한꺼번에 라운딩할 수 있습니다.

⑤ 다음 그림과 같이 한 번에 네 개의 모서리가 라운딩되었습니다.

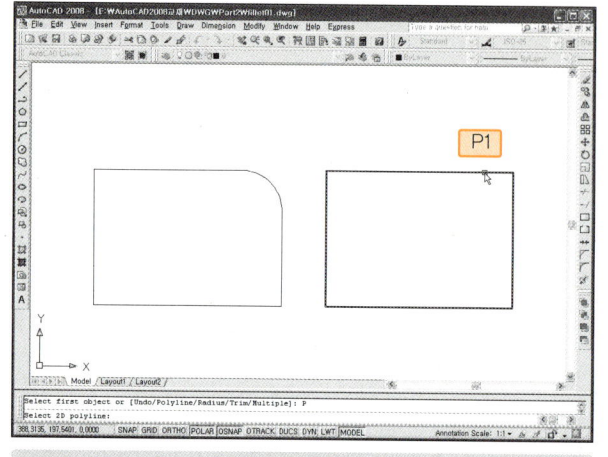

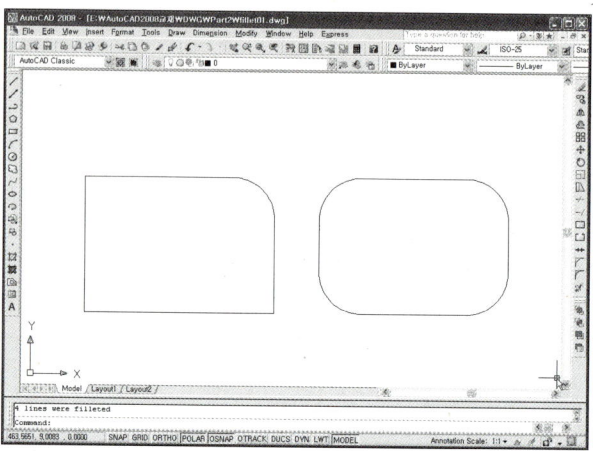

```
Command : Fillet Enter
Current settings : Mode = TRIM, Radius = 40.0000
Select first object or [ Undo/Polyline/Radius/Trim/
Multiple] : P Enter
Select 2D Polyline : P1 클릭
4 lines were filled
```

Tip AutoCAD

Close하지 않은 [PLine]의 [Fillet] 결과

폴리라인으로 만든 객체만 Polyline 옵션을 썼을 때 한 번에 4곳의 모서리가 잘립니다. [Line] 명령어로 그린 것은 옵션이 제대로 실행되지 않습니다. 또한 폴리라인으로 만든 객체를 한 번에 4곳을 라운딩하려고 하는 경우 [Rectang]이나 [Polygon] 명령으로 그린 객체이거나 [Pline] 명령으로 그린 객체 중 맨 마지막은 Close 옵션으로 닫혀진 객체만 가능합니다. 다음의 그림처럼 Close 옵션을 사용한 객체와 사용하지 않은 객체의 결과가 다릅니다.

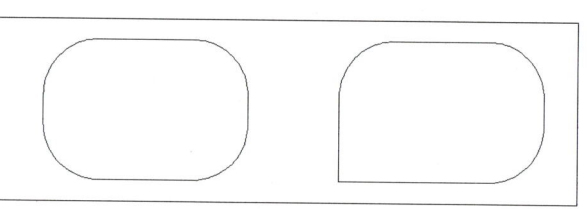

---

4. 옵션 실습

[Fillet] 명령어의 여러 가지 옵션을 실습을 통해서 익혀보도록 하겠습니다. 한 번에 여러 개를 라운딩하거나 [Pline]으로 완성된 객체는 두 곳이 아닌 객체를 선택함으로 라운딩할 수 있습니다.

■ 한 번에 여러 곳을 라운딩하는 Multiple 옵션

[Fillet] 명령은 Radius 옵션을 입력하고 모서리를 라운딩하는 것을 기본으로 합니다. 이때 한 번에는 항상 하나의 모서리만 라운딩이 되는 것이 기본입니다. 여러 곳을 라운딩해야 하는 경우에는 Multiple 옵션을 이용하여 라운딩합니다.

• 예제 파일 : Sample\Part02\fillet02.dwg

❶ [File]-[Open] 메뉴를 이용하여 부록 CD에서 예제 파일을 불러온 후 [Fillet] 명령어를 입력하여 옵션을 실행합니다.

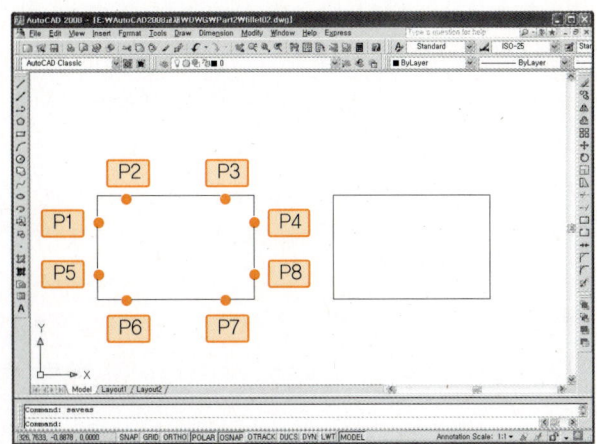

```
Command : Fillet [Enter]
Current settings : Mode = TRIM, Radius = 40.0000
Select first object or [Undo/Polyline/Radius/Trim/
Multiple] : R [Enter]
Specify fillet radius <40.0000> : 30 <Enter>
Select first object or [Undo/Polyline/Radius/Trim/
Multiple] : M [Enter]
```
다중 Fillet을 하는 Multiple 옵션을 선택합니다.
```
Select first object or [Undo/Polyline/Radius/Trim/
Multiple] : P1 클릭
Select second object or shift-select to apply corner :
P2 클릭
Select first object or [Undo/Polyline/Radius/Trim/
Multiple] : P3 클릭
Select second object or shift-select to apply corner : P4 클릭
Select first object or [Undo/Polyline/Radius/Trim/ Multiple] : P5 클릭
Select second object or shift-select to apply corner : P6 클릭
Select first object or [Undo/Polyline/Radius/Trim/ Multiple] : P7 클릭
Select second object or shift-select to apply corner : P8 클릭
Select first object or [Undo/Polyline/Radius/Trim/ Multiple] : [Enter]
```

❷ 다음 그림처럼 4곳을 모두 모깎기했습니다.

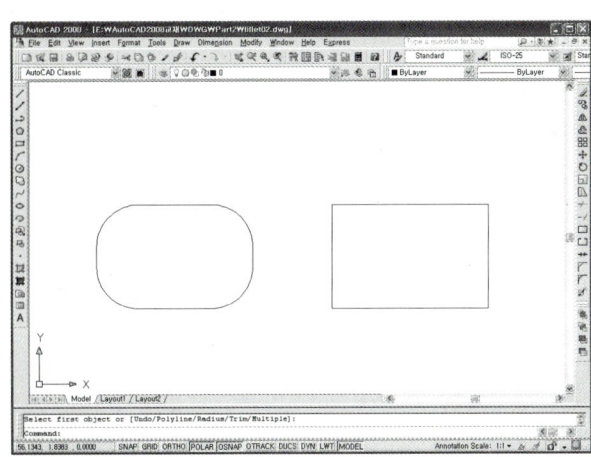

■ 라운딩 모서리와 기존의 선분 객체를 남겨주는 Trim 옵션

모깎기를 하고 모서리가 생기고 나면 뾰족한 모서리는 사라지고 동그란 호 모양이 생깁니다. 이때 원래의 객체도 남아 있도록 하는 옵션입니다.

• 예제 파일 : Sample\Part02\fillet02.dwg

① [File]-[Open] 메뉴를 이용하여 부록 CD에서 예
제 파일을 불러온 후 [Fillet] 명령어를 입력합니다.

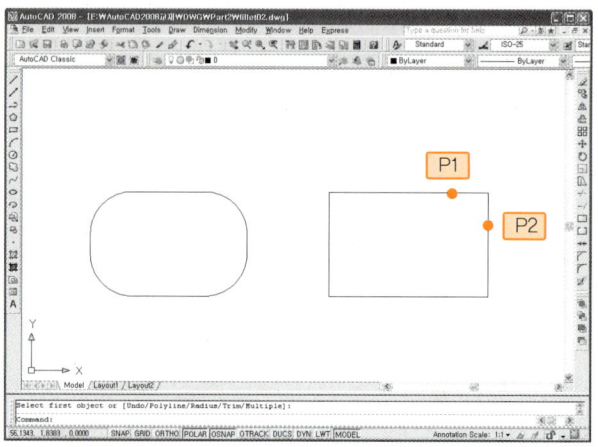

```
Command : Fillet Enter
Current settings : Mode = TRIM, Radius = 40.0000
Select first object or [Undo/Polyline/Radius/Trim/
Multiple] : T Enter
```
Trim 옵션을 선택합니다.
```
Enter Trim mode option [ Trim/No trim] <Trim> : N Enter
```
원본을 남기는 No trim을 선택합니다.
```
Select first object or [ Undo/Polyline/Radius/Trim/
Multiple] : R Enter
Specify fillet radius <40.0000> : 30 Enter
Select first object or [ Undo/Polyline/Radius/Trim/
Multiple] : P1 클릭
Select second object or shift-select to apply corner :
P2 클릭
```

② 다음 그림처럼 새로 만들어진 호와 원본 객체의
선분이 모두 표시됩니다.

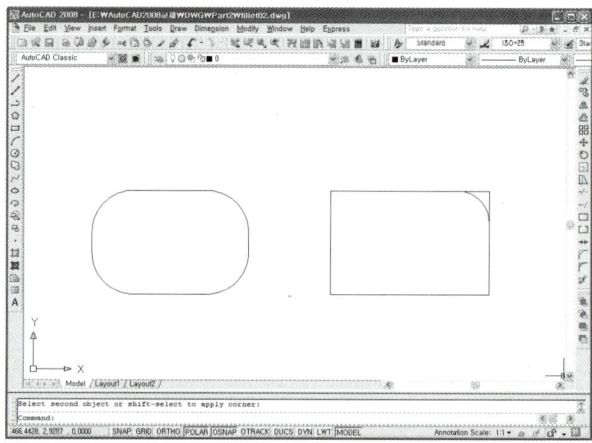

■ 교차한 선분을 라운딩하여 모서리 만들기

[Fillet] 명령은 모서리를 라운딩할 때만 사용하는 것이 아닙니다. 오히려 모서리가 떨어져 있거나 교차해 있는 선분을 모서리로 만들 수도
있습니다.

• 예제 파일 : Sample\Part02\fillet03.dwg
----

① [File]-[Open] 메뉴를 이용하여 부록 CD에서 예제
파일을 불러온 후 [Fillet] 명령어를 입력합니다.

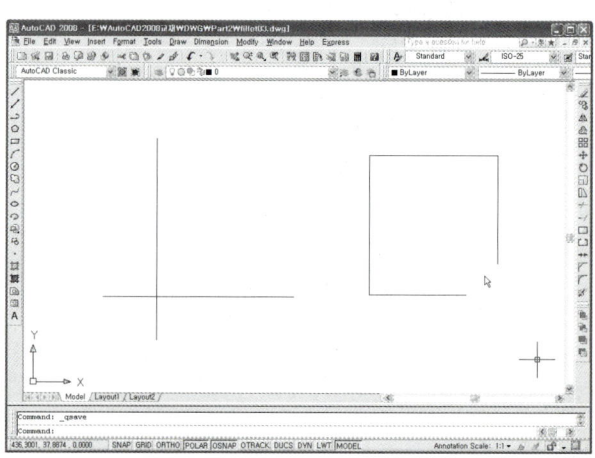

❷ 교차한 선분에 모서리를 만들거나 떨어져 있는 선
  분을 모서리로 만들려면 Radius를 '0'으로 입력
  합니다.

```
Command : Fillet [Enter]
Current settings : Mode = TRIM, Radius = 30.0000
Select first object or [Undo/Polyline/Radius/Trim/
Multiple] : R [Enter]
Specify fillet radius <30.0000> : 0 [Enter]
Select first object or [Undo/Polyline/Radius/Trim/
Multiple] : P1 클릭
Select second object or shift-select to apply corner
: P2 클릭
```

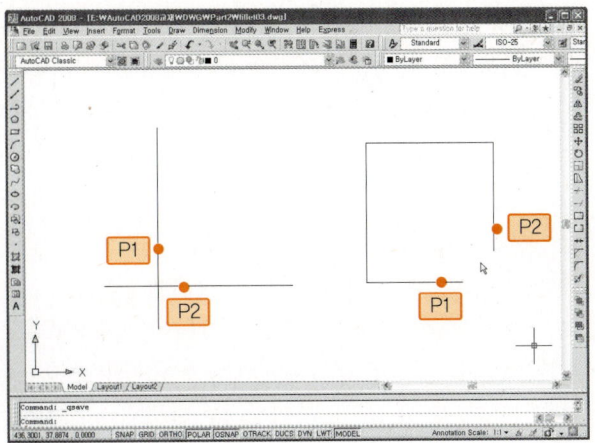

❸ 다음과 같이 교차한 선이 모서리가 되고 떨어져 있
  던 선이 이어져 완벽한 모서리 형태가 되었습니다.

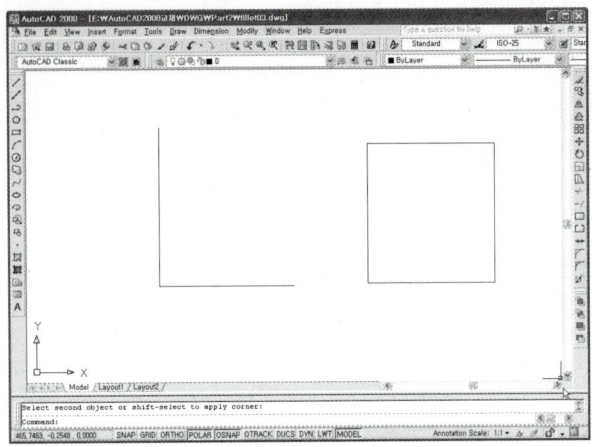

Tip AutoCAD
다양한 [Fillet]의 결과

[Fillet] 명령어로는 다양한 객체를 잘라낼 수 있습니다. 원과 원, 원과 호,
원과 선, 선과 호 등 다양한 선분을 라운딩하거나 거꾸로 없는 선을 만들
어 모서리를 만들 수 있습니다. 모깎기(Fillet)가 안 되는 경우는 대부분
호를 그리기 어려운 상황 즉, 그려질 수 있는 값보다 더 크거나 작은
Radius 값을 설정했을 경우입니다.

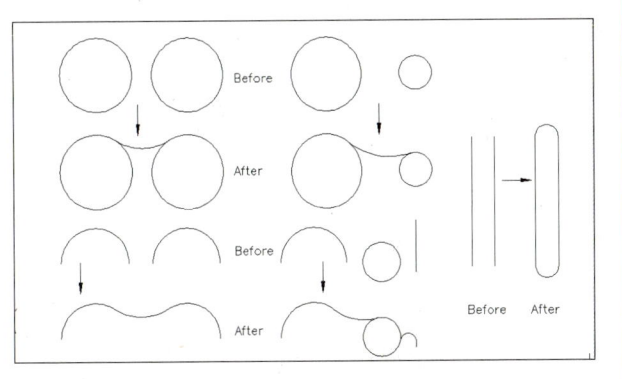

2 모따기를 하는 [Chamfer] 명령어

[Chamfer] 명령어는 선택한 모서리의 선분 하나씩을 사용자가 지정한 값으로 자른 다음 두 지점을 직선으로 연결해 주는 명령어입니다. 두 선분의 길이는 같거나 다르게 지정할 수 있으며 길이 값 뿐 아니라 각도 값을 이용해서 모따기를 할 수 있습니다.

[Chamfer] 명령어	
아이콘	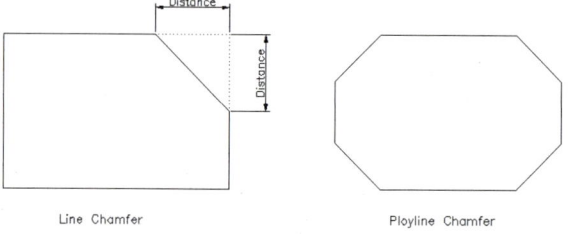
메인 메뉴	[Modify]-[Chamfer]
명령어	Chamfer
단축키	〈CHA〉

1. 명령어 사용 방법

Command 라인에 [Chamfer] 명령어를 입력하고 모따기의 기준 값인 길이 값을 입력한 뒤 두 개의 선분을 각각 선택합니다. 한 번에 하나의 모서리 또는 선택한 모든 모서리를 같은 값으로 모따기할 수 있습니다.

```
Command : Chamfer Enter
(TRIM mode) Current chamfer Dist1 = 0.0000, Dist2 = 0.0000
Select first line or [ Undo/Polyline/Distance/Angle/Trim/mEthod/Multiple] : C Enter
모따기하는 선분 길이 값을 지정할 옵션을 선택합니다.
Specify first chamfer distance <0.0000> : 50 Enter
모따기하는 선분의 첫 번째 길이 값을 선택합니다.
Specify second chamfer distance <50.0000> : Enter
모따기하는 선분의 두 번째 길이 값을 선택합니다. 첫 번째와 같은 경우에는 Enter 를 누릅니다.
Select first line or [ Undo/Polyline/Distance/Angle/Trim/mEthod/Multiple] :
모따기하는 첫 번째 선분을 선택합니다.
Select second line or shift-select to apply corner :
모따기하는 두 번째 선분을 선택합니다.
```

2. 명령어 옵션

옵션을 통해 사용자가 원하는 다양한 모양의 모따기를 시도할 수 있습니다. 기본값의 길이를 이용한 모따기라면 각도나 Multiple 등을 이용하여 빠르고 다양한 모양으로 변경할 수 있습니다.

옵션	내용
Undo	[Chamfer] 명령의 Multiple 옵션 사용 시 모따기를 한 순서의 역순으로 모따기 명령을 취소합니다.
Polyline	일반적으로 선분은 한 번에 모서리의 두 선분을 선택해야 모따기가 되지만 [Pline] 명령으로 그려진 객체는 한 번 선택으로 모든 모서리를 한꺼번에 모따기합니다.
Distance	모따기하는 한 변의 길이 값을 결정합니다.
Angle	모따기하는 한 변의 기울인 각도 값을 결정합니다.
Trim	모따기하고 난 후 모서리의 원본 객체의 선분을 잘라낼지 남길지를 결정합니다.
mEthod	Distance와 Angle 옵션을 선택할 수 있습니다.
Multiple	한 번에 여러 모서리를 선택하여 많은 모서리를 계속해서 모따기할 수 있습니다.

3. 기본 실습

모따기를 하는 [Chamfer] 명령에서 가장 많이 사용할 수 있는 방법으로 길이 값을 지정한 뒤 하나의 모서리에 두 개의 선분을 각각 선택하여 모따기하는 방법을 살펴보겠습니다.

• 예제 파일 : Sample\Part02\chamfer02.dwg
----

❶ [File]-[Open] 메뉴를 이용하여 부록 CD에서 예제 파일을 불러옵니다.

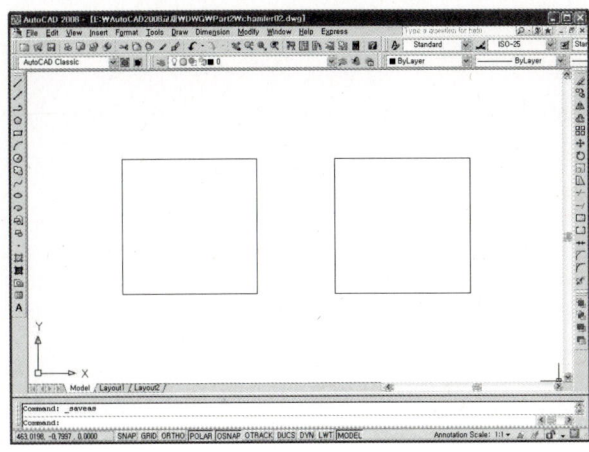

❷ 다음과 같이 도면이 나타나면 Command 라인에 [Chamfer] 명령어를 입력합니다.

```
Command : Chamfer Enter
(TRIM mode) Current chamfer Dist1 = 0.0000, Dist2 =
0.0000
Select first line or [Undo/Polyline/Distance/Angle/
Trim/mEthod/Multiple] : D Enter
모따기 길이 값을 입력합니다.
Specify first chamfer distance <0.0000> : 25 Enter
Specify second chamfer distance <25.0000> : 25 Enter
Select first line or [Undo/Polyline/Distance/Angle/
Trim/mEthod/Multiple] : P1 클릭
Select second line or shift-select to apply corner :
P2 클릭
```

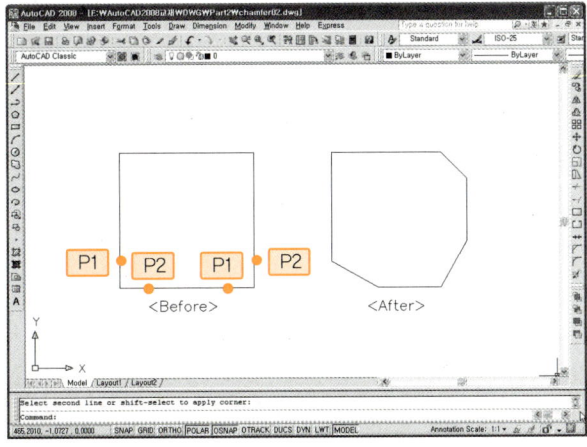

❸ 길이 값을 서로 다르게 입력하여 [Chamfer] 명령을 이어서 실행합니다.

```
Command : Chamfer Enter
(TRIM mode) Current chamfer Dist1 = 0.0000, Dist2 =
0.0000
Select first line or [Undo/Polyline/Distance/Angle/
Trim/mEthod/Multiple] : D Enter
모따기 길이 값을 입력합니다.
Specify first chamfer distance <0.0000> : 25 Enter
Specify second chamfer distance <25.0000> : 45 Enter
Select first line or [Undo/Polyline/Distance/Angle
/Trim/mEthod/Multiple] : P1 클릭
Select second line or shift-select to apply corner :
P2 클릭
```

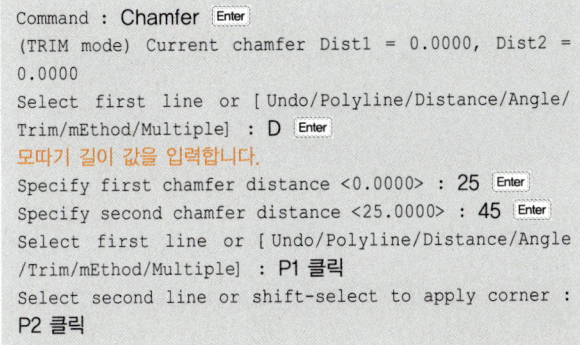

4. 옵션 실습

[Chamfer] 명령을 실행할 수 있는 여러 옵션을 예제 파일을 통해서 직접 따라 하기로 학습해봅니다.

■ Polyline 옵션을 활용한 Chamfer

기존의 일반 Line은 Multiple 옵션을 사용하지 않으면 한 번에 하나의 모서리밖에 모따기(Chamfer)할 수 없습니다. 하지만 폴리라인으로 구성된 [Pline]이나 [Rectang], [Polygon] 명령 등은 옵션을 이용하여 하나의 선분을 선택하여 모든 모서리를 한꺼번에 모따기할 수도 있습니다.

• 예제 파일 : Sample\Part02\chamfer03.dwg

---

① [File]-[Open] 메뉴를 이용하여 부록 CD에서 예제 파일을 불러옵니다.

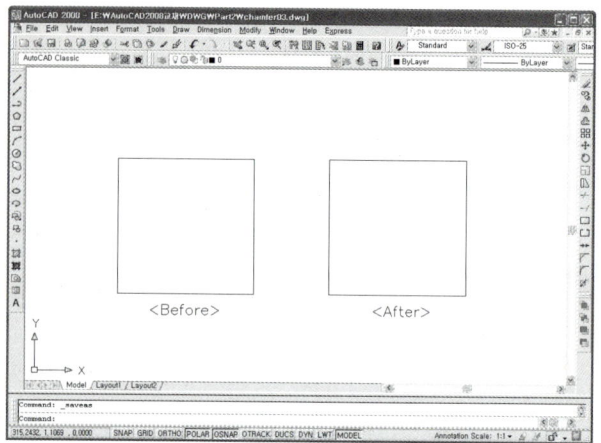

② 명령어를 입력하고 순서에 따라 길이 값이나 옵션을 입력한 뒤 P1을 선택합니다.

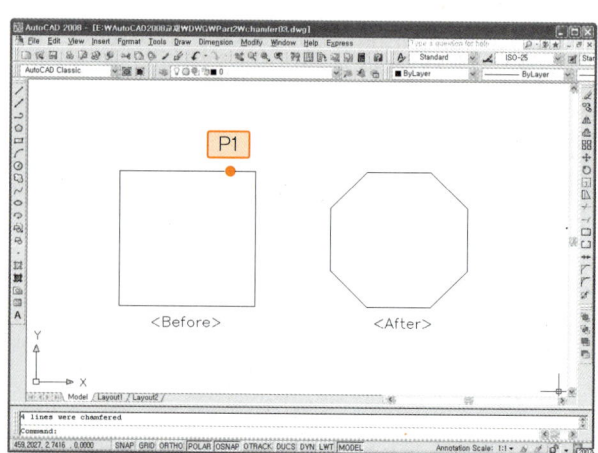

```
Command : Chamfer [Enter]
(TRIM mode) Current chamfer Dist1 = 25.0000, Dist2 = 45.0000
Select first line or [ Undo/Polyline/Distance/Angle/ Trim/mEthod/Multiple] : D [Enter]
Specify first chamfer distance <25.0000> : 35 [Enter]
Specify second chamfer distance <35.0000> : 35 [Enter]
Select first line or [ Undo/Polyline/Distance/Angle/ Trim/mEthod/Multiple] : P [Enter]
폴리라인 객체를 모따기 하기 위한 옵션을 선택합니다.
Select 2D Polyline : P1 클릭
4 lines were chamfered 4곳의 모서리 모두 Chamfer되었다는 메시지가 나타납니다.
```

■ Angle 옵션을 활용한 Chamfer

일반적으로 [Chamfer]는 Distance 옵션을 이용하여 모따기하는 것을 기본으로 합니다. Distance 옵션은 꼭짓점에서 입력한 길이만큼의 위치에서 사선을 긋고 나머지는 [Trim] 명령으로 잘라내는 것을 말합니다. 이에 Angle 옵션은 길이인 Distance와 그 꼭짓점에서 기울인 각도 값을 서로 합하여 모따기하는 것을 말합니다.

• 예제 파일 : Sample\Part02\chamfer04.dwg

① [File]-[Open] 메뉴를 이용하여 부록 CD에서 예제 파일을 불러옵니다.

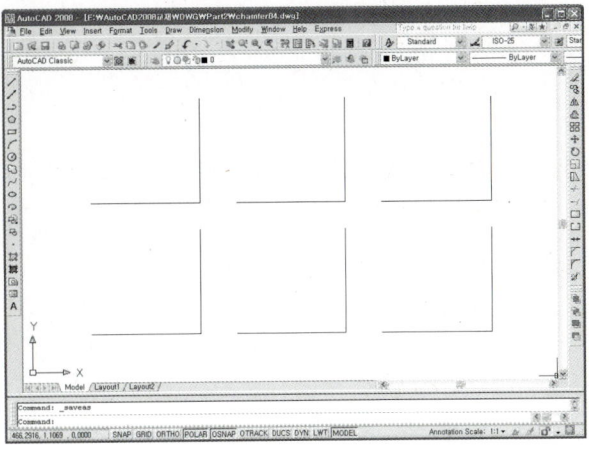

② Command 라인에 [Chamfer] 명령어를 입력한 후 이전의 입력 값 뿐 아니라 그림에 나와 있는 Distance와 Angle을 이용하여 모따기를 실행합니다.

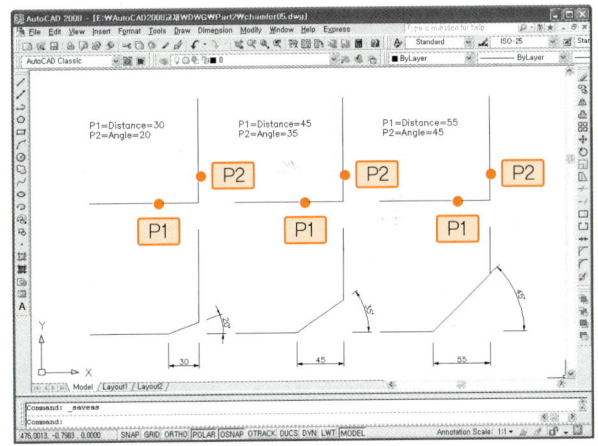

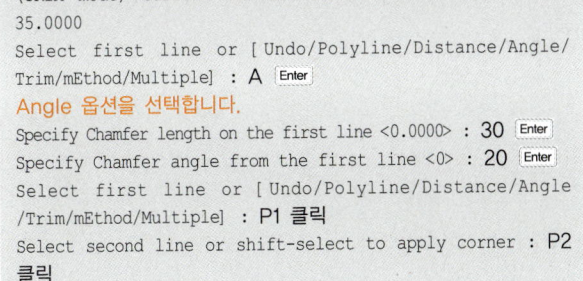

```
Command : Chamfer Enter
(TRIM mode) Current chamfer Dist1 = 35.0000, Dist2 =
35.0000
Select first line or [ Undo/Polyline/Distance/Angle/
Trim/mEthod/Multiple] : A Enter
Angle 옵션을 선택합니다.
Specify Chamfer length on the first line <0.0000> : 30 Enter
Specify Chamfer angle from the first line <0> : 20 Enter
Select first line or [ Undo/Polyline/Distance/Angle
/Trim/mEthod/Multiple] : P1 클릭
Select second line or shift-select to apply corner : P2
클릭
```

■ Method 옵션을 이용한 Chamfer

Method 옵션은 Distance나 Angle 옵션에 이미 값이 설정되어 있는 경우 두 옵션 중에서 필요한 옵션 하나를 선택하여 모따기할 수 있습니다. 주의 사항으로는 Method 옵션은 항상 Distance나 Angle 옵션에 값이 입력되어 있는 상태여야 한다는 것입니다.

• 예제 파일 : Sample\Part02\chamfer06.dwg

1 [File]-[Open] 메뉴를 이용하여 부록 CD에서 예제 파일을 불러옵니다.

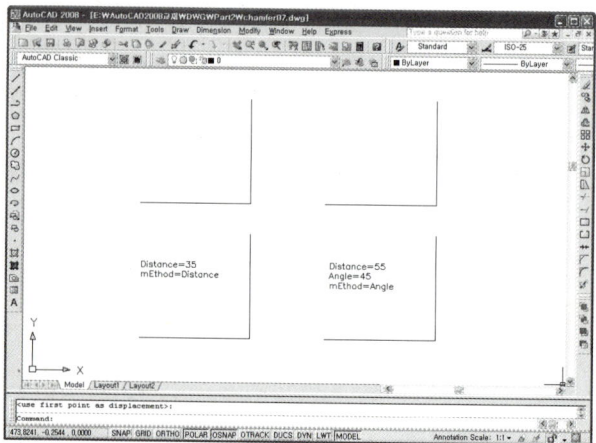

2 Command 라인에 [Chamfer] 명령어를 입력합니다.

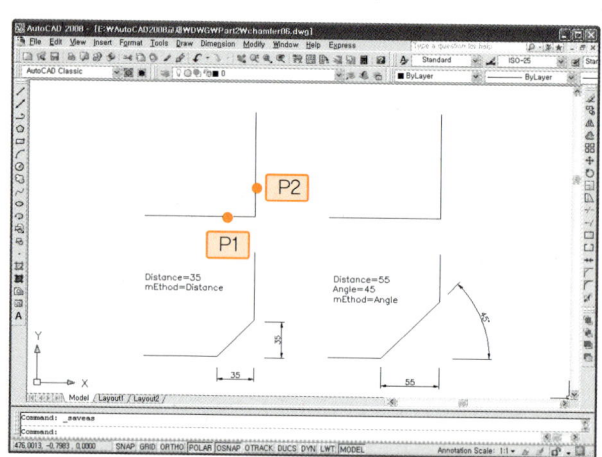

Command : **Chamfer** Enter
(TRIM mode) Current chamfer Length = 55.0000, Angle = 45
Select first line or [Undo/Polyline/Distance/Angle/
Trim/mEthod/Multiple] : E Enter
Method를 선택하는 옵션을 지정합니다.
Enter trim method [Distance/Angle] <Angle> : D Enter
Distance 옵션을 모따기할 옵션으로 선택합니다.
Select first line or [Undo/Polyline/Distance/Angle/
Trim/mEthod/Multiple] : P1 클릭
Select second line or shift-select to apply corner :
P2 클릭

■ Multiple 옵션을 활용한 Chamfer

Multiple 옵션은 한 번에 하나의 모서리만 모따기가 되는 [Chamfer] 명령어를 한 번에 여러 모서리를 모따기할 수 있도록 지정하는 것을 말합니다. 사용법은 [Fillet] 명령어와 같으므로 따로 실습은 하지 않겠습니다.

Tip **AutoCAD**

Command 라인 제어하기

AutoCAD는 Command 라인으로 명령어를 입력하여 수행하는 프로그램 체계를 유지하고 있습니다. 주로 명령어는 모든 이름을 다 외우거나 단축키를 암기해야만 사용할 수 있는 것이 기본입니다. 하지만 가끔 너무 길거나 단축키가 만들어져 있지 않은 경우의 명령어는 Tab 을 이용하여 시작 명령어의 영문 몇 글자로 찾아낼 수 있습니다. 원하는 명령어의 앞의 문자 한두 개를 입력하고 Tab 을 누르면 알파벳 순서대로 명령어가 나타납니다. 이때 사용자가 원하는 명령어가 보이면 Enter 를 눌러 실행하면 됩니다.

• 완성도면 | Practice\카세트테이프.dwg

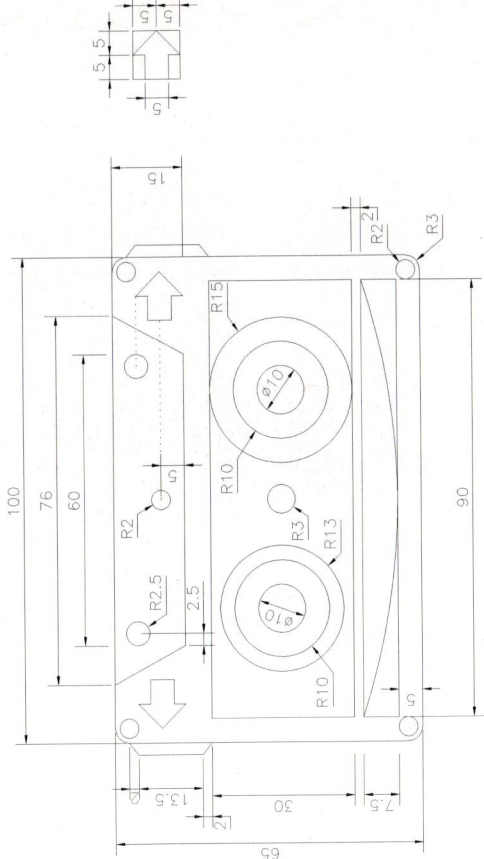

• 완성도면 | Practice\분무기.dwg

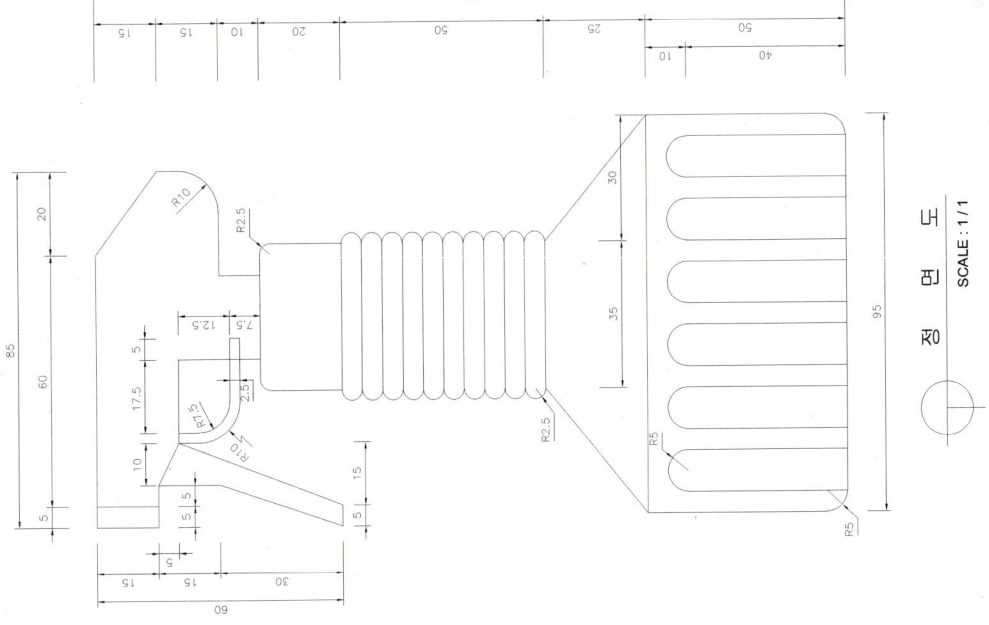

SCALE : 1/1

디스켓 도면 작성하기

다음 실습 도면을 보고 직접 드로잉해보기 바랍니다. 3.5인치 디스켓을 그리는 도면입니다. 전체적인 드로잉을 하는 순서와 모양을 갖추기 위해 사용하는 명령어를 살펴보며 따라 하기를 진행합니다. 도면의 내용은 다음과 같습니다.

• 완성파일 : Sample\Part02\P2_total02.dwg

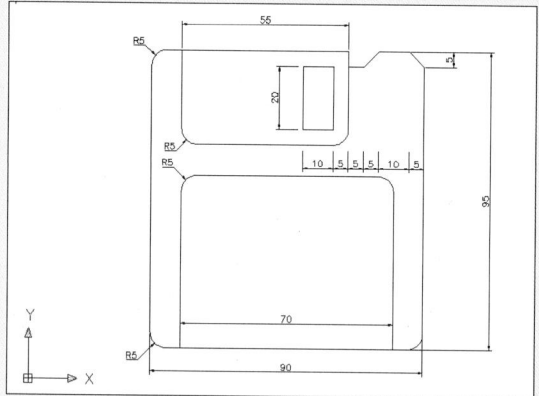

▲ 완성 이미지

1. 전체적인 레이아웃 선 그리기

기본적인 외곽선을 먼저 그리고 필요한 선분은 외곽선에서 안쪽으로 [Offset] 명령어를 이용하여 평행 복사하여 활용하도록 합니다.

❶ 도면을 그리기 위해 [Limits] 명령을 먼저 다음과 같이 실행합니다.

```
Command : Limits Enter
Reset Model space limits :
Specify lower left corner or [ON/OFF] <0.0000,0.0000>
: Enter
Specify upper right corner <420.0000,297.0000> :
160,120 Enter
Command : Zoom Enter
Specify corner of window, enter a scale factor (nX or nXP),
or [All/Center/Dynamic/Extents/Previous/Scale/Window/
Object] <real time> : A Enter
Regenerating model.
```

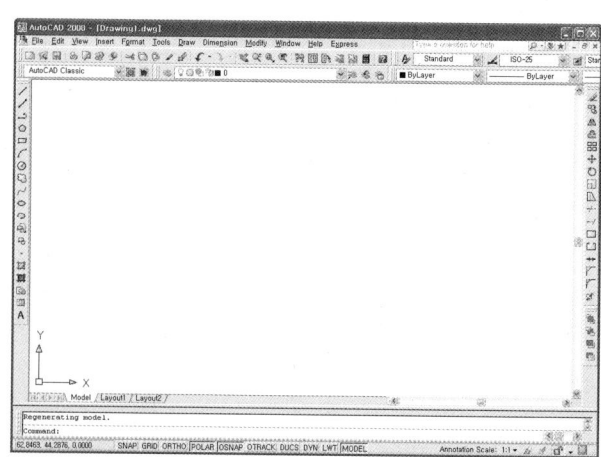

❷ 전체 크기에 해당하는 사각형을 그립니다.

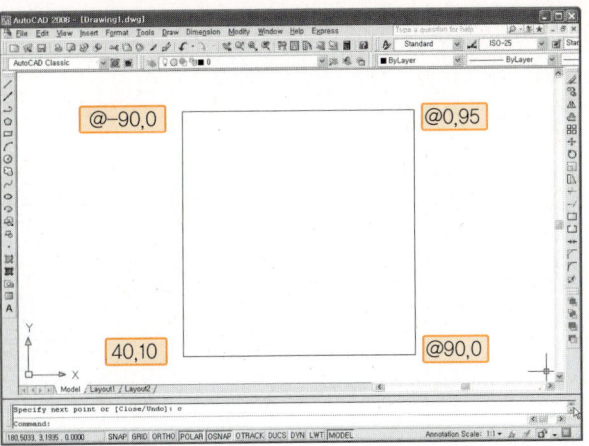

```
Command : Line Enter
Specify first point : 40,10 Enter
Specify next point or [Undo] : @90,0 Enter
Specify next point or [Undo] : @0,95 Enter
Specify next point or [Close/Undo] : @-90,0 Enter
Specify next point or [Close/Undo] : C Enter
```

❸ 안쪽으로 Offset하여 디스켓의 라벨 부분을 만들
어 봅니다.

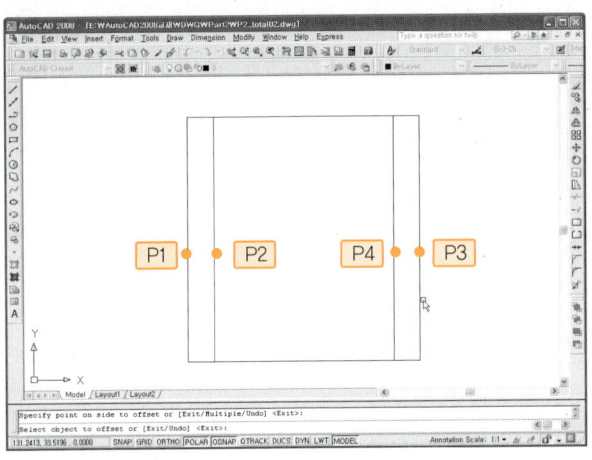

```
Command : Offset Enter
Current settings : Erase source=No Layer=Source
OFFSETGAPTYPE=0
Specify offset distance or [Through/Erase/Layer]
<Through> : 10 Enter
Select object to offset or [Exit/Undo] <Exit> : P1 클릭
Specify point on side to offset or [Exit/Multiple/
Undo] <Exit> : P2 클릭
Select object to offset or [Exit/Undo] <Exit> : P3 클릭
Specify point on side to offset or [Exit/Multiple/
Undo] <Exit> : P4 클릭
Select object to offset or [Exit/Undo] <Exit> : Enter
```

❹ 가로선에 해당하는 선도 Offset합니다.

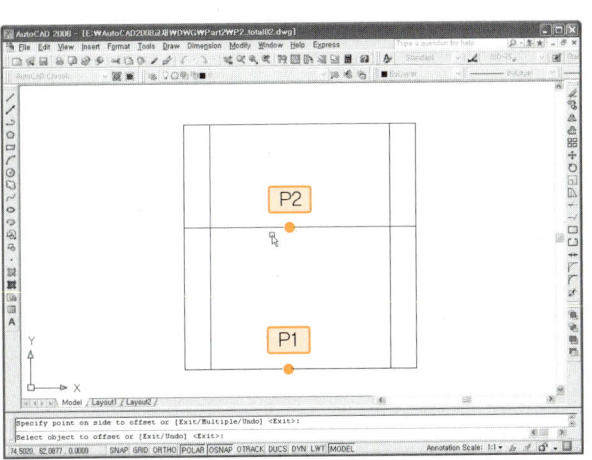

```
Command : Offset Enter
Current settings : Erase source=No Layer=Source
OFFSETGAPTYPE=0
Specify offset distance or [Through/Erase/Layer]
<Through> : 55 Enter
Select object to offset or [Exit/Undo] <Exit> : P1 클릭
Specify point on side to offset or [Exit/Multiple/Undo]
<Exit> : P2 클릭
Select object to offset or [Exit/Undo] <Exit> : Enter
```

⑤ Offset한 선분들을 라운딩되도록 모깍기합니다. 양쪽으로 두 곳이므로 2번 [Fillet]을 실행합니다.

```
Command : Fillet Enter
Current settings : Mode = TRIM, Radius = 0.0000
Select first object or [Undo/Polyline/Radius/Trim/
Multiple] : R Enter
Specify fillet radius <0.0000> : 5 Enter
Select first object or [Undo/Polyline/Radius/Trim/
Multiple] : P1 클릭
Select second object or shift-select to apply corner
: P2 클릭
Command : Fillet Enter
Current settings : Mode = TRIM, Radius = 5.0000
Select first object or [Undo/Polyline/Radius/Trim/
Multiple] : P3 클릭
Select second object or shift-select to apply corner
: P4 클릭
```

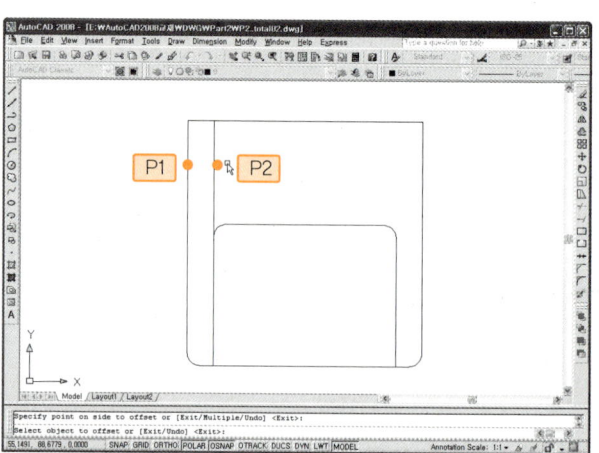

⑥ 윗부분을 만들기 위해 다시 한 번 좌우로 Offset 합니다.

```
Command : Offset Enter
Current settings : Erase source=No Layer=Source
OFFSETGAPTYPE=0
Specify offset distance or [Through/Erase/Layer]
<55.0000> : 10 Enter
Select object to offset or [Exit/Undo] <Exit> : P1 클릭
Specify point on side to offset or [Exit/Multiple/
Undo] <Exit> : P2 클릭
Select object to offset or [Exit/Undo] <Exit> : Enter
```

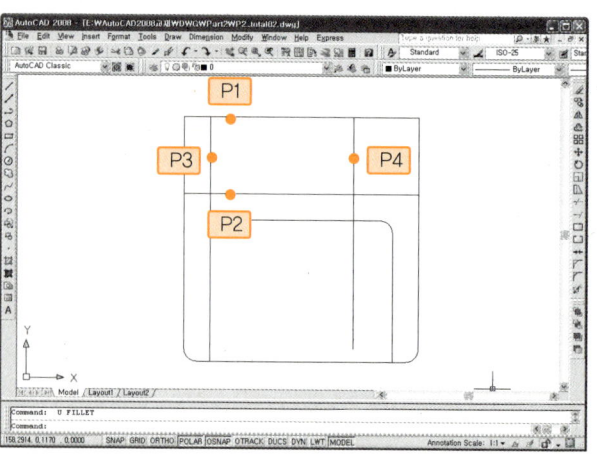

⑦ 반대편 선분과 위쪽에서 아래쪽으로의 선분도 Offset합니다.

```
Command : Offset Enter
Current settings : Erase source=No Layer=Source
OFFSETGAPTYPE=0
Specify offset distance or [Through/Erase/Layer]
<10.0000> : 30 Enter
Select object to offset or [Exit/Undo] <Exit> : P1 클릭
Specify point on side to offset or [Exit/Multiple/Undo]
<Exit> : P2 클릭
Select object to offset or [Exit/Undo] <Exit> : <Enter>
Command : Offset Enter
Current settings : Erase source=No Layer=Source
OFFSETGAPTYPE=0
Specify offset distance or [Through/Erase/Layer]
<30.0000> : 55 Enter
Select object to offset or [Exit/Undo] <Exit> : P3 클릭
Specify point on side to offset or [Exit/Multiple/Undo]
<Exit> : P4 클릭
Select object to offset or [Exit/Undo] <Exit> : Enter
```

⑧ Offset한 선분들에 모두 [Fillet]과 [Chamfer] 명
령을 실행합니다.

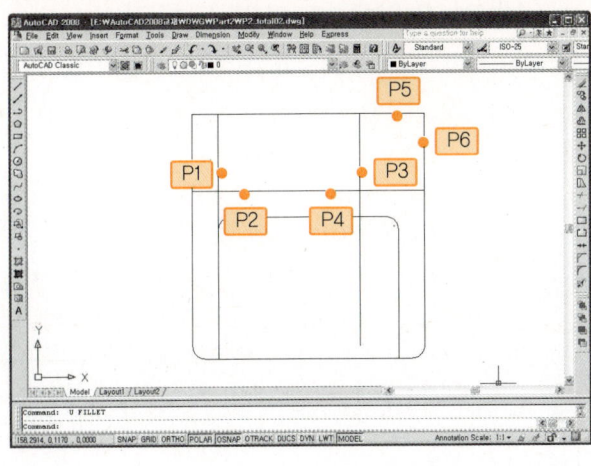

```
Command : Fillet Enter
Current settings : Mode = TRIM, Radius = 5.0000
Select first object or [Undo/Polyline/Radius/Trim/
Multiple] : R Enter
Specify fillet radius <5.0000> : 5 Enter
Select first object or [Undo/Polyline/Radius/Trim/
Multiple] : M Enter
```
한 번에 두 곳 이상의 모서리를 모깎기할 수 있는 옵션을 선택합니다.
```
Select first object or [Undo/Polyline/Radius/Trim/
Multiple] : P1 클릭
Select second object or shift-select to apply corner
: P2 클릭
Select first object or [Undo/Polyline/Radius/Trim/
Multiple] : P3 클릭
Select second object or shift-select to apply corner
: P4 클릭
Select first object or [Undo/Polyline/Radius/Trim/
Multiple] : Enter
Command : Chamfer Enter
(TRIM mode) Current chamfer Dist1 = 0.0000, Dist2 = 0.0000
Select first line or [Undo/Polyline/Distance/Angle/ Trim/mEthod/Multiple] : C Enter
Specify first chamfer distance <0.0000> : 5 Enter
Specify second chamfer distance <5.0000> : Enter
Select first line or [Undo/Polyline/Distance/Angle/ Trim/mEthod/Multiple] : P5 클릭
Select second line or shift-select to apply corner : P6 클릭
```

⑨ 다음과 같이 라운딩된 Fillet과 모따기된
Chamfer 결과가 나왔습니다. 좌측 상단 역시 같
은 Radius 값으로 [Fillet]을 하여 마무리합니다.

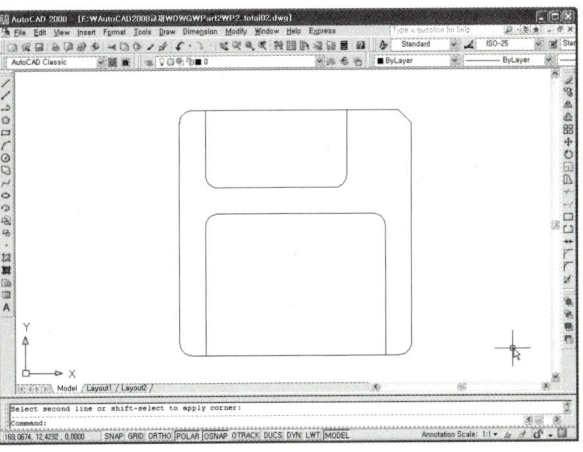

2. 안쪽의 디테일한 부분 만들기

외곽과 커다란 Fillet/Chamfer는 모두 만들어졌습니다. 안쪽에 사각형과 위쪽의 꺾어지는 부분을 만들어 봅니다.

❶ 꺾어지는 부분을 만들기 위해 맨 위쪽 선분과 세로 선을 Offset합니다.

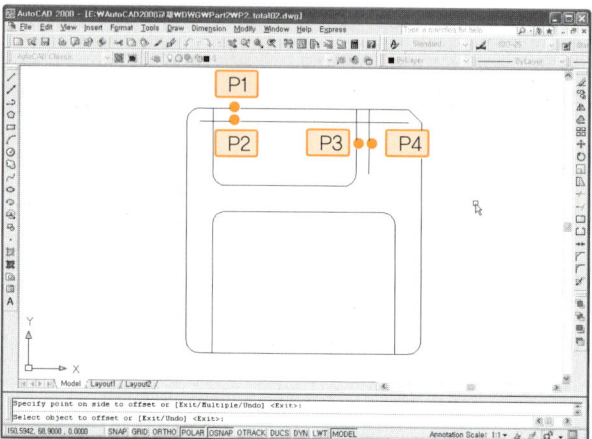

```
Command : Offset  Enter
Current settings : Erase source=No Layer=Source
OFFSETGAPTYPE=0
Specify offset distance or [ Through/Erase/Layer]
<Through> : 5  Enter
Select object to offset or [ Exit/Undo] <Exit> : P1 클릭
Specify point on side to offset or [ Exit/Multiple/Undo]
<Exit> : P2 클릭
Select object to offset or [ Exit/Undo] <Exit> : P3 클릭
Specify point on side to offset or [ Exit/Multiple/Undo]
<Exit> : P4 클릭
Select object to offset or [ Exit/Undo] <Exit> :  Enter
```

❷ 연결된 선을 모따기합니다. 이때 모따기한 원본 객체가 지워지는 것을 방지하기 위해 Trim 옵션은 'No Trim'으로 지정합니다.

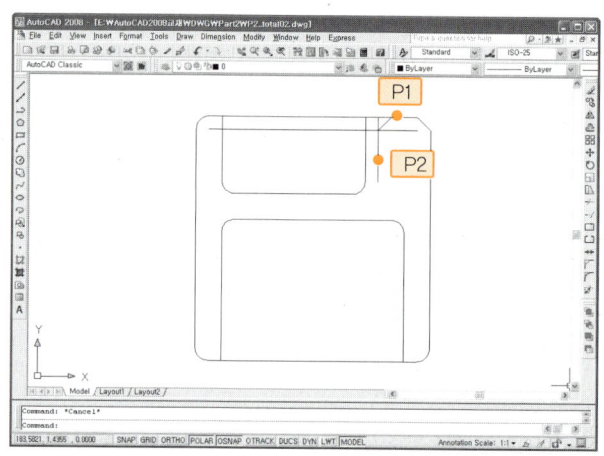

```
Command : Chamfer  Enter
(TRIM mode) Current chamfer Dist1 = 5.0000, Dist2 =
5.0000
Select first line or [ Undo/Polyline/Distance/Angle/
Trim/mEthod/Multiple] : T  Enter
Enter Trim mode option [ Trim/No trim] <Trim> : N
 Enter
Select first line or [ Undo/Polyline/Distance/Angle/
Trim/mEthod/Multiple] : D  Enter
Specify first chamfer distance <5.0000> : 5  Enter
Specify second chamfer distance <5.0000> : 5  Enter
Select first line or [ Undo/Polyline/Distance/Angle/
Trim/mEthod/Multiple] : P1 클릭
Select second line or shift-select to apply corner
: P2 클릭
```

❸ 필요 없는 객체는 지웁니다.

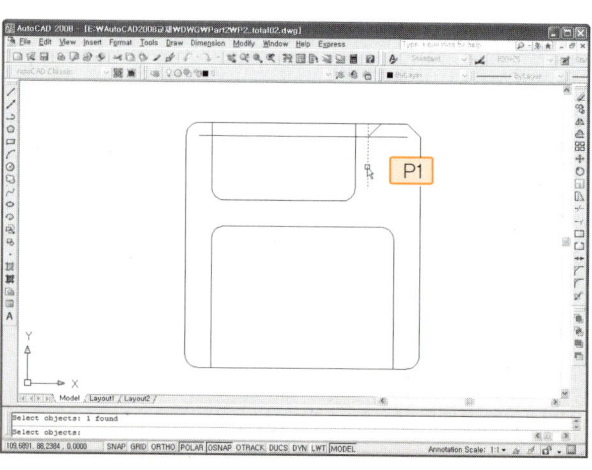

```
Command : Erase  Enter
Select objects : 1 found P1 클릭
Select objects :  Enter
```

④ 윗부분의 모양을 만들기 위해 [Trim] 명령을 입력 합니다.

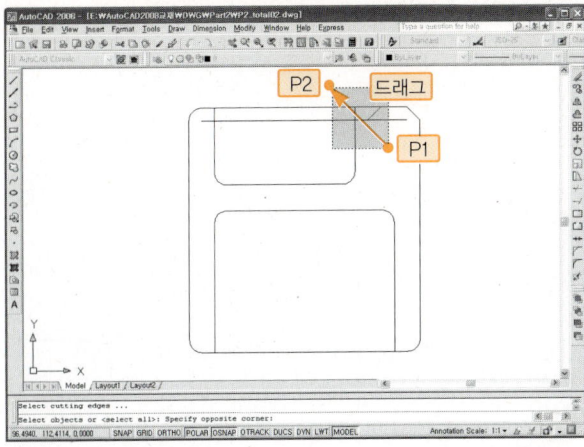

```
Command : Trim [Enter]
Current settings : Projection=UCS, Edge=Extend
Select cutting edges...
Select objects or <select all> : Specify opposite
corner : 4 found
P1에서 P2까지 드래그하여 선택합니다.
Select objects : 1 found (1 duplicate), 4 total
Select objects : [Enter]
```

⑤ 모양을 만들기 위해 다음의 점들을 클릭합니다.

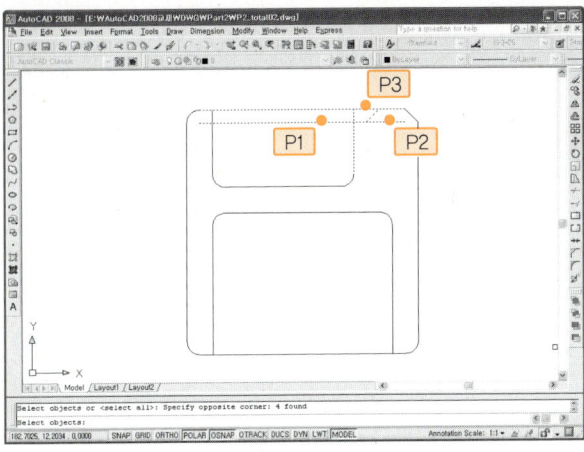

```
Select object to trim or shift-select to extend or
[ Fence/Crossing/Project/Edge/eRase/Undo] : P1 클릭
Select object to trim or shift-select to extend or
[ Fence/Crossing/Project/Edge/eRase/Undo] : P2 클릭
Select object to trim or shift-select to extend or
[ Fence/Crossing/Project/Edge/eRase/Undo] : P3 클릭
Select object to trim or shift-select to extend or
[ Fence/Crossing/Project/Edge/eRase/Undo] : [Enter]
```

⑥ 다음 그림과 같은 형태로 모양이 만들어졌습니다.

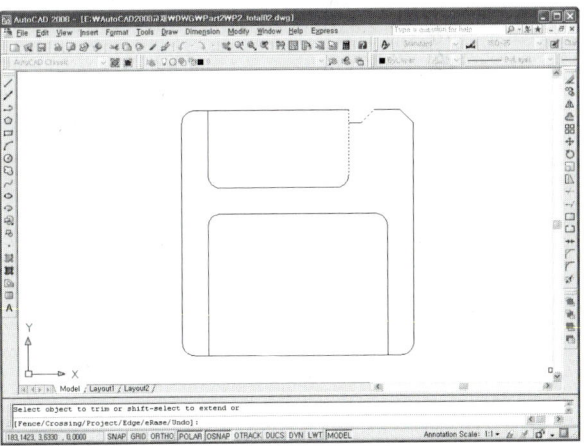

⑦ 안쪽에 사각형을 그리기 위해 Offset합니다.

```
Command : Offset Enter
Current settings : Erase source=No Layer=Source
OFFSETGAPTYPE=0
Specify offset distance or [Through/Erase/Layer]
<Through> : 5 Enter
Select object to offset or [Exit/Undo] <Exit> : P1 클릭
Specify point on side to offset or [Exit/Multiple/Undo]
<Exit> : P2 클릭
Select object to offset or [Exit/Undo] <Exit> : P3 클릭
Specify point on side to offset or [Exit/Multiple/Undo]
<Exit> : P4 클릭
Select object to offset or [Exit/Undo] <Exit> : Enter
```

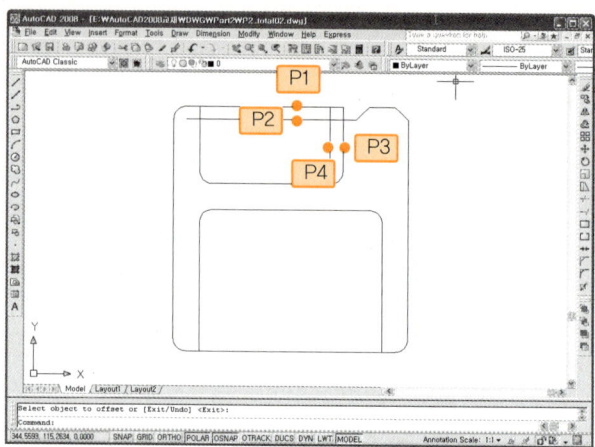

⑧ 사각형의 간격에 맞춰 [Offset] 명령을 입력합니다.

```
Command : Offset Enter
Current settings : Erase source=No Layer=Source
OFFSETGAPTYPE=0
Specify offset distance or [Through/Erase/Layer]
<5.0000> : 20 Enter
Select object to offset or [Exit/Undo] <Exit> : P1 클릭
Specify point on side to offset or [Exit/Multiple/Undo]
<Exit> : P2 클릭
Select object to offset or [Exit/Undo] <Exit> : <Enter>
Command : Offset Enter
Current settings : Erase source=No Layer=Source
OFFSETGAPTYPE=0
Specify offset distance or [Through/Erase/Layer]
<20.0000> : 10 Enter
Select object to offset or [Exit/Undo] <Exit> : P3 클릭
Specify point on side to offset or [Exit/Multiple/Undo]
<Exit> : P4 클릭
Select object to offset or [Exit/Undo] <Exit> : Enter
```

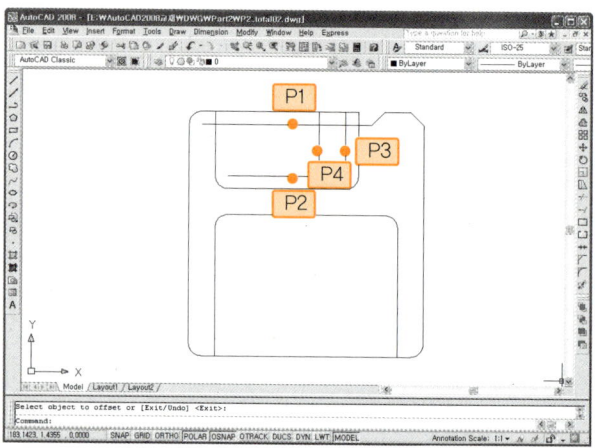

⑨ 완전한 사각형을 만들기 위해 Radius가 '0'인 상태의 [Fillet]을 적용합니다.

```
Command : Fillet Enter
Current settings : Mode = NOTRIM, Radius = 0.0000
Select first object or [Undo/Polyline/Radius/Trim/
Multiple] : T Enter
Enter Trim mode option [Trim/No trim] <No trim> : T
Enter No Trim을 다시 Trim 모드로 전환합니다.
Select first object or [Undo/Polyline/Radius/Trim/
Multiple] : R Enter
Specify fillet radius <0.0000> : O Enter
Select first object or [Undo/Polyline/Radius/Trim/
Multiple] : M Enter
한 번에 여러 곳을 모깎기할 수 있는 옵션을 선택합니다.
Select first object or [Undo/Polyline/Radius/Trim/
Multiple] : P1 클릭
Select second object or shift-select to apply corner
: P2 클릭
```

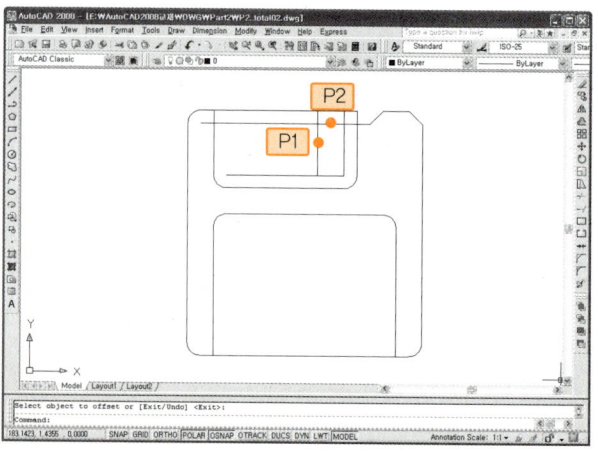

⑩ 남은 반대편도 선택합니다.

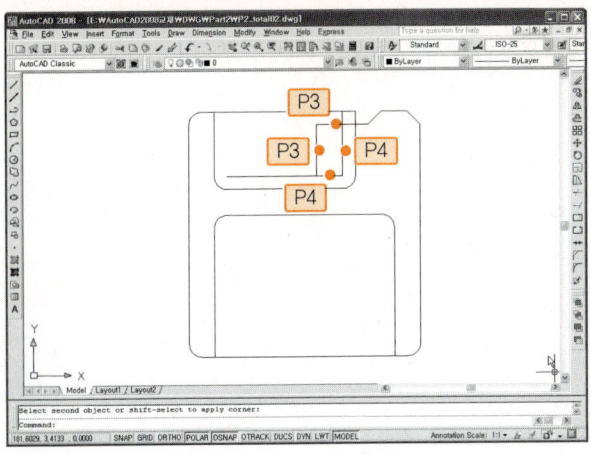

```
Select first object or [ Undo/Polyline/Radius/Trim/
Multiple] : P3 클릭
Select second object or shift-select to apply corner
: P4 클릭
Select first object or [ Undo/Polyline/Radius/Trim/
Multiple] :  Enter
```

⑪ 도면이 완성되었습니다.

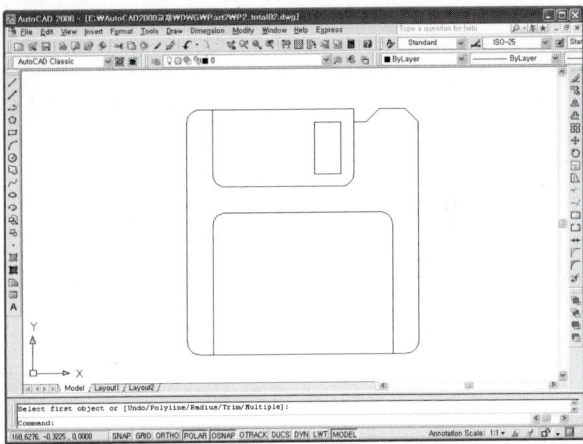

Tip AutoCAD

[Undo]를 한 번에 처리하기

[Undo] 명령어는 한 번에 하나의 명령어를 취소합니다. 이때 툴 바에 있
는 [Undo] 명령어 버튼 옆의 목록 버튼을 클릭하면 앞서 실행했던 모든
명령어가 표시됩니다. 이때 마우스로 드래그하여 모든 명령어를 한 번에
취소할 수 있습니다. 옆의 [Redo] 버튼도 목록 버튼을 눌러 실행하면 이
전에 실행 취소한 모든 명령어를 같은 방법으로 복원할 수 있습니다.

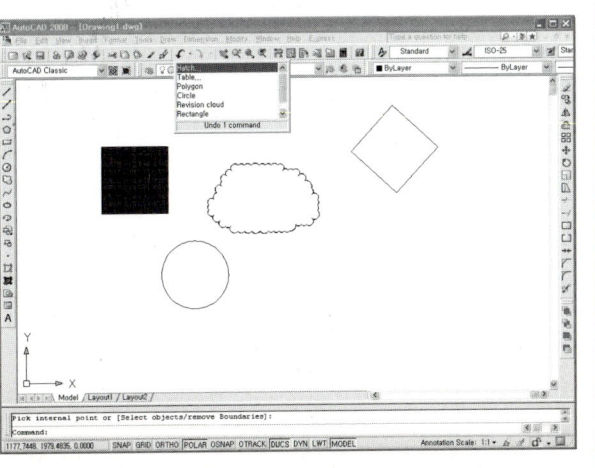

Chapter

03 다양한 도형 그리기

Chapter03에서는 기본 도형을 벗어 나는 형태의 도형을 그릴 수 있습니다. 3~1,024각형에 이르는 Polygon의 다각형 명령어나 장축과 단축으로 구성되어 있는 타원, 연속된 선으로 구성되어 있는 폴리라인과 폴리라인으로 만들어진 Rectangle을 통해 기본 도형을 벗어난 다양한 형태의 도형을 그리고 변형합니다.

1. 다각형을 그릴 수 있는 [Polygon] 명령어

다각형은 원하는 각형의 모서리 개수로 원의 각도인 360도를 나누어 해당 각도로 나누어진 원의 꼭짓점을 연결하여 원에 내접하는 다각형이나 원에 외접하는 다각형을 그립니다. [Polygon] 명령어로 3~1,024각형까지 그릴 수 있습니다. 여기서 1,024각형은 원을 뜻하지만 원은 [Circle] 명령으로 그리고 다각형을 그리는 [Polygon] 명령어는 3~12각형 정도로 이용하길 바랍니다.

[Polygon] 명령어	
아이콘	⬠
메인 메뉴	[Draw]–[Polygon]
명령어	Polygon
단축키	〈POL〉

1. 명령어 사용 방법

Command 라인에 [Polygon] 명령어를 입력하고 다각형 변의 개수를 정한 뒤 다각형의 중심점을 클릭합니다. 원에 내접(Inscribed in circle)하는 다각형을 그릴 것인지 원에 외접(Circumscribed about circle)하는 다각형을 그릴 것인지를 결정한 뒤 전체적인 크기는 원의 반지름 값을 입력하여 완료합니다.

```
Command : Polygon Enter
Enter number of sides <4> : 5 Enter 다각형의 변의 개수를 입력합니다.
Specify center of Polygon or [ Edge] : 다각형의 중심이 되는 점을 클릭합니다.
Enter an option [ Inscribed in circle/Circumscribed about circle] <I> : | Enter
Inscribed in circle은 원에 내접하는 다각형, Circumscribed about circle은 원에 외접하는 다각형을 말합니다.
Specify radius of circle : 50 Enter 다각형의 크기를 원의 반지름 값으로 입력합니다.
```

2. 명령어 옵션

원을 기준으로 그리는 다각형이므로 원에 내접하는 형태인지 원에 외접하는 형태인지를 먼저 결정합니다. 또한 다각형 한 변의 길이가 다른 변의 길이와도 동일하므로 한 변의 길이 값만으로도 그릴 수 있습니다.

옵션	내용
Edge	한 변의 길이를 이용하여 다각형을 그립니다. 그려진 다각형은 정 다각형입니다.
Inscribed in circle	원에 내접하는 다각형을 그립니다.
Circumscribed about circle	원에 외접하는 다각형을 그립니다.

3. 기본 실습

다각형의 가장 기본에 해당하는 원에 내접하는 다각형과 외접하는 다각형을 그려보겠습니다. 반드시 원을 먼저 그린 후 다각형으로 그리는 것이 아니지만 원에 내접하는 경우와 외접하는 경우를 한눈에 볼 수 있게 하기 위해 원을 먼저 그리고 실행해보겠습니다.

1 메뉴에서 [File]-[New]를 실행하여 새로운 도면을 시작합니다. [Limits] 명령을 이용하여 다음과 같이 도면 한계를 설정합니다.

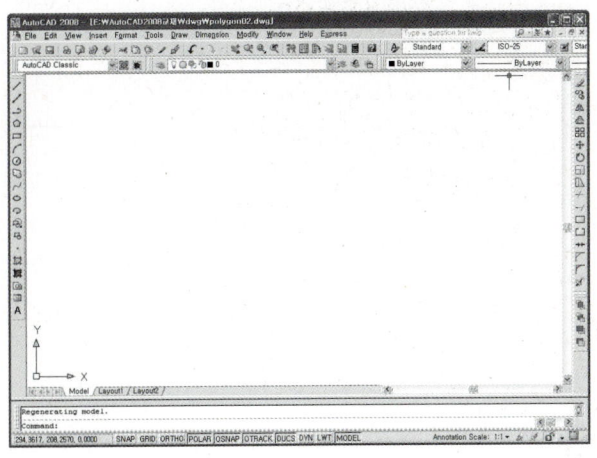

```
Command : Limits Enter
Reset Model space limits :
Specify lower left corner or [ON/OFF] <0.0000,0.0000> :
Enter
Specify upper right corner <420.0000,297.0000> :
297,210 Enter
Command : Zoom Enter
Specify corner of window, enter a scale factor (nX or nXP), or
[All/Center/Dynamic/Extents/Previous/Scale/Window/Object]
<real time> : A Enter
Regenerating model.
```

2 [Circle] 명령을 이용하여 원을 먼저 그립니다. 원을 기준으로 다각형이 그려지므로 원을 그리고 원을 기준으로 다각형을 그리면 내접과 외접의 차이를 한눈에 알 수 있습니다.

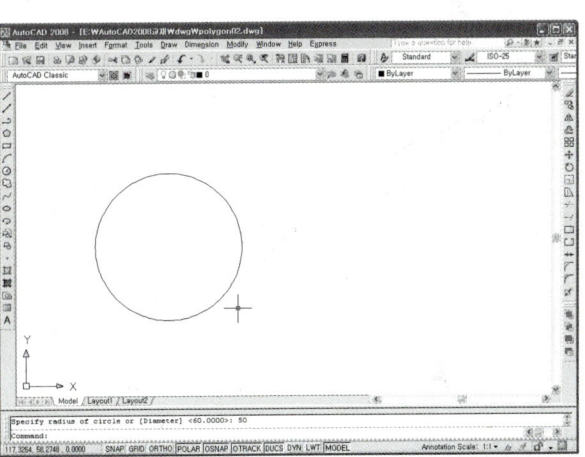

```
Command : Circle Enter
Specify center point for circle or [3P/2P/Ttr(tan tan
radius)] : 70,100 Enter
Specify radius of circle or [Diameter] <60.0000> :
50 Enter
```

3 내접과 외접을 표현할 것입니다. 하나 더 복사하여 두 개를 만들기 위해 오른쪽으로 150만큼 떨어진 곳에 원을 복사합니다.

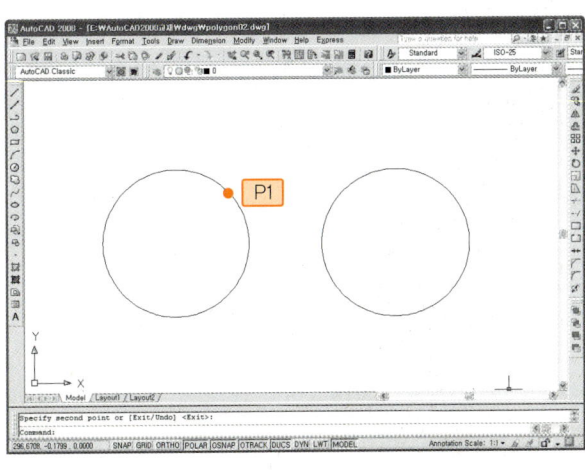

```
Command : Copy Enter
Select objects : 1 found P1 클릭
Select objects : Enter
Current settings : Copy mode = Multiple
Specify base point or [Displacement/mOde]
<Displacement> : 0,0 Enter
Specify second point or <use first point as
displacement> : @150,0
Specify second point or [Exit/Undo] <Exit> : Enter
```

④ 먼저 원에 다각형의 꼭짓점이 접하는 형태의 내접하는 오각형을 [Polygon] 명령어로 그려봅니다.

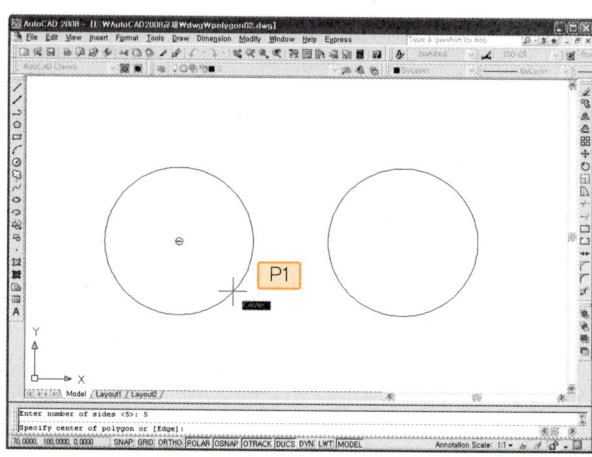

> Command : **Polygon** [Enter]
> Enter number of sides <5> : **5** [Enter]
> 다각형의 변의 개수를 입력합니다.
> Specify center of Polygon or [Edge] : **P1 클릭**
> P1점을 클릭하여 다각형의 중심점을 지정합니다. 원의 중심은 [Osnap]을 이용하여 선택합니다.
> Enter an option [Inscribed in circle/Circumscribed about circle] <C> : **I** [Enter]
> 원에 내접하는 경우 Inscribed in circle 옵션을 사용하므로 'I'를 선택합니다.
> Specify radius of circle : **50** [Enter]
> 원의 크기에 맞추어 원과 같은 반지름 값을 입력합니다.

⑤ 다음과 같이 원의 내부에 오각형이 그려졌습니다. 내접의 포커스에 맞게 다각형의 꼭짓점이 원과 교점을 이루고 있습니다.

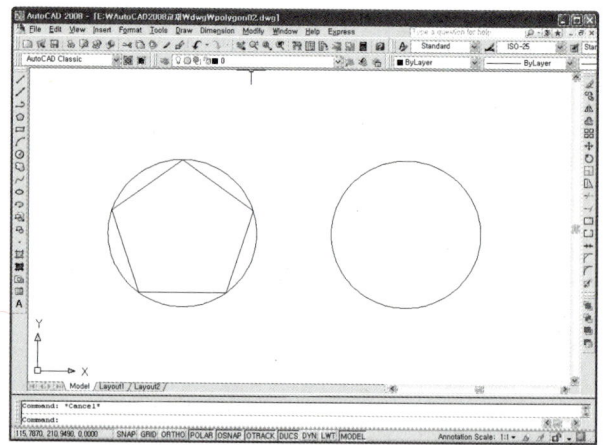

⑥ 이번에는 오른쪽에 복사한 원에는 원에 외접하는 다각형을 그려봅니다. 외접은 다각형의 한 변의 중간점이 원과 교점을 이루는 형식을 말합니다.

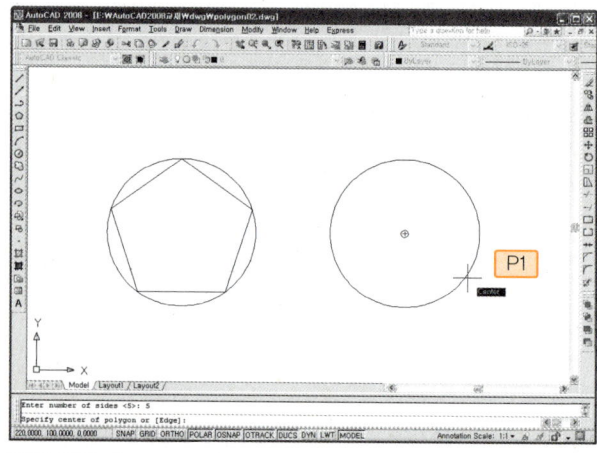

> Command : **Polygon** [Enter]
> Enter number of sides <5> : **5** [Enter] 다각형의 변의 개수를 입력합니다.
> Specify center of Polygon or [Edge] : **P1 클릭**
> P1점을 클릭하여 다각형의 중심점을 지정합니다. 원의 중심은 [Osnap]을 이용하여 선택합니다.)
> Enter an option [Inscribed in circle/Circumscribed about circle] <I> : **C** [Enter]
> 원에 내접하는 경우 Circumscribed about circle 옵션을 사용하므로 'C'를 선택합니다.
> Specify radius of circle : **50** [Enter] 원의 크기에 맞추어 원과 같은 반지름 값을 입력합니다.

⑦ 다음과 같이 원의 외부에 오각형이 그려졌습니다. 외접의 포커스에 맞추어 다각형의 한 변의 중간점과 원이 교점을 이룹니다.

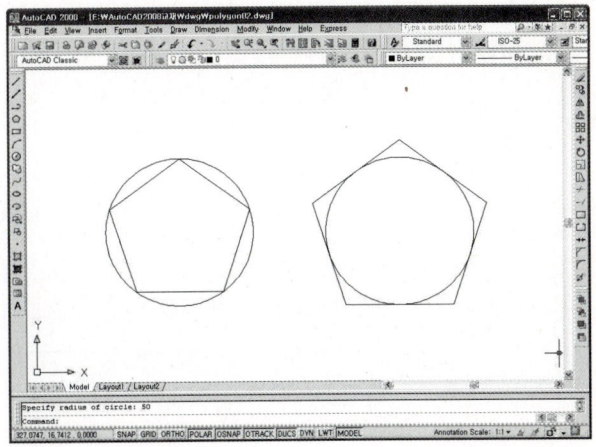

4. 옵션 실습

원의 각을 변의 개수로 나누어 선을 이어 만드는 것이 다각형이므로 각각 변의 길이는 모두 동일합니다. 그런 점에 착안하여 한 변의 길이를 입력하여 다각형을 그리는 옵션을 이용하면 중심을 선택하거나 반지름을 입력하는 대신 한 변의 길이만으로 다각형을 그릴 수 있습니다.

① 메뉴에서 [File]-[New]를 실행하여 새로운 도면을 시작합니다. [Limits] 명령을 이용하여 다음과 같이 도면 한계를 설정합니다.

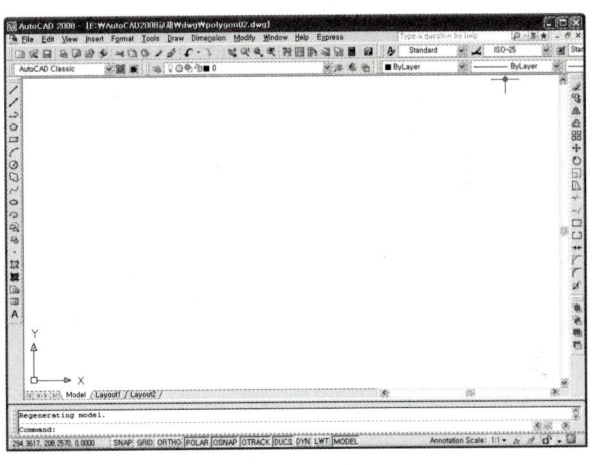

```
Command : Limits Enter
Reset Model space limits :
Specify lower left corner or [ON/OFF] <0.0000,0.0000>
: Enter
Specify upper right corner <420.0000,297.0000> :
297,210 Enter
Command : Zoom Enter
Specify corner of window, enter a scale factor (nX or nXP), or
[All/Center/Dynamic/Extents/Previous/Scale/Window/Object]
<real time> : A Enter
Regenerating model.
```

② 한 변의 길이를 이용하여 다각형을 그립니다. 다각형은 한 변의 길이 값이 다른 변의 길이 값과 동일하므로 한 변의 길이 값을 알면 나머지 변도 그릴 수 있습니다.

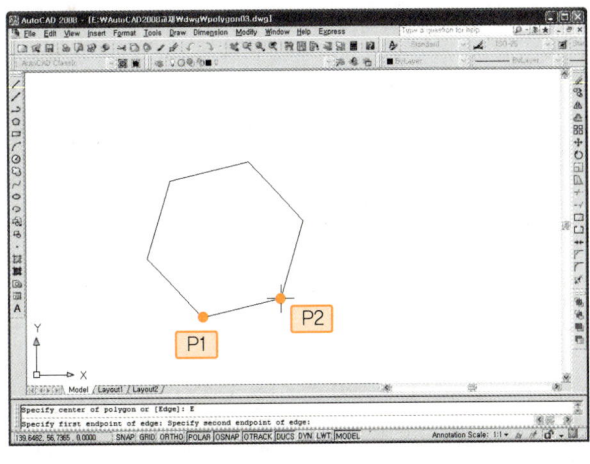

```
Command : Polygon Enter
Enter number of sides <5> : 6 Enter
다각형 변의 개수를 입력합니다.
Specify center of Polygon or [Edge] : E Enter
한 변의 길이 값을 입력하는 Edge 옵션을 선택합니다.
Specify first endpoint of edge : P1 클릭
P1점을 클릭합니다.(다각형 한 변의 첫 번째 점을 클릭합니다.)
Specify second endpoint of edge : P2 클릭
다각형 한 변의 두 번째 점을 클릭합니다.
```

❸ 좌표 값을 입력합니다. 좌표 값의 입력은 정확한 길이를 입력하는 것이므로 대충 눈대중으로 계산하지 말고 정확한 길이 값을 이용하는 것이 바람직합니다.

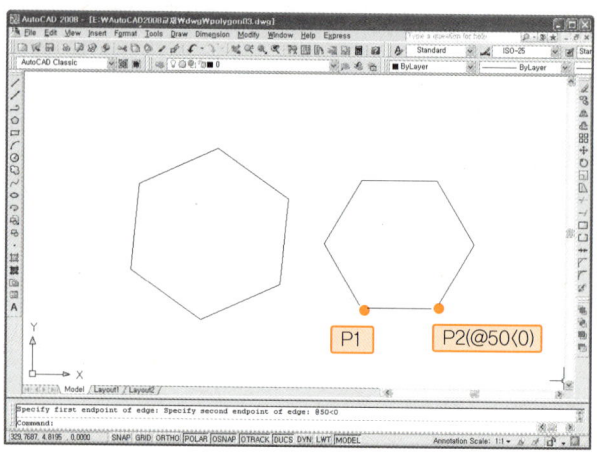

```
Command : Polygon Enter
Enter number of sides <6> : 6 Enter
Specify center of Polygon or [Edge] : E Enter
Specify first endpoint of edge : P1 클릭
Specify second endpoint of edge : @50<0 Enter
```
P2는 좌표 값으로 정확하게 한 변의 길이가 '50'인 값을 입력합니다.

2 타원을 그리는 [Ellipse] 명령어

[Ellipse] 명령은 타원이나 타원 형태의 호(Arc)를 그릴 때 사용합니다. [Circle] 명령은 중심에서 원에 이르는 거리를 반지름(Radius)이라 하지만, [Ellipse]에서는 중심에서 타원에 이르는 거리 중 가장 긴축을 '장축', 가장 짧은 축을 '단축'이라 합니다. 중심에서 타원에 이르는 간격을 Distance라 하며 기울기 등을 이용하여 여러 형태의 타원을 그릴 수 있습니다.

[Ellipse] 명령어	
아이콘	⬭
메인 메뉴	[Draw]-[Ellipse]
명령어	Ellipse
단축키	〈EL〉

1. 명령어 사용 방법

Command 라인에 [Ellipse] 명령어를 입력하고 타원의 한쪽 축이 되는 양 끝점을 차례대로 선택한 뒤 한쪽 축의 반대편의 축이 되는 부분을 중심에서부터 드래그하여 선택합니다. 다음 도면에서 P1이 첫 번째 시작점이며 P2가 두 번째 점으로 첫 번째 축의 길이가 만들어지면 P3을 선택함으로 전체적인 Ellipse가 완성됩니다.

```
Command : Ellipse Enter
Specify axis endpoint of Ellipse or [Arc/Center] : P1 클릭
P1점을 클릭합니다.(타원을 이루는 한 쪽 축의 첫 번째 점을 클릭합니다.)
Specify other endpoint of axis : P2 클릭 P2점을 클릭합니다.(타원을 이루는 다른 축의 두 번째 점을 클릭합니다.)
Specify distance to other axis or [Rotation] : P3 클릭
P3점을 클릭합니다.(타원의 두 번째 축의 길이 값을 설정하기 위한 점을 클릭합니다.)
```

타원을 그릴 때 주의할 사항으로 Pellipse 모드가 '1'로 설정되어 있는지 살펴봐야 합니다. 기본값은 Pellipse 모드가 '0'으로 되어 있고, '0'인 경우 Ellipse 자체가 Region 옵션의 성격을 갖게 되어 3차원 작업 때 설정이 안 되는 경우가 발생합니다. Pellipse 모드가 '1'로 설정되어 있어야 Ellipse의 특성이 Polyline 성질을 갖게 됩니다. 또한 Pellipse 모드가 '1'로 설정되면 [Explode] 명령을 통해 각각의 호로 분리할 수도 있으므로 편리합니다.

```
Command : Pellipse Enter
Enter new value for Pellipse <0> : 1 Enter
```

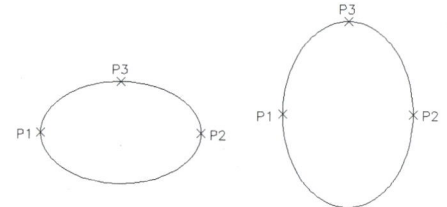

2. 명령어 옵션

타원 자체는 호가 연결되어 있는 모양입니다. 타원뿐 아니라 타원 형태의 호를 그리거나 원을 회전시켜 기울인 값을 통해 타원을 그릴 수 있습니다.

옵션	내용
Arc	타원형의 호를 그리는 옵션입니다.
Center	타원의 축을 선택할 때 축의 양쪽 끝점 선택 대신 타원의 중심을 먼저 선택할 수 있는 옵션입니다.
Rotation	원이 회전을 하면 기울기 때문에 타원처럼 보입니다. 이 원리로 원을 회전한 값을 이용하여 타원을 그리는 옵션입니다.

3. 기본 실습

타원을 그릴 때 기본적으로 많이 사용하는 방법은 세 점을 클릭하여 그리는 방법입니다. 마우스로만 그리거나 첫 점을 클릭한 후 두 번째나 세 번째 점은 좌표 값을 입력하여 그리는 방법으로 타원을 그려보겠습니다.

• 예제 파일 : Sample\Part02\ellipse01.dwg

① [File]-[Open] 메뉴를 이용하여 부록 CD에서 예제 파일을 불러옵니다.

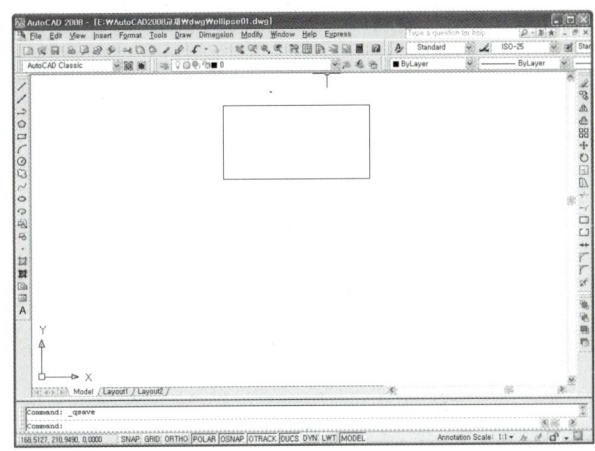

② 사각형의 Midpoint를 기준으로 세 점을 클릭하여 타원을 그립니다. 사각형을 기준으로 타원의 형태를 잡아보도록 합니다.

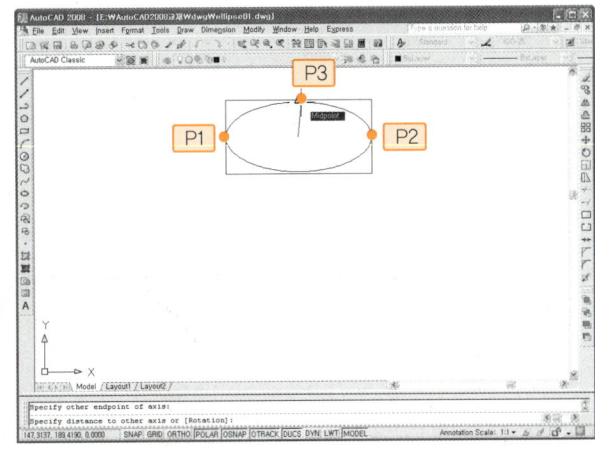

```
Command : Ellipse Enter
Specify axis endpoint of elliptical arc or [ Center ] :
P1 클릭
Specify other endpoint of axis : P2 클릭
Specify distance to other axis or [ Rotation ] : P3 클릭
```

❸ 세 점의 정확한 길이 값을 입력하여 그려봅니다. 언제나 사각형이 먼저 그려져 있는 것이 아니므로 사각형의 길이가 되는 부분을 좌표 값을 이용하여 정확한 길이 값을 입력합니다.

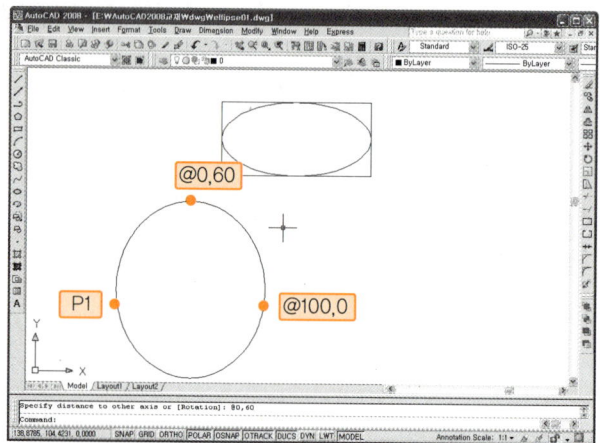

```
Command : Ellipse Enter
Specify axis endpoint of elliptical arc or [ Center ] : P1 클릭
Specify other endpoint of axis : @100,0 Enter
Specify distance to other axis or [ Rotation] : @0,60 Enter
```

❹ 다음 그림처럼 전체 P1~P2까지의 길이가 '100'이며 타원의 중심점에서 맨 윗점까지의 길이가 '60'이 됩니다.

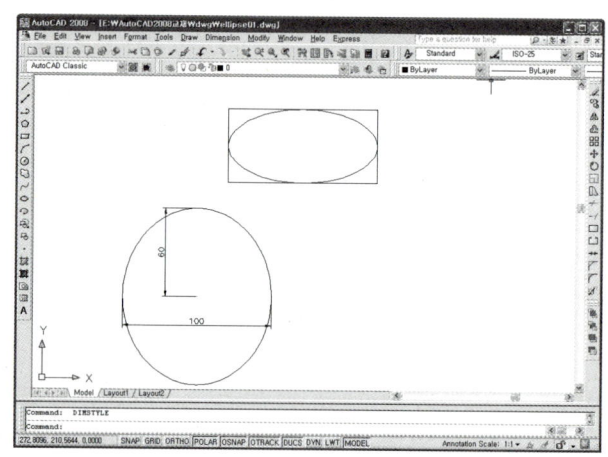

4. 옵션 실습

타원을 그리는 기본 방법 외에 타원을 잘라 타원 형태의 호를 만들거나 원을 기울여 각도만큼 어슷하게 보이는 타원을 만드는 옵션 등을 이용하여 다양한 형태의 타원을 그려보겠습니다.

■ 타원의 중심점을 클릭하여 타원그리기

가장 많이 사용하는 장축과 단축을 이용하는 방법 중에서도 타원의 중심부터 선택하여 같은 세 점이라도 시작점의 위치가 다르게 지정할 수 있습니다. 조건이 모두 같지 않으므로 다양한 조건의 상황을 맞출 수 있는 것을 기준으로 합니다.

① 메뉴에서 [File]-[New]를 실행하여 새로운 도면을 시작합니다. [Limits] 명령을 이용하여 다음과 같이 도면 한계를 설정합니다.

```
Reset Model space limits :
Specify lower left corner or [ ON/OFF] <0.0000,0.0000>
: Enter
Specify upper right corner <420.0000,297.0000> :
297,210 Enter
Command : Zoom Enter
Specify corner of window, enter a scale factor (nX or nXP), or
[ All/Center/Dynamic/Extents/Previous/Scale/Window/Object]
<real time> : A Enter
Regenerating model.
```

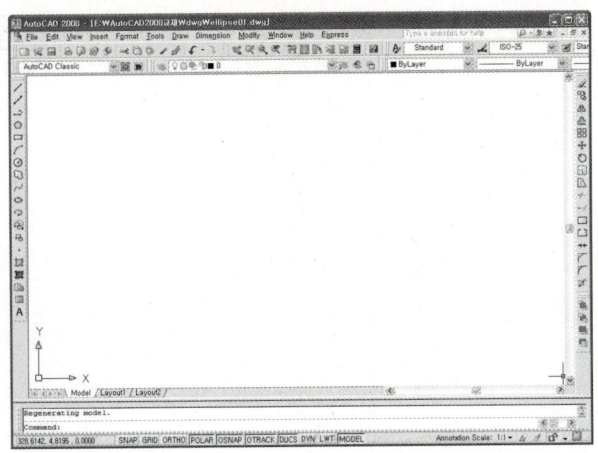

② Command 라인에 [Ellipse] 명령어를 입력하여 중심에 관련한 'C' 옵션을 선택하여 중심점부터 선택하여 타원을 그립니다.

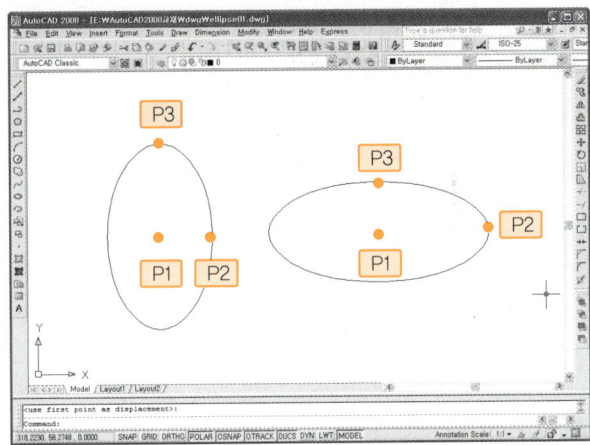

```
Command : Ellipse Enter
Specify axis endpoint of elliptical arc or [ Center] :
C Enter
Specify center of Ellipse : P1 클릭
Specify endpoint of axis : P2 클릭
Specify distance to other axis or [ Rotation] : P3 클릭
```

■ 원을 회전시켜서 타원그리기

책상 위에 종이를 놓고 원을 그린 뒤 종이를 천천히 정면에 두고 평행하게 봅니다. 그 종이를 천천히 눕혀보면 원이 타원으로 보입니다. 즉, 원을 회전시켜 타원으로 변형하는 방식으로 타원을 그려보겠습니다.

① 메뉴에서 [File]-[New]를 실행하여 새로운 도면을 시작합니다. [Ellipse] 명령을 입력한 후 Rotation 각도는 0~80도까지 다양하게 넣어 실습합니다.

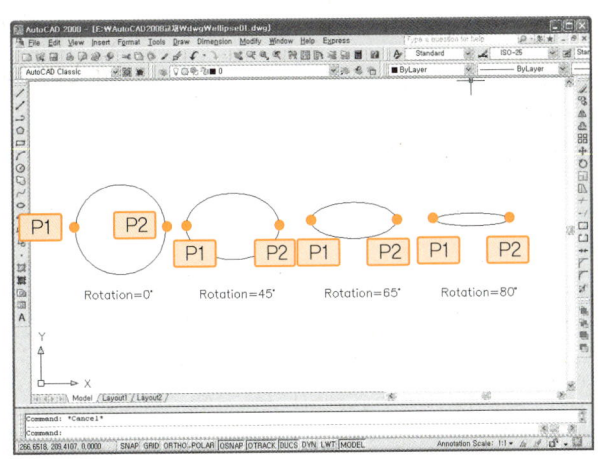

```
Command : Ellipse Enter
Specify axis endpoint of elliptical arc or [ Center] :
P1 클릭
Specify other endpoint of axis : P2 클릭
Specify distance to other axis or [ Rotation] : R
세 번째 점 대신 Rotation 옵션 사용합니다.
Specify rotation around major axis : 45 Enter
```

3. 사각형을 그리는 [Rectang] 명령어

[Rectang]은 대각선으로 드래그하여 사각형을 그려주는 명령어입니다. [Line] 명령어로 사각형을 그리면 4개의 점이 필요하지만 [Rectang] 명령으로 그리면 2개의 점만으로 사각형을 그릴 수 있습니다. 또한 일반 [Line]의 속성이 아니고 하나로 이어진 폴리라인의 성분이므로 4개의 선분으로 이어진 하나의 단일 객체로 인식하게 됩니다.

[Rectang] 명령어	
아이콘	▢
메인 메뉴	[Draw]-[Rectangle]
명령어	Rectang
단축키	〈REC〉

1. 명령어 사용 방법

Command 라인에 [Rectang] 명령어를 입력합니다. 사각형은 'Rectangle'이지만 명령어를 입력할 때는 'Rectang'이라고 입력합니다. 첫 점을 클릭한 후 선택한 점의 대각선 방향의 점을 마우스로 드래그하여 지정합니다. 물론 첫 점을 클릭한 후 두 번째 점은 좌표 값을 이용하여 가로 길이 값과 세로 길이 값을 한 번에 입력하여 지정할 수도 있습니다.

```
Command : Rectang Enter
Specify first corner point or [ Chamfer/Elevation/Fillet/Thickness/Width] : 대각선의 첫 점을 클릭합니다.
Specify other corner point or [ Area/Dimensions/Rotation] : 대각선의 두 번째 점을 클릭합니다.
```

2. 명령어 옵션

기본의 대각선으로 그리는 사각형에 모따기(Chamfer)나 모깎기(Fillet)를 미리 할 수 도 있으며 두께를 지정하여 사각형을 그리는 등 다양한 옵션으로 사각형을 그릴 수 있습니다.

옵션	내용
Chamfer	모서리를 모따기한 채로 모서리가 잘려있는 사각형을 그립니다.
Elevation	3차원인 3D에서 사각형이 그려지는 시작 값을 조절합니다.
Fillet	모서리를 모깎기한 채로 모서리가 둥근 모양의 사각형을 그립니다.
Thickness	사각형 자체에 3차원 Z축의 높이 값을 미리 지정하여 사각형을 그립니다. 3D에서만 확인할 수 있습니다.
Width	사각형의 선을 가로 넓이 폭으로 만듭니다.
Dimensions	가로 길이 값과 세로 길이 값을 입력하여 사각형을 그립니다.

3. 기본 실습

사각형인 Rectangle을 그리는 가장 보편적인 방법은 사각형을 그리는 첫 번째 점을 기준으로 대각선 방향으로 두 번째 점을 드래그하여 그리는 방법입니다. 마우스로 그리거나 좌표 값을 이용하여 정확한 길이 값을 가진 객체를 그릴 수 있습니다.

① 메뉴에서 [File]-[New]를 실행하여 새로운 도면
을 시작합니다. [Limits] 명령을 이용하여 다음과
같이 도면 한계를 설정합니다.

```
Command : Limits Enter
Reset Model space limits :
Specify lower left corner or [ON/OFF] <0.0000,0.0000>
: Enter
Specify upper right corner <420.0000,297.0000> :
120,90 Enter
Command : Zoom Enter
Specify corner of window, enter a scale factor (nX or nXP), or
[All/Center/Dynamic/Extents/Previous/Scale/Window/Object]
<real time> : A Enter
Regenerating model.
```

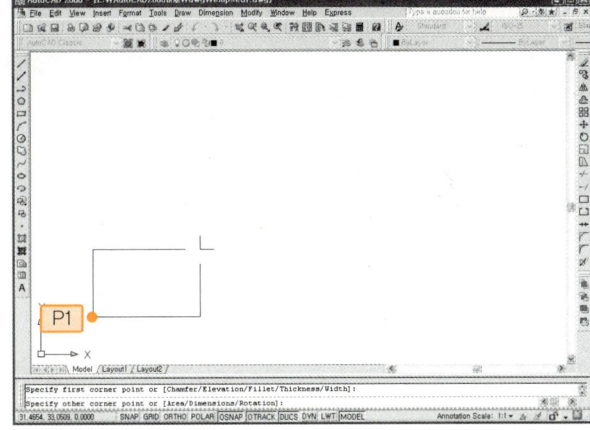

② Command 라인에 [Rectang] 명령어를 입력합니다.

```
Command : Rectang Enter
Specify first corner point or [Chamfer/Elevation/
Fillet/Thickness/Width] : P1 클릭
```

③ 처음 점으로부터 대각선 방향으로 두 번째 점을
클릭하여 완성합니다.

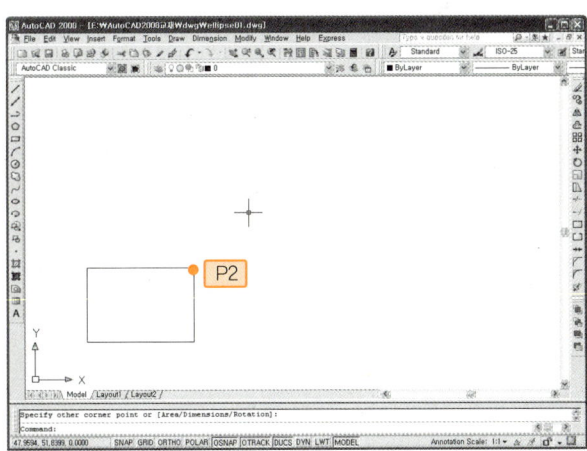

```
Specify other corner point or [Area/Dimensions/
Rotation] : P2 클릭
```

④ 좌표 값을 이용하여 사각형을 그려봅니다. 시작점은 원하는 곳을 선택한 뒤 사각형의 가로와 세로 길이 값을 @가로, 세로 값으로 입력합니다.

⑤ 다른 크기의 사각형도 그려봅니다. 다양한 길이 값을 입력하여 다양한 사각형을 그려봅니다. 처음점의 선택 위치에 따라 @가로, 세로 길이 값 입력에서 +와 −를 병행하여 사용할 수 있습니다.

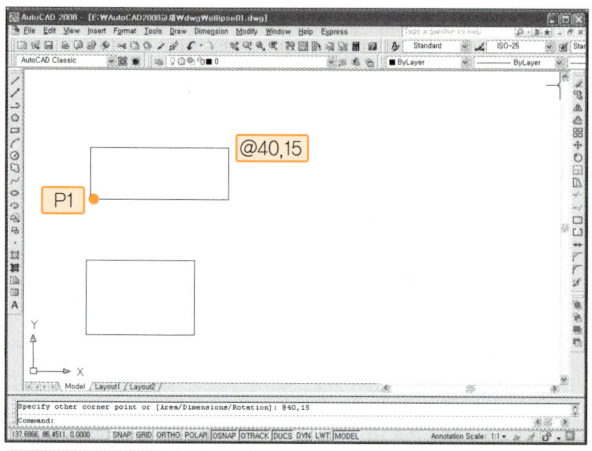

```
Command : Rectang Enter
Specify first corner point or [Chamfer/Elevation/
Fillet/Thickness/Width] : P1 클릭
Specify other corner point or [Area/Dimensions/
Rotation] : @40,15 Enter
```

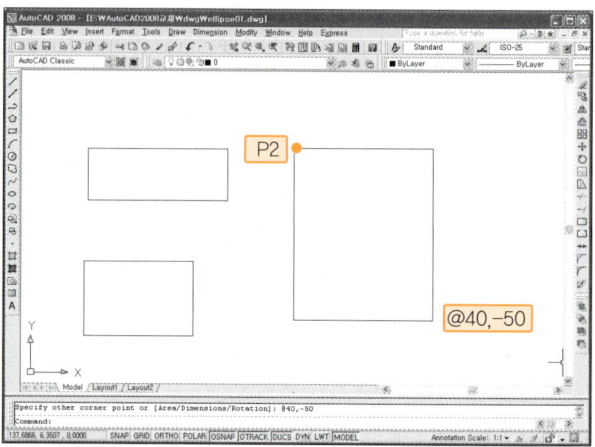

```
Command : Rectang Enter
Specify first corner point or [Chamfer/Elevation/
Fillet/Thickness/Width] : P2 클릭
Specify other corner point or [Area/Dimensions
/Rotation] : @40,−50 Enter
```

4. 옵션 실습

첫 점에서 대각선의 두 번째 점을 클릭하여 사각형을 그리는 방법 외에 다양한 형태의 사각형을 그리는 옵션을 실습을 통해서 알아보겠습니다.

■ Chamfer 옵션을 활용한 사각형 그리기

[Chamfer] 명령어를 이용하여 모따기를 실행할 수도 있지만 [Rectang] 명령어에는 처음부터 모따기를 실행하여 사각형을 그릴 수 있습니다. 즉 Chamfer의 Distance 값을 미리 입력한 뒤 사각형을 그리는 것과 동일합니다.

• 예제 파일 : Sample\Part02\rectang01.dwg

① [File]-[Open] 메뉴를 이용하여 부록 CD에서 예제 파일을 불러옵니다.

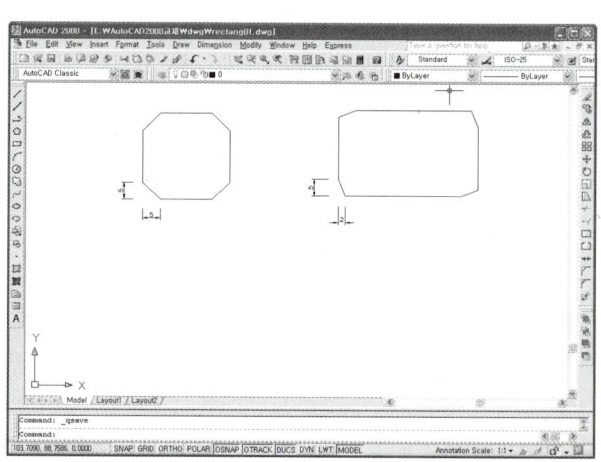

❷ Command 라인에 [Rectang] 명령어를 입력하고
P1을 선택합니다. Chamfer 옵션을 사용하여
Distance 길이 값을 입력합니다.

Command : Rectang [Enter]
Specify first corner point or [Chamfer/Elevation/
Fillet/Thickness/Width] : C [Enter]
모서리를 자르기 위한 Chamfer 옵션을 선택합니다.
Specify first chamfer distance for rectangles
<0.0000> : 3 [Enter]
모서리의 가로 길이 값을 입력합니다.
Specify second chamfer distance for rectangles
<3.0000> : 3 [Enter]
모서리의 세로 길이 값 입력합니다.
Specify first corner point or [Chamfer/Elevation/
Fillet/Thickness/Width] : P1 클릭

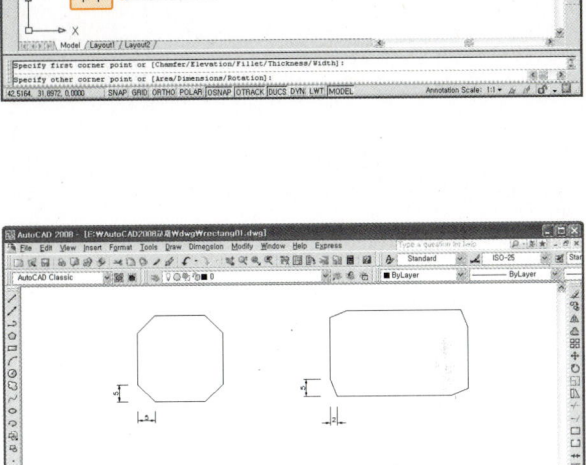

❸ 두 번째 대각선의 지점은 가로와 세로의 길이 값
을 좌표 값으로 입력합니다.

Specify other corner point or [Area/Dimensions
/Rotation] : @35,25

❹ 가로와 세로 모서리의 길이가 다른 사각형을 그려
봅니다.

Command : Rectang [Enter]
Current rectangle modes : Chamfer=3.0000 x 3.0000
Specify first corner point or [Chamfer/Elevation/
Fillet/Thickness/Width] : C [Enter]
Specify first chamfer distance for rectangles
<3.0000> : 3 [Enter]
Specify second chamfer distance for rectangles
<3.0000> : 6 [Enter]
Specify first corner point or [Chamfer/Elevation/
Fillet/Thickness/Width] : P1 클릭

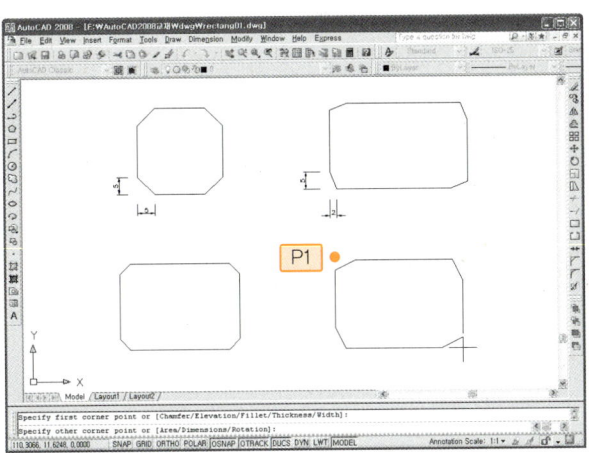

⑤ 모따기의 길이에 해당하는 값을 가진 사각형의 가
로와 세로의 너비를 좌표 값으로 입력합니다.

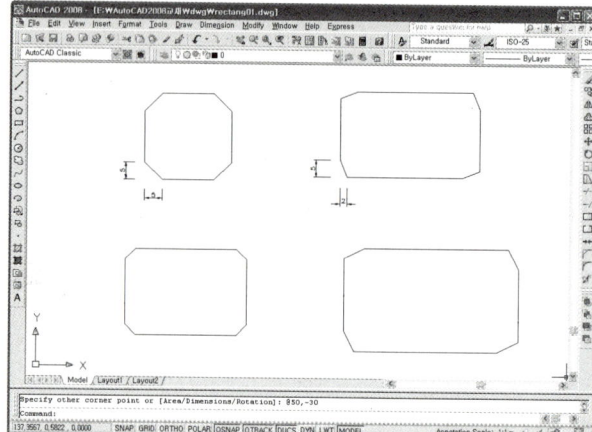

```
Specify other corner point or [ Area/Dimensions/
Rotation] : @50,-30
```

■ Fillet 옵션을 이용한 사각형 그리기

[Fillet]의 Radius를 입력하여 라운딩되어 있는 사각형을 그릴 수 있습니다.

• 예제 파일 : Sample\Part02\rectang02.dwg

----

① [File]-[Open] 메뉴를 이용하여 부록 CD에서 예
제 파일을 불러옵니다.

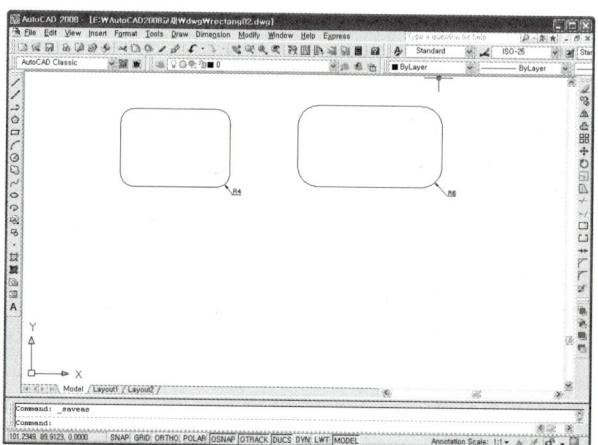

② Command 라인에 [Rectang] 명령어를 입력하고
P1을 클릭합니다.

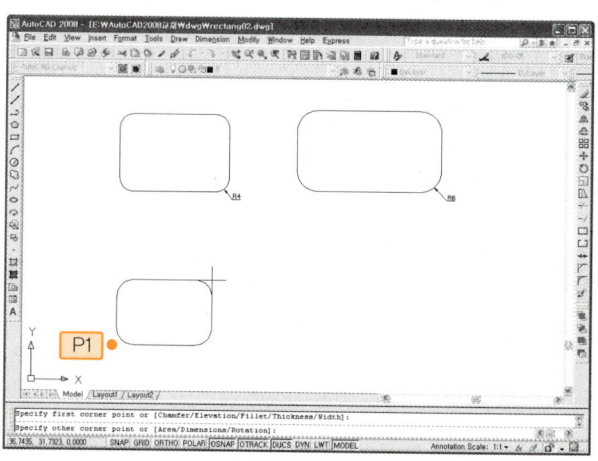

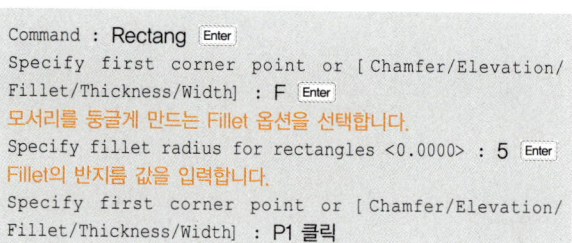

```
Command : Rectang Enter
Specify first corner point or [ Chamfer/Elevation/
Fillet/Thickness/Width] : F Enter
```
모서리를 둥글게 만드는 Fillet 옵션을 선택합니다.
```
Specify fillet radius for rectangles <0.0000> : 5 Enter
```
Fillet의 반지름 값을 입력합니다.
```
Specify first corner point or [ Chamfer/Elevation/
Fillet/Thickness/Width] : P1 클릭
```

③ 사각형의 두 번째 점의 위치를 좌표 값으로 입력
하여 그립니다.

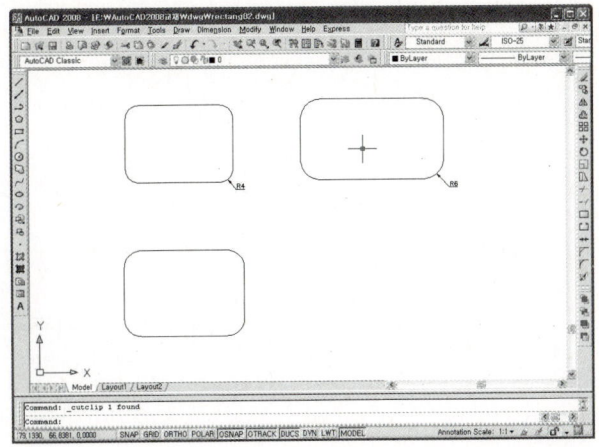

```
Specify other corner point or [Area/Dimensions/
Rotation] : @35,25 Enter
```

④ 다른 반지름 값을 가진 사각형을 그려봅니다. 한
번 입력된 값은 다시 지정하기 전에는 계속 유지
가 됩니다. 변경할 때나 다시 원래의 값으로 돌아
오고 싶은 경우에는 Radius 값을 재입력합니다.

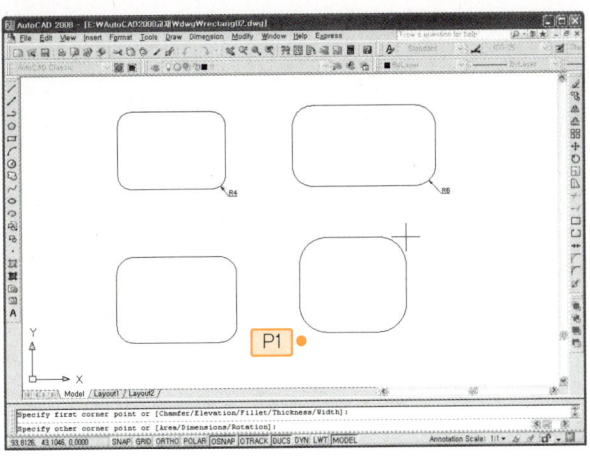

```
Command : Rectang Enter
Current rectangle modes : Fillet=5.0000
Specify first corner point or [Chamfer/Elevation/
Fillet/Thickness/Width] : F Enter
Specify fillet radius for rectangles <8.0000> : 8 Enter
```

⑤ 사각형의 두 번째 점의 위치를 좌표 값으로 입력
하여 그립니다.

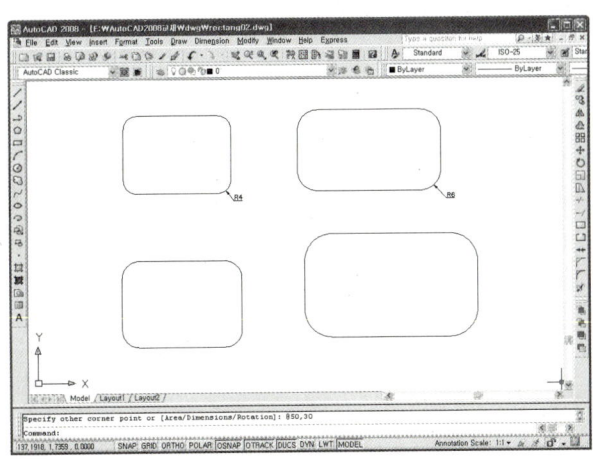

```
Specify first corner point or [Chamfer/Elevation/
Fillet/Thickness/Width] : P1 클릭
Specify other corner point or [Area/Dimensions/
Rotation] : @50,30 Enter
```

Fillet이나 Chamfer 옵션을 사용하는 경우 전체적인 Limits의 크기에 맞는 사각형의 크기를 고려해야 합니다. Limits가 작게 설정된 상태에서 너무 큰 Chamfer의 Distance 값이나 Fillet의 Radius 값을 입력하면 Rectangle은 그려지지 않습니다. 그러므로 Fillet이나 Chamfer 옵션을 사용하는 경우에는 반드시 반지름이나 거리 값을 정확하게 확인한 후에 사용하도록 합니다.

■ Width 옵션을 이용한 사각형 그리기

일반적으로 선분은 두께가 없습니다. 하지만 사각형은 폴리라인 성분이므로 선분에 두께를 가질 수 있으므로 Width 옵션을 이용하여 두께가 다른 사각형을 그릴 수 있습니다.

• 예제 파일 : Sample\Part02\rectang03.dwg

① [File]-[Open] 메뉴를 이용하여 부록 CD에서 예제 파일을 불러옵니다.

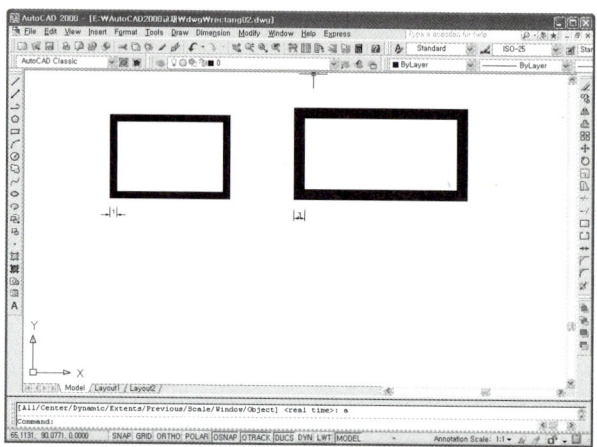

② Command 라인에 명령어를 입력하고 P1을 선택합니다. Width 옵션을 이용하여 선분의 두께 값을 입력합니다.

```
Command : Rectang Enter
Specify first corner point or [Chamfer/Elevation/
Fillet/Thickness/Width] : W Enter
사각형의 두께를 입력하는 Width 옵션을 선택합니다.
Specify line width for rectangles <0.0000> : 2 Enter
사각형의 두께를 입력합니다.
Specify first corner point or [Chamfer/Elevation/
Fillet/Thickness/Width] : P1 클릭
사각형의 첫 번째 점을 클릭합니다.
```

③ 사각형의 두 번째 점의 위치를 좌표 값으로 입력하여 그립니다. 가로 세로 길이 값을 좌표 값으로 구분하여 입력합니다.

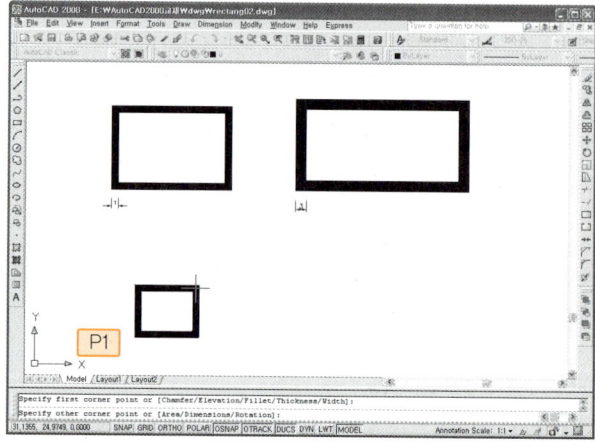

```
Specify other corner point or [Area/Dimensions/
Rotation] : @30,30 Enter
```

■ Elevation 옵션을 이용한 사각형 그리기

블록을 쌓을 때 바닥부터 쌓는다면 맨 아래 있는 블록 외에는 모두 블록 위에 블록을 쌓게 됩니다. 2번째 블록의 시작 위치는 지상에서 첫 번째 블록의 높이만큼 올라간 위치가 될 것입니다. 이때 2번째 블록의 높이 값의 시작 위치를 Elevation이라 하며 '객체의 고도'라고 합니다.

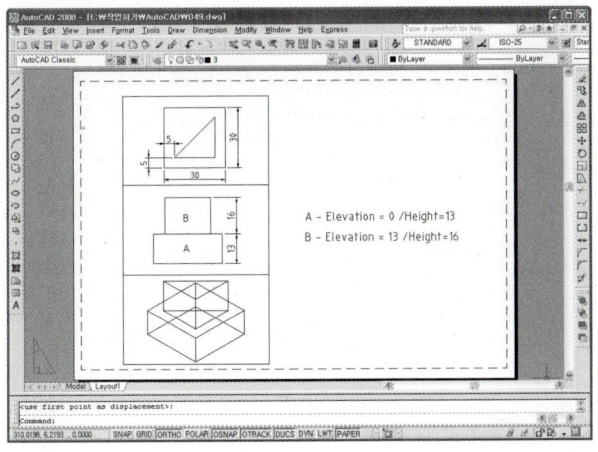

Command : **Rectang** [Enter]
Specify first corner point or [Chamfer/Elevation/ Fillet/Thickness/Width] : E [Enter]
객체 시작점의 값을 입력하는 옵션을 선택합니다.
Specify the elevation for rectangles <0.0000> : **20** [Enter] 객체 시작점을 입력합니다.
Specify first corner point or [Chamfer/Elevation/ Fillet/Thickness/Width] : 사각형의 첫 번째 점을 클릭합니다.
Specify other corner point or [Area/Dimensions/ Rotation] : 사각형의 두 번째 대각선 점을 클릭합니다.

■ Thickness 옵션을 이용한 사각형 그리기

2차원 객체에 높이 값을 부여하여 3차원 입체 객체로 만들어 줍니다. 2차원 Vpoint 상태에서는 확인하기 힘듭니다. 다음의 예제를 만들어 보고 Vpoint를 바꾸어 확인해보도록 합니다.

• 예제 파일 : Sample\Part02\rectang05.dwg

---

❶ [File]-[Open] 메뉴를 이용하여 부록 CD에서 예제 파일을 불러옵니다. 화면에는 Thickness가 변경되지 않은 객체가 그려져 있습니다.

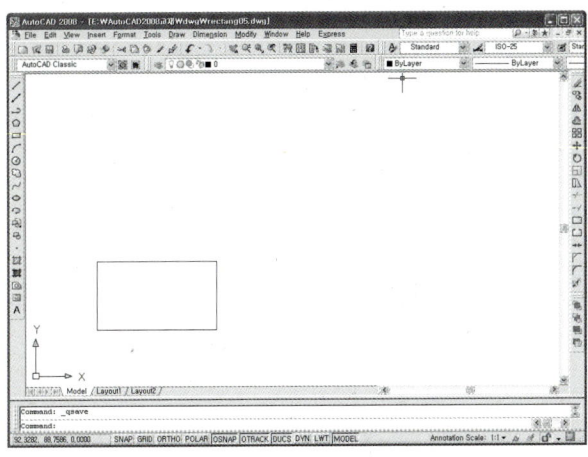

❷ Command 라인에 명령어를 입력하고 P1을 선택
합니다.

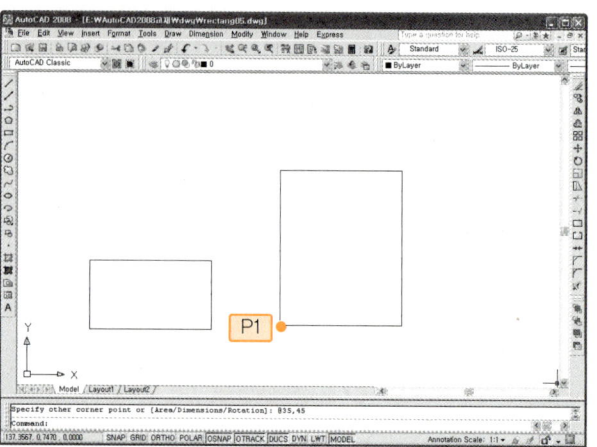

```
Command : Rectang Enter
Specify first corner point or [Chamfer/Elevation/
Fillet/Thickness/Width] : T Enter
객체의 두께를 부여하는 Thickness 옵션을 선택합니다.
Specify thickness for rectangles <0.0000> : 20 Enter
Thickness의 두께를 20으로 입력합니다.
Specify first corner point or [Chamfer/Elevation/
Fillet/Thickness/Width] : P1 클릭
Specify other corner point or [Area/Dimensions/
Rotation] : @35,45 Enter
사각형의 가로와 세로 길이 값을 좌표 값으로 입력합니다.
```

❸ Thickness를 확인하기 위하여 Vpoint를 다음과
같이 변경합니다.

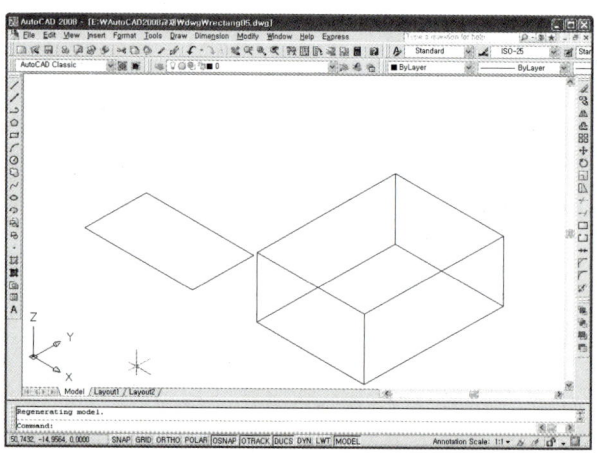

```
Command : Vpoint Enter
Current view direction : VIEWDIR=0.0000,0.0000,1.0000
Specify a view point or [Rotate] <display compass and
tripod> : 1,-1,1 Enter
Regenerating model.
```

3차원의 화면구성으로 보게 되면 2차원 화면에서의 평면적인 모습이 아닌 두께를 가진 3차원 객체가 되어 있는 것을 볼 수 있습니다. 3차원에 대한 설명
은 뒷부분에 나옵니다. 여기서는 결과를 확인하는 정도만 알고 넘어가도록 하겠습니다.

Tip **AutoCAD**
직교 모드에서 편리한 [Ortho] 키

[Ortho] 키는 마우스포인터가 수직, 수평 방향으로만 움직이게 하는 기능키입니다. F8로 On/Off할 수 있으며, On으로 설정되었을 때에는 마우스포인
터가 항상 수직과 수평 방향으로만 움직이므로 수직, 수평 상태의 임의의 직선을 그릴 때 편리합니다. 또한 [Mirror] 이용 시 첫 번째 기준점을 선택한
뒤 두 번째 기준점을 선택할 때 [Osnap]을 이용하지 않고 F8을 누른 뒤에 원하는 방향으로 드래그하여 임의의 점을 클릭하면 [Osnap]을 이용하여 정
확히 선택한 점과 다르지 않습니다. [Ortho] 키는 화면 하단 Status Line(상태 표시줄)에도 버튼으로 나타나 있습니다. F8을 이용하거나 상태 표시줄에
서 On/Off할 수 있습니다.

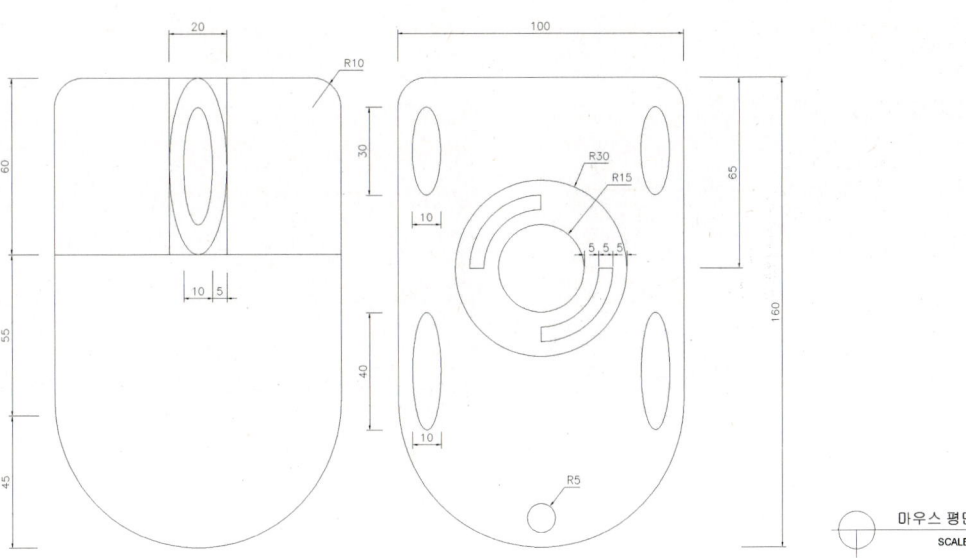

마우스 평면도
SCALE : none

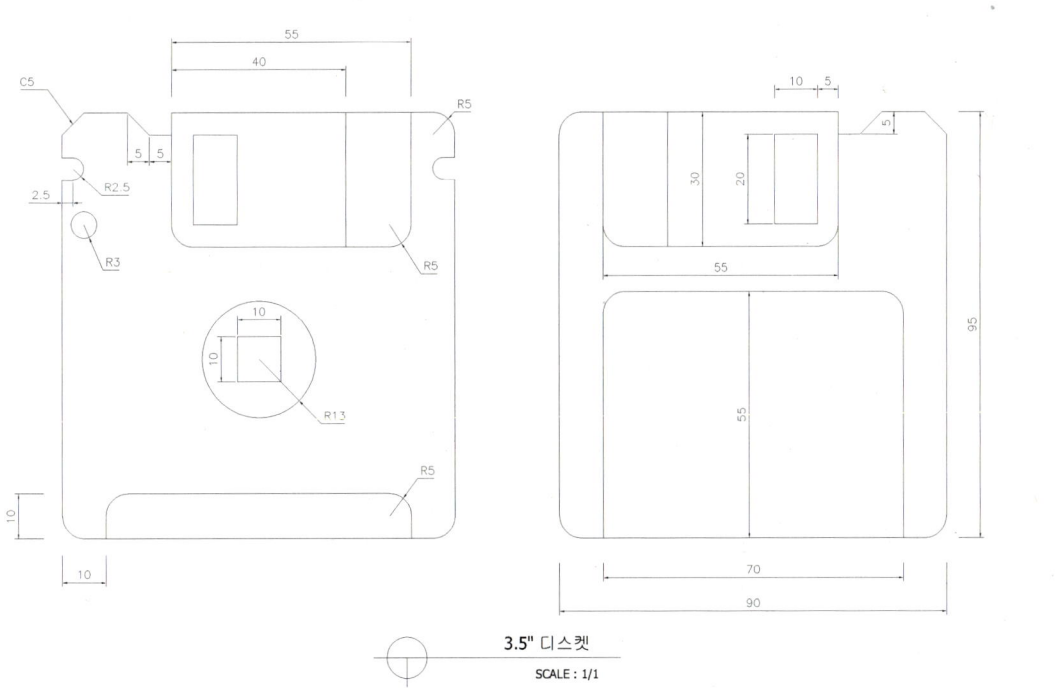

3.5" 디스켓

SCALE : 1/1

타원과 다각형을 이용한 도면 그리기

다양한 형태의 도형을 적용한 도면을 작성해 봅니다. 다음 전체적인 도면을 참고하여 따라 하기를 무조건 하는 것보다 미리 한 번 먼저
그려보고 결과를 확인하는 형태로 연습해보기 바랍니다.

• 완성파일 : Sample\part02\p2_total03.dwg

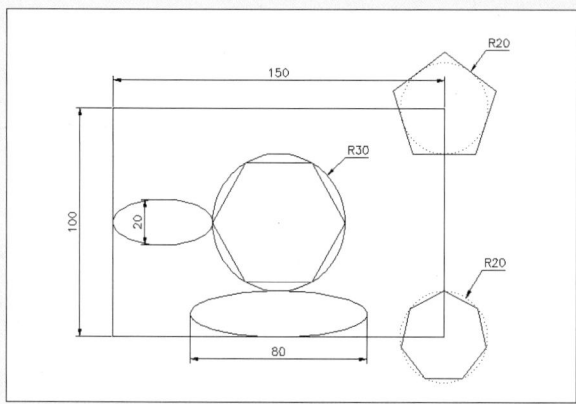

▲ 완성 이미지

1. 전체 레이아웃의 도형 그리기

기본적으로 도면을 그리는 경우 기준을 잡아서 그리면 쉽습니다. 전체적인 기준이 되는 객체부터 그리기 시작합니
다. 이 도면에서는 전체의 사각형을 기준으로 여러 가지 작은 객체들이 있으므로 기준 객체는 전체 사각형을 잡고
사각형은 [Rectang] 명령으로 그립니다.

① 메뉴에서 [File]-[New]를 실행하여 새로운 도면
을 시작합니다. [Limits] 명령을 이용하여 다음과
같이 도면 한계를 설정합니다.

```
Command : Limits  Enter
Reset Model space limits :
Specify lower left corner or [ON/OFF] <0.0000,0.0000>
:  Enter
Specify upper right corner <420.0000,297.0000> :
297,210  Enter
Command : Zoom  Enter
Specify corner of window, enter a scale factor (nX or nXP), or
[All/Center/Dynamic/Extents/Previous/Scale/Window/Object]
<real time> : A  Enter
Regenerating model.
```

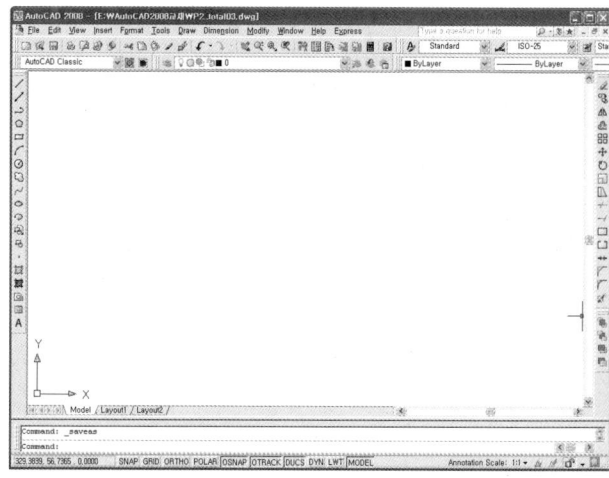

❷ 전체적인 윤곽선을 그리기 위해 [Rectang] 명령어를 입력합니다.

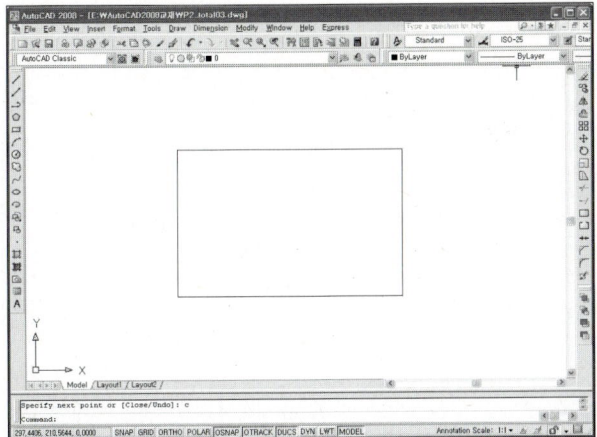

```
Command : Rectang  Enter
Specify first corner point or [ Chamfer/Elevation/
Fillet/Thickness/Width] : 70,55  Enter
Specify other corner point or [ Area/Dimensions/
Rotation] : @150,100  Enter
```

❹ 기준선의 Midpoint를 중심으로 원을 그리기 위해 [Circle] 명령어를 입력합니다.

```
Command : Circle  Enter
Specify center point for circle or [ 3P/2P/Ttr(tan tan
radius)] : P1 클릭 Osnap은 Mid로 선택합니다.
```

❺ 원의 크기에 대한 반지름 값을 입력합니다.

```
Specify radius of circle or [ Diameter] : 30  Enter
```

❸ 사각형의 가운데 중심선을 그리기 위해 [Line] 명령어를 입력합니다.

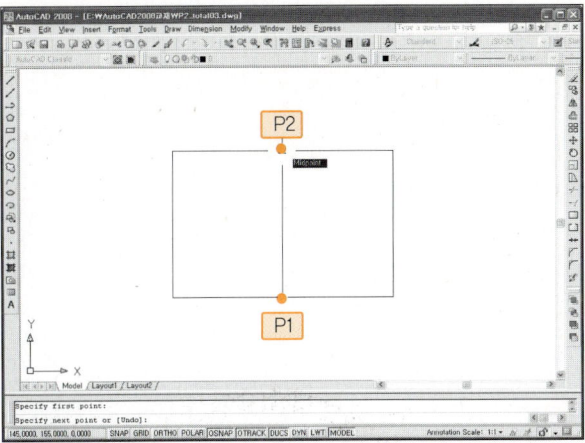

```
Command : Line  Enter
Specify first point : P1 클릭 Osnap은 Mid로 선택합니다.
Specify next point or [ Undo] : P2 클릭
Osnap은 Mid로 선택합니다.
Specify next point or [ Undo] :  Enter
```

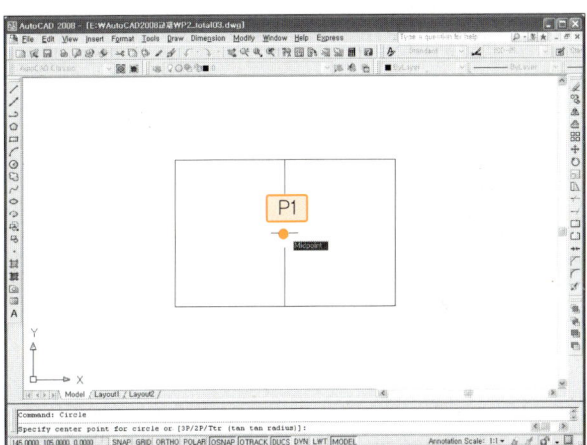

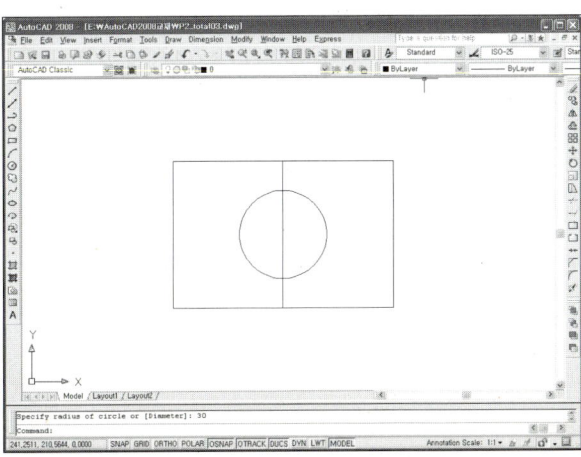

⑥ 원 안에 내접하는 다각형을 그리기 위해 [Polygon] 명령어를 입력합니다.

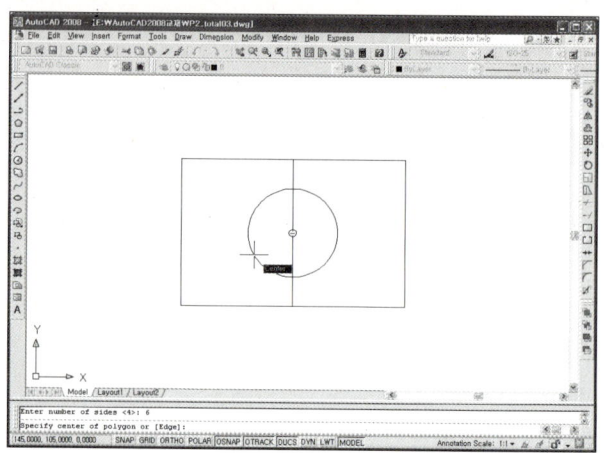

Command : Polygon [Enter]
Enter number of sides <4> : 6 [Enter]
육각형을 그리기 위해 변의 개수를 '6'으로 입력합니다.
Specify center of Polygon or [Edge] :
원에 내접하기 위해 원의 중심점을 다각형의 중심으로
Osnap=Center로 선택합니다.

⑦ 원에 내접하는 다각형을 그리기 위하여 다각형의 옵션인 'I'를 선택합니다.

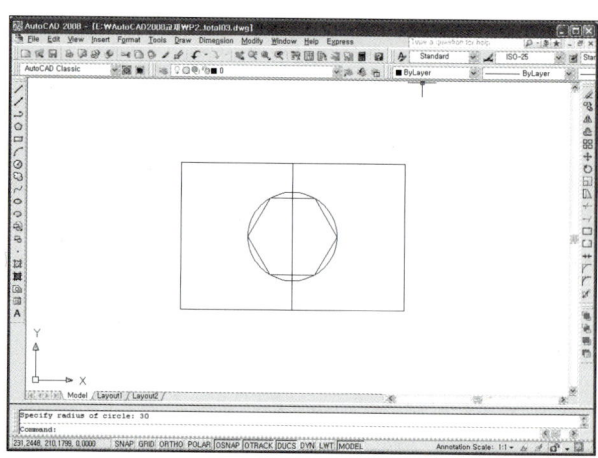

Enter an option [Inscribed in circle/Circumscribed about circle] <I> : I [Enter]
원에 내접하는 다각형 옵션 Inscribed in circle을 선택합니다.
Specify radius of circle : 30 [Enter]
원과 동일한 반지름 값을 입력합니다.

2. 기본 레이아웃 틀을 기준으로 타원과 다각형 그려 넣기

기본 틀이 완성되었습니다. 기본 틀에 다른 도형을 그려 나가도록 합니다. 기준 객체가 있으므로 사용자는 그 기준 객체의 중간점, 끝점, 중심점, 교점 등을 기준으로 일반 객체를 그려 나갈 수 있습니다.

① 사각형의 Midpoint와 원과 다각형의 교점을 양 끝점으로 하는 타원을 그리기 위해 [Ellipse] 명령을 입력합니다.

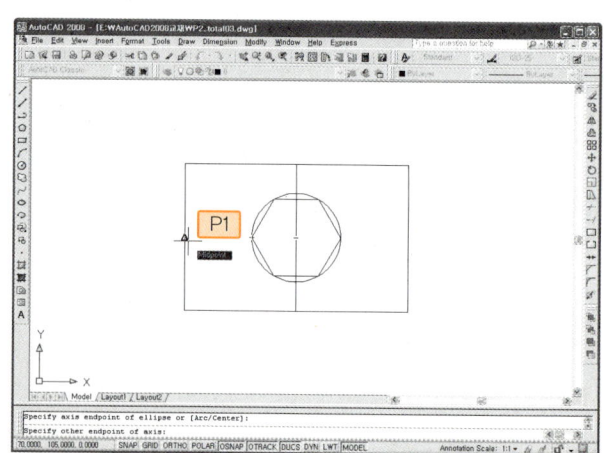

Command : Ellipse [Enter]
Specify axis endpoint of Ellipse or [Arc/Center] : P1
클릭
사각형 세로선의 Midpoint를 Osnap으로 선택합니다.

② 타원의 두 번째 점은 원과 다각형의 교점을 클릭
하고 나머지 값을 입력합니다.

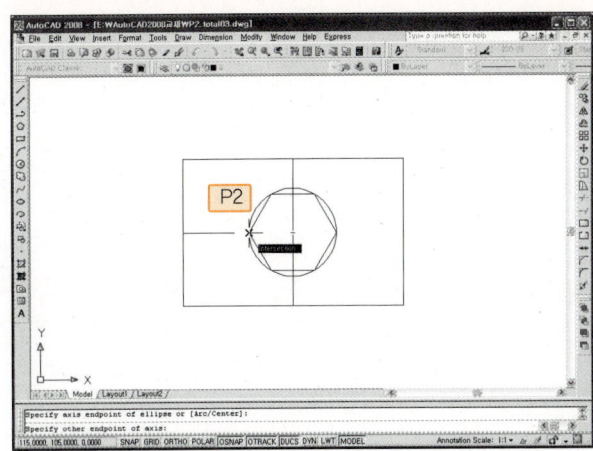

Specify other endpoint of axis : **P2 클릭**
타원의 두 번째 끝점을 Osnap=Intersection 점으로 선택합니다.
Specify distance to other axis or [Rotation] :
@10〈90 [Enter]
타원의 중심에서 다른 한쪽 축의 길이 값은 좌표 값으로 입력합니다.

③ 다음과 같은 결과가 나옵니다. 그림과 같이 완성
되었는지 확인하도록 합니다.

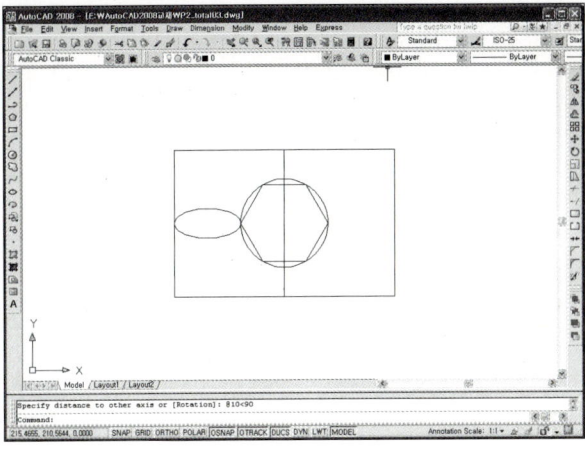

④ 다른 크기의 타원을 그리기 위해 [Ellipse] 명령을
입력합니다.

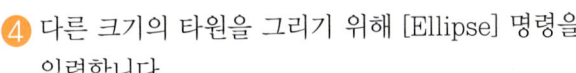

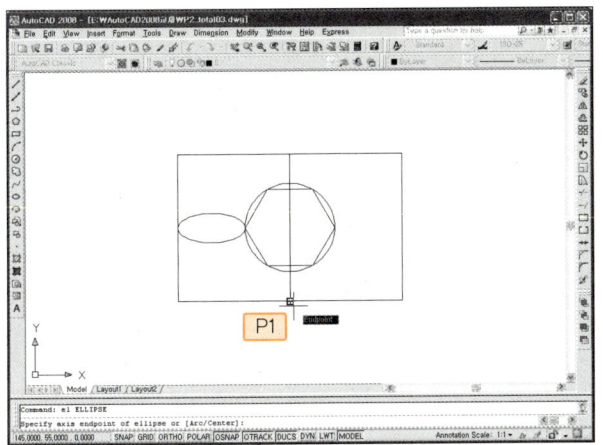

Command : **Ellipse** [Enter]
Specify axis endpoint of Ellipse or [Arc/Center] : **P1**
클릭
중심선 아래 선분의 Endpoint를 선택합니다.

⑤ 타원의 두 번째 점은 원과 다각형의 교점을 클릭
하고 나머지 값을 입력합니다.

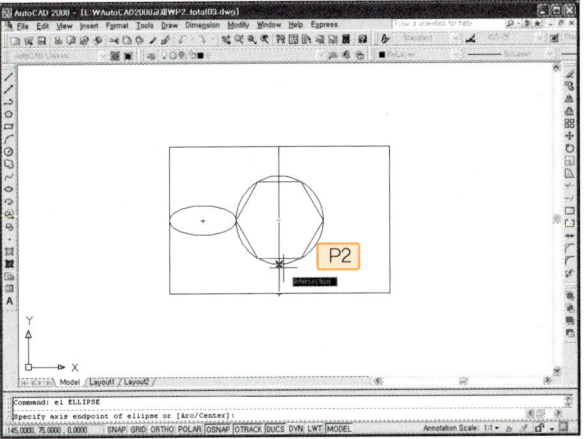

Specify other endpoint of axis : **P2 클릭**
타원의 두 번째 끝점을 Osnap=Intersection 점으로 선택합니다.
Specify distance to other axis or [Rotation] : **@40〈0**
[Enter]

⑥ 다음과 같은 결과가 나타납니다.

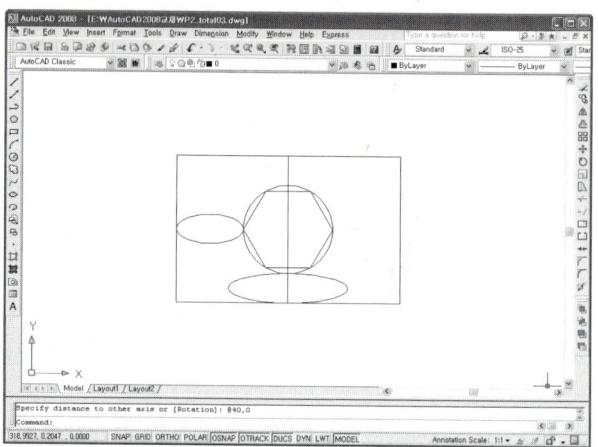

⑦ 오른쪽 위 꼭짓점에 오각형을 하나 더 그리기 위해 [Polygon] 명령어를 입력합니다.

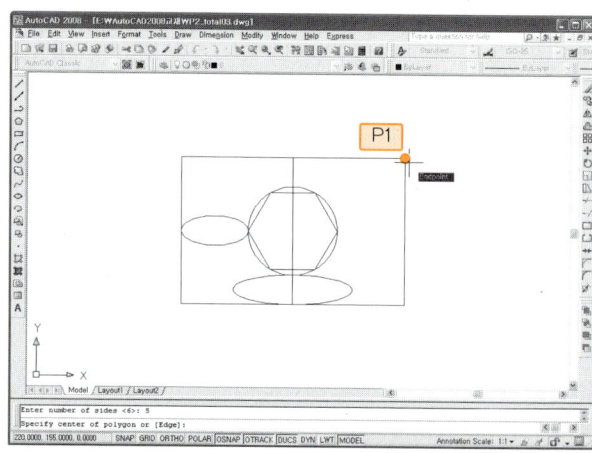

Command : Polygon Enter
Enter number of sides <6> : 5 Enter
Specify center of Polygon or [Edge] : P1 클릭 사각형의 Endpoint를 Osnap으로 선택합니다.
Enter an option [Inscribed in circle/Circumscribed about circle] <I> : C Enter
원에 외접하는 형태의 다각형 옵션을 선택합니다.
Specify radius of circle : 20 Enter 다각형의 크기에 해당하는 반지름 값을 입력합니다.

⑧ 다음과 같은 크기의 오각형이 그려집니다.

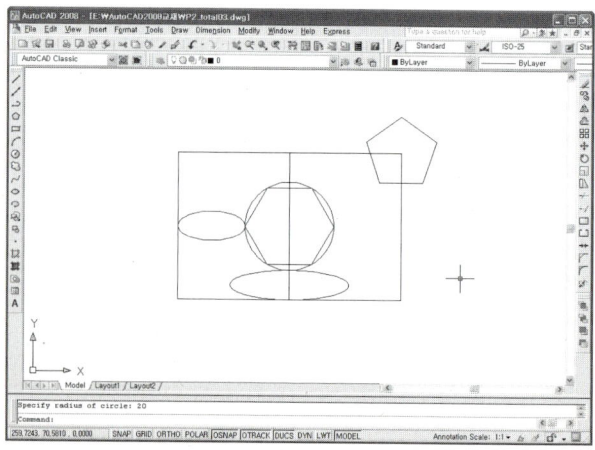

⑨ 아랫부분에는 칠각형을 그리기 위해 [Polygon] 명령어를 입력합니다.

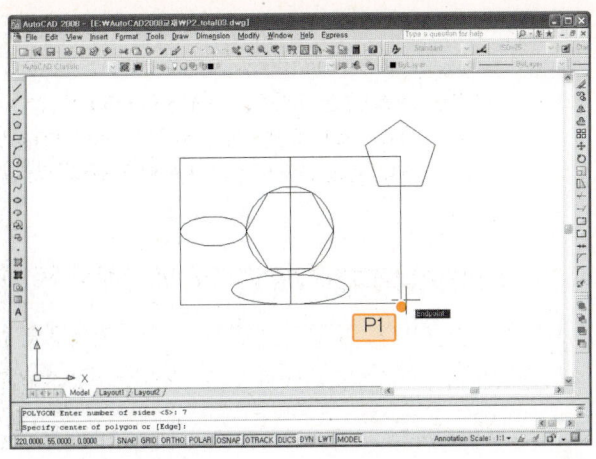

```
Command : Polygon [Enter]
Enter number of sides <5> : 7 [Enter]
Specify center of Polygon or [ Edge] : P1 클릭
Enter an option [ Inscribed in circle/Circumscribed
about circle] <C> : I [Enter]
Specify radius of circle : 20 [Enter]
```

⑩ 다음과 같은 크기의 다각형이 그려집니다. 그림과 같이 완성되었는지 확인합니다.

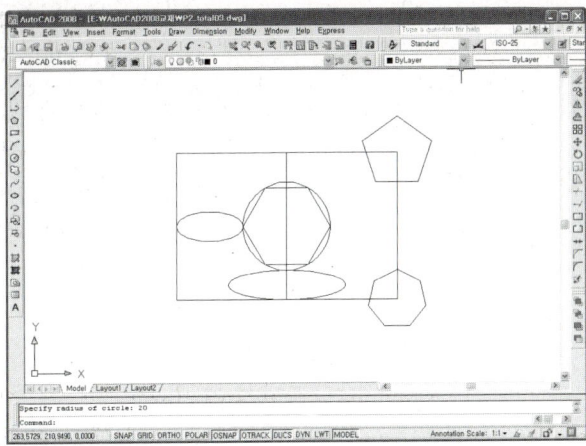

Tip AutoCAD

자동 추적모드 Polar모드

Polar 모드를 활성화하면 사용자가 지정해둔 각도 방향을 마우스포인터가 자동으로 추적합니다. 메뉴에서 [Tools]-[Drafting Settings]를 실행하여 나타나는 대화상자에서 원하는 각도를 입력하면 마우스포인터가 지정된 각도 방향으로 움직이게 되며 자동으로 그 각도만큼 추적하여 원하는 방향대로 마우스가 이동합니다. [F10]으로 On/Off할 수 있으며, 상태표시줄(Status Line)에서 On/Off할 수도 있습니다.

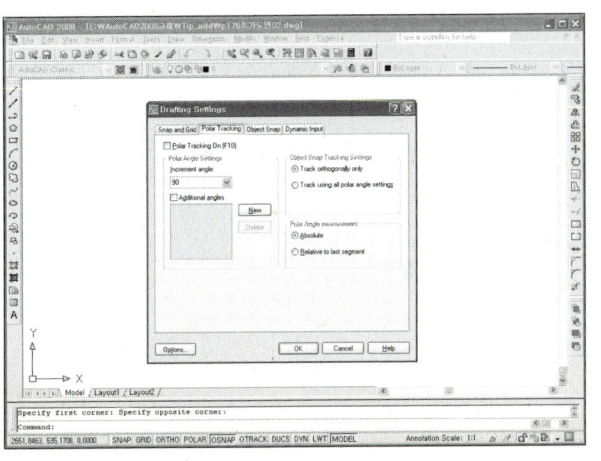

Chapter

04 객체의 변형(3)

기본적인 변형 도구를 통해서 도면을 생성하고 수정, 편집하였습니다. 이번 Chapter에서는 편집을 마친 도면 요소들의 크기를 조정하고 복사된 객체의 회전각을 달리하여 도면 작성을 용이하게 하는 변형 명령어들을 학습합니다. 1차, 2차 변형이 완료된 객체를 변형하는 최종 변형 명령어입니다.

1. 크기를 조절하는 [Scale] 명령어

선택한 객체의 크기를 조절하는 명령어입니다. 현재크기를 '1'로 지정하고 비율로 2, 3, … 또는 0.8, 0.5 …를 입력하여 확대하거나 축소합니다. 객체의 크기는 먼저 객체의 중심점을 클릭하고 비율을 입력한 후 절대 값을 이용하여 크기를 조절하기도 합니다.

[Scale] 명령어	
아이콘	
메인 메뉴	[Modify]-[Scale]
명령어	Scale
단축키	〈SC〉

1. 명령어 사용 방법

Command 라인에 [Scale] 명령어를 입력합니다. 크기를 조절할 대상 객체를 먼저 선택하고 선택한 객체 중 중심점을 클릭합니다. 선택된 객체를 알맞은 크기로 설정하기 위해 드래그하여 모양을 맞추거나 '1'을 기준으로 숫자를 입력하여 확대하거나 축소할 수 있습니다.

```
Command : Scale Enter
Select objects : Scale 대상 객체를 선택합니다.
Select objects : Enter
Specify base point : Scale 대상 객체의 기준점을 클릭합니다.
Specify scale factor or [ Copy/Reference] <1.0000> : 2 Enter   숫자를 입력하여 크기 비율을 입력합니다.
```

2. 명령어 옵션

[Scale] 명령을 통해 객체를 확대/축소할 때는 흔히 비율을 입력합니다. 만일 현재 크기와 확대나 축소되었을 때 비율을 계산하기 힘든 경우라면 절대 값을 이용하여 '현재의 값 VS 변해야 하는 값'으로 입력하여 사용할 수도 있습니다.

옵션	내용
Copy	현재의 객체를 확대/축소하는 경우 단순히 확대/축소만 하는 것이 아니고 그 비율만큼 확대/축소하여 복사된 객체를 만들어 냅니다.
Reference	참조 값을 이용하여 [Scale] 명령을 적용합니다. 현재의 길이 값 VS 원하는 길이 값

3. 기본 실습

가장 자주 사용하는 [Scale] 명령 사용 방법을 배워보도록 하겠습니다. 객체를 선택하고 원하는 확대, 축소 비율을 입력하여 객체의 크기를 변화시킵니다. Scale Factor 값을 이용하여 크기를 변환해보겠습니다.

- 예제 파일 : Sample\Part02\scale01.dwg

① [File]-[Open] 메뉴를 이용하여 부록 CD에서 예제 파일을 불러옵니다.

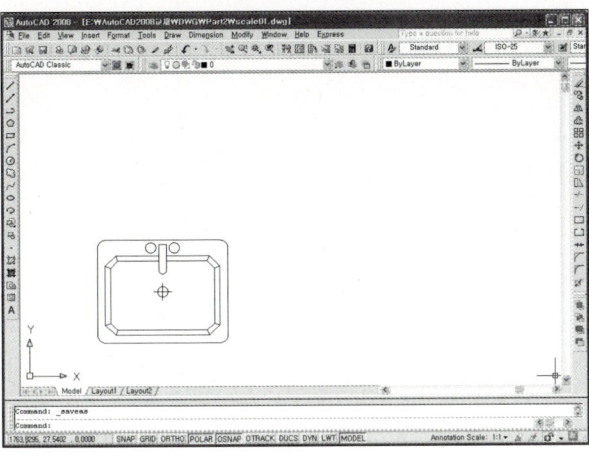

② Command 라인에 [Scale] 명령을 입력합니다.

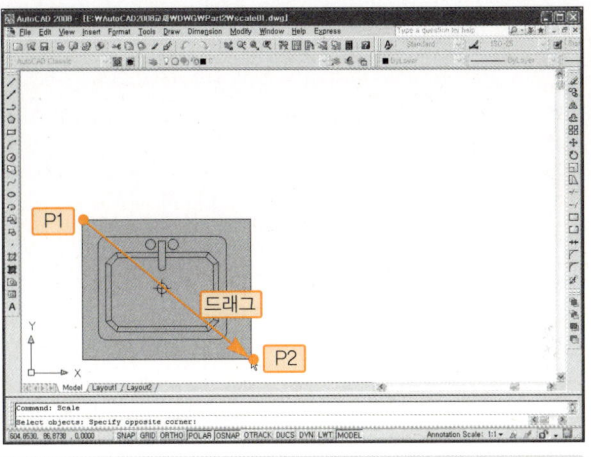

```
Command : Scale [Enter]
Select objects : Specify opposite corner : 43 found
P1점에서 P2점까지 드래그합니다.
Select objects : [Enter]
```

③ 크기 조절의 기준점을 클릭합니다. 좌표 값이나 [Osnap]을 이용하여 입력합니다.

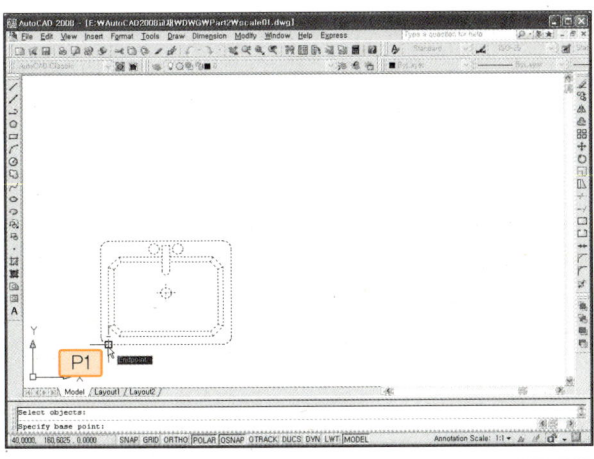

```
Specify base point : P1 클릭
```

④ 확대 비율을 숫자로 입력합니다. 확대의 경우 '1' 이상의 숫자를 입력하고 축소의 경우 '1' 이하의 숫자를 입력합니다.

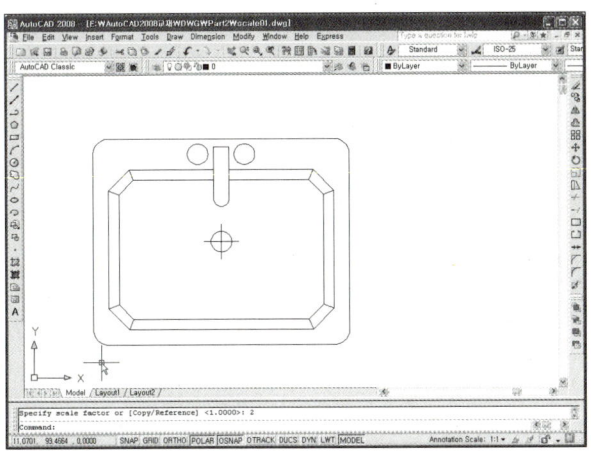

```
Specify scale factor or [ Copy/Reference] <1.0000> : 2 [Enter]
2를 입력하면 현재 크기의 2배로 선택된 객체를 확대합니다.
```

⑤ 현재 확대된 객체를 다시 축소하기 위하여 [Scale] 명령어를 다시 입력합니다. 그림처럼 드래그하여 선택해도 되지만 한 번 선택한 객체를 다시 선택하는 경우 'P'를 입력하여 바로 이전 단계에 입력한 객체를 다시 선택하는 Object Selection인 previous 옵션을 입력해도 가능합니다.

```
Command : Scale Enter
Select objects : Specify opposite corner : 43 found
P1~P2점으로 드래그합니다.
Select objects : Enter
```

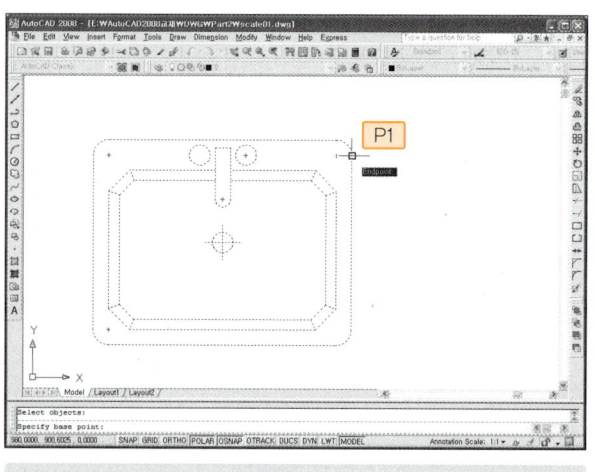

⑥ 크기 조절의 기준점을 클릭합니다. 좌표 값을 입력하거나 [Osnap]을 이용하여 선택합니다.

⑦ 축소 비율을 숫자로 입력합니다. 확대의 경우 '1' 이상의 숫자를 입력하고 축소의 경우 '1' 이하의 소수점 이하의 숫자를 입력합니다.

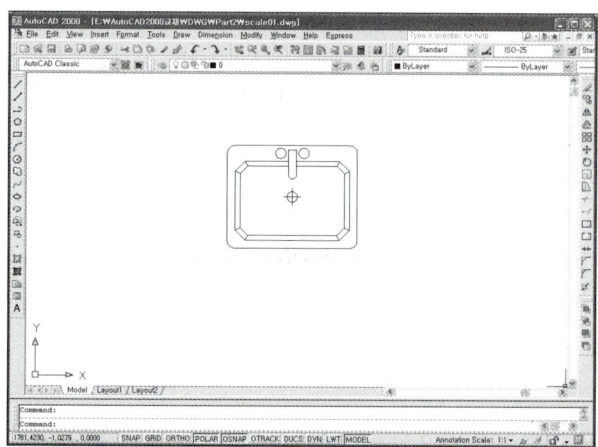

```
Specify base point : P1 클릭
```

```
Specify scale factor or [ Copy/Reference] <2.0000> :
0.5 Enter  0.5를 입력하면 본래 크기의 1/2배로 축소하게 됩니다.
```

4. 옵션 실습

확대, 축소 비율을 숫자로 입력하는 경우 기존의 객체를 확대하거나 축소합니다. Copy 옵션을 이용하면 기존의 선택한 객체는 그대로 둔 채 확대하거나 축소되는 객체를 새롭게 만들어 낼 수 있습니다. 또한 기준 값을 참조하여 비율을 잘 모르거나 정확하지 않은 객체들도 정확한 값들로 확대하거나 축소할 수 있습니다.

■ Copy 옵션으로 확대/축소 복사본 만들기

Scale 비율을 입력하기 전에 Copy 옵션을 사용하면 선택한 객체의 Scale을 변경하면서 복사본을 만들 수 있습니다. 그래픽 전용 툴에 주로 많이 이용되는 옵션 중에 하나로 크기 변환과 동시에 복사가 되므로 상당히 편리합니다.

• 예제 파일 : Sample\Part02\scale02.dwg

① [File]-[Open] 메뉴를 이용하여 부록 CD에서 예제 파일을 불러옵니다.

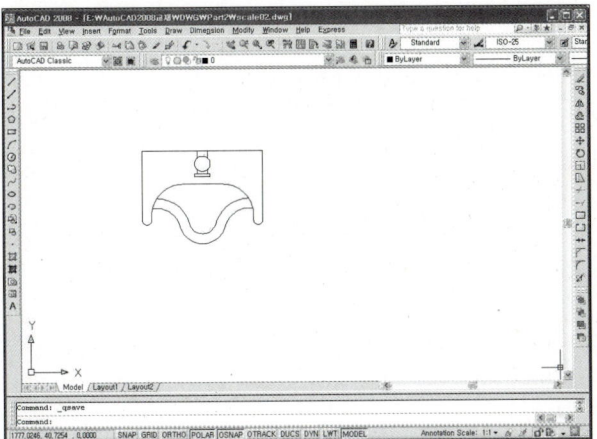

② [Scale] 명령어를 Command 라인에 입력합니다.

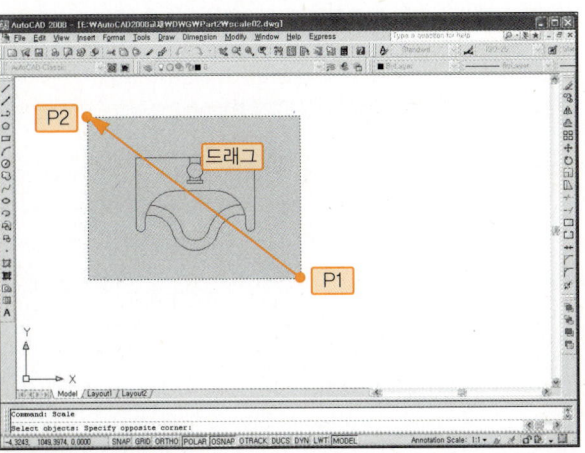

```
Command : Scale Enter
Select objects : Specify opposite corner : 28 found
1~P2로 드래그하여 선택합니다.
Select objects : Enter
```

③ 옵션을 선택하고 기준점을 클릭합니다. 복사를 하면서 크기 변환을 하는 경우 Copy 옵션을 사용합니다.

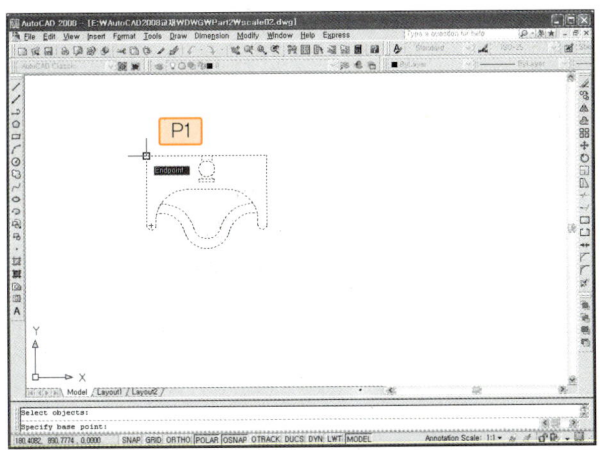

```
Specify base point : P1 클릭
P1점을 클릭하여 기준점을 정합니다.
Specify scale factor or [ Copy/Reference] <1.0000> : C
Enter
Copy 옵션을 선택합니다.
Scaling a copy of the selected objects.
```

④ 확대 비율을 입력합니다.

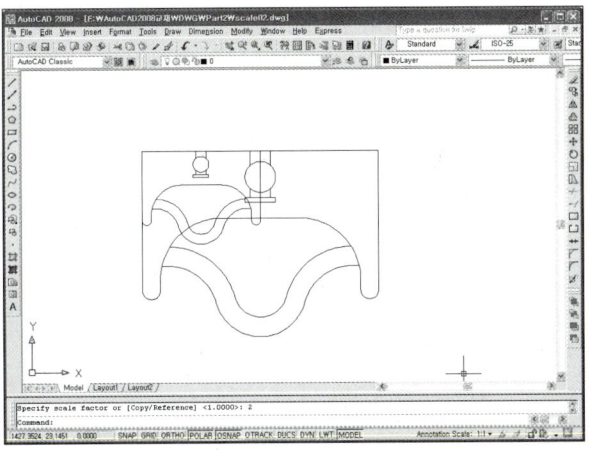

```
Specify scale factor or [ Copy/Reference] <1.0000> : 2
Enter
Scale 비율 입력합니다.
```

■ 참조 값을 이용하여 Scale 활용하기

Scale 비율을 정확히 알 수 없을 때에는 기준 객체의 길이를 원하는 객체의 길이로 바로 변경할 수 있습니다. 이때는 비율로 입력하는 것이 아니라 기준 객체의 길이를 입력한 후 그 객체 길이를 변경하고 싶은 값으로 입력하여 Scale을 변경합니다.

• 예제 파일 : Sample\Part02\scale03.dwg

① [File]-[Open] 메뉴를 이용하여 부록 CD에서 예제 파일을 불러옵니다.

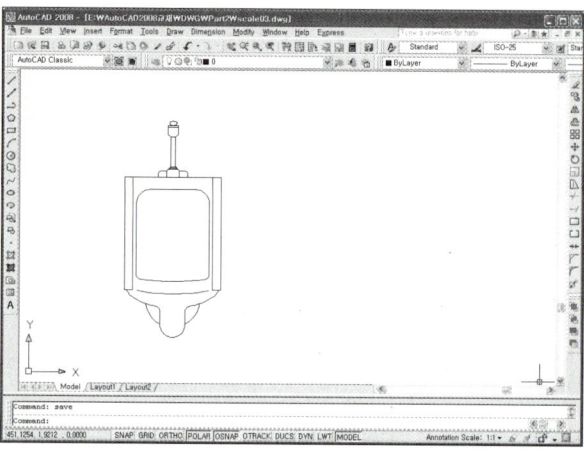

② 소변기의 세로 길이를 알기 위해 Command 라인에 [Dist] 명령어를 입력합니다.

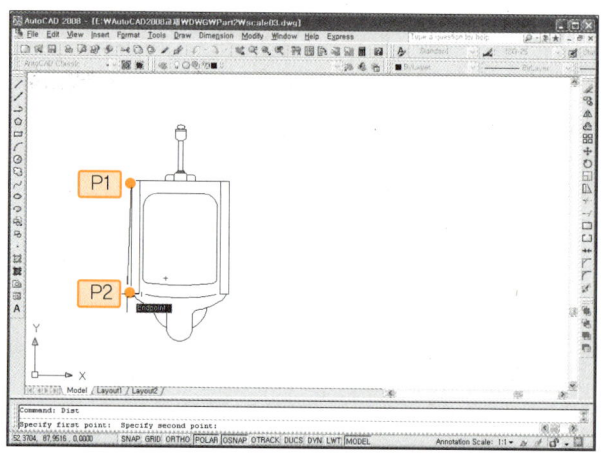

```
Command : Dist Enter
Specify first point : P1 클릭
Specify second point : P2 클릭
```

③ [AutoCAD Text Window] 창이 나타나면서 크기를 확인할 수 있습니다.

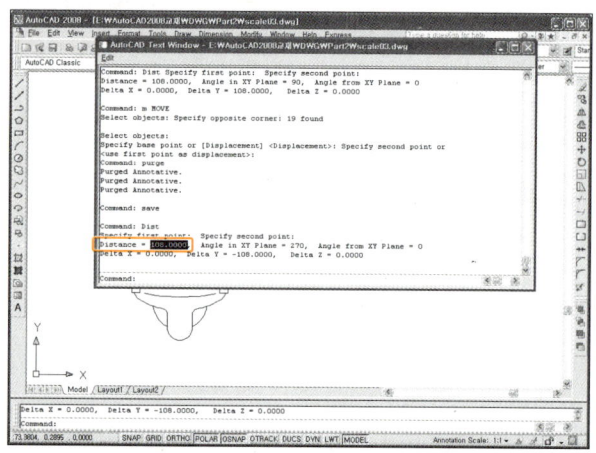

④ 이 길이가 100이 되도록 만들기 위해 Command 라인에 'Scale'을 입력합니다.

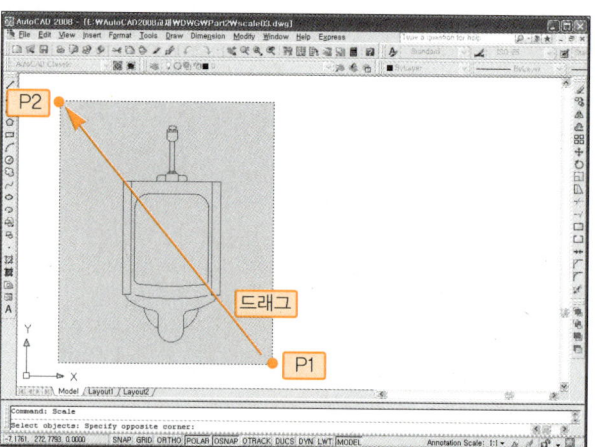

```
Distance = 108.0000, Angle in XY Plane = 270, Angle
from XY Plane = 0
Delta X = 0.0000, Delta Y = -108.0000, Delta Z =
0.0000
```
Distance는 길이 값을 말하며 P1에서 P2점까지의 길이가 108, 각도는 0도라는 것을 알 수 있습니다.

```
Command : Scale Enter
Select objects : Specify opposite corner : 19 found
P1에서 P2점까지 드래그하여 선택합니다.
Select objects : Enter
```

⑤ 기준점을 클릭합니다.

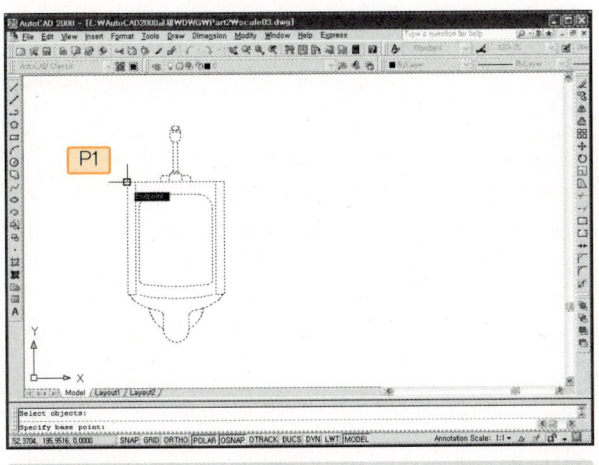

Specify base point : **P1 클릭**

⑥ 옵션을 선택하고 참조 값과 새로 변경할 값을 입력합니다.

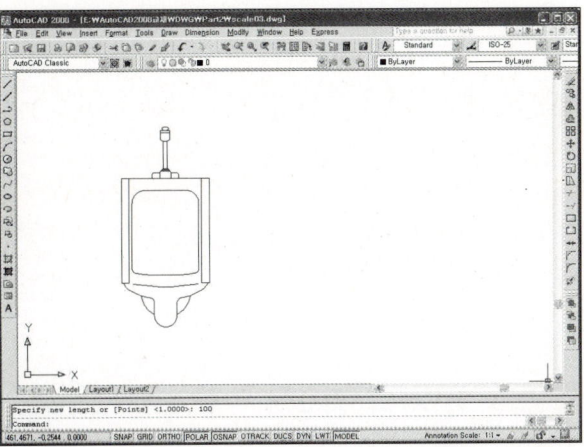

Specify scale factor or [Copy/Reference] <0.2000> : **R** Enter
참조 옵션 Reference를 선택합니다.
Specify reference length <1.0000> : **108** Enter
참조 길이 값을 입력합니다.
Specify new length or [Points] <1.0000> : **100** Enter
원하는 새로운 값을 입력합니다.

⑦ 변경이 되었는지 [Dist] 명령어로 확인합니다.

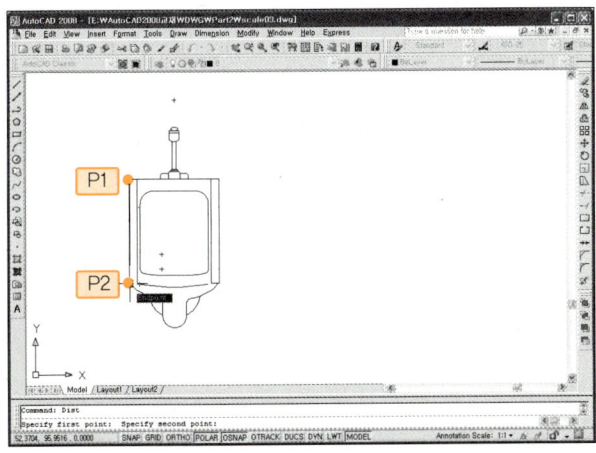

Command : **Dist**
Specify first point : **P1 클릭**
Specify second point : **P2 클릭**

⑧ 다음과 같이 완벽하게 변경되었습니다.

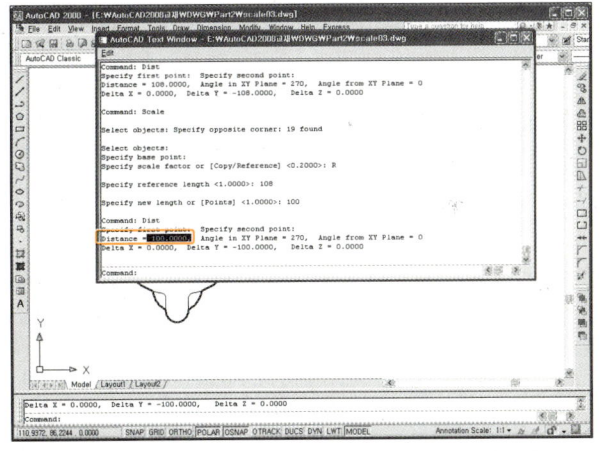

Distance = 100.0000, Angle in XY Plane = 270, Angle from XY Plane = 0
Delta X = 0.0000, Delta Y = -100.0000, Delta Z = 0.0000
Distance가 100으로 변경되어 사용자가 비율을 계산하기 곤란한 경우에도 참조 값을 이용하여 편리하게 사용할 수 있습니다.

사실 Scale Factor를 기본적인 것 말고는 사용자가 정확하게 계산하기가 귀찮은 경우가 많습니다. 이때 기준 객체를 기준으로 현재의 길이 값을 [Dist] 명령을 이용하여 알아내고 그 길이가 원하는 길이 값을 대입하여 Scale을 조정하면 비율을 계산하지 않아도 정확하게 크기를 변환할 수 있습니다. Scale Factor를 계산하기 곤란한 경우 Reference를 이용하여 절대 값으로 변경하여 사용하도록 합니다.

2. 객체를 회전하는 [Rotate] 명령어

[Rotate] 명령은 선택한 객체를 회전시키는 명령어입니다. 선택한 객체를 지정한 기준점을 중심으로 회전각을 입력하거나 마우스로 드래그하여 회전시킵니다. Scale처럼 회전각을 입력하거나 참조각을 이용하여 회전을 합니다.

[Rotate] 명령어	
아이콘	○
메인 메뉴	[Modify]-[Scale]
명령어	Rotate
단축키	⟨RO⟩

1. 명령어 사용 방법

Command 라인에 [Rotate] 명령어를 입력합니다. 회전하기 위한 객체를 선택한 뒤 원하는 기준점을 클릭합니다. 회전각을 입력하거나 참조각의 옵션을 통해 참조각과 회전각을 입력하여 회전시킵니다.

```
Command : Rotate Enter
Current positive angle in UCS : ANGDIR=counterclockwise ANGBASE=0
Select objects : Rotate 대상 객체를 선택합니다.
Select objects : Enter 선택이 끝나면 Enter 로 종료합니다.
Specify base point : Rotate 기준점을 클릭합니다.
Specify rotation angle or [ Copy/Reference] <0> : 45 Enter Rotate 회전각을 입력합니다.
```

2. 명령어 옵션

선택한 객체의 회전각을 입력하는 형식은 가장 많이 사용하는 Rotate 이용 방식입니다. 회전하면서 해당 각도만큼 회전 복사도 가능하며, 현재 각을 참조하여 원하는 각도로 회전할 수 있습니다.

옵션	내용
Copy	회전각을 입력하면 회전각만큼 회전 복사합니다.
Reference	참조각을 이용하여 회전합니다.

3. 기본 실습

기본적인 회전에 대해 실습합니다. 회전각의 + 각도와 − 각도에 대한 값을 입력하여 다양하게 실습을 해보도록 하며 반대각도 생각해 보도록 합니다. 다양한 회전의 실습을 해보기 위해 예제 파일을 활용합니다.

• 예제 파일 : Sample\Part02\rotate01.dwg

① [File]-[Open] 메뉴를 이용하여 부록 CD에서 예제 파일을 불러옵니다.

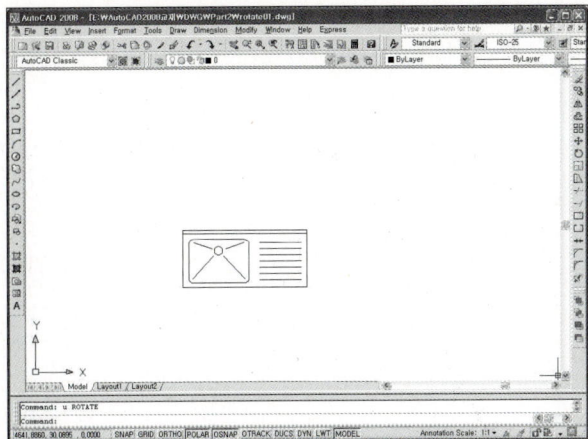

② Command 라인에 [Rotate] 명령어를 입력하고 회전할 객체를 선택합니다.

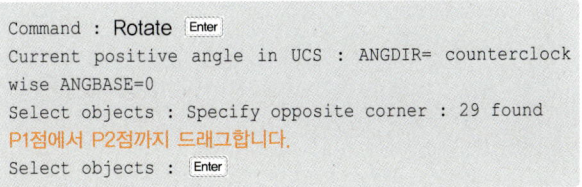

```
Command : Rotate [Enter]
Current positive angle in UCS : ANGDIR= counterclock
wise ANGBASE=0
Select objects : Specify opposite corner : 29 found
P1점에서 P2점까지 드래그합니다.
Select objects : [Enter]
```

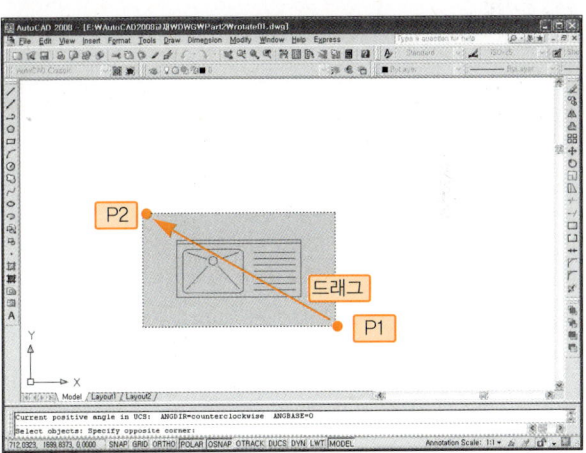

③ 회전의 기준점을 [Osnap]을 통하여 선택합니다.

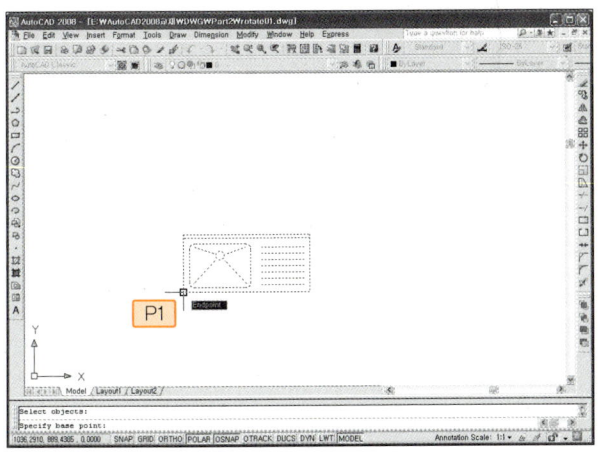

Specify base point : **P1 클릭**
P1점을 클릭하여 회전의 기준점을 정합니다.

④ 원하는 각도만큼 마우스로 드래그합니다. 이리저리 드래그하면 자유롭게 각도가 회전됩니다.

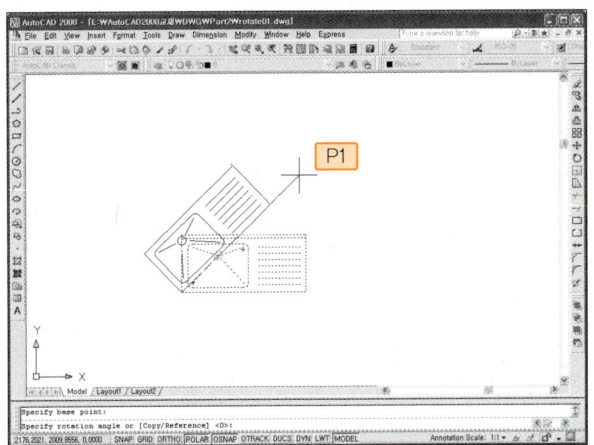

Specify rotation angle or [Copy/Reference] <0> : **P1 클릭**
마우스로 드래그하여 선택합니다.

⑤ 다음과 같이 회전하였습니다. 마우스로 드래그하는 경우 다음 그림처럼 회전은 되지만 얼마만한 각도로 회전되었는지 정확하지 않습니다.

⑥ 0도 지점에서 위치를 확인해보면 그림과 같습니다.

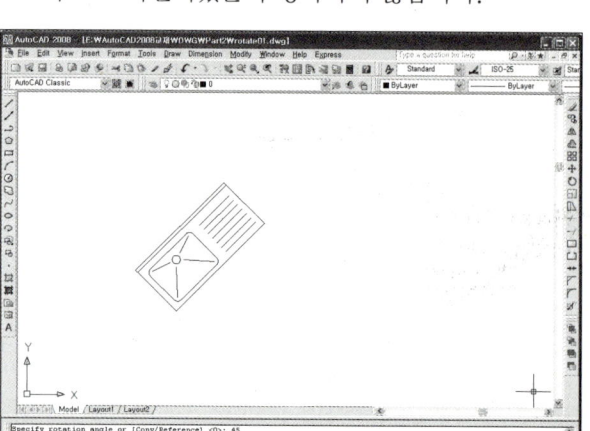

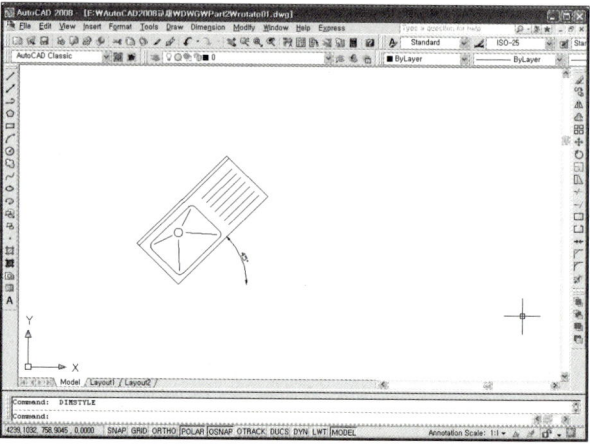

Specify rotation angle or [Copy/Reference] ⟨0⟩ : 상태에서 마우스로 드래그하면 각도가 얼마인지 정확히 알 수 없습니다. 이때 원하는 각도를 숫자로 입력하면 정확하게 각도가 입력됩니다.

4. 옵션 실습

일반적인 회전은 마우스 드래그나 회전각을 입력하여 회전합니다. 참조각을 이용하면 현재 각과 원하는 각을 입력하여 회전할 수 있으며 회전하면서 복사도 가능합니다.

• 예제 파일 : Sample\Part02\rotate01.dwg

----

❶ [File]-[Open] 메뉴를 이용하여 부록 CD에서 예제 파일을 불러옵니다.

❷ Command 라인에 [Rotate] 명령어를 입력하고 회전할 객체를 선택합니다.

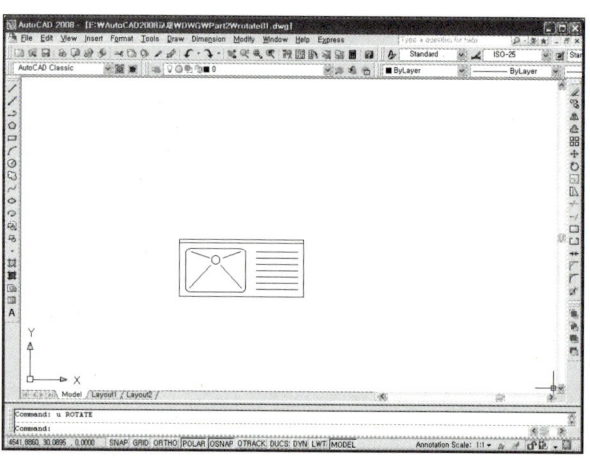

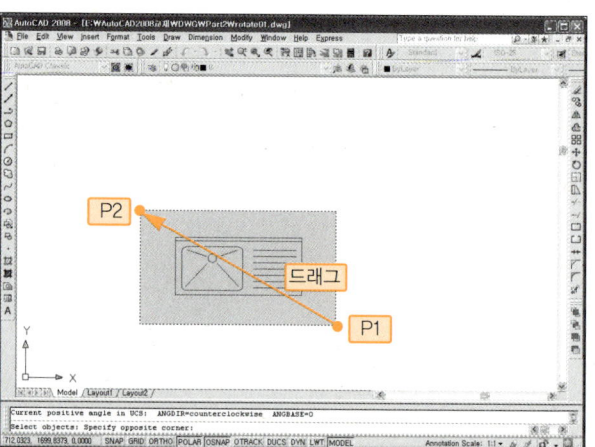

Command : **Rotate** Enter
Current positive angle in UCS : ANGDIR= counterclock wise ANGBASE=0
Select objects : Specify opposite corner : 29 found
P1점에서 P2점까지 드래그합니다.
Select objects : Enter

❸ 회전의 기준점을 [Osnap]을 통하여 선택합니다.

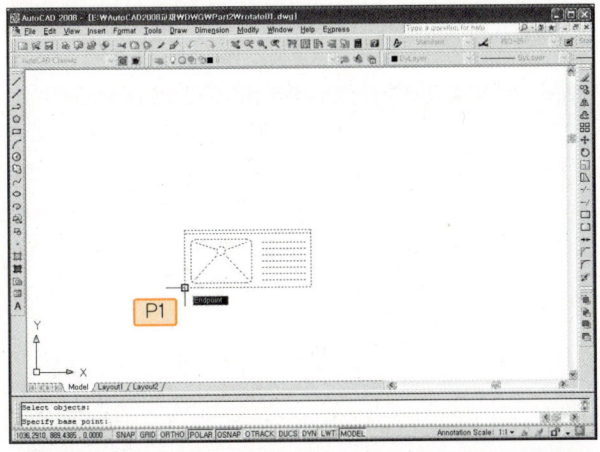

Specify base point : **P1** 클릭
P1점을 클릭하여 회전의 기준점을 정합니다.

❹ 회전각을 숫자로 직접 입력합니다.

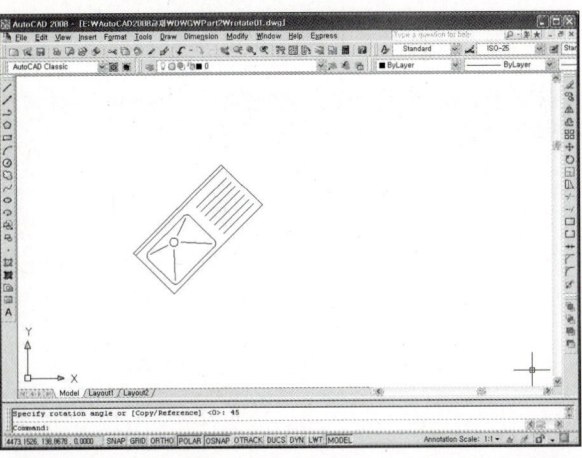

Specify rotation angle or [Copy/Reference] <0> : **45**

❺ 참조각을 이용하기 위해 다시 한 번 [Rotate] 명령
어를 입력하여 해당 객체를 선택합니다.

Command : **Rotate** Enter
Current positive angle in UCS : ANGDIR= counterclock
wise ANGBASE=0
Select objects : Specify opposite corner : 29 found
P1점에서 P2점까지 드래그합니다.
Select objects : Enter

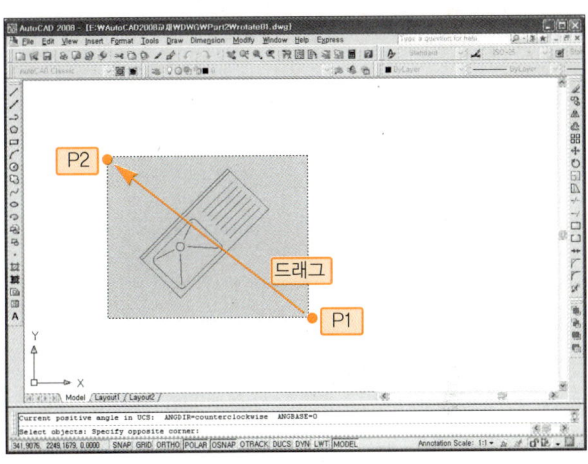

❻ 기준점을 [Osnap]으로 선택합니다.

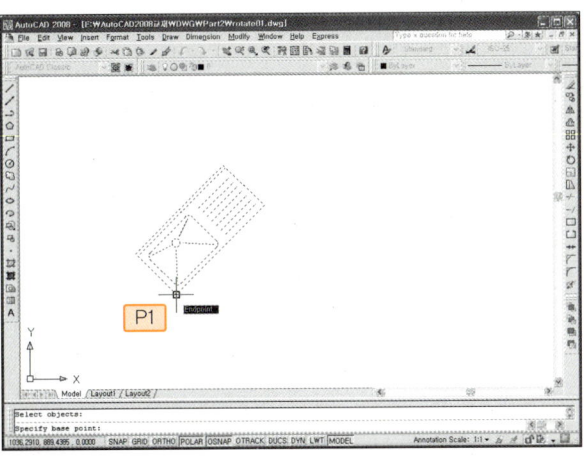

Specify base point : **P1** 클릭
P1점을 클릭하여 회전의 기준점을 정합니다.

⑦ 참조각을 이용하기 위해 R 옵션을 선택하고 현재 각도와 원하는 새로운 각도를 입력합니다.

⑧ 다시 수평이 된 싱크대 도면을 회전 복사하기 위해 Command 라인에 [Rotate] 명령어를 입력합니다.

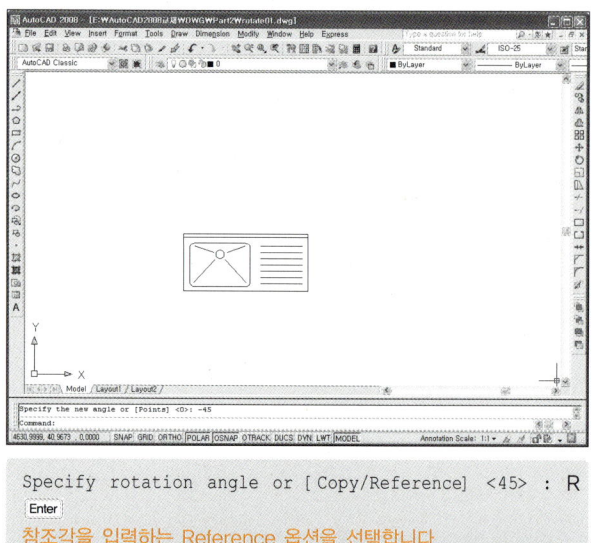

```
Specify rotation angle or [ Copy/Reference ] <45> : R
Enter
```
참조각율 입력하는 Reference 옵션을 선택합니다.
```
Specify the reference angle <0> : 45  Enter
```
현재 각도를 입력합니다.
```
Specify the new angle or [ Points] <0> : 0  Enter
```
새로운 회전각을 입력합니다.

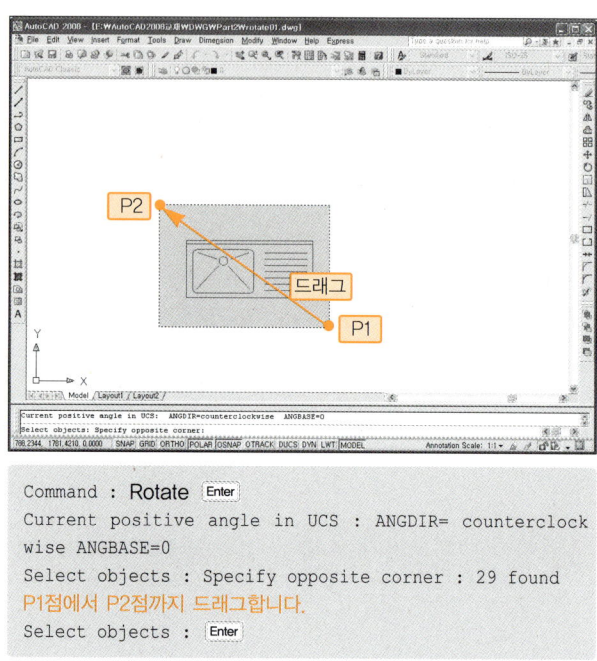

```
Command : Rotate  Enter
Current positive angle in UCS : ANGDIR= counterclock
wise ANGBASE=0
Select objects : Specify opposite corner : 29 found
```
P1점에서 P2점까지 드래그합니다.
```
Select objects :  Enter
```

⑨ 기준점은 [Osnap]으로 선택합니다.

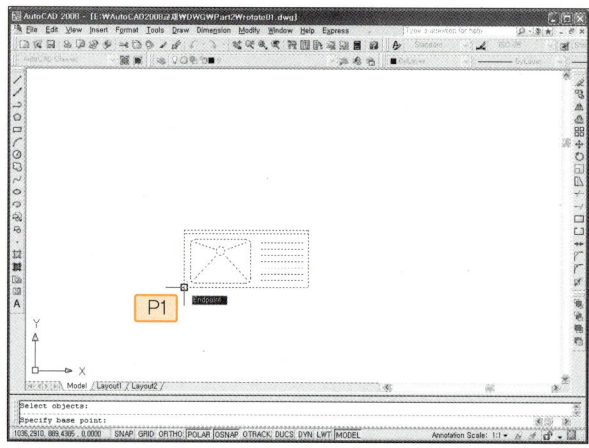

```
Specify base point : P1 클릭
```

⑩ 회전 복사하는 C 옵션을 선택합니다.

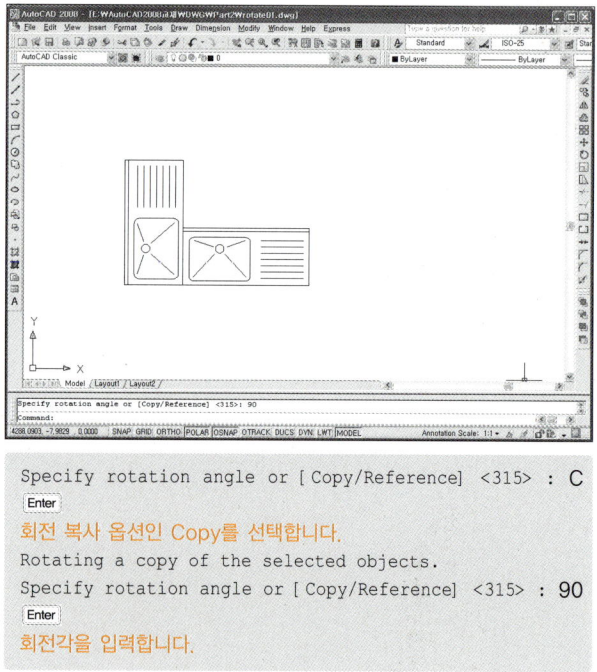

```
Specify rotation angle or [ Copy/Reference ] <315> : C
Enter
```
회전 복사 옵션인 Copy를 선택합니다.
```
Rotating a copy of the selected objects.
Specify rotation angle or [ Copy/Reference ] <315> : 90
Enter
```
회전각을 입력합니다.

3. 객체를 늘려주는 [Stretch] 명령어

기본적으로 객체를 연장하는 경우 [Extend] 명령을 통해 기준 객체까지 선택한 객체가 연장되는 방법을 많이 사용합니다. [Stretch] 명령은 완전하게 포함된 객체는 거리만큼 이동하고, 이동되는 객체에 연결된 객체는 거리에 따라 연장되거나 오히려 줄어들 수 있습니다. [Stretch] 명령은 주로 창문이나 문과 같이 틀은 비슷하지만 크기가 조금씩 다른 객체들을 연장하면서 동시에 줄이는 방법을 통해 새로 도면을 작성하는 것을 방지하기도 합니다.

[Stretch] 명령	
아이콘	🖿
메인 메뉴	[Modify]–[Stretch]
명령어	Stretch
단축키	〈S〉

1. 명령어 사용 방법

Command 라인에 [Stretch] 명령어를 입력합니다. 선택 명령어를 이용하여 선택한 뒤 기준점을 클릭합니다. 선택된 객체는 좌표 값이나 마우스 클릭 또는 [Osnap]을 이용하여 원하는 장소로 이동하면 일부 객체는 연장되고 일부 객체는 줄어들게 됩니다.

```
Command : Stretch Enter
Select objects to stretch by crossing-window or crossing-Polygon...
Select objects : Stretch 대상 객체를 선택합니다.
Select objects : Enter
Specify base point or [Displacement] <Displacement> : Stretch의 기준점을 클릭합니다.
Specify second point or <use first point as displacement> : Stretch로 이동할 좌표 값을 입력합니다.
```

[Stretch] 명령의 대상 객체를 선택할 경우 Window나 Cross 옵션을 통해 선택해야 합니다. 만일 해당 객체를 Pick하여 하나씩 선택한 경우에는 [Stretch] 명령이 제대로 실행되지 않으므로 해당 객체는 반드시 Window나 Cross 옵션을 통해 선택해야 합니다.

2. 기본 실습

기본적인 [Stretch] 명령어 사용 방법에 대해 실습합니다. 다양한 [Stretch] 명령의 실습을 해보기 위해 예제 파일을 불러옵니다.

• 예제 파일 : Sample\Part02\stretch.dwg

❶ [File]–[Open] 메뉴를 이용하여 부록 CD에서 예제 파일을 불러옵니다.

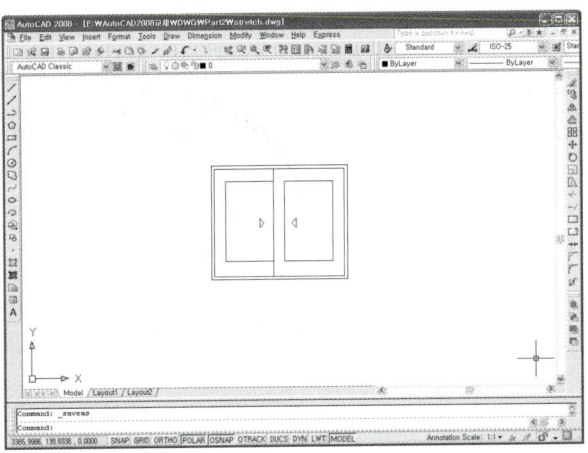

② Command 라인에 [Stretch] 명령어를 입력한 후
해당 객체를 선택합니다.

```
Command : Stretch [Enter]
Select objects to stretch by crossing-window or
crossing-Polygon...
Select objects : Specify opposite corner : 9 found
P1점에서 P2점까지 드래그합니다.
Select objects : [Enter]
```

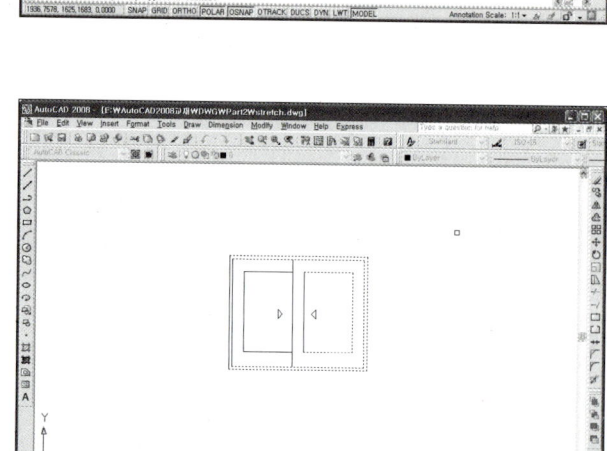

③ 다음과 같이 완전하게 선택된 객체와 일부 선택된
객체로 Selection이 표시됩니다.

④ Stretch의 기준점을 [Osnap]을 이용하여 선택합
니다.

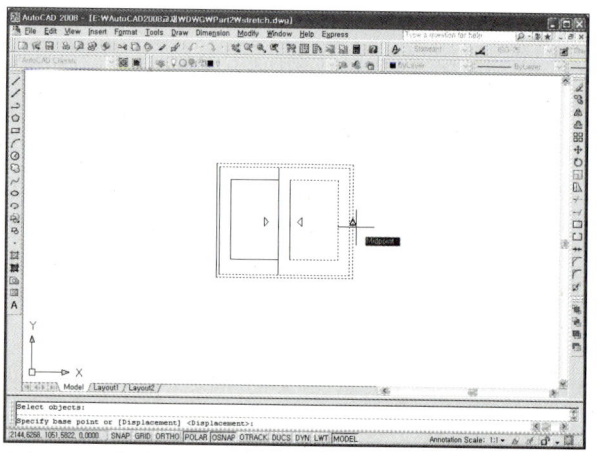

```
Specify base point or [ Displacement] <Displacement>
:P1 클릭  Stretch의 기준점을 [Osnap]을 이용하여 선택합니다.
```

⑤ 이동할 장소의 좌표를 입력하거나 마우스로 원하
는 점을 클릭합니다.

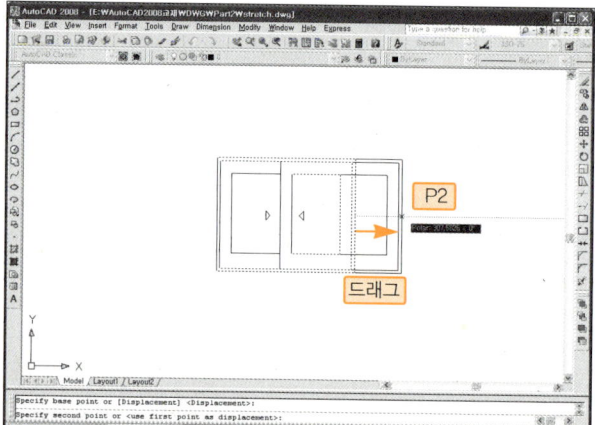

```
Specify second point or <use first point as
displacement> : P2 클릭
P1점을 클릭합니다.(이동할 좌표 값을 입력 - Osnap으로 이동할
수 있습니다.)
```

⑥ 다음과 같이 이동 및 연장이 되었습니다.

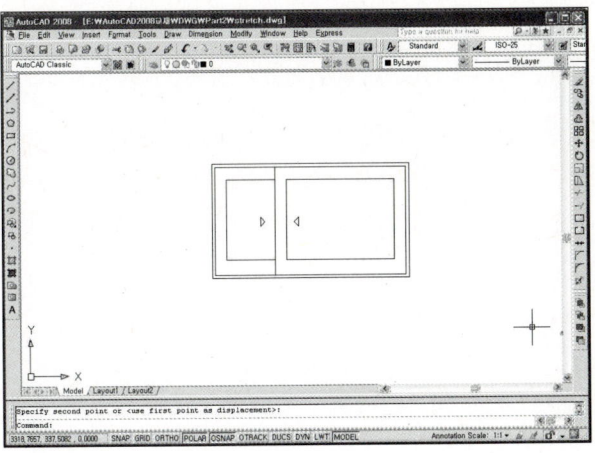

⑦ 좌표 값으로 이동하기 위해 Command 라인에 [Stretch] 명령어를 입력합니다.

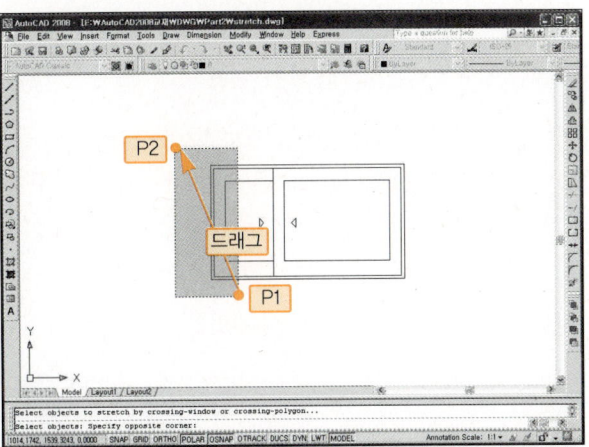

```
Command : Stretch Enter
Select objects to stretch by crossing-window or
crossing-Polygon...
Select objects : Specify opposite corner : 9 found
```
P1점에서 P2점까지 드래그합니다.
```
Select objects : Enter
```

⑧ 선택된 객체의 기준점을 [Osnap]을 이용하여 선택합니다.

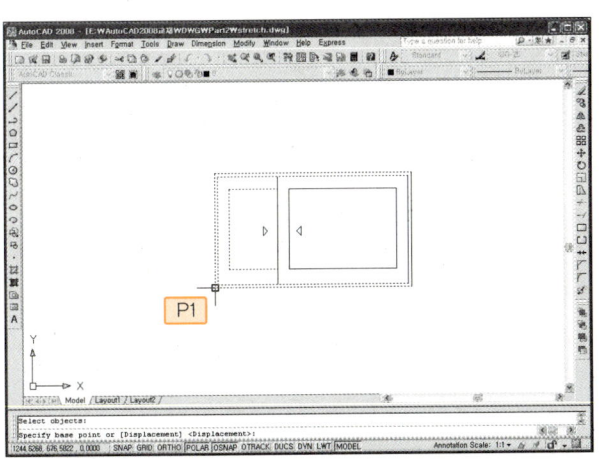

```
Specify base point or [ Displacement] <Displacement> :
```
P1 클릭

⑨ 기준점에서부터 이동을 원하는 곳까지의 길이를 좌표 값으로 입력합니다.

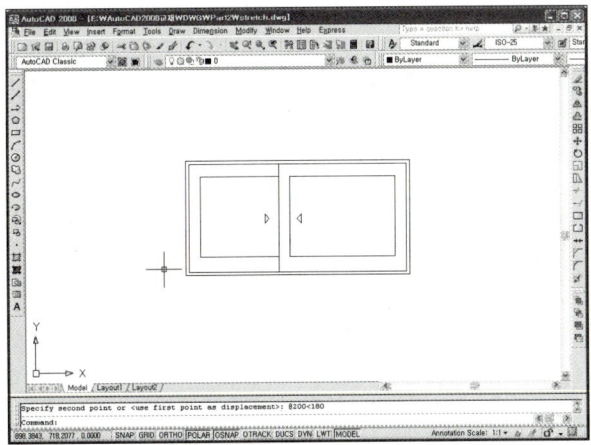

```
Specify second point or <use first point as
displacement> : @200<180 Enter
```

Tip AutoCAD
[Move]와 [Extend]를 한 번에...

[Stretch]는 선택할 때 반드시 Window나 Cross 옵션을 이용하여 선택해야 합니다. 또한 완전하게 Object Selection 안에 선택된 객체는 이동 좌표까지 완전히 이동되며 이동되는 객체에 이어져 있는 객체는 이동 좌표까지의 거리에 따라 객체는 늘어나거나 줄어들게 됩니다.

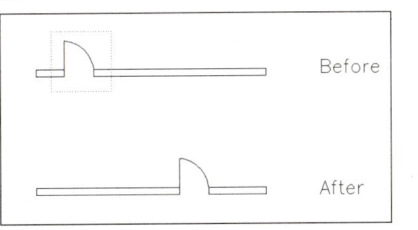

4. 조절점을 응용하는 [Grip] 명령어

[Grip] 명령은 Command 라인에 명령어를 입력하는 것이 아니라 마우스 드래그로 객체를 선택하여 파란색 조절점이 나타났을 때 그 조절점들을 기준으로 이동, 회전, 크기 조절, 복사 등의 작업을 하는 것입니다. [Grip] 명령은 Grip 변수가 '1'로 지정되어 있는 상태에서만 가능합니다.

1. 명령어 사용 방법

도면에 있는 객체를 마우스로 선택하여 객체의 기준점에 파란색의 조절점이 나타나도록 합니다. 조절점 중에서 기준점이 될 수 있는 점을 마우스포인터로 선택합니다. 선택한 후 Command 라인에 나타나는 명령어의 순서대로 사용자는 원하는 명령어를 순서대로 Space Bar 를 눌러 사용합니다.

```
** Stretch **
Specify stretch point or [ Base point/Copy/Undo/eXit] :   Enter  또는  Space Bar
** Move **
Specify move point or [ Base point/Copy/Undo/eXit] :   Enter  또는  Space Bar
** Rotate **
Specify rotation angle or [ Base point/Copy/Undo/Reference/eXit] :   Enter  또는  Space Bar
** Scale **
Specify scale factor or [ Base point/Copy/Undo/Reference/eXit] :   Enter  또는  Space Bar
** Mirror **
Specify second point or [ Base point/Copy/Undo/eXit] :   Enter  또는  Space Bar
```

2. 명령어 옵션

기본적인 명령인 복사, 이동, 회전, 반사, 크기 조절 등의 명령을 이용할 때 현재의 객체를 기준으로 복사하거나 새로운 기준점을 찾아 각각 명령어의 옵션을 사용합니다.

옵션	내용
Base point	기준점을 원하는 곳으로 옮깁니다.
Copy	각 명령어를 실행하면서 해당 명령어의 결과 좌표에 객체를 복사합니다.
Undo	이전 단계의 명령을 취소합니다.
Reference	참조 값을 이용하여 명령어를 실행합니다.

3. 기본 실습

각 부분별로 한 번씩 Space Bar 를 눌러 명령어를 돌아가면서 사용합니다. 각각의 역할에 맞는 명령어를 사용합니다.

① 메뉴에서 [File]-[New]를 실행하여 새로운 도면을 시작합니다.

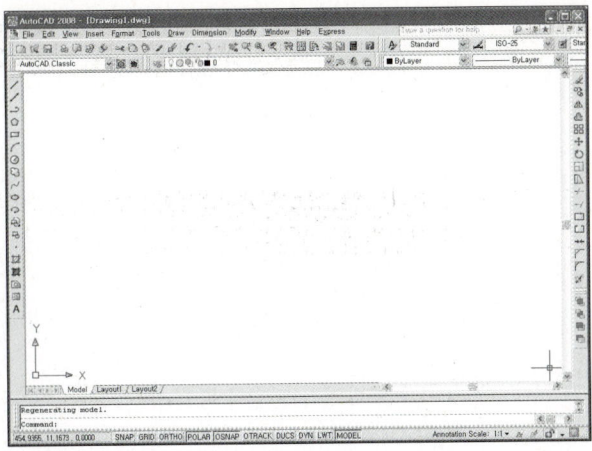

```
Command : Zoom Enter
Specify corner of window, enter a scale factor (nX or nXP), or
[ All/Center/Dynamic/Extents/Previous/Scale/Window/Object]
<real time> : A Enter
Regenerating model.
```

② [Rectang] 명령으로 사각형을 하나 그립니다.

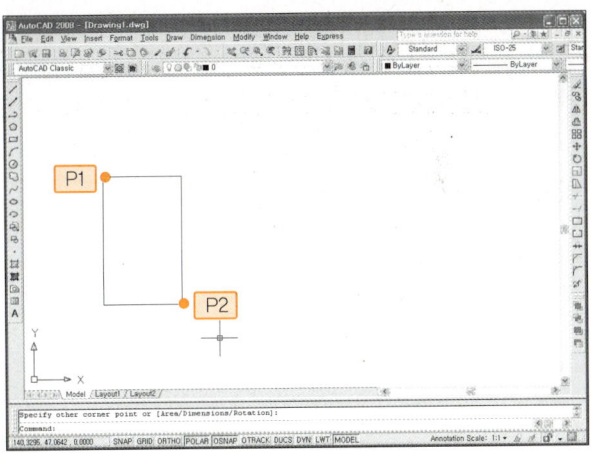

```
Command : Rectang Enter
Specify first corner point or [ Chamfer/Elevation/
Fillet/Thickness/Width] : P1 클릭
Specify other corner point or [ Area/Dimensions/
Rotation] : P2 클릭
```

③ 아무런 명령어를 입력하지 않은 채 화면의 객체를 마우스로 선택합니다.

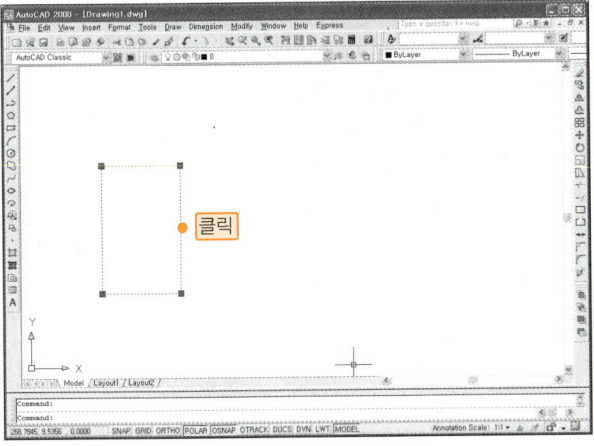

④ 네 개의 파랑색 조절점이 생성됩니다. 이중 하나의 점을 클릭하여 선택합니다.

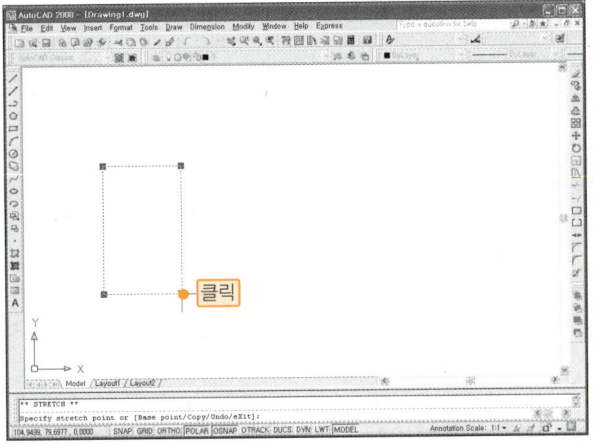

```
** Stretch **
Specify stretch point or [ Base point/Copy/Undo/eXit] :
Command : 조절점을 클릭하면 [Stretch] 명령어가 제일 처음 실행
됩니다.
```

⑤ 선택한 점을 오른쪽으로 드래그하여 늘어나게 합
니다.

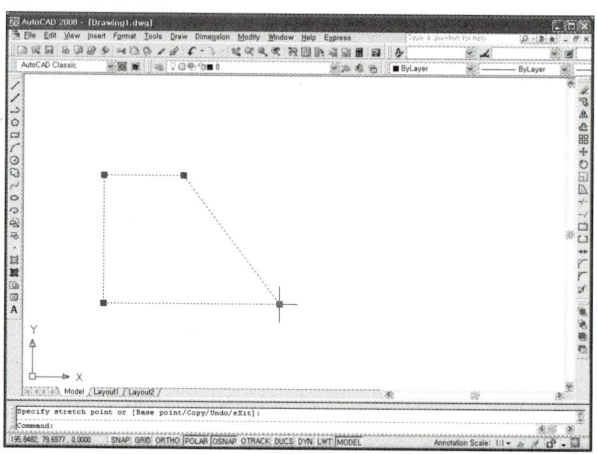

⑥ 선택한 점을 오른쪽으로 늘려가면서 해당 점을 기
준으로 선분을 복제합니다.

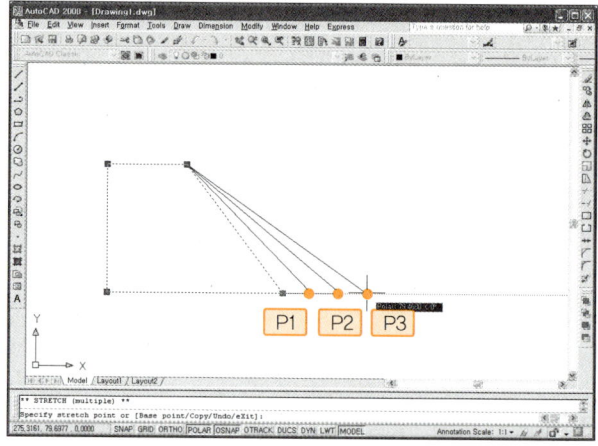

```
** Stretch **
Specify stretch point or [ Base point/Copy/Undo/eXit]
: C Enter
** Stretch(multiple) **
Specify stretch point or [ Base point/Copy/Undo/eXit]
: P1 클릭
** Stretch(multiple) **
Specify stretch point or [ Base point/Copy/Undo/eXit]
: P2 클릭
** Stretch(multiple) **
Specify stretch point or [ Base point/Copy/Undo/eXit]
: P3 클릭
```

4. 옵션 실습

해당 명령어를 이용하여 복사하거나 기준점을 새로 정할 수 있습니다. 새로운 객체를 가지고 여러 가지 실습을 통
해 [Grip] 명령을 연습합니다.

① 메뉴에서 [File]-[New]를 실행하여 새로운 도면
을 시작합니다.

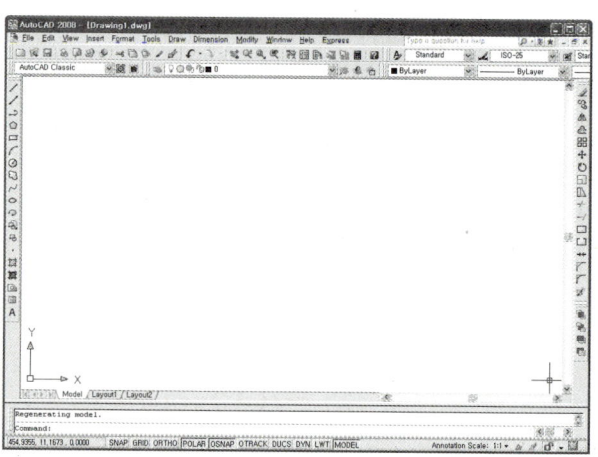

```
Command : Zoom Enter
Specify corner of window, enter a scale factor (nX or
nXP), or
[ All/Center/Dynamic/Extents/Previous/Scale/Window/Objec
t] <real time> : A Enter
Regenerating model.
```

❷ 임의의 원을 그려서 [Move]와 [Scale]에 이용해보
겠습니다.

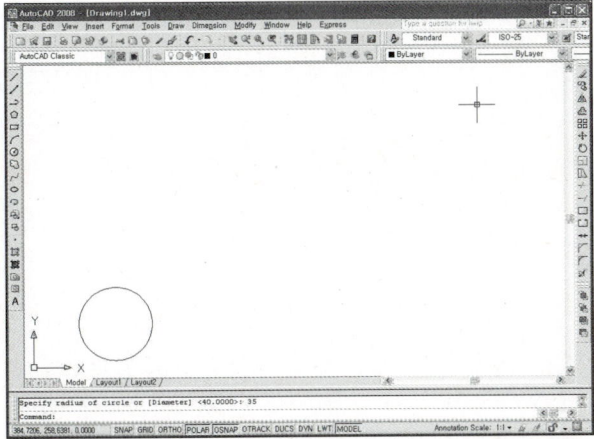

```
Command : Circle Enter
Specify center point for circle or [ 3P/2P/Ttr(tan tan
radius)] : 40,50 Enter
Specify radius of circle or [ Diameter] <40.0000> : 35
Enter
```

❸ 마우스로 원을 선택합니다. 주변에 파란색의 Grip
점이 보입니다.

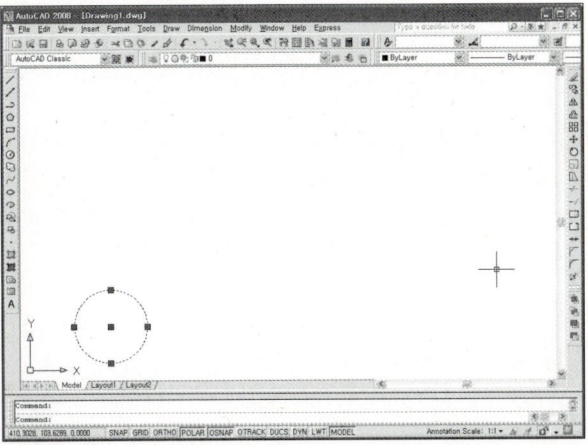

```
Command :
** Stretch **
Specify stretch point or [ Base point/Copy/Undo/eXit]
: Space Bar
```
[Stretch] 명령어 대신 [Move] 명령어를 사용하기 위해 Enter 나
Space Bar 를 누르면 다음 Command로 넘어 갑니다.

❹ 원하는 곳으로 드래그합니다.

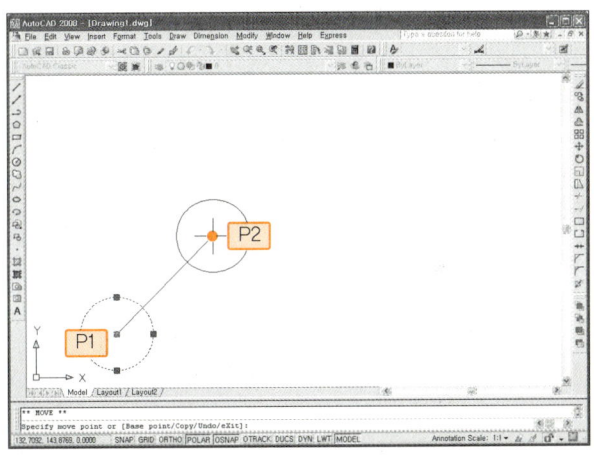

```
** Move **
Specify move point or [ Base point/Copy/Undo/eXit] :
```
P1점에서 P2점으로 드래그합니다.([Move] 명령어가 나오면 원의
중앙을 선택하여 원하는 장소로 이동합니다.)

❺ 그림처럼 객체가 이동되었습니다.

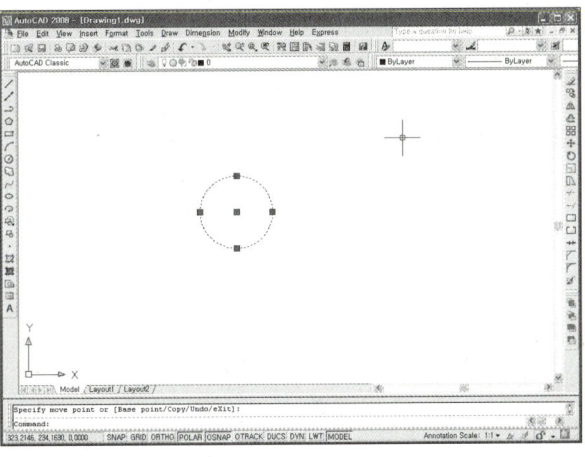

```
** Rotate **
Specify rotation angle or [ Base point/Copy/Undo/
Reference/eXit] : Space Bar
```
Rotate 다음 명령어인 [Scale]를 실행하기 위해 Space Bar 를 누릅
니다.

⑥ [Grip]으로 선택된 원의 크기를 조절하면서 해당 하는 비율로 복사합니다.

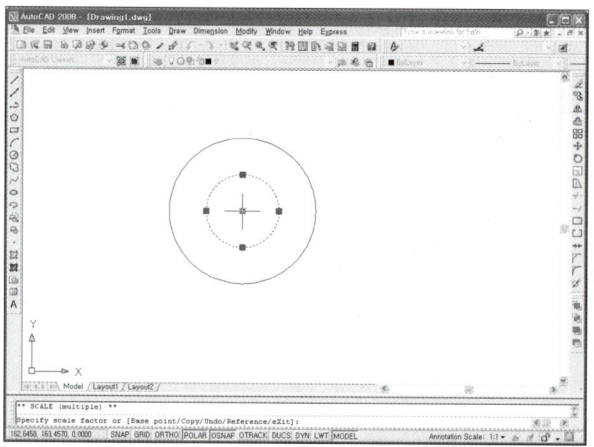

** Scale **
Specify scale factor or [Base point/Copy/Undo /Reference/eXit] : C Enter
크기를 조절하면서 해당 비율만큼 객체를 복사합니다.
** Scale(multiple) **
Specify scale factor or [Base point/Copy/Undo/ Reference/eXit] : 2
선택 객체의 크기를 2배 크기로 복사합니다.

⑦ 한 번 더 실행합니다. 원래 객체 크기의 1.5배로 키워서 복사합니다.

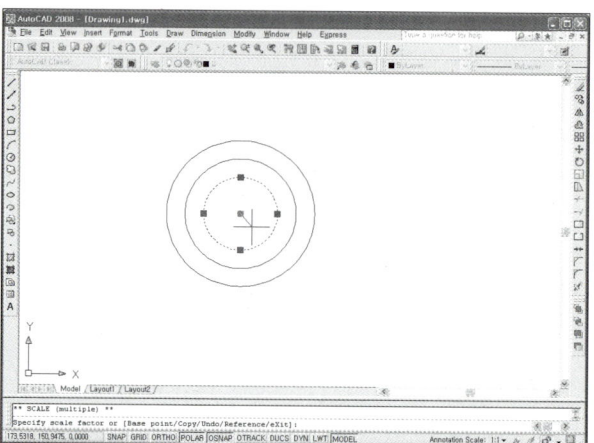

** Scale(multiple) **
Specify scale factor or [Base point/Copy/Undo /Reference/eXit] : 1.5
** Scale(multiple) **
Specify scale factor or [Base point/Copy/Undo/ Reference/eXit] : Space Bar
Grip 모드를 종료합니다.

⑧ Polygon을 하나 그립니다.

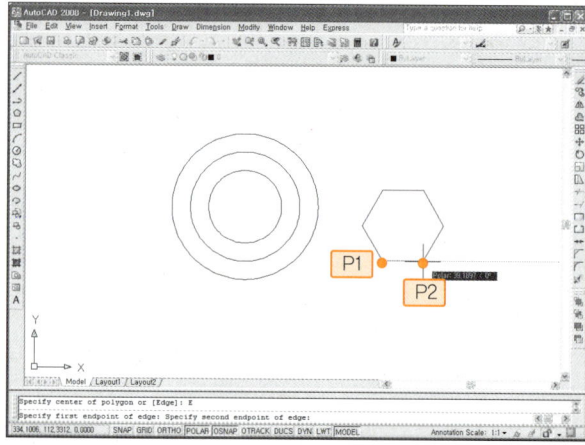

Command : Polygon Enter
Enter number of sides <4> : 6 Enter
Specify center of Polygon or [Edge] : E Enter
Specify first endpoint of edge : P1 클릭
Specify second endpoint of edge : P2 클릭

⑨ Polygon을 선택하여 Grip이 나타나면 기준점을 클릭하고 Rotate를 켜서 회전시킵니다.

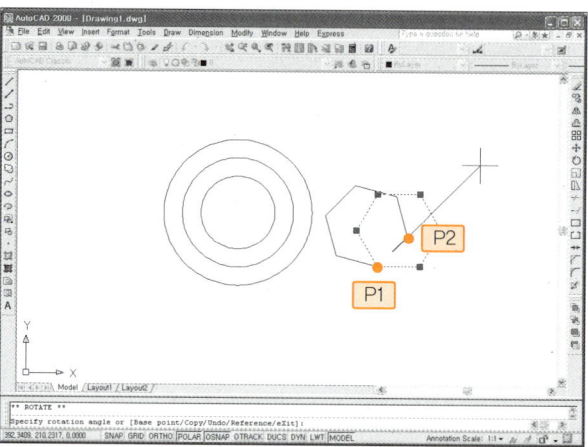

Command :
** Stretch **
Specify stretch point or [Base point/Copy/Undo/eXit] : Space Bar
** Move **
Specify move point or [Base point/Copy/Undo/eXit] : Space Bar
** Rotate **
Specify rotation angle or [Base point/Copy/Undo/ Reference/eXit] : P1점을 기준점으로 P2점을 회전각으로 입력 합니다.

⑩ Mirror를 이용하여 반사 복사를 합니다. Polygon
의 기준점을 클릭합니다.

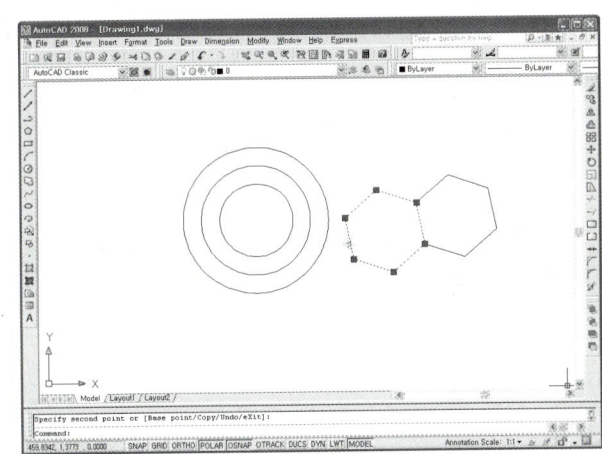

```
Command :
** Stretch **
Specify stretch point or [ Base point/Copy/Undo/eXit]
: Space Bar
** Move **
Specify move point or [ Base point/Copy/Undo/eXit] :
Space Bar
** Rotate **
Specify rotation angle or [ Base point/Copy/Undo/
Reference/eXit] : Space Bar
** Scale **
Specify scale factor or [ Base point/Copy/Undo/
Reference/eXit] : Space Bar
** Mirror **
Specify second point or [ Base point/Copy/Undo/eXit] :
C 반사 객체를 복사하기 위한 옵션을 선택합니다.
** Mirror(multiple) **

Specify second point or [ Base point/Copy/Undo/eXit] : 기준점을 P1점으로 선택하여 반사 객체를 복사합니다.
** Mirror(multiple) **
Specify second point or [ Base point/Copy/Undo/eXit] : Space Bar
```

⑪ 최종 완성된 결과입니다.

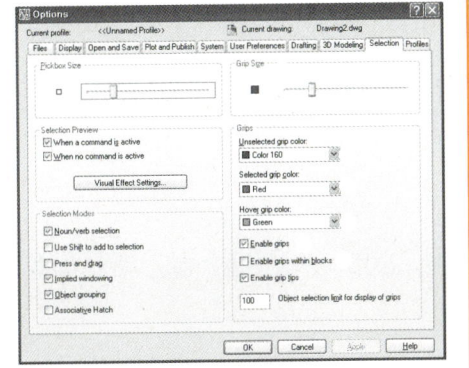

<hr>

Tip AutoCAD
[Grip]의 환경 설정

[Grip]의 세부사항을 조절할 수 있는 대화상자를 불러올 수 있습니다. 메뉴에서 [Tools]-
[Options]를 클릭하여 [Options] 대화상자가 나타나면 [Selection] 탭을 선택하거나
Command 라인에 Ddgrips를 입력합니다. 화면의 오른쪽에 있는 내용들이 [Grip]의 세부 옵
션에 관한 내용으로 사용자가 편리한 대로 지정하여 사용할 수 있습니다.

Grip Size : Grip 조절점의 크기를 변경합니다.
Unselected grip color : Grip 조절점의 색을 변경합니다.
Selected grip color : 선택된 Grip 조절점의 색을 변경합니다.
Hover grip color : Grip 조절점에 마우스포인터를 올려놨을 때의 색을 변경합니다.
Enable grips : Grip 조절점의 On/Off 기능입니다.
Enable grips within blocks : 블록의 Grip 조절점의 On/Off 기능입니다.

- 완성도면   Practice\가구.dwg

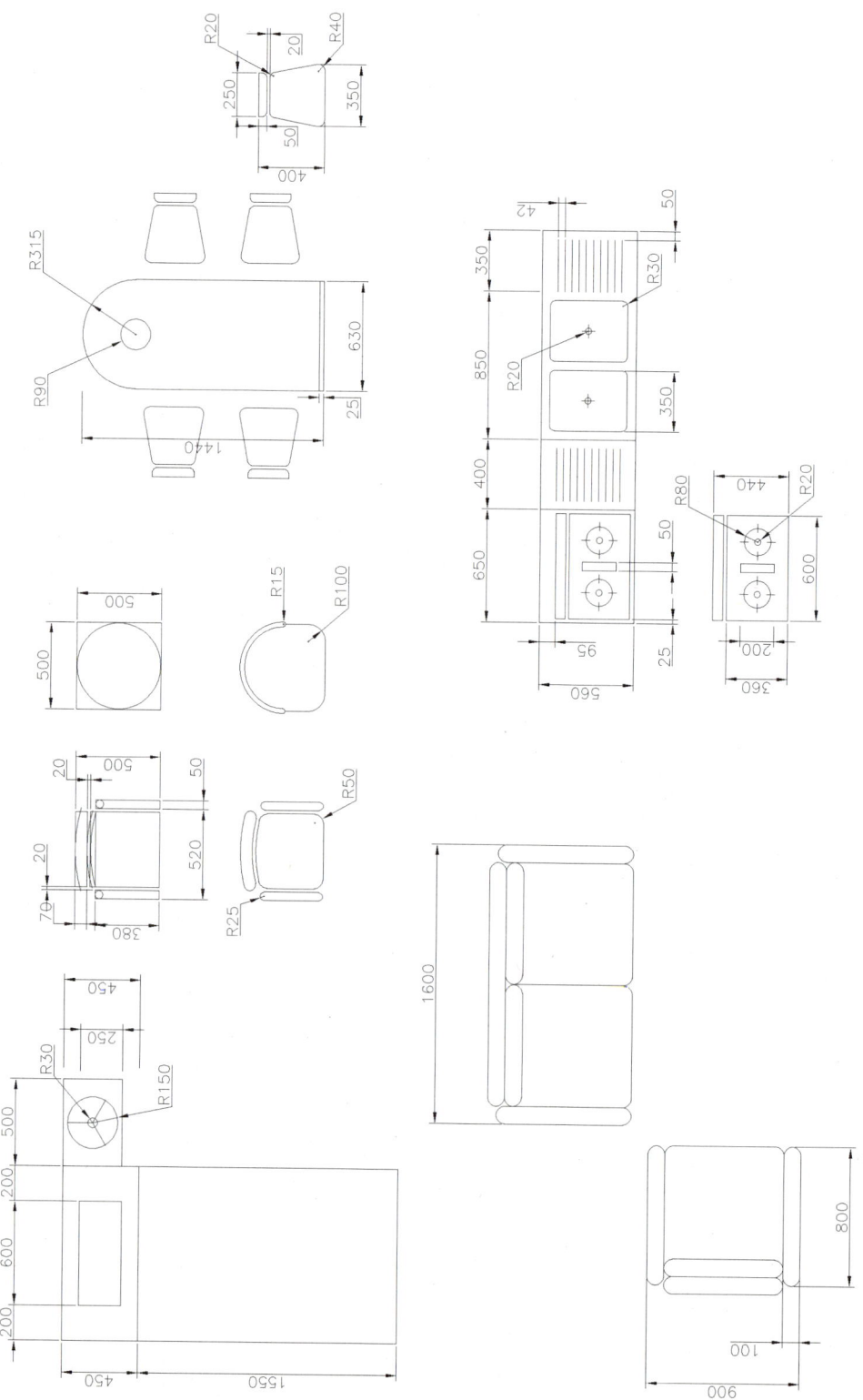

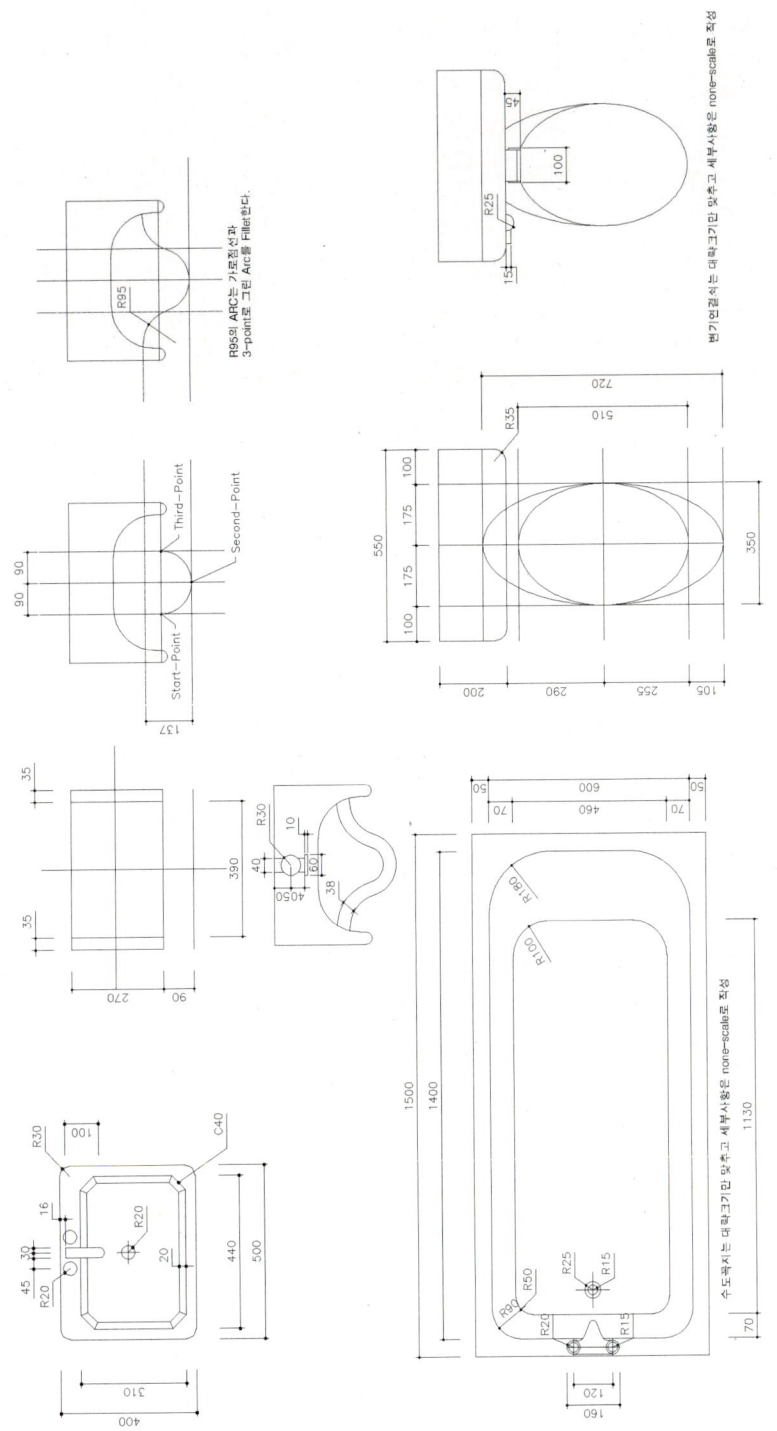

Chapter 05 두께가 있는 객체와 수정하기

도면 요소 중에서 일반적인 Line Arc는 각각의 Segment가 낱낱의 개체로 인식됩니다. 하지만 [Pline]으로 만들어진 객체는 한 번에 그린 여러 개의 개체를 하나의 단일 객체로 인식합니다. 또한 이러한 [Pline] 선분은 선분 자체에 두께를 가질 수도 있으며 [Line]과 [Arc]를 연결하여 하나의 객체로 만들 수도 있습니다.

1. 하나로 이어진 폴리선을 만드는 [Pline] 명령어

Pline 또는 Polyline이라고 부르는 [Pline]은 하나의 객체로 인식하는 호와 선분을 일컫는 말다. [Pline] 명령으로 한 번에 그린 것은 하나의 객체로 인식되는 성질이 있으며, 하나의 객체로 인식된 Pline을 [Explode] 명령어를 통해 개개의 선분 객체로 분해할 수도 있습니다.

[Pline] 명령어	
아이콘	⟳
메인 메뉴	[Draw]–[PolyLine]
명령어	Pline
단축키	〈PL〉

1. 명령어 사용 방법

Command 라인에 [Pline] 명령어를 입력한 후 Command 라인의 순서에 따라 원하는 점을 선택하거나 좌표 값을 입력하도록 합니다. Enter 키를 누르기 전에는 계속 다음 점을 선택하라는 명령이 나오므로 더 이상 선택할 점이 없다면 Enter 키를 눌러 명령어를 종료합니다.

```
Command : Pline Enter
Specify start point : 선분의 시작점을 선택합니다.
Current line-width is 0.0000
Specify next point or [Arc/Halfwidth/Length/Undo/Width] : 선분의 두 번째 점을 선택합니다.
Specify next point or [Arc/Close/Halfwidth/Length/Undo/Width] : 선분의 세 번째 점을 선택합니다.
Specify next point or [Arc/Close/Halfwidth/Length/Undo/Width] : Enter
```

2. 명령어 옵션

Pline 선을 그리는 명령어 안에서 사용할 수 있는 명령어 옵션입니다. 기본적인 점을 선택하거나 옵션을 이용하여 취소 또는 닫기를 실행할 수 있습니다.

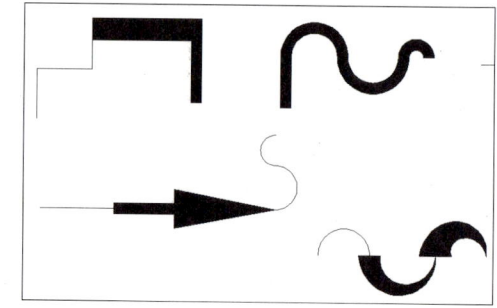

옵션	내용
Undo	선을 그리는 도중에 잘못 지정된 바로 직전의 점을 취소합니다.
Close	선을 그리는 도중에 현재의 맨 마지막 점과 시작점을 연결하여 닫아주고 [Pline] 명령어를 종료합니다.
Halfwidth/Width	[Pline] 선두께를 입력합니다. Halfwidth는 전체 두께의 절반 값을 입력하고, Width는 전체 두께의 너비 값을 입력합니다. 두께 값은 시작점의 두께와 끝점의 두께 값을 달리 입력할 수 있습니다.
Length	원하는 길이 값을 진행 방향대로 연장합니다.
Arc	[Pline]으로 만들어진 성분의 호를 그립니다.

3. 기본 실습

마우스로 선을 그려보고 취소와 닫기 옵션을 사용하여 간단한 선 그리기 연습을 해봅니다. 좌표 값을 입력하는 것이 아니므로 값을 직접 입력하기보다는 마우스로 [Pline]이라는 명령어가 사용되는 로직을 이해해야 합니다.

① 새 도면을 준비하고 [Zoom] 명령어를 통해 화면 사이즈를 정리합니다.

② [Pline] 명령어를 입력하고 시작점을 다음 그림처럼 선택합니다.

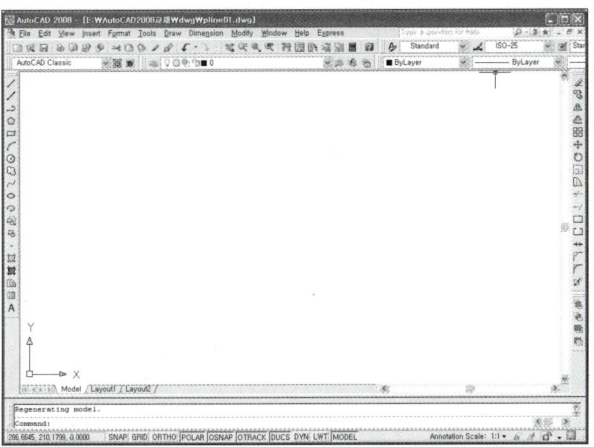

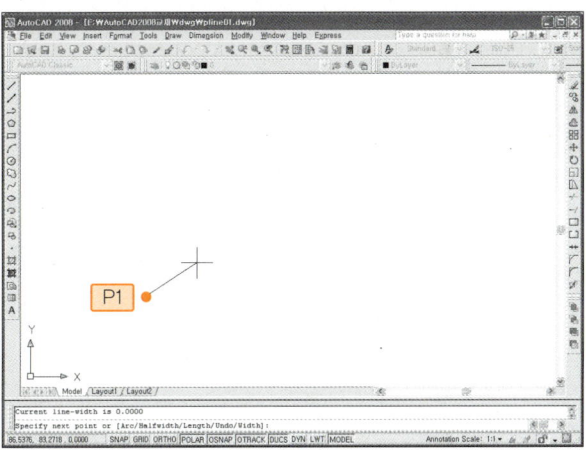

```
Command : Zoom Enter
Specify corner of window, enter a scale factor (nX or nXP), or
[All/Center/Dynamic/Extents/Previous/Scale/Window/Object]
<real time> : A Enter
Regenerating model.
```

```
Command : Pline Enter
Specify start point : P1 클릭
Current line-width is 0.0000
```

③ 이어서 다음 점을 그림과 같이 계속 클릭하여 [Pline]을 선택해봅니다.

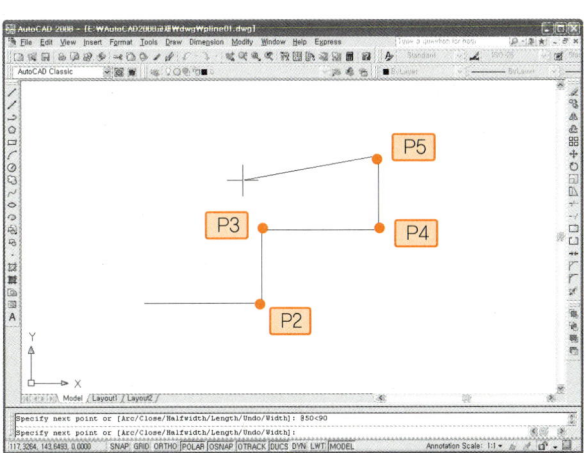

```
Specify next point or [Arc/Halfwidth/Length/Undo/Width] :
P2 클릭
Specify next point or [Arc/Close/Halfwidth/Length/Undo/Width] :
 P3 클릭
Specify next point or [Arc/Close/Halfwidth/Length/Undo/Width] :
 P4 클릭
Specify next point or [Arc/Close/Halfwidth/Length/Undo/Width] :
P5 클릭
```

④ 선의 두께를 입력하기 위한 옵션을 선택하고 시작
점의 두께와 끝점의 두께를 입력한 후 계속 다음
점을 선택합니다.

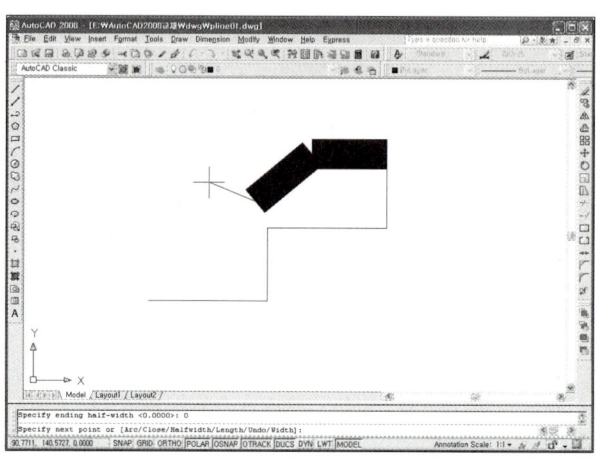

```
Specify next point or [ Arc/Close/Halfwidth/Length/Undo/Width] :
 W Enter
Specify starting width <0.0000> : 20 Enter
Specify ending width <20.0000> : Enter
Specify next point or [ Arc/Close/Halfwidth/Length/Undo/Width] :
 P6 클릭
Specify next point or [ Arc/Close/Halfwidth/Length/Undo/Width] :
 P7 클릭
```

⑤ 선 두께를 원래대로 다시 변경하기 위하여 Width
옵션을 선택하여 '0'으로 변경한 뒤 시작점과 끝
점을 연결하여 명령어를 종료하는 Close 옵션을
선택하여 명령어를 종료합니다.

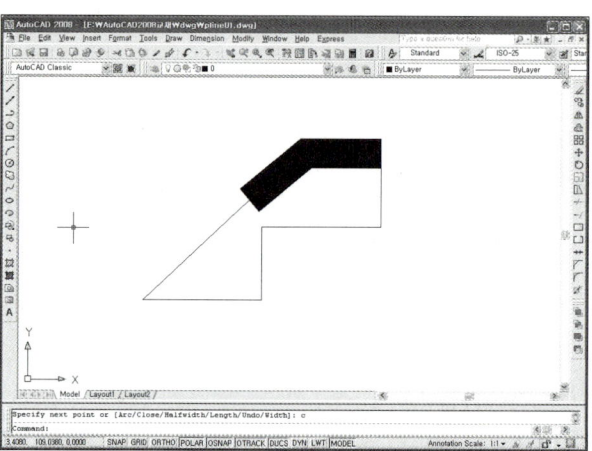

```
Specify next point or [ Arc/Close/Halfwidth/Length/Undo/Width] :
 W Enter
Specify starting width <20.0000> : 0 Enter
Specify ending width <0.0000> : 0 Enter
Specify next point or [ Arc/Close/Halfwidth/Length/Undo/Width] :
 C Enter
```

4. 옵션 실습

기본 실습을 통해 기본적인 [Pline]의 사용 방법을 익혔으면 두께의 시작점과 끝점이 다른 경우의 옵션을 세세하게
살펴봄으로써 다양한 도면을 그릴 수 있도록 해야 합니다.

① 기본 실습 때와 마찬가지로 새로운 도면을 열고
[Zoom] 명령의 A 옵션을 통해 화면의 크기를 세
팅한 후 [Pline] 명령어를 이용하여 첫 점을 선택
하고 선을 하나 그립니다.

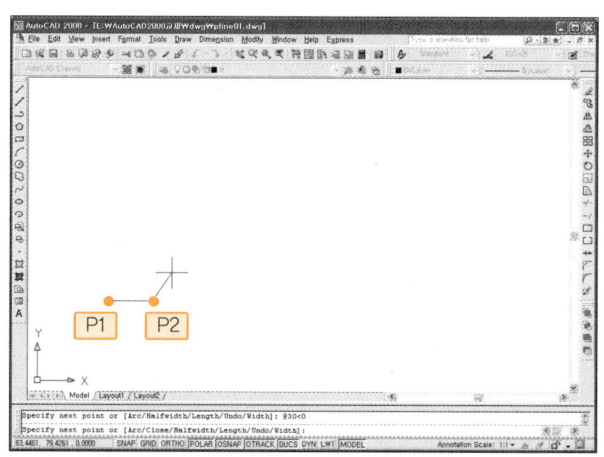

```
Command : Pline Enter
Specify start point : P1 클릭
Current line-width is 0.0000
Specify next point or [ Arc/Halfwidth/Length/Undo/
Width] : P2 클릭
```

② 선의 두께를 변경하기 위하여 Width 옵션을 선택
하고 두께 값 '20'을 입력합니다. 이때 시작점의
두께와 끝점의 두께를 모두 같도록 입력합니다. 입
력된 두께를 확인하기 위하여 두 점을 선택합니다.

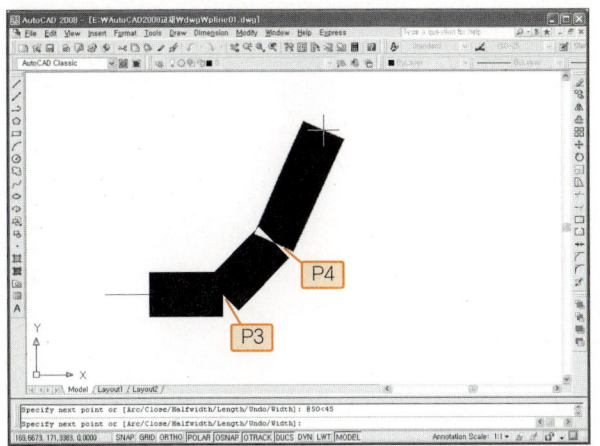

```
Specify next point or [Arc/Close/Halfwidth/Length/
Undo/Width] : W Enter
Specify starting width <0.0000> : 20 Enter
Specify ending width <20.0000> : Enter
Specify next point or [Arc/Close/Halfwidth/Length/
Undo/Width] : P3 클릭
Specify next point or [Arc/Close/Halfwidth/Length/
Undo/Width] : P4 클릭
```

③ 다음 점은 시작점의 두께와 끝점의 두께를 다르
게 입력합니다. 하나 이상의 3점을 연속으로 입
력하여 시작점과 끝점의 두께를 다른 값으로 입
력한 경우 끝점의 두께 값이 한 번에 그치고 나머
지 끝점의 두께 값이 유지되는 것을 확인할 수 있
습니다.

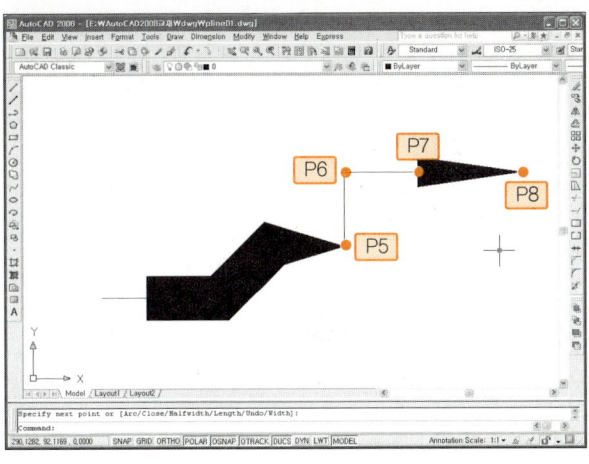

```
Specify next point or [Arc/Close/Halfwidth/Length/
Undo /Width] : W Enter
Specify starting width <20.0000> : 20 Enter
Specify ending width <20.0000> : 0 Enter
Specify next point or [Arc/Close/Halfwidth/Length/
Undo/Width] : P5 클릭
Specify next point or [Arc/Close/Halfwidth/Length/
Undo/Width] : P6 클릭
Specify next point or [Arc/Close/Halfwidth/Length/Undo /Width] : P7 클릭
Specify next point or [Arc/Close/Halfwidth/Length/Undo/Width] : W Enter
Specify starting width <0.0000> : 10 Enter
Specify ending width <10.0000> : 0 Enter
Specify next point or [Arc/Close/Halfwidth/Length/Undo/Width] : P8 클릭
Specify next point or [Arc/Close/Halfwidth/Length/Undo/Width] : Enter
```

④ [Pline]으로 만들어진 호를 그리기 위하여 새로
운 도면을 열고 [Zoom] 명령의 A 옵션을 실행
하여 화면의 크기를 세팅합니다.

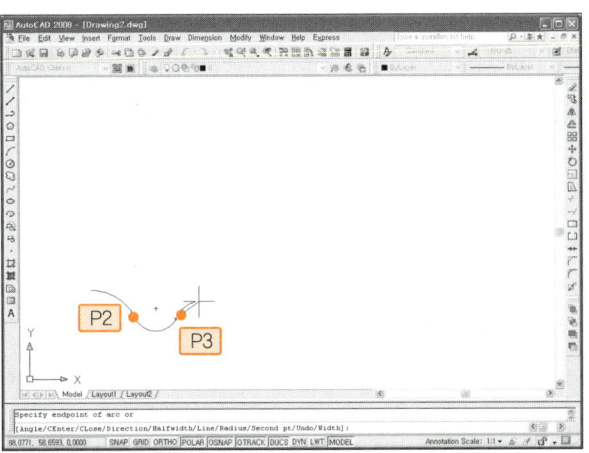

```
Command : Pline Enter
Specify start point : P1 클릭
Current line-width is 0.0000
Specify next point or [Arc/Halfwidth/Length/Undo
/Width] : A Enter
Specify endpoint of arc or
[Angle/CEnter/Direction/Halfwidth/Line/Radius/Second
pt/Undo/Width] : P2 클릭
Specify endpoint of arc or [Angle/CEnter/CLose/
Direction/Halfwidth/Line/Radius /Second pt/Undo/
Width] : P3 클릭
```

⑤ 다양한 호 그리기 옵션인 중심점(Center), 반지름 (Radius), 접선의 방향(Direction) 등을 이용하여 호를 그리고 Close 옵션을 이용하여 닫아보도록 합니다. 그림과 상관없이 원하는 모양의 호를 그려도 좋습니다.

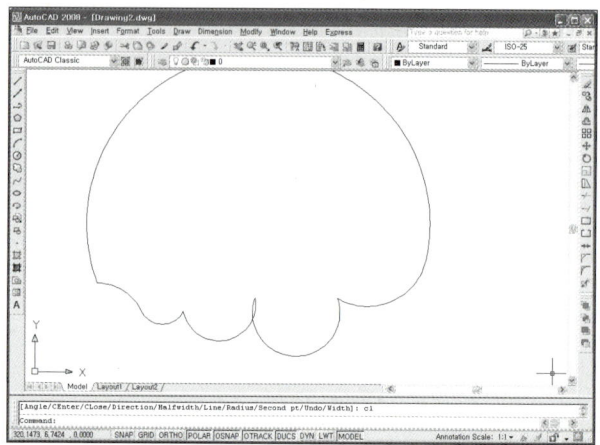

⑥ 두께가 다른 호를 그려보기 위하여 해당 그림 위에 겹쳐서 [Pline]을 그려봅니다.

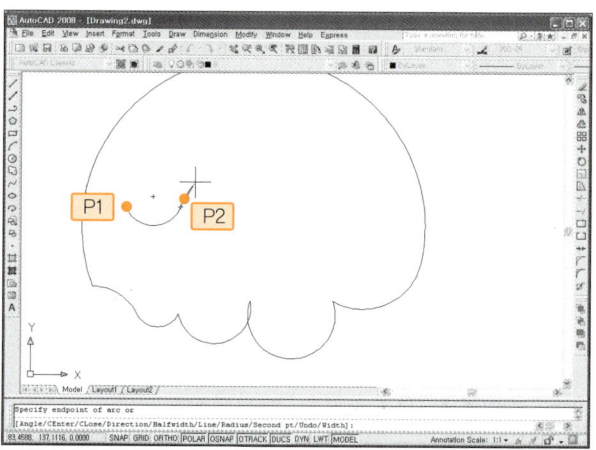

```
Command : Pline Enter
Specify start point : P1 클릭
Current line-width is 0.0000
Specify next point or [ Arc/Halfwidth/Length/Undo/
Width] : A Enter
Specify endpoint of arc or [ Angle/CEnter/Direction
/Halfwidth/Line/Radius/Second pt/Undo/Width] : P2 클릭
```

⑦ 두께가 있는 호를 그리기 위하여 Width 옵션을 이용하여 두께를 다음과 같이 입력하고 P3과 P4를 선택합니다.

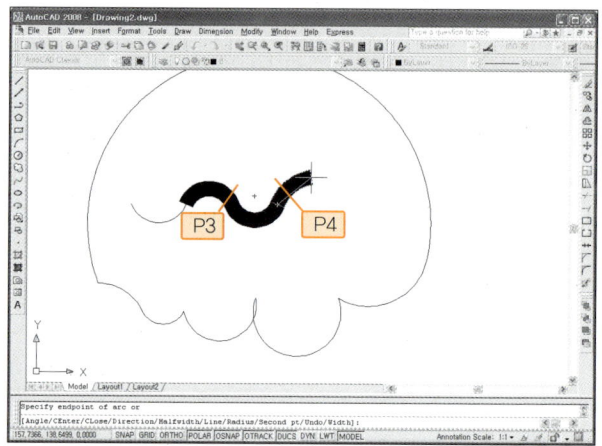

```
Specify endpoint of arc or
[ Angle/CEnter/CLose/Direction/Halfwidth/Line/Radius/Second pt/Undo/Width] : W Enter
Specify starting width <0.0000> : 10 Enter
Specify ending width <10.0000> : 10 Enter
Specify endpoint of arc or
[ Angle/CEnter/CLose/Direction/Halfwidth/Line/Radius/Second pt/Undo/Width] : P3 클릭
Specify endpoint of arc or
[ Angle/CEnter/CLose/Direction/Halfwidth/Line/Radius/Second pt/Undo/Width] : P4 클릭
```

⑧ 시작점과 끝점의 두께 값이 다른 호를 그리기 위하여 Width 옵션을 선택하여 서로 다른 두께를 입력하여 여러 개의 호를 그려 봅니다.

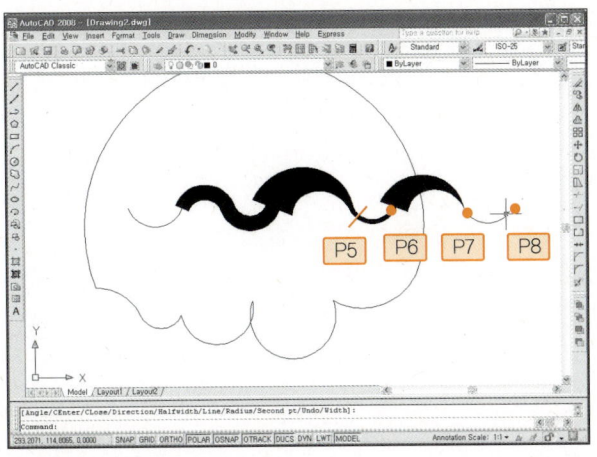

```
Specify endpoint of arc or
[ Angle/CEnter/CLose/Direction/Halfwidth/Line/Radius/ Second pt/Undo/Width] : W Enter
Specify starting width <10.0000> : 20 Enter
Specify ending width <20.0000> : 3 Enter
Specify endpoint of arc or
[ Angle/CEnter/CLose/Direction/Halfwidth/Line/Radius/   Second pt/Undo/Width] : P5 클릭
Specify endpoint of arc or
[ Angle/CEnter/CLose/Direction/Halfwidth/Line/Radius/   Second pt/Undo/Width] : P6 클릭
```
한 번 바뀐 두께 값은 한 마디 이상 진행하는 경우 끝점의 두께 값을 그대로 유지합니다.
```
Specify endpoint of arc or [ Angle/CEnter/CLose/Direction/Halfwidth/Line/Radius/Second pt/Undo/Width] : W Enter
Specify starting width <3.0000> : 10 Enter
Specify ending width <10.0000> : 0 Enter
Specify endpoint of arc or [ Angle/CEnter/CLose/Direction/Halfwidth/Line/Radius/Second pt/Undo/Width] : P7 클릭
Specify endpoint of arc or [ Angle/CEnter/CLose/Direction/Halfwidth/Line/Radius/Second pt/Undo/Width] : P8 클릭
Specify endpoint of arc or [ Angle/CEnter/CLose/Direction/Halfwidth/Line/Radius/Second pt/Undo/Width] : Enter
```

2. Pline을 편집하는 [Pedit] 명령어

Pline 또는 Polyline이라고 부르는 [Pline]은 일반적인 객체와는 조금 다르기 때문에 Pline만을 고유하게 수정하고 편집할 수 있는 [Peidt] 명령어를 실행하여 [Pline]을 편리하게 편집할 수 있습니다.

[Pedit] 명령어	
아이콘	🔾
메인 메뉴	[Modify]–[Object]–[Polyline]
명령어	Pedit
단축키	〈PE〉

1. 명령어 사용 방법

Command 라인에 [Pedit] 명령어를 입력한 후 Command 라인의 순서에 따라 수정하고 싶은 Pline을 선택한 뒤 포인트를 이용한 옵션을 따라 Pline을 수정합니다. [Pedit] 명령어는 대부분 Pline만을 수정 편집하는 명령어이므로 다른 일반적인 객체는 기본적으로 Pline으로 환원하고 나서 명령어를 실행해야 합니다.

```
Command : Pedit Enter
Select polyline or [ Multiple ] : 수정하기 위한 Pline을 선택합니다.
Enter an option [ Close/Join/Width/Edit vertex/Fit/Spline/Decurve/Ltype gen/Undo ] : 원하는 옵션을 선택하여 수정합니다.
```

2. 명령어 옵션

[Pedit]의 명령어 옵션은 이미 입력된 Pline의 두께나 각 Segment 별로 수정이 가능한 것이 특징입니다. Pline을 수정하는 명령어이긴 하지만 일반객체인 Line, Arc도 Join 등과 같은 옵션을 이용하여 Pline으로 묶어 편집할 수도 있습니다. 대부분의 옵션은 기존의 Pline을 수정 편집하는 것을 대표로 합니다.

옵션	내용
Colse/Open	열린 [Pline]을 닫아주거나 닫힌 [Pline]을 열어줍니다.
Join	따로 그린 Pline 객체나 Line, Arc로 그린 끝점이 연결된 객체들을 하나로 묶어 Pline의 성분으로 전환합니다.
Width	Pline의 두께를 입력합니다. [Pline] 명령어에 비해 시작점의 두께와 끝점의 두께를 구분하지 않고 하나의 두께를 입력합니다.
Fit	꼭짓점을 지나는 곡률이 심한 곡선으로 변경합니다.
Spline	두 선을 접선으로 하는 곡률이 완만한 곡선으로 변경합니다.
Decurve	곡선의 Pline을 직선으로 변경합니다.
Ltypegen	선의 종류가 실선이 아닌 객체의 모서리 부분의 간격을 조절합니다.
Undo	바로 이전에 실행한 옵션을 취소합니다.

3. 기본 실습

[Pline]을 수정하는 [Peidt] 명령어를 이용하여 각종 Pline을 직선에서 곡선으로 편집하거나 두께를 변경하는 등 현재의 Pline의 조건을 변경해보도록 하겠습니다. 특히 Join을 통하여 일반 객체를 Pline 객체로 변경하여 사용하는 것은 2D뿐 아니라 3D에서도 많이 이용합니다.

• 예제 파일 : Sample\Part02\pedit01.dwg
----

❶ [File]-[Open] 메뉴를 이용하여 부록 CD에서 예제 파일을 불러옵니다.

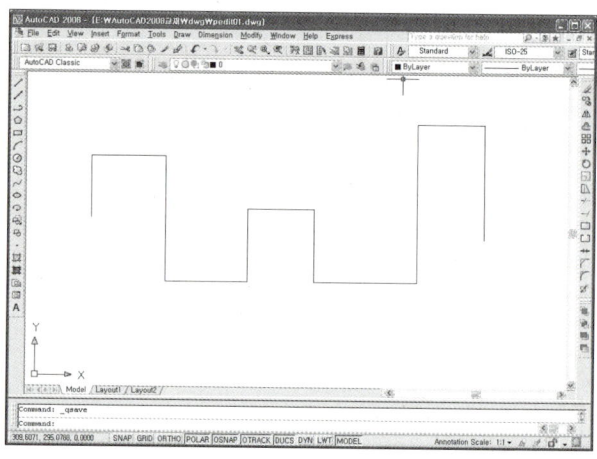

❷ [Pedit] 명령어를 입력한 후 해당 객체를 선택하고
Pline의 두께를 다음과 같이 변경합니다.

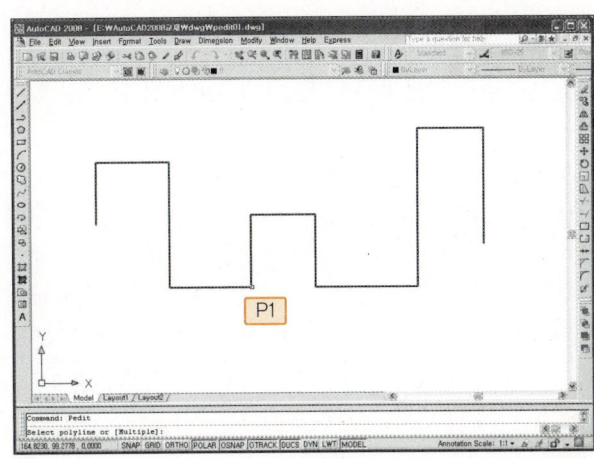

```
Command : Pedit [Enter]
Select polyline or [Multiple] : P1 클릭
```

❸ Pline의 두께를 변경하기 위하여 Width 옵션을
선택하여 두께를 '5'로 변경합니다.

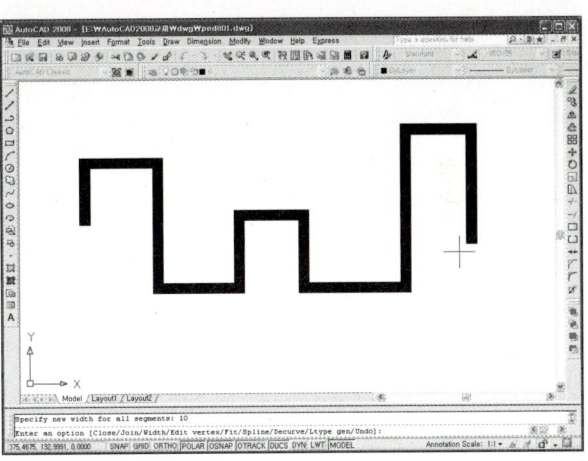

```
Enter an option [Close/Join/Width/Edit vertex/Fit/
Spline/Decurve/Ltype gen/Undo] : W [Enter]
Specify new width for all segments : 5 [Enter]
```

❹ 변경된 두께를 다시 처음의 두께 값으로 변경하기
위하여 Width 값을 '0'으로 변경합니다.

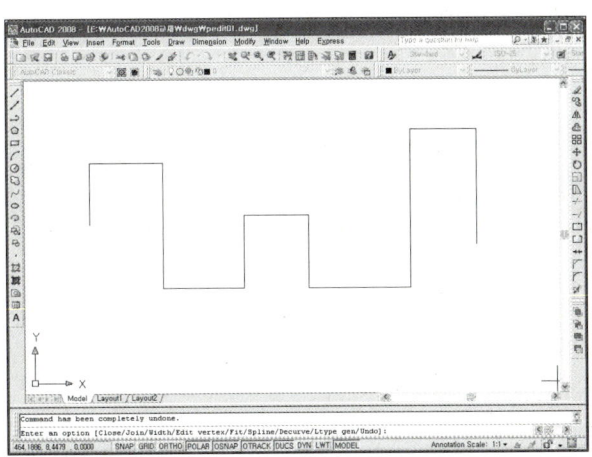

```
Enter an option [Close/Join/Width/Edit vertex/Fit/
Spline /Decurve/Ltype gen/Undo] : W [Enter]
Specify new width for all segments : 0 [Enter]
```

⑤ 열린 Pline의 객체이므로 시작점과 끝점을 연결하여 닫아주는 Close 옵션을 사용합니다.

⑥ 닫힌 Pline 객체는 Open 옵션을 이용하여 열린 Pline 객체로 만들 수 있습니다. Open 옵션을 이용하여 열린 Pline을 만든 뒤 Fit를 이용하여 꼭 짓점을 지나는 곡률이 큰 곡선을 만듭니다.

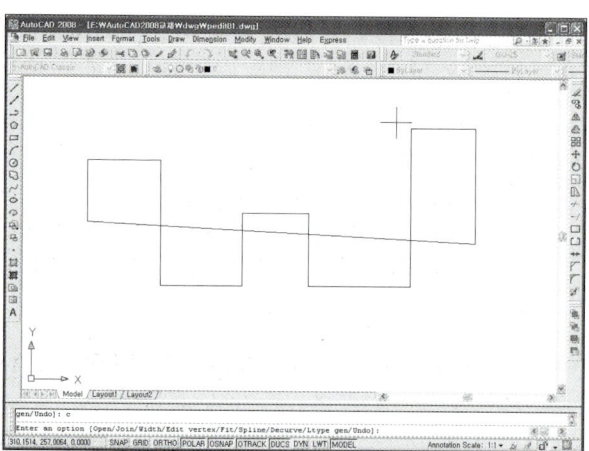

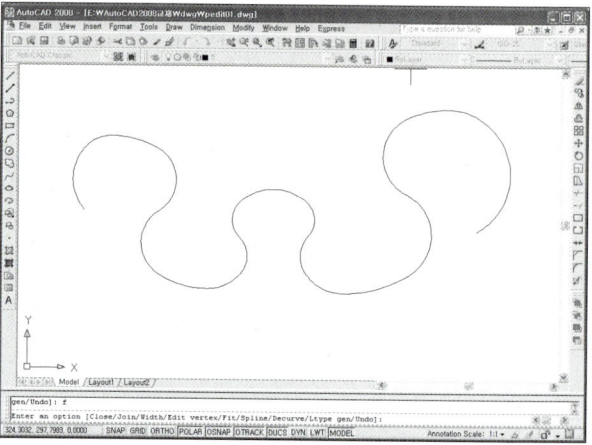

```
Enter an option [ Close/Join/Width/Edit vertex/Fit/
Spline/Decurve/Ltype gen/Undo] : C  Enter
```

```
Enter an option [ Open/Join/Width/Edit vertex/Fit/
Spline/Decurve/Ltype gen/Undo] : O  Enter
Enter an option [ Close/Join/Width/Edit vertex/Fit/
Spline/Decurve/Ltype gen/Undo] : F  Enter
```

⑦ 곡선으로 만들어진 Pline을 다시 직선으로 만들어주는 Decurve 옵션을 이용하여 직선으로 변경합니다.

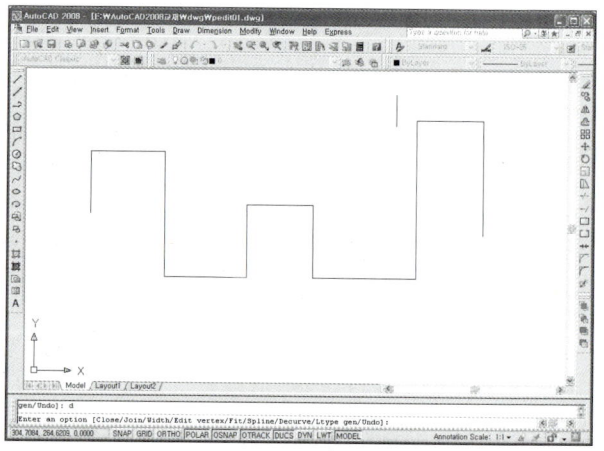

```
Enter an option [ Close/Join/Width/Edit vertex/Fit/
Spline/Decurve/Ltype gen/Undo] : D  Enter
```

⑧ 직선의 Pline을 두 변이 접선하는 곡률이 완만한 Spline으로 변경하고 [Pedit] 명령어를 종료합니다.

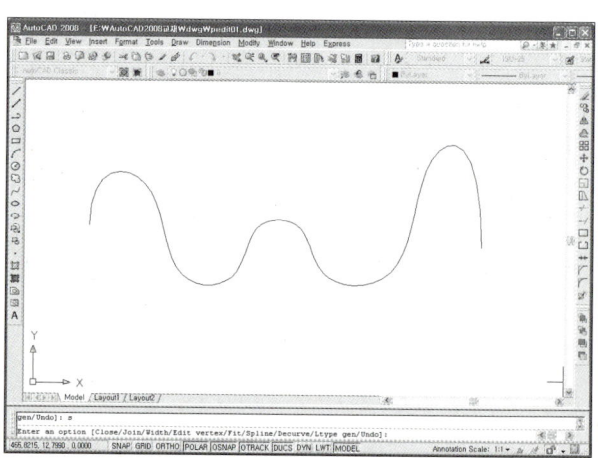

```
Enter an option [ Close/Join/Width/Edit vertex/Fit/
Spline/Decurve/Ltype gen/Undo] : S  Enter
Enter an option [ Close/Join/Width/Edit vertex/Fit/
Spline/Decurve/Ltype gen/Undo] : Enter
```

4. 옵션 실습

[Pedit] 명령에서 가장 많이 사용하는 옵션은 Join입니다. 일반적인 선분이나 호를 하나로 이어서 Pline 성분으로 만들어 주는 역할을 하며 Hatch나 3D 모델링 시 영역으로 사용하기에 적당합니다.

• 예제 파일 : Sample\Part02\pline04.dwg

---

① [File]-[Open] 메뉴를 이용하여 부록 CD에서 예제 파일을 불러옵니다.

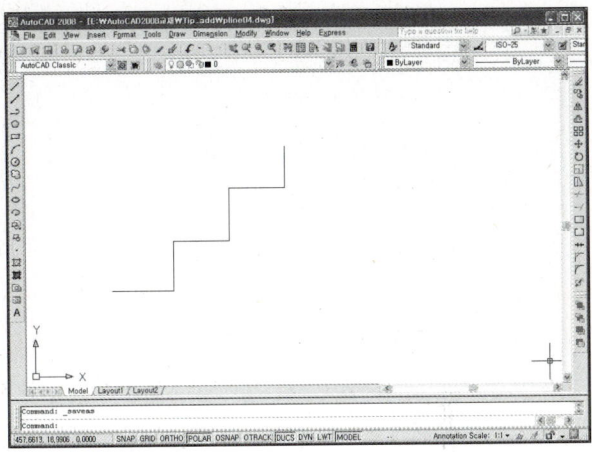

② [Pedit] 명령어를 입력하고 Line으로 그려진 계단 중 첫 번째 선분을 선택합니다.

```
Command : Pedit [Enter]
Select polyline or [ Multiple] : P1 클릭
Object selected is not a polyline
Do you want to turn it into one? <Y> [Enter]
```

③ 선택한 Line을 Pline의 성분으로 변경했습니다. 선택한 객체에 나머지 선분을 이어서 하나의 Pline으로 변경하기 위해 Join 옵션을 사용하여 나머지 객체를 이어줍니다.

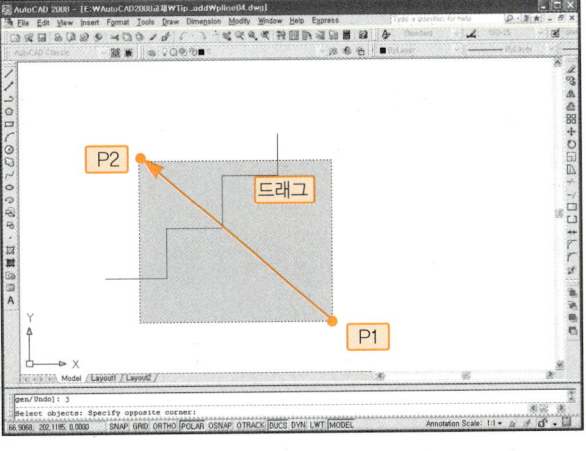

```
Enter an option [ Close/Join/Width/Edit vertex/Fit/
Spline/Decurve/Ltype gen/Undo] : j [Enter]
Select objects : Specify opposite corner : 6 found
P1에서 P2점으로 드래그합니다.
Select objects : [Enter]
5 segments added to polyline
```

④ 하나의 Pline에 나머지 객체가 추가되어 하나의 Polyline이 되었다는 메시지를 확인할 수 있습니다. Pline이 되었다면 다른 옵션도 실행이 되므로 Fit를 통해 꼭짓점을 지나는 곡선을 만들어 봅니다.

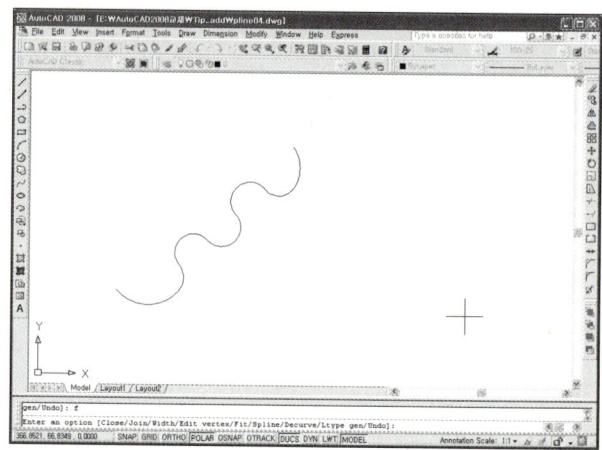

```
Enter an option [ Close/Join/Width/Edit vertex/Fit/
Spline/Decurve/Ltypegen/Undo] : F  Enter
Enter an option [ Close/Join/Width/Edit vertex/Fit/
Spline/Decurve/Ltype gen/Undo] :   Enter
```

3 두께 있는 원을 만드는 [Donut] 명령어

[Donut] 명령은 도넛 모양의 두께 있는 원이나 속이 꽉 찬 원을 그리는 명령어입니다. 바깥쪽 지름이나 안쪽의 지름을 입력하여 도넛 형태의 원을 만듭니다.

[Donut] 명령어	
아이콘	◎
메인 메뉴	[Draw]–[Donut]
명령어	Donut
단축키	〈DO〉

1. 명령어 사용 방법

Command 라인에 [Donut] 명령어를 입력한 뒤 전체 도넛 모양의 바깥쪽 지름 값을 입력하고 안쪽의 지름 값을 입력합니다. 생성을 원하는 지점을 클릭하면 도넛이 생성됩니다. 한 번 입력한 값으로 사용자가 원하는 개수만큼 도넛을 만들 수 있습니다.

```
Command : Donut  Enter
Specify inside diameter of donut <0.5000> : 50  Enter
Specify outside diameter of donut <1.0000> : 80  Enter
Specify center of donut or <exit> : 원하는 지점을 선택
Specify center of donut or <exit> :  Enter
```

2. 명령어 옵션

[Donut] 명령어에 딸린 옵션은 없지만 [Pline]이나 [Donut]처럼 속이 채워진 객체를 화면에 표시할 때 공통적으로 사용할 수 있는 옵션이 있습니다. 이 옵션 중에는 Fill이 있으며, ON/OFF를 이용하여 화면에서 두께가 있는 부분의 색을 칠하거나 선으로만 표시할 수 있습니다. 이때 미리 그려진 객체는 ON/OFF 변경 후 바로 적용이 되지 않으므로 [Regen] 명령을 통해 화면의 객체를 재 생성해주어야 합니다.

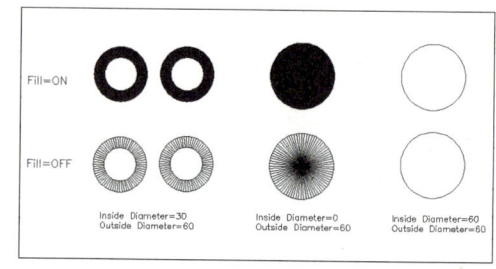

```
Command : Fill  Enter
Enter mode [ ON/OFF] <ON> :
```

4. 내부가 채워진 다각형을 만드는 [Solid] 명령어

[Solid] 명령어는 한 번에 3개의 점 이상을 선택하여 내부가 채워진 다각형을 만들 수 있습니다. 대신 [Solid] 명령어는 그림을 작성할 때 선택하는 순서에 따라 다른 결과의 모양이 나오므로 사용자가 원하는 모양을 정확히 선택해야 합니다.

[Solid] 명령어	
아이콘	⊙
메인 메뉴	[Draw]-[Modeling]-[Meshes]-[2D Solid]
명령어	Solid
단축키	〈SO〉

1. 명령어 사용 방법

Command 라인에 [Solid] 명령어를 입력하고 원하는 지점을 순서대로 선택합니다. 한 번에 3개의 점 이상의 선택하며, 시계 방향과 같이 한 방향으로 선택하면 리본 모양으로 삼각형이 서로 마주보게 그려지므로 속이 채워진 다각형의 형태로 만드는 경우 지그재그로 점을 선택해야 합니다.

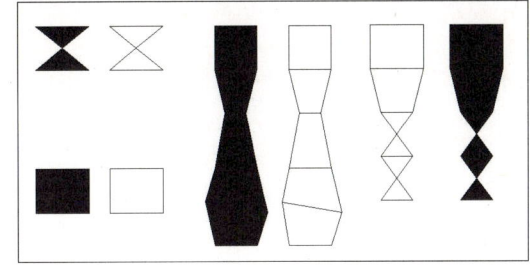

```
Command : solid Enter
Specify first point : 첫 번째 점을 선택합니다.
Specify second point : 두 번째 점을 선택합니다.
Specify third point : 세 번째 점을 선택합니다.
Specify fourth point or <exit> : 네 번째 점을 선택합니다.
Specify third point : Enter
```

5. 객체를 분해하는 [Explode] 명령어

[Explode] 명령어는 블록이나 해치, Dimension, Pline 등 하나로 이루어진 여러 가지 객체를 분해하여 낱낱의 단일 객체로 분해하는 명령어입니다. [Explode]로 분해한 객체는 원래 묶여진 상태로 되돌릴 수 있는 명령어가 따로 없으므로 [Explode]를 하는 경우에는 다음 단계를 다시 한 번 생각한 후 실행해야 합니다.

[Explode] 명령어	
아이콘	🗲
메인 메뉴	[Modify]-[Explode]
명령어	Explode
단축키	〈X〉

1. 명령어 사용 방법

Command 라인에 [Explode] 명령어를 입력한 뒤 분해하고 싶은 객체를 선택합니다. 분해된 객체는 아무런 변화 없이 낱낱의 객체로 분해되며 일반 Select 상태에서 확인할 수 있습니다.

2. 기본 실습

[Explode] 명령어는 옵션이 전혀 없는 명령어로 해당하는 객체를 선택만 하면 종료되므로 분해 가능한 객체를 선택하는 것이 중요합니다. 치수나 Pline으로 만들어진 블록 객체들이 해당합니다.

• 예제 파일 : Sample\Part02\explode.dwg

① [File]-[Open] 메뉴를 이용하여 부록 CD에서 예제 파일을 불러옵니다.

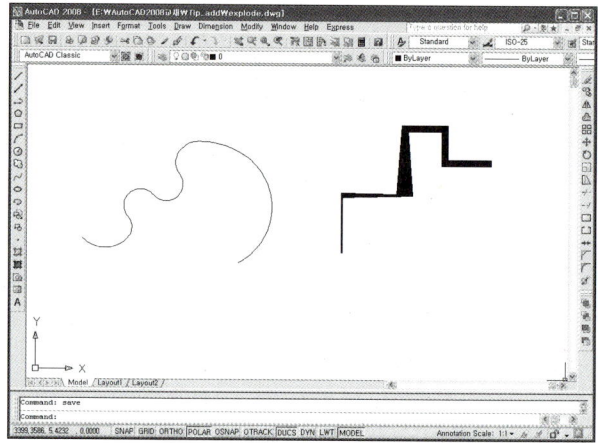

② 두 개의 Pline 객체가 있습니다. [Explode] 명령어를 입력하고 P1에서 P2로 드래그하여 선택합니다. 실행이 완료되면 Pline의 성분이 일반 Line이나 Arc의 성분이 되므로 객체는 두께 등 Pline 고유의 성분이 사라집니다. 마우스로 일부 객체를 선택해보면 하나로 연결되어 있던 선분이 개개의 객체로 분해되어 있는 것을 확인할 수 있습니다.

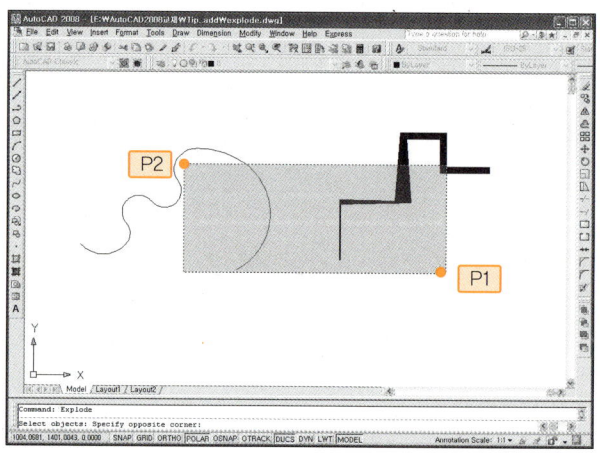

Chapter

A u t o C A D

06 보조선 그리기

Chapter06에서는 도면을 작성할 때 기준선이나 보조선 등으로 이용되는 광선이나 구성선에 대해 공부하도록 합니다. 일반적으로 그리드나 스냅 등을 보조 도구로 이용하지만 평면도와 정면도의 양쪽 끝점을 맞추거나 중심선 등으로 일정한 치수가 없는 기준선 등에 주로 이용합니다.

1. 반쪽의 무한 선을 그리는 [Ray] 명령어

[Ray] 명령어는 한쪽 방향으로만 무한히 뻗어나가는 무한 선을 그리는 명령어입니다. 사용자가 선택한 지점을 기준으로 반쪽만을 무한 선으로 만들어 무한 선의 끝점에 해당하는 EndPoint를 찾을 수 없도록 합니다. 주로 [Ray]를 만들고 무한 선 부위는 [Break]나 [Trim] 등의 자르는 명령어를 통해 잘라낸 뒤 사용합니다.

[Ray] 명령어	
메인 메뉴	[Draw]-[Ray]
명령어	Ray

1. 명령어 사용 방법

Command 라인에 [Ray] 명령어를 입력하고 기준점을 클릭한 뒤 좌표 값을 입력하거나 마우스로 원하는 곳을 선택합니다. 한 번에 여러 개 이상의 무한 선을 그릴 수 있으며 명령어를 완료할 때는 Enter를 누릅니다.

```
Command : Ray Enter
Specify start point : P1 클릭    P1점을 클릭합니다.(Ray 선의 시작점을 마우스 클릭이나 좌표 값으로 입력합니다.)
Specify through point : @5<30 Enter    마우스 클릭으로 선택하거나 임의의 좌표 값을 입력합니다. 이때 길이는 아무 상관없습니다.
Specify through point : @5<60 Enter    마우스 클릭으로 선택하거나 임의의 좌표 값을 입력합니다. 이때 길이는 아무 상관없습니다.
Specify through point : @5<90 Enter    마우스 클릭으로 선택하거나 임의의 좌표 값을 입력합니다. 이때 길이는 아무 상관없습니다.
Specify through point : @5<120 Enter    마우스 클릭으로 선택하거나 임의의 좌표 값을 입력합니다. 이때 길이는 아무 상관없습니다.
Specify through point : Enter    Enter를 눌러 명령어를 종료합니다.
```

2. 기본 실습

새로운 도면에 [Ray] 명령어로 반쪽의 무한 선을 그려봅니다. 마우스로 드래그하여 임의의 각도를 가진 무한 선을 그리거나 원하는 각도가 있다면 임의의 값을 입력하여 그립니다.

1 새 도면을 시작하여 다음과 같이 선택합니다.

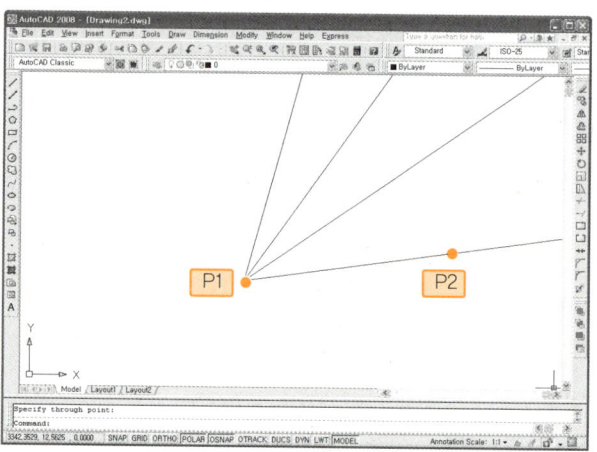

```
Command : Ray Enter
Specify start point : P1 클릭
```
P1점을 클릭하여 Ray의 시작점을 선택합니다.
```
Specify through point : P2 클릭
```
P2점을 클릭하여 Ray의 좌표 값을 마우스 클릭으로 선택합니다.
```
Specify through point : @3<35 Enter
```
Ray의 좌표 값을 임의의 좌표 값으로 선택합니다.
```
Specify through point : @3<55 Enter
Specify through point : @3<75 Enter
Specify through point : Enter
```
Ray를 종료합니다.

2. 무한 선을 그리는 [Xline] 명령어

[Ray] 명령어가 반쪽의 무한 선을 그린다면 [Xline] 명령은 양쪽 모두가 무한한 선을 그리는 명령어입니다. [Xline]도 [Ray] 명령과 마찬가지로 스스로 도면의 기본 구성 요소가 되기보다는 기준선이나 보조선 등으로 사용됩니다. 또한 [Xline]은 Construction Line이라고도 부르며 구성선이라고 부르기도 합니다.

[Xline] 명령어	
아이콘	⬿
메인 메뉴	[Draw]-[Construction Line]
명령어	Xline
단축키	〈XL〉

1. 명령어 사용 방법

Command 라인에 [Xline] 명령어를 입력하고 원하는 지점을 클릭한 뒤 마우스로 무한 선의 점을 클릭하거나 임의의 좌표 값을 입력하여 무한 선을 그립니다.

```
Command : Xline Enter
Specify a point or [ Hor/Ver/Ang/Bisect/Offset] : 무한 선의 시작점을 클릭하거나 무한 선의 옵션을 선택합니다.
Specify through point : 무한 선의 좌표 값을 입력합니다.
Specify through point : Enter 명령어를 종료합니다.
```

2. 명령어 옵션

[Ray]에 비해 [Xline] 명령은 다양한 옵션을 가지고 있습니다. 수직의 무한 선, 수평의 무한 선, 일정한 각도의 무한 선, 시작점과 끝점의 이등분점의 무한 선을 그리거나 Offset할 수 있습니다.

옵션	내용
Hor	수평의 무한 선을 그립니다.
Ver	수직의 무한 선을 그립니다.
Ang	지정한 각도의 무한 선을 그립니다.
Bisect	시작점과 끝점의 이등분점의 무한 선을 그립니다.
Offset	간격을 띄워 무한 선을 그립니다.

3. 기본 실습

무한 선을 그리는 기본적인 방법을 학습하고 차후 기준선이나 보조선으로 [Xline]을 활용하기 바랍니다.

① 새 도면을 준비한 뒤 Command 라인에 [Xline] 명령어를 입력합니다.

② 마우스 대신 임의의 좌표 값을 입력하여 원하는 각도의 무한 선을 그립니다.

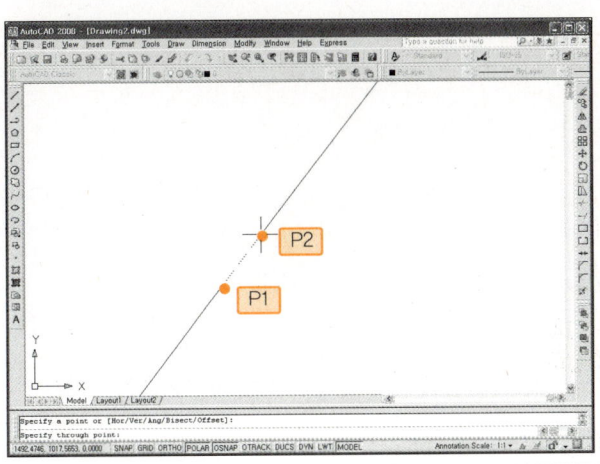

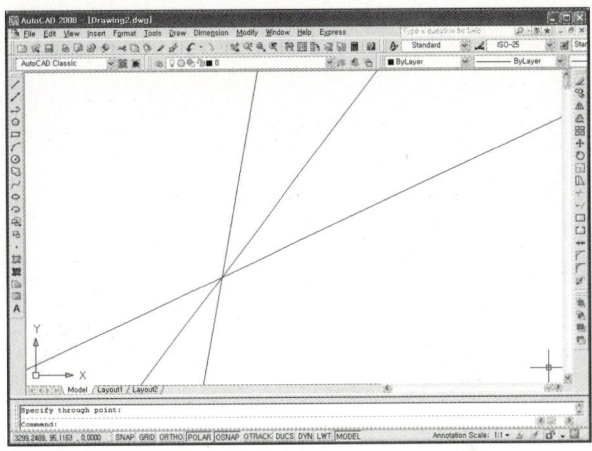

Command : **Xline** Enter
Specify a point or [Hor/Ver/Ang/Bisect/Offset] : **P1 클릭**
P1점을 클릭하여 무한 선 시작 위치의 좌표 값을 선택합니다.
Specify through point : **P2 클릭**
P2점을 클릭하여 무한 선 위치를 마우스로 선택합니다.

Specify through point : **@5<25** Enter
임의의 길이 값을 이용하여 원하는 각도의 무한 선을 그립니다.
Specify through point : **@5<80** Enter
Specify through point : Enter
[Xline] 명령을 종료합니다.

4. 옵션 실습

[Ray] 명령에 비해 이용할 수 있는 옵션이 다양합니다. 수직, 수평 방향부터 각도의 방향까지 모두 가능합니다.

■ Hor & Ver(수평 & 수직) 옵션으로 무한 선 그리기

다른 각도는 입력되지 않고 가로의 수평이나 세로의 수직 방향의 무한 선만 그려집니다. 가로와 세로의 수평 수직 선분만 그리는 경우 편리합니다. 새 도면을 준비한 후 Command 라인에 [Xline]을 입력합니다.

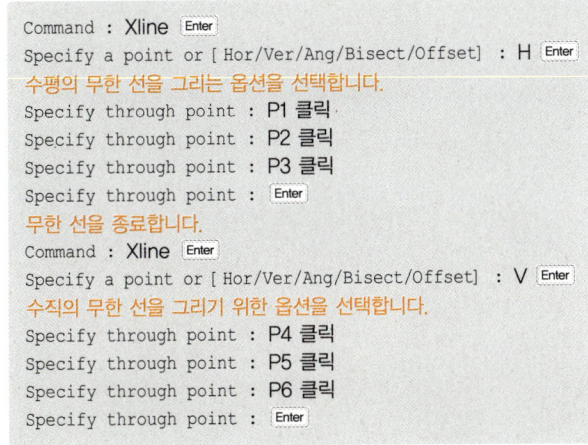

Command : **Xline** Enter
Specify a point or [Hor/Ver/Ang/Bisect/Offset] : **H** Enter
수평의 무한 선을 그리는 옵션을 선택합니다.
Specify through point : **P1 클릭**
Specify through point : **P2 클릭**
Specify through point : **P3 클릭**
Specify through point : Enter
무한 선을 종료합니다.
Command : **Xline** Enter
Specify a point or [Hor/Ver/Ang/Bisect/Offset] : **V** Enter
수직의 무한 선을 그리기 위한 옵션을 선택합니다.
Specify through point : **P4 클릭**
Specify through point : **P5 클릭**
Specify through point : **P6 클릭**
Specify through point : Enter

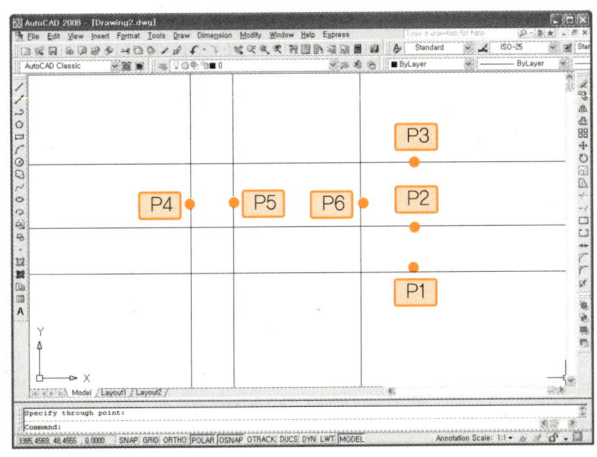

■ Ang 옵션을 이용한 각도의 무한 선

수직, 수평은 오직 0도와 90도 방향이나 Ang 옵션은 그 이외의 각도가 필요한 경우 그 각도 값만큼 입력하고 무한 선을 무한하게 그릴 수 있습니다. 새 도면을 준비한 후 Command 라인에 [Xline] 명령어를 입력합니다.

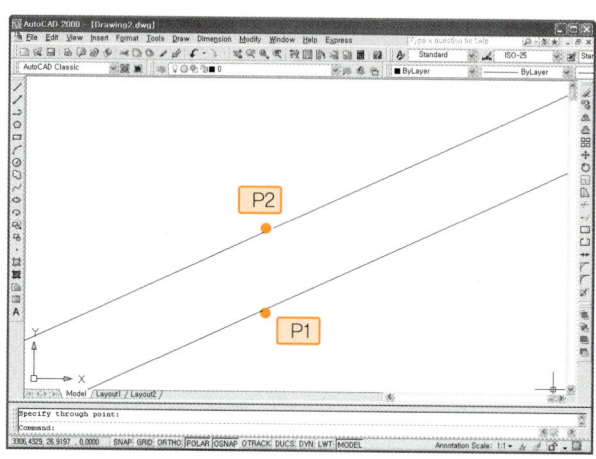

```
Command : Xline Enter
Specify a point or [ Hor/Ver/Ang/Bisect/Offset] : A Enter
무한 선의 각도를 입력하는 옵션을 선택합니다.
Enter angle of xline(0) or [ Reference] : 25 Enter
기울기 각도 값을 입력합니다.
Specify through point : P1 클릭
Specify through point : P2 클릭
P2점을 클릭하여 원하는 좌표 값을 마우스 클릭이나 임의의 좌표 값
으로 선택합니다.
Specify through point : Enter
[Xline] 명령을 종료합니다.
```

■ Bisect 옵션을 이용한 무한 선

기준점을 중심으로 시작점과 끝점의 이등분 선을 찾아 그릴 수 있습니다. 이등분 무한 선을 무한히 그릴 수 있는 것이 특징입니다.

1 새 도면을 준비한 후 Command 라인에 [Xline] 명령어를 입력합니다.

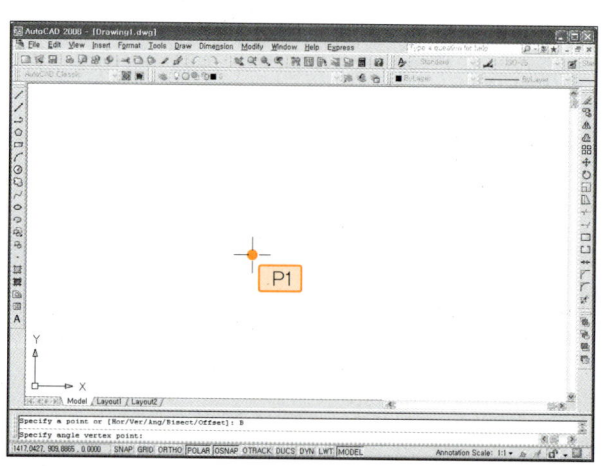

```
Command : Xline Enter
Specify a point or [ Hor/Ver/Ang/Bisect/Offset] : B Enter
이등분 선을 그리는 옵션을 선택합니다.
Specify angle vertex point : P1 클릭
```

2 첫 번째는 이등분 선의 시작점의 좌표 값과 각도를 입력합니다.

```
Specify angle start point : @2<0 Enter
이등분하기 위한 시작점의 각도를 입력합니다.
```

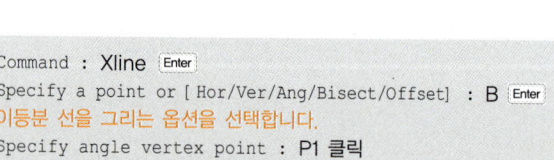

③ 처음 선택한 시작점의 각도로부터 이등분의 기준
이 되는 끝점의 좌표와 각도 값을 입력합니다.

④ 계속해서 처음 선택한 시작점의 각도로부터 이등
분의 기준이 되는 끝점의 좌표와 각도 값을 입력
합니다.

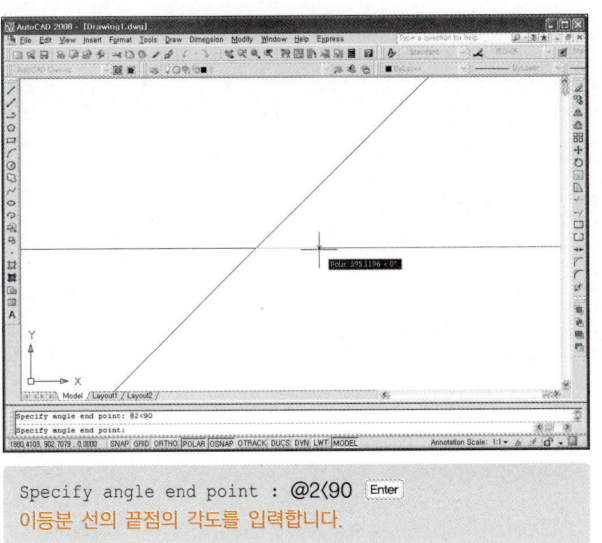

```
Specify angle end point : @2<90 [Enter]
이등분 선의 끝점의 각도를 입력합니다.
```

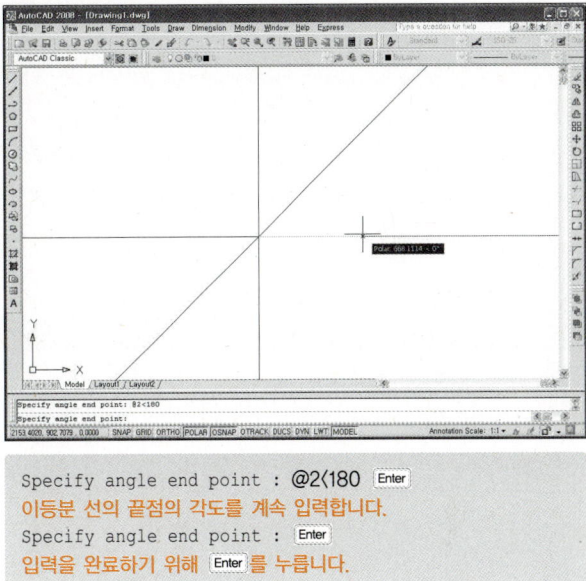

```
Specify angle end point : @2<180 [Enter]
이등분 선의 끝점의 각도를 계속 입력합니다.
Specify angle end point : [Enter]
입력을 완료하기 위해 [Enter]를 누릅니다.
```

■ **Offset 옵션을 이용한 무한 선**

Offset 옵션은 특이하게 화면에 있는 기존의 객체를 기준으로 간격을 띄우면서 무한 선을 그릴 수 있습니다. 또한 일반적인 선뿐만 아니
라 [Xline] 명령으로 그린 객체들도 무한 선을 그릴 수 있습니다.

① 이전 옵션인 Bisect 옵션을 연습한 도면을 그대로
활용합니다.

② Command 라인에 [Xline] 명령어를 입력합니다.

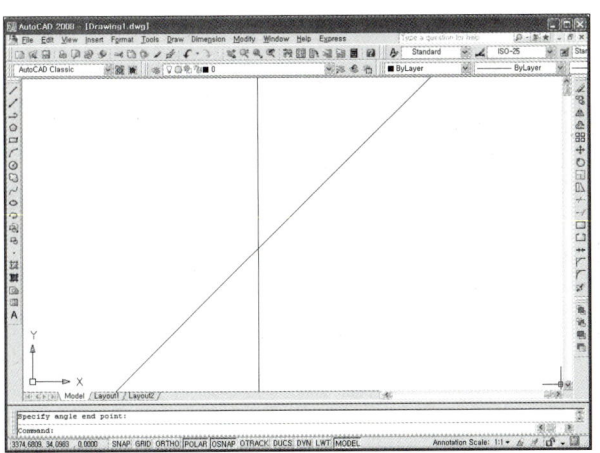

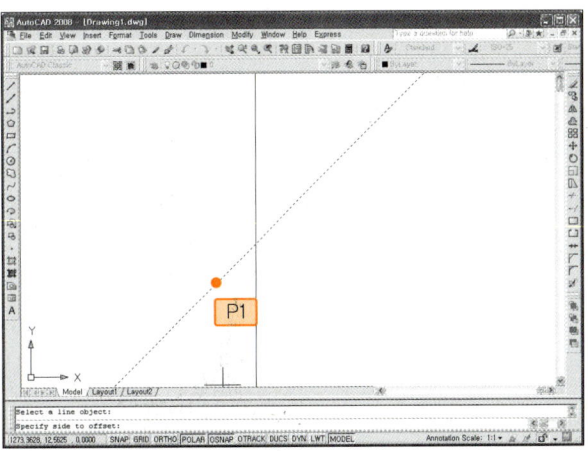

```
Command : Xline [Enter]
Specify a point or [ Hor/Ver/Ang/Bisect/Offset ] : O [Enter]
Offset 옵션을 선택합니다.
Specify offset distance or [ Through ] <Through> : 30 [Enter]
Offset의 간격 값을 입력합니다.
Select a line object : P1 클릭
평행 복사의 원본 객체를 선택합니다.
```

③ 복사할 방향을 지정합니다.

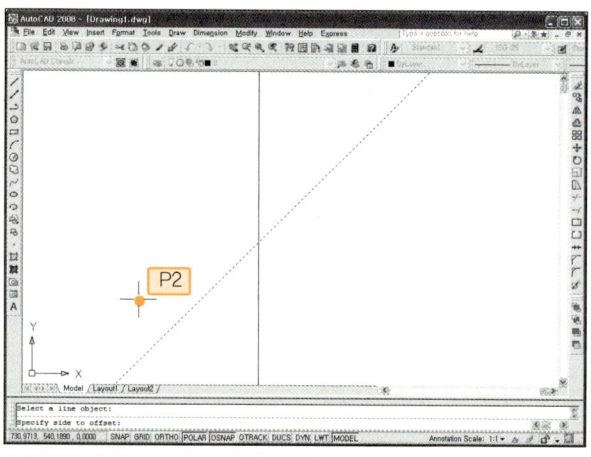

```
Specify side to offset : P2 클릭
Select a line object : Enter
```

④ 다음과 그림과 같이 평행 복사가 되었습니다.

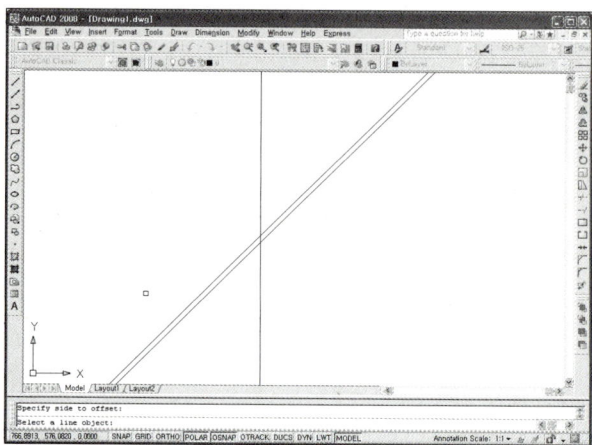

⑤ 세로 선분을 하나 더 Offset합니다.

```
Command : Xline Enter
Specify a point or [ Hor/Ver/Ang/Bisect/Offset] : O Enter
Specify offset distance or [ Through] <30.0000> : 100
Enter
Select a line object : P1 클릭
```

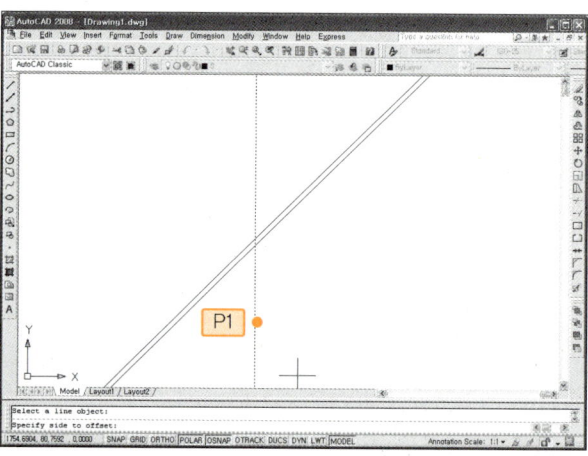

⑥ 평행 복사를 원하는 방향으로 마우스를 선택합니다.

```
Specify side to offset : P2 클릭
Select a line object : Enter
```

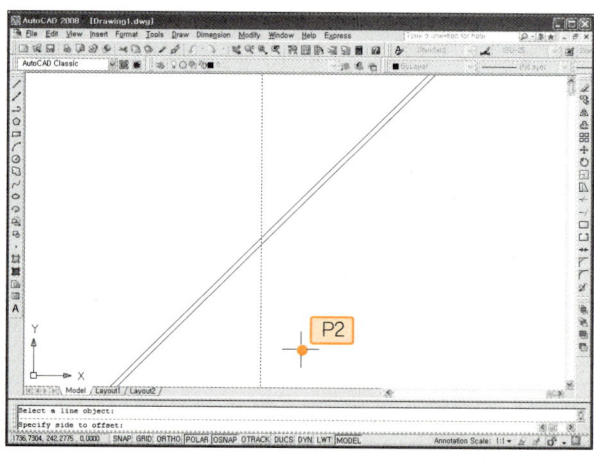

7 다음과 같은 결과물이 완성됩니다.

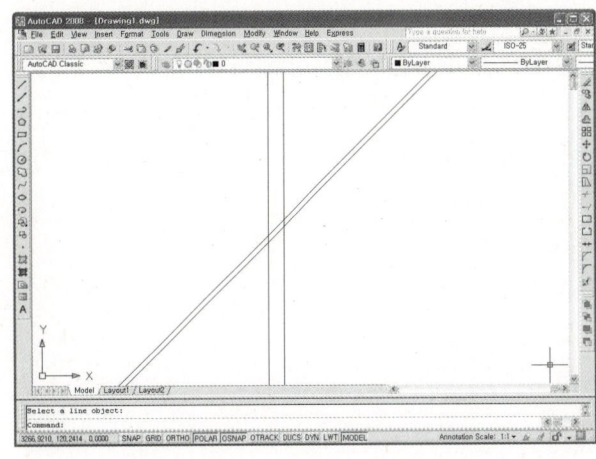

---

3. 자유로운 선을 그리는 [Sketch] 명령어

[Sketch] 명령어는 자유로운 선분을 그리는 경우 사용하는 명령어입니다. 선 자체가 일정한 패턴이 없고 굴곡의 변화가 심한 도면을 그릴 때 사용합니다. 주로 정형화되어 있지 않은 조경에 사용되는 나무나 꽃, 잎 등의 모양 객체를 그리는 경우 유용합니다.

[Sketch] 명령어

명령어	Sketch

1. 명령어 사용 방법

Command 라인에 [Sketch] 명령어를 입력하고 Record increment 수치를 지정한 다음 마우스로 원하는 좌표를 선택한 후 클릭하지 않은 채로 원하는 그림을 그립니다. 그리는 도중 떼었다가 다시 그릴 경우에는 한 번 더 선택하여 Pen up 상태에서 다른 장소로 움직인 뒤 다시 그리는 경우 다시 한 번 선택하여 Pen down 상태에서 그림을 더 그리고 다 그린 후에는 Space Bar 나 Enter 를 눌러 종료합니다.

Command : **Sketch** Enter
Record increment <1.0000> : 스케치 명령어를 사용하는 경우 값이 작을수록 부드러운 선이 그려지고 값이 클수록 변화가 심한 선이 그려집니다.
Sketch. Pen eXit Quit Record Erase Connect. <Pen down> <Pen up>
<Pen down> 상태에서 마우스를 움직이는 대로 그림이 그려지며 한 번 더 선택하여 <Pen up>이 되면 그림이 그려지지 않습니다. 이때 다른 곳으로 마우스를 이동할 수 있습니다. 명령어를 종료할 때에는 Enter 를 누릅니다.

2. 명령어 옵션

기본적인 명령어로 대부분 사용하며 스케치 그림을 저장하고 나오거나 저장하지 않고 종료하는 명령어를 옵션으로 사용합니다.

옵션	내용
Pen	Pen down할 때 그림을 그리고 Pen up할 때 그림을 그리지 않습니다.
eXit	스케치로 그려진 그림을 저장하고 명령어를 종료합니다.
Quit	스케치로 그려진 그림을 저장하지 않고 명령어를 종료합니다.

3. 기본 실습

간단한 그림을 그리는 실습을 합니다. 마우스보다 펜 스타일의 펜 마우스를 사용하는 경우 더 자연스러운 그림을 그릴 수 있습니다. 요즘에는 다양한 프로그램과 연동하여 일반적인 벡터 지원 프로그램으로 그림들을 그려서 사용하기도 합니다. 새 도면을 준비한 후 다음과 그림처럼 나무 모양을 천천히 따라서 그려봅니다.

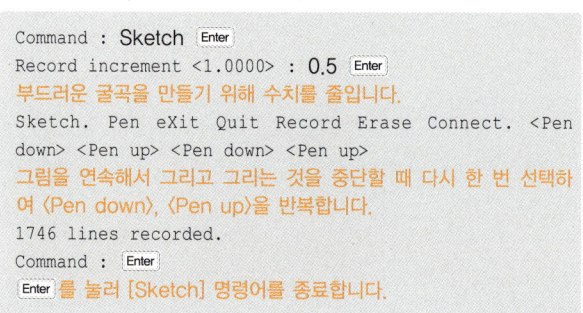

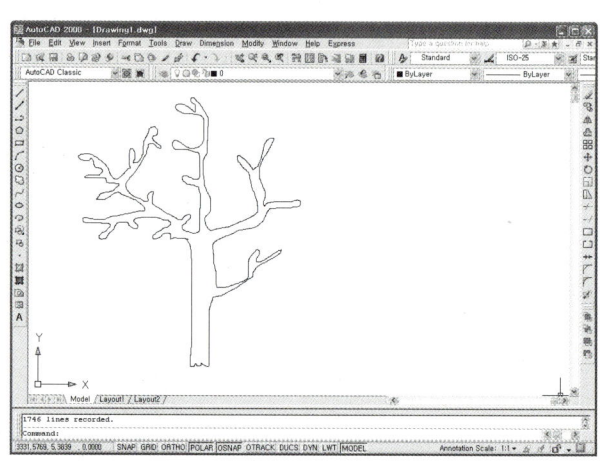

```
Command : Sketch [Enter]
Record increment <1.0000> : 0.5 [Enter]
```
부드러운 굴곡을 만들기 위해 수치를 줄입니다.
```
Sketch. Pen eXit Quit Record Erase Connect. <Pen
down> <Pen up> <Pen down> <Pen up>
```
그림을 연속해서 그리고 그리는 것을 중단할 때 다시 한 번 선택하여 〈Pen down〉, 〈Pen up〉을 반복합니다.
```
1746 lines recorded.
Command :   [Enter]
```
[Enter] 를 눌러 [Sketch] 명령어를 종료합니다.

4. 구름 모양의 호를 그리는 [Revcloud] 명령어

[Revcloud] 명령어는 구름 모양의 연속하는 호를 그려주는 명령어입니다. 바깥으로 볼록하거나 안쪽으로 볼록한 두 가지 형태의 호를 그리며 연속하여 Close된 호를 그리거나 열려 있는 호를 그립니다.

[Revcloud] 명령어	
아이콘	▥
메인 메뉴	[Draw]–[Revision Cloud]
명령어	Revcloud

1. 명령어 사용 방법

[Revcloud] 명령어는 구름의 모양을 한 객체입니다. 보통 중요한 부분을 확대하여 상세 도면을 따로 빼는 경우 그 부분을 체크할 때 사용할 수 있습니다.

```
Command : Revcloud [Enter]
Minimum arc length : 15 Maximum arc length : 15 Style : Normal
Specify start point or [ Arc length/Object/Style] <Object> :
```
구름 모양의 호의 시작점을 클릭합니다. 계속 이어서 구름 모양이 되도록 한 바퀴 돌려 제자리로 돌아옵니다.
```
Guide crosshairs along cloud path...
Reverse direction [ Yes/No] <No> :   [Enter] 구름 모양 호의 방향을 선택합니다.(바깥쪽 볼록 〈No〉, 안쪽 볼록 〈Yes〉)
Revision cloud finished.
```

2. 명령어 옵션

사용하는 옵션에 따라 구름 모양의 크기를 정하거나 구름 모양의 선분의 두께를 변경할 수 있습니다. 또한 그려진 일반 객체에 구름 모양의 호를 적용시킬 수도 있습니다.

옵션	내용
Arc length	구름 모양 호의 길이를 다시 정의합니다.
Object	미리 그려진 객체에 호 모양을 적용합니다. 하나로 이어진 단일 객체는 한 번에 호를 만들며 일반 line의 경우 객체 하나에 한 번씩 호를 만들어 줍니다.
Style	[Normal/Calligraphy]로 구분하며 Normal의 형태는 구름 모양을 만들 때 선분의 두께를 일정하게 만들지만 Calligraphy의 경우 하나의 호마다 시작점의 두께와 끝점의 두께가 다르게 입력되어 마치 붓으로 그린 듯한 호로 이루어진 구름 모양을 그립니다.

3. 기본 실습

기본으로 이루어진 구름 모양의 호를 그려봅니다.

• 예제 파일 : Sample\Part02\cloud.dwg
----

❶ [File]-[Open] 메뉴를 이용하여 부록 CD에서 예제 파일을 불러온 후 Command 라인에 [Revcloud] 명령어를 입력합니다.

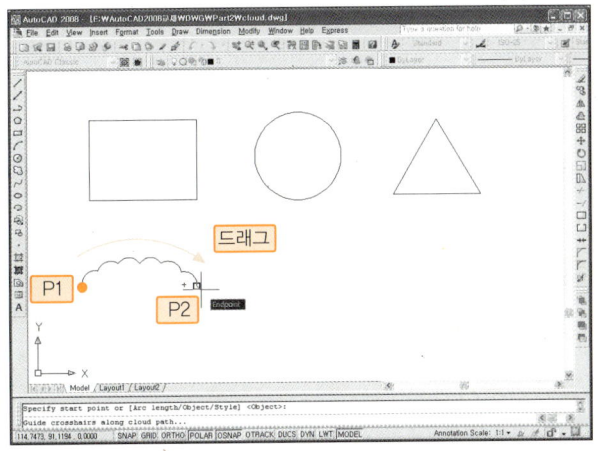

```
Command : Revcloud Enter
Minimum arc length : 20 Maximum arc length : 20 Style
: Normal
Specify start point or [ Arc length/Object/Style]
<Object> :
P1점에서 P2점까지 드래그합니다.
```

❷ 반대편으로 드래그하여 시작점의 위치로 이동하여 닫힌 형태의 연속하는 호를 그립니다.

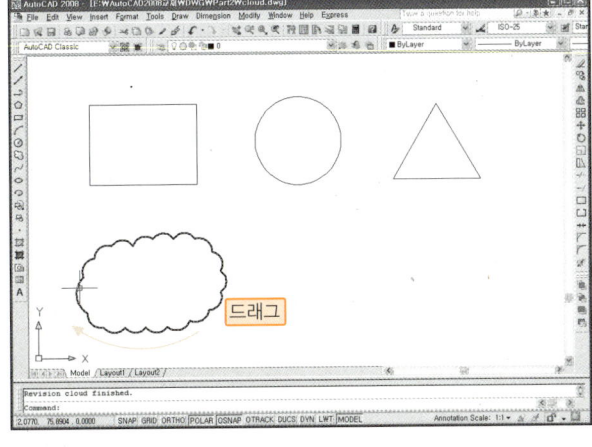

```
Guide crosshairs along cloud path...
Revision cloud finished.
```

③ 호의 크기를 다시 정의하여 호 모양을 다르게 만들기 위해 [Revcloud] 명령어를 입력합니다.

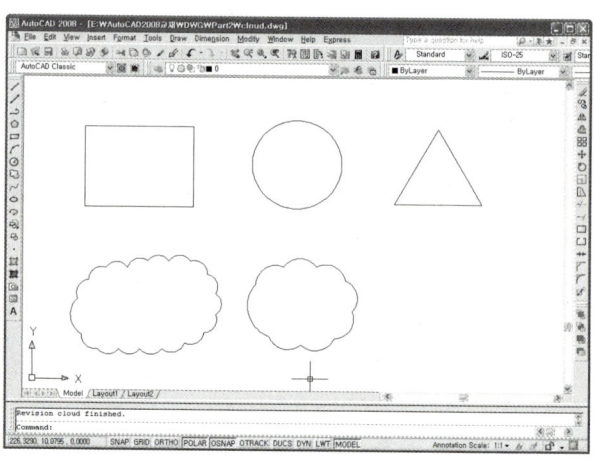

```
Command : Revcloud [Enter]
Minimum arc length : 20 Maximum arc length : 20 Style
: Normal
Specify start point or [ Arc length/Object/Style]
<Object> : A [Enter]
```
호의 길이 값을 입력하는 옵션을 선택합니다.
```
Specify minimum length of arc <20> : 30 [Enter]
```
길이 값을 입력합니다.
```
Specify maximum length of arc <30> : [Enter]
Specify start point or [ Arc length/Object/Style]
<Object> :
```
호를 그리기 위해 한 바퀴 돌려 모양을 만듭니다.
```
Guide crosshairs along cloud path...
Revision cloud finished.
```

4. 옵션 실습

이미 형태를 갖춘 객체도 구름 모양으로 변경할 수 있습니다. 미리 사각형이나 원, 다각형을 그리고 객체에 옵션을 적용합니다.

① 계속해서 Cloud.dwg 파일에 이어서 실습합니다. Command 라인에 [Revcloud] 명령어를 입력합니다.

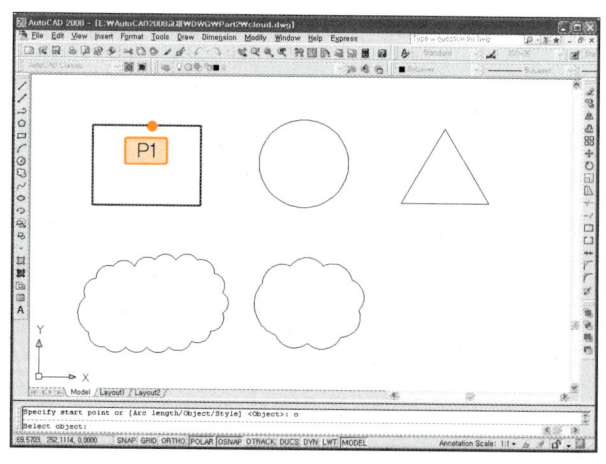

```
Command : Revcloud [Enter]
Minimum arc length : 30 Maximum arc length : 30 Style
: Normal
Specify start point or [ Arc length/Object/Style]
<Object> : O [Enter]
```
구름 모양의 호를 적용할 객체를 선택하는 옵션을 입력합니다.
```
Select object : P1 클릭
```
P1점을 클릭하여 Rectangle 객체를 선택합니다.

② 설정한 호의 길이 값대로 구름 모양으로 변경됩니다.

```
Reverse direction [ Yes/No] <No> : [Enter]
```
호의 방향을 뒤집을지 여부를 선택합니다. [Enter]를 누르면 〈No〉로 변경하지 않습니다.
```
Revision cloud finished.
```

❸ 호의 방향을 반대로 만들어 봅니다.

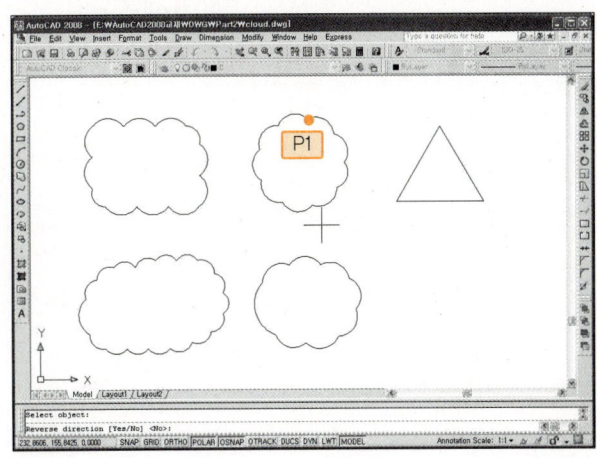

```
Command : Revcloud Enter
Minimum arc length : 30 Maximum arc length : 30 Style
: Normal
Specify start point or [Arc length/Object/Style]
<Object> : Enter
Select object : P1 클릭  원을 선택합니다.
```

❹ 옵션을 Yes로 선택하여 호의 방향을 변경합니다.

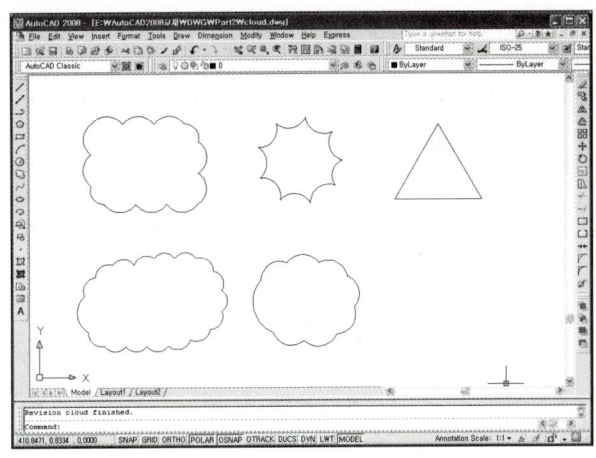

```
Reverse direction [Yes/No] <No> : Y Enter
호의 방향을 반대로 만드는 옵션을 선택합니다.
Revision cloud finished.
```

❺ 호의 두께를 일정한 두께가 아닌 시작점과 끝점의
두께가 다른 형태의 호를 만듭니다. 맨끝 삼각형
에 적용해 봅니다.

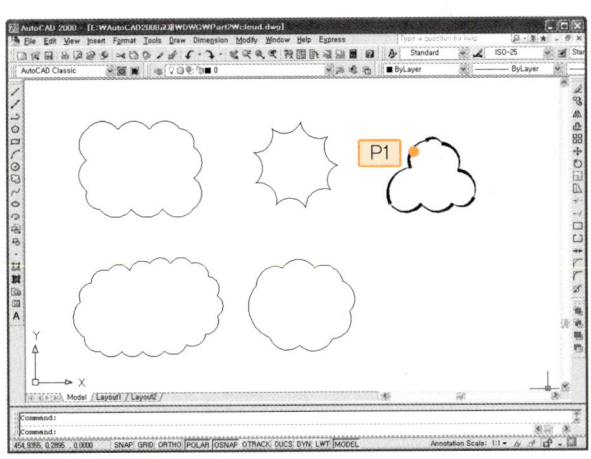

```
Command : Revcloud Enter
Minimum arc length : 30 Maximum arc length : 30 Style :
Normal
Specify start point or [Arc length/Object/Style]
<Object> : S Enter
두께를 바꾸는 옵션을 선택합니다.
Select arc style [Normal/Calligraphy] <Normal> : C Enter
두께가 다른 형태의 Style을 선택합니다.
Arc style = Calligraphy
Specify start point or [Arc length/Object/Style]
<Object> : Enter
Select object : P1 클릭
삼각형을 선택합니다.
Reverse direction [Yes/No] <No> : Enter
Revision cloud finished.
```

• 완성도면 Practice\욕실01.dwg

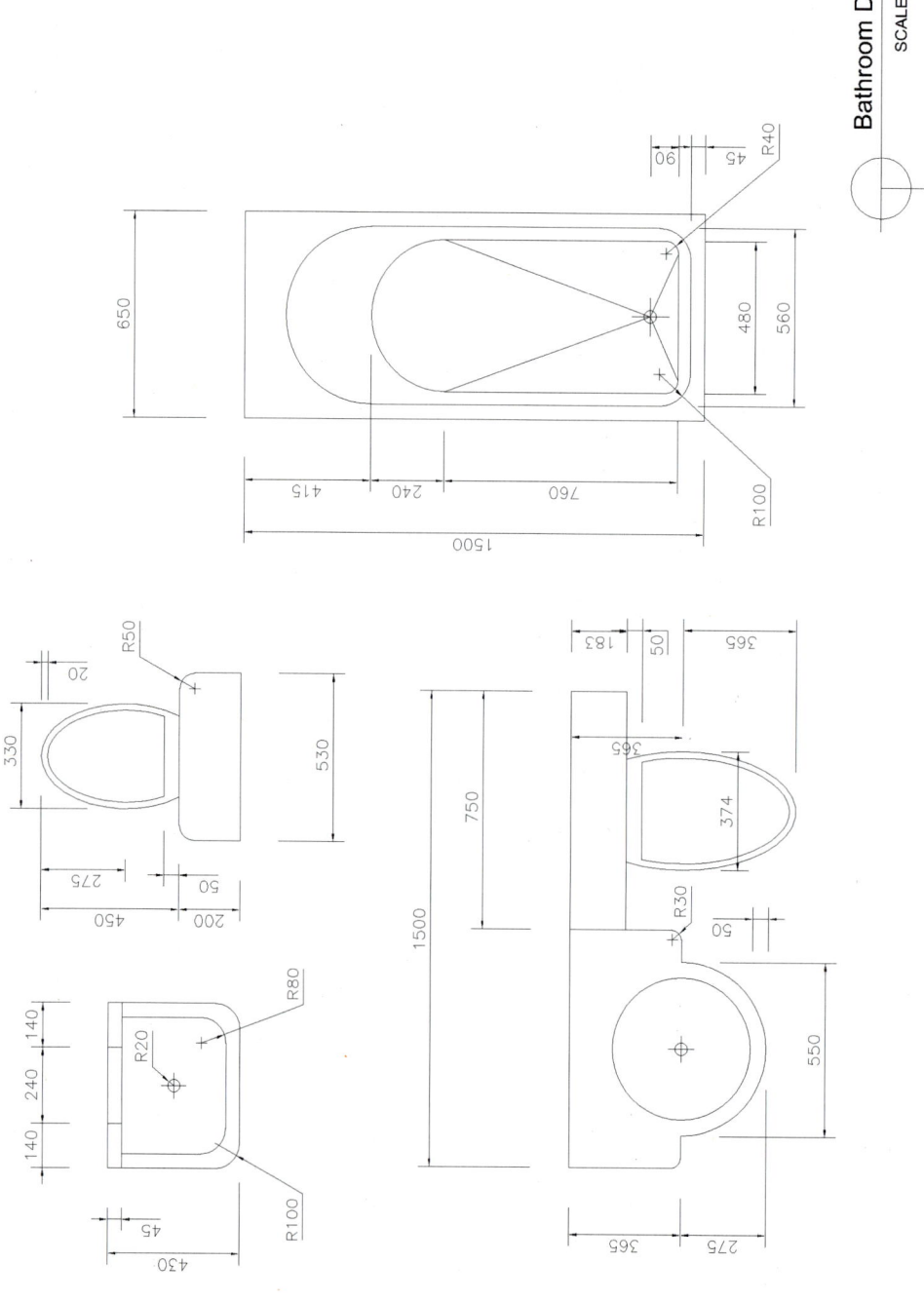

Bathroom Detail

SCALE : none

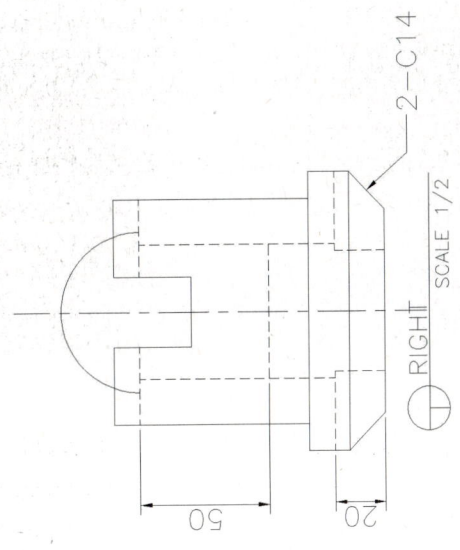

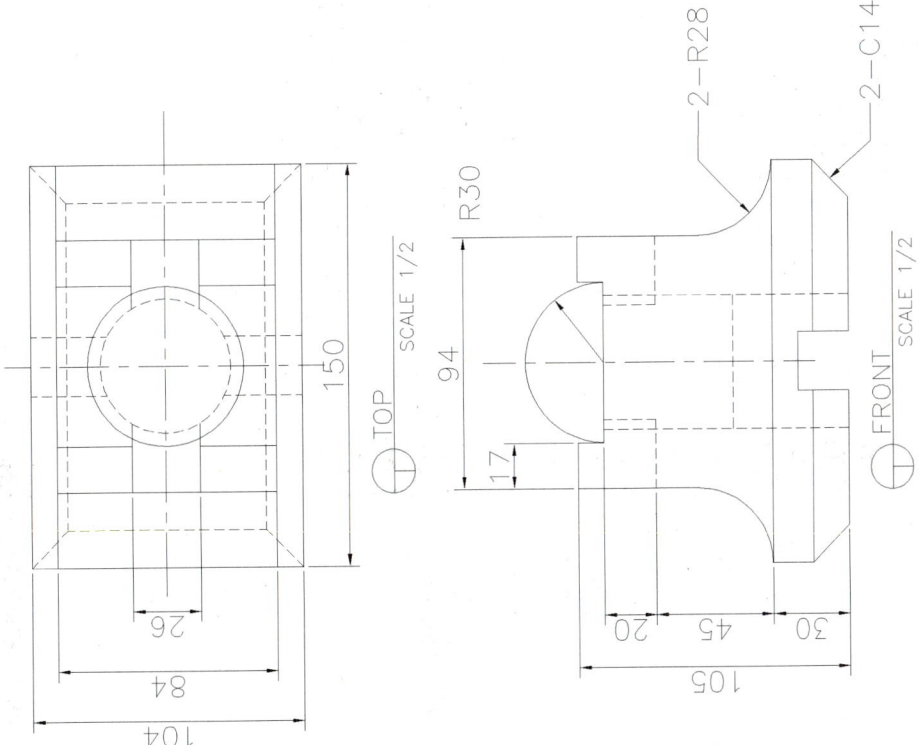

Part

03

설계 도면에 접근하기

Part3에서는 지금까지 그렸던 도형 위주의 도면에서 설계 도면의 면모를 갖출 수 있는 기본기를 학습합니다. 도면 층을 생성하고 도면 층을 관리할 수 있으며, 각종 정보 조회 명령어를 통해 해당 도면의 도면 요소를 조회하며 면적이나 평수 등을 계산할 수도 있습니다. 도면의 표제란이나 부품란에 문자를 입력하고 수정하며 각종 패턴을 입력하여 도면을 완성합니다. 오토캐드로 도면을 작성할 때 가장 기본적으로 사용해야 하는 각종 명령어에 대해 학습합니다.

Chapter
01

A u t o C A D

도면 층 생성하고 관리하기

Chapter01에서는 도면을 종류별로 구분하여 각기 다른 도면 층에 도면을 그리고 작성된 도면을 사용 목적에 따라 구분하여 관리하는 명령어를 위주로 학습합니다. 일반적으로 한 장의 도면에 복잡한 도면을 다 작성하는 것은 그리는 동안뿐 아니라 관리하는데도 어려움이 많습니다. 이번 Chapter에서는 도면을 종류별로 구분하여 중심선 레이어, 외형선 레이어, 문자 레이어, 치수 레이어 등으로 구분하여 각자 작성된 도면을 관리하는 형태의 명령어를 주로 학습합니다.

1. 도면 층을 만드는 [Layer] 명령어

Layer란 간단히 말해서 도면의 층을 말합니다. 도면의 층은 하나의 투명한 비닐 종이라고 생각하면 됩니다. 투명한 비닐 종이에 도면의 중심선, 외형선, 은선, 문자 층, 치수 층 등으로 구분하여 도면 층을 만들고 그 도면 층에는 각각의 목적에 해당하는 도면 요소만 그립니다.

화면에는 모든 층이 다 나타나므로 도면 전체를 한눈에 볼 수 있지만 각각의 도면 층을 원하는 것만 보이게 하거나 필요하지 않는 도면 층을 잠시 보이지 않도록 설정해가며 작업할 수 있습니다. 도면 층에 해당하는 Layer는 [Layer] 명령 단독으로 어떤 도면을 생성하거나 삭제하는 것이 아니라 도면 요소의 위치를 지정해 주는 명령어입니다. 또한 [Layer] 명령은 다른 명령어와 함께 사용함으로써 도면을 효율적으로 관리할 수 있습니다.

[Layer] 명령어	
아이콘	📚
메인 메뉴	[Format]–[Layer]
명령어	Layer
단축키	〈LA〉

1. 명령어 사용 방법

레이어는 그려야할 도면 요소를 종류별로 구분한 뒤 [Layer] 명령으로 미리 구분한 종류대로 레이어 층을 생성합니다. 레이어는 각각의 레이어대로 색이나 선 종류, 선가중치 등을 설정할 수 있으며, 이미 그려진 레이어 요소라 하더라도 [Change]나 [Chprop] 등의 명령어를 통해 변경할 수 있습니다.

Layer Enter

2. 명령어 옵션

Layer는 [Layer Properties Manager] 대화상자를 실행해 새로운 레이어를 추가하거나 도면 요소인 색상, 선 종류 등을 미리 설정할 수 있습니다. 이렇게 설정한 레이어는 사용자가 원할 때 다양한 형태로 이용할 수 있습니다. 툴 바의 아이콘을 클릭하여 사용하도록 합니다.

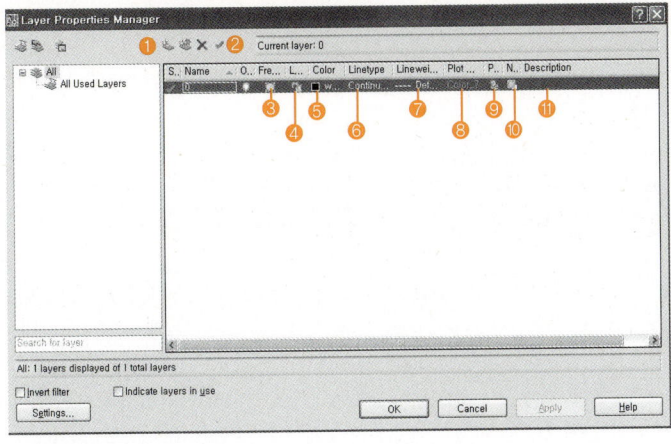

❶ **New Layer** : 새로운 도면 층을 만듭니다. 만들 수 있는 개수는 제한이 없으며 만들면서 이름도 새로 명명이 가능합니다.

❷ **Set Current(On/Off)** : 화면에 현재 레이어가 보이거나 안 보이도록 설정합니다.

❸ **Freeze/Thaw** : 선택한 레이어가 동결되어 화면에 안 보이게 하거나 동결된 레이어를 해동시켜 레이어를 보이게 합니다.

❹ **Lock/Unlock** : 선택한 레이어에 잠금을 걸어 선택 (Selection)이 되지 않도록 하거나 Lock이 걸린 레이어를 Unlock하여 Lock을 해제합니다.

❺ **Color** : 선택한 레이어의 색상을 결정합니다. Color 색상 미리보기 아이콘을 클릭하여 [Select Color] 대화상자에서 원하는 색상을 선택하여 새로운 색상으로 변경할 수 있습니다.

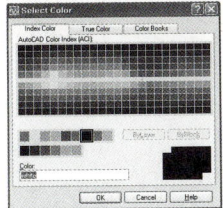

❻ **Linetype** : 레이어의 선 종류를 설정합니다. 기본적인 선은 실선에 해당하는 Continuous입니다. 은선이나 중심선 등의 다른 종류의 선을 선택하는 경우 [Select Linetype] 대화상자에서 다른 선 종류를 선택할 수 있습니다.

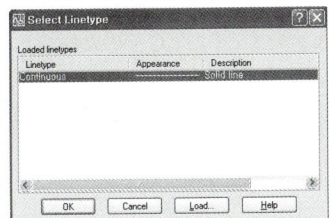

❼ **Lineweight** : 레이어에 사용하는 선의 굵기를 설정합니다. [Lineweight] 대화상자에서 원하는 선의 굵기로 선택할 수 있습니다.

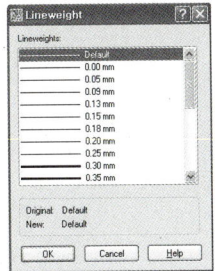

❽ **Plot Style** : 출력에 대한 유형을 설정하여 각 도면의 층별로 지정된 유형으로 출력할 수 있습니다.

❾ **Plot** : 출력의 유무를 지정합니다. 한 번 클릭하면 On, 다시 한 번 선택하면 Off가 됩니다.

❿ **New VP Freeze** : Viewport 간의 레이어를 취사선택하여 Freeze/Thaw할 수 있습니다.

⓫ **Description** : 레이어에 대한 간단한 주석을 표시할 수 있습니다.

■ New Property Filter

[Layer Properties Manager] 대화상자에서 New Property Filter(📓) 아이콘을 클릭하면 [Layer Filter Properties] 대화상자가 나타납니다. 이 대화상자에서는 여러 개의 도면 층을 사용자가 원하는 형태로 필터링할 수 있습니다.

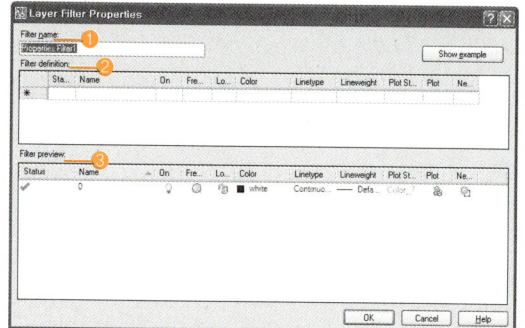

❶ **Filter Name** : 필터의 이름을 특성에 맞춰 입력합니다.

❷ **Filter definition** : 필터의 Name, Freeze, Lock 등 필터의 조건을 설정합니다.

❸ **Filter Preview** : 필터의 정의에 따라 필터링된 도면 층을 미리 확인할 수 있습니다.

■ Layer States Manager

[Layer Properties Manager] 대화상자에서 Layer States Manager(📓) 아이콘을 클릭하면 [Layer States Manager] 대화상자가 나타납니다. 이 대화상자에서는 이미 만들어진 도면 층의 상태를 관리할 수 있습니다. 현재 도면의 상태를 [Export]를 이용하여 저장하거나 [Import]를 통해 저장된 Layer를 불러올 수 있습니다.

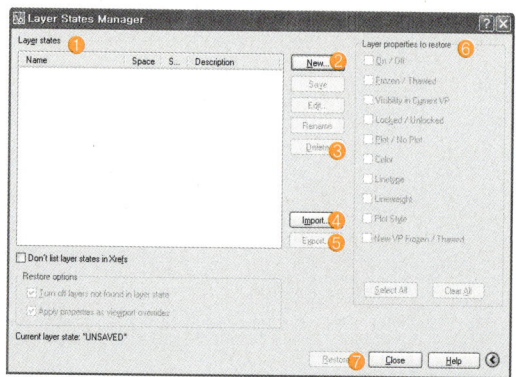

❶ **Layer States** : 도면 층의 상태 리스트를 표시합니다.

❷ **New** : Name과 Definition을 기준으로 새로운 도면 층의 상태 관리 항목을 만듭니다.

❸ **Delete** : 선택된 Name의 리스트를 삭제합니다.

❹ **Import** : 도면 층의 상태 파일(*.las)을 가져옵니다.

❺ **Export** : 도면 층의 상태 파일(*.las)을 저장합니다.

❻ **Layer Properties to restore** : 레이어의 States를 복원할 특성을 지정할 수 있습니다.

❼ **Restore** : 도면 층의 States와 특성을 설정하기 이전의 상태로 복원합니다.

3. 기본 실습

레이어를 만들고 만들어진 레이어에 도면 층을 이용한 도면을 그려보고 각각의 레이어를 구분하여 On/Off해가며, 여러 가지 옵션을 함께 연습해보도록 합니다.

❶ 메뉴에서 [File]-[New]를 실행하여 새로운 도면을 시작합니다. [Limits] 명령을 이용하여 다음과 같이 도면 한계를 설정합니다.

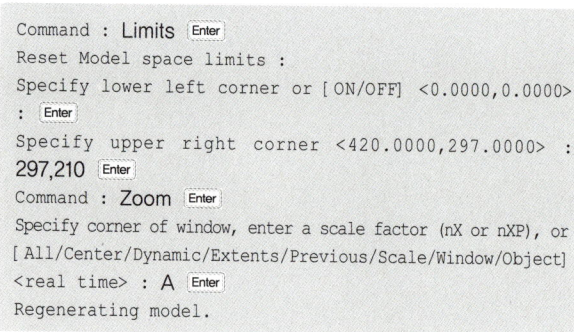

```
Command : Limits Enter
Reset Model space limits :
Specify lower left corner or [ON/OFF] <0.0000,0.0000>
: Enter
Specify upper right corner <420.0000,297.0000> :
297,210 Enter
Command : Zoom Enter
Specify corner of window, enter a scale factor (nX or nXP), or
[All/Center/Dynamic/Extents/Previous/Scale/Window/Object]
<real time> : A Enter
Regenerating model.
```

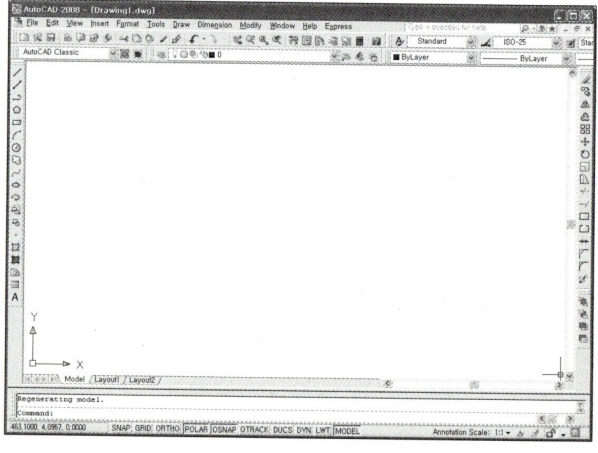

❷ 툴 바에서 레이어 아이콘을 선택하거나 Command 라인에 [Layer] 명령어를 입력하면 [Layer Properties Manager] 대화상자가 나타납니다.

❸ 새 레이어를 추가하기 위해 New Layer(🥄) 아이콘을 클릭합니다. 'Layer1'이라는 이름으로 새로운 레이어가 추가됩니다. 한 번 더 New Layer 아이콘을 클릭하면 'Layer2'라는 이름으로 레이어가 추가됩니다.

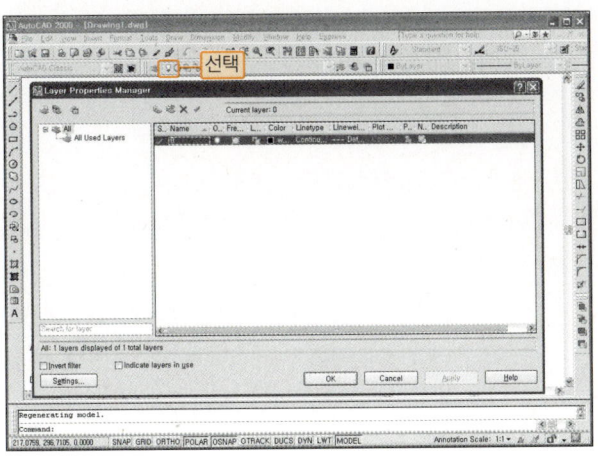

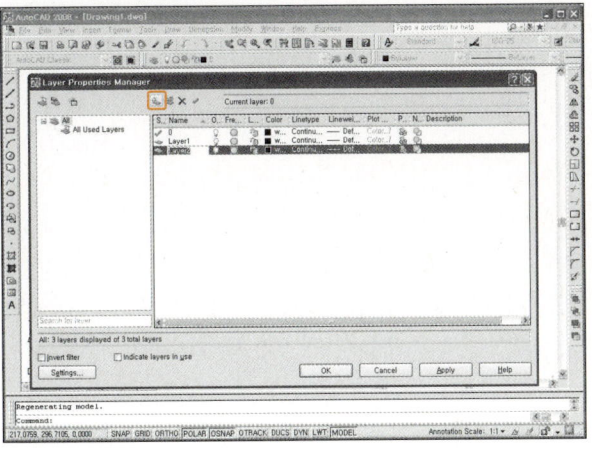

❹ 새로 만들어진 'Layer2' 레이어의 색상을 변경하기 위해 [Color] 탭의 색상 아이콘을 클릭하여 [Select Color] 대화상자를 실행합니다. 'Red' 색상을 선택하고 [OK] 버튼을 클릭합니다.

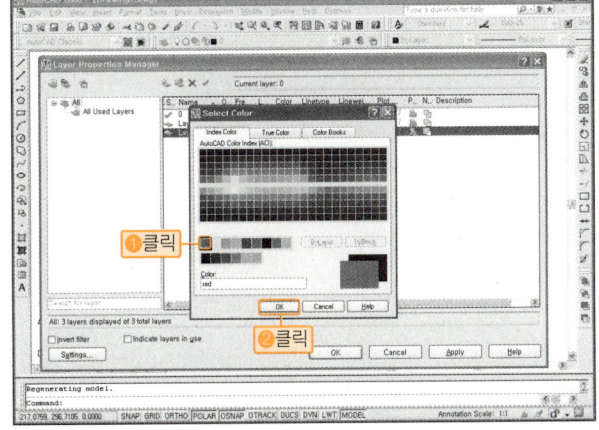

❺ 레이어 목록을 보면 색상 항목이 변경된 것을 알 수 있습니다.

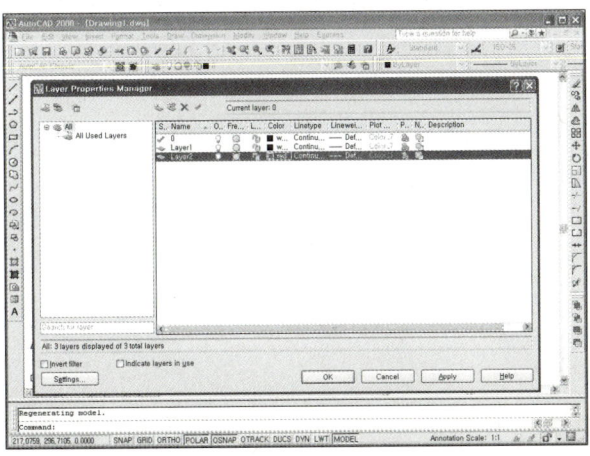

❻ 선의 종류를 변경할 수 있는 Continuous 부분을
클릭하여 [Select Linetype] 대화상자를 불러온
후[Load] 버튼을 클릭합니다.

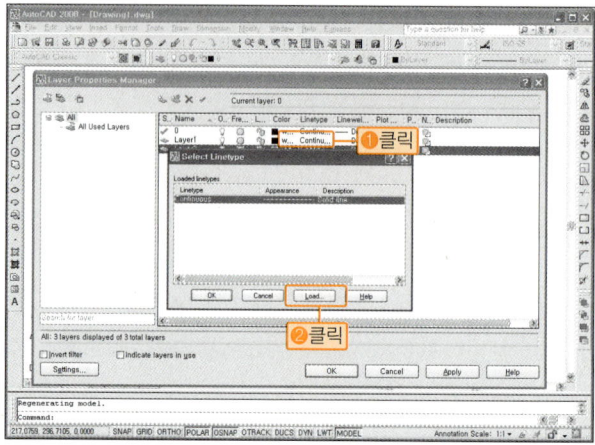

❼ [Load or Reload Linetypes] 대화상자가 열리면
서 다양한 선의 종류가 보입니다.

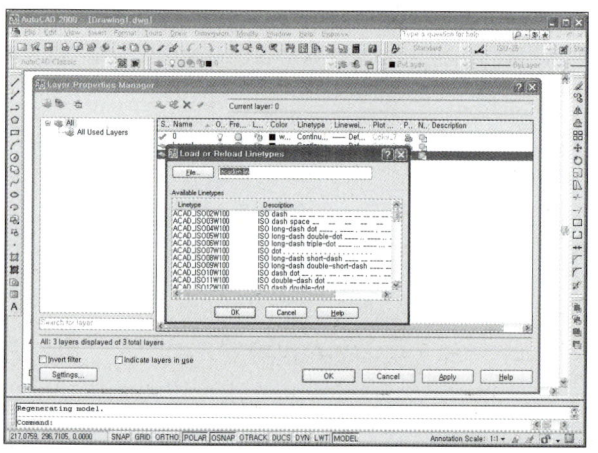

❽ [Load or Reload Linetypes] 대화상자에서 필요
한 선을 선택하고 [OK] 버튼을 클릭합니다.

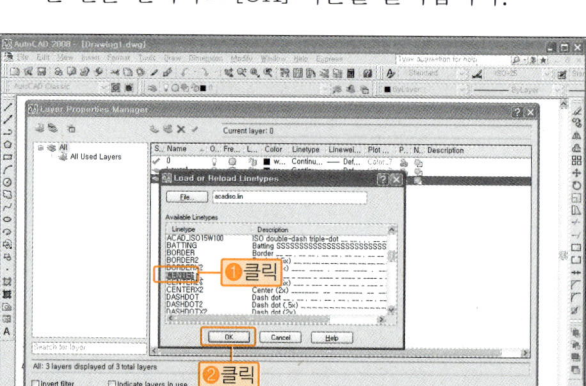

❾ [Select Linetype] 대화상자로 돌아오면서 앞서
선택한 선이 나타납니다. 이 선을 사용하려면 선
택된 상태에서 [OK] 버튼을 클릭합니다.

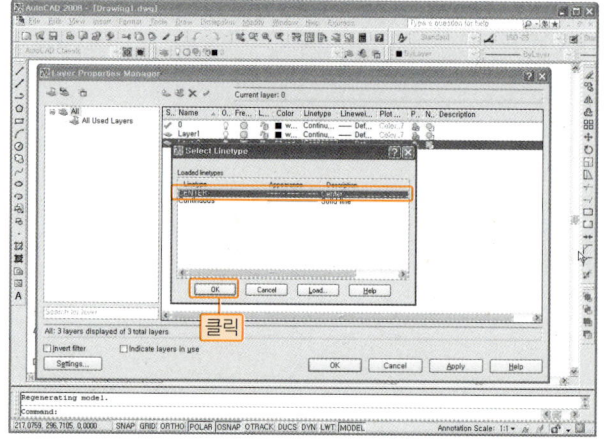

⑩ 기본적인 선의 종류까지 선택하였습니다. 새로 추가된 레이어의 색상과 선의 종류를 변경해 보았습니다.

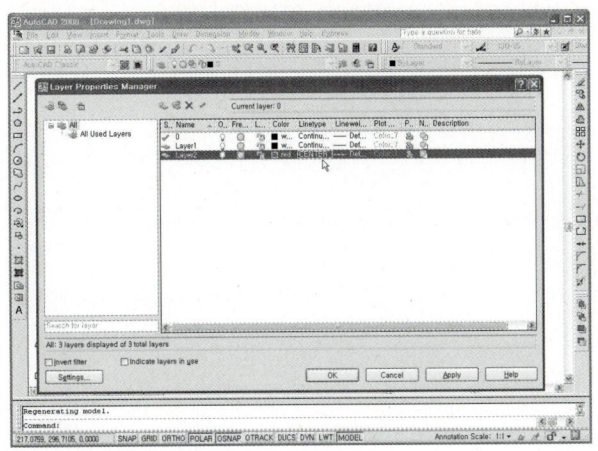

4. 옵션 실습

기본적인 레이어를 만드는 실습을 했습니다. 옵션에서는 새로운 레이어를 만들고 색상과 선의 종류를 지정한 뒤에 [Grip]을 통해 레이어를 변경하고 Freeze/Thaw 옵션으로 화면에 레이어를 표시하거나 숨기기 합니다.

■ 레이어의 변경하기

앞의 기본 실습에서 만든 레이어에 새로운 레이어를 추가하여 만들고, 각 레이어별로 객체를 그려 레이어를 변경하는 실습을 해보겠습니다.

① New Layer(🔲) 아이콘을 클릭하여 'Layer3' 레이어를 추가하고 [Color] 탭의 색상 아이콘을 클릭하여 [Select Color] 대화상자를 실행합니다. 'Yellow' 색상을 선택하고 [OK] 버튼을 클릭합니다.

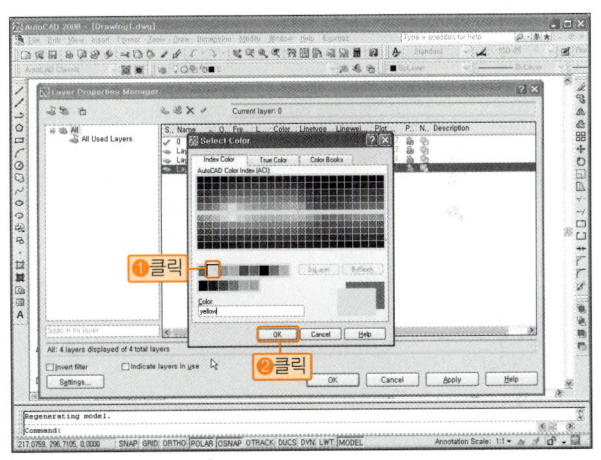

② 선의 종류를 변경할 수 있는 Continuous 부분을 클릭하여 [Select Linetype] 대화상자를 불러옵니다. 선의 종류를 변경하기 위해 [Load] 버튼을 클릭합니다.

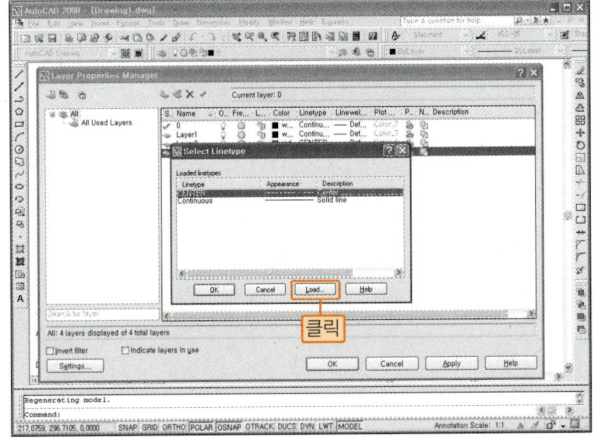

❸ [Load or Reload Linetypes] 대화상자가 열리면
서 다양한 선의 종류가 보입니다. 'Hidden2'라는
선의 종류를 선택하고 [OK] 버튼을 클릭합니다.

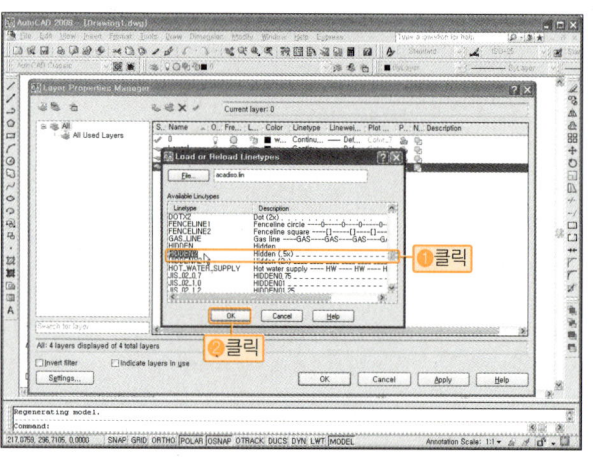

❹ [Select Linetype] 대화상자로 돌아오면 방금 추
가로 로드한 'Hidden2'라는 선이 보입니다. 이를
선택한 후 [OK] 버튼을 클릭합니다.

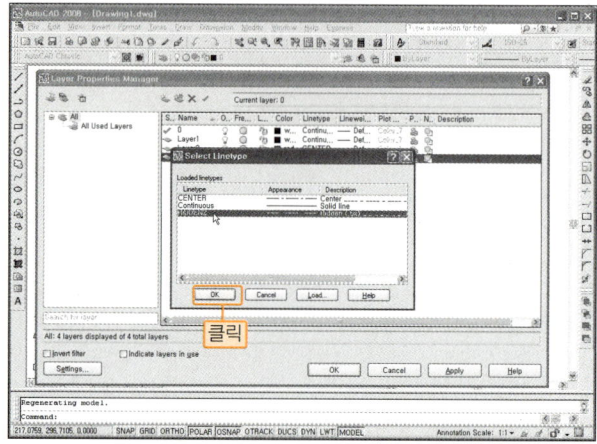

선의 종류를 다른 종류로 변경할 때 [Load or Reload Linetypes] 대화상자에서 선택한 선의 종류를 [Select Linetype] 대화상자에서 다시 선택하지 않으면 처음 설정되어 있던 선의 종류가 그대로 나타납니다. [Load] 버튼을 클릭하면 다양한 선 종류를 현 레이어에서 사용할 수 있도록 Linetype의 리스트에 업로드한 것뿐이며, 사용자가 그 선의 종류를 사용하려면 [Select Linetype] 대화상자에서 로드한 선의 종류를 반드시 선택해야 합니다.

❺ 다음 그림처럼 레이어 색상과 선의 종류를 지정하
였습니다. 레이어의 설정이 끝났으면 [OK] 버튼을
클릭합니다.

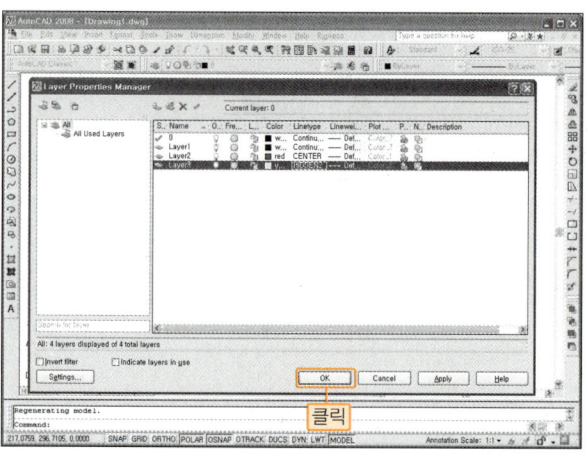

❻ 도면을 그릴 수 있는 화면 상태로 돌아옵니다.
[Circle] 명령어를 입력하여 원을 3개 그립니다.

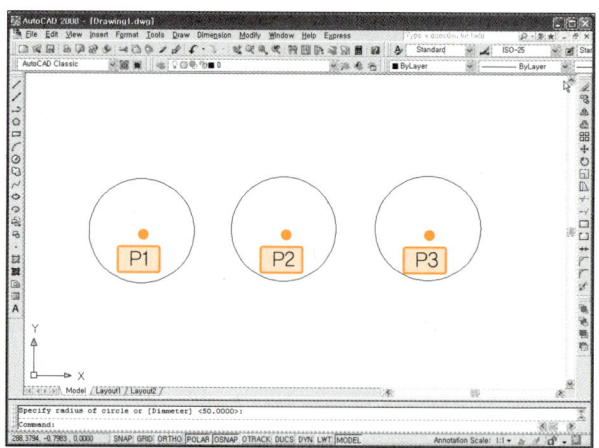

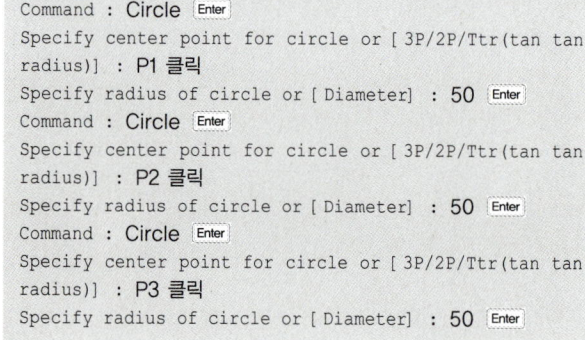

```
Command : Circle Enter
Specify center point for circle or [ 3P/2P/Ttr(tan tan
radius)] : P1 클릭
Specify radius of circle or [ Diameter] : 50 Enter
Command : Circle Enter
Specify center point for circle or [ 3P/2P/Ttr(tan tan
radius)] : P2 클릭
Specify radius of circle or [ Diameter] : 50 Enter
Command : Circle Enter
Specify center point for circle or [ 3P/2P/Ttr(tan tan
radius)] : P3 클릭
Specify radius of circle or [ Diameter] : 50 Enter
```

⑦ 현재는 모두 기본 레이어인 '0'번 레이어에 그려 집니다. 가운데 있는 원 객체를 선택하여 다른 레이어로 변경합니다.

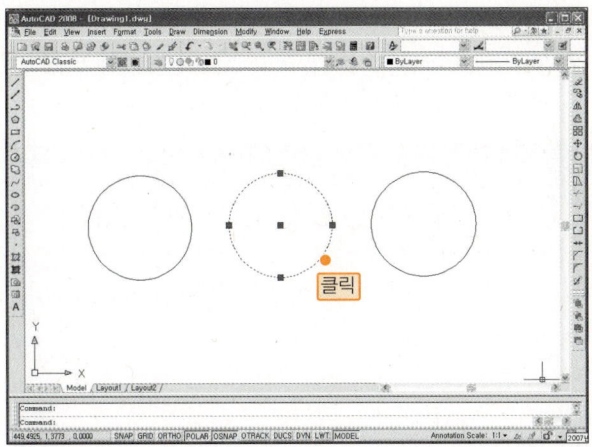

⑧ 선택한 객체를 'Layer2' 레이어로 변경하기 위해 레이어 목록 버튼을 클릭하여 'Layer2' 레이어를 선택합니다.

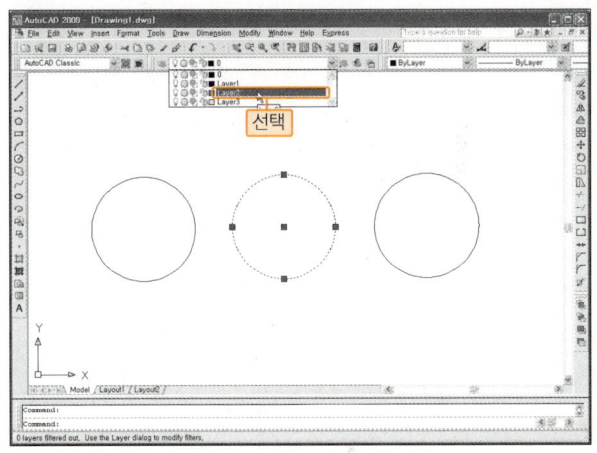

⑨ 레이어가 변경된 채로 Grip이 켜져 있으므로 Esc 를 눌러 Grip을 제거합니다. 그림과 같이 두 번째 원 객체 속성이 'layer0'번에서 'Layer2'번으로 변경되어 적용됩니다.

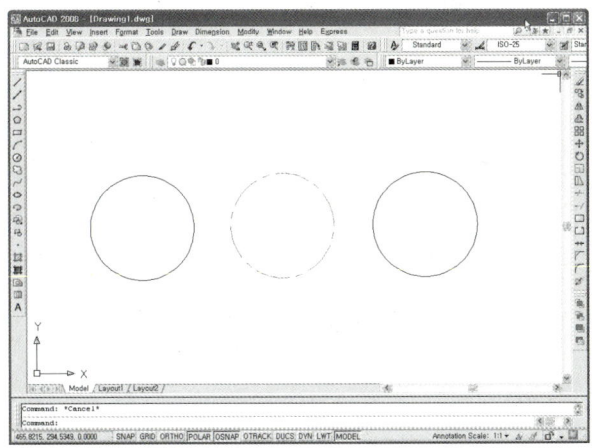

■ 레이어 Freeze/Thaw와 On/Off하기

설정되어 있는 레이어를 On/Off하여 화면에 해당하는 레이어에 속해 있는 객체를 On/Off합니다. 보통 On/Off는 전구(💡) 아이콘을 선택하여 On/Off를 표시합니다. Freeze/Thaw 옵션은 해님(☀) 아이콘으로 On/Off와 마찬가지로 선택한 객체를 화면에 나타내거나 숨기기 합니다.

① 'Layer2' 레이어를 Freeze/Thaw하기 위해 레이어 목록 버튼을 누르고 해님(◎) 아이콘을 클릭하여 비활성화(◎)합니다.

② Freeze를 시키면 해당 레이어에 속한 객체들이 작업 화면에서 사라집니다.

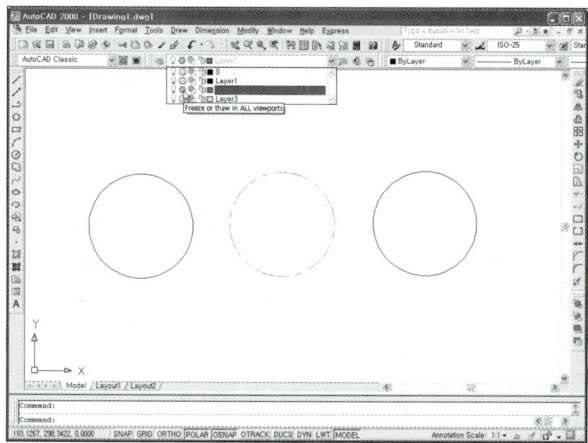

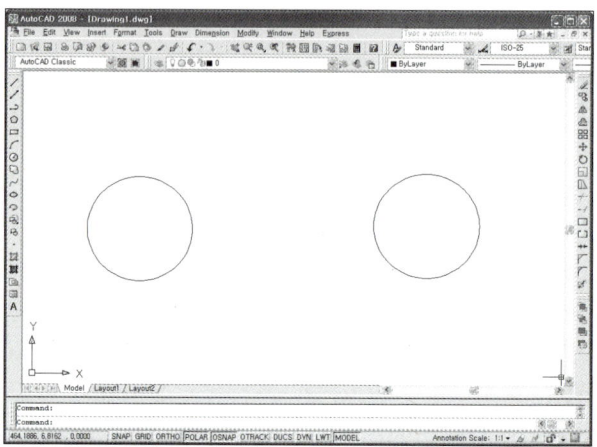

③ 화면에서 사라진 'Layer2' 레이어에 속했있던 객체를 다시 Thaw(◎)하여 화면에 나타나도록 합니다.

④ 작업 화면에는 다시 두 번째 원이 나타납니다.

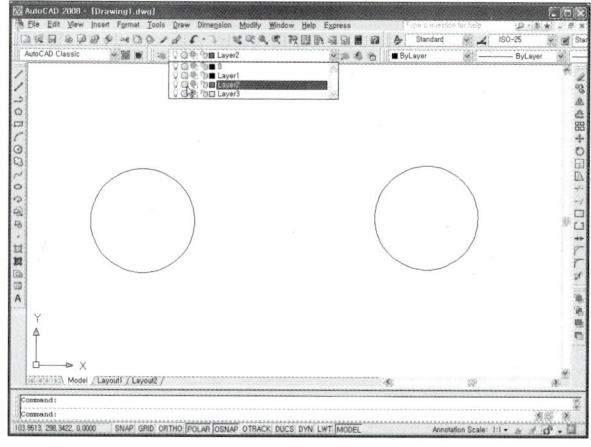

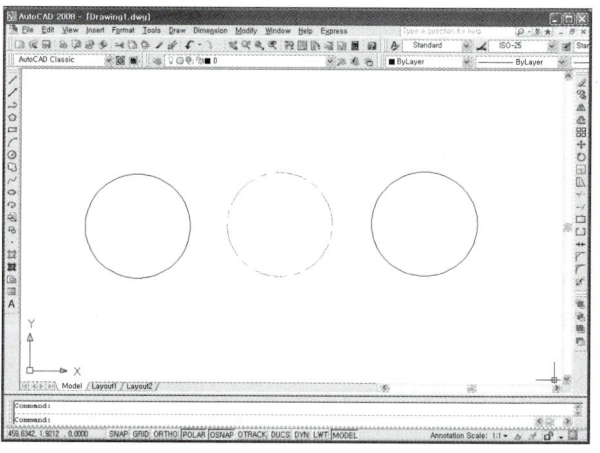

⑤ 다시 한 번 레이어 목록 버튼을 누른 뒤 Layer2의 On/Off 버튼인 전구(♀) 아이콘을 해제(♀)합니다.

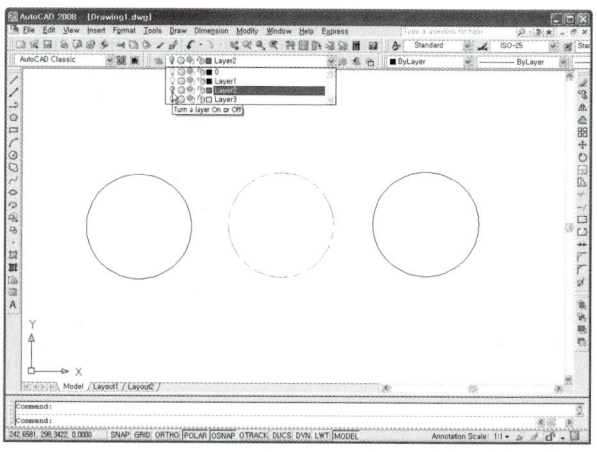

⑥ 해당 레이어에 속한 가운데 원이 사라졌습니다.

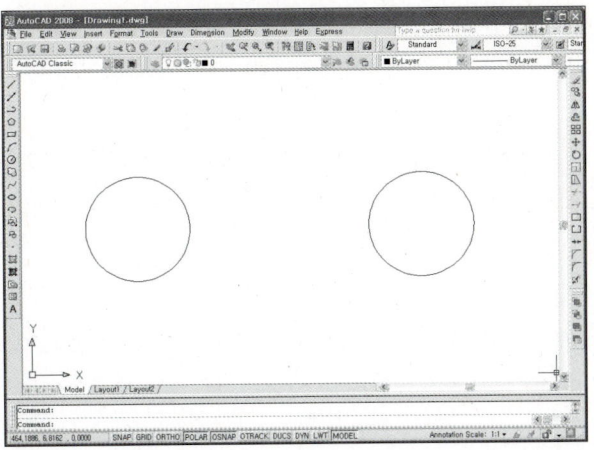

⑦ Off된 레이어를 다시 켜서 화면에 나타나게 하기
위해 전구(💡) 아이콘을 다시 한 번 눌러 활성화
합니다.

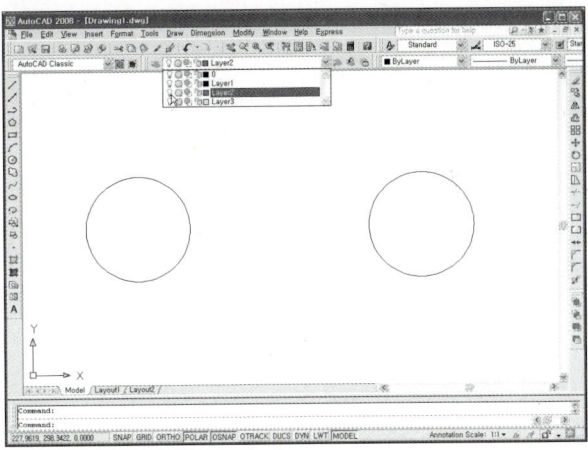

⑧ 활성화되면 다시 사라진 원이 나타납니다.

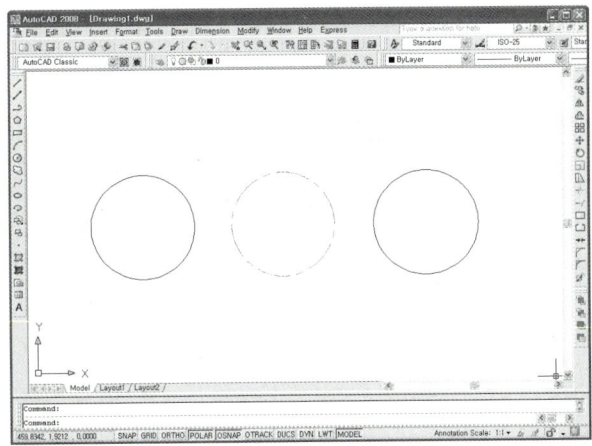

Tip **AutoCAD**

Layer의 가시성을 선택하는 옵션

On/Off와 Freeze/Thaw는 같은 역할을 합니다. 둘 다 화면에서 도면 요소가 보이게 하거나 사라지게 하는 역할을 합니다. 결론은 같지만 약간의 차이
가 있습니다.
On/Off의 경우에는 현재 사용 중인 Current Layer인 경우에도 가능하지만 Freeze/Thaw는 현재 사용 중인 Current Layer의 경우에는 목록에서 아
이콘이 선택되지 않으므로 사용 중인 레이어를 보이지 않게 할 수 없습니다. 또한 On/Off의 경우에는 화면에 보이지 않는 도면 요소도 작업하는 동안
[Regen]의 계산 목록에 포함되어 전체적으로 계산 속도가 느려지지만 Freeze/Thaw의 경우에는 화면에 보이지 않는 요소는 작업할 때 계산하지 않는
형태로 작업할 수 있으므로 전체적으로 작업 속도도 빨라지는 효과가 있습니다. 일반적으로 전구를 통해 On/Off하는 경우도 있지만 될 수 있으면
Freeze/Thaw를 사용하여 전체적인 작업 속도를 개선하는 것이 바람직합니다.

■ 레이어 잠그기 Lock/Unlock

선택한 레이어의 자물쇠(🔒) 아이콘을 클릭하여 Lock(🔒)을 걸게 되면 해당 레이어에 속한 도면 요소들은 Select가 되지 않습니다. 화면에 표시는 되지만 도면 작업 시 선택이 되면 방해가 되는 도면 요소에 이렇게 Lock을 걸어 사용하고 완성이 된 후에는 Unlock을 통해 잠금을 해제합니다.

① 툴 바의 레이어 목록 버튼을 클릭하여 'Layer2' 레이어의 자물쇠 아이콘을 클릭하여 잠급니다. 아이콘이 🔒 모양이면 잠긴 것입니다.

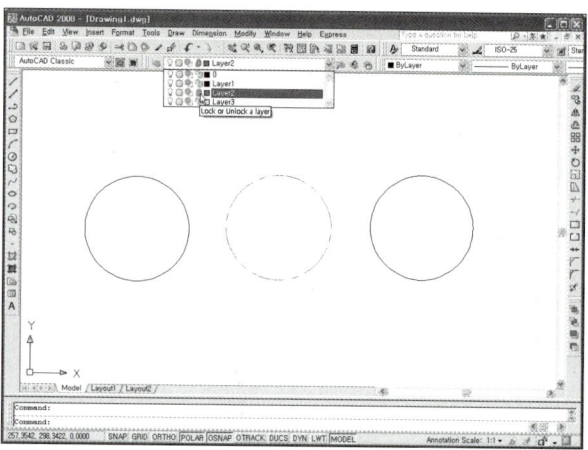

② 화면에는 별다른 변화가 없습니다. 지우는 명령어인 [Erase]를 입력합니다.

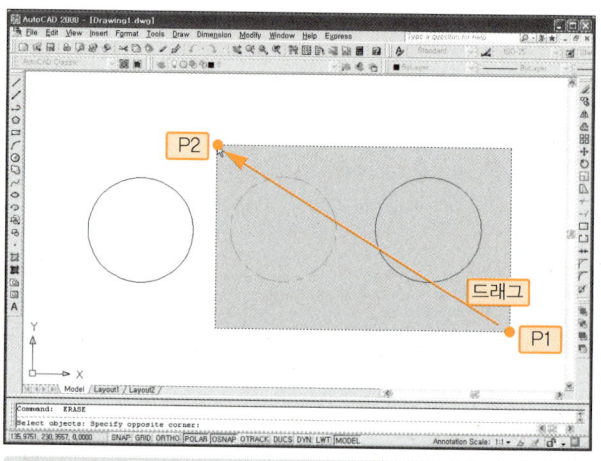

```
Command : Erase Enter
Select objects :
Specify opposite corner : 2 found
```
P1점에서 P2점까지 드래그합니다.

③ 선택을 하였지만 다음 그림처럼 lock이 걸린 객체는 선택되지 않습니다.

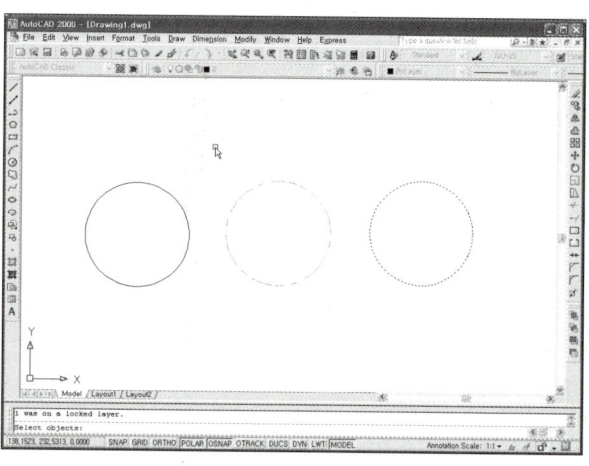

```
1 was on a locked Layer.
```
1개의 객체에 Lock이 걸려 있다는 메시지입니다.
```
Select objects : Enter
```

④ Enter를 눌러 완전히 지워보면 알 수 있습니다.

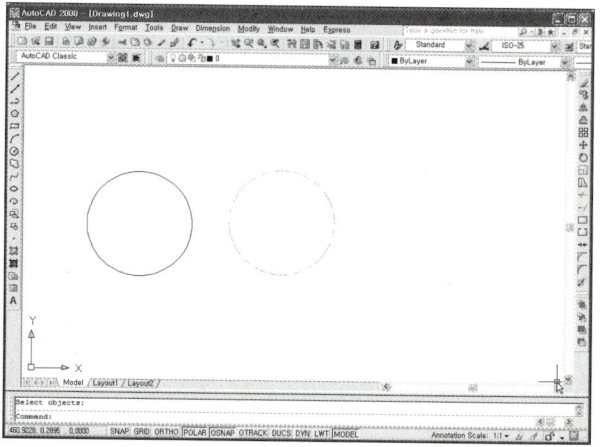

⑤ 해당하는 객체의 Lock을 해제하고 싶다면 다시
레이어 툴 바의 목록을 클릭하여 해당 레이어의
잠금 상태를 Uunlock(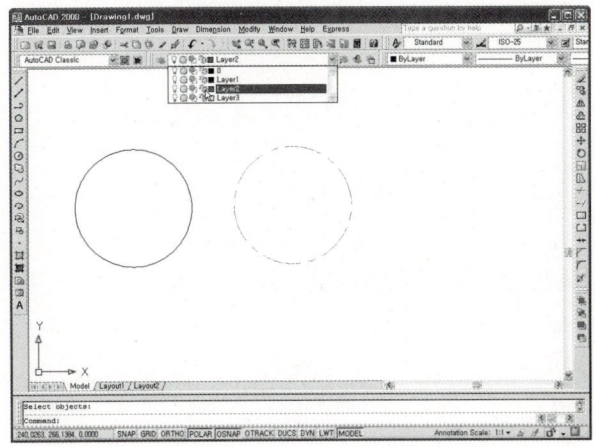)이 되도록 선택합니다.

2. 색상을 결정하는 [Color] 명령어

[Color] 명령은 [Select Color] 대화상자를 호출하여 도면을 작성할 때 객체의 전체적인 색상을 설정하는 명령어입니다.
색은 255가지 중에서 선택할 수 있으며 [Color] 명령어를 단독으로 사용할 수도 있지만, 일반적으로 레이어 안에서 Color를
지정하여 사용하는 것이 도면 관리상 편리합니다.

[Color] 명령어	
메인 메뉴	[Format]–[Color]
명령어	Color

1. 명령어 사용 방법

[Color] 명령어는 [Layer] 명령에서 [Select Color] 대화상자를 사용하는 방법과
같습니다. [Color] 명령을 실행하면 [Select Color] 대화상자가 나타납니다. 색상
을 선택하고 [OK] 버튼을 클릭하여 적용합니다.

Command : Color [Enter]

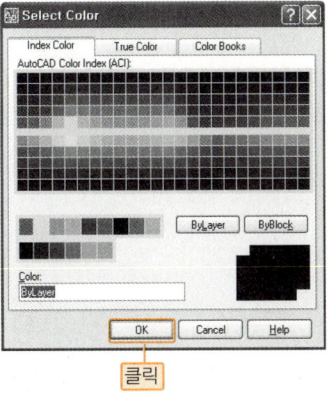

클릭

2. 명령어 옵션

[Select Color] 대화상자에는 [Index Color], [True Color], [Color Books] 3개의 색상 탭이 있습니다.

■ [Index Color] 탭

가장 일반적으로 사용하는 색상들로 구성되어 있습니다.

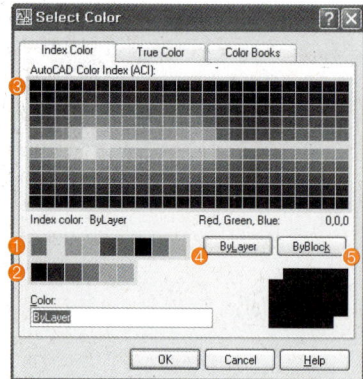

1 **표준 색상** : 오토캐드 기본 색상으로 번호 순서대로 1~7까지 가장 많이 사용하는 Red, Yellow, Green, Cyan, Blue, Magenta, Black 색상으로 구성되어 있습니다.

2 **회색 음영 색상** : 250~255번에 해당하는 색상으로 회색 톤의 색상으로 구성되어 있습니다.

3 **전체 색상** : 10~249까지의 색상으로 이루어진 색상입니다.

4 **ByLayer** : 색상을 도면 층인 Layer에서 지정한 색상으로 설정할 때 사용합니다.

5 **ByBlock** : 색상을 도면의 색과 블록의 색상을 동일하게 설정할 때 사용합니다.

■ [True Color] 탭

색상, 채도, 발광, 색상 모델을 기준으로 하여 Layer의 색상을 결정하도록 합니다.

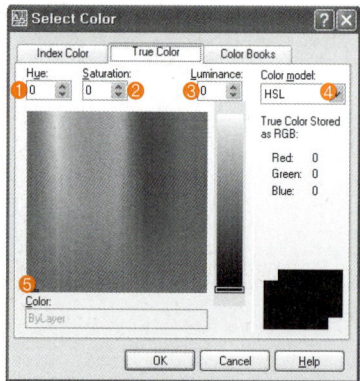

1 **Hue** : 색상을 조절합니다.

2 **Saturation** : 색상의 채도를 조절합니다.

3 **Luminance** : 색상의 명도를 조절합니다.

4 **Color model** : 색상 모델을 지정합니다.

5 **Color** : 색상의 Name과 Number를 표시합니다.

■ [Color Books] 탭

정해진 색상표를 이용하여 Layer의 색상을 결정합니다.

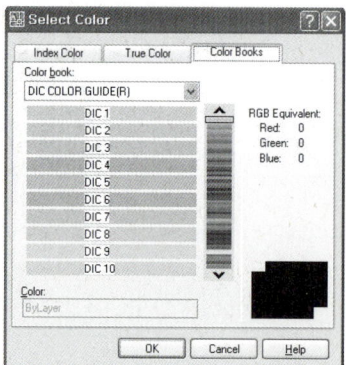

3. 선 종류를 선택하는 [Linetype] 명령어

[Linetype] 명령은 도면 요소 중에서 선의 스타일을 지정하는 것으로 [Layer] 명령을 사용하여 한 번에 관리하는 것이 편리합니다. 선의 종류는 매우 다양하고 여러 형태를 제공하므로 원하는 형태의 선 스타일을 적용할 수 있습니다. 선 종류의 기본값은 Continuous로 화면상에서 실선으로 표시됩니다.

[Linetype] 명령어	
메인 메뉴	[Format]-[Linetype]
명령어	Linetype
단축키	〈LT〉

1. 명령어 사용 방법

[Linetype] 명령을 실행하면 [Linetype Manager] 대화상자가 나타나고 거기서 알맞은 선 종류를 선택합니다. 만일 원하는 선 종류가 없다면 [Load] 버튼을 클릭하여 *.lin 파일을 Load하여 새로운 선 종류를 선택할 수 있도록 리스트업할 수 있습니다.

Command : Linetype [Enter]

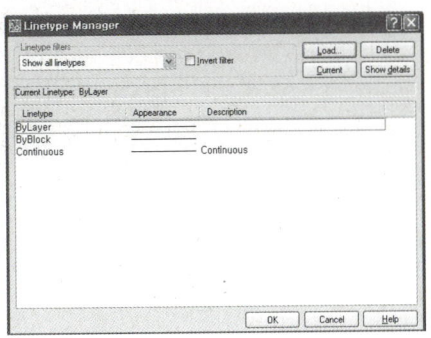

2. 명령어 옵션

[Linetype Manager] 대화상자의 옵션을 통해 다른 선 종류를 불러오거나 불러온 선 종류를 삭제할 수 있습니다.

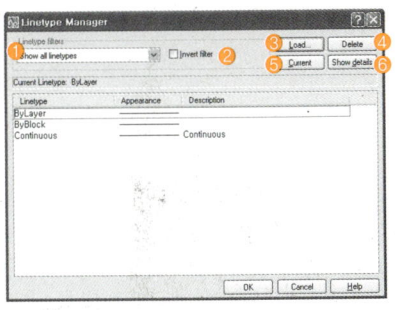

❶ **Linetype filters** : 선 종류의 필터를 선택하여 설정합니다. 주로 현재 도면에 사용된 선 종류를 원하는 종류별로 볼 수 있도록 필터링합니다.

❷ **Invert filter** : 필터링된 필터 내용을 반전합니다.

❸ **Load** : 선 종류를 불러옵니다. [Load] 버튼을 클릭하면 [Load or Reload Linetype] 대화상자가 나타납니다. 이 대화상자에서 사용자가 원하는 선 종류를 지정합니다. 또한 기본 설정된 선 종류 외에 다른 파일을 열고자 하는 경우 [File] 버튼을 클릭하여 *.lin 파일을 찾아서 불러옵니다. 기본으로 선택되어 있는 선 종류의 파일은 'acadiso.lin' 파일입니다.

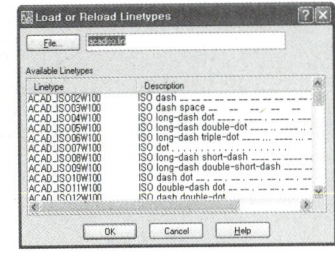

❹ **Delete** : 선택한 선 종류를 삭제합니다.

❺ **Current** : 선택한 선 종류를 도면에 적용하여 선택된 선 종류로 도면 요소가 그려지도록 합니다.

❻ **Show details/Hide details** : 선 종류의 Description을 보여주거나 숨기기를 합니다. 다음 그림은 숨겨져 있는 Description을 [Show details] 버튼을 클릭하여 확인하는 모습입니다.

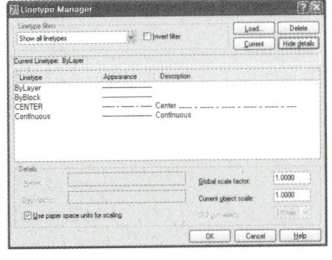

4. 선의 굵기를 설정하는 [Lineweight] 명령어

[Lineweight] 명령어는 도면을 그리는 도면 요소에 대한 선 굵기를 설정하는 명령어입니다. 도면 요소의 특성에 따라 해당 선분의 굵기를 달리하여 굵기만으로도 해당 도면 요소의 역할을 알릴 수 있습니다. 또한 선의 굵기를 그대로 플롯에 적용하여 출력할 때도 화면에 보이는 그대로 출력할 수 있습니다. 선의 굵기를 사용하지 않는 경우에는 플롯의 펜 굵기를 설정하여 출력되는 도면의 선 굵기를 지정합니다.

[Lineweight] 명령어	
메인 메뉴	[Format]–[Lineweight]
명령어	Lineweight

1. 명령어 사용 방법

Command 라인에 [Lineweight] 명령어를 입력하거나 메뉴에서 [Format]–[Lineweight]를 클릭하여 [Lineweight Settings] 대화상자에서 사용자가 원하는 스타일로 설정할 수 있습니다.

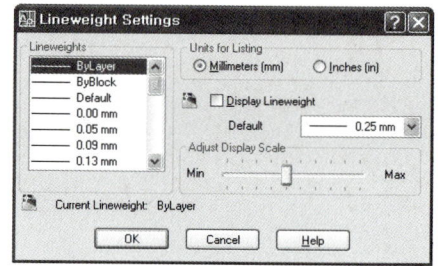

Command : Lineweight Enter

2. 명령어 옵션

[Lineweight] 명령어 옵션을 이용하여 적당한 선의 굵기를 설정할 수 있습니다. 선 굵기는 용도에 따라 지정하며 화면에 지정한 선 굵기는 일반 상태에서는 보이지 않지만 화면 하단에 있는 [LW] 버튼을 클릭하면 화면에 보이게 할 수 있습니다. 하지만 작업 중에는 선 굵기와는 관계없이 작업하는 것이 편리합니다.

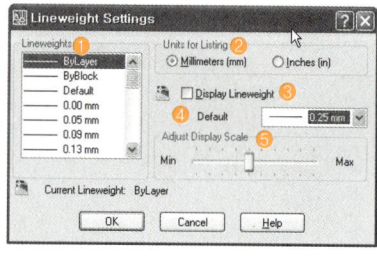

❶ Lineweights : 선 굵기의 종류를 표시합니다.

❷ Units for Listing : 선 굵기의 단위를 설정합니다.

❸ Display Lineweight : 체크 표시하면 선의 굵기를 표시합니다.

❹ Default : 선 굵기의 기본값을 설정합니다.

❺ Adjust Dispaly Scale : 선 굵기의 크기를 결정합니다.

5. 객체의 속성을 변경하는 [Change] 명령어

[Change] 명령어는 선택한 객체의 다양한 특성을 변경하는 명령어입니다. 한 번에 그린 도면 안에는 여러 가지 요소가 뒤섞여 있습니다. 같은 그림이라도 묶여 있는 레이어나 색상 또는 삽입 점의 위치 등을 변경해야 하는 경우가 있습니다. 이때 객체를 선택하고 [Change] 명령어를 통하여 해당 객체의 속성을 바꿀 수 있습니다.

[Change] 명령어	
명령어	Change

1. 명령어 사용 방법

Command 라인에 [Change] 명령어를 입력하고 속성을 변경할 객체를 선택하여 삽입 점을 변경하거나 속성 옵션으로 들어가서 각종 속성을 변경합니다.

```
Command : Change Enter
Select objects : 속성 변경할 객체를 선택합니다.
Select objects : Enter 선택이 완료되면 Enter 로 선택을 종료합니다.
Specify change point or [ Properties] : 변경할 삽입 점을 클릭하거나 [Properties] 옵션을 선택합니다.
Enter property to change [ Color/Elev/LAyer/LType/ltScale/LWeight/ Thickness/Material/Annotative] :
[Properties] 옵션을 선택하는 경우 하부 옵션이 나타납니다.
```

2. 명령어 옵션

Properties의 하위 옵션은 Color/Elev/LAyer/LType/ltScale/LWeight/Thickness/Material/Annotative가 있습니다. 삽입 점을 변경할 때에는 해당 객체가 문자일 때나 블록일 때 등등 각각의 객체의 속성에 따라 다르게 적용합니다.

옵션	내용
Color	선택한 객체의 색상을 변경합니다.
Elev	선택한 객체의 3차원 물체높이의 시작점을 변경합니다.
Layer	선택한 객체의 레이어를 변경합니다.
LType	선택한 객체의 선 종류를 변경합니다.
Ltscale	선택한 객체의 선 종류의 도면 한계에 대한 스타일 Scale을 조정합니다.
LWeight	선택한 객체의 선의 굵기를 변경합니다.
Thickness	선택한 객체의 두께 값을 변경합니다.
Material	선택한 객체의 재질을 변경합니다.

3. 기본 실습

[Change] 명령어는 기본적으로 삽입 점이나 문자의 속성을 변경합니다. 옵션을 이용하여 다른 구성 요소를 변경하기도 합니다.

• 예제 파일 : Sample\Part03\change01.dwg

1 [File]-[Open] 메뉴를 이용하여 부록 CD에서 예
제 파일을 불러옵니다.

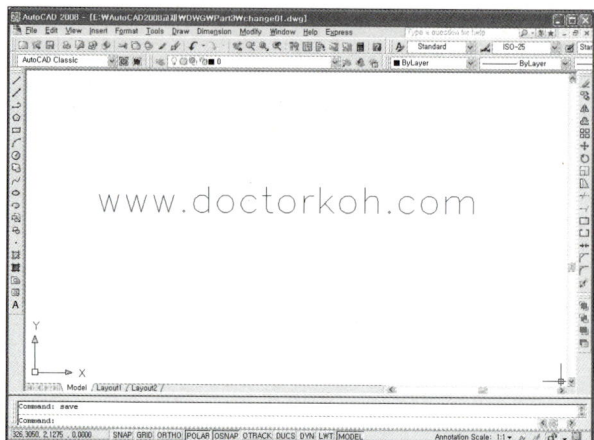

2 Command 라인에 [Change] 명령어를 입력하고
화면에 있는 문자 객체를 선택합니다.

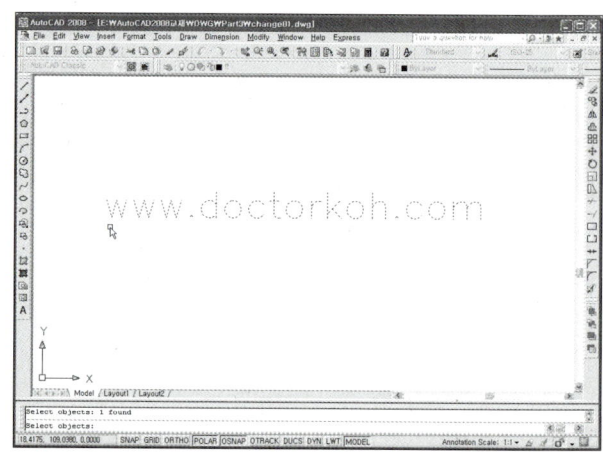

```
Command : Change Enter
Select objects : 1 found
Change할 대상 객체를 선택합니다.
Select objects : Enter
```

3 선택한 문자 요소의 삽입 점의 위치를 변경하기
위해 P1을 클릭합니다.

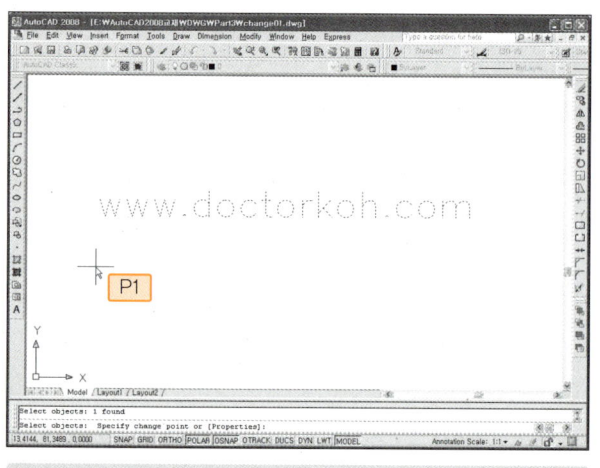

```
Specify change point or [ Properties ] : P1 클릭
P1점을 선택합니다.
```

4 P1을 선택하면 문자는 자동으로 P1점의 위치로
이동합니다.

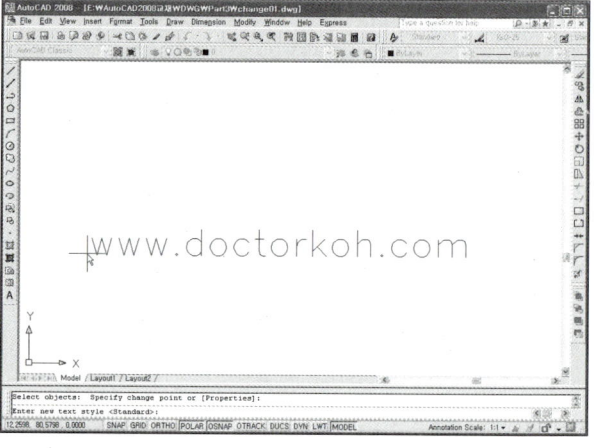

❺ Command 라인에 서체를 변경할 수 있는 new text style을 물어오면 변경하거나 [Enter]를 누르고 문자의 높이 값을 변경합니다.

❻ 문자의 높이를 변경하면 객체의 회전각을 변경할 수 있습니다.

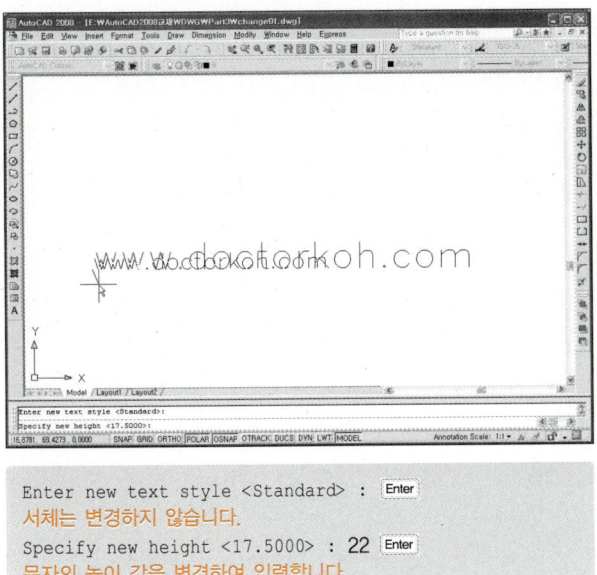

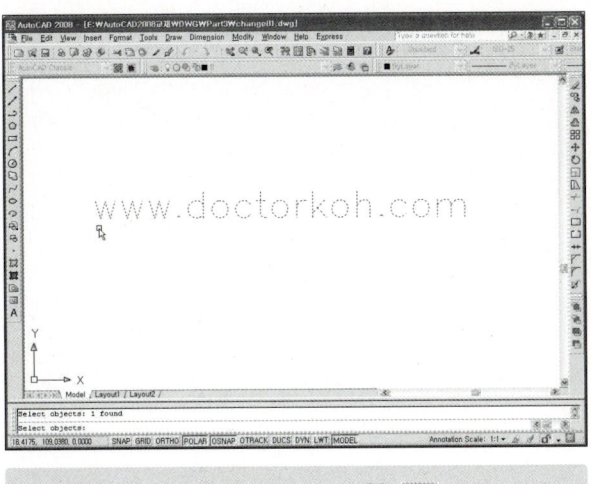

Enter new text style <Standard> : [Enter]
서체는 변경하지 않습니다.
Specify new height <17.5000> : **22** [Enter]
문자의 높이 값을 변경하여 입력합니다.

Specify new rotation angle <0> : **30** [Enter]
회전각을 30도로 입력합니다.

❼ 입력한 문자의 내용을 변경할 수 있습니다.

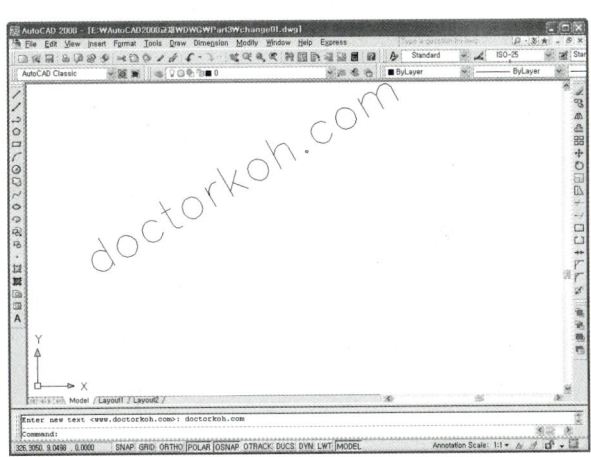

Enter new text <www.doctorkoh.com> : doctorkoh.com [Enter]
앞쪽의 www를 뺀 나머지 문자만 입력합니다.

4. 옵션 실습

[Change] 명령어에서 가장 많이 사용되는 옵션 명령어 위주로 실습을 해보겠습니다. Color나 Linetype, Lineweight 등은 Change를 통해 변경하지 않고 주로 Layer를 이용해 컨트롤합니다. 그래야 나중에 모든 도면을 통합적으로 관리할 때 레이어에서 한번에 관리할 수 있습니다.

■ 3차원 Elev와 Thinkness 옵션 변경하기

3차원 객체는 시작 위치의 값과 Z축에 대한 두께 값을 갖습니다. 이때 시작 위치의 값과 두께 값을 Change를 통해 변경할 수 있습니다. 다음의 예제를 불러와서 실습해보겠습니다.

• 예제 파일 : Sample\Part03\change02.dwg

❶ [File]-[Open] 메뉴를 이용하여 부록 CD에서 예제 파일을 불러옵니다.

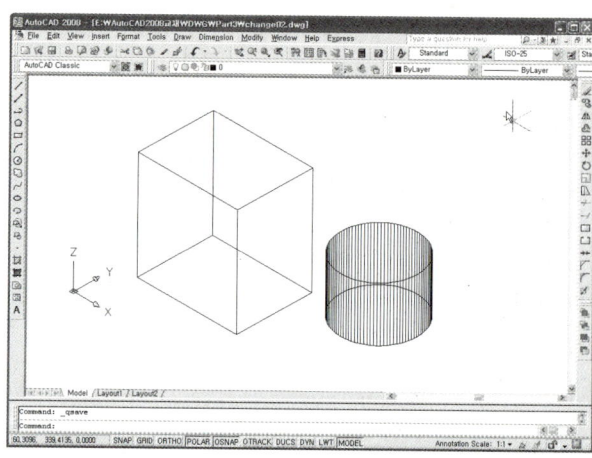

❷ Command 라인에 [Change] 명령어를 입력하고 왼쪽 사각형 박스를 선택하여 객체 시작 위치의 값을 변경합니다.

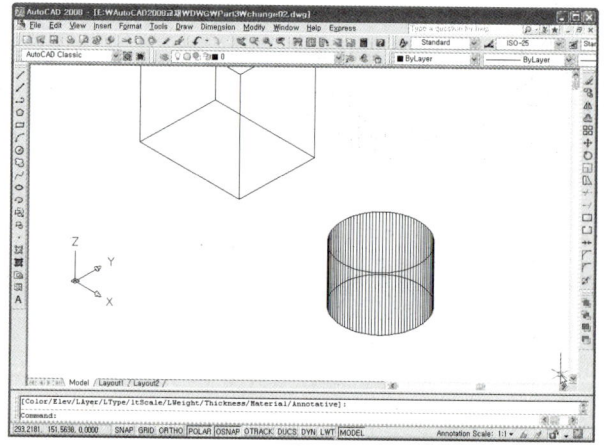

```
Command : Change  Enter
Select objects : 1 found
사각형을 선택합니다.
Select objects : Specify change point or [ Properties ] :
P  Enter
속성을 변경하는 Properties 옵션을 선택합니다.
Enter property to change [ Color/Elev/LAyer/LType/
ltScale/LWeight/Thickness/Material/Annotative] : E  Enter
물체의 시작 위치를 변경하는 Elev 옵션을 선택합니다.
Specify new elevation <0.0000> : 100  Enter
사각형의 시작 높이 값을 0에서 100으로 변경합니다.
Enter property to change [ Color/Elev/LAyer/LType/
ltScale/LWeight/Thickness/Material/Annotative] :  Enter
```

❸ Change를 이용하여 원의 두께 값을 변경합니다.

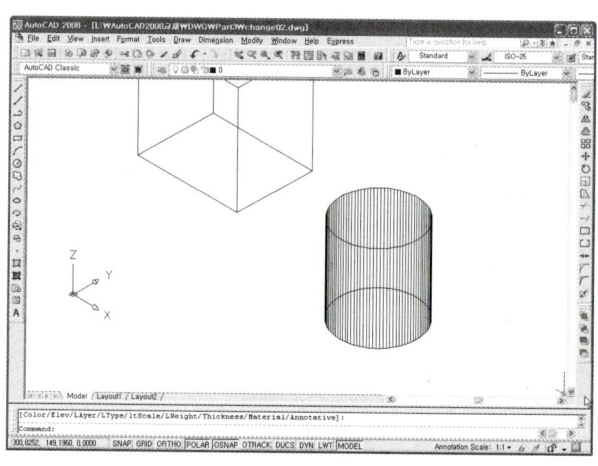

```
Command : Change  Enter
Select objects : 1 found
원을 선택합니다.
Select objects : Specify change point or [ Properties ] :
P  Enter
속성을 변경하는 Properties 옵션을 선택합니다.
Enter property to change [ Color/Elev/LAyer/LType/
ltScale/LWeight/Thickness/Material/Annotative] : T  Enter
두께 값을 변경하는 Thickness 옵션을 선택합니다.
Specify new thickness <50.0000> : 80  Enter
두께 값을 50에서 80으로 변경합니다.
Enter property to change [ Color/Elev/LAyer/LType/
ltScale/LWeight/Thickness/Material/Annotative] :  Enter
```

■ 서로 다른 선 축척 값 조절하기

[Ltscale]은 [Linetype] 명령의 도면 한계에 대한 선축척 값을 조절합니다. 보통은 Command 라인에 입력하여 하나의 도면에 있는 선 종류는 한 번에 축척을 조절하는 것이 보통이지만 Change를 통하면 선택한 객체만 따로 적용할 수 있습니다.

• 예제 파일 : Sample\Part03\change03.dwg

----

1 [File]-[Open] 메뉴를 이용하여 부록 CD에서 예제 파일을 불러옵니다.

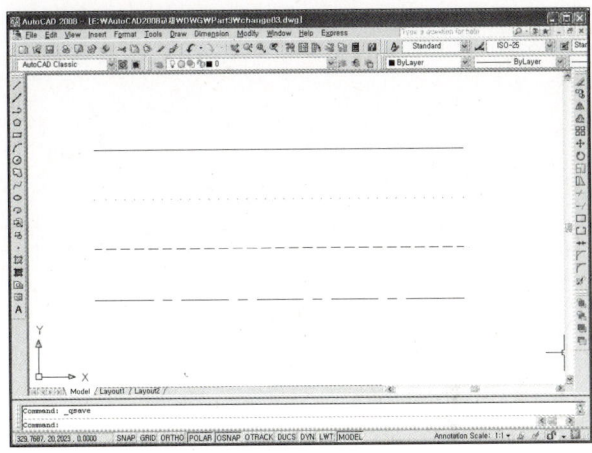

2 [Ltscale] 명령어를 입력하여 전체적인 선 종류의 축척을 조절합니다.

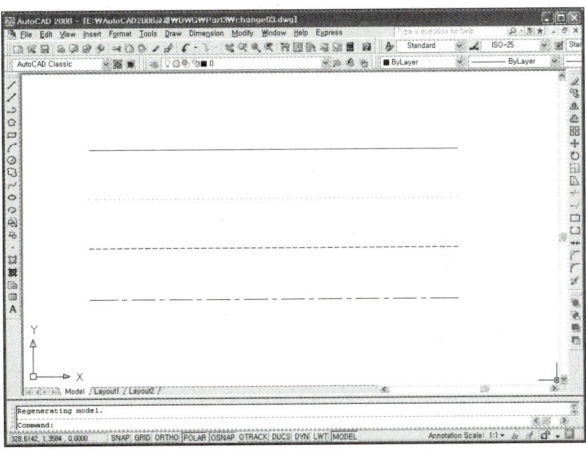

```
Command : Ltscale Enter
Enter new linetype scale factor <1.0000> : 0.5 Enter
Regenerating model.
```

3 전체 선 종류의 축척이 일정하게 모두 변경되었습니다. 이중 중심선의 선 종류의 축척을 [Change] 명령어를 통해 조절합니다.

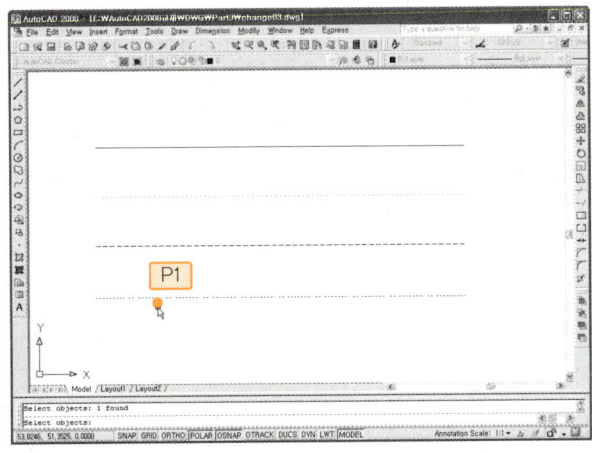

```
Command : Change Enter
Select objects : 1 found
P1점의 선을 선택합니다.
```

❹ 속성을 변경하기 위해 Properties 속성 중 ltScale을 선택하여 선축척 값을 변경합니다. 다른 선 종류는 선 축척 값의 변화 없이 [Change] 명령어로 선택하여 변경한 객체인 Center 선분만 변경이 되었습니다.

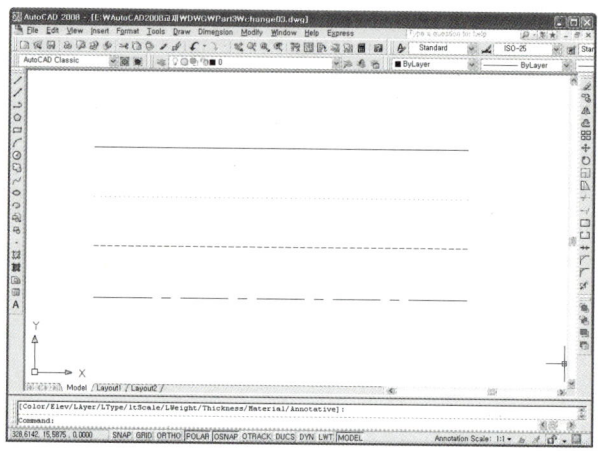

```
Select objects : Specify change point or [ Properties] : P
Enter
속성을 변경하는 Properties 옵션을 선택합니다.
Enter property to change
[ Color/Elev/LAyer/LType/ltScale/LWeight/Thickness/Materia
l/Annotative] : S  Enter
선분의 선축척 값을 변경할 수 있는 ltScale 옵션을 선택합니다.
Specify new Linetype Scale <1.0000> : 2  Enter
선축척 값을 변경합니다.
Enter property to change
[ Color/Elev/LAyer/LType/ltScale/LWeight/Thickness/Materia
l/Annotative] :  Enter
```

6. 객체의 속성을 변경하는 [Properties] 명령어

[Properties] 명령어는 [Change] 명령어를 대화상자를 통해 변경하기 편리하도록 설정해놓은 명령어입니다. [Change] 명령어에서 Properties만 따로 설정해놓은 대화상자를 통해 원하는 속성을 변경합니다.

[Properties] 명령어	
아이콘	🖳
메인 메뉴	[Modify]–[Properties]
명령어	Properties
단축키	〈PR〉

1. 명령어 사용 방법

Command 라인에서 [Properties] 명령어를 입력하면 해당 Properties 옵션 대화상자가 나타납니다. 이때 사용자가 원하는 객체를 선택하고 각 항목에서 알맞은 값으로 변경합니다.

```
Command : Properties  Enter
```

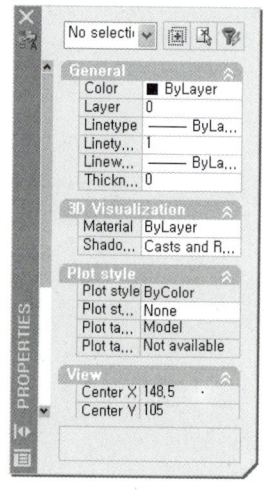

2. 명령어 옵션

[Change] 명령의 대화상자 형태라고 보면 됩니다. 사용하는 모든 옵션들이 거의 비슷하며 화면에서 각종 내용에 대한 것들을 바로 확인하면서 변경할 수 있는 것이 특징입니다. 선택하는 방식의 특이사항을 제외하고는 [Change]의 옵션과 동일하게 사용됩니다.

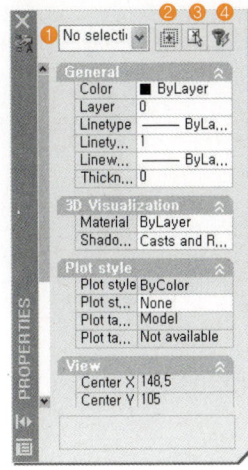

❶ No Selection : 객체가 선택되지 않았다는 표시이며 객체가 선택되면 해당 객체의 이름이 표시됩니다.

❷ Toggle value of PICKADD Sysvar : 여러 개 또는 한 번에 하나의 객체를 선택합니다.

❸ Select Object : 속성을 변경할 객체를 선택합니다.

❹ Quick Select : 객체를 신속하게 선택합니다.

Tip **AutoCAD**

객체 선택이 되지 않는 경우

가끔 AutoCAD에서 작업을 하다보면 객체가 선택이 되지 않는 경우가 발생합니다. 그런 경우 다음의 환경 설정 옵션을 선택하여 Selection 상태를 확인하도록 합니다.

메뉴에서 [Tools]-[Options] 실행하여 [Options] 대화상자가 나타나면 [Selection] 탭을 선택한 후 그림처럼 체크된 부분의 Selection Modes 사항을 확인합니다. 그림과 같이 체크되어 있지 않는 경우에는 문제가 발생할 수 있으므로 기본 사항의 체크가 어떤 상태인지 알고 있어야 합니다.

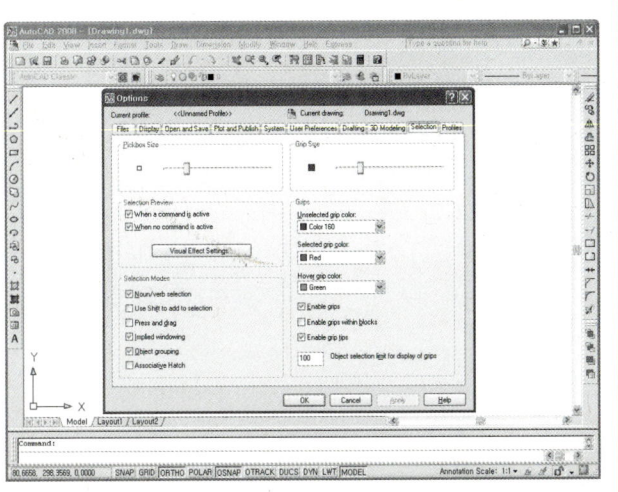

레이어를 활용한 도면 그리기

도면 층을 만들고 해당 도면 층과 관계된 도면을 그려 봄으로써 [Layer]나 기타 [Change] 명령어의 활용법을 익히고 기본 도형을 그리는 과정을 벗어나 하나의 단일 도면을 그리는 예제를 완성합니다.

- 완성파일 : Sample\Part03\P3_total01.dwg

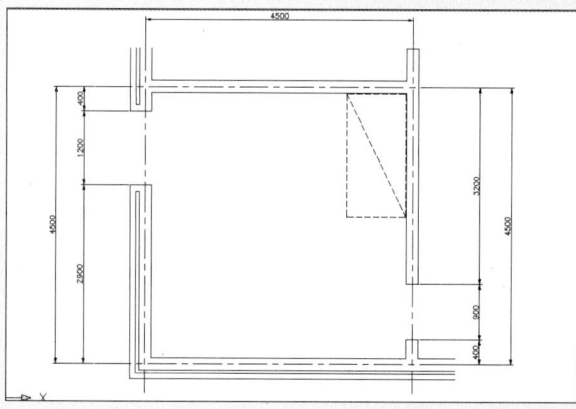

▲ 완성 이미지

1. 도면의 전반적인 내용 설정하기

아래의 전체 도면을 보면서 도면 요소별로 기본 레이어를 설정합니다. 레이어 안에 선 종류와 색상을 결정하여 각 도면을 특성별로 그릴 수 있도록 설정합니다.

❶ 메뉴에서 [File]-[New]를 실행하여 새로운 도면을 시작합니다. [Limits] 명령을 이용하여 다음과 같이 도면 한계를 설정합니다.

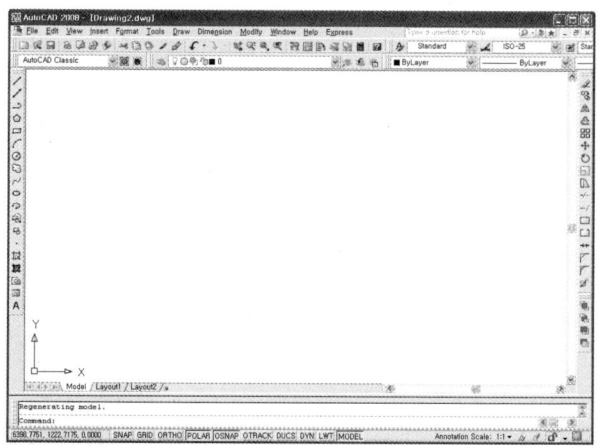

```
Command : Limits [Enter]
Reset Model space limits :
Specify lower left corner or [ON/OFF] <0.0000,0.0000> :
[Enter]
Specify upper right corner <420.0000,297.0000> :
8000,6500 [Enter]
Command : Zoom [Enter]
Specify corner of window, enter a scale factor (nX or
nXP), or [All/Center/Dynamic/Extents/Previous/Scale/
Window/Object] <real time> : A [Enter]
```

❷ 도면 요소를 구분합니다. 중심선, 벽선, 단열선, 은선에 해당하는 레이어를 추가합니다. 차후 필요한 것은 나중에 더 넣을 수 있으므로 그때 추가하고 지금은 4개의 레이어만 추가합니다. [Layer] 명령을 실행하여 [Layer Properties Manager] 대화상자에서 New Layer(🥄) 아이콘을 클릭합니다.

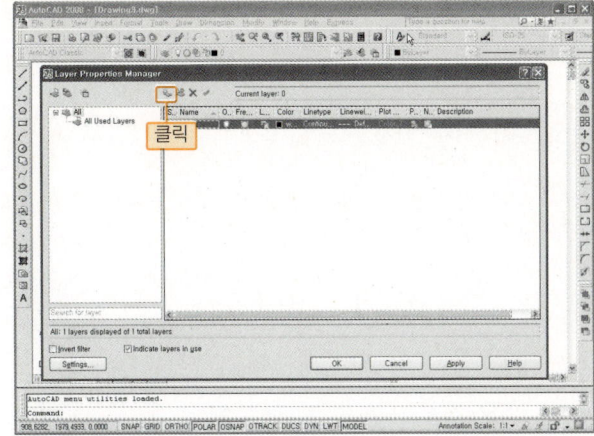

❸ 추가된 레이어 이름을 구분하기 쉽게 도면 요소 이름으로 변경합니다. 레이어명은 어느 누구나 알 수 있는 형태로 지정해두면 나중에 해당 레이어 이름만으로도 용도를 구분할 수 있습니다.

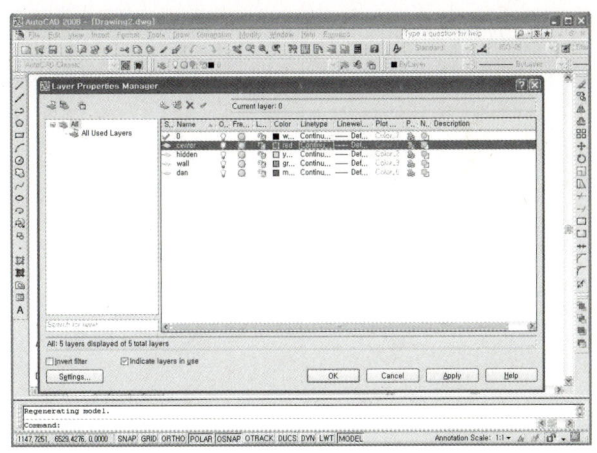

❹ 'Center' 레이어를 비롯하여 각 레이어의 색상을 변경합니다. 먼저 'Center' 레이어의 색상 표 버튼을 클릭하여 기본 7가지 색 중에서 'Red' 색상을 선택합니다.

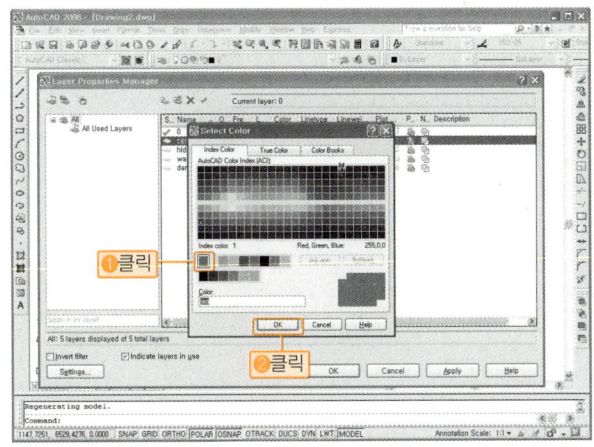

⑤ 나머지 레이어도 그림과 같이 Yellow, Green, Magenta로 변경합니다. 색상 변경 대화상자에서 기본 7가지 색상은 번호를 입력해도 바로 각각의 색상으로 변경됩니다.

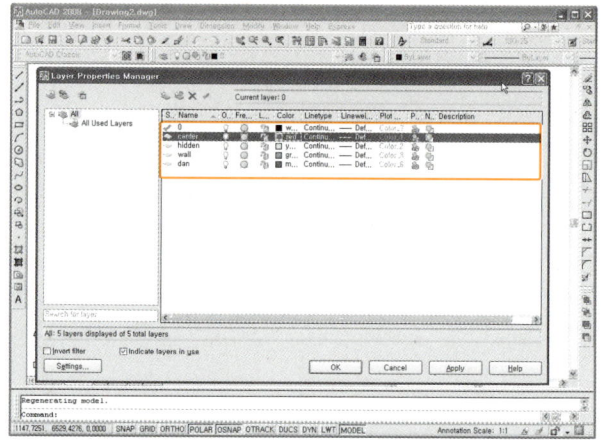

⑥ 각 레이어의 특성에 맞는 선 종류를 선택합니다. 'Center' 레이어는 중심선으로 'hidden' 레이어는 은선으로 지정하기 위해 선 종류를 선택하여 [Select Linetype] 대화상자를 불러옵니다. 하단의 [Load] 버튼을 클릭합니다.

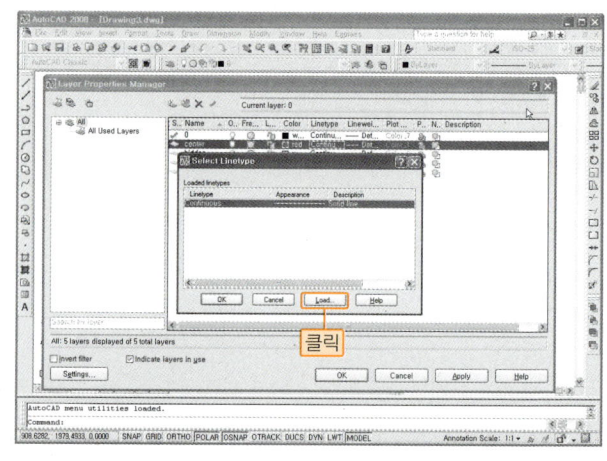
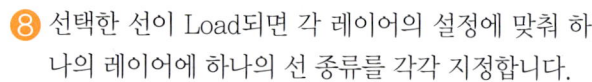

⑦ 'Center'와 'Hidden' 레이어에 사용할 선 종류를 Ctrl를 누른 상태에서 클릭하여 한 번에 2개 이상 선택합니다.

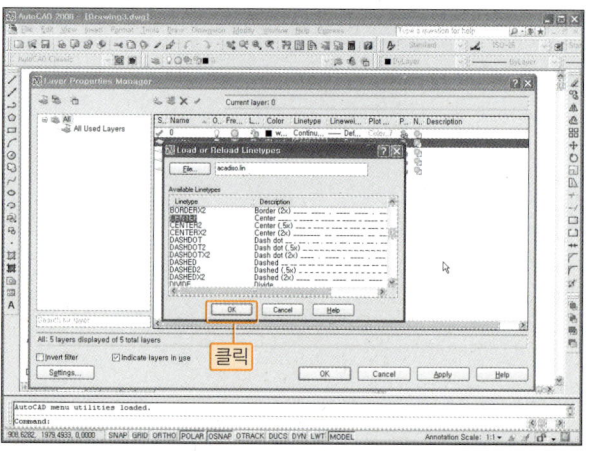

⑧ 선택한 선이 Load되면 각 레이어의 설정에 맞춰 하나의 레이어에 하나의 선 종류를 각각 지정합니다.

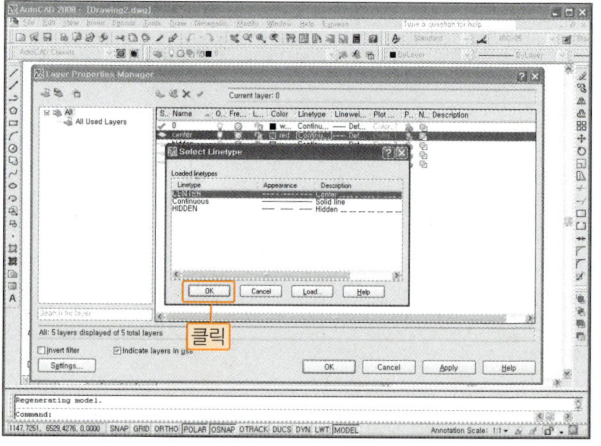

❾ 각 레이어별로 다음과 같이 색상, 선 종류가 설정 되었습니다. 레이어 설정을 마쳤으면 [OK] 버튼을 클릭합니다.

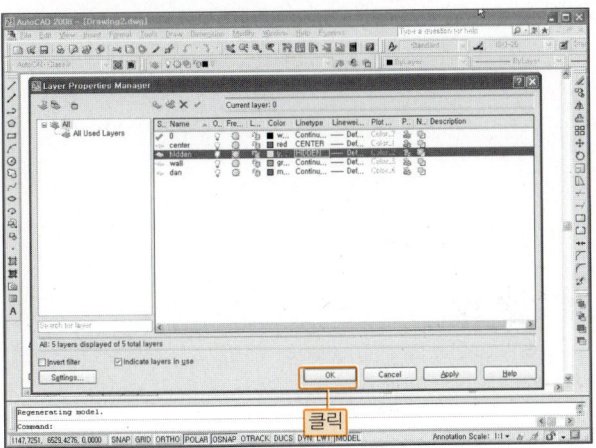

❿ 처음의 도면 시작 화면으로 돌아옵니다.

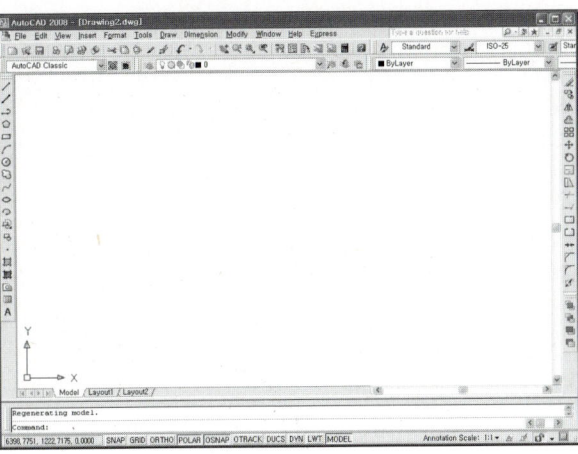

2. 중심선 그리고 레이어 Change하기

화면에 도면의 기준이 되는 중심선을 그리고 중심선의 레이어로 소속을 변경합니다. 이때 선 종류가 실선이 아닌 경우에는 Ltscale을 Limits에 맞추어 변경해야 합니다.

❶ 도면을 보고 중심선을 기본 벽선 보다 좀 더 넉넉한 크기로 하나 그립니다.

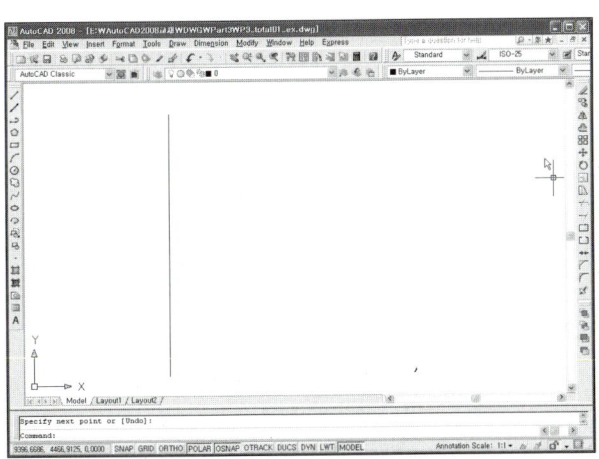

```
Command : Line Enter
Specify first point : 1400,370 Enter
Specify next point or [ Undo] : @5500<90 Enter
Specify next point or [ Undo] : Enter
```

❷ 현재 그린 선분을 도면에서 보이는 것처럼 Offset합 니다. 원 도면의 길이 값에 대한 치수를 입력합니다.

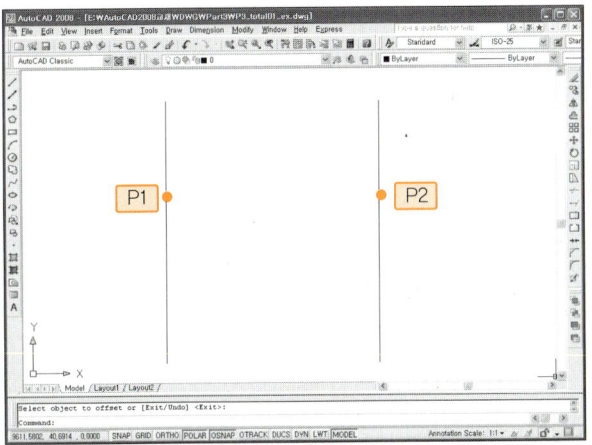

```
Command : Offset Enter
Current settings : Erase source=No Layer=Source
OFFSETGAPTYPE=0
Specify offset distance or [ Through/Erase/Layer]
<Through> : 4500 Enter
Select object to offset or [ Exit/Undo] <Exit> : P1 클릭
Specify point on side to offset or [ Exit/Multiple/
Undo] <Exit> : P2 클릭
Select object to offset or [ Exit/Undo] <Exit> : Enter
```

③ 하단의 기준 선을 그립니다.

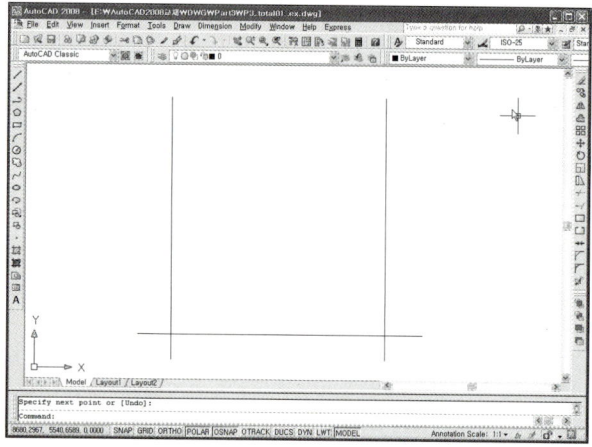

```
Command : Line Enter
Specify first point : 700,900 Enter
Specify next point or [ Undo] : @6000<0 Enter
Specify next point or [ Undo] : Enter
```

④ 세로 기준 선처럼 Offset을 합니다.

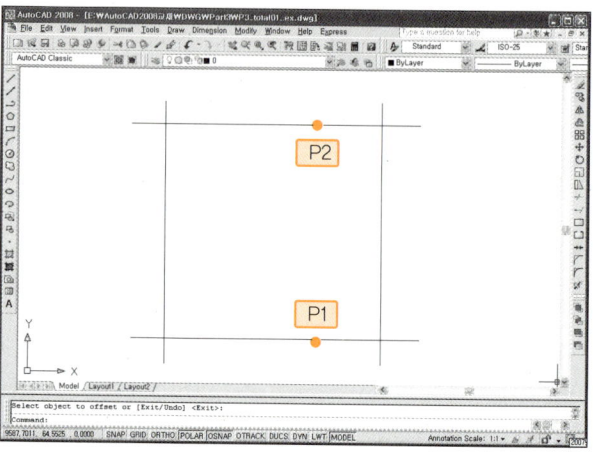

```
Command : Offset Enter
Current settings : Erase source=No Layer=Source
OFFSETGAPTYPE=0
Specify offset distance or [ Through/Erase/Layer]
<4500.0000> : 4500 Enter
Select object to offset or [ Exit/Undo] <Exit> : P1 클릭
Specify point on side to offset or [ Exit/Multiple/
Undo] <Exit> : P2 클릭
Select object to offset or [ Exit/Undo] <Exit> : Enter
```

⑤ 화면에 그려진 4개의 중심선을 선택합니다. Grip
점이 생깁니다.

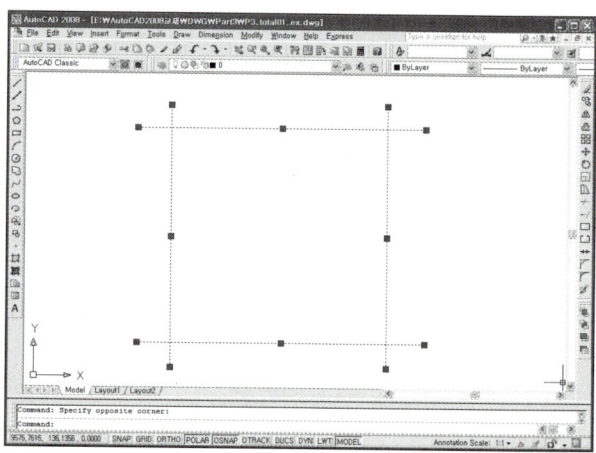

⑥ 선택된 객체의 레이어를 변경하기 위하여 툴 바의
레이어 목록 버튼을 누르고 'Center' 레이어를 선
택합니다.

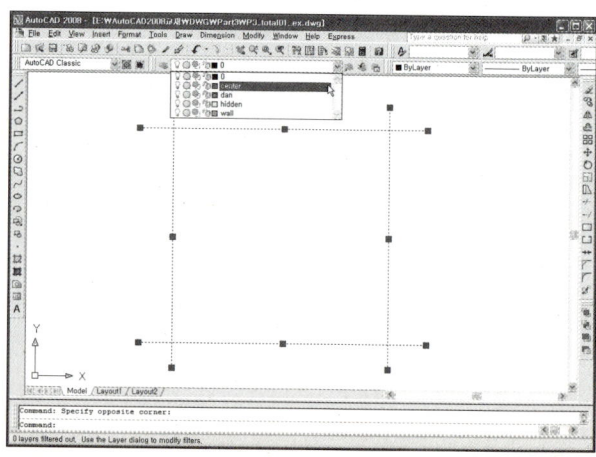

❼ 'Center' 레이어의 속성이 적용되어 빨강색의 선
분으로 교체되었습니다.

❽ 빨강색만 변하고 중심선인 Center의 선 종류는
나타나지 않습니다. Limits에 맞도록 선 종류의
축척인 Ltscale을 변경합니다.

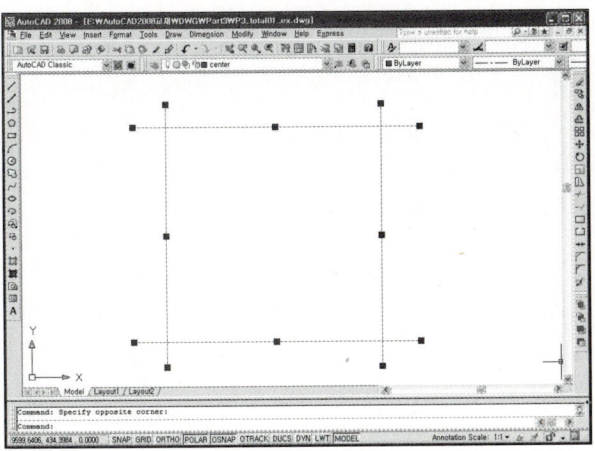

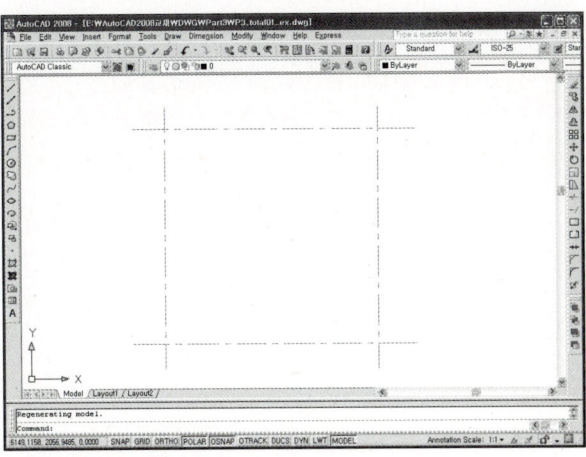

```
Command : Ltscale Enter
Enter new linetype scale factor <1.0000> : 20 Enter
Regenerating model.
```

물체를 아무런 명령어가 없는 상태에서 선택하면 Grip 점이 생기면서 선택됩니다. 이때 레이어나 기타 원하는 명령을 실행하면 됩니다. 보통 명령어를 입
력하고 그 명령어를 실행할 객체를 선택하는 형식이 일반적이지만 Grip을 이용하면 일단 먼저 객체를 선택하고 그 다음에 사용할 명령어를 입력합니다.
특히 레이어를 변경하고 나면 객체의 상태는 계속 Selection의 상태로 있게 됩니다. 이 경우에는 Esc 를 눌러 선택을 해제하면 됩니다.

3. 중심선을 기준으로 벽선 만들기

중심선을 기준으로 벽선을 Offset하여 벽선으로 만듭니다. 해당 객체는 중심선을 Offset했기 때문에 복사 후 벽선
레이어로 변경해야 합니다.

❶ 중심선에서 단열재가 없는 곳은 100만큼 Offset
을 적용합니다. 좌측과 아래쪽 외벽을 먼저
Offset하도록 합니다.

```
Command : Offset Enter
Current settings : Erase source=No Layer=Source
OFFSETGAPTYPE=0
Specify offset distance or [ Through/Erase/Layer]
<Through> : 100 Enter
Select object to offset or [ Exit/Undo] <Exit> : P1 클릭
Specify point on side to offset or [ Exit/Multiple/Undo]
<Exit> : P2 클릭
Select object to offset or [ Exit/Undo] <Exit> : P3 클릭
Specify point on side to offset or [ Exit/Multiple/Undo]
<Exit> : P4 클릭
```

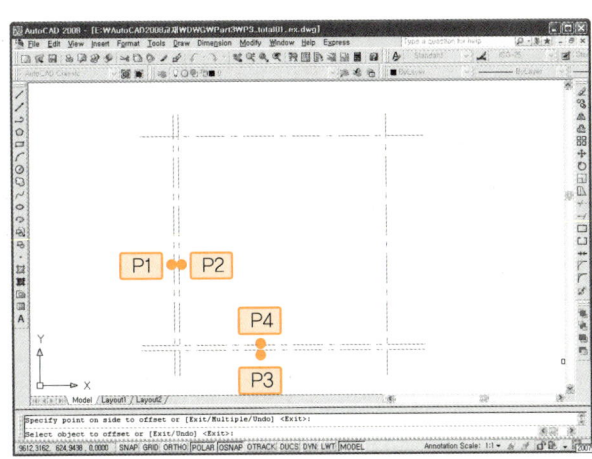

❷ 우측의 내벽을 Offset합니다.

```
Select object to offset or [ Exit/Undo] <Exit> : P1 클릭
Specify point on side to offset or [ Exit/Multiple/Undo]
<Exit> : P2 클릭
Select object to offset or [ Exit/Undo] <Exit> : P1 클릭
Specify point on side to offset or [ Exit/Multiple/Undo]
<Exit> : P3 클릭
Select object to offset or [ Exit/Undo] <Exit> : P4 클릭
Specify point on side to offset or [ Exit/Multiple/Undo]
<Exit> : P5 클릭
Select object to offset or [ Exit/Undo] <Exit> : P4 클릭
Specify point on side to offset or [ Exit/Multiple/Undo]
<Exit> : P6 클릭
Select object to offset or [ Exit/Undo] <Exit> : Enter
```

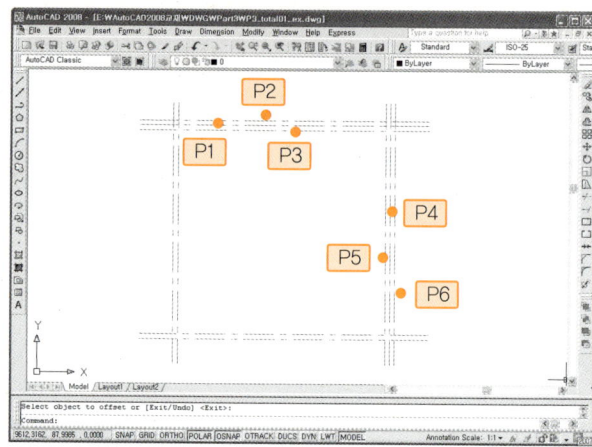

❸ Offset한 선분을 선택합니다. 레이어를 Change 하기 위해서 선택합니다.

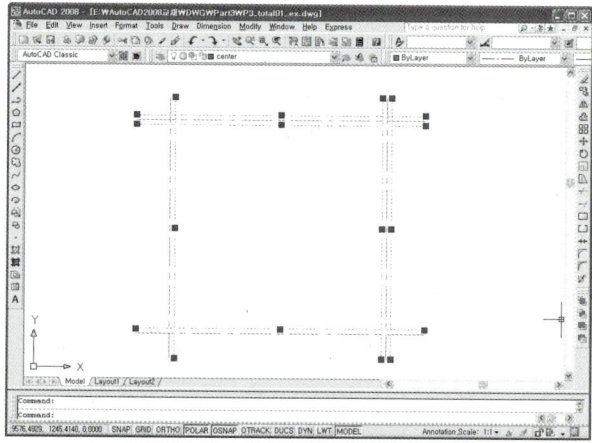

❹ 선택한 객체의 레이어를 변경하기 위하여 툴 바의 레이어 목록 버튼을 클릭합니다.

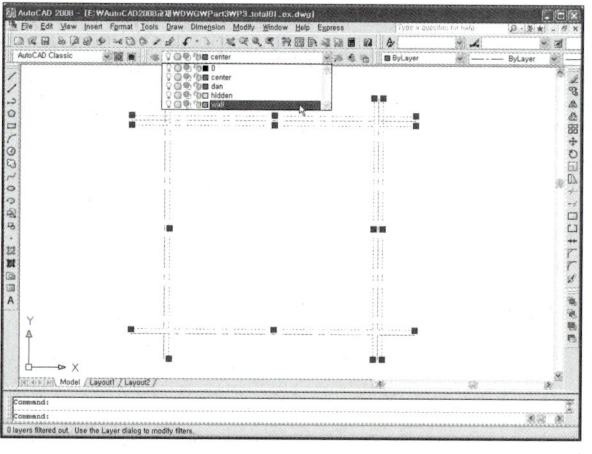

❺ 'Wall' 레이어로 선택하고 Selection 상태는 Esc 를 눌러 해제합니다.

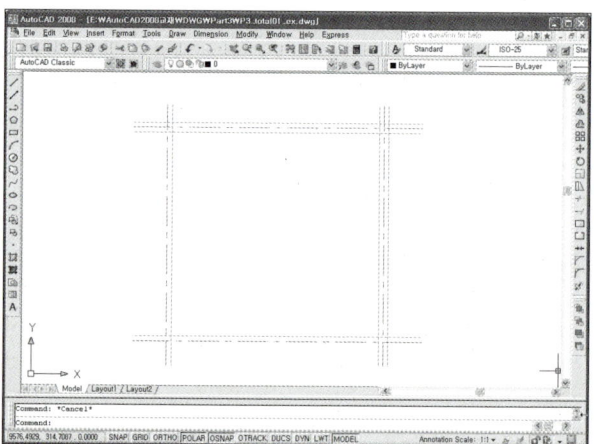

❻ 단열재가 포함되어 있는 외벽을 중심선으로부터
Offset합니다.

```
Command : Offset [Enter]
Current settings : Erase source=No Layer=Source
OFFSETGAPTYPE=0
Specify offset distance or [ Through/Erase/Layer]
<100.0000> : 250 [Enter]
Select object to offset or [ Exit/Undo] <Exit> : P1 클릭
Specify point on side to offset or [ Exit/Multiple/Undo]
<Exit> : P2 클릭
Select object to offset or [ Exit/Undo] <Exit> : P3 클릭
Specify point on side to offset or [ Exit/Multiple/Undo]
<Exit> : P4 클릭
Select object to offset or [ Exit/Undo] <Exit> : [Enter]
```

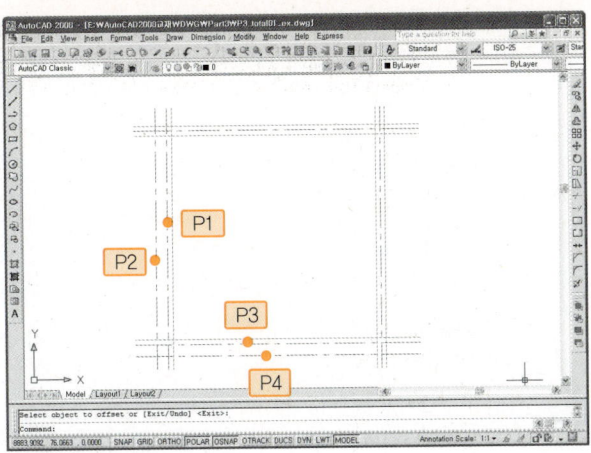

❼ Offset된 객체를 선택하여 'Wall' 레이어로 변경
합니다.

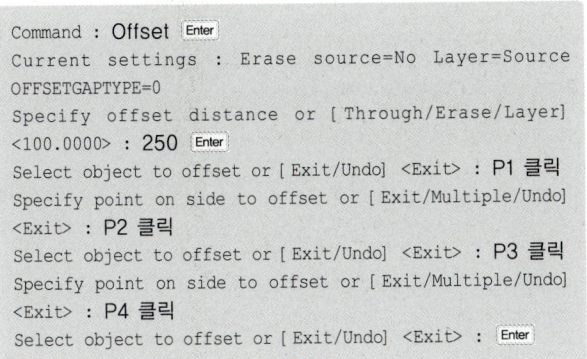

❽ 변경된 벽선이 완성됩니다. Selection은 [Esc]로 선
택을 해제합니다.

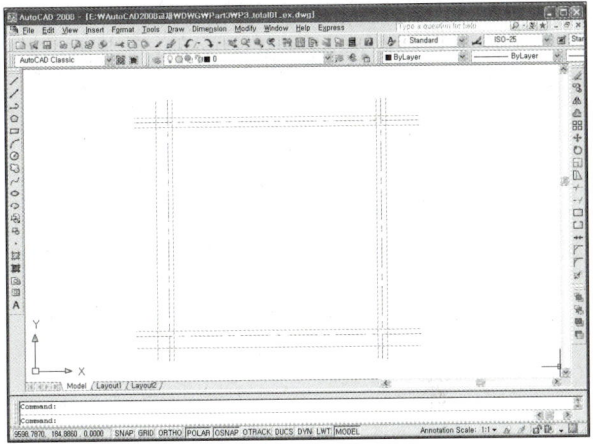

4. 창문이 들어갈 위치 만들기

창문이 들어갈 자리를 만들기 위해 중심선을 Offset하여 벽선을 정리합니다. 길이 값만큼 Offset하여 창문의 크기
만큼으로 정리하여 벽선은 벽선끼리 마무리가 되도록 설정합니다.

❶ 왼쪽 벽의 창문 위치를 [Offset] 명령응 이용하여
복사합니다.

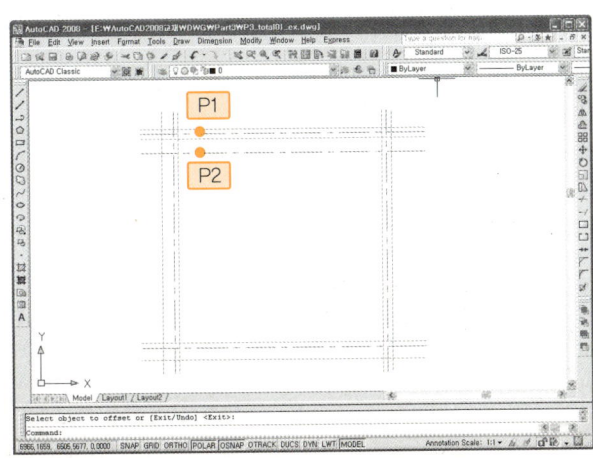

```
Command : Offset [Enter]
Current settings : Erase source=No Layer=Source
OFFSETGAPTYPE=0
Specify offset distance or [ Through/Erase/Layer]
<100.0000> : 400 [Enter]
Select object to offset or [ Exit/Undo] <Exit> : P1 클릭
Specify point on side to offset or [ Exit/Multiple/Undo]
<Exit> : P2 클릭
Select object to offset or [ Exit/Undo] <Exit> : [Enter]
```

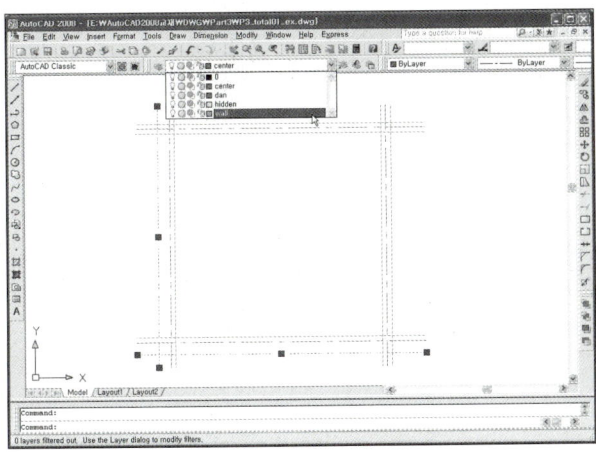

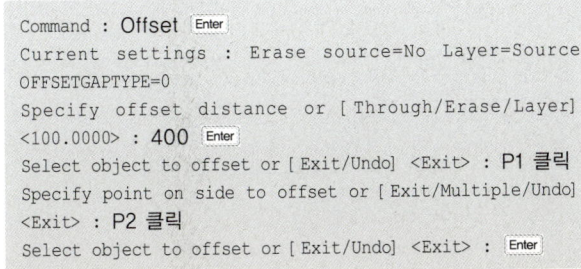

② 창문 크기만큼 한 번 더 Offset합니다.

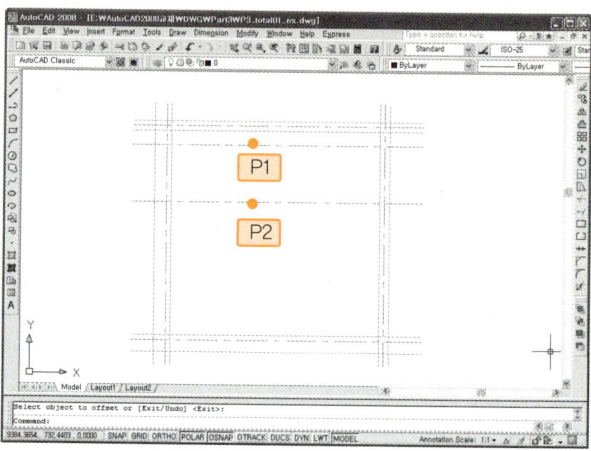

```
Command : Offset [Enter]
Current settings : Erase source=No Layer=Source
OFFSETGAPTYPE=0
Specify offset distance or [ Through/Erase/Layer]
<400.0000> : 1200 [Enter]
Select object to offset or [ Exit/Undo] <Exit> : P1 클릭
Specify point on side to offset or [ Exit/Multiple/Undo]
<Exit> : P2 클릭
Select object to offset or [ Exit/Undo] <Exit> : [Enter]
```

③ 복사된 객체를 선택하여 'Wall' 레이어로 변경합니다.

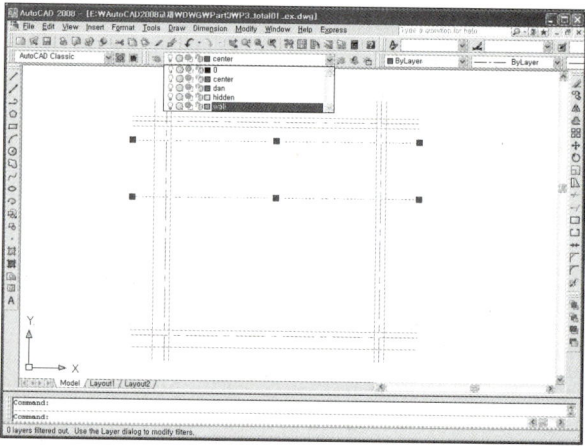

④ 'Wall' 레이어로 변경 되면 [Esc]를 눌러 Selection을 해제합니다.

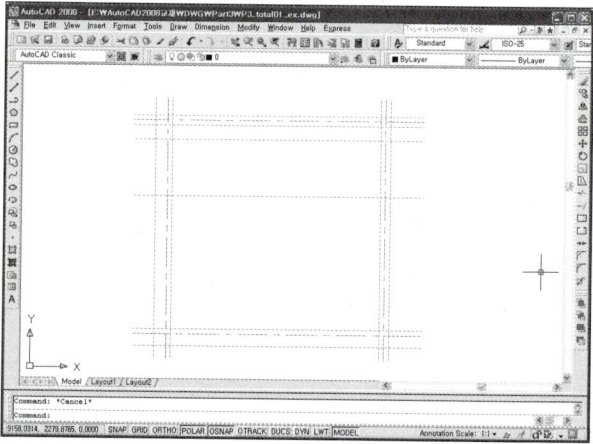

⑤ 창이 들어갈 자리를 벽선으로 마무리하기 위하여 [Trim] 명령으로 정리합니다.

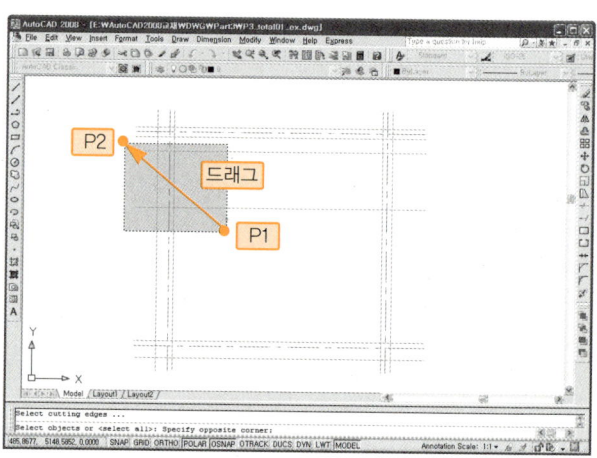

```
Command : Trim [Enter]
Current settings : Projection=UCS, Edge=Extend
Select cutting edges...
Select objects or <select all> :
Specify opposite corner : 5 found
P1에서 P2점으로 드래그합니다.
Select objects : [Enter]
```

⑥ 다음의 P1~P6을 클릭하여 불필요한 선을 잘라냅니다.

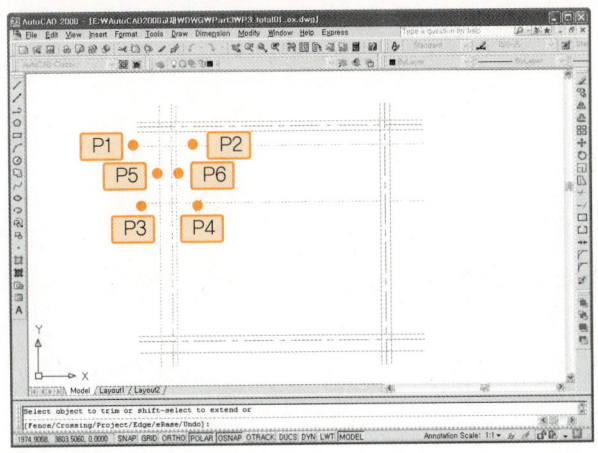

```
Select object to trim or shift-select to extend or
[Fence/Crossing/Project/Edge/eRase/Undo] : P1 클릭
Select object to trim or shift-select to extend or
[Fence/Crossing/Project/Edge/eRase/Undo] : P2 클릭
Select object to trim or shift-select to extend or
[Fence/Crossing/Project/Edge/eRase/Undo] : P3 클릭
Select object to trim or shift-select to extend or
[Fence/Crossing/Project/Edge/eRase/Undo] : P4 클릭
Select object to trim or shift-select to extend or
[Fence/Crossing/Project/Edge/eRase/Undo] : P5 클릭
Select object to trim or shift-select to extend or
[Fence/Crossing/Project/Edge/eRase/Undo] : P6 클릭
Select object to trim or shift-select to extend or
[Fence/Crossing/Project/Edge/eRase/Undo] : Enter
```

⑦ 다 잘라내고 나면 다음 그림처럼 창이 들어갈 자리가 만들어집니다.

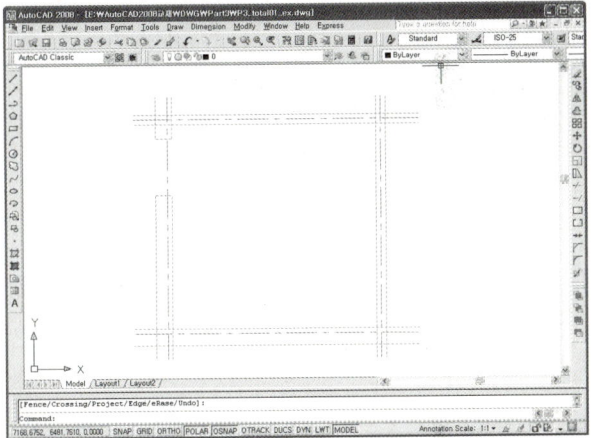

5. 문이 들어갈 위치 만들기

문이 들어갈 자리를 만들기 위해 중심선을 Offset하여 벽선을 정리합니다. 창문이 들어갈 자리를 만드는 것과 마찬가지로 벽선을 정리합니다.

① 아래쪽 문의 위치를 중심선에서부터 400만큼 Offset합니다.

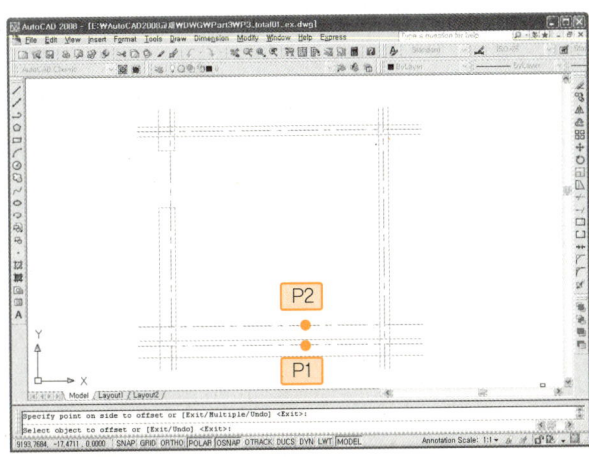

```
Command : Offset Enter
Current settings : Erase source=No Layer=Source
OFFSETGAPTYPE=0
Specify offset distance or [Through/Erase/Layer]
<1200.0000> : 400 Enter
Select object to offset or [Exit/Undo] <Exit> : P1 클릭
Specify point on side to offset or [Exit/Multiple/Undo]
<Exit> : P2 클릭
Select object to offset or [Exit/Undo] <Exit> : Enter
```

❷ 문의 크기만큼 Offset을 하여 벽선을 정리할 수 있는 기준선을 만듭니다.

```
Command : Offset [Enter]
Current settings : Erase source=No Layer=Source
OFFSETGAPTYPE=0
Specify offset distance or [ Through/Erase/Layer]
<400.0000> : 900 [Enter]
Select object to offset or [Exit/Undo] <Exit> : P1 클릭
Specify point on side to offset or [ Exit/Multiple/Undo]
<Exit> : P2 클릭
Select object to offset or [Exit/Undo] <Exit> : [Enter]
```

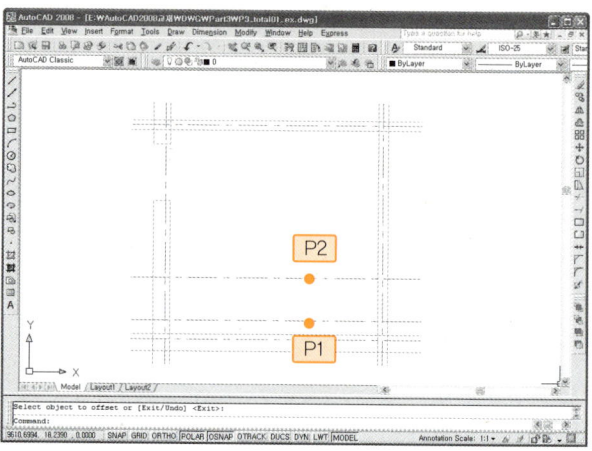

❸ 복사된 객체를 선택하여 'Wall' 레이어로 변경합니다.

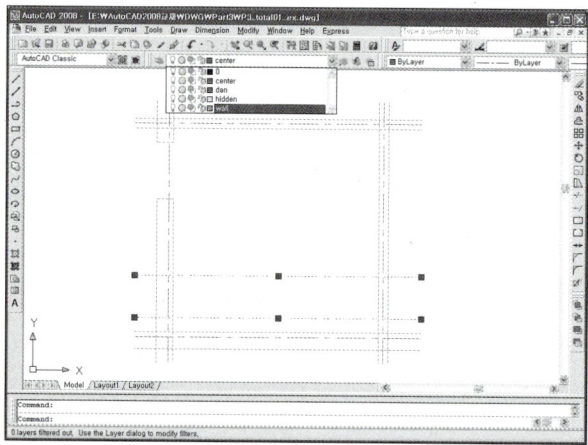

❹ 'Wall' 레이어로 변경이 되면 [Esc]를 눌러 Selection을 해제합니다.

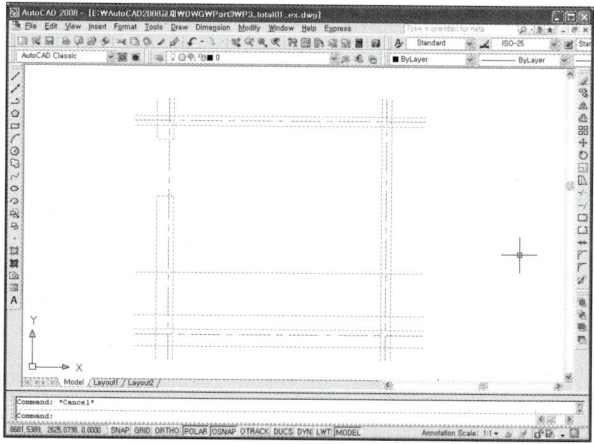

❺ 문이 들어갈 자리를 만들기 위하여 [Trim] 명령으로 불필요한 부분을 잘라냅니다.

```
Command : Trim [Enter]
Current settings : Projection=UCS, Edge=Extend
Select cutting edges...
Select objects or <select all> : Specify opposite
corner : 5 found
P1점에서 P2점까지 드래그합니다.
Select objects : [Enter]
```

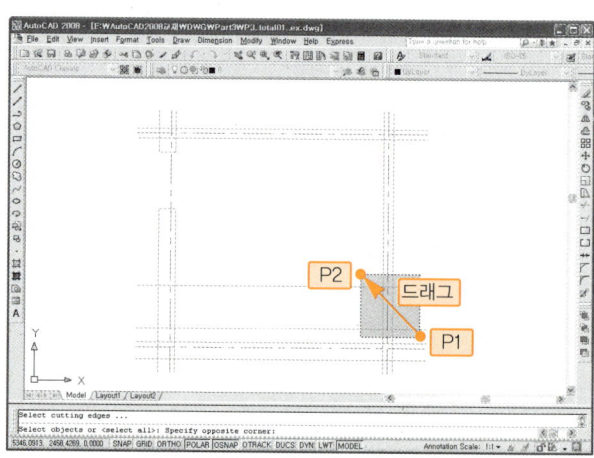

⑥ 다음의 P1~P6을 클릭하여 불필요한 선을 잘라냅니다.

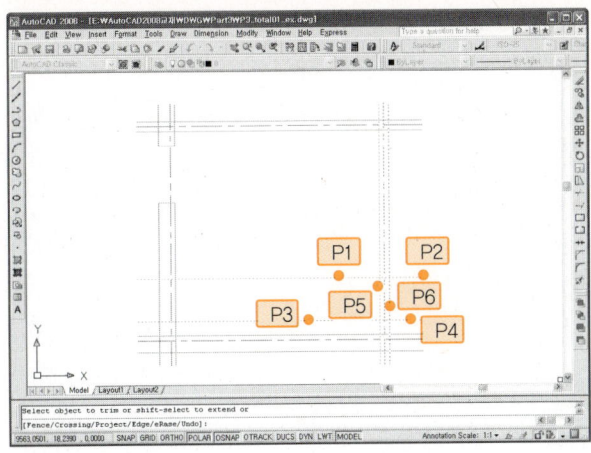

```
Select object to trim or shift-select to extend or
[ Fence/Crossing/Project/Edge/eRase/Undo] : P1 클릭
Select object to trim or shift-select to extend or
[ Fence/Crossing/Project/Edge/eRase/Undo] : P2 클릭
Select object to trim or shift-select to extend or
[ Fence/Crossing/Project/Edge/eRase/Undo] : P3 클릭
Select object to trim or shift-select to extend or
[ Fence/Crossing/Project/Edge/eRase/Undo] : P4 클릭
Select object to trim or shift-select to extend or
[ Fence/Crossing/Project/Edge/eRase/Undo] : P5 클릭
Select object to trim or shift-select to extend or
[ Fence/Crossing/Project/Edge/eRase/Undo] : P6 클릭
Select object to trim or shift-select to extend or
[ Fence/Crossing/Project/Edge/eRase/Undo] : Enter
```

⑦ 다 잘라내고 나면 다음 그림처럼 문이 들어갈 자리가 만들어집니다.

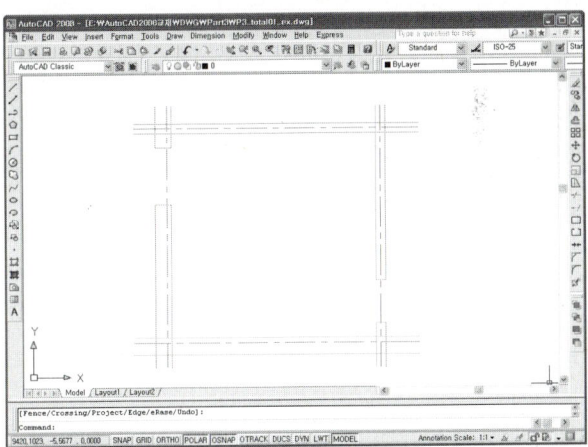

6. 레이어의 Freeze 옵션을 이용하여 벽선 마무리하기

벽선을 정리하는 경우 내부의 중심선이 같이 Selection되어 정리하는데 불편합니다. 이때 해당 'Center' 레이어를 동결시켜 화면에서 감춘 뒤 벽선만 [Trim] 명령을 적용한 후 나중에 Thaw로 나타나게 만들어 완료합니다.

❶ 중심선에 해당하는 'Center' 레이어를 툴 바의 레이어 목록에서 Freeze를 클릭하여 화면에서 사라지게 합니다.

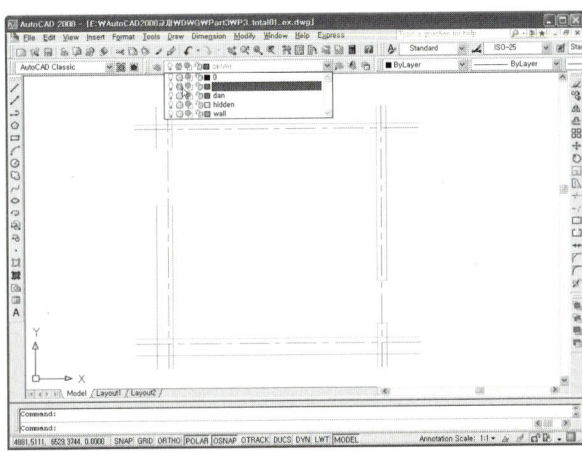

❷ 중심선 레이어가 Freeze되면 화면에는 벽선만 보입니다.

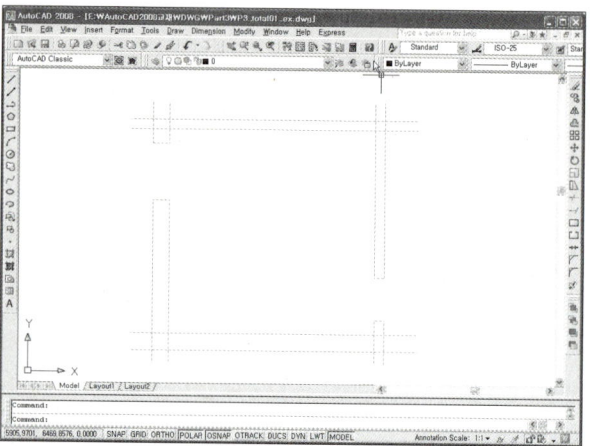

❸ 벽선을 도면과 같이 [Trim] 명령으로 정리합니다.

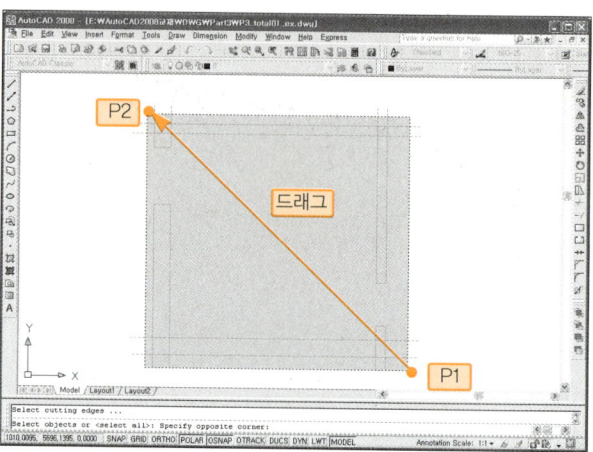

```
Command : Trim Enter
Current settings : Projection=UCS, Edge=Extend
Select cutting edges...
Select objects or <select all> : Specify opposite
corner : 16 found
P1점에서 P2점까지 드래그합니다.
Select objects : Enter
```

❹ 다음 그림과 같이 X 표시 위치를 모두 선택하여 [Trim] 명령을 적용합니다.

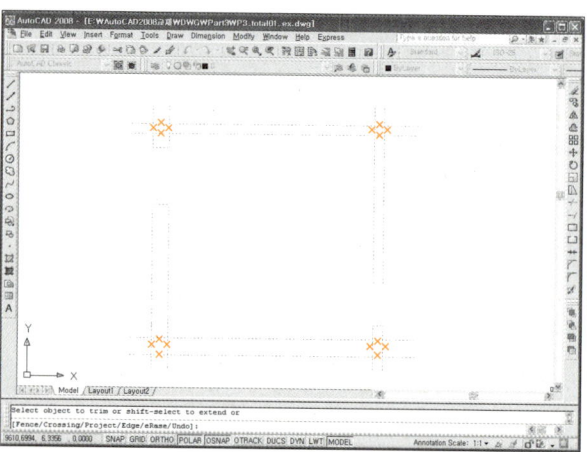

```
Select object to trim or shift-select to extend or
[ Fence/Crossing/Project/Edge/eRase/Undo] :
X 표시 위치를 모두 선택합니다.
Select object to trim or shift-select to extend or
[ Fence/Crossing/Project/Edge/eRase/Undo] : Enter
```

❺ [Trim] 명령으로 다음 그림처럼 정리가 되었습니다.

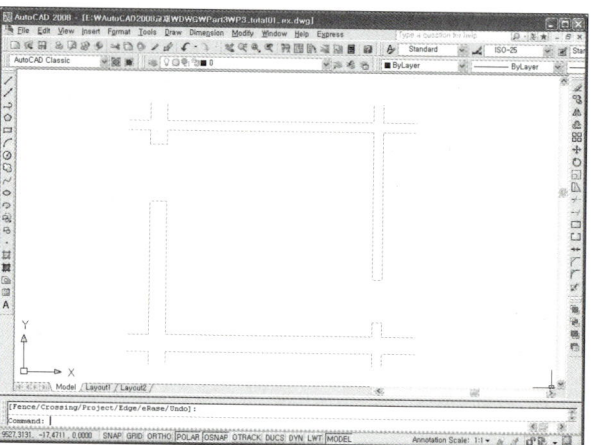

7. 외벽에 단열재 만들기

외벽 내부에 단열재를 만들어 넣습니다. 중심선에서부터 100만큼 Offset되는 위치에 있고, 벽선에서도 100만큼 Offset되는 위치에 있으므로 현재는 중심선 레이어가 Freeze되어 있으므로 벽선에서 100만큼 Offset되도록 합니다.

① 벽선에서 안쪽으로 100만큼 Offset합니다.

```
Command : Offset [Enter]
Current settings : Erase source=No Layer=Source
OFFSETGAPTYPE=0
Specify offset distance or [ Through/Erase/Layer]
<900.0000> : 100 [Enter]
Select object to offset or [ Exit/Undo] <Exit> : P1 클릭
Specify point on side to offset or [ Exit/Multiple/Undo]
<Exit> : P2 클릭
Select object to offset or [ Exit/Undo] <Exit> : P3 클릭
Specify point on side to offset or [ Exit/Multiple/Undo]
<Exit> : P4 클릭
Select object to offset or [ Exit/Undo] <Exit> : P5 클릭
Specify point on side to offset or [ Exit/Multiple/Undo]
<Exit> : P6 클릭
Select object to offset or [ Exit/Undo] <Exit> : [Enter]
```

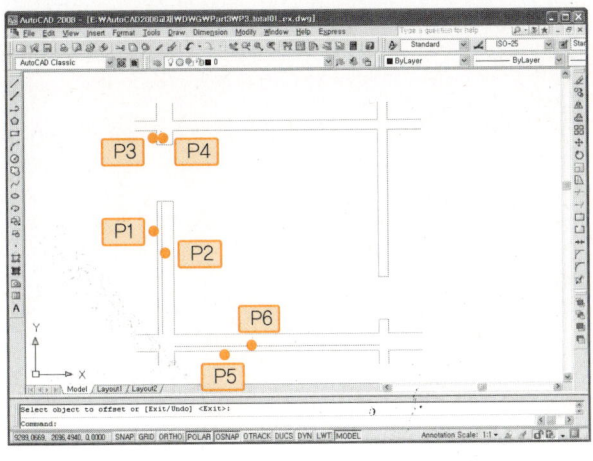

② 끊어져 있는 모서리 부분을 이어 줍니다.

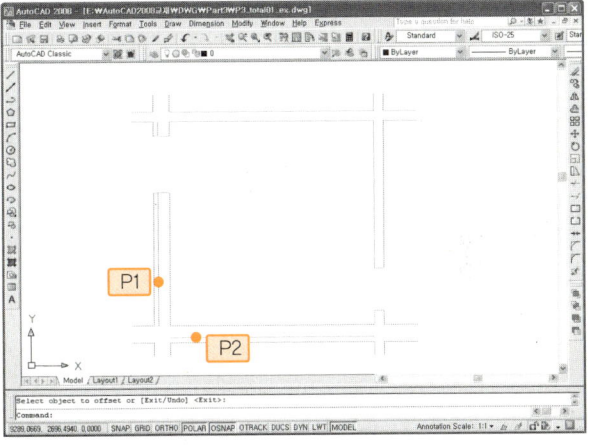

```
Command : Fillet [Enter]
Current settings : Mode = TRIM, Radius = 0.0000
Select first object or [Undo/Polyline/Radius/
Trim/Multiple] : P1 클릭
Select second object or shift-select to apply corner
: P2 클릭
```

③ 끊어졌던 모서리가 다음 그림처럼 연결됩니다.

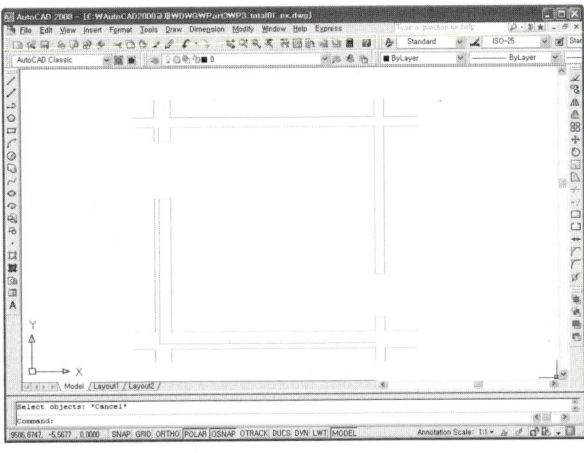

④ 단열재의 두께인 50만큼 안쪽으로 Offset합니다.

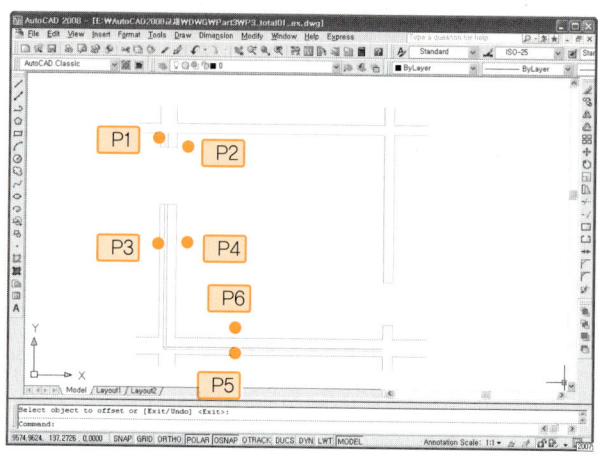

```
Command : Offset [Enter]
Current settings : Erase source=No Layer=Source
OFFSETGAPTYPE=0
Specify offset distance or [ Through/Erase/Layer]
<100.0000> : 50 [Enter]
Select object to offset or [ Exit/Undo] <Exit> : P1 클릭
Specify point on side to offset or [ Exit/Multiple/Undo]
<Exit> : P2 클릭
Select object to offset or [ Exit/Undo] <Exit> : P3 클릭
Specify point on side to offset or [ Exit/Multiple/Undo]
<Exit> : P4 클릭
Select object to offset or [ Exit/Undo] <Exit> : P5 클릭
Specify point on side to offset or [ Exit/Multiple/Undo]
<Exit> : P6 클릭
Select object to offset or [ Exit/Undo] <Exit> : [Enter]
```

⑤ Offset된 선을 다시 한 번 Fillet으로 마무리합니다. 안쪽의 선을 'Radius=0'으로 모서리를 만듭니다.

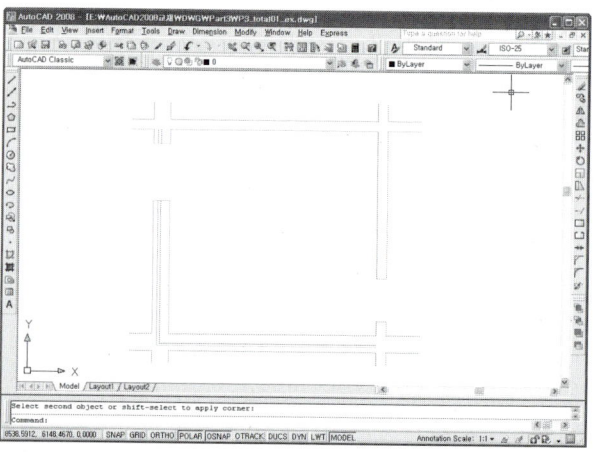

```
Command : Fillet [Enter]
Current settings : Mode = TRIM, Radius = 0.0000
Select first object or [ Undo/Polyline/Radius/Trim/
Multiple] : P1 클릭
Select second object or shift-select to apply corner
: P2 클릭
```

⑥ 단열재의 끝부분을 만들기 위해 100만큼 Offset합니다.

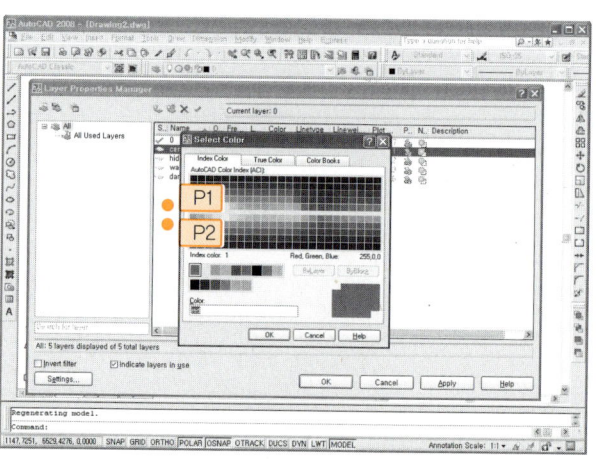

```
Command : Offset [Enter]
Current settings : Erase source=No Layer=Source
OFFSETGAPTYPE=0
Specify offset distance or [ Through/Erase/Layer]
<50.0000> : 100 [Enter]
Select object to offset or [ Exit/Undo] <Exit> : P1 클릭
Specify point on side to offset or [ Exit/Multiple/Undo]
<Exit> : P2 클릭
Select object to offset or [ Exit/Undo] <Exit> : [Enter]
```

7 단열재 끝부분을 정확히 만들기 위해 일부분을 확대합니다.

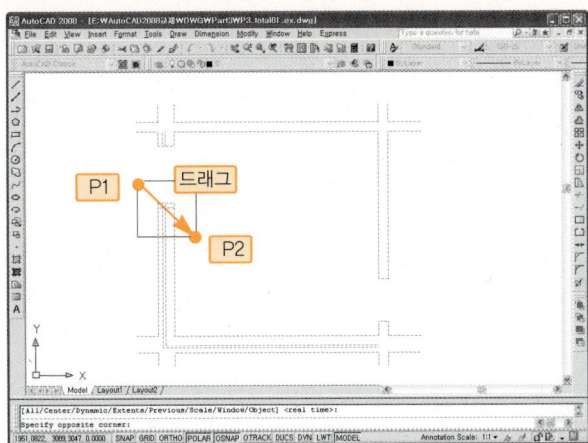

```
Command : Zoom Enter
Specify corner of window, enter a scale factor (nX or
nXP), or [All/Center/Dynamic/Extents/Previous/Scale
/Window/Object] <real time> :
Specify opposite corner : P1점에서 P2점까지 드래그합니다.
```

8 확대된 화면에서 단열재의 부분을 [Trim] 명령으로 선택하여 불필요한 부분을 잘라냅니다.

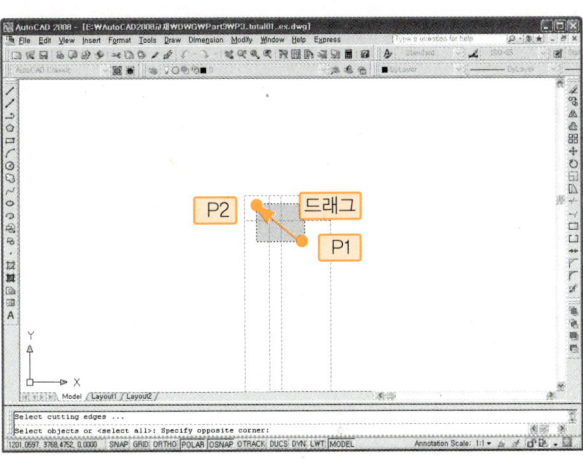

```
Command : Trim Enter
Current settings : Projection=UCS, Edge=Extend
Select cutting edges...
Select objects or <select all> : Specify opposite
corner : 3 found
P1점에서 P2점까지 드래그합니다.
Select objects : Enter
```

9 필요 없는 부분을 잘라냅니다.

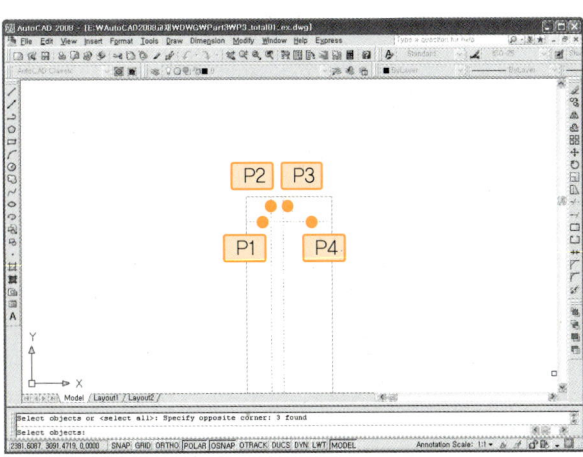

```
Select object to trim or shift-select to extend or
[Fence/Crossing/Project/Edge/eRase/Undo] : P1, P2, P3,
P4 선택합니다.
Select object to trim or shift-select to extend or
[Fence/Crossing/Project/Edge/eRase/Undo] : Enter
```

⑩ 다음 그림처럼 잘려나갔습니다.

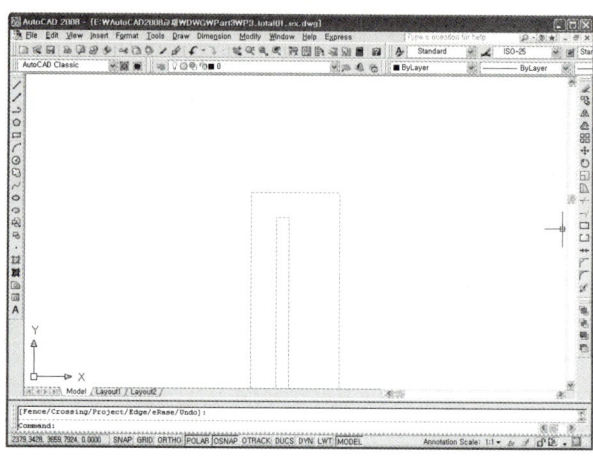

8. 상단 부분 단열재 마무리하기

기본 단열재를 만들었습니다. 해당 단열재의 모양이 도면과 일치하도록 상단의 단열재 선을 연장시키고 모양을 만들어 줍니다.

① 전체 화면으로 돌아간 뒤 상단 부분의 단열재를 마무리하기 상단 부분을 [Zoom] 명령의 Window 옵션으로 부분 확대합니다.

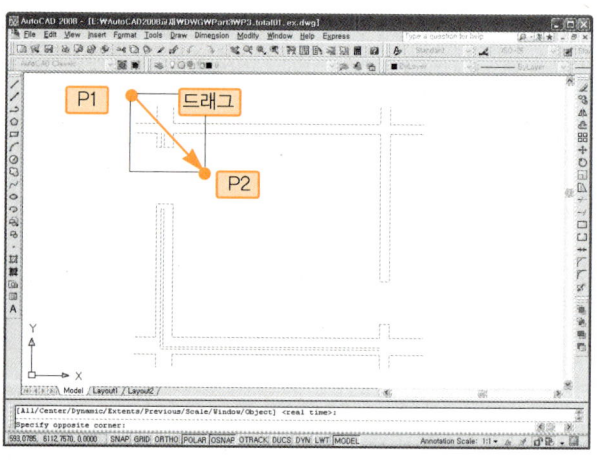

Command : **Zoom** `Enter`
Specify corner of window, enter a scale factor (nX or nXP), or
[All/Center/Dynamic/Extents/Previous/Scale/Window/Object] <real time> :
Specify opposite corner :
P1점에서 P2점까지 드래그합니다.

② 확대되어 단열재 선이 상세하게 보입니다.

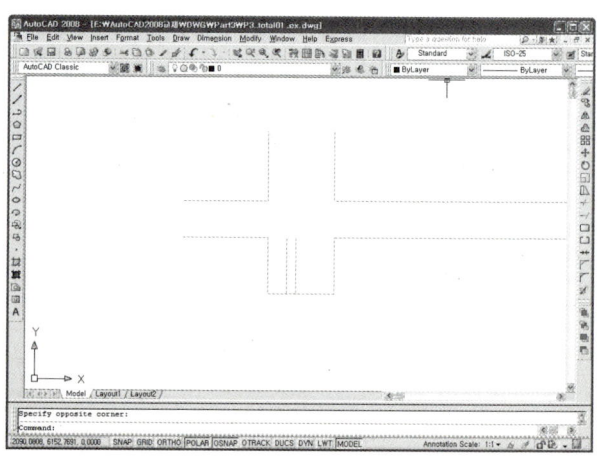

③ 짧은 단열재 선을 벽선과 같은 길이로 연장하기 위
해 보조선을 그립니다.

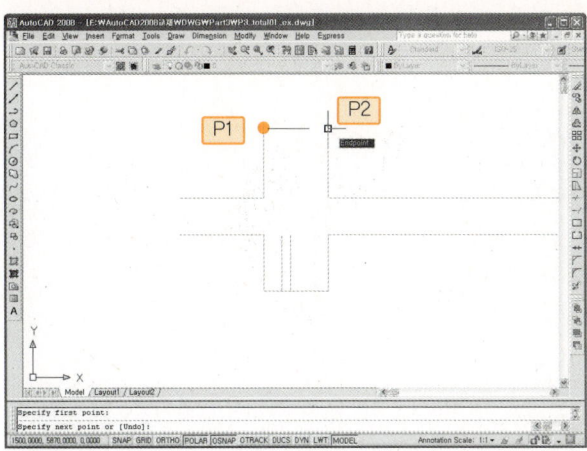

```
Command : Line Enter
Specify first point : P1 클릭
Specify next point or [ Undo] : P2 클릭
Specify next point or [ Undo] : Enter
```

④ 보조선까지 단열재 선을 연장합니다.

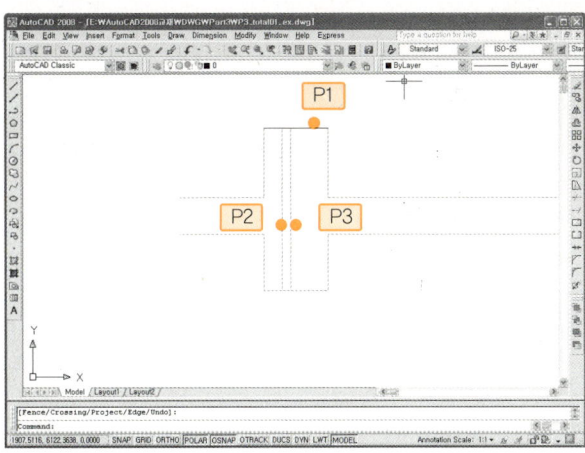

```
Command : Extend Enter
Current settings : Projection=UCS, Edge=Extend
Select boundary edges...
Select objects or <select all> : 1 found P1 클릭
```
연장의 기준선 P1을 선택합니다.
```
Select objects : Enter
Select object to extend or shift-select to trim or
[ Fence/Crossing/Project/Edge/Undo] : P2, P3 클릭
Select object to extend or shift-select to trim or
[ Fence/Crossing/Project/Edge/Undo] : Enter
```

⑤ 단열재 선의 벽에 Offset을 적용합니다.

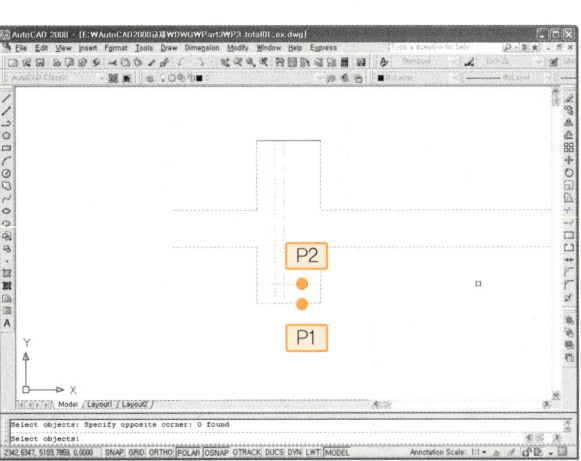

```
Command : Offset Enter
Current settings : Erase source=No Layer=Source
OFFSETGAPTYPE=0
Specify offset distance or [ Through/Erase/Layer]
<50.0000> : 100 Enter
Select object to offset or [ Exit/Undo] <Exit> : P1 클릭
Specify point on side to offset or [ Exit/Multiple/Undo]
<Exit> : P2 클릭
Select object to offset or [ Exit/Undo] <Exit> : Enter
```

6 Offset된 선들을 기준으로 불필요한 선을 Trim합니다.

```
Command : Trim Enter
Current settings : Projection=UCS, Edge=Extend
Select cutting edges...
Select objects or <select all> : Specify opposite
corner : 3 found
P1, P2, P3점을 클릭합니다.
Select objects : Enter
Select object to trim or shift-select to extend or
[ Fence/Crossing/Project/Edge/eRase/Undo]  : P4, P5, P6,
P7 클릭
Select object to trim or shift-select to extend or
[ Fence/Crossing/Project/Edge/eRase/Undo]  : Enter
```

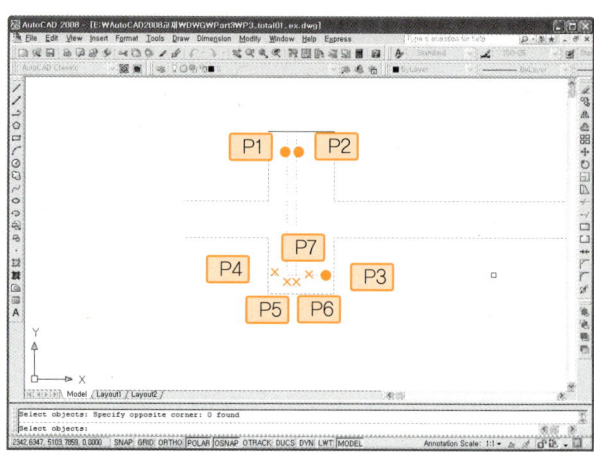

7 불필요한 선을 [Trim] 명령으로 정리하였으면 보조선을 삭제합니다.

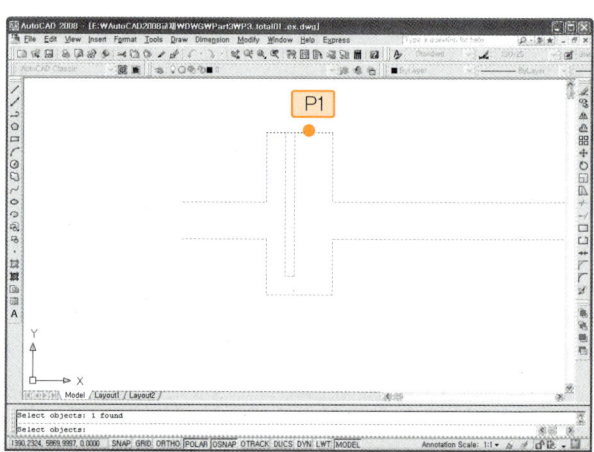

```
Command : Erase Enter
Select objects : 1 found P1 클릭
Select objects : Enter
```

8 삭제된 것을 확인합니다.

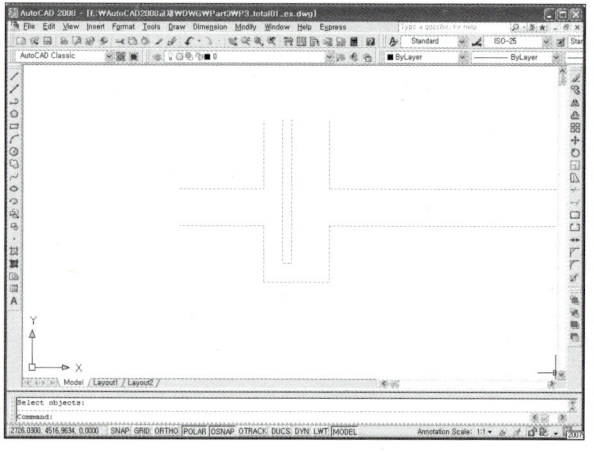

9 [Zoom] 명령의 All 옵션을 이용하여 전체 화면으로 돌아옵니다.

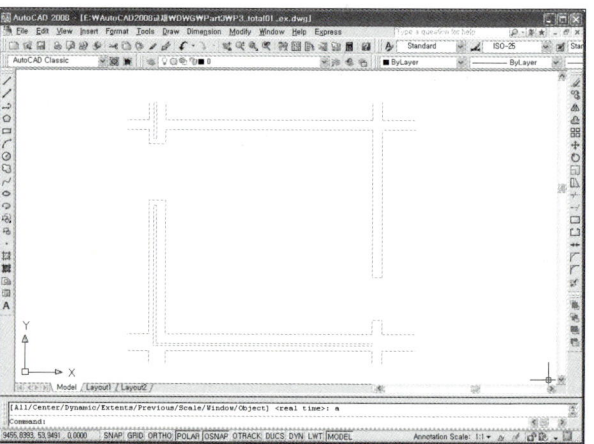

```
Command : Zoom Enter
Specify corner of window, enter a scale factor (nX or nXP), or
[ All/Center/Dynamic/Extents/Previous/Scale/Window/Object]
<real time> : A Enter
```

9. 우측 하단 부분 단열재 마무리하기

기본 단열재를 만들었습니다. 해당 단열재의 모양이 도면과 일치하도록 우측 하단의 단열재 선을 연장시키고 모양을
만들어 줍니다.

① 짧은 단열재 선을 벽선과 같은 길이로 연장하기 위
해 보조선을 그립니다.

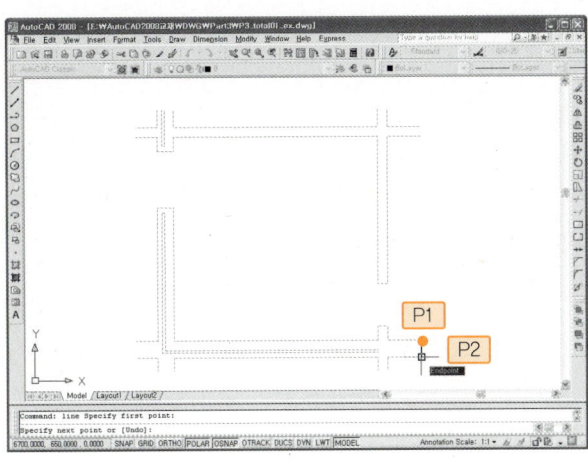

```
Command : Line Enter
Specify first point : P1 클릭
Specify next point or [ Undo] : P2 클릭
Specify next point or [ Undo] : Enter
```

② 연장선을 만들기 위해 [Extend] 명령어를 입력하고
연장할 선을 선택합니다.

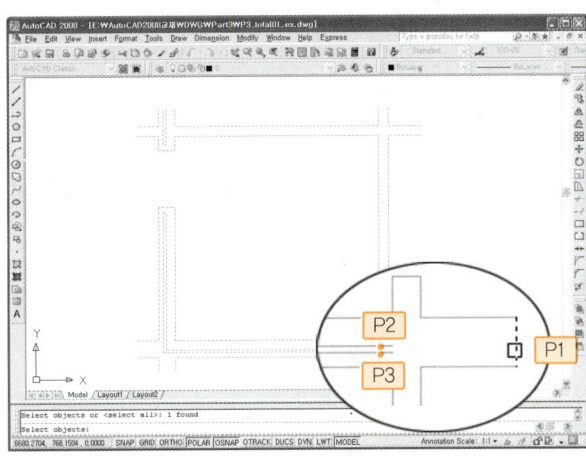

```
Command : Extend Enter
Current settings : Projection=UCS, Edge=Extend
Select boundary edges...
Select objects or <select all> : 1 found P1 클릭
Select objects : Enter
Select object to extend or shift-select to trim or
[ Fence/Crossing/Project/Edge/Undo] : P2, P3 클릭
Select object to extend or shift-select to trim or
[ Fence/Crossing/Project/Edge/Undo] : Enter
```

③ 연장이 되었습니다.

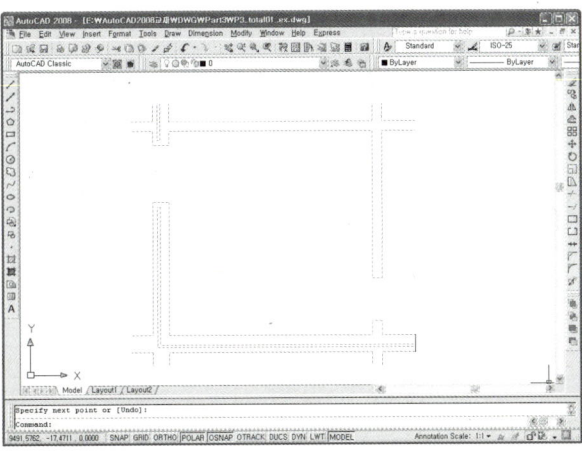

④ [Extend] 명령의 보조선으로 사용한 선을 지웁니다.

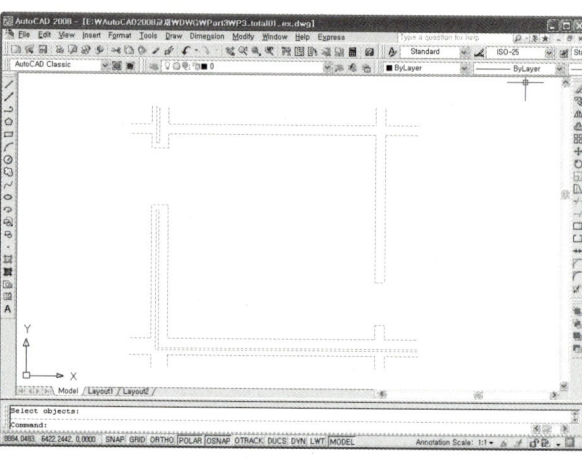

```
Command : Erase Enter
Select objects : 1 found
Select objects : Enter
```

⑤ Freeze했던 중심선 레이어를 Thaw하여 다시 화
면에 보이도록 툴 바의 목록 버튼을 클릭합니다.

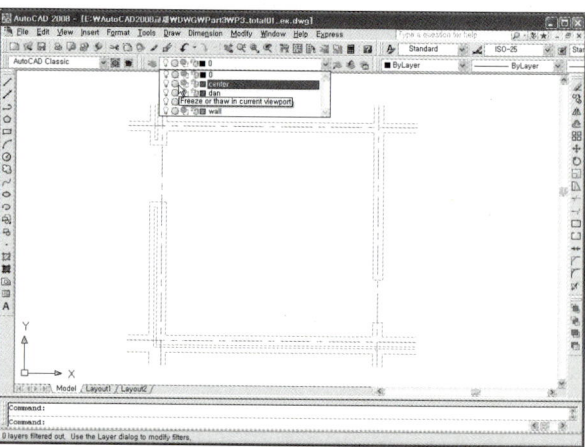

⑥ 다음과 같이 도면이 완성되었습니다.

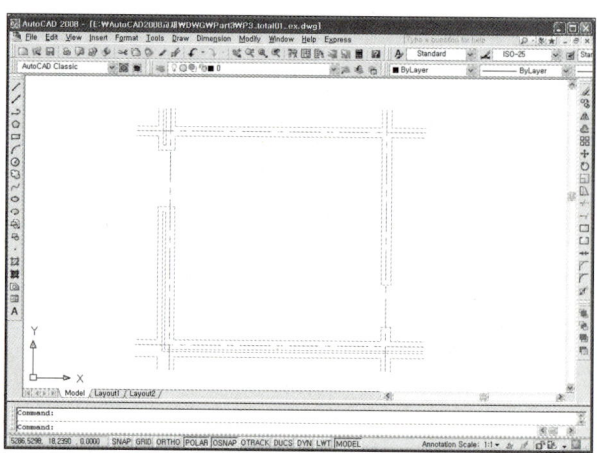

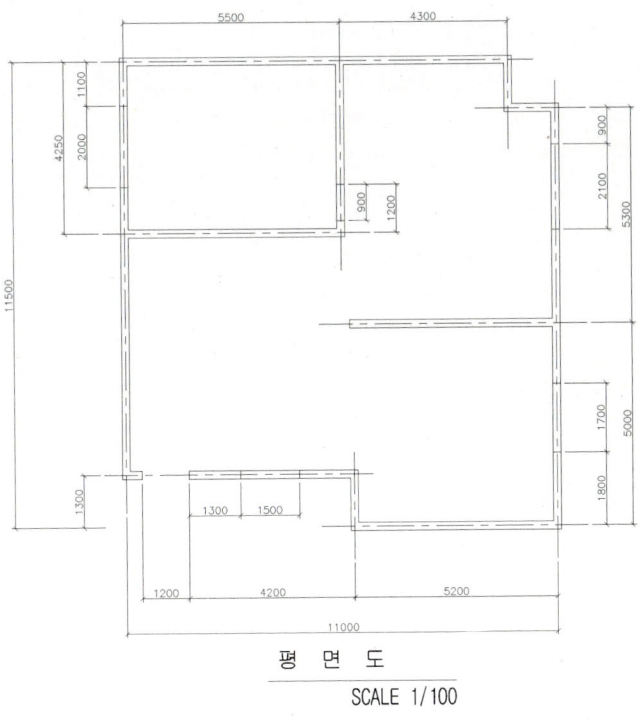

평 면 도

SCALE 1/100

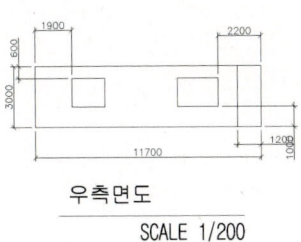

우측면도

SCALE 1/200

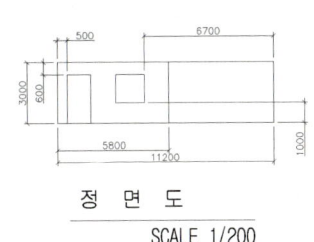

정 면 도

SCALE 1/200

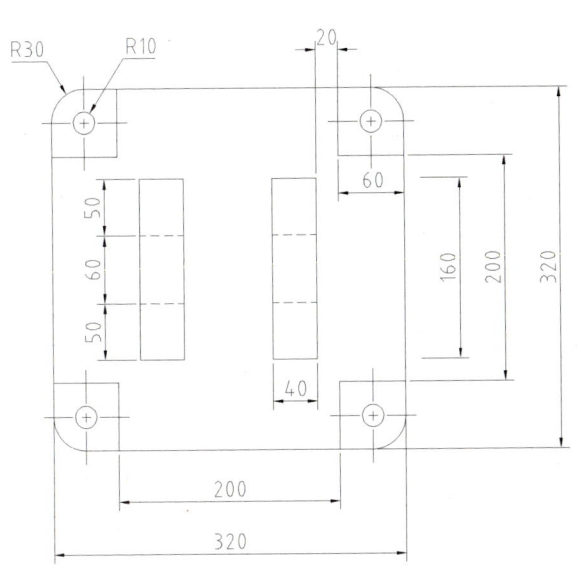

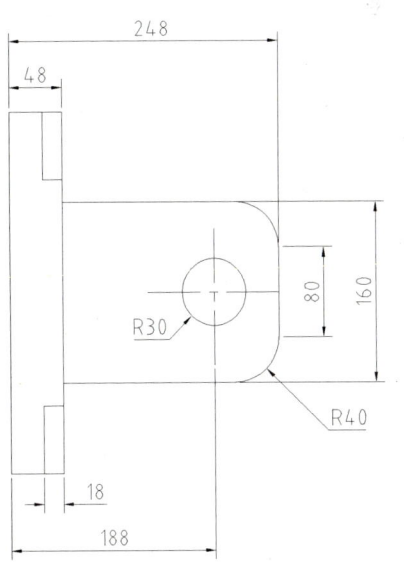

Chapter

02 정보 조회 명령어 사용하기

Chapter02에서는 도면의 여러 가지 요소 중에서 각종 정보 조회 관련 명령어에 대해서 공부합니다. 주로 새로운 객체를 그리고 수정하는 명령어에 비해 눈에 보이는 요소는 작지만 도면을 작성하는 알아두면 편리하게 도움을 받을 수 있도록 도와주는 Helper의 역할을 합니다.

1. 거리를 정확히 알 수 있는 [Dist] 명령어

[Dist] 명령어는 선택한 지점에서 다음 지점까지의 직선거리 값을 알려줍니다. 또한 직선거리와 더불어 시작점을 기준으로 XY Plan의 Angle 각도도 알려줍니다. 각종 조회 명령어는 스스로 어떤 변화를 주는 것이 아니라 조회를 통해 도면을 작성할 때 기준이 되거나 정확도를 높여주는 역할을 합니다.

[Dist] 명령어	
아이콘	▦
메인 메뉴	[Tools]–[Inquiry]–[Distance]
명령어	Dist
단축키	〈DI〉

1. 명령어 사용 방법

거리를 재고 싶은 객체가 있는 상태에서 Command 라인에 [Dist] 명령어를 입력하고 거리를 알아내야 하는 두 점을 [Osanp]을 이용하여 클릭합니다.

```
Specify first point : 거리를 재기 위한 첫 번째 점을 클릭합니다.
Specify second point : 거리를 재기 위한 두 번째 점을 클릭합니다.
Distance = 66.9490, Angle in XY Plane = 0, Angle from XY Plane = 0
Delta X = 66.9490, Delta Y = 0.0000, Delta Z = 0.0000 두 지점의 거리 값인 길이와 각도를 알 수 있습니다.
```

2. 기본 실습

다음 도면을 기준으로 양 지점의 거리 값을 측정하는 실습을 해보겠습니다. [Dist] 명령어에서 알 수 있는 값들을 알아봅니다.

- 예제 파일 : Sample\Part03\dist.dwg

① [File]-[Open] 메뉴를 이용하여 부록 CD에서 예제 파일을 불러옵니다.

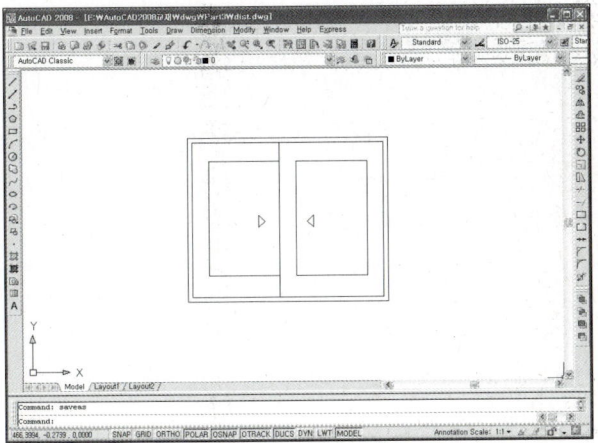

② Command 라인에 [Dist] 명령어를 입력하고 P1을 Osnap으로 정확하게 선택합니다.

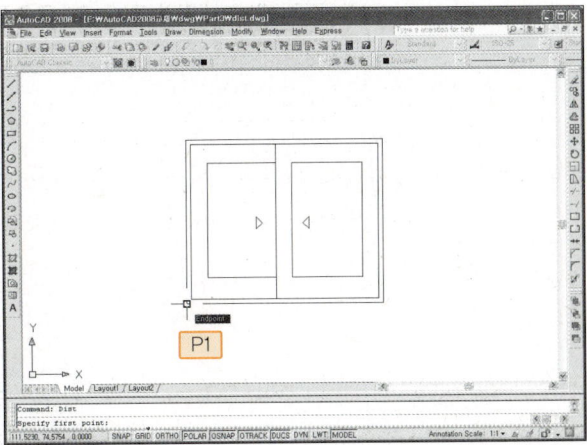

Command : Dist Enter
Specify first point : P1 클릭

③ P2를 [Osnap]을 이용하여 정확하게 선택합니다.

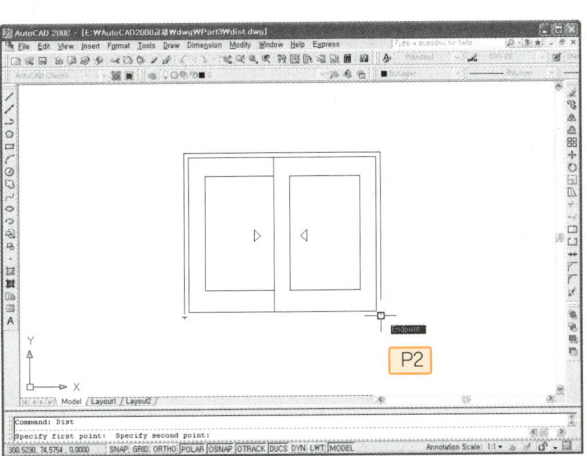

Specify second point : P2 클릭
Distance = 189.0000, Angle in XY Plane = 0, Angle from XY Plane = 0
Delta X = 189.0000, Delta Y = 0.0000, Delta Z = 0.0000
두 점 간의 거리 값은 189.0000이며 각도는 수평으로 0도 임을 알 수 있습니다.

Tip **AutoCAD**

AutoCAD Text Window 창

Command 라인의 지나간 명령어는 다시 볼 수 없는 것이 아니고 언제든 F2 를 누르면 [AutoCAD Text Window] 창이 나타나 내용을 확인할 수 있습니다. 앞서 실행한 명령어를 확인하거나 조회 명령어의 조회 결과를 확인할 수 있습니다. [Dist] 명령어 등 조회 명령어에서 여러 가지 결과를 확인할 때 유용하게 사용합니다.

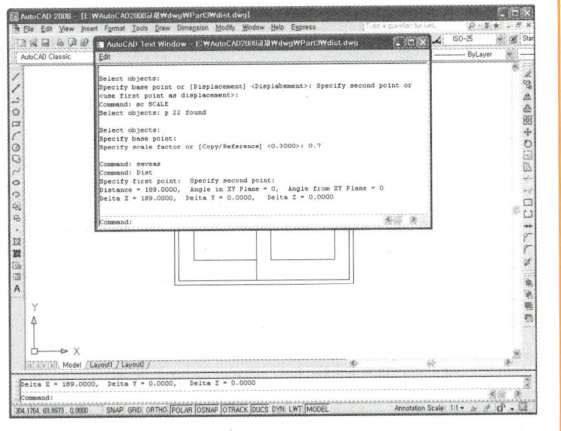

2. 객체의 정보를 조회하는 [List] 명령어

[List] 명령어는 선택한 객체의 일반적인 정보를 조회할 수 있습니다. 기본적으로 선택한 객체의 소속 레이어나 현재 선택한 객체의 속성, 3차원 객체인 경우 UCS의 XY 각도 및 좌표 값까지 알 수 있습니다. 보통 [List] 명령어의 결과는 객체의 종류에 따라 다르게 표시되며, 열린 객체의 정보와 닫힌 객체의 정보도 다르게 나타나는 등 각 객체의 속성에 맞게 결과를 화면에 보여줍니다.

[List] 명령어	
아이콘	🖫
메인 메뉴	[Tools]-[Inquiry]-[List]
명령어	List
단축키	〈LI〉

1. 명령어 사용 방법

선택한 객체의 성분과 기타 정보를 조회하고 싶은 경우 Command 라인에 [List] 명령어를 입력한 뒤 객체를 선택하면 [AutoCAD Text Window] 창에 해당 정보 내용이 나타납니다.

```
Command : List Enter
Select object : 조회를 원하는 객체를 선택합니다.
```

2. 기본 실습

화면에 있는 객체의 정보를 조회해 보겠습니다. Command 라인에서는 각각의 정보를 모두 한번에 볼 수 없으므로 자동으로 [AutoCAD Text Window] 창에서 확인합니다.

- -
• 예제 파일 : Sample\Part03\list.dwg
- -

① [File]-[Open] 메뉴를 이용하여 부록 CD에서 예제 파일을 불러옵니다.

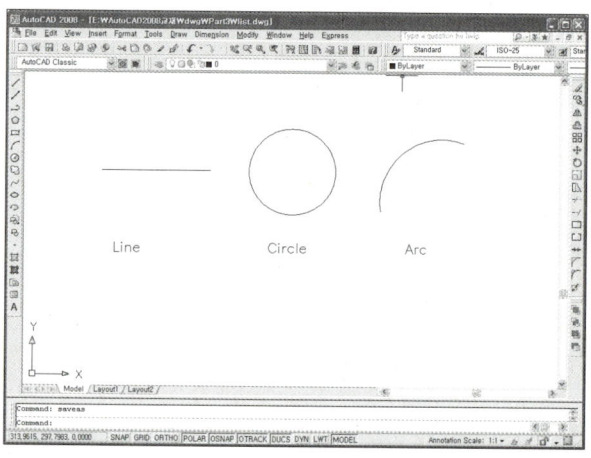

② Command 라인에 [List] 명령어를 입력하고 선과 원, 호를 차례대로 한 번에 하나씩 선택합니다.

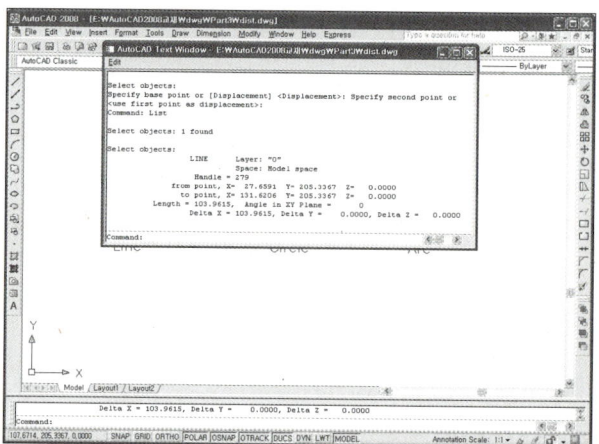

```
Command : List Enter
Select objects : 1 found 첫 번째 선분을 선택합니다.
Select objects : Enter 더 이상 선택할 객체가 없는 경우 Enter
를 눌러 종료하면 선택한 객체의 정보를 알 수 있습니다.
```

〈 선택한 Line의 조회 결과 〉

```
        LINE      Layer: "0"
                  Space: Model space
    선택한 객체의 주성분과 소속 레이어를 표시합니다.
        Handle = 279
  from point, X=  27.6591  Y= 205.3367  Z=   0.0000
  to point, X= 131.6206  Y= 205.3367  Z=   0.0000
    선택한 객체의 시작점과 끝점의 절대 좌표를 표시합니다.
  Length = 103.9615,  Angle in XY Plane = 0
        Delta X = 103.9615, Delta Y = 0.0000, Delta Z = 0.0000
        선택한 객체의 길이와 각도를 표시합니다.
```

각각의 데이터는 서로 다른 결과를 갖습니다. 해당하는 객체마다 그리는 방법이나 갖고 있는 값들이 다르기 때문에 선일 때, 원일 때, 호일 때 각각 다른 결과를 화면에 나타냅니다.

③ 원을 선택한 경우에는 다음과 같은 결과가 나타납니다.

④ 다음 그림은 호를 선택한 경우의 결과입니다.

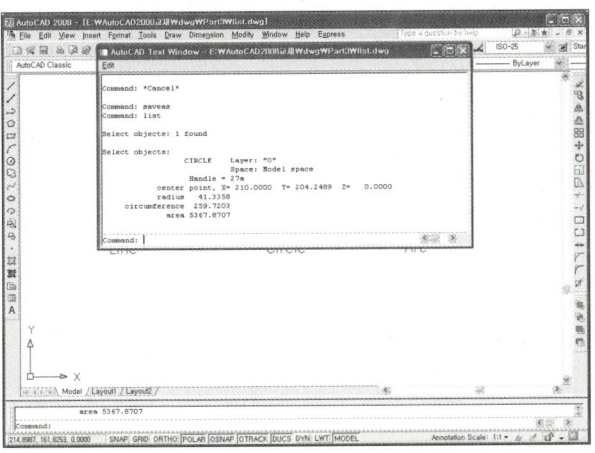

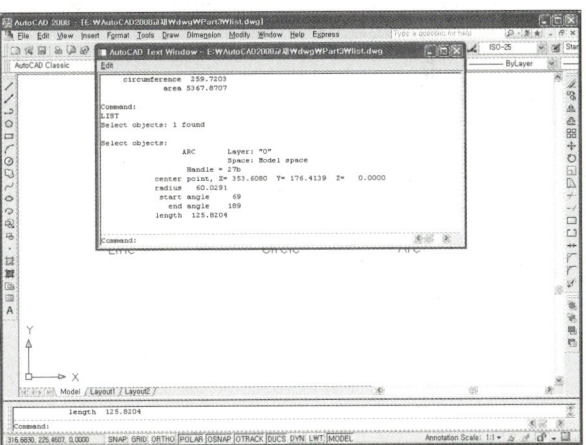

---

3. 좌표를 표시해주는 [ID] 명령어

[ID] 명령어는 선택한 지점의 절대 좌표를 표시합니다. 이 좌표 값은 화면의 절대 코드인 절대 좌표 값을 표시하며 X, Y, Z 모두 표시합니다.

[ID] 명령어	
아이콘	🖾
메인 메뉴	[Tools]-[Inquirt]-[ID Point]
명령어	ID

1. 명령어 사용 방법

원하는 지점을 [Osnap]이나 기타 일반 선택을 통해 선택하면 화면 하단에서 X, Y, Z의 좌표 값을 표시합니다. 순수하게 다른 조회는 하지 않고 선택한 좌표의 절대 좌표 값만을 표시합니다.

```
Command : ID Enter
Specify point : 원하는 장소의 좌표를 선택합니다.
```

2. 기본 실습

List를 실습한 도면에 있는 원의 중심점을 ID로 체크하여 좌표 값을 알아보도록 합니다.

• 예제 파일 : Sample\Part03\list.dwg
----

① [File]-[Open] 메뉴를 이용하여 부록 CD에서 예제 파일을 불러옵니다.

② [ID] 명령어를 실행하고 원의 중심점을 [Osnap]을 이용하여 선택합니다.

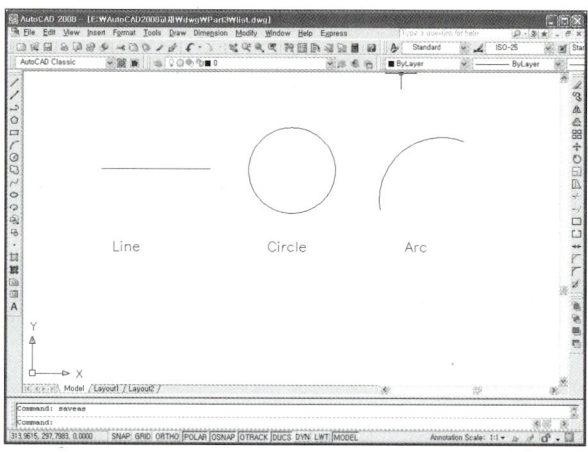

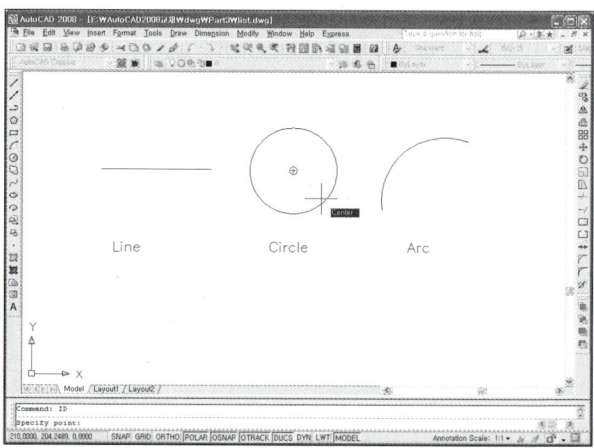

```
Command : ID  Enter
원의 중심점을 [Osnap]을 이용하여 선택합니다.
Specify point : X = 210.0000 Y = 204.2489 Z = 0.0000
원의 중심점의 절대 좌표를 화면에 표시합니다.
```

4. 면적을 알려주는 [Area] 명령어

[Area] 명령어는 선택된 객체나 지정한 좌표 영역의 면적과 둘레 값을 화면에 표시합니다. 만일 선택한 객체가 닫혀있지 않은 Pline인 경우에는 시작점과 끝점을 직선으로 연결하여 닫힌 공간에 대한 면적을 계산하여 나타내지만 둘레 값은 따로 계산되지 않습니다.

[Area] 명령어	
아이콘	🖼
메인 메뉴	[Tools]-[Inquiry]-[Area]
명령어	Area
단축키	〈AA〉

1. 명령어 사용 방법

원하는 객체를 선택하거나 지점을 마우스로 선택하여 구역을 지정하면 화면에 객체의 면적이나 둘레 값이 표시됩니다. 닫힌 객체뿐만 아니라 열린 객체를 선택할 수도 있으며 각 구역별로 포인트를 선택할 수도 있습니다.

```
Command : Area  Enter
Specify first corner point or [Object/Add/Subtract] : 면적을 확인할 영역의 첫 번째 지점을 클릭합니다.
Specify next corner point or press <Enter> for total : 면적을 확인할 영역의 두 번째 지점을 클릭합니다.
Specify next corner point or press <Enter> for total : 면적을 확인할 영역의 세 번째 지점을 클릭합니다.
Specify next corner point or press <Enter> for total : Enter  더 이상 선택할 영역이 없는 경우 Enter 를 눌러 선택을 종료합니다.
```

2. 명령어 옵션

기본적인 면적을 구하거나 일부 영역을 추가 또는 삭제하여 원하는 값을 편리하게 알아냅니다. 도면상의 값을 이용하여 평수를 계산할 수 있습니다.

옵션	내용
Object	단일 객체를 선택하여 그 면적과 둘레 값을 화면에 표시합니다.
Add	현재 선택된 객체나 좌표에 추가로 객체를 선택하거나 좌표를 입력하여 전체의 면적과 둘레의 값을 표시합니다.
Subtract	현재 선택된 객체나 좌표의 면적에서 제외할 객체를 선택하여 나머지 값의 면적과 둘레의 값을 표시합니다.

3. 기본 실습

기본 도형의 좌표를 입력하여 전체의 면적을 구하는 실습을 해보겠습니다.

• 예제 파일 : Sample\Part03\area01.dwg

❶ [File]-[Open] 메뉴를 이용하여 부록 CD에서 예제 파일을 불러옵니다.

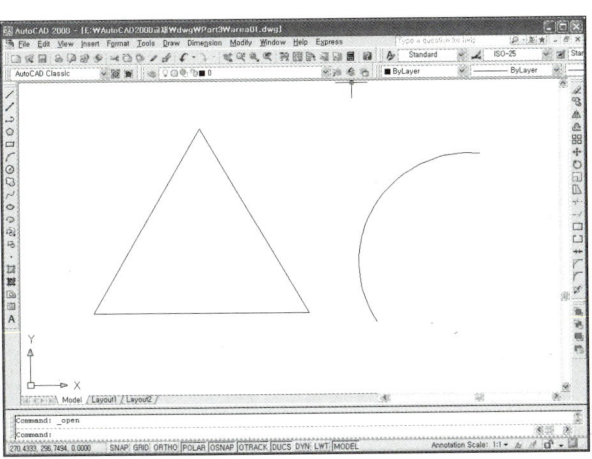

❷ [Area] 명령어를 실행하고 삼각형의 각 꼭짓점을 [Osnap]을 이용하여 선택합니다.

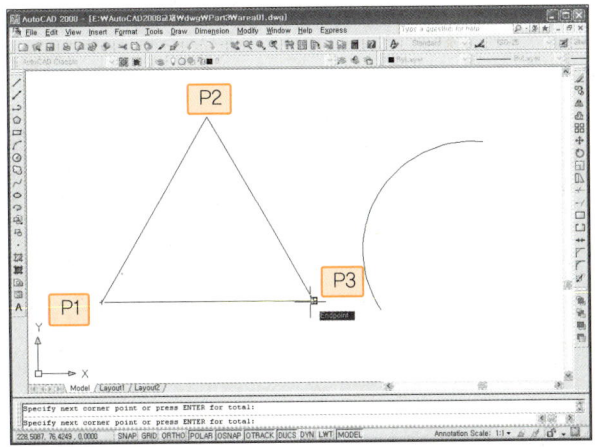

```
Command : Area  Enter
Specify first corner point or [Object/Add/Subtract] : P1 클릭
Specify next corner point or press <Enter> for total : P2 클릭
Specify next corner point or press <Enter> for total : P3 클릭
Specify next corner point or press <Enter> for total : Enter
Area = 18141.3087, Perimeter = 614.0521
면적과 둘레에 대한 정보를 표시
```

4. 옵션 실습

해당하는 영역이 닫혀있는 일반 객체의 경우 포인트를 선택하지 않고 객체를 직접 선택하여 객체의 면적이나 둘레를 구하기도 하며 도면상의 일정 영역을 선택하여 평수를 구하는 기본적인 방법으로 사용하기도 합니다.

■ 객체를 선택하여 면적 구하기

좌표 점을 클릭하지 않고 해당 객체를 선택하여 객체의 면적을 구할 수 있습니다.

• 예제 파일 : Sample\Part03\area01.dwg

---

❶ [File]-[Open] 메뉴를 이용하여 부록 CD에서 예제 파일을 불러옵니다.

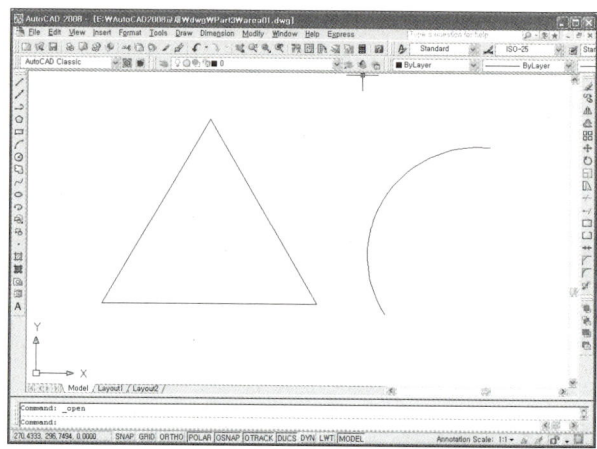

❷ [Area] 명령를 입력하고 Object 옵션을 지정한 후 삼각형을 선택합니다.

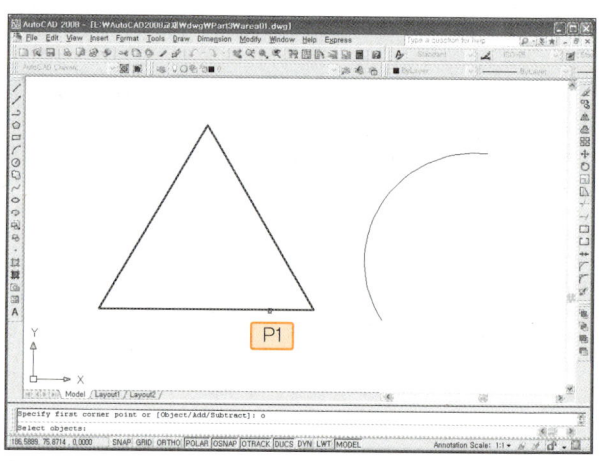

```
Command : Area Enter
Specify first corner point or [Object/Add/Subtract] :
O Enter
객체를 선택하여 면적을 구하는 Object 옵션을 선택합니다.
Select objects : P1 클릭
Area = 18141.3087, Perimeter = 614.0521
면적과 둘레에 대한 정보를 표시합니다.
```

■ Area를 응용하여 면적의 평수 구하기

좌표 점을 클릭하여 원하는 지점을 [Area] 명령으로 면적을 구해봅니다. 구한 면적을 기준으로 뒷자리 6자리를 버리고 3.3으로 나누면 대략적인 전체 평수를 알 수 있습니다. 실습을 통해 연습하도록 합니다.

• 예제 파일 : Sample\Part03\area02.dwg

---

① [File]-[Open] 메뉴를 이용하여 부록 CD에서 예
제 파일을 불러옵니다.

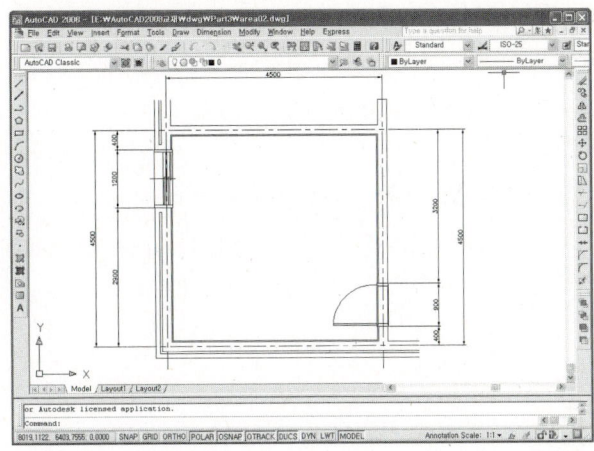

② [Area] 명령어를 입력하고 다음 그림의 4곳을 차
례로 선택합니다.

```
Command : Area [Enter]
Specify first corner point or [Object/Add/Subtract] :
P1 클릭
Specify next corner point or press <Enter> for total
: P2 클릭
Specify next corner point or press <Enter> for total
: P3 클릭
Specify next corner point or press <Enter> for total
: P4 클릭
Specify next corner point or press <Enter> for total
: [Enter]
Area = 18232800.0000, Perimeter = 17080.0935
```

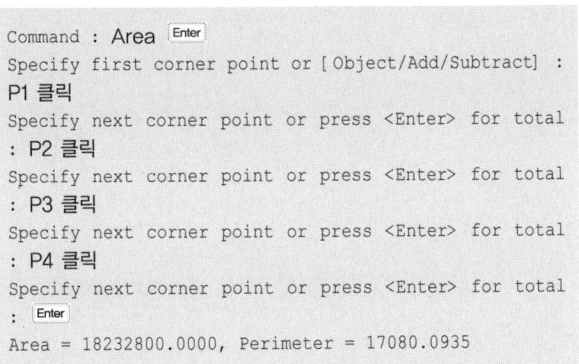

③ 나온 면적이 18,232,800입니다. 이 값을 뒤에서
부터 6자리를 떼고 그 나머지를 3.3으로 나눕니
다. 툴 바에서 계산기(▦)를 클릭하면 다음과 같
은 화면이 나타납니다.

④ 계산기에 값을 입력 후 [Enter]를 누르면 18/3.3=
5.454545가 나옵니다. 이 값을 반올림하여 대략
5.5평 정도의 크기라는 것을 알 수 있습니다.

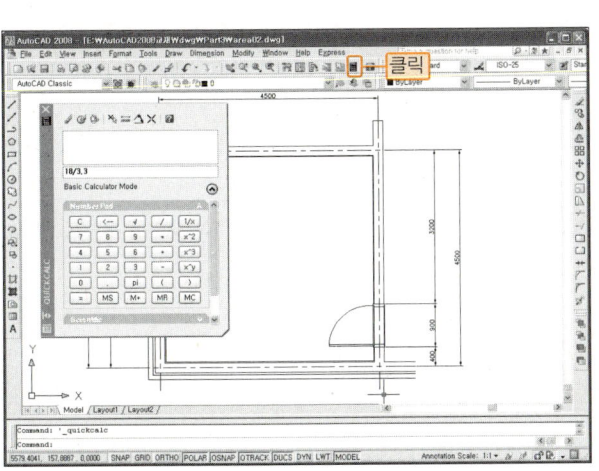

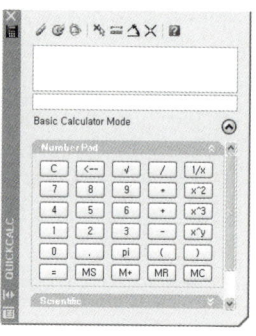
5. 상태를 표시하는 [Status] 명령어

[Status] 명령어는 현재의 화면 상태의 도면을 검토 한 후에 전체적인 도면의 정보를 화면에 표시하는 명령어입니다. 다른 조회 명령어처럼 변경할 만한 것은 없으며 도면 정보를 확인하는 명령어로 활용합니다.

[Status] 명령어	
메인 메뉴	[Tools]-[Inquiry]-[Status]
명령어	Status

1. 명령어 사용 방법

Command 라인에 [Status] 명령어를 입력하면 화면상의 도면 요소에 대한 정보를 리스트업해서 [AutoCAD Text Window] 창에 표시합니다. 변경할 수는 없으며 있는 그대로 도면 요소에 대한 정보를 보여주는 역할을 합니다.

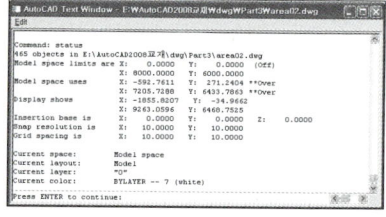

Command : **Status** Enter

6. 점을 표시하는 [Point] 명령어

[Point]는 점을 화면에 표시해주는 명령어입니다. 주로 기준점을 만들거나 [Divide]나 [Measure] 등의 분할 명령어를 사용할 때 기준점으로 이용할 수 있습니다. 단독으로 사용하는 경우에는 주로 중심을 표시하거나 일정 영역의 ID를 표시할 때 많이 사용합니다.

[Point] 명령어	
아이콘	·
메인 메뉴	[Draw]-[Point]
명령어	Point
단축키	〈PO〉

1. 명령어 사용 방법

Point는 말 그대로 점입니다. 점은 작기 때문에 화면상에서 간혹 찾아내기 어렵기도 합니다. 또한 선분 상에 존재하는 점은 아예 찾기 힘들 수 있습니다. 그러므로 [Point] 명령은 사용하기 전에 미리 Point의 스타일을 결정한 뒤 명령어를 사용해야 합니다.

```
Command : Point Enter
Current point modes : PDMODE=0 PDSIZE=0.0000 현재 Point 스타일의 번호와 Point 크기를 보여줍니다.
Specify a point : 원하는 곳의 점을 클릭합니다.
```

2. 명령어 옵션

[Point]는 따로 명령어 사용 도중에 사용하는 옵션은 없습니다. 대신 Point를 설정하기 전에 Point의 모양이나 크기를 설정하는 [Ddptype] 명령를 이용합니다.

[Ddptype] 명령어	
메인 메뉴	[Format]–[Point Style]
명령어	Ddptype

[Ddptype] 명령을 실행하면 [Point Style] 대화상자가 나타납니다. 이 대화상자의 옵션들을 살펴보겠습니다.

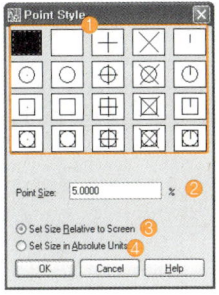

❶ **Point 슬라이드 미리보기** : 화면에 표시될 점의 모양을 미리 확인하면서 선택할 수 있습니다.

❷ **Point Size** : 점의 크기를 변경합니다.

❸ **Set Size Relative to Screen** : 점의 크기를 화면 영역 크기의 비율로 결정합니다.

❹ **Set Size in Absolute Units** : 점의 크기를 절대 단위 크기로 결정합니다.

Tip A u t o C A D

Point의 크기는 언제나 같은 거예요

Point의 크기는 보통 Set Size Relative to Screen을 이용하여 선택하는 것이 보통입니다. 화면의 크기가 변경되는 것과 상관없이 화면에서 Point의 크기가 모두 동일하게 보이도록 Set Size Relative to Screen을 주로 사용합니다. 이때 화면을 확대하거나 줄이게 되면 순간적으로 Point의 크기가 커지거나 줄어들게 됩니다. 하지만 [Regen] 명령어를 실행 하면 화면의 도면 요소를 재계산한 뒤 화면에 도면 요소를 다시 드로잉하여 보여주므로 Point의 크기는 언제나 동일하게 보입니다.

---

3. 기본 실습

Point의 모양과 크기를 설정하여 다양한 모양으로 바꾸어 보고 Point의 크기를 도면 한계에 따라 변화하는 방법을 [Regen]과 함께 실습합니다.

① 새 도면을 준비한 후 [Ddptype] 명령으로 Point Style을 변경합니다.

② 도면에서 Point를 선택합니다.

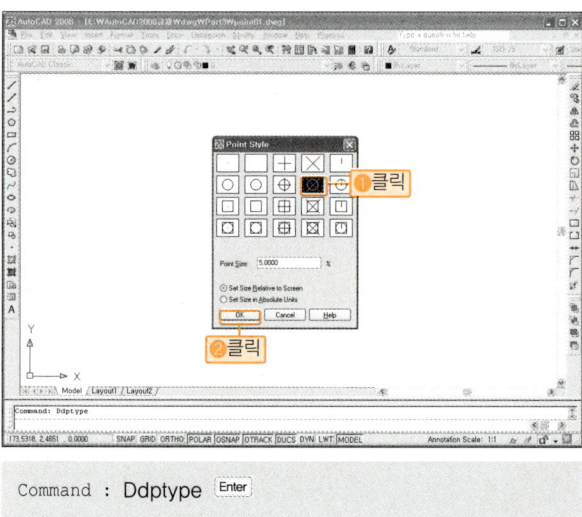

Command : Ddptype [Enter]

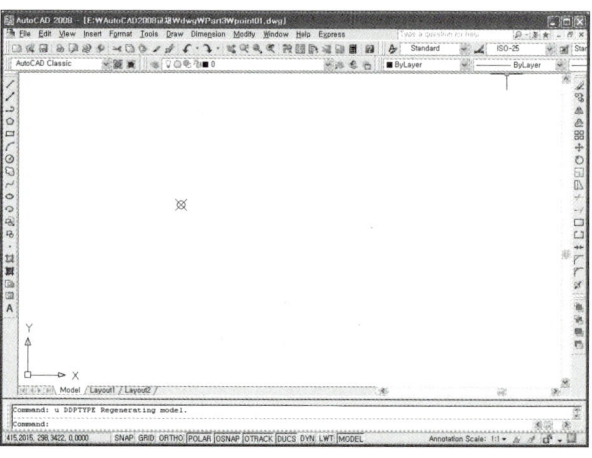

Command : Point [Enter]
Current point modes : PDMODE=35 PDSIZE=0.0000
Specify a point : 화면상의 Point를 선택합니다.

③ 도면상의 점 모양을 변경해봅니다. [Point Style] 대화상자에서 점의 모양을 변경하고 [OK] 버튼을 클릭합니다.

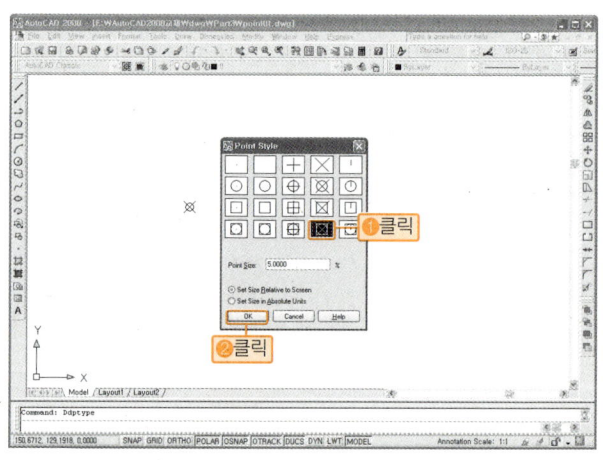

Command : Ddptype [Enter]

④ [Zoom] 명령으로 화면의 Point를 확대합니다.

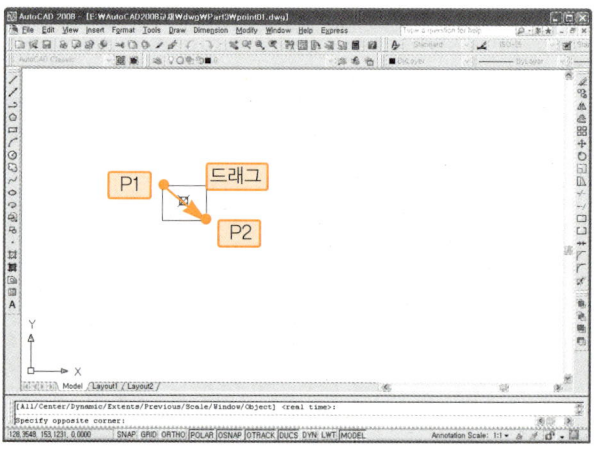

Command : Zoom [Enter]
Specify corner of window, enter a scale factor (nX or nXP), or [All/Center/Dynamic/Extents/Previous/Scale/Window/Object] <real time> :
Specify opposite corner : P1점에서 P2점까지 드래그합니다.

❺ 화면의 점이 확대되었습니다.

❻ 화면의 Point 요소를 정리하기 위해 [Regen] 명령어로 마무리하면 화면의 크기에 관계없이 Point는 원래의 크기로 보입니다.

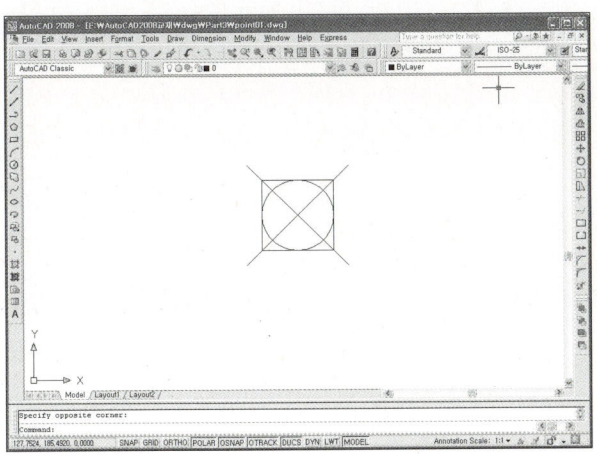

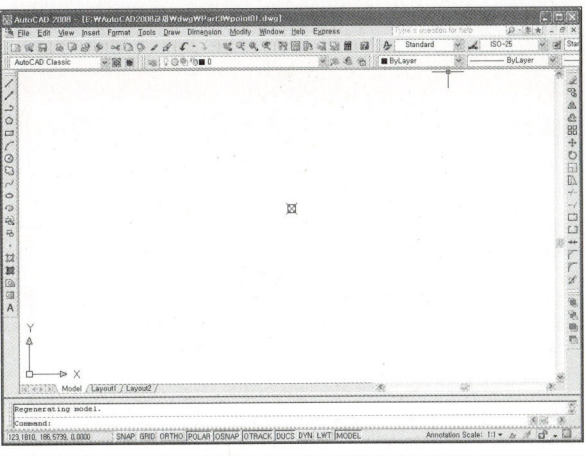

Command : **Regen** `Enter`
Regenerating model.

7. 객체를 등분해 주는 [Divide] 명령어

[Divide] 명령어를 이용하여 선택한 객체를 원하는 개수로 등분할 수 있습니다. [Divide] 명령을 이용해 등분한 경우 실제의 객체가 잘라지는 것이 아니라 등분된 개수의 기준점에 Point가 표시되므로 사용자는 Point를 기준으로 원하는 작업을 할 수 있습니다. [Divide] 명령으로 만들어지는 Point는 모두 객체 위에 표시되므로 Point의 모양을 변경하지 않으면 화면 상에서 찾을 수 없으므로 [Divide]를 실행하기 전에 항상 먼저 Point의 모양을 변경한 뒤 실행합니다.

[Divide] 명령어	
아이콘	🔧
메인 메뉴	[Draw]–[Point]–[Divide]
명령어	Divide
단축키	〈DIV〉

1. 명령어 사용 방법

[Divide] 명령어를 입력하고 객체를 선택한 뒤 원하는 등분의 개수를 입력하면 정확한 길이 값으로 등분이 됩니다. 이때 Point의 모양이 미리 결정되어 있거나 실행 후 Point의 모양을 화면에 보이는 형태로 변경해야 합니다.

Command : **Divide** `Enter`
Select object to divide : 등분하기 위한 객체를 선택합니다.
Enter the number of segments or [Block] : 5 `Enter` 등분의 개수를 입력합니다.

2. 명령어 옵션

보통 [Divide]는 실제로 객체를 자르는 것이 아니고 등분의 기준점에 Point를 표시합니다. 이 Point 대신 Block 객체를 삽입하기도 합니다. 이때 Block이 삽입되면 등분의 역할뿐 아니라 객체를 원하는 개수만큼으로 등분의 위치에 복사하는 의미도 됩니다.

옵션	내용
Block	블록으로 지정된 객체를 등분의 기준점으로 이용합니다.

3. 기본 실습

가장 많이 사용하는 형태의 Point를 이용한 [Divide] 명령을 실습해보겠습니다. 닫혀있는 선분과 닫혀있지 않은 선분 모두 등분할 수 있습니다.

• 예제 파일 : Sample\Part03\divide01.dwg

----

① [File]-[Open] 메뉴를 이용하여 부록 CD에서 예
제 파일을 불러옵니다.

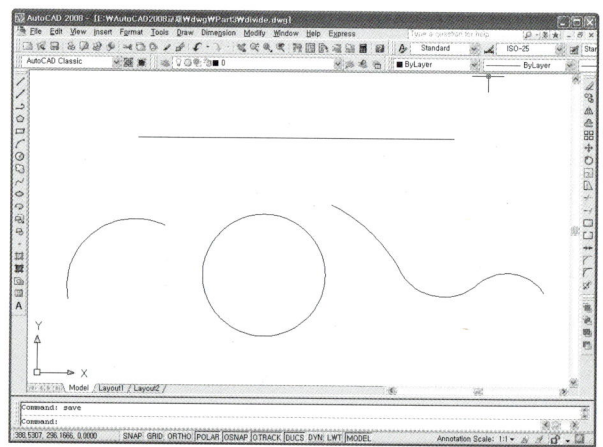

② 객체를 등분하기 위해 점의 모양을 먼저 선택합니다.

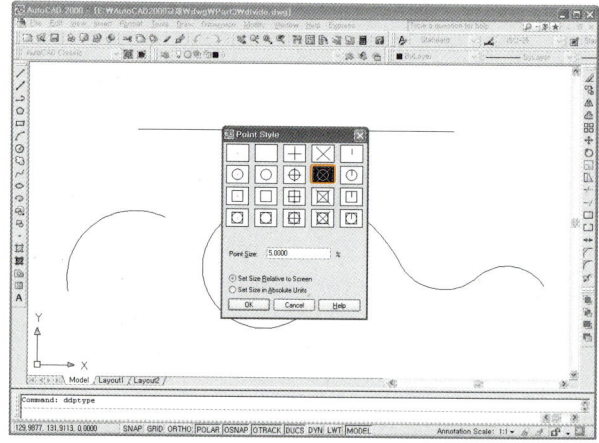

```
Command : Ddptype  Enter
Regenerating model.
```

❸ Command 라인에 [Divide] 명령어를 입력합니다.

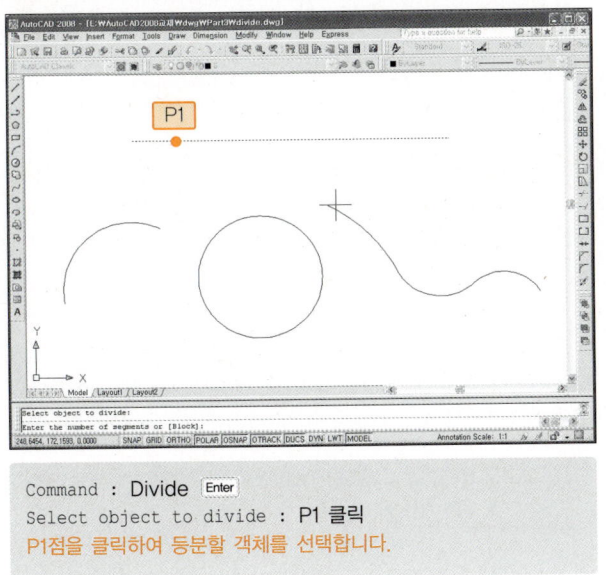

Command : **Divide** [Enter]
Select object to divide : **P1 클릭**
P1점을 클릭하여 등분할 객체를 선택합니다.

❹ 등분할 개수를 입력합니다.

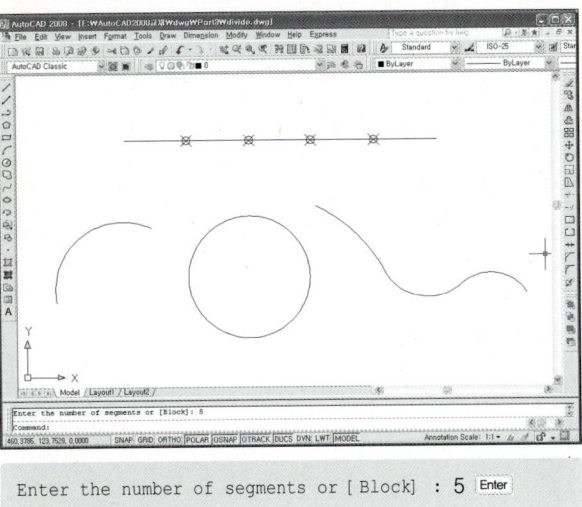

Enter the number of segments or [Block] : **5** [Enter]

❺ 나머지 호와 원, Pline도 모두 5개로 등분합니다.

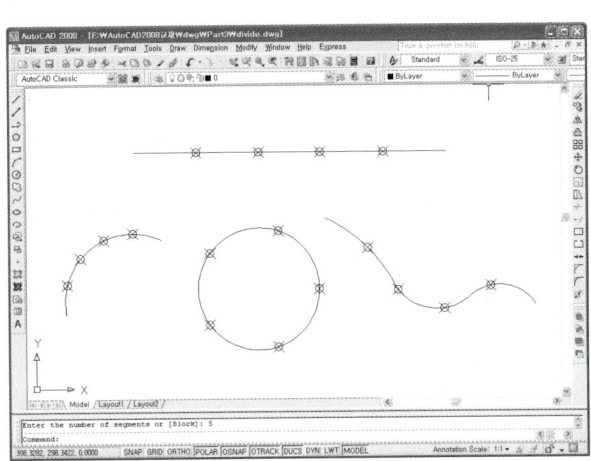

Command : **Divide** [Enter]
Select object to divide : 호, 원, Pline을 차례로 선택합니다.
Enter the number of segments or [Block] : **5** [Enter]

4. 옵션 실습

일반적인 [Divide]는 Point를 이용하여 기준점을 표시합니다. 하지만 [Divide]에서는 메모리에 상주한 블록 객체를 이용하여 등분하기도 합니다.

• 예제 파일 : Sample\Part03\divide02.dwg
----

① [File]–[Open] 메뉴를 이용하여 부록 CD에서 예
제 파일을 불러옵니다.

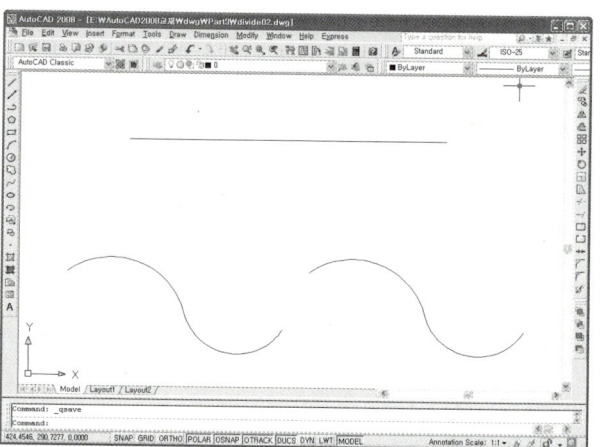

② 블록은 도면에 미리 만들어져 있으므로 블록은 만
들지 않습니다. [Divide] 명령어를 입력하여 객체
에 적용합니다.

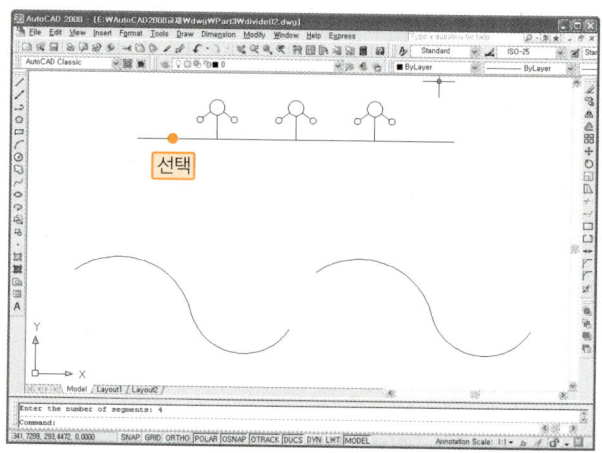

```
Command : Divide Enter
Select object to divide : 직선의 선분을 선택합니다.
Enter the number of segments or [ Block ] : B Enter 등분의 기준점을 블록으로 지정하는 Block 옵션을 선택합니다.
Enter name of block to insert : ex_b Enter 블록의 이름을 입력합니다.
Align block with object? [ Yes/No ] <Y> : Y Enter 객체의 각도에 따라 블록을 정렬할지의 유무를 결정합니다.
Enter the number of segments : 4 Enter 등분할 개수를 입력합니다.
```

③ 아래의 두 곡선을 Align의 Yes와 No를 이용하여
같은 개수로 등분합니다.

```
Command : Divide Enter
Select object to divide : 곡선의 선분을 선택합니다.
Enter the number of segments or [ Block ] : B Enter
등분의 기준점을 블록으로 지정하는 Block 옵션을 선택합니다.
Enter name of block to insert : ex_b Enter
블록의 이름을 입력합니다.
Align block with object? [ Yes/No ] <Y> :
왼쪽의 곡선은 'Y', 오른쪽의 곡선은 'N' 을 입력합니다.
Enter the number of segments : 4 Enter
등분할 개수를 입력합니다.
```

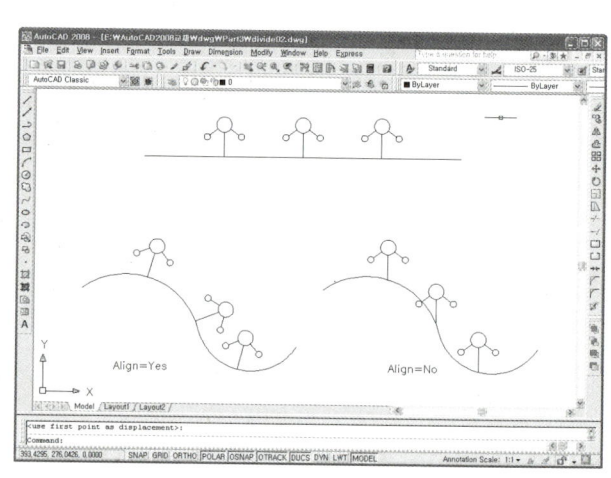

8. 원하는 길이로 나누기를 하는 [Measure] 명령어

[Divide]가 원하는 개수로 등분을 하는 명령어라면 [Measure] 명령은 원하는 길이 값으로 분할해주는 명령어입니다. [Measure] 역시 [Divide] 명령처럼 선택한 객체가 완전히 분해되는 것이 아니고 Point를 기준점으로 표시만 합니다. [Measure]도 [Divide] 명령처럼 Point Style을 먼저 지정 한 이후에 적용합니다.

[Measure] 명령어	
아이콘	🖉
메인 메뉴	[Draw]–[Point]–[Measure]
명령어	Measure
단축키	〈ME〉

1. 명령어 사용 방법

[Measure] 명령어를 Command 라인에 입력하고 분할하고자 하는 객체를 선택합니다. 선택한 객체의 분할 값이 딱 떨어지는 경우에는 모든 개수의 길이가 동일하지만 떨어지지 않는 객체의 경우에는 어느 한쪽 길이가 다른 객체의 길이에 비해 짧을 수도 있습니다.

```
Command : Measure Enter
Select object to measure : 길이 값으로 분할할 객체를 선택합니다.
Specify length of segment or [ Block] : 60 Enter 원하는 길이 값을 입력합니다.
```

2. 명령어 옵션

[Measure] 명령은 실제로 객체를 자르는 것이 아니고 등분의 기준점에 Point를 표시하는 것입니다. 이 Point 대신 Block 객체를 삽입할 수도 있습니다. 이때 Block이 삽입되면 분할하는 역할뿐 아니라 객체를 분할되는 위치에 복사하는 의미도 됩니다.

옵션	내용
Block	블록으로 지정된 객체를 분할하는 기준점으로 이용합니다.

3. 기본 실습

가장 많이 사용하는 형태의 Point를 이용하여 [Measure] 명령어를 실습해보겠습니다. 닫혀있는 선분과 닫혀있지 않은 선분 모두 [Measure] 명령을 적용할 수 있습니다. 하지만 길이를 [Measure]로 분할한 경우 나머지가 남을 수도 있으므로 나머지가 남을 위치를 고려하여 객체를 선택합니다. [Measure]는 선택한 지점에서 가까운 끝점부터 분할을 시작합니다.

• 예제 파일 : Sample\Part03\measure.dwg

① [File]-[Open] 메뉴를 이용하여 부록 CD에서 예제 파일을 불러옵니다.

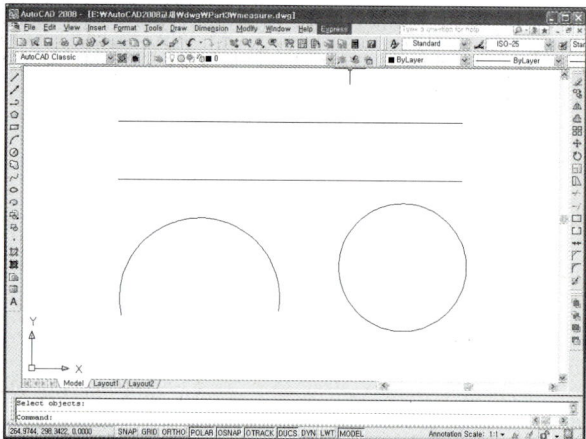

② [Measure] 명령을 실행하기 위해 점의 모양을 먼저 선택합니다.

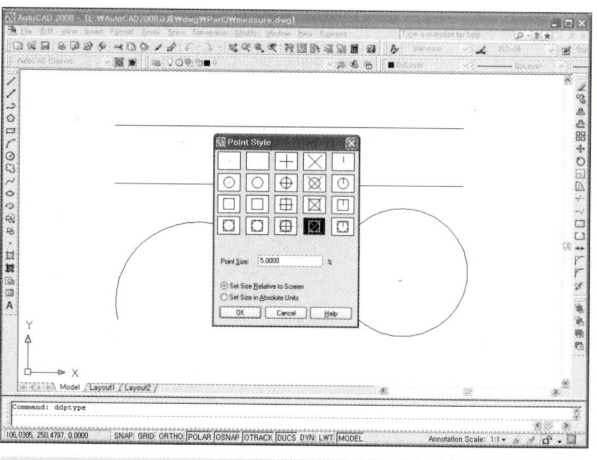

Command : Ddptype Enter

③ Command 라인에 [Measure] 명령어를 입력합니다.

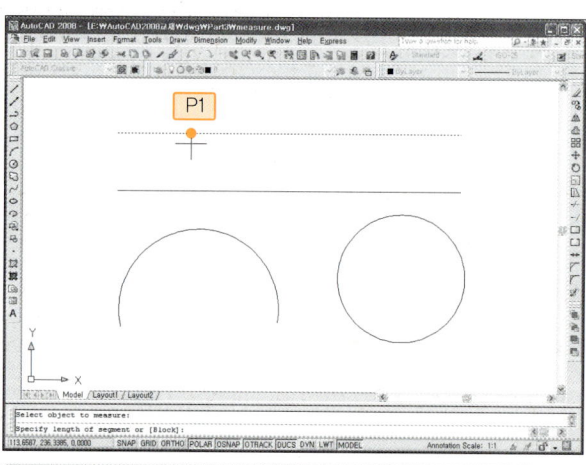

Command : **Measure** Enter
Select object to measure : P1 클릭

④ 분할할 길이 값을 입력합니다.

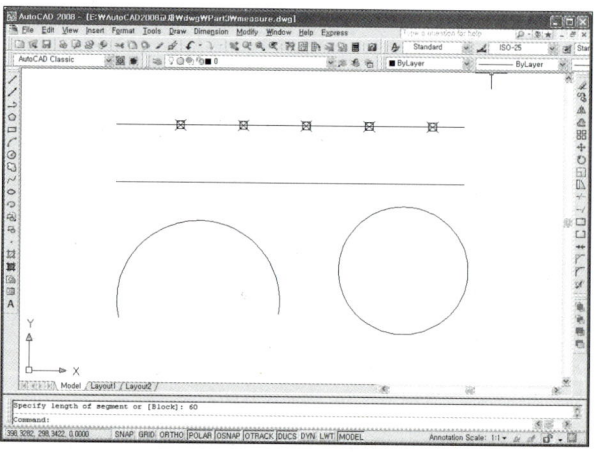

Specify length of segment or [Block] : **60** Enter
분할할 길이 값을 입력합니다.

⑤ 객체의 선택하는 위치를 반대편으로 선택합니다.

Command : **Measure** Enter
Select object to measure : P1 클릭

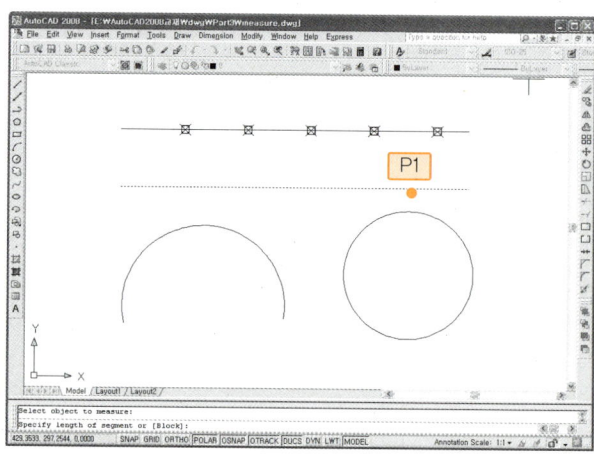

⑥ 분할할 길이 값을 입력합니다.

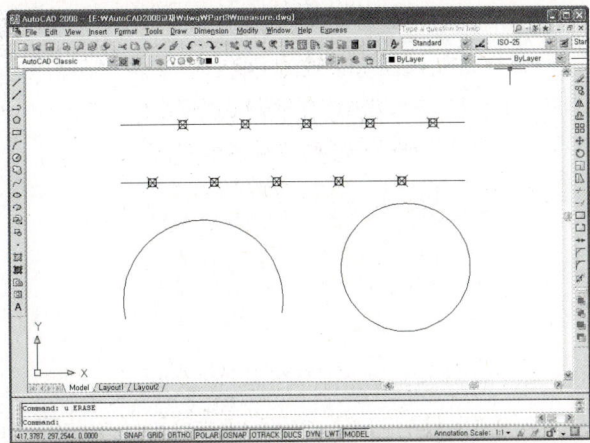

```
Specify length of segment or [ Block] : 60  Enter
분할할 길이 값을 입력합니다.
```

선택한 위치에 따라서 [Measure] 결과가 다르게 나왔습니다. 원하는 길이 값으로 분할한 뒤 나머지가 생기는 경우 예제와 같이 선택한 부분 반대편에는 나머지가 남게 됩니다. 사용자가 원하는 곳이 정확하게 분할되려면 나누고 싶은 부위와 가까운 곳으로 객체를 선택하도록 합니다.

⑦ 호와 원도 같은 값으로 분할합니다.

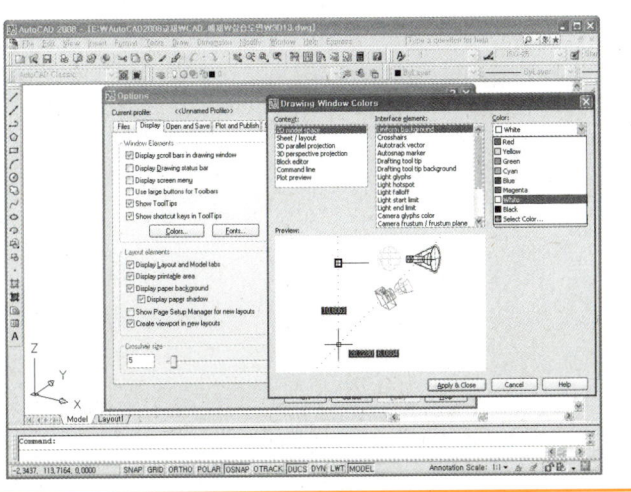

```
Command : Measure  Enter
Select object to measure : 호도 선택해보고 원도 선택합니다.
Specify length of segment or [ Block] : 60  Enter
```

AutoCAD

Tip

화면의 Display 변경하기

처음 AutoCAD를 설치한 뒤 환경 설정을 AutoCAD Classic으로 변경하더라도 배경색은 검은색으로 나타납니다. 이때 배경색을 바꾸거나 기타 캐드의 윈도우 요소(메뉴 표시나 Command 라인의 문자행의 줄 수, 색상, 글꼴) 등을 변경할 수 있습니다.
메뉴에서 [Tools]-[Options]-[Display]를 실행하면 [Options] 대화상자가 나타납니다. 대화상자의 Window Elements 영역은 윈도우 요소를 조절하는 영역으로 스크린 메뉴 및 화면 메뉴 표시 등의 요소를 변경할 수 있습니다. [Colors] 버튼을 클릭하면 전체 요소의 색상을 변경할 수 있습니다. 또한 Layout Elements 부분에서 배치 요소를 설정하는 등 화면에 표시되는 여러 가지 요소를 제어할 수 있는 환경 구성입니다.

Chapter

03 문자 입력 및 편집하기

Chapter03에서는 도면상에 사용하는 문자에 관련된 명령어들을 살펴봅니다. 다양한 방법을 통해서 문자를 입력하고 입력한 문자를 수정, 편집할 수 있습니다. 문자는 일반 워드프로세스처럼 다양한 서체들과 스타일을 지정할 수 있으므로 해당 문자의 유형을 설정하고 다양하게 응용합니다. 문자를 입력하는 방법은 2008로 버전업되면서 더욱 편리해졌습니다.

1. 문자를 입력하는 [Dtext] 명령어

[Dtext] 명령어는 AutoCAD상에서 표제란 또는 부품란 등 여러 가지 문자를 다이내믹하게 한 줄 이상 입력할 수 있는 가장 보편화된 명령어입니다. 이전 버전에서부터 많이 사용하던 명령어로 한 줄 또는 한 줄 이상 입력이 가능합니다.

[Dtext] 명령어	
아이콘	A
메인 메뉴	[Draw]–[Text]–[Single Line Text]
명령어	Dtext
단축키	〈DT〉

1. 명령어 사용 방법

[Dtext] 명령은 가장 편하게 사용할 수 있는 문자 입력 도구입니다. 예전 DOS 버전부터 문자를 입력할 때 사용하던 대표적인 명령어였습니다. 현재는 [Mtext] 명령어를 많이 사용하기도 하지만 간편하게 입력할 때는 여전히 [Dtext] 명령이 편합니다.

```
Command : Dtext Enter
Current text style : "Standard" Text height : 2.5000 Annotative : No 현재 설정되어 있는 문자의 유형을 간략하게 표시합니다.
Specify start point of text or [ Justify/Style] : 문자의 시작점을 클릭합니다.
Specify height <2.5000> : 문자의 높이 값을 입력합니다.
Specify rotation angle of text <0> : 문장의 회전각을 입력합니다.
```

2. 명령어 옵션

문자 입력과 관련한 옵션을 통해 문자 유형의 설정과 수정을 하며 문자의 삽입 위치를 결정할 수 있습니다. [Dtext] 명령의 옵션은 Justify 옵션과 Style 옵션으로 나뉘는데 각 옵션들의 사용법은 다음 표와 같습니다.

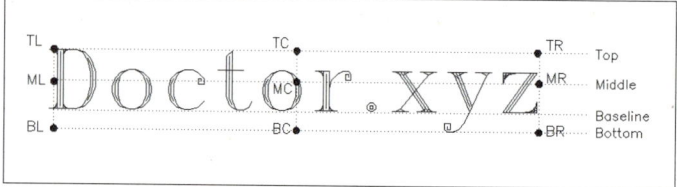

Justify 옵션 – 문장의 정렬 방식을 결정하는 옵션입니다.

옵션	내용
Align	첫 번째 선택한 점과 두 번째 선택한 점 사이의 문자 크기가 자동으로 조절되어 정렬됩니다.
Fit	첫 번째 선택한 점과 두 번째 선택한 점 사이의 문자를 자동 정렬합니다. 이때 문자 높이는 사용자가 직접 정할 수 있습니다.
Center	선택한 점을 기준으로 문자를 가운데 정렬합니다.
Middle	선택한 점을 기준으로 문자를 문자 높이의 가운데로 정렬합니다.
Right	선택한 점을 기준으로 문자를 오른쪽 정렬합니다.
TL	Top left로 선택한 점이 문자의 상단 왼쪽 지점으로 정렬됩니다.
TC	Top Center로 선택한 점이 문자의 상단 가운데 지점으로 정렬됩니다.
TR	Top Right로 선택한 점이 문자의 상단 오른쪽 지점으로 정렬됩니다.
ML	Middle Left로 선택한 점이 문자의 중간 왼쪽 지점으로 정렬됩니다.
MC	Middle Center로 선택한 점이 문자의 중간 가운데 지점으로 정렬됩니다.
MR	Middle Right로 선택한 점이 문자의 중간 오른쪽 지점으로 정렬됩니다.
BL	Bottom Left로 선택한 점이 문자의 맨 아래 왼쪽 지점으로 정렬됩니다.
BC	Bottom Center로 선택한 점이 문자의 맨 아래 가운데 지점으로 정렬됩니다.
BR	Bottom Right로 선택한 점이 문자의 맨 아래 오른쪽 지점으로 정렬됩니다.

Style 옵션 – 문자의 종류나 크기, 회전각, 폭 등의 세부 사항을 지정한 여러 가지 스타일을 변경할 수 있습니다.

3. 기본 실습

문자를 입력하는 기본적인 방법을 살펴보겠습니다. 한 줄은 물론 여러 줄을 입력할 수 있으며 각종 서체 모양을 스타일에서 결정할 수 있습니다. 명령어를 입력하고 문자의 시작점을 클릭한 뒤 문자의 각도 방향을 설정하고 문자를 입력합니다.

❶ 메뉴에서 [File]-[New]를 실행하여 새로운 도면을 시작합니다. [Limits] 명령을 이용하여 다음과 같이 도면 한계를 설정합니다.

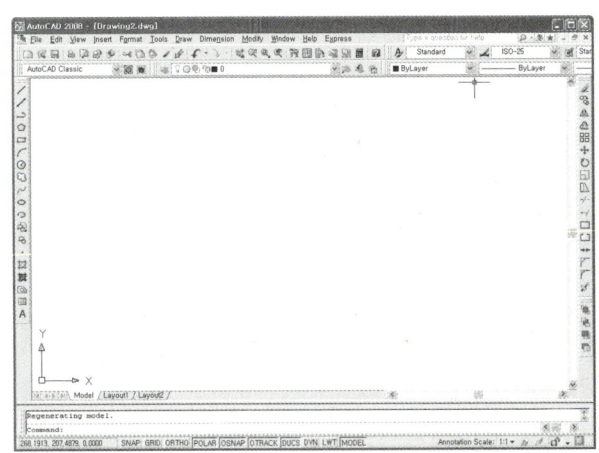

```
Command : Limits Enter
Reset Model space limits :
Specify lower left corner or [ON/OFF] <0.0000,0.0000> : Enter
Specify upper right corner <420.0000,297.0000> : 297,210 Enter
Command : Zoom Enter
Specify corner of window, enter a scale factor (nX or nXP), or [All/Center/Dynamic/Extents/Previous/Scale/ Window/
Object] <real time> : A Enter
Regenerating model.
```

❷ Command 라인에 [Dtext] 명령어를 입력합니다.

```
Command : Dtext Enter
Current text style : "Standard" Text height : 2.5000
Annotative : No
Specify start point of text or [ Justify/Style ] : P1 클릭
P1점을 클릭합니다.(문자를 입력할 위치를 좌표를 지정하거나 마
우스 클릭으로 선택합니다.)
Specify height <2.5000> : 15 Enter
문자의 높이 값을 입력합니다.
Specify rotation angle of text <0> : 0 Enter
문자를 입력할 각도 방향을 지정합니다.
```

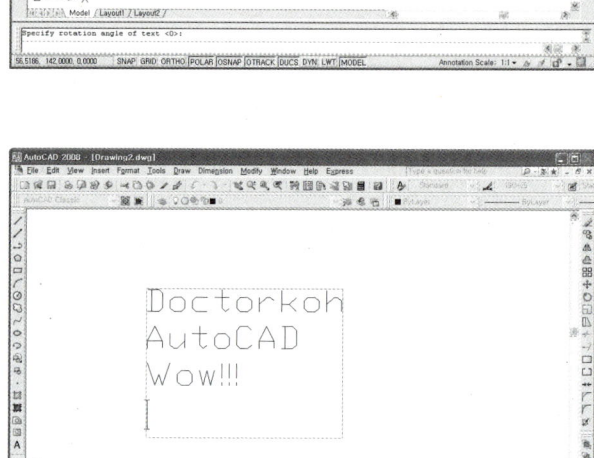

❸ 화면의 문자를 입력한 뒤 각 단어 뒤에서 Enter 를
눌러 줄 바꾸기를 합니다.

❸ 최종 단어나 문장을 입력한 뒤에 더 이상 입력할
문자가 없는 경우에는 Enter 를 한 번 더 눌러 입력
을 종료합니다.

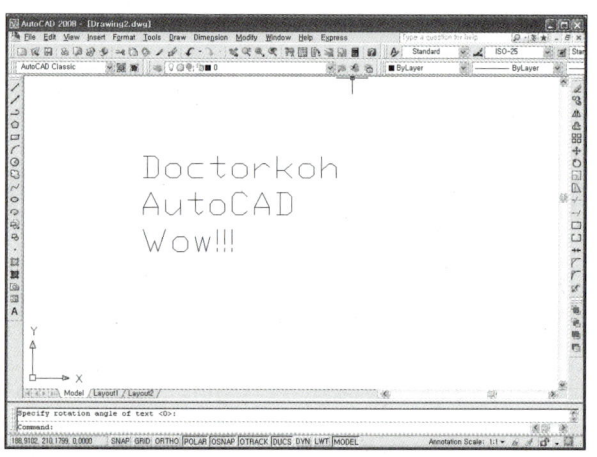

❹ 문자의 높이 값이나 문자의 입력 각도를 변경하여
다양한 글씨를 입력합니다.

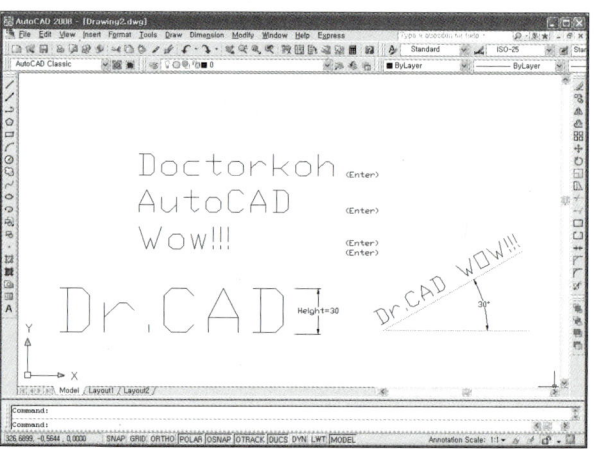

4. 옵션 실습

문자를 입력하는 방법은 한 가지이지만 입력할 때 정렬하는 방법은 다양합니다. 다양한 문자를 입력하는 여러 가지 옵션을 살펴보겠습니다.

■ 두 점 안에 정렬 하는 Align 옵션

사용자가 지정한 두 점 안에 문자의 내용과 길이에 관계없이 문자의 높이를 조절하여 자동으로 입력합니다. 문자의 길이에 따라 문자 높이가 변하므로 하나의 도면 안에 크기가 다른 문자가 입력되므로 이점을 주의하도록 합니다.

같은 두 점에 'doctorkoh'를 입력해보고 'Dr.Koh'도 입력합니다. 각각 문자 길이에 따라 다른 결과물이 나옵니다.

```
Command : Dtext Enter
Current text style : "style1" Text height : 2.5000
Annotative : No
Specify start point of text or [ Justify/Style] : J Enter
문자의 정렬 방식 옵션을 선택합니다.
Enter an option [ Align/Fit/Center/Middle/Right/TL/TC/
TR/ML/MC/MR/BL/BC/BR] : A Enter Align 옵션을 선택합니다.
Specify first endpoint of text baseline : P1 클릭
Specify second endpoint of text baseline : P2 클릭
Enter text : www.doctorkoh.com Enter 원하는 문자열을 입력합니다.
Enter text : Enter 입력을 종료하기 위해 Enter 를 누릅니다.
```

■ 두 점 안에 정렬 하는 Fit 옵션

사용자가 지정한 두 점 안에 문자의 내용과 길이에 관계없이 문자의 폭을 조절하여 자동으로 입력합니다. 문자의 길이에 따라 문자의 폭이 변하면서 입력되지만 사용자가 지정한 높이대로 문자 높이는 변하지 않는 문자가 입력됩니다.

같은 두 점에 'doctorkoh'를 입력해보고 'Dr.Koh'도 입력합니다. 각각 다른 문자 길이에 따라 다른 결과물이 나옵니다.

```
Command : Dtext Enter
Current text style : "style1" Text height : 17.6902 Annotative : No
Specify start point of text or [ Justify/Style] : J Enter 문자의 정렬 방식 옵션을 선택합니다.
Enter an option [ Align/Fit/Center/Middle/Right/TL/TC/ TR/ML/MC/MR/BL/BC/BR] : F Enter Fit 옵션을 선택합니다.
Specify first endpoint of text baseline : P1 클릭
Specify second endpoint of text baseline : P2 클릭
Specify height <17.6902> : 30 Enter 문자의 높이 값을 입력합니다.
Enter text : www.doctorkoh.com Enter 원하는 문자열을 입력합니다.
Enter text : Enter 입력을 종료하기 위해 Enter 를 누릅니다.
```

■ Center, Middle, Right 옵션

사용자가 지정한 점을 문자가 작성되는 기준점으로 사용하며 각
각 문장의 중심점, 중간점, 오른쪽 점에 작성됩니다. Center를
위시하여 Middle과 Right 옵션도 같은 방법으로 실습합니다.

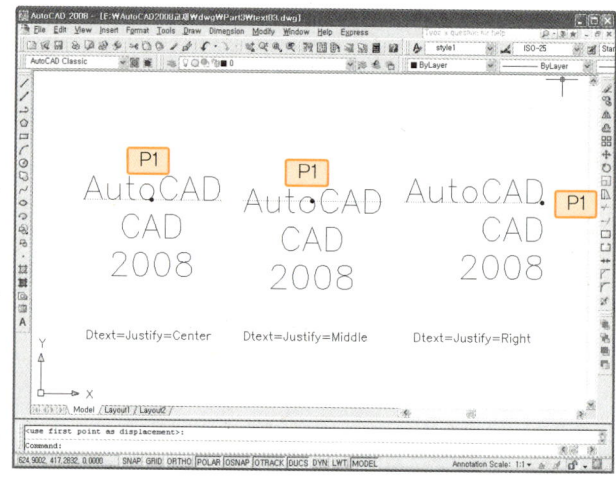

```
Command : DTEXT
Current text style : "style1" Text height : 30.0000    Annotative : No
Specify start point of text or [ Justify/Style] : J Enter 문자의 정렬 방식 옵션을 선택합니다.
Enter an option [Align/Fit/Center/Middle/Right/TL/TC/ TR/ML/MC/MR/BL/BC/BR] : C Enter
문자의 정렬 방식 Center 옵션을 선택합니다.
Specify center point of text : P1 클릭
Specify height <30.0000> : 30 Enter  Enter text : AutoCAD Enter 원하는 문자열을 입력합니다.
Enter text : CAD Enter
Enter text : 2008 Enter
Enter text : Enter 입력을 종료하기 위해 Enter 를 누릅니다.
```

■ TL, TC, TR, ML, MC, MR, BL, BC, BR 옵션

사용자가 지정한 점을 문자가 작성되는 기준점으로 사용하며 각각
문자의 맨 위 점인 Top과 중간점인 Middle, 바닥 기준선인
Bottom을 기준으로 각각 점의 왼쪽, 가운데, 오른쪽을 기준점으로
하는 문자를 입력하는 옵션입니다. TL을 기준으로 나머지 옵션들
도 같은 방식으로 실습해보도록 합니다.

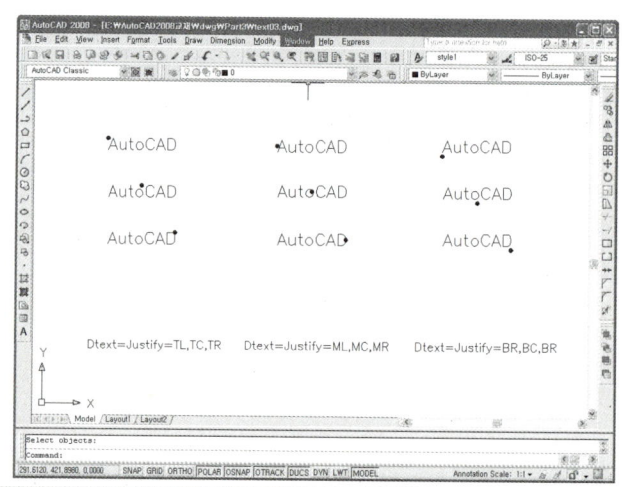

```
Command : Dtext
Current text style : "style1" Text height : 30.0000 Annotative : No
Specify start point of text or [ Justify/Style] : J Enter
Enter an option [Align/Fit/Center/Middle/Right/TL/TC/ TR/ML/MC/MR/BL/BC/BR] : TL Enter
Specify top-left point of text : P1 클릭
Specify height <30.0000> : 30 Enter
Enter text : AutoCAD Enter 원하는 문자열을 입력합니다.
Enter text : Enter 입력을 종료하기 위해 Enter 를 누릅니다.
```

■ Style 옵션을 이용하여 문자 스타일 옵션 이용하기

문자를 입력하는 명령어는 [Dtext] 등을 이용하여 입력이 가능하지만 해당 문자의 높이나 종류, 기울기 등은 [Dtext] 명령으로 지정하지 않습니다. [Style] 명령으로 미리 만들어 놓고 [Dtext] 등의 문자를 입력하는 명령어를 사용할 때 서체 스타일 옵션을 이용하여 원하는 서체 스타일을 적용합니다.

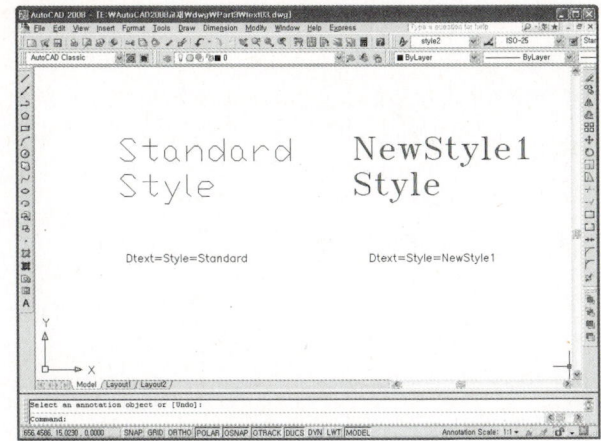

```
Command : Dtext Enter
Current text style : "Standard" Text height : 30.0000 Annotative : No
Specify start point of text or [ Justify/Style] : S Enter  서체 스타일을 결정하는 옵션을 선택합니다.
Enter style name or [?] <Standard> : newstyle1 Enter  기본 스타일을 'newstyle1' 스타일로 변경합니다.
Current text style : "Standard" Text height : 30.0000 Annotative : No
Specify start point of text or [ Justify/Style] : 문자의 시작점을 입력합니다.
Enter text : NewStyle1 Enter  원하는 문자열을 입력합니다.
Enter text : Style Enter  원하는 문자열을 입력합니다.
Enter text : Enter  입력을 종료하기 위해 Enter 를 누릅니다.
```

문자의 입력은 [Dtext] 명령어로 바로 가능합니다. 하지만 문자의 서체 스타일은 미리 [Style] 명령어에서 지정해 두지 않으면 [Dtext]에서 변경할 수 없습니다. 미리 [Style]에서 서체 스타일을 결정해 놓은 뒤에 사용자는 [Dtext]에서 선별하여 사용할 수 있는 것입니다.

Tip AutoCAD
특수 문자의 입력

문자를 입력할 때 키보드에서 지원하지 않는 특수 문자들이 있습니다. 오토캐드 내에서는 다음과 같이 특수 문자들을 입력할 수 있습니다.

```
         www.doctorkoh.com
%%Uwww.doctorkoh.com

         www.doctorkoh.com
%%Owww.doctorkoh.com


   ∅250        90±0.3        180°
   %%C250      90%%P0.3      180%%D
```

입력 특수 키	설명	사용 예	표시 결과
%%U	문자 아래 밑줄을 넣어줍니다.	%%UDr.KOH	Dr.KOH
%%O	문자 위에 윗줄을 그려줍니다.	%%ODr.KOH	Dr.KOH
%%C	문자 앞에 지름 표시를 입력합니다.	%%C2008	∅2008
%%D	문자 뒤에 각도 표시를 입력합니다.	2008%%D	2008°
%%P	문자 앞에 공차 표시를 입력합니다.	%%P0.005	±0.005

2. 문자의 유형을 결정하는 [Style] 명령어

[Style] 명령어는 문자를 입력할 때 사용하는 문자의 유형을 결정하는 명령어입니다. [Style]을 별도로 지정하지 않으면 기본 Standard 스타일이 적용됩니다. 사용자가 원하는 서체나 일반적인 문자 높이, 폭, 대칭이나 기울기 등을 결정하여 새로운 Style에 저장하여 두고 [Dtext]나 [Mtext] 명령을 이용할 때 원하는 문자 유형으로 선택하여 사용합니다.

1. 명령어 사용 방법

Command 라인에 [Style] 명령어를 실행하면 [Text Style] 대화상자가 나타나 서체 유형에 대한 대표 이름을 지정하고 설정하려는 서체 및 기타 유형을 지정할 수 있습니다. 서체를 지정할 때는 폰트에 유의해야 합니다. 폰트는 영어만 지원되는 폰트, 한글과 영어가 다 지원되는 트루타입 폰트, CAD용 한글 서체를 섞어서 사용하는 Big 폰트 등이 있습니다.

[Style] 명령어	
아이콘	
메인 메뉴	[Format]–[Text Style]
명령어	Style
단축키	〈ST〉

```
Command : Style Enter
```

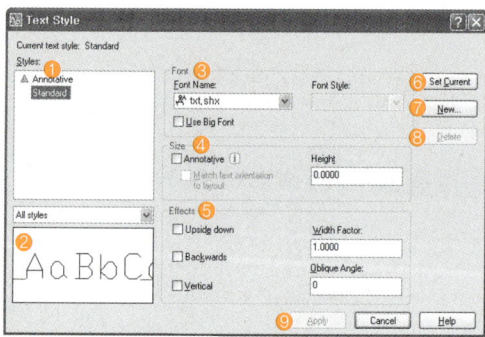

❶ **Style** : 문자 유형의 리스트를 표시합니다.

❷ **Preview** : 선택한 문자 유형의 상태를 미리 보여줍니다.

❸ **Font** : 문자의 폰트를 지정합니다.

· Font Name : 폰트 리스트를 표시합니다.

· Use Big Font : 빅 폰트의 사용을 표시합니다.

· Font Style : Use Big Font를 체크하면 Big Font 리스트를 표시합니다.

❹ **Size** : 문자의 크기(높이)를 설정합니다.

❺ **Effect** : 문자 효과를 설정합니다.

· Upside down : 문자의 위아래를 뒤집어서 입력합니다.

· Width Factor : 문자의 폭 넓이를 조절합니다.

· Backwards : 문자를 거꾸로 뒤집어서 입력합니다.

· Oblique Angle : 문자에 기울임 각도를 입력합니다.

· Vertical : 문자를 세로로 입력합니다.

❻ **Set Current** : 현재 문자의 Style로 지정합니다.

❼ **New** : 새로운 문자의 유형을 만듭니다.

❽ **Delete** : 문자 유형을 삭제합니다.

❾ **Apply** : 현재 설정된 문자 유형의 설정을 적용합니다.

다음 그림은 오토캐드에서 다양한 스타일을 적용한 예제입니다.

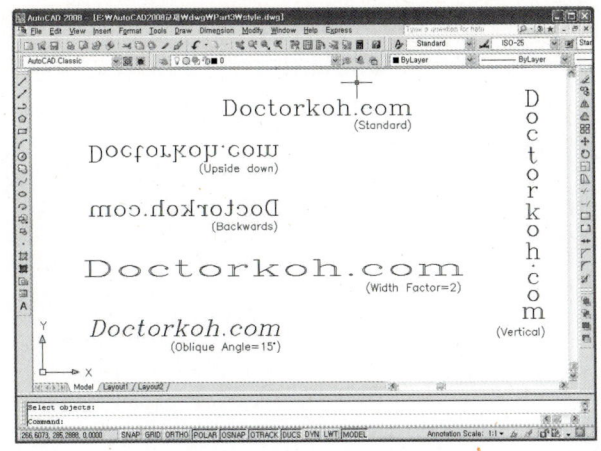

2. 기본 실습

스타일은 단독으로 입력하고 변경하더라도 문자를 입력해보지 않으면 알 수가 없습니다. 기본적인 사항을 입력해서 여러 개의 스타일을 만든 뒤 [Dtext] 명령을 입력하여 확인해보도록 합니다. 한 번에 여러 개의 문자 스타일을 입력할 수 도 있고 사용하면서 스타일을 등록할 수도 있습니다. 중요한 것은 설정한 내용은 [Dtext] 명령처럼 문자를 입력하는 것을 통해서 확인해야 한다는 것입니다.

❶ 메뉴에서 [File]-[New]를 실행하여 새로운 도면을 시작합니다. [Limits] 명령을 이용하여 다음과 같이 도면 한계를 설정합니다.

❷ Command 라인에 [Style] 명령어를 입력하여 [Text Style] 대화상자를 불러옵니다.

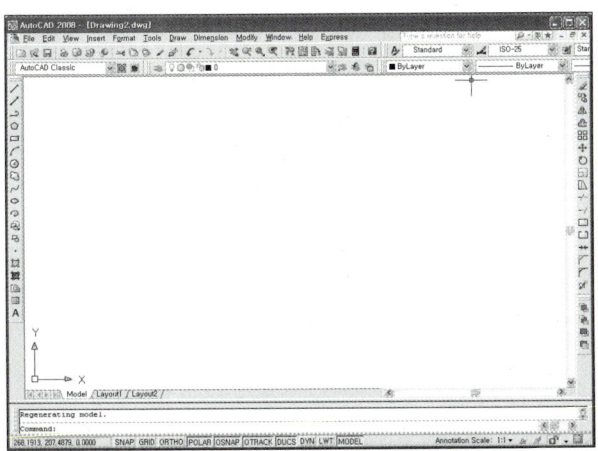

```
Command : Limits Enter
Reset Model space limits :
Specify lower left corner or [ON/OFF] <0.0000,0.0000>
: Enter
Specify upper right corner <420.0000,297.0000> :
297,210 Enter
Command : Zoom Enter
Specify corner of window, enter a scale factor (nX or
nXP), or [All/Center/Dynamic/Extents/Previous/Scale
/Window/Object] <real time> : A Enter
Regenerating model.
```

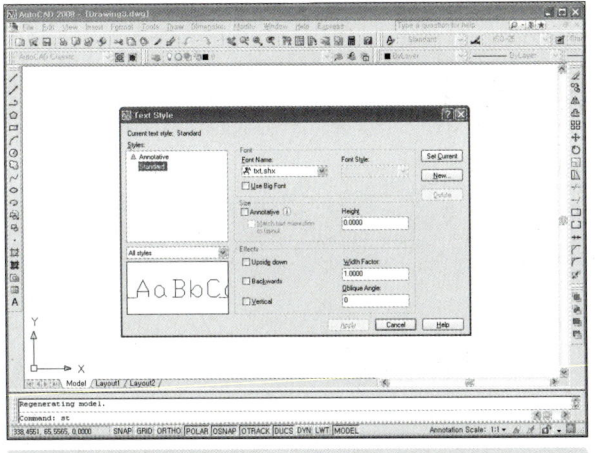

```
Command : Style Enter
```

③ 대화상자에서 [New] 버튼을 클릭하여 [New Text Style] 대화상자에서 새로운 스타일의 이름을 입력합니다. 만일 입력하지 않으면 'Style1'이 그대로 사용됩니다.

④ 사용할 폰트를 목록 리스트에서 선택합니다. 'romans.shx' 파일을 선택하고 [Apply] 버튼을 클릭하여 설정을 적용합니다.

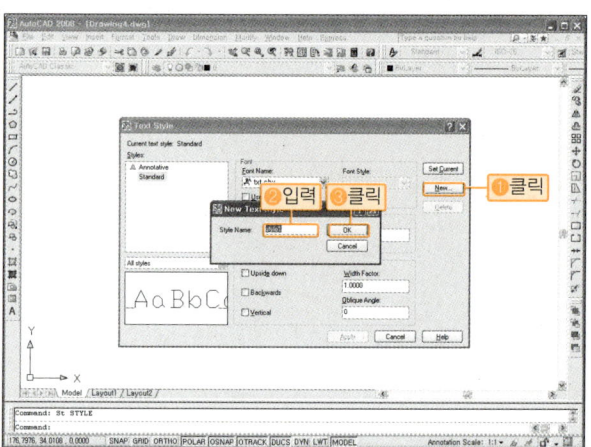

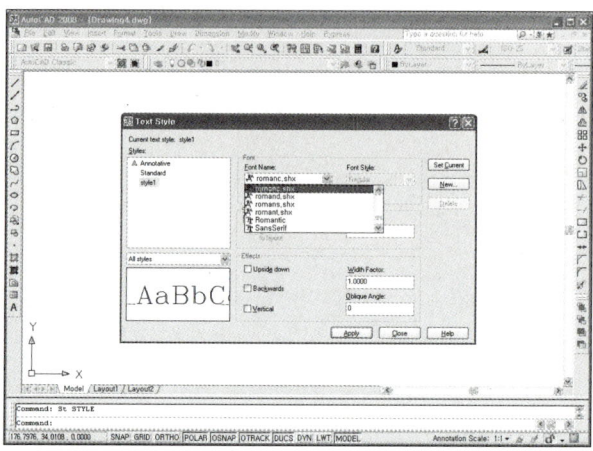

⑤ 서체 유형이 지정되었으므로 [Dtext] 명령을 이용하여 문자를 입력합니다.

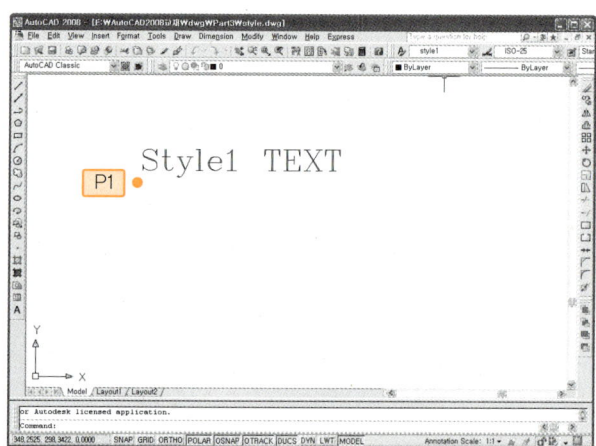

```
Command : Dtext Enter
Current text style : "style1" Text height : 2.5000 Annotative : No
서체 유형이 Standard에서 style1로 변경되어 있는 상태를 보여줍니다.
Specify start point of text or [ Justify/Style] : P1 클릭 P1점을 클릭하여 문자를 입력할 위치를 선택합니다.
Specify height <2.5000> : 20 Enter 문자 높이 값을 입력합니다.
Specify rotation angle of text <0> :문자열의 회전각을 입력합니다.
Enter text : Style1 TEXT Enter 원하는 문자열을 입력합니다.
Enter text : Enter [Dtext] 명령어를 종료하기 위하여 Enter 를 누릅니다.
```

3. 옵션 실습

Big 폰트 설정 방법을 알아보도록 하겠습니다. 아시아 폰트를 이용하여 한글과 영문을 섞어서 사용하여 도면의 부품란과 표제란을 작성하도록 합니다.

1 메뉴에서 [File]-[New]를 실행하여 새로운 도면을 시작합니다. [Limits] 명령을 이용하여 다음과 같이 도면 한계를 설정합니다.

```
Command : Limits Enter
Reset Model space limits :
Specify lower left corner or [ON/OFF] <0.0000,0.0000>
: Enter
Specify upper right corner <420.0000,297.0000> :
297,210 Enter
Command : Zoom Enter
Specify corner of window, enter a scale factor (nX or
nXP), or [All/Center/Dynamic/Extents/Previous/
Scale/Window/Object] <real time> : A Enter
Regenerating model.
```

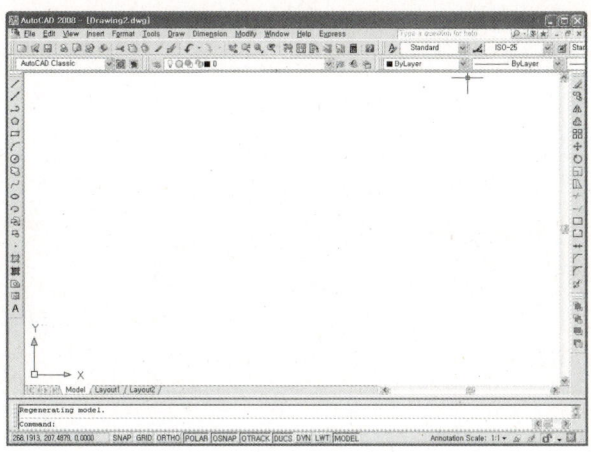

2 Command 라인에 [Style] 명령어를 입력합니다.

```
Command : Style Enter
```

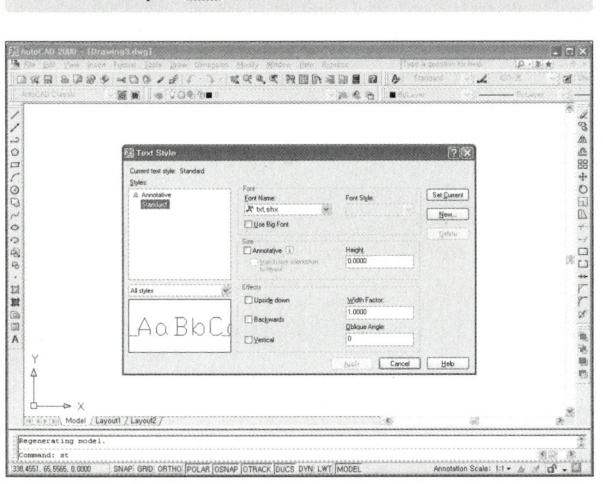

3 대화상자에서 [New] 버튼을 클릭하여 [New Text Style] 대화상자에서 Style Name을 'Big' 이라고 입력하고 [OK] 버튼을 클릭합니다.

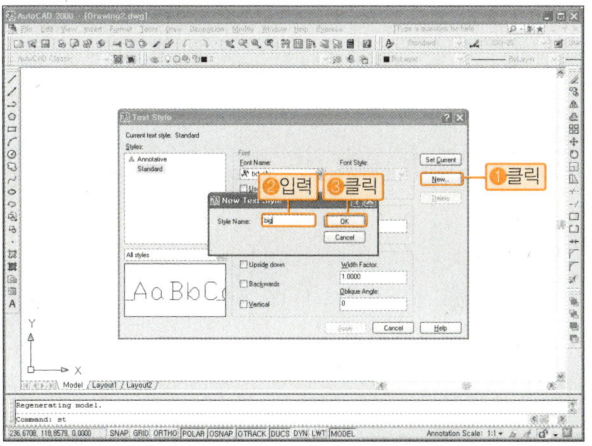

4 Big 서체 스타일의 영문과 한글을 함께 지정하기 위하여 SHX 폰트 중에 'Romans' 서체를 선택하고 Use Big Font를 체크 표시한 후 서체는 'whgtxt' 폰트를 지정한 뒤 다음의 영문과 한글을 써보도록 합니다.

```
Command : Dtext Enter
Current text style : 'big' Text height : 2.5000
Annotative : No
Specify start point of text or [Justify/Style] :
Specify height <2.5000> : 15 Enter
Specify rotation angle of text <0> : Enter
Enter text : Doctorkoh.com Enter
Enter text : 닥터고의 캐드강의 Enter
Enter text : Enter
```

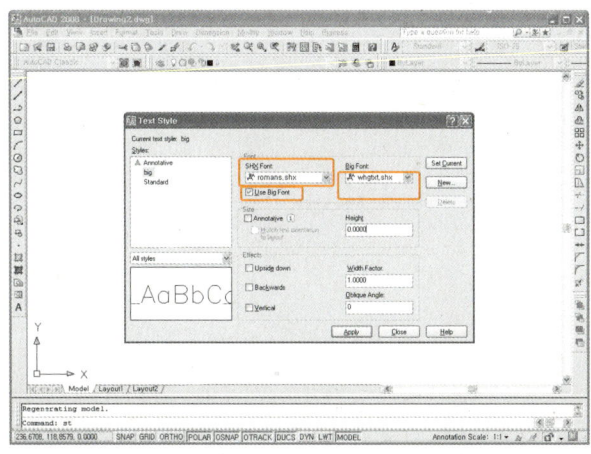

3. 다중 문자를 입력하는 [Mtext] 명령어

[Mtext] 명령어는 Multiline Text로 다중 문자열을 입력하는 경우에 사용합니다. 보통 다중 문자열이라 함은 여러 행에 걸쳐 문자를 입력하는 방식으로 하나의 문장 단위로 마치 워드를 사용하는 것처럼 다양한 옵션에 맞춰 사용할 수 있습니다. 문자의 굵기나 기울기, 분수 형태 또는 문자의 색상 등을 바로 설정할 수 있으며 문자열의 편집이 용이합니다.

[Mtext] 명령어	
아이콘	A
메인 메뉴	[Draw]–[Text]–[Multiline Text]
명령어	Mtext
단축키	〈T〉, 〈MT〉

1. 명령어 사용 방법

Command 라인에 [Mtext] 명령어를 실행하고 Mtext가 입력될 영역을 드래그하여 선택한 뒤 화면에서 원하는 문자열을 입력하고 [Text Formatting] 툴 박스가 나타나면 옵션을 이용하여 원하는 형태로 작성할 수 있습니다.

```
Command : Mtext Enter
Current text style : "Standard" Text height : 2.5
Annotative : No
Specify first corner : P1 클릭
P1점을 클릭하여 문자 입력 영역의 첫 번째 구석 점을 선택합니다.
Specify opposite corner or [Height/Justify/Line
spacing/Rotation/Style/Width/Columns] : P2 클릭
P2점을 클릭하여 문자 입력 영역의 두 번째 구석 점을 선택합니다.
```

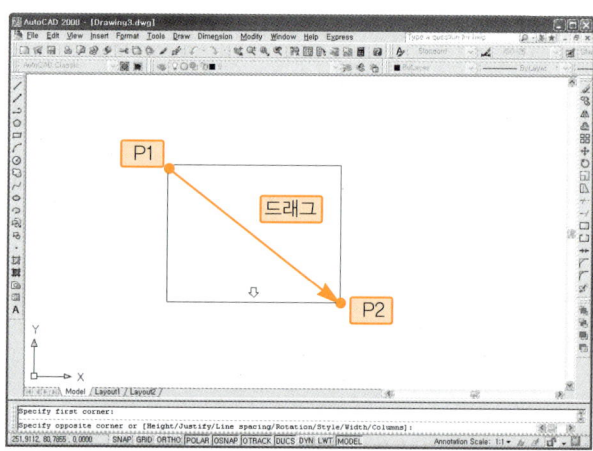

영역이 지정되면 다음과 같이 입력 화면이 나타나고 원하는 문자열을 입력합니다.

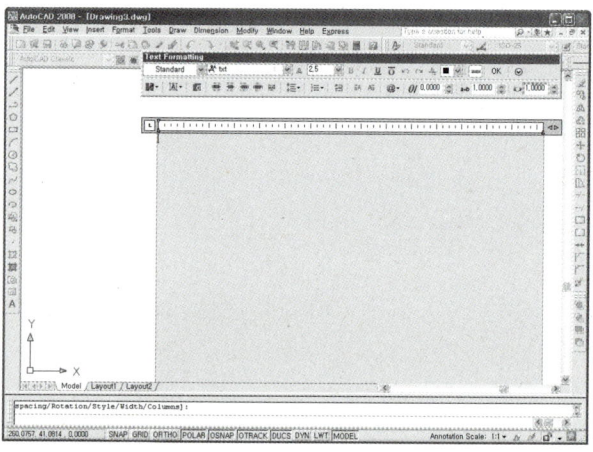

2. 기본 옵션

[Mtext] 명령에 있는 여러 가지 옵션 값을 이용하여 다중 문자열을 입력합니다. 각종 스타일이나 폰트, 문자의 다양한 굵기나 높이를 변경할 수 있습니다.

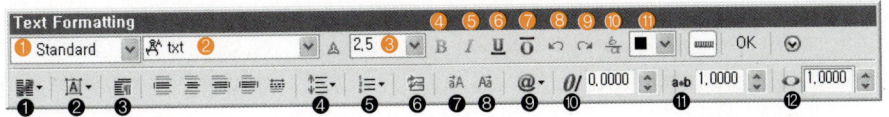

[상단 메뉴]

❶ Standard : 새로운 문자 유형을 선택합니다.

❷ Font : 문자의 글꼴을 선택합니다.

❸ Height : 문자의 높이 값을 선택합니다.

❹ Bold : 문자의 굵기를 변경합니다.

❺ Italic : 기울기가 있는 문자로 변경합니다.

❻ Underline : 문자열에 밑줄을 넣어줍니다.

❼ Overline : 문자열에 윗줄을 넣어줍니다.

❽ Undo : 문자 입력을 취소합니다.

❾ Redo : [Undo]를 취소합니다.

❿ Stack : 문자를 분수 형태로 변경합니다.

⓫ Color : 문자의 색상을 변경합니다.

[하단 메뉴]

❶ Columns : 세로 문단을 설정합니다.

❷ Justify : 문자열의 정렬 상태를 결정합니다.

❸ Paragraph : 문단의 정렬 상태를 결정합니다.

❹ Line Spacing : 문단의 줄 간격을 결정합니다.

❺ Numbering : 목록을 지정합니다.

❻ Insert Filed : Data Filed를 입력합니다.

❼ UPPERCASE : 대문자로 변경합니다.

❽ lowercase : 소문자로 변경합니다.

❾ Symbol : 심벌을 입력합니다.

❿ Oblique Angle : 문자열의 기울기 각도를 입력합니다.

⓫ Tracking : 문자의 자간을 조정합니다.

⓬ Width factor : 문자의 장평을 조정합니다.

3. 기본 실습

[Mtext]를 이용하여 문자열을 입력해보겠습니다. Command 라인에 [Mtext] 명령어를 입력한 뒤 문자열을 입력하고자 하는 영역을 드래그하여 설정합니다. 설정된 영역에 문자열을 입력하고, 수정을 합니다.

❶ 메뉴에서 [File]-[New]를 실행하여 새로운 도면을 시작합니다. [Limits] 명령을 이용하여 다음과 같이 도면 한계를 설정합니다.

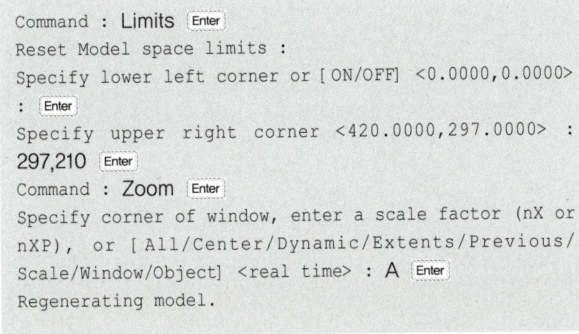

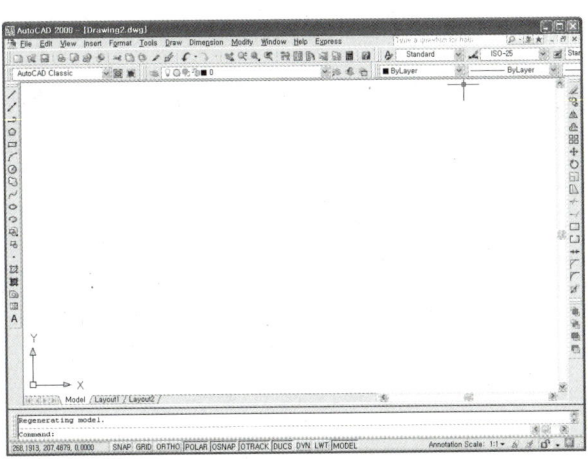

② 화면이 정리 되면 Command 라인에 [Mtext] 명령어를 입력하고 문자열이 입력될 영역을 선택합니다.

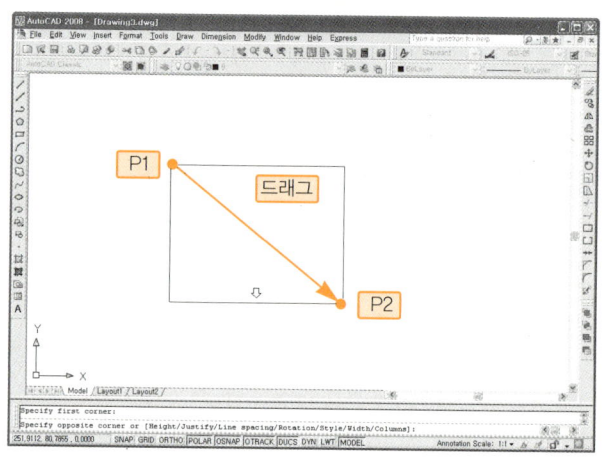

```
Command : Mtext [Enter]
Current text style : "Standard" Text height : 2.5
Annotative : No
Specify first corner : P1 클릭
P1점을 클릭하여 문자열 영역의 첫 번째 점을 선택합니다.
Specify opposite corner or [ Height/Justify/Line
spacing/Rotation/Style/Width/Columns] : P2 클릭
P2점을 클릭하여 문자열 영역의 두 번째 점을 선택합니다.
```

③ 화면이 정리 되면 Command 라인에 [Mtext] 명령어를 입력하고 문자열이 입력될 영역을 선택합니다.

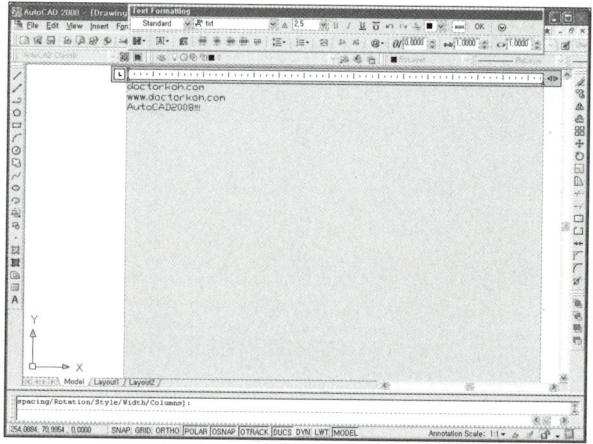

④ 문자열의 높이 값을 변경하기 위하여 모든 문자열을 블록으로 지정하고 [Text Formatting] 툴 박스에서 Height의 값을 '10' 으로 변경합니다.

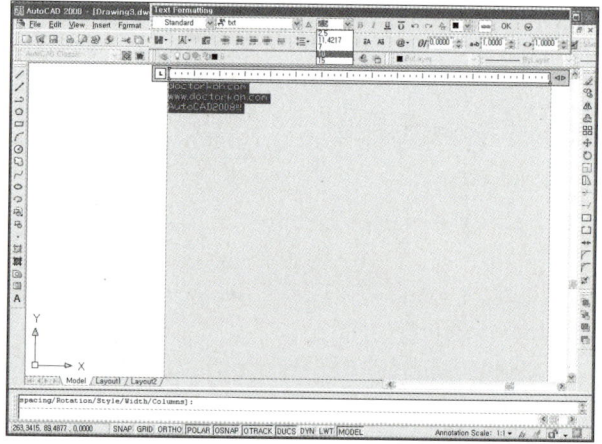

⑤ 화면에 변경된 문자열의 크기가 표시됩니다.

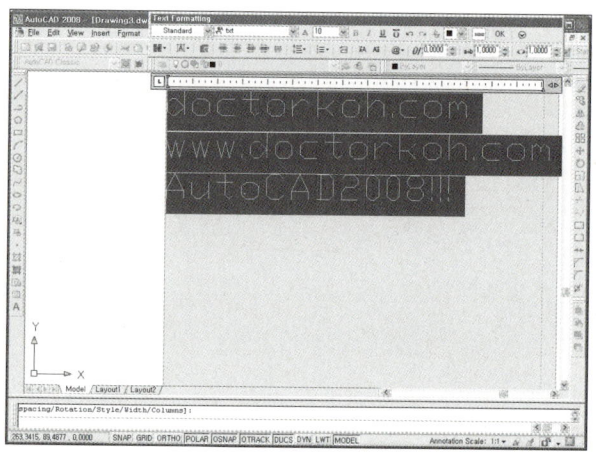

⑥ [Text Formatting] 툴 박스에서 [OK] 버튼을 클릭하여 완전하게 종료하면 문서창에 입력한 문자열이 화면에 표시됩니다.

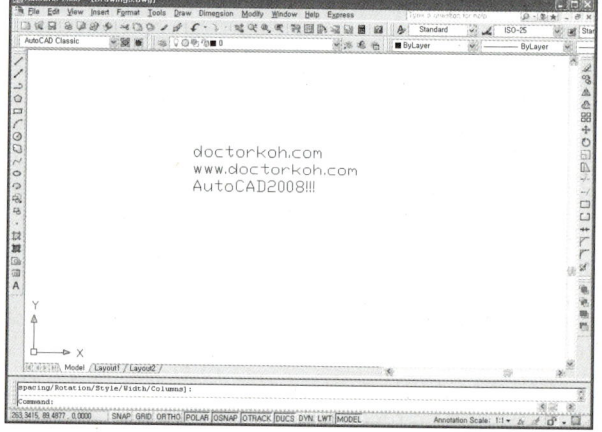

⑦ 입력된 문장을 수정하려면 [Ddedit] 명령어를 Command 라인에 입력합니다. [Ddedit] 명령어는 다음 장에서 자세하게 설명합니다.

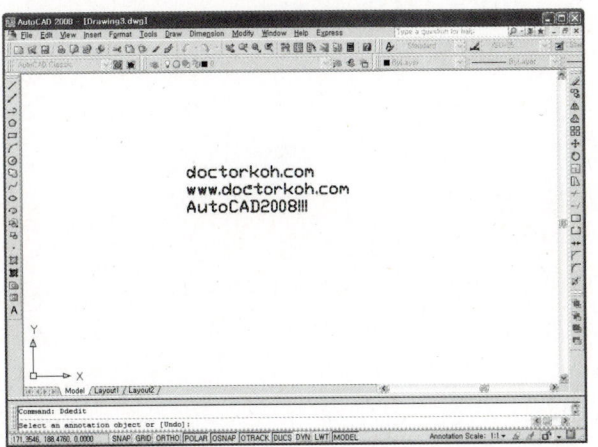

```
Command : Ddedit Enter
Select an annotation object or [ Undo ] :
문자를 선택합니다.
```

⑧ 수정할 수 있는 [Mtext] 창이 나타나면 세 번째 문장의 다음 줄에 'I LOVE AutoCAD' 문장을 하나 더 추가합니다.

⑨ 수정한 후에는 [Text Formatting] 툴 박스에서 [OK] 버튼을 클릭하여 종료합니다. 더 이상 수정할 문자가 없는 경우 Enter 를 눌러 [Ddedit] 명령어도 종료합니다.

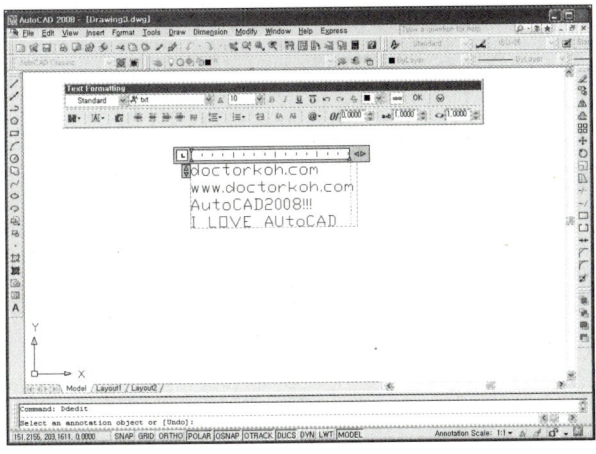

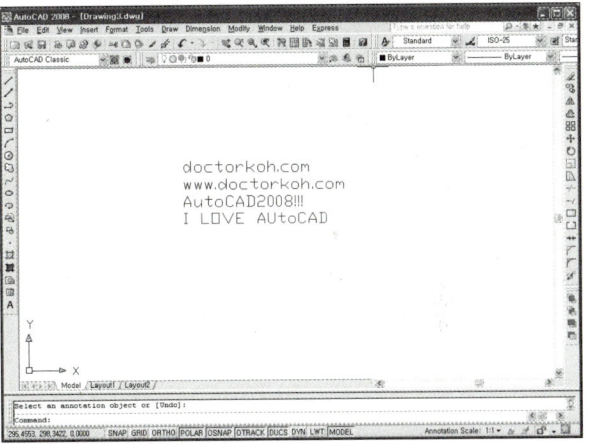

```
Select an annotation object or [ Undo ] : Enter
```

[Dtext] 명령어로 입력한 문자는 한 줄 이상 다중의 문자열을 입력하더라도 수정할 때 한 번에 한 줄씩 수정할 수 있습니다. 하지만 [Mtext]는 한 번에 모든 문장이 다 같이 선택됩니다. 수정은 [Mtext] 창에서 수정할 수 있으며, [Mtext] 창에서 한 줄 단위로 수정하거나 편집할 수 있습니다.

4. 문자를 편집하는 [Ddedit] 명령어

[Ddedit] 명령어를 이용하여 이미 입력된 문자를 수정할 수 있습니다. 일반적으로 문자를 입력할 때 모든 문자를 [Dtext]와 같은 명령어로 입력하는 것이 아니라 하나만 입력한 뒤 복사하여 사용합니다. 복사한 문자를 [Ddedit] 명령어를 이용하여 바로 수정하여 사용할 수 있습니다.

1. 명령어 사용 방법

Command 라인에 [Ddedit] 명령어를 입력한 뒤 문자를 선택합니다. 일반적인 [Dtext] 문자열은 한 번에 한 줄씩 선택되고 문자열 자체에서 수정이 가능한 상태가 됩니다. 참고로 [Mtext]로 입력한 문자는 문자열 전체가 선택되고 [Mtext] 창에서 수정 편집할 수 있습니다.

[Ddedit] 명령어	
아이콘	[A⌀]
메인 메뉴	[Modify]–[Object]–[Text]–[Edit]
명령어	Ddedit

Command : Ddedit Enter
Select an annotation object or [Undo] : 수정할 문자나 문자열을 선택하고 수정합니다.
Select an annotation object or [Undo] : Enter 수정 완료 후 Enter 를 눌러 명령어를 종료합니다.

2. 기본 실습

[Mtext] 명령으로 입력된 문장과 [Dtext] 명령으로 입력된 문자를 수정하여 보겠습니다. 옵션이 따로 없으나 각각의 문자열의 형식에 따라 수정하는 창이 다르게 나타나므로 주의합니다.

• 예제 파일 : Sample\Part03\ddedit.dwg
----

❶ [File]–[Open] 메뉴를 이용하여 부록 CD에서 예제 파일을 불러옵니다.

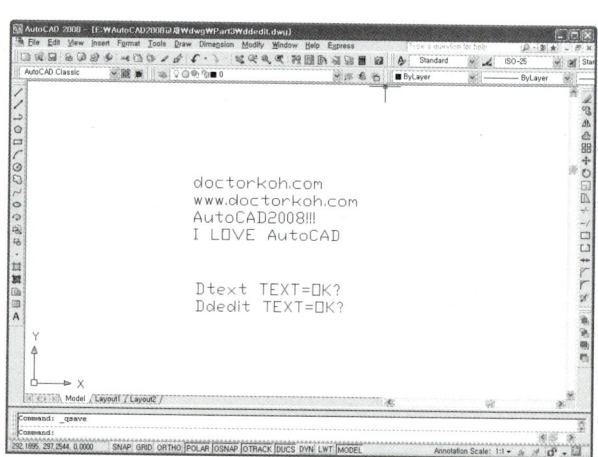

❷ Command 라인에 [Ddedit] 명령어를 입력하고 맨 아래 입력된 문장을 선택합니다.

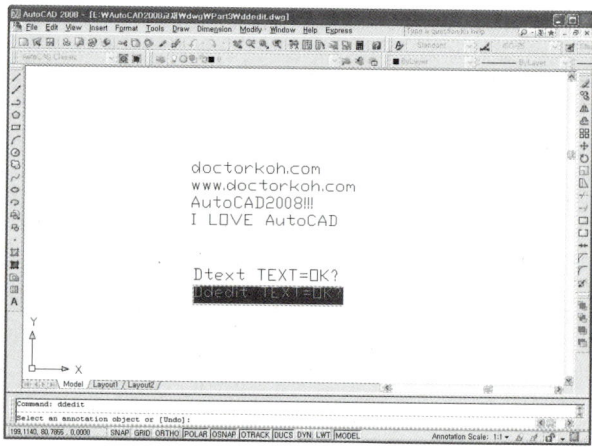

Command : Ddedit Enter
Select an annotation object or [Undo] :
'Ddedit TEXT=OK?' 라는 문장을 선택합니다.

③ 'AutoCAD Best OK!!!' 라는 문장으로 내용을 변경하고 Enter 를 누릅니다.

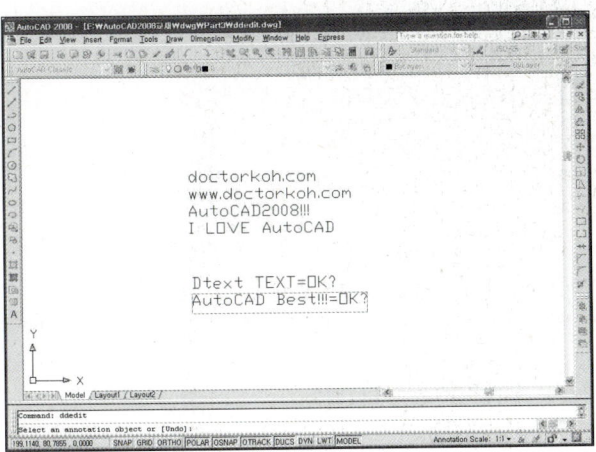

④ 맨 위 4줄로 입력된 [Mtext] 문장 중 아무 문장이나 선택합니다. [Mtext] 창에 4줄의 모든 문장이 나타납니다.

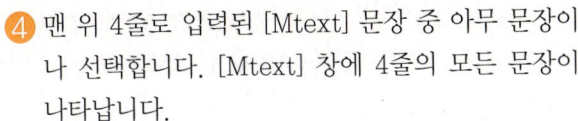
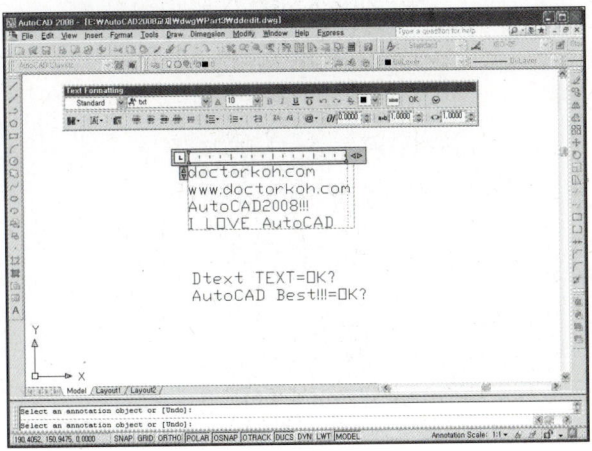

⑤ [Mtext] 창에 4줄의 모든 문장이 나타났을 때 모든 문장을 블록으로 드래그하여 지정 한 뒤 'AutoCAD' 라고 입력하고 [Text Formatting] 툴 박스에서 [OK] 버튼을 클릭하여 적용합니다.

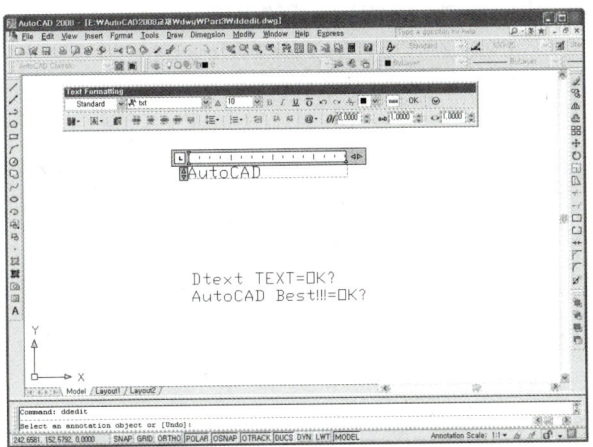

⑥ 더 이상 수정할 문장이 없는 경우 Enter 를 눌러 [Ddedit] 명령어를 종료합니다.

Select an annotation object or [Undo] : Enter

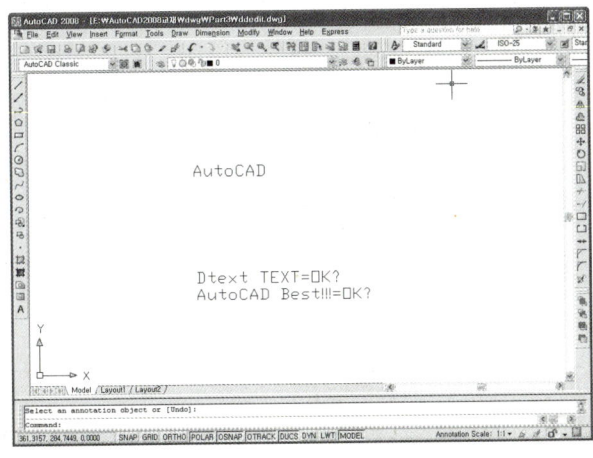

5. 문자를 숨겨주는 [Qtext] 명령어

[Qtext] 명령어는 화면에 문자가 많이 입력되어 있는 경우 화면의 Regenerating 속도가 느려져 사용자가 불편을 느낄 수 있습니다. 이때 많은 분량의 문자를 [Qtext] 명령을 이용하여 박스로 보이도록 처리할 수 있습니다. 단순하게 문자를 박스로 처리해주는 것을 말합니다. [Qtext] 명령으로 On/Off한 뒤에는 [Regen] 명령어를 이용하여 화면을 다시 드로잉하도록 합니다.

```
Command : Qtext [Enter]
```

1. 명령어 사용 방법

Command 라인에 [Qtext] 명령어를 실행하고 'On'으로 입력한 뒤 [Regen] 명령어를 입력하여 화면을 정리하면 화면의 문자들이 모두 박스로 표시됩니다. 다시 문자를 보려면 [Qtext] 명령을 실행하고 'Off'를 입력한 뒤 다시 [Regen] 명령어를 입력하면 박스 처리되었던 문자들이 다시 화면상에 나타납니다.

```
Command : Qtext [Enter]
Enter mode [ ON/OFF] <OFF> : On [Enter]

Command : Regen [Enter]
Regenerating model.
```

2. 기본 실습

입력된 문자열의 파일을 불러온 후 [Qtext] 명령을 실행하여 문자를 박스로 처리해보겠습니다.

• 예제 파일 : Sample\Part03\qtext.dwg

❶ [File]-[Open] 메뉴를 이용하여 부록 CD에서 예제 파일을 불러옵니다.

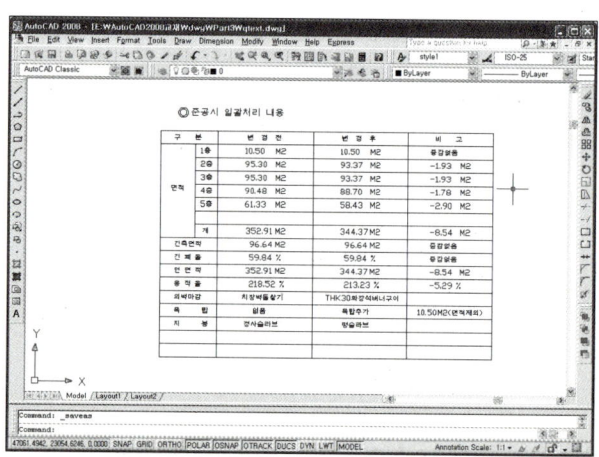

② Command 라인에 [Qtext] 명령어를 입력하고
On 값으로 변경하여 [Regen]합니다.

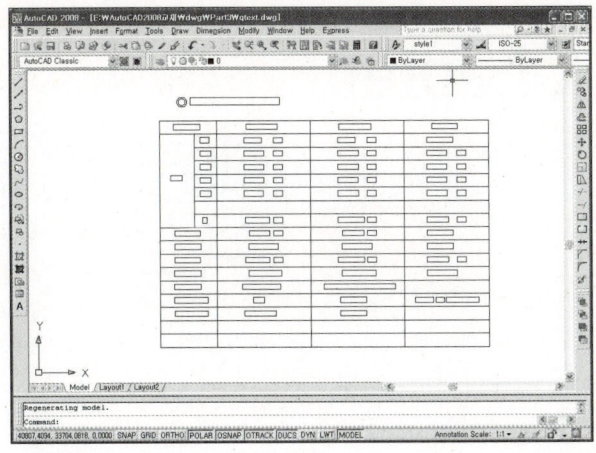

```
Command : Qtext [Enter]
Enter mode [ ON/OFF ] <OFF> : On [Enter]
Command : Regen [Enter]
Regenerating model.
```

③ 다시 한 번 Command 라인에 [Qtext] 명령어를
입력하고 Off 값으로 변경하여 Regen합니다.

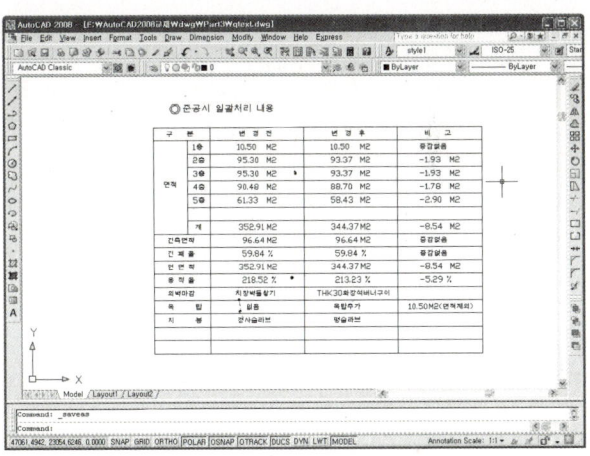

```
Command : Qtext [Enter]
Enter mode [ ON/OFF ] <ON> : Off [Enter]
Command : Regen [Enter]
Regenerating model.
```

Chapter

04 해치 패턴을 입력하고 편집하기

Chapter04에서는 일정한 도면 영역 안에 반복되는 형태의 패턴을 넣어주는 [Hatch Pattern]에 관하여 학습합니다. 해치는 단면을 표시하거나 마감 재료 등을 무늬로써 표시하여 사용자로 하여금 해당 지역의 역할을 그림으로 전달합니다. 해치 패턴을 입력하는 영역은 반드시 닫혀있는 공간이어야 하며 만일 열려있는 상태의 영역이라면 패턴이 입력되지 않습니다. 대부분은 닫혀있는 공간에 해치 패턴을 입력하지만 만일 열려있는 공간에 패턴을 넣어야 한다면 연속하는 속성을 가진 [Pline]으로 주변에 보조선을 만든 후 그 [Pline]을 영역으로 패턴을 입력한 후 보조선은 삭제하면 됩니다.

1. 경계 구역에 해치를 만드는 [Bhatch] 명령어

[Bhatch] 명령어는 Boundary Hatch를 의미하며 닫혀있는 영역 안에 선택한 패턴 무늬를 채워 넣는 명령어입니다. 바닥의 타일이나 벽돌 무늬, 시멘트 표시나 단면의 빗금 등을 표시하며 만들어진 해치 패턴은 블록 객체 하나로 인식합니다. 이때 해치 패턴 무늬는 [Explode] 명령어로 분해할 수 있지만 분해한 후에는 [HatchEdit] 명령어로 수정할 수 없습니다. 해당 무늬 하나하나로 분해되므로 주의합니다.

[Bhatch] 명령어	
아이콘	🔲
메인 메뉴	[Draw]–[Hatch]
명령어	Bhatch
단축키	〈H〉

1. 명령어 사용 방법

[Bhatch] 명령의 조건은 닫혀 있는 경계 영역에 패턴 무늬를 넣어야 하므로 닫혀 있는 경계 영역이 필요합니다. Command 라인에 명령어를 입력하면 [Hatch and Gradient] 대화상자가 나타납니다. 해치 패턴은 대화상자를 이용하여 자동화 형태로 지정할 수 있습니다.

```
Command : Bhatch Enter
```

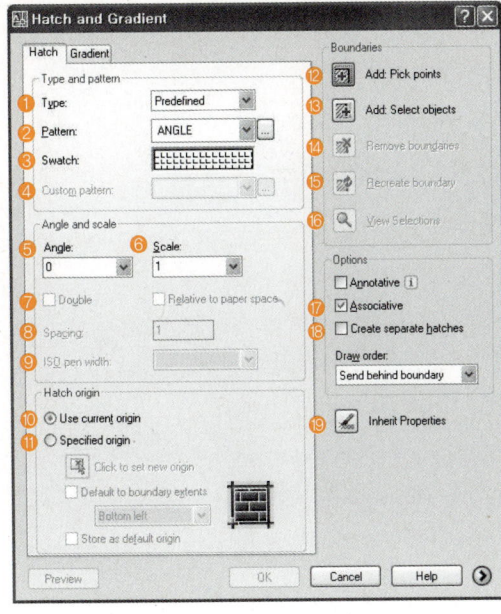

① **Type** : 패턴의 형태를 선택할 수 있습니다.

· Predefined : 오토캐드에서 기본으로 제공하는 acad.pat 파일의 패턴을 사용합니다.

· User defined : 사용자가 간격을 정하여 빗금이나 격자 모양의 패턴을 만들어 표시합니다.

· Custum : 사용자가 직접 제작한 패턴을 사용합니다.

② **Pattern** : 여러 가지 모양의 해치 패턴을 선택할 수 있습니다. 목록 버튼을 클릭하여 선택할 수 있습니다.

③ **Swatch** : 패턴 무늬를 미리보기를 통해 선택할 수 있습니다.

④ **Custom pattern** : 사용자가 만든 외부의 패턴을 사용하도록 지정할 수 있습니다.

⑤ **Angle** : 패턴의 각도를 지정하여 회전시킵니다.

⑥ **Scale** : 도면의 한계에 따라 패턴 모양의 크기를 조절합니다.

⑦ **Double** : User defined의 Type을 선택하고 사용자가 원하는 간격으로 사선의 빗금을 만들 때 90도 각도의 격자 무늬 패턴을 표시합니다.

⑧ **Spacing** : User defined의 Type을 선택할 때 사용자가 원하는 간격을 입력합니다.

⑨ **ISO pen width** : ISO 패턴을 사용하는 경우에만 활성화되며 패턴에 사용되는 선의 두께를 지정합니다.

⑩ **Use Current Origin** : 패턴 모양의 시작점을 기본 원점으로 사용합니다.

⑪ **Specified Origin** : 패턴 모양의 시작점의 위치를 사용자가 다양한 방법으로 선택할 수 있습니다.

· Click to set new origin : 사용자가 선택한 지점을 패턴의 시작 원점으로 지정합니다.

· Default to boundary extents : 설정해 놓은 패턴 시작의 원점을 클릭할 수 있습니다.

⑫ **Pick Points** : 패턴을 입력할 경계 내부를 선택하여 영역을 지정합니다.

⑬ **Select object** : 패턴을 입력할 객체를 선택하여 영역을 지정합니다. 이때 경계가 되는 객체는 단일 객체로 선택되어야 하며 선이 다른 선과 겹쳐져 있는 경우에는 원하는 내부 안에 패턴이 채워지지 않을 수 있습니다.

⑭ **Remove boundaries** : 선택된 경계 영역을 제거합니다.

⑮ **Recreate boundary** : 이미 입력된 패턴이 있는 객체의 경계 영역을 Pline이나 Region 객체로 경계 영역만 새로 만들어 줍니다.

⑯ **View Selection** : 경계로 만들어진 영역을 화면에 점선으로 표시합니다.

⑰ **Associative** : 이를 체크 표시하면 패턴이 입력된 상태에서 패턴의 영역을 수정하면 패턴도 같이 편집됩니다.

⑱ **Create separate hatches** : 이를 체크 표시하면 입력된 패턴이 블록으로 입력되지 않고 각각의 객체로 입력됩니다.

⑲ **Inherit Properties** : 이미 그려진 패턴을 선택하고 선택된 패턴의 특성을 그대로 다른 영역에 똑같이 사용하도록 합니다.

2. 명령어 옵션

[Hatch and Gradient] 대화상자 내용이 옵션 확장 버튼으로 변경되어 다음과 같은 확장 옵션이 나타납니다.

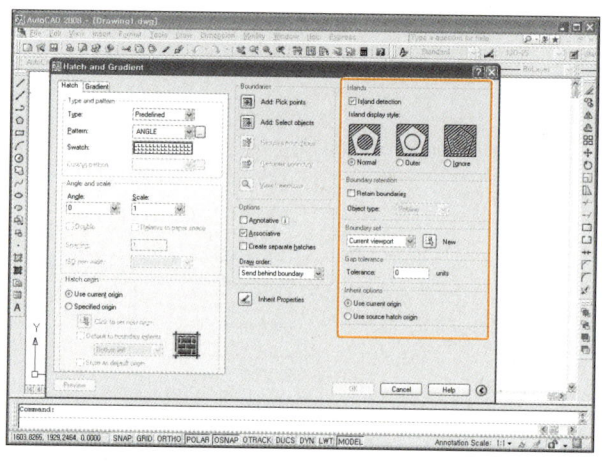

[Gradient] 탭과 Island

해치 패턴은 보통 일정한 무늬로 입력하는 것을 기본으로 합니다. 이때 [Gradient] 탭을 이용하면 색상 계조를 이용하여 영역을 채워줄 수 있습니다.

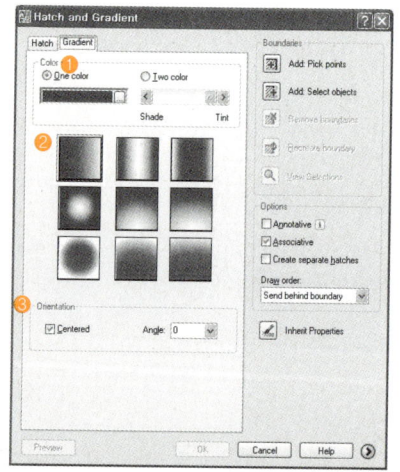

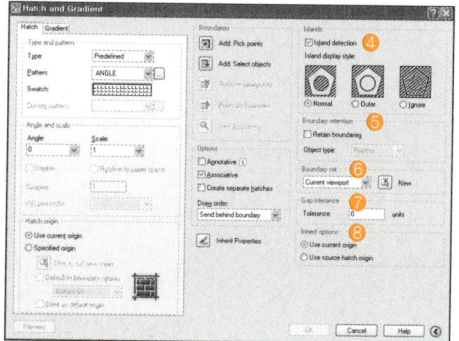

❶ **Color** : Gradient의 색상을 지정합니다. 한 가지 또는 두 가지의 색상을 이용하여 Gradient 색상을 설정합니다.

❷ **Pattern** : Gradient의 다양한 유형을 선택합니다.

❸ **Orientation** : Gradient를 채우는 무늬의 방향 각도를 지정할 수 있습니다.

❹ **Island detection** : 영역 안에 또 다른 영역이 있는 경우 3가지 스타일 유형으로 결정할 수 있습니다.

· Normal : 맨 바깥쪽의 영역부터 하나씩 교대로 패턴을 채워 줍니다.

· Outer : 영역 안에 또 다른 영역이 아무리 많아도 맨 바깥쪽 영역에만 패턴을 채워 넣습니다.

· Ignore : 모든 영역에 패턴을 채워 넣습니다.

❺ **Boundary retention** : 이를 체크 표시하면 패턴을 채워 넣고 패턴이 들어간 영역을 Pline이나 Region 객체를 둘러 줍니다.

❻ **Boundary set** : 해칭 영역을 선택 시 화면 설정으로, 초기 설정값은 Current viewport, 즉 현재의 전체 화면으로 되어 있습니다. [New] 버튼을 클릭한 후에 특정 객체나 화면을 선택하면 영역 선택의 기준으로 사용할 수 있습니다.

❼ **Gap tolerance** : 간격 허용 오차 값을 설정합니다.

❽ **Inherit options** : 해칭할 때 상속 옵션을 설정합니다.

· Use current origin : 해칭 상속 옵션으로 현재 사용하는 원본을 이용합니다.

· Use source hatch origin : 해칭 상속 옵션으로 원본의 해칭 속성을 이용합니다.

3. 기본 실습

해칭의 기본 연습을 통하여 여러 가지 패턴을 입력하는 방식과 기본적인 경계 영역의 설정 방법을 학습해보겠습니다.

■ Pick Point로 영역 설정하기

영역 설정하는 방법 중 영역을 선택하여 자동으로 설정되도록 하는 Pick point를 이용하여 영역을 설정하여 패턴을 지정합니다.

• 예제 파일 : Sample\Part03\hatch01.dwg

❶ [File]-[Open] 메뉴를 이용하여 부록 CD에서 예제 파일을 불러옵니다.

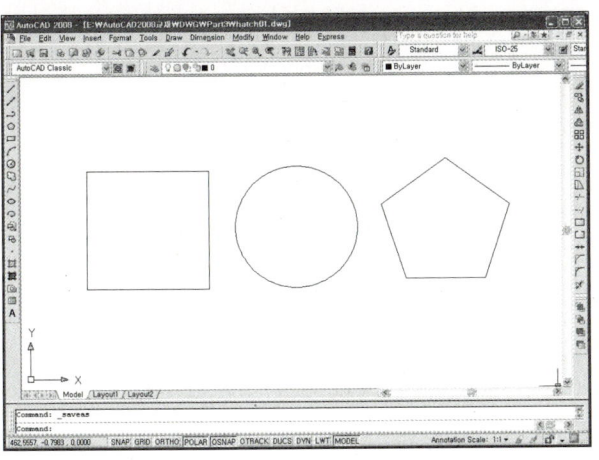

❷ Command 라인에 [Bhatch] 명령어를 입력하여 [Hatch and Gradient] 대화상자를 불러온 후 Swatch(⊞⊞⊞⊞⊞⊞⊞⊞) 버튼을 클릭합니다.

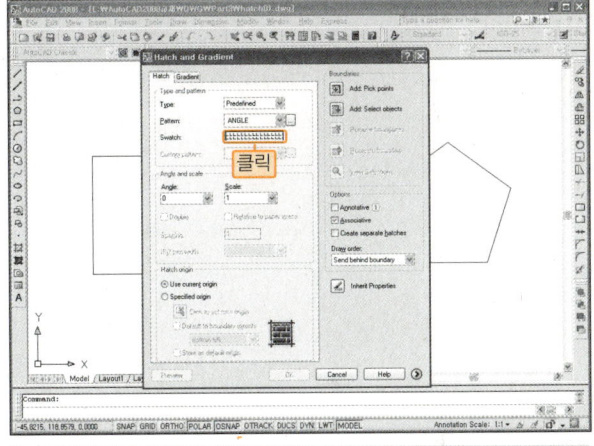

Command : **Bhatch** [Enter]

❸ [Hatch Pattern Palette] 대화상자가 나타나면 채우려는 패턴 모양을 먼저 고르도록 합니다. 예제에서는 Angel 패턴을 선택한 후 [OK] 버튼을 클릭합니다.

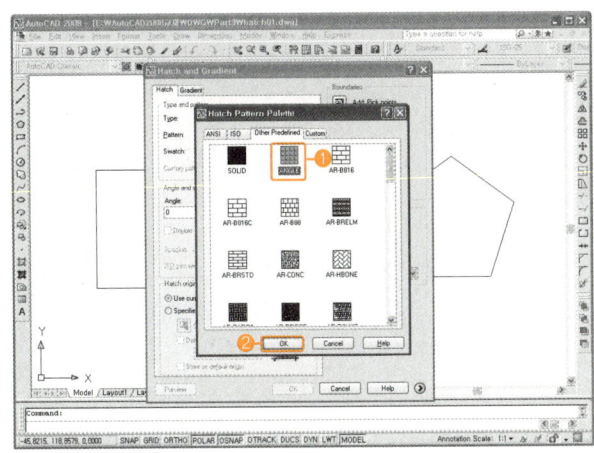

④ 다음의 Pick point(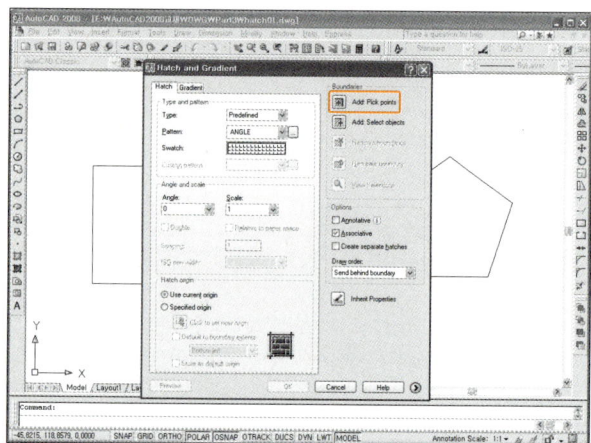) 아이콘을 클릭하여 패턴을 채워 넣을 영역을 선택합니다.

⑤ 사각형의 내부를 클릭하여 선택합니다.

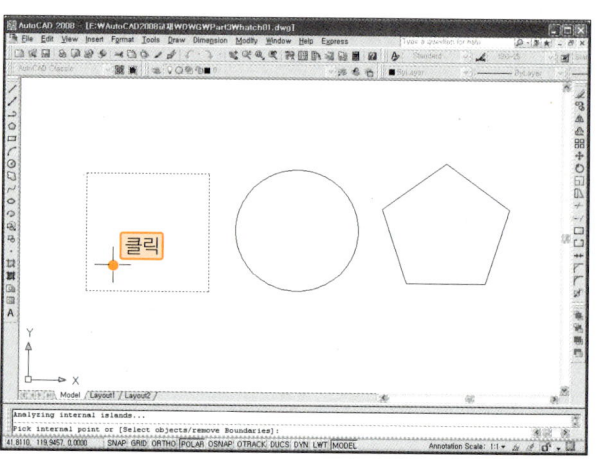

⑥ 영역이 선택되었으면 Space Bar 를 눌러 대화상자로 돌아온 뒤 [Preview] 버튼(Preview)을 클릭하여 패턴이 채워질 모양을 미리보기합니다.

⑦ 영역에 채워진 패턴의 간격이 너무 좁거나 너무 넓은 경우에는 Scale 값을 통하여 전체적인 간격을 조절할 수 있습니다.

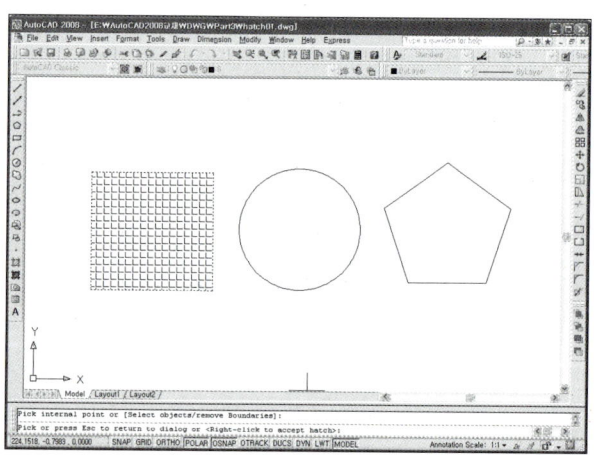

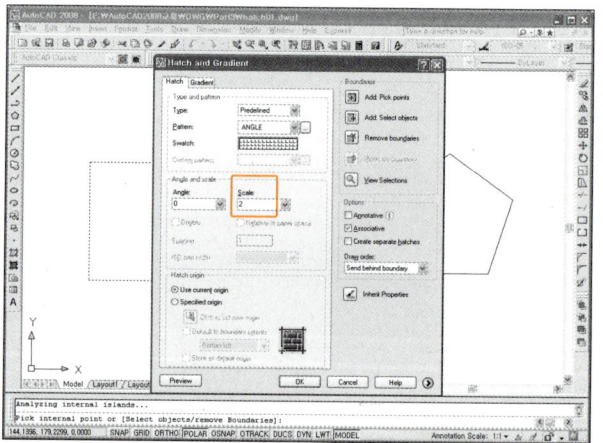

⑧ Scale 값을 '2'로 수정한 뒤 Preview 버튼을 클릭하여 미리보기로 패턴의 간격을 확인합니다. 간격을 설정하였으면 Space Bar 를 눌러 대화상자로 돌아온 뒤 [OK] 버튼을 클릭하여 완전히 종결합니다.

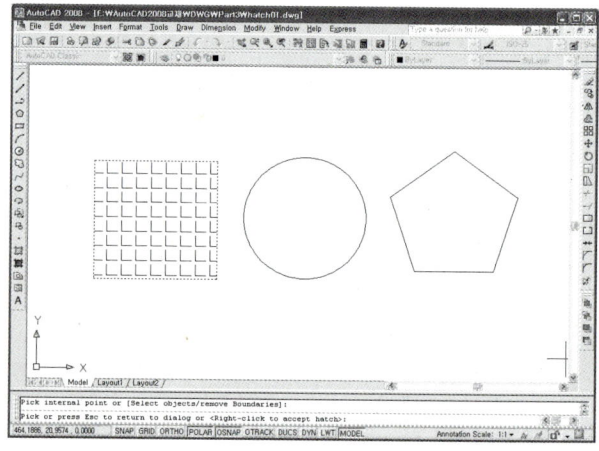

■ Select object로 영역 설정하기

영역을 설정하는 방법 중 자동으로 영역이 설정되도록 하는 Select object를 이용하여 영역을 설정하고 패턴을 지정합니다.

• 예제 파일 : Sample\Part03\hatch01.dwg

① 앞의 과정에 계속 이어서 두 번째 원에 패턴을 적용하기 위하여 Command 라인에 [Bhatch] 명령어를 입력합니다. [Hatch and Gradient] 대화상자가 나타나면 영역을 선택하는 방법 중 Select object(▨) 아이콘을 클릭합니다.

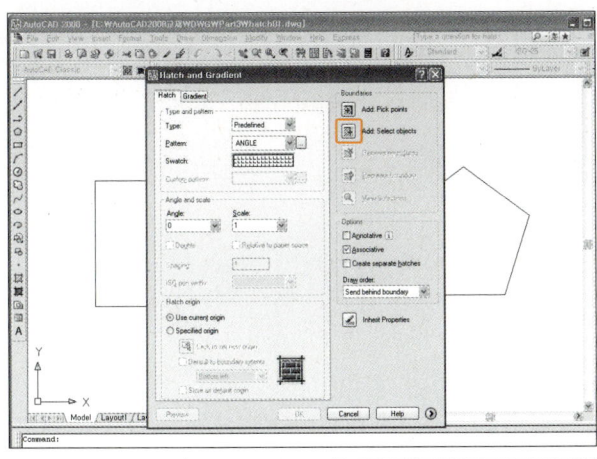

Command : **Bhatch** Enter

② 도면에서 가운데에 있는 원을 선택합니다.

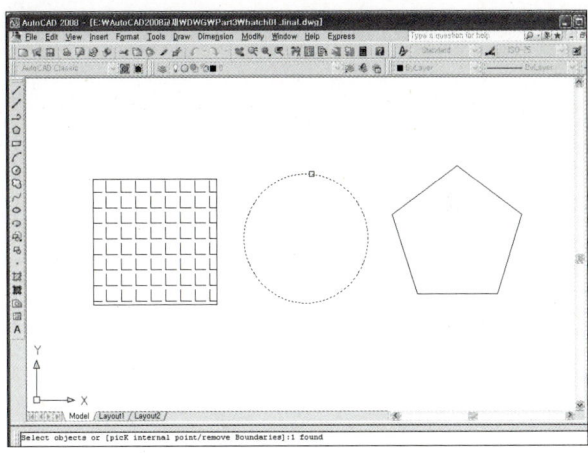

③ Space Bar 를 눌러 대화상자로 돌아오면 Swatch (▦) 버튼을 클릭하여 새로운 해치 패턴을 선택합니다. 예제에서는 Ansi 패턴을 선택하고 [OK] 버튼을 클릭합니다.

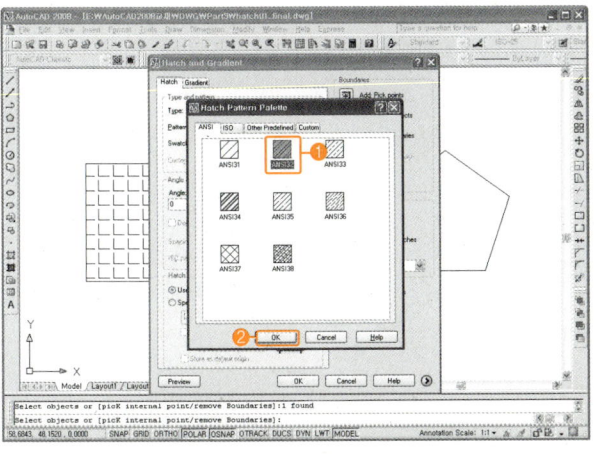

④ 계속해서 대화상자에서 패턴 간격을 조절하는 Scale 값을 조절합니다.

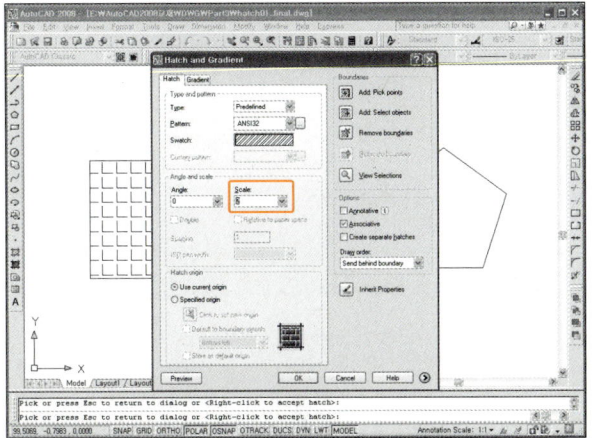

⑤ 조절된 Scale 값으로 만들어진 간격을 확인하기 위하여 [Preview] 버튼을 클릭합니다.

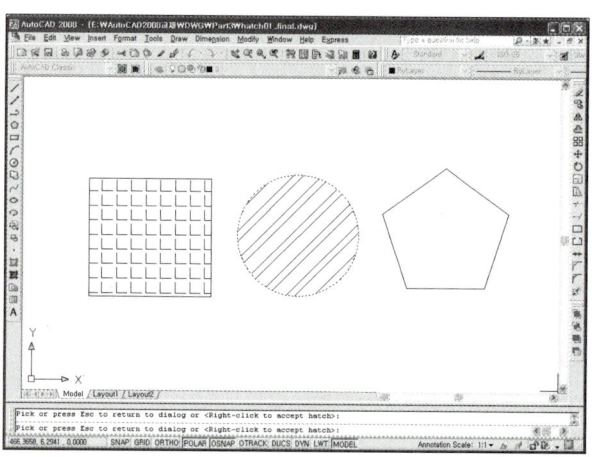

⑥ 확인한 후 [Space Bar]를 눌러 대화상자로 돌아온 뒤 [OK] 버튼을 클릭하여 완전히 종결합니다.

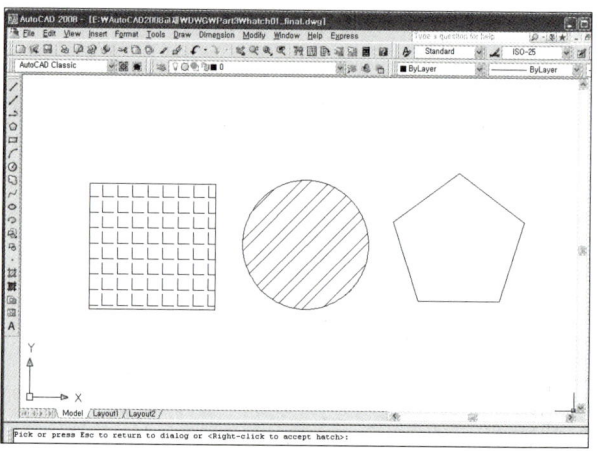

■ **View Selection으로 영역 확인하기**

화면에 설정한 영역이 어떤 장소인지 확인할 수 있습니다. View Selection(🔍) 아이콘을 클릭하여 사용자가 지정한 화면의 영역을 확인합니다.

• 예제 파일 : Sample\Part03\hatch01.dwg

---

① 계속 이어서 세 번째 다각형에 패턴을 적용하기 위하여 Command 라인에 [Bhatch] 명령어를 입력하여 [Hatch and Gradient] 대화상자를 불러옵니다.

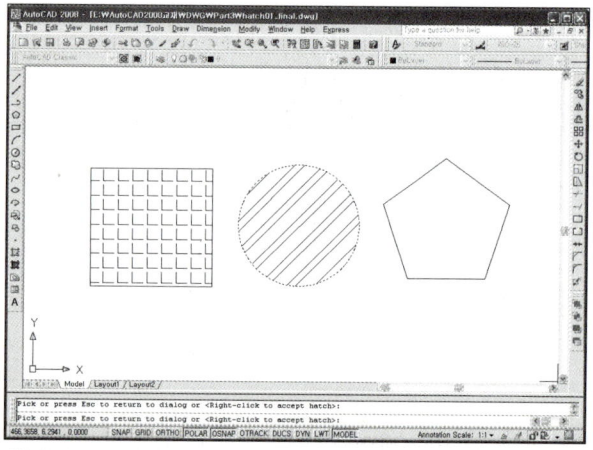

Command : Bhatch [Enter]

② Swatch(▦▦▦▦) 버튼을 클릭하면 [Hatch Pattern Palette] 대화상자가 나타납니다. [Other Predefined] 탭을 클릭하여 AR-HBONE 패턴을 선택합니다.

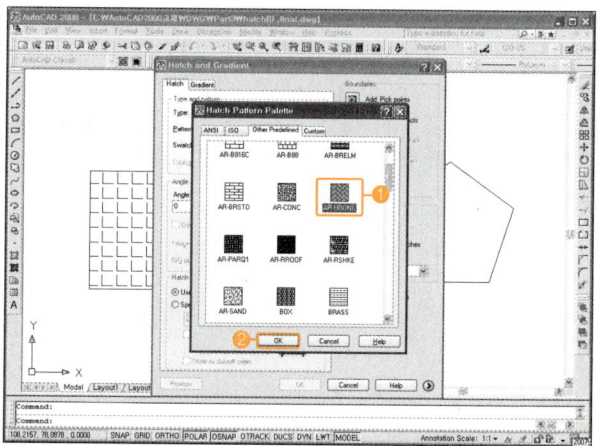

③ 선택된 패턴을 적용할 영역을 Pick point(🖾) 아이콘으로 선택합니다.

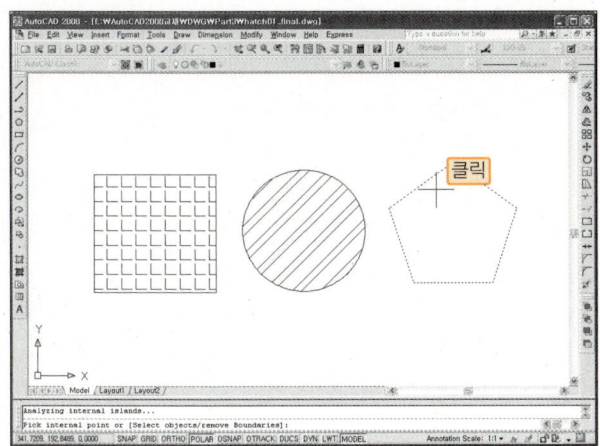

④ 영역이 선택되었으면 Space Bar 를 눌러 대화상자로 돌아온 뒤 화면에서 선택한 영역이 어느 곳인지 확인하기기 위해 View Selection(🔍) 아이콘을 클릭합니다.

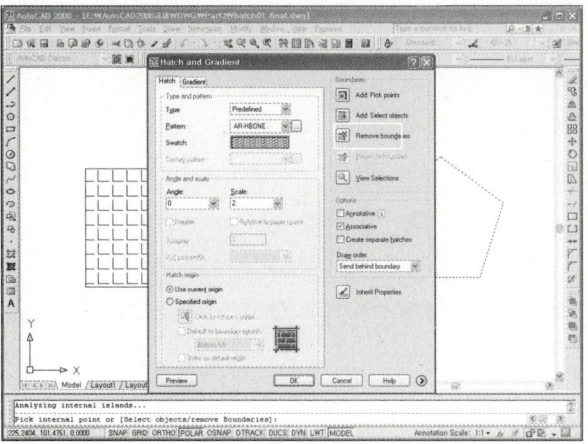

⑤ 화면에는 좀 전에 선택된 영역이 점선으로 표시됩니다.

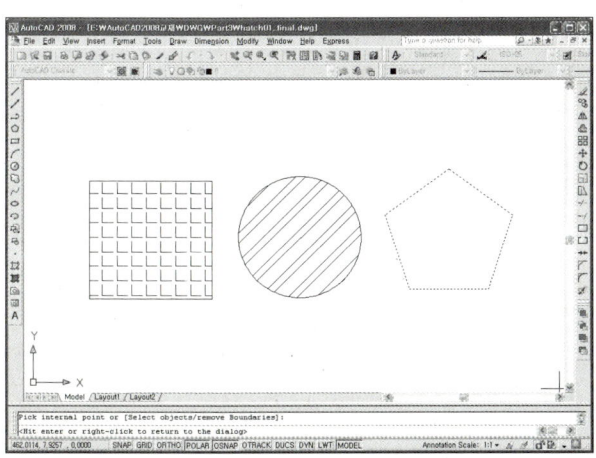

⑥ 확인이 되었다면 Space Bar 를 눌러 다시 대화상자로 돌아온 뒤 화면에서 Scale을 이용하여 패턴의 간격을 '0.1' 정도로 조절합니다.

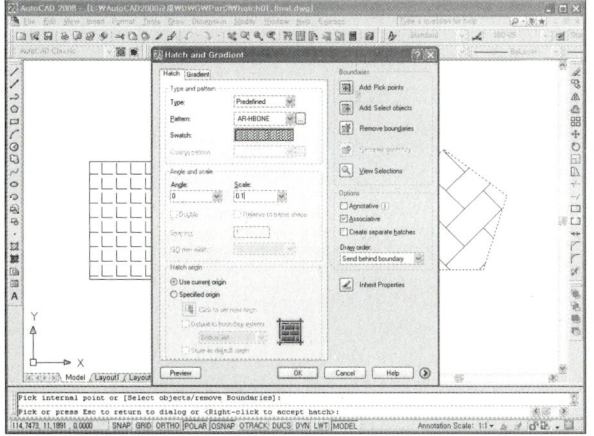

⑦ 간격 값 조절 후 [OK] 버튼을 클릭하여 완전히 종결합니다.

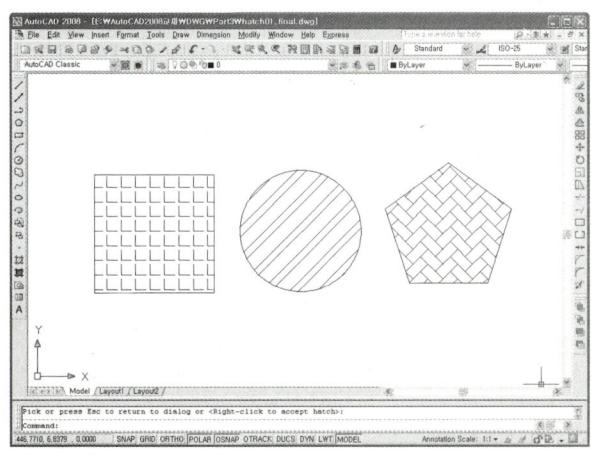

4. 옵션 실습

해치 패턴은 무늬를 넣을 수도 있지만 색상을 이용한 그레이디언트로 다양한 색상의 계조를 표현할 수도 있습니다.

■ Gradient 이용하여 해칭하기

영역을 설정하는 방법 중 자동으로 영역을 설정되도록 하는 Pick point(🔳) 아이콘을 이용하여 영역을 설정하고 패턴을 지정합니다.

- -
• 예제 파일 : Sample\Part03\hatch02.dwg
- -

❶ [File]-[Open] 메뉴를 이용하여 부록 CD에서 예제 파일을 불러옵니다.

❷ Command 라인에 [Bhatch] 명령어를 입력하여 [Hatch and Gradient] 대화상자가 나타나면 [Gradient] 탭을 클릭합니다.

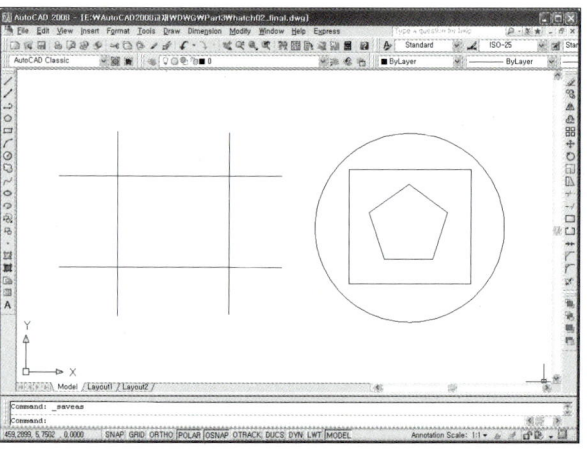

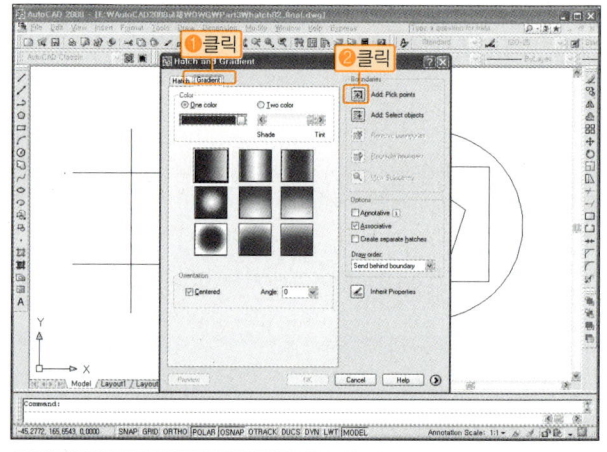

Command : Bhatch Enter

❸ 기본 [Gradient] 탭에서 패턴 영역을 Pick point(🔳) 아이콘을 이용하여 선택합니다.

❹ 영역이 선택되었으면 Space Bar 를 눌러 대화상자로 돌아와서 사용하고 싶은 Gradient 모양을 선택합니다.

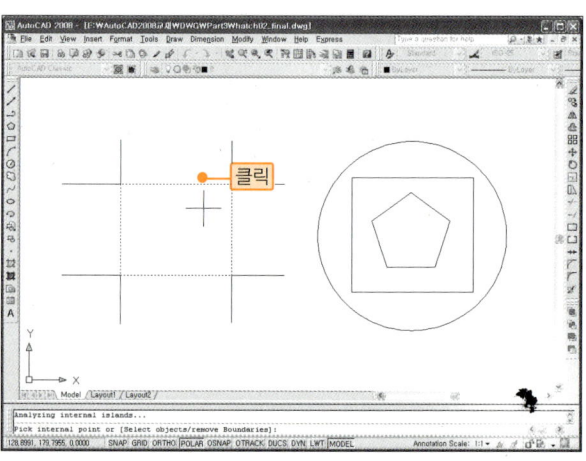

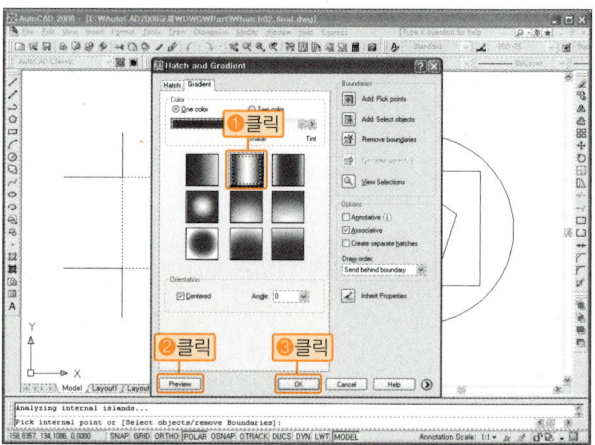

⑤ 모양을 선택하였으면 <kbd>Preview</kbd> 버튼을 클릭하여 확인합니다.

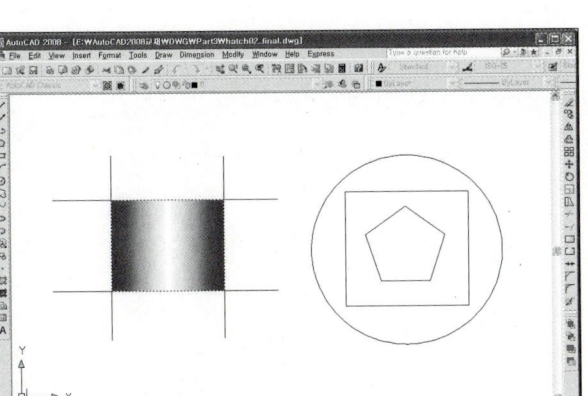

⑥ 확인이 되었으면 <kbd>Space Bar</kbd>를 눌러 대화상자로 다시 돌아와 Gradient의 이용 각도를 변경합니다.

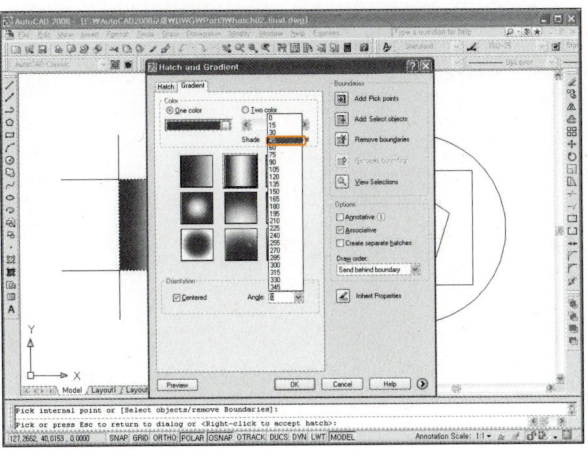

⑦ 각도를 변경한 후 다시 한 번 <kbd>Preview</kbd> 버튼을 클릭하여 확인합니다.

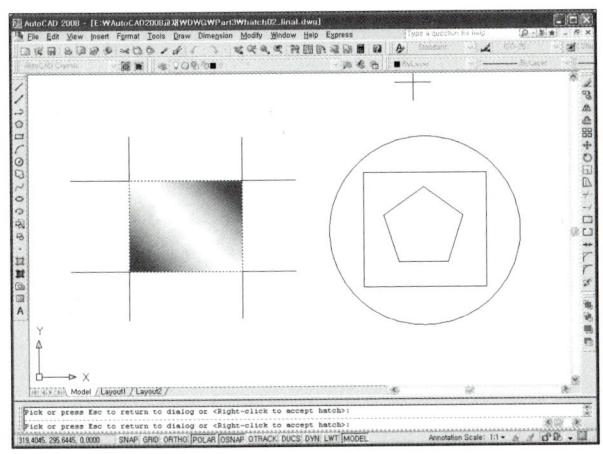

⑧ 확인 후 <kbd>Space Bar</kbd>를 눌러 대화상자로 돌아와서 [OK] 버튼을 클릭하여 완전히 종료합니다.

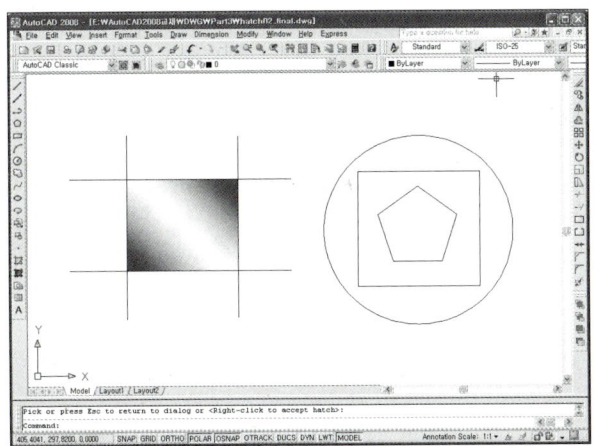

■ 내부에 또 다른 영역이 있는 객체 해칭하기

영역 내부에 또 다른 영역이 있는 객체가 종종 있습니다. 이때 영역이 많더라도 어느 것을 영역으로 할지를 결정하는 확장 옵션이 있습니다. 확장 옵션을 활용하는 방법에 대해서 살펴보겠습니다.

• 예제 파일 : Sample\Part03\hatch02.dwg

----

① 앞의 실행한 예제에 계속 이어서 설명합니다.

② Command 라인에 [Bhatch] 명령어를 입력하여 [Hatch and Gradient] 대화상자가 나타나면 하단의 오른쪽에 옵션 확장(⊙) 아이콘을 클릭합니다.

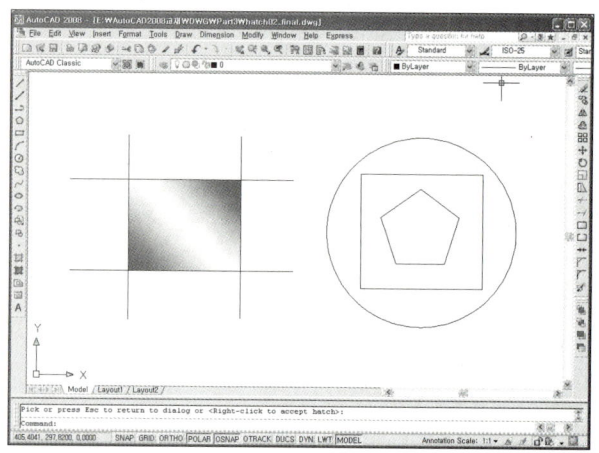

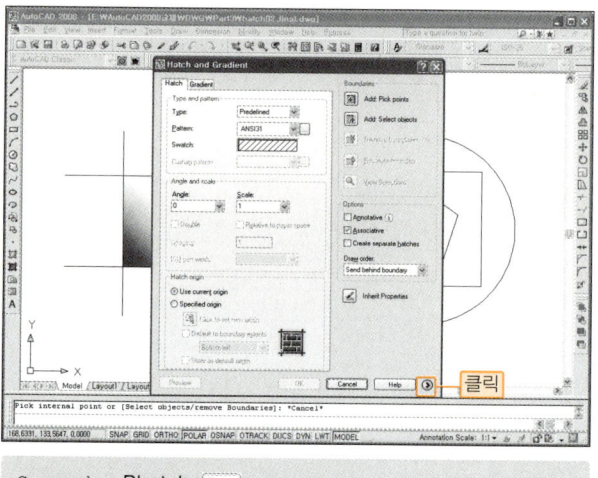

Command : **Bhatch** Enter

③ 확장(⊙) 아이콘을 클릭하면 Islands 옵션이 Normal로 선택되어 있는 것을 확인할 수 있습니다.

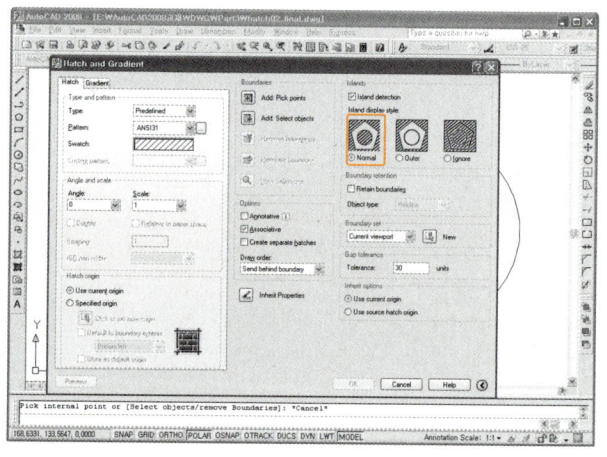

④ Swatch(▨▨▨▨▨) 버튼을 클릭하여 새로운 해치 패턴을 선택합니다. 예제에서는 ANSI31 패턴을 선택합니다.

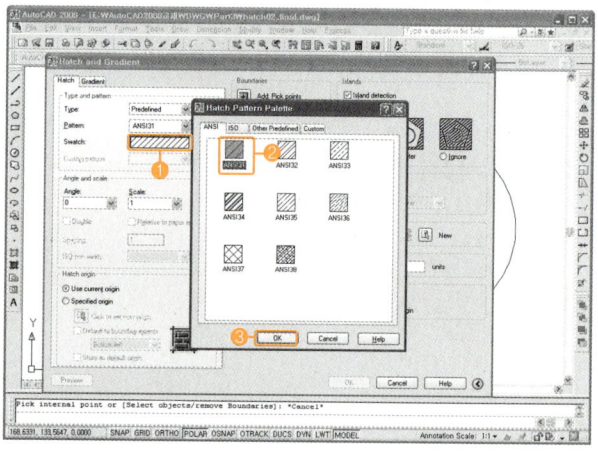

⑤ 패턴이 선택되었으면 Pick point(🖼) 아이콘을 클릭한 후 패턴을 채울 영역을 선택합니다.

⑥ Preview 버튼을 클릭하여 확인하면 선택한 무늬가 Normal인 Island 상태에서 외곽에서부터 하나씩 건너뛰면서 패턴이 채워진 것을 확인할 수 있습니다.

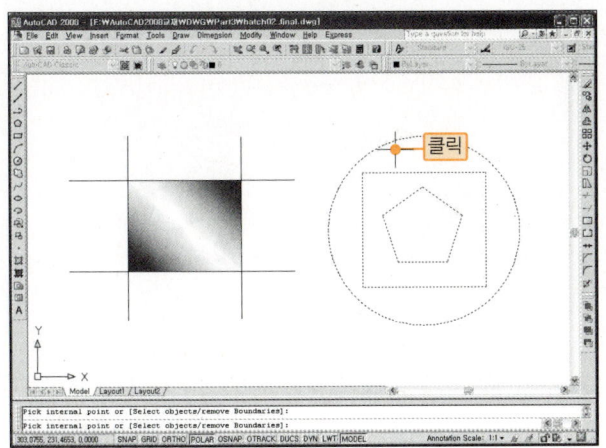

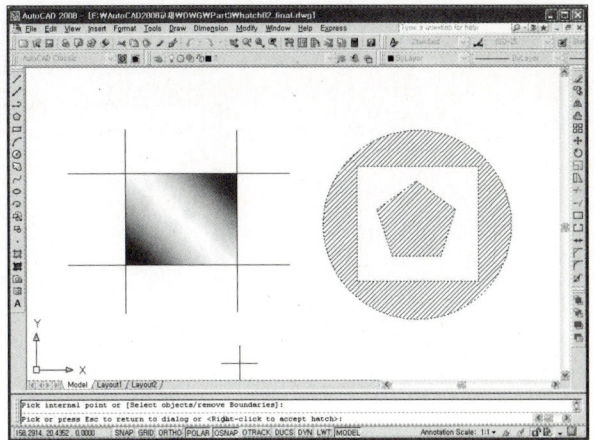

⑦ 확인이 되었으면 Space Bar 를 눌러 대화상자로 돌아온 뒤 Island의 옵션을 Outer로 선택합니다.

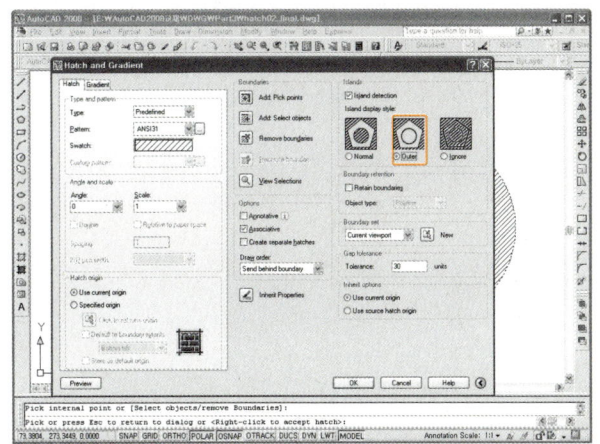

⑧ Outer의 상태를 확인하기 위해 Preview 버튼을 클릭하여 확인합니다. 안쪽의 다른 영역과 상관없이 최외곽의 영역에만 해칭이 된 것을 확인할 수 있습니다.

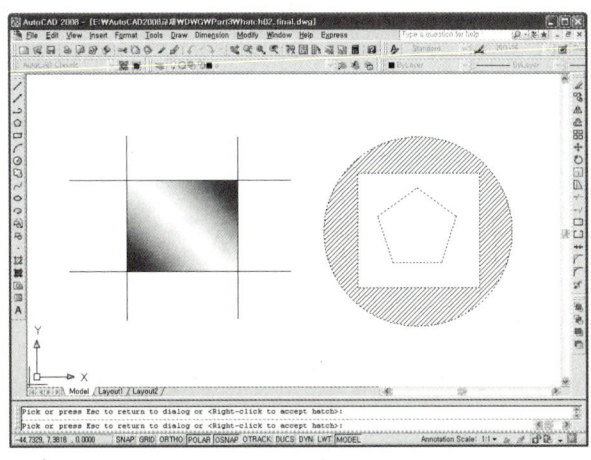

⑨ 확인이 되었으면 [Space Bar]를 눌러 대화상자로 돌아온 뒤 이번에는 Island의 옵션을 Ignore로 변경해봅니다.

⑩ Ignore의 상태를 확인하기 위해 [Preview] 버튼을 클릭합니다.

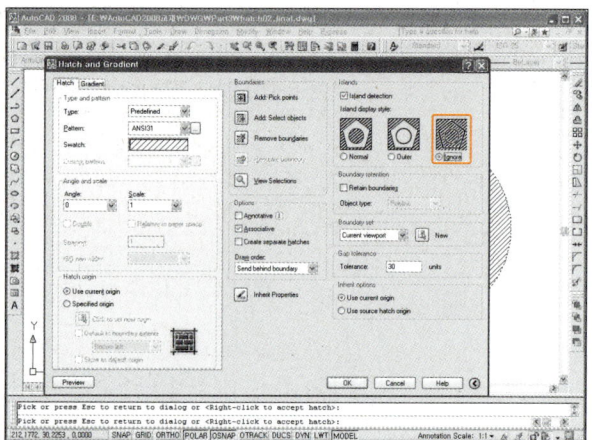

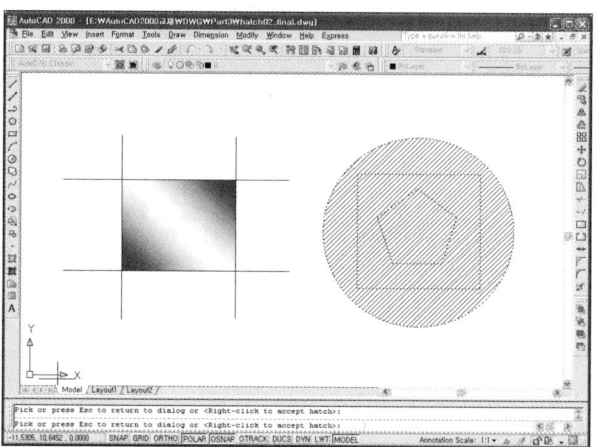

⑪ 확인한 후 [Space Bar]를 눌러 대화상자로 돌아온 뒤 [OK] 버튼을 클릭하여 종결합니다. 실습에서 확인 되듯이 Ignor 시에는 내부의 어떤 경계 영역도 무시된 채 모두 해칭이 됩니다.

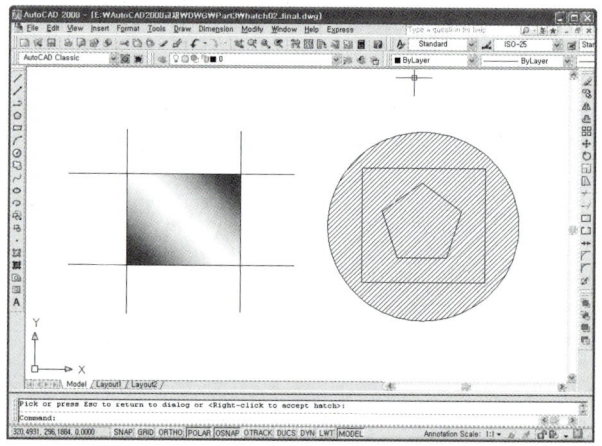

2. 해치 패턴을 편집하는 [Hatchedit] 명령어

[Hatchedit] 명령어는 [Hatch] 명령어로 채운 해치 패턴을 수정, 편집합니다. 명령어를 입력하고 수정하고 싶은 해치 패턴을 선택하면 [Bhatch] 명령어와 동일한 대화상자가 나타나고 그 대화상자를 이용하여 패턴을 다시 선택하거나 원하는 Scale을 설정할 수 있습니다. 옵션이나 기타 사용 방법은 [Bhatch] 명령어와 동일합니다.

[Hatchedit] 명령어	
아이콘	〔⊞〕
메인 메뉴	[Modify]-[Object]-[Hatch]
명령어	Hatchedit
단축키	〈HE〉

1. 명령어 사용 방법

[Hatchedit] 명령을 사용하기 위해서는 수정할 해치 패턴이 있어야 합니다. 이미 채워진 패턴이라도 [Hatchedit] 명령을 통하여 새로운 패턴 스타일이나 Scale 등을 조절하여 새로운 간격 값으로 조절할 수 있습니다. 사용하는 옵션은 [Bhatch] 명령어와 동일합니다.

```
Command : Hatchedit Enter
Select hatch object : 수정해야 하는 해치 패턴을 선택합니다.
```

선택한 해치 패턴의 설정값을 보여주는 대화상자가 나타납니다. 이 대화상자의 내용을 수정하여 해치 패턴을 수정합니다.

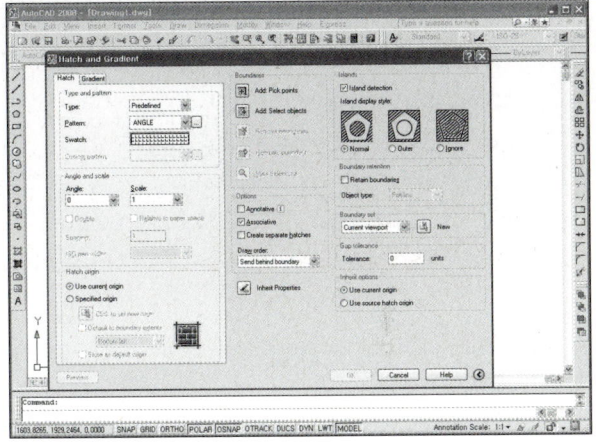

2. 기본 실습

이미 만들어진 해치 패턴을 새로운 해치 패턴의 스타일로 교체하거나 간격 값을 조절합니다.

- 예제 파일 : Sample\Part03\hatchedit.dwg

① [File]-[Open] 메뉴를 이용하여 부록 CD에서 예제 파일을 불러옵니다.

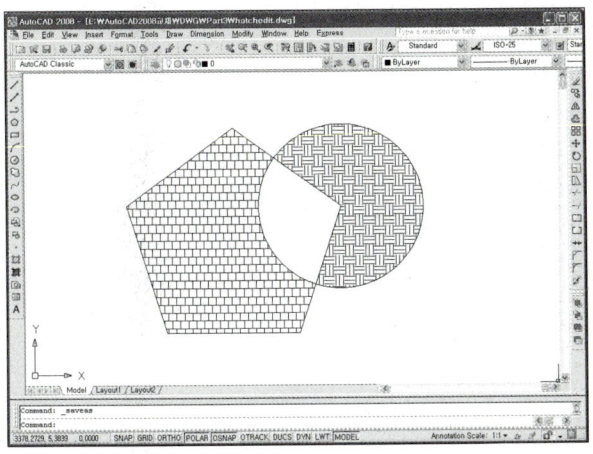

② Command 라인에 [Hatchedit] 명령어를 입력합니다.

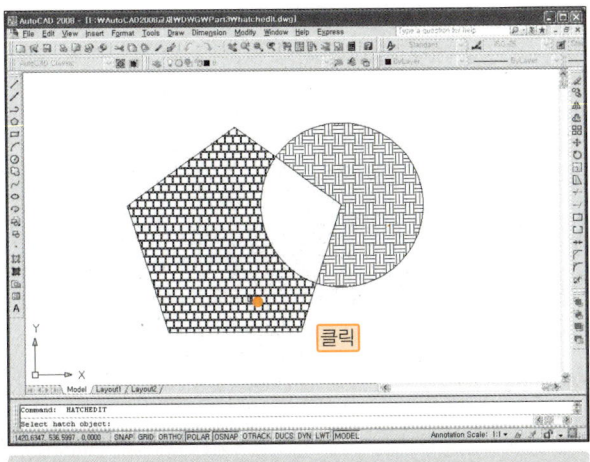

```
Command : Hatchedit Enter
Select hatch object :
오각형 안의 해치 패턴을 선택합니다.
```

❸ [Bhatch] 명령어와 비슷한 [Hatch Edit] 대화상
자가 나타납니다.

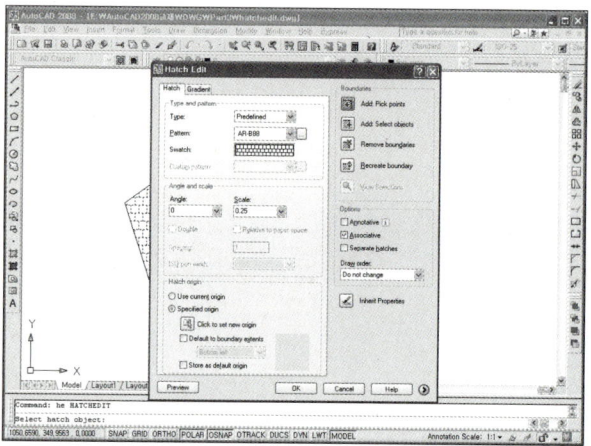

❹ 대화상자에서 해치의 간격을 조절하는 Scale 값을
클릭하여 '2' 로 변경합니다.

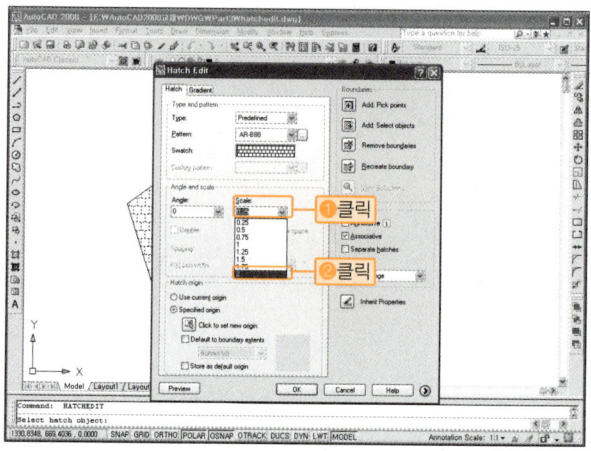

❺ Preview 버튼을 활용하여 다른 Angle이나 Scale
을 사용자의 생각에 맞게 수정한뒤 [OK] 버튼을
클릭하여 종료합니다.

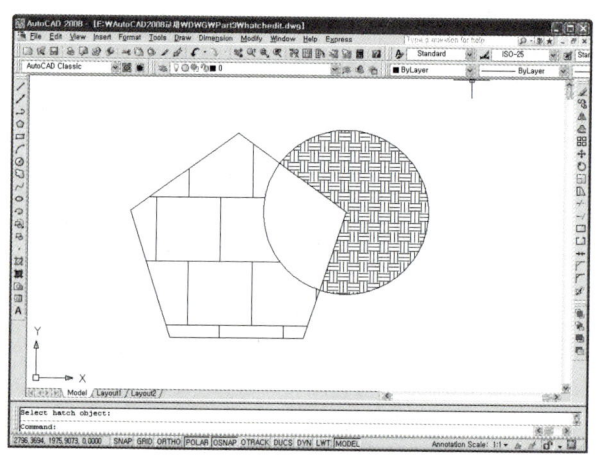

❻ 이번에는 원에 있는 해치 패턴의 패턴 무늬를 변
경하기 위하여 [Hatchedit] 명령어를 입력합니다.
이번에는 Scale이나 Angle뿐 아니라 해치 패턴
무늬를 변경해 보도록 합니다.

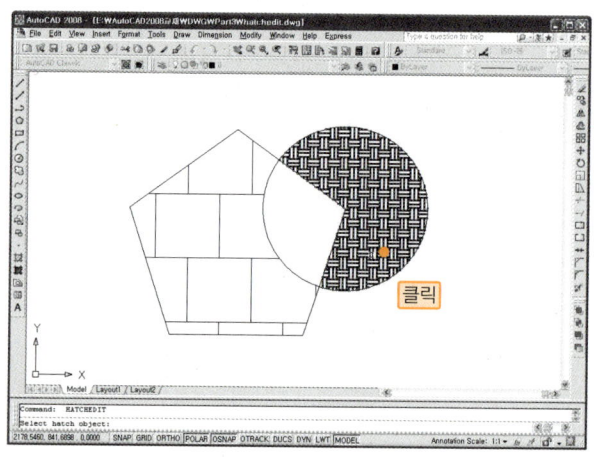

Command : **Hatchedit** Enter
Select hatch object : 원 안의 해치 패턴을 선택합니다.

⑦ [Hatch Edit] 대화상자가 나타나면 Swatch (▦▦▦▦▦▦▦) 버튼을 클릭하여 새로운 해치 패턴을 선택합니다.

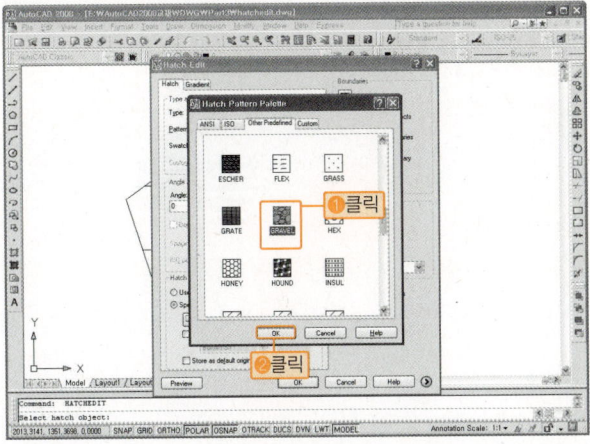

⑧ 해치의 간격을 다음과 같이 '3'으로 조정합니다. '3'이라는 수치는 현도면에서의 적용 값입니다. 도면 [Limits]와 패턴의 길이, 간격에 따라 사용자는 그때그때 알맞은 값으로 변경하며 실습해봐야 합니다.

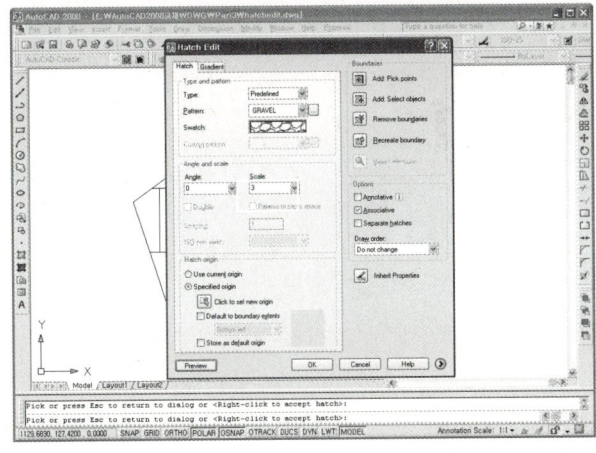

⑨ [Preview] 버튼을 이용하여 선택한 해치 패턴의 무늬가 알맞은지, 전체 간격이나 각도가 적절한지 등을 먼저 판단해보고, 이상이 없다면 [OK] 버튼을 클릭하여 종료합니다.

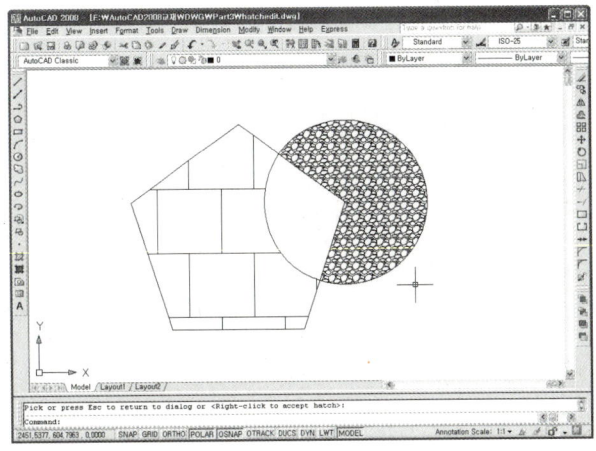

Chapter
05 블록 만들고 삽입하기

Chapter05에서는 도면 안에 자주 사용하는 여러 가지 도형 그룹을 임시 기억장소에 저장해 두었다가 원하는 곳에 삽입하여 사용하는 명령어입니다. 블록은 임시 기억장소에 저장하는 [Block] 명령과 하나의 파일 형태로 저장하여 언제 어디에서나 사용할 수 있도록 하는 [Wblock] 명령이 있습니다. 임시 기억장소에만 저장하는 블록은 현재 저장된 도면에서만 활용이 가능하므로 여러 곳에 사용하는 경우라면 [Wblcok] 명령으로 설정해놓는 것이 좋습니다. 블록은 반복적으로 도면 요소를 그리는 것을 방지하며 해당 하는 요소를 보다 빠르게 처리할 수 있도록 도와줍니다.

1. 라이브러리를 만드는 [Block] 명령어

[Block] 명령어는 자주 사용하는 도면 요소를 기억 장소에 저장해두었다가 필요할 때 불러들여 사용하는 명령어입니다. 블록으로 만들어진 객체는 여러 개의 객체가 모여 있어도 하나의 객체로 인식하므로 관리하기 쉬우면 용량도 적게 차지합니다. 도면 안에는 하나의 블록을 여러 개 삽입하더라도 전체적인 도면 속도에는 큰 영향을 미치지 않으므로 자주 사용하는 객체는 블록을 이용하는 것이 좋습니다.

[Block] 명령어	
아이콘	🔲
메인 메뉴	[Draw]-[Block]-[Make]
명령어	Block
단축키	〈B〉

1. 명령어 사용 방법

블록으로 만들고 싶은 객체를 선택하여 [Make Block]으로 원하는 삽입 점을 지정하여 블록을 만듭니다. 블록 객체를 선택하고 삽입 점을 클릭하여 라이브러리로 등록합니다.

```
Command : Block Enter
```

[Block] 명령을 실행하면 [Block Definition] 대화상자가 나타납니다. 해당하는 객체를 선택한 뒤 블록의 이름을 지정하고 도면에 삽입할 때의 기준점을 지정 한 뒤 [OK] 버튼을 클릭하여 종료합니다. 기타 다양한 옵션을 이용하여 다양한 옵션을 설정할 수 있습니다.

2. 명령어 옵션

기본적인 값 외에 사용자가 블록 객체의 크기와 각도, 분해 등의 옵션을 통해 삽입될 블록을 다양하게 지정할 수 있습니다.

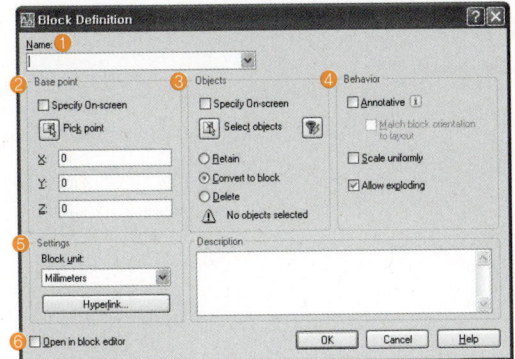

❶ **Name** : 블록의 이름을 입력합니다.

❷ **Base point** : 블록을 삽입할 때 기준점을 지정합니다.

· Specify On-Screen : 체크 표시하면 초기값을 이용합니다.

❸ **Objects** : 블록으로 만들 객체를 선택합니다.

· Select : 아이콘을 클릭하여 Pickbox로 선택합니다.

· Quick select : 객체의 속성을 이용하여 선택합니다.

· Retain : 블록의 처리 조건으로 현재 상태로 유지하여 블록을 처리합니다.

· Convert to block : 블록의 처리 조건으로 블록을 변환합니다.

· Delete : 블록의 처리 조건으로 선택된 객체를 삭제합니다.

❹ **Behavior** : 블록의 세부 사항을 지정합니다.

· Scale uniformly : 블록의 Scale을 정비례하도록 미리 지정합니다.

· Allow exploding : 분해할 수 있는 옵션입니다.

❺ **Settings** : 블록의 단위와 링크 상태를 지정합니다.

· Block units : 블록의 단위를 설정합니다.

· Hyperlink : 도면이나 웹페이지, 이메일 등의 링크를 설정합니다.

❻ **Open in block editor** : 블록의 편집 창을 열어 줍니다.

3. 기본 실습

블록을 지정하는 방법을 학습합니다. 블록 객체를 만들 때에는 삽입할 때의 기준점이나 위치, 각도 등을 고려하여 만들도록 합니다.

• 예제 파일 : Sample\Part03\block01.dwg

❶ [File]-[Open] 메뉴를 이용하여 부록 CD에서 예제 파일을 불러옵니다.

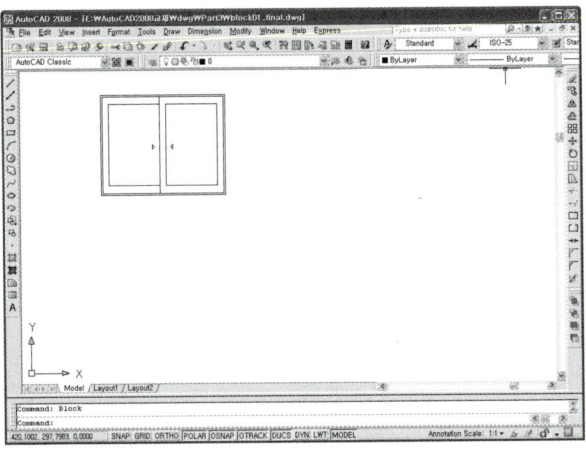

❷ Command 라인에 [Block] 명령어를 입력하여 [Block Definition] 대화상자에서 블록의 이름을 'Window'라고 입력합니다.

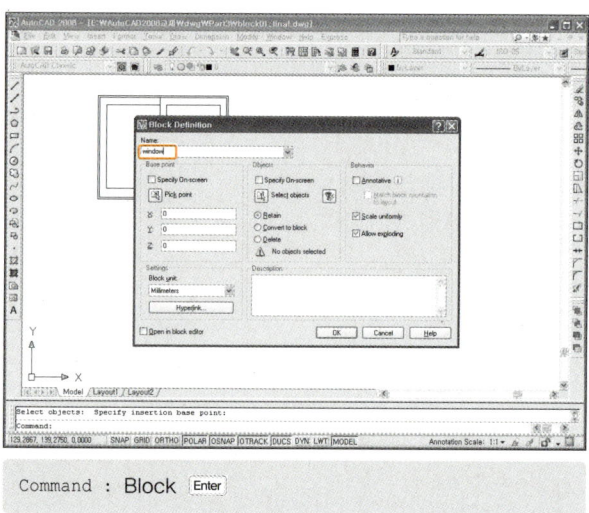

Command : **Block** Enter

❸ 대화상자의 Object 영역에서 Select object(⬚) 아이콘을 이용하여 다음의 객체를 선택합니다.

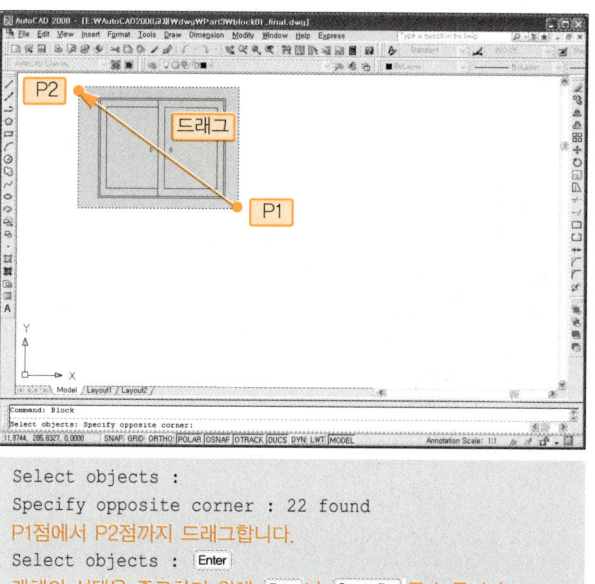

Select objects :
Specify opposite corner : 22 found
P1점에서 P2점까지 드래그합니다.
Select objects : Enter
객체의 선택을 종료하기 위해 Enter 나 Space Bar 를 누릅니다.

❹ 블록의 삽입 점을 클릭하기 위하여 Base point 영역의 Pick point(⬚) 아이콘을 클릭한 뒤 기준 점을 선택합니다.

Specify insertion base point :
[Osnap]으로 P1점을 선택합니다.

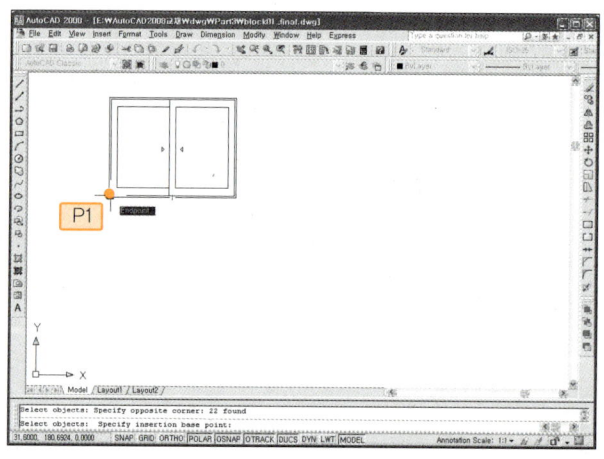

❺ 화면으로 돌아오면 화면에 X, Y의 기준점의 좌표 가 표시됩니다.

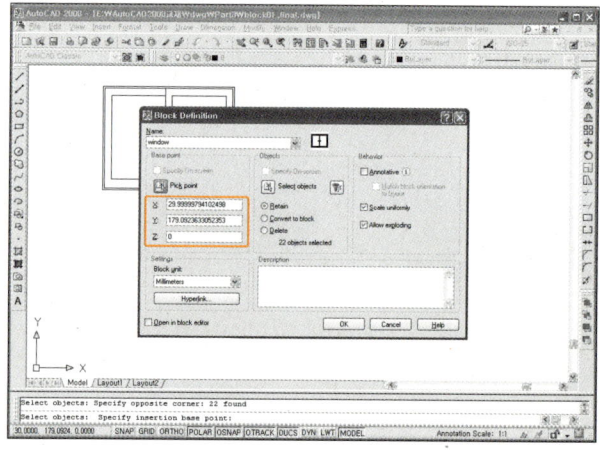

⑥ 해당 블록의 설명이 필요하다면 Description 부분에 해당 블록의 설명을 입력하고 [OK] 버튼을 클릭하여 종료합니다.

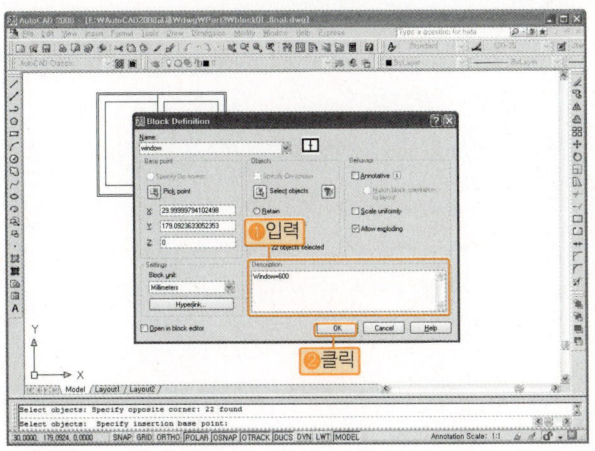

2. 블록을 삽입하는 [Insert] 명령어

블록으로 만든 객체를 화면 내에 삽입하는 명령어입니다. 이미 만들어진 객체를 원하는 개수만큼 삽입할 수 있으며 블록으로 만들 때 지정한 삽입 점을 기준으로 삽입이 되며 삽입할 때 크기를 조절하거나 Explode 옵션을 체크 표시하여 객체를 분해해서 삽입할 수 있습니다.

[Insert] 명령어	
아이콘	🔁
메인 메뉴	[Insert]-[Block]
명령어	Insert
단축키	⟨I⟩

1. 명령어 사용 방법

블록으로 만들어진 객체를 원하는 삽입 점으로 삽입합니다. 블록이 하나 이상인 경우에는 목록 리스트에서 원하는 블록을 선택합니다. 원하는 좌표를 입력하거나 마우스로 선택할 수 있으며 블록의 크기를 지정할 수 있습니다.

Command : Insert Enter
삽입을 원하는 블록을 목록 리스트에서 선택한 뒤 원하는 장소로 좌표를 입력하여 크기나 분해 등의 옵션을 조절하여 삽입합니다.

2. 명령어 옵션

[Insert] 명령어는 [Insert] 대화상자 내에서 원하는 옵션을 조절하여 삽입 점이나 크기, 분해 여부를 결정할 수 있습니다. 분해를 하는 경우 [Explode] 명령어도 있으므로 굳이 옵션 창에서 반드시 선택해야 하는 것은 아닙니다.

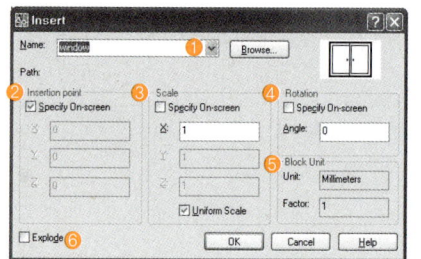

① Name : 블록의 리스트를 선택합니다.

② Insertion Point : 블록의 삽입 점의 기준을 설정합니다.

　· Specity On-Screen : 체크 표시하면 초기값을 이용합니다.

③ Scale : 블록의 크기를 조정합니다.

　· Specfy On-screen : 선택하면 초기값을 이용합니다.

　· Uniform Scale : 체크 표시하면 가로 세로 정비례로 크기를 설정합니다.

④ Rotation : 블록의 회전각을 설정합니다.

⑤ Block Unit : 블록의 단위를 설정합니다.

⑥ Explode : 블록의 분해 여부를 설정합니다.

3. 기본 실습

설정 된 블록을 화면 내로 삽입합니다. Command 라인에 [Insert] 명령을 입력한 뒤 원하는 블록의 목록을 선택하여 삽입합니다.

• 예제 파일 : Sample\Part03\block01_final.dwg

----

① [File]-[Open] 메뉴를 이용하여 부록 CD에서 예제 파일을 불러옵니다.

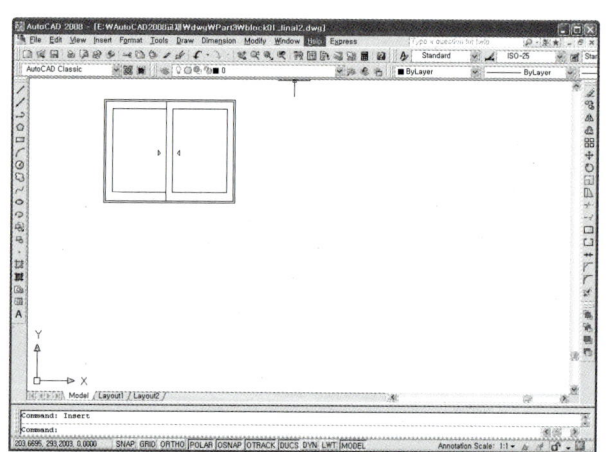

② [Insert] 대화상자가 나타나면 목록 리스트에서 저장되어 있는 'Window' 블록을 선택합니다.

삽입 점과 크기, 각도를 그림과 같이 입력합니다.

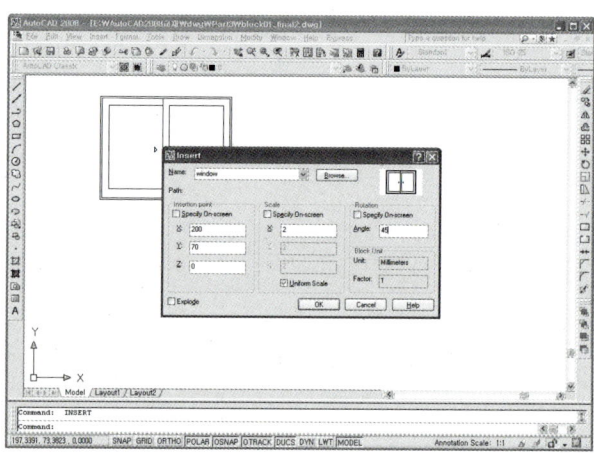

③ 다음과 같이 크기가 변경되고 45만큼 회전된 블록이 화면에 한 번 삽입됩니다. 삽입으로 [Scale]과 [Rotate]를 겸하여 적용하게 되는 것입니다.

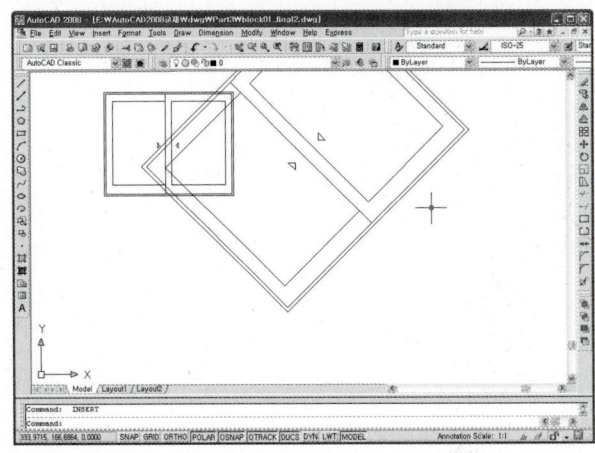

3. 파일로 만드는 [Wblock] 명령어

일반 블록은 현재의 도면 내에서 임시 기억장소에서 삽입이 됩니다. 반면 [Wblock] 명령은 dwg 파일로 저장되므로 언제나 원하는 시점에 삽입할 수 있다는 것이 장점입니다. 보통 [Save] 명령어를 이용하면 도면 전체가 저장되지만 [Wblock]은 도면의 일부 객체를 저장하는 기능이라고 할 수 있습니다. [Save]나 [Wblock]이나 둘 다 dwg 파일이 만들어집니다.

[Wblock] 명령어	
명령어	Wblock

1. 명령어 사용 방법

[Wblock] 명령은 파일 형태로 만들어진 블록입니다. 보통 일반 블록은 현재 사용 중인 도면에 임시로 기억되므로 다른 도면에서 사용할 수 없습니다. 하지만 [Wblock] 명령은 전체든 부분이든 하나의 dwg 파일로 저장하는 것이므로 언제나 원하는 시점에 도면 안에 삽입할 수 있습니다.

> Command : **Wblock** Enter
> 저장하려는 도면 요소를 선택하고 이름을 입력한 뒤 기준점을 설정하고 해당 객체를 선택하여 [Wblock]으로 만듭니다.

2. 명령어 옵션

[Wblock] 명령을 실행하면 [Write Block] 대화상자가 나타납니다. 다양한 옵션 값을 선택하여 저장하고자 하는 블록을 컨트롤할 수 있습니다.

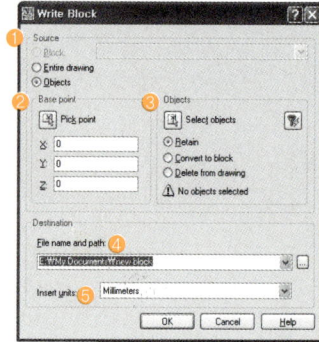

① **Source** : 저장할 객체의 선택 방법을 결정합니다.

· Block : 임시기억 장소에 기억된 블록을 선택합니다.

· Entire drawing : 전체 도면을 블록으로 저장합니다. 일반 [Save] 명령어로 저장한 것과 동일
합니다.

· Objects : 필요한 특정 객체만 선택하여 블록으로 저장합니다.

② **Base Point** : 블록의 기준점을 정하는 것으로 X, Y, Z 값을 입력하거나 Pick point(·) 아이
콘을 클릭하여 원하는 위치를 선택합니다.

③ **Object** : 블록 대상 객체를 선택하는 옵션입니다.

· Select objects : Select objects(🔲) 아이콘을 클릭하여 블록 객체를 선택합니다.

· Retain : 원본 객체에는 변화가 없이 객체를 지정합니다.

· Convert to block : 선택된 객체를 블록으로 변환하여 지정합니다.

· Delete : 선택된 객체는 지우고 블록으로 지정합니다.

· Quick Object : 공통적인 특성을 가진 객체를 묶어서 객체를 선택합니다.

④ **File name and path** : 블록으로 저장될 객체의 이름과 폴더의 경로를 지정합니다.

⑤ **Insert units** : 블록을 삽입할 때 단위를 지정합니다.

3. 기본 실습

[Wblock] 명령으로 선택한 객체를 심볼화하여 다른 도면에 삽입하는 방법을 살펴보겠습니다. 다른 도면에 삽입이
안 되는 [Block] 명령과 구분해야 합니다.

- -
• 예제 파일 : Sample\Part03\wblock.dwg
- -

① [File]-[Open] 메뉴를 이용하여 부록 CD에서 예
제 파일을 불러옵니다.

② Command 라인에 [Wblock] 명령어를 입력하여
[Write Block] 대화상자를 실행합니다.

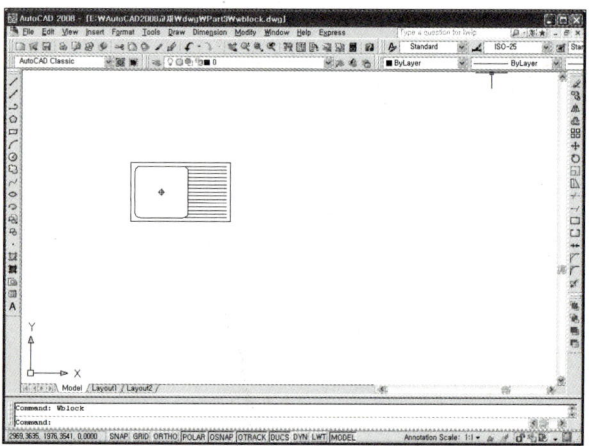

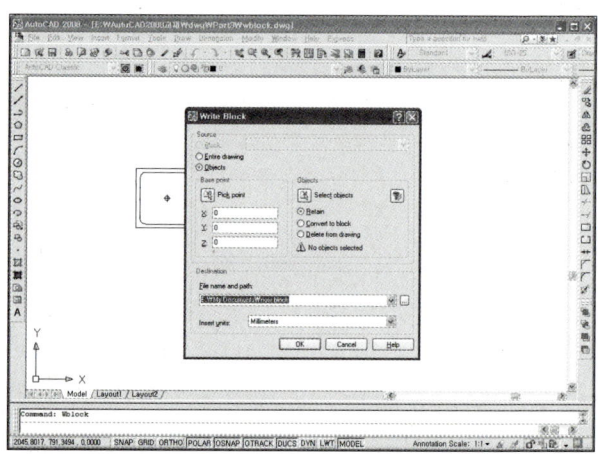

Command : **Wblock** [Enter]

❸ 블록 객체를 선택해야 하므로 Select objects(🖼️)
아이콘을 클릭한 후 도면에서 다음과 같이 선택합
니다.

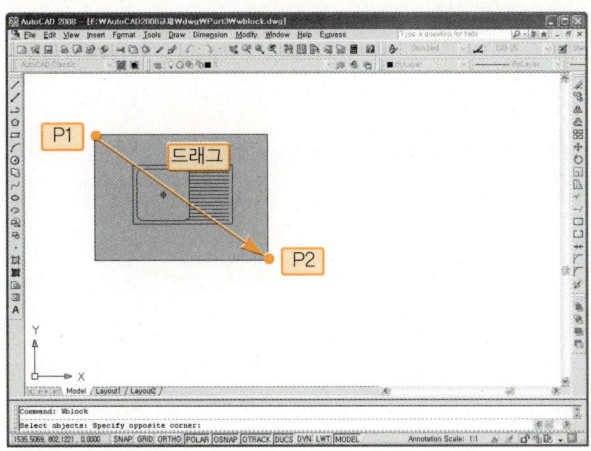

```
Select objects : Specify opposite corner : 30 found
P1점에서 P2점까지 드래그합니다.
Select objects : [Enter]
[Enter]를 눌러 선택을 종료합니다.
```

❹ [Write Block] 대화상자로 돌아오면 Pick
point(🖼️) 아이콘을 클릭합니다.

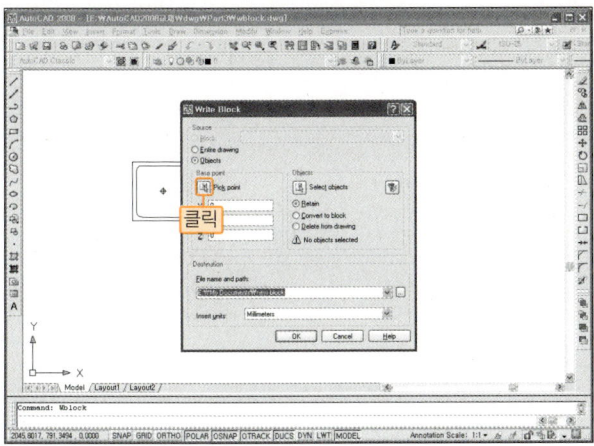

❺ P1을 선택하여 기준점을 클릭합니다.

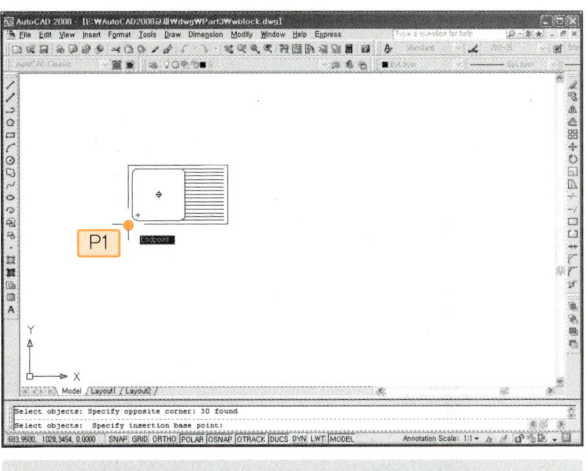

```
Specify insertion base point : P1 클릭
```

❻ 기준점을 클릭하면 다시 대화상자로 돌아옵니다.
File name and path 부분의 경로 설정 아이콘을
클릭합니다.

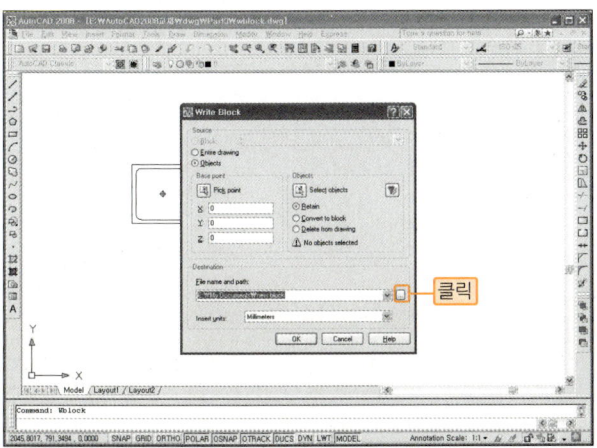

❼ [Browse for Drawing File] 대화상자가 나타나면
저장할 경로를 선택하고 파일명을 입력하고 [Save]
버튼을 선택합니다.

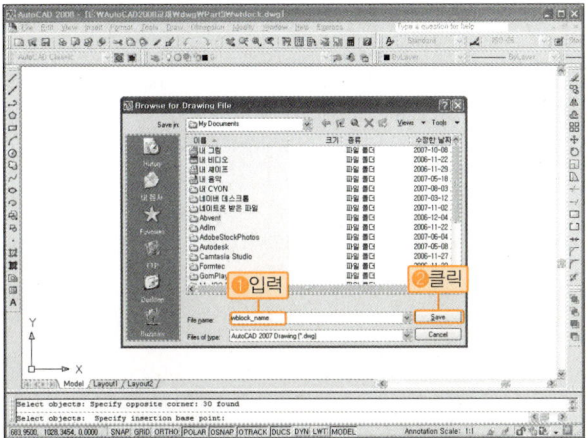

⑧ 화면에 작은 창(Preview)이 나타났다가 사라지면 Wblock가 완성됩니다. 다른 도면에 삽입할 수 있는지 확인하기 위하여 새 도면을 준비합니다.

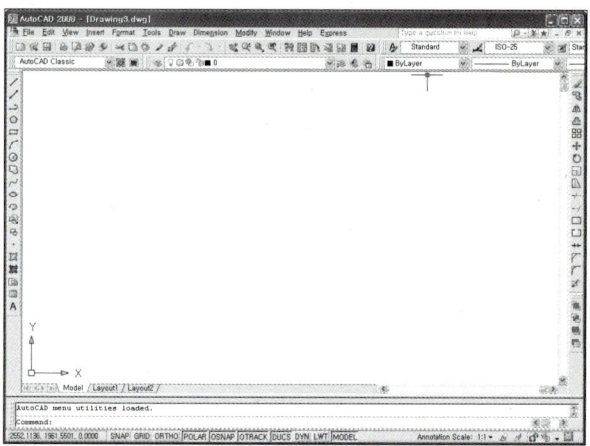

⑨ Command 라인에 삽입 명령어인 [Insert]를 입력하여 [Insert] 대화상자를 실행한 후 대화상자에서 [Browse] 버튼을 클릭합니다.

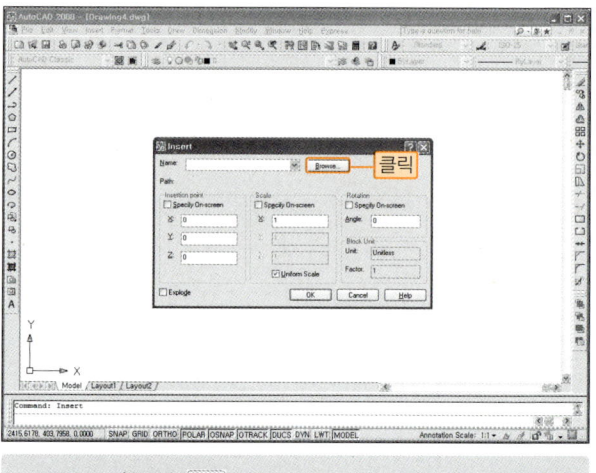

Command : Insert Enter

⑩ [Select Drawing File] 대화상자가 나타나면 앞서 저장한 경로에서 해당 파일을 선택하고 [Open] 버튼을 클릭합니다.

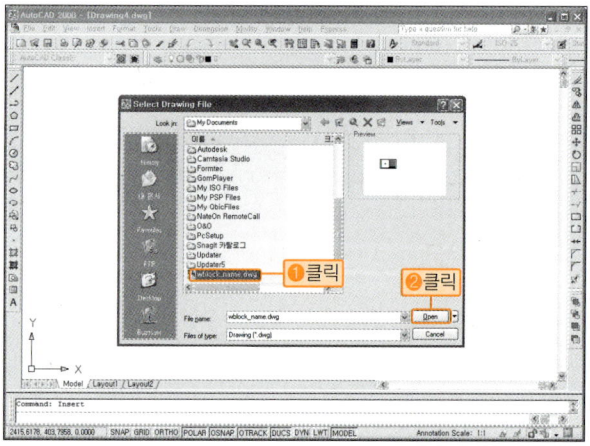

⑪ 다시 [Insert] 대화상자로 돌아오면 선택한 블록의 삽입 점을 지정하기 위하여 Specify On-Screen을 체크 표시합니다.

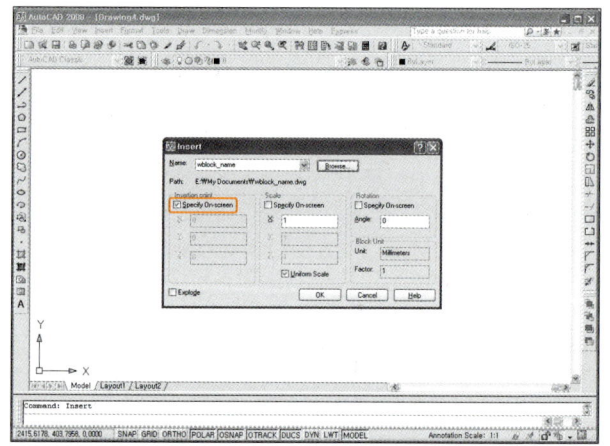

⑫ [OK] 버튼 클릭한 후 도면에서 원하는 좌표 점을 마우스로 선택하거나 좌표 값으로 입력합니다.

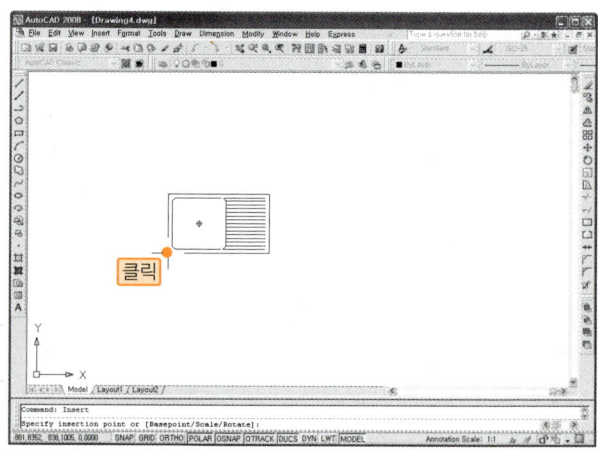

⑬ 새로운 도면에 앞서 저장한 객체가 삽입되는 것을 볼 수 있습니다.

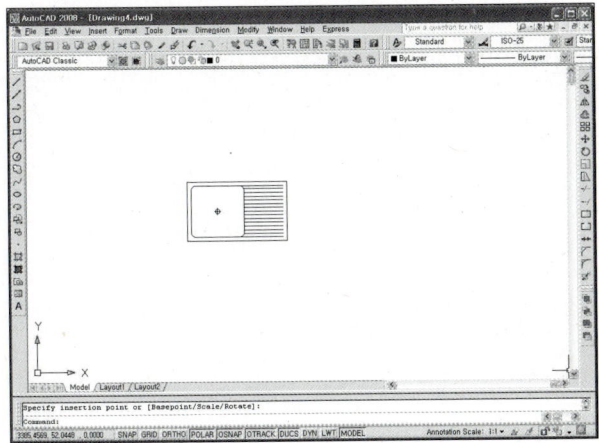

⑭ 삽입한 객체의 크기와 회전각을 다음 그림처럼 입력하고 삽입합니다.

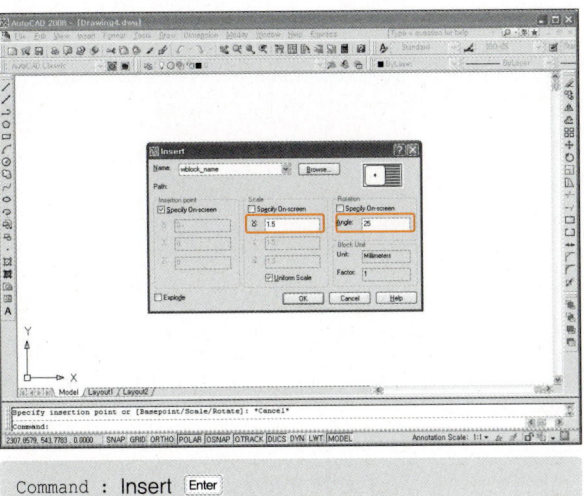

Command : **Insert** [Enter]

⑮ [OK] 버튼을 클릭하면 새로운 도면에 블록 저장된 객체가 삽입됩니다.

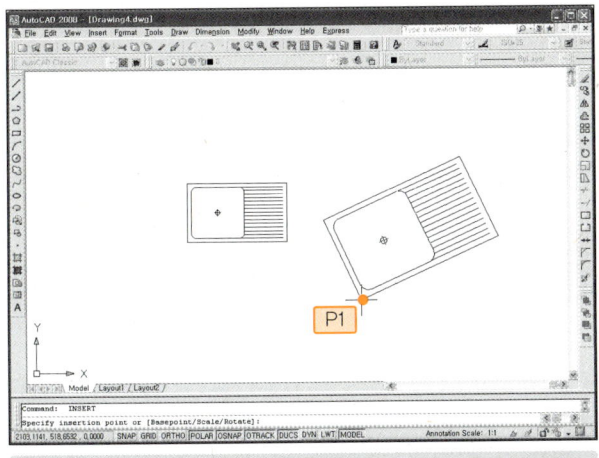

Specify insertion point or [Basepoint/Scale/Rotate] : **P1 클릭**

⑯ 다음 그림처럼 크기와 각도가 조절되어 삽입이 되었습니다.

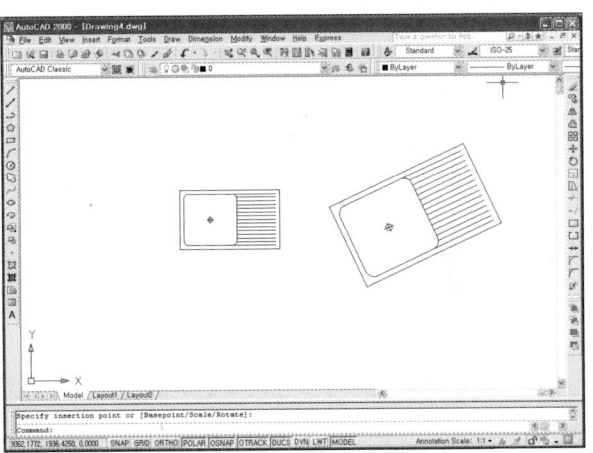

⑰ 지금 삽입된 객체를 [Explode]를 이용하여 분해한 뒤 차이점을 알아보겠습니다.

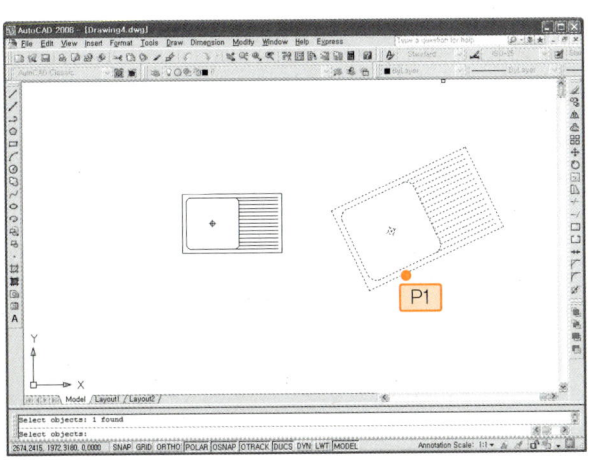

Command : **Explode** [Enter]
Select objects : 1 found
P1을 클릭하여 객체를 선택합니다.
Select objects : [Enter]

⑱ 마우스로 다음과 같이 명령어 없이 선택만 합니다.

⑲ 다음과 그림을 보면 블록 객체와 분해된 객체의 차이를 알 수 있습니다.

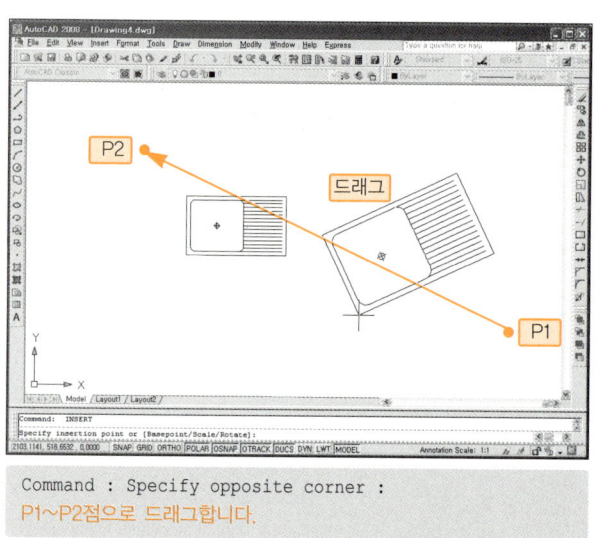

Command : Specify opposite corner :
P1~P2점으로 드래그합니다.

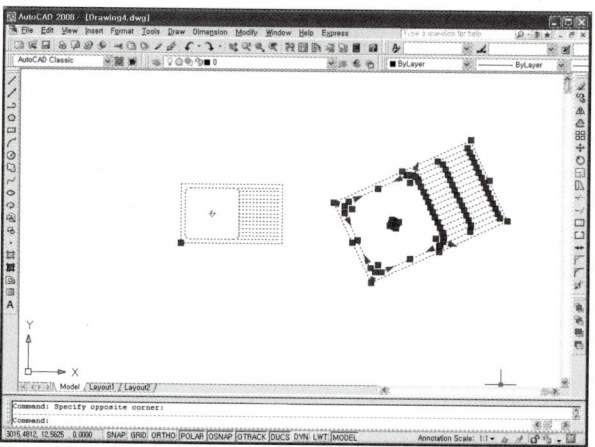

4. 다중 삽입하는 [Minsert] 명령어

[Minsert] 명령은 [Insert] 명령에 [Rectangular Array] 명령을 한 번에 실행하는 것과 동일한 것으로 다중 삽입 명령어라고 합니다. 가로와 세로 줄을 기준으로 여러 개의 동일한 객체를 삽입할 때 편리하지만 수정 편집해야 하는 경우 [Explode] 명령어가 실행되지 않으므로 편집을 요하는 객체의 삽입은 주의해서 사용해야 합니다.

[Minsert] 명령어	
명령어	Minsert

1. 명령어 사용 방법

만들어진 블록을 삽입하는 명령어로 [Insert] 명령과 다른 점은 한 번에 여러 개를 줄과 행단위로 다중 삽입할 수 있다는 것입니다. 한 번에 여러 개의 블록을 삽입함으로써 하나를 삽입하여 여러 개를 복사하는 것보다는 용량이 줄어들어 효율적이지만 [Minsert] 명령어로 불러들인 객체는 [Explode] 명령으로 분해할 수 없으므로 주의해야 합니다.

```
Command : Minsert [Enter]
Enter block name or [?] : window
삽입할 블록 대상 객체의 이름을 입력합니다.
Units : Millimeters Conversion : 1.0000
Specify insertion point or [Basepoint/Scale/X/Y/Z/Rotate] : 블록의 삽입 점을 클릭합니다.
Enter X Scale factor, specify opposite corner, or [Corner/XYZ] <1> : 가로 축의 Scale 값을 입력합니다.
Enter Y Scale factor <use X Scale factor> : 세로 축의 Scale 값을 입력합니다.
Specify rotation angle <0> : 블록의 회전각을 입력합니다.
Enter number of rows (---) <1> : 가로 줄의 개수를 입력합니다.
Enter number of columns (|||) <1> : 세로 줄의 개수를 입력합니다.
Enter distance between rows or specify unit cell (---) : 가로 줄 간의 간격을 입력합니다.
Specify distance between columns (|||) : 세로 줄 간의 간격을 입력합니다.
```

2. 명령어 옵션

삽입되는 블록은 원본 객체와 동일하게 크기와 각도를 입력하기도 하지만 크기를 늘리거나 줄일 수 있으며, 각도 값으로 객체를 회전하여 삽입할 수도 있습니다. 또한 한 번에 여러 개의 객체를 삽입할 수 있으므로 각 옵션을 정확히 파악해야 합니다.

옵션	내용
Basepoint	블록을 만들 때 설정한 기준점 대신 현재 삽입하는 시점에서 다시 기준점을 설정할 수 있습니다.
Scale	삽입하는 블록의 크기를 결정할 수 있습니다. 이때 입력하는 Scale 값은 블록의 크기를 정비례하게 크기를 결정할 수 있습니다.
X/Y/Z	블록 크기의 가로, 세로, 높이 값을 각각 설정할 수 있습니다.

3. 기본 실습

블록이 만들어진 객체를 삽입하여 다중 삽입 명령어를 실습하고 각 객체의 분해를 입력하여 분해의 결과를 확인하도록 합니다.

- 예제 파일 : Sample\Part03\block(01)_final.dwg
----

1 [File]-[Open] 메뉴를 이용하여 부록 CD에서 예제 파일을 불러옵니다.

2 Command 라인에 [Minsert] 명령어를 입력하고 미리 만들어진 window 블록을 삽입합니다.

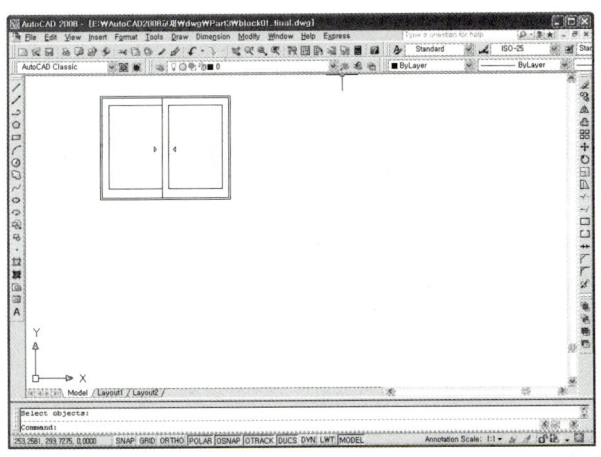
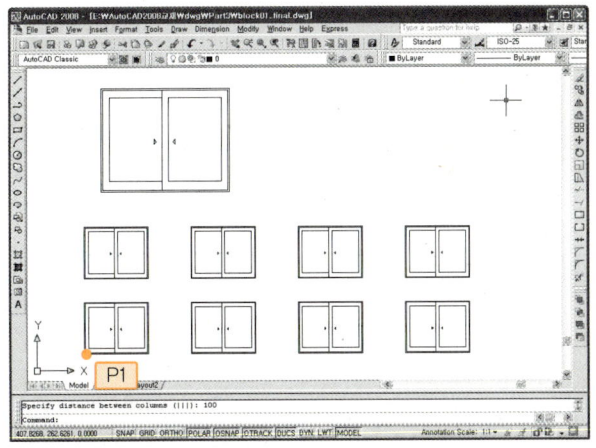

```
Command : Minsert Enter
Enter block name or [?] <> : window Enter  블록 이름을 입력합니다.
Units : Millimeters Conversion : 1.0000
Specify insertion point or [Basepoint/Scale/X/Y/Z/ Rotate] : P1 클릭  P1점을 클릭하여 블록의 삽입 점을 선택합니다.
Enter X Scale factor, specify opposite corner, or [Corner/XYZ] <1> : 0.5 Enter  블록의 가로 크기를 1/2로 축소
Enter Y Scale factor <use X Scale factor> : Enter
블록의 세로 크기를 Enter 를 눌러 X축과 동일하게 설정하거나 Y축의 값을 입력합니다.
Specify rotation angle <0> : Enter  블록의 회전각을 입력합니다.
Enter number of rows (---) <1> : 2 Enter  블록의 가로 줄의 개수를 입력합니다.
Enter number of columns (||||) <1> : 4 Enter  블록의 세로 줄의 개수를 입력합니다.
Enter distance between rows or specify unit cell (---) : 70 Enter  블록의 가로 줄 간의 간격을 입력합니다.
Specify distance between columns (||||) : 100 Enter  블록의 세로 줄 간의 간격을 입력합니다.
```

5. 외부도면을 참조하는 [Xref] 명령어

[Xref] 명령은 블록을 불러오는 [Insert] 명령과 별 차이가 없어 보입니다. 하지만 [Insert]를 통해 삽입한 객체는 삽입된 현재 도면에 완전히 포함된 객체이지만 [Xref] 명령으로 삽입한 객체는 독립성을 유지하면서 원본 도면의 변화에 따라 항상 Update가 되며 [Insert]로 삽입한 객체보다 데이터의 크기를 작게 작업할 수 있는 장점이 있습니다.

즉, 참조를 통해 삽입한 객체는 현 도면과의 레이어 충돌이나 데이터 크기 등에 관계없이 작업할 수 있으며 원본 도면의 변화를 바로 반영할 수 있으므로 원본 객체의 변화 시 다시 삽입해야 하는 번거로움이 없습니다.

1. 명령어 사용 방법

[Xref] 명령어는 기존의 블록을 삽입하는 것처럼 외부 파일을 현재 도면 안으로 불러옵니다. 하지만 블록 삽입과 달리 현재의 도면에 삽입은 되지만 현재 도면에 데이터를 추가하지 않고 따로 관리되므로 원본 도면의 변화를 바로 적용할 수 있어, 연결된 도면을 작성해야 할 때 편리하게 사용할 수 있습니다.

[Xref] 명령어	
아이콘	🗗
메인 메뉴	[Insert]-[DWG Reference]
명령어	Xref
단축키	〈XR〉

Command : **Xref** Enter

2. 명령어 옵션

[Xref] 명령을 실행하면 나타나는 [External References] 대화상자의 옵션은 [Insert] 대화상자의 내용과 비슷합니다.

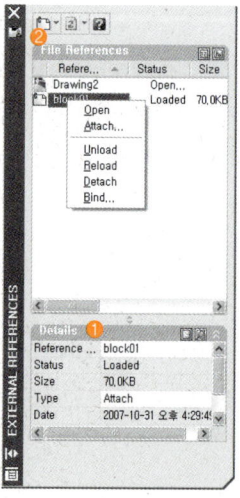

❶ **Details** : 선택한 도면의 상세 설명이 기록되어 있습니다. Attach DWG를 선택한 경우 다음의 대화 상자가 나타납니다.

❷ **Attach DWG** : 현재 도면에 참조 도면을 불러오는 아이콘입니다.

· Attach DWG : DWG 파일을 선택합니다.

· Attach Image : 이미지 파일을 선택합니다.

· Attach DWF : DWF 파일을 선택합니다.

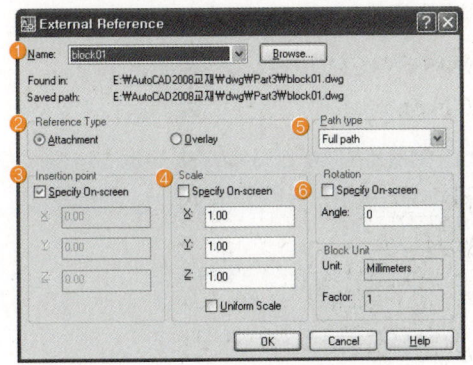

1. **Name** : 삽입할 참조 도면을 선택합니다.

2. **Reference Type** : 참조 도면의 타입을 설정합니다.

· Attchament : 참조의 경우 제약이 있습니다.

· Overlay : 제약 없이 참조합니다.

3. **Insertion point** : 삽입할 때의 기준점을 결정합니다.

· Specify On-screen : 체크 표시하면 삽입 점의 초기값을 사용합니다.

4. **Scale** : 블록의 크기를 재정의할 수 있습니다.

· Specify On-screen : 체크 표시하면 블록의 초기값을 사용합니다.

· Uniform Scale : 블록의 크기를 정비례하게 지정합니다.

5. **Rotatrion** : 블록의 회전각을 지정합니다.

· Specify On-screen : 체크 표시하면 블록의 초기값을 사용합니다.

6. **Block Unit** : 블록의 단위를 지정합니다.

3. 기본 실습

새로운 도면을 준비하여 [Xref] 명령어를 통해 삽입하는 연습을 해보도록 하겠습니다. 어느 도면이나 상관없으므로 연습하고자 하는 도면을 준비합니다.

1. [Xref] 명령을 실행하면 그림과 같이 [External References] 대화상자가 나타납니다.

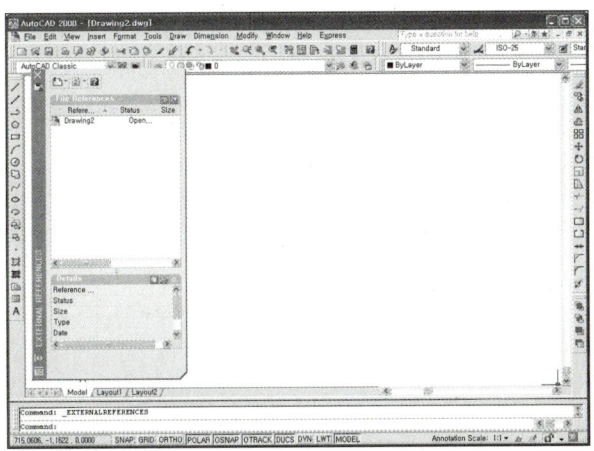

2. Attach DWG(📁) 아이콘을 클릭하여 나타나는 메뉴에서 [Attach DWG]을 실행합니다.

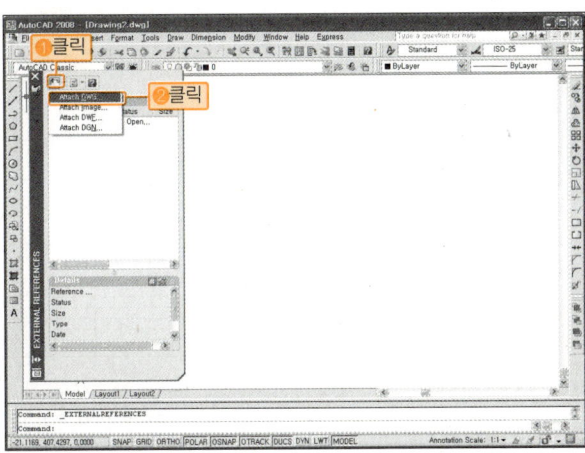

❸ [Select Reference File] 대화상자가 나타나면 경로를 확인하고 원하는 파일을 선택한 후 [Open] 버튼을 클릭합니다.

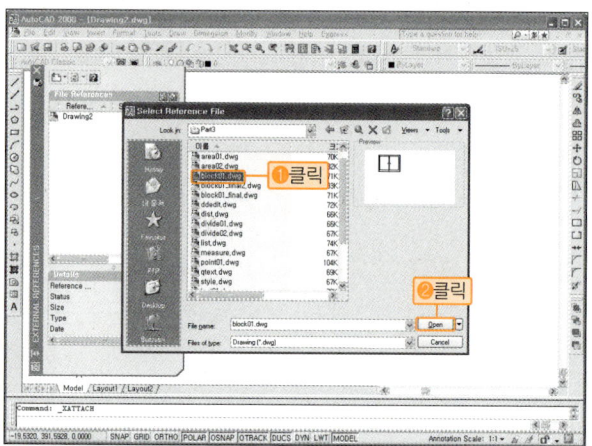

❹ 계속해서 [External Reference] 대화상자가 나타나면 [OK] 버튼을 선택하여 불러옵니다.

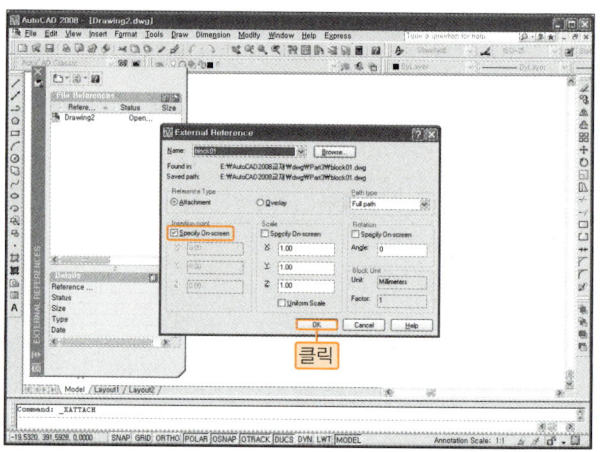

❺ 원하는 Base Point를 선택합니다. Base Point는 마우스나 좌표 값을 이용하거나 다른 객체가 있는 경우 Osnap을 이용합니다.

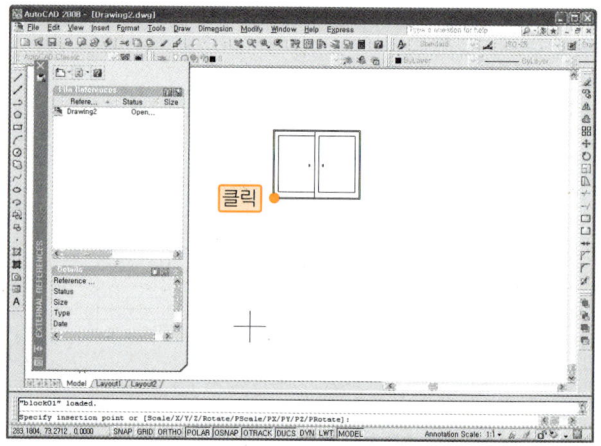

❻ 도면 안에 참조 도면이 삽입되었습니다. 참조 도면을 삭제하는 경우 [External Reference] 대화상자에서 해당 파일을 마우스 오른쪽 버튼을 클릭하여 나타나는 메뉴에서 [Detach]를 선택합니다.

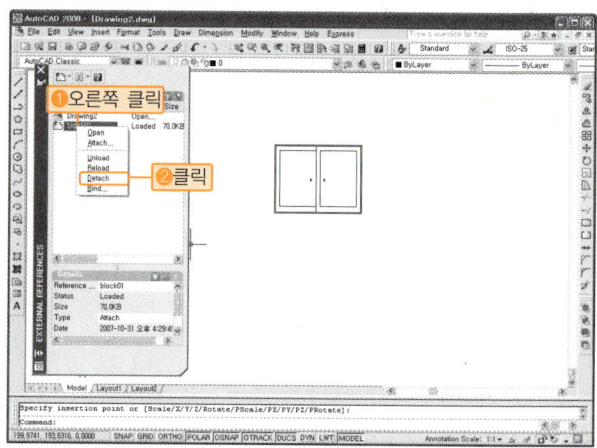

• 완성도면 | Practice\문과창문상세.dwg

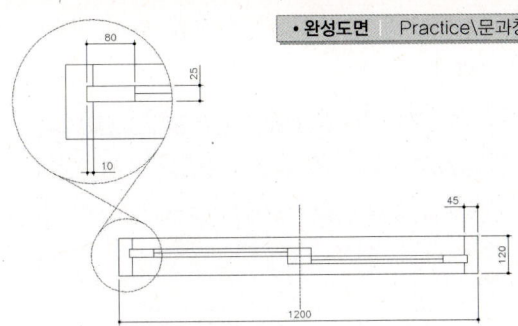

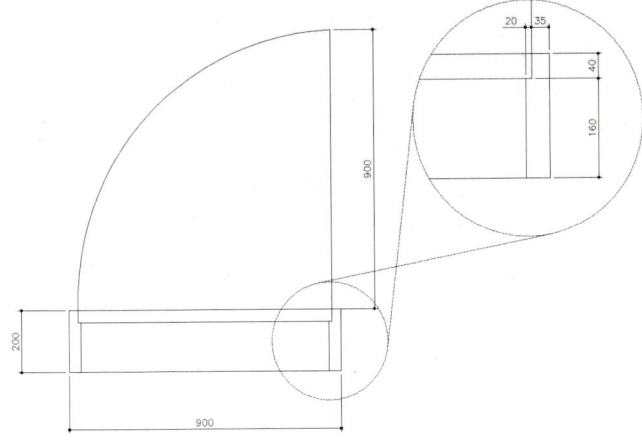

• 완성도면 | Practice\기계도면08.dwg

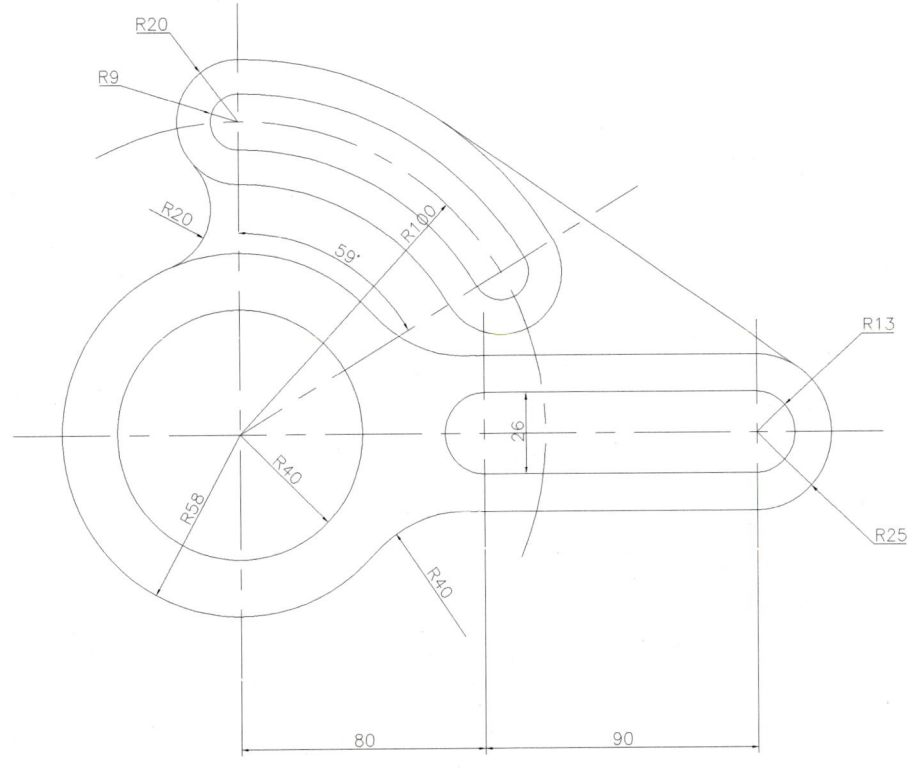

Part
04

설계 도면 완성하기

도면의 완성은 해당 도면의 크기에 맞는 치수를 입력하는 것입니다. 각각의 치수에 맞게 해당 치수의 여러 가지 유형을 [Dimension Style]을 이용하여 지정할 수 있습니다. 치수 유형에 맞는 여러 가지 변수를 조정할 수도 있지만 하나의 도면 안에 여러 가지 유형을 미리 지정해놓고 원하는 스타일을 상황에 맞추어 사용할 수 있는 방법을 살펴 보도록 하겠습니다.

Chapter 01

A u t o C A D

치수 기입하고 수정하기

Chapter01에서는 다양한 형태의 치수를 입력하는 방법을 알아봅니다. 치수의 기본 용어부터 기본적인 선형치수나 원형치수, 각도치수 등의 입력 방법을 살펴보고 연관 치수의 의미를 파악하여 사용자의 의도에 맞는 연관 치수 작성법도 학습해봅니다. 입력한 치수는 용도에 맞게 수정 편집도 가능하며 스타일 간의 재설정도 가능합니다.

1. 치수 기입의 기본 용어 이해하기

[Dimension]에 관련된 치수의 용어를 정확히 파악하고 있어야 합니다. 오토캐드에 지시하는 여러 가지 명령의 단계를 이해하기 위하여 Dimension 관련 치수 용어를 먼저 학습합니다.

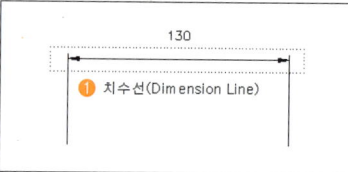

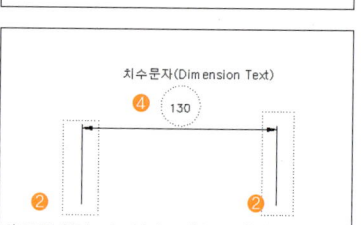

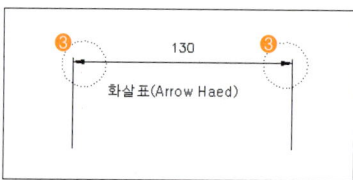

❶ **Dimension Line** : 치수선입니다. 치수선은 치수의 전체 길이를 표시합니다.

❷ **Extension Line** : 치수보조선입니다. 치수선 위치의 두 지점을 표시합니다.

❸ **Arrow Head** : 치수 화살표입니다. 치수선의 양끝의 위치를 표시합니다.

❹ **Dimension Text** : 치수 문자입니다. 치수 값을 표시합니다.

2. 치수의 전체적인 크기를 조절하는 [Dimscale] 명령어

치수는 [Linetype] 명령과 마찬가지로 전체적인 Limits의 크기에 따라 화면에 표시되는 치수 문자나 화살표의 크기를 다르게 지정할 수 있습니다. Limits이 크면 [Dimscale]도 크게, Limits가 작으면 [Dimscale]도 작게 지정합니다.
Command 라인에서 [Dimscale]을 직접 입력하기도 하지만 일반적으로 [DimStyle]에서 함께 지정하여 사용하는 것이 관리 차원에서 편리합니다. 화면에 치수를 입력한 후 화면에 치수 문자나 화살표가 보이지 않는 경우 [Dimscale] 명령으로 전체적인 치수의 크기 관리를 할 수 있습니다.

1. 명령어 사용 방법

[Dimscale] 명령의 사용 방법은 화면에 입력한 치수들이 화면에 정상적으로 보이지 않을 때 사용합니다. 주로 해당 도면의 Limits의 크기를 기준으로 해당 [Dimscale]의 값을 키우거나 줄이면 자동으로 화면의 치수가 변경됩니다.

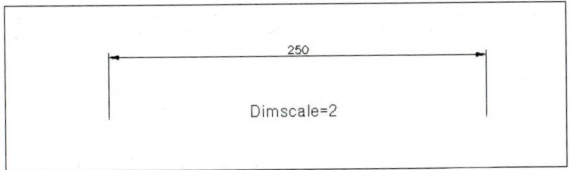
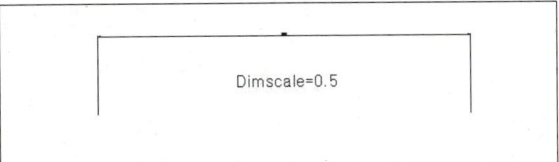

Command : **Dimscale** `Enter`
Enter new value for Dimscale <1.0000> : Limits 치수에 맞는 Dimscale 값을 입력합니다.

일반적으로 Dimscale 값을 얼마나 넣을까? 고민을 합니다. 이때 새 도면을 시작할 때 'acadiso.dwt'를 사용한다면 12,9를 기준으로 'Dimscale=0.1' 이 설정되고, 'acad.dwt'를 사용한다면 Dimscale=1이 기준이 됩니다. 보통 오토캐드 2008의 기준 새 도면은 'acadiso.dwt' 이므로 12,9를 기준으로 'Dimscale=0.1'을 설정합니다.

3. 다양한 치수 기입하기

치수의 형식은 여러 가지가 있습니다. 선형의 치수부터 원형의 치수까지 다양하게 입력할 수 있습니다. 치수의 여러 가지 입력 방법을 익히고 [Dimstyle]의 여러 유형을 통해 같은 치수도 다른 형식으로 입력하는 방법을 공부합니다. 툴 바에서 [Dimension] 툴을 열어 놓고 사용하면 편리합니다.

1. 명령어 사용 방법

[Dimension] 툴을 이용하여 치수를 입력하면 좀 더 편리합니다. 오토캐드 전체 화면의 툴 바에서 아무 곳이나 마우스 오른쪽 버튼을 클릭하면 다음 그림처럼 메뉴가 나타납니다. 이때 [Dimensions]를 체크 표시하여 치수 툴 바를 화면상에 올려놓고 작업을 하면 원하는 치수를 편리하게 입력할 수 있습니다.

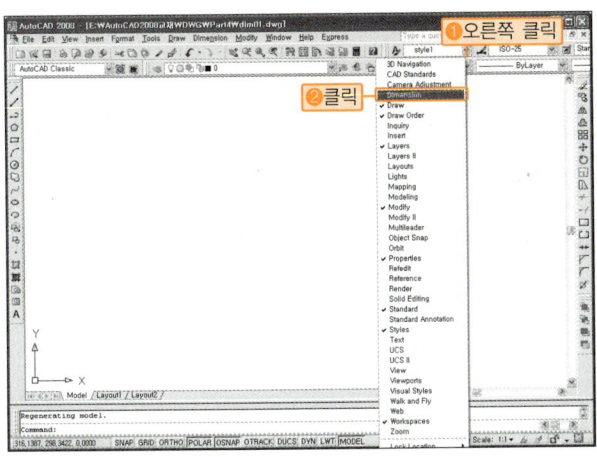
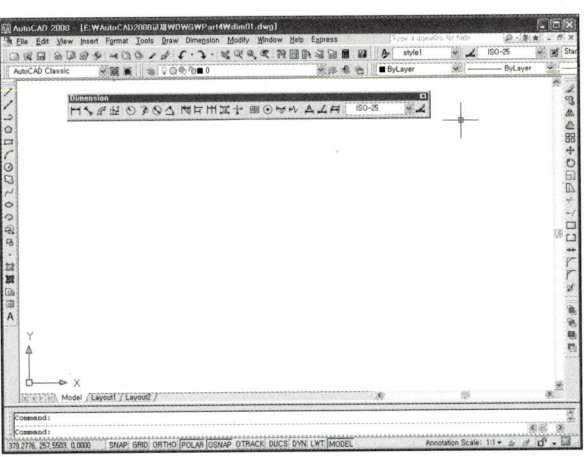

4. 선형치수를 입력하는 [Dimlinear] 명령어

선형치수 [Dimlinear] 명령은 수직, 수평 방향의 직각의 치수를 입력할 수 있습니다. Command 라인에서 바로 입력할 때 사용하며 Dim Command에서 입력하는 경우에는 수평 치수는 HOR로 입력하고 수직의 치수는 VER로 입력합니다. 주로 선형치수는 툴 바를 이용하거나 Command 라인에서 바로 입력합니다.

[Dimlinear] 명령어	
아이콘	⊟
메인 메뉴	[Dimension]-[Linear]
명령어	Dimlinear

1. 명령어 사용 방법

Command 라인에 [Dimlinear] 명령어를 입력한 후 치수를 입력할 두 지점을 마우스로 선택한 후 치수선의 위치를 최종적으로 선택합니다. 치수보조선이 입력되는 위치를 선택하는 경우 반드시 [Osnap]이 켜져 있는 상태로 입력해야만 정확한 치수를 입력할 수 있습니다.

```
Command : Dimlinear Enter
Specify first extension line origin or <select object> :
첫 번째 치수보조선의 위치를 선택합니다.
Specify second extension line origin : 두 번째 치수보조선의 위치를 선택합니다.
Non-associative dimension created.
Specify dimension line location or[Mtext/Text/Angle/Horizontal/Vertical/Rotated] :
치수선의 위치를 선택하거나 옵션을 선택합니다.
Dimension text = 100
치수 값이 표시됩니다.
```

2. 명령어 옵션

선형치수 기입 명령어에 대한 선택적 옵션을 통하여 기존과 다른 치수를 입력하거나 치수보조선의 회전각을 정할 수 있습니다.

옵션	내용
Mtext	입력될 치수를 Mtext 창을 통하여 재구성할 수 있습니다.
Text	입력될 치수를 Text 옵션을 통하여 재지정할 수 있습니다.
Angle	치수 문자의 각도 값을 입력합니다.
Horizontal	선형의 치수 중에서 가로의 치수를 입력합니다.
Vertical	선형의 치수 중에서 세로의 치수를 입력합니다.
Rotated	치수보조선의 각도를 입력합니다.

3. 기본 실습

선형의 치수를 입력합니다. 가로의 치수와 세로의 치수를 입력하고 Object를 선택하여 입력해보도록 합니다.

❶ [File]–[Open] 메뉴를 이용하여 부록 CD에서 예
제 파일을 불러옵니다.

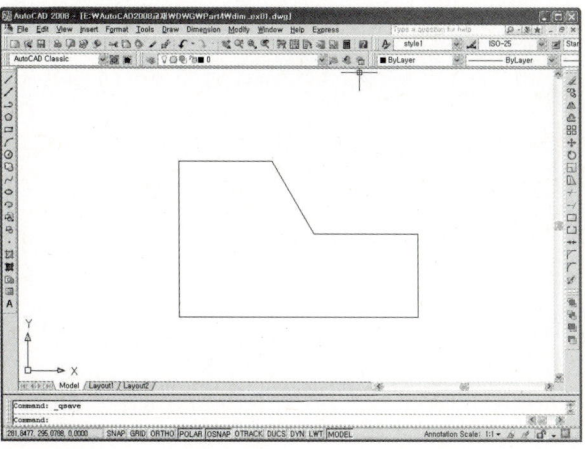

❷ Command 라인에 [Dimlinear] 명령어를 입력하
고 치수보조선의 양쪽 끝 두 지점을 클릭하여 가로
의 수평 치수를 입력합니다.

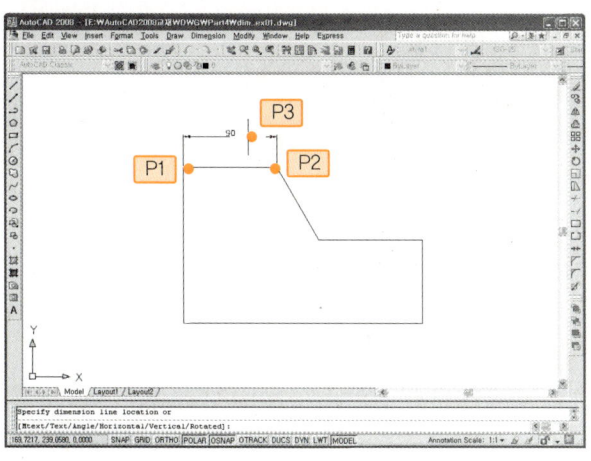

```
Command : Dimlinear Enter
Specify first extension line origin or <select object> :
P1 클릭
Specify second extension line origin : P2 클릭
Specify dimension line location or
[ Mtext/Text/Angle/Horizontal/Vertical/Rotated] : P3 클릭
Dimension text = 90
```

❸ Command 라인에 [Dimlinear] 명령어를 입력하
고 치수보조선의 양쪽 끝 두 지점을 클릭하여 가로
의 수직 치수를 입력합니다.

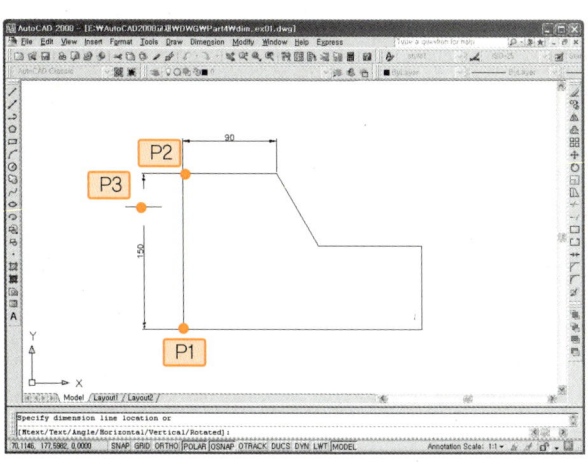

```
Command : Dimlinear Enter
Specify first extension line origin or <select object> :
P1 클릭
Specify second extension line origin : P2 클릭
Specify dimension line location or
[ Mtext/Text/Angle/Horizontal/Vertical/Rotated] : P3 클릭
Dimension text = 150
```

④ Command 라인에 [Dimlinear] 명령어를 입력하고 사선으로 되어 있는 곳의 치수를 입력하기 위해 양쪽 끝 두 지점을 클릭하여 사선의 치수를 입력해보겠습니다.

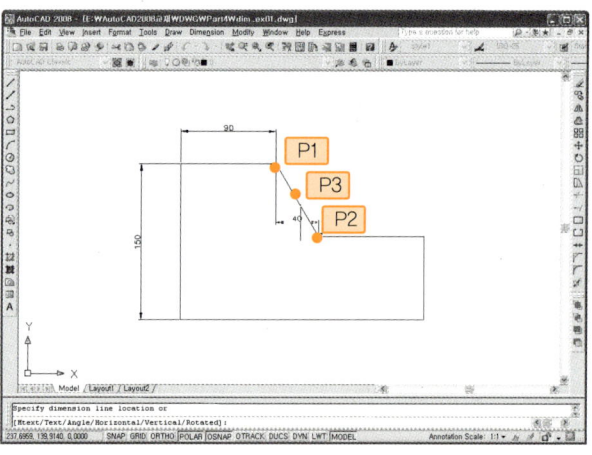

```
Command : Dimlinear [Enter]
Specify first extension line origin or <select object> :
P1 클릭
Specify second extension line origin : P2 클릭
Specify dimension line location or
[ Mtext/Text/Angle/Horizontal/Vertical/Rotated] : P3 클릭
Dimension text = 40
```

사선의 치수 기입은 [Dimlinear]로 입력하지 않습니다. [Dimlinear]는 오직 수직과 수평의 선형치수를 입력합니다. 사선은 [Dimaligned] 명령을 이용하여 따로 입력합니다.

4. 옵션 실습

선형이든 사선의 치수이든 치수를 기입하는 기본 방법에 치수 기입을 하기 위한 객체를 직접 선택하여 치수를 입력할 수 있습니다. 또한 자동 입력되는 치수 문자를 변경하거나 치수선의 기울기 각도를 입력하기도 하며 치수 문자를 회전시킬 수도 있습니다.

• 예제 파일 : Sample\Part04\dim_ex01.dwg
----

❶ 이전의 도면을 계속 이어서 실습하도록 합니다. Command 라인에 [Dimlinear] 명령어를 입력합니다.

❷ 선택과 동시에 치수선이 나타나며 사용자는 원하는 위치에 치수선 위치를 선택합니다.

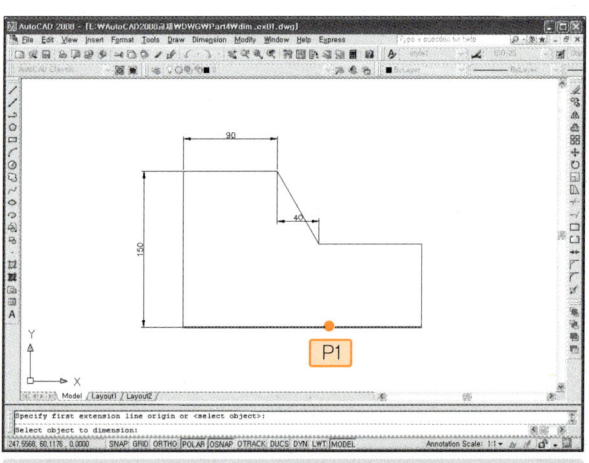

```
Command : Dimlinear [Enter]
Specify first extension line origin or <select
object> : [Enter]
```
객체를 선택하는 옵션을 선택하기 위해 [Enter]를 누릅니다.
```
Select object to dimension : P1 클릭
```
P1점을 클릭하여 치수를 기입할 대상 객체를 선택합니다.

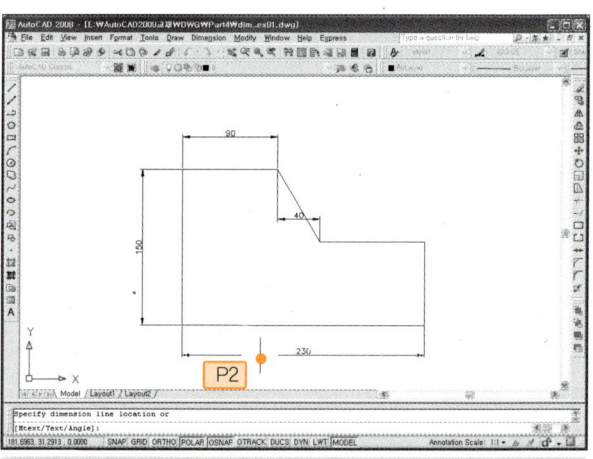

```
Specify dimension line location or [ Mtext/Text/Angle]
: P2 클릭
Dimension text = 230
```

③ 선형치수 명령어를 다시 입력하고 P1을 클릭하여 객체를 선택합니다.

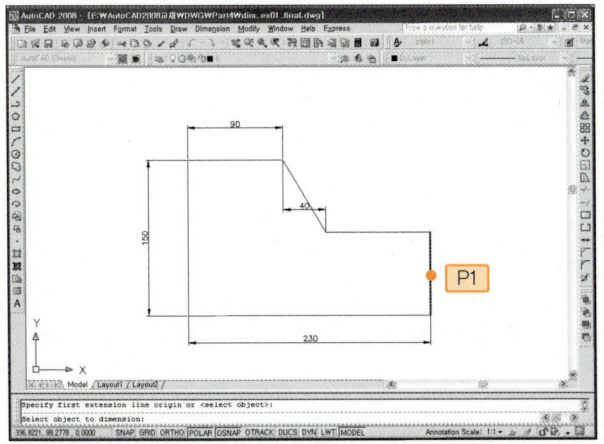

> Command : **Dimlinear** Enter
> Specify first extension line origin or <select object> : Enter
> Select object to dimension : **P1 클릭**

④ 자동 입력되는 치수 옆에 문자를 입력하기 위한 Mtext 옵션을 선택합니다.

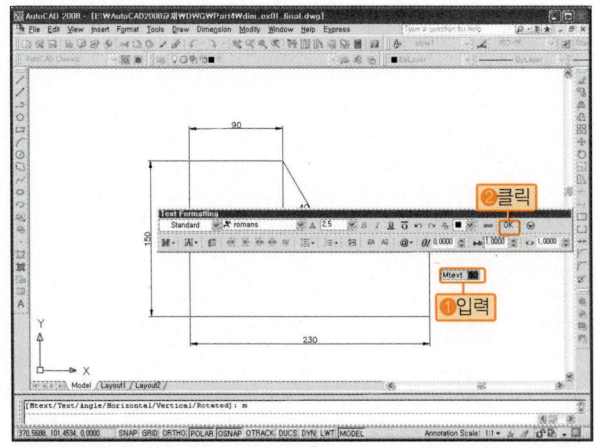

> Specify dimension line location or[Mtext/Text/Angle/ Horizontal/Vertical/Rotated] : **M** Enter
> Mtext 창이 나타나면 해당 문자열의 앞뒤에 원하는 문자를 입력합니다.

⑤ 치수선의 위치를 선택하여 치수 기입을 완료합니다.

> Specify dimension line location or[Mtext/Text/Angle/ Horizontal/Vertical/Rotated] : **P2 클릭**
> Dimension text = 80
> 치수선의 위치를 선택합니다.

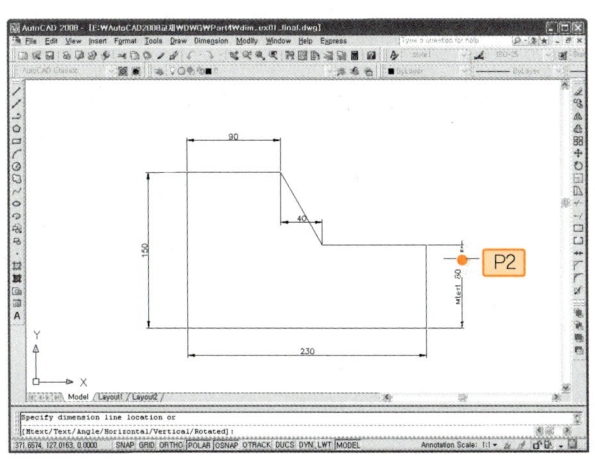

⑥ 다음 그림처럼 원하는 위치에 치수가 입력됩니다. 선형치수는 치수의 두 점을 선택하거나 해당 Object를 선택하면 다음과 같이 치수가 자동으로 입력됩니다.

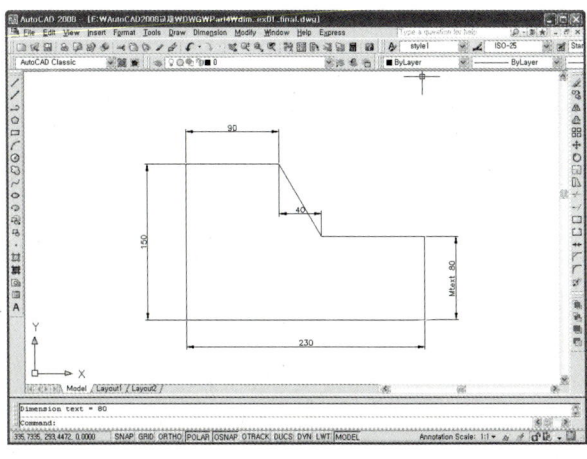

7 선형치수 명령어를 다시 입력하고 P1을 클릭하여
객체를 선택합니다.

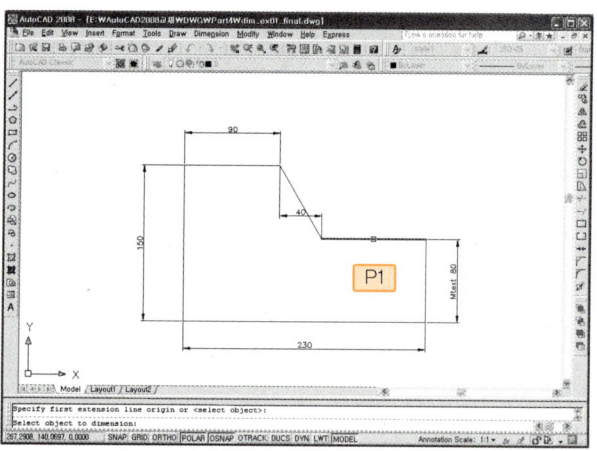

```
Command : Dimlinear [Enter]
Specify first extension line origin or <select
object> : [Enter]
Select object to dimension : P1 클릭
```

8 치수선의 회전각을 입력하기 위한 Rotate 옵션을
사용하여 다음의 위치에 치수선을 선택합니다.

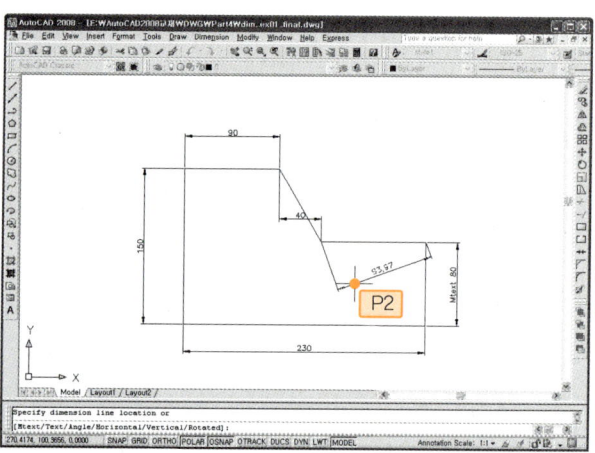

```
Specify dimension line location or[ Mtext/Text/Angle/
Horizontal/Vertical/Rotated] : R [Enter]
```
치수선의 기울기 각도를 입력할 옵션을 선택합니다.
```
Specify angle of dimension line <0> : 20 [Enter]
```
치수선의 기울기 각도를 입력합니다.
```
Specify dimension line location or[ Mtext/Text/Angle/
Horizontal/Vertical/Rotated] : P2 클릭
Dimension text = 93.97
```
치수선의 위치를 선택합니다.

9 선형치수 명령어를 다시 입력하고 P1을 클릭하여
객체를 선택합니다.

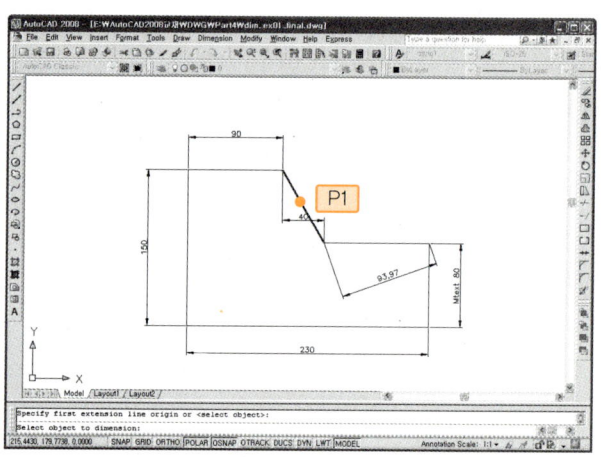

```
Command : Dimlinear [Enter]
Specify first extension line origin or <select object>
: [Enter]
Select object to dimension : P1 클릭
```

⑩ 치수 문자나 문자열의 회전각을 입력합니다.

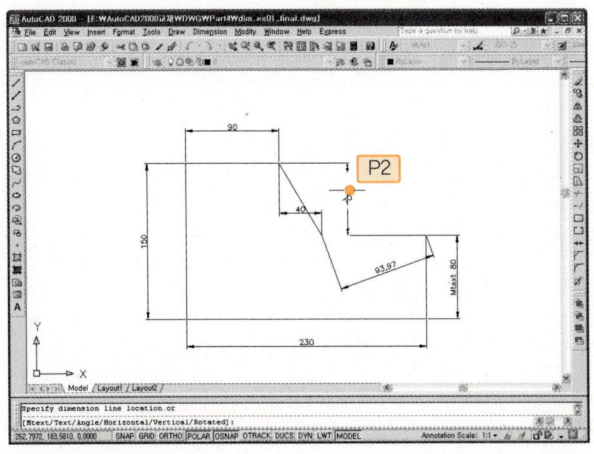

```
Specify dimension line location or[ Mtext/Text/Angle/
Horizontal/Vertical/Rotated] : A Enter
```
치수선의 기울기 각도를 입력할 옵션을 선택합니다.
```
Specify angle of dimension text : 45 Enter
```
치수 문자의 기울기 각도를 입력합니다.
```
Specify dimension line location or[ Mtext/Text/Angle/
Horizontal/Vertical/Rotated] : P2 클릭
Dimension text = 70
```

⑪ 다음과 같이 문자와 치수선이 모두 회전되었습니다. 선형치수는 수평·수직의 치수선과 회전치수선, 회전치수 문자를 모두 하나의 명령어에서 처리할 수 있습니다.

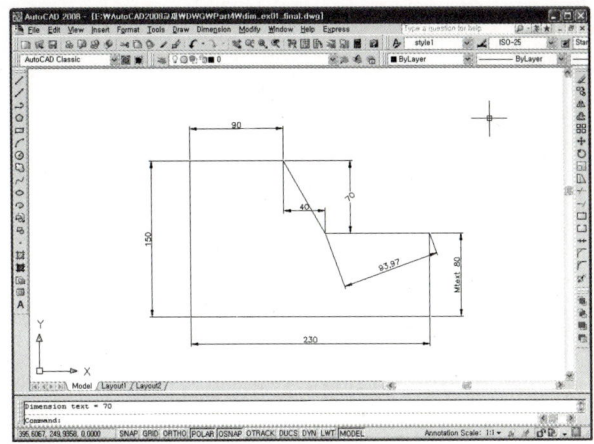

5. 정렬 치수를 입력하는 [Dimaligned] 명령어

정렬 치수는 기울기 각이 있는 객체에 치수를 기입합니다. [Dimlinear]와 다른 점은 [Dimlinear]가 수직, 수평의 직각 방향만 치수 기입을 하지만 [Dimaligned] 명령의 정렬 치수는 수직, 수평 뿐 아니라 각도를 가진 경사진 곳의 치수도 정확하게 기입할 수 있습니다.

[Dimaligned] 명령어	
아이콘	↖
메인 메뉴	[Dimension]-[Aligned]
명령어	Dimaligned

1. 명령어 사용 방법

Command 라인에 [Dimaligned] 명령어를 입력한 뒤 치수를 입력할 두 지점을 마우스 클릭으로 선택한 뒤 치수선의 위치를 최종적으로 선택합니다. 치수보조선이 입력되는 위치를 선택하는 경우 반드시 [Osnap]이 켜져 있는 상태로 입력해야만 정확한 치수를 입력할 수 있습니다.

2. 명령어 옵션

기울기 치수를 기입하는 동안 Mtext 창이나 Text 옵션을 이용하여 새로운 치수를 기입할 수 있습니다..

옵션	내용
Mtext	입력될 치수를 Mtext 창을 통하여 재구성할 수 있습니다.
Text	입력될 치수를 Text 옵션을 통하여 재지정할 수 있습니다.
Angle	치수 문자의 각도 값을 입력합니다.

3. 기본 실습

직각의 수직, 수평 치수가 아닌 기울기 각을 가진 객체의 치수 기입을 통해 선형치수와 구분할 수 있습니다. 각각의 유형에 알맞은 치수 값을 입력하여 치수를 기입하도록 합니다.

• 예제 파일 : Sample\Part04\dim_ex02.dwg
----

❶ [File]-[Open] 메뉴를 이용하여 부록 CD에서 예제 파일을 불러옵니다.

❷ 툴 바의 [dimaligned] 메뉴를 클릭하거나 Command 라인에서 [Dimaligned] 명령어를 입력합니다.

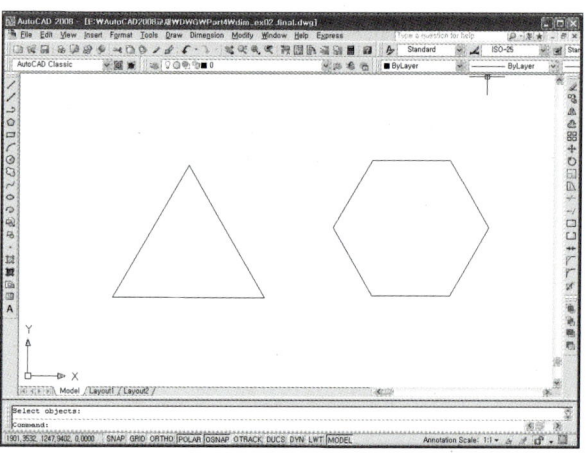

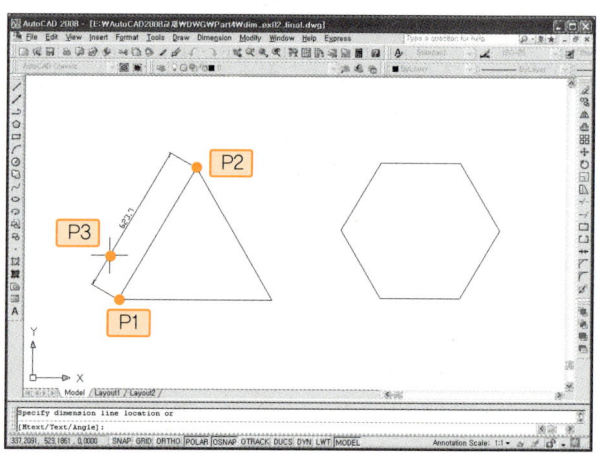

```
Command : Dimaligned Enter
Specify first extension line origin or <select
object> : P1 클릭
Specify second extension line origin : P2 클릭
Specify dimension line location or [ Mtext/Text/Angle]
: P3 클릭
Dimension text = 623.34
```

❸ 자동으로 입력되는 치수를 수정하기 위하여 Mtext 옵션을 선택합니다.

❹ 치수선의 위치를 선택하기 전에 옵션을 지정합니다.

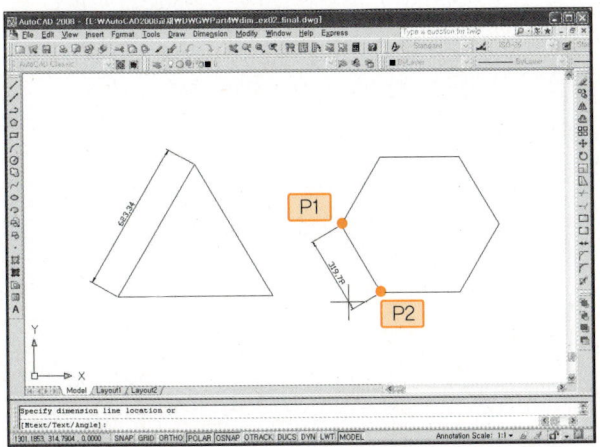

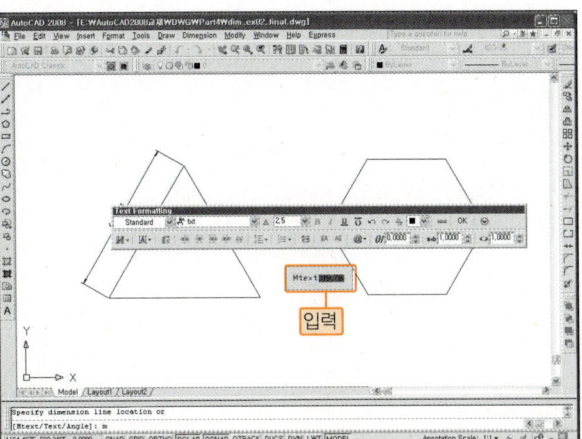

```
Command : Dimaligned Enter
Specify first extension line origin or <select
object> : P1 클릭
Specify second extension line origin : P2 클릭
```

```
Specify dimension line location or [ Mtext/Text/Angle]
: M Enter
```
Mtext 옵션을 이용하여 치수 문자를 수정합니다.

❺ 치수 문자의 수정이 되었다면 해당 치수 문자에 회전각을 입력합니다.

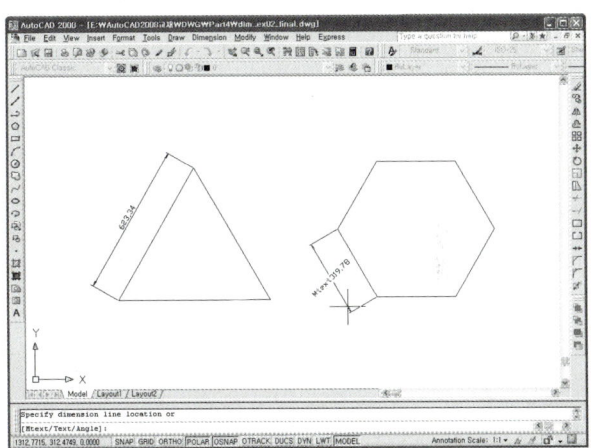

```
Specify dimension line location or[ Mtext/Text/Angle]
: A Enter
```
치수 문자의 회전각을 입력할 수 있는 옵션을 선택합니다.
```
Specify angle of dimension text : 45 Enter
```
치수 문자의 회전각을 입력합니다.
```
Specify dimension line location or[ Mtext/Text/Angle]
: Dimension text = 319.78
```

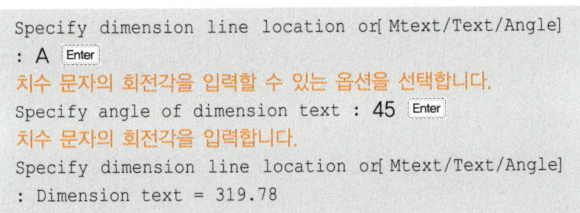

---

6. 연속치수를 입력하는 [Dimcontinue] 명령어

연속치수는 미리 입력된 치수를 기준으로 추가된 치수만을 입력하는 방식입니다. 수직이나 수평 또는 기울기 치수를 먼저 입력하고 현재 맨 마지막에 입력된 치수의 두 번째 치수선으로부터 입력하는 좌표까지의 치수 값을 입력합니다. 이때 맨 마지막에 입력한 위치는 자동으로 연속치수의 기준이 됩니다.

[Dimcontinue] 명령어	
아이콘	⊢⊢⊢
메인 메뉴	[Dimension]–[Continue]
명령어	Dimcontinue

1. 명령어 사용 방법

Command 라인에 [Dimcontinue] 명령어를 입력한 뒤 두 번째 치수보조선의 위치를 선택합니다. 보통 [Dimcontinue]와 같이 연속으로 입력하는 치수 입력의 경우 기준치수를 하나 이상 입력한 상태에서 입력할 수 있습니다.

```
Command : Dimcontinue Enter
Specify a second extension line origin or [ Undo/Select] <Select> : 두 번째 치수보조선의 위치를 선택합니다.
Specify a second extension line origin or [ Undo/Select] <Select> : Enter
더 이상 선택할 두 번째 치수보조선이 없는 경우 Enter 를 눌러 완료합니다.
Select continued dimension : Enter 더 이상 선택할 연속치수가 없는 경우 Enter 를 눌러 완료합니다.
```

2. 명령어 옵션

연속치수를 입력하는 경우 기준치수가 없는 경우나 새로운 기준치수를 설정하는 경우 옵션을 통하여 기준치수를 선택할 수 있습니다.

옵션	내용
Select object	입력하는 기준치수의 두 번째 치수보조선의 위치가 자동으로 설정되는 구간 대신 다시 재정의 하는 경우 Enter 를 누른 후 새로운 기준치수가 되는 첫 번째 치수보조선을 선택하면 선택한 치수보조선의 두 번째 치수보조선을 연속치수의 새로운 기준으로 설정할 수 있습니다.

3. 기본 실습

기준치수가 없는 경우에는 제일 먼저 기준치수를 입력한 후 연속치수를 입력합니다. 기준치수는 최종으로 입력한 치수가 자동으로 설정되며, 다른 치수를 기준치수로 입력하는 경우에는 Enter 를 눌러 기준치수가 될 치수의 두 번째 치수보조선을 선택합니다.

• 예제 파일 : Sample\Part04\dim_ex03.dwg

----

① [File]-[Open] 메뉴를 이용하여 부록 CD에서 예제 파일을 불러옵니다.

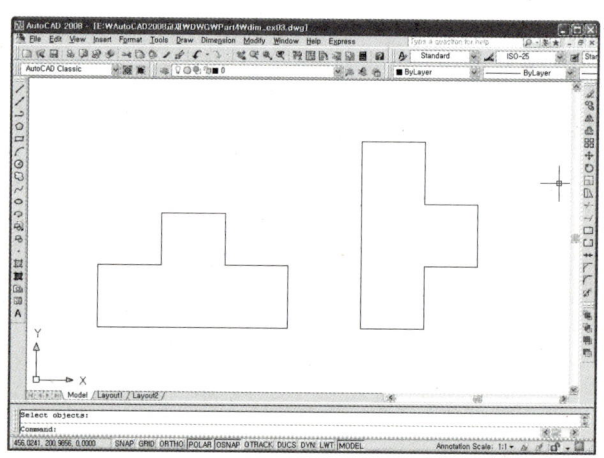

②　입력된 치수가 없으므로 기준치수를 입력하기 위
　　하여 Command 라인에 [Dimlinear] 명령을 입
　　력합니다.

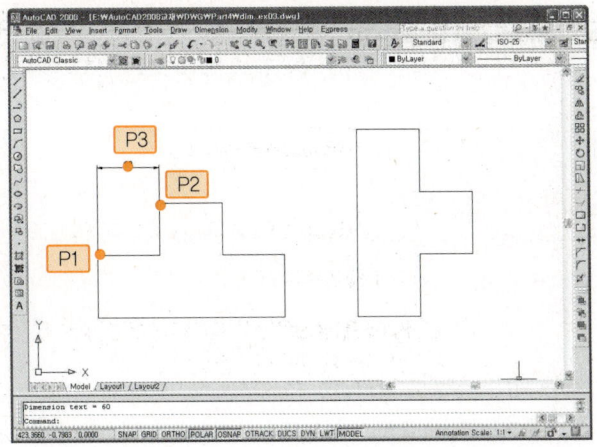

```
Command : Dimlinear [Enter]
Specify first extension line origin or <select
object> : P1 클릭
Specify second extension line origin : P2 클릭
Specify dimension line location or[Mtext/Text/Angle/
Horizontal/Vertical/Rotated] : P3 클릭
Dimension text = 60
```

③　연속치수를 입력하기 위하여 [Dimcontinue] 명
　　령어를 입력합니다.

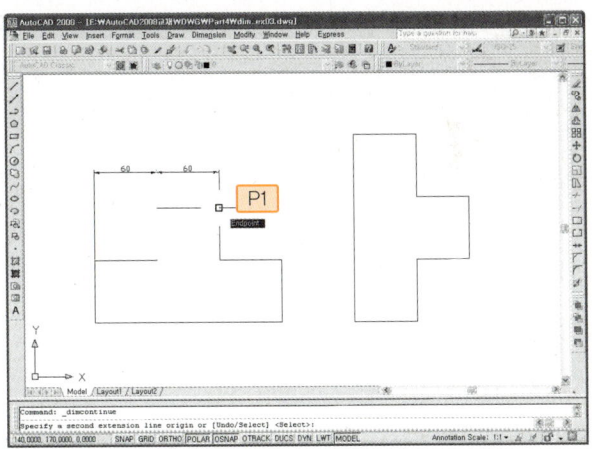

```
Command : Dimcontinue [Enter]
Specify a second extension line origin or
[Undo/Select] <Select> : P1 클릭
Dimension text = 60
```

④　계속하여 연속치수를 입력하는 경우 연속하는 치
　　수의 두 번째 치수보조선의 위치를 선택합니다.
　　세로로 만들어진 옆의 도형에도 지금과 같이 선형
　　치수를 먼저 입력하고 연속치수를 각자 원하는 방
　　향대로 입력해봅니다.

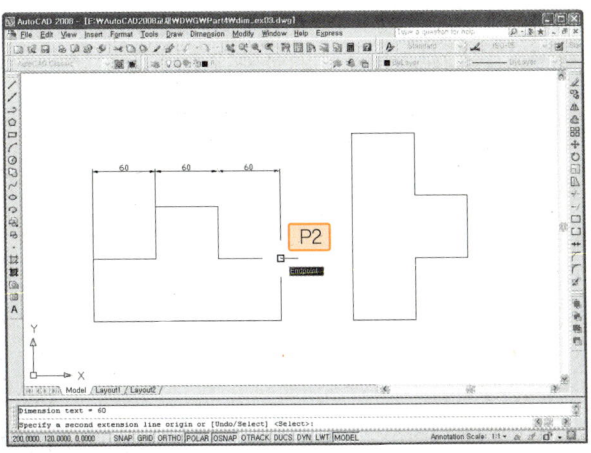

```
Specify a second extension line origin or
[Undo/Select] <Select> : P2 클릭
Dimension text = 60
Specify a second extension line origin or
[Undo/Select] <Select> : [Enter]
Select continued dimension : [Enter]
```

7. 기준치수를 입력하는 [Dimbaseline] 명령어

기준치수인 [Dimbaseline] 명령어는 첫 번째 입력한 치수보조선을 기준으로 계속하여 다음 치수를 더하여 계단식으로 치수 값을 입력합니다. [Dimcontinue] 명령어처럼 기준이 되는 치수를 먼저 입력하면 그 치수에 이어서 치수가 입력됩니다.

[Dimbaseline] 명령어	
아이콘	曰
메인 메뉴	[Dimension]–[Baseline]
명령어	Dimbaseline

1. 명령어 사용 방법

Command 라인에 [Dimbaseline] 명령어를 입력한 뒤 두 번째 치수보조선의 위치를 선택합니다. 보통 [Dimcontinue]와 같이 연속으로 입력하는 치수 입력의 경우 기준치수를 하나 이상 입력한 상태에서 입력이 가능합니다.

```
Command : Dimbaseline  Enter
Specify a second extension line origin or [ Undo/Select] <Select> :
두 번째 치수보조선의 위치를 선택합니다.
Dimension text = 20
입력 된 치수를 표시합니다.
Specify a second extension line origin or [ Undo/Select] <Select> :
더 이상 선택할 두 번째 치수보조선이 없는 경우 Enter 를 누릅니다.
Select base dimension :  Enter
다른 기준치수의 두 번째 치수보조선을 선택하거나 기준치수를 입력하지 않는 경우 Enter 를 눌러 완료합니다.
```

2. 명령어 옵션

기준치수를 입력하는 경우 선택하려는 두 번째 치수보조선이 자동으로 선택된 치수보조선을 사용하지 않는 경우나 새로운 기준치수를 설정하는 경우 옵션을 통하여 기준치수를 선택할 수 있습니다.

옵션	내용
Select object	입력하는 기준치수의 두 번째 치수보조선의 위치가 자동으로 설정되는 구간 대신 다시 재정의하는 경우 〈Enter〉를 눌러 새로운 기준치수가 되는 첫 번째 치수보조선을 선택하면 선택한 치수보조선의 두 번째 치수보조선을 기준치수의 새로운 기준으로 설정할 수 있습니다.

3. 기본 실습

기준치수가 없는 경우에는 제일 먼저 기준치수를 입력한 후 연속치수를 입력합니다. 기준치수는 최후에 입력한 치수를 기준치수로 하며 다른 치수를 기준치수로 만드는 경우 해당 치수 객체 중 첫 번째 치수보조선을 선택합니다.

• 예제 파일 : Sample\Part04\dim_ex04.dwg
----

1 [File]-[Open] 메뉴를 이용하여 부록 CD에서 예
제 파일을 불러옵니다.

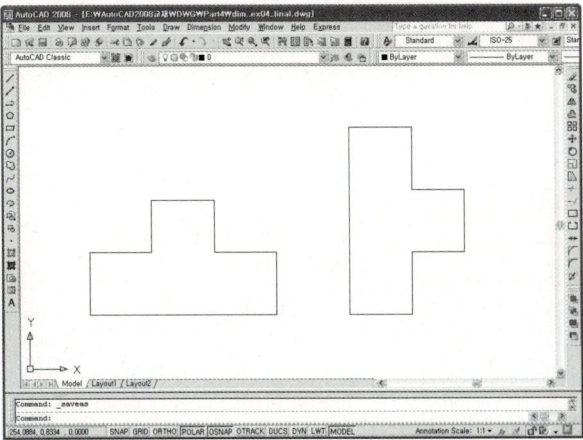

2 화면에 입력된 치수가 있어야 하므로 [Dimlinear]
치수를 먼저 입력합니다.

```
Command : Dimlinear Enter
Specify first extension line origin or <select
object> : P1 클릭
Specify second extension line origin : P2 클릭
Specify dimension line location or[ Mtext/Text/Angle/
Horizontal/Vertical/Rotated] : P3 클릭
Dimension text = 60
```

3 Command 라인에 [Dimbaseline] 명령어를 입력
합니다.

```
Command : Dimbaseline Enter
Specify a second extension line origin or
[ Undo/Select] <Select> : P1 클릭
Dimension text = 120
```

④ 계속해서 다음 치수보조선의 위치를 선택합니다. 세로로 만들어진 옆의 도형에도 지금과 같이 선형 치수를 먼저 입력하고 연속치수를 각자 원하는 방향대로 입력해봅니다.

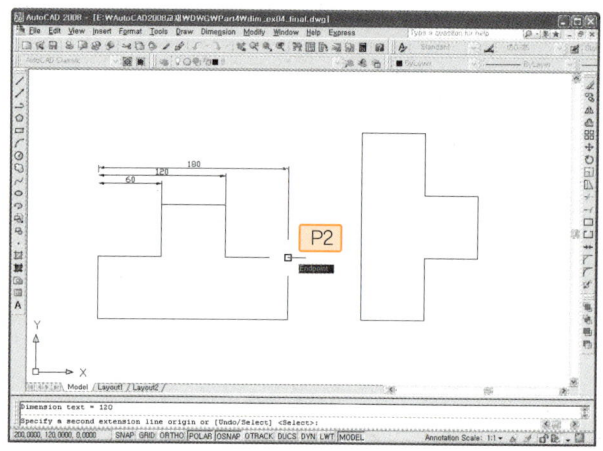

```
Specify a second extension line origin or
[Undo/Select] <Select> : P2 클릭
Dimension text = 180
Specify a second extension line origin or
[Undo/Select] <Select> : Enter
Select base dimension : Enter
```

8. 각도치수를 입력하는 [Dimangular] 명령어

각도를 입력하는 [Dimangular] 명령어는 호(Arc), 원(Circle), 선(Line) 객체의 각도를 표시합니다. 각 객체의 속성에 맞게 객체를 선택하여 각도를 입력하여 화면에 표시합니다.

[Dimangular] 명령어	
아이콘	△
메인 메뉴	[Dimension]-[Angular]
명령어	Dimangular

1. 명령어 사용 방법

Command 라인에 [Dimangular] 명령어를 입력하고 특성에 맞는 객체(Arc, Circle)를 선택하거나 각을 지정할 수 있는 지점을 마우스로 선택하여 각도의 치수를 입력합니다.

```
Command : Dimangular Enter
Select arc, circle, line, or <specify vertex> : 호나 원의 선을 선택합니다.
Specify dimension arc line location or [Mtext/Text/Angle/Quadrant] : 치수선의 위치를 선택하거나 옵션을 선택합니다.
```

2. 명령어 옵션

각도의 치수를 입력하고 입력된 치수 문자를 수정하거나 추가하는 경우 옵션을 이용하여 편집할 수 있습니다.

옵션	내용
Mtext	입력될 치수를 Mtext 창을 통하여 재구성할 수 있습니다.
Text	입력될 치수를 Text 옵션을 통하여 재지정할 수 있습니다.
Angle	치수 문자의 각도 값을 입력합니다.
Quadrant	각도의 치수는 선택한 선분을 기준으로 360도 회전각을 모두 표현하지만 Quadrant 옵션을 이용하면 선택한 지점의 각도만을 360도 회전하여 원하는 위치에 입력합니다. 선택한 각도의 Lock을 지정하는 옵션입니다.

3. 기본 실습

여러 가지 각도의 입력 방법을 통하여 각도치수의 여러 가지 형태를 입력하여 봅니다.

• 예제 파일 : Sample\Part04\dim_ex05.dwg

----

① [File]-[Open] 메뉴를 이용하여 부록 CD에서 예제 파일을 불러온 후 Command 라인에 [Dimangular]를 입력합니다.

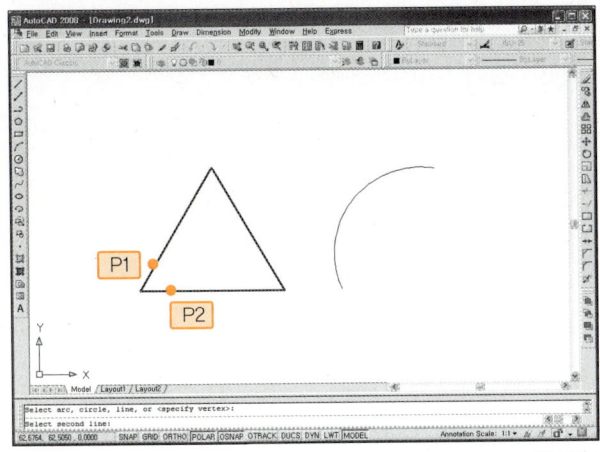

```
Command : Dimangular  Enter
Select arc, circle, line, or <specify vertex> : P1 클릭
Select second line : P2 클릭
```

② 각도를 입력하는 치수선의 위치를 선택합니다.

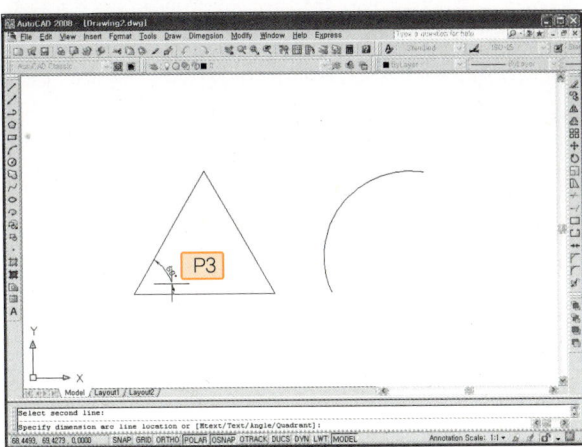

```
Specify dimension arc line location or [ Mtext/Text/
Angle/Quadrant] : P3 클릭
Dimension text = 60
```

③ 다음 호의 각도치수를 입력하기 위하여 명령어를 입력합니다.

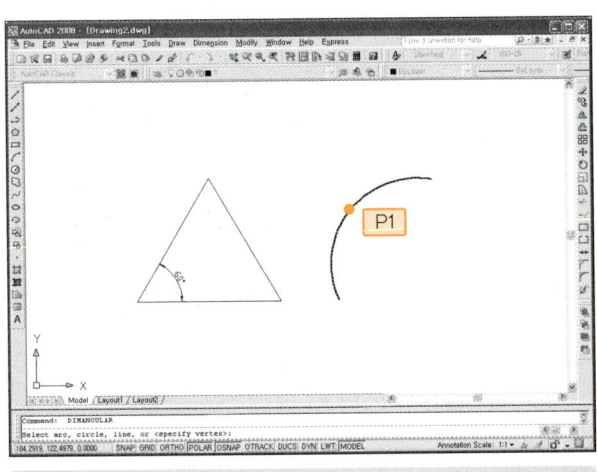

```
Command : Dimangular  Enter
Select arc, circle, line, or <specify vertex> : P1 클릭
```

④ 호 각도의 치수선의 위치를 선택합니다.

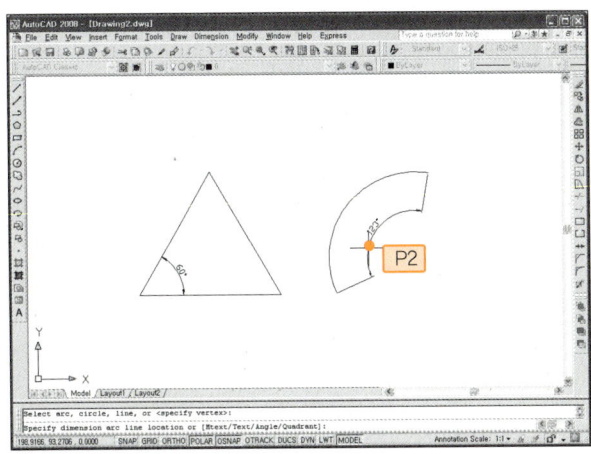

```
Specify dimension arc line location or [ Mtext/Text
/Angle/Quadrant] : P2 클릭
Dimension text = 123
```

⑤ 다음 그림처럼 입력이 완료되었습니다. 각도는 기본 Limits이 소수점 이하 반올림으로 설정되어 있으므로 기본 각도가 우선 표시됩니다.

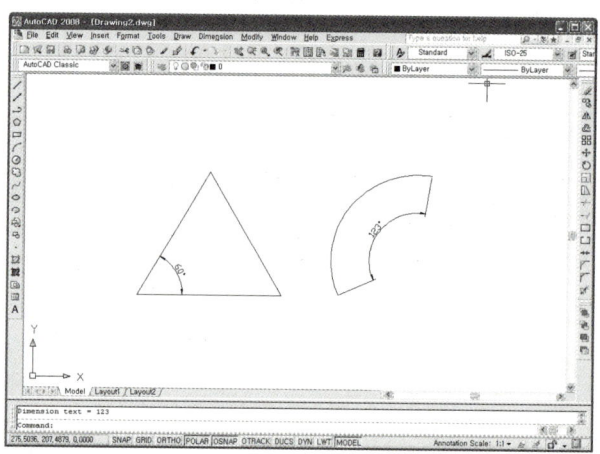

4. 옵션 실습

치수 입력 중 각도의 회전각 대신 입력한 초기값의 각도를 원하는 장소에 입력하기 위하여 치수의 값을 고정하는 옵션이 추가되었습니다. 추가된 각도 값을 입력하는 방법을 학습합니다.

• 예제 파일 : Sample\Part04\dim_ex05_final.dwg

❶ 앞의 예제 파일에 이어서 실습합니다. Command 라인에 [Dimangular]를 입력합니다.

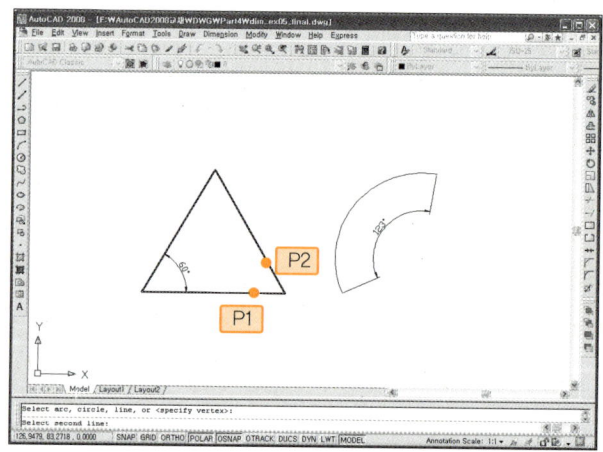

```
Command : Dimangular Enter
Select arc, circle, line, or <specify vertex> : P1 클릭
Select second line : P2 클릭
```

❷ 삼각형의 내부각인 60도를 바깥쪽에 표시하기 위하여 Quadrant 옵션을 선택합니다.

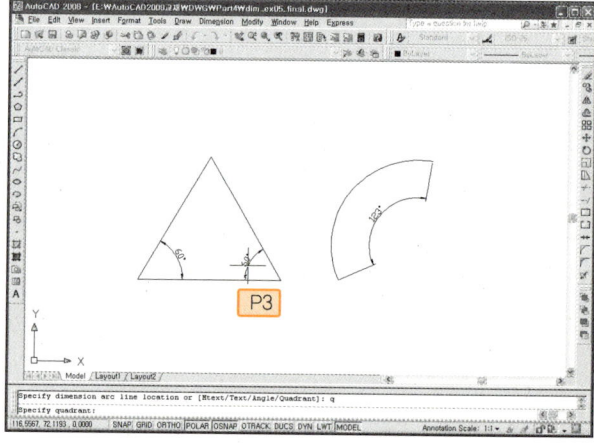

```
Specify dimension arc line location or [Mtext/Text/
Angle/Quadrant] : Q Enter
Quadrant 옵션을 선택합니다.
Specify quadrant : P3 클릭
P3점을 클릭하여 고정하고 싶은 각도 값의 위치를 선택합니다.
```

③ 치수 문자의 위치를 각도 바깥쪽으로 잡아당겨서 선택합니다.

④ 다음과 같이 기준 선분 바깥으로 치수 문자를 당겨도 처음 기준치수 값으로 표시됩니다.

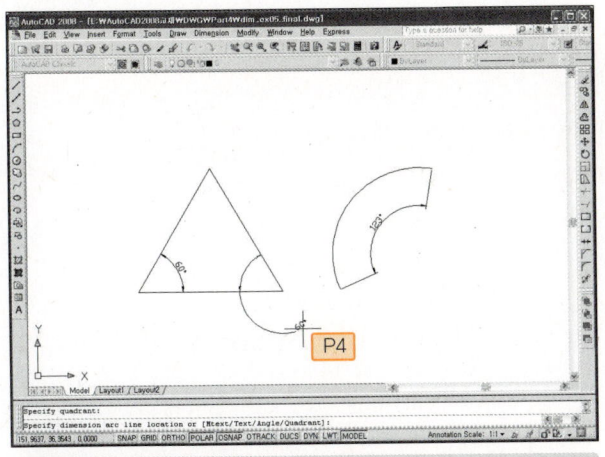

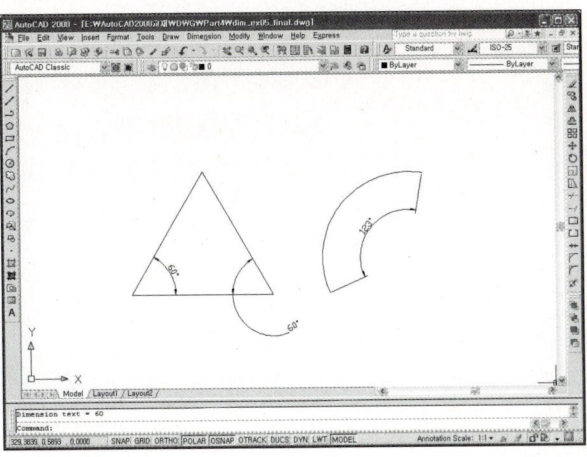

```
Specify dimension arc line location or [ Mtext/Text/
Angle/Quadrant] : P4 클릭
Dimension text = 60
```

9. 반지름 치수를 입력하는 [Dimradius] 명령어

반지름의 치수를 입력해주는 [Dimradius] 명령어는 호(Arc), 원(Circle) 등 객체 반지름의 치수를 표시합니다. 각 객체의 속성에 맞게 객체를 선택하여 각도를 입력하여 화면에 표시합니다.

[Dimradius] 명령어	
아이콘	△
메인 메뉴	[Dimension]–[Radius]
명령어	Dimradius

1. 명령어 사용 방법

Command 라인에 [Dimradius] 명령어를 입력하고 호나 원을 선택하여 반지름의 치수를 입력합니다.

```
Command : Dimradius Enter
Select arc or circle : 치수를 기입할 객체를 선택합니다.
Dimension text = 30
Specify dimension line location or [ Mtext/Text/Angle] :
치수 문자의 위치를 선택하거나 옵션을 선택합니다.
```

2. 명령어 옵션

반지름의 치수를 입력하고 입력된 치수 문자를 수정하거나 추가하는 경우 옵션을 이용하여 편집할 수 있습니다.

옵션	내용
Mtext	입력될 치수를 Mtext 창을 통하여 재구성할 수 있습니다.
Text	입력될 치수를 Text 옵션을 통하여 재지정할 수 있습니다.
Angle	치수 문자의 각도 값을 입력합니다.

3. 기본 실습

원과 호의 기본적인 반지름의 치수를 입력합니다. 반지름의 치수를 입력하는 방식은 [Dim Style]을 이용하여 선별적으로 사용하며 기본적인 명령어는 해당 객체의 반지름을 입력하는데 있습니다.

• 예제 파일 : Sample\Part04\dim_ex06.dwg

1 [File]-[Open] 메뉴를 이용하여 부록 CD에서 예제 파일을 불러옵니다.

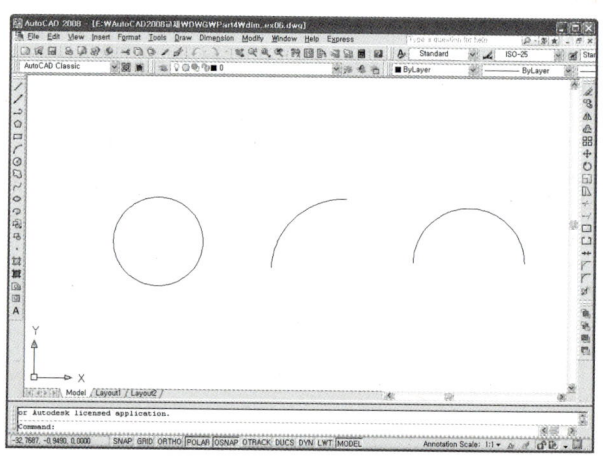

2 Command 라인에 [Dimradius] 명령어를 입력하고 첫 번째 원을 선택합니다.

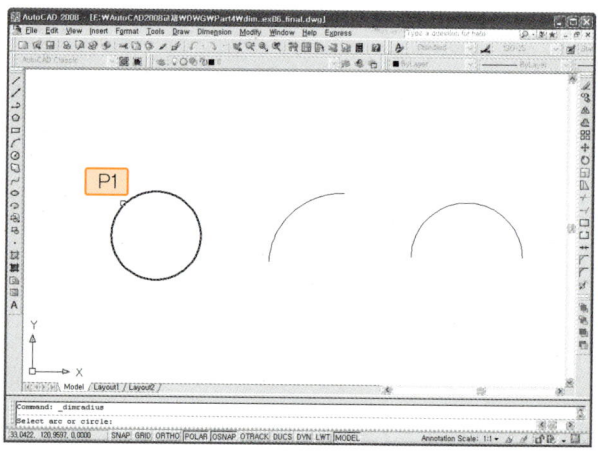

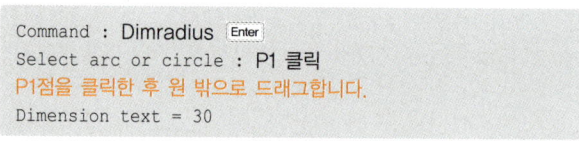

```
Command : Dimradius  Enter
Select arc or circle : P1 클릭
P1점을 클릭한 후 원 밖으로 드래그합니다.
Dimension text = 30
```

③ 치수 문자가 위치할 지점을 클릭합니다.

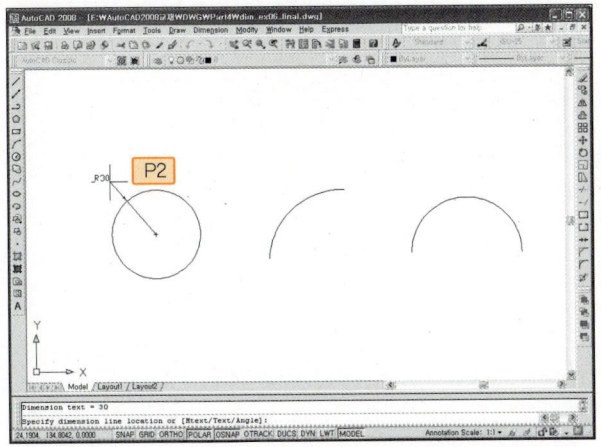

```
Specify dimension line location or [ Mtext/Text/Angle]
: P2 클릭
```

④ 호 객체의 안쪽으로 반지름을 입력합니다.

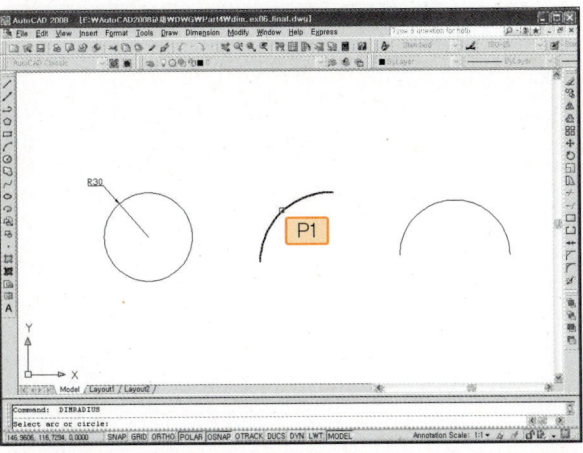

```
Command : Dimradius [Enter]
Select arc or circle : P1 클릭
```
P1점을 클릭한 후 안쪽으로 드래그합니다.
```
Dimension text = 48.31
```

⑤ 호의 안쪽으로 치수 문자의 위치를 선택합니다.

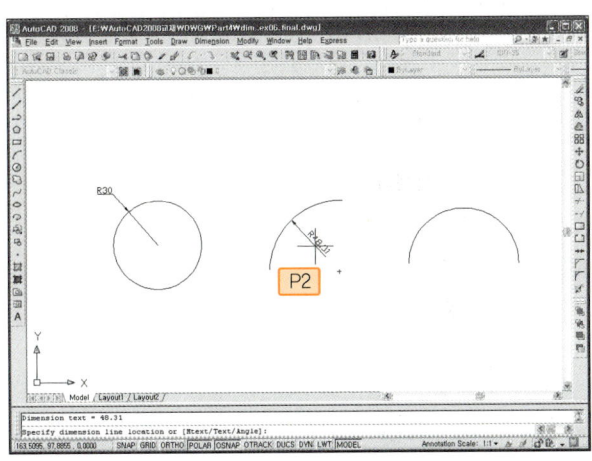

```
Specify dimension line location or [ Mtext/Text/Angle]
: P2 클릭
```

⑥ 맨 마지막 호 반지름의 치수도 입력합니다.

```
Command : Dimradius [Enter]
Select arc or circle : P1 클릭
```
P1점을 클릭한 후 밖으로 드래그합니다.
```
Dimension text = 37.14
```

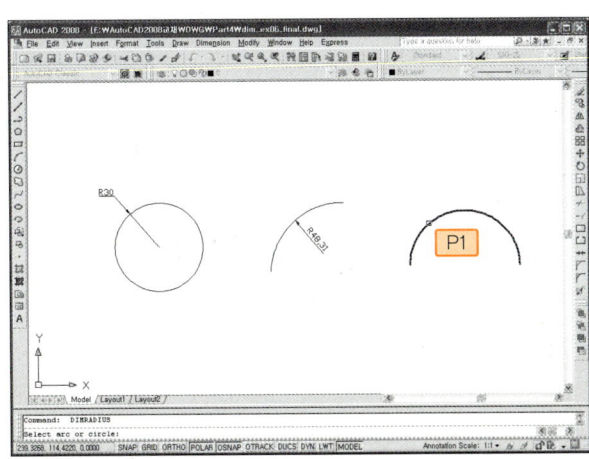

⑦ 치수 문자의 위치를 선택합니다.　　　　**⑧** 다음과 같이 반지름의 치수가 입력되었습니다.

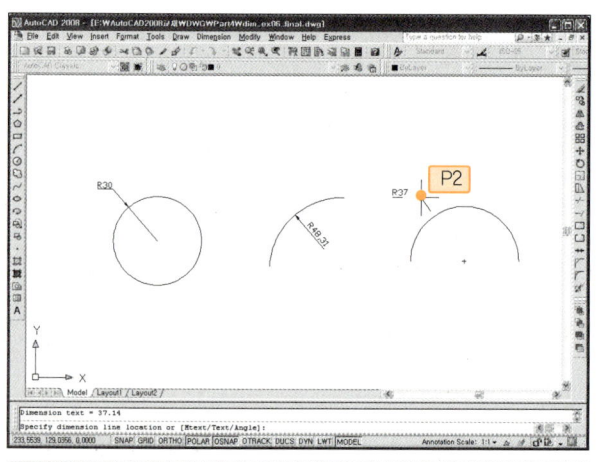 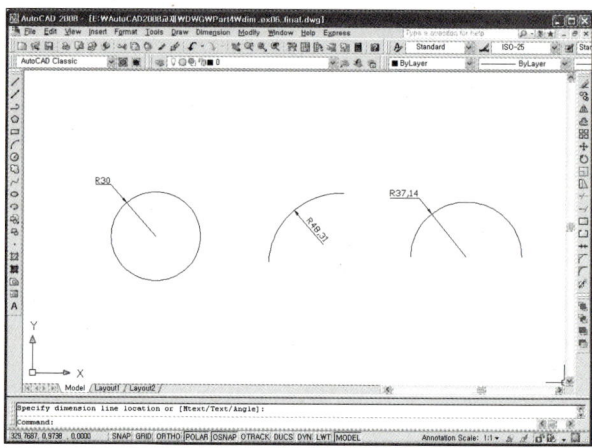

Specify dimension line location or [Mtext/Text/Angle]
: P2 클릭

---

10. 지름 치수를 입력하는 [Dimdiameter] 명령어

지름의 치수를 입력해주는 [Dimdiameter] 명령은 호(Arc), 원(Circle) 등 객체의 반지름 치수를 표시합니다. 각 객체의 속성에 맞게 객체를 선택하여 각도를 화면에 표시합니다.

[Dimdiameter] 명령어	
아이콘	⊘
메인 메뉴	[Dimension]–[Diameter]
명령어	Dimdiameter

1. 명령어 사용 방법

Command 라인에 [Dimdiameter] 명령어를 입력한 뒤 치수를 입력하기 위한 원이나 호를 선택하고 치수 문자 위치를 드래그하여 선택합니다.

```
Command : Dimdiameter Enter
Select arc or circle : 원이나 호를 선택합니다.
Dimension text = 60
Specify dimension line location or [ Mtext/Text/Angle] :
치수 문자의 위치를 드래그하여 선택합니다.
```

2. 명령어 옵션

지름의 치수를 입력하고 입력된 치수 문자를 수정하거나 추가하는 경우 옵션을 이용하여 편집할 수 있습니다.

옵션	내용
Mtext	입력될 치수를 Mtext 창을 통하여 재구성할 수 있습니다.
Text	입력될 치수를 Text 옵션을 통하여 재지정할 수 있습니다.
Angle	치수 문자의 각도 값을 입력합니다.

3. 기본 실습

원과 호의 기본적인 지름의 치수를 입력합니다. 지름의 치수에 대한 여러 가지 유형은 Dim Style에서 정하는 것이며 일반적인 치수의 입력은 지름이라는 것은 변함이 없습니다.

• 예제 파일 : Sample\Part04\dim_ex07.dwg

---

❶ [File]-[Open] 메뉴를 이용하여 부록 CD에서 예제 파일을 불러옵니다.

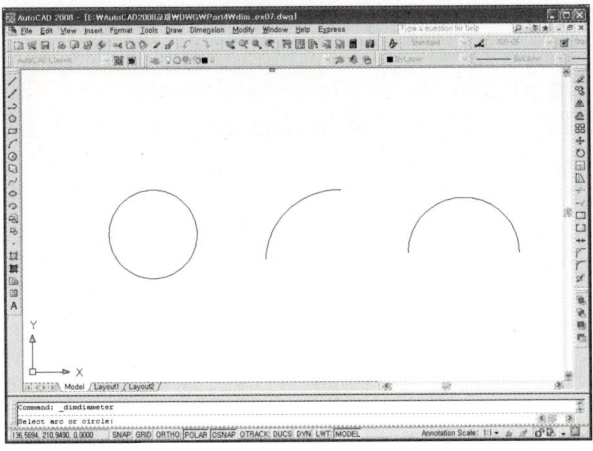

❷ Command 라인에 [Dimdiameter] 명령어를 입력합니다.

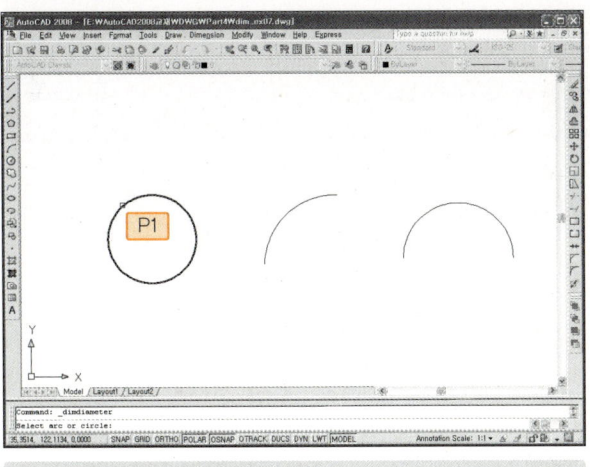

```
Command : Dimdiameter [Enter]
Select arc or circle : P1 클릭
Dimension text = 60
```

❸ 치수 문자의 위치를 선택합니다.

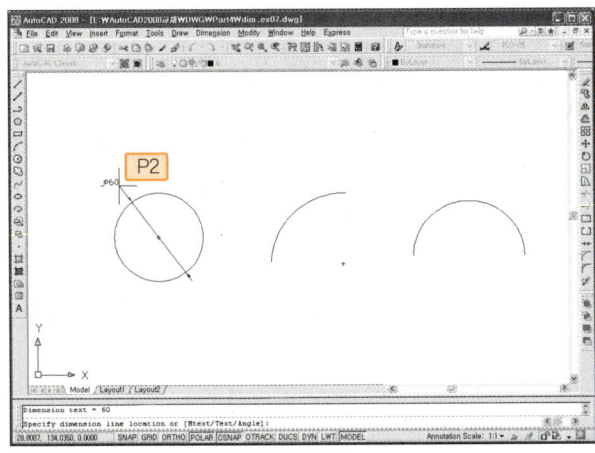

```
Specify dimension line location or [ Mtext/Text/Angle]
: P2 클릭
```

❹ 다음과 같이 지름의 치수가 입력되었습니다. 반지름의 치수와 결과를 비교합니다.

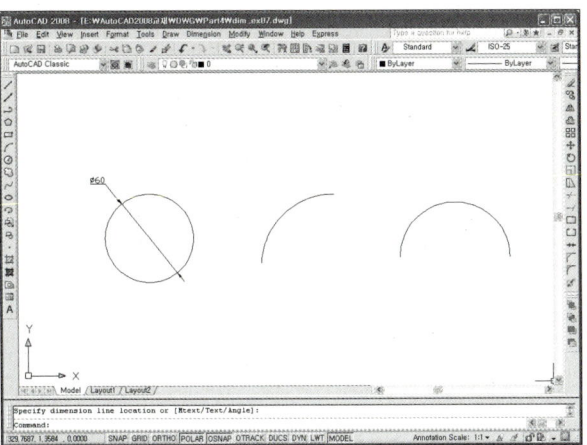

❺ 가운데 있는 호 지름의 치수를 입력합니다.

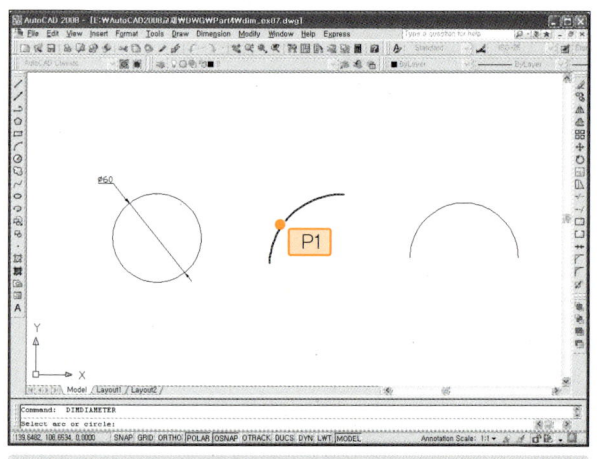

```
Command : Dimdiameter Enter
Select arc or circle : P1 클릭
Dimension text = 96.63
```

❻ 치수 문자의 위치를 선택합니다.

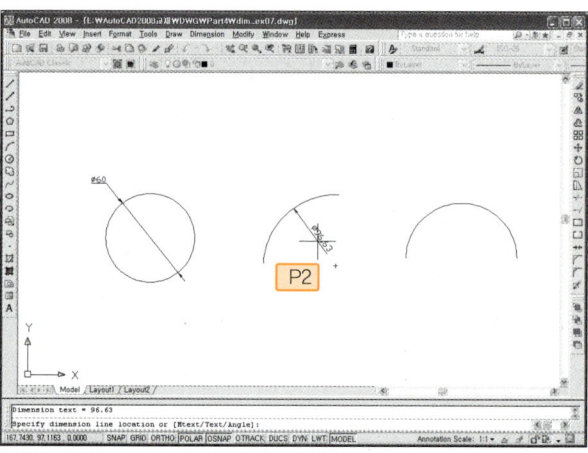

```
Specify dimension line location or [ Mtext/Text/Angle]
: P2 클릭
```

❼ 다음과 같이 지름의 치수가 입력되었습니다. 반지
름의 치수와 결과를 비교합니다.

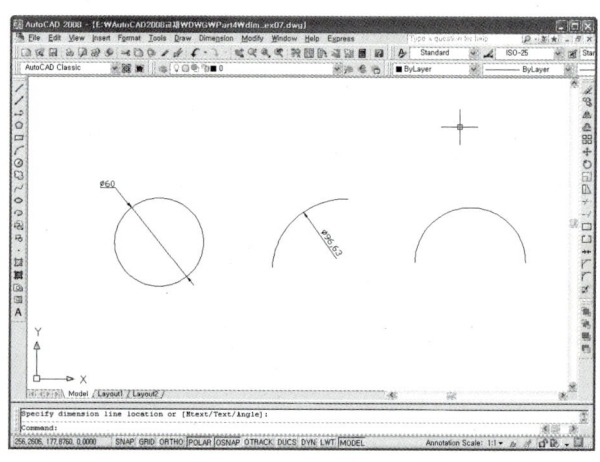

❽ 밖으로 드래그한 지름 값을 입력하기 위하여 세
번째 호에 지름 값을 입력합니다.

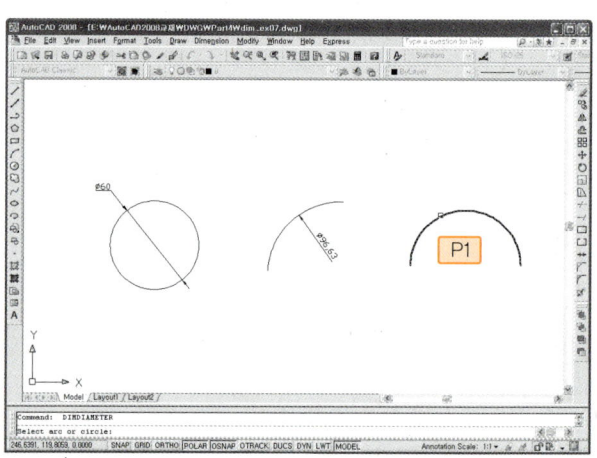

```
Command : Dimdiameter Enter
Select arc or circle : P1 클릭
Dimension text = 74.28
```

⑨ 치수 문자의 위치를 선택합니다.

⑩ 다음과 같은 형태로 지름의 치수가 입력되었습니다. 반지름의 치수 입력과 비교합니다.

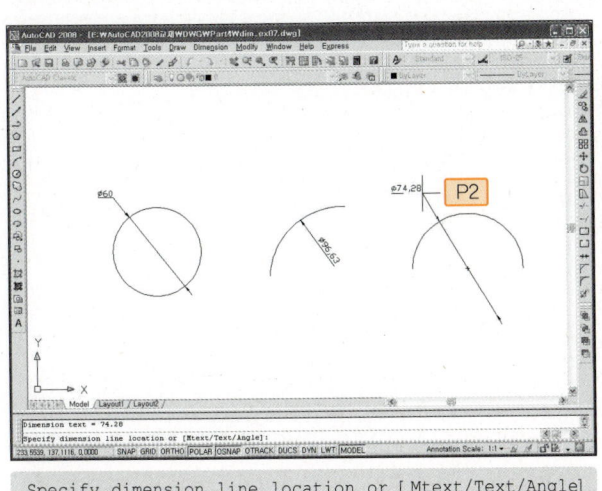

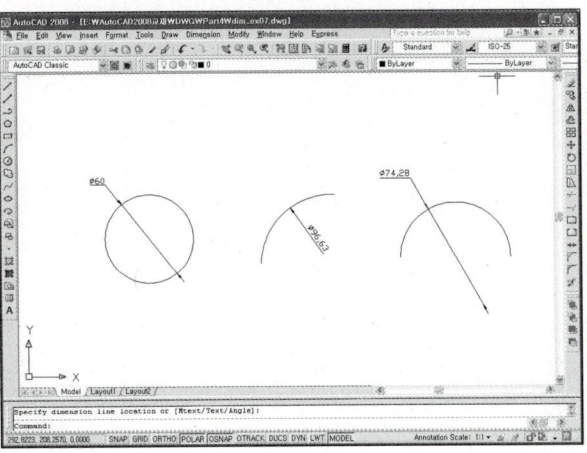

```
Specify dimension line location or [ Mtext/Text/Angle]
: P2 클릭
```

11. 중심 표시 치수를 입력하는 [Dimcenter] 명령어

원이나 호의 중심을 표시하거나 중심선으로 표현하는 명령어입니다. 주로 작은 원과 같은 객체에 중심선을 표시합니다. 반지름이나 지름의 치수를 기입할 때 표시되는 중심 표시와도 형태가 같습니다.

[Dimcenter] 명령어	
아이콘	⊕
메인 메뉴	[Dimension]–[Center Mark]
명령어	Dimcenter

1. 명령어 사용 방법

Command 라인에 [Dimcenter] 명령어를 입력하고 원이나 호를 선택하여 해당 객체의 중심 표시를 합니다. 크기나 보조선의 여부는 [Dimstyle]에서 결정합니다.

```
Command : Dimcenter Enter
Select arc or circle : P1 클릭 P1점을 클릭하여 원이나 호를 선택합니다.
```

2. 기본 실습

원이나 호를 선택하여 중심점 표시를 합니다. dimstyle을 설정하지 않은 기본 상태에서는 가운데 중심 표시만 나타납니다.

• 예제 파일 : Sample\Part04\dim_ex08.dwg

1 [File]-[Open] 메뉴를 이용하여 부록 CD에서 예제 파일을 불러옵니다.

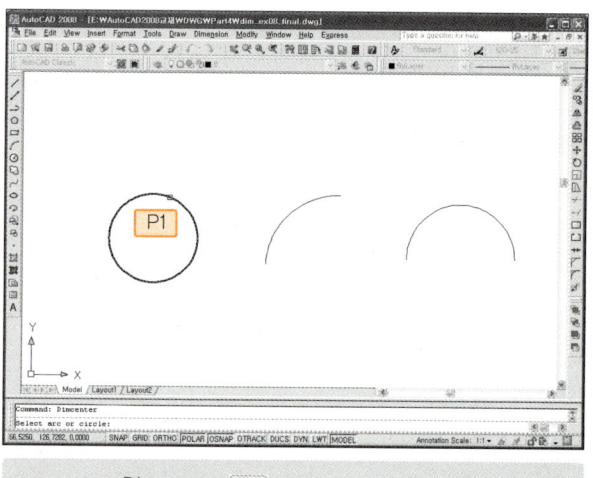

```
Command : Dimcenter Enter
Select arc or circle : P1 클릭
```

2 선택하면 다음과 같이 중앙에 십자선이 만들어집니다.

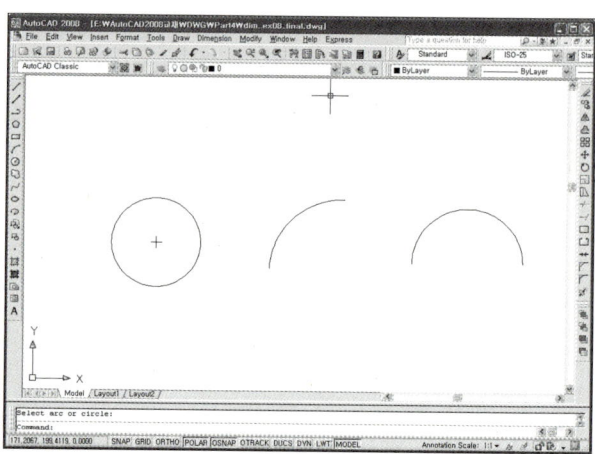

3 옆의 호에도 중심점 표시를 합니다. [Dimstyle]의 Dimcenter 크기나 Mark 방법을 변경하기 전에는 모두 동일한 길이 값으로 중심을 표시합니다.

```
Command : Dimcenter Enter
Select arc or circle : P2 클릭
Command : Dimcenter Enter
Select arc or circle : P3 클릭
```

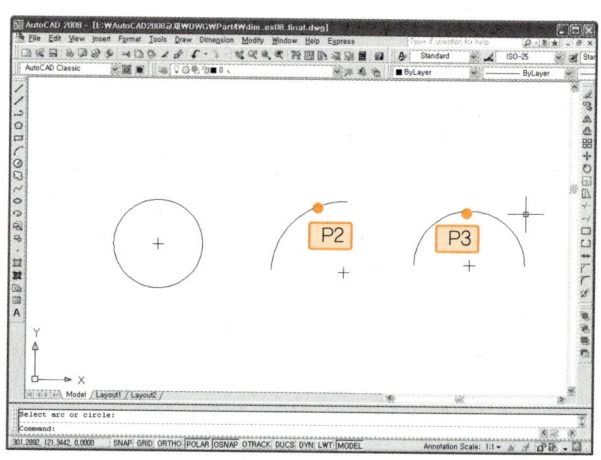

4 중심점에 대한 [Dimstyle]의 값이 바뀐 경우에는 다음과 같이 바뀔 수 있으며 [Dimstyle]에 관한 내용은 다음 Chapter에서 다루겠습니다.

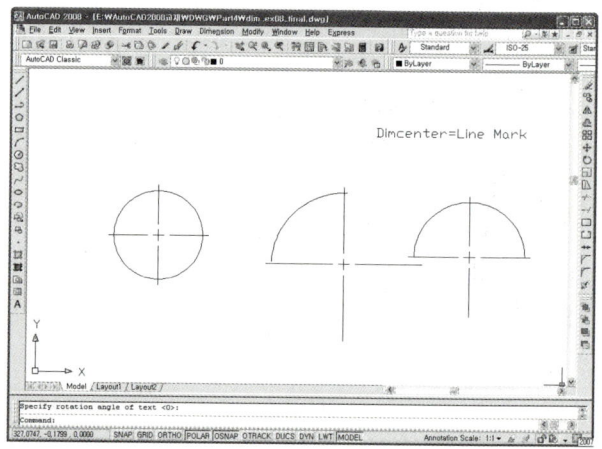

12. 지시선 치수를 입력하는 [Mleader] 명령어

입력하기 어려운 부분의 치수를 입력하거나 일부 객체의 부분 재질 등 특이 사항에 대한 문자를 입력하는 경우 지시선인 Leader를 이용하여 치수를 입력합니다. 문자를 입력하는 경우 [Mtext] 창으로 사용하며 옵션을 이용하여 지시선의 종류와 크기를 결정할 수 있습니다.

[Mleader] 명령어	
아이콘	P
메인 메뉴	[Dimension]–[Multileader]
명령어	Mleader

1. 명령어 사용 방법

Command 라인에 [Mleader] 명령을 입력하고 원하는 장소에 Leader의 치수를 입력합니다. 특별한 치수와 더불어 어떤 지시 사항에 대한 코멘트를 달기 위한 주석이라고 생각하면 됩니다.

```
Command : Mleader Enter
Specify leader arrowhead location or [ leader Landing
first/Content first/Options] <Options> : P1 클릭
P1점을 클릭하여 옵션을 선택하거나 지시선의 시작점을 선택합니다.
Specify leader landing location : 리더선의 위치를 선택
합니다.
[Mtext] 창에 원하는 문자열을 입력하고 [OK] 버튼으로 종료합니다.
```

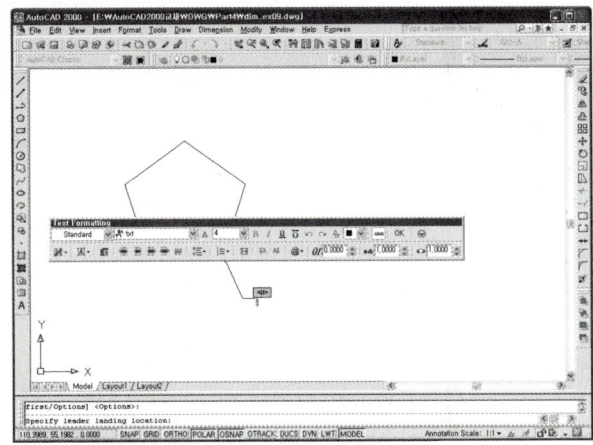

2. 명령어 옵션

기본 Leader 선을 이용하여 기본 문자열을 입력하고, 순서를 바꾸거나 Leader의 기준을 바꿀 수 있습니다.

옵션	내용
leader Landing first	지시선의 시작을 화살표로 표시하지 않고, 일반 지시선분과 문자를 입력한 후 맨 나중에 화살표를 입력하는 옵션입니다.
Content first	지시선을 입력하고 문자를 입력할 때 문자를 입력하는 영역을 미리 지정합니다.
Options	지시선의 종류 등의 옵션을 지정할 수 있습니다.

3. 기본 실습

[Mleader] 명령의 기본적인 방법을 통하여 지시선의 치수를 입력해보겠습니다.

• 예제 파일 : Sample\Part04\dim_ex09.dwg

① [File]-[Open] 메뉴를 이용하여 부록 CD에서 예제 파일을 불러옵니다.

② Command 라인에 [Mleader] 명령어를 입력합니다.

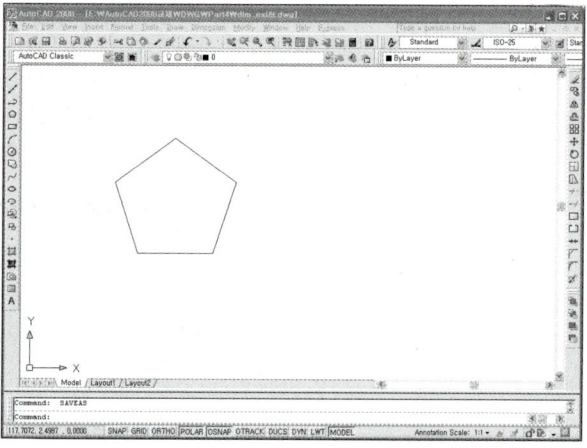

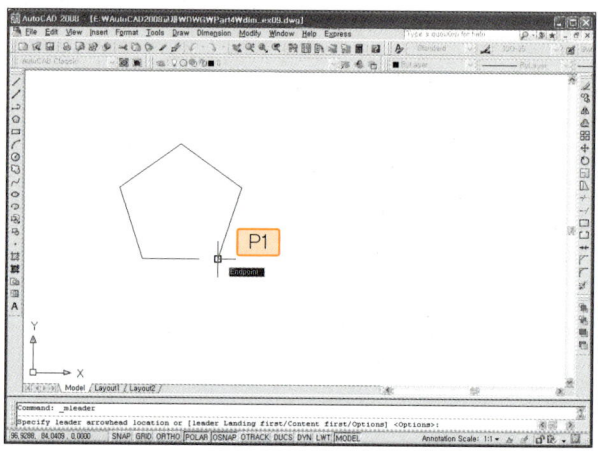

Command : **Mleader** Enter
Specify leader arrowhead location or [leader Landing first/Content first/Options] <Options> : **P1 클릭**
P1점을 클릭하여 지시선의 시작점을 선택합니다.

③ 지시선의 끝점을 클릭합니다.

④ 문자열을 입력하는 [Mtext] 창이 나타납니다.

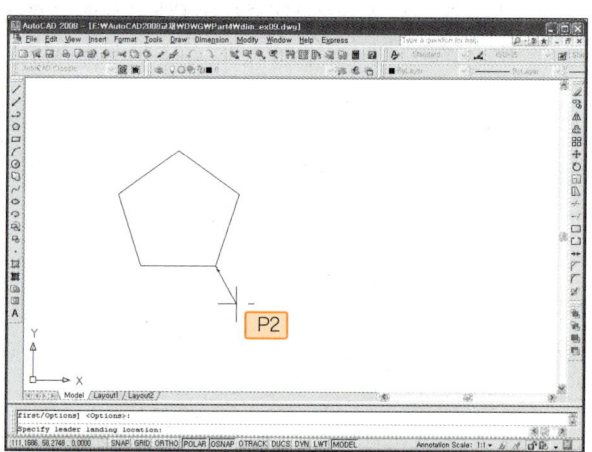

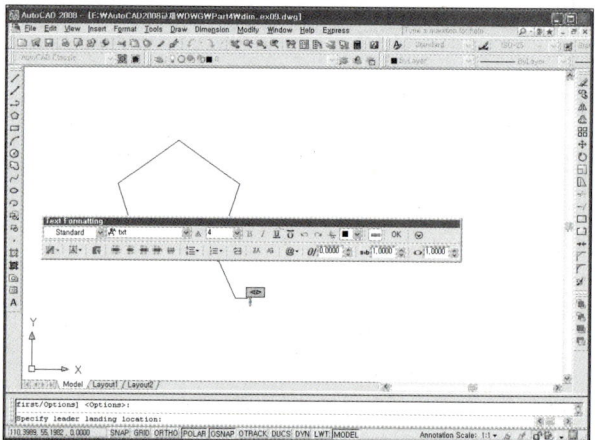

Specify leader landing location : **P2 클릭**
P2점을 클릭하여 지시선의 끝점을 선택합니다.

⑤ [Mtext] 창에 'Leader 입력'이라고 입력한 후
　　[OK] 버튼을 클릭합니다.

⑥ 다음 그림과 같이 입력이 되었습니다.

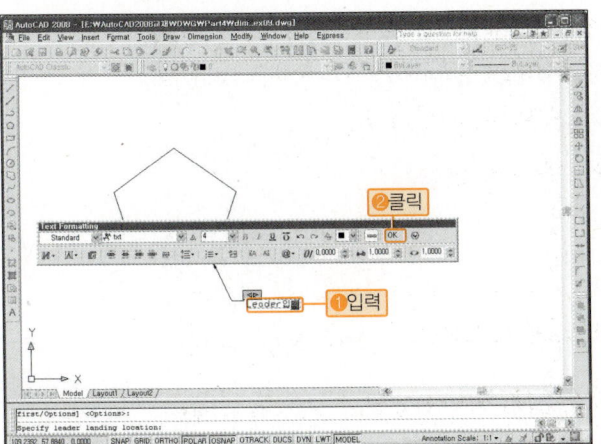

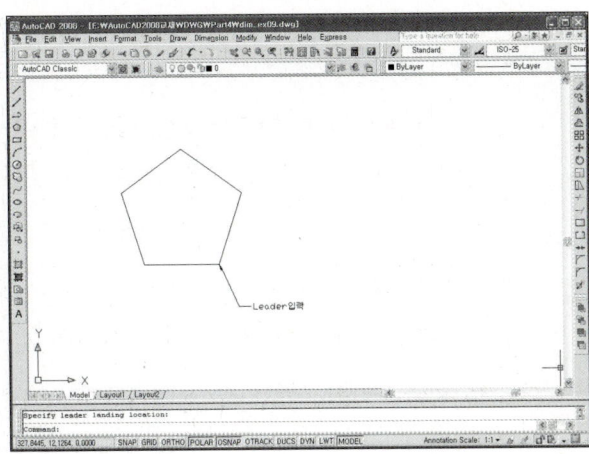

4. 옵션 실습

[Mleader]의 기본적인 옵션을 변경하여 지시선의 위치를 변경하거나 입력되는 문자열의 영역을 지정하여 문자를
입력할 수 있습니다.

• 예제 파일 : Sample\Part04\dim_ex09.dwg
----

① [File]-[Open] 메뉴를 이용하여 부록 CD에서 예
　　제 파일을 불러온 후 Command 라인에
　　[Mleader] 명령어를 입력합니다.

② 두 번째 지시선의 위치를 선택합니다.

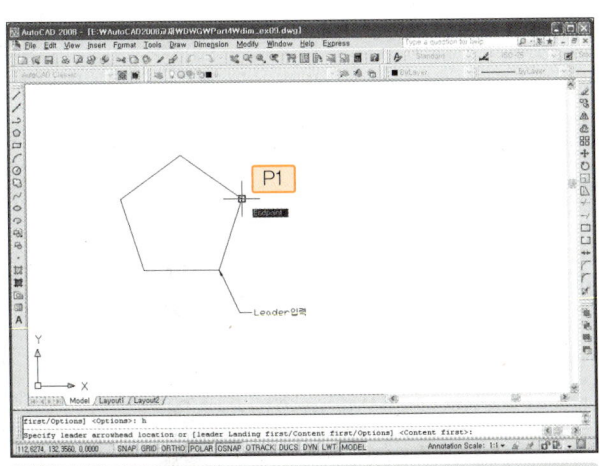

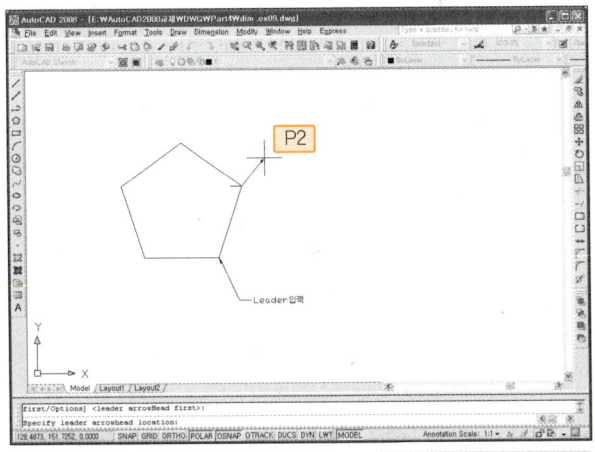

Command : **Mleader** Enter
Specify leader arrowhead location or [leader Landing
first/Content first/Options] <Content first> : L Enter
leader Landing first 옵션을 선택합니다.
Specify leader landing location or [leader arrowHead
first/Content first/Options] <Options> : P1 클릭
P1점을 클릭하여 지시선의 위치를 먼저 선택합니다.

Specify leader arrowhead location : P2 클릭
P2점을 클릭하여 화살표의 위치를 선택합니다.

❸ 문자열을 입력하고 [OK] 버튼을 클릭합니다.

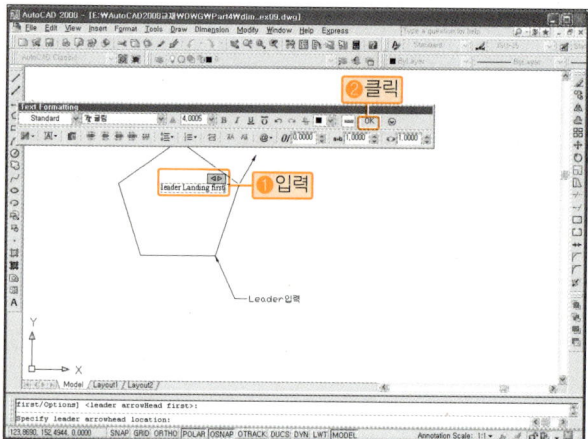

❹ 다음 그림처럼 완료되었습니다.

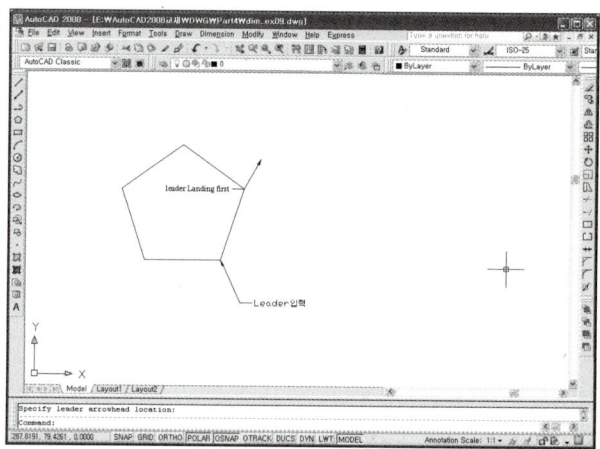

❺ 문자 영역을 설정하는 옵션을 사용하기 위하여 Command 라인에 [Mleader] 명령어를 입력합니다.

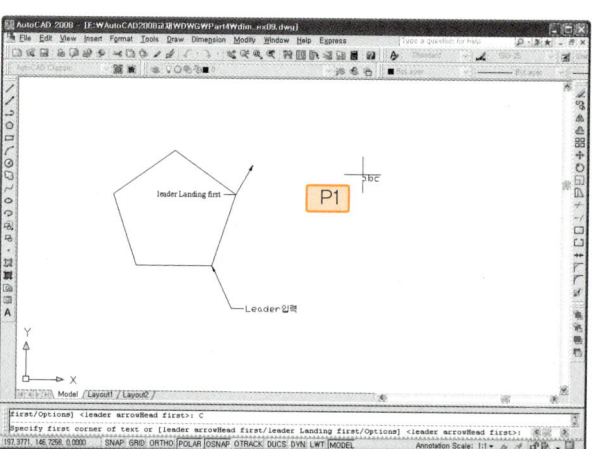

Command : **Mleader** Enter
Specify leader landing location or [leader arrowHead first/Content first/Options] <Options> : **C** Enter
Content first 옵션을 선택합니다.
Specify first corner of text or [leader arrowHead first/leader Landing first/Options] <leader arrowHead first> : **P1 클릭**
P1점을 클릭하여 지시선의 위치를 먼저 선택합니다.

❻ 두 번째 지시선의 위치를 선택합니다.

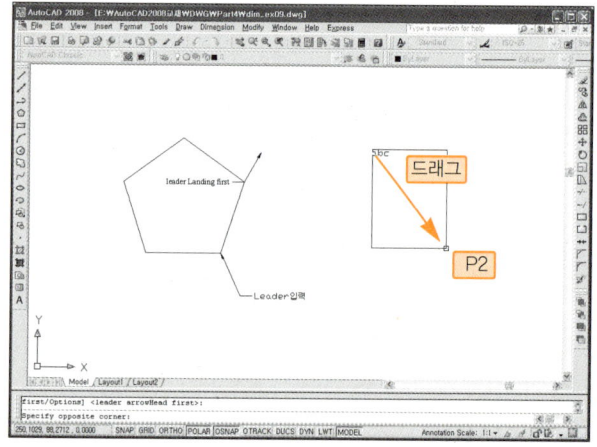

Specify opposite corner : **P2 클릭**

❼ 원하는 문자열을 입력한 후 [OK] 버튼을 클릭합니다.

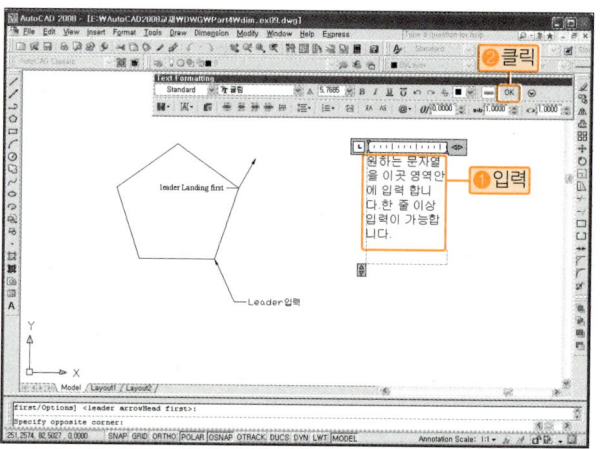

8 다음 그림처럼 화면에 문장이 나타나면 P3을 클릭하여 지시선의 위치를 지정합니다.

9 다음 그림처럼 다중 문자와 지시선이 생성됩니다.

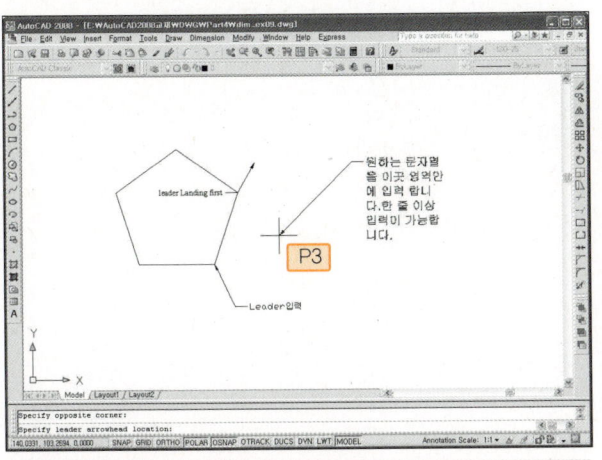

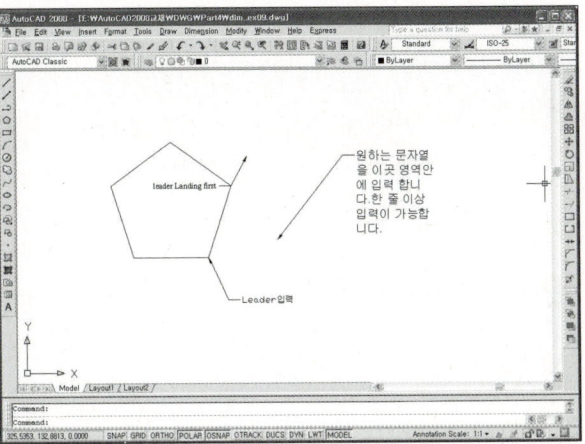

13. 입력하기 어려운 지시선 치수를 입력하는 [Qleader] 명령어

Leader의 지시선 입력 방법으로는 지금까지 [Qleader] 명령어를 가장 많이 사용하였습니다. [Mleader]의 명령어보다 옵션이나 기타 설정 방법이 간단하여 사용자가 선택의 기회가 쉽도록 설계되어 있습니다. [Mleader] 명령어로 입력된 지시선은 다른 Dimension과 같이 하나의 그룹 객체로 이루어져 있습니다. [Qleader]는 문자와 지시선은 따로 선택되며 입력된 이후에는 Dimscale 관련 변수의 영향을 받지 않습니다. 그렇기 때문에 [Qleader]는 [Dimstyle]이 결정되어 치수문자나 화살표 등의 요소가 정착이 된 상태에서 입력하는 것이 편리합니다.

[Qleader] 명령어	
명령어	Qleader

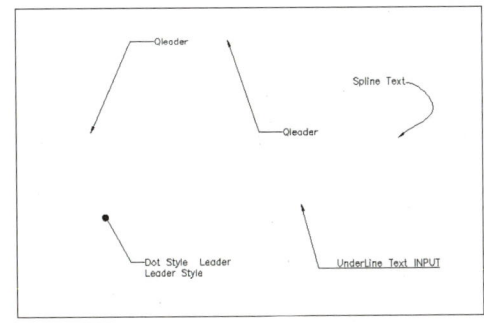

1. 명령어 사용 방법

명령어를 입력한 후 화살표의 위치, 지시선의 위치를 입력한 뒤 치수 문자를 입력합니다.

```
Command : Qleader Enter
Specify first leader point, or [ Settings] <Settings> : 지시선 화살표의 위치를 선택합니다.
Specify next point : 지시선의 첫 번째 위치를 선택합니다.
Specify next point : 지시선의 두 번째 위치를 선택합니다.
Specify text width <0> : 문자의 가로 폭을 지정합니다.
Enter first line of annotation text <Mtext> : text Enter 입력 문자열을 입력합니다.
Enter next line of annotation text : Enter 두 번째 문자열을 입력하거나 Enter 를 눌러 [Leader] 명령어를 종료합니다.
```

2. 명령어 옵션

[Qleader]를 입력하는 여러 가지 옵션을 지정할 수 있습니다. [Qleader]를 실행하면 [Leader Settings] 대화상자가 나타납니다. 대화상자에서 다양한 옵션을 설정할 수 있습니다.

```
Command : Qleader [Enter]
Specify first leader point, or [ Settings] <Settings> : [Enter]
```

[Annotation] 탭

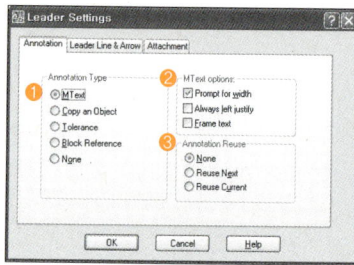

❶ **Annotation Type** : 지시 문자를 입력하는 유형을 결정합니다.

· MText : [Mtext] 창을 이용하여 문자를 입력합니다.

· Copy an Object : 객체를 복사합니다.

· Block Reference : 블록 객체를 참조합니다.

❷ **Mtext Option** : Mtext 문자 입력 옵션 유형을 결정합니다.

· Prompt for width : 다중 문자열의 폭을 조정하는 프롬프트를 표시합니다.

· Always left justify : 문자열을 왼쪽 정렬합니다.

· Frame text : 문자열의 테두리를 만듭니다.

❸ **Annotation Reuse** : 주석의 사용을 결정합니다.

· None : 주석을 사용하지 않습니다.

· Reuse Next : 주석을 다음에 사용합니다.

· Reuse Current : 현재의 주석으로 사용합니다.

[Leader Line & Arrow] 탭

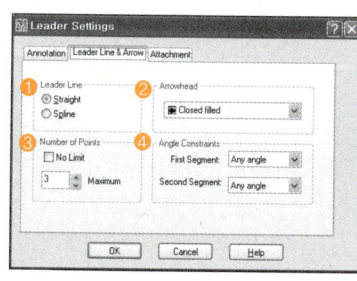

❶ **Leader Line** : 지시선 유형을 결정합니다.

· Straight : 지시선의 유형을 직선으로 지정합니다.

· Spline : 지시선의 유형을 곡선으로 지정합니다.

❷ **Number of Points** : 지시선의 마디를 결정하는 점의 수를 결정합니다.

· No Limit : 지시선의 마디를 결정하는 점의 수를 무한대로 지정합니다.

· Maximum : 지시선의 마디를 결정하는 점의 수를 사용자가 지정하는 수만큼 지정합니다.

❸ **Arrowhead** : 화살표의 모양을 결정합니다.

❹ **Angle Constraints** : 지시선의 각도의 조건을 결정합니다.

· First Segment : 첫 번째 지시선의 각도를 지정합니다.

· Second Segment : 두 번째 지시선의 각도를 지정합니다.

[Attachment] 탭

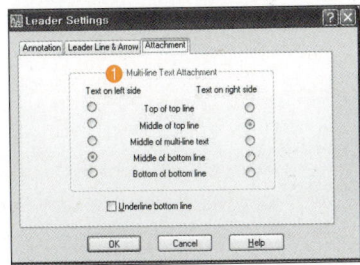

① Multi-Line Text Attachment : 지시선과 문자열의 부착 관계를 결정합니다.

· Text on left side & Text on right side : 문자열을 지시선의 좌측 및 우측 변에 부착합니다.

· Top of Top line : 문자열을 지시선의 맨 위 행의 맨 위로 부착합니다.

· Middle of top line : 문자열을 지시선의 맨 위 행의 중간에 부착합니다.

· Middle of Multi-Line Text : 문자열을 지시선의 중간에 부착합니다.

· Middle of bottom line : 문자열을 지시선의 맨 아래 행의 중간에 부착합니다.

· Bottom of bottom line : 문자열을 지시선의 맨 아래 행의 맨 아래에 부착합니다.

· Underline bottom line : 문자열의 아래에 지시선이 부착됩니다.

14. 공차 치수를 입력하는 [Tolerance] 명령어

오차에 대한 치수를 삽입하는 공차의 치수 명령은 치수를 기입할 때 도면의 정보를 기호로써 표현하는 방법으로 기계 분야의 도면에서 주로 많이 이용되며 다양한 형태의 심벌이 있습니다.

[Tolerance] 명령어	
아이콘	⊞⊞
메인 메뉴	[Dimension]-[Tolerance]
명령어	Tolerance
단축키	〈Tol〉

1. 명령어 사용 방법

Command 라인에 [Tolerance] 명령어를 입력합니다. 각종 심벌과 자동 공차 값에 관련된 [Geometric Tolerance] 대화상자가 나타납니다. 여기서 사용자가 원하는 형태의 공차 치수 값이 나오도록 할 수 있습니다. 일련의 기준 값을 이용하여 선택하며 필요한 공차만 기입하도록 합니다.

Command : Tolerance Enter

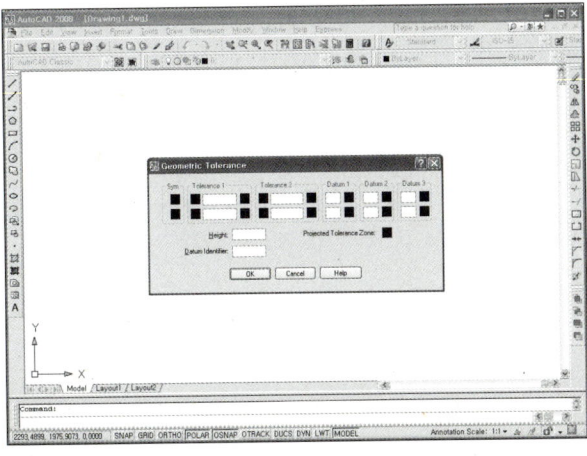

첫 칸의 심벌 란을 클릭하면 [Symbol] 대화상자가 나타나
원하는 심벌을 선택할 수 있습니다.

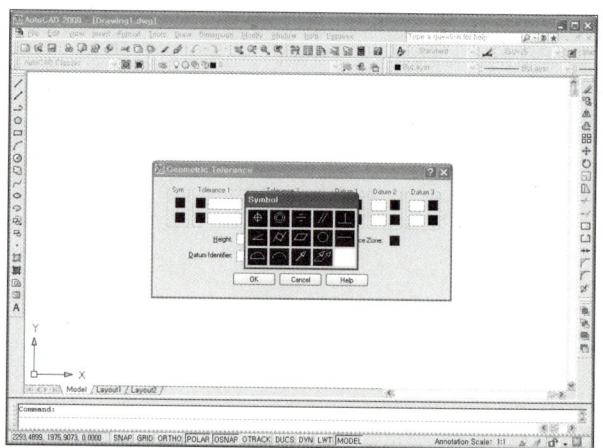

첫 칸부터 계속 선택하여 다음의 그림처럼 해당 공차 값을
입력합니다.

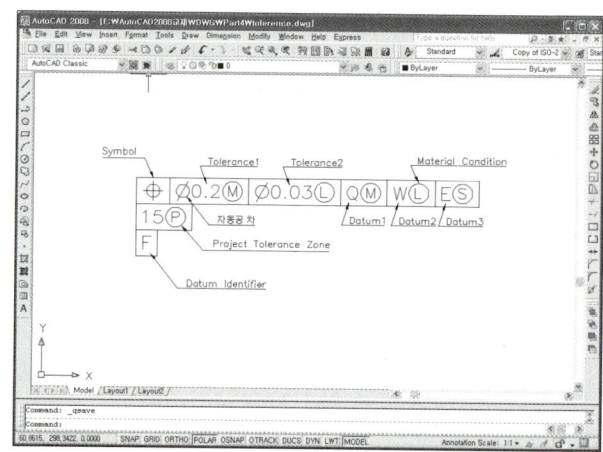

2. 명령어 옵션

공차 치수를 입력하는 기본적인 용어 및 옵션에 대하여 알아봅니다. 각종 공차의 내용은 도면의 특성에 따라 사용
합니다. 공차의 특징과 내용에 따라 적절하게 입력할 수 있습니다.

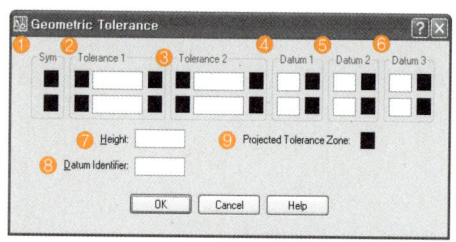

❶ Sym : 이를 선택하면 다양한 모양의 심벌 중에서 선택할 수 있습니다. 각종 위
치나 중심축의 정보 등을 나타냅니다.

❷ Tolerance 1 : 첫 번째 공차로 지름 기호 및 공차 값, 재질의 기호 등을 나타냅니다.

❸ olerance 2 : 두 번째 공차로 지름 기호 및 공차 값, 재질의 기호 등을 나타냅니다.

❹ Datum 1 : 재질의 조건을 나타냅니다.

❺ Datum 2 : 재질의 조건을 나타냅니다.

❻ Datum 3 : 재질의 조건을 나타냅니다.

❼ Height : 공차 값의 영역을 입력합니다.

❽ Datum Identifier : 기준의 식별 기호를 표현합니다.

❾ Projected Tolerance Zone : 투영된 공차 영역 기호를 표현합니다.

3. 기본 실습

일반 치수와 다른 공차 치수 기입에 대한 실습을 통하여 입력하는 방법을 알아봅니다. 필요한 내용을 정확하게 선택하여 공차 값을 표시하도록 합니다.

❶ 메뉴에서 [File]-[New]를 실행하여 새로운 도면을 시작합니다. [Limits] 명령을 이용하여 다음과 같이 도면 한계를 설정합니다.

```
Command : Limits Enter
Reset Model space limits :
Specify   lower   left   corner   or   [ON/OFF]
<0.0000,0.0000> : Enter
Specify upper right corner <420.0000,297.0000> :
120,90 Enter
Command : Zoom Enter
Specify corner of window, enter a scale factor (nX or nXP),
or [ All/Center/Dynamic/Extents/Previous/Scale/Window/
Object] <real time> : A Enter
Regenerating model.
```

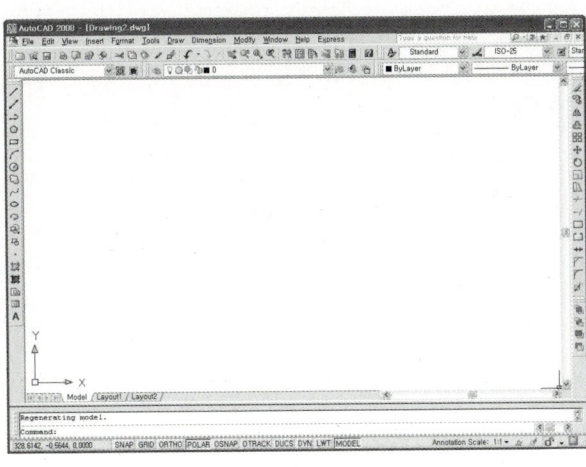

❷ 공차를 입력하기 위하여 Command 라인에 [Tolerance] 명령어를 입력합니다.

```
Command : Tolerance Enter
```

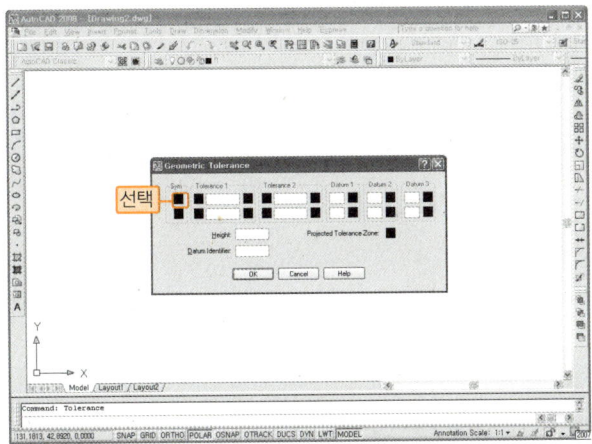

❸ 첫 번째 공차를 입력하기 위하여 심벌 라이브러리 안의 공차들 중에서 첫 번째 심벌을 클릭하여 [Symbol] 대화상자에서 선택합니다. 심볼을 선택하면 바로 공차 수치 입력 칸으로 바로 이동합니다.

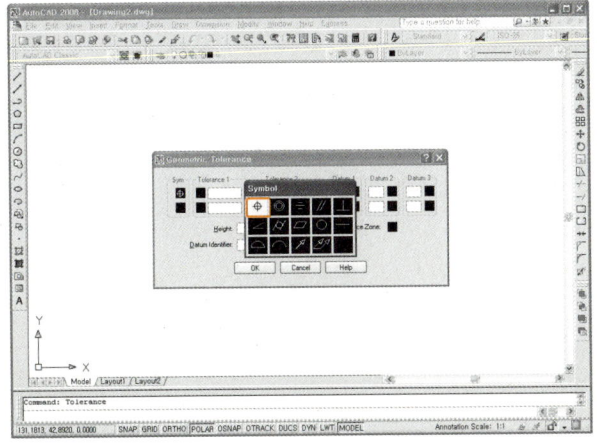

④ 자동 공차 값을 0.3으로 입력하고 재질을 표현하기 위해 [Material Condition] 대화상자에서 공차를 선택합니다. 다음의 그림을 참조하여 원하는 형태의 재질을 선택합니다.

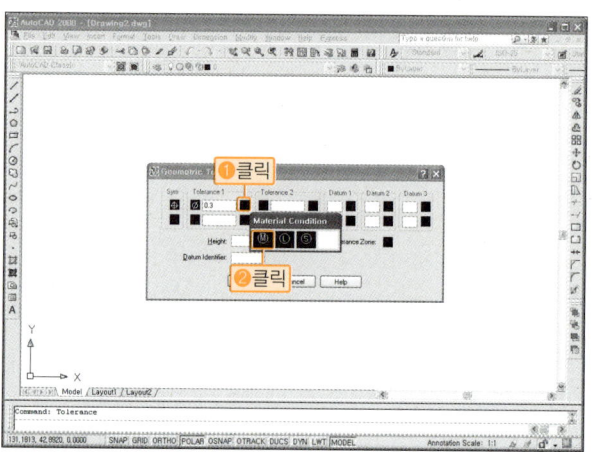

⑤ 재질을 표현 한 뒤 프로젝트 기호와 높이 값과 자료의 확인 값을 찾아서 선택하거나 직접 입력합니다.

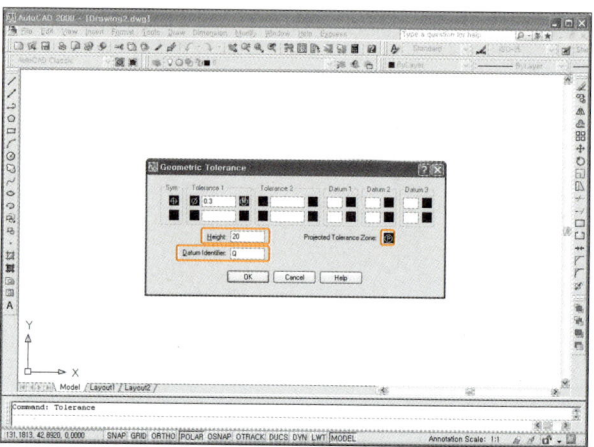

⑥ 공차 값을 입력할 위치를 선택합니다. 해당 공차 값이 있어야 하는 위치를 마우스 클릭이나 좌표 값을 이용하여 선택합니다.

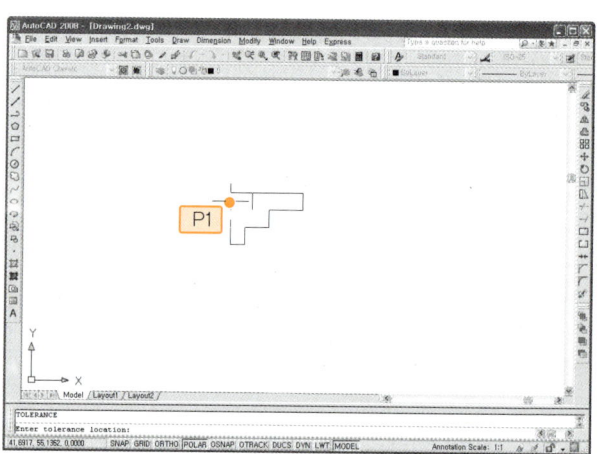

Enter tolerance location : P1 클릭

⑦ 다음 그림처럼 공차 치수가 입력되었습니다.

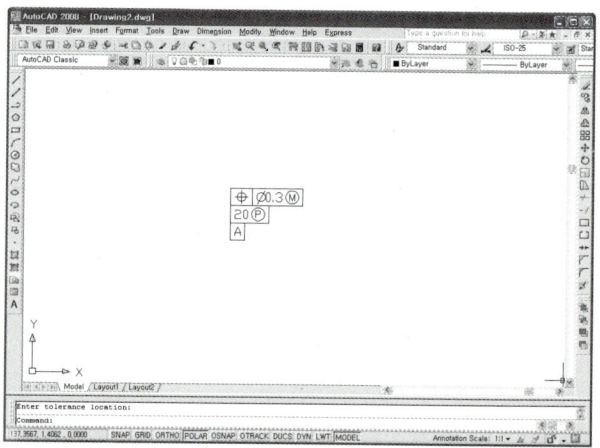

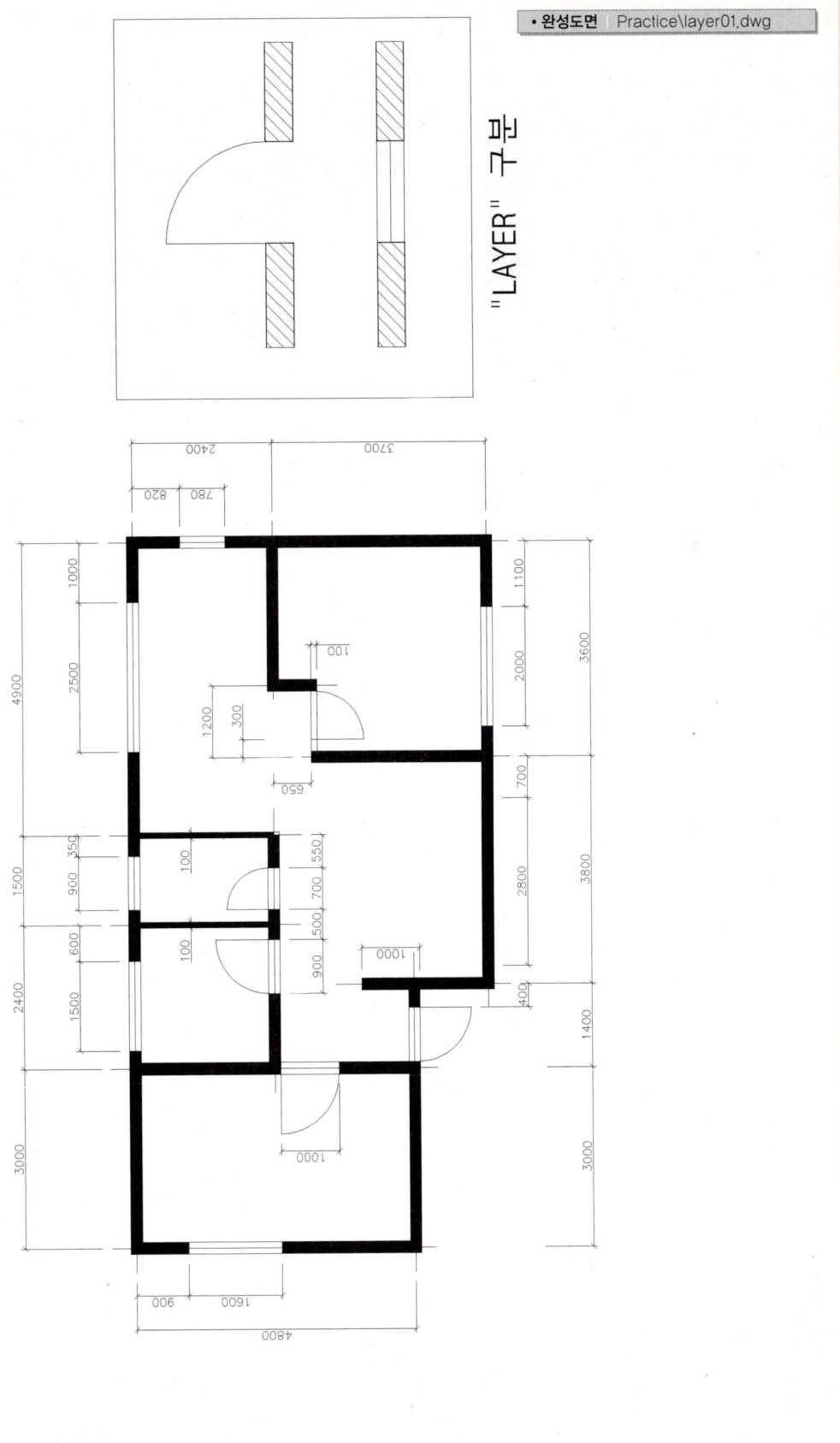

"LAYER" 구분

Chapter
02 치수 문자 편집과 치수 스타일 변경하기

치수를 입력할 때는 정확하게 입력하는 것이 최우선이지만 입력된 치수 문자에 적절한 코멘트나 위치 등을 수정하여 새로운 치수로 수정할 수 있습니다. 입력된 치수를 그대로 이용하기도 하지만 이처럼 치수의 위치나 치수보조선의 각도 등을 수정하여 목적에 알맞은 치수로 편집할 수 있습니다. 또한 여러 가지 치수 유형을 미리 설정해두고 각 분야에 맞는 치수 유형을 치수 스타일에서 설정할 수 있습니다. 하나의 도면 안에서도 서로 다른 유형이 2개 이상 존재할 수 있으므로 해당 도면 요소에 맞게 치수 유형을 결정하도록 합니다.

1. 치수 문자와 보조선을 편집하기 위한 [Dimedit] 명령어

[Dimedit] 명령은 치수 문자와 치수보조선을 편집하는 명령어로 치수 문자의 위치나 각도 회전, 치수보조선의 회전과 새로운 문자로의 전환을 기준으로 수정합니다.

[Dimedit] 명령어	
아이콘	Ⓐ
메인 메뉴	[Dimension]–[Align Text]–[Home]
명령어	Dimedit

1. 명령어 사용 방법

입력된 치수 문자를 수정하거나 치수보조선의 회전각을 입력하여 치수를 새롭게 수정하는 명령어입니다. 이미 입력되어 있는 치수를 수정할 수 있는 명령어이며 사용은 툴 바를 이용하거나 Command 라인에 [Dimedit] 명령어를 입력합니다.

```
Command : Dimedit Enter
Enter type of dimension editing [ Home/New/Rotate/Oblique] <Home> : 원하는 옵션을 선택합니다.
```

2. 명령어 옵션

치수 문자나 치수보조선의 유형으로 나누어 해당 객체를 수정합니다. 각각의 수정을 문자 기준으로 하거나 치수보조선을 기준으로 입력된 치수를 수정할 수 있습니다.

옵션	내용
Home	치수 문자의 위치를 처음 입력된 초기 상태로 되돌립니다.
Rotate	치수 문자에 각도를 입력하여 치수 문자를 회전시킵니다.
New	기존 문자를 수정하여 새로운 치수 문자를 입력합니다.
Oblique	치수보조선의 기울기 각도를 입력합니다.

3. 옵션 실습

입력된 치수를 수정하는 여러 가지 옵션을 기준으로 실습해보겠습니다. 다음 그림을 참고하여 직접 실행해보기 바랍니다.

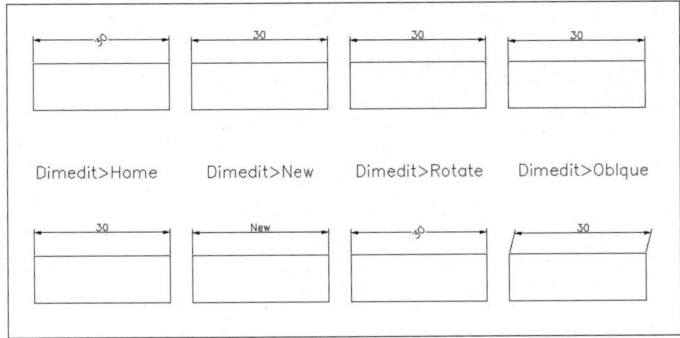

① Home : 치수 문자의 위치를 처음 입력된 초기 상태로 되돌립니다. 변형된 위치나 값이 없는 경우 실행해도 변화는 없습니다.

```
Command : Dimedit [Enter]
Enter type of dimension editing [ Home/New/Rotate/Oblique] <Home> : H [Enter]
Home 옵션을 선택합니다.
Select objects : 1 found 변경할 치수선을 선택합니다.
Select objects : [Enter]를 눌러 명령어를 종료합니다.
```

② New : 기존의 문자를 수정하여 새로운 치수 문자를 입력합니다. 문자를 수정한다는 것은 치수가 변경되는 것이므로 주의하고 기존 의 치수에 코멘트나 다른 치수 단위 등을 기입하는 경우 사용할 수 있습니다.

```
Command : Dimedit [Enter]
Enter type of dimension editing [ Home/New/Rotate/Oblique] <Home> : N [Enter]
New 옵션을 선택합니다. Mtext 창이 나타나며 원하는 문자 열을 입력하고 [OK] 버튼을 클릭합니다.
Select objects : 1 found 변경할 치수선을 선택합니다.
Select objects : [Enter]를 눌러 명령어를 종료합니다.
```

③ Rotate : 치수 문자에 각도를 입력하여 치수 문자를 회전시킵니다. 특별히 강조하여야 하는 경우라면 해당 문자를 회전시키는 방법 을 사용할 수 있습니다.

```
Command : Dimedit [Enter]
Enter type of dimension editing [ Home/New/Rotate/Oblique] <Home> : R [Enter] Rotate 옵션을 선택합니다.
Specify angle for dimension text : 45 [Enter] 치수 문자의 회전각을 입력합니다.
Select objects : 1 found 변경할 치수선을 선택합니다.
Select objects : [Enter]를 눌러 명령어를 종료합니다.
```

④ Oblique : 치수보조선의 기울기 각도를 입력합니다. 커다란 스케일의 도면이나 복잡한 형태의 치수 기입에서 필요한 치수를 상단 이나 하단의 끝부분에 가져다 놓고 기울기 각도를 입력하면 강조도 되면 복잡성을 피할 수 있습니다.

```
Command : Dimedit [Enter]
Enter type of dimension editing [ Home/New/Rotate/Oblique] <Home> : O [Enter] Oblique 옵션을 선택합니다.
Select objects : 1 found
변경할 치수선을 선택합니다.
Select objects : [Enter]를 눌러 선택을 종료합니다.
Enter obliquing angle(press <Enter> for none) : 25 [Enter]
치수보조선의 회전각을 입력합니다.
```

2. 치수 문자만을 편집하기 위한 [Dimtedit] 명령어

순수하게 치수 문자만을 수정을 하는 명령어로 치수 문자의 정렬 위치를 지정하거나 치수 문자의 회전각 등을 수정합니다. 치수 문자의 위치는 기본적으로 입력 당시를 기준으로 합니다. 특별한 경우를 제외하고는 편집하지 않습니다.

[Dimtedit] 명령어	
메인 메뉴	[Dimension]-[Align Text]-[Angle, Left, Center, Right]
명령어	Dimtedit

1. 명령어 사용 방법

입력된 치수 문자를 수정하거나 치수보조선의 회전각을 입력하여 치수를 새롭게 수정하는 명령어입니다. 툴 바의 메뉴를 이용하거나 Command 라인에 [Dimedit] 명령어를 입력합니다.

```
Command : Dimtedit  Enter
Select dimension : 수정할 치수선을 선택합니다.
Specify new location for dimension text or [ Left/Right/Center/Home/Angle] : 수정 옵션을 선택합니다.
```

2. 명령어 옵션

치수 문자를 주로 수정하는 명령어로 옵션도 주로 정렬에 해당하는 옵션이 많습니다. 치수선을 기준선으로 두고 왼쪽과 오른쪽 그리고 가운데로 정렬이 가능합니다.

옵션	내용
Left	치수를 치수선의 왼쪽으로 정렬합니다.
Right	치수를 치수선의 오른쪽으로 정렬합니다.
Center	치수를 치수선의 가운데로 정렬합니다.
Home	위치나 각도가 변경된 치수 문자를 초기값으로 변경합니다.
Angle	치수 문자의 각도를 변경합니다.

3. 기본 실습

입력된 치수 문자를 옵션에 따라 수정합니다. 수정 명령어는 기본적으로 입력되어 있는 문자를 기준으로 하므로 일반적인 치수를 대략적으로 입력한 뒤에 수정을 연습하도록 합니다.

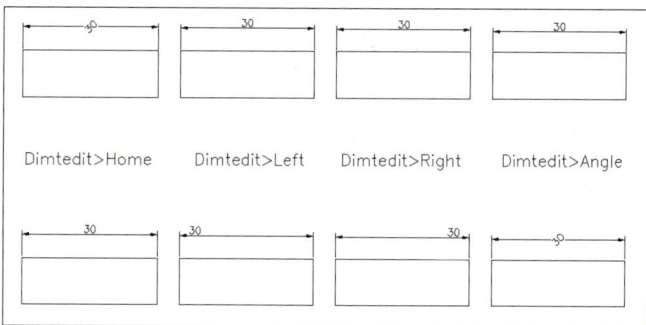

❶ Left : 치수를 치수선의 왼쪽으로 정렬합니다.

```
Command : Dimtedit [Enter]
Select dimension : 치수 문자를 수정할 치수선을 선택합니다.
Specify new location for dimension text or [ Left/Right/Center/Home/Angle] : L [Enter]
치수 문자 수정하기 위해 Left 옵션을 선택합니다.
```

❷ Right : 치수를 치수선의 오른쪽으로 정렬합니다.

```
Command : Dimtedit [Enter]
Select dimension : 치수 문자를 수정할 치수선을 선택합니다.
Specify new location for dimension text or [ Left/Right/Center/Home/Angle] : R [Enter]
치수 문자 수정하기 위해 Right 옵션을 선택합니다.
```

❸ Home : 위치나 각도가 변경된 치수 문자를 초기값으로 변경합니다.

```
Command : Dimtedit [Enter]
Select dimension : 치수 문자를 수정할 치수선을 선택합니다.
Specify new location for dimension text or [ Left/Right/Center/Home/Angle] : H [Enter]
치수 문자 수정하기 위해 Home 옵션을 선택합니다.
```

❹ Angle : 치수 문자의 각도를 변경합니다.

```
Command : Dimtedit [Enter]
Select dimension : 치수 문자를 수정할 치수선을 선택합니다.
Specify new location for dimension text or [ Left/Right/Center/Home/Angle] : A [Enter]
치수 문자 수정하기 위해 Angle 옵션을 선택합니다.
Specify angle for dimension text : 45
치수 문자의 회전각을 입력합니다.
```

3. 치수의 유형을 갱신하는 [Update] 명령어

치수의 변수를 바꾸거나 치수의 유형을 변경하였을 때 이미 기입한 치수의 상태를 현재 변경된 치수 변수나 치수 유형의 결과값으로 갱신하는 경우 사용합니다. 같은 유형은 유형 변경만으로 자동 갱신이 되지만 다른 유형인 경우에는 해당 객체를 선택하여 지금 선택한 치수 유형으로의 갱신을 유도해야 합니다.

[Update] 명령어	
아이콘	⊞
메인 메뉴	[Dimension]–[Update]
명령어	Dim [Enter] Dim : Update

1. 명령어 사용 방법

원하는 치수 유형을 변경한 뒤 입력된 치수 문자를 선택하여 현재의 치수 유형의 형태로 변경합니다. 기존에 입력한 치수 문자의 유형이라 하더라도 변경된 치수 유형을 지정하고 [Update] 명령을 이용하여 선택하면 최후의 치수 유형으로 변경됩니다.

```
Command : Dim  Enter
Dim : Update  Enter
Select objects : Specify opposite corner : 8 found
갱신할 치수 객체를 모두 선택합니다.
Select objects :  Enter
```

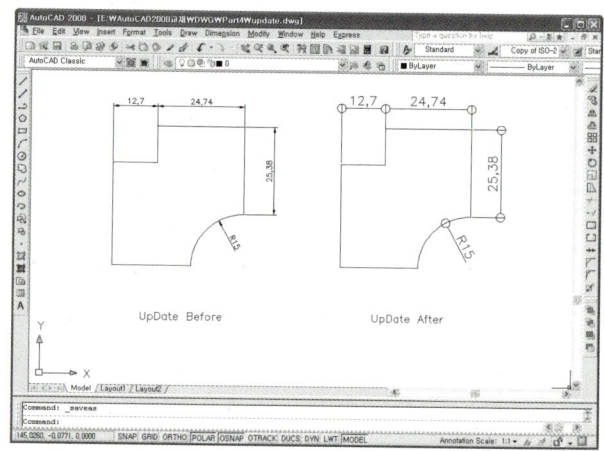

4. 치수 유형을 결정하는 [Dimstyle] 명령어

치수 유형이라 함은 치수 기입의 여러 가지 방법을 목록으로 설정해두고 해당하는 변수를 조절하듯이 필요한 치수 유형을 목록에서 각 치수 요소마다 선택하여 사용할 수 있습니다. [Dimstyle] 명령은 치수를 기입하는 경우 치수 변수를 이용하여 치수의 유형을 결정하는 기존의 방식에 목록을 체크하거나 입력하여 하나의 치수 유형을 결정합니다. 치수 유형은 기본형 에 계속 더하여 새로운 유형을 만들어 갑니다. 그러므로 처음 치수 유형을 만든 이후 변동되는 치수 유형만 변경하여 새로 운 치수 유형을 만들어 사용하도록 합니다.

[Dimstyle] 명령어	
아이콘	◢
메인 메뉴	[Dimension]–[Dimstyle]
명령어	Dimstyle

1. 명령어 사용 방법

[Dimstyle] 명령은 대부분이 [Dimension Style Manager] 대화상자를 통해 이루어지므로 대화상자의 내 용을 충실하게 파악해야 합니다.

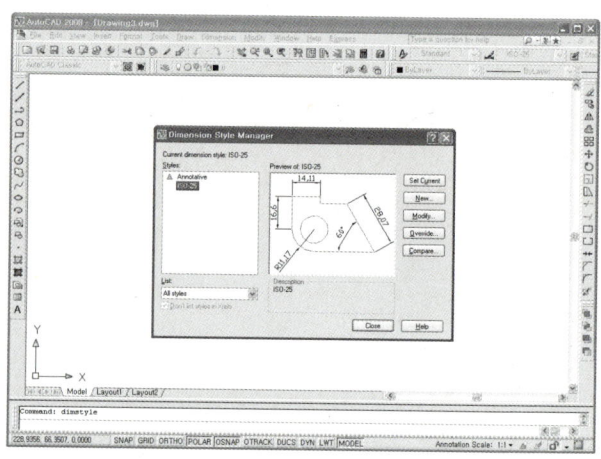

```
Command : Dimstyle  Enter
```

[Dimension Style Manager] 대화상자

2. 명령어 옵션

기본 도면 파일인 'acadiso.dwt' 도면에는 기본 ISO 스타일로 치수 유형이 설정되어 있습니다. 사용자는 이 기본 스타일에 원하는 스타일의 값을 하나둘 변경해가며 편리하게 작업할 수 있습니다. [Dimension Style Manager] 탭 대화상자에서 [Modify] 버튼을 클릭하여 각 옵션 탭으로 이동합니다.

[Lines] 탭

치수선과 치수보조선과 관련된 여러 가지 요소를 변경합니다.

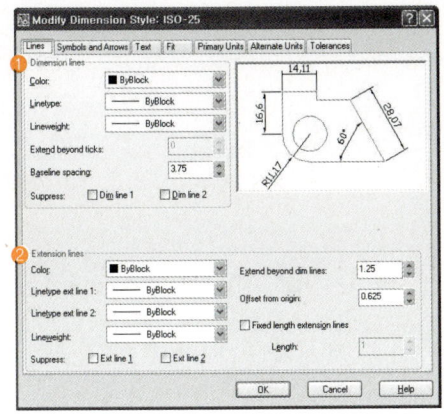

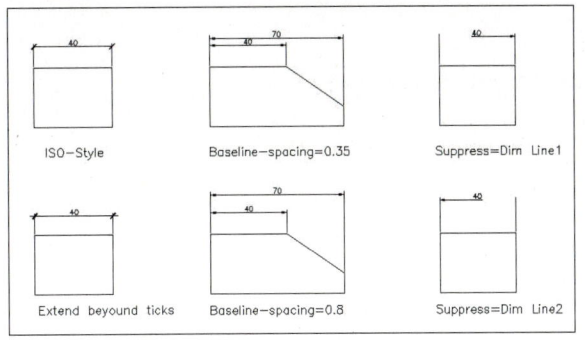

❶ Dimension Lines : 치수선과 관련된 설정을 변경합니다.

· Color : 치수선의 색상을 변경합니다.

· Lineweight : 치수선의 두께인 선가중치를 변경합니다.

· Extend beyond ticks : 치수선 양끝의 모양이 Tick인 경우 치수선 연장선의 길이 값을 설정합니다.

· Baseline spacing : Baseline의 기준치수를 입력할 때 치수선 간의 간격을 조절합니다.

· Suppress : 치수선의 사용을 억제합니다.

· Dim Line1 : 첫 번째 치수선의 사용을 억제합니다.

· Dim Line2 : 두 번째 치수선의 사용을 억제합니다.

❷ Extension Lines : 치수보조선과 관련된 설정을 변경합니다.

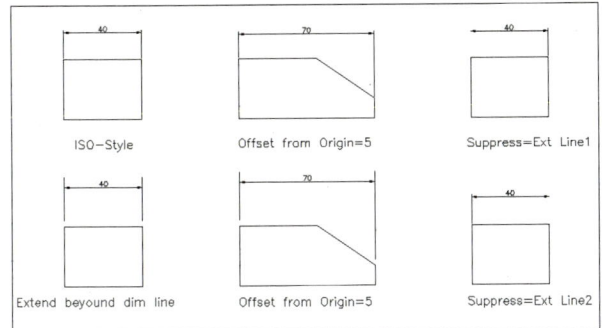

· Color : 치수보조선의 색상을 변경합니다.

· Linetype ext line1 : 첫 번째 치수보조선의 선 종류를 변경합니다.

· Linetype ext line2 : 두 번째 치수보조선의 선 종류를 변경합니다.

· Lineweight : 치수보조선의 두께인 선가중치를 변경합니다.

· Suppress : 치수보조선의 사용을 억제합니다.

· Dim Line1 : 첫 번째 치수보조선의 사용을 억제합니다.

· Dim Line2 : 두 번째 치수보조선의 사용을 억제합니다.

· Extend beyound dim : 치수선의 끝을 지나는 치수보조선의 길이 값을 조정합니다.

· Offset from origin : 치수보조선이 치수 원점과의 거리 값을 조정합니다.

· Fixed length extension lines : 치수보조선을 정해진 길이 값으로 고정합니다.

[Symbol and Arrows] 탭

화살표와 관련된 여러 가지 요소를 변경합니다.

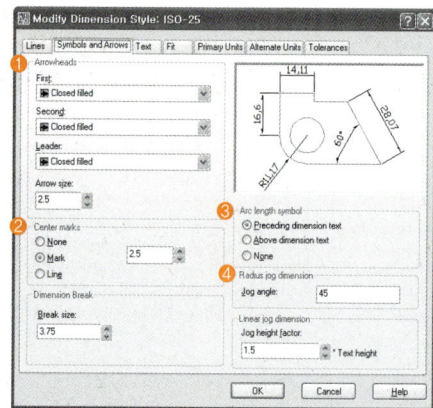

❶ **Arrowheads** : 치수선의 화살표 모양과 관련된 설정을 변경할 수 있습니다.

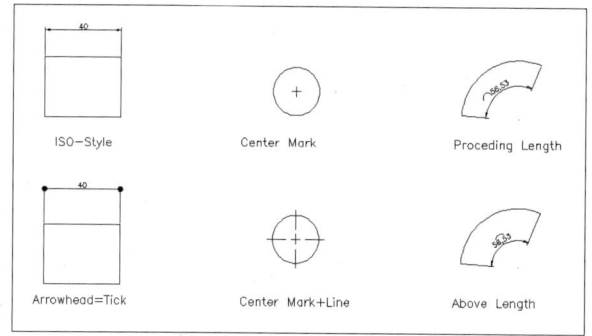

· First/Second : 양쪽 화살표 모양을 변경합니다.

· Leader : Leader의 화살표 모양을 변경합니다.

· Arrow size : 화살표의 크기를 변경합니다.

❷ **Center Marks** : 중심 표시의 형태를 조절할 수 있습니다.

· None : 중심 표시를 하지 않습니다.

· Mark : 중심을 표시합니다.

· Line : 중심선과 보조선까지 표시합니다.

· Size : 중심 표시의 크기를 조절합니다.

❸ **Arc Length symbol** : 호 길이 기호의 상세 값을 조절합니다.

· Proceding dimesion text : 호의 길이 기호를 치수 문자의 앞에 지정합니다.

· Above dimesion text : 호의 길이 기호를 치수 문자 위에 지정합니다.

· None : 호의 길이 기호를 표시하지 않습니다.

❹ **Radius dimension** : 반지름 치수 꺾기의 값을 조절합니다.

· Jog angle : 반지름 치수를 입력할 때 치수보조선과 치수선을 연결하는 가로 선분의 각도를 조절합니다.

[Text] 탭

치수 문자의 여러 가지 요소를 설정합니다.

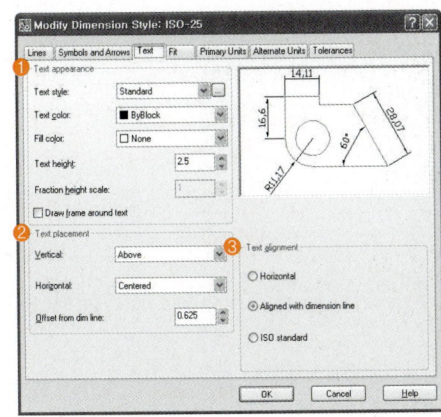

❶ **Text Appearance** : 치수 문자의 여러 가지 유형을 설정합니다.

· Text Style : 치수 문자의 유형을 결정합니다.

· Text color : 치수 문자의 색상을 변경합니다.

· Text height : 치수 문자의 높이 값을 변경합니다.

· Fraction height case : 분수 단위의 치수 문자의 축척을 결정합니다.

· Draw frame around text : 치수 문자에 사각형의 테두리를 만듭니다.

❷ **Text placement** : 치수 문자의 위치를 설정합니다.

· Vertical : 치수 문자의 세로의 위치를 변경합니다.

· Horizontal : 치수 문자의 가로의 위치를 변경합니다.

· Offset from dim Line : 치수 문자와 치수선 사이의 간격을 조절합니다.

❸ **Text alignment** : 치수 문자의 정렬 방식을 설정합니다.

· Horizontal : 치수 유형과 관계없이 치수 문자를 무조건 수평으로 정렬합니다.

· Aligned with dimension line : 치수 문자를 치수선의 각도에 따라 치수선과 나란하게 정렬합니다.

· ISO Standard : ISO 표준에 따라 정렬합니다.

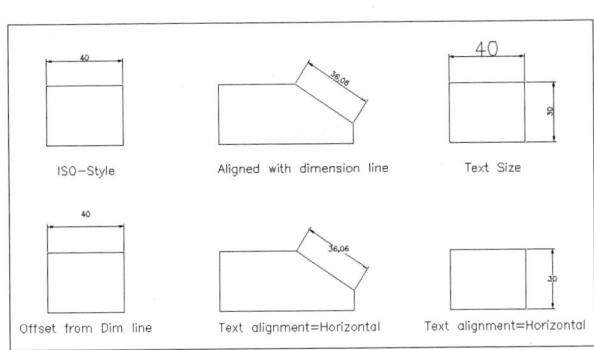

[Fit] 탭

치수선과 치수 문자 그리고 지시선과 화살표 등의 위치를 설정합니다.

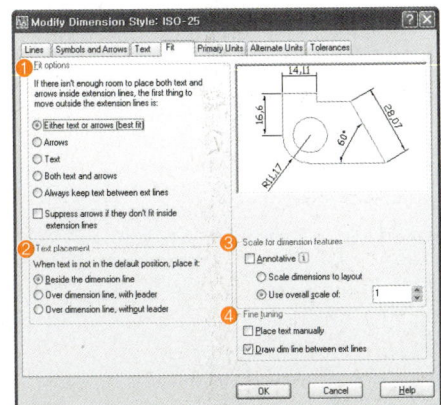

❶ **Fit Options** : 화살표와 문자, 치수선과 치수보조선 등의 맞춤 옵션을 지정합니다.

· Either the text or the arrows : 문자와 화살표의 위치를 조절합니다.

· Arrows : 치수보조선의 간격이 좁은 경우에 문자의 위치는 안쪽에 화살표의 위치는 바깥쪽에 표시되도록 조절합니다.

· Text : 문자의 위치를 조절하여 치수보조선의 간격이 좁은 경우에는 안쪽에 문자는 바깥쪽에 표시되도록 조절합니다.

· Both text and arrows : 문자와 화살표의 위치를 치수보조선의 간격이 좁은 경우 둘 다 바깥쪽에 표시되도록 조절합니다.

· Always keep text between ext lines : 치수보조선 사이에 항상 문자를 표시합니다.

· Suppress arrows if they don't fit inside the extension lines : 치수보조선의 간격이 좁은 경우 화살표의 표시를 하지 않는 경우 조절합니다.

② **Text Placement** : 문자의 위치를 조절합니다.

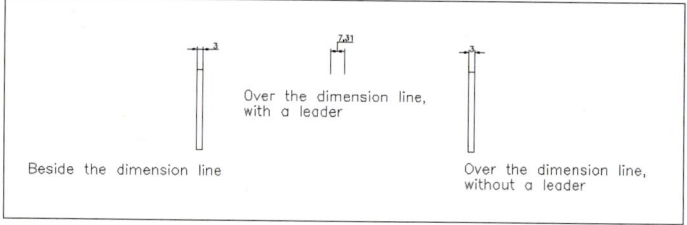

· Beside the dimension line : 치수선 밖으로 문자의 위치를 조절합니다.

· Over the dimension line, with a leader : 치수선에서 문자가 떨어지는 경우 지시선을 표현하여 문자를 표시합니다.

· Over the dimension line, without a leader : 치수선에서 문자가 떨어지는 경우 지시선을 표현 하지 않고 문자를 표시합니다.

③ **Scale for Dimension Features** : 치수의 전체 축척을 관리합니다.

· Scale dimension to layout 도면 공간에서의 치수 축척을 변경합니다.

· Use overall Scale of : 전체 치수의 축척을 변경합니다.

④ **Fine turning** : 치수 문자의 위치를 수동으로 설정하거나 치수선의 기타 최적화를 합니다.

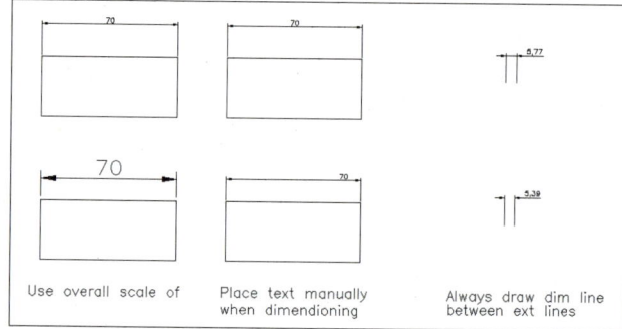

· Place text manually when dimensioning : 치수 문자의 위치를 수동으로 사용자가 선택하는 위치로 지정합니다.

· Always draw dim line between ext line : 치수선을 항상 치수보조선 사이에 표시하도록 지정합니다.

[Primary Units] 탭

치수의 단위와 축척 등 관련 정밀도를 지정합니다.

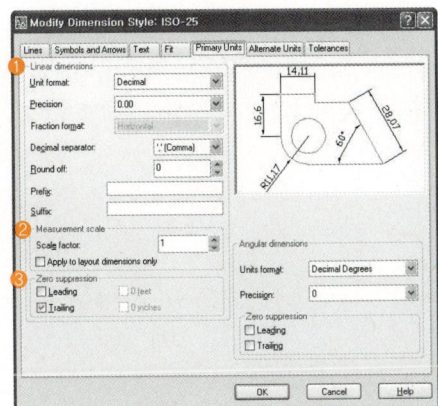

❶ Linear Dimensions : 선형의 치수 요소를 변경합니다.

· Unit format : 전체 단위를 변경합니다.

· Precision : 치수의 정밀도를 소수점 단위로 변경합니다.

· Fraction format : 분수 단위의 형식을 변경합니다.

· Decimal separator : 소수점의 형식을 변경합니다.

· Round off : 반올림의 자리를 변경합니다.

· Prefix : 접두사를 입력합니다.

· Suffix : 접미사를 입력합니다.

❷ Measurement Scale : 측정단위의 축척 크기를 조절합니다.

· Scale factor : 치수 문자에 곱하여질 값을 지정합니다.

· Apply to layout dimension only : 레이아웃 되어 있는 치수에만 적용합니다.

❸ Zero suppression : 소수점 이하의 '0'을 억제합니다.

· Leading : 소수점 앞의 '0'을 억제합니다.

· Trailing : 소수점 이하의 '0'을 억제합니다.

· 0 Feet : 1피트 미만인 경우 피트와 인치의 피트를 억제합니다.

· 0 inches : 피트가 정수인 경우 피트와 인치치수의 인치를 한꺼번에 제한합니다.

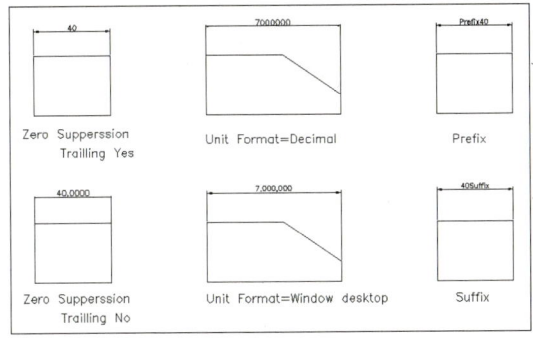

[Alternate Units] 탭

대체 치수의 단위의 정밀도를 지정합니다.

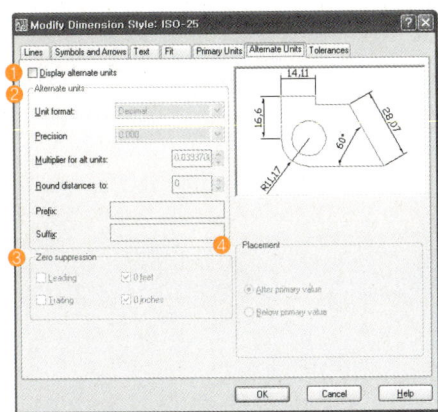

❶ Display alternate units : 대체 단위를 표시합니다.

❷ Alternate Units : 대체 단위를 변경합니다.

❸ Zero Suppression : 소수점 이하의 '0'을 억제합니다.

❹ Placement : 대체 단위의 위치를 조절합니다.

[Tolerance 탭]

치수 문자 중 공차 값을 조절합니다.

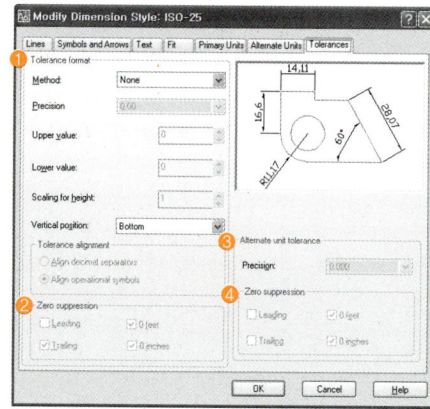

① **Tolerance Format** : 공차의 형식을 조절합니다.

· Method : 공차의 방법을 조절합니다.

· Precision : 공차의 정밀도를 조절합니다.

· Upper Value : 공차의 상한 값을 입력합니다.

· Lower Value : 공차의 하한 값을 입력합니다.

· Scaling for height : 공차 문자의 높이 값을 조절합니다.

· Vertical position : 공차 값의 수직 위치 값을 조절합니다.

② **Zero Suppression** : 소수점 이하의 '0'을 억제합니다.

· Leading : 소수점 앞의 '0'을 억제합니다.

· Trailing : 소수점 이하의 '0'을 억제합니다.

· 0 Feet : 1피트 미만인 경우 피트와 인치의 피트를 억제합니다.

· 0 inches : 피트가 정수인 경우 피트와 인치치수의 인치를 한꺼번에 제한 한다.

③ **Alternate Unit Tolerance** : 대체 단위의 공차 값의 단위를 조정합니다.

· Precision : 대체 단위의 공차 값의 소수점 이하의 정밀도를 조정합니다.

④ **Zero Suppression** : 공차 문자의 소수점 이하의 '0'을 억제합니다.

· Leading : 공차 문자의 소수점 앞의 '0'을 억제합니다.

· Trailing : 공차 문자의 소수점 이하의 '0'을 억제합니다.

Tip AutoCAD
치수 분해하기

치수는 치수 문자와 치수선, 그리고 치수보조선이 하나의 블록으로 지정되어 있습니다. 그렇기 때문에 [DimStyle]의 변동 요소가 자동으로 적용되며 해당하는 변수를 조절한 뒤 원하는 스타일에 Update할 수도 있습니다. 하지만 도면을 그리고 치수를 입력한 뒤 치수선 등을 사용자 임의대로 일반 오브젝트처럼 사용해야 하는 경우에는 블록의 요소를 그대로 유지하고 있는 한 일반 객체처럼 [Edit] 명령어가 실행되지 않습니다. 이런 경우 [Explode] 명령어를 통해 해당하는 블록을 일반 객체로 분해하여 사용할 수 있습니다. 하지만 이렇게 [Explode]를 한 치수는 이제 더 이상 [DimStyle]의 영향을 받지 못하며 Update도 불가능하므로 주의해야 합니다.

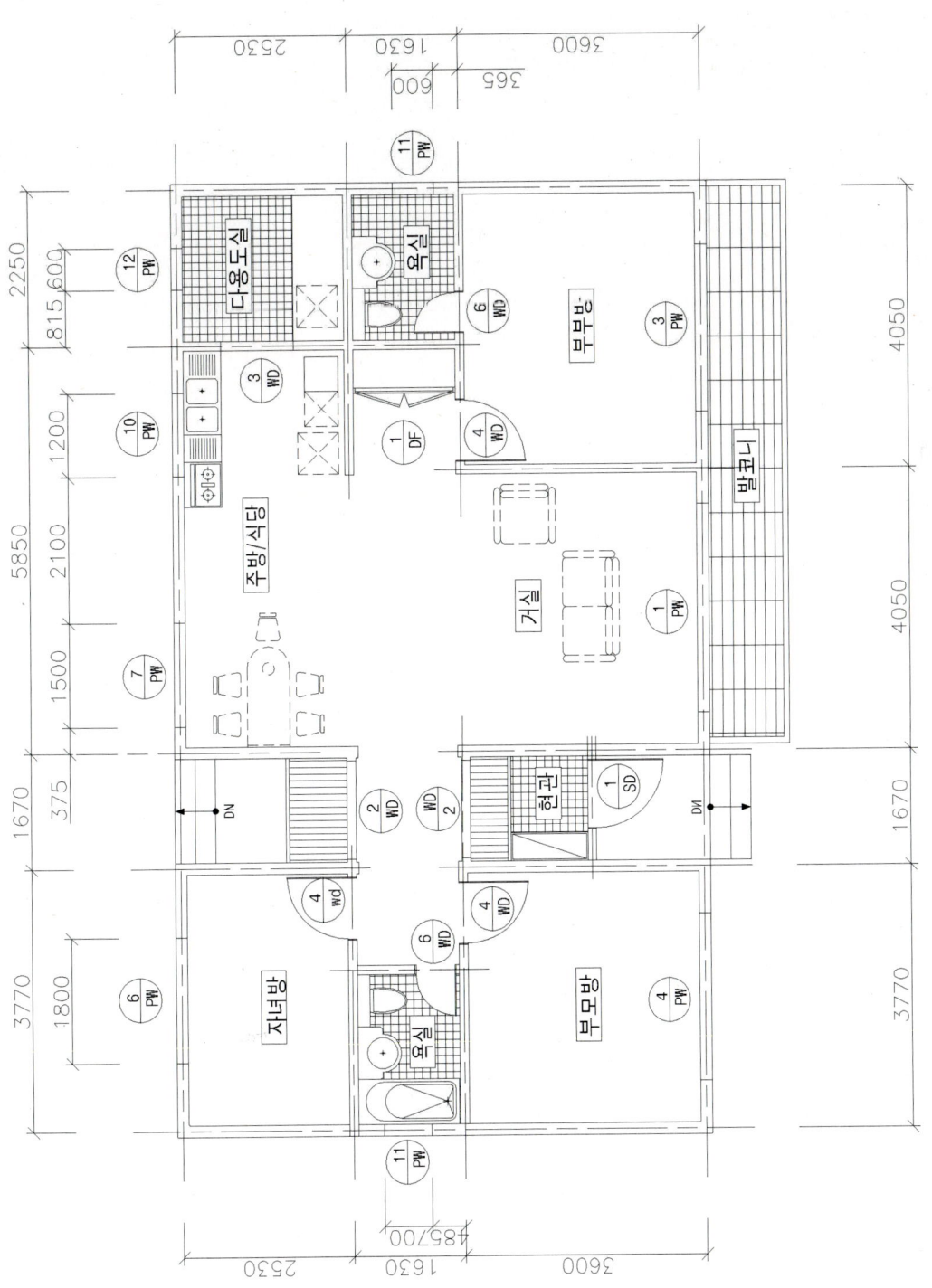

Chapter

03 용지에 출력하기

Chapter03에서는 화면에 있는 도면들을 종이나 파일로 변경하는 방법에 대하여 알아봅니다. 화면 가득 파일로 저장할 수 있으며, 이미지나 EPS와 같은 포스트스크립트 파일로도 저장할 수 있습니다. 화면의 도면 요소들을 최종적인 용지에 나타내는 작업이 출력이며 도면 요소의 기본인 Scale 축척을 제대로 입력하여 오차 없는 도면이 되도록 해야 합니다.

1. 도면을 출력하는 [Plot] 명령어

[Plot] 명령은 화면의 도면을 종이나 이미지 파일 또는 출력 파일로 만드는 것을 의미합니다. 보통은 화면의 내용을 도면 용지로 출력하는 것을 기본으로 하며, 해당 도면을 이미지로 저장하여 포토샵이나 기타 이미지 프로그램으로 리터칭할 때 사용하기도 합니다. 일반적으로 이미지로 만드는 경우에는 축척 스케일 보다 Pixel의 수치가 중요하며 도면으로 출력을 하는 경우에는 도면의 축척 스케일이 중요합니다.

[Plot] 명령어	
아이콘	🖨
메인 메뉴	[File]–[Plot]
명령어	Plot

1. 명령어 사용 방법

컴퓨터에 연결된 프린터나 플로터가 기본 출력기로 설정되어 있는 경우 사용자는 단순히 [Plot] 명령어만 입력하여 Device만 선택하고 Plot과 관계된 옵션만을 지정하여 사용하면 됩니다. 하지만 다른 추가 Device를 설정하는 경우에는 Plot 자체에서 해결하는 것이 아니고 [Tools]–[Options] 메뉴를 통해 새로운 Device를 생성하고 사용하는 것이므로 주의하기 바랍니다.

Command : Plot Enter

2. 명령어 옵션

[Plot] 명령을 실행하는 다양한 옵션의 정의를 이해하고 각 용도에 맞는 옵션을 사용함으로써 정확한 Scale의 도면을 출력할 수 있습니다. 출력에 관련된 탭이 하나로 이루어져 있으나 하단의 펼침 버튼을 클릭하면 추가 옵션이 나타납니다.

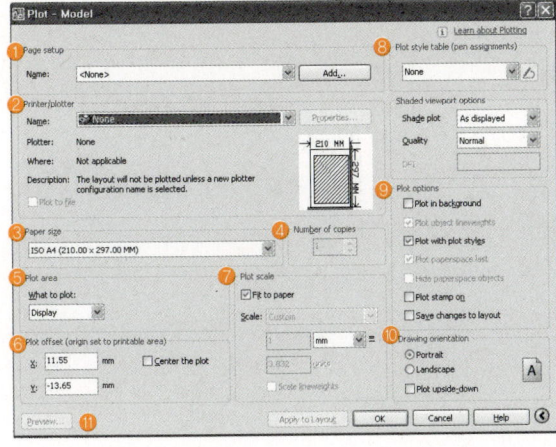

1 **Page Setup** : 현재 출력 페이지에 해당하는 여러 가지 값들을 설정합니다.

· Add : 새로운 페이지 셋업을 저장할 수 있습니다.

2 **Printer/plotter** : 사용할 프린터나 플로터를 설정합니다.

· Name : 이미 환경설정에서 설정된 프린터의 종류를 선택할 수 있습니다.

· Properties : 해당 프린터의 속성을 결정합니다.

3 **Paper Size** : 출력하는 용지의 크기를 결정합니다. 기본 A4~A1이나 기타 사용자 정의까지 지원합니다.

4 **Number of copies** : 출력할 수량을 입력합니다.

5 **Plot area** : 화면상에서 도면의 출력 영역을 결정합니다.

· Display : 도면의 위치나 Zoom 상태와 관계없이 화면에 보이는 그대로 출력합니다.

· Extents : 도면 한계와 관계없이 현재 객체를 중심으로 화면에 꽉 채워서 출력합니다.

· Limits : 도면 한계에 지정된 영역만큼 도면 객체를 출력합니다.

· Window : 대각선 방향으로 두 점을 클릭하여 사각 영역 안에 들어오는 부분만 부분 출력합니다.

6 **Plot Offset(origin set ti printable area)** : 도면 출력 시 X, Y 원점을 결정하거나 출력의 중심을 결정할 수 있습니다.

· Center the plot : 체크 표시하면 도면의 중앙을 화면의 중앙에 맞추어 출력합니다.

7 **Plot Scale** : : 출력할 때 도면 스케일을 결정합니다.

· Fit to paper : 스케일과 관계없이 용지에 꽉 채워 출력합니다. None Scale입니다.

· Scale : 원하는 크기를 선택합니다.

8 **Plot style table(pen assignments)** : 플로터의 펜 스타일을 결정합니다. *.ctb 파일을 통하여 해당하는 도면의 지정된 색상에 따라 선의 두께나 라인 타입 등을 결정하고 컬러와 모노 등을 지정하여 도면을 다양한 스타일로 출력할 수 있습니다.

· Edit plot style : 펜 스타일의 속성을 정의할 수 있습니다.

9 **Plot options** : 출력 옵션을 결정합니다.

· Plot object lineweights : 도면의 선 두께에 따라 출력합니다.

· Plot with plot styles : 플로터의 스타일 결정에 따라 출력합니다.

· Plot paperspace last : 모델 영역을 앞쪽에, 종이의 영역을 뒤쪽에 출력하도록 합니다.

· Hide paperspace objects : 3차원 객체를 출력할 때 은선을 제거하고 출력합니다.

10 **Drawing orientation** : 출력 용지의 방향을 결정합니다.

· Portait : 출력 방향을 세로로 지정합니다.

· Landscape : 출력 방향을 가로로 지정합니다.

· Plot upside-down : 출력 방향을 위, 아래 뒤집어서 출력합니다.

11 **Preview** : 출력될 도면을 미리보기합니다.

3. 기본 실습

기준 프린터기를 이용하여 도면 용지 사이즈에 맞는 Scale로 출력하는 연습을 해보겠습니다.

• 예제 파일 : Sample\Part04\plot.dwg

① [File]-[Open] 메뉴를 이용하여 부록 CD에서 예제 파일을 불러옵니다.

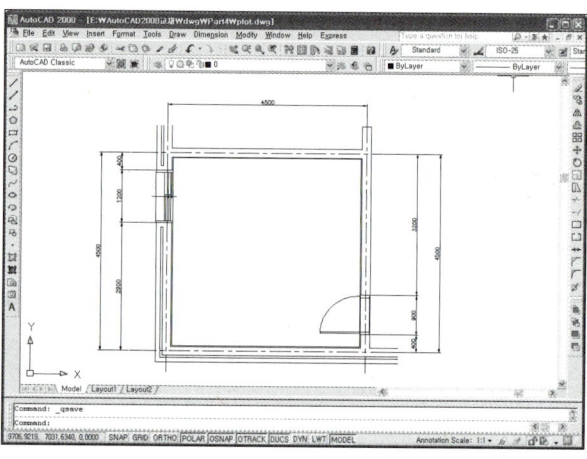

② 현재의 도면을 A4 사이즈 종이에 스케일을 지정하여 출력을 하도록 합니다.

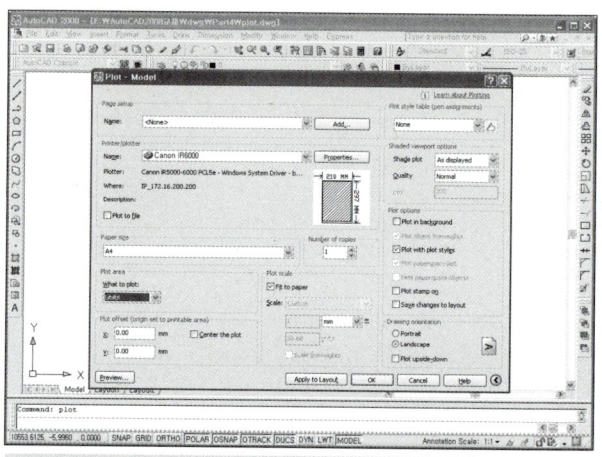

Command : Plot Enter
그림에 표시된 것처럼 Plot name, Plot Size, Plot area를 선택합니다. 프린터는 각 컴퓨터마다 다르므로 같은 것을 찾으려고 하지 말고 본인의 컴퓨터에 연결된 프린터나 플로터를 선택합니다. Plot area은 기본 도면 한계를 이용합니다. 또는 Display를 이용해도 가능합니다.

③ [Preview] 버튼을 클릭하여 일단 확인해보도록 합니다.

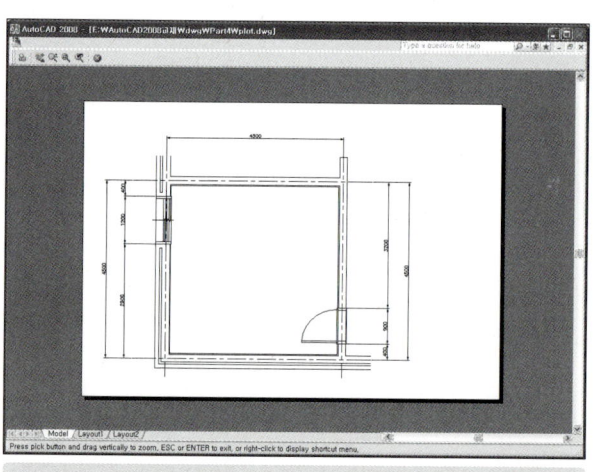

크기와 관계없이 도면 한계 내의 도면을 화면에 꽉 채워서 보여줍니다.

④ 현재의 도면은 Scale이 맞지 않은 경우이므로 스케일 출력을 위하여 마우스 오른쪽 버튼을 클릭하여 나타나는 메뉴에서 [Exit]를 선택하면 다시 [Plot] 대화상자로 돌아갑니다.

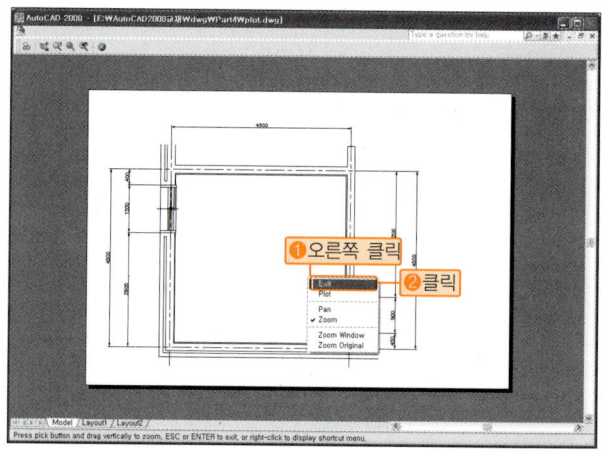

❺ 스케일 관계없이 화면에 맞춰서 출력하는 Fit 옵션을 체크 해제하고 스케일을 선택합니다.

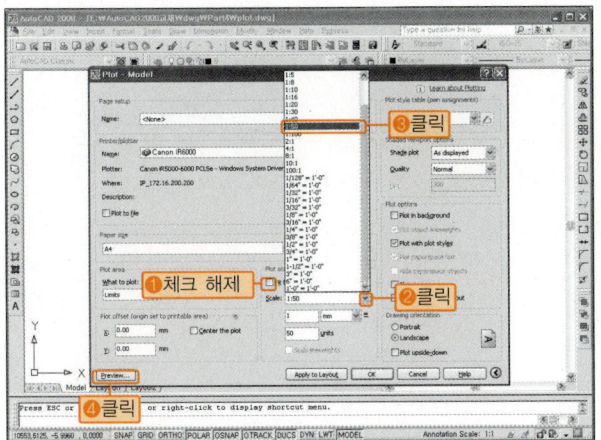

❻ 설정된 Scale을 확인하기 위하여 [Preview] 버튼을 이용하여 다시 확인합니다.

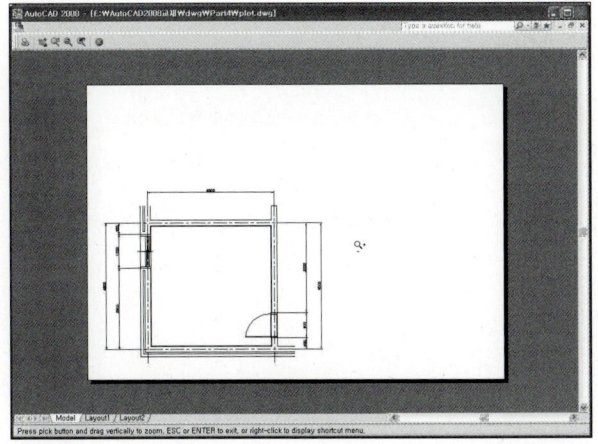

❼ 화면의 하단 쪽으로 치우쳐서 출력됩니다. 화면의 중앙으로 도면의 위치를 옮겨서 출력해야 하므로 [Plot] 대화상자로 다시 돌아가기 위하여 마우스 오른쪽 버튼을 클릭하여 나타나는 메뉴에서 [Exit]를 선택하면 [Plot] 대화상자로 돌아갑니다.

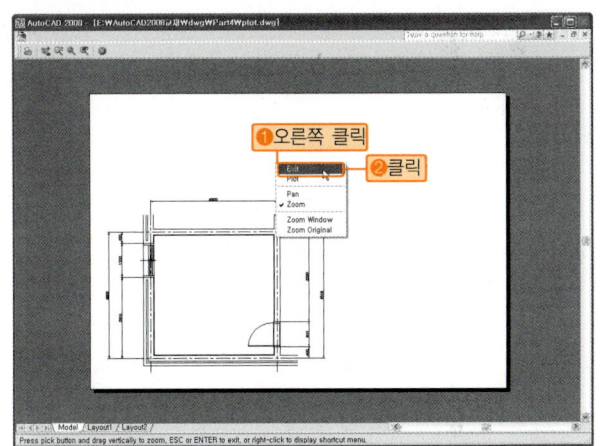

❽ 화면의 중앙으로 도면을 출력할 수 있는 Center the plot 옵션을 체크 표시합니다.

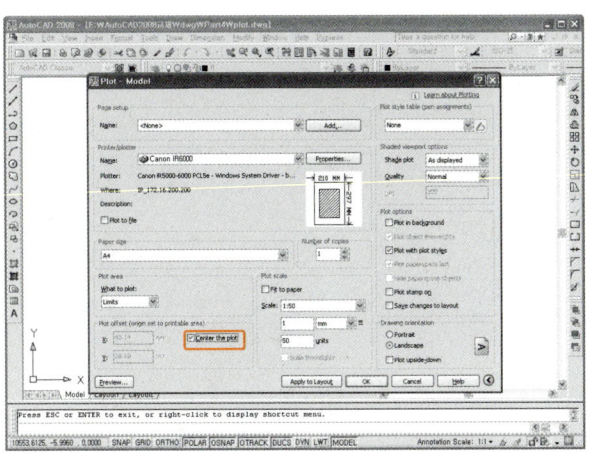

⑨ 다시 한 번 [Preview] 버튼을 클릭하여서 도면의 출력 상태를 미리 확인합니다.

⑩ 도면의 형태가 완성되면 마우스 오른쪽 버튼을 클릭하여 나타나는 메뉴에서 [Plot]를 선택하여 출력합니다.

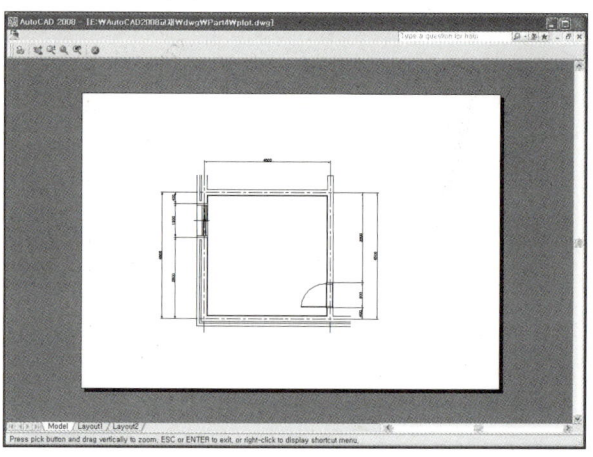

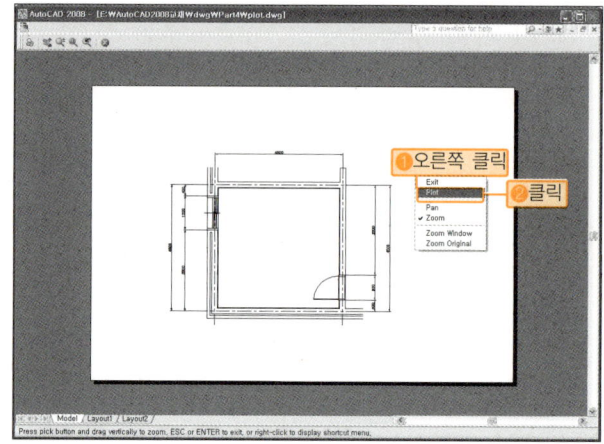

3. 옵션 실습

출력할 때의 중요한 새로운 Device를 설정하거나 출력 펜의 두께를 지정하는 방법 등을 통하여 다양한 형태의 도면을 출력합니다. 도면의 선분들은 선의 굵기가 있거나 펜의 두께를 이용하여 선마다 용도에 맞는 선의 두께를 부여합니다. 이때 선의 굵기를 사용하지 않은 경우 [Plot] 내에서 Pen Width를 이용하여 색상마다의 두께를 새로 지정하여 출력할 수 있습니다.

■ Plot Device 설정하기

현재 컴퓨터에 연결된 프린터 외에 새로운 프린터나 플로터 또는 출력 Device를 선택하는 방법을 통하여 다양한 플로터 Device를 설정합니다. 기본적으로 프린터가 컴퓨터에 연결되어 있는 경우에는 특별히 설정하지 않아도 기본 프린터로 추가되어 Device를 구성하므로 따로 구성할 필요가 없지만 그 외의 경우에는 반드시 설정해 주어야 합니다.

❶ 메뉴에서 [Tools]-[Options]을 클릭하여 [Options] 대화상자를 불러옵니다. 대화상자에서 [Plot and Publish] 탭을 선택하고 Default plot settings for new device 영역에서 [Add or Configure Plotters] 버튼을 클릭합니다.

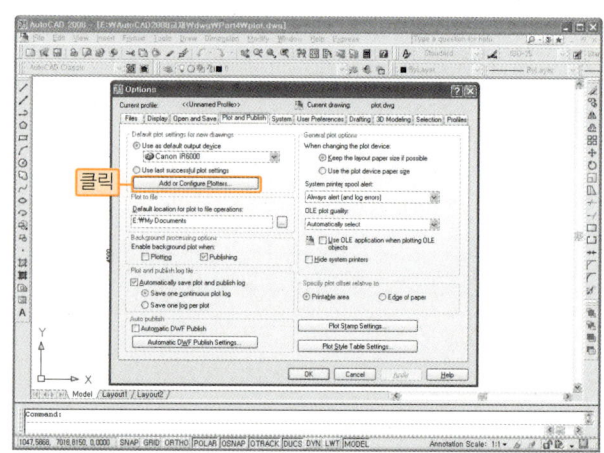

❷ 폴더가 열리면 'Add-A-Plotter Wizard'를 더블클릭하여 새로운 Plot Device를 추가합니다.

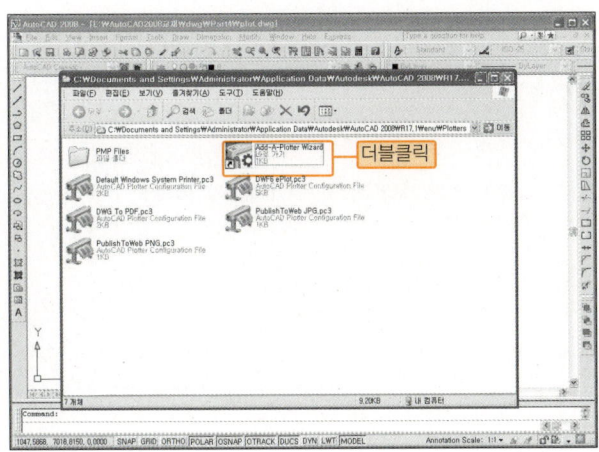

❸ 추가되는 플로터의 소개 페이지인 [Add Plotter – Introduction Page] 대화상자가 나타나면 [다음] 버튼을 클릭합니다.

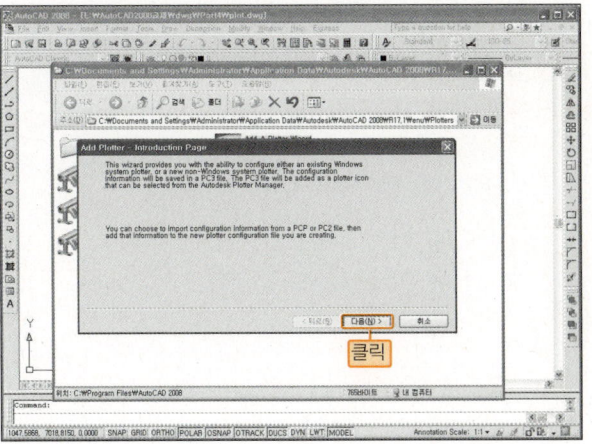

❹ [Add Plotter – Begin] 대화상자에서는 새로운 플로터의 추가를 어느 영역에서 할지 선택합니다. 'My Computer'를 선택한 뒤 [다음] 버튼을 클릭합니다.

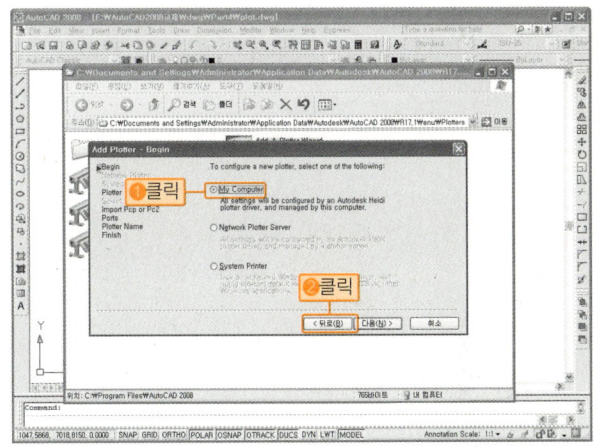

❺ [Add Plotter – Plotter Model]에서는 사용할 플로터와 모델 사양을 선택한 후 [다음] 버튼을 클릭합니다. 보통 만든 회사명을 Manufactures에서 지정하고 그 회사에서 만든 종류를 Model에서 선택하면 됩니다.

기본 프린터는 설정하지 않아도 됩니다. EPS나 TIF 등 새로운 디바이스 지정 시에는 반드시 해야 합니다.

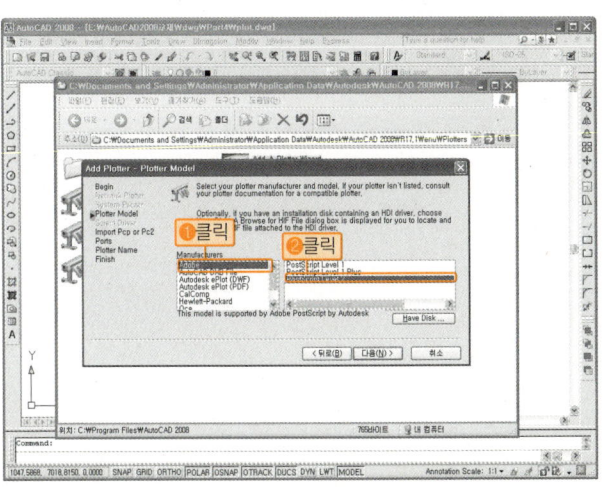

⑥ [Add Plotter – Import Pcp or Pc2]는 플로터의 로그 파일 생성에 관련된 현재 설정된 상태를 안내하는 문장입니다. 읽어본 후 [다음] 버튼을 클릭합니다.

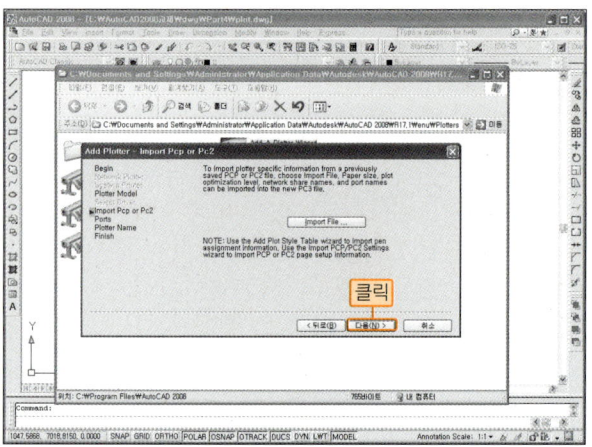

⑦ [Add Plotter – Ports]에서는 현재 설정한 Device가 캐드 도면을 EPS 파일로 전환하는 Device이므로 하나의 파일로 저장할 수 있도록 'Plot to file'을 선택하고 [다음] 버튼을 클릭합니다.

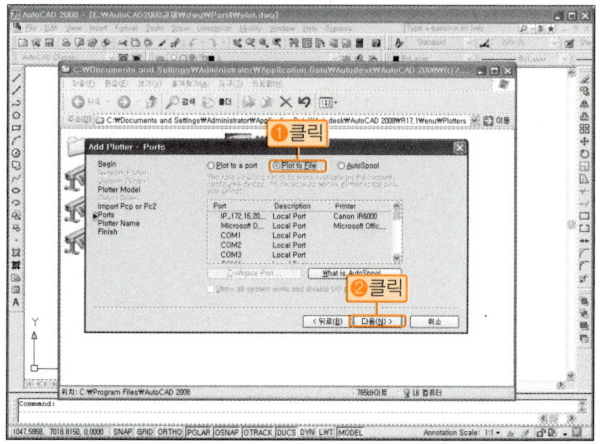

⑧ [Add Plotter – Plotter Name]에서는 추가된 플로터의 이름 수정할 수 있습니다. 기본값을 그대로 두고 [다음] 버튼을 클릭합니다.

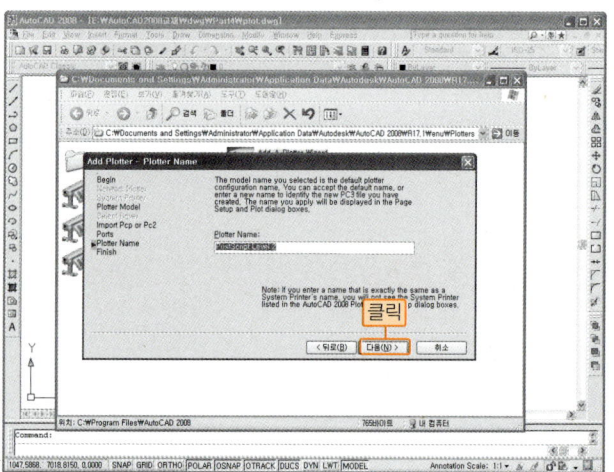

⑨ 플로터 추가가 완료되면 화면의 내용을 확인하고 [마침] 버튼을 클릭합니다.

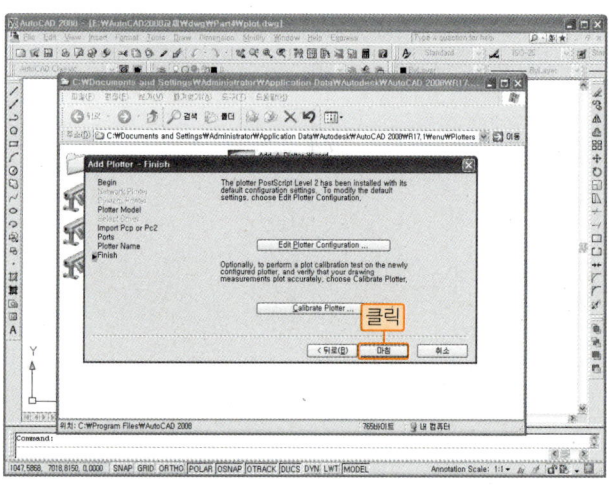

⑩ 처음의 폴더 창으로 되돌아오면 새로 추가된 플로터 형식이 추가되어 폴더에 나타납니다.

⑪ 추가된 것을 확인하였다면 폴더를 닫고 [Options] 대화상자로 돌아온 뒤 [OK] 버튼을 클릭하여 종료합니다.

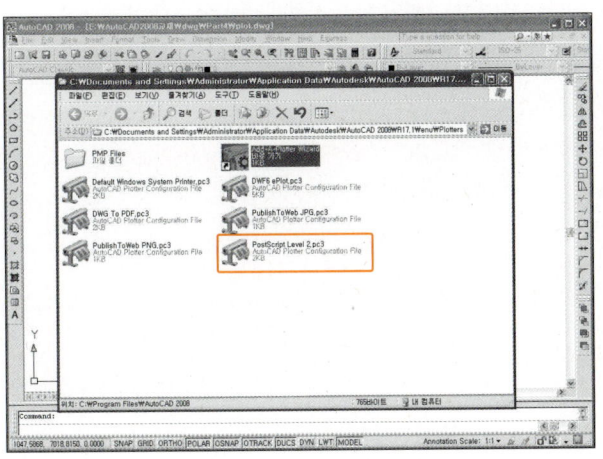

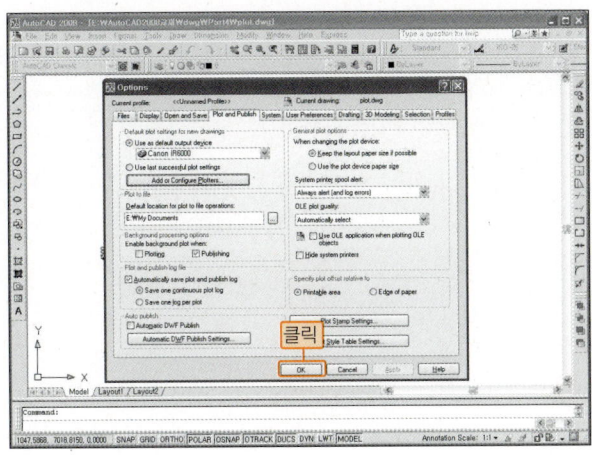

■ 추가된 Device를 이용하여 EPS 파일로 출력해보기

바로 전 단계에 추가한 PostScript 파일을 만드는 Device를 이용하여 화면의 도면을 EPS 파일로 변경하여 출력합니다. EPS로 출력하면 해당 파일을 이용하여 포토샵에서 리터칭를 하거나 이미지를 이용하여 다른 파일로 활용할 수 있습니다.

• 예제 파일 : Sample\Part04\plot.dwg

① [File]-[Open] 메뉴를 이용하여 부록 CD에서 예제 파일을 불러온 후 [Plot] 명령어를 입력합니다.

② [Plot] 대화상자가 나타나면 EPS 파일을 만들 수 있는 Device를 선택한 후 [Preview] 버튼을 클릭하여 확인합니다.

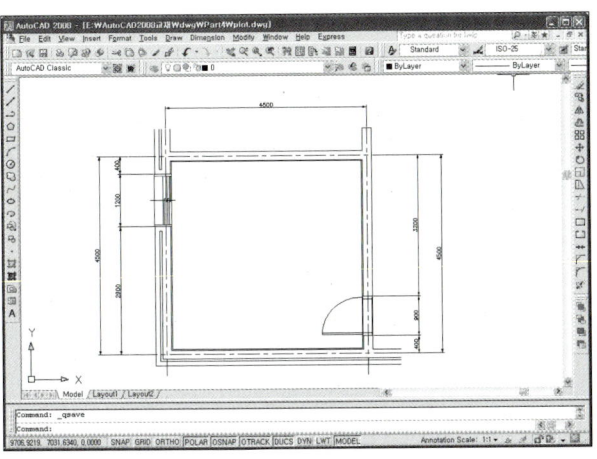

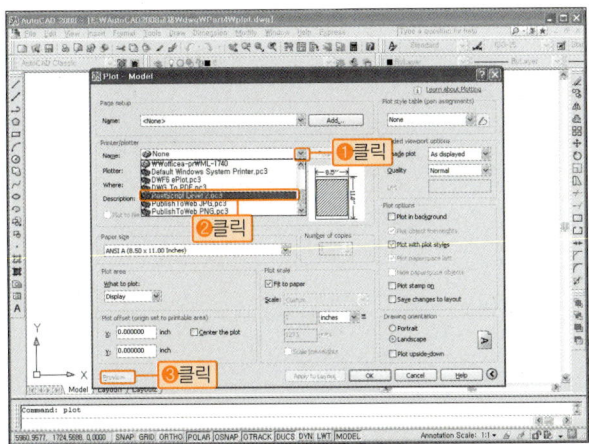

Device만 정확하게 선택하고 Paper size나 Plot area는 적당한 크기(A4)로 선택합니다. Plot Scale은 Fit to paper 옵션을 체크 표시하고, Center the plot을 체크 표시하여 화면 중앙에 오도록 선택합니다.

❸ 확인 후 [Plot] 버튼을 클릭하거나 [OK] 버튼을 클릭하면 다음과 같이 [Browse for Plot File] 대화상자가 나타납니다. EPS 포맷은 종이에 출력하는 포맷이 아니라 그림 파일로 출력하는 것이므로 파일로 저장됩니다.

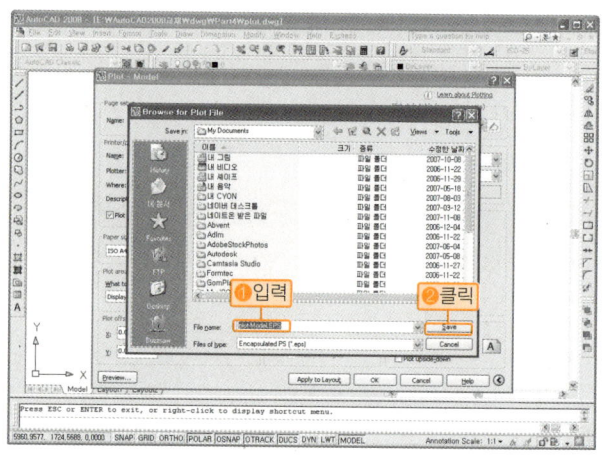

파일명을 입력하고 [Save] 버튼을 클릭합니다.

❹ EPS 파일을 확인하기 위하여 포토샵 프로그램을 실행하고 메뉴에서 [File]-[Open]을 클릭합니다.

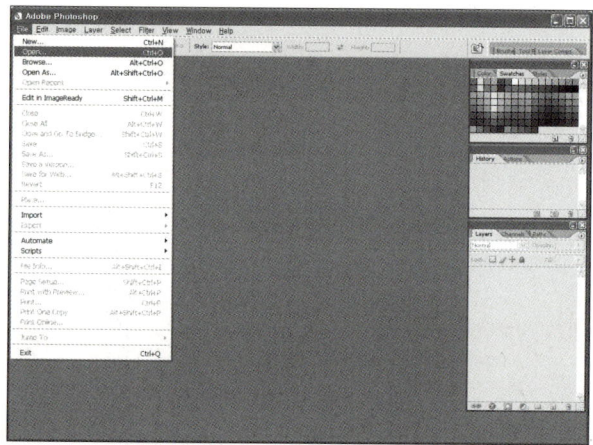

❺ 오토캐드에서 저장한 파일명을 찾아서 선택하고 [열기] 버튼을 클릭합니다.

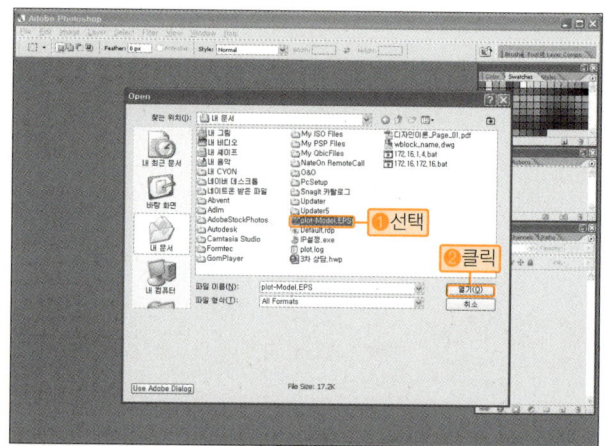

❻ 이미지 파일이 아닌 Postscript 파일이므로 사이즈를 확인하는 [Rasterize Generic EPS Format] 대화상자가 나타납니다. [OK] 버튼을 클릭한 후 EPS을 선택합니다.

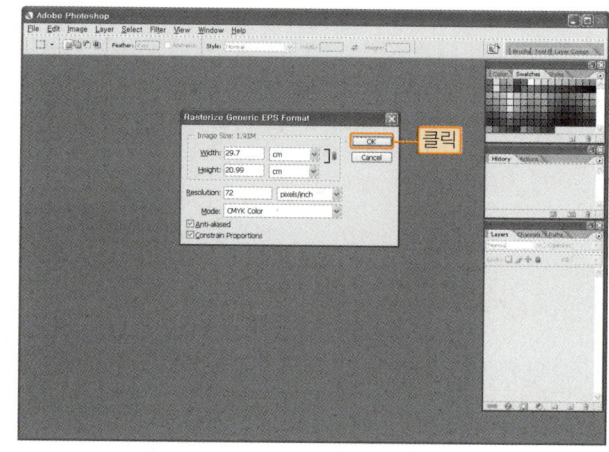

⑦ EPS 파일은 객체를 제외한 공간이 투명 처리됩니다. 그러므로 배경색은 사용자가 임의로 지정할 수 있으며 필요한 경우 다른 이미지와 합성하기에도 편리합니다.

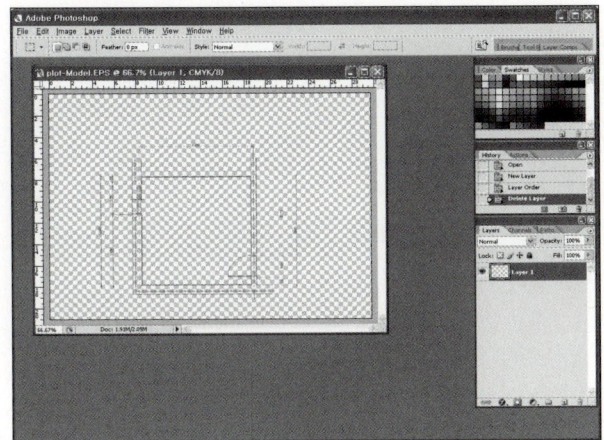

⑧ 지금 보이는 것처럼 바탕이 투명이므로 확인하기 곤란한 경우 [Layers] 팔레트에서 Create a new layer( ) 아이콘을 클릭하여 새로운 레이어를 하나 추가합니다.

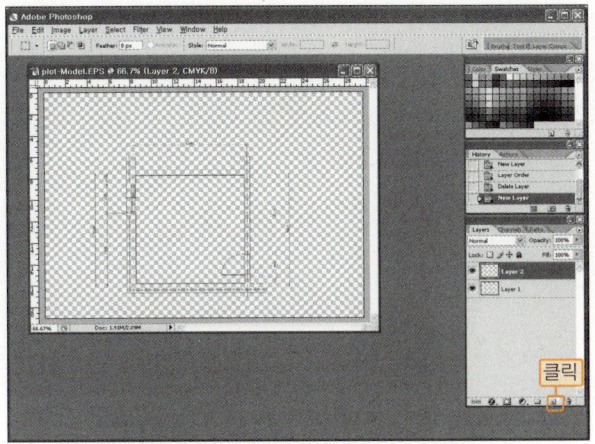

⑨ 새로 생성된 'Layer 2' 레이어를 'Layer 1' 레이어 아래로 드래그합니다. 새로 생성된 레이어를 배경으로 사용합니다.

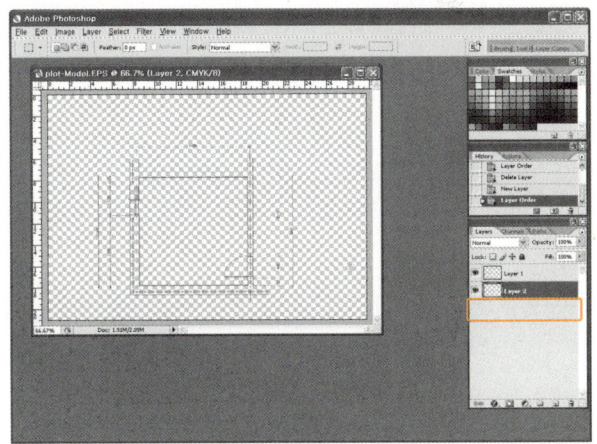

⑩ [Layers] 팔레트에서 'Layer 2' 레이어를 선택한 후 메뉴에서 [Layer]-[New]-[Background From Layer]를 실행하여 'Background' 레이어로 변경합니다.

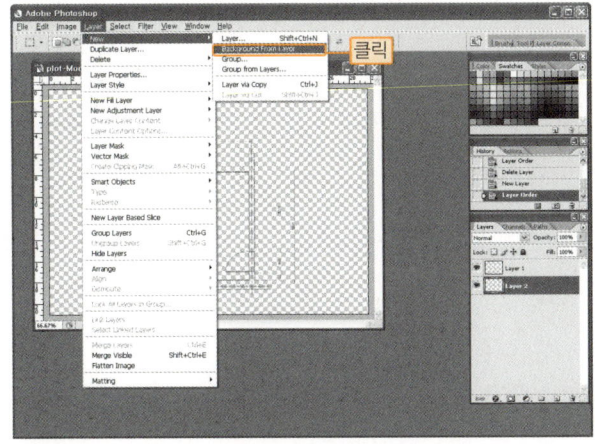

⑪ 바탕이 흰색으로 채워지면 모니터에 꽉 차게 하여 최대한 넓게 사용합니다. 이제 필요한 후 가공 작업을 하면 됩니다.

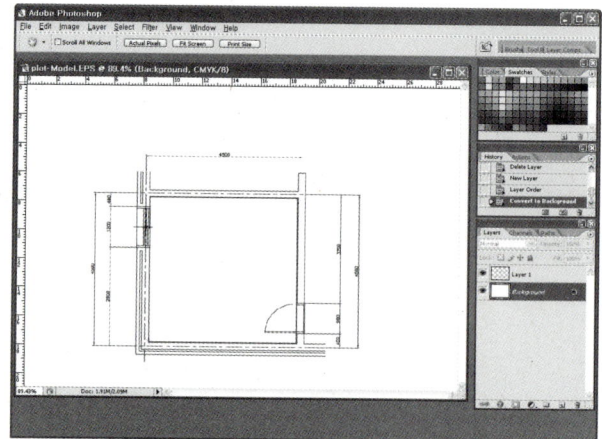

Layer1을 기준으로 새로운 레이어를 추가하여 각각의 영역에 색을 칠하거나 가구 등을 배치하여 리터칭해보도록 합니다.

■ Plot Style table을 이용한 Color 도면을 Mono 도면으로 출력하기

선의 굵기를 레이어 상에서 지정할 수도 있지만 같은 색상인 경우에는 같은 펜 두께를 갖도록 할 수 있으므로 Plot에서 지정할 수도 있습니다. 또한 Color로 출력하는 경우가 아니라면 현재 도면의 컬러 색상을 두께만 표현하고 색상은 흑백으로 출력되도록 할 수 있습니다. 컬러를 그대로 흑백 출력기에서 아무런 세팅을 하지 않은 채 출력하면 색상에 따라 너무 흐리거나 진하게 출력될 수 있으므로 주의합니다.

• 예제 파일 : Sample\Part04\plot2.dwg

❶ [File]-[Open] 메뉴를 이용하여 부록 CD에서 예제 파일을 불러옵니다.

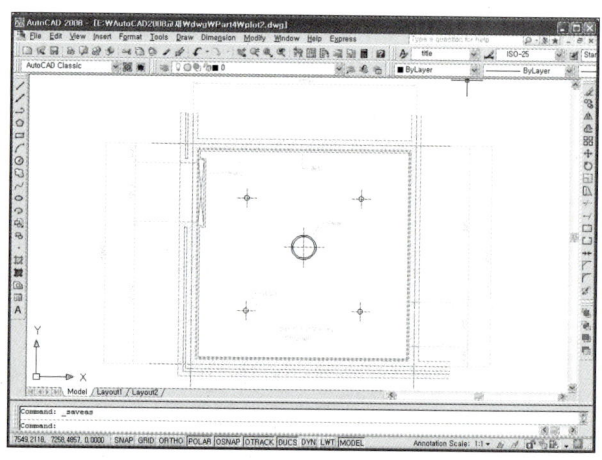

❷ Command 라인에서 [Plot] 명령어를 입력하여 [Plot] 대화상자를 불러옵니다.

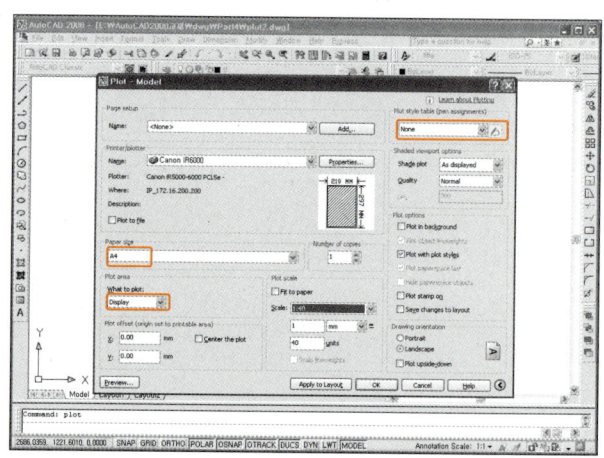

그림에서처럼 세팅하여 출력에 대한 기본값을 설정합니다.

③ 컬러로 작업된 도면을 Pen assignment를 선택하지 않은 경우에는 [Preview] 버튼을 클릭하여 다음 그림처럼 미리보기로 Pen assignment가 지정되지 않은 선들의 굵기를 확인합니다.

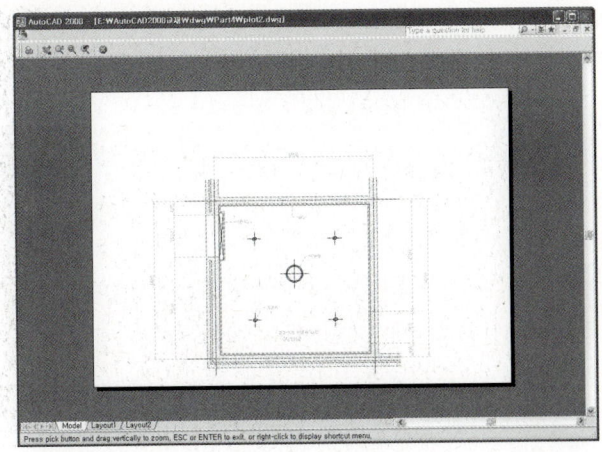

색상이 진한 색으로 표현되는 선과 흐린 선으로 된 선이 구분되어 있습니다.

④ 마우스 오른쪽 버튼을 클릭하여 나타나는 메뉴에서 [Exit]를 선택하여 [Plot] 대화상자로 돌아온 후 Plot style table 영역의 Pen assignment를 클릭하여 'MonoChrom.ctb'로 선택합니다.

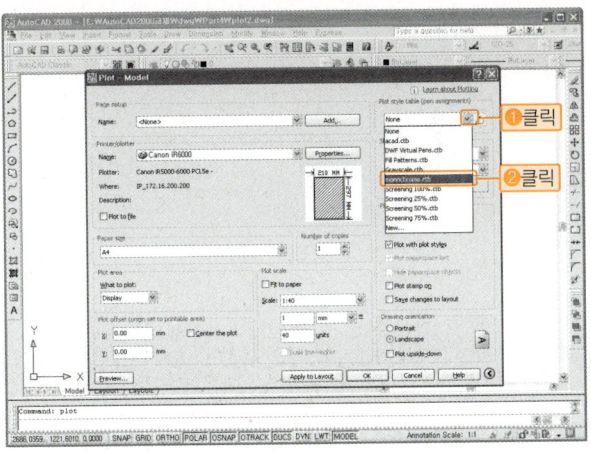

⑤ Pen assignment를 바꾸면 앞으로도 계속 이 모드를 유지할 것인지를 묻습니다. 사용자가 판단하여 [예]와 [아니오]를 선택합니다.

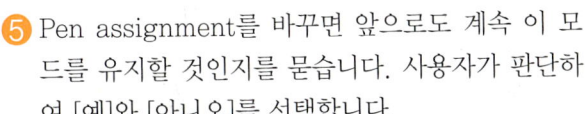
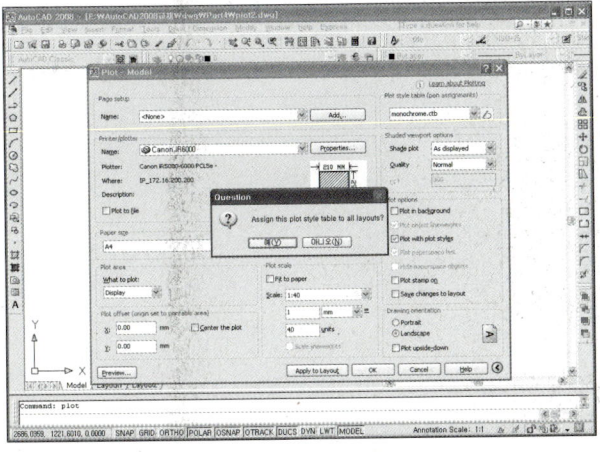

⑥ [Preview] 버튼을 클릭하여 미리보기합니다. 컬러로 보였던 도면 요소는 모두 흑백으로 변경되어 선명하게 보입니다.

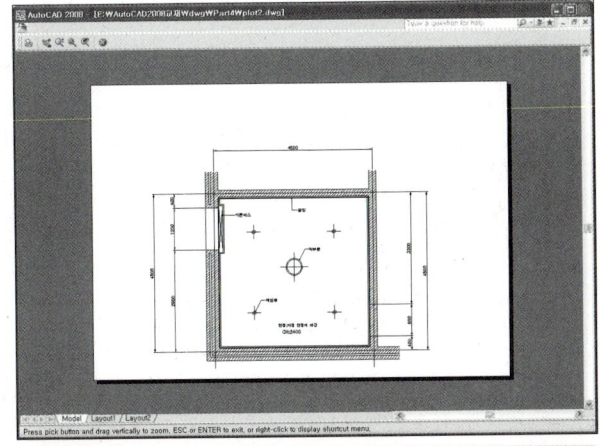

이제 화면에서 모든 선들이 진하게 표시됩니다. 컬러 모드가 흑백 모드로 출력될 예정입니다. [Plot] 버튼을 클릭하여 출력합니다.

2. 출력을 관리하는 [Pagesetup] 명령어

[Pagesetup] 명령어는 사용하는 플로터의 Device를 설정하거나 도면 용지와 스케일 크기, 출력 영역, 컬러 모드 등을 설정하는 것을 담당합니다. Plot을 하기 전의 기본 상태를 모두 세팅해 놓는 명령이라고 이해하면 됩니다.

[Pagesetup] 명령어	
아이콘	🖻
메인 메뉴	[File]-[Page Setup Manager]
명령어	Pagesetup

1. 명령어 사용 방법

[Pagestup] 명령어는 사용자가 Plot을 할 때마다 일일이 각각의 Device를 설정하는 것이 아니라 미리 설정을 해놓은 셋업 안에서 선택하여 한 번에 지정하는 것입니다. 필요하다면 얼마든지 여러 개의 Plot Device를 구성하고 적절한 것을 선택하여 사용할 수 있습니다.

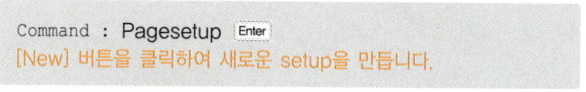

Command : **Pagesetup** [Enter]
[New] 버튼을 클릭하여 새로운 setup을 만듭니다.

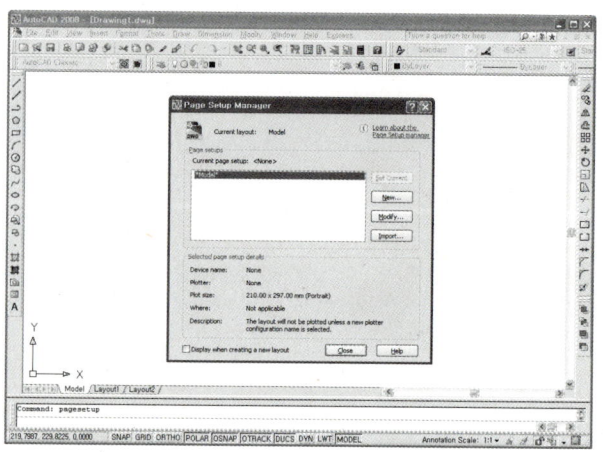

2. 기본 실습

셋업만 만들어 볼 수 있습니다. 기본적인 사항을 자신의 컴퓨터와 프린터 또는 플로터 사양에 맞도록 설정해봅니다. 사용자 마다 모두 틀린 장치를 가지고 있으므로 가장 좋은 것은 자신이 가지고 있는 것을 기준으로 하는 것이 좋습니다.

① 새 도면을 불러온 후 Command 라인에 [Pagesetup] 명령어를 입력하여 [Page Setup Manager] 대화상자가 나타나면 [New] 버튼을 클릭합니다.

② [New Page Setup] 대화상자가 나타나면 새로운 Setup을 설정한 후 [OK] 버튼을 클릭합니다.

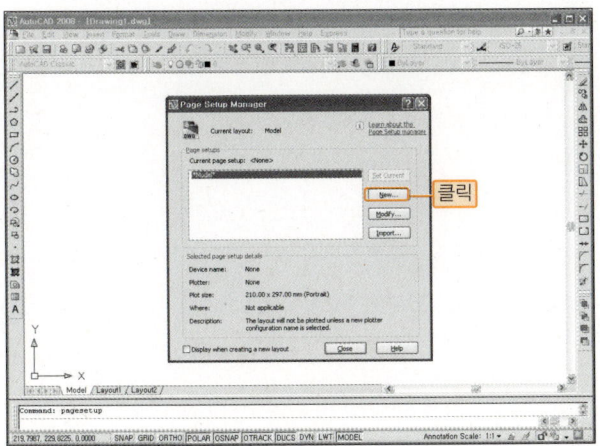

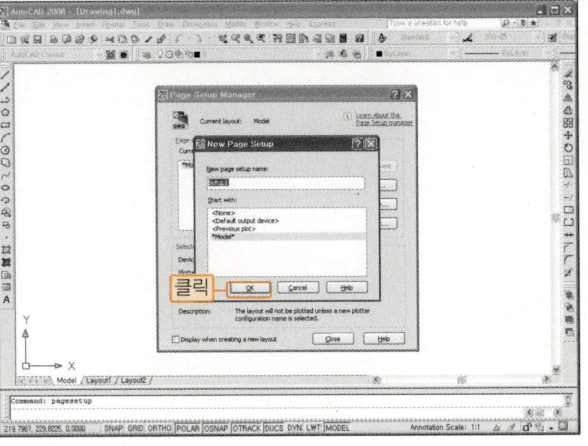

③ [Plot] 대화상자하고 비슷한 [Page Setup] 대화상자가 나타납니다. 출력하기 이전의 기본 세팅 단계를 모두 여기서 설정할 수 있습니다.

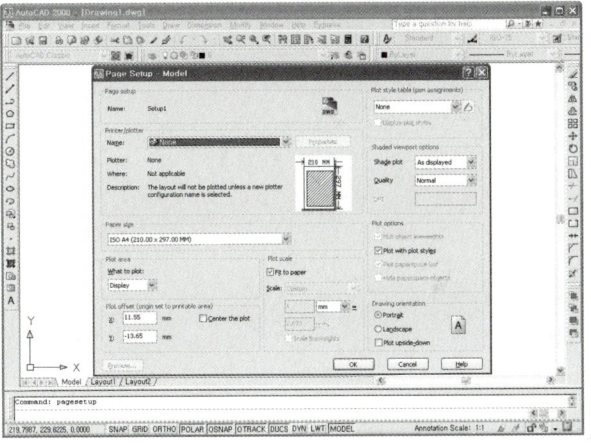

④ 표시된 구간의 여건을 사용자에게 맞도록 지정합니다. 장치나 용지 사이즈, 펜의 두께나 컬러 및 모노의 구분 등 사용자의 용도에 맞도록 설정한 후 [OK] 버튼을 클릭합니다.

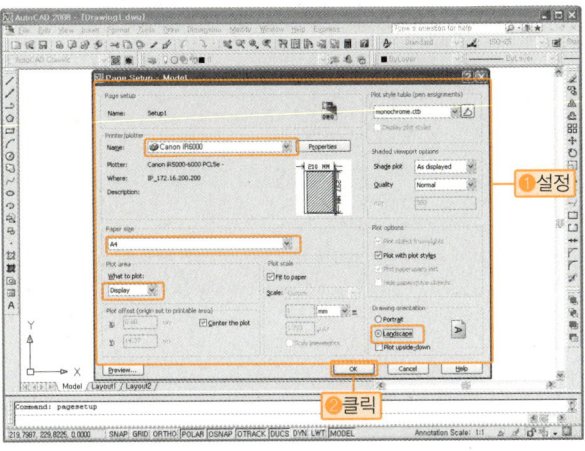

⑤ 설정을 마쳤으면 확인하기 위하여 Command 라인에 [Plot] 명령어를 입력합니다.

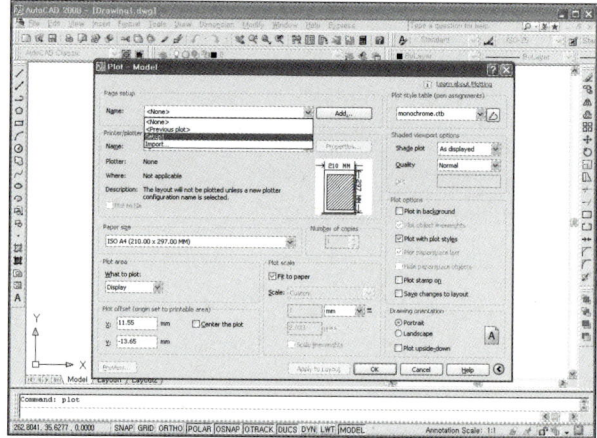

```
Command : Plot Enter
```

⑥ 앞서 설정한 'Setup1'을 선택하면 Device가 사용자가 미리 지정해 놓은 세팅 값으로 자동 지정됩니다.

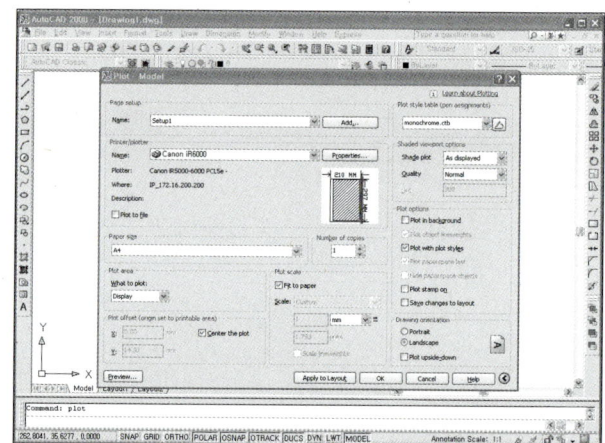

Tip AutoCAD

파일 형태로 Plot 시 [Save] 경로 지정하기

[Plot]나 [Pagesetup]을 할 때 해당하는 Plot Device가 바로 종이로 출력하는 경우는 상관없으나 EPS나 TIF 등의 파일로 출력하는 경우에는 사용자가 원하는 폴더를 지장해야 합니다. 하지만 [Plot]의 경우 해당 폴더는 늘 같은 폴더로 지정됩니다. 이는 환경 설정 부분에서 원하는 폴더로 지정해두면 [Plot]할 때 저장 폴더가 사용자가 원하는 곳으로 지정되어 편리합니다.

메뉴에서 [Tools]-[Options]를 클릭하여 [Options] 대화상자가나 나타나면 Default location for plot to file operations 부분에서 경로를 새롭게 설정할 수 있습니다.

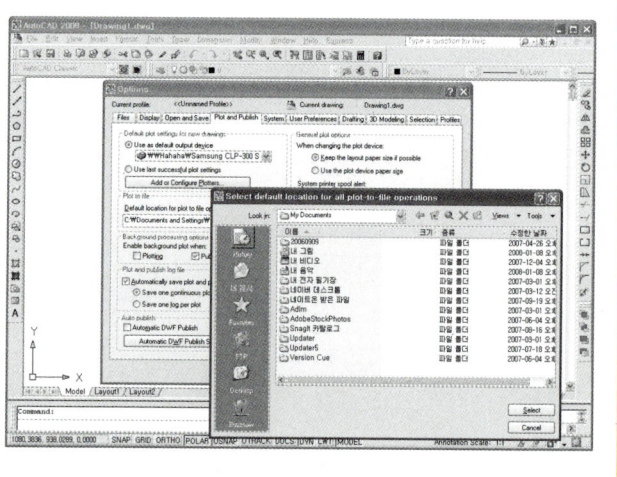

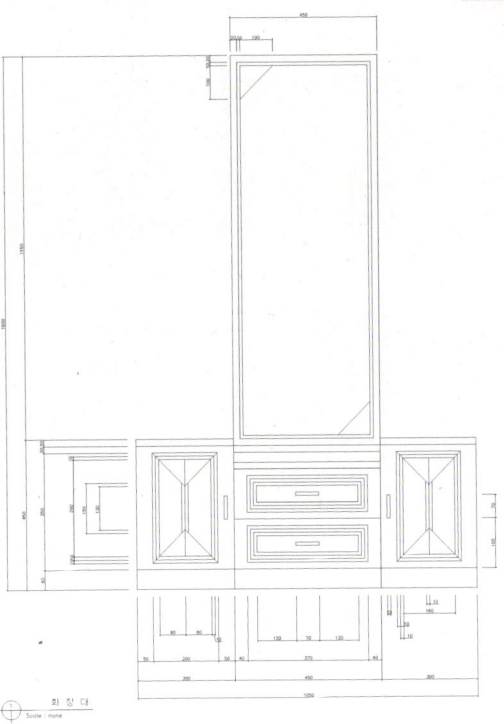

화 장 대
Scale : none

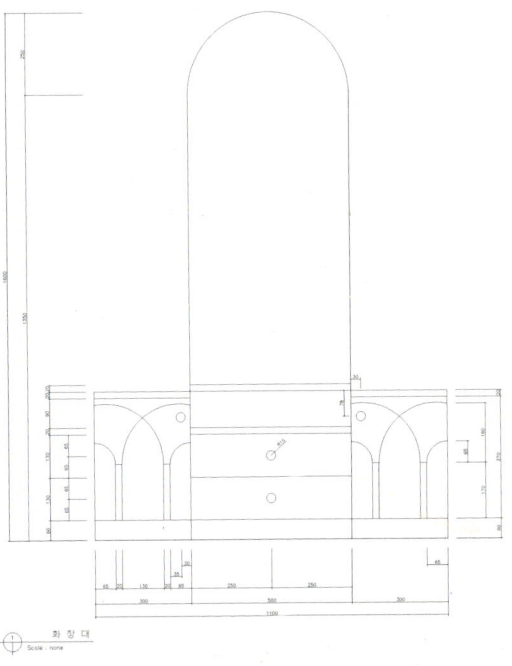

화 장 대
Scale : none

Part 05

3차원 모델링 입문하기

시각적인 효과가 점차 대두되기 때문에 경우에 따라서 2차원 도면만으로는 설명이 되지 않은 경우도 발생할 수 있습니다. 이때 3차원 객체를 생성하여 누구나 쉽게 이해할 수 있도록 작성할 수 있습니다. 이번 Part05에서는 3차원 객체를 모델링하고 면 처리하며 솔리드 객체와의 특성을 비교 분석하여 다양한 도면을 작성하는 요령을 살펴보겠습니다.

Chapter 01 3차원 좌표계 익히기

지금까지의 살펴본 도면은 2차원 즉, 2D 도면이었습니다. 이번 Chapter에서는 3차원 즉, 3D 도면을 작성하는 요령에 대하여 살펴보겠습니다. 단면적인 2차원 도면을 Z축까지 연결하는 3차원 도면으로 확대하여 대상 객체에 대한 사용자의 시각을 극대화하고 다양한 도면을 드로잉할 수 있는 능력을 키우도록 합니다.

1. 3차원 좌표계의 이해

3차원과 2차원 모델링에서 명령어가 크게 차이나는 것은 아닙니다. 다만 항상 가로와 세로의 길이 값만을 이용하던 2D에서 높이 값이라고 하는 3D의 개념이 들어가는 것뿐입니다. 그렇기 때문에 3차원 모델링을 하는 경우 작업자가 바라보는 시점을 정확히 이해해야 하고 용도에 맞는 모델링의 종류를 사용해야 합니다.

1. 명령어 사용 방법

3차원 좌표계는 일반 사용자의 이해를 돕기 위한 3차원 모델링을 하는 기본적인 방법입니다. 3차원 좌표계는 새로운 것이 아니라 상대 좌표에 Z축의 좌표 값만을 입력하여 사용합니다. 선, 원, 호 등의 값을 입력하는 방법으로 사용합니다.

```
3차원 상대 좌표 = @ X의 이동 거리, Y의 이동 거리, Z의 이동 거리
예) @0,0,100 X나 Y로는 이동 없이 Z로 100만큼 이동합니다.
```

2. 사용자 관찰자 시점을 조정하는 [Vpoint] 명령어

3차원 작업을 하는 경우 가장 먼저 익혀야 하는 것은 3차원 공간을 사용자가 자유롭게 볼 수 있도록 하는 [Vpoint] 명령어입니다. [VPoint] 명령어는 사용자 관찰자 시점을 마음대로 정할 수 있는 명령어로 3차원 작업을 할 때 공간을 자유롭게 작업할 수 있도록 도와줍니다. [Vpoint]를 잘못 설정하면 현재의 모습을 잘못 이해하거나 엉뚱한 곳에 작업할 수도 있으므로 세팅하는 방법을 잘 살펴보도록 합니다.

[Vpoint] 명령어	
메인 메뉴	[View]–[3D Views]–[View Point]
명령어	Vpoint
단축키	〈 _VP〉

1. 명령어 사용 방법

[Vpoint] 명령어는 가장 기본적으로 수치를 입력하여 관찰자 시점을 조절하는 방법을 많이 사용합니다. X, Y, Z축에 각각 수치를 입력하면 3면이 보이는 Isometric으로 객체가 나타나며, 각각의 단면 View도 표현할 수 있습니다. X, Y, Z축에 입력되는 수치는 각 축의 비례 관계를 표현하는 것으로 예를 들어 '0,0,1'과 '0,0,10'은 같은 방향을 나타내며 '1,−1,2'를 입력하면 Z축이 X나 Y에 비해 두 배만큼 많은 값을 가지므로 보다 높은 곳에서 객체를 보게 되는 것입니다.

```
Command : Vpoint Enter
Current view direction :
VIEWDIR=0.0000,0.0000,1.0000
Specify a view point or [ Rotate] <display compass
and tripod> : 1,−1,1 Enter
Regenerating model.
```

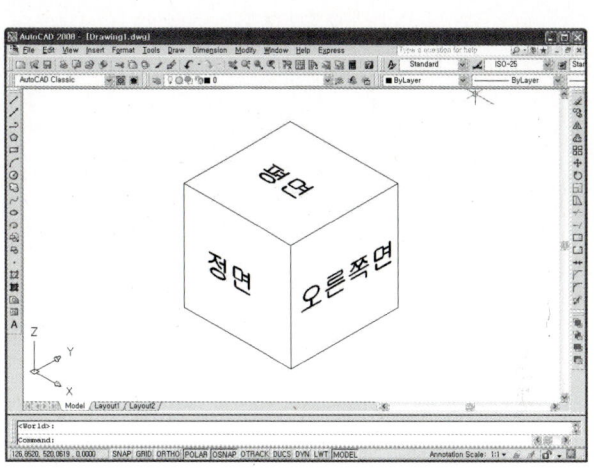

▲ Vpoint의 각 부분 수치의 의미

자주 사용하는 [Vpoint] 세팅은 다음 표와 같습니다.

	X축(첫 번째 숫자)		Y축(두 번째 숫자)		Z축(세 번째 숫자)	
Vpoint의 각 수치의 기본값	1	오른쪽 View	1	후면 View	1	평면 View
	−1	왼쪽 View	−1	정면 View	−1	밑면 View
	0	아무 View도 보지 않음	0	아무 View도 보지 않음	0	아무 View도 보지 않음

Vpoint를 설정한 후 객체의 모습은 다음 표를 참고하세요.

Vpoint	입력 숫자
Isometric_오른쪽 기준	1,−1,1
Isometric_왼쪽 기준	−1,−1,1
평면도	0,0,1
정면도	0,−1,0
우측면도	1,0,0
좌측면도	−1,0,0

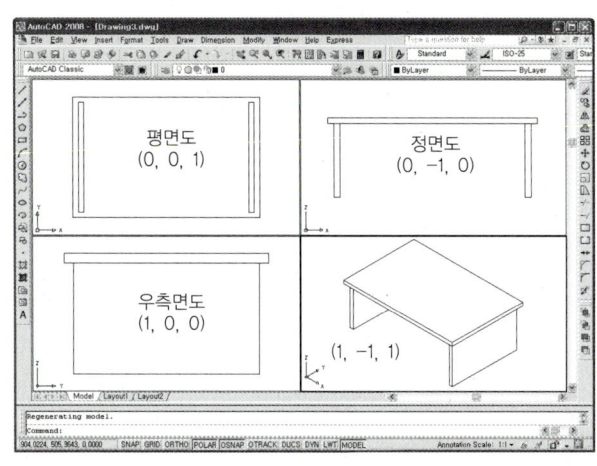

2. 명령어 옵션

[Vpoint]는 기본적으로 3개의 숫자를 이용하여 사용자 관찰 시점을 측정하는 것이 보통이지만 옵션을 통하여 방향계를 이용하여 관찰점을 조절하기도 합니다. [Vpoint] 명령에서 숫자 입력대신 Enter 를 눌러 방향계를 보고 조정할 수도 있습니다.

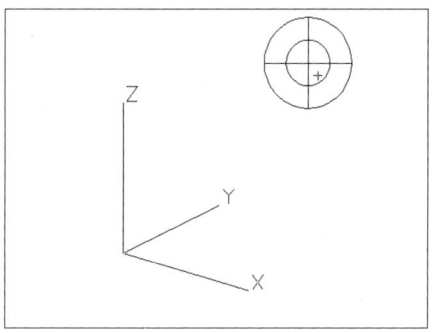

❶ 작은 원 안에 마우스를 선택하는 경우 객체를 위에서 아래로 내려다보는 시점이 만들어 집니다.

❷ 큰 원과 작은 원 사이에 마우스를 선택하는 경우 객체를 아래에서 위로 바라보는 시점이 만들어 집니다.

❸ 세로선을 기준으로 왼쪽 면과 오른쪽면의 시점이 만들어 집니다.

❹ 가로선을 기준으로 아래쪽은 정면이 보이고 위쪽은 후면이 보이는 시점이 만들어 집니다.

예를 들어 정면과 오른쪽과 평면을 보고 싶은 경우에는 작은 원 안에 세로선을 기준으로 오른쪽에, 가로선을 기준으로 아래쪽에 마우스를 선택합니다.

3. 기본 실습

부록 CD에서 제공하는 3차원 파일을 이용하여 시점의 변화를 살펴보고 [Hide] 명령어를 입력하여 은선이 제거된 객체를 보면서 객체의 정확한 모양을 확인합니다.

• 예제 파일 : Sample\Part05\vpoint02.dwg
----

❶ [File]-[Open] 메뉴를 이용하여 부록 CD에서 예제 파일을 불러옵니다.

❷ 오른쪽 측면도를 확인합니다.

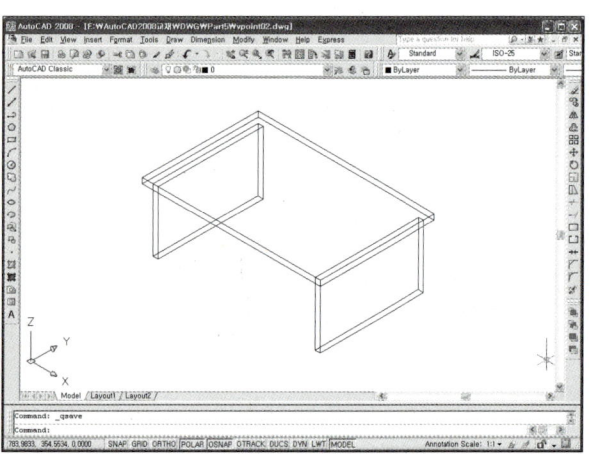

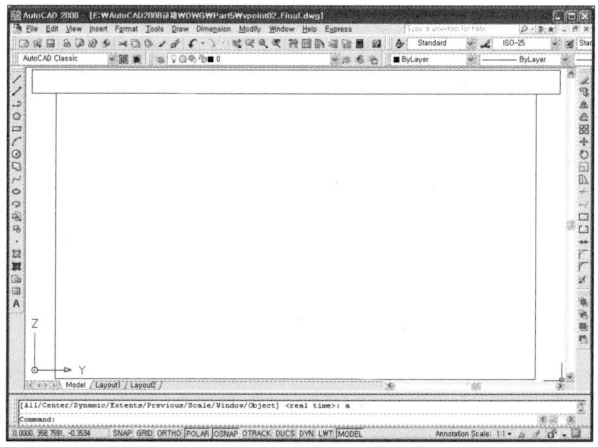

```
Command : Vpoint Enter
Current view direction : VIEWDIR=1.0000,-1.0000,1.0000
Specify a view point or [ Rotate ] <display compass and
tripod> : 1,0,0 Enter
Regenerating model.
```

③ 화면에 객체가 꽉 채워진 경우 객체의 모습을 확인하기 힘든 경우 [Zoom] 명령어를 활용하여 화면을 축소합니다.

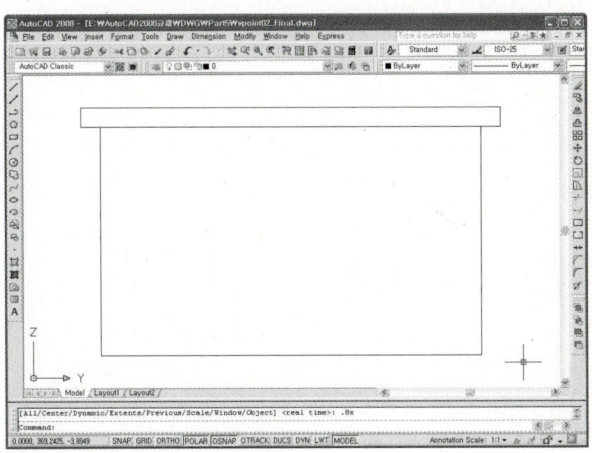

```
Command : Zoom Enter
Specify corner of window, enter a scale factor (nX
or nXP), or [All/Center/Dynamic/Extents/Previous/
Scale/Window/Object] <real time> : .8x Enter
```

④ Vpoint는 최소한 3면이 다 보일 수 있도록 오른쪽과 정면 그리고 평면이 보이는 화면으로 세팅합니다.

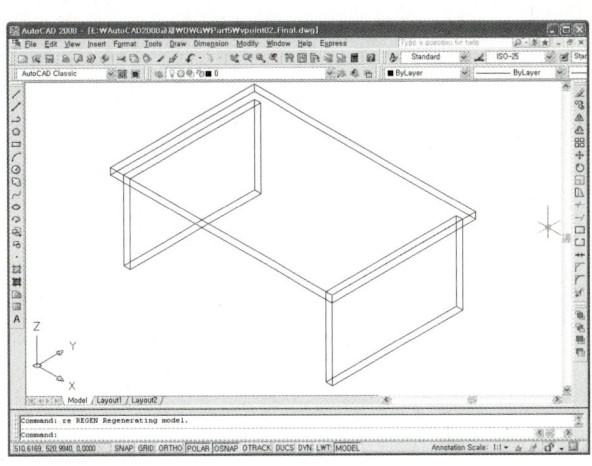

```
Command : Vpoint Enter
Current view direction : VIEWDIR=1.0000,0.0000,0.0000
Specify a view point or [Rotate] <display compass
and tripod> : 1,-1,1 Enter
Regenerating model.
```

⑤ 객체의 정확한 모양을 확인하기 위하여 은선 제거 명령어를 입력합니다. 은선 제거 명령어를 입력하여 은선이 제거된 이후의 결과물을 기준으로 객체를 확인합니다.

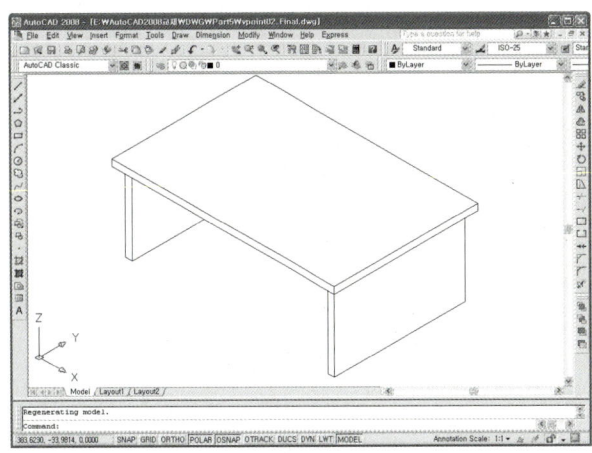

```
Command : Hide Enter
Regenerating model.
```

6 평면의 객체 모습을 확인합니다. [Vpoint]를 변경하여 평면에서의 객체의 모습을 확인합니다.

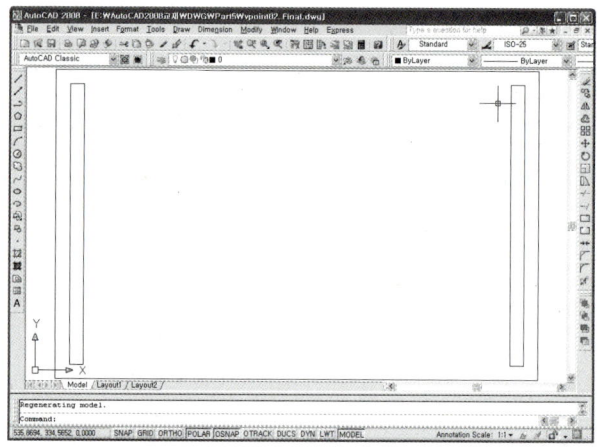

```
Command : Vpoint Enter
Current view direction : VIEWDIR=1.0000,-
1.0000,1.0000
Specify a view point or [Rotate] <display compass
and tripod> : 0,0,1 Enter
Regenerating model.
```

7 화면에 가득 차 보이면 [Zoom] 명령어를 이용하여 축소하여 봅니다.

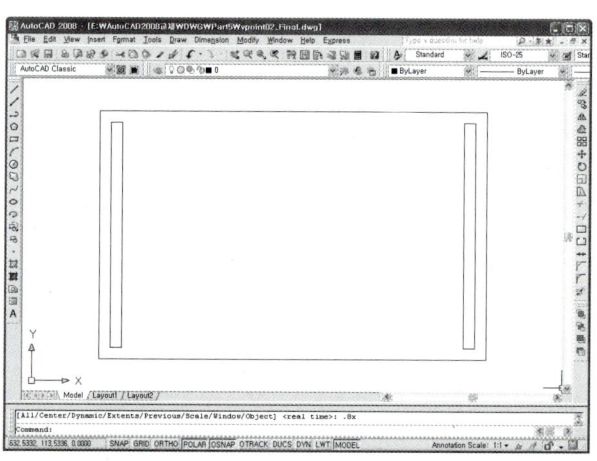

```
Command : Zoom Enter
Specify corner of window, enter a scale factor (nX
or nXP), or
[All/Center/Dynamic/Extents/Previous/Scale/Window/Ob
ject] <real time> : .8x Enter
```

8 정면의 객체를 확인합니다. 3차원 객체의 다양한 View를 [Vpoint]를 통해 확인하도록 합니다.

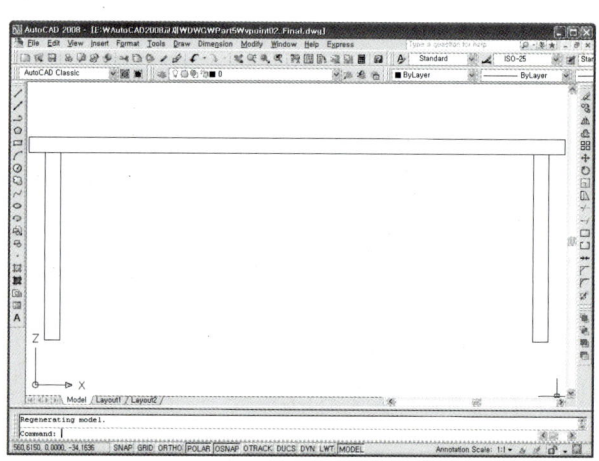

```
Command : Vpoint Enter
Current view direction : VIEWDIR=0.0000,0.0000,1.0000
Specify a view point or [Rotate] <display compass and
tripod> : 0,-1,0 Enter
Regenerating model.
```

⑨ 화면에 꽉 차 보이는 것을 [Zoom] 명령어를 이용
하여 축소하여 봅니다. 전체가 화면에 가득 차 있
는 경우 해당하는 객체를 완벽하게 확인할 수 없
습니다. 그러므로 Zoom Scale을 통하여 확인하
도록 합니다.

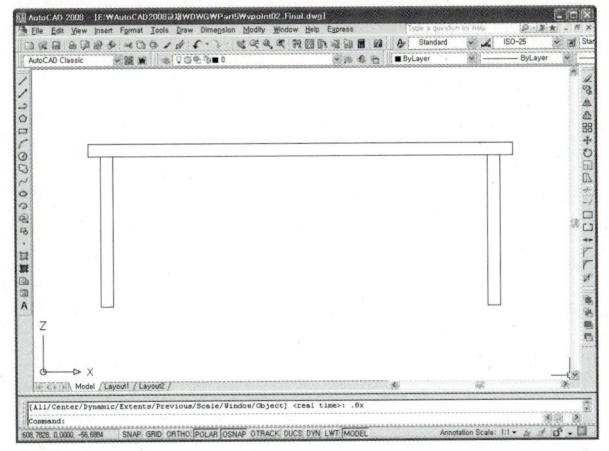

```
Command : Zoom Enter
Specify corner of window, enter a scale factor (nX
or nXP), or
[All/Center/Dynamic/Extents/Previous/Scale/Window/Ob
ject] <real time> : .8x Enter
```

4. 옵션 실습

제공하는 3차원 파일을 이용하여 시점의 변화를 방향계를 이용하여 확인하며 정확한 객체를 파악하기 위하여
[Hide] 명령어를 입력하여 은선이 제거된 객체를 보면서 객체의 정확한 모양을 확인합니다.

• 예제 파일 : Sample\Part05\vpoint02.dwg

❶ [File]-[Open] 메뉴를 이용하여 부록 CD에서 예
제 파일을 불러옵니다.

❷ [Vpoint] 명령어를 입력하고 〈Enter〉를 눌러 방향
계가 나타나도록 합니다. 숫자를 입력하는 것이 아
니라 방향계를 지정하여 [Vpoint]를 세팅합니다.

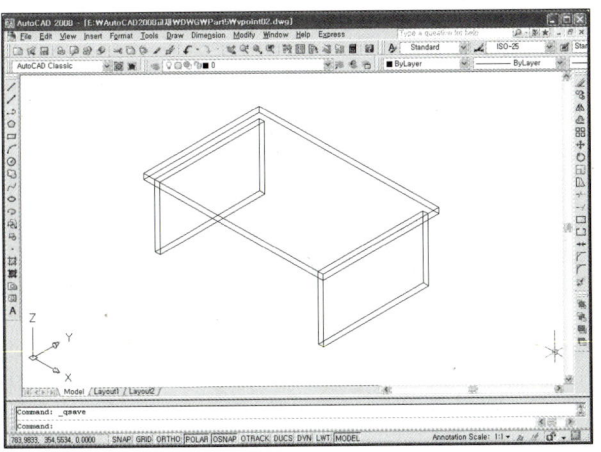

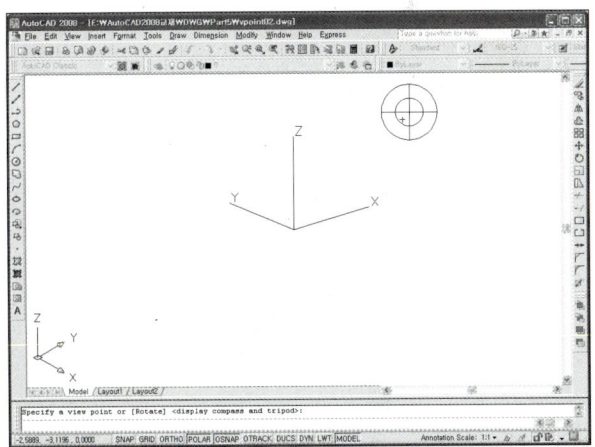

```
Command : Vpoint Enter
Current view direction : VIEWDIR=1.0000,-1.0000,1.0000
Specify a view point or [Rotate] <display compass and
tripod> : Enter
Regenerating model.
방향계가 나타나면 그림과 같은 지점을 클릭합니다.
```

❸ 방향계로 선택할 때 다음과 같은 [Vpoint]가 설정됩니다.

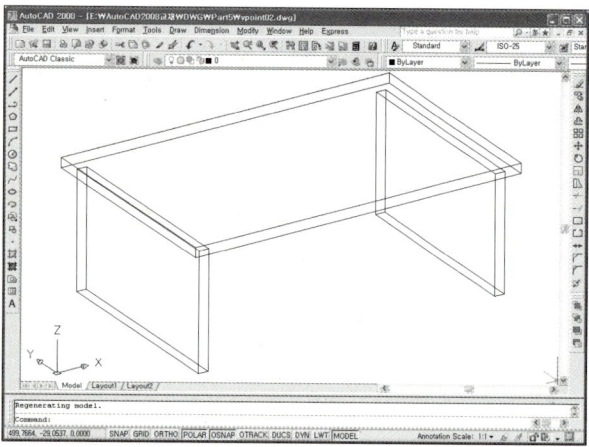

객체의 왼쪽과 정면 그리고 평면이 View로 설정되었습니다.

❹ 다시 [Vpoint]를 입력하여 다음의 지점을 클릭합니다.

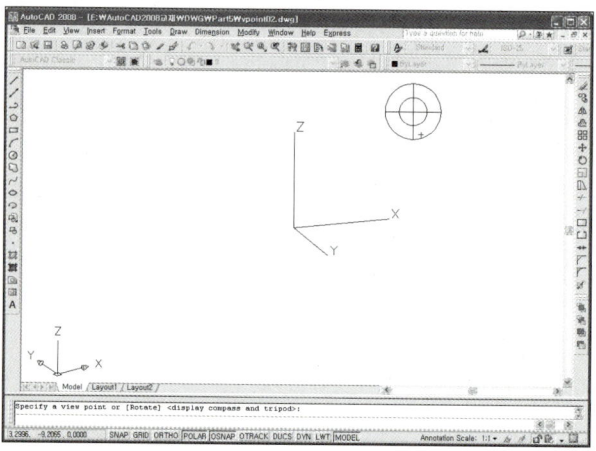

Command : **Vpoint** Enter
Current view direction : VIEWDIR=1.0000,-1.0000,1.0000
Specify a view point or [Rotate] <display compass and tripod> : Enter
Regenerating model.
방향계가 나타나면 그림과 같은 지점을 클릭합니다.

❺ 다음의 객체의 모양이 나타납니다. 확인하기 어려운 객체의 모양입니다.

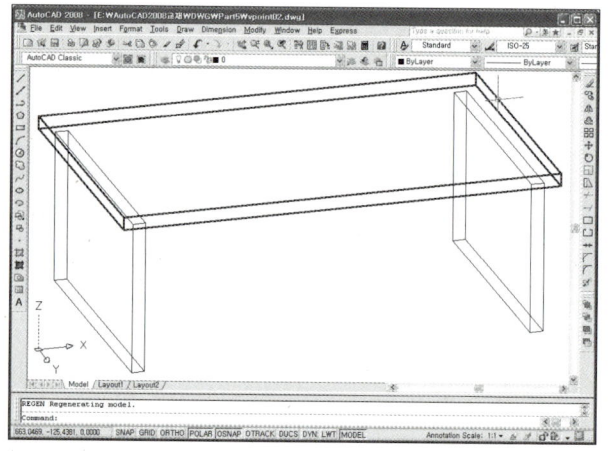

❻ 객체의 모양을 정확하게 파악하기 위하여 은선 제거 명령어를 입력합니다.

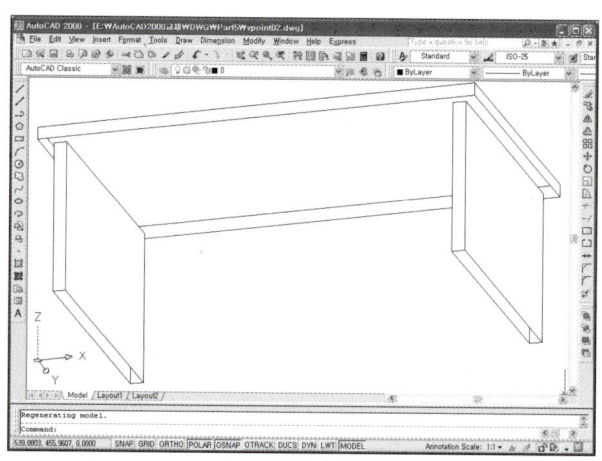

Command : **Hide** Enter
방향계의 위치에 따라 아래에서 위쪽을 바라보는 View가 설정되었음을 알 수 있습니다.

3. 3차원 선 그리기와 [Copy] & [Move] 명령어

3차원 선분은 새로운 [Line] 명령어를 사용하는 것이 아니며 앞서 살펴보았던 3차원 좌표계를 활용하는 것입니다. 기준 좌표계로 상대 좌표를 이용하며 3차원 [Vpoint]를 통하여 확인할 수 있습니다. 선을 그리거나 복사하고 이동하는 명령어도 3차원 좌표계만 이용하면 기존의 사용 방법과 크게 다른 점은 없습니다.

1. 명령어 사용 방법

[3DLine] 명령어를 새로 사용하는 것이 아니며 기존의 명령어를 통해 선분을 그리고 [Copy]나 [Move] 명령을 활용합니다.

3차원 상대 좌표	@ X의 이동 거리, Y의 이동 거리, Z의 이동 거리

[Line 그리기]

완성된 파일은 메뉴의 [File]-[Open]으로 부록 CD에서 'Sample\Part05\3dline01.dwg' 파일을 불러와서 확인하기 바랍니다.

```
Command : Line  Enter
Specify first point : 20,20  Enter
Specify next point or [ Undo] : @30,0  Enter
Z축으로는 이동하지 않습니다.
Specify next point or [ Undo] : @0,0,30  Enter
Z축으로 '30' 만큼 이동합니다.
Specify next point or [ Close/Undo] : @0,50  Enter
Specify next point or [ Close/Undo] : @0,0,-30  Enter
Z축으로 '-30' 만큼 이동합니다.
Specify next point or [ Close/Undo] : @-30,0  Enter
Specify next point or [ Close/Undo] : C  Enter
```

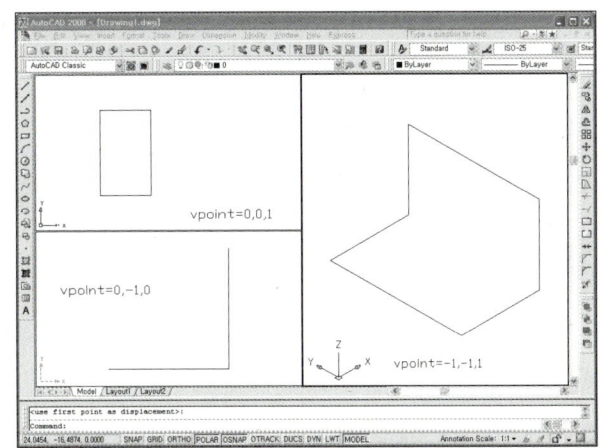

2. 기본 실습

다음의 도면을 기준으로 3차원 선을 그리는 기본기를 연습합니다. 기본 좌표계는 상대 좌표계를 이용합니다. 3차원 공중에 선을 그리거나 Copy, Move 모두 같은 상대 좌표를 이용하며 해당하는 길이 값은 높이 값으로 Z값에 입력합니다.

완성 파일은 부록 CD의 'Sample\Part05\3dline02_final.dwg' 파일로 제공됩니다. 직접 작도한 파일과 비교해서 확인해보기 바랍니다.

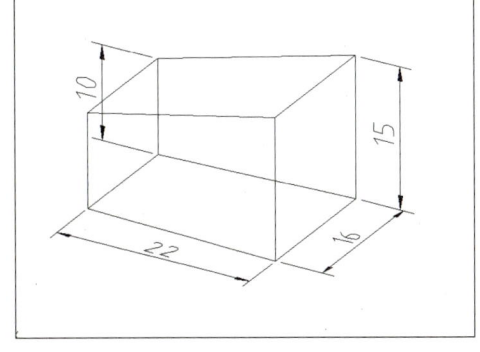

① 메뉴에서 [File]-[New]를 실행하여 새로운 도면을 시작합니다. [Limits] 명령을 이용하여 도면 한계를 설정합니다.

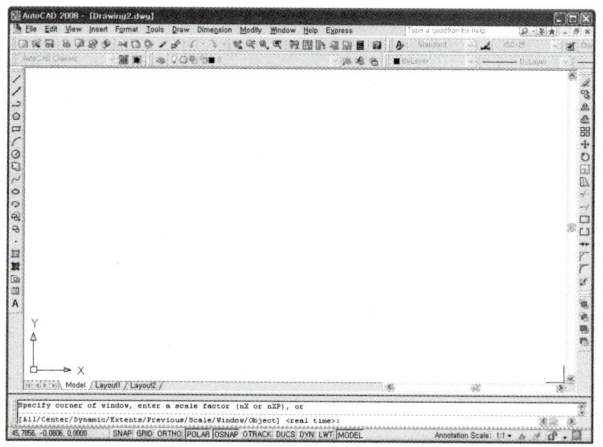

```
Command : Limits  Enter
Reset Model space limits :
Specify lower left corner or [ON/OFF] <0.0000,0.0000> :
Enter
Specify upper right corner <40.0000,30.0000> :
60,40  Enter
Command : Zoom  Enter
Specify corner of window, enter a scale factor (nX or
nXP), or [All/Center/Dynamic/Extents/Previous/Scale/
Window/Object] <real time> : A  Enter
```

② 전체 레이아웃에 해당하는 객체부터 그리기 시작합니다. 가장 먼저 맨 밑바닥의 기준이 되는 2차원 평면의 사각형을 그립니다.

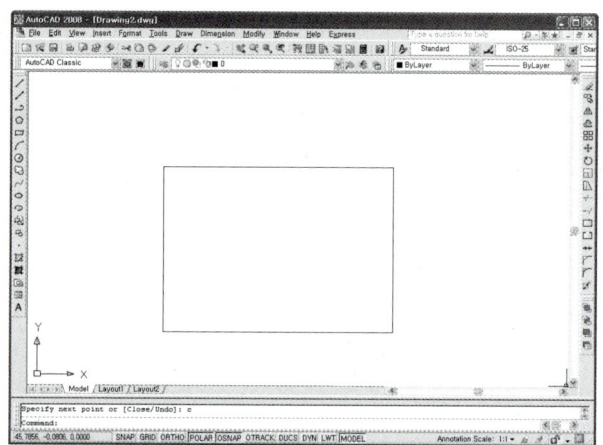

```
Command : Line
Specify first point : 7,5  Enter
Specify next point or [ Undo] : @22,0  Enter
Specify next point or [ Undo] : @0,16  Enter
Specify next point or [ Close/Undo] : @-22,0  Enter
Specify next point or [ Close/Undo] : C  Enter
```

③ Z축으로 올라가는 선분은 평면의 [Vpoint]에서는 확인이 불가능합니다. 따라서 [Vpoint]를 3차원 관찰 시점으로 옮겨서 Z축으로 그려지는 선분을 확인하면서 그립니다.

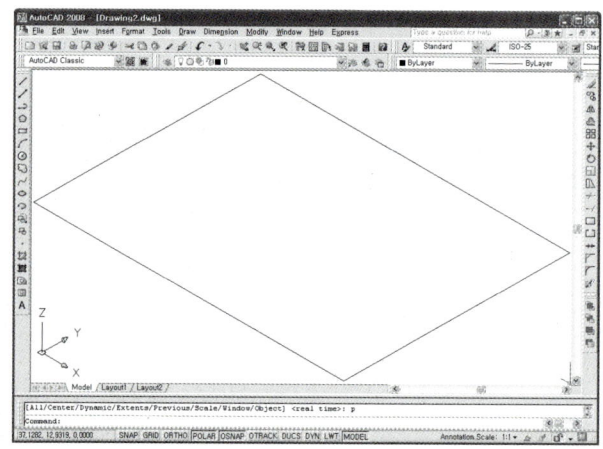

```
Command : Vpoint  Enter
Current view direction :
VIEWDIR=0.0000,0.0000,1.0000
Specify a view point or [ Rotate] <display compass
and tripod> : 1,-1,1  Enter
Regenerating model.
```

④ 화면에 객체가 가득 차 보이므로 [Zoom] 명령어를 이용하여 화면을 1/2로 축소합니다.

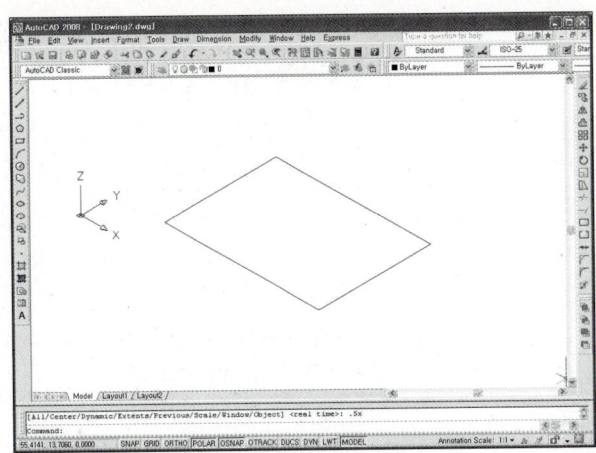

```
Command : Zoom Enter
Specify corner of window, enter a scale factor (nX or
nXP), or
[ All/Center/Dynamic/Extents/Previous/Scale/Window/Obj
ect] <real time> : .5x Enter
```

⑤ 양쪽 끝의 높이가 다르므로 한쪽의 선분씩 선택하기 위하여 Osnap End point를 이용하여 P1점을 클릭합니다.

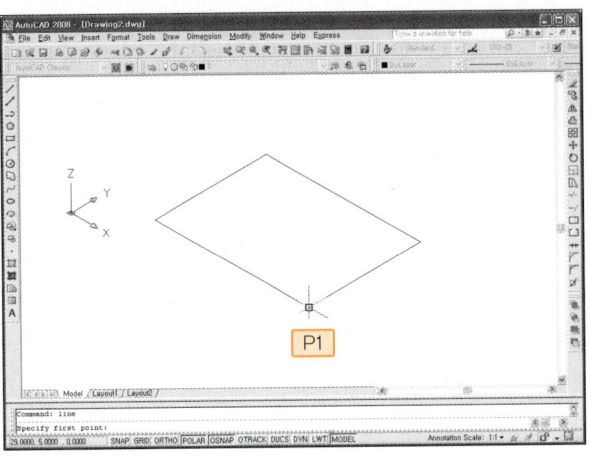

```
Command : Line Enter
Specify first point : P1 클릭
```

⑥ Z축으로 16만큼 이동하기 위하여 다음의 좌표 값을 입력합니다. 원하는 길이 값을 Z축의 값에 입력합니다.

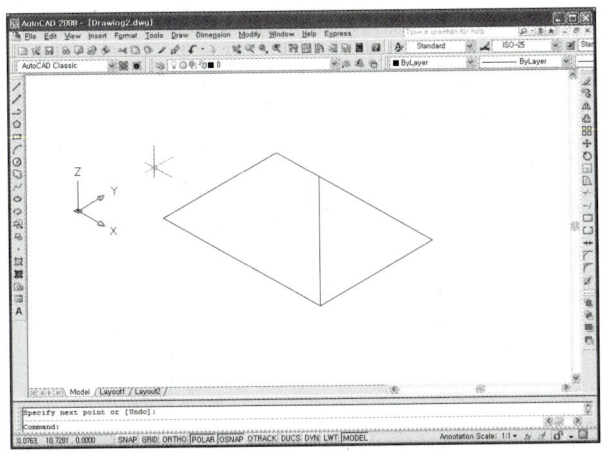

```
Specify next point or [ Undo] : @0,0,16 Enter
Specify next point or [ Undo] : Enter
```

⑦ 옆의 선분도 이전에 실행한 값을 기준으로 동일하게 실시합니다. 끝점을 클릭하여 Z축으로 선을 그립니다.

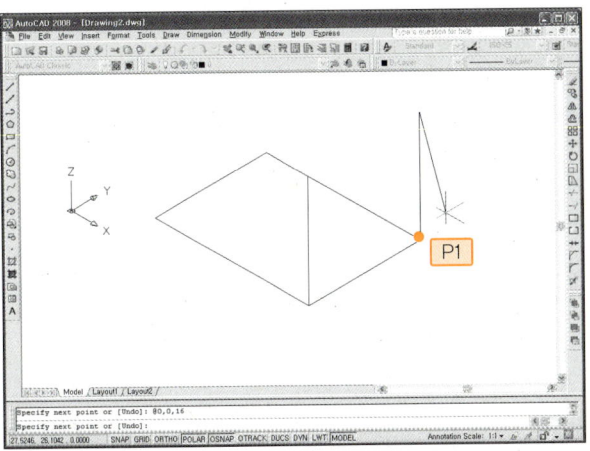

```
Command : Line Enter
Specify first point : P1 클릭
Specify next point or [ Undo] : @0,0,16 Enter
이때 P1 점들은 반드시 [Osnap]을 이용하여 선택하도록 합니다.
```

⑧ 양쪽 끝점을 연결하기 위하여 P2를 [Osnap]을 이
용하여 맨 위의 두 선분의 끝을 연결합니다.

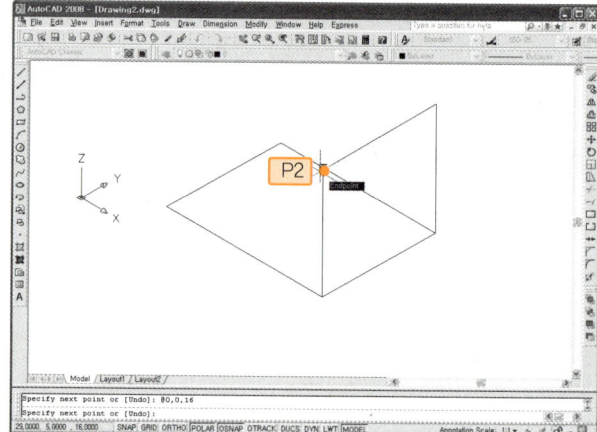

Specify next point or [Undo] : **P2 클릭**
Osnap End point로 정확하게 선택합니다.

⑨ 반대편의 새로운 선을 그리기 위하여 P1을 클릭하
여 연속적으로 선을 그립니다.

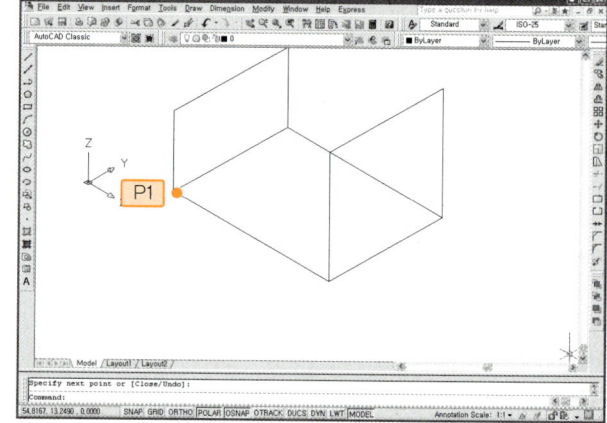

Command : **Line** Enter
Specify first point : **P1 클릭**
Specify next point or [Undo] : **@0,0,10** Enter
Specify next point or [Undo] : **@0,16** Enter
Specify next point or [Close/Undo] : **@0,0,-10** Enter
Specify next point or [Close/Undo] : Enter

⑩ 객체의 윗부분이 위쪽에 치우쳐 있는 관계로 객체
가 잘 보이지 않습니다. Pan을 이용하여 화면을
먼저 이동합니다.

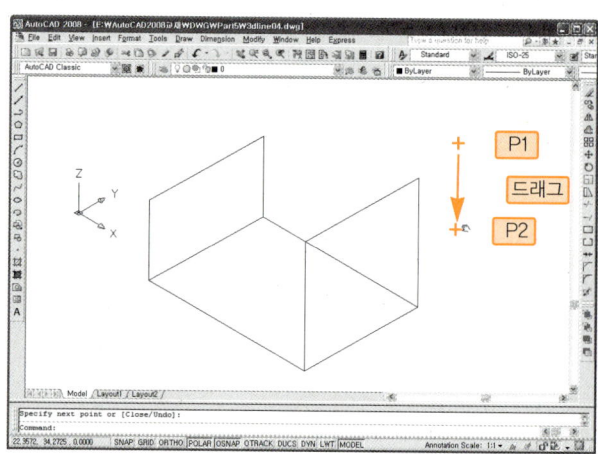

마우스 휠을 누른 채 P1점을 클릭한 후 계속해서 마우스 휠을 누
른 채 P2점을 클릭합니다.

⑪ 세로선을 이을 경사진 선을 좌표 값 대신 [Osnap]을 이용하여 선을 연결합니다.

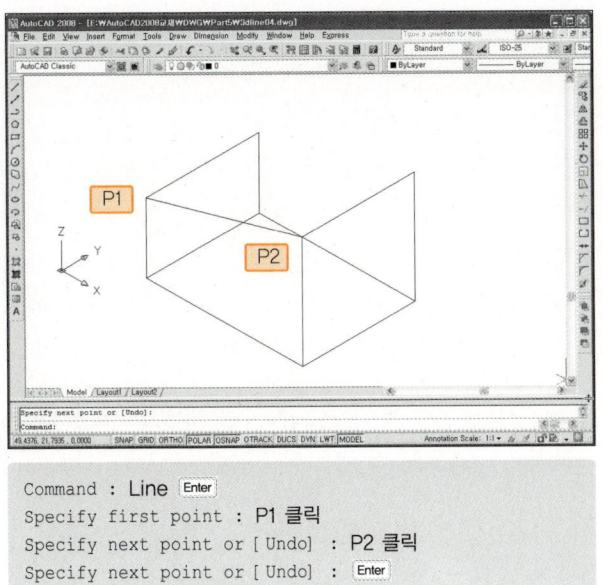

```
Command : Line Enter
Specify first point : P1 클릭
Specify next point or [ Undo ] : P2 클릭
Specify next point or [ Undo ] : Enter
```

⑫ 반대편 경사진 선도 [Osnap]을 이용하여 연결합니다. Osnap이 세팅되어 있는지 확인하고 On/Off는 F3으로 토글합니다.

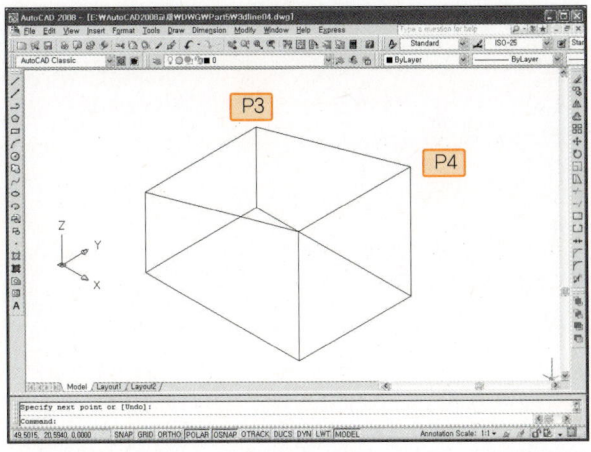

```
Command : Line Enter
Specify first point : P3 클릭
Specify next point or [ Undo ] : P4 클릭
Specify next point or [ Undo ] : Enter
```

3. 옵션 실습

3차원 좌표 값을 이용하여 [Copy]와 [Move]를 할 수 있습니다. 다음의 도면을 참고로 [Copy]와 [Move] 명령을 실습하고 주의할 점을 살펴보기로 합니다.

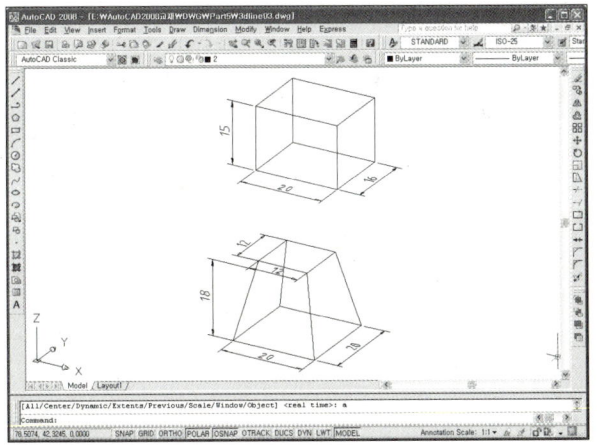

■ 3차원 [Copy]의 사용

복사하는 모든 객체는 다음과 같은 과정을 겪습니다. 복사 객체의 선택, 기준점 선택 그리고 이동할 지점의 좌표 값 선택 이때 기준점은 [Osnap]을 많이 이용하거나 절대좌표 0,0을 입력하고 복사되는 좌표의 경우에는 @X 길이, Y 길이, Z 길이를 입력하여 복사를 합니다. 보통 Second Point는 @0,0,50과 같은 형태로 Z로만 이동을 하여 복사합니다.

① 메뉴에서 [File]-[New]를 실행하여 새로운 도면을 시작합니다. [Limits] 명령을 이용하여 다음과 같이 도면 한계를 설정합니다.

```
Command : Limits Enter
Reset Model space limits :
Specify lower left corner or [ON/OFF] <0.0000,0.0000> :
Enter
Specify upper right corner <40.0000,30.0000> :
60,40 Enter
Command : Zoom Enter
Specify corner of window, enter a scale factor (nX or
nXP), or [All/Center/Dynamic/Extents/Previous/Scale/
Window/Object] <real time> : A Enter
```

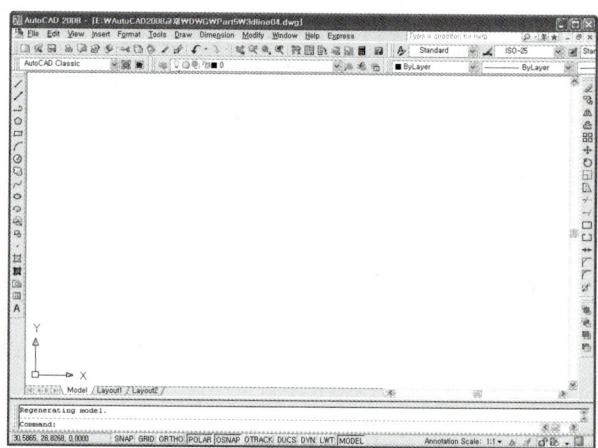

② 다음의 좌표 값에 시작점을 입력하고 역시 3차원 객체의 기준이 되는 레이아웃의 형태를 파악하고 가장 밑바닥의 모습을 기준으로 그려 나갑니다. 객체의 바닥 부분에 도형을 그립니다.

```
ommand : Line Enter
Specify first point : 4,8 Enter
Specify next point or [Undo] : @20,0 Enter
Specify next point or [Undo] : @0,16 Enter
Specify next point or [Close/Undo] : @-20,0 Enter
Specify next point or [Close/Undo] : C Enter
```

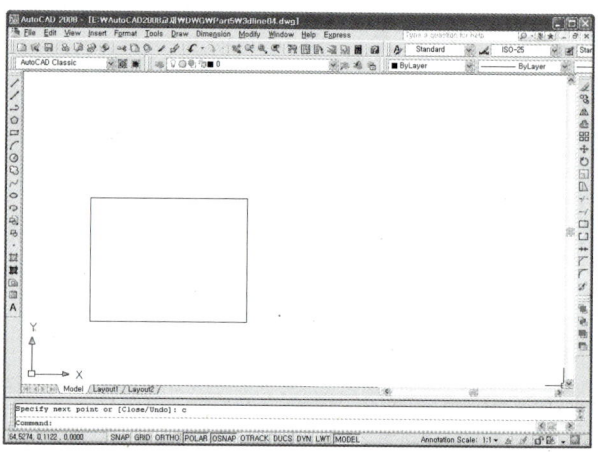

③ 3차원 좌표계로 이동하기 위하여 [Vpoint]를 통해 관찰자 시점을 변경합니다.

```
Command : Vpoint Enter
Current view direction : VIEWDIR=0.0000,0.0000,1.0000
Specify a view point or [Rotate] <display compass and
tripod> : 1,-1,1 Enter
Regenerating model.
```

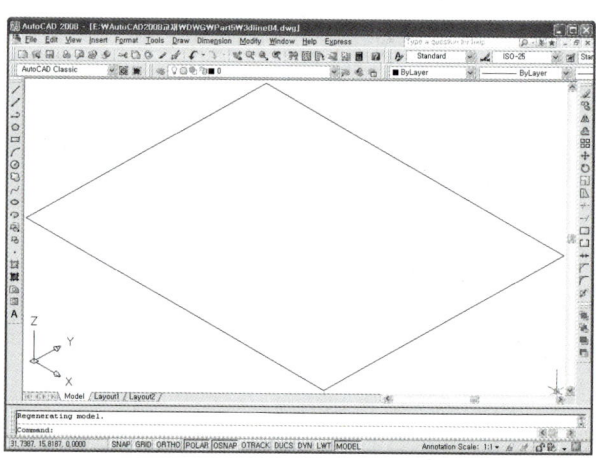

④ 3차원 뷰에서는 객체가 화면 가득 있는 경우 작업 시 많이 불편합니다. [Zoom] 명령어를 통해 화면을 전체의 1/2로 축소합니다.

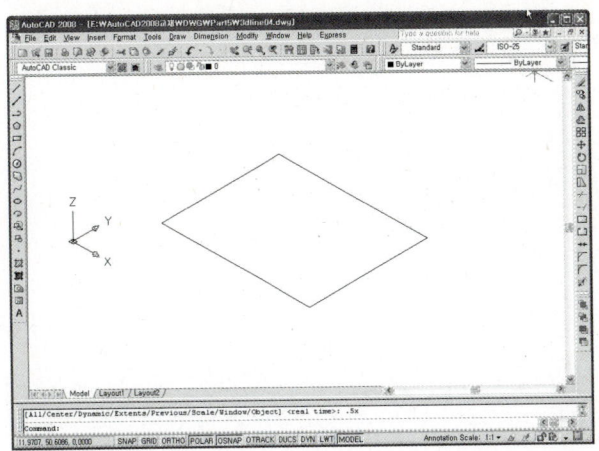

```
Command : Zoom Enter
Specify corner of window, enter a scale factor (nX
or nXP), or
[All/Center/Dynamic/Extents/Previous/Scale/Window/Ob
ject] <real time> : .5x Enter
```

⑤ 높이 값이 모두 같으므로 바닥에 그려진 사각형을 Z축으로 복사합니다.

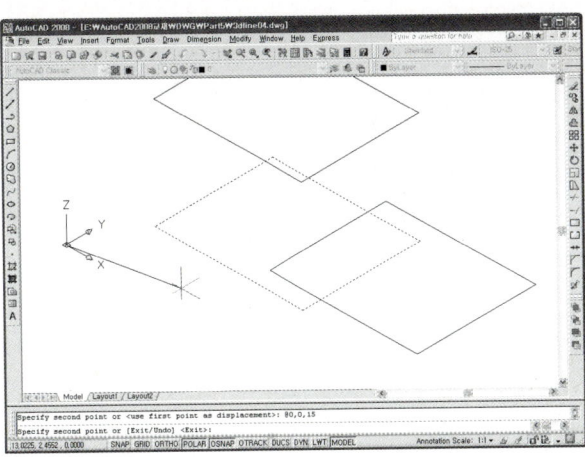

```
Command : Copy Enter
Select objects : All Enter
4 found
Select objects : Enter
Current settings : Copy mode = Multiple
Specify base point or [Displacement/mOde]
<Displacement> : 0,0 Enter
Specify second point or <use first point as
displacement> : @0,0,15 Enter
```

⑥ 복사 명령어는 대부분 Multiple이므로 계속 복사 메뉴가 나타나므로 Enter를 이용하여 종료합니다.

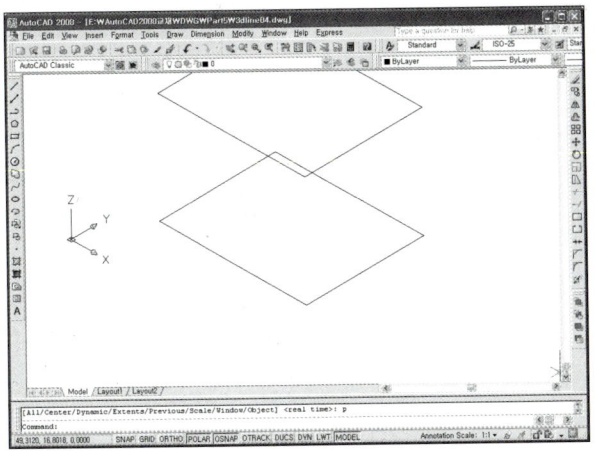

```
Specify second point or [Exit/Undo] <Exit> :    Enter
```

⑦ 전체 화면을 보기 위하여 [Zoom] 명령어를 이용합니다.

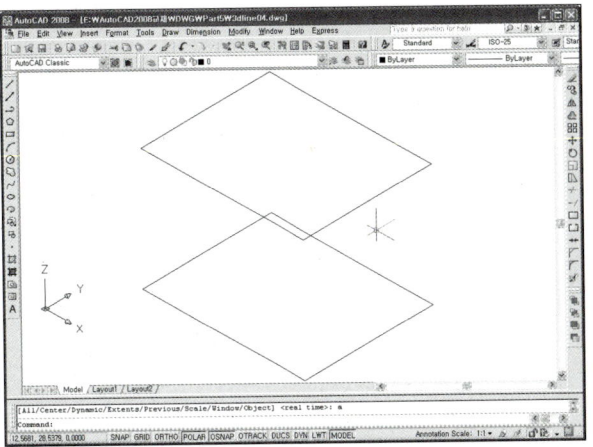

```
Command : Zoom Enter
Specify corner of window, enter a scale factor (nX or
nXP), or
[All/Center/Dynamic/Extents/Previous/Scale/Window/Obj
ect] <real time> : A Enter
```

⑧ 위아래 선분을 [Osnap]을 이용하여 연결합니다.

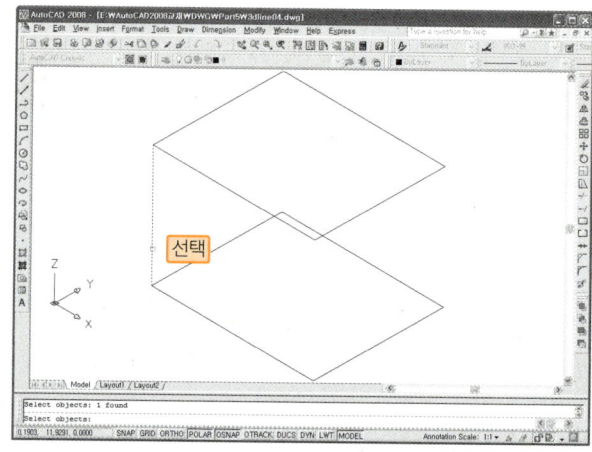

```
Command : Line [Enter]
Specify first point : P1 클릭
Specify next point or [ Undo] : P2 클릭
Specify next point or [ Undo] : [Enter]
```

⑨ 새로 선분을 그릴 수 도 있지만 이미 그려진 객체
를 복사하여 사용합니다.

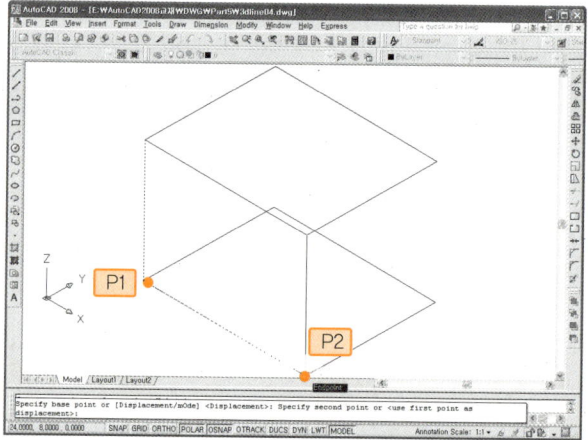

```
Command : Copy [Enter]
Select objects : 1 found
Select objects : [Enter]
```

⑩ [Osnap]을 이용하여 정확한 점을 클릭하여 기준
점과 복사점을 클릭하도록 합니다.

```
Current settings : Copy mode = Multiple
Specify base point or [ Displacement/mOde]
<Displacement> : P1 클릭
Specify second point or <use first point as
displacement> : P2 클릭
```

⑪ 하나 이상 있으므로 계속하여 다음의 복사점을 클릭합니다. [Copy]는 기본값이 Multiple이므로 연속하여 복사합니다.

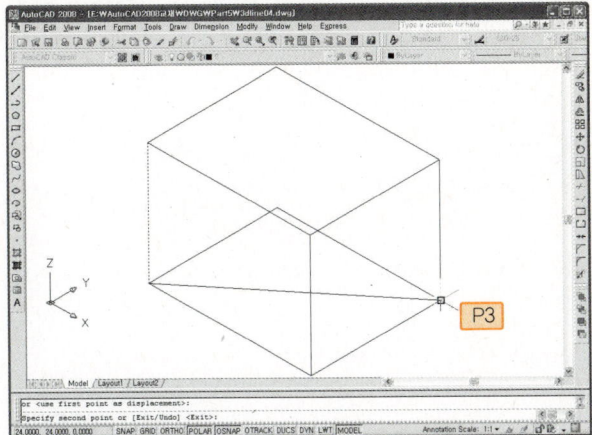

```
Specify second point or [ Exit/Undo ] <Exit> : P3 클릭
```

⑫ 계속하여 맨 마지막 지점까지 복사하도록 합니다.

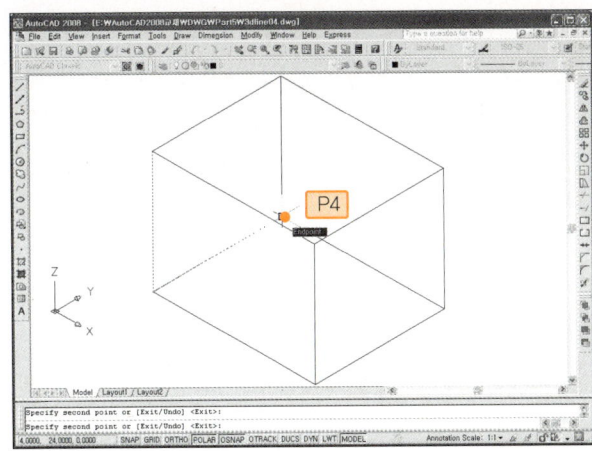

```
Specify second point or [ Exit/Undo ] <Exit> : P4 클릭
Specify second point or [ Exit/Undo ] <Exit> :  Enter
```

⑬ 다음과 같이 완성되었습니다. 그림을 확인하기 바랍니다.

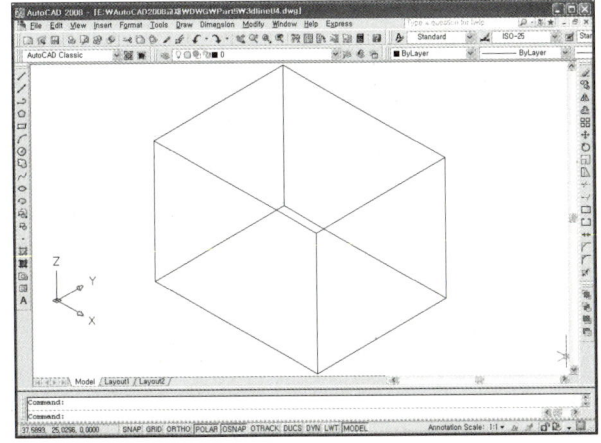

■ 3차원 [Move]의 사용

3차원 [Move]도 3차원 [Copy]와 마찬가지로 상대 좌표를 이용하여 이동합니다. 기준 좌표를 중심으로 이동 좌표의 경우 마우스로 이동하거나 높이 값이 있는 경우 정확하게 @X 이동 값, Y 이동 값, Z 이동 값으로 설정합니다.

1 메뉴에서 [File]-[New]를 실행하여 새로운 도면을 시작합니다. [Limits] 명령을 이용하여 다음과 같이 도면 한계를 설정합니다.

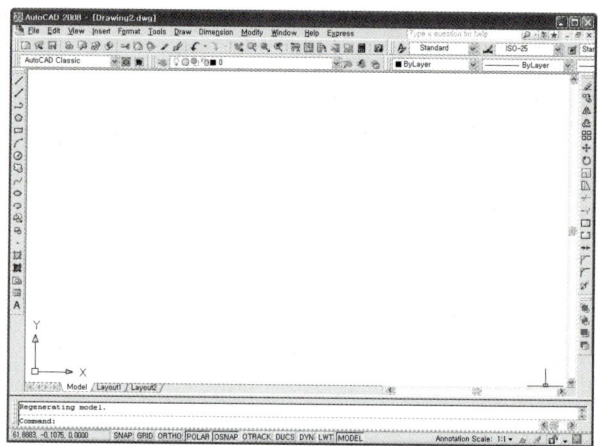

```
Command : Limits Enter
Reset Model space limits :
Specify lower left corner or [ON/OFF] <0.0000,0.0000> :
Enter
Specify upper right corner <40.0000,30.0000> :
60,40 Enter
Command : Zoom Enter
Specify corner of window, enter a scale factor (nX or
nXP), or [All/Center/Dynamic/Extents/Previous/Scale/
Window/Object] <real time> : A Enter
```

2 기준이 되는 사각형을 먼저 그리기 위하여 제일 밑바닥에 있는 사각형을 그립니다.

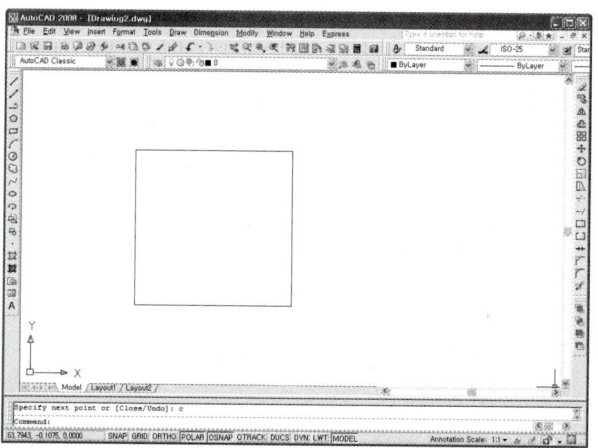

```
Command : Line Enter
Specify first point : 10,10 Enter
Specify next point or [ Undo] : @20,0 Enter
Specify next point or [ Undo] : @0,20 Enter
Specify next point or [ Close/Undo] : @-20,0 Enter
Specify next point or [ Close/Undo] : C Enter
```

3 Z축의 윗부분에 있는 사각형도 평면에 미리 그립니다.

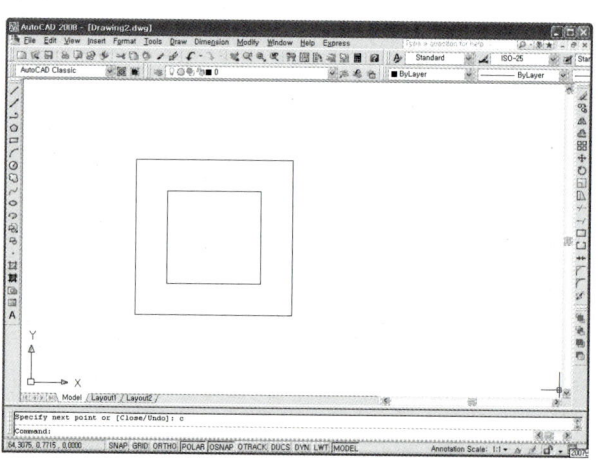

```
Command : Line Enter
Specify first point : 14,14 Enter
Specify next point or [ Undo] : @12,0 Enter
Specify next point or [ Undo] : @0,12 Enter
Specify next point or [ Close/Undo] : @-12,0 Enter
Specify next point or [ Close/Undo] : C Enter
```

④ 3차원 관찰 시점으로 변경하기 위하여 [Vpoint]
명령어를 입력합니다.

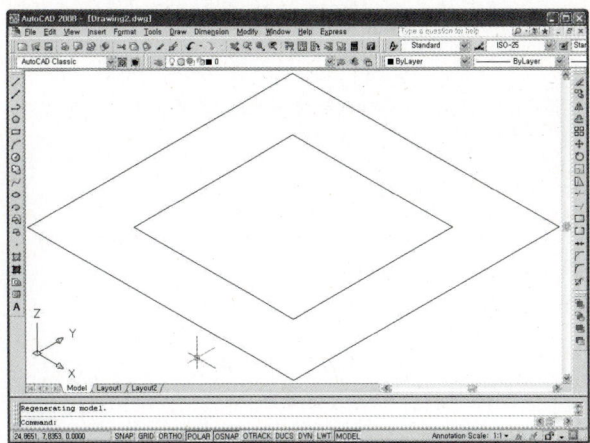

```
Command : Vpoint [Enter]
Current view direction : VIEWDIR=0.0000,0.0000,1.0000
Specify a view point or [ Rotate] <display compass and
tripod> : 1,-1,1 [Enter]
Regenerating model.
```

⑤ 객체가 화면에 닿아 있으므로 객체가 꽉 채워진
상태를 [Zoom] 명령어를 이용하여 축소합니다.

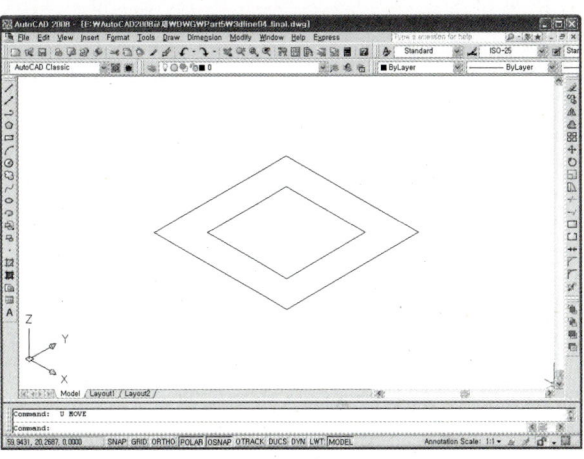

```
Command : Zoom [Enter]
Specify corner of window, enter a scale factor (nX
or nXP), or
[ All/Center/Dynamic/Extents/Previous/Scale/Window/Ob
ject] <real time> : .5x [Enter]
```

⑥ 3차원 [Move]를 하기 위해 안쪽의 사각형을 다음
과 같이 선택합니다.

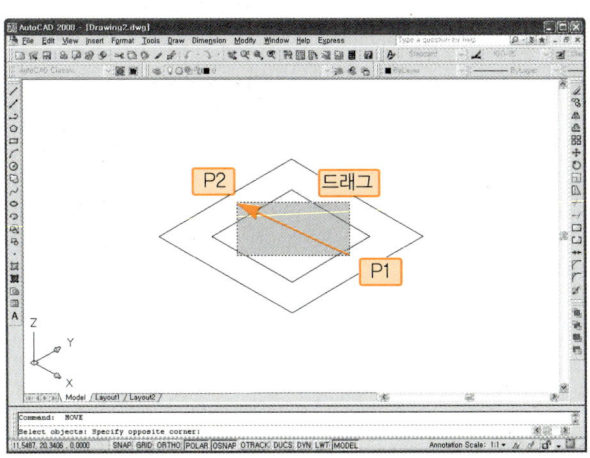

```
Command : Move [Enter]
Select objects : Specify opposite corner : 4 found
P1점에서 P2점까지 드래그합니다.
Select objects : [Enter]
```

❼ Z축으로 선택한 객체를 이동시킵니다.

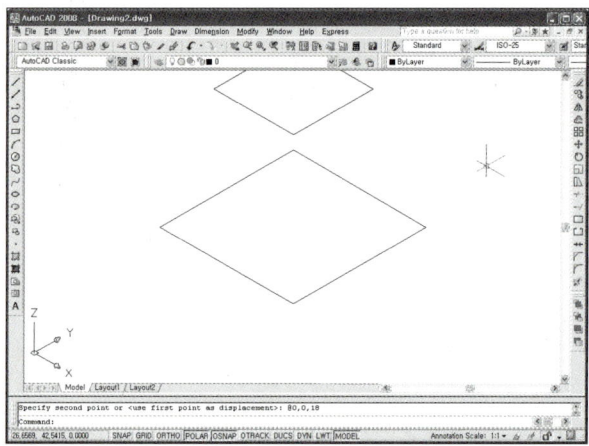

Specify base point or [Displacement] <Displacement> :
0,0 Enter
Specify second point or <use first point as
displacement> : @0,0,18 Enter

❽ 화면에 안 보이는 부분을 보기 위하여 [Zoom] 명
령어를 입력합니다.

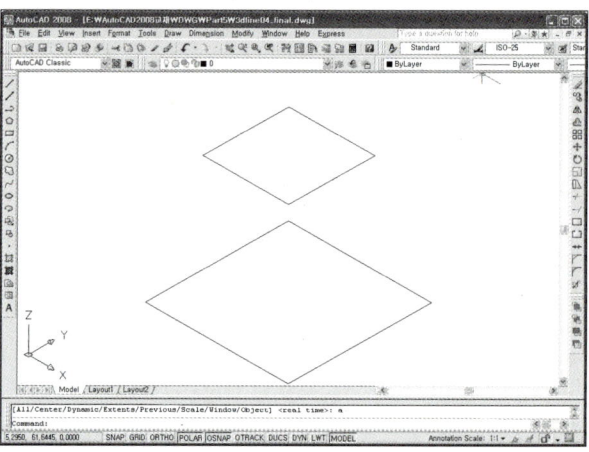

Command : Zoom Enter
Specify corner of window, enter a scale factor (nX or nXP), or
[All/Center/Dynamic/Extents/Previous/Scale/Window/Obj
ect] <real time> : A Enter

❾ 아래 사각형과 위의 사각형의 끝점을 [Osnap]을
이용하여 연결합니다.

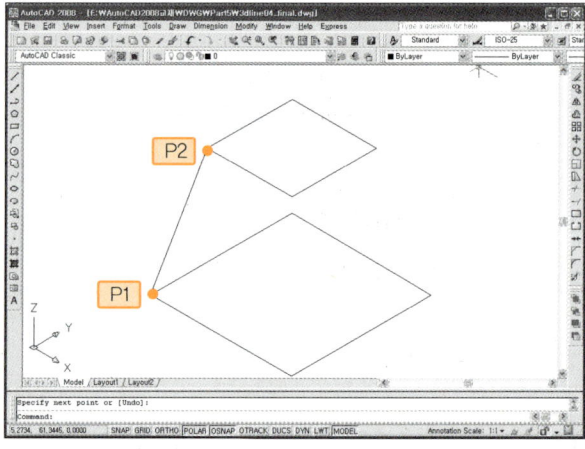

Command : Line Enter
Specify first point : P1 클릭
Specify next point or [Undo] : P2 클릭
Specify next point or [Undo] : Enter

❿ 아래 사각형과 위의 사각형은 모두 정사각형입니
다. 3차원 관찰자 시점을 잘 보이도록 변경합니다.

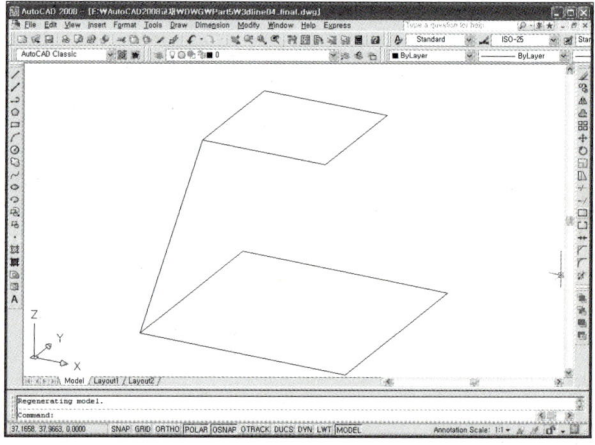

Command : Vpoint Enter
Current view direction : VIEWDIR=1.0000,-1.0000,1.0000
Specify a view point or [Rotate] <display compass and
tripod> : 1,-2,1 Enter
Regenerating model.

⑪ 한 번에 하나씩 아래와 위의 사각형을 연결합니다.

```
Command : Line Enter
Specify first point : P1 클릭
Specify next point or [ Undo] : P2 클릭
Specify next point or [ Undo] : Enter
Command : Line Enter
Specify first point : P3 클릭
Specify next point or [ Undo] : P4 클릭
Specify next point or [ Undo] : Enter
Command : Line Enter
Specify first point : P5 클릭
Specify next point or [ Undo] : P6 클릭
Specify next point or [ Undo] : Enter
```

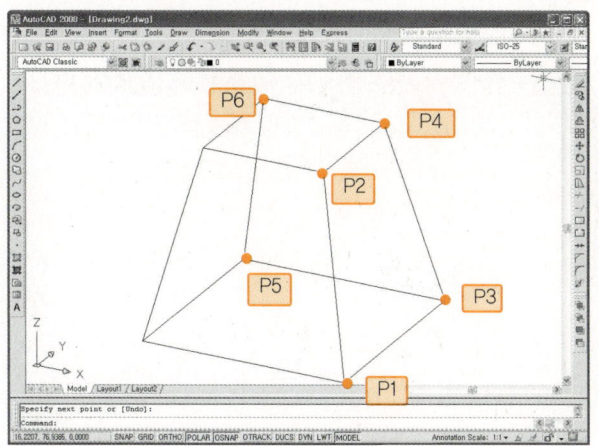

Tip AutoCAD

Vpoint 때문에 실수할 수 있어요.

[Vpoint]에서 흔하게 사용하는 Isometric의 시점이 1,-1,1로 처음 설정한 시점과 같습니다. 하지만 이 경우 정사각형을 보는 경우는 X, Y, Z축이 모두 같은 비례이므로 정면의 오른쪽 선분과 뒷면의 왼쪽 선분이 일직선상에 있게 되어 [Osnap]을 이용하더라도 전혀 다른 좌표를 선택하게 되는 경우가 발생합니다. 이렇게 정사각형을 [Vpoint]에서 보는 경우 다음의 그림처럼 3개의 숫자 중 가운데 있는 정면의 수치를 1,-2,1과 같이 다른 수치와 다른 비율로 입력하면 조금 틀어져 보이므로 실수를 방지할 수 있습니다.

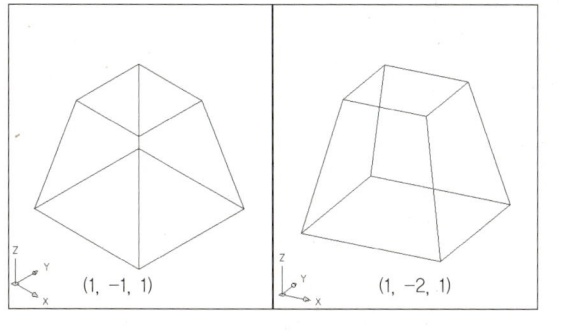

---

4. 물체의 시작 위치를 결정하는 [Elev] 명령어와 물체의 두께 값을 지정하는 [Thickness] 명령어

블록 쌓기를 하는 경우 두께가 10인 블록을 3개 쌓는다고 가정해보겠습니다. 이때 맨 처음 바닥에 놓는 블록은 물체의 시작 위치가 '0'이 되며 두께는 '10'이 되는 것입니다. 이때 두 번째 블록을 첫 번째 블록 위에 올려놓는 경우 두 번째 블록의 시작 위치는 첫 번째 블록 위에서 시작하는 것이므로 '10'이 되고, 두께는 역시 '10'이 됩니다. 이렇게 어떤 물체의 높이 값의 시작점을 Elev라고 하며 물체의 두께를 Thickness라고 합니다.

1. 명령어 사용 방법

[Elev] 명령과 [Thickness] 명령어는 독립적으로 사용하기에는 불편함이 많습니다. 주로 [Change] 명령어를 통해 변경하는 것을 많이 사용됩니다. [Change] 명령을 이용하는 방법을 살펴보도록 하겠습니다.

• 예제 파일 : Sample\Part05\elev01.dwg

---

1 [File]-[Open] 메뉴를 이용하여 부록 CD에서 예제 파일을 불러옵니다.

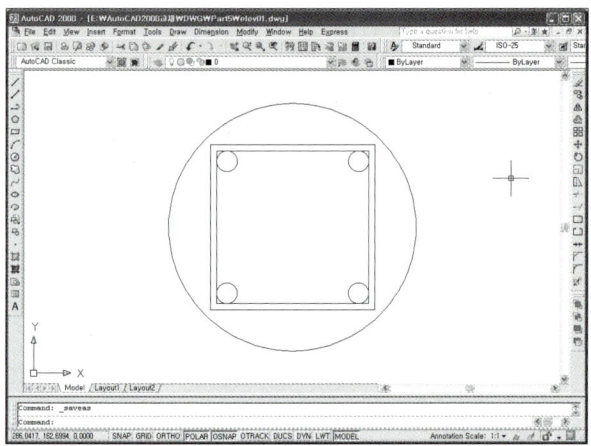

2 3차원 관찰자 시점을 변경합니다. 정사각형의 형태이므로 가운데 있는 수치를 변경합니다.

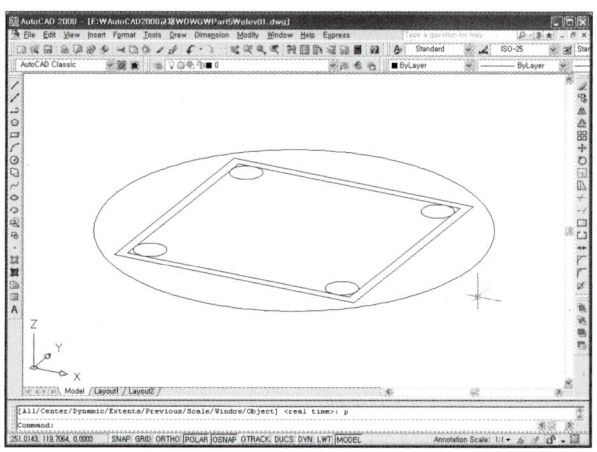

3 [Change] 명령어를 이용하여 식탁 다리를 먼저 선택합니다.

```
Command : Change Enter
Select objects : 1 found
Select objects : 1 found, 2 total
Select objects : 1 found, 3 total
Select objects : 1 found, 4 total
원을 하나씩 모두 4개 선택합니다.
Select objects : Enter
더 이상 선택할 객체가 없는 경우 Enter 로 종료합니다.
Specify change point or [ Properties] : P Enter
속성을 변경하는 옵션을 선택합니다.
Enter property to change [Color/Elev/LAyer/LType/
ltScale/LWeight/Thickness/Material/Annotative] :
T Enter
두께를 변경하는 Thickness 옵션을 선택합니다.
Specify new thickness <0.0000> : 50 Enter
두께를 '50'으로 입력합니다.
Enter property to change [ Color/Elev/LAyer/LType/ ltScale/LWeight/Thickness/Material/Annotative] : Enter
```

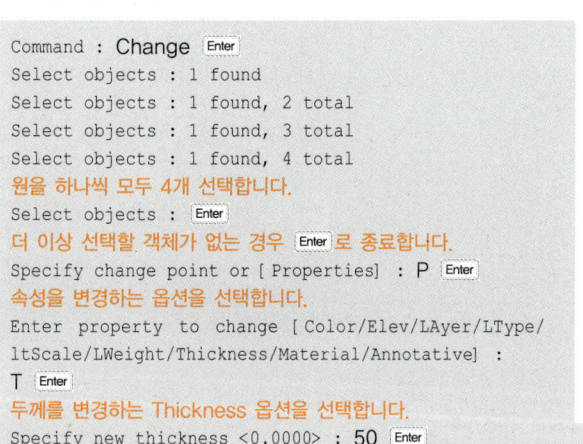

4 화면에 안 보이는 부분까지 모두 보기 위하여 [Zoom] 명령어를 입력합니다.

```
Command : Zoom Enter
Specify corner of window, enter a scale factor (nX
or nXP), or
[ All/Center/Dynamic/Extents/Previous/Scale/Window/Ob
ject] <real time> : A Enter
Regenerating model.
```

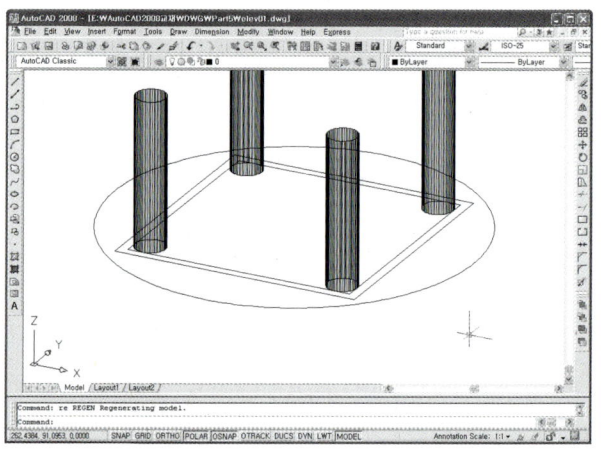

❺ 테이블 기둥과 테이블을 연결하는 사각형을
[Change] 명령으로 변경합니다.

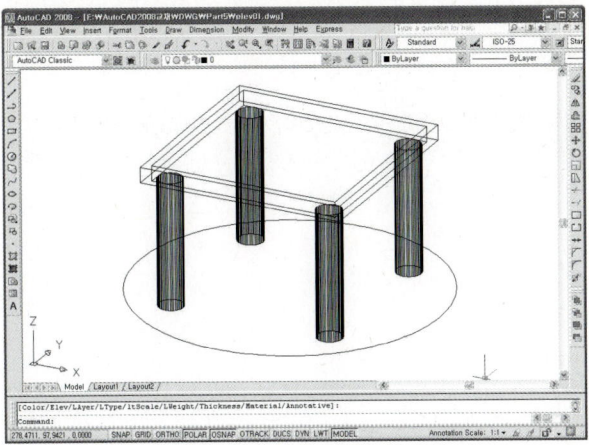

```
Command : Change [Enter]
Select objects : Specify opposite corner : 2 found
Select objects : Specify opposite corner : 2 found,
4 total
Select objects : Specify opposite corner : 2 found,
6 total
Select objects : Specify opposite corner : 2 found,
8 total 사각형을 모두 선택합니다.
Select objects : [Enter]
더 이상 선택할 객체가 없는 경우 [Enter] 로 종료합니다.
Specify change point or [ Properties]  : P [Enter]
속성을 변경하는 옵션을 선택합니다.
Enter property to  change [ Color/Elev/LAyer/LType/
ltScale/LWeight/Thickness/Material/Annotative] : E [Enter]
객체의 시작 위치 점을 변경하는 Elev 옵션을 선택합니다.
Specify new elevation <0.0000> : 50 [Enter] 시작 위치 값을 '50' 으로 입력합니다.
Enter property to change [ Color/Elev/LAyer/LType/ ltScale/LWeight/Thickness/Material/Annotative] : T [Enter]
사각형의 두께 값을 변경하는 Thickness 옵션을 선택합니다.
Specify new thickness <0.0000> : 6 [Enter] 사각형의 두께 값을 '6' 으로 입력합니다.
Enter property to change [ Color/Elev/LAyer/LType/ ltScale/LWeight/Thickness/Material/Annotative] : [Enter]
[Enter] 로 종료합니다.
```

❻ 마지막 테이블의 시작점의 위치(Elev)와 두께 값
(Thickness)을 변경합니다.

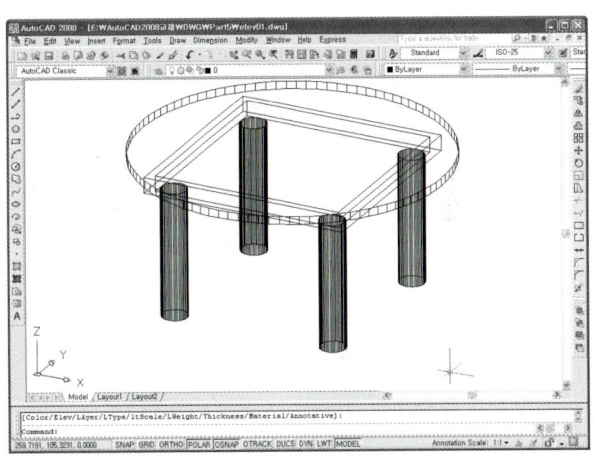

```
Command : Change [Enter]
Select objects : 1 found 원을 선택합니다.
Select objects : [Enter] 더 이상 선택할 객체가 없으면 [Enter] 로 종료합니다.
Specify change point or [ Properties] : P [Enter] 속성을 변경하는 옵션을 선택합니다.
Enter property to change [ Color/Elev/LAyer/LType/ ltScale/LWeight/Thickness/Material/Annotative] : E [Enter]
시작점의 위치를 입력하는 옵션을 선택합니다.
Specify new elevation <0.0000> : 50 [Enter] 테이블 다리 위에 테이블을 위치시키기 위해 테이블 다리만큼 위로 올립니다.
Enter property to change [ Color/Elev/LAyer/LType/ ltScale/LWeight/Thickness/Material/Annotative] : T [Enter]
테이블의 두께를 변경하기 위한 Elev 옵션을 선택합니다.
Specify new thickness <0.0000> : 3 [Enter] 테이블의 두께를 '3' 으로 입력합니다.
Enter property to change [ Color/Elev/LAyer/LType/ ltScale/LWeight/Thickness/Material/Annotative] : [Enter]
[Enter] 로 종료합니다.
```

⑦ 정확한 물체를 확인하기 위하여 물체의 은선을 제거합니다.

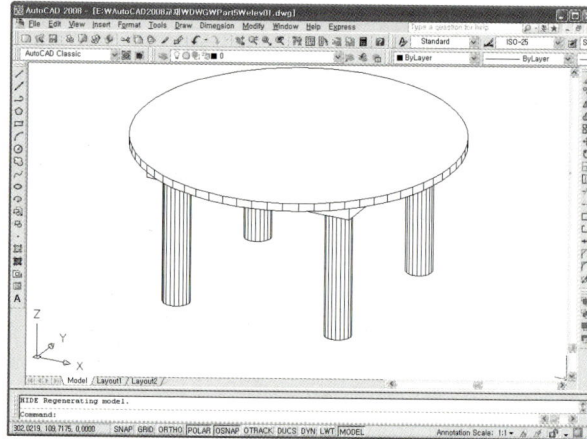

```
Command : Hide Enter
```

Tip AutoCAD

Solid 모델링에서 사용하는 [Polysolid] 명령어

Surface 모델링의 [Elev]와 [Thickness]는 두께가 있는 선분을 만드는 중요한 명령어입니다. 이와 비슷한 Solid 모델링에서 사용할 수 있는 명령어가 [Polysolid]입니다. [Polysolid] 명령어는 오토캐드 2007부터 추가된 명령어로 지정된 길이, 폭, 그리고 사각형 프로파일의 정렬의 방법으로 Polyline을 그리는 명령어입니다. 명령어를 실행한 뒤 Line 그리기 명령어처럼 선을 그려나가면 두께가 있는 선을 그릴 수 있습니다.

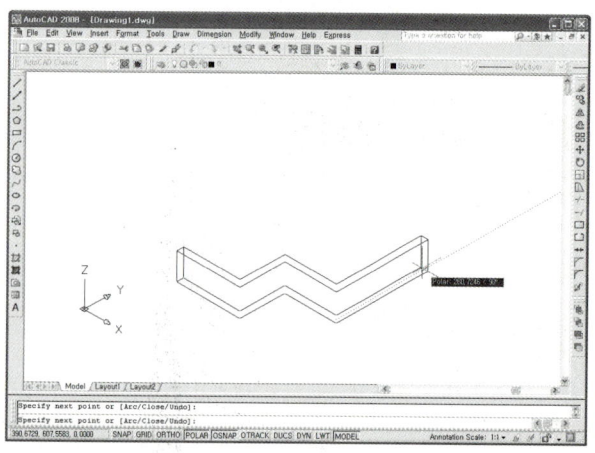 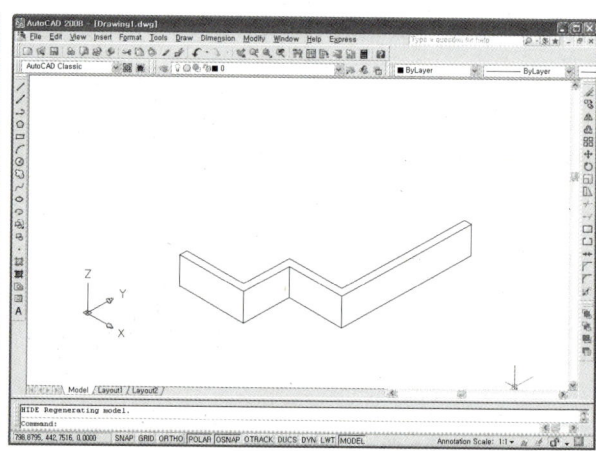

```
Command : Polysolid Enter
Height = 80.0000, Width = 5.0000, Justification = Center
Specify start point or [ Object/Height/Width/Justify] <Object>: 시작점을 선택합니다.
Specify next point or [ Arc/Undo] : 다음 점을 선택 합니다.
Specify next point or [ Arc/Undo] : 다음 점을 선택합니다.
Specify next point or [ Arc/Close/Undo] : Enter 명령어를 종료합니다.
```

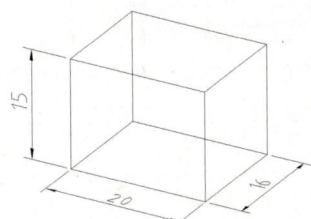

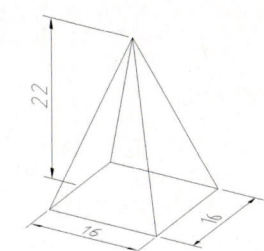

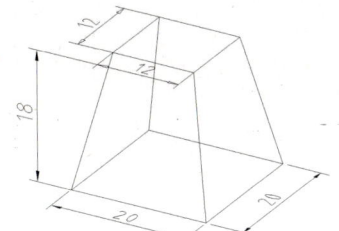

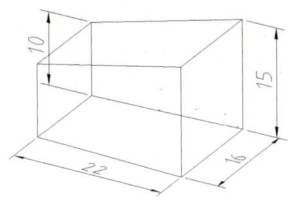

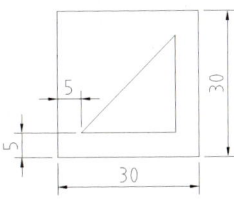

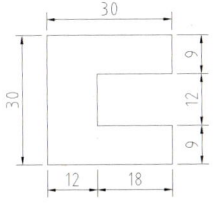

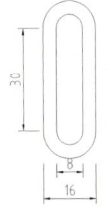

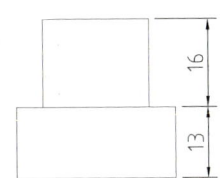

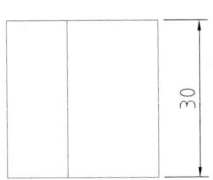

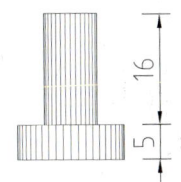

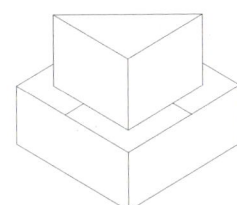

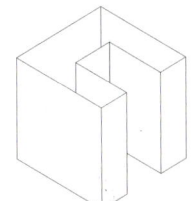

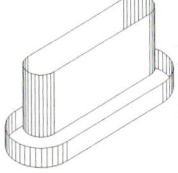

Chapter

02 3차원 면 처리하기

Chapter01에서의 도면은 Thickness의 값을 입력하여 그린 객체를 제외하고는 면 처리가 되어 있지 않은 WireFrame 상태의 선분만 있는 객체였습니다. 이번 Chapter에서는 살펴볼 3차원 면 처리는 Thickness의 값을 입력하여 만든 객체와 마찬가지로 속이 보이지 않도록 일반 WireFrame의 선분을 Face에 해당하는 면으로 만드는 작업을 하는 것을 말합니다.

1. 3차원 면을 만드는 [3Dface] 명령어

3~4개의 점을 클릭하여 삼각 또는 사각 면을 만드는 면 처리 방법을 살펴보겠습니다. 선으로 이루어진 곳을 기준으로 면 처리를 하며, 3DFACE – Invisible은 기존의 [3Dface] 명령어로 처리하는 사각 또는 삼각 면 외에 꼭짓점이 5개 이상인 곳을 면 처리할 수 있는 방법이다.

[3Dface] 명령어	
아이콘	✎
메인 메뉴	[Draw]–[Modeling]–[Meshes]–[3DFace]
명령어	3Dface
단축키	〈3F〉

1. 명령어 사용 방법

면 처리의 기본인 4개의 점을 기준으로 정확히 [Osnap]을 이용하여 하나의 면을 만듭니다. 이어진 면은 연속하여 면 처리가 가능합니다. 다음의 왼쪽 그림처럼 3Dface로 면 처리를 한 사각형은 Hide 시 내부가 보이지 않지만, 3Dface를 처리하지 않은 오른쪽 그림은 Hide 시 내부가 보이게 됩니다.

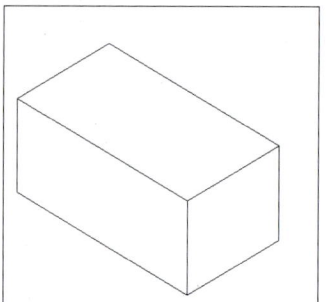
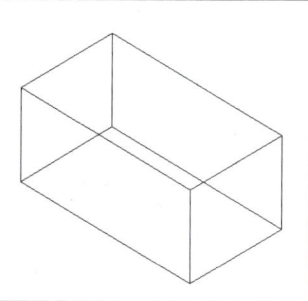

```
Command : 3Dface Enter
Specify first point or [ Invisible] : 첫 번째 점을 클릭합니다.
Specify second point or [ Invisible] : 두 번째 점을 클릭합니다.
Specify third point or [ Invisible] <exit> : 세 번째 점을 클릭합니다.
Specify fourth point or [ Invisible] <create three-sided face> : 네 번째 점을 클릭합니다.
Specify third point or [ Invisible] <exit> : Enter
더 이상 선택할 점이 없으면 Enter 를 눌러 종료합니다.
```

2. 명령어 옵션

기본적으로 면 처리는 4개의 점을 기준으로 면 처리를 합니다. 이때 면 처리를 하면 이어지는 선분이 보이는데 이 선분을 Edge라고 하며, 해당 Edge가 보이지 않아야 하는 곳에 Invisible 옵션을 지정하여 해당 Edge가 도면상에 보이지 않게 처리할 수 있습니다.

옵션	내용
Invisible	3Dface로 면 처리하는 경우 선택한 점의 Edge 선분이 화면에 나타나지 않도록 설정합니다.
Showedge	Invisible 처리한 선이 Regen 이후 화면에 나타나도록 설정합니다.
Hideedg	Invisible 처리한 선이 Regen 이후 화면에 나타나지 않도록 설정합니다.

3. 기본 실습

3개의 점이나 4개의 점을 가지고 있는 객체의 면 처리를 예제를 통해서 실습해보겠습니다. [Osnap]을 이용하여 정확한 지점을 클릭하도록 합니다.

• 예제 파일 : Sample\Part05\3dface01.dwg

❶ [File]-[Open] 메뉴를 이용하여 부록 CD에서 예제 파일을 불러옵니다.

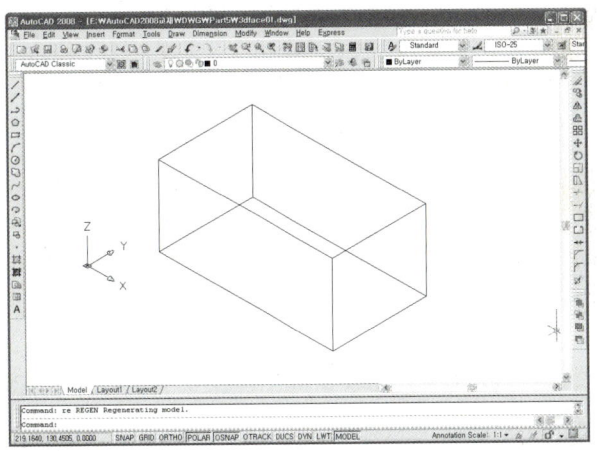

❷ [3Dface] 명령을 입력하여 한쪽 방향으로 순서대로 P1에서 P4까지 클릭합니다.

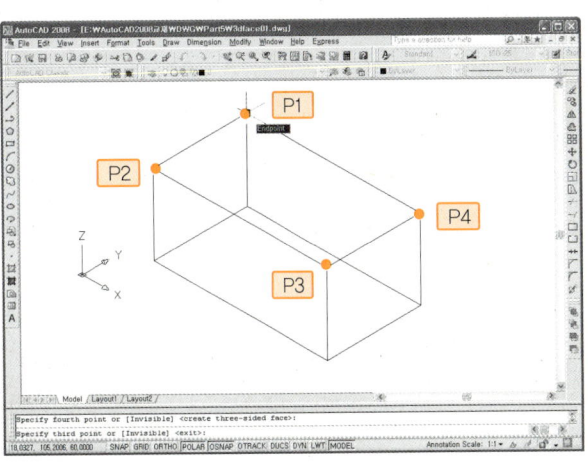

```
Command : 3Dface Enter
Specify first point or [ Invisible] : P1 클릭
Specify second point or [ Invisible] : P2 클릭
Specify third point or [ Invisible] <exit> : P3 클릭
Specify fourth point or [ Invisible] <create three-
sided face> : P4 클릭
Specify third point or [ Invisible] <exit> : Enter
더 이상 선택할 점이 없으면 Enter 를 눌러 명령어를 종료합니다.
```

③ [Hide] 명령어를 입력하여 면 처리가 되는지 확인
합니다. [3Dface] 명령어를 실행하고 제대로 되었
는지의 유무는 반드시 [Hide]로 확인합니다.

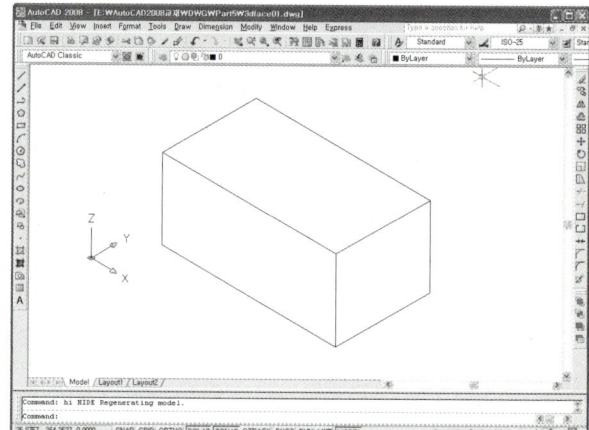

Command : Hide Enter

Tip **AutoCAD**

[3Dface] 시 주의하세요

[3Dface] 명령은 한 방향으로 선택해야 합니다. 시계 방향이나 시계 반대 방향
과 관계없이 한쪽 방향으로 돌아가면서 선택해야 합니다. 그렇지 않은 경우 선
이 꼬여서 리본처럼 되거나 가운데 부분에 사선이 나타날 수 있습니다.

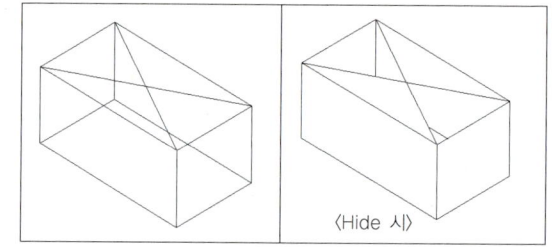

[3Dface] 명령을 한 방향으로 처리하지 않은 경우 ▶   〈Hide 시〉

---

4. 옵션 실습

4개의 점 이상이 되는 객체는 4개의 점이 되도록 나눠서 2개의 면이나 3개의 면으로 설정해야 합니다. 두 면이 맞
닿는 부분의 선분이 그려지는 점에서 Invisible 처리를 합니다. Invisible 처리는 점을 클릭하기 전에 'I'를 누른
뒤 Space Bar 를 눌러 점을 클릭해야 합니다.

• 예제 파일 : Sample\Part05\3dface02.dwg

① [Hide] 명령어를 입력하여 면 처리가 되는지 확인
합니다.

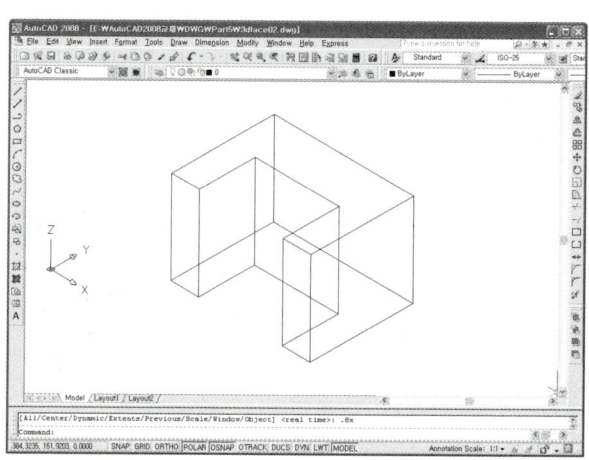

② [3Dface] 명령어를 입력하고 순서에 맞춰 면 처리
를 합니다. P3을 선택하기 전 Invisible로 처리하기
위해 'I'를 입력하고 Space Bar 를 누릅니다. 옵션 설
정 후 P3을 선택하는 것이 키포인트입니다.

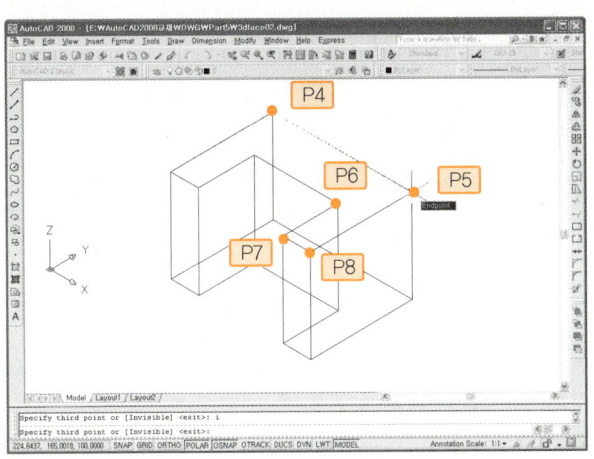

```
Command : 3Dface Enter
Specify first point or [Invisible] : P1 클릭
Specify second point or [Invisible] : P2 클릭
Specify third point or [Invisible] <exit> : I  Space Bar
Specify third point or [Invisible] <exit> : P3 클릭
```

③ Invisible 처리를 한 다음 선을 계속 이어서 면 처리
를 합니다. P5도 Invisible 처리를 해야 하므로 'I'
를 입력하고 Space Bar 를 누른 후 P5를 선택합니다.

```
Specify fourth point or [Invisible] <create three-
sided face> : P4 클릭
Specify third point or [Invisible] <exit> : I  Space Bar
Specify third point or [Invisible] <exit> : P5 클릭
Specify fourth point or [Invisible] <create three-
sided face> : P6 클릭
Specify third point or [Invisible] <exit> : P7 클릭
Specify fourth point or [Invisible] <create three-
sided face> : P8 클릭
Specify third point or [Invisible] <exit> : Enter
```

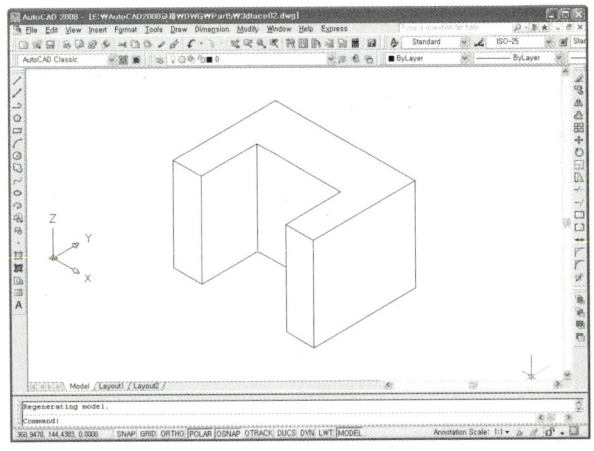

④ 면 처리가 된 것을 확인하기 위하여 Hide를 입력
합니다. Invisible 처리가 되어 연결된 사선의
Edge가 보이지 않습니다.

```
Command : Hide Enter
```

2. 은선을 도면상에서 제거하는 [Hide] 명령어

3차원 객체는 면 처리를 하더라도 Regen 상태에서는 선분으로만 보이기 때문에 속이 비워져 보입니다. 이때 전체적인 3차원 객체의 모양을 정확하게 확인하기 위해서는 [Hide]라고 하는 은선 제거 명령어를 사용합니다. [Hide] 명령어가 실행된 상태에서는 [Pan]과 같은 화면 이동이 되지 않으므로 주의합니다. [Hide]를 통해 객체의 완성 유무를 정확하게 파악할 수 있습니다.

[Hide] 명령어	
아이콘	🔲
메인 메뉴	[View]-[Hide]
명령어	Hide
단축키	⟨HI⟩

1. 명령어 사용 방법

Command 라인에 [Hide] 명령어를 입력하면 화면의 면 처리된 부분만을 기준으로 은선을 모두 제거하여 완성된 객체를 보여줍니다.

```
Command : Hide Enter
Regenerating model. Hide가 실행되면 자동으로 화면이 재구성되었다는 메시지가 나타납니다.
```

2. 기본 실습

작업된 3차원 객체를 [Hide] 명령을 이용하여 기존의 객체와 구별해보도록 하겠습니다.

• 예제 파일 : Sample\Part05\3dface01.dwg

① [File]-[Open] 메뉴를 이용하여 부록 CD에서 예제 파일을 불러옵니다.

② Command 라인에 [Hide] 명령어를 입력합니다.

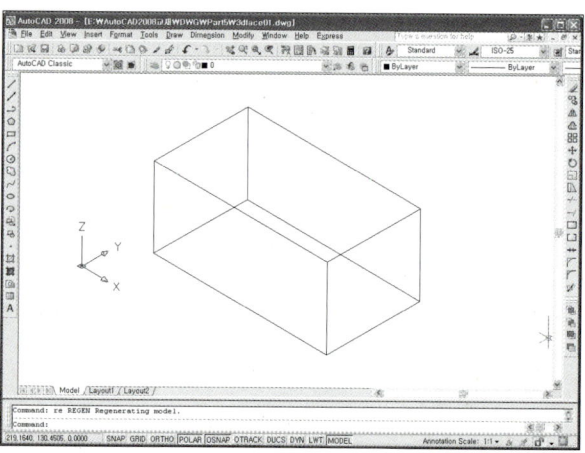

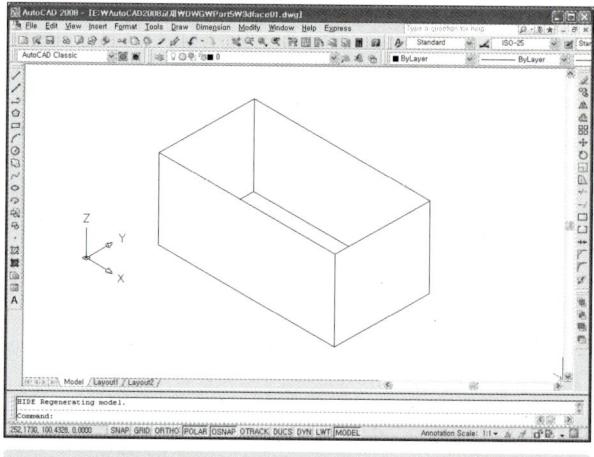

```
Command : Hide Enter
```

3. 은선을 제거하고 음영을 표현하는 [Shade] 명령어

[Shade] 명령은 [Hide]와 마찬가지로 3차원 객체의 은선을 제거합니다. 하지만 [Hide] 명령과 달리 WireFrame 상태에서 은선만 제거하는 것이 아니라 해당 객체 본래의 색상을 기준으로 물체의 음영을 표현합니다. [Shade] 명령어를 실행하면 은선 제거와 동시에 음영이 표현되지만 원래 작업하던 WireFrame으로 돌아오기 위하여 [Shademode]를 적절히 사용해야 합니다.

[Shade] 명령어	
메인 메뉴	[View]–[Visual Styles]
명령어	Shade

1. 명령어 사용 방법

Command 라인에 [Shade] 명령어를 입력하면 화면의 면 처리된 부분을 기준으로 은선을 모두 제거하고 객체가 가지고 있는 본래의 색상으로 화면에 음영을 표현하여 다음 그림처럼 마치 렌더링된 것처럼 표현합니다.

```
Command : Shade Enter
```

2. 명령어 옵션

[Shade] 명령의 옵션은 따로 없습니다. 대신 [Shademode]라는 변수를 조정하여 여러 가지 형태의 [Shade]를 표현할 수 있습니다.

```
Command : Shademode Enter
VSCURRENT
Enter an option [ 2dwireframe/3dwireframe/3dHidden/Realistic/Conceptual/
Other/cUrrent] <Current> : 원하는 옵션을 선택합니다.
```

옵션	내용
2dwireframe	초기값이며 [Shade] 명령을 실행하고 다시 초기 WireFrame 화면 상태로 되돌아옵니다.
3dwireframe	3D 작업을 할 때 설정하면 [Shade] 화면 상태를 그대로 유지합니다.
3dHidden	[Shade] 모드 상태에서 [Hide]의 은선 제거 모드로 객체를 표현합니다.
Realistic	음영은 표현하지 않고 셰이딩된 면의 색상으로 객체를 표현합니다.
Conceptual	음영은 표현하지 않고 퐁 셰이딩(Phong Shading)의 부드러운 면으로 객체를 표현합니다.
Other	저장되어 있는 스타일을 화면으로 불러옵니다.
cUrrent	현재 설정된 기본값을 의미합니다. 즉 Default 값을 뜻합니다.

각 옵션 사용에 대한 이해는 다음 그림을 참고하기 바랍니다.

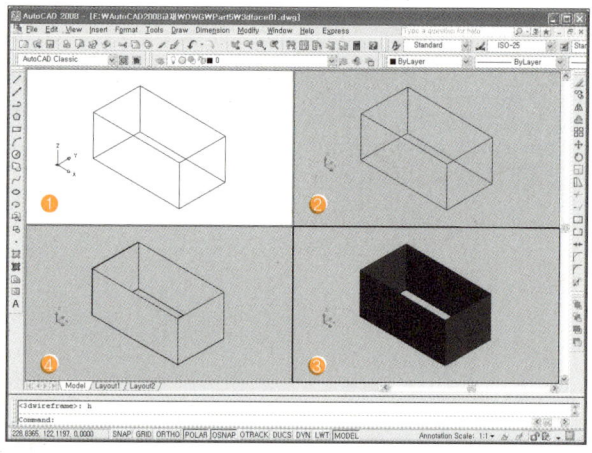

❶ 2dwireframe	❷ 3dwireframe
❹ 3dHidden	❸ [Shade] 명령어 입력

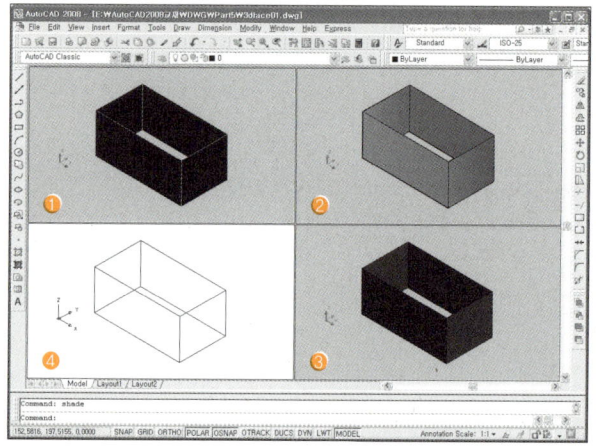

❶ Realistic	❷ Conceptual
❹ 2dwireframe	❸ [Shade] 명령어 입력

3. 기본 실습

예제 파일을 불러온 후 [Shade] 명령어와 [Shademode]를 변경하여 화면의 객체가 어떻게 변하는지를 살펴보겠습니다. 모드에 따라 해당하는 객체의 Shader 모양이 다르게 변경됩니다.

• 예제 파일 : Sample\Part05\3dface01.dwg

❶ [File]-[Open] 메뉴를 이용하여 부록 CD에서 예제 파일을 불러옵니다.

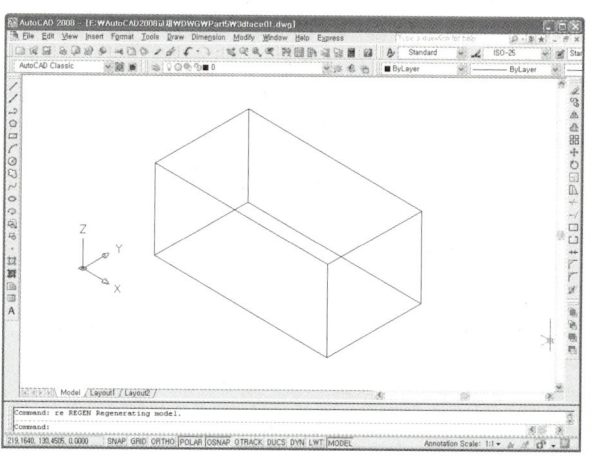

❷ Command 라인에 [Shade] 명령어를 입력합니다.

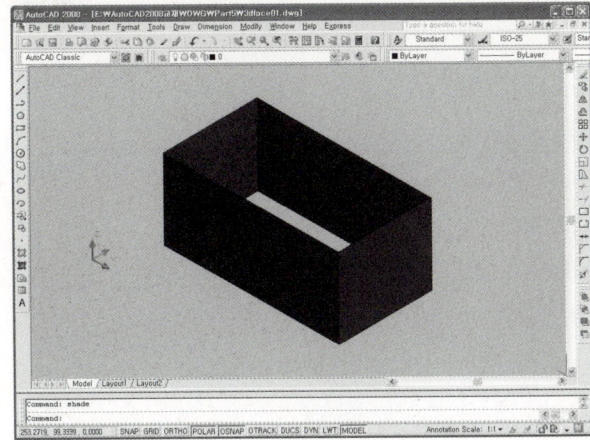

```
Command : Shade [Enter]
```

❸ 초기 화면으로 돌아오기 위하여 [Shademode] 명
령을 사용합니다.

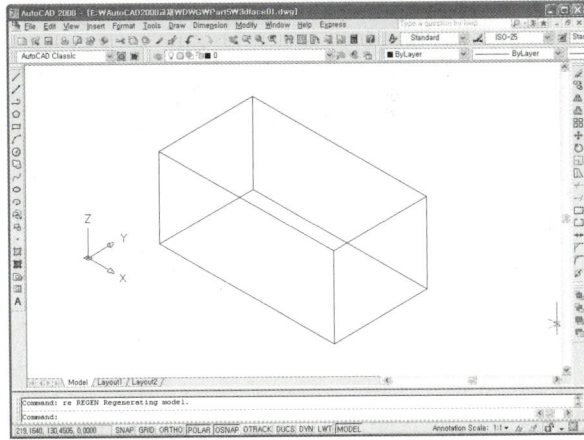

```
Command : Shademode [Enter]
VSCURRENT
Enter an option [ 2dwireframe/3dwireframe/3dHidden/
Realistic/Conceptual/Other/cUrrent] <Current> :
2 [Enter]
```

❹ 다양한 [Shademode] 옵션을 적용하여 각 상태를
확인합니다.

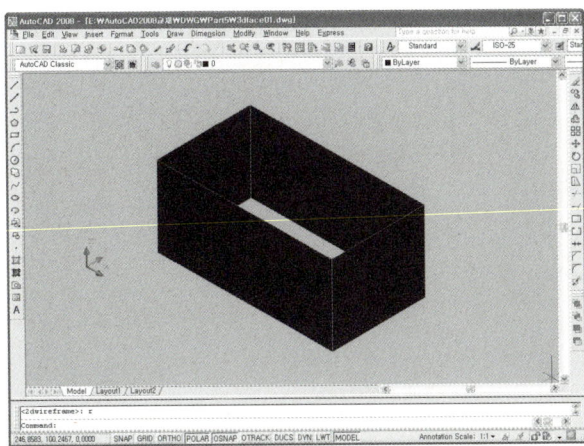

```
Command : Shademode [Enter]
VSCURRENT
Enter an option [ 2dwireframe/3dwireframe/3dHidden/
Realistic/Conceptual/Other] <2dwireframe> : R [Enter]
```

4. 3D 궤도를 지정하는 [3Dorbit] 명령어

[3Dorbit] 명령은 [Vpoint]처럼 3차원 객체의 관찰 시점을 지정하는 명령어입니다. [Vpoint]는 정해진 시점을 기준으로 객체를 바라보는 것이지만 [3Dorbit]은 사용자가 맥스의 Arc Rotate처럼 원하는 View 방향을 설정하는 명령어입니다.

[3Dorbit] 명령어	
아이콘	[View]-[Orbit]
명령어	3Dorbit
단축키	〈3DO〉

1. 명령어 사용 방법

Command 라인에 [3Dorbit] 명령어를 입력하고 마우스를 원하는 방향으로 드래그하여 확인하고 싶은 영역을 다음 그림처럼 지정할 수 있습니다.

Command : **3Dorbit** `Enter` 마우스 포인터가 나타나면 원하는 방향으로 드래그하여 시점을 변경해봅니다.

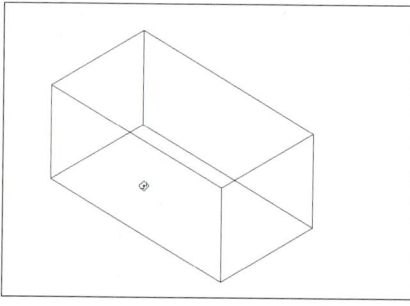 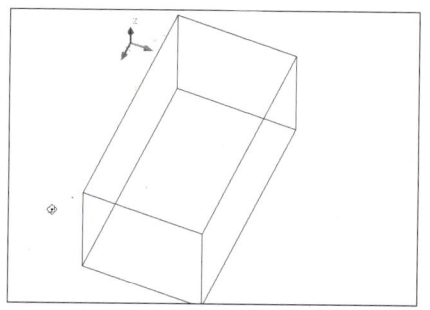

[3Dorbit] 명령을 종료하려면 마우스 오른쪽 버튼을 클릭하여 나타나는 메뉴에서 [Exit]를 선택하거나 키보드에서 〈Esc〉를 누릅니다. 다음 그림은 마우스 오른쪽 버튼을 활용하여 명령어를 종료하는 장면입니다.

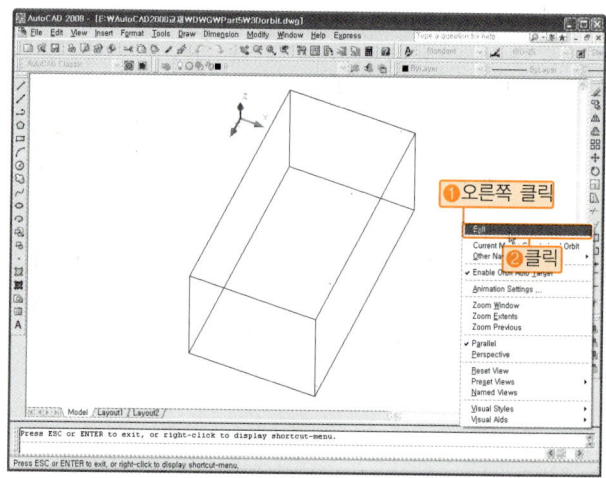

2. 명령어 옵션

[3Dorbit] 명령은 이전 버전에서는 아크볼(Arcball)이라고 하는 녹색 원을 기준으로 안쪽에서 드래그하는 경우 Z축을 회전할 수 있었습니다. 지금은 아크볼과 관계없이 [3Dorbit] 단독 포인터를 기준으로 객체를 자유롭게 회전하여 사용자 좌표계를 설정하도록 변경되었습니다.

옵션	내용
Constrained Orbit	[3Dorbit]의 기본값으로 3Dorbit의 단독 포인터로 화면 객체를 자유롭게 회전시켜 사용자 관찰자 시점을 지정합니다.
Free Orbit	예전 버전의 [3Dorbit] 명령어의 기본값을 가지고 있습니다.
Continuous Orbit	선택한 방향으로 계속 회전합니다. 회전하는 동안 마우스로 빈 공간을 선택하면 회전이 정지됩니다.

3. 기본 실습

주어진 파일을 불러온 후 [3Dorbit] 명령어를 입력한 뒤 마우스 포인터를 이용하여 이리저리 회전시켜 봅니다. 3차원 그래픽 프로그램의 대부분은 [Orbit]과 같은 형태의 View Selection을 많이 이용합니다. [File]-[Open] 메뉴를 이용하여 부록 CD에서 예제 파일을 불러온 후 명령어를 입력하고 사용자 자신이 원하는 방향으로 마우스를 드래그합니다.

• 예제 파일 : Sample\Part05\3dorbit.dwg

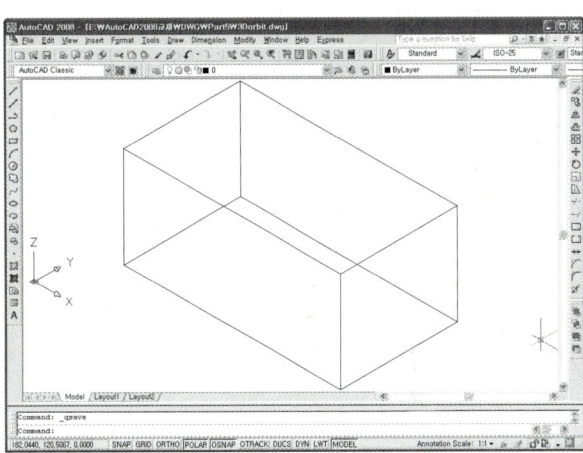

```
Command : 3Dorbit Enter
```

Tip **AutoCAD**

단축키를 구성하는 방법

AutoCAD에서는 단축키를 설정할 수 있습니다. 이 단축키는 기본적으로 'acad.pgp'라는 파일로 저장됩니다. 'acad.pgp' 파일의 내용을 수정한다면 사용자 중심의 단축키를 만들 수 있습니다. 메뉴에서 [Tools]-[Custermize]-[Edit Program Parameters(acad.pgp)]를 클릭합니다. 메모장에 Text가 나타나면 다음의 위치를 찾아서 수정합니다. 왼쪽의 영문 약자가 단축키이며 오른쪽의 '*' 다음의 영문은 명령어 이름입니다.

AutoCAD 안의 모든 명령어가 단축키로 되어 있지는 않습니다. 사용자가 적절하게 원하는 Command를 단축키로 만들어 사용하도록 합니다.

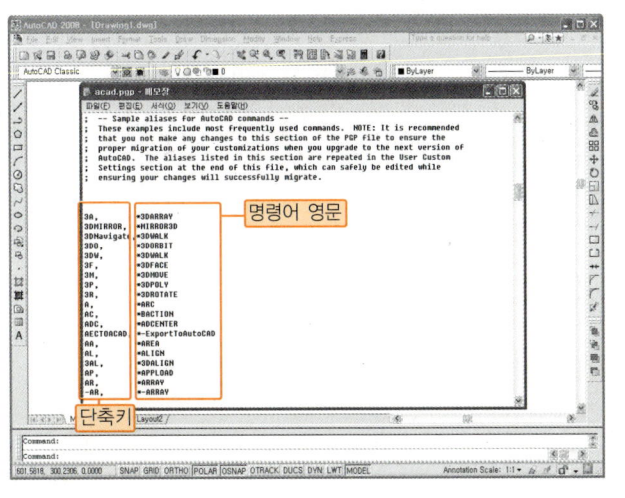

Chapter

03 UCS 이해하기

아이들이 가지고 노는 블록을 생각해봅시다. 블록은 밑바닥부터 위쪽으로 차곡차곡 쌓아가도록 되어 있습니다. 하지만 여러 가지 모양을 만들어야 하는 경우라면 방향을 자유롭게 바꾸어 쌓을 수도 있습니다. UCS(User Coordnate System)는 이렇게 3차원 객체의 사물을 모델링하는 경우 블록을 자유롭게 쌓듯이 사용자가 원하는 XY Plan을 자유로운 방향으로 변경할 수 있는 명령어입니다. UCS를 사용하지 않고는 다양한 물체를 모델링하기 어렵습니다.

1. UCS의 정의

AutoCAD는 UCS(User Coordinate System)를 사용하지 않던 초기에는 WCS(World Coordinate System)을 사용했습니다. WCS는 고정되어 있는 좌표계로 절대좌표를 기준으로 XY Plan이 고정되어 있는 상태를 말합니다. 하지만 사용자가 자유롭게 모델링하려면 사용자가 원하는 면에 XY Plan을 맞춰 사용해야 하고, 이렇게 사용자가 원하는 XY Plan을 지정하는 것을 UCS(User Coordinate System)라고 합니다. 결국 AutoCAD는 언제나 XY 평면에 그리도록 되어 있기 때문에 3차원에서도 원하는 방향에 XY를 맞추는 일을 UCS가 한다고 생각하면 됩니다.

2. UCS 사용하기

WCS 상태에서 UCS(User Coordinate System)를 작동하여 사용자가 원하는 지점으로 XY 평면을 조절하면 됩니다. 이때 XY 평면을 지정하는 가장 흔한 방법은 해당 객체를 기준으로 원점과 X축의 양의 방향, Y축의 양의 방향을 지정하는 3-Point 방식을 많이 활용하며 대부분의 도면을 이해하는 가장 빠른 방법입니다.

1. 명령어 사용 방법

Command 라인에 [Ucs] 명령어를 입력한 뒤 현재 상태에 가장 적합한 옵션을 찾아 지정합니다. 옵션 지정 후 옵션의 사용 순서에 맞춰 UCS를 지정합니다. 기준 객체가 있는 경우 방향을 바꿀 때는 해당 객체를 기준으로 XY Plan을 결정하는 것이 가장 쉬운 방법입니다.

```
Command: Ucs Enter
Current ucs name : *WORLD*
Specify origin of UCS or [ Face/NAmed/OBject/Previous/View/World/X/Y/ Z/ZAxis] <World> : 원하는 옵션을 선택하여 지정합니다.
```

UCS를 표시하는 아이콘은 [Ucsicon]이라는 명령어를 이용하여 관리할 수 있습니다.

```
Command: Ucsicon Enter
Enter an option [On/Off/All/Noorigin/ORigin/Properties] <ON> :
```

[Ucsicon] 명령에 사용할 수 있는 옵션은 다음과 같습니다.

❶ On/Off : Ucsicon을 화면에서 *끄거나 켤* 수 있습니다.

❷ All : 좌표계 아이콘의 상태를 모든 화면에 적용합니다.

❸ Noorigin : UCS가 원점의 위치를 따라다니지 않고 항상 아이콘의 위치가 화면의 좌측 하단에 있도록 정의합니다.

❹ ORigin : UCS가 변경되면 아이콘의 위치도 변경된 '0,0' 의 원점 위치를 따라 표시되도록 정의합니다.

❺ Properties : [Ucsicon]의 기본 속성을 관리합니다.

2. 명령어 옵션

[Ucs] 명령의 옵션은 사용자 좌표계를 만들 수 있는 다양한 방법을 제시합니다. 각각의 경우에 알맞은 옵션을 사용하기 위하여 여러 가지 옵션의 사용 방법을 살펴보겠습니다.

옵션	내용
Face	선택한 객체의 면을 기준으로 그 면이 생성된 XY 평면을 따라 UCS가 지정 됩니다.
NAmed	현재의 UCS 상태를 저장합니다. – Restore : 저장한 UCS를 불러옵니다. – Save : 현재의 UCS 상태를 저장합니다. – Delete : 저장한 UCS를 삭제합니다.
OBject	선택한 객체를 기준으로 그 면이 생성된 XY 평면을 따라 UCS가 자동 설정됩니다. 단, 이때 3차원 폴리라인이나 블록, 메시 등의 객체는 기준 객체로 적합하지 않습니다.
Previous	바로 이전 단계에 지정된 UCS 상태로 되돌아갑니다.
View	현재의 Vpoint 상태를 XY 평면으로 UCS를 지정합니다. Vpoint가 1,-1,1인 3차원 상태에서의 XY방향을 무시하고 무조건 가로축이 X축 세로축이 Y축이 됩니다.
World	UCS를 바꾸기 전인 세계 좌표계(WCS) 상태로 돌아갑니다.
X/Y/Z	각 축을 기준으로 UCS를 회전하여 UCS를 설정합니다.
ZAxis	0,0,0의 원점과 Z축의 양의 방향을 지정하여 UCS를 설정합니다.

3. 기본 실습

UCS는 단순히 바꾸기만 한다고 확인이 가능하지 않습니다. UCS가 변경된 후 사용자는 해당 UCS로 되어 있는 객체를 그려서 반드시 현재의 UCS가 맞는지 확인해야 합니다. 간단한 도형을 불러와서 자주 사용하는 UCS로 변경하고 변경된 UCS 상태에서 객체를 정의해보도록 하겠습니다.

- 예제 파일 : Sample\Part05\ucs01.dwg

1 [File]-[Open] 메뉴를 이용하여 부록 CD에서 예제 파일을 불러옵니다.

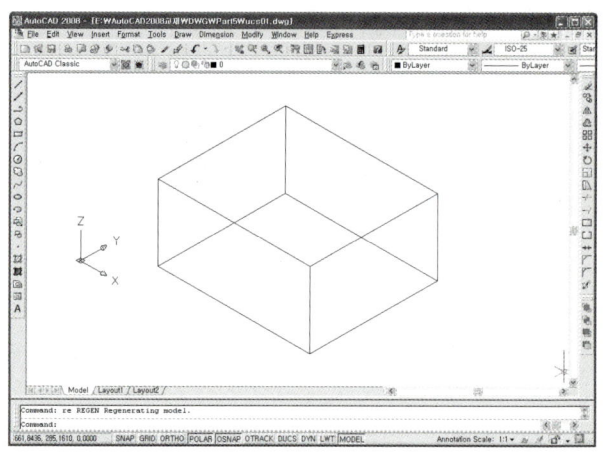

2 원점과 X축의 양의 방향, Y축의 양의 방향을 선택하여 정면의 View에 새로운 XY 평면을 설정합니다.

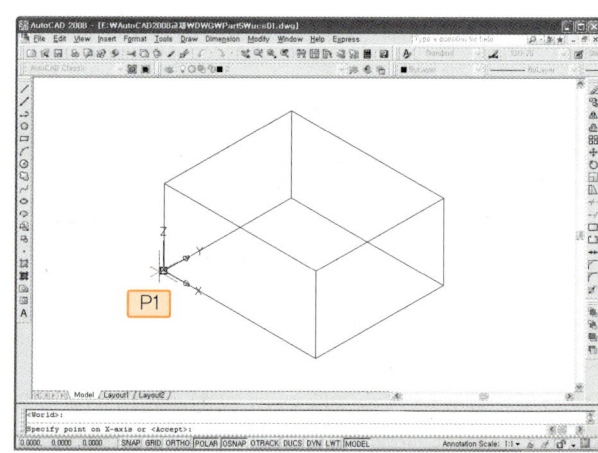

```
Command: Ucs Enter
Current ucs name : *WORLD*
Specify origin of UCS or [ Face/NAmed/OBject/Previous/
View/World/X/Y/Z/ZAxis] <World> : P1 클릭
```

3 X축의 양의 방향을 선택합니다. 보통 원점의 우측이 X축의 양의 방향이 되는 경우가 많습니다.

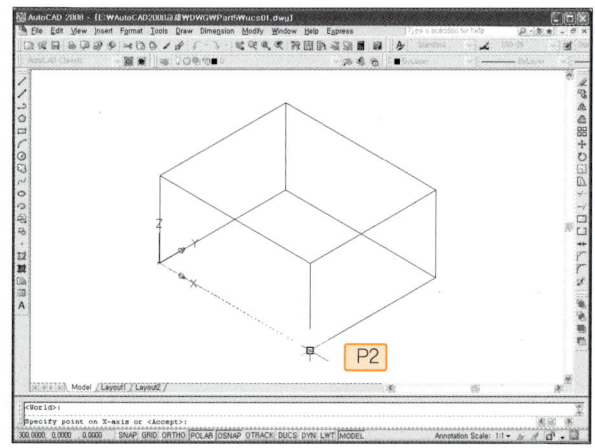

```
Specify point on X-axis or <Accept> : P2 클릭
```

4 Y축의 양의 방향을 선택합니다. X축 양의 방향의 직각 부분에 해당하는 방향을 선택합니다.

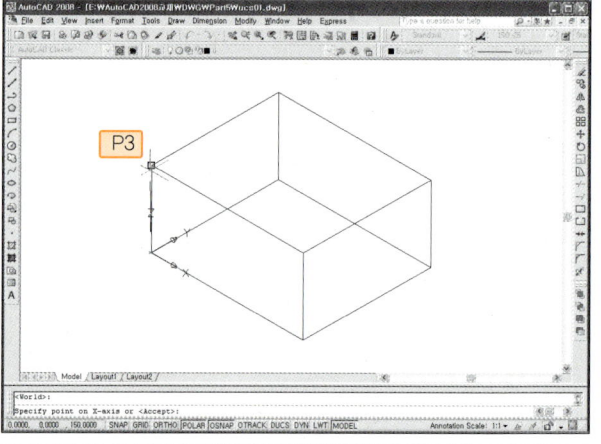

```
Specify point on the XY plane or <Accept> : P3 클릭
```

⑤ 다음과 같이 정면이 XY의 평면이 되도록 UCS가 설정되었습니다.

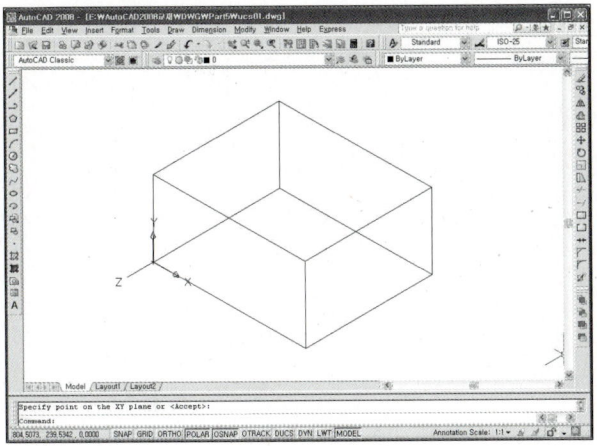

⑥ 해당 면이 평면이 되었는지 확인하기 위하여 원을 하나 그립니다.

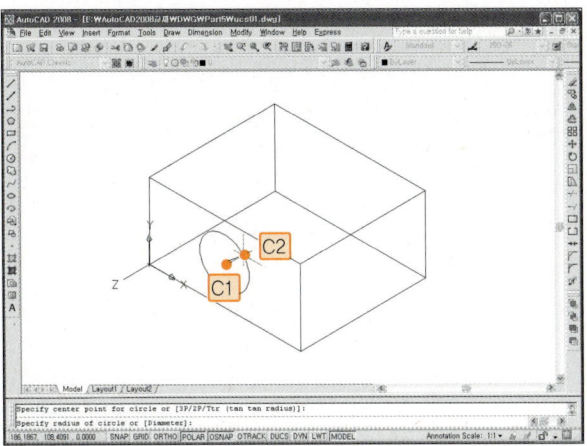

Command : Circle Enter
Specify center point for circle or [3P/2P/Ttr(tan tan radius)] : C1 클릭
Specify radius of circle or [Diameter] : C2 클릭

⑦ 원의 Thickness를 입력하여 두께를 변경합니다.

Command : Change Enter
Select objects : 1 found 원을 선택합니다.
Select objects : Enter
Specify change point or [Properties] : P Enter
Enter property to change
[Color/Elev/LAyer/LType/ltScale/LWeight/Thickness/Material/Annotative] : T Enter
Specify new thickness <0.0000> : 50 Enter
Enter property to change
[Color/Elev/LAyer/LType/ltScale/LWeight/Thickness/Material/Annotative] : Enter

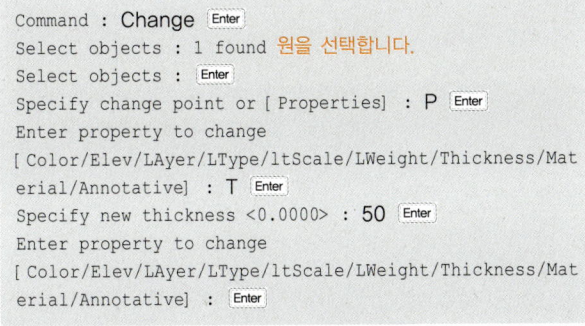

⑧ [Hide] 명령을 입력하여 완성된 모습과 방향을 확인합니다.

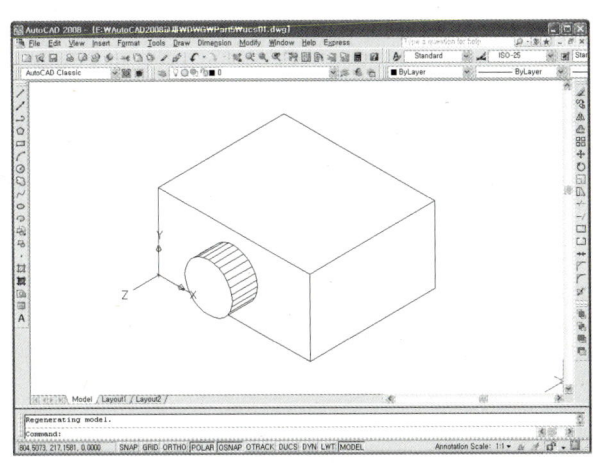

Command : Hide Enter

4. 옵션 실습

기본 실습에서 연습한 3개의 점을 클릭하여 XY 평면을 선택하는 방법은 객체가 있는 경우 유용하게 사용되는 방법입니다. 하지만 객체가 없는 경우나 이미 그려진 객체의 XY 평면을 알 수 없는 경우 옵션을 통해 빠르게 지정할 수 있습니다.

• 예제 파일 : Sample\Part05\ucs02.dwg

❶ [File]-[Open] 메뉴를 이용하여 부록 CD에서 예제 파일을 불러옵니다.

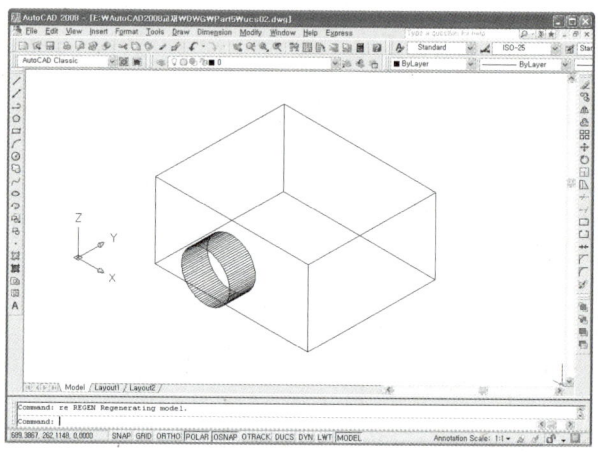

❷ UCS는 현재 World 상태이며 현재 상태에서 기준 X축의 회전을 통하여 새로운 XY 평면을 설정합니다.

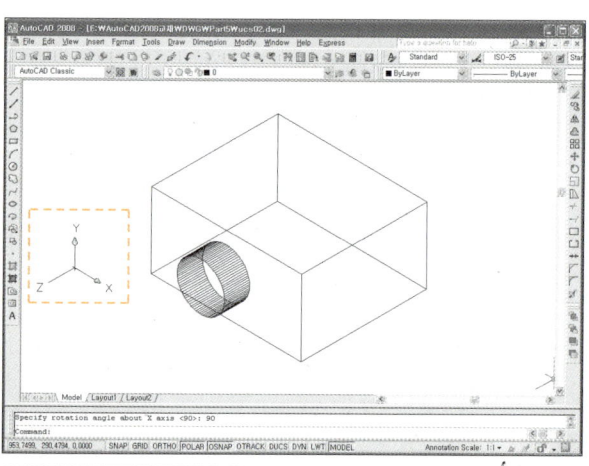

```
Command: Ucs Enter
Current ucs name : *WORLD*
Specify origin of UCS or [ Face/NAmed/OBject/Previous/
View/World/X/Y/Z/ZAxis] <World> : X Enter
Specify rotation angle about X axis <90> : 90 Enter
```
UCS 아이콘의 XYZ 방향이 바뀐 것을 볼 수 있습니다.

❸ 다시 Y축으로 한 번 더 회전시킵니다. 기준 객체가 없는 경우 이렇게 UCS의 회전만으로도 가능합니다.

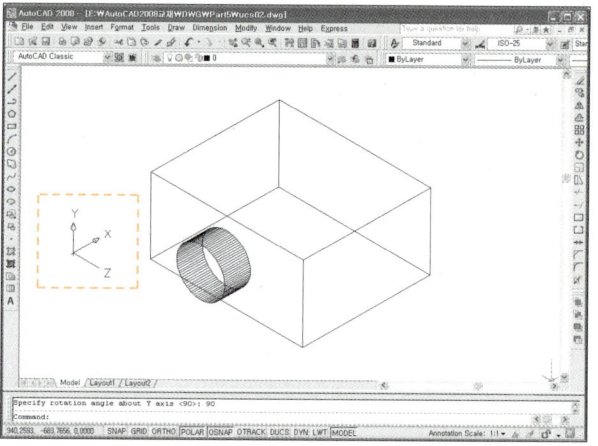

```
Command: Ucs Enter
Current ucs name : *NO NAME*
Specify origin of UCS or [ Face/NAmed/OBject/Previous/
View/World/X/Y/Z/ZAxis] <World> : Y Enter
Specify rotation angle about Y axis <90> : 90 Enter
```
UCS 아이콘의 XYZ 방향이 바뀐 것을 확인할 수 있습니다.

④ XY 평면이 바뀐 것을 확인하기 위하여 원을 하나
그립니다.

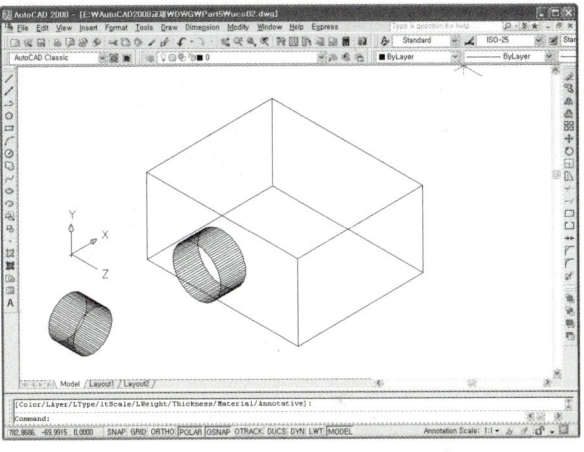

```
Command : Circle  Enter
Specify center point for circle or [ 3P/2P/Ttr(tan tan
radius)] : P1 클릭
Specify radius of circle or [ Diameter] <47.2471> : P2
클릭
```

⑤ 그려진 원의 Thickness를 변경하여 객체의 Z축
의 방향을 확인합니다.

```
Command : Chprop  Enter
Select objects : 1 found 원을 선택합니다.
Select objects :  Enter
Enter property to change
[ Color/Layer/LType/Ltscale/LWeight/Thickness/Material
/Annotative] : T  Enter
Specify new thickness <0.0000> : 50  Enter
Enter property to change [ Color/Layer/LType/Ltscale/
LWeight/Thickness/Material/Annotative] :  Enter
```

[Chprop] 명령어는 Change Properties 옵션만을 모아 놓은 명령어로 Properties를 굳이 선택하지 않아도 자동으로 Properties 옵션으로 바로 들어갑니다. 사용자는 Properties 옵션에서 원하는 속성만 골라서 변경하면 됩니다. 단, 원래 Change Properties 옵션에서는 Elev를 변경할 수 있지만 Chprop 옵션에서는 Elev를 변경할 수 없습니다. Elev를 사용하고자 하는 경우에는 Change Properties를 사용하고 Elev를 제외한 나머지 모든 Properties 속성은 [Chprop] 명령어를 사용하면 편리합니다.

⑥ [Hide] 명령을 입력하여 정확한 물체의 형태를 확
인합니다. 3차원 객체는 [Hide]나 [Shade]를 하지
않은 경우 정확한 형태 파악이 곤란할 때가 많으
므로 [Hide]를 통해 반드시 완성도를 파악하고 넘
어가도록 합니다.

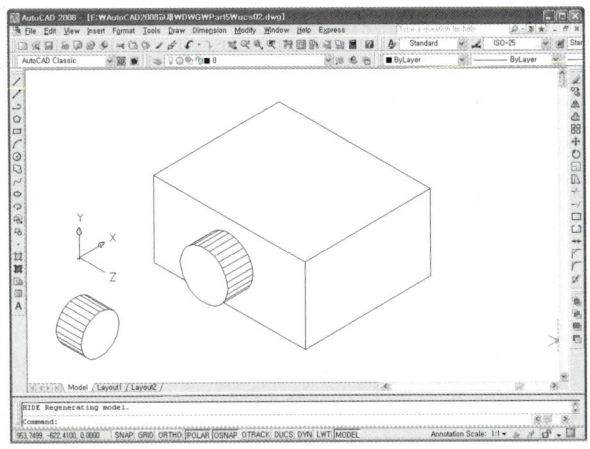

```
Command : Hide  Enter
```

⑦ 도면에 처음부터 있던 객체를 선택하여 그 객체가 그려질 당시의 UCS로 돌아가 봅니다.

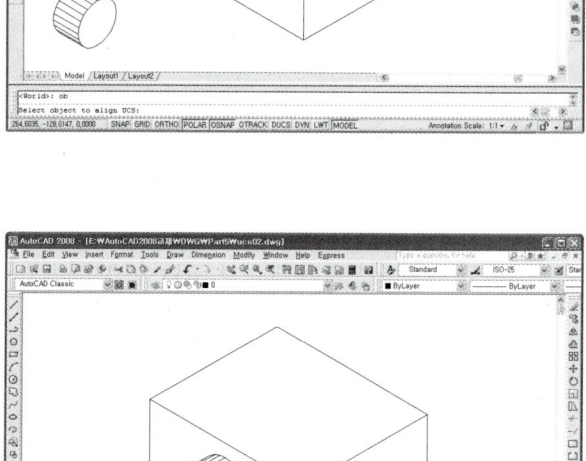

```
Command: Ucs Enter
Current ucs name : *NO NAME*
Specify origin of UCS or [ Face/NAmed/OBject/Previous/
View/World/X/Y/Z/ZAxis] <World> : OB Enter
Select object to align UCS :
P1점을 클릭하여 원기둥을 선택합니다.
```

⑧ 다음과 같이 UCS가 자동으로 지정되었습니다. USC가 객체의 원점, x, y 모두 동일한 것은 아니며 해당 객체의 z축의 양의 방향만 설정해줍니다. 오해 없길 바랍니다.

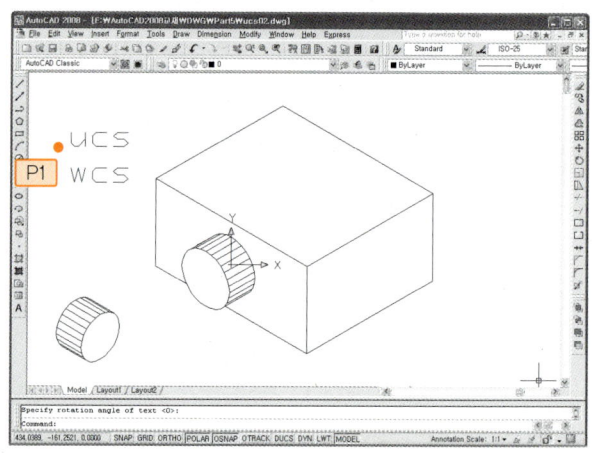

⑨ 현재의 3차원 화면에 평면의 문자를 입력하기 위하여 보이는 View를 2차원 평면으로 UCS를 설정하고 [Dtext] 명령을 통하여 문자를 입력합니다.

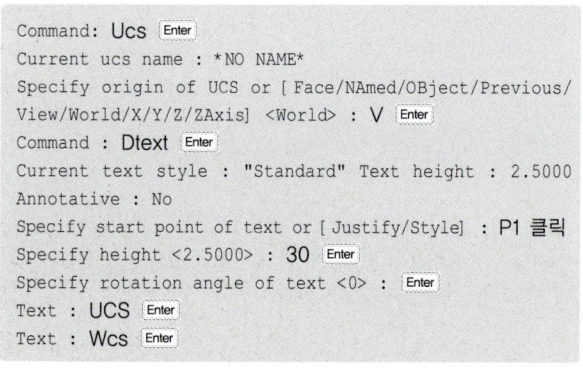

```
Command: Ucs Enter
Current ucs name : *NO NAME*
Specify origin of UCS or [ Face/NAmed/OBject/Previous/
View/World/X/Y/Z/ZAxis] <World> : V Enter
Command : Dtext Enter
Current text style : "Standard" Text height : 2.5000
Annotative : No
Specify start point of text or [ Justify/Style] : P1 클릭
Specify height <2.5000> : 30 Enter
Specify rotation angle of text <0> : Enter
Text : UCS Enter
Text : Wcs Enter
```

⑩ UCS 사용이 끝나고 나면 다시 원시의 세계 좌표
계(WCS) 상태로 돌아옵니다.

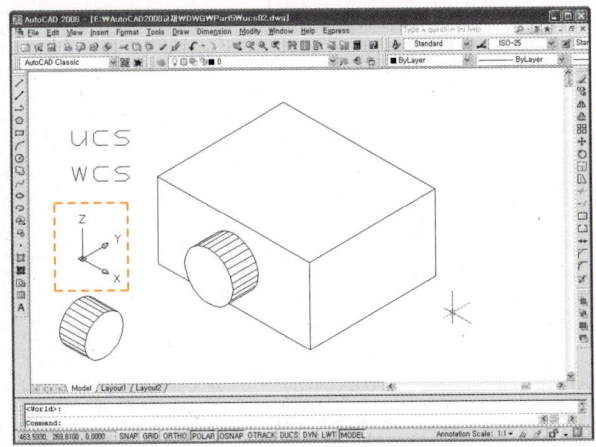

Command: **Ucs** [Enter]
Current ucs name : *NO NAME*
Specify origin of UCS or [Face/NAmed/OBject/Previous/
View/World/X/Y/Z/ZAxis] <World> : [Enter] Ucsicon의 모양을
확인해보면 처음 초기 상태로 되돌아 간 것을 확인할 수 있습니다.

■ 동적UCS = DUCS

동적 UCS는 오토캐드 2007부터 향상된 기능으로 기존의 UCS는 원하는 뷰에 UCS를 맞추기 위하여 각종 옵션을 사용하여 면을 구성해
야 하지만 동적 UCS가 ON되어 있는 상태에서는 사용자가 원하는 면에 마우스포인터를 접촉하면 해당 면에 맞는 UCS가 자동으로 설정
됩니다. 단 동적 UCS는 화면 하단의 Status Line의 버튼을 ON해둔 상태에서 작동합니다.

❶ 먼저 하단 Status Line의 [DUCS] 버튼을 켜놓습
니다. UCS 명령어를 입력한 뒤 평면을 맞추기 위
한 면을 마우스로 선택합니다. 마우스를 평면에
갖다 대면 최적의 면을 찾아 자동으로 Selection
을 알려줍니다.

❷ 그림처럼 UCS가 형성된 상태에서 Circle을 하나
그려보면 Wedge의 면에 나란한 원이 그려집니다.

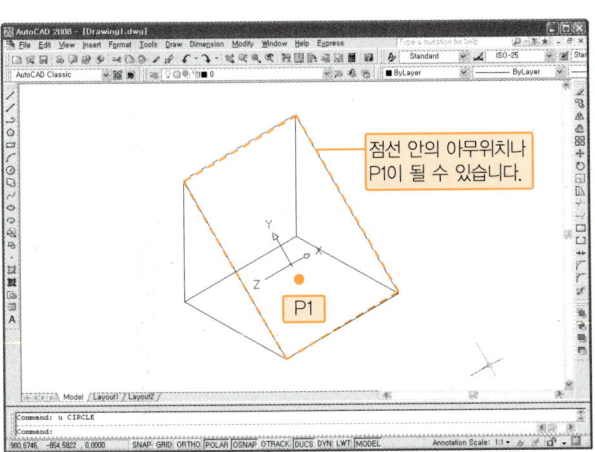

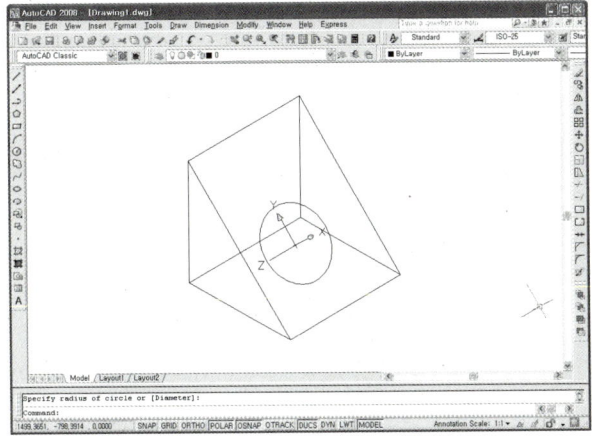

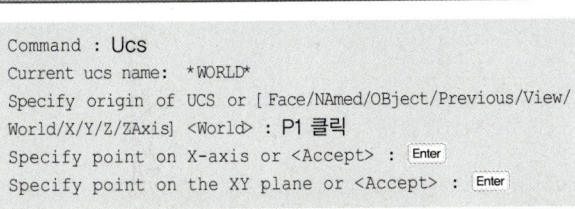

Command : **Ucs**
Current ucs name: *WORLD*
Specify origin of UCS or [Face/NAmed/OBject/Previous/View/
World/X/Y/Z/ZAxis] <World> : **P1 클릭**
Specify point on X-axis or <Accept> : [Enter]
Specify point on the XY plane or <Accept> : [Enter]

Chapter
04

A u t o C A D

화면 분할하고
기본 객체 그리기

3차원 모델링을 화면상에서 확인할 경우 대부분 [Vpoint]를 계속 바꿔가면서 화면을 확인합니다. 이때 하나의 화면 안에 서로 다른 [Vpoint]를 지정하여 사용자가 객체의 상태를 빠르게 파악하면서 모델링할 수 있도록 도와주는 화면 분할 명령어를 기준으로 3차원 원시 객체를 그릴 수 있습니다.

1. 화면을 분할하는 [Vports] 명령어

[Vports] 명령은 하나의 화면 안에 여러 개의 Viewport를 지정하는 명령어로 보통 화면 분할 명령어라고 합니다. 주로 다양하고 복잡한 3차원 모델링을 하는 경우 사용합니다. [Vports] 명령어는 대화상자를 이용하거나 Command 라인을 이용하는 방법 두 가지가 있습니다. 간단하게 사용하는 경우 Command 라인을 이용하여 지정할 수 있으며, 대화상자를 이용하는 경우 미리 지정되어 있는 상태이므로 따로 Vpoint를 지정하지 않아도 되는 편리함이 있습니다.

[Vports] 명령어	
메인 메뉴	[View]–[3D Views]–[ViewPorts]
명령어	Vports

1. 명령어 사용 방법

Command 라인에 [Vports] 명령어를 입력하고 각 옵션별로 각 View의 Vpoint를 지정하거나 옵션 대화상자를 이용하여 미리 지정된 화면 분할 상태를 이용할 수 있습니다.

```
Command : Vports [Enter]
```

[Vports] 명령을 실행하면 [ViewPorts] 대화상자가 나타납니다.

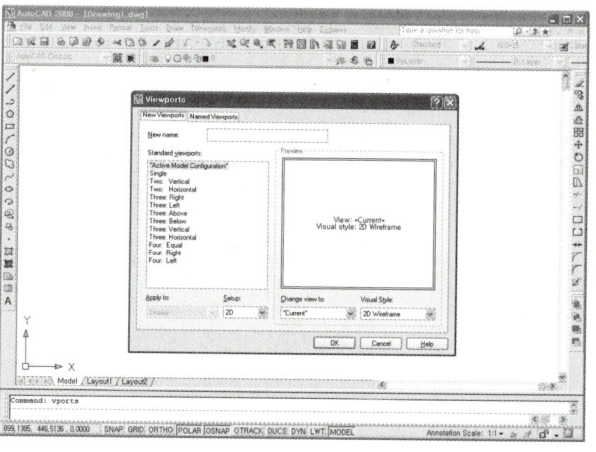

[ViewPorts] 대화상자의 Standard viewports에서 원하는 뷰포트의 개수를 Preview를 통해 확인하면서 선택합니다. 또한 각 뷰포트의 Vpoint는 그림과 같이 '3D'로 지정해 놓습니다.

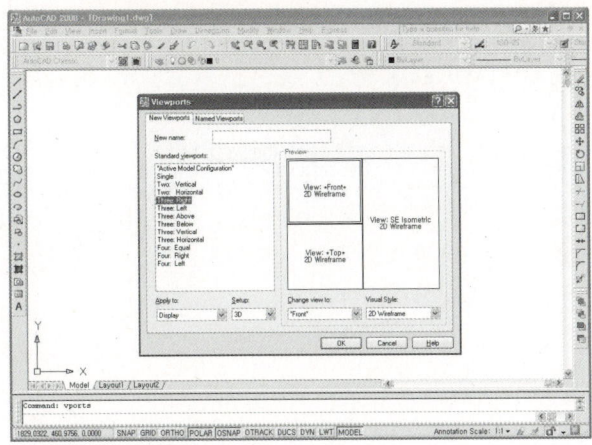

다음 그림과 같이 화면이 분할된 것을 확인할 수 있습니다. 이때 각각의 화면은 대화상자에서 지정한 [Vpoint]가 설정되어 있으므로 유의합니다.

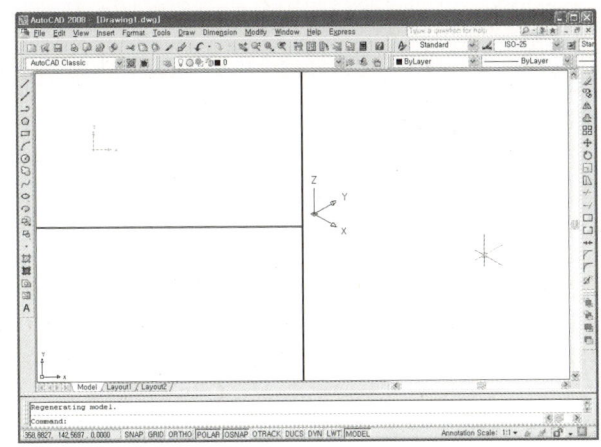

2. 명령어 옵션

[Vports] 명령의 옵션을 통하여 분할된 화면을 각각 따로 관리할 수 있습니다.

옵션	내용
New Name	화면 분할 상태를 저장하는 이름을 입력합니다.
Standard viewports	기본으로 저장된 분할 상태를 선택하여 사용할 수 있습니다. 1개에서 4개의 뷰포트로 분할되어 있으며, 선택한 뒤 2D와 3D로 구분합니다.
Apply to	분할된 화면을 적용하는 방법을 조절합니다. – Display : 현재 화면 전체를 지정합니다. – Current Viewports : 분할된 화면만 지정하는 것이며 분할된 화면을 다시 분할할 때 사용합니다.
Setup	2D용과 3D용으로 구분합니다. – 2D : 분할된 화면 모두 똑같은 UCS의 좌표를 사용하여 같은 형태의 방향으로 표시합니다. – 3D : 화면의 방향 모두 다르게 표시되며 각 화면의 UCS 방향도 뷰포트의 방향에 따라 다르게 표시합니다.
Preview	화면 분할 상태를 미리 표시합니다.
Change Viewports	3D 상태에서만 활성화되며 분할된 각 화면의 방향을 각각 따로 조정합니다.

2. 명령어 옵션

3차원 객체인 예제 파일을 불러서 화면 분할 상태로 변경해보도록 하겠습니다.

• 예제 파일 : Sample\Part05\vports.dwg

① [File]-[Open] 메뉴를 이용하여 부록 CD에서 예제 파일을 불러옵니다.

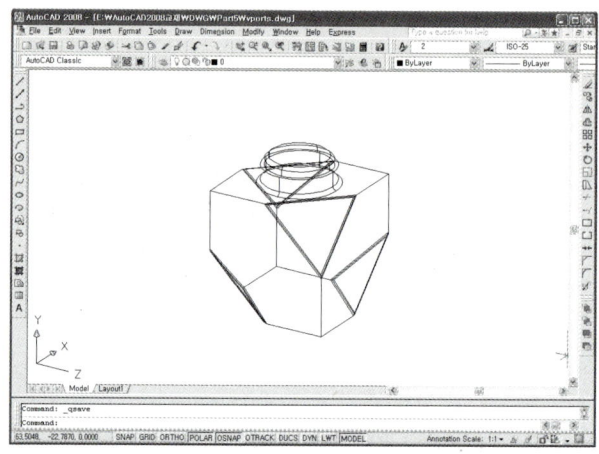

② Command 라인에 [Vports] 명령어를 입력합니다. [Viewports] 대화상자가 나타나면 Standard viewports는 'Four: Right'로 선택하고, Setup 은 '3D'로 지정한 후 [OK] 버튼을 클릭합니다.

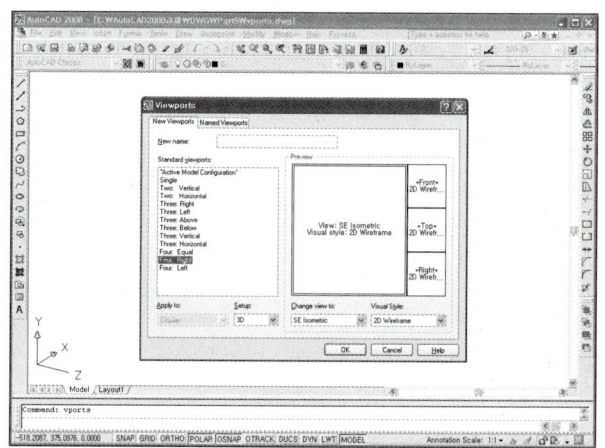

③ 다음 그림과 같이 지정한 옵션대로 화면상에 표시됩니다.

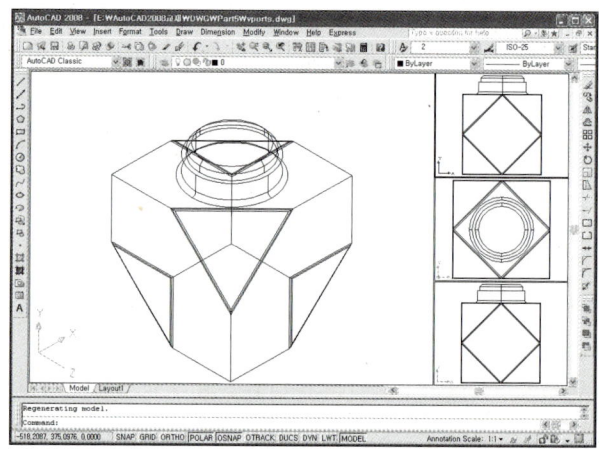

2. 3D 기본 객체를 그리는 [3D] 명령어

3차원 모델링에 사용되는 기본 도형을 그릴 수 있습니다. 이때 사용되는 3D 객체는 표면 모델링으로 만들어져 있으며 대부분 면 처리가 되어 있는 객체입니다. 3D 객체는 [Explode] 명령어를 이용하여 분해할 수 있으며 분해된 객체는 각 면 단위로 분해됩니다.

[3D] 명령어	
명령어	3D

1. 명령어 사용 방법

Command 라인에 3D를 입력하고 각 옵션별로 선택하여 각 옵션이 지정하는 3차원 표면 모델링의 기본체를 그릴 수 있습니다. 흔히 사용하는 기본체이므로 따로 면 처리를 하지 않아도 가능합니다.

```
Command : 3D Enter
Enter an option[ Box/Cone/DIsh/DOme/Mesh/Pyramid/Sphere/Torus/Wedge] : 옵션을 선택합니다.
```

2. 명령어 옵션

[3D] 명령어 안에 각각의 기본체들을 그릴 수 있는 객체 명령어가 들어가 있습니다. 각각의 옵션 안에 다시 하부 옵션이 들어가 있는 형태로 되어 있습니다.

옵션	내용
Box	3차원 육면체를 그립니다.
Cone	3차원 원뿔 객체를 그립니다.
DIsh	접시 형태의 반구를 그립니다.
DOme	돔 형태의 반구를 그립니다.
Mesh	그물 구조의 객체를 그립니다.
Pyramid	피라미드 객체를 그립니다.
Sphere	3차원 구 객체를 그립니다.
Torus	도넛 모양의 원환체를 그립니다.
Wedge	쐐기 모양의 3차원 객체를 그립니다.

3. 기본 실습

각 옵션의 3차원 대상 객체의 하부 옵션을 살펴보면서 하나의 3차원 객체를 그립니다. 각 객체마다 요구하는 사항이 다르므로 Command 라인에서 원하는 항목을 잘 살펴보면서 입력합니다.

1 새로운 도면을 준비한 후 3D Box를 먼저 그립니다. Command 라인에 [3D]를 입력합니다.

```
Command : 3D Enter
Enter an option[ Box/Cone/DIsh/DOme/Mesh/Pyramid/Sphere/
Torus/Wedge] : B Enter
Specify corner point of box : Box의 시작점을 입력합니다.
Specify length of box : Box의 가로 길이 값 입력합니다.
Specify width of box or [ Cube ] :
Box의 세로 길이 값 입력합니다.
Specify height of box : Box의 높이 값 입력합니다.
Specify rotation angle of box about the Z axis or
[ Reference] : 0 Enter
Box의 회전각을 입력합니다.
```

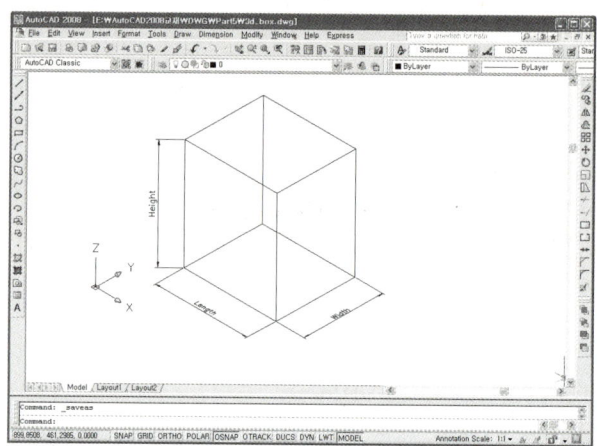

2 새로운 도면을 준비한 후 3D Cone 객체를 그립니다.

```
Command : 3D Enter
Enter an option[ Box/Cone/DIsh/DOme/Mesh/Pyramid/
Sphere/Torus/Wedge] : C Enter Cone을 그리는 옵션을 선택합니다.
Specify center point for base of cone :
원뿔 밑면의 중심점을 클릭합니다.
Specify radius for base of cone or [ Diameter] : 150
Enter 원뿔 아랫면의 반지름을 입력합니다.
Specify radius for top of cone or [ Diameter] <0> :
Enter 원뿔 윗면의 반지름을 입력합니다.
Specify height of cone : 250 Enter 원뿔의 높이 값을 입력합니다.
Enter number of segments for surface of cone <16> :
Enter
원뿔의 메시 개수를 입력합니다.
```

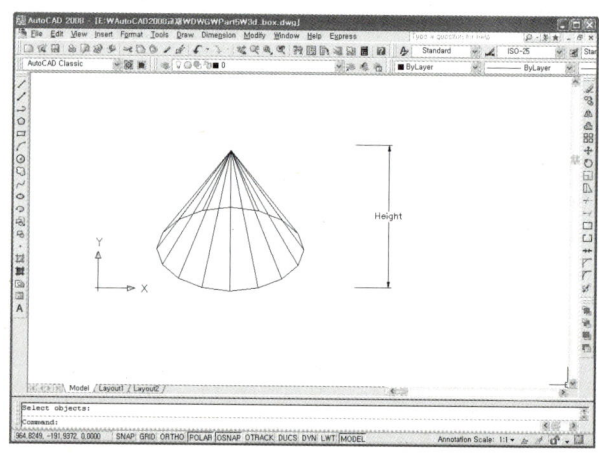

3 새로운 도면을 준비한 후 3D Dish와 3D Dome 객체를 그립니다.

```
Command : 3D Enter
Enter an option[ Box/Cone/DIsh/DOme/Mesh/Pyramid/
Sphere/Torus/Wedge] : Do Enter
Dome을 그리는 옵션을 선택합니다.
Specify center point of dome : 돔의 중심점을 클릭합니다.
Specify radius of dome or [ Diameter] : 200 Enter
돔의 반지름 입력합니다.
Enter number of longitudinal segments for surface of
dome <16> : Enter 돔을 만드는 메시의 개수를 입력합니다.
Enter number of latitudinal segments for surface of
dome <8> : Enter
Command : 3D Enter
Enter an option[ Box/Cone/DIsh/DOme/Mesh/Pyramid/
Sphere/Torus/Wedge] : Di Enter
Specify center point of dish : 중심을 선택합니다.
Specify radius of dish or [ Diameter] : 200 Enter
Enter number of longitudinal segments for surface of dish <16> : Enter
Enter number of latitudinal segments for surface of dish <8> : Enter
```

④ 새로운 도면을 준비한 후 Mesh와 Pyramid 객체
를 그려봅니다.

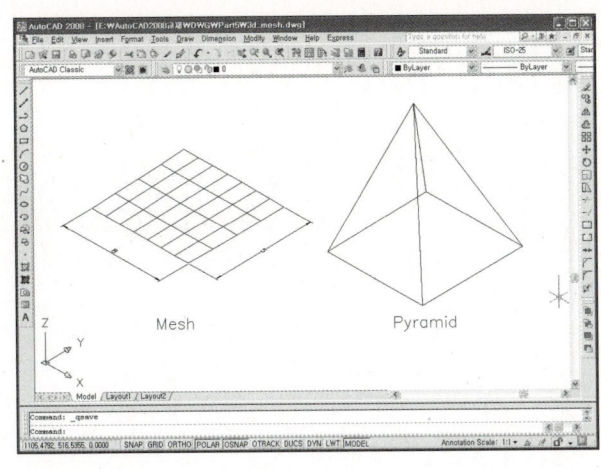

```
Enter an option[ Box/Cone/DIsh/DOme/Mesh/Pyramid/
Sphere/Torus/Wedge] : M [Enter]
```
3차원 메시 객체를 그리는 옵션을 선택합니다.
```
Specify first corner point of mesh :
```
메시 라인의 첫 번째 지점을 클릭합니다.
```
Specify second corner point of mesh :
```
메시 라인의 두 번째 지점을 클릭합니다.
```
Specify third corner point of mesh :
```
메시 라인의 세 번째 지점을 클릭합니다.
```
Specify fourth corner point of mesh :
```
메시 라인의 네 번째 지점을 클릭합니다.
```
Enter mesh size in the M direction : 5 [Enter]
```
메시의 가로 개수를 입력합니다.
```
Enter mesh size in the N direction : 8 [Enter]
```
메시의 세로 개수를 입력합니다.
```
Command : 3D [Enter]
Enter an option[ Box/Cone/DIsh/DOme/Mesh/Pyramid/ Sphere/Torus/Wedge] : P [Enter]
```
3차원 피라미드 객체를 그리는 옵션을 선택합니다.
```
Specify first corner point for base of pyramid : 피라미드 밑면의 첫 번째 점을 클릭합니다.
Specify second corner point for base of pyramid : 피라미드 밑면의 두 번째 점을 클릭합니다.
Specify third corner point for base of pyramid : 피라미드 밑면의 세 번째 점을 클릭합니다.
Specify fourth corner point for base of pyramid or [ Tetrahedron ] : 피라미드 밑면의 네 번째 점을 클릭합니다.
Specify apex point of pyramid or [ Ridge/Top ] : 피라미드 꼭대기 점을 클릭합니다.
```

⑤ 새로운 도면을 준비한 후 3차원의 Sphere,
Torus, Wedge를 그려봅니다.

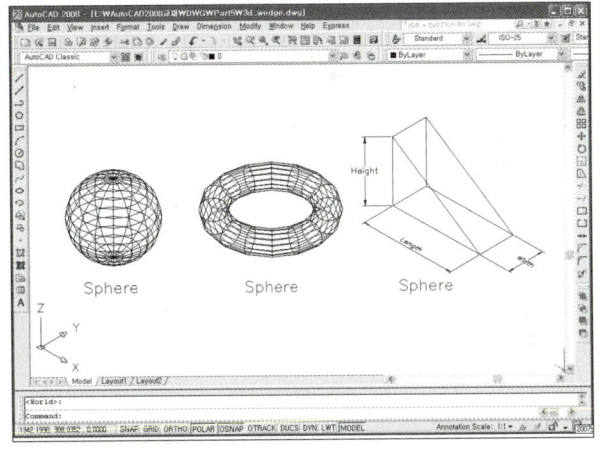

```
Command : 3D [Enter]
Enter an option[ Box/Cone/DIsh/DOme/Mesh/Pyramid/
Sphere/Torus/Wedge] : S [Enter]
```
3차원의 구 객체를 그리는 옵션을 선택합니다.
```
Specify center point of sphere : 구의 중심점을 클릭합니다.
Specify radius of sphere or [ Diameter ] : 100 [Enter]
```
구의 반지름 값을 입력합니다.
```
Enter number of longitudinal segments for surface of sphere
<16> : [Enter]
```
구를 그리는 메시 라인의 개수를 입력합니다.
```
Enter number of latitudinal segments for surface of
sphere <16> : [Enter]
Command : 3D [Enter]
Enter an option[ Box/Cone/DIsh/DOme/Mesh/Pyramid/
Sphere/Torus/Wedge] : T [Enter]
```
3차원 도넛을 그리는 옵션을 선택합니다.
```
Specify center point of torus : 도넛의 중심점을 클릭합니다.
Specify radius of torus or [ Diameter ] : 150 [Enter] 도넛 전체의 반지름 값을 입력합니다.
Specify radius of tube or [ Diameter ] : 30 [Enter] 도넛 Tube의 반지름 값을 입력합니다.
Enter number of segments around tube circumference <16> : [Enter] 구를 그리는 메시 라인의 개수를 입력합니다.
Enter number of segments around torus circumference <16> : [Enter]
Command : 3D [Enter]
Enter an option[ Box/Cone/DIsh/DOme/Mesh/Pyramid/ Sphere/Torus/Wedge] : W [Enter] 3차원 쐐기를 그리는 옵션을 선택합니다.
Specify corner point of wedge : 쐐기모양의 객체의 시작점을 클릭합니다.
Specify length of wedge : 쐐기의 가로 길이 값을 입력합니다.
Specify width of wedge : 쐐기의 세로 길이 값을 입력합니다.
Specify height of wedge : 쐐기의 높이 값을 입력합니다.
Specify rotation angle of wedge about the Z axis : 0 [Enter] 쐐기의 회전각을 입력합니다.
```

Chapter 05 Surface 객체 그리기

3차원 모델링 방법은 3D를 이용한 기본체로 선을 복사하거나 면 처리를 하는 것이 기본일 것이다. 하지만 곡면에 대한 면 처리는 대부분 어렵기 때문에 단순히 [3Dface] 명령만 가지고는 해결하기 힘듭니다. 이때 곡면의 표면을 따라서 모델링하는 방식은 Surface 방식이며 대표적인 Surface 명령어로는 [Rulesurf], [Revsurf], [Tabsurf], [Edgesurf]가 있습니다.

1. 선을 연결하여 곡면을 만드는 [Rulesurf] 명령어

[Rulesurf] 명령어는 곡선과 곡선, 곡선과 직선, 직선과 직선 등 한 번에 하나씩 선택되는 2개의 선분을 연결하여 하나의 곡면을 만드는 명령어입니다. 선택할 수 있는 객체로는 열린 객체나 닫힌 객체 모두 가능합니다. 이때 선과 선만 되는 것이 아니라 선과 점도 가능합니다.

1. 명령어 사용 방법

[Rulesurf] 명령을 실행할 대상 객체를 2개 준비한 후 한 번에 하나씩 선택합니다. 이때 곡선의 경우 메시의 개수가 많아야 곡선이 부드럽게 표현됩니다. 메시의 개수를 정의하는

[Rulesurf] 명령어	
아이콘	
메인 메뉴	[Draw]–[Modeling]–[Meshes]–[Ruled Mesh]
명령어	Rulesurf

[Surftab1]의 개수를 높여 입력한 뒤 [Rulesurf] 명령을 실행합니다.

```
Command : Rulesurf Enter
Current wire frame density : SURFTAB1=6 현재 곡면의 메시 개수를 표시합니다.
Select first defining curve : 곡면이 될 첫 번째 선분을 선택합니다.
Select second defining curve : 곡면이 될 두 번째 선분을 선택합니다.
```

Tip **A u t o C A D**

Mesh 개수를 결정하는 Surftab1과 Surftab2

[Surface] 명령을 이용하여 면 처리를 하는 경우 해당 면이 직선이 아닌 곡선인 경우가 많습니다. 곡선의 면 처리를 할 때 [Surftab1]의 개수가 작으면 세로선의 메시 개수가 줄고, [Surftab2]의 개수가 작으면 가로선의 메시 개수가 줄어 곡선이 부드럽지 않게 처리되어 거칠게 표현됩니다.

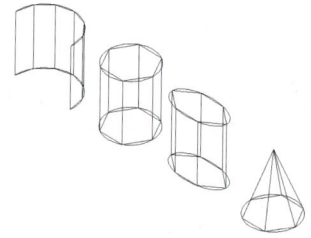 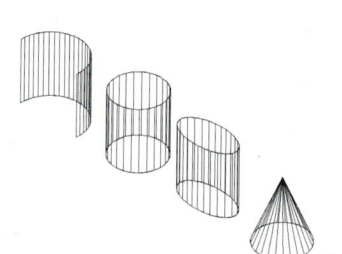

```
Command : Surftab1 Enter
Enter new value for SURFTAB1 <6> : Surftab1의 개수를 지정합니다.
```

2. 기본 실습

[Rulesurf] 명령은 다양한 객체를 이용하여 면을 만들 수 있습니다. 직선이나 곡선, 열린 객체나 닫힌 객체 상관없이 면 처리가 가능합니다. 대신 반드시 두 개의 커브 객체가 필요하며 그 객체가 면이 아닌 객체여야 합니다.

• 예제 파일 : Sample\Part05\rulesurf.dwg

----

① [File]-[Open] 메뉴를 이용하여 부록 CD에서 예제 파일을 불러옵니다.

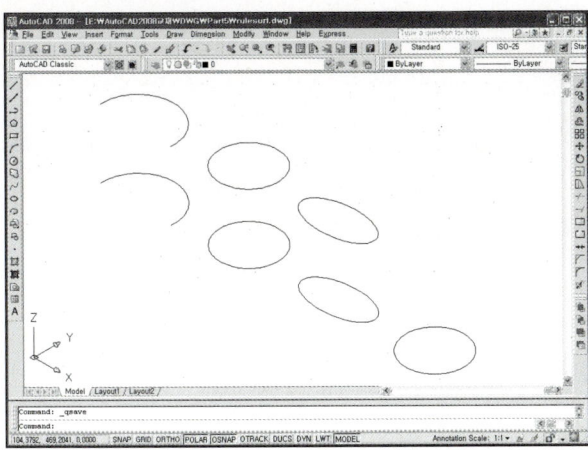

② Command 라인에 [Rulesurf] 명령어를 입력합니다.

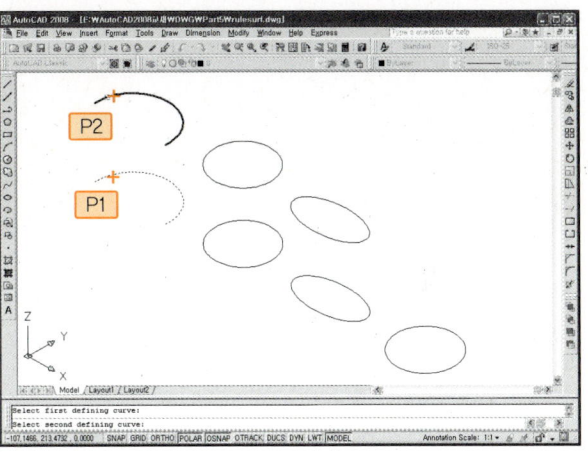

```
Command : Rulesurf Enter
Current wire frame density : SURFTAB1=6
Select first defining curve : P1 클릭
Select second defining curve : P2 클릭
```

③ 다음과 같이 듬성듬성 메시가 생겼습니다. 메시의 개수를 조절합니다. 곡선의 객체를 Rulesurf하는 경우에는 메시의 객체의 숫자가 조금 많은 것이 안정적으로 표현됩니다.

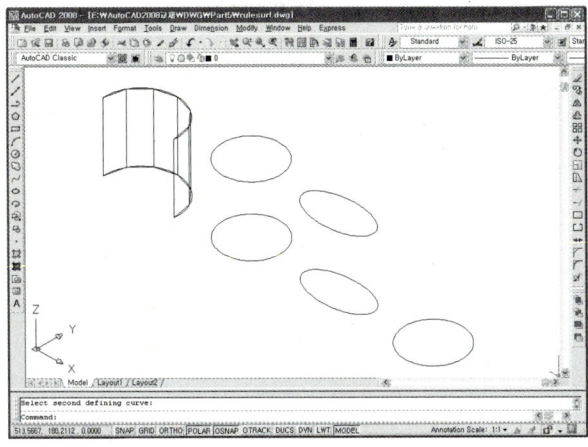

```
Command : Surftab1 Enter
Enter new value for SURFTAB1 <6> : 30 Enter
```

④ 개수가 조절되면 다시 [Rulesurf] 명령어를 입력
합니다.

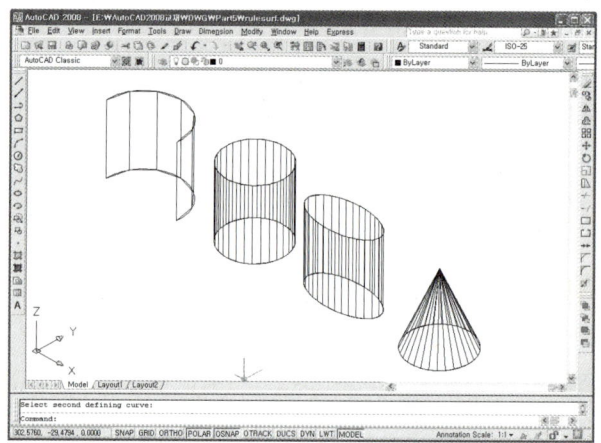

```
Command : Rulesurf Enter
Current wire frame density : SURFTAB1=6
Select first defining curve : P3 클릭
Select second defining curve : P4 클릭
```

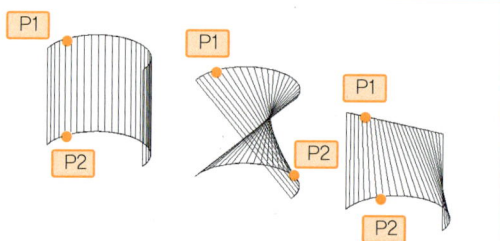

2. Path 객체의 길이와 방향으로 면을 만드는 [Tabsurf] 명령어

[Tabsurf] 명령은 하나의 커브가 방향과 길이를 가진 객체만큼 면을 만드는 것을 말합니다. [Tabsurf]는 면을 형성해야 하
는 Curve 객체와 길이와 방향을 가진 Path 객체 두 가지로 이루어져 있으며, Curve는 다양한 객체가 가능하지만 Path는
직선의 객체이어야 합니다.

[Tabsurf] 명령어	
아이콘	▧
메인 메뉴	[Draw]-[Modeling]-[Meshes]-[Tabulated Mesh]
명령어	Tabsurf

1. 명령어 사용 방법

[Tabesurf] 명령에서 면을 형성할 대상 객체를 Curve 객체라고 하며 Curve 객체 면의 길이와 방향을 가진 객체를
Path 객체라고 합니다. Curve 객체를 선택하고 Path 객체를 선택하면 Curve 객체가 Path 객체의 길이와 방향에
따라 면을 형성합니다.

```
Command : Tabsurf Enter
Current wire frame density : SURFTAB1=20 현재 SURFTAB1의 간격을 표시합니다.
Select object for path curve : 면을 만들 커브 객체를 선택합니다.
Select object for direction vector : 면의 길이와 방향이 될 벡터 객체를 선택합니다.
```

2. 기본 실습

Curve 객체를 다양한 Path 객체로 면을 형성합니다. Path 객체를 선택할 때 [Midpoint]를 기준으로 어느 지점을 클릭하는가에 따라서 면이 생성되는 방향이 달라짐을 유의합니다.

• 예제 파일 : Sample\Part05\tabsurf.dwg

① [File]-[Open] 메뉴를 이용하여 부록 CD에서 예제 파일을 불러옵니다.

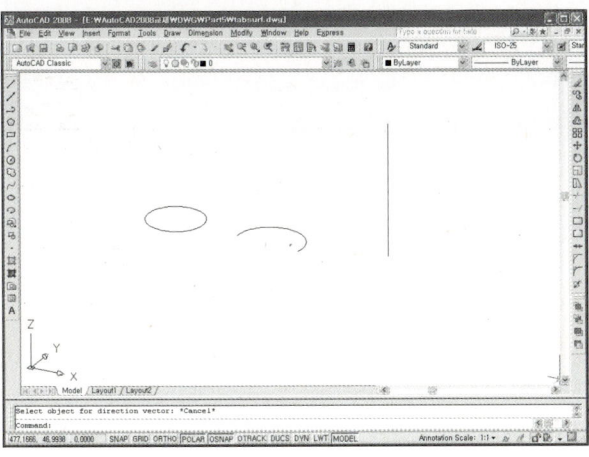

② Command 라인에 [Tabsurf] 명령어를 입력합니다.

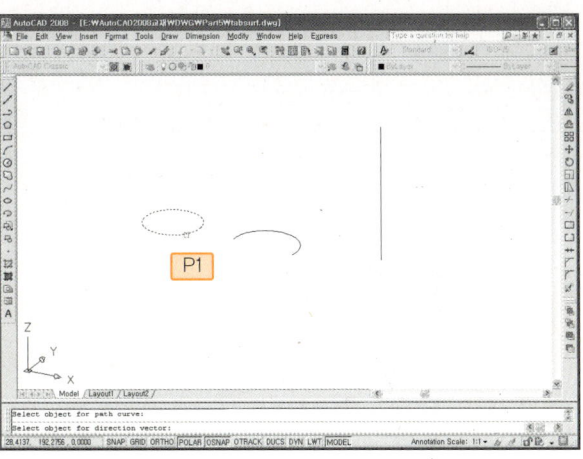

```
Command : Tabsurf [Enter]
Current wire frame density : SURFTAB1=25
Select object for path curve : P1 클릭
```

③ 선택한 Curve의 길이와 방향을 결정할 Path 객체를 선택합니다.

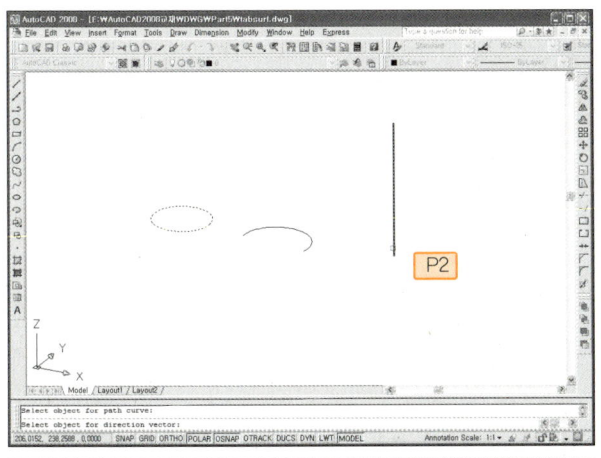

```
Select object for direction vector : P2 클릭
```

④ 다음 그림처럼 아래에서 위쪽으로 면이 형성되었습니다. 옆의 Arc도 [Tabsurf] 명령을 적용합니다.

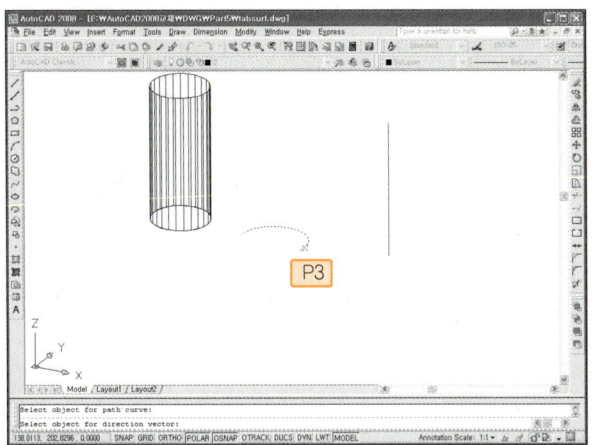

```
Command : Tabsurf [Enter]
Current wire frame density : SURFTAB1=25
Select object for path curve : P3 클릭
```

⑤ 이번에는 Path 객체의 윗부분을 선택합니다.　　⑥ Arc의 방향이 아래 방향으로 면을 형성합니다.

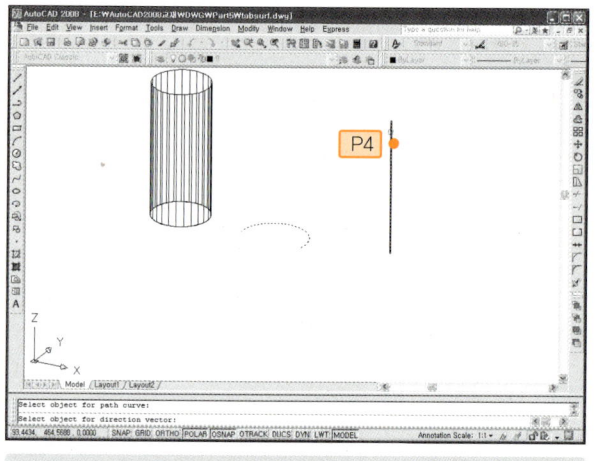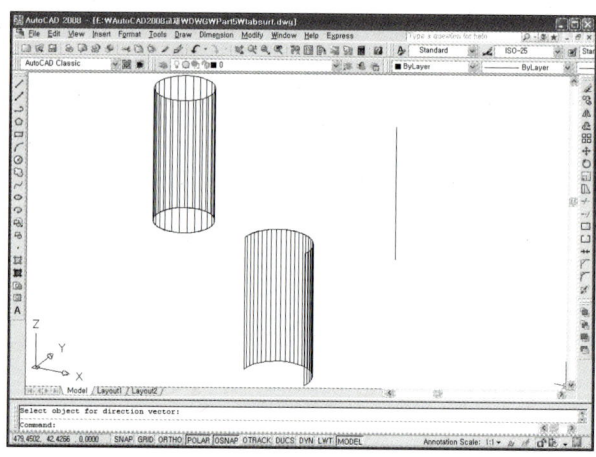

Select object for direction vector : P4 클릭

---

3. 회전체를 만드는 [Revsurf] 명령어

[Revsurf] 명령어는 선택한 Curve가 지정한 Path의 좌표와 방향을 기준으로 회전각만큼 회전 곡면을 만드는 [Surface] 명령입니다. 보통 축을 기준으로 0~360도까지 회전하여 회전체를 얻을 수 있고 컵이나 유리병 도넛 같은 형태를 만들 수 있습니다. 이때 커브로 선택하는 객체는 한 번에 하나씩만 선택할 수 있으므로 여러 객체가 한 번에 회전해야 하는 경우에는 [Pline]으로 만들어서 Revsurf시키도록 합니다.

[Revsurf] 명령어	
아이콘	🖼
메인 메뉴	[Draw]-[Modeling]-[Meshes]-[Revolved Mesh]
명령어	Revsurf

1. 명령어 사용 방법

[Revsurf] 명령에서 사용하는 Curve 객체는 한 번에 단일 객체 하나만 선택이 가능합니다. 다양한 모양의 경우 하나로 선택이 될 수 있도록 [Pline]으로 [Join]하거나 여러 번에 걸쳐 회전체를 만듭니다. 축으로 선택하는 Path의 경우 해당 객체의 어느 부위를 선택하느냐에 따라 360도 회전각이 아닌 0~359도까지의 방향을 결정할 수 있습니다. 각도계 양의 방향은 시계 반대 방향입니다. [Revsurf]의 메시 라인은 세로선뿐 아니라 가로선도 나타나므로 [Surftab2]의 개수도 조절하여 [Revsurf]를 실행해야 곡선이 제대로 표현됩니다.

```
Command : Surftab2 Enter
Enter new value for SURFTAB2 <6> : 25 Enter 메시의 가로 줄의 개수를 조절합니다.
Command : Revsurf Enter
Current wire frame density : SURFTAB1=25 SURFTAB2=25 Surftab의 간격수를 보여줍니다.
Select object to revolve : 회전체가 될 객체를 선택합니다.
Select object that defines the axis of revolution : 회전체의 회전 중심축이 될 객체를 선택합니다.
Specify start angle <0> : 회전체의 시작 각도를 입력합니다.
Specify included angle (+=ccw, -=cw) <360> : 회전체의 전체 각도를 입력합니다.
```

2. 기본 실습

회전체를 만드는 경우 축을 어느 곳에 선택하는가와 360도 회전각뿐 아니라 0~359도까지의 +, - 각도 사용법을 실습을 통해 익혀보도록 하겠습니다.

• 예제 파일 : Sample\Part05\revsurf.dwg

----

❶ [File]-[Open] 메뉴를 이용하여 부록 CD에서 예제 파일을 불러옵니다.

❷ Command 라인에 [Revsurf] 명령어를 입력합니다.

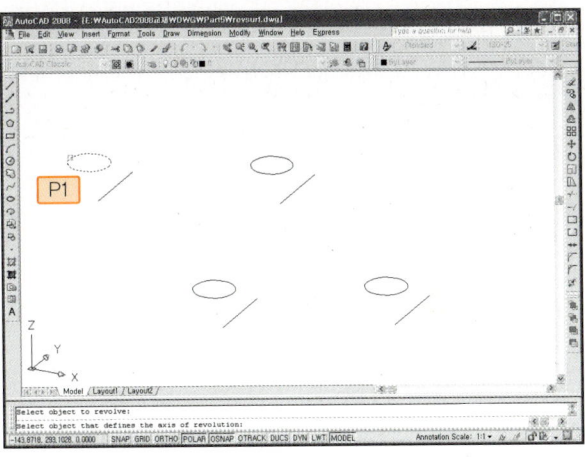

```
Command : Revsurf Enter
Current wire frame density : SURFTAB1=25 SURFTAB2=25
Select object to revolve : P1 클릭
```

❸ 기준 축이 될 객체를 선택합니다. 축의 객체 역시 하나의 단일 객체를 이용합니다.

```
Select object that defines the axis of revolution : P2 클릭
```

❹ 회전체 객체의 시작 각도와 회전각을 입력합니다.

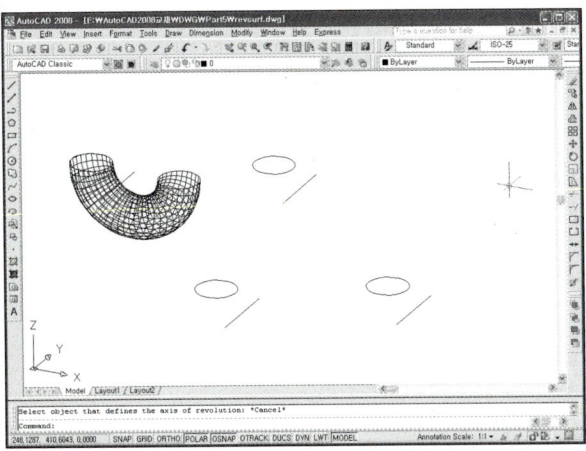

```
Specify start angle <0> : Enter
Specify included angle (+=ccw, -=cw) <360> : 180 Enter
```

⑤ 회전축의 위치를 변경하여 같은 명령어를 반복해
보겠습니다. 먼저 Command 라인에 [Revsurf]
명령어를 입력합니다.

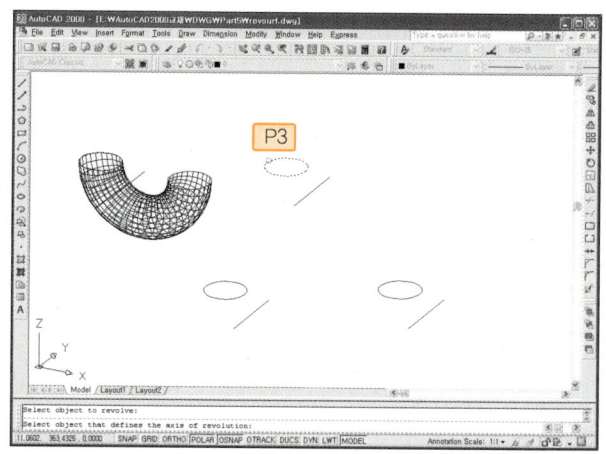

```
Command : Revsurf Enter
Current wire frame density : SURFTAB1=25 SURFTAB2=25
Select object to revolve : P3 클릭
```

⑥ 축이 되는 객체를 처음과 반대되는 위치로 선택합
니다.

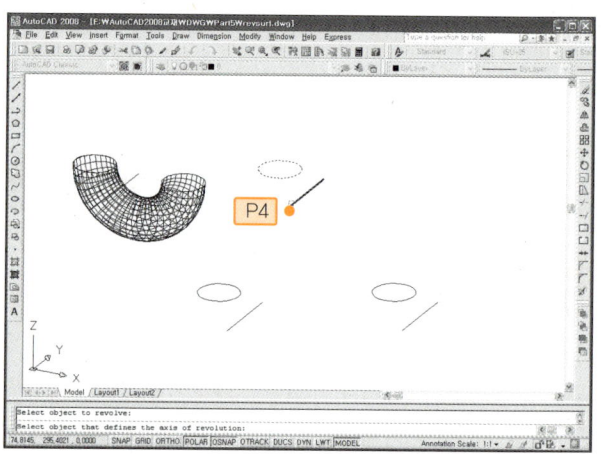

```
Select object that defines the axis of revolution :
P4 클릭
```

⑦ 같은 시작 각도와 회전각을 입력하여 축의 지정에
따라 같은 각도가 표현되는 방법을 살펴봅니다.

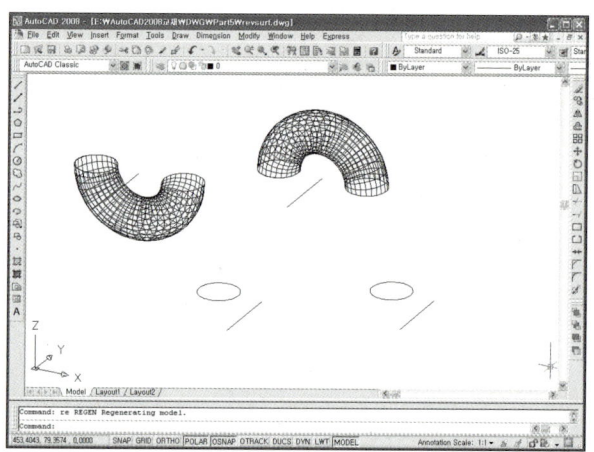

```
Specify start angle <0> : Enter
Specify included angle (+=ccw, -=cw) <360> : 180 Enter
```

⑧ 시작 각도를 달리하기 위하여 먼저 Command 라
인에 [Revsurf] 명령어를 입력합니다.

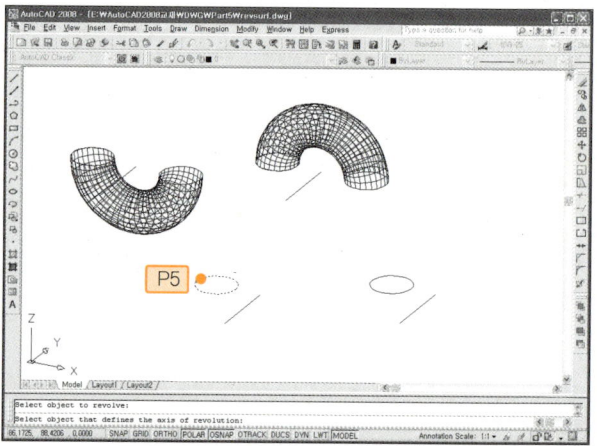

```
Command : Revsurf Enter
Current wire frame density : SURFTAB1=25 SURFTAB2=25
Select object to revolve : P5 클릭
```

⑨ 축이 되는 객체를 선택합니다.

⑩ 회전체의 시작 각도와 회전체의 각도 값을 각각
다음과 같이 입력합니다.

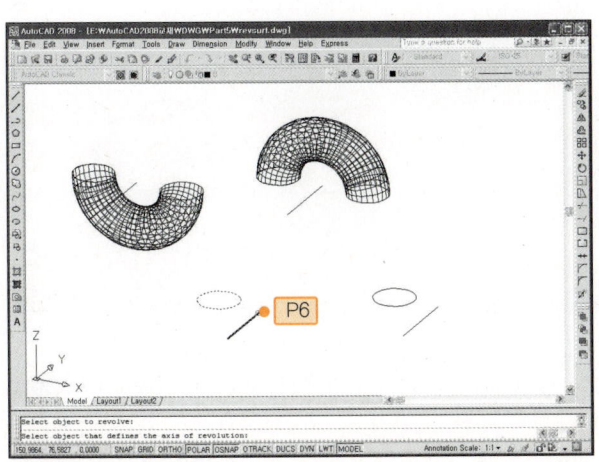

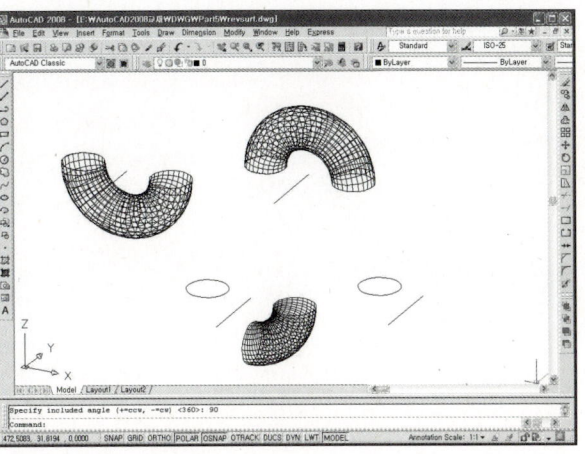

Select object that defines the axis of revolution :
P6 클릭

Specify start angle <0> : **90** [Enter]
Specify included angle (+=ccw, -=cw) <360> : **90** [Enter]

⑪ 마지막 원과 선분은 360도 회전각으로 회전체를 만
들어 봅니다. 먼저 Command 라인에 [Revsurf]
명령어를 입력합니다.

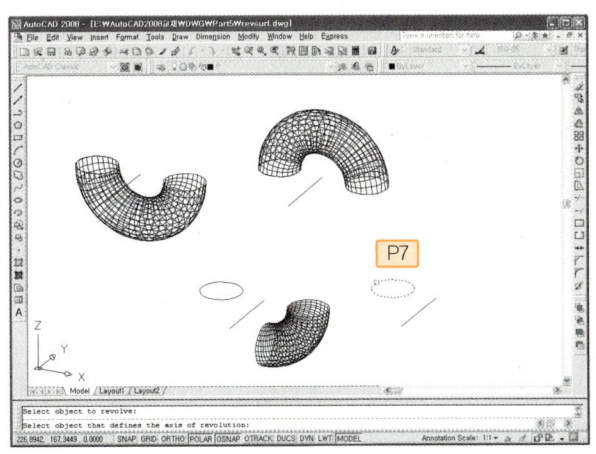

Command : **Revsurf** [Enter]
Current wire frame density : SURFTAB1=25 SURFTAB2=25
Select object to revolve : **P7 클릭**

⑫ 축이 되는 객체를 선택하고 시작 각도와 회전각을
기본값으로 입력합니다.

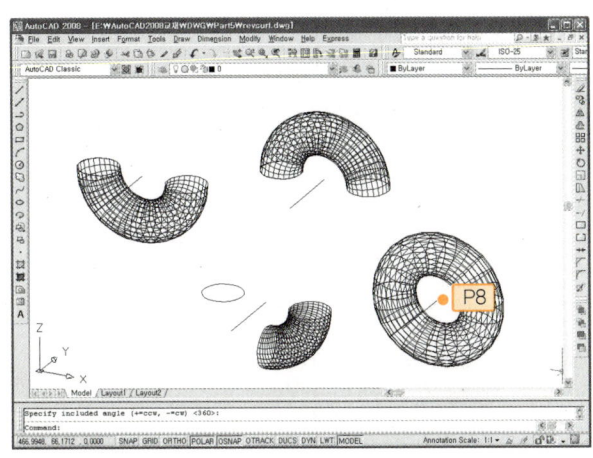

Select object that defines the axis of revolution :
P8 클릭
Specify start angle <0> : [Enter]
Specify included angle (+=ccw, -=cw) <360> : [Enter]

⑬ 최종 객체의 모습은 [Hide] 명령을 입력하여 확인합
니다. 그림과 같이 곡면의 환체가 만들어졌습니다.

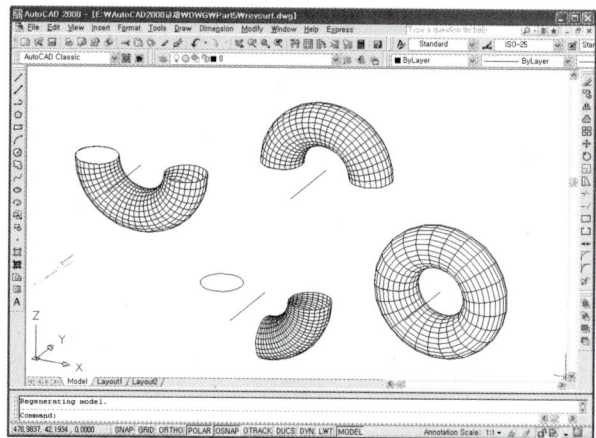

```
Command : Hide Enter
```

4 4개의 면이 만나는 곡면을 만드는 [Edgesurf] 명령어

[Edgesurf] 명령어는 4개의 Edge(변)을 이어 하나의 곡면을 만드는 명령으로 Edge는 곡선, 직선 모두 포함되며 이때 개
수는 반드시 4개만 가능합니다. 또한 4개의 Edge는 모두 끝점이 연결되어 있어야 실행됩니다. 끝점의 연결이라 함은 개별
객체의 Endpoint끼리 맞붙어 있어야 가능하며 교차하는 경우는 생성되지 않습니다.

[Edgesurf] 명령어	
아이콘	⟨아이콘⟩
메인 메뉴	[Draw]–[Modeling]–[Meshes]–[Edge Mesh]
명령어	Edgesurf

1. 명령어 사용 방법

[Edgesurf] 명령을 실행할 대상 객체를 순서에 관계없이 4개를 선택하면 각각의 객체가 가지고 있는 곡률에 따라
서 자동으로 곡면이 만들어 집니다. 4개의 객체를 그리는 경우 각각의 객체의 UCS를 정확히 선택하여 요소를 그
려야 합니다.

```
Command : Edgesurf Enter
Current wire frame density : SURFTAB1=25 SURFTAB2=25  Surftab 간격의 수를 보여줍니다.
Select object 1 for surface edge : 첫 번째 Edge를 선택합니다.
Select object 2 for surface edge : 두 번째 Edge를 선택합니다.
Select object 3 for surface edge : 세 번째 Edge를 선택합니다.
Select object 4 for surface edge : 네 번째 Edge를 선택합니다.
```

2. 기본 실습

[Edgesurf] 명령은 기본적으로 4개의 객체가 필요합니다. 3개나 5개는 불가능하므로 3개일 때는 그 중 하나를 2
개로 분리해야 하고 5개라면 그 중 2개를 [Join]하여 4개로 맞춰야 실행됩니다. 실습 도면을 이용하여 [Edgesurf]
명령을 실행해보겠습니다.

• 예제 파일 : Sample\Part05\edgesurf.dwg

1 [File]-[Open] 메뉴를 이용하여 부록 CD에서 예제 파일을 불러옵니다.

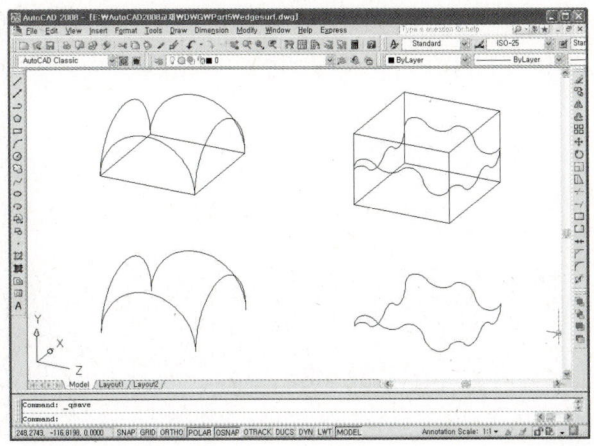

2 Command 라인에 [Edgesurf] 명령어를 입력하고 다음 4개의 Edge를 차례대로 클릭합니다.

```
Command : Edgesurf [Enter]
Current wire frame density : SURFTAB1=25 SURFTAB2=25
Select object 1 for surface edge : P1 클릭
Select object 2 for surface edge : P2 클릭
Select object 3 for surface edge : P3 클릭
Select object 4 for surface edge : P4 클릭
```

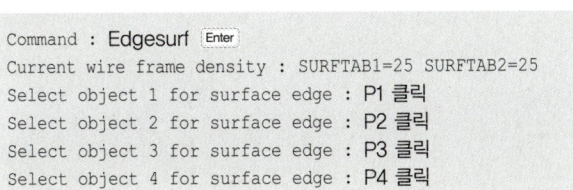

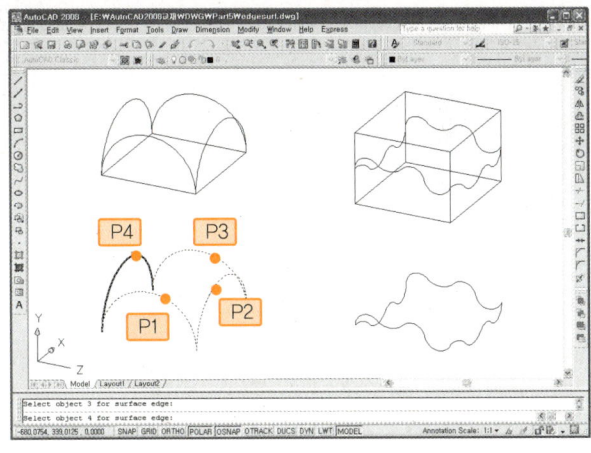

3 다음과 같은 형태의 곡면이 나타납니다. 이때 만약 4개의 호가 End Point들끼리 떨어져 있는 곳이 한 곳이라도 있는 경우에는 [Edgesurf]가 실행되지 않습니다.

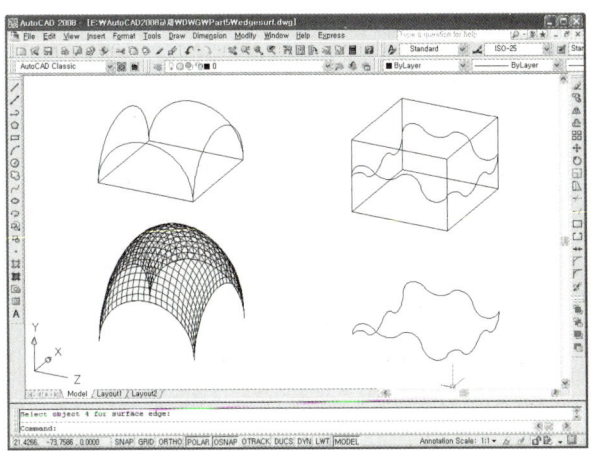

④ Command 라인에 다시 [Edgesurf] 명령어를 입
력합니다.

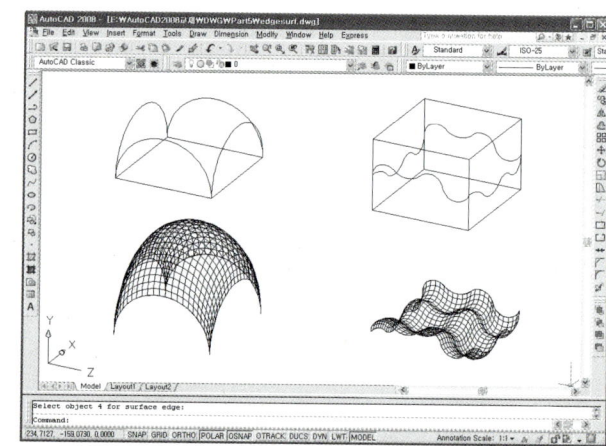

```
Command : Edgesurf  Enter
Current wire frame density : SURFTAB1=25 SURFTAB2=25
Select object 1 for surface edge : P5 클릭
Select object 2 for surface edge : P6 클릭
Select object 3 for surface edge : P7 클릭
Select object 4 for surface edge : P8 클릭
```

⑤ 최종 객체의 모습은 [Hide] 명령을 입력하여 확인
합니다.

```
Command : Hide  Enter
```

Tip **A u t o C A D**

간편한 나선 그리기

[Helix] 명령어를 통해 간편한 나선 그리기를 할 수 있습니다. Command 라인에서 [Helix]를 입력하여 아래쪽 지름과 위쪽 지름을 입력하고, 회전수와
높이 값을 입력하여 그립니다. 또는 Work Space의 AutoCAD Class을 '3DModeing' 으로 전환한 경우 나타나는 팔레트에서 맨 위의 명령어를 이용
할 수도 있습니다.

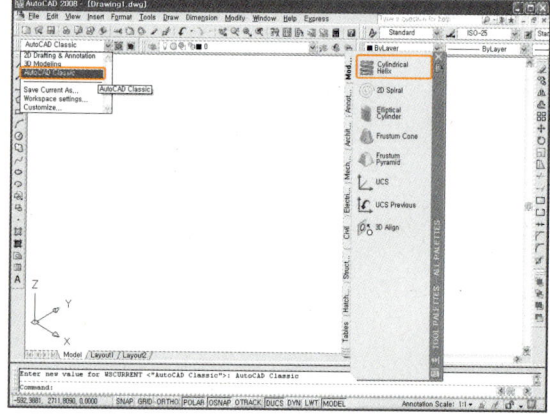

▲ 팔레트 이용

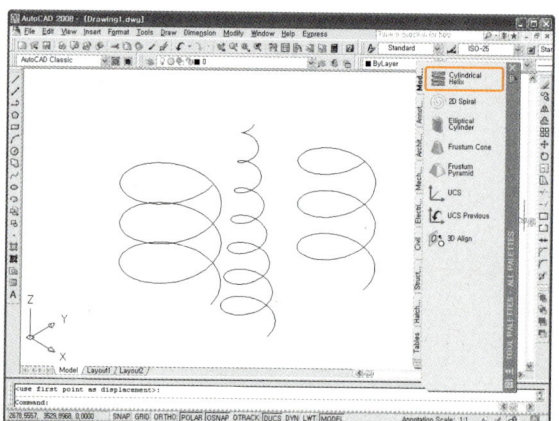

▲ 여러 가지 Helix 모양들

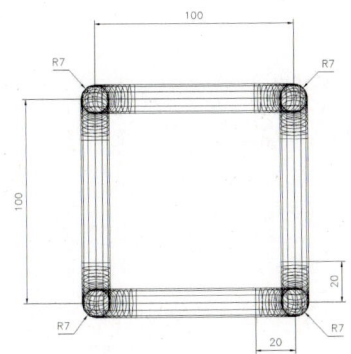

Top

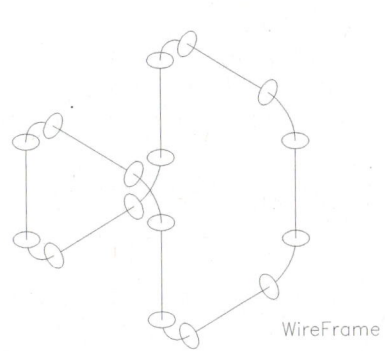

WireFrame

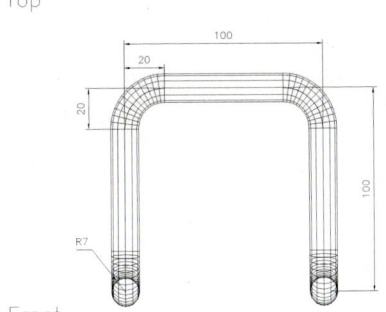

Front

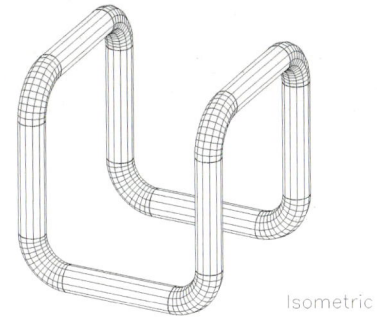

Isometric

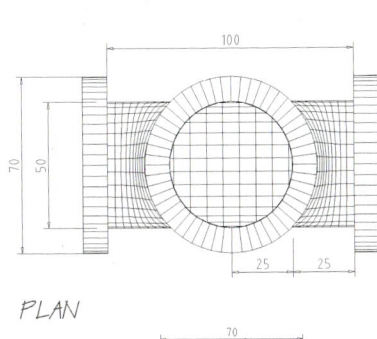

PLAN

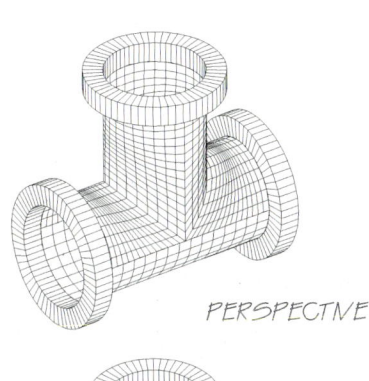

PERSPECTIVE

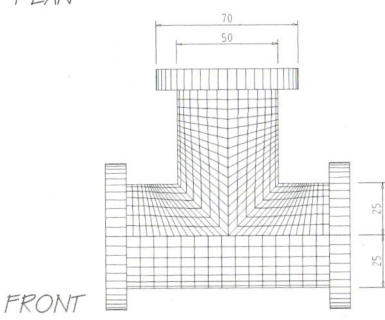

FRONT

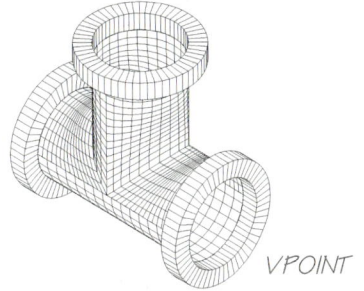

VPOINT

Chapter

06 3차원 객체 조절하기

지금까지의 살펴본 3차원 모델링은 새로 생성하는 것부터 설명하였습니다. Chapter06에서는 만들어진 3차원 객체를 편집하여 조절할 수 있는 몇 가지 명령어에 대해서 살펴보도록 하겠습니다. 대부분 3차원 객체의 수정이나 편집은 해당 객체의 UCS가 정확해야 가능합니다. 하지만 이번 챕터에서 살펴볼 명령어들은 UCS와 관계없이 조정할 수 있습니다.

1. 오브젝트를 정렬하는 [Align] 명령어

[Align] 명령은 [Move]+[Rotate] 명령을 실행한 것과 결과가 같습니다. 한 번에 3차원 객체를 원하는 장소로 이동함과 동시에 이동 장소에 알맞은 각도로 회전시킵니다.

[Align] 명령어	
아이콘	[아이콘]
메인 메뉴	[Modify]–[3D Opertions]–[3D Align]
명령어	Align
단축키	⟨AL⟩

1. 명령어 사용 방법

이동 회전하려는 대상 객체를 선택한 뒤 원하는 장소의 일정한 지점으로 이동하여 정렬합니다.

```
Command : Align Enter
Select objects : Align할 대상 객체를 선택합니다.
Specify first source point : 대상 객체의 첫 번째 소스 점을 클릭합니다.
Specify first destination point : 이동할 장소의 첫 번째 점을 클릭합니다.
Specify second source point : 대상 객체의 두 번째 소스 점을 클릭합니다.
Specify second destination point : 이동할 장소의 두 번째 점을 클릭합니다.
Specify third source point or <continue> : 대상 객체의 세 번째 소스 점을 클릭합니다.
Specify third destination point : 이동할 장소의 세 번째 점을 클릭합니다.
```

2. 기본 실습

3차원 객체를 UCS 변경 없이 원하는 장소로 점을 클릭하여 이동합니다. 원하는 지점을 3개의 점으로 나누어 이동과 회전의 기준점을 먼저 선택하고 회전의 최종 각도를 선택합니다.

• 예제 파일 : Sample\Part05\align.dwg

① [File]-[Open] 메뉴를 이용하여 부록 CD에서 예
제 파일을 불러옵니다.

② Command 라인에 [Align] 명령어를 입력합니다.

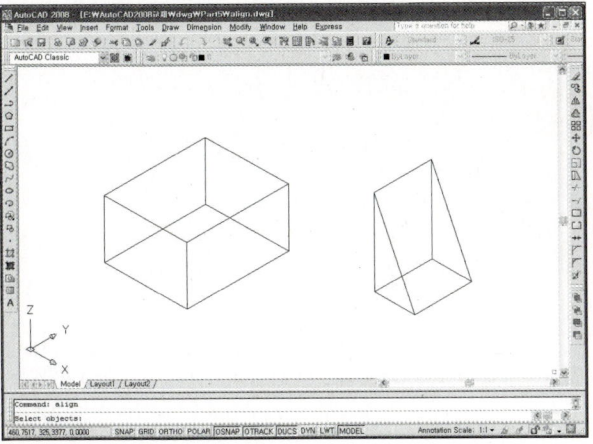

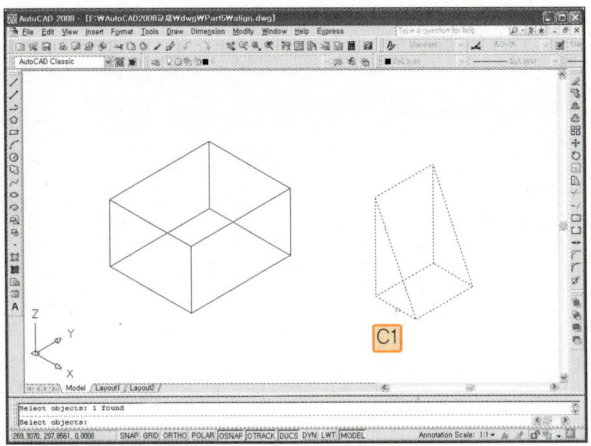

Command : **Align** Enter
Select objects : 1 found C1점을 클릭합니다.
Select objects : Enter

③ 이동할 객체의 일정한 지점과 이동될 지점을 정확
히 선택합니다.

Specify first source point : P1 클릭
Specify first destination point : P2 클릭
Specify second source point : P3 클릭
Specify second destination point : P4 클릭
Specify third source point or <continue> : P5 클릭
Specify third destination point : P6 클릭

④ 다음과 같이 한 번에 이동과 회전이 동시에 실행
됩니다.

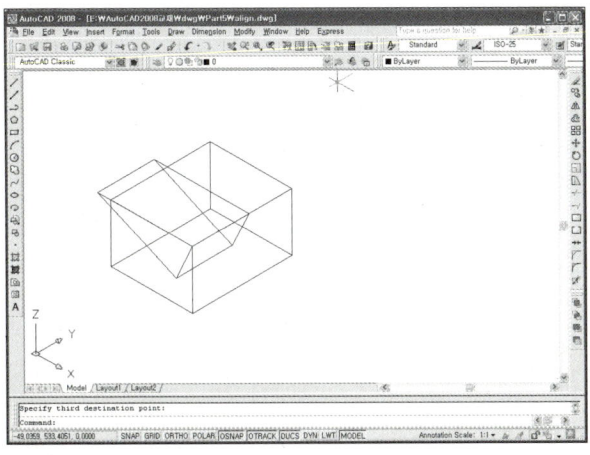

2. 3차원으로 배열 복사하는 [3Darray] 명령어

UCS를 변경하지 않은 채로 [Array] 명령을 실행할 수 있습니다. 한 번에 XY 평면뿐만 아니라 Z축의 배열 복사도 할 수 있으며, 3차원 상의 중심 회전 배열 복사도 가능합니다.

[3Darray] 명령어	
아이콘	📠
메인 메뉴	[Modify]-[3D Opertions]-[3D Array]
명령어	3Darray
단축키	〈3A〉

1. 명령어 사용 방법

3차원 배열 복사를 하려는 대상 객체를 선택한 뒤 2차원 [Array] 명령과 마찬가지로 해당 객체를 배열의 순서로 복사합니다.

■ Rectangular - 3DArray

```
Command : 3Darray Enter
Select objects : 객체를 선택합니다.
Enter the type of array [ Rectangular/Polar] <R> : R Enter
배열 복사 옵션을 선택합니다.
Enter the number of rows (---) <1> : 가로 줄의 개수를 입력합니다.
Enter the number of columns (|||) <1> : 세로 줄의 개수를 입력합니다.
Enter the number of levels (...) <1> : 높이 줄의 개수를 입력합니다.
Specify the distance between rows (---) : 가로 줄 간의 간격을 입력합니다.
Specify the distance between columns (|||) : 세로 줄 간의 간격을 입력합니다.
Specify the distance between levels (...) : 높이 줄 간의 간격을 입력합니다.
```

■ Polar - 3Darray

```
명령어 : 3Darray Enter
Select objects : 원형 중심 배열 복사 대상 객체를 선택합니다.
Enter the type of array [ Rectangular/Polar] <R> : P Enter
원형 중심 배열 옵션을 선택합니다.
Enter the number of items in the array : 복사 개수를 입력합니다.
Specify the angle to fill (+=ccw, -=cw) <360> : 회전각을 입력합니다.
Rotate arrayed objects? [ Yes/No] <Y> : 중심을 향해 자전 여부를 확인합니다.
Specify center point of array : 중심축의 첫 번째 좌표 점을 클릭합니다.
Specify second point on axis of rotation : 중심축의 두 번째 좌표 점을 클릭합니다.
```

2. 기본 실습

[3Darray] 명령어도 UCS와 관계없이 원하는 지점에 축을 지정할 수 있는 객체를 기준으로 중심을 설정할 수 있으므로 편리하게 회전 배열 복사를 할 수 있습니다.

• 예제 파일 : Sample\Part05\3darray01.dwg, 3darray2.dwg

---

1 [File]-[Open] 메뉴를 이용하여 부록 CD에서 '3darray01.dwg' 파일을 불러옵니다.

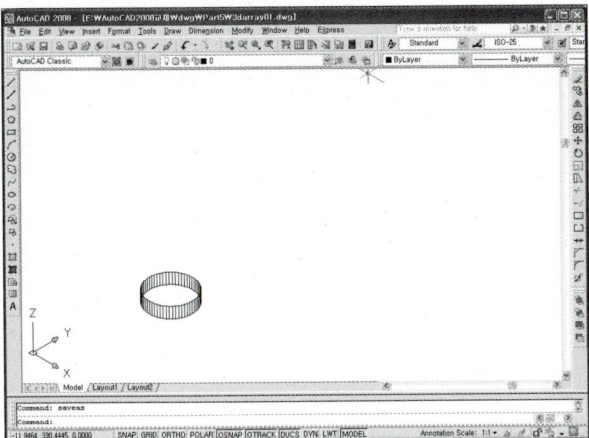

2 Command 라인에 [3Darray] 명령어를 입력합니다.

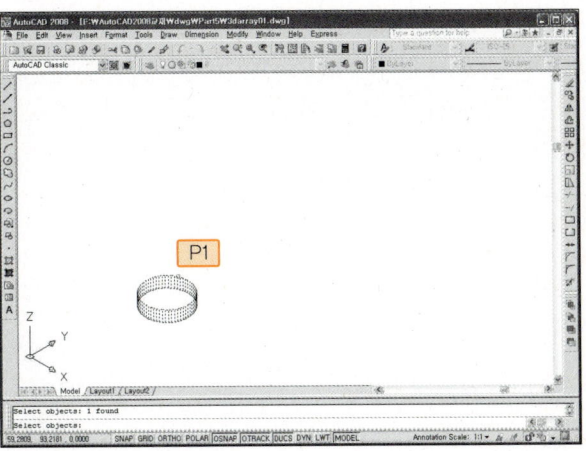

```
Command : 3Darray Enter
Select objects : P1 클릭
Select objects : Enter
```

3 배열 복사의 개수와 간격을 조절하여 입력합니다.

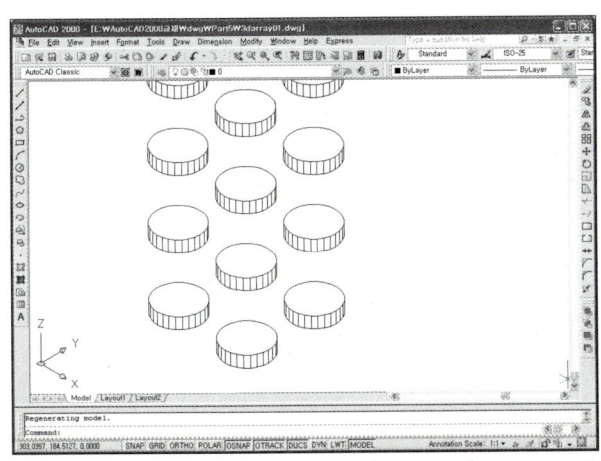

```
Enter the type of array [Rectangular/Polar] <R> :
Enter
Enter the number of rows (---) <1> : 2 Enter
Enter the number of columns (||||) <1> : 2 Enter
Enter the number of levels (...) <1> : 3 Enter
Specify the distance between rows (---) : 60 Enter
Specify the distance between columns (||||) : 60 Enter
Specify the distance between levels (...) : 60 Enter
```

4 원형 중심 배열 복사를 하기 위하여 '3darray2.dwg' 파일을 불러옵니다.

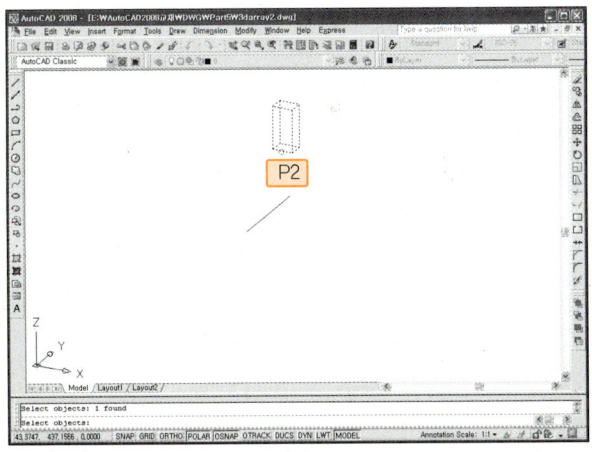

```
Command : 3Darray Enter
Select objects : 1 found
P2점을 클릭합니다.
Select objects : Enter
Enter the type of array [Rectangular/Polar] <R> : P
Enter
Enter the number of items in the array : 8 Enter
Specify the angle to fill (+=ccw, -=cw) <360> : Enter
Rotate arrayed objects? [Yes/No] <Y> : Enter
```

⑤ 축의 방향을 결정하기 위하여 첫 번째 중심축의 좌표를 선택합니다.

⑥ 두 번째 중심축의 좌표를 선택합니다.

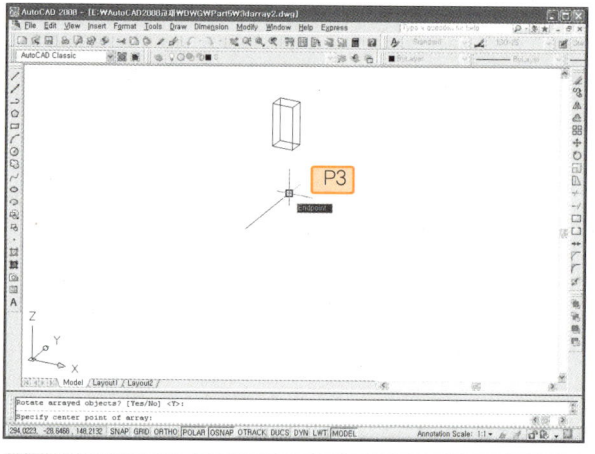

Specify center point of array : **P3 클릭**

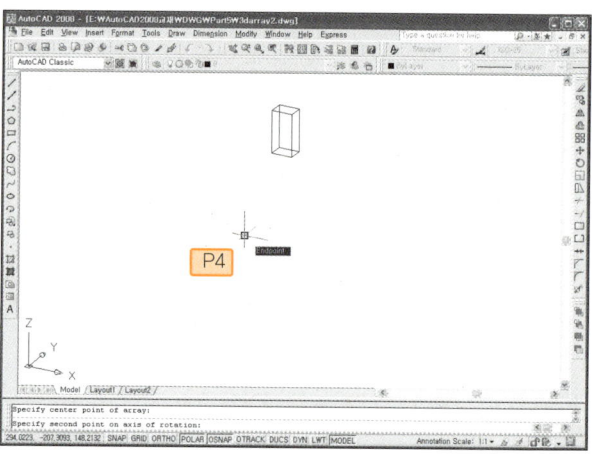

Specify second point on axis of rotation : **P4 클릭**

⑦ 다음과 같이 회전 복사되었습니다.

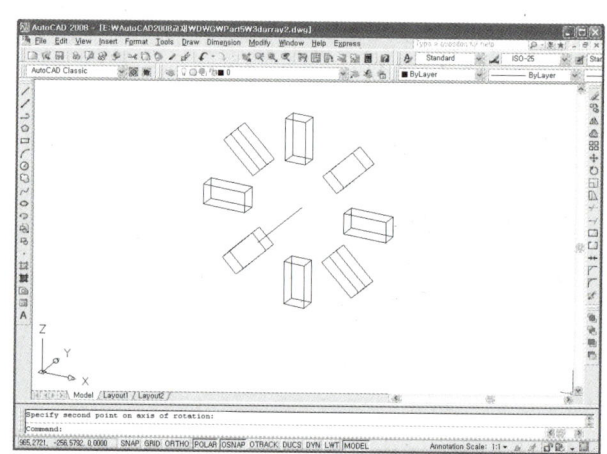

3. 3차원으로 회전시키는 [3DRotate] 명령어

[3DRotate] 명령도 UCS에 관계없이 화면의 회전 구체를 기준으로 사용자가 원하는 방향으로 객체를 자유롭게 회전할 수 있습니다. 무엇보다 해당하는 객체의 UCS 변화 없이 3차원 좌표 아무 곳이나 회전할 수 있다는 점이 매력적입니다. 물론 UCS를 이용해서 회전하는 것과 차이가 없으므로 사용자는 자신이 편한 방법대로 사용하면 됩니다.

3DRotate	
아이콘	⊕
메인 메뉴	[Modify]–[3D Opertions]–[3D Rotate]
명령어	3DRotate
단축키	〈3R〉

1. 명령어 사용 방법

UCS와 관계없이 대상 객체를 회전할 수 있으며 선택한 후 나타나는 기준좌표 아이콘을 이용하여 사용자가 원하는 방향으로 대상 객체를 회전시킵니다. [3DRotate] 명령을 실행하면 화면의 색이 변하면서 회전 기준이 되는 아이콘이 나타납니다. 그 아이콘을 기준으로 기준점부터 회전 지점과 각도를 입력합니다.

```
Command : 3DRotate Enter
Current positive angle in UCS : ANGDIR=counterclockwise ANGBASE=0
Select objects : 회전 대상 객체를 선택합니다.
Specify base point : 기준점을 클릭합니다.
Pick a rotation axis : 회전의 중심축을 선택합니다.
Specify angle start point or type an angle : 회전축의 첫 번째 점을 클릭합니다.
Specify angle end point : 회전축의 두 번째 점을 클릭합니다.
```

2. 기본 실습

모양을 확인할 수 있는 대상 객체를 선택하여 기준점을 지정하여 회전하는 연습을 통해 방법을 살펴봅니다.

• 예제 파일 : Sample\Part05\3drotate.dwg

---

1 [File]-[Open] 메뉴를 이용하여 부록 CD에서 예제 파일을 불러옵니다.

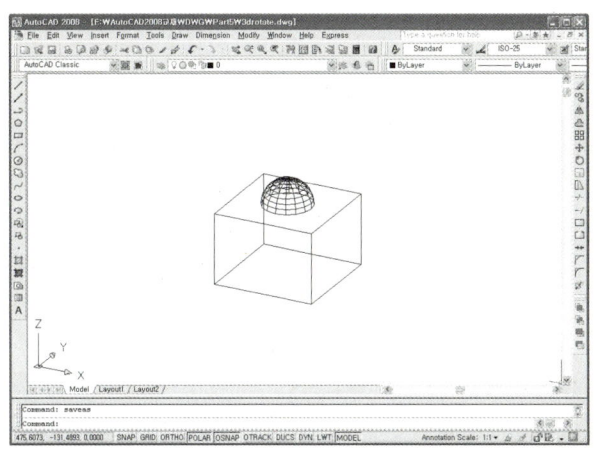

2 Command 라인에 [3DRotate] 명령어를 입력합니다. 명령어 입력 시 배경색은 회색으로 변하며, USC 아이콘도 [Shade]가 되어 3D Modering 워크 스페이스처럼 잠시 변합니다.

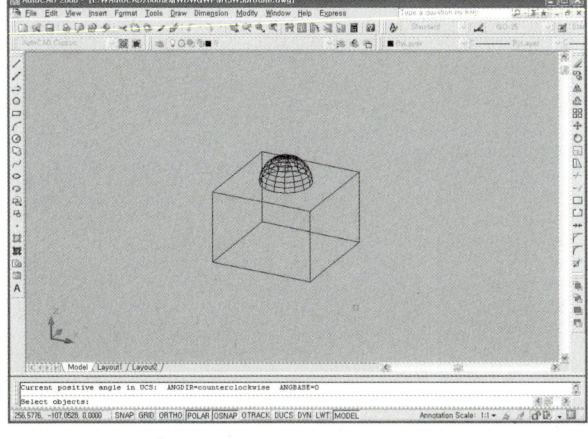

```
Command : 3DRotate Enter
Current positive angle in UCS : ANGDIR=counterclockwise
ANGBASE=0
```

③ 다음의 객체를 선택합니다. [3DRotate] 명령어 선택시 3차원 모델링 구성 화면으로 자동 설정되며 명령어 종료 시 본화면으로 돌아옵니다.

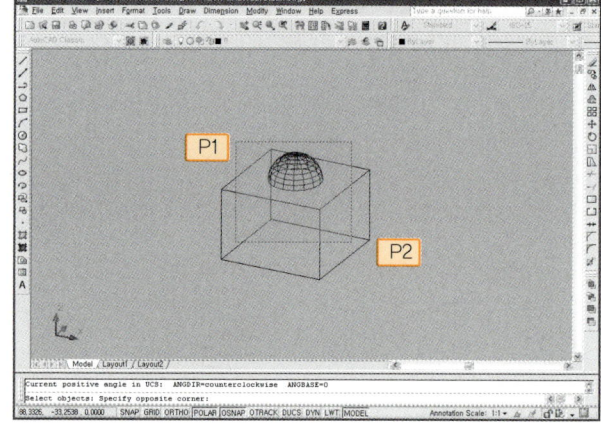

```
Select objects : Specify opposite corner : 2 found
P1점에서 P2점까지 드래그합니다.
Select objects : Enter
```

④ 기준점을 클릭합니다.

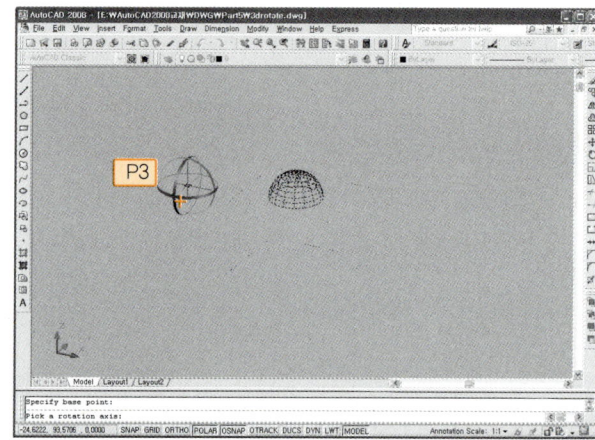

```
Specify base point : P3 클릭
```

⑤ 회전축을 선택합니다. 아이콘의 색상 띠 부분을 선택합니다.

```
Pick a rotation axis : P4 클릭
Specify angle start point or type an angle : Enter
```

6 축의 방향을 드래그하여 회전합니다.

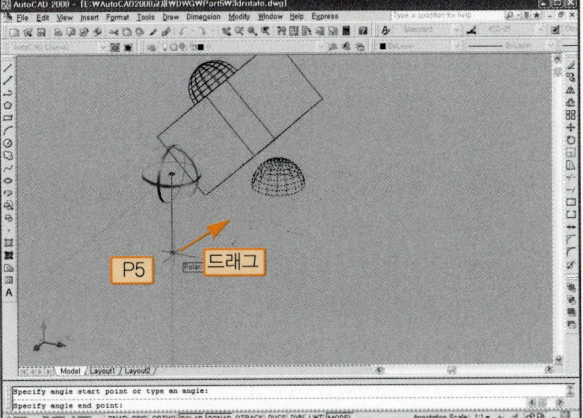

```
Specify angle end point : P5 클릭 드래그
```

7 회전을 마치고 나면 다시 Classic 본 화면으로 돌아옵니다.

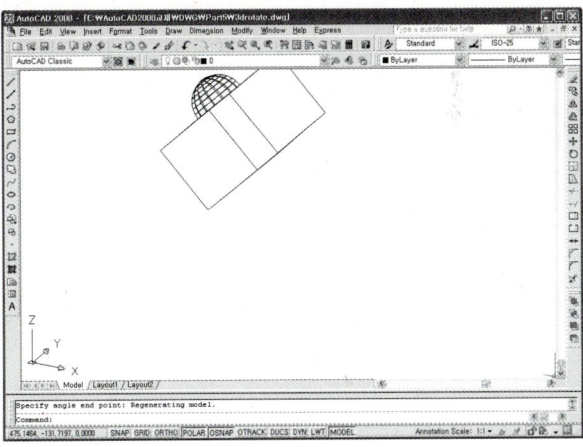

Chapter

A u t o C A D

07 솔리드 객체 생성하기

솔리드(Solid) 객체는 일반 표면을 기준으로 모델링하는 Surface 객체와는 달리 내부도 꽉 채워져 있으며 질량, 부피, 강도, 광택 등을 갖는 객체를 의미하며 면 처리가 필요 없는 객체입니다. 기본적으로 화면에 보이는 경우에는 속이 빈 상태로 보이나 [Hide] 명령어를 입력하면 속이 채워진 상태로 나타납니다.

1. Solid 객체의 WireFram 개수를 결정하는 [Isolines] 명령어

Solid 객체는 화면에 보이는 모습과 출력 상태 등을 고려하여 Display를 변경해야 합니다. WireFrame 상태의 Wire 개수나 Hide되었을 경우에 보이는 Wire 개수 등 곡선의 부드러움 정도 등을 고려하여 결정할 수 있습니다. [Isolines] 명령은 Solid 객체를 작업할 때 화면에 보이는 WireFrame의 개수를 조절합니다. 기본값은 4이지만 0~2,047까지 입력이 가능합니다. 하지만 개수가 많다고 곡선이 부드러워지지는 않으므로 개수를 많이 하여 작업할 필요는 없습니다.

1. 명령어 사용 방법

기본 개수인 상태에서 Solid 객체를 살펴보고 개수를 늘린 상태에서의 Solid 객체를 비교합니다.

• 예제 파일 : Sample\Part05\solid01.dwg
----

❶ [File]-[Open] 메뉴를 이용하여 부록 CD에서 예제 파일을 불러옵니다.

❷ 화면의 원형 부분을 살펴보면 선분이 몇 개 되지 않습니다. [Isolines] 명령어를 입력하여 Wire의 개수를 늘리도록 합니다.

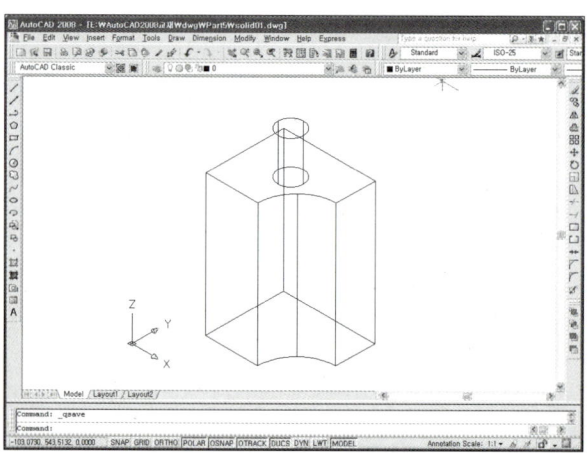

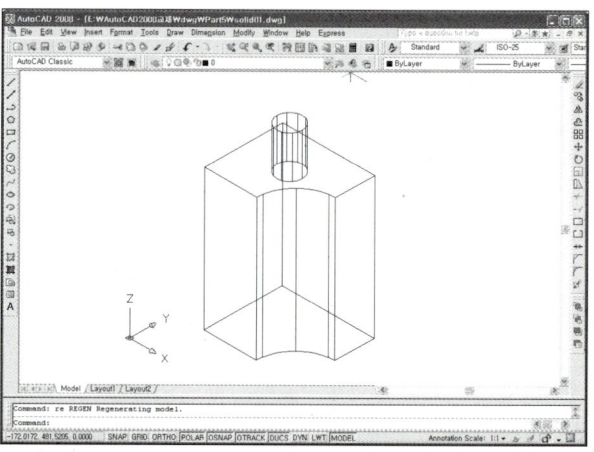

Command : **Isolines** Enter
Enter new value for ISOLINES <4> : **4** Enter
원하는 Isolines의 개수를 입력합니다.
Command : **Regen** Enter
Regen을 하지 않으면 변경된 데이터를 새로 갱신하지 못합니다.

[Facetres] 명령은 Solid 객체로 작업할 때 곡선의 부드러움의 정도를 결정합니다. 보통 [Facetres]의 기본값은 0.5이며 0.01~10까지 입력이 가능합니다. 수치가 적을수록 데이터의 양은 최적화되지만 곡선 부분이 거칠어집니다. 반면 수치가 많으면 데이터의 양이 늘어나지만 곡선 부분이 미려하게 부드러워집니다.

1. 명령어 사용 방법

예제 파일을 불러서 기본 개수 상태에서 Solid 객체를 살펴보고 개수를 늘린 상태에서의 Solid 객체를 비교해보겠습니다.

- 예제 파일 : Sample\Part05\solid01.dwg

① [File]-[Open] 메뉴를 이용하여 부록 CD에서 예제 파일을 불러옵니다.

② 먼저 현재의 상태에서 [Hide] 명령을 입력합니다.

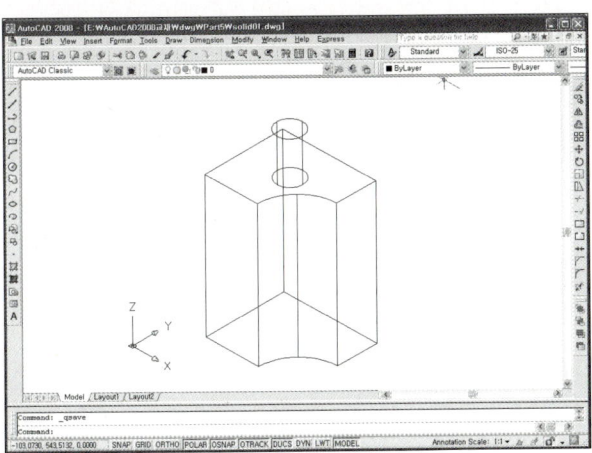

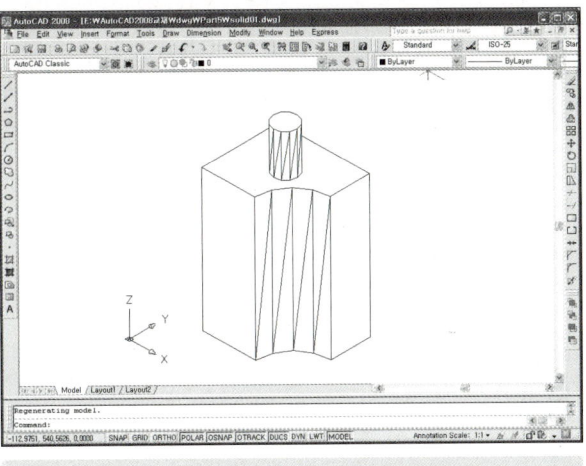

```
Command : Hide  Enter
```

③ [Facetres] 값을 변경하고 [Hide]를 입력하여 확인합니다. 보다 많은 Segment 숫자로 인해 곡면의 표현이 많이 부드럽습니다.

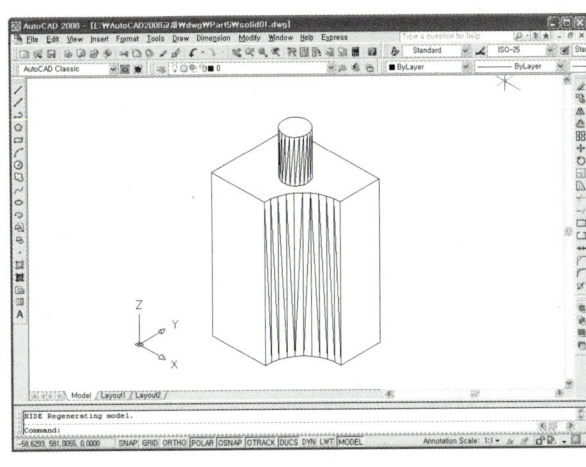

```
Command : Facetres  Enter
Enter new value for FACETRES <0.5000> : 3  Enter
Command : Hide  Enter
```

Solid 객체로 작업할 때 객체의 윤곽만 나타내고 내부를 표현하지 않을 때 사용하는 명령어입니다. [Dispsilh] 명령어를 사용하면 [Hide]할 때 나타나는 연속적인 선분들 없이 객체를 표현할 수 있습니다.

1. 명령어 사용 방법

예제 파일을 불러서 기본 개수 상태에서 Solid 객체를 살펴보고 개수를 늘린 상태에서의 Solid 객체를 비교해보겠습니다.

• 예제 파일 : Sample\Part05\solid01.dwg

❶ [File]-[Open] 메뉴를 이용하여 부록 CD에서 예제 파일을 불러옵니다.

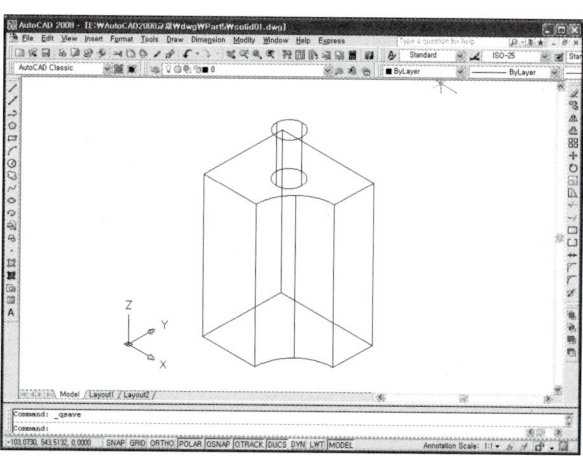

❷ 현재의 화면 상태를 확인하기 위하여 [Hide] 명령을 입력합니다.

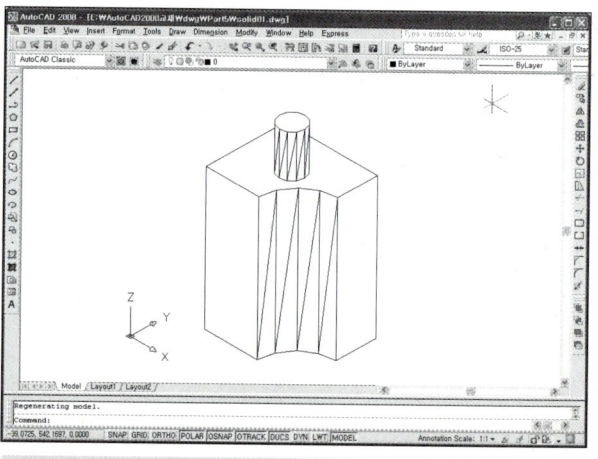

```
Command : Hide  Enter
```

❸ [Dispsilh] 값을 '0'에서 '1'로 변경하고 [Hide] 명령을 입력하여 확인합니다.

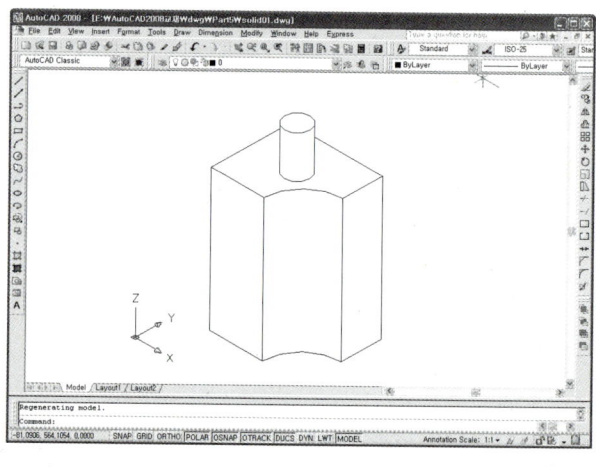

```
Command : Dispsilh  Enter
Enter new value for DISPSILH <0> : 1  Enter
Command : Hide  Enter
```

4. Solid 육면체를 그리는 [Box] 명령어

[Box] 명령은 Solid 객체의 기본체 중에서 육면체를 그리는 명령어입니다. 기본적으로 모든 Solid 객체는 UCS의 XY 평면을 기준으로 생성되므로 UCS를 사용자 정의에 맞게 확인한 뒤 작업합니다.

[BOX] 명령어	
아이콘	⬚
메인 메뉴	[Draw]-[Modeling]-[Box]
명령어	Box

1. 명령어 사용 방법

[Box] 명령어는 솔리드 원시 객체의 하나로 UCS의 XY 평면을 기준으로 가로, 세로, 높이 값을 가지는 육면체를 그릴 수 있습니다. [Hide] 명령어를 사용하기 전까지는 속이 비어보이는 WireFrame 모델링의 상태입니다.

```
Command : Box Enter
Specify first corner or [ Center] : Box의 한쪽 지점을 클릭합니다.
Specify other corner or [ Cube/Length] : Box의 다른 대각선 지점을 클릭하거나 옵션을 선택합니다.
Specify height or [ 2Point] <100.0000> : 육면체의 높이 값을 입력하거나 2개의 점을 클릭하여 높이 값을 대신합니다.
```

2. 명령어 옵션

[Box] 명령은 기본적으로 육면체의 가로와 세로 그리고 높이 값을 이용하여 Box를 그릴 수 있지만 옵션을 이용하면 하나의 치수로 가로, 세로, 높이 값이 모두 같은 정육면체를 그릴 수 있습니다.

옵션	내용
Center	Box 객체의 XY 평면을 기준으로 정 중앙을 먼저 선택합니다.
Cube	가로, 세로, 높이 값이 모두 같은 정육면체를 그립니다.
Length	대각선의 반대편 구석을 선택하지 않고 길이 값을 입력합니다.
2Point	2개의 점을 클릭하여 두 점 사이의 길이 값을 Height 값으로 입력합니다.

3. 기본 실습

[Box] 명령의 기본값을 이용하여 box를 그리고 [Hide]나 [Shade]를 통해 완성된 모습을 파악합니다.

❶ 새 도면을 준비하고 [Vpoint]를 다음과 같이 설정합니다.

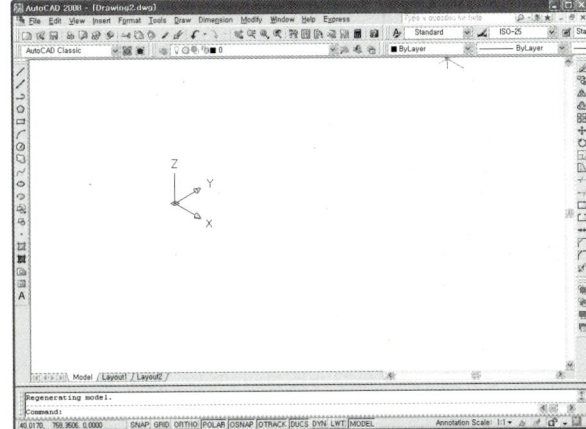

```
Command : Vpoint Enter
Current view direction : VIEWDIR=1.0000,-1.0000,1.0000
Specify a view point or [ Rotate] <display compass and
tripod> : 1,-1,1 Enter
```

❷ Solid Box를 그리기 위하여 Command 라인에 [Box] 명령을 입력합니다.

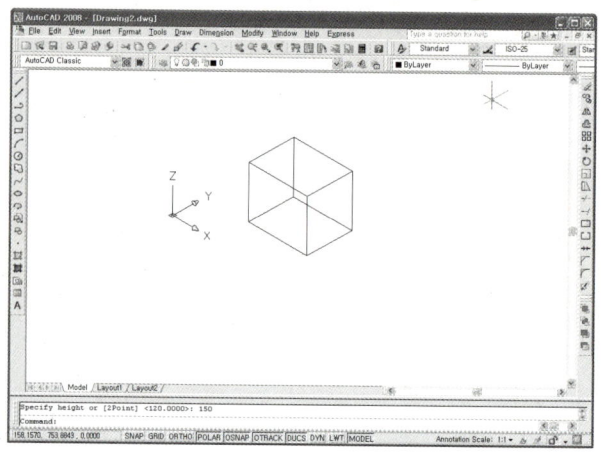

```
Command : Box Enter
Specify first corner or [ Center] : P1 클릭
Specify other corner or [ Cube/Length] : P2 클릭
Specify height or [ 2Point] <120.0000> : 150 Enter
Box의 높이 값을 입력합니다.
```

❸ 정육면체를 그리기 위하여 새로운 [Box] 명령어를 입력합니다.

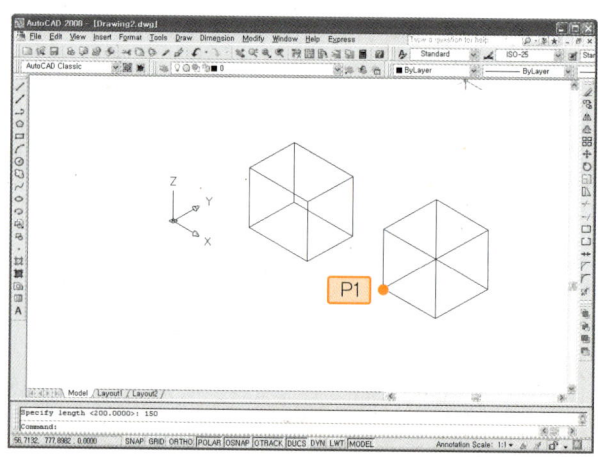

```
Command : Box Enter
Specify first corner or [ Center] : P1 클릭
Specify other corner or [ Cube/Length] : C Enter
Specify length <200.0000> : 150 Enter
```

❹ Length 옵션을 이용하여 Box 그리기를 실습합니다.

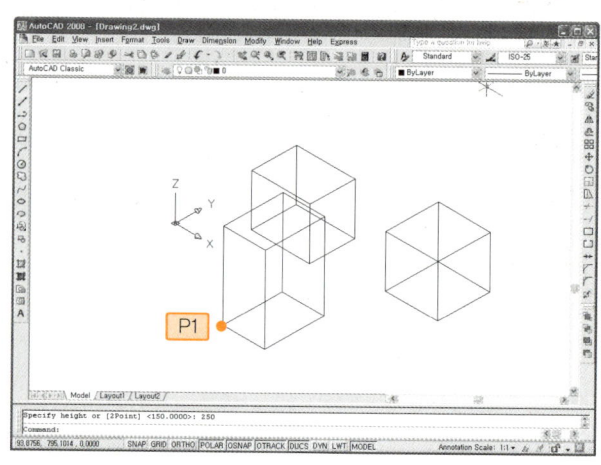

```
Command : Box Enter
Specify first corner or [ Center] : P1 클릭
Specify other corner or [ Cube/Length] : L Enter
Specify length <150.0000> : 120 Enter
Specify width : 170 Enter
Specify height or [ 2Point] <150.0000> : 250 Enter
```

5. Solid 구를 그리는 [Sphere] 명령어

Solid 객체의 기본체 중에서 구를 그리는 명령어입니다. 반지름과 지름 값을 이용하여 구를 만듭니다.

[Sphere] 명령어	
아이콘	🔘
메인 메뉴	[Draw]–[Modeling]–[Sphere]
명령어	Sphere

1. 명령어 사용 방법

[Sphere] 명령어는 솔리드 구를 그리는 명령어로 중심점을 클릭하고 원하는 크기의 반지름과 지름을 입력합니다.

```
Command : Sphere Enter
Specify center point or [ 3P/2P/Ttr] : 구의 중심을 선택하거나 옵션을 선택합니다.
Specify radius or [ Diameter] <65.9959> : 100 Enter 구의 반지름 또는 지름 값을 입력합니다.
```

2. 명령어 옵션

구를 그리는 다양한 옵션을 사용할 수 있습니다. 원과 마찬가지로 접점의 개수와 접점과 반지름 등을 옵션으로 다양한 구를 그릴 수 있습니다.

옵션	내용
3P	세 점을 지나는 구를 그립니다.
2P	두 점을 지나는 구를 그립니다.
Ttr	접선, 접선, 반지름을 가진 구를 그립니다.
Diameter	2개의 점을 클릭하여 두 점 사이의 길이 값을 Height 값으로 입력합니다.지름 값을 입력하여 구를 그립니다.

3. 기본 실습

구의 기본값인 중심점과 반지름을 이용하여 구를 그려 보고, 각 접점을 이용하여 필요한 구를 그려보겠습니다.

① 새 도면을 준비하고 [Vpoint]를 다음과 같이 설정
합니다.

```
Command : Vpoint Enter
Current view direction : VIEWDIR=1.0000,-1.0000,1.0000
Specify a view point or [ Rotate] <display compass and
tripod> : 1,-1,1 Enter
```

② Solid Sphere를 그리기 위하여 Command 라인에 [Sphere] 명령을 입력합니다.

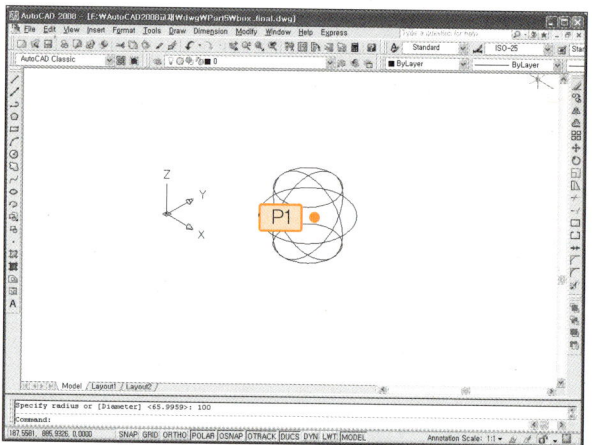

```
Command : Sphere [Enter]
Specify center point or [3P/2P/Ttr] : P1 클릭
Specify radius or [Diameter] <65.9959> : 100 [Enter]
```

③ 세 점을 지나는 구를 그립니다.

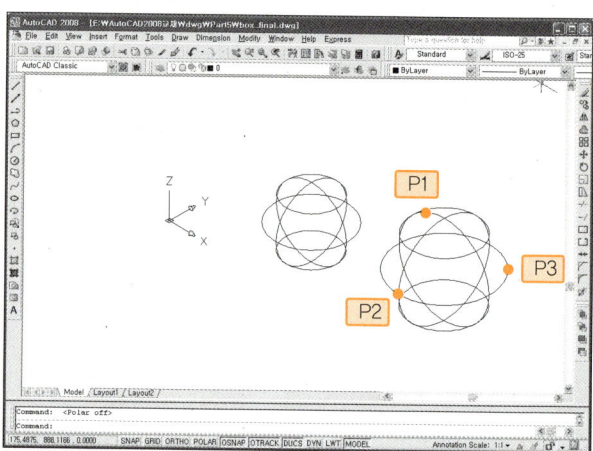

```
Command : Sphere [Enter]
Specify center point or [3P/2P/Ttr] : 3p [Enter]
Specify first point : P1 클릭
Specify second point : P2 클릭
Specify third point : P3 클릭
```

④ 두 점을 지나는 구를 그립니다.

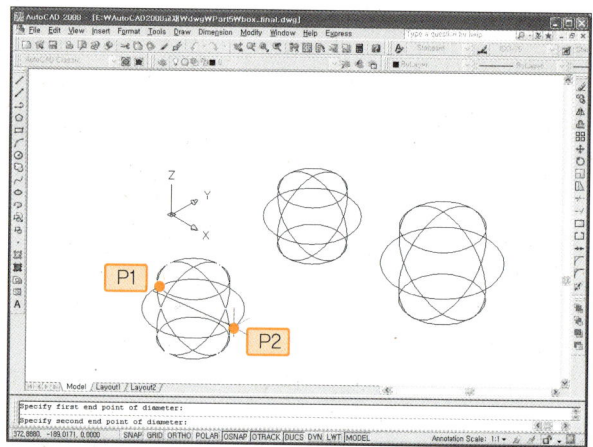

```
Command : Sphere [Enter]
Specify center point or [3P/2P/Ttr] : 2p [Enter]
Specify first end point of diameter : P1 클릭
Specify second end point of diameter : P2 클릭
```

⑤ Ttr 옵션을 이용하여 구를 그리기 위하여 원을 2 개 그립니다.

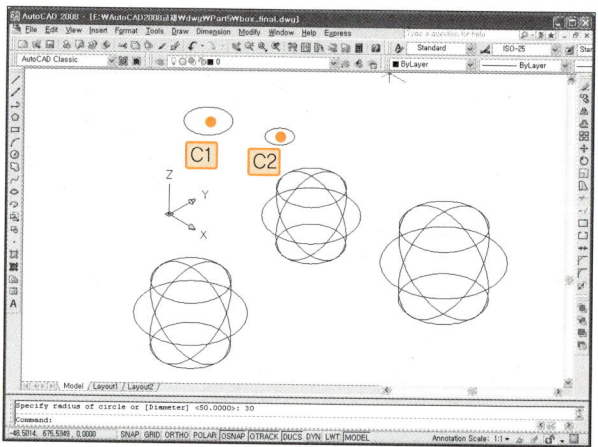

```
Command : Circle [Enter]
Specify center point for circle or [3P/2P/Ttr(tan tan
radius)] : C1 클릭
Specify radius of circle or [Diameter] <52.6304> : 50
Command : Circle [Enter]
Specify center point for circle or [3P/2P/Ttr(tan tan
radius)] : C2 클릭
Specify radius of circle or [Diameter] <50.0000> : 30
```

❻ 방금 그린 원에 접하는 구를 계속해서 그립니다.

❼ 반지름을 입력하여 완성합니다.

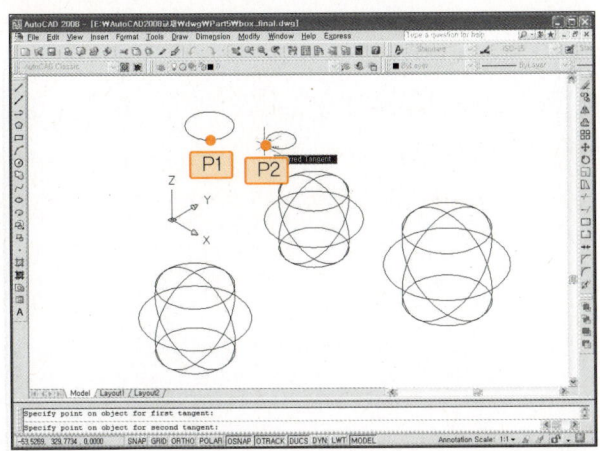

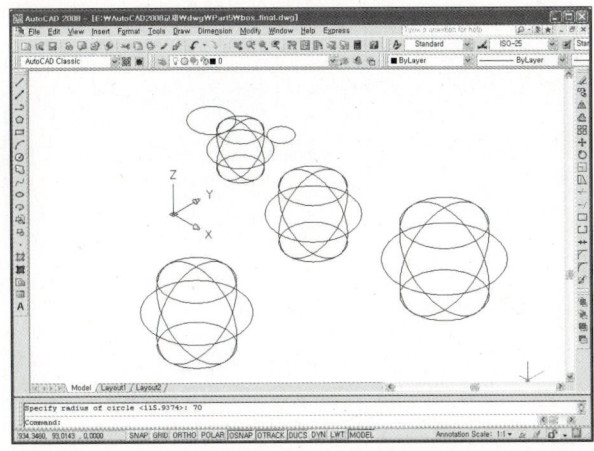

Command : **Sphere** Enter
Specify center point or [3P/2P/Ttr] : **T** Enter
Specify point on object for first tangent : **P1 클릭**
Specify point on object for second tangent : **P2 클릭**

Specify radius of circle <115.9374> : **70** Enter

❽ [Hide] 명령을 입력하여 완성합니다.

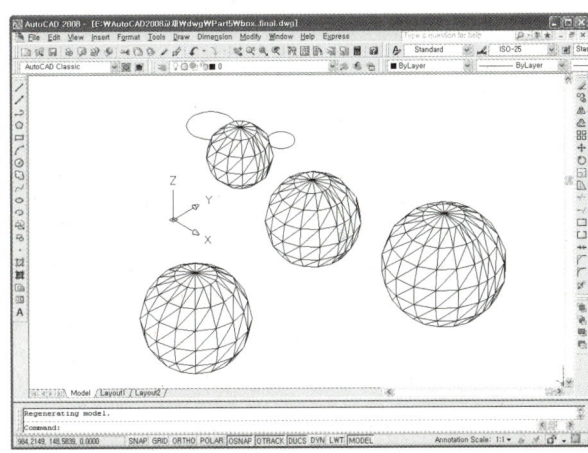

Command : **Hide** Enter

6. Solid 원기둥을 그리는 [Cylinder] 명령어

[Cylinder] 명령어는 Solid 객체의 기본체 중에서 원기둥을 그리는 명령어입니다. 반지름과 지름 값을 이용하여 원기둥을 만듭니다.

[Cylinder] 명령어	
아이콘	🗊
메인 메뉴	[Draw]–[Modeling]–[Cylinder]
명령어	Cylinder

1. 명령어 사용 방법

[Cylinder] 명령어는 솔리드 원기둥을 그리는 명령어로 중심점을 클릭하고 원하는 크기의 반지름과 지름을 입력합니다.

```
Command : Cylinder [Enter]
Specify center point of base or [ 3P/2P/Ttr/Elliptical] : 원기둥의 중심점을 클릭하거나 옵션을 선택합니다.
Specify base radius or [ Diameter] <70.0000> : 50 원기둥의 반지름을 입력합니다.
Specify height or [ 2Point/Axis endpoint] <250.0000> : 120 원기둥의 높이 값을 입력합니다.
```

2. 명령어 옵션

[Cylinder] 명령어의 옵션을 이용하여 다양한 형태로 원기둥을 그릴 수 있습니다. 원을 그리는 옵션과 마찬가지로 원의 접점과 반지름 값 등을 이용하여 다양하게 그릴 수 있습니다.

옵션	내용
3P	세 점을 지나는 원기둥을 그립니다.
2P	두 점을 지나는 원기둥을 그립니다.
Ttr	접선, 접선, 반지름을 가진 원기둥을 그립니다.
Diameter	지름 값을 입력하여 원기둥을 그립니다.
Elliptical	타원형의 원기둥을 그립니다.

3. 기본 실습

원기둥을 그리는 중심점과 반지름을 이용하여 원기둥을 그리고 해당 옵션을 이용하여 필요한 조건을 충족하는 원기둥을 그립니다.

① 새 도면을 준비하고 Vpoint를 다음과 같이 설정합니다.

② Solid Cylinder를 그리기 위하여 Command 라인에 [Cylinder] 명령을 입력합니다.

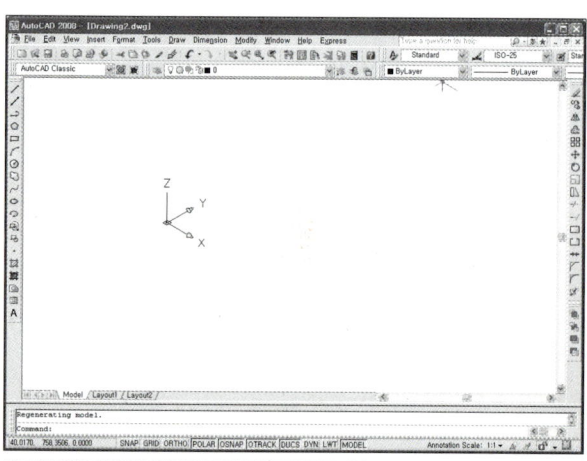

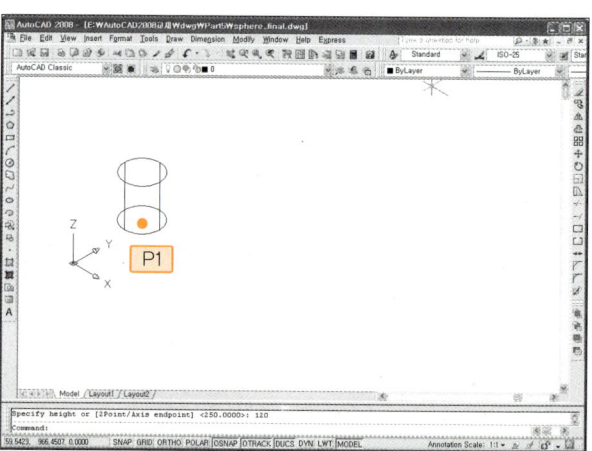

```
Command : Vpoint [Enter]
Current view direction : VIEWDIR=1.0000,-1.0000,1.0000
Specify a view point or [ Rotate] <display compass and
tripod> : 1,-1,1 [Enter]
```

```
Command : Cylinder [Enter]
Specify center poin of base or [ 3P/2P/Ttr/Elliptical] :
P1 클릭
Specify base radius or [ Diameter] <70.0000> : 50 [Enter]
Specify height or [ 2Point/Axis endpoint] <250.0000> :
120 [Enter]
```

③ 세 점을 지나는 원기둥을 그립니다.

```
Command : Cylinder Enter
Specify center point of base or [ 3P/2P/Ttr/Elliptical]
: 3p Enter
Specify first point : P1 클릭
Specify second point : P2 클릭
Specify third point : P3 클릭
Specify height or [ 2Point/Axis endpoint] <120.0000> :
150 Enter
```

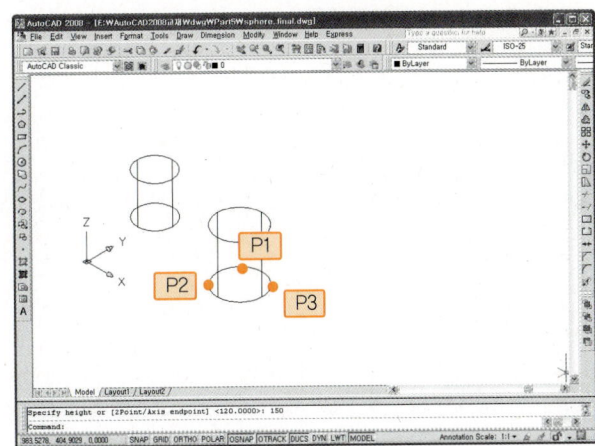

④ 두 점을 지나는 원기둥을 그립니다.

```
Command : Cylinder Enter
Specify center point of base or [ 3P/2P/Ttr/Elliptical]
: 2p Enter
Specify first end point of diameter : P1 클릭
Specify second end point of diameter : P2 클릭
Specify height or [ 2Point/Axis endpoint] <150.0000> :
50 Enter
```

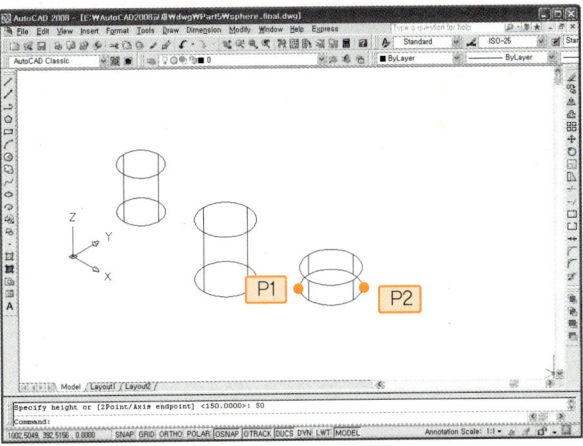

⑤ 타원형의 원기둥을 그립니다.

```
Command : Cylinder Enter
Specify center point of base or [ 3P/2P/Ttr/Elliptical]
: E Enter
Specify endpoint of first axis or [ Center] : P1 클릭
Specify other endpoint of first axis : P2 클릭
Specify endpoint of second axis : P3 클릭
Specify height or [ 2Point/Axis endpoint] <50.0000> :
120 Enter
```

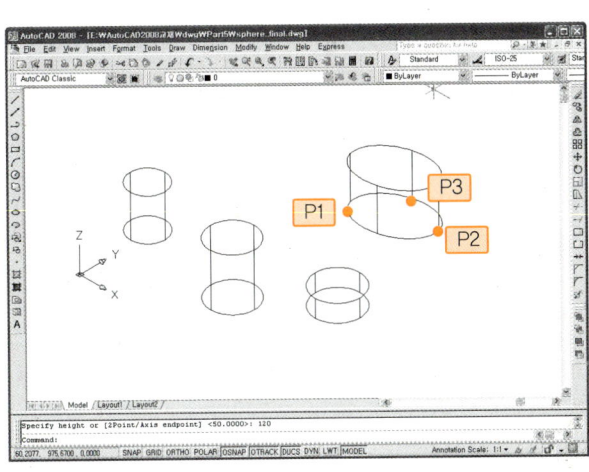

⑥ 두 객체의 접선과 반지름이 있는 원기둥을 그립니다.

```
Command : Cylinder Enter
Specify center point of base or [ 3P/2P/Ttr/Elliptical]
: T Enter
Specify point on object for first tangent : C1을 선택합
니다.
Specify point on object for second tangent : C2를 선택
합니다.
Specify radius of circle <64.0785> : 60 Enter
Specify height or [ 2Point/Axis endpoint] <120.0000> :
80 Enter
```

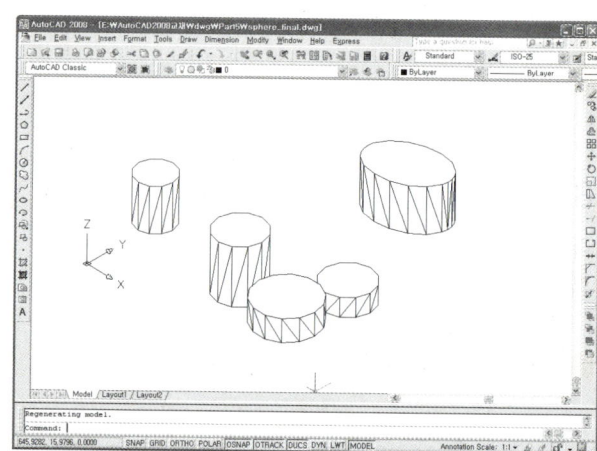

⑦ [Hide] 명령어를 입력하여 다음과 같이 확인합니다.

```
Command : Hide Enter
```

---

7. Solid 원뿔을 그리는 [Cone] 명령어

Solid 객체의 기본체 중에서 원뿔을 그리는 명령어입니다. 반지름과 지름 값을 이용하여 원뿔을 만듭니다.

[Cone] 명령어	
아이콘	△
메인 메뉴	[Draw]-[Modeling]-[Cone]
명령어	Cone

1. 명령어 사용 방법

[Cone] 명령어는 솔리드 원뿔을 그리는 명령어로 중심점을 클릭하고 반지름이나 지름 값을 입력하여 원뿔을 그립니다.

```
Command : Cone  Enter
Specify center point of base or [ 3P/2P/Ttr/Elliptical] : 원뿔의 중심점을 클릭합니다.
Specify base radius or [ Diameter] <80.0000> : 원뿔의 반지름이나 지름 값을 입력합니다.
Specify height or [ 2Point/Axis endpoint/Top radius] <60.0000> : 130 원뿔의 높이 값을 입력합니다.
```

2. 명령어 옵션

Cone의 옵션을 이용하여 다양한 원뿔을 그릴 수 있습니다. 원을 포함하고 있으므로 원의 옵션들을 그대로 가지고 있으며 또한 타원형의 원뿔을 그릴 수 있습니다.

옵션	내용
3P	세 점을 지나는 원뿔을 그립니다.
2P	두 점을 지나는 원뿔을 그립니다.
Ttr	접선, 접선, 반지름을 가진 원뿔을 그립니다.
Diameter	지름 값을 입력하여 원뿔을 그립니다.
Elliptical	타원형의 원기둥의 원뿔을 그립니다.

3. 기본 실습

다양한 형태의 원뿔을 그려봅니다. 원뿔의 중심점과 높이 값을 이용하여 원뿔을 그리고 다양한 조건을 충족시키는 원뿔을 그릴 수 있습니다.

① 새 도면을 준비하고 [Vpoint]를 다음과 같이 설정합니다.

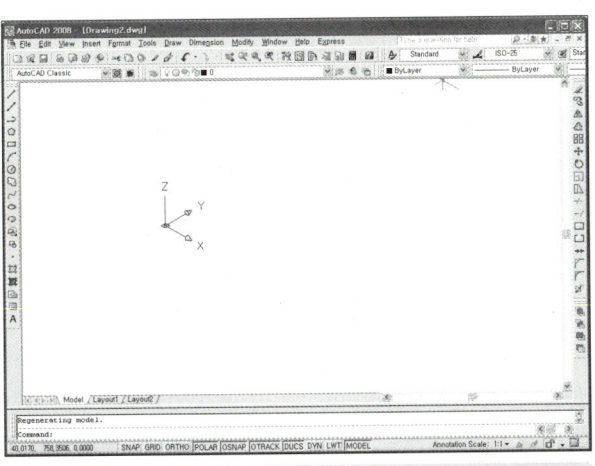

```
Command : Vpoint  Enter
Current view direction : VIEWDIR=1.0000,-1.0000,1.0000
Specify a view point or [ Rotate ] <display compass and tripod> : 1,-1,1  Enter
```

② Solid Cone를 그리기 위하여 Command 라인에 [Cone] 명령을 입력합니다.

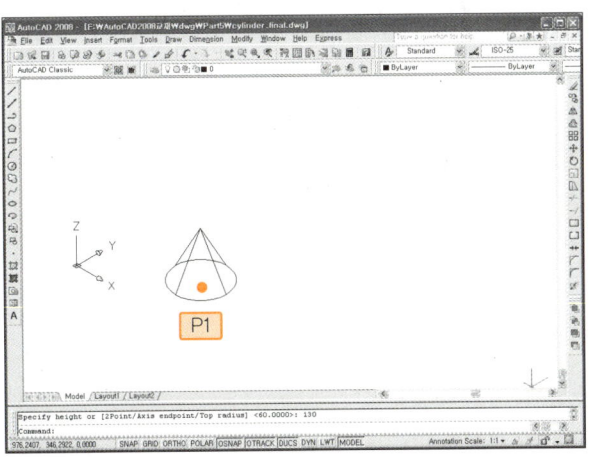

```
Command : Cone  Enter
Specify center point of base or [ 3P/2P/Ttr/Elliptical] :
P1 클릭
Specify base radius or [ Diameter] <80.0000> : 80  Enter
Specify height or [ 2Point/Axis endpoint/Top radius]
<60.0000> : 130  Enter
```

③ 원뿔의 꼭짓점 위치를 사용자가 원하는 위치로 지
정하는 원뿔을 그립니다.

```
Command : Cone [Enter]
Specify center point of base or [ 3P/2P/Ttr/Elliptical]
: P1 클릭
Specify base radius or [ Diameter] <73.5670> : 80 [Enter]
Specify height or [ 2Point/Axis endpoint/Top radius]
<130.0000> : A [Enter]
Specify axis endpoint : P2 클릭
```

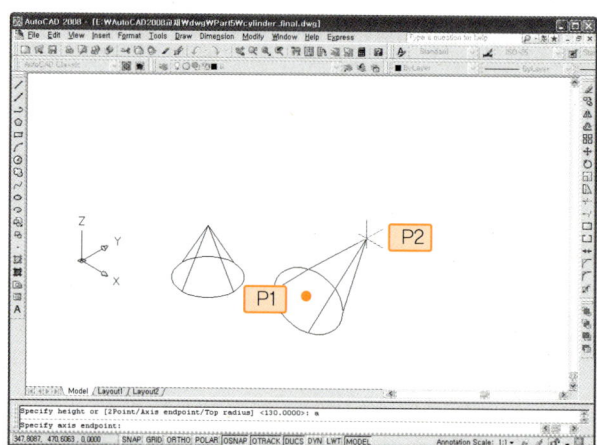

④ 원뿔 상단의 반지름 값을 이용하여 원뿔을 그립니
다. Top 부분의 반지름 값을 입력하여 밑면과 윗면
의 크기가 다른 두 원이 있는 원뿔을 생성합니다.

```
Command : Cone [Enter]
Specify center point of base or [ 3P/2P/Ttr/Elliptical] :
Specify base radius or [ Diameter] <80.0000> : [Enter]
Specify height or [ 2Point/Axis endpoint/Top radius]
<254.9797> : T [Enter]
Specify top radius <0.0000> : 15 [Enter]
Specify height or [ 2Point/Axis endpoint] <254.9797> :
150 [Enter]
```

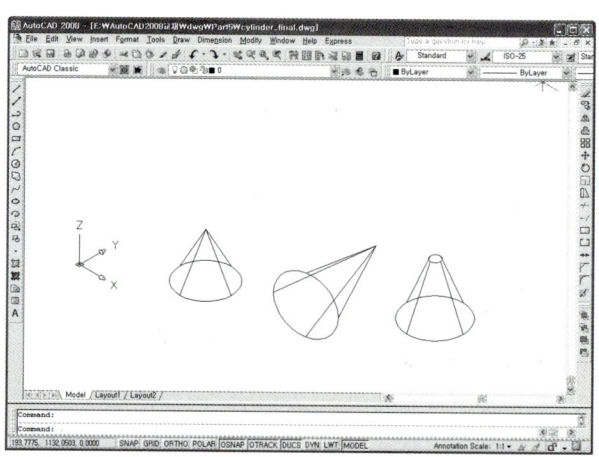

⑤ [Hide] 명령어를 입력하여 확인합니다.

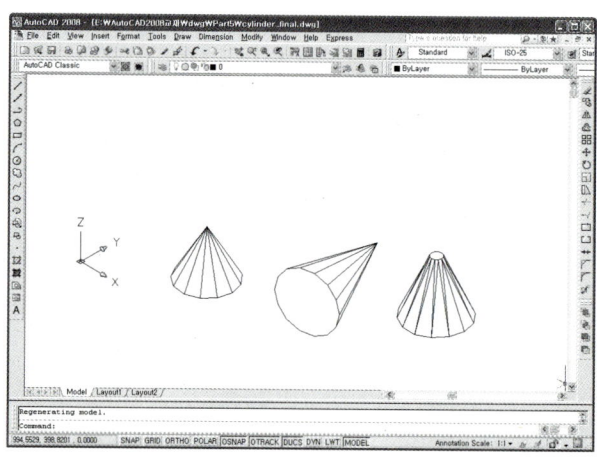

```
Command : Hide [Enter]
```

8. Solid 쐐기를 그리는 [Wedge] 명령어

Solid 객체의 기본체 중에서 쐐기를 그리는 명령어입니다. Box를 그리는 순서와 다르지 않습니다. Box를 대각선 방향으로 잘라놓은 모양의 쐐기이므로 옵션이나 특징이 모두 동일합니다.

[Wedge] 명령어	
아이콘	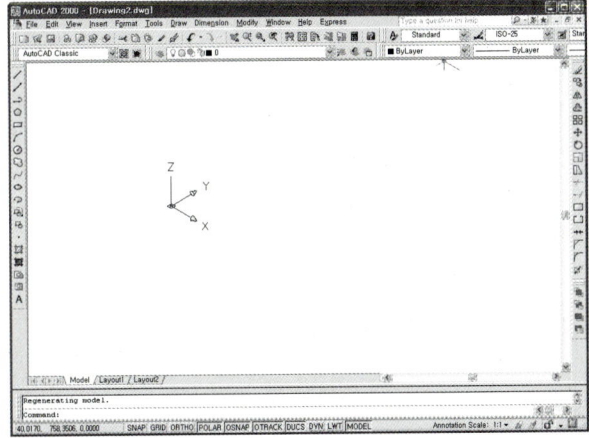
메인 메뉴	[Draw]–[Modeling]–[Wedge]
명령어	Wedge

1. 명령어 사용 방법

[Wedge] 명령어는 솔리드 쐐기를 그리는 명령어입니다. 사각형을 대각선으로 잘라놓은 모양이므로 바닥면이 사각형을 이루고 있습니다. 기준 첫 점으로부터 대각선의 반대편 지점을 클릭하여 가로와 세로를 입력하고 높이 값을 입력하여 완성합니다.

```
Command : Wedge Enter
Specify first corner or [ Center] : 쐐기의 시작점을 클릭합니다.
Specify other corner or [ Cube/Length] : 쐐기의 반대편 대각선 점을 클릭합니다.
Specify height or [ 2Point] <150.0000> : 100 Enter 쐐기의 높이 값을 입력합니다.
```

2. 명령어 옵션

[Wedge] 명령은 기본적으로 육면체의 가로와 세로, 그리고 높이 값을 이용하여 Wedge를 그릴 수 있지만 옵션을 이용하면 하나의 치수로 가로, 세로, 높이 값이 모두 같은 Wedge를 그릴 수 있습니다.

옵션	내용
Center	Box 객체의 XY 평면을 기준으로 정 중앙을 먼저 선택합니다.
Cube	가로, 세로, 높이 값이 모두 같은 Wedge를 그립니다.
Length	대각선의 반대편 구석을 선택하지 않고 길이 값을 입력합니다.
2Point	2점을 클릭하여 2점 사이의 길이 값을 Height값으로 입력합니다.

3. 기본 실습

[Wedge] 명령어의 기본값을 이용하여 Wedge를 그리고 [Hide]나 [Shade] 명령을 통해 완성된 모습을 파악합니다.

❶ 새 도면을 준비하고 [Vpoint]를 다음과 같이 설정합니다.

```
Command : Vpoint Enter
Current view direction : VIEWDIR=1.0000,-1.0000,1.0000
Specify a view point or [ Rotate] <display compass and
tripod> : 1,-1,1 Enter
```

② Solid Wedge를 그리기 위하여 Command 라인에 [Wedge] 명령어를 입력합니다.

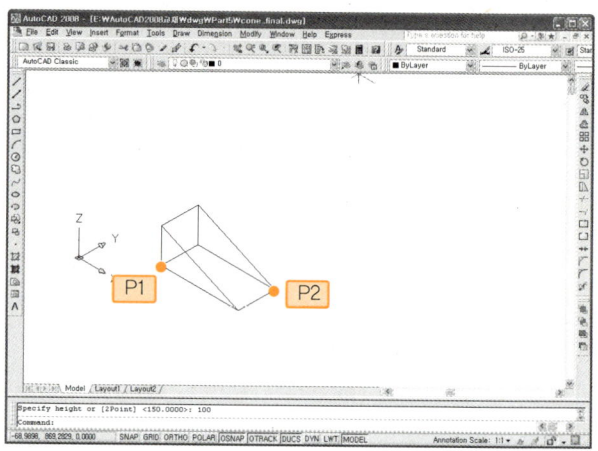

```
Command : Wedge  Enter
Specify first corner or [ Center] : P1 클릭
Specify other corner or [ Cube/Length] : P2 클릭
Specify height or [ 2Point] <150.0000> : 100  Enter
```

③ Cure 옵션을 이용하여 정육면 형태의 쐐기를 그릴 수 있습니다.

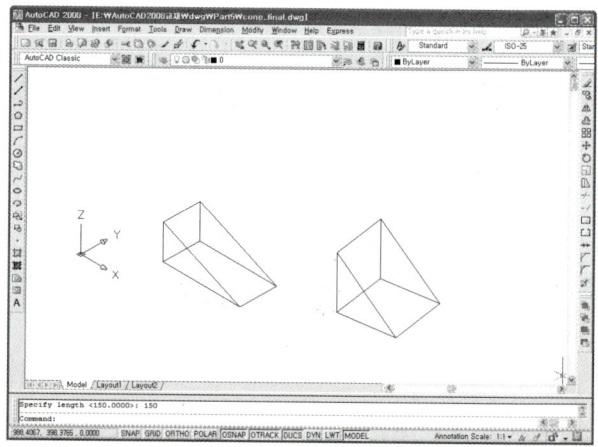

```
Command : Wedge  Enter
Specify first corner or [ Center] :
Specify other corner or [ Cube/Length] : C  Enter
Specify length <150.0000> : 150  Enter
```

④ [Hide] 명령어를 입력하여 확인합니다.

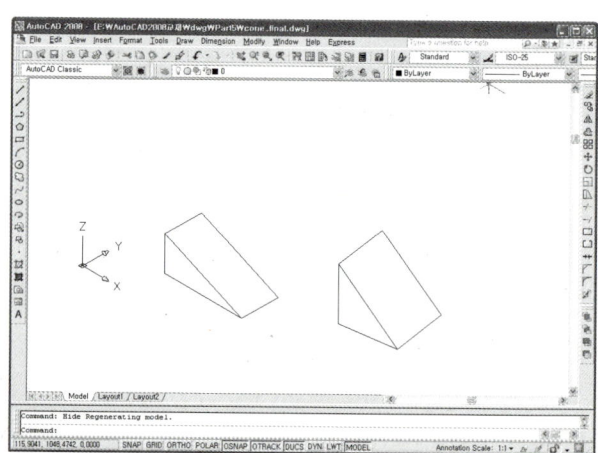

```
Command : Hide  Enter
```

Solid 객체의 기본체 중에서 도넛을 그리는 명령어입니다. 원환체 모양을 가진 솔리드 객체입니다.

[Torus] 명령어	
아이콘	
메인 메뉴	[Draw]–[Modeling]–[Torus]
명령어	Torus

1. 명령어 사용 방법

[Torus] 명령어는 도넛 모양의 원환체를 그리는 명령어입니다. [Tours]의 중심점을 클릭하고 전체의 반지름과 튜브의 반지름을 입력하여 그립니다.

```
Command : Torus Enter
Specify center point or [ 3P/2P/Ttr] : 도넛의 중심점을 클릭합니다.
Specify radius or [ Diameter] <80.0000> : 도넛 외경의 반지름 값을 입력합니다.
Specify tube radius or [ 2Point/Diameter] : 도넛 튜브의 반지름을 입력하거나 옵션을 입력합니다.
```

2. 명령어 옵션

[Torus]의 옵션을 이용하여 다양한 원환체를 그릴 수 있습니다. 원의 옵션이 가지고 있는 기본적인 값은 모두 가지고 있습니다.

옵션	내용
3P	세 점을 지나는 원환체를 그립니다.
2P	두 점을 지나는 원환체를 그립니다.
Ttr	접선, 접선, 반지름을 가진 원환체를 그립니다.
Diameter	지름 값을 입력하여 원환체를 그립니다.

3. 기본 실습

[Torus] 명령어의 기본값을 이용하여 Torus를 그리고 [Hide]나 [Shade]를 통해 완성된 모습을 파악합니다.

① 새 도면을 준비하고 [Vpoint]를 다음과 같이 설정 합니다.

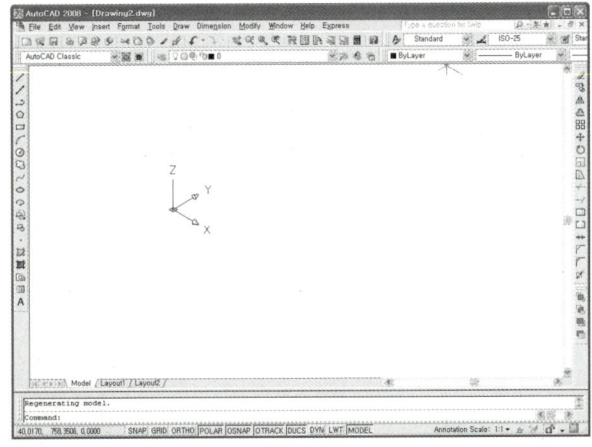

```
Command : Vpoint Enter
Current view direction : VIEWDIR=1.0000,-1.0000,1.0000
Specify a view point or [ Rotate] <display compass and
tripod> : 1,-1,1 Enter
```

② Solid Torus를 그리기 위하여 Command 라인에
[Torus] 명령어를 입력합니다.

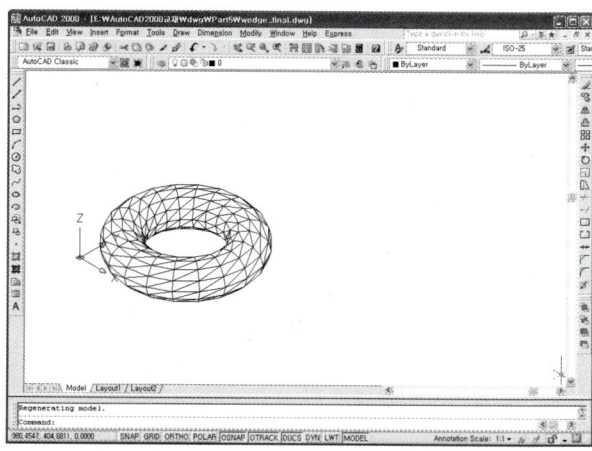

```
Command : Torus  [Enter]
Specify center point or [ 3P/2P/Ttr] :
Specify radius or [ Diameter] <80.0000> :
Specify tube radius or [ 2Point/Diameter] :
```

③ [Hide] 명령어를 입력하여 확인합니다.

```
Command : Hide  [Enter]
```

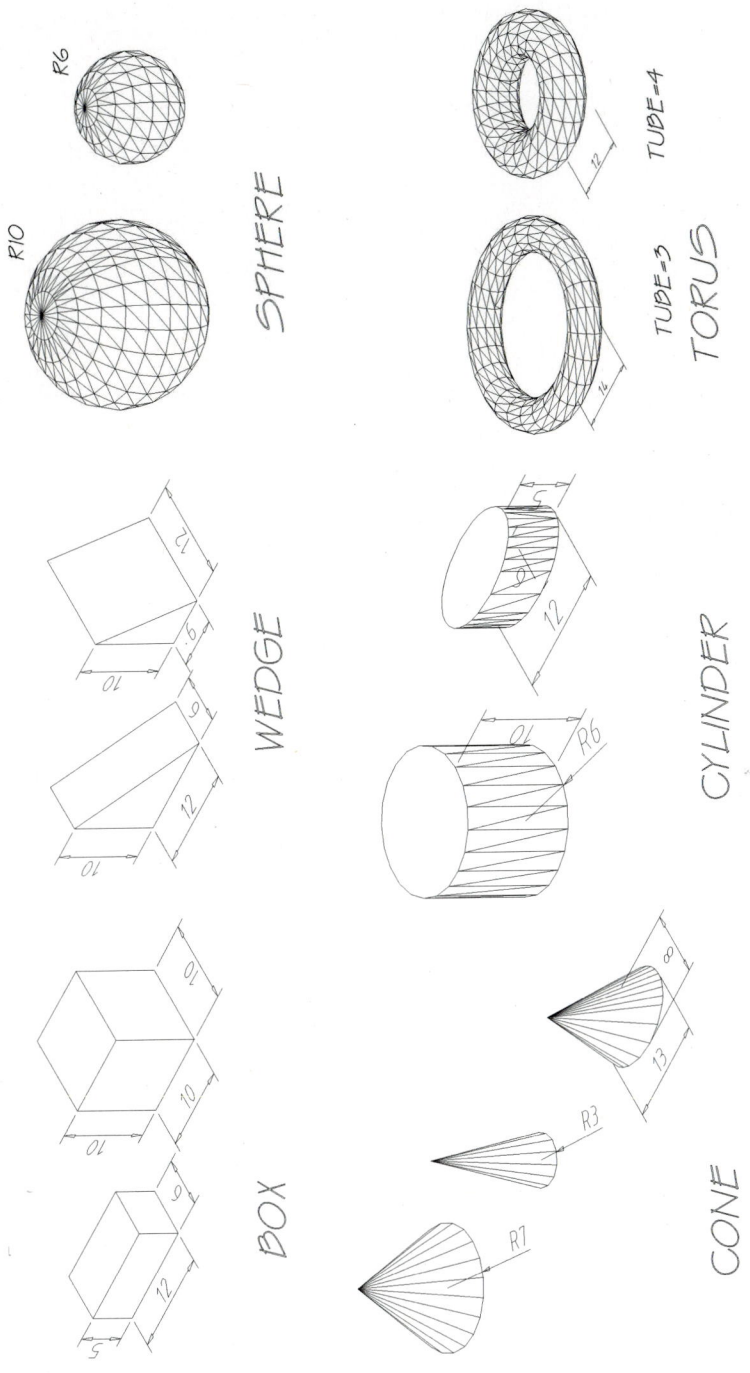

SPHERE

TORUS

WEDGE

CYLINDER

BOX

CONE

Chapter

08 솔리드 객체 편집하기(1)

솔리드 객체의 편집은 기존의 기본체만으로는 다양한 모델링을 하기 어렵기 때문에 그 부분을 보완하여 2D Line을 편집하여 3D모델링 객체로 전환하는 방법을 살펴보겠습니다. 표면 모델링 방식과 유사한 여러 가지 방법도 있으며 Solid 모델링만이 갖는 특이한 명령어도 포함되어 있습니다.

1. 2D 선을 돌출시키는 [Extrude] 명령어

[Extrude] 명령은 2D 폴리라인 성분의 선을 돌출시켜 3차원의 입체 모델로 변화시키는 명령어입니다. 돌출은 XY Plan을 기준으로 직교 방향으로 돌출되는 것이 기본이지만 Path가 지정되면 해당 Path를 이용하여 Path 돌출을 하기도 합니다.

[Extrude] 명령어	
아이콘	回
메인 메뉴	[Draw]–[Modeling]–[Extrude]
명령어	Extrude
단축키	〈EXT〉

1. 명령어 사용 방법

[Extrude] 명령을 실행할 수 있는 객체는 폴리라인 성분의 객체들이며 이는 [Pline], [Polygon], [Circle] 등과 같이 한 번에 하나로 선택될 수 있는 객체들입니다. 해당 객체를 선택하여 원하는 돌출 두께를 입력하거나 기울기 각을 입력할 수 있으며, 경로를 설정하여 경로를 따라서 돌출할 수도 있습니다.

```
Command : Extrude Enter
Current wire frame density : ISOLINES=4
Select objects to extrude : 돌출 대상 객체를 선택합니다.
Specify height of extrusion or [ Direction/Path/Taper angle] <0.0000> : 돌출 높이 값을 입력하거나 옵션을 선택합니다.
```

2. 명령어 옵션

Extrude 대상 객체를 방향과 기울기 각을 입력하여 만들거나 기준 경로를 그리고 그 경로를 따라 흐르는 객체를 만드는 옵션을 사용할 수 있습니다.

옵션	내용
Direction	돌출의 방향을 결정합니다.
Path	경로를 만들고 경로의 방향으로 객체가 따라서 돌출됩니다.
Taper angle	돌출할 때 기울기 각을 적용하여 돌출됩니다.

3. 기본 실습

예제 파일을 불러서 [Extrude]할 수 있는 객체를 기준으로 방향을 설정하고 원하는 높이를 선택하여 돌출되도록 해보겠습니다.

• 예제 파일 : Sample\Part05\extrude01.dwg

----

① [File]-[Open] 메뉴를 이용하여 부록 CD에서 예제 파일을 불러옵니다.

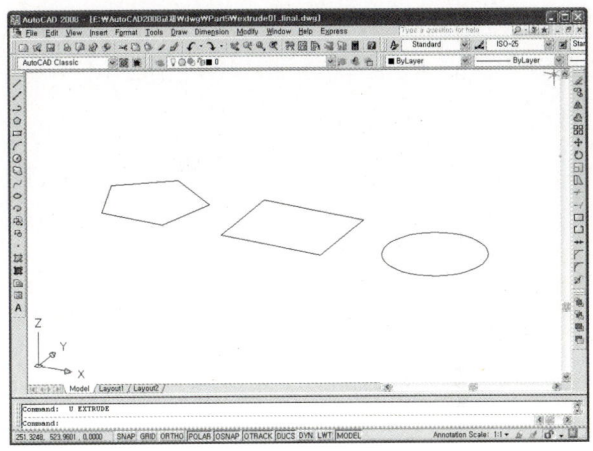

② [Extrude] 명령어를 입력하고 맨 앞의 다각형을 선택합니다.

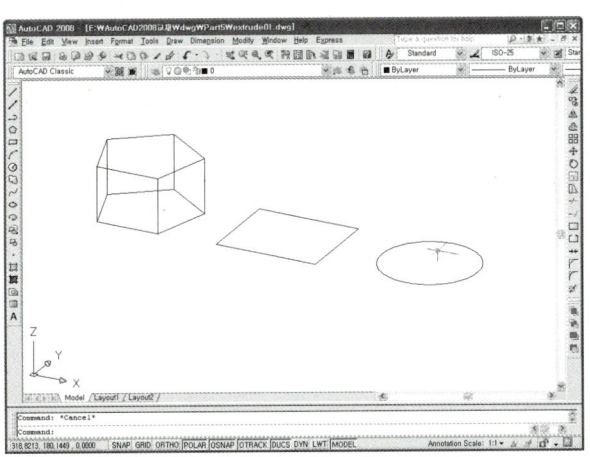

```
Command : Extrude Enter
Current wire frame density : ISOLINES=4
Select objects to extrude : 1 found 다각형을 선택합니다.
Select objects to extrude : Enter
Specify height of extrusion or [Direction/Path/Taper
angle] <150.0000> : 50 Enter
```

③ [Extrude] 방향을 결정합니다. 이때 방향을 결정하는 Direction 옵션을 이용하여 돌출시킵니다.

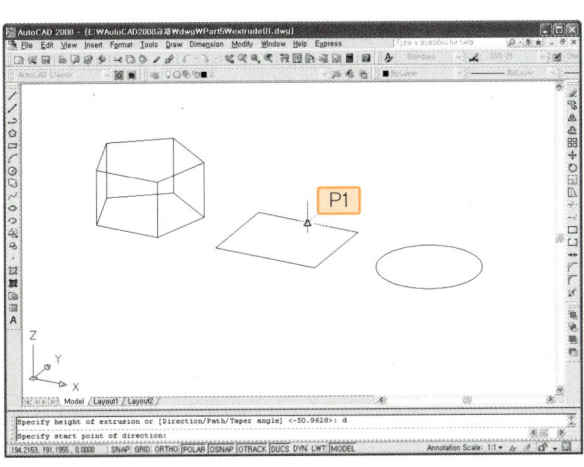

```
Command : Extrude Enter
Current wire frame density : ISOLINES=4
Select objects to extrude : 1 found
Select objects to extrude : Enter
Specify height of extrusion or [Direction/Path/Taper
angle] <-50.9628> : D Enter
Specify start point of direction : P1 클릭
```

④ 처음 선택한 지점에서 Z축 양의 방향으로 드래그
하여 원하는 방향 및 높이를 선택합니다.

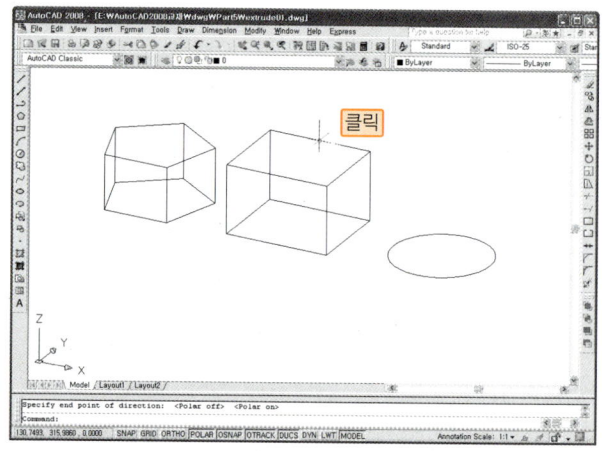

Specify end point of direction : **P2 클릭**

⑤ 다음 그림처럼 P2점을 클릭한 지점으로 방향과 높
이가 설정됩니다.

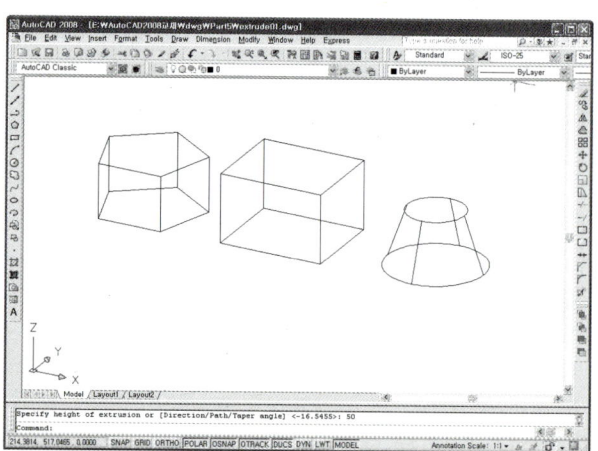

⑥ 원을 선택하여 기울기를 Taper Angle에 입력합
니다.

```
Command : Extrude Enter
Current wire frame density : ISOLINES=4
Select objects to extrude : 1 found 원을 선택합니다.
Select objects to extrude : Enter
Specify height of extrusion or [ Direction/Path/Taper
angle] <-16.5455> : T Enter
Specify angle of taper for extrusion <0> : 20 Enter
Specify height of extrusion or [ Direction/Path/Taper
angle] <-16.5455> : 50 Enter
```

⑦ 모두 완성되었으면 [Hide] 명령을 입력하여 확인
합니다.

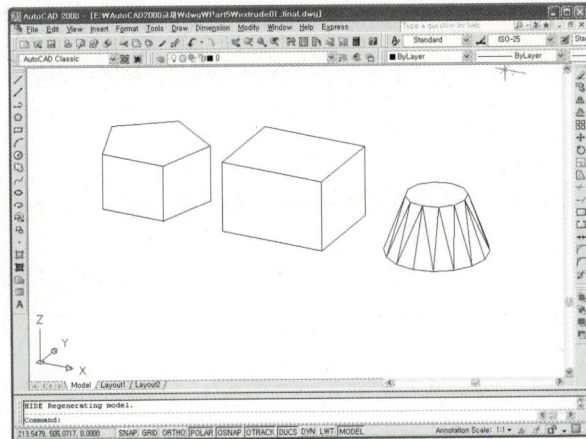

Command : **Hide** Enter

4. 옵션 실습

경로를 만들고 해당 경로를 따라 돌출을 합니다. 이때 해당 객체와 돌출을 할 수 있는 경로에 대한 객체는 따로 존
재해야 하며 Path에 해당하는 경로 객체는 한 번에 하나로 선택되어야 합니다. 그러므로 직선이 아닌 Join 모서리
가 있는 객체의 경우 반드시 폴리라인으로 만들어 단일 객체로 선택되도록 해야 합니다.

• 예제 파일 : Sample\Part05\extrude02.dwg

① [File]-[Open] 메뉴를 이용하여 부록 CD에서 예
제 파일을 불러옵니다.

② [Extrude] 명령어를 입력하고 사각형을 먼저 선
택합니다.

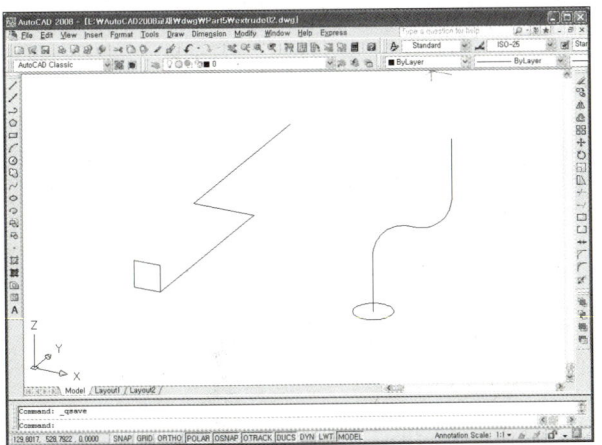

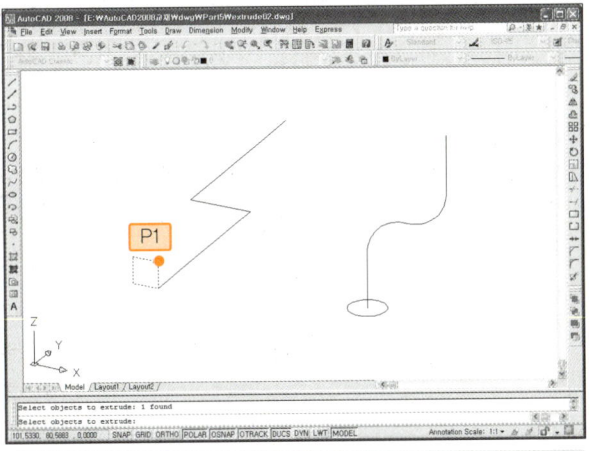

Command : **Extrude** Enter
Current wire frame density : ISOLINES=4
Select objects to extrude : 1 found P1점을 클릭합니다.
Select objects to extrude : Enter

❸ 경로에 해당하는 Path 옵션을 선택합니다.

❹ 다음과 같이 Path를 따라서 객체가 돌출되었습니다.

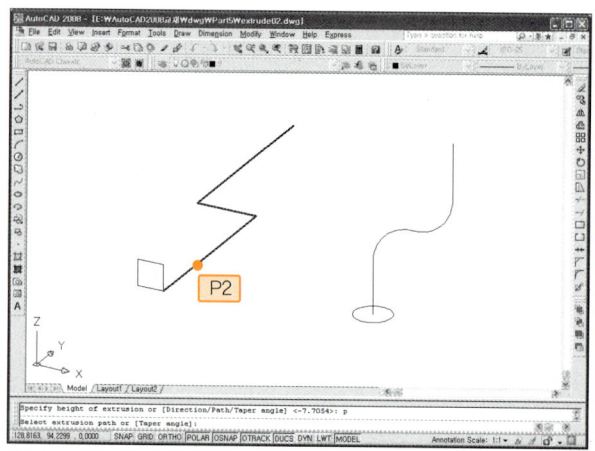

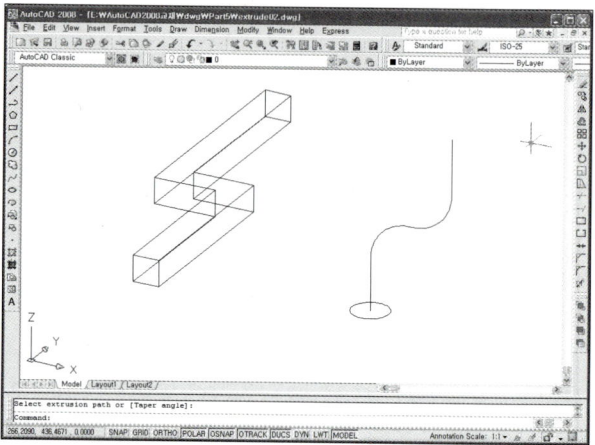

```
Specify height of extrusion or [ Direction/Path/Taper
angle] <-7.7054> : P  Enter
Path 옵션을 선택합니다.
Select extrusion path or [ Taper angle] : P2 클릭
```

❺ 바로 옆의 원도 [Extrude] 명령어를 입력하고 원 부터 선택합니다.

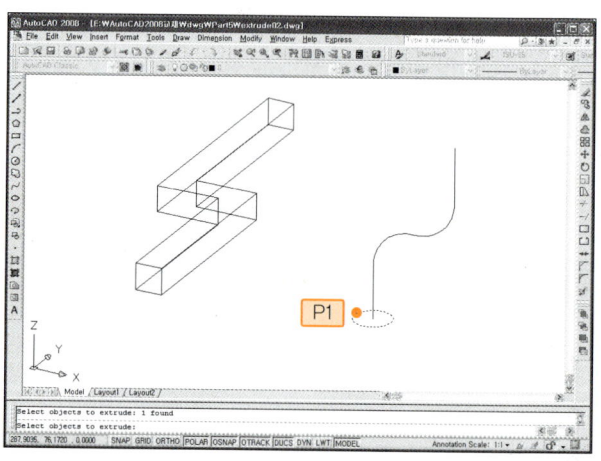

```
Command : Extrude  Enter
Current wire frame density : ISOLINES=4
Select objects to extrude : 1 found P1점을 클릭합니다.
Select objects to extrude :  Enter
```

❻ 경로에 해당하는 Path 옵션을 선택합니다.

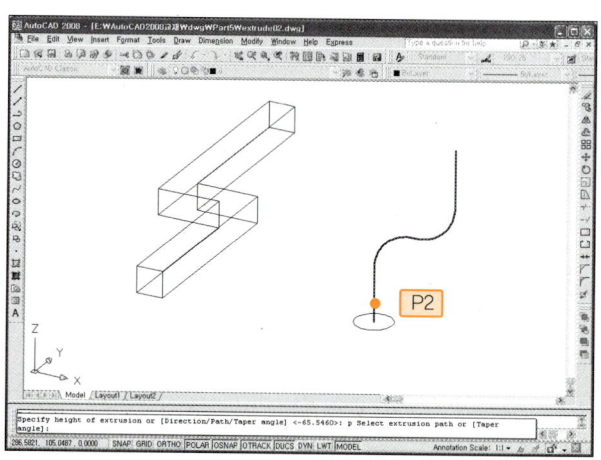

```
Specify height of extrusion or [ Direction/Path/Taper
angle] <-65.5460> : P  Enter
Select extrusion path or [ Taper angle] : P2 클릭
```

❼ 다음과 같이 경로가 따라 돌출되었습니다. **❽** [Hide] 명령어를 입력하여 다음과 같이 확인합니다.

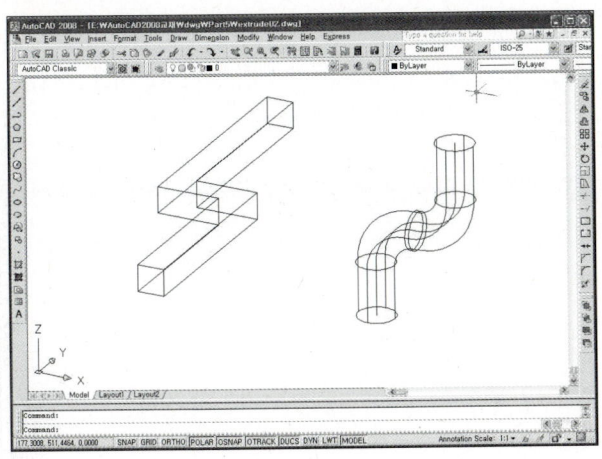

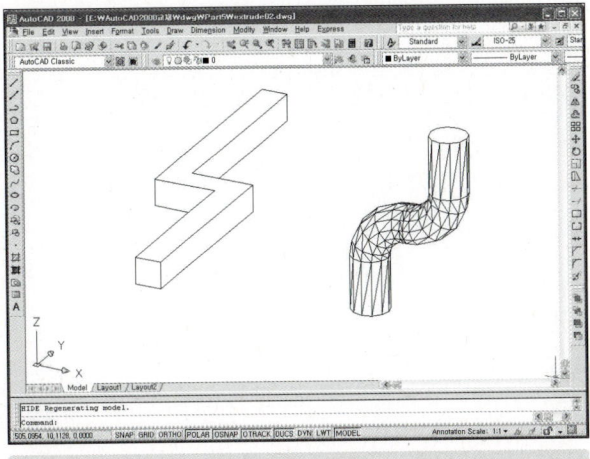

```
Command : Hide Enter
```

---

2. 회전 Solid 객체를 만드는 [Revolve] 명령어

[Revolve] 명령은 2차원 축을 기준으로 선택한 Region 객체를 회전시켜 회전체를 만드는 명령어입니다. 이 방법은 [Revsurf]를 이용한 표면 모델링과 비슷한 방법으로 모델링합니다.

[Revolve] 명령어	
아이콘	🗗
메인 메뉴	[Draw]–[Modeling]–[Revolve]
명령어	Revolve
단축키	〈REV〉

1. 명령어 사용 방법

[Revolve] 명령을 실행할 대상 객체와 회전의 중심축 객체가 필요하며 회전체가 될 객체는 폴리라인 등으로 이루어져 Close되어 있는 객체인 경우에 오류 없이 회전 객체를 만듭니다. 커브를 기준으로 축 객체나 축의 대상 UCS를 기준으로 회전체를 만듭니다.

```
Command : Revolve Enter
Current wire frame density : ISOLINES=4
Select objects to revolve : 회전 대상 객체를 선택합니다.
Specify axis start point or define axis by [Object/X/Y/Z] <Object> : Enter  회전 중심축 객체를 선택합니다.
Select an object : 축이 되는 대상 객체를 선택합니다.
Specify angle of revolution or [STart angle] <360> : 180 Enter  회전각을 입력합니다.
```

2. 명령어 옵션

회전 객체를 만드는 방법 중 다양한 형태의 축을 선택할 수 있습니다. 객체를 선택하는 기본적인 방법 외에 두 점을 클릭하여 두 점이 기준 축이 되는 방법과 X/Y/Z 각 축의 UCS축이 회전축이 되도록 설정할 수 있습니다.

옵션	내용
Object	선택한 객체가 회전의 중심축으로 설정됩니다.
X/Y/Z	선택한 X/Y/Z UCS축이 중심축으로 설정됩니다.

3. 기본 실습

[Revolve] 회전체가 되는 객체와 기준 축이 되는 Path 객체를 기준으로 회전체를 만들어 봅니다.

• 예제 파일 : Sample\Part05\revolve.dwg

① [File]-[Open] 메뉴를 이용하여 부록 CD에서 예제 파일을 불러옵니다.

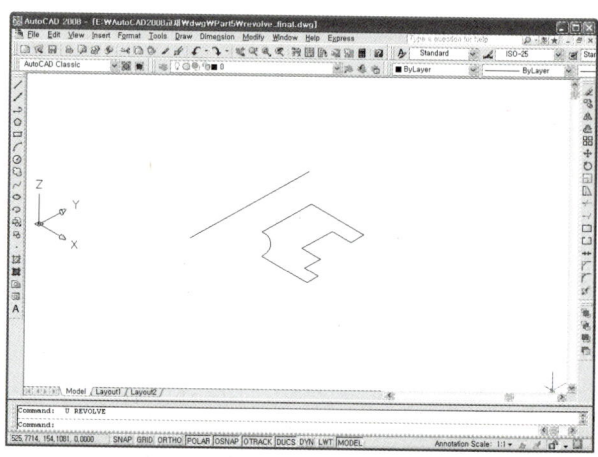

② [Revolve] 명령어를 입력하고 회전할 대상 객체부터 선택합니다.

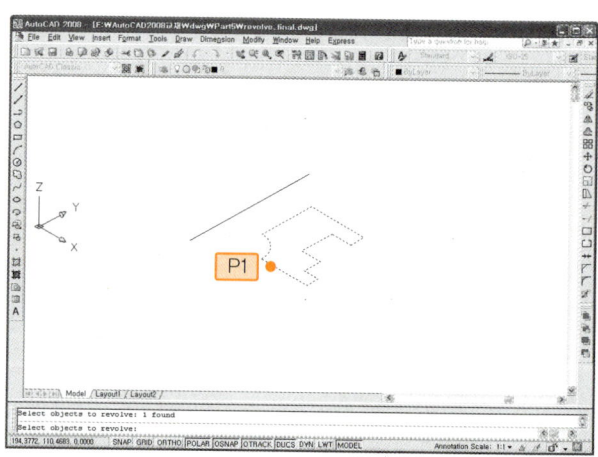

```
Command : Revolve  Enter
Current wire frame density : ISOLINES=4
Select objects to revolve : 1 found
P1점을 클릭합니다.
Select objects to revolve :  Enter
```

③ 회전축이 될 객체를 선택합니다. 회전축은 하나의 단일 객체만 선택하도록 합니다.

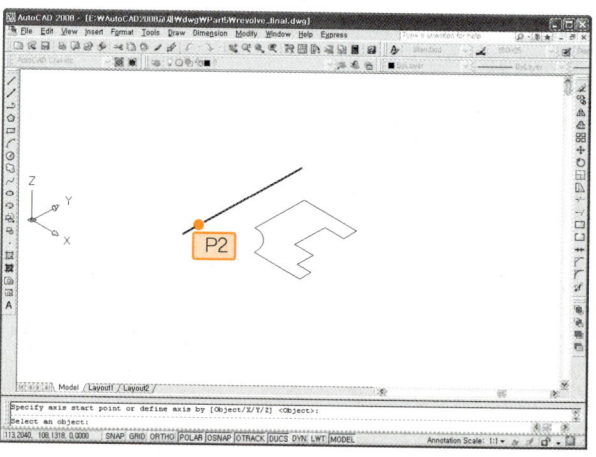

```
Specify axis start point or define axis by
[Object/X/Y/Z] <Object> :  Enter
Select an object : P2 클릭
```

④ 회전각을 입력합니다.

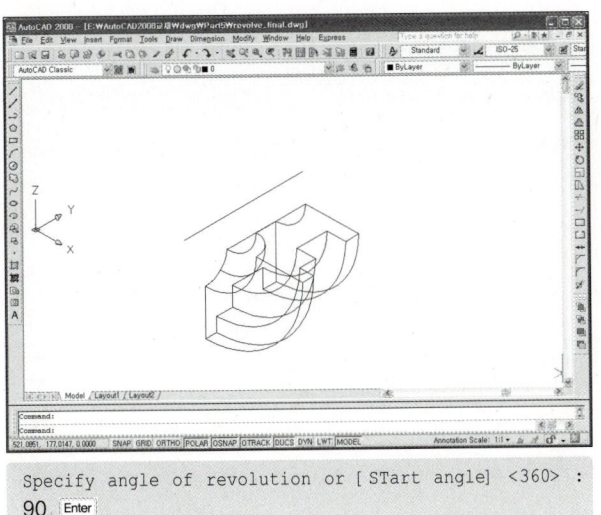

```
Specify angle of revolution or [ STart angle] <360> :
90 [Enter]
```

⑤ [Hide] 명령어를 입력하여 정확한 객체를 확인합니다.

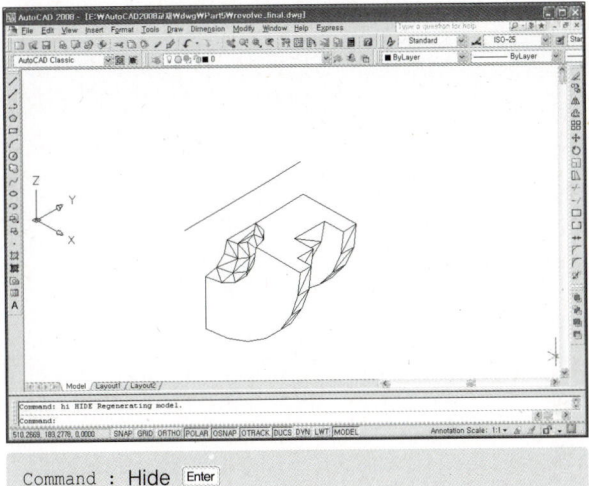

```
Command : Hide [Enter]
```

4. 옵션 실습

[Revolve] 회전체가 되는 객체를 선택하고 중심축이 되는 회전축을 X/Y/Z의 UCS를 기준으로 선택할 수 있습니다.

- 예제 파일 : Sample\Part05\revolve_x.dwg

❶ [File]-[Open] 메뉴를 이용하여 부록 CD에서 예제 파일을 불러옵니다.

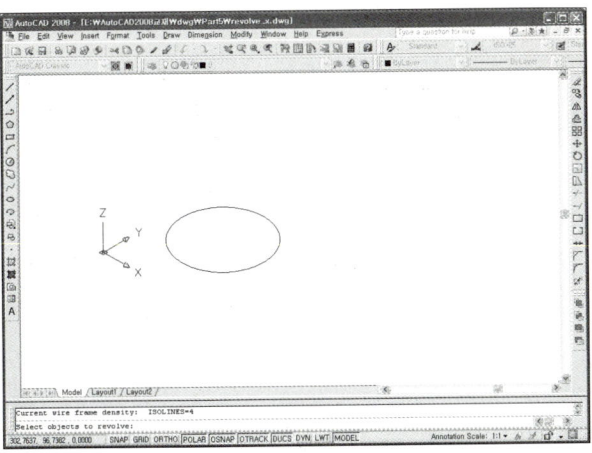

❷ [Revolve] 명령어를 입력하고 회전체가 될 원을 선택합니다.

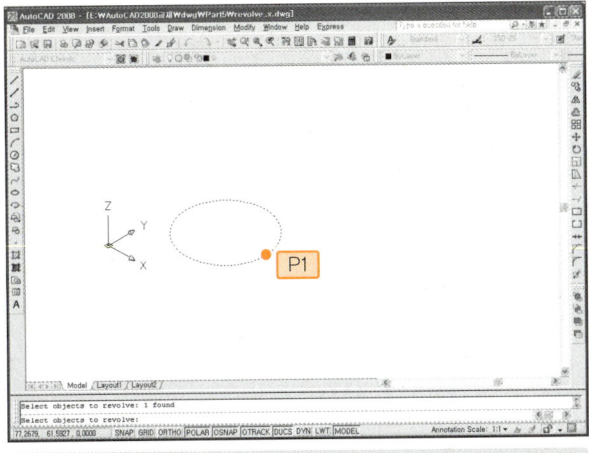

```
Command : Revolve [Enter]
Current wire frame density : ISOLINES=4
Select objects to revolve : 1 found
P1점을 클릭합니다.
Select objects to revolve : [Enter]
```

❸ 회전축이 될 객체가 없으므로 UCS의 X축을 기준으로 회전합니다. 이때 X의 기준은 원점인 0,0의 위치를 기준으로 X축을 설정합니다.

❹ [Hide] 명령어를 입력하여 정확한 객체를 확인합니다.

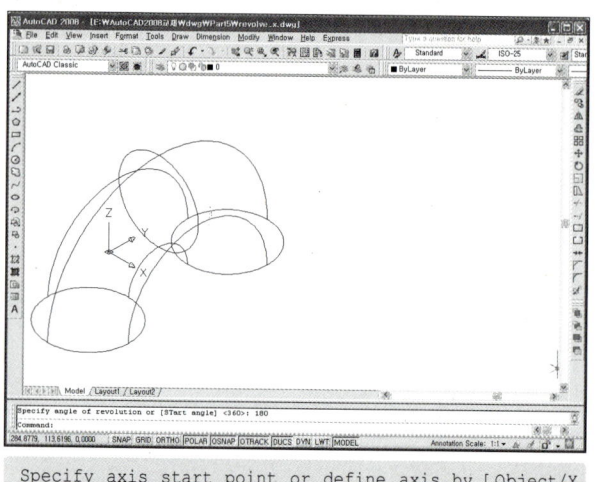

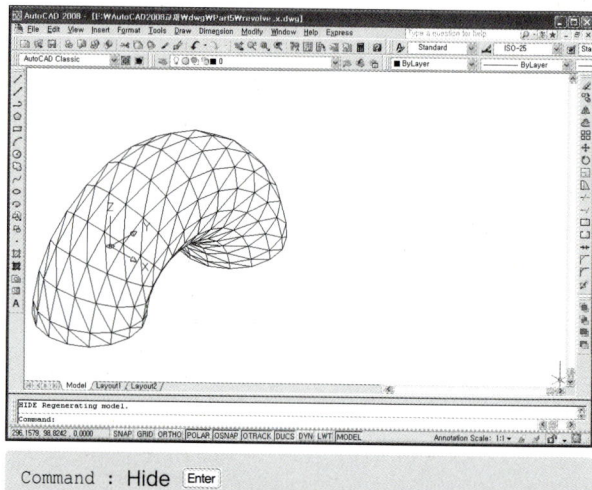

```
Specify axis start point or define axis by [Object/X
/Y/Z] <Object> : X Enter
Specify angle of revolution or [STart angle] <360> :
180 Enter
```

```
Command : Hide Enter
```

3. 합집합 연산을 하는 [Union] 명령어

2개 이상의 Solid 객체를 합집합 연산을 합니다. 2개 이상의 겹친 부분이 있는 3차원 Solid 객체를 선택하면 하나로 통합된 객체를 만듭니다. 이때 겹친 부분이 없이 떨어져 있는 객체의 경우 마치 그룹 객체처럼 하나로 인식됩니다.

[Union] 명령어	
아이콘	⬭
명령어	Union
단축키	〈UNI〉

1. 명령어 사용 방법

[Union] 명령을 실행할 대상 객체를 2개 이상 준비합니다. 순서와 관계없이 모두 선택하면 겹친 부분이 하나로 통합되어 하나의 오브젝트로 변경됩니다.

```
Command : Union Enter
Select objects : Union 대상 객체를 선택합니다.
Select objects : Enter
```

2. 기본 실습

다음의 준비된 파일을 기준으로 [Union] 명령어를 실습합니다. Union의 기준은 2개 이상의 객체가 필요하며 Union된 객체는 하나의 단일 객체로 인식 됩니다.

• 예제 파일 : Sample\Part05\union.dwg

❶ [File]-[Open] 메뉴를 이용하여 부록 CD에서 예제 파일을 불러옵니다.

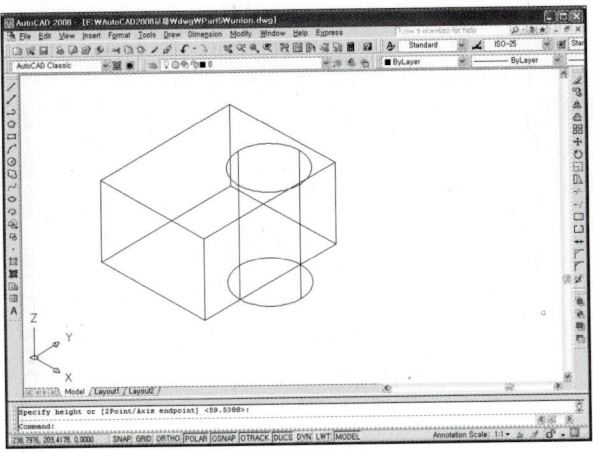

❷ Command 라인에 [Union] 명령어를 입력합니다.

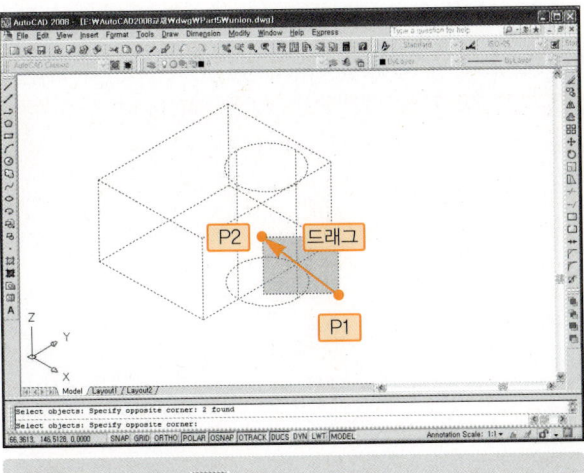

Command : Union [Enter]
Select objects : Specify opposite corner : 2 found
P1점에서 P2점까지 드래그합니다.

❸ 선택이 완료되면 [Enter]로 선택을 종료합니다. 명령어가 완료되면 다음과 같이 하나로 합쳐집니다.

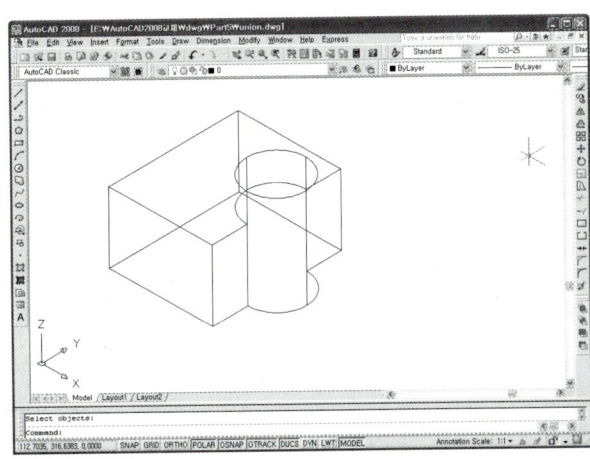

Select objects : [Enter]

❹ [Hide] 명령어를 입력하여 정확한 객체를 확인합니다.

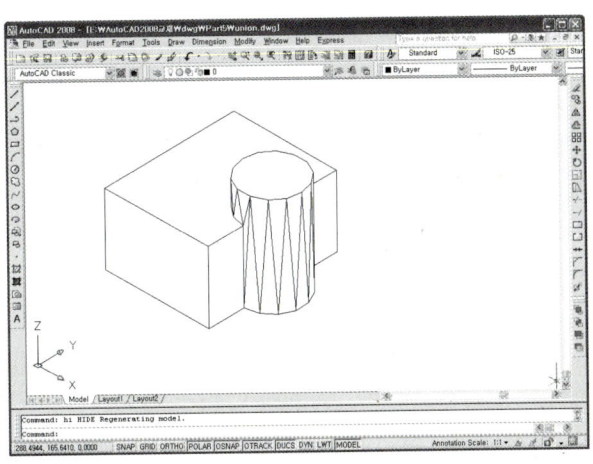

Command : Hide [Enter]

4. 차집합 연산을 하는 [Subtract] 명령어

2개 이상의 Solid 객체를 차집합 연산을 합니다. 2개 이상의 겹친 부분이 있는 3차원 Solid 객체를 선택하여 처음 선택한 객체에서 두 번째 선택한 객체를 빼 차집합 연산을 합니다. 만일 겹친 부분이 없다면 두 번째 선택한 객체는 사라집니다.

[Subtract] 명령어	
아이콘	◎
명령어	Subtract
단축키	〈SU〉

1. 명령어 사용 방법

[Subtract] 명령을 실행할 대상 객체 중 첫 번째 객체를 선택하고 Enter 를 누른 뒤 두 번째 객체를 입력하면 처음의 객체에서 두 번째 선택한 객체를 뺀 차집합 연산을 합니다.

```
Command : Subtract Enter
Select solids and regions to subtract from... 지금 선택하는 객체는 Subtract의 기준이 되는 첫 번째 객체를 선택한다는 메시지입니다.
Select objects : 첫 번째 기준 객체를 선택합니다.
Select objects : Enter 선택이 종료되면 Enter 를 누릅니다.
Select solids and regions to subtract... 지금 선택하는 객체는 Subtract의 두 번째 객체를 선택한다는 메시지입니다.
Select objects : 두 번째 차집합이 되는 객체를 선택합니다.
Select objects : Enter
```

2. 기본 실습

다음의 준비된 파일을 기준으로 [Subtract] 명령어를 실습합니다. 차집합 연산으로 처음의 솔리드 객체에서 두 번째 선택한 솔리드 객체를 빼는 작업입니다. 처음의 객체와 두 번째의 객체는 중간에 Enter 로 구분합니다.

• 예제 파일 : Sample\Part05\sub.dwg

① [File]-[Open] 메뉴를 이용하여 부록 CD에서 예제 파일을 불러옵니다.

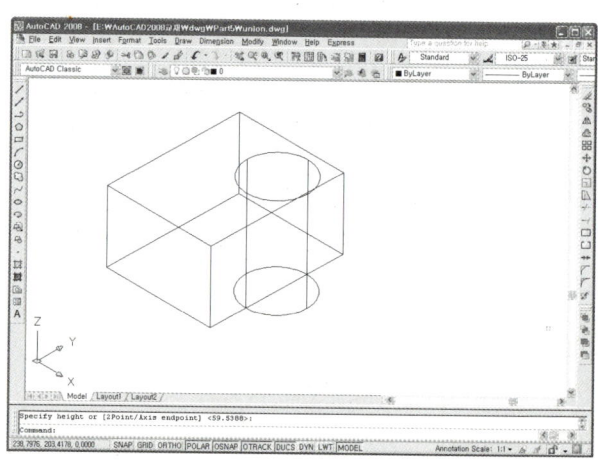

❷ Command 라인에 [Subtract] 명령어를 입력하고 첫 번째 기준 객체를 선택합니다.

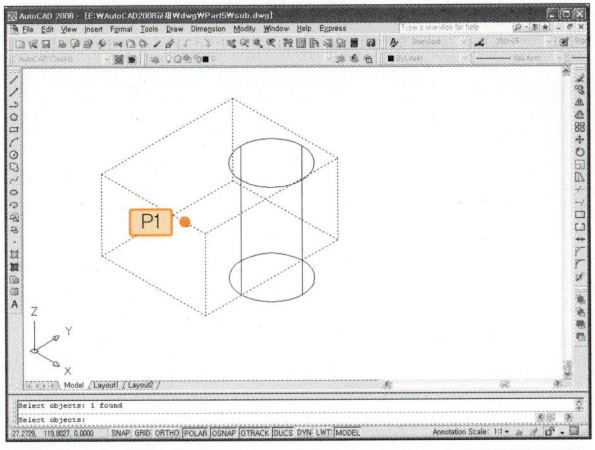

```
Command : Subtract Enter
Select solids and regions to subtract from. .
Select objects : 1 found
```
P1 객체를 선택합니다.
```
Select objects : Enter
```

❸ 두 번째 차집합의 객체를 선택합니다.

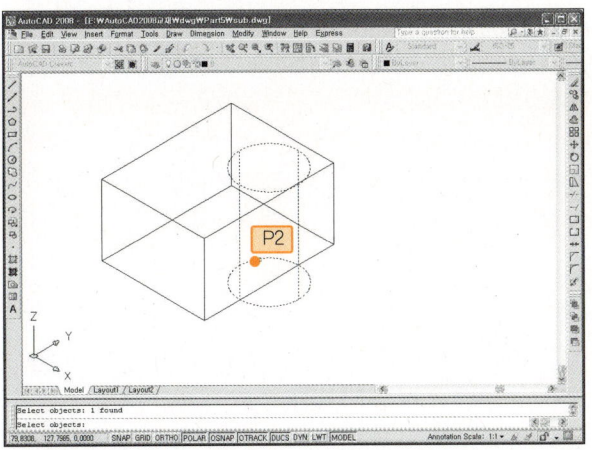

```
Select solids and regions to subtract. .
Select objects : 1 found
```
P2 객체를 선택합니다.

❹ Enter 로 종료하면 다음과 같이 차집합이 실행됩니다. 소스 객체 선택 후 반드시 Enter 로 구분하고 차집합 실행 객체를 선택하도록 합니다.

```
Select objects : Enter
```

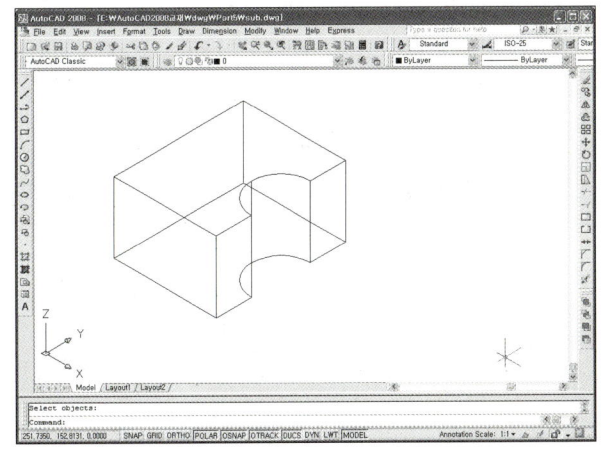

❺ [Hide] 명령어를 입력하여 정확한 객체를 확인합니다.

```
Command : Hide Enter
```

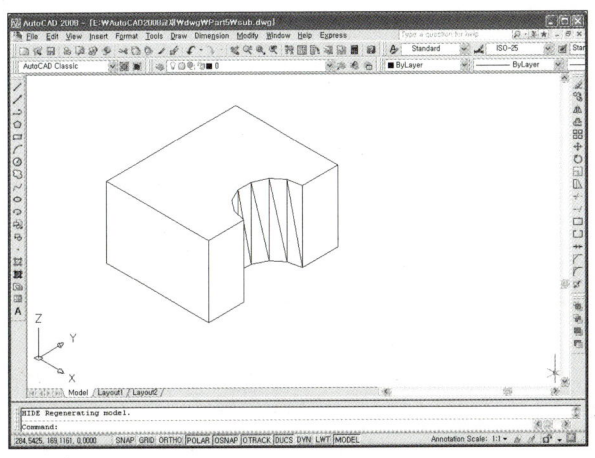

5. 교집합 연산을 하는 [Intersect] 명령어

2개 이상의 Solid 객체를 교집합 연산을 합니다. 2개 이상의 겹친 부분이 있는 3차원 Solid 객체를 선택하여 두 객체가 공통으로 겹친 부분만을 남깁니다. 이때 겹친 부분이 없다면 두 객체는 아무 변화가 없습니다.

[Intersect] 명령어	
아이콘	⊙⊙
명령어	Intertsect
단축키	〈IN〉

1. 명령어 사용 방법

[Intertsect] 명령을 실행할 대상 객체를 모두 선택하면 겹친 부분만을 남기고 나머지는 모두 사라집니다. 2개 이상의 겹친 부분이 있어야 사용가능하며 떨어져 있는 경우 아무런 결과가 나타나지 않습니다.

```
Command : Intertsect  Enter
Select objects : 교집합 연산을 할 대상 객체를 선택합니다.
Select objects : Enter
```

2. 기본 실습

다음의 준비된 파일을 기준으로 [Intersect] 명령어를 실습합니다.

- 예제 파일 : Sample\Part05\inter.dwg

① [File]-[Open] 메뉴를 이용하여 부록 CD에서 예제 파일을 불러옵니다.

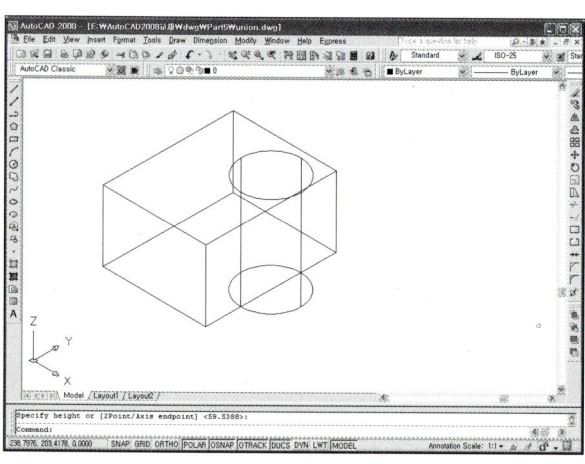

② Command 라인에 [Intersect] 명령어를 입력하고 화면의 두 객체를 모두 드래그하여 선택합니다.

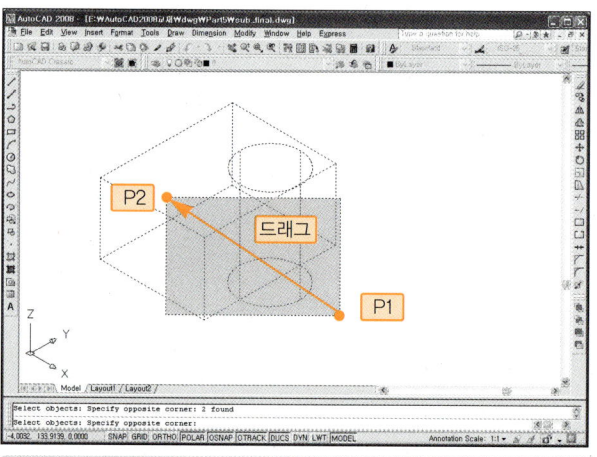

```
Command : Intertsect  Enter
Select objects : P1점에서 P2점까지 드래그합니다.
```

③ 선택이 완료되면 Enter 를 눌러 종료하면 교집합 연산이 실행됩니다.

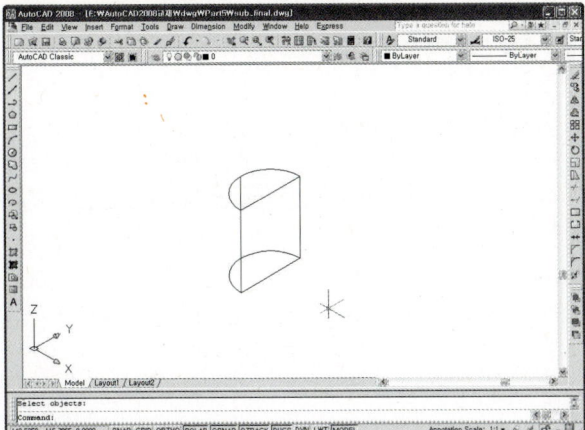

```
Select objects : Enter
```

④ [Hide] 명령어를 입력하여 정확한 객체를 확인합니다.

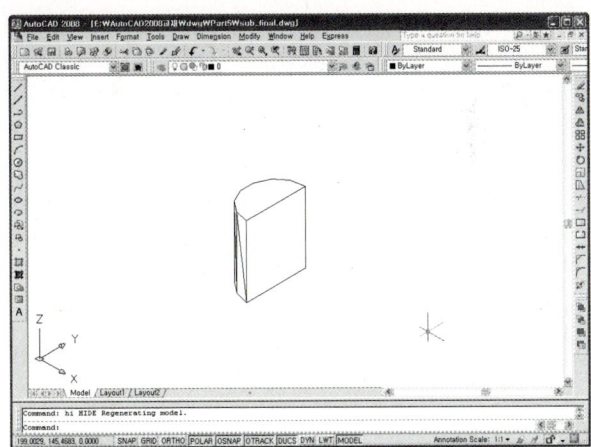

```
Command : Hide Enter
```

여러 유형의 [Extrude]

다음의 객체들은 선을 돌출시킬 수 있는 [Extrude] 명령어를 이용하여 그린 여러 가지 유형의 객체 모습입니다.

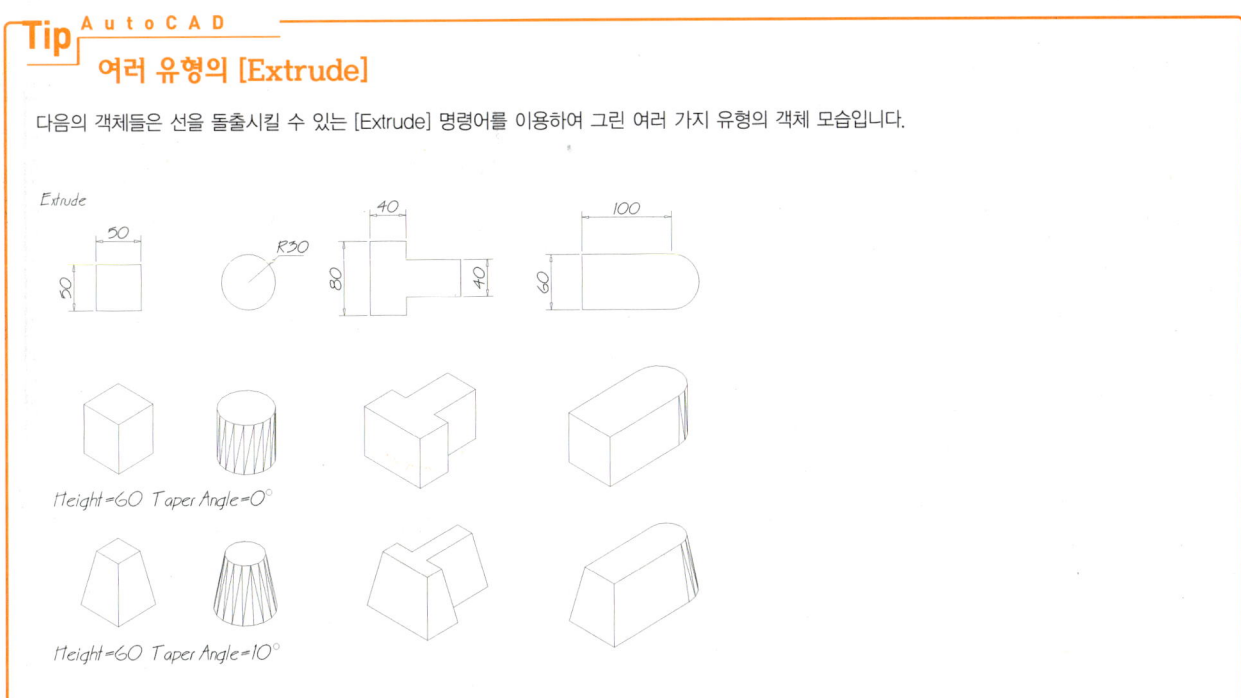

Chapter

09 솔리드 객체 편집하기(2)

솔리드 객체 편집에서는 기존의 기본체만으로는 다양한 모델링을 하기 어려운 부분을 보완하기 위하여 2D Line을 편집하여 3D 모델링 객체로 전환하는 방법을 살펴봅니다. 기존의 연산과 돌출, 회전을 보충하여 2D 상태의 [Fillet]이나 [Chamfer] 등과 같은 수정 명령어로 기존의 솔리드 객체를 새로운 객체로 변환합니다.

1. Solid 객체의 모깍기를 하는 [Fillet] 명령어

2D의 [Fillet] 명령어처럼 모서리 부분을 둥글게 모깍기를 합니다. 이때 선택되는 객체가 일반 2D 객체인지 3차원 Solid 객체인지에 따라서 실행되는 방향이 다르게 적용됩니다. 또한 단독 객체의 형태일 때와 연산 객체일 경우 [Fillet]의 방향이 다르게 지정됩니다.

[Fillet] 명령어	
아이콘	⌐
메인 메뉴	[Modify]-[Trim]
명령어	Fillet
단축키	〈F〉

1. 명령어 사용 방법

3차원 Solid 객체의 모서리를 선택하여 원하는 크기의 반지름으로 모서리를 둥글게 모깍기합니다. 3차원 Solid 객체의 모서를 선택하고 Radius를 입력하여 모서리를 깎는 형태로 사용합니다.

```
Command : Fillet Enter
Current settings : Mode = TRIM, Radius = 0.0000
Select first object or [Undo/Polyline/Radius/Trim/Multiple] : 모깍기할 대상 객체의 모서리를 선택합니다.
Enter Fillet radius : Fillet의 반지름 값을 입력합니다.
Select an edge or [Chain/Radius] : 모서리를 추가 선택하거나 옵션을 선택합니다.
```

2. 기본 실습

다음의 준비된 파일을 기준으로 [Fillet] 명령을 실습해보겠습니다. 2차원에서 사용하는 명령어와 다르지 않으나 선택하는 객체가 2차원 선분이나 3차원 솔리드 객체에 따라서 진행되는 옵션이 달라집니다.

- 예제 파일 : Sample\Part05\fillet.dwg

① [File]-[Open] 메뉴를 이용하여 부록 CD에서 예제 파일을 불러옵니다.

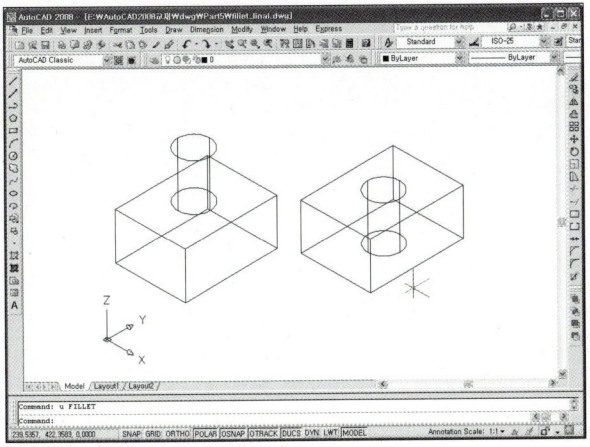

② Command 라인에 [Fillet] 명령어를 입력하고 모서리를 선택합니다.

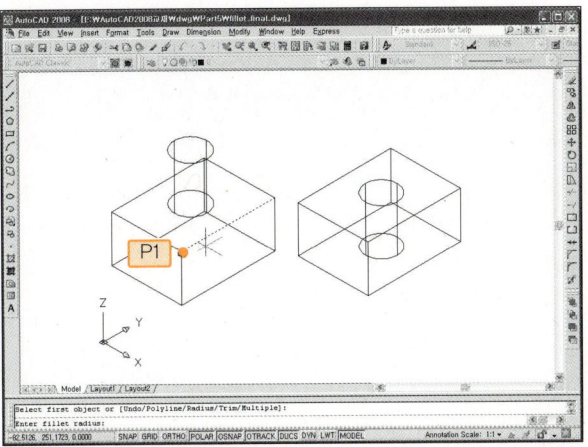

```
Command : Fillet Enter
Current settings : Mode = TRIM, Radius = 0.0000
Select first object or [ Undo/Polyline/Radius/Trim/
Multiple] : P1 클릭
```

③ 반지름 값을 입력하고 추가 모서리를 선택합니다. 하나 이상의 Edge를 선택합니다.

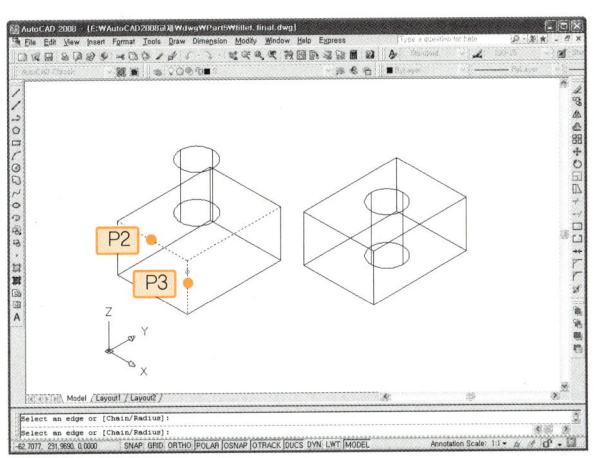

```
Enter Fillet radius : 15 Enter
Select an edge or [ Chain/Radius] : P2 클릭
Select an edge or [ Chain/Radius] : P3 클릭
Select an edge or [ Chain/Radius] : Enter
```

④ 다음과 같이 모서리가 정리되었습니다. 연결된 모서리를 한 번에 [Fillet]을 해야 그림과 같이 처리되며 연결된 모서리를 여러 번에 거쳐 [Fillet]을 하면 연결된 모서리는 전혀 다른 모양이 되기도 하므로 주의합니다.

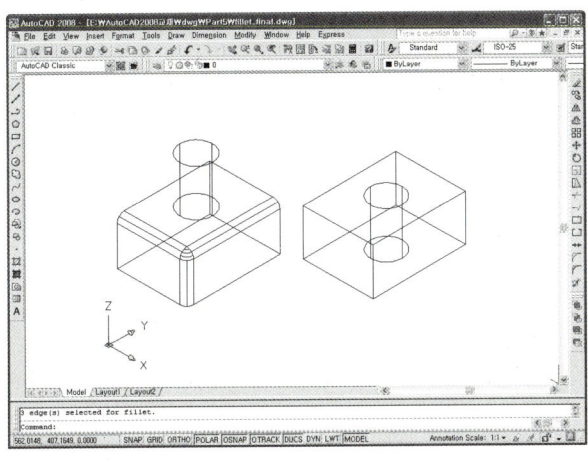

❺ Union된 원형 부분의 [Fillet] 상태를 확인하기 위해 다음과 같이 선택합니다.

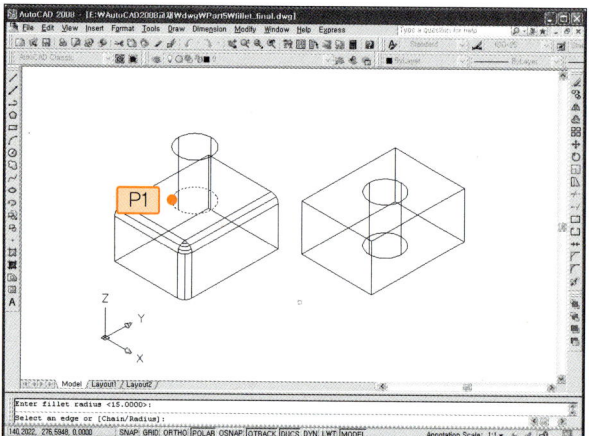

```
Command : Fillet [Enter]
Current settings : Mode = TRIM, Radius = 15.0000
Select first object or [ Undo/Polyline/Radius/Trim/
Multiple] : P1 클릭
```

❻ 이어진 원을 선택하고 반지름 값을 입력합니다.

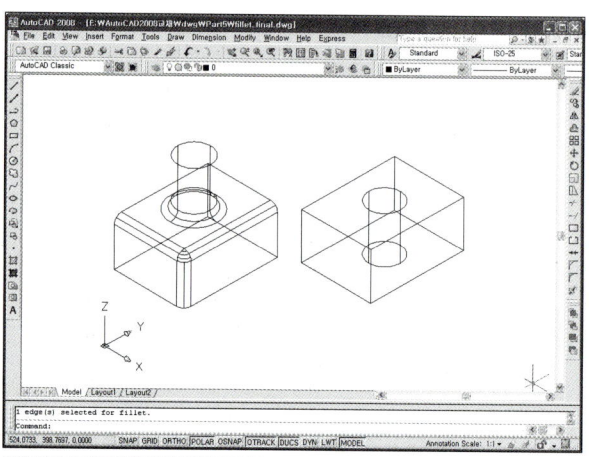

```
Enter Fillet radius <15.0000> : [Enter]
Select an edge or [ Chain/Radius] : [Enter]
1 edge(s) selected for Fillet.
```

❼ [Subtract]로 이어진 원형 부분을 모깎기하기 위하여 원을 선택합니다.

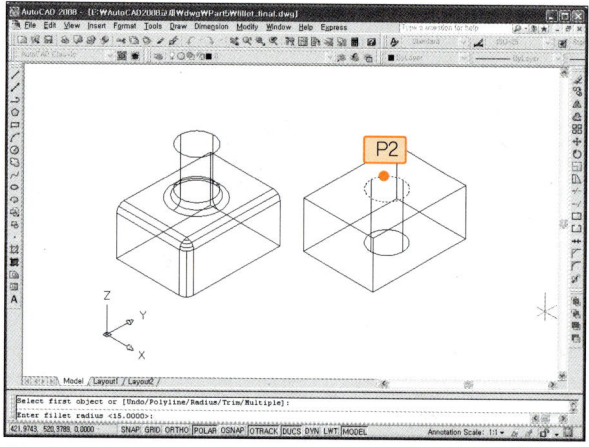

```
Command : Fillet [Enter]
Current settings : Mode = TRIM, Radius = 15.0000
Select first object or [ Undo/Polyline/Radius/Trim/
Multiple] : P2 클릭
```

❽ 반지름을 입력합니다. 동일 반지름 값인 경우에는 [Enter]를 누릅니다.

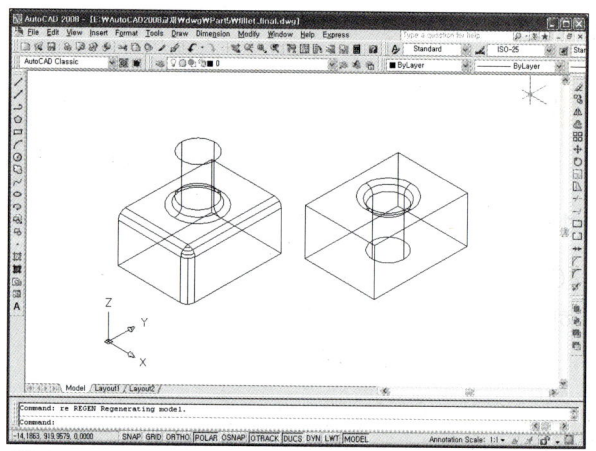

```
Enter Fillet radius <15.0000> : [Enter]
Select an edge or [ Chain/Radius] : [Enter]
1 edge(s) selected for Fillet.
```

⑨ [Hide] 명령어를 입력하여 정확한 객체를 확인합니다.

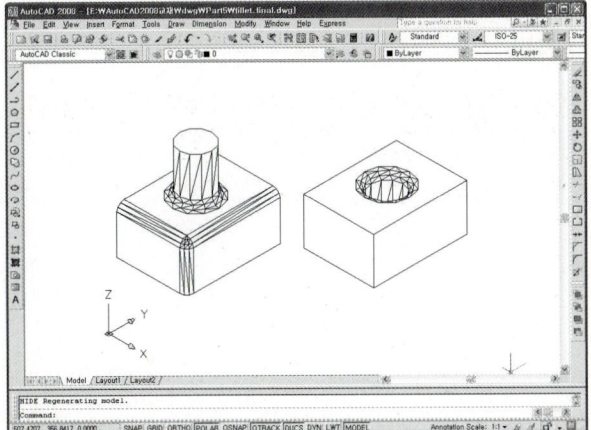

```
Command : Hide Enter
```

2. Solid 객체의 모따기를 하는 [Chamfer] 명령어

2D의 [Chamfer] 명령어처럼 모서리 부분의 모따기를 실행합니다. 이때 선택되는 객체가 일반 2D 객체인지 3차원 Solid 객체인지에 따라서 실행되는 방향이 다르게 적용됩니다. 또한 단독 객체의 형태일 때와 연산 객체일 경우 [Chamfer]의 방향이 다르게 지정됩니다.

[Chamfer] 명령어	
아이콘	◰
메인 메뉴	[Modify]-[Chamfer]
명령어	Chamfer
단축키	〈CHA〉

1. 명령어 사용 방법

[Chamfer] 명령을 실행할 대상 객체를 선택하여 모따기할 모서리를 선택하고 Distance 값을 입력합니다. 한 번에 하나의 모서리를 처리하거나 이어진 모서리를 돌아가면서 한 번에 모따기할 수 있습니다.

```
Command : Chamfer Enter
(TRIM mode) Current chamfer Dist1 = 0.0000, Dist2 = 0.0000
Select first line or [Undo/Polyline/Distance/Angle/Trim/mEthod/Multiple] : 모따기하려는 모서리를 먼저 선택합니다.
Base surface selection...
Enter surface selection option [Next/OK(current)] <OK> : 선택한 선분의 기준 면을 선택합니다.
Specify base surface chamfer distance : 15 Enter Distance 값을 입력합니다.
Specify other surface chamfer distance <15.0000> : Distance 값을 입력합니다.
Select an edge or [Loop] : Select an edge or [Loop] : 최종적으로 모따기할 대상 선분을 선택합니다.
```

2. 기본 실습

다음의 준비된 파일을 기준으로 [Fillet] 명령을 실습해보겠습니다. [Fillet]의 대상 객체는 반드시 솔리드 객체이어야 합니다.

• 예제 파일 : Sample\Part05\chamfer.dwg

----

❶ [File]-[Open] 메뉴를 이용하여 부록 CD에서 예제 파일을 불러옵니다.

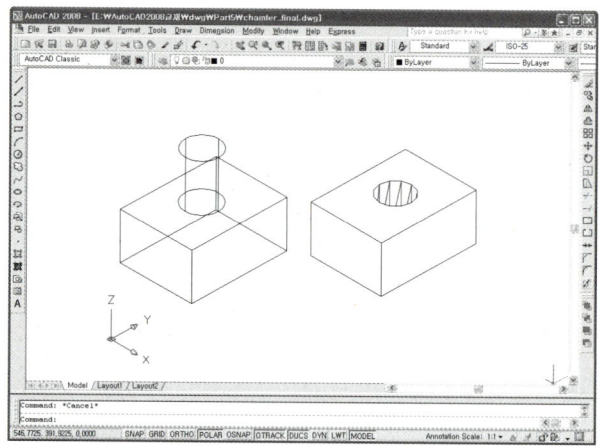

❷ Command 라인에 [Chamfer] 명령어를 입력하고 모서리를 선택합니다.

```
Command : Chamfer  Enter
(TRIM mode) Current chamfer Dist1 = 0.0000, Dist2 = 0.0000
Select first line or [Undo/Polyline/Distance/Angle/
Trim/mEthod/Multiple] : P1 클릭
Base surface selection...
Enter surface selection option [Next/OK(current)] <OK> :
Enter
Specify base surface chamfer distance : 15  Enter
Specify other surface chamfer distance <15.0000> : 15
Enter
```

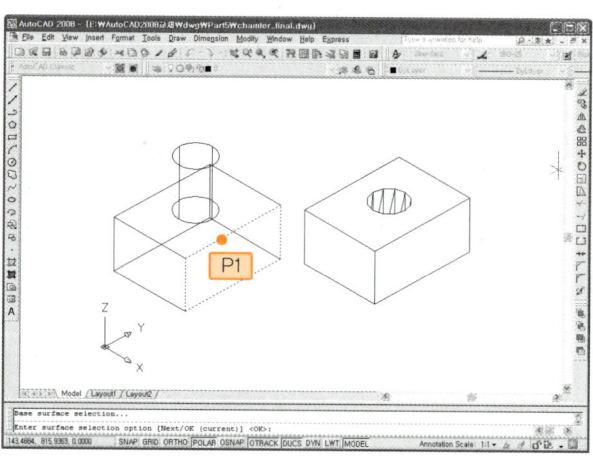

❸ 모따기할 대상 객체의 모서리를 선택합니다. 한번에 하나 또는 그 이상을 선택할 수 있습니다.

```
Select an edge or [Loop] : Select an edge or [Loop] :
P1 클릭
```

④ 다음과 같이 한쪽의 모서리만 모따기가 되었습니다.
한 면 중에 하나의 선택된 edse를 모따기합니다.

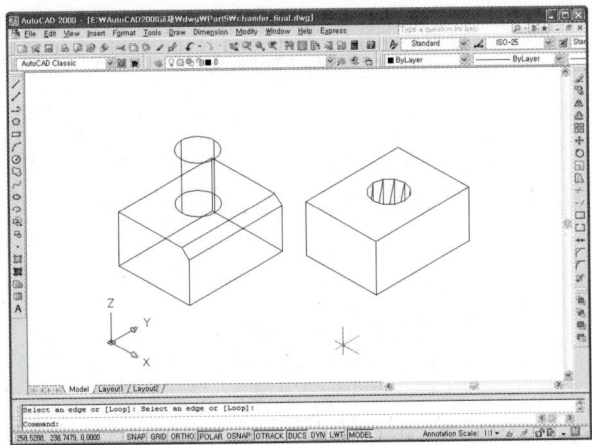

⑤ 이번에는 연결된 모든 모서리를 한꺼번에 모따기
를 해보겠습니다.

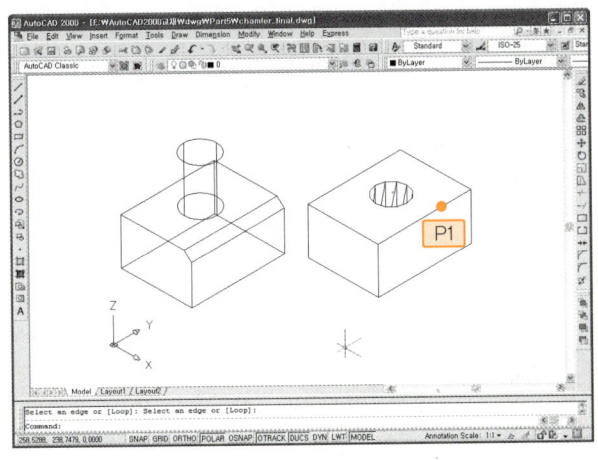

```
Command : Chamfer Enter
(TRIM mode) Current chamfer Dist1 = 15.0000, Dist2 =
15.0000
Select first line or [Undo/Polyline/Distance/Angle/
Trim/mEthod/Multiple] : P1 클릭
Base surface selection...
```

⑥ 선택한 면 대신 공유하는 윗면을 선택하기 위하여
Next 옵션을 선택한 뒤 Distance 값을 입력 후
모든 모서리를 한번에 연결 처리하는 Loop 옵션
을 선택한 뒤 P2를 클릭합니다.

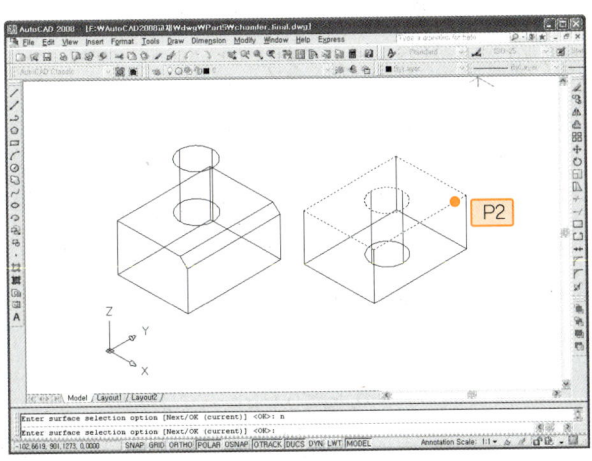

```
Enter surface selection option [Next/OK(current)] <OK> : N
Enter
Enter surface selection option [Next/OK(current)] <OK> :
Enter
Specify base surface chamfer distance <15.0000> : Enter
Specify other surface chamfer distance <15.0000> : Enter
Select an edge or [Loop] : L Enter 연결된 모서리를 한 번에
Chamfer할 수 있는 Loop 옵션을 선택합니다.
Select an edge loop or [Edge] : Select an edge loop or
[Edge] : P2 클릭
```

❼ 한 번에 읽면 모두가 선택되었습니다. 여러 개의 모서리를 한꺼번에 처리할 때 편리합니다.

❽ [Hide] 명령어를 입력하여 정확한 객체를 확인합니다.

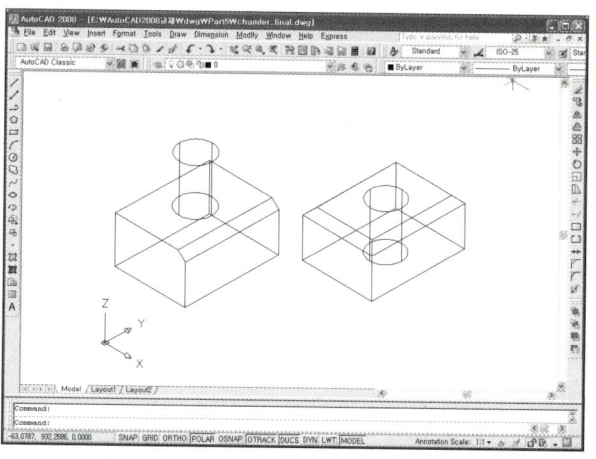

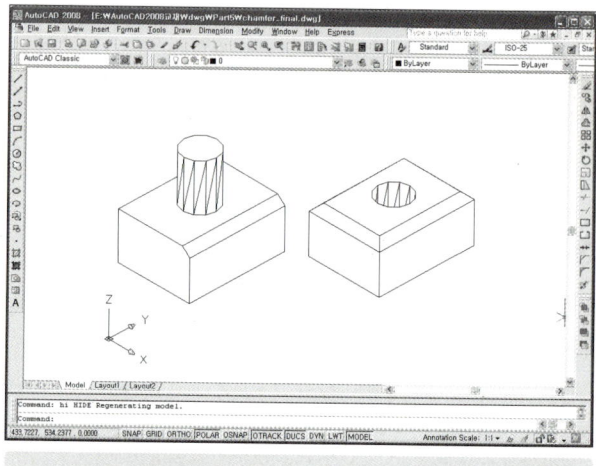

Command : Hide [Enter]

3. Solid 객체를 자르는 [Slice] 명령어

[Slice] 명령어는 Solid 객체를 다양한 옵션을 이용하여 절단하는 명령어입니다. 마치 케이크를 칼로 자르듯 원하는 방향대로 다양하게 잘라서 재미있는 모양의 객체로 변경할 수 있습니다.

[Slice] 명령어	
명령어	Slice
단축키	〈SL〉

1. 명령어 사용 방법

[Slice] 명령을 사용할 대상 객체를 선택하고 [Slice]의 옵션을 이용하여 다양한 방향으로 잘라냅니다. 기본값을 3-point로 원점과 X축 양의 방향, Y축 양의 방향을 결정하여 UCS의 XY 단면을 기준으로 잘라냅니다.

```
Command : Slice Enter
Select objects to slice : Slice할 대상 객체를 선택합니다.
Specify start point of slicing plane or [ planar Object/Surface/Zaxis/View/ XY/YZ/ZX/3points] <3points> : Slice의 기준
면의 첫 번째 점을 클릭합니다.
Specify second point on plane : Slice의 기준면의 두 번째 점을 클릭합니다.
Specify a point on desired side or [ keep Both sides] <Both> : 두 개로 잘린 객체의 어느 부분을 남길지를 결정합니다.
```

2. 명령어 옵션

[Slice] 명령은 자르는 기준면에 많은 옵션이 있습니다. 대부분 하나의 평면을 이루는 것을 기준으로 지정합니다.

옵션	내용
Object/Surface	객체를 기준으로 하여 Slice합니다.
Zaxis	Z축의 양의 방향을 기준으로 Slice합니다.
View	현재의 Vpoint와는 관계없이 현재 보이는 면을 기준으로 Slice합니다.
XY/YZ/ZX	XY/YZ/ZX 평면을 기준으로 Slice합니다.
3points	세 점을 클릭하여 Slice합니다.

3. 기본 실습

다음의 준비된 파일을 기준으로 [Slice] 명령을 실습해보겠습니다. 잘라낼 객체를 중심으로 UCS의 방향이나 객체를 [Slice]합니다.

• 예제 파일 : Sample\Part05\slice01.dwg

❶ [File]-[Open] 메뉴를 이용하여 부록 CD에서 예제 파일을 불러옵니다.

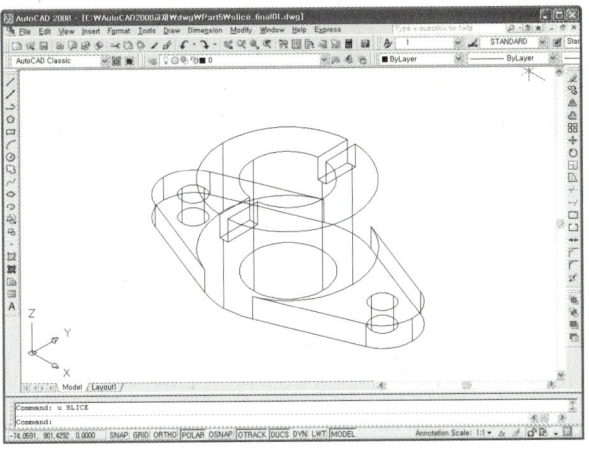

❷ Command 라인에 [Slice] 명령어를 입력하고 예제를 선택합니다.

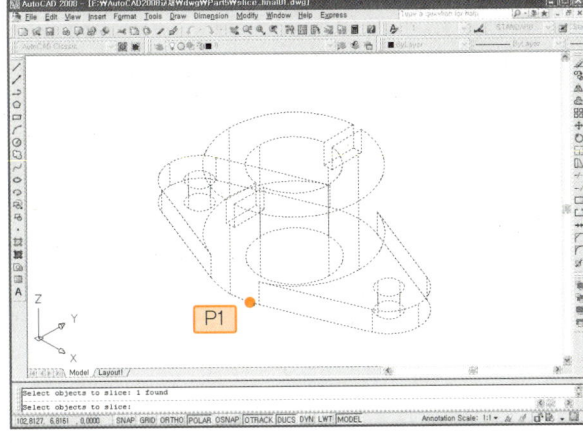

```
Command : Slice Enter
Select objects to slice : 1 found P1점을 클릭합니다.
Select objects to slice : Enter
```

③ 기본 3point를 이용하기 위하여 P2와 P3을 클릭합니다. 이때 Osnap으로 정확히 선택합니다.

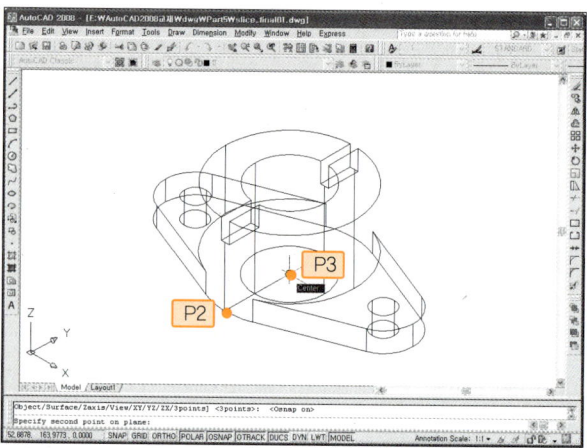

```
Specify start point of slicing plane or [ planar
Object/Surface/Zaxis/View/XY/YZ/ZX/3points]  <3points>
: P2 클릭
Specify second point on plane : P3 클릭
```

④ 자르고 난 뒤 어느 쪽을 남길 것인지 결정합니다. Enter 를 누르면 두 개가 모두 남습니다.

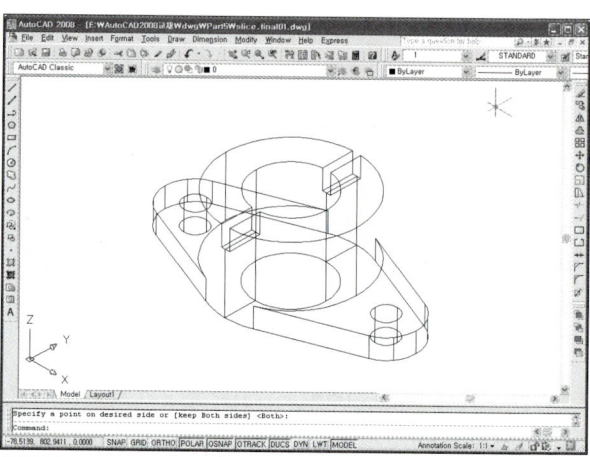

```
Specify a point on desired side or [ keep Both sides]
<Both> :  Enter
```

⑤ [Move] 명령어를 이용하여 한쪽 객체를 이동시켜 확인합니다.

```
Command : Move  Enter
Select objects : 1 found 잘려진 우측 객체를 선택합니다.
Select objects :  Enter
Specify base point or [ Displacement] <Displacement> :
P1 클릭
Specify second point or <use first point as
displacement> : P2 클릭
```

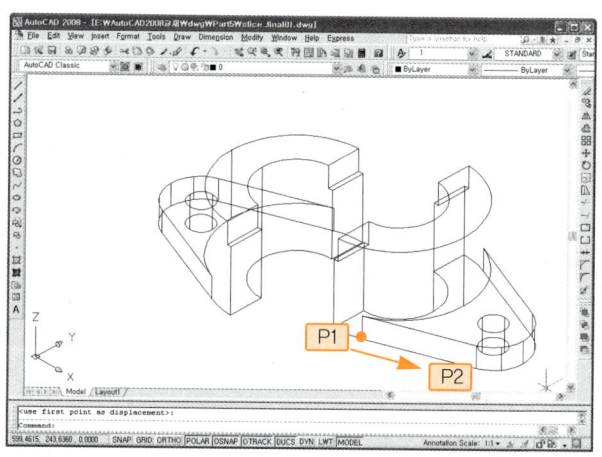

⑥ [Hide] 명령어를 입력하여 정확한 객체를 확인합니다.

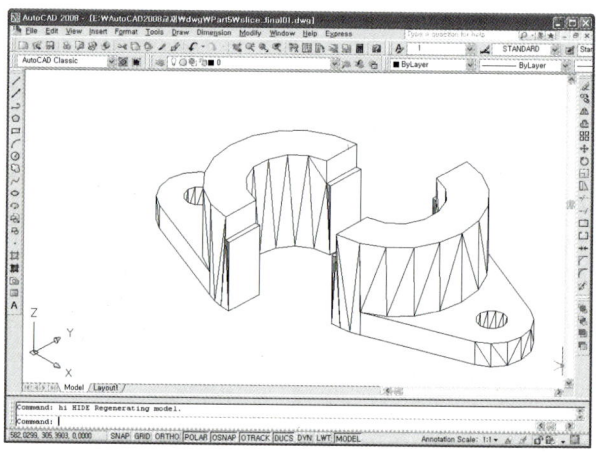

```
Command : Hide  Enter
```

4. 옵션 실습

[Slice] 명령어는 다양한 절단면을 구성하는 옵션이 많이 있습니다. 주로 3-point를 사용하기도 하지만 각각의 평면을 만드는 XY/YZ/ZX Plan과 Object 등을 기준으로 객체를 절단할 수 있습니다.

■ Object를 기준으로 Slice하기

UCS뿐 아니라 원이나 폴리라인 등의 객체가 존재하는 경우 객체를 해당 오브젝트가 가지고 있는 UCS의 방향에 따라 자동으로 Slice되도록 합니다.

• 예제 파일 : Sample\Part05\slice02.dwg

① [File]-[Open] 메뉴를 이용하여 부록 CD에서 예제 파일을 불러옵니다.

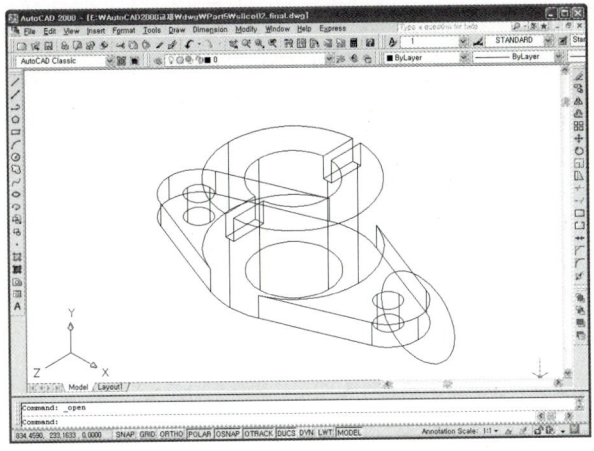

② Command 라인에 [Slice] 명령어를 입력하고 객체를 선택하기 위해 P1을 클릭합니다.

```
Command : Slice Enter
Select objects to slice : 1 found P1 클릭
Select objects to slice : Enter
```

❸ 선택한 객체를 기준으로 [Slice] 옵션을 선택합니다. 미리 그려놓은 원을 선택합니다.

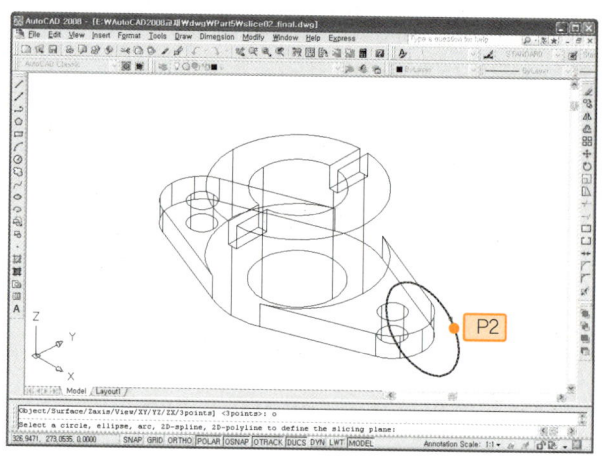

```
Specify start point of slicing plane or [ planar
Object/Surface/Zaxis/View/XY/YZ/ZX/3points]  <3points>
: O  Enter
Select a circle, ellipse, arc, 2D-spline, 2D-polyline
to define the slicing plane : P2 클릭
```

❹ 앞에서와는 달리 두 개로 자른 뒤 뒤편의 객체만을 남기기 위하여 [Osnap]을 이용하여 P3을 클릭하여 뒤편의 객체만 남깁니다.

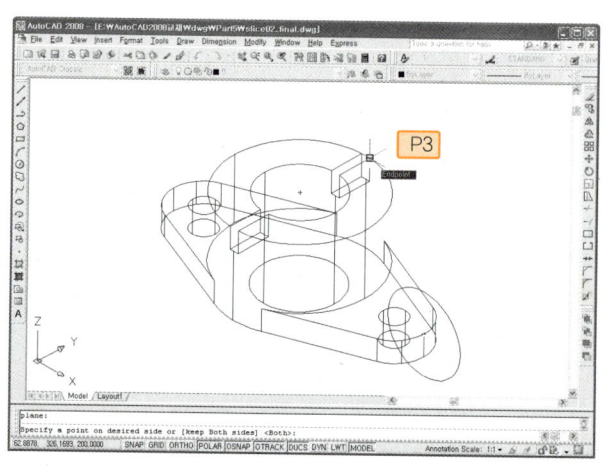

```
Specify a point on desired side or [ keep Both sides]
<Both> : P3 클릭
```

❺ 다음 그림처럼 반절의 객체만 남았습니다. 남길 부분을 선택하는 경우 화면의 아무곳이나 선택하지 말고 반드시 Osnap을 이용하여 객체의 남길 위치를 정확히 선택합니다.

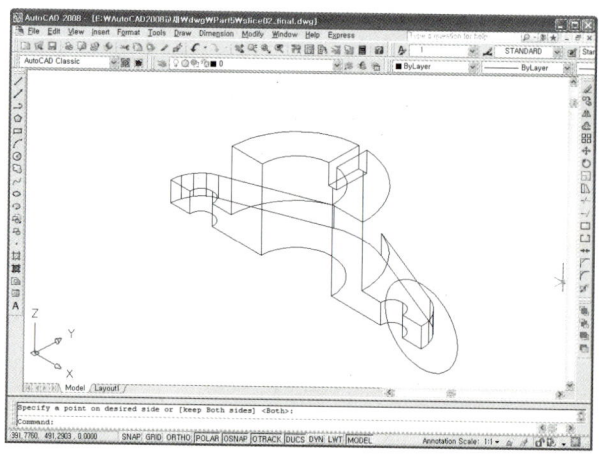

■ XY/YZ/ZX를 기준으로 Slice하기

보통 UCS의 평면을 기준으로 하는 것과 같습니다. UCS의 방향을 XY나 YZ나 ZX 등을 기준으로 평면, 세로면, 직교면 등으로 구분하여 객체를 Slice합니다.

• 예제 파일 : Sample\Part05\slice03.dwg

---

❶ [File]-[Open] 메뉴를 이용하여 부록 CD에서 예제 파일을 불러옵니다.

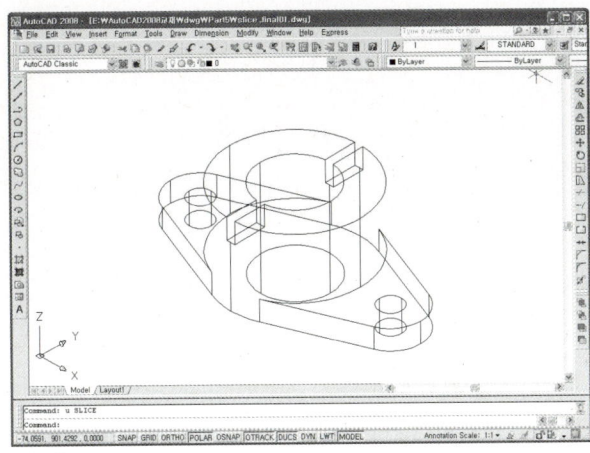

❷ Command 라인에 [Slice] 명령어를 입력합니다.

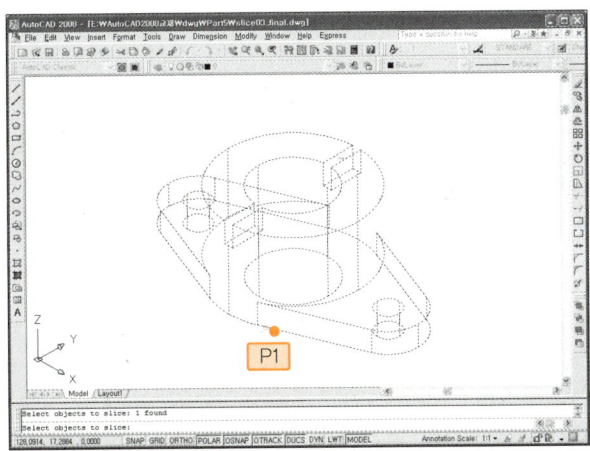

```
Command : Slice  Enter
Select objects to slice : 1 found P1점을 클릭합니다.
Select objects to slice :  Enter
```

❸ XY 평면을 기준으로 [Slice]하기 위하여 XY 옵션을 선택합니다.

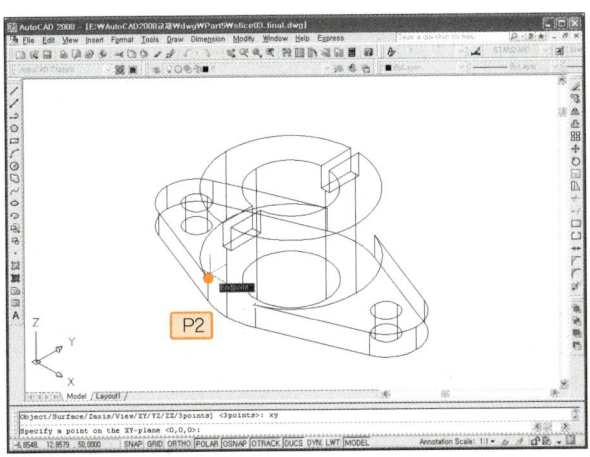

```
Specify start point of slicing plane or [planar
Object/Surface/Zaxis/View/XY/YZ/ZX/3points]  <3points>
: XY  Enter
Specify a point on the XY-plane <0,0,0> : P2 클릭
```

④ 잘라내고 남는 쪽을 선택하기 위하여 P3을 클릭합니다.

⑤ 다음 그림처럼 선택한 윗면만 남았습니다.

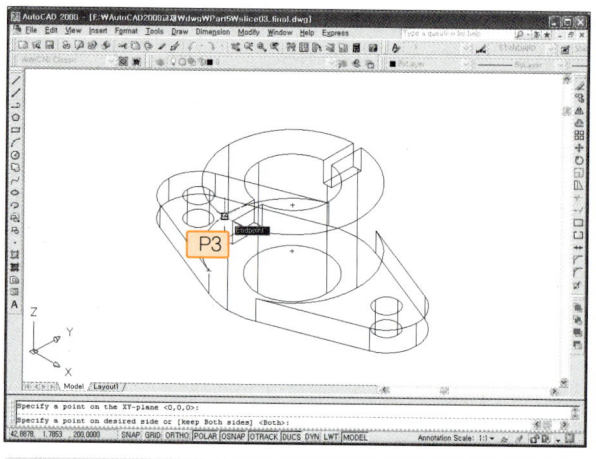

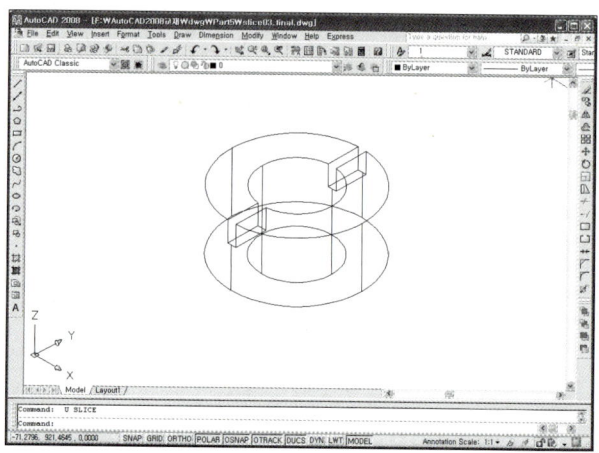

```
Specify a point on desired side or [ keep Both sides]
<Both> : P3 클릭
```

⑥ 연속해서 다른 평면을 기준으로 Slice합니다. 객체를 선택하고 원기둥의 중심점을 YZ의 기준점으로 선택합니다.

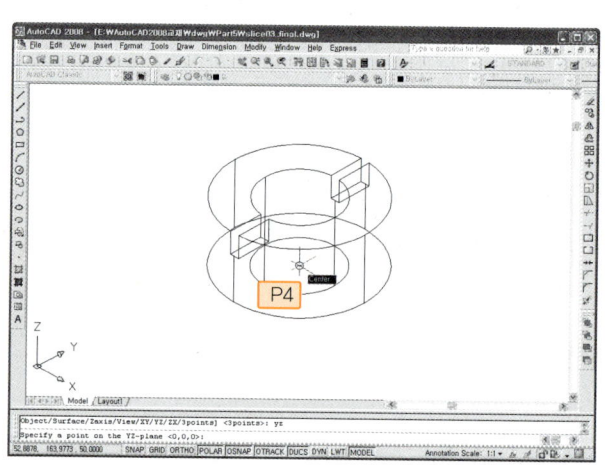

```
Command : Slice Enter
Select objects to slice : 1 found 원기둥을 선택합니다.
Select objects to slice : Enter
Specify start point of slicing plane or [ planar
Object/Surface/Zaxis/View/XY/YZ/ZX/3points] <3points>
: YZ Enter
Specify a point on the YZ-plane <0,0,0> : P4 클릭
```

⑦ 원기둥의 중심점을 기준으로 한쪽면만 남기기 위하여 P5를 클릭합니다.

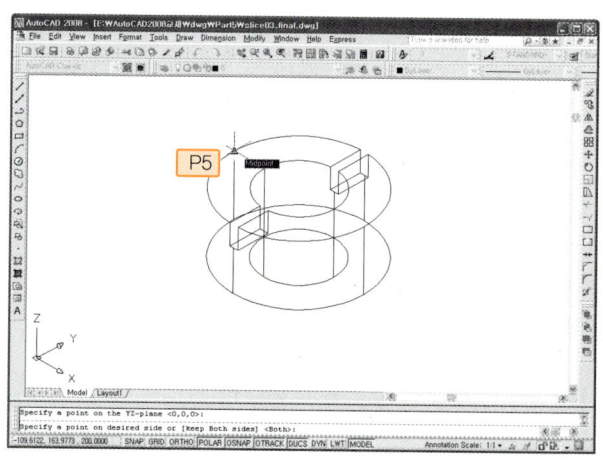

```
Specify a point on desired side or [ keep Both sides]
<Both> : P5 클릭
```

❽ 다음과 같이 좌측면의 객체만 남았습니다.

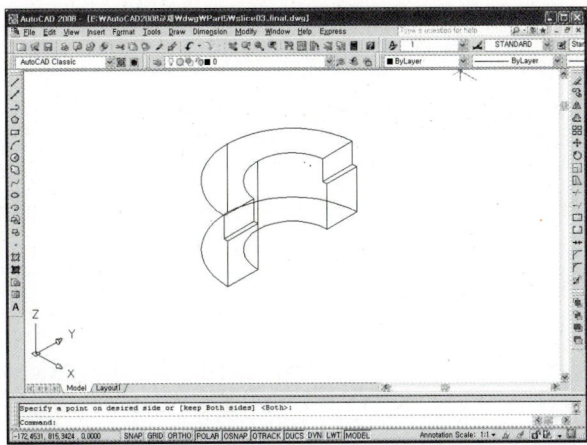

❾ 연속해서 다른 평면을 기준으로 [Slice]합니다.

```
Command : Slice [Enter]
Select objects to slice : 1 found
반쪽 남은 원기둥을 선택합니다.
Select objects to slice : [Enter]
Specify start point of slicing plane or [planar
Object/Surface/Zaxis/View/XY/YZ/ZX/3points] <3points>
: ZX [Enter]
Specify a point on the YZ-plane <0,0,0> : P6 클릭
```

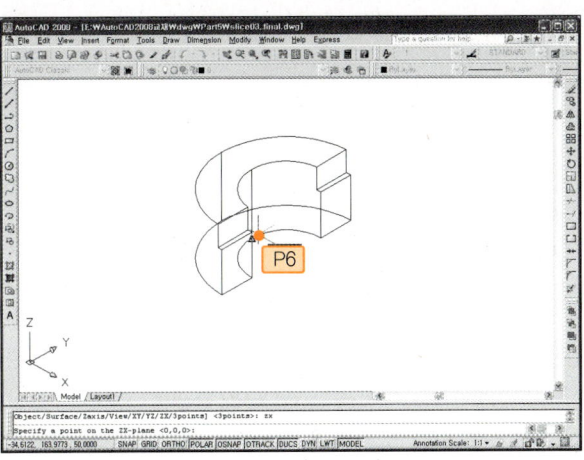

❿ 반쪽의 원기둥 중간점을 기준으로 한쪽면만 남기기 위하여 P7을 클릭합니다.

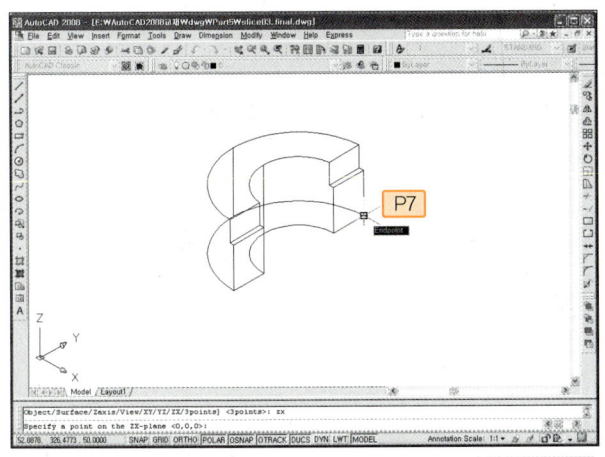

```
Specify a point on desired side or [ keep Both sides]
<Both> : P7 클릭
```

⓫ 다음 그림과 같이 반쪽의 원기둥에서 다시 반쪽만 남았습니다.

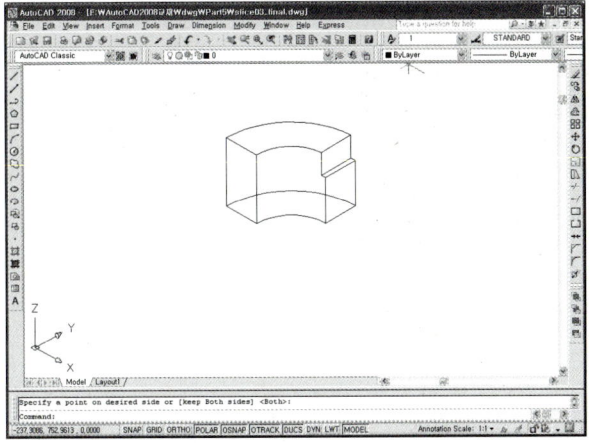

■ View를 기준으로 Slice하기

3차원 View 상태에서 현재의 화면을 2차원 평면으로 인식하여 기준점을 클릭한 경우 기준점의 중심을 2차원 평면으로 Slice합니다.

• 예제 파일 : Sample\Part05\slice04.dwg

---

① [File]-[Open] 메뉴를 이용하여 부록 CD에서 예제 파일을 불러옵니다.

② Command 라인에 [Slice] 명령어를 입력합니다.

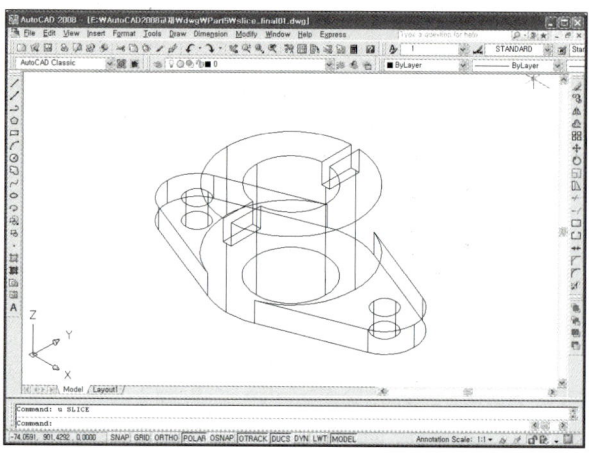

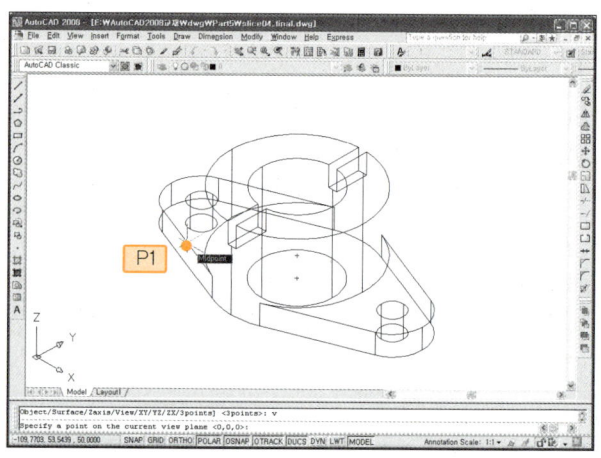

```
Command : Slice Enter
Select objects to slice : 1 found 객체를 선택합니다.
Select objects to slice : Enter
Specify start point of slicing plane or [planar
Object/Surface/Zaxis/View/XY/YZ/ZX/3points] <3points>
: V Enter
Specify a point on the current view plane <0,0,0> :
P1 클릭
```

③ 선택한 P1을 기준으로 뒷면을 남기기 위하여 뒷면의 기준점을 클릭합니다.

④ 다음과 같이 P1을 기준으로 View 상태로 뒷면만 남았습니다.

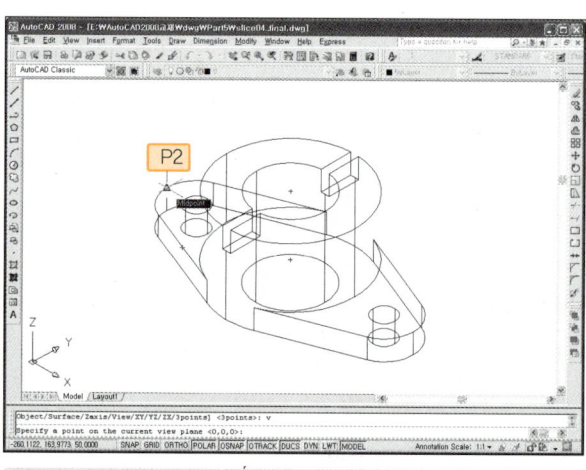

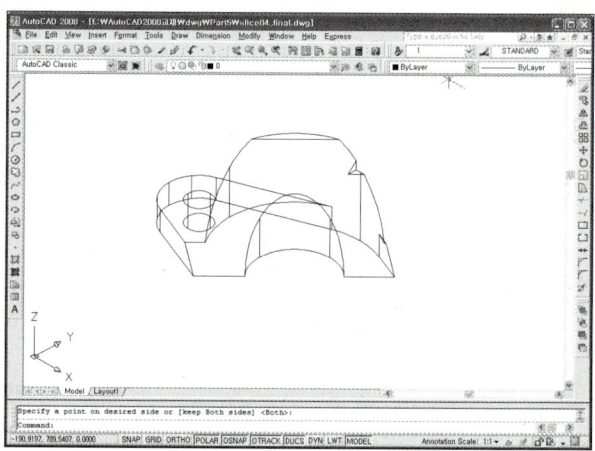

```
Specify a point on desired side or [ keep Both sides]
<Both> : P2 클릭
```

4. Solid 객체의 단면을 만드는 [Section] 명령어

[Section] 명령어는 Solid 모델링 객체의 단면을 추출하여 새로운 단면 객체를 생성합니다. [Slice]와 마찬가지로 다양한 옵션을 통하여 다양한 단면을 추출할 수 있습니다.

[Section] 명령어	
명령어	Section
단축키	〈SEC〉

1. 명령어 사용 방법

Section으로 단면을 추출하기 위한 객체를 선택합니다. 기본적인 단면은 3-point를 이용하여 원점과 X축 방향, Y축 방향을 기준으로 하나의 XY Plan을 만들지만 옵션을 이용하여 다양한 형태의 단면을 추출하기도 합니다.

```
Command : Section Enter
Select objects : 단면을 추출한 대상 객체를 선택합니다.
Specify first point on Section plane by [Object/Zaxis/View/XY/ YZ/ZX/3points] <3points> : 단면이 될 첫 번째 원점의 위치
를 선택합니다.
Specify second point on plane : 단면이 될 X축 양의 방향 위치를 선택합니다.
Specify third point on plane : 단면이 될 Y축 양의 방향 위치를 선택합니다.
```

2. 명령어 옵션

[Section] 명령어는 자르는 단면을 기준으로 많은 옵션이 있습니다. 대부분 하나의 평면을 이루는 것을 기준으로 지정합니다.

옵션	내용
Object/Surface	객체를 기준으로 단면을 추출합니다.
Zaxis	Z축 양의 방향을 기준으로 단면을 추출합니다.
View	현재의 Vpoint와는 관계없이 현재 보이는 면을 기준으로 단면을 추출합니다.
XY/YZ/ZX	XY/YZ/ZX 평면을 기준으로 단면을 추출합니다.
3points	세 점을 클릭하여 단면을 추출합니다.

3. 기본 실습

준비된 예제 파일을 불러와서 [Section] 명령을 실습해보겠습니다.

• 예제 파일 : Sample\Part05\section.dwg
----

1 [File]-[Open] 메뉴를 이용하여 부록 CD에서 예제 파일을 불러옵니다.

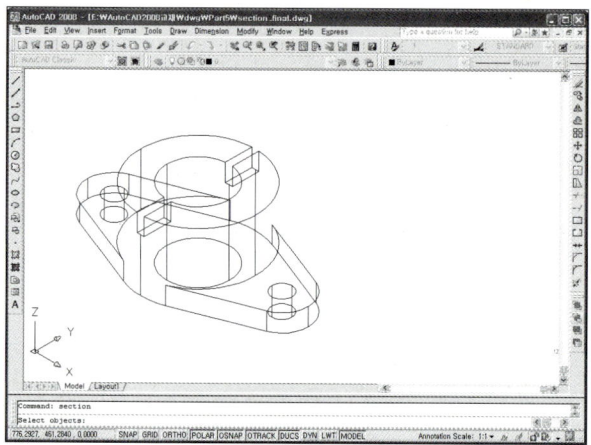

2 Command 라인에 [Slice] 명령어를 입력합니다.

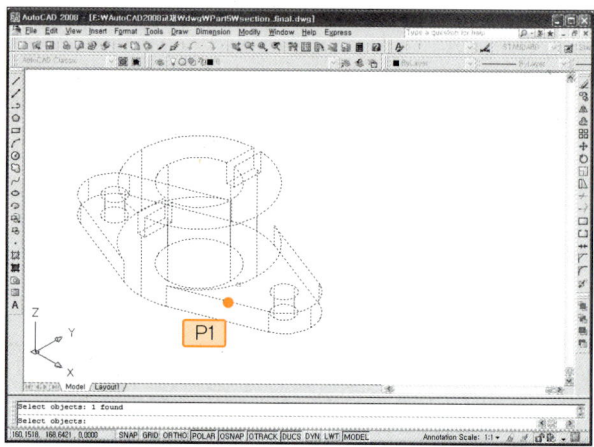

```
Command : Section Enter
Select objects : Specify opposite corner : 1 found
P1점을 클릭합니다.
Select objects :  Enter
```

3 기준면이 될 3점 중 첫 번째 점을 클릭합니다. [Section]은 3차원 객체의 단면이므로 원점, x, y의 양의 방향이 필요합니다.

```
Specify first point on Section plane by [Object/Zaxis/
View/XY/YZ/ZX/3points]<3points> : P2 클릭
```

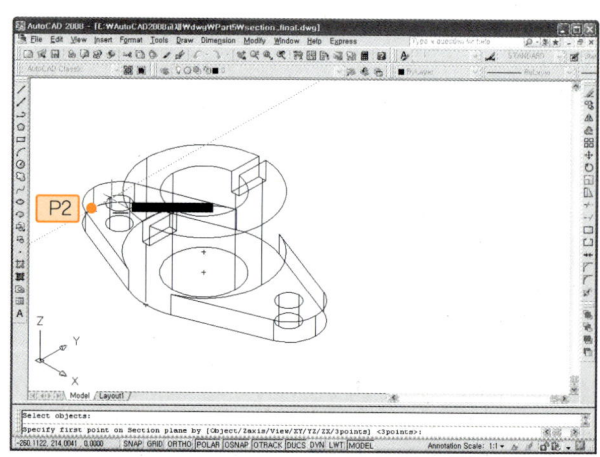

4 기준면의 3점 중 두 번째 점을 클릭합니다.

```
Specify second point on plane : P3 클릭
```

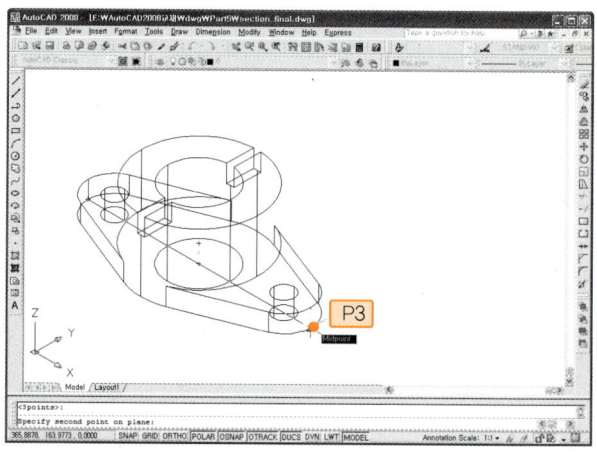

❺ 기준면의 3점 중 세 번째 점을 클릭합니다.

❻ 만들어진 단면을 Object Selection Cast를 이용해 이동시켜 확인합니다.

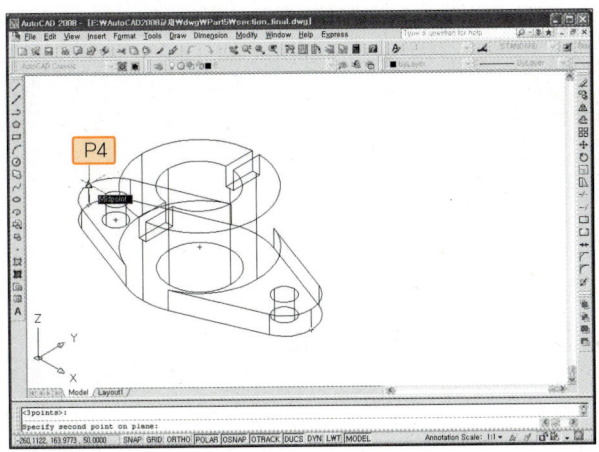

Specify third point on plane : **P4** 클릭

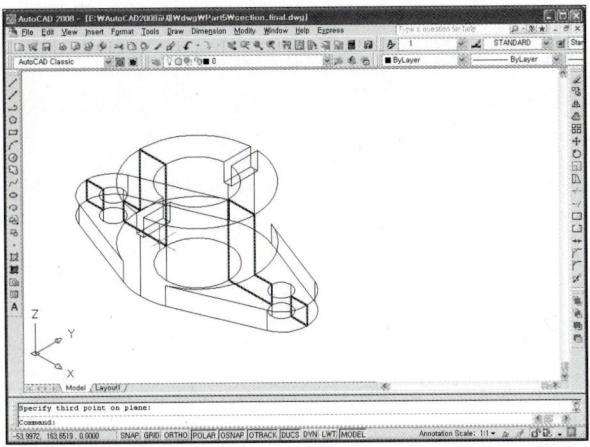

Command : **Move** Enter
Select objects : **L** Enter
1 found
Select objects : Enter

❼ P5에서 P6으로 드래그하여 단면을 이동시키기 위하여 P5를 클릭합니다.

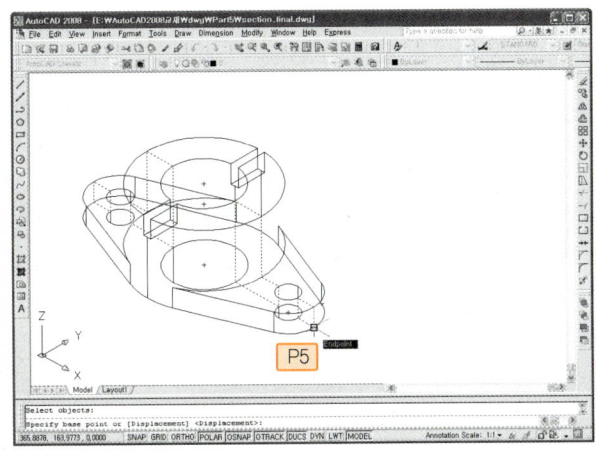

Specify base point or [Displacement] <Displacement> : **P5** 클릭

❽ P6으로 드래그하여 이동합니다.

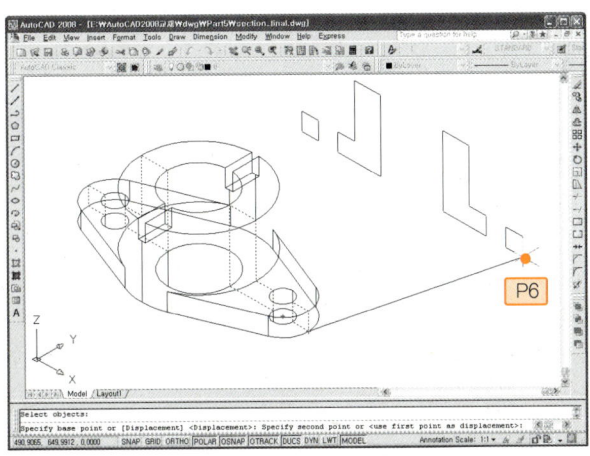

Specify second point or <use first point as displacement> : **P6** 클릭

5. 2차원 객체로 전환하는 [Region] 명령어

[Region] 명령어는 보통 3차원 Solid 객체보다 2차원 객체를 연산할 수 있도록 Solid 객체로 전환하는 명령어입니다. [Region] 명령을 사용할 수 있는 객체는 Polyline 성분이거나 Circle 등의 객체입니다.

[Region] 명령어	
명령어	Region
단축키	〈REG〉

1. 명령어 사용 방법

[Region] 명령을 실행할 대상 객체를 선택합니다. 객체를 선택하면 일반 객체가 Region 객체로 전환됩니다. 단 Region으로 바뀌었다고 하더라도 화면상에는 별다른 차이가 없습니다. Region으로 변경한 다음 [Union]이나 [Subtract], [Intersect] 명령어를 사용하여 변경합니다.

```
Command : Region Enter
Select objects : Region할 대상 객체를 선택합니다.
```

2. 기본 실습

다음의 준비된 파일을 기준으로 [Region] 명령을 실습해보겠습니다.

• 예제 파일 : Sample\Part05\region.dwg
----

① [File]-[Open] 메뉴를 이용하여 부록 CD에서 예제 파일을 불러옵니다.

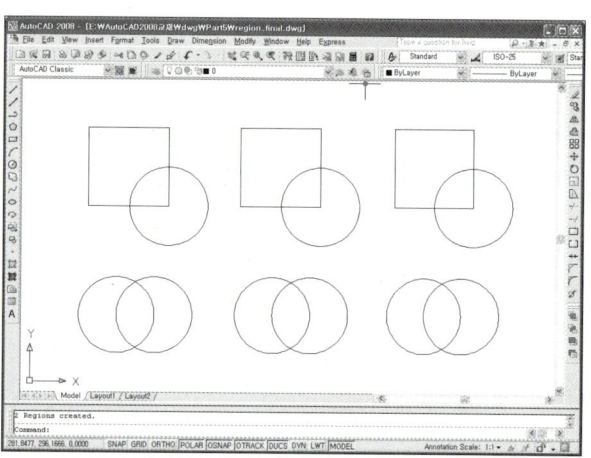

② Command 라인에 [Region] 명령어를 입력합니다.

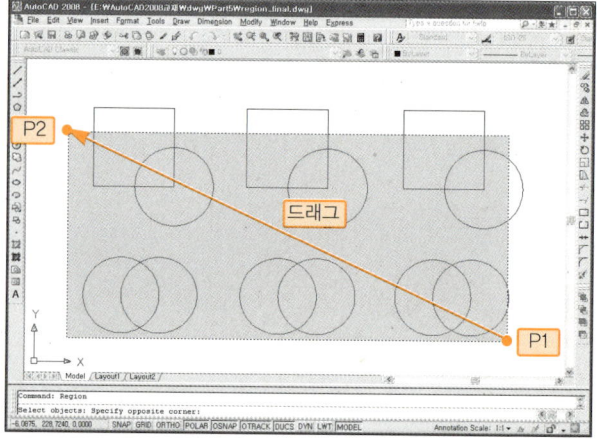

```
Command : Region Enter
Select objects : Specify opposite corner : 12 found
P1점에서 P2점까지 드래그합니다.
Select objects : Enter
12 loops extracted.
12 Regions created.
```

③ Solid 객체로 전환이 되었는지 확인하기 위하여 [Union] 명령을 실행합니다.

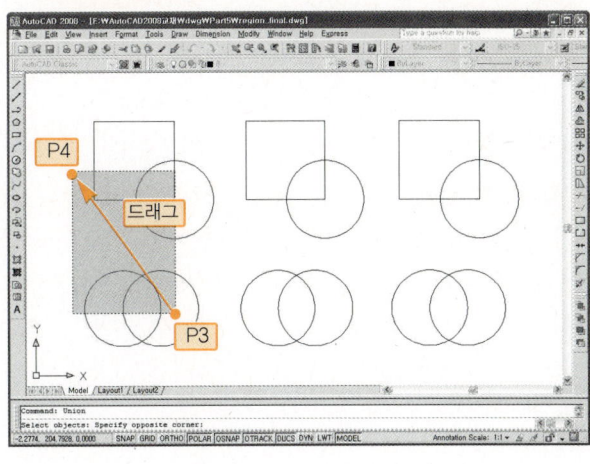

```
Command : Union [Enter]
Select objects : Specify opposite corner : 4 found
P3점에서 P4점으로 드래그합니다.
Select objects : [Enter]
```

④ 2D Line과 Circle 이지만 Region으로 Solid 객체가 되었으므로 [Union]이 실행되어 다음 그림처럼 Solid 객체 모델링 결과와 같습니다.

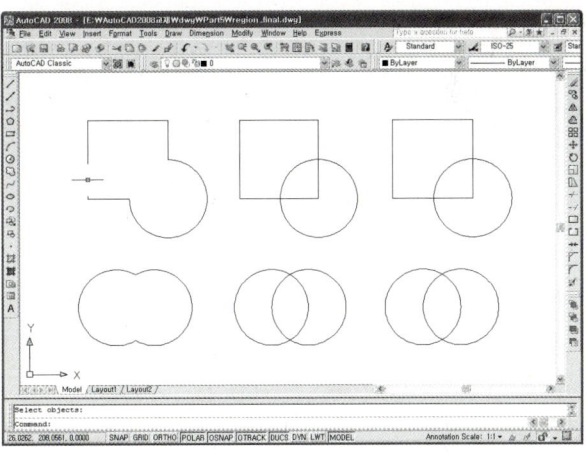

⑤ 왼쪽 객체에서 오른쪽 객체를 빼주는 차집합 연산인 [Subtract] 명령을 실행합니다. 위아래 객체 중 왼쪽 사각형과 원만 한 번에 선택합니다.

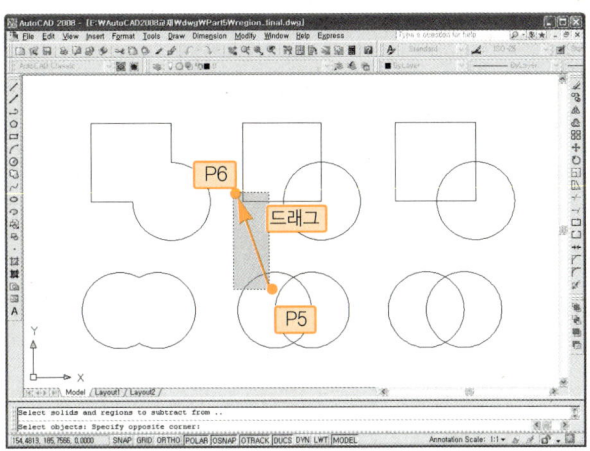

```
Command : Subtract [Enter]
Select solids and regions to subtract from. .
Select objects : Specify opposite corner : 2 found
P5점에서 P6점으로 드래그합니다.
Select objects : [Enter]
```

⑥ 선택한 처음 객체에서 연산할 대상 객체인 오른쪽
의 두 원을 한꺼번에 선택합니다.

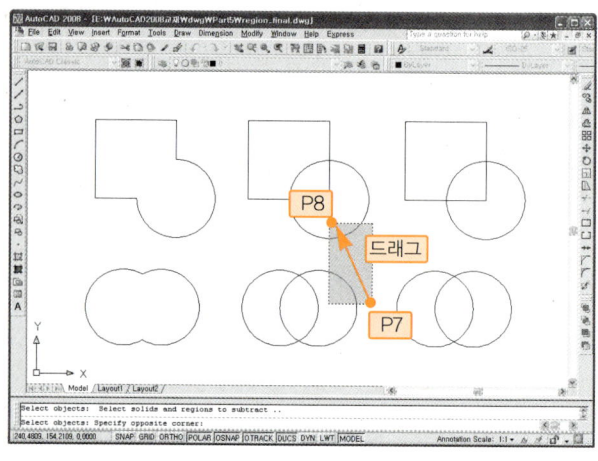

```
Select solids and regions to subtract. .
Select objects : Specify opposite corner : 2 found
P7점에서 P8점으로 드래그합니다.
Select objects : Enter
```

⑦ 차집합 연산을 한 결과입니다. 결과와 같이 처음
선택한 객체에서 두 번째 선택한 객체를 연산을
실행했습니다.

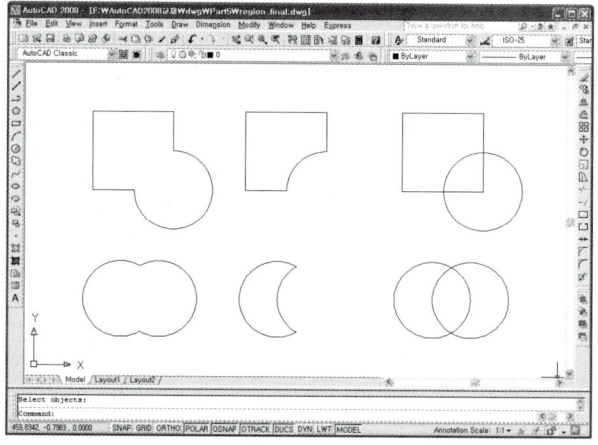

⑧ 이번에는 두 개 이상 겹친 부분만 남기는 교집합
연산인 [Intersect] 명령을 실행합니다.

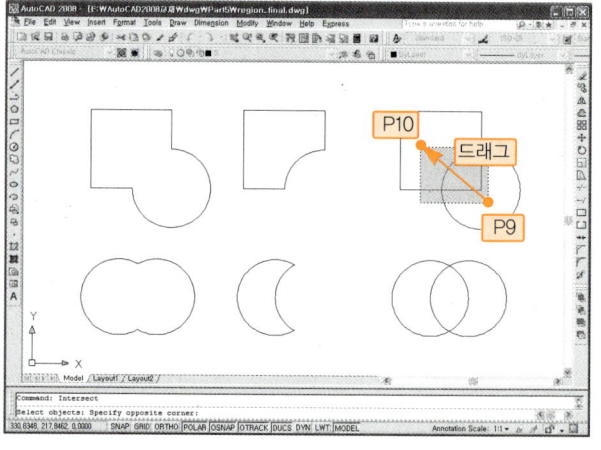

```
Command : Intersect Enter
Select objects : Specify opposite corner : 2 found
P9점에서 P10점으로 드래그합니다.
Select objects : Enter
```

⑨ 다음의 결과처럼 겹친 부분만 남은 교집합 연산 결과입니다.

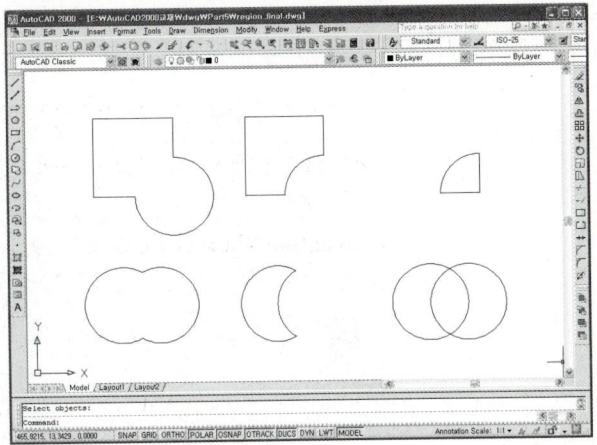

Tip AutoCAD
Solid 객체를 하위 단위로 수정하기

Solid 객체는 일반적으로 하나의 객체로 인식되고 선택됩니다. 이에 AutoCAD는 그래픽 프로그램의 3D 객체들처럼 점(Vertex), 모서리 (Edge), 면(Face)으로 나뉘어 선택되고 각 하위 단계로 수정도 가능합니다. 선택할 때는 Ctrl을 누른 채 원하는 점이나 모서리 면을 클릭하면 각 단위별로 선택되고 이동 등의 편집이 가능합니다.

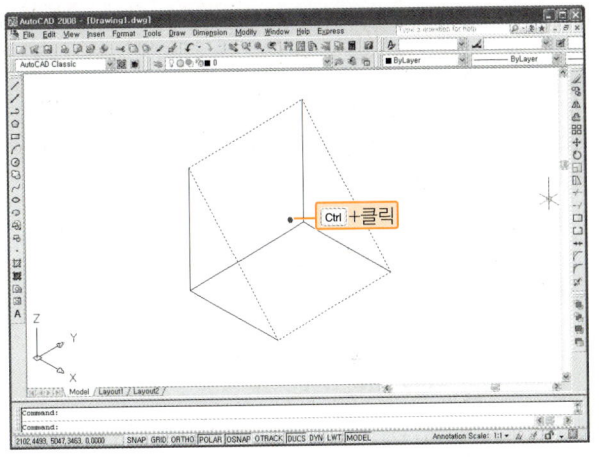

▲ Wedge 면을 선택한 경우

다음 그림과 같은 객체서 P1에서 P2로 이동시키는 경우 점과 면일 때를 비교해보면 결과는 다음과 같습니다.

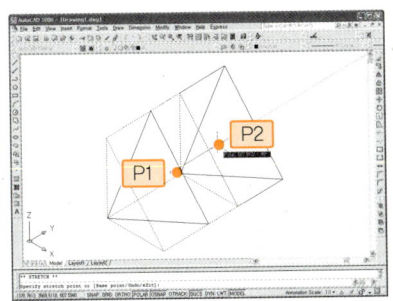 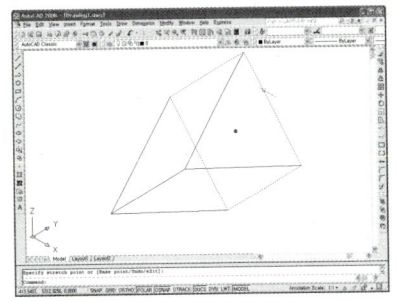 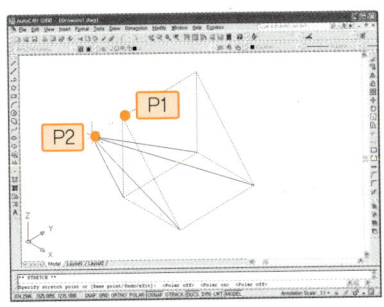

                                    ▲ 면을 이동한 결과   ▲ 점을 이동한 결과

• 완성도면 Practice\3D12.dwg

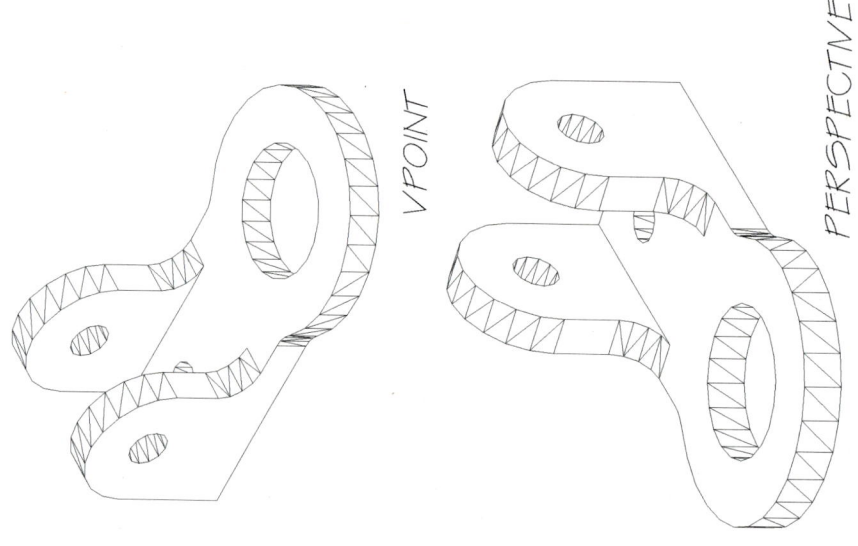

VPOINT

PERSPECTIVE

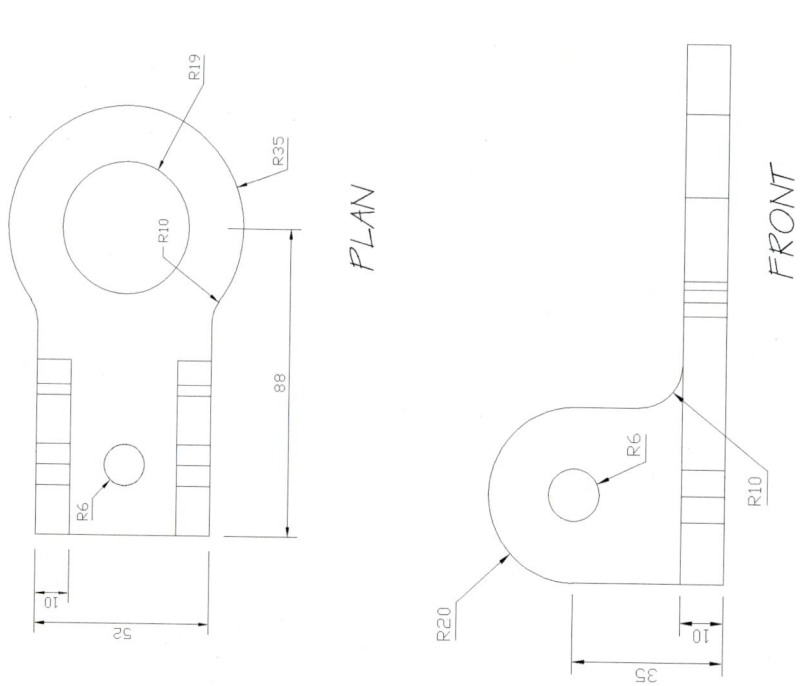

R19

R35

R10

PLAN

FRONT

R6

88

R6

R10

10

52

R20

35

10

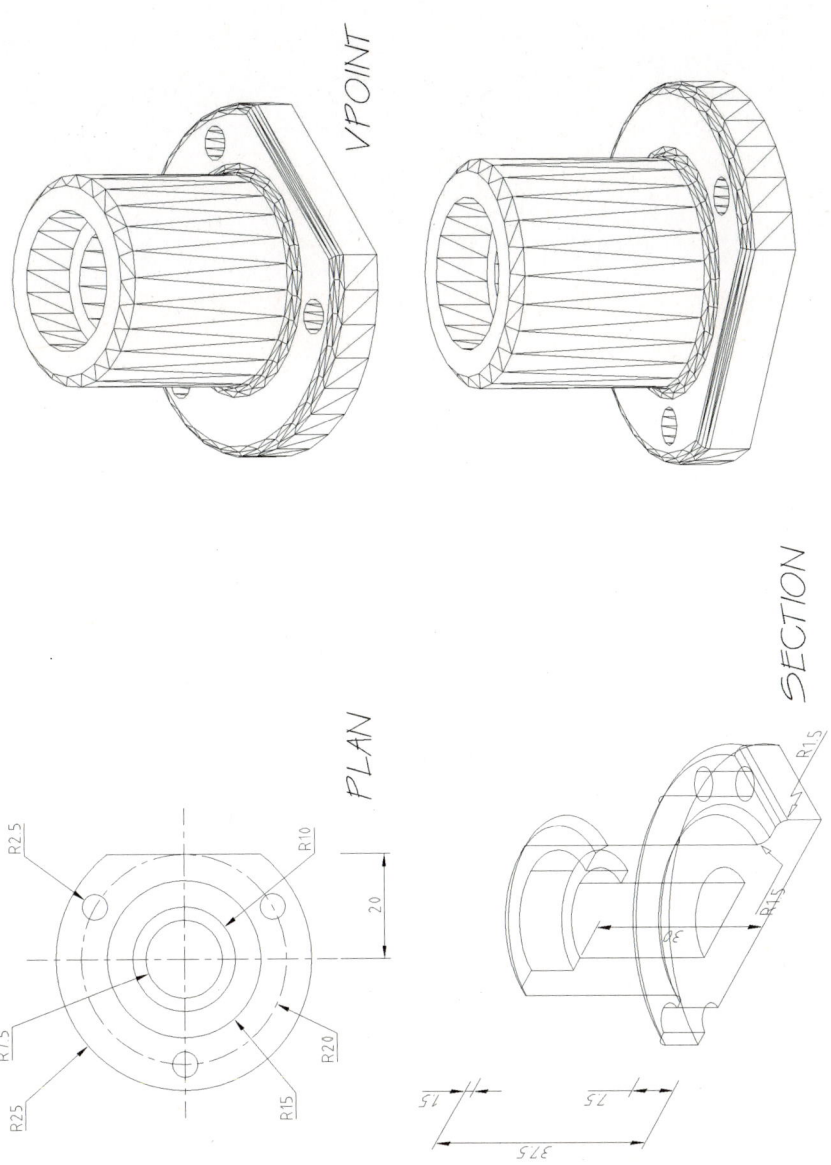

VPOINT

SECTION

PLAN

R2 5

R10

20

R7 5

R20

R25

R15

R15

R15

30

15

75

375

Chapter
10 3차원 객체 출력하기

3차원 객체의 출력은 일반적으로 Model 영역에서 하지만 여러 가지 View를 하나로 처리하기 위해서 자주 Layout 모드에서 출력을 합니다. 보통 이런 경우 하나의 Vpoint만이 아니라 여러 가지 Vpoint를 하나의 용지에 출력할 수 있습니다. 또한 사용자가 각 View마다 선택해서 레이어를 관리할 수도 있습니다.

1. 화면을 나누는 [Mview] 명령어

[Mview] 명령어는 Paper space인 종이 영역을 보여주는 Layout 모드에서 화면을 분할해서 Model 영역의 객체를 화면에 보여줍니다. 이때 사용자는 Model 영역의 객체를 사용자가 원하는 스타일로 배치할 수 있습니다.

[Mview] 명령어	
명령어	Mview
단축키	〈MV〉

1. 명령어 사용 방법

Model 영역에 미리 객체를 준비한 뒤 화면 하단의 Tab을 눌러 layout 모드로 전환합니다. 전환한 뒤 [Mview] 명령어를 입력하고 원하는 개수대로 화면을 분할합니다.

```
Command : Mview Enter
Specify corner of viewport or
[On/Off/Fit/Shadeplot/Lock/Object/Polygonal/Restore/Layer/2/3/4] <Fit> : 원하는 옵션을 선택합니다.
```

2. 명령어 옵션

여러 가지 화면 분할 옵션을 통하여 원하는 View 상태를 설정합니다. 창의 개수나 각 화면의 플로터 상태의 셰이드 모드 등을 결정할 수 있습니다.

옵션	내용
On	[Mview]의 화면이 보이도록 합니다.
Off	[Mview]의 화면이 안 보이도록 합니다.
Fit	현재의 영역 안에 꽉 채운 영역을 만듭니다.
Shadeplot	Plot으로 출력하는 경우 해당 View의 은선을 제거하여 출력하도록 합니다.
Lock	선택된 View의 시점을 고정합니다.
Polygonal	다양한 모양의 View를 만들어 줍니다.
Restore	저장된 View를 불러옵니다.
2/3/4	분할할 화면의 개수를 지정합니다.

3. 기본 실습

Model 영역에서 Layout 영역으로 변경하여 3차원 객체를 분할합니다. 분할되는 영역을 기준으로 하여 각 뷰포트를 나누어 화면에 레이아웃을 설정하도록 합니다.

- 예제 파일 : Sample\Part05\mview.dwg

❶ [File]-[Open] 메뉴를 이용하여 부록 CD에서 예제 파일을 불러옵니다.

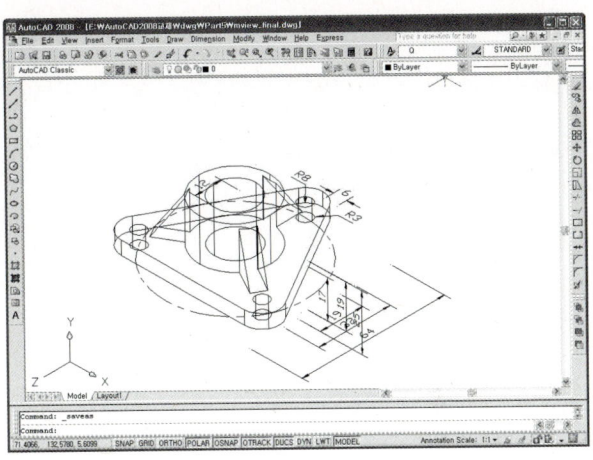

❷ 하단의 [Layout] 탭을 선택하여 종이 영역이 보이게 합니다. 또는 Command 라인에 [Tilemode]를 '0'으로 지정해도 같은 결과가 나옵니다.

❸ 화면을 분할 해주는 [Mview] 명령어를 입력하고 화면 분할 개수를 '4'로 입력합니다. Model의 객체가 하나의 화면에 4개가 나타납니다.

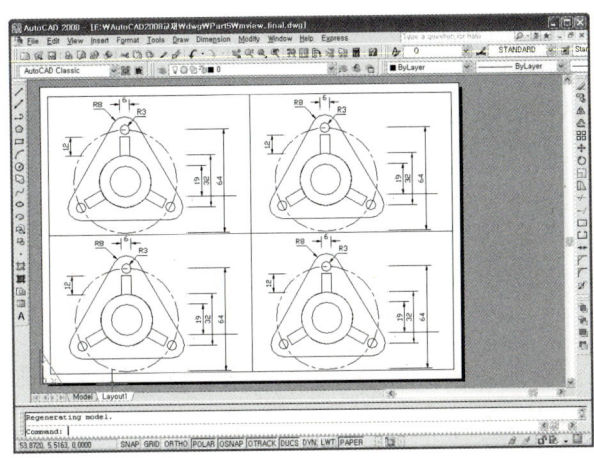

```
Command : Mview Enter
Specify corner of viewport or
[On/Off/Fit/Shadeplot/Lock/Object/Polygonal/Restore/L
ayer/2/3/4] <Fit> : 4 Enter
Specify first corner or [ Fit ] <Fit> :   Enter
```

2. 종이 영역을 넘나드는 [Mspace] 명령과 [Pspace] 명령어

Paper space인 종이 영역 안에서 Model 영역을 실제 [Model] 탭으로 넘어가지 않고 현재의 종이 영역에서 화면을 변환해주는 명령어입니다. Model 영역은 실제 작업을 한 공간이며 종이 영역은 출력하기 위한 레이아웃 포맷 영역으로 이해하면 됩니다.

[Mspace] 명령과 [Pspace] 명령어	
명령어	Ms
단축키	Ps

1. 명령어 사용 방법

종이 영역인 Layout 모드에서 각 뷰포트의 영역으로 들어가 Model 객체를 직접 제어할 수 있습니다. 각각의 뷰포트를 사용자 기준에 맞춰 교환하여 사용할 수 있어야 합니다.

분할된 뷰포트에 각각 UCS 아이콘이 보이며, 3차원 Model 영역에서 [Vports]로 화면을 분할한 경우와 같습니다.

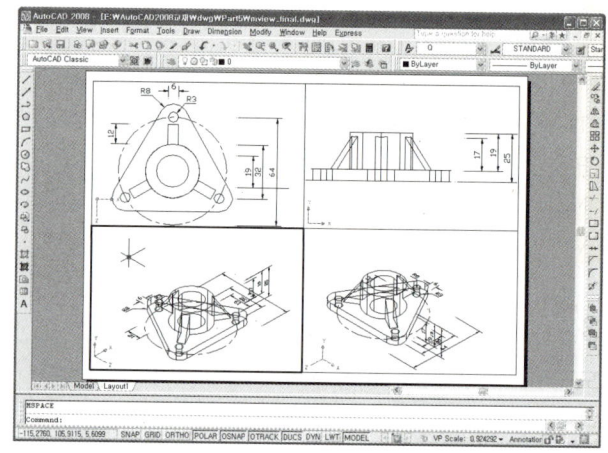

Command : Ms Enter

Model 영역 전체를 하나의 창으로 보는 형태의 종이 영역이며, UCS 아이콘이 직각 삼각형 모양으로 좌측 하단에 보입니다. MS와 PS 상태의 구분은 각 뷰포트마다 마우스포인터가 나타나고, 각 뷰포트마다 USC 아이콘이 생성되면 Mspace 모드입니다.

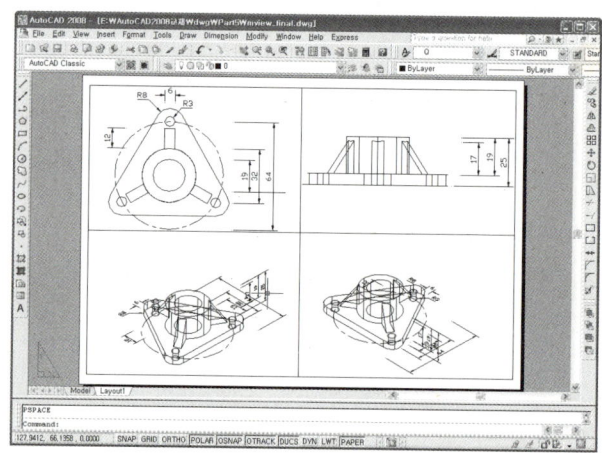

Command : Ps Enter

3. 레이어의 가시성을 조정하는 [Vplayer] 명령어

[Vplayer] 명령어는 종이 영역 안에서 각 화면의 Viewport별로 레이어의 가시성을 조절합니다. 가시성이란 각 뷰포트별로 각각 레이어를 동결(Freeze)하거나 동결 해제(Thaw)할 수 있습니다. 3차원 설계 도면을 평면, 정면, 측면을 기준으로 작성한 뒤에 각각의 요소 기준점을 Align할 수 있도록 각 뷰마다 레이어를 콘트롤합니다.

1. 명령어 사용 방법

종이 영역에서 [Mview] 명령을 이용하여 화면을 분할한 경우 3차원 모델링에서 각 뷰포트마다 가시화되어야 하는 레이어의 종류가 다르게 보여야 합니다. 이때 [Vplayer] 명령을 통하여 뷰포트마다 다른 레이어의 가시성을 부여할 수 있습니다.

Command : **Vplayer** Enter

2. 명령어 옵션

[Vplayer] 명령어의 옵션을 통하여 종이 영역에서의 각 뷰포트의 가시성을 결정할 수 있습니다.

옵션	내용
?	선택된 화면에 동결된(Freeze) 레이어 목록을 보여줍니다.
Freeze	선택된 뷰포트에 지정된 레이어를 보이지 않게 합니다.
Thaw	선택된 뷰포트에 지정된 레이어를 보이게 합니다.
Reset	선택된 뷰포트에 레이어를 초기화합니다.
Newfrz	모든 화면에 Freeze되는 레이어를 만듭니다.
Vpvisdflt	새 뷰포트를 만들거나 가시화되는 레이어를 설정하는 옵션을 지정합니다.

3. 기본 실습

도면의 여러 요소를 이용하여 가시화되는 레이어를 Freeze와 Thaw를 해봄으로써 각 뷰포트별로 레이어를 관리합니다.

• 예제 파일 : Sample\Part05\vplayer.dwg

----

1 [File]-[Open] 메뉴를 이용하여 부록 CD에서 예제 파일을 불러옵니다.

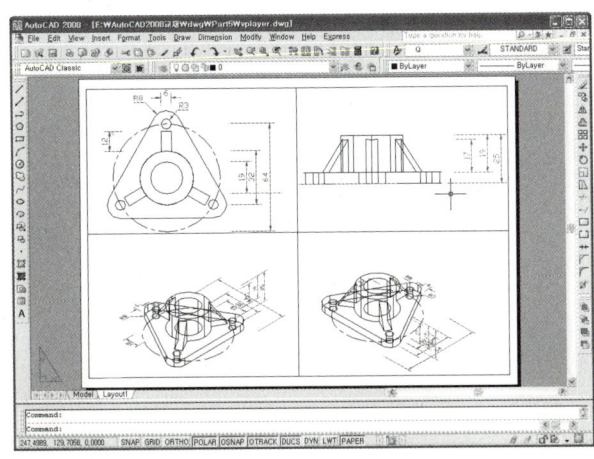

② Command 라인에 [Vplayer] 명령어를 입력합니다.

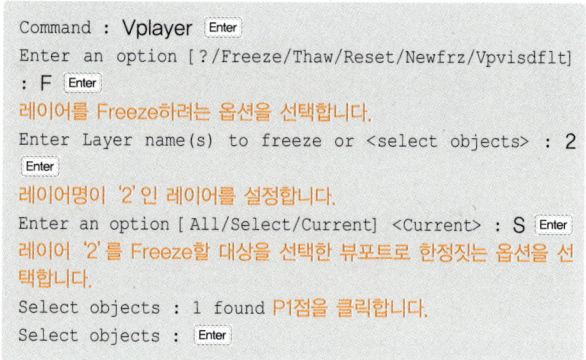

```
Command : Vplayer Enter
Enter an option [?/Freeze/Thaw/Reset/Newfrz/Vpvisdflt]
: F Enter
```
레이어를 Freeze하려는 옵션을 선택합니다.
```
Enter Layer name(s) to freeze or <select objects> : 2
Enter
```
레이어명이 '2'인 레이어를 설정합니다.
```
Enter an option [All/Select/Current] <Current> : S Enter
```
레이어 '2'를 Freeze할 대상을 선택한 뷰포트로 한정짓는 옵션을 선
택합니다.
```
Select objects : 1 found P1점을 클릭합니다.
Select objects : Enter
```

③ 뷰포트의 레이어 Freeze를 적용하기 위하여 Enter
를 눌러 명령어를 빠져나옵니다.

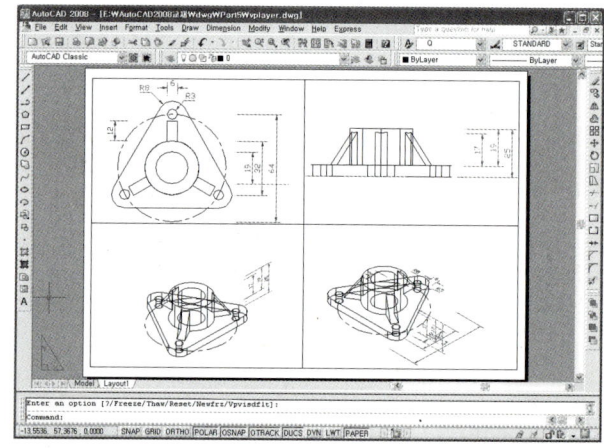

```
Enter an option [?/Freeze/Thaw/Reset/Newfrz/Vpvisdflt]
: Enter
```
선택한 뷰포트에서 2번 레이어로 만들어진 치수가 Freeze되었습니다.

④ Freeze된 레이어를 Thaw로 다시 보이도록 만들
어 봅니다.

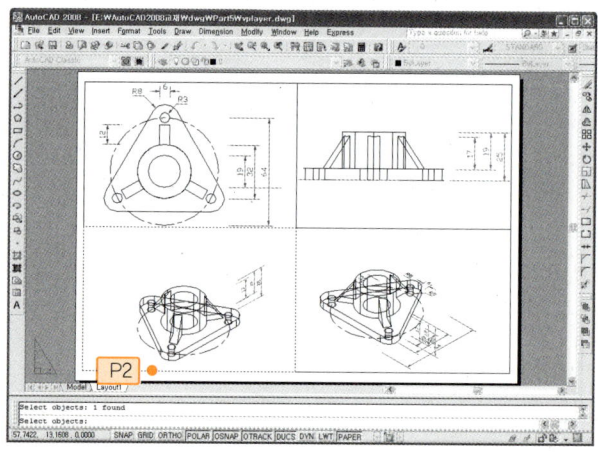

```
Command : Vplayer Enter
Enter an option [?/Freeze/Thaw/Reset/Newfrz/Vpvisdflt]
: T Enter
Enter Layer name(s) to thaw : 2 Enter
Enter an option [All/Select/Current] <Current> : S Enter
Select objects : 1 found
```
P2점을 클릭합니다.
```
Select objects : Enter
```

⑤ 뷰포트의 레이어 Thaw를 적용하기 위하여 [Enter]를 눌러 명령어를 빠져나옵니다. 보이지 않던 레이어가 다시 나타났습니다.

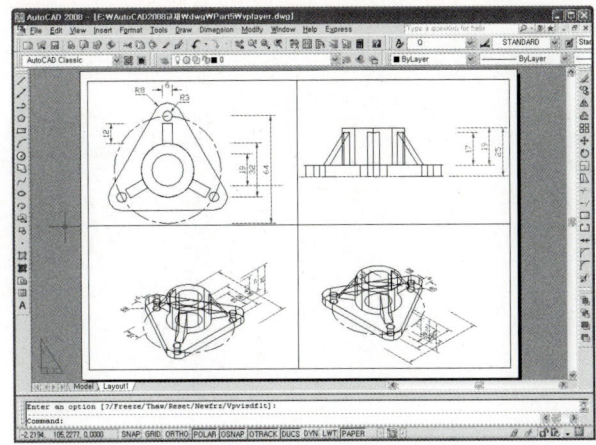

```
Enter an option [?/Freeze/Thaw/Reset/Newfrz/Vpvisdflt]
: [Enter]
```

Tip **A u t o C A D**

3차원 렌더링

AutoCAD도 그래픽 프로그램처럼 렌더링을 할 수 있습니다. 3차원 CG 프로그램인 만큼 실사의 느낌은 아니더라도 그와 흡사한 느낌의 렌더링을 할 수 있습니다. 3차원의 솔리드 모델링을 그린 뒤 화면에서 다음처럼 [Render] 명령어를 입력합니다.

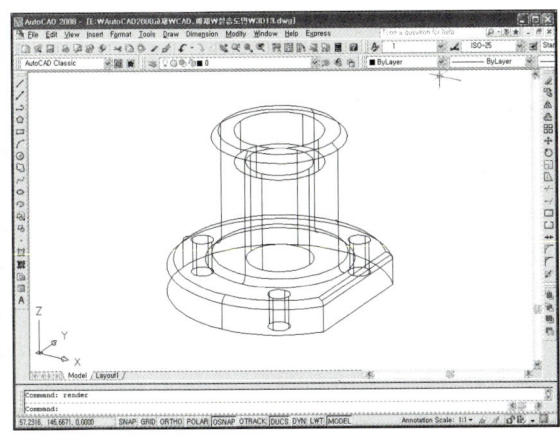

▲ 렌더링 전 – WireFrame 상태

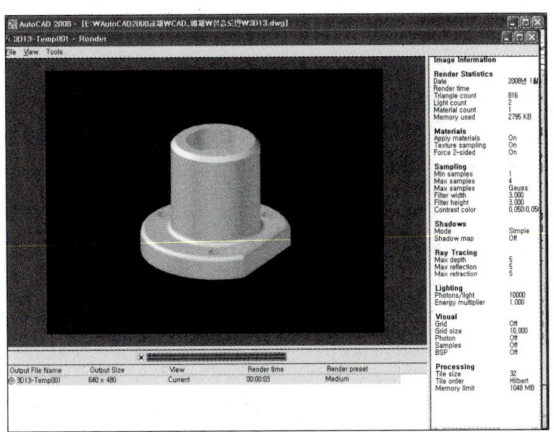

▲ 렌더링 후 – Shademode 상태

Chapter
11
캐드 파일의 다양한 변환 작업

AutoCAD로 만든 파일은 모두 저장할 때 확장자 DWG가 붙습니다. 모두 AutoCAD로 열고 수정하고 저장할 수 있습니다. 하지만 각종 다른 프로그램으로 연동하거나 기존의 DWG 파일을 이미지 파일로 전환하거나 3차원을 2차원으로 만드는 등 여러 가지 파일 포맷으로 변환해야 하는 경우가 있습니다. 변환된 캐드 파일은 캐드 본래의 속성보다는 변환된 속성을 기준으로 사용합니다.

1. 이미지 파일을 삽입하는 [Image] 명령어

캐드 도면 안에 JPG, GIF, PCX, TIF 등의 이미지 파일을 삽입합니다. 도면 틀에 그래픽 이미지로 만들어진 회사 로고나 심벌 등을 삽입할 수 있으며 배치도 등에 해당하는 이미지를 배경으로 지정할 수도 있습니다.

[Image] 명령어	
명령어	Image
단축키	〈IM〉

1. 명령어 사용 방법

Xref 파일을 사용하는 방법과 동일합니다. [Image] 명령어를 입력하면 [External References] 대화상자가 나타납니다. Attach Image에서 원하는 이미지 파일을 선택하여 삽입합니다.

❶ Command 라인에 [Image] 명령을 입력하여 [External References] 대화상자를 불러옵니다.

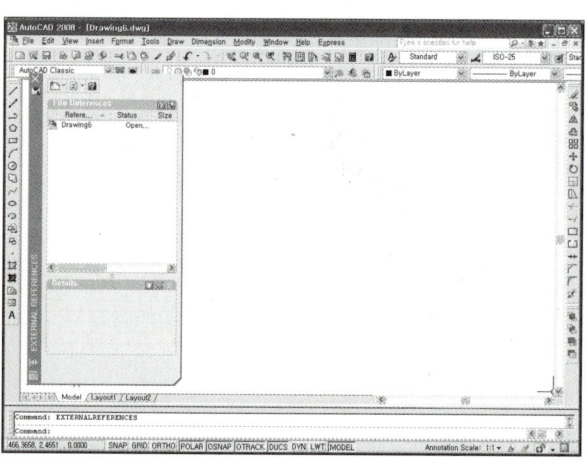

❷ Attach 목록 아이콘을 클릭하여 나타나는 풀다운 메뉴에서 [Attach Image]를 선택합니다.

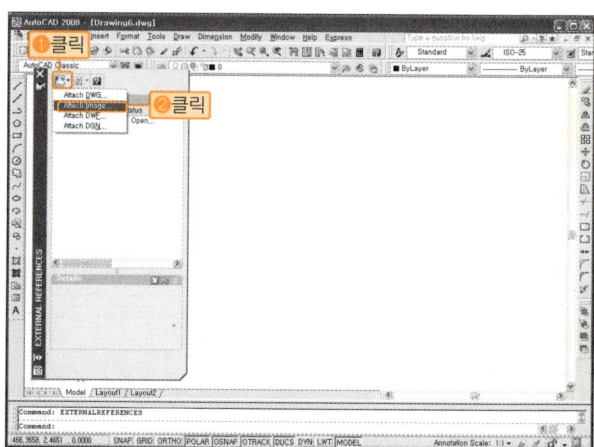

❸ 삽입할 이미지 파일이 있는 경로를 설정한 후 이
미지 관련 파일을 선택하고 [열기] 버튼을 클릭합
니다.

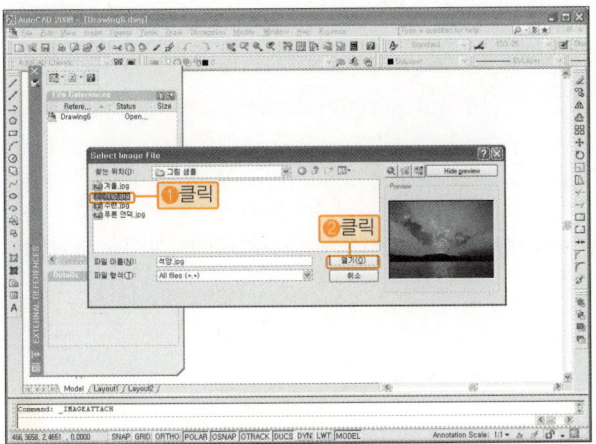

❹ [Image] 대화상자가 나타나면 삽입 점 등의 옵션
을 설정하고 [OK] 버튼을 클릭합니다.

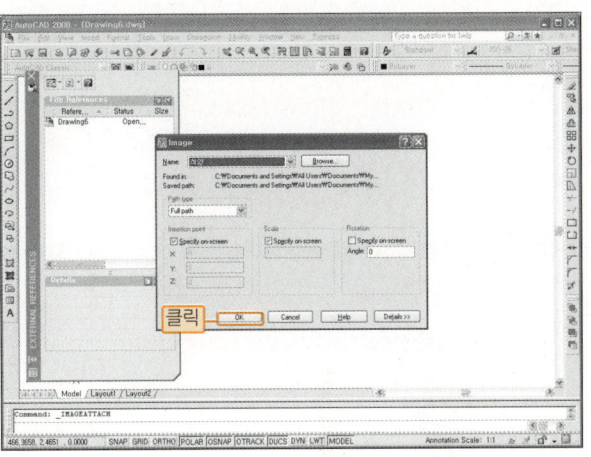

❺ 도면에 삽입할 위치 P1을 클릭하여 삽입 점을 지
정합니다.

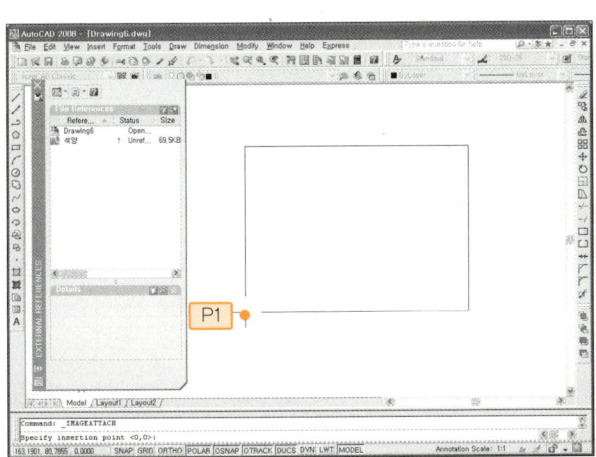

❻ 다음 그림과 같이 도면에 그림이 삽입되었습니다.

2. 이미지 파일을 저장하는 [Saveimg] 명령어

[Saveimg] 명령어는 [Image] 명령어와는 반대로 현재 캐드상의 도면을 이미지 파일로 저장할 수 있습니다. BMP, PCX,
TGA, TIF, JPG, PNG 등의 형식으로 저장할 수 있습니다. 이미지 파일로 바로 저장하는 편리한 명령어이며, [plot]에서도
파일 생성이 가능합니다.

[Saveimg] 명령어	
명령어	Saveimg

1. 명령어 사용 방법

현재 화면에 존재하는 캐드 파일을 일반 이미지 파일로 전환합니다. [Saveimg] 명령어를 입력하고 저장하려는 파일 포맷을 결정한 뒤 이름을 입력하여 알맞은 경로에 저장합니다.

1 Command 라인에 [Saveimg] 명령어를 입력하여 [Render Output File] 대화상자를 불러옵니다. 대화상자에서 저장할 경로와 저장 파일 형식, 파일 이름 등을 설정한 후 [Save] 버튼을 클릭합니다.

2 파일 포맷을 JPG로 선택한 경우 압축 정도를 선택하는 [JPEG Image Options] 대화상자가 나타납니다. 압축 정도를 조정하고 [OK] 버튼을 클릭하면 바로 저장됩니다.

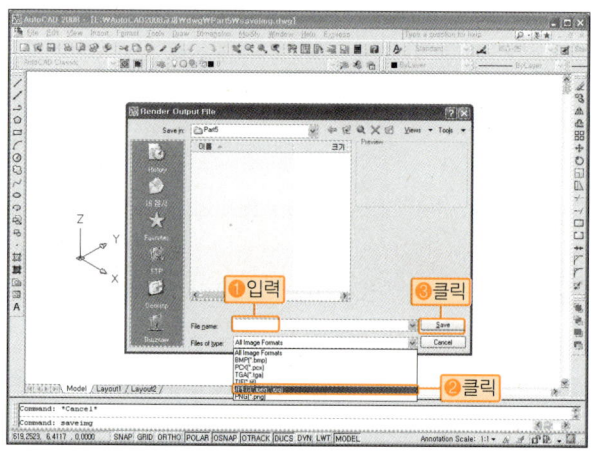 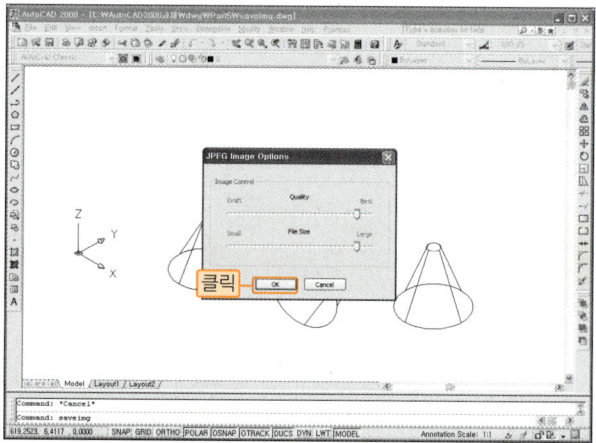

3. 도면 교환 파일을 만드는 [Dxfin]과 [Dxfout] 명령어

DXF 파일은 AutoCAD에서 만든 파일을 다른 프로그램에서 교환 사용이 가능하도록 변환 시켜주는 파일이며 DXB 파일은 출력을 위한 파일로 주로 3차원이었던 파일도 DXB를 거치면 저장한 상태의 Vpoint 안에서 2차원 파일로 전환됩니다.

[Dxfin] 명령어	
명령어	Dxfin

[Dxfout] 명령어	
명령어	Dxfout

1. 명령어 사용 방법

[Dxfin/Dxfout] 명령어는 도면 교환 파일을 관리하는 명령어로 일반적으로 DXF 파일이 지원되는 프로그램 간에 해당 파일을 교환합니다. [Dxfin] 명령은 만들어진 DXF 파일을 불러들이는 역할을 하고, [Dxfout] 명령은 현재 도면의 내용을 DXF 파일로 저장하는 역할을 합니다. 사용 방법은 각 화면에서 [Dxfin]이나 [Dxfout] 명령어를 입력하고 원하는 파일을 선택하거나 파일명을 입력합니다.

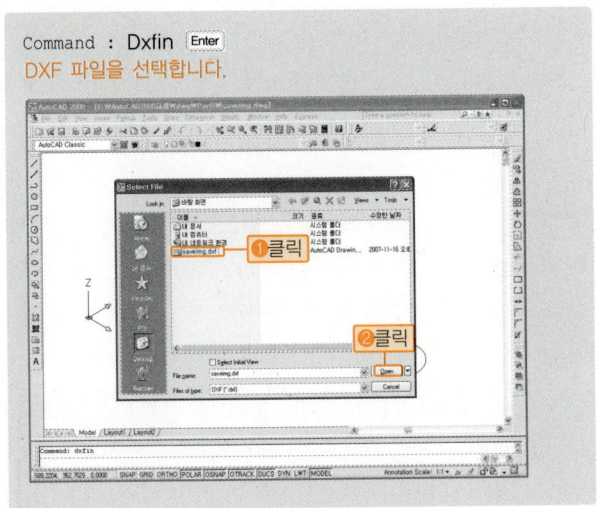

Command : Dxfin Enter
DXF 파일을 선택합니다.

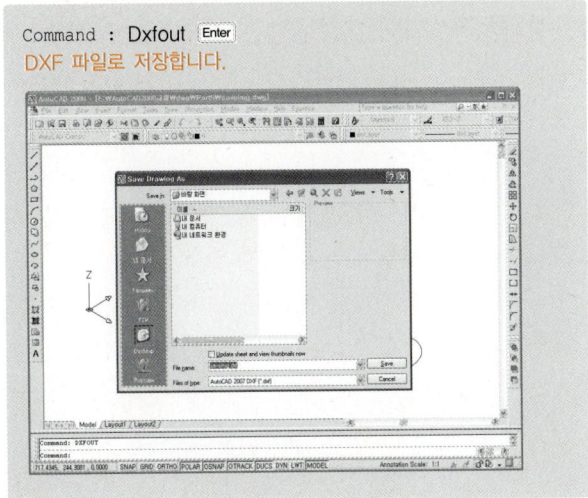

Command : Dxfout Enter
DXF 파일로 저장합니다.

4. 도면 교환 파일을 만드는 [Dxbin] 명령어

DXB 파일은 출력을 위한 파일로 주로 3차원이었던 파일도 DXB를 거치면 Vpoint 안에서 2차원 파일로 전환됩니다. 주로 용량이 큰 3차원 파일을 간단하게 삽입하고 싶은 경우 DXB 파일로 변경합니다. 주의할 사항으로는 [Dxbin] 명령어는 Command 라인에서 실행할 수 있지만 [Dxbout] 명령의 경우에는 Plot 환경에서 지정할 수 있으므로 Plot 환경 설정부터 알아야 합니다.

[Dxbin] 명령어	
명령어	Dxbin

1. 명령어 사용 방법

[Dxbin] 명령으로 DXB 형식으로 만들어진 파일을 선택하여 불러옵니다.

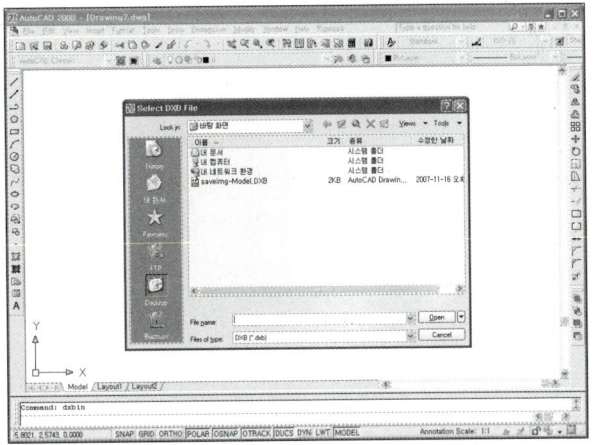

2. 기본 실습

[Dxbin] 명령은 만들어진 DXB 파일을 불러오는 역할만 합니다. DXB 파일을 직접 만들기 위한 설정을 한 후, DXB 파일을 Plot를 이용하여 선택하도록 합니다.

■ DXB 파일 환경 설정하기

DXB 파일은 메뉴나 Command에서 바로 입력이 가능한 명령어가 아닙니다. 그러므로 해당 파일을 만드는 것은 출력의 일안으로 이해하면 됩니다. 먼저 플로터에 사용되는 Device를 구성하여 DXB 파일에 관련한 장치를 만든 후 [Plot]에서 파일로 만들 수 있습니다.

1 메뉴의 [Tools]-[Options]을 클릭하여 [Options] 대화상자가 나타나면 [Plot & Publish] 탭을 선택한 후 [Add or Configure Plotters] 버튼을 클릭합니다.

2 폴더가 나타나면 [Add-A-Plotter Wizard]를 더블클릭합니다.

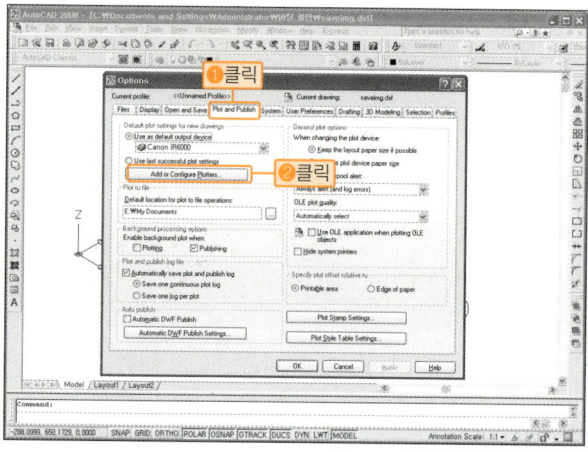

3 소개 페이지인 [Add Plotter-Introduction Page] 대화상자가 나타나면 [다음] 버튼을 클릭합니다.

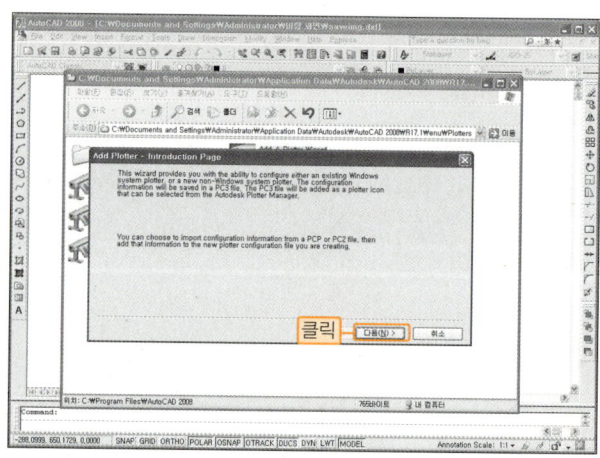

4 [Add Plotter-Begin] 대화상자에서 'My Computer'를 선택한 후 [다음] 버튼을 클릭합니다.

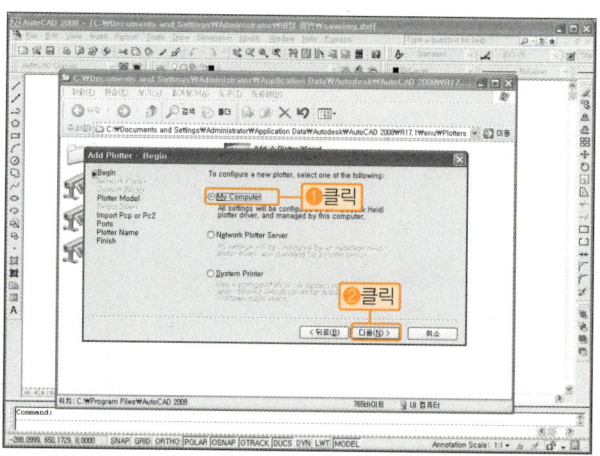

⑤ [Add Plotter-Plotter Model] 대화상자가 나타
나면 제조사는 'AutoCAD DXB File'을 선택하
고 모델명은 'DXB File'을 선택한 후 [다음] 버튼
을 클릭합니다.

⑥ 선택이 완료되면 [Add Plotter-Import Pcp or
Pc2] 대화상자에서 내용을 읽어보고 [다음] 버튼
을 클릭합니다.

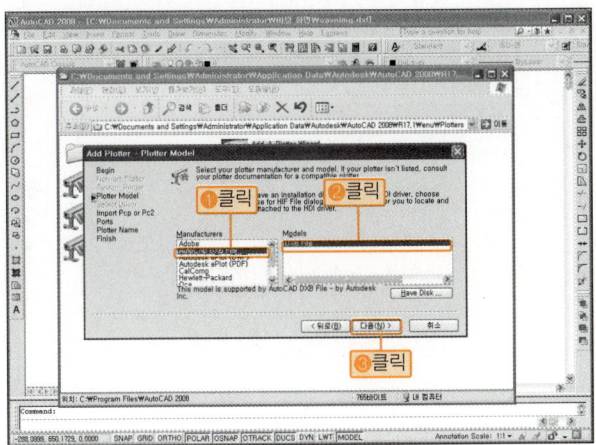

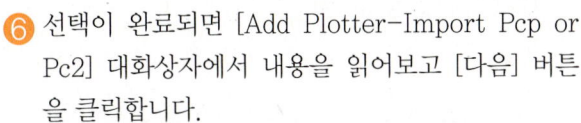

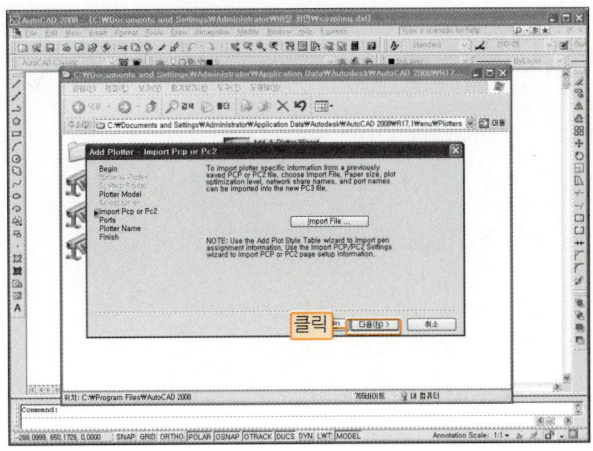

⑦ [Add Plotter-Ports] 대화상자가 나타나면 'Plot
to File'을 선택하고 [다음] 버튼을 클릭합니다.

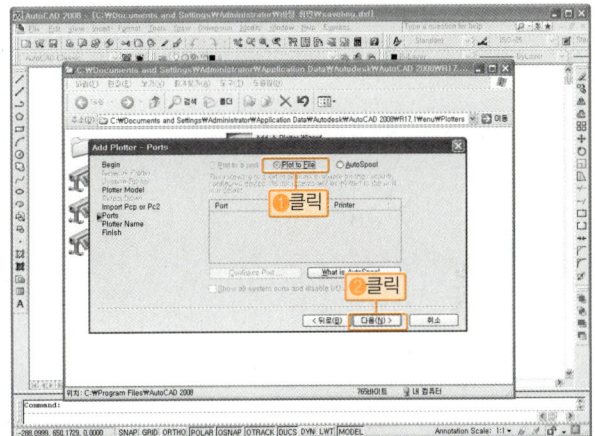

⑧ [Add Plotter-Plotter Name] 대화상자가 나타
나면 기본값 그대로 [다음] 버튼을 클릭합니다.

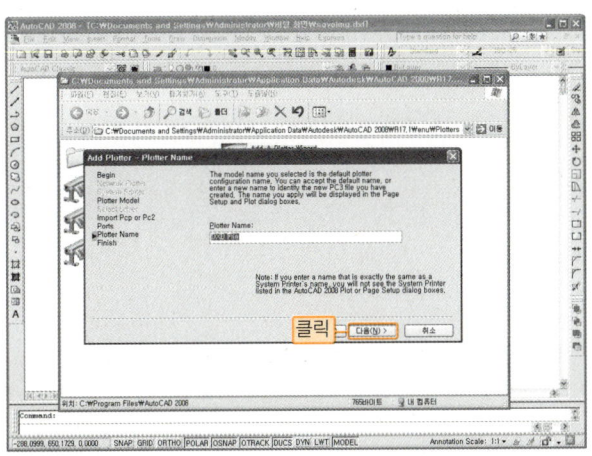

❾ 완료가 되었습니다. [마침] 버튼을 클릭합니다.

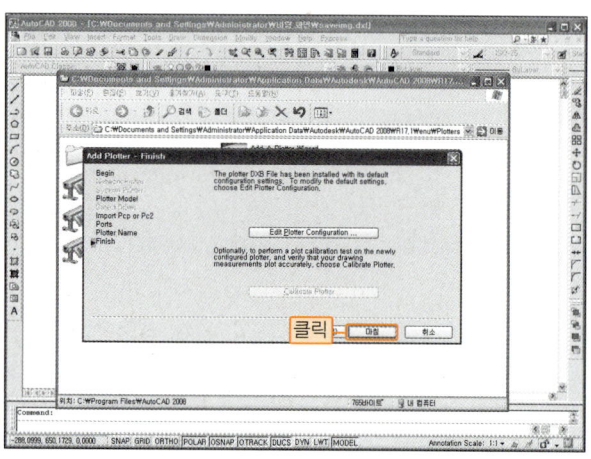

❿ 하단에 새로운 DXB File 플로터가 생겨났습니다. 반드시 생성되었는지 확인하도록 합니다.

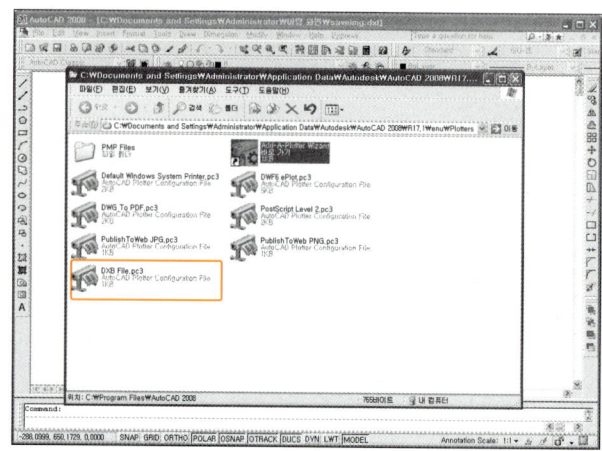

■ DXB 파일 출력하기

Command 라인에서 명령을 입력할 수 없으므로 반드시 [Plot]에서 구성합니다. Device가 먼저 구성되어 있어야 하며 화면에는 사용자가 3차원 객체를 2차원으로 만들 객체가 존재해야 합니다.

- 예제 파일 : Sample\Part05\dxbout.dwg

❶ 플로터 환경 구성을 마치면 [Options] 대화상자에서 [OK] 버튼을 클릭합니다.

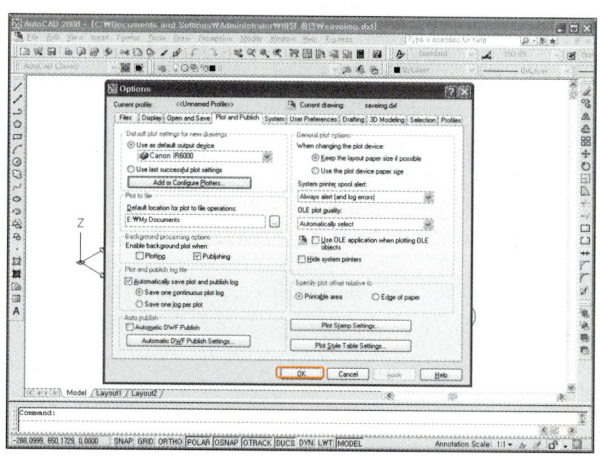

❷ 화면의 객체를 DXB 파일로 만들려고 합니다. [File]-[Open] 메뉴를 이용하여 부록 CD에서 예제 파일을 불러옵니다.

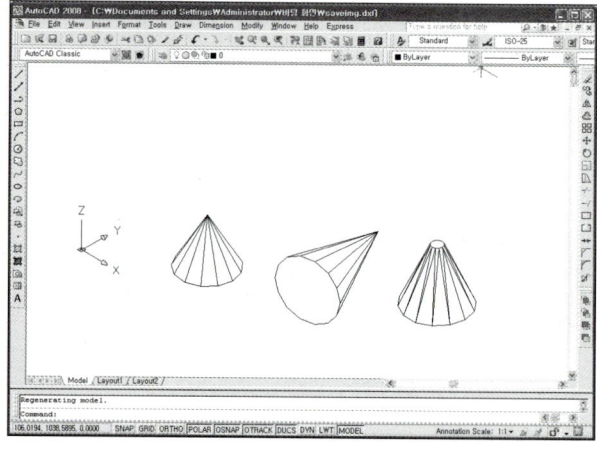

❸ [Plot] 명령어를 입력하고 [Plot-Model] 대화상자에서 Plotter Name을 'DXB File'로 선택합니다.

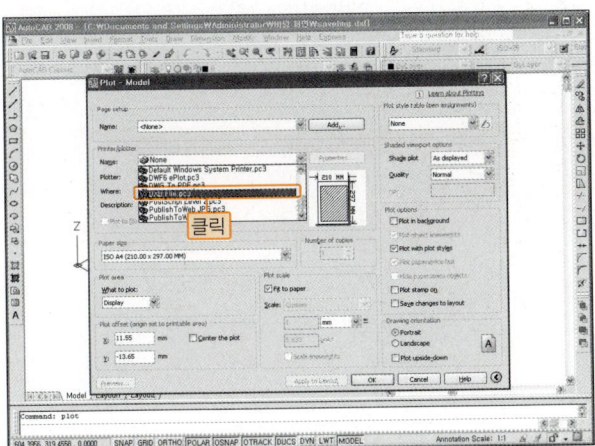

❹ 다음 그림을 참고하여 여러 가지 옵션을 설정한후 [OK] 버튼을 클릭합니다.

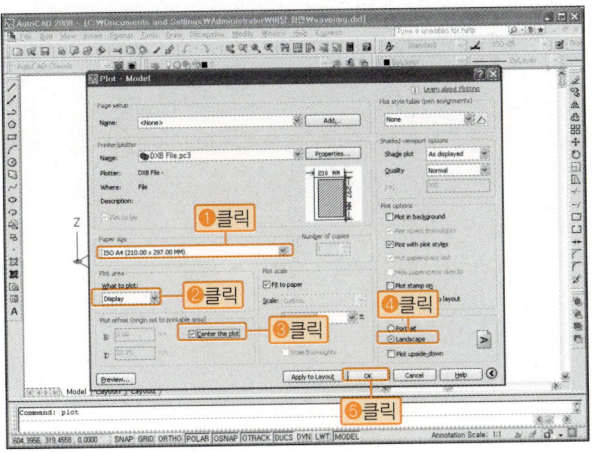

❺ [Browse for Plot File] 대화상자가 나타납니다. 저장할 경로와 파일명을 설정하고 [Save] 버튼을 클릭합니다.

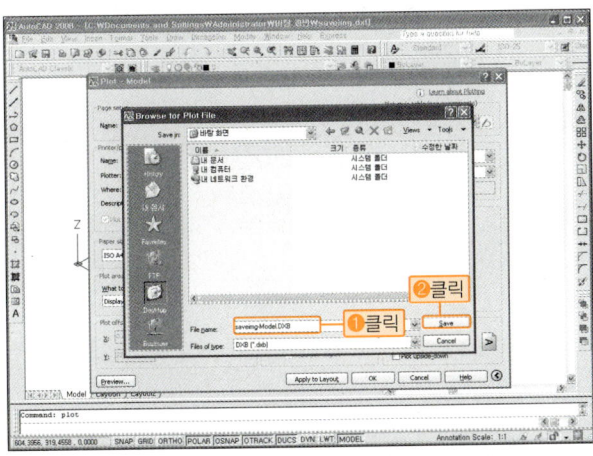

❻ 저장한 DXB 파일은 [Dxbin] 명령어를 입력하여 [Select DXB File] 대화상자에서 선택합니다.

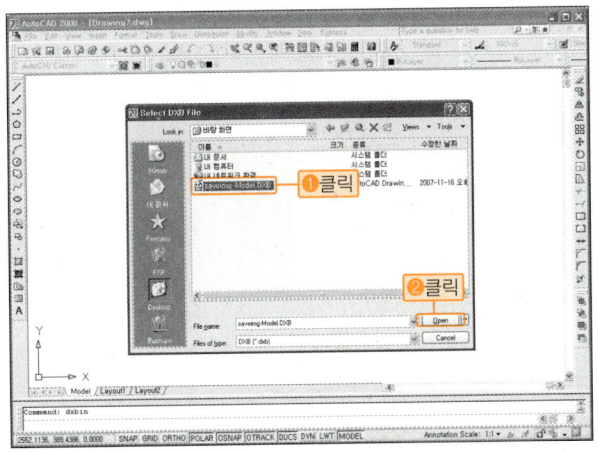

❼ 다음 그림과 같이 [Zoom] 명령과 Extents 옵션을 선택하여 화면에 꽉 차도록 설정합니다.

＊ 저장된 DXB를 불러들이면 아주 작은 Size로 되어있습니다. 크기를 늘이기 전에 [Zoom]으로 확인합니다.

```
Command : Zoom Enter
Specify corner of window, enter a scale factor (nX or
nXP), or
[All/Center/Dynamic/Extents/Previous/Scale/Window/Obj
ect] <real time> : E Enter
```

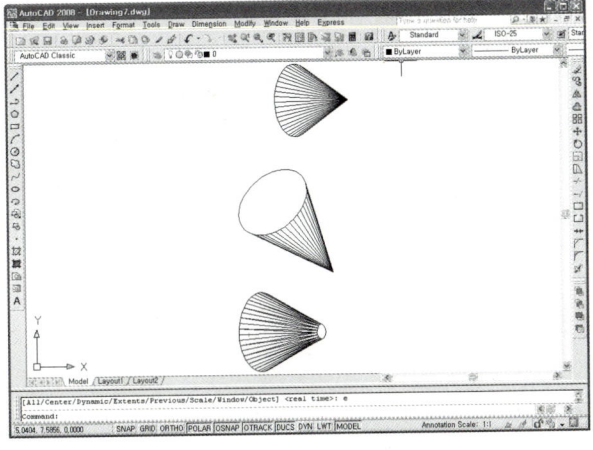

5. 윈도우 메타 파일을 관리하는 [Wmfin]과 [Wmfout] 명령어

[Wmfin]과 [Wmfout] 명령은 WMF 즉, Windows Meta File로 벡터 그래픽과 래스터 이미지 그래픽을 포함하는 파일 포맷입니다. 다른 이미지 파일과 마찬가지로 생성과 저장 명령어를 이용하여 관리할 수 있습니다. 다른 프로그램과의 연동에서 공통으로 사용할 수 있는 파일을 사용하는데 목적이 있습니다.

[Wmfin] 명령어		[Wmfout] 명령어	
메인 메뉴	[Insert]–[Window Metafiles]	메인 메뉴	[File]–[Export]
명령어	Wmfin	명령어	Wmfout

1. 명령어 사용 방법

화면의 데이터 객체를 WMF 파일로 내보내거나 들여옵니다. 미리 만들어 둔 파일을 선택하여 오토캐드 화면 안으로 가져옵니다.

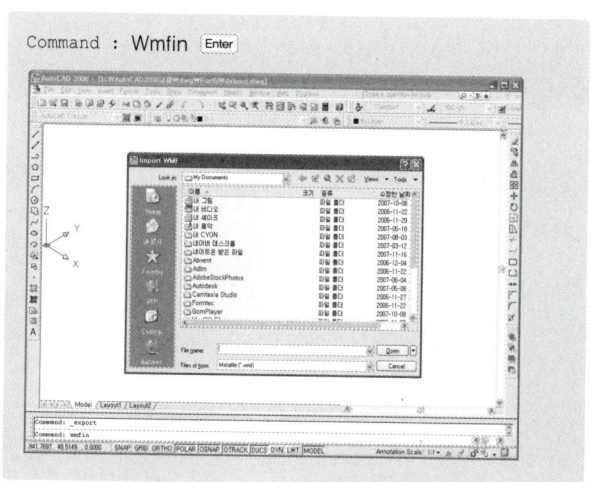

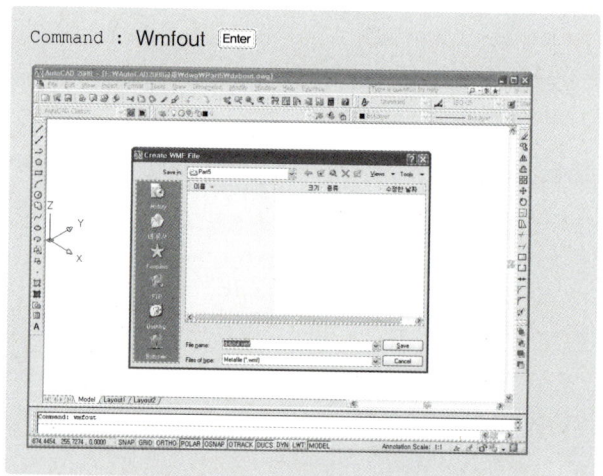

Tip **AutoCAD**

메모리를 비워주는 [Purge] 명령어

도면을 작성하다보면 여러 가지 요소를 [Insert]하는 경우가 있습니다. 이 중에서 현재 도면에 필요한 블록이나 추가 레이어 요소, 사용 중인 DimStyle, Text Style 등은 상관없지만 불러왔다가 취소하여 사용하지 않는 요소들이 쓸데없이 메모리에 로드되어 있을 수 있습니다. 이런 경우 로드되어 있는 불필요한 요소들을 비워주는 명령어가 [Purge]입니다. 메뉴에서 [File]–[Drawing Utilities]–[Purge]를 클릭한 후 나타나는 [Purge] 대화상자에서 비울 요소를 선택하거나 전체를 선택한 후 [OK] 버튼을 클릭합니다.

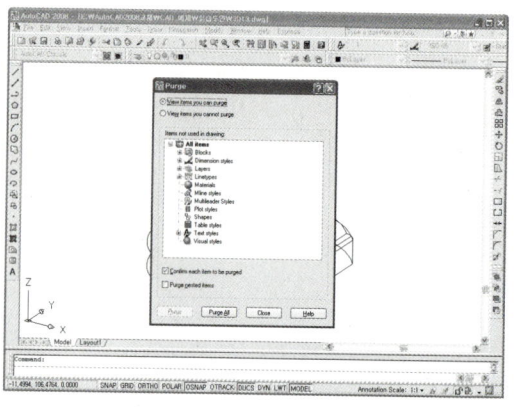

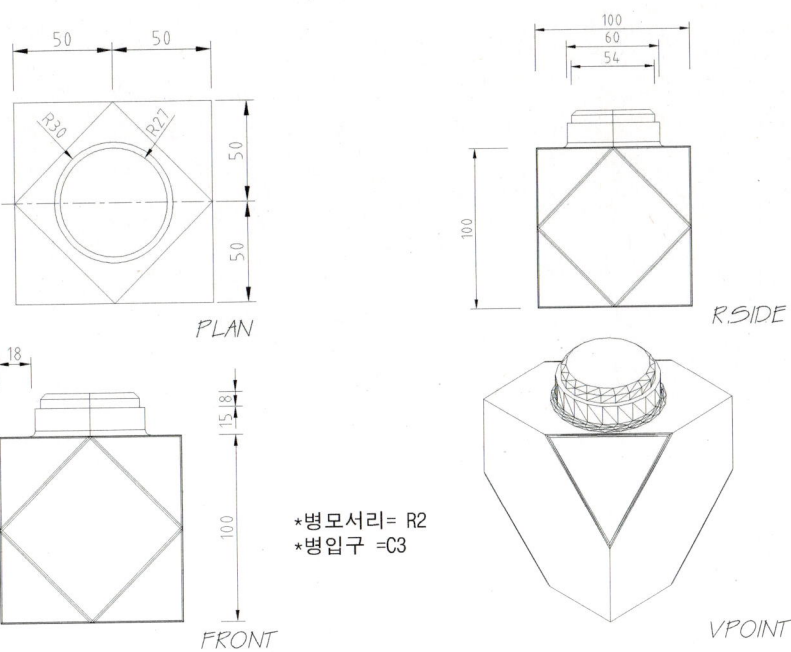

PLAN

R.SIDE

FRONT

*병모서리= R2
*병입구 =C3

VPOINT

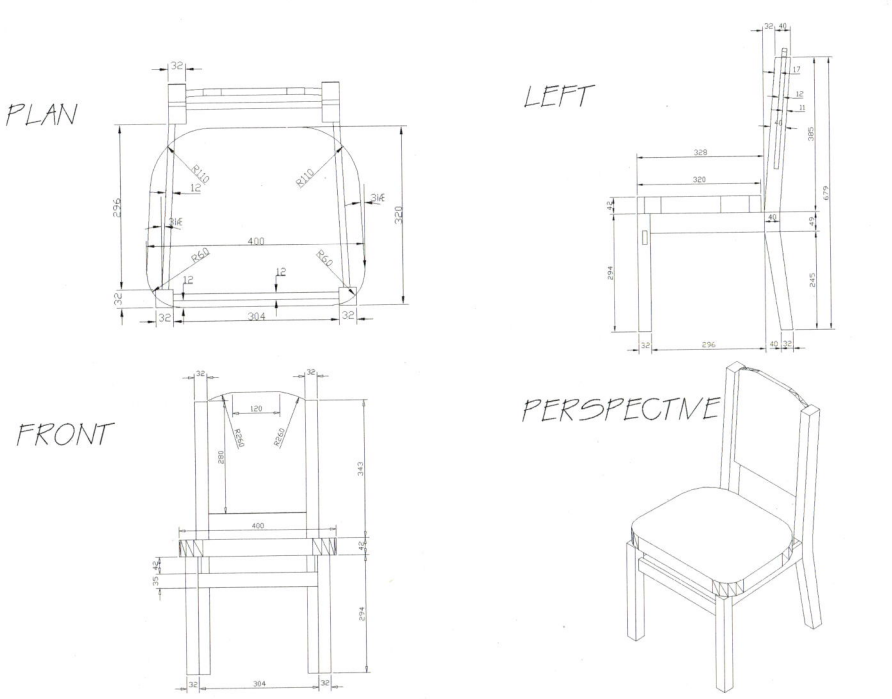

PLAN

LEFT

FRONT

PERSPECTIVE

■ Index

■ Index

AutoCAD 2008